长寿年鉴

CHANGSHOU YEARBOOK

2021

重庆市长寿区人民政府 编

方志出版社
Publishing House of Local Records

图书在版编目（CIP）数据

长寿年鉴. 2021 / 重庆市长寿区人民政府编. --北京：方志出版社，2021.10
ISBN 978-7-5144-4854-2

Ⅰ. ①长… Ⅱ. ①重… Ⅲ. ①长寿区—2021—年鉴
Ⅳ. ①Z527.193

中国版本图书馆CIP数据核字（2021）第230956号

长寿年鉴（2021）

编　　者：重庆市长寿区人民政府
责任编辑：冯　松
出 版 者：方志出版社
地址　北京市朝阳区潘家园东里9号（国家方志馆4层）
邮编　100021
网址　http://www.zgfzcb.cn
发　　行：方志出版社图书经销中心
电话（010）67110500
经　　销：各地新华书店
印　　刷：重庆巴南彩印厂
开　　本：889×1194　1/16
印　　张：37.125
字　　数：1097千字
印　　数：001~700册
版　　次：2021年10月第1版　2021年10月第1次印刷

ISBN 978-7-5144-4854-2　定价：280.00元

《长寿年鉴》编纂委员会

《长寿年鉴》编辑部

《长寿年鉴（2021）》编写人员

（按姓氏音序排列）

白玛央宗　包　操　包瑞琦　毕怀勇　岑　欢　常　耿　车　姗　陈　航
陈　侃　陈　奎　陈　锐　陈　曦　陈　瑜　陈光云　陈良友　陈守明
陈文丁　陈怡璇　陈宇凌　陈跃勇　程　哲　程帮全　崔桂花　戴海鸥
戴江东　但昆华　邓粮友　杜华莉　段　辉　费建梅　冯　亚　傅歆芯
甘婉露　甘雨竹　高　凤　高　露　高　勇　高小鸿　龚秋源　勾馨月
苟　婷　郭　岩　郭　利　郭凤霞　郭永乐　韩　黎　韩　亮　何　苗
何　艳　何　颖　何昌洲　贺　莉　洪彦斌　胡　梅　胡　倩　胡小敏
胡小强　黄　伟　黄　雯　黄家菊　黄建秋　黄俊龙　黄琳函　黄永利
黄原芳　简　敏　简　勇　姜志芳　金　瑜　孔祥波　雷福中　李　凯
李　鹏　李　娅　李冰洁　李慧玲　李佳宏　李岷轩　李唐贤　李祥运
李秀一　李永鑫　廖　娟　廖明初　林　娣　林　露　刘　凯　刘　渝
刘呈嘉　刘代明　刘铃铃　刘奇果　刘显林　刘小波　刘星星　刘永洋
刘政权　罗　晋　罗　梅　毛万铃　彭　佳　彭　静　彭　娟　彭　佩
秦俊侠　秦雨洁　邱　林　瞿小红　冉　进　冉玉婷　任　川　佘沅莲
沈紫鹭　石苛蔓　舒　畅　舒　莉　孙　祥　汤　梅　唐　罕　陶　亮
陶世英　田　媛　王　红　王　林　王成果　王萍萍　韦爱群　韦群英
魏　刚　魏文辉　文　星　文　燕　文　瑶　向文静　肖　举　肖玲娜
谢劲松　熊伟斌　徐　筝　徐冰玉　徐浩淞　徐小林　徐元照　许　剑
杨　红　杨　静　杨　娟　杨　莉　杨　敏　杨　勇　杨嘉嘉　杨晋华
杨小莉　杨永超　姚长宏　叶　颖　叶佳龙　叶凌云　雍　瀚　游　苑
于　飞　于　玥　余　丹　余　杰　余　茜　余开华　余连权　余志鹏
喻献策　袁　菲　袁时雨　曾怡翔　张　草　张　群　张　婷　张　燕
张　益　张　佑　张　宇　张　煜　张　周　张成文　张春来　张恩豪
张力宇　张七昌　张西蒙　张熙琳　张小敏　张晓强　张馨予　张馨月
张鑫妹　张艳均　张玉洁　张玉兰　张忠荣　章　梅　章雪芹
赵　勇（审计）　赵　勇（新世纪百货）　赵中华　郑　静　钟文艺　周　丹
周　维　周　欣　周　洋　周多琦　周家修　周丽容　周遵华　邹　川

编 辑 说 明

一、《长寿年鉴》以马克思列宁主义、毛泽东思想、邓小平理论、“三个代表”重要思想、科学发展观、习近平新时代中国特色社会主义思想为指导，坚持辩证唯物主义和历史唯物主义的立场、观点和方法，逐年系统地记述重庆市长寿区自然、政治、经济、文化、社会、生态文明等方面情况，真实、全面、系统地反映重庆市长寿区改革开放、经济发展、社会进步等状况，旨在为决策参谋、经济导航、民众服务、修志提供依据，是各级组织、社会各界和广大民众认识、了解长寿的一个窗口。

二、《长寿年鉴（2021）》记载2020年重庆市长寿区一手抓新冠肺炎疫情防控，一手抓经济、政治、文化、社会和生态文明建设的情况。正文的主体部分以类目、分目、条目组成框架结构，以条目为表现内容的基本形式。全卷设特载、大事记、长寿概览、政治、经济、社会事业、镇（街道）、人物、附录、索引10个部分。条目标题以黑体字加【 】表示。一些黑白照片插入内文，以求图文并茂，以图补文。彩页的时政要闻图片以“大爱长寿”为主题刊载，继续设《数字长寿》版。

三、《长寿年鉴（2021）》在保持上年基本框架的前提下，根据2020年长寿区的实际情况，分别对部分类目、分目及其条目的设置做出相应调整。将人物类目调整为独立部分，新设2020年重庆市长寿区人物类目，经济管理与监督、农业和农村经济、中央市属在长寿企业、库区移民、民生5个类目分别更名为经济管理、农业农村、中央市属企业、库区移民后期扶持、社会保障；暂不设置信息业综述、公共民生工程建设管理、社会福利3个分目，新设置通信业综述、市场安全管理、金融管理、风景名胜区管理、新冠肺炎疫情防控、在长寿的外地人6个分目及其相应条目，将森林公安、食品药品监督管理2个分目的内容融入相关分目，将广播电视、《长寿日报》、长寿日报新媒体、广播电视网络公司4个分目融合为融媒体分目，政法及平安工作、农村经济管理、重庆市长寿工业园区、三峡库区移民、市场管理、劳动管理6个分目分别更名为政法工作、农村经济、重庆市长寿高新技术产业开发区、三峡库区移民后期扶持、市场交易管理、人力资源管理。

四、《长寿年鉴（2021）》稿件由长寿区区级各部门、党派、团体和各街道、镇，以及驻长寿部队、各企事业单位，经领导审核后提供；统计资料由重庆市长寿区统计局提供。

五、《长寿年鉴（2021）》的计量单位采用国家法定计量单位。一些单位报送的统计数据因统计口径不同存在差异，使用时应以统计局的数据为准。

六、稿件作者署名，除在编写人员栏目中罗列外，分别在文末标出。

《长寿年鉴（2021）》时政要闻彩页版
提供图片的单位和个人

重庆市长寿区纪委监委机关

重庆市长寿区人大常委会办公室

政协重庆市长寿区委员会办公室

重庆市长寿区公安局

重庆市长寿区卫生和健康委员会

重庆市长寿区统计局

重庆市长寿区总工会

重庆市长寿区融媒体中心

重庆市长寿区龙河镇人民政府

重庆市长寿区万顺镇人民政府

陈勇

重庆市长寿区城区地图

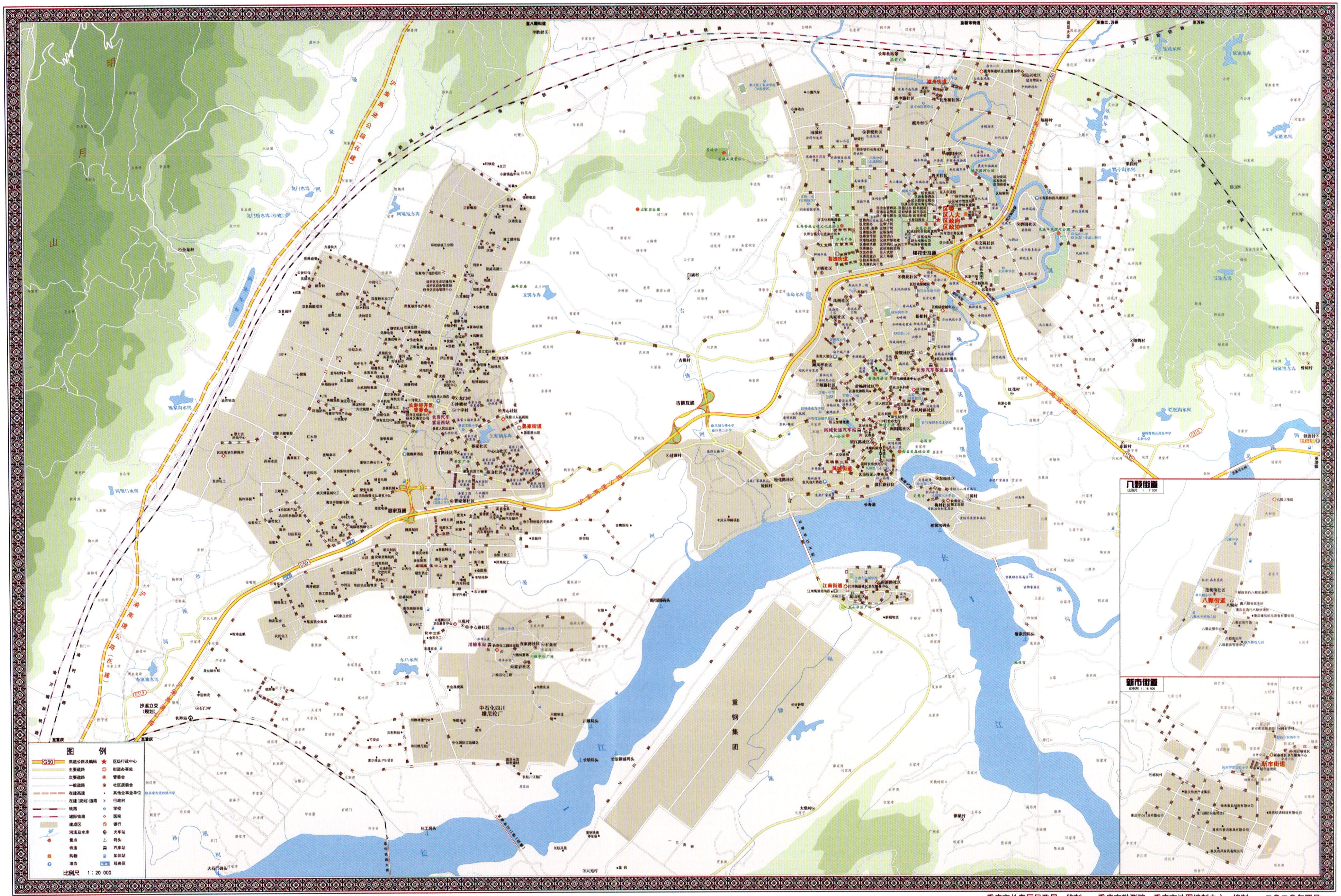

审图号：渝S（2019）043号

重庆市长寿区民政局 监制 重庆市勘测院 重庆市地图编制中心 编制 二〇二〇年四月

重庆市长寿区行政区划图

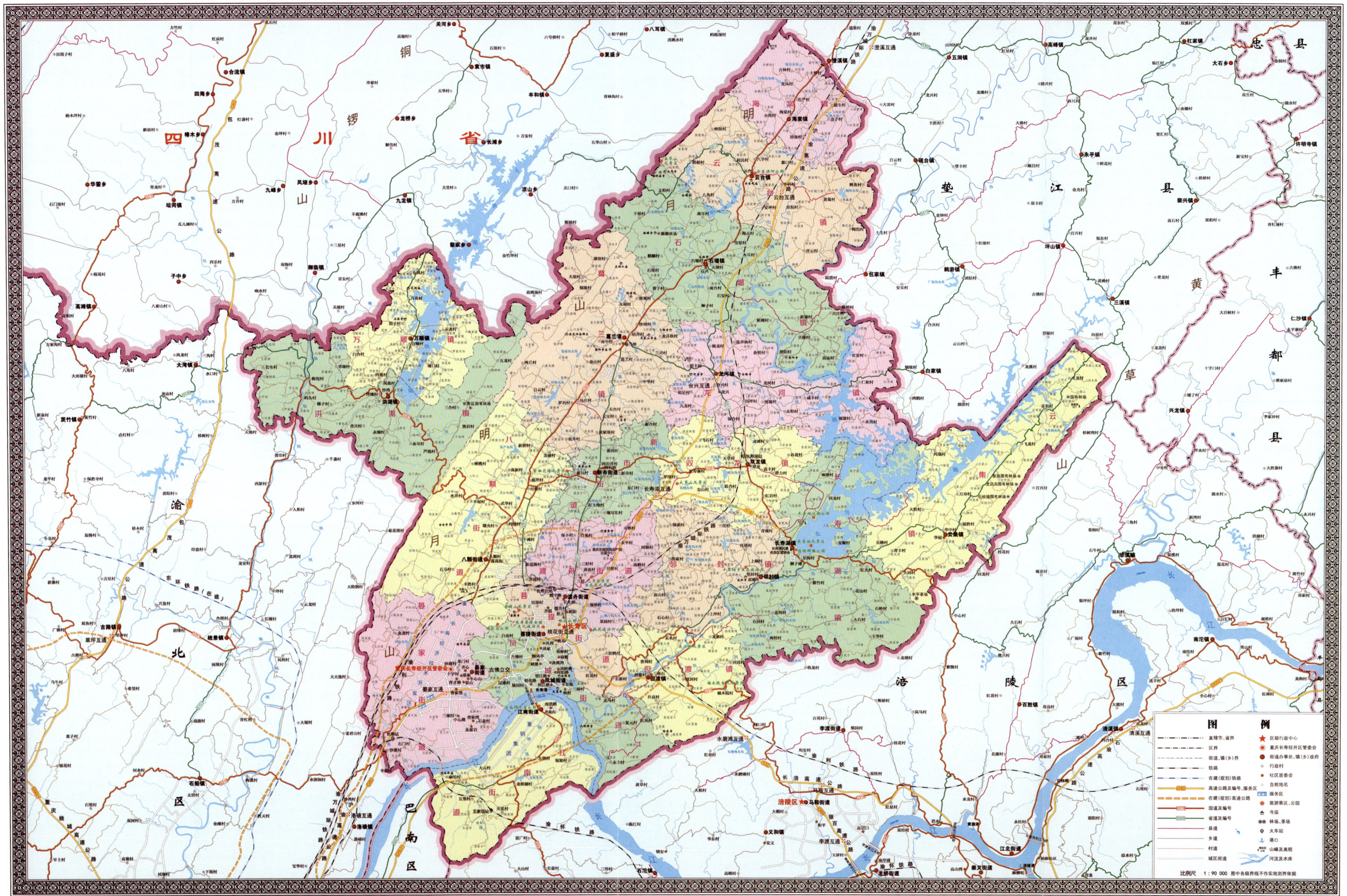

审图号:渝S(2019)042号

重庆市长寿区民政局 监制 重庆市勘测院 重庆市地图编制中心 编制 二〇二〇年四月

时政要闻·大爱长寿

开放与合作

2020年5月14日，长寿区与四川省攀枝花市签署《长寿区和攀枝花市战略合作协议》及钒钛钢铁产业、康养产业两个专项合作协议

2020年4月27日，长寿区党政代表团赴四川省广安市考察，签订《四川省广安市人民政府 重庆市长寿区人民政府融入成渝地区双城经济圈建设战略合作框架协议》

2020年6月30日，长寿区举行重点外资项目签约仪式

2020年9月17日，长寿经开区与亚士创能集团签订项目投资协议

2020年7月6日，中共长寿区委与重庆钢铁股份有限责任公司和宝武集团环境资源科技有限公司就投资项目举行座谈

2020年8月26日，中国长航上海公司与长寿经济技术开发区签订长期战略合作协议，川江最大干散货船队入驻长寿

2020年9月10日，长寿区第二所高职院校——重庆职工会计专科学校迁建项目举行奠基仪式

2020年1月7日，长寿经开区的博腾制药公司与重庆三峡银行签署战略合作协议

2020年10月26日，长寿经开区的双象集团与日本制钢所签订重大装备采购协议

2020年12月24日，中华全国总工会、重庆市总工会相关领导一行到长寿区调研工会工作

2020年9月1日，长寿区人大常委会与广安市及其所辖6个区市县人大常委会签订《协同助力成渝地区双城经济圈建设，促进跨省域一体化发展合作协议》

2020年7月15日，四川邻水、大竹和重庆梁平、垫江、长寿5地政协助推成渝地区双城经济圈建设合作协议签订仪式暨主席联席会议在长寿区召开

2020年4月，西南大学乡村振兴战略研究院长寿分院揭牌

2020年8月28日，甘肃省庆阳市市长带队在长寿经开区参观考察

2020年7月28日，重庆市巴南区政协主席一行到长寿区交流考察政协工作

2020年8月26日，合川区卫生健康委员会、合川区大数据发展局到长寿区交流学习卫生信息化建设工作

2020年6月4日，长寿、广安共青团联合举办巡河护河志愿服务活动

2020年11月12日，中央电视台记者到邻封镇长寿柚（沙田柚）核心产地果园采访，向全国观众直播

2020年11月27—30日，第十八届中国国际农产品交易会暨第二十届中国西部（重庆）国际农产品交易会，长寿区招商签约2个重大项目，18家企业携50种产品参展

2020年7月10日，重庆市医学会2020年围产医学专委会第一次学术会议暨重庆市长寿区第一届产儿峰会在长寿区召开

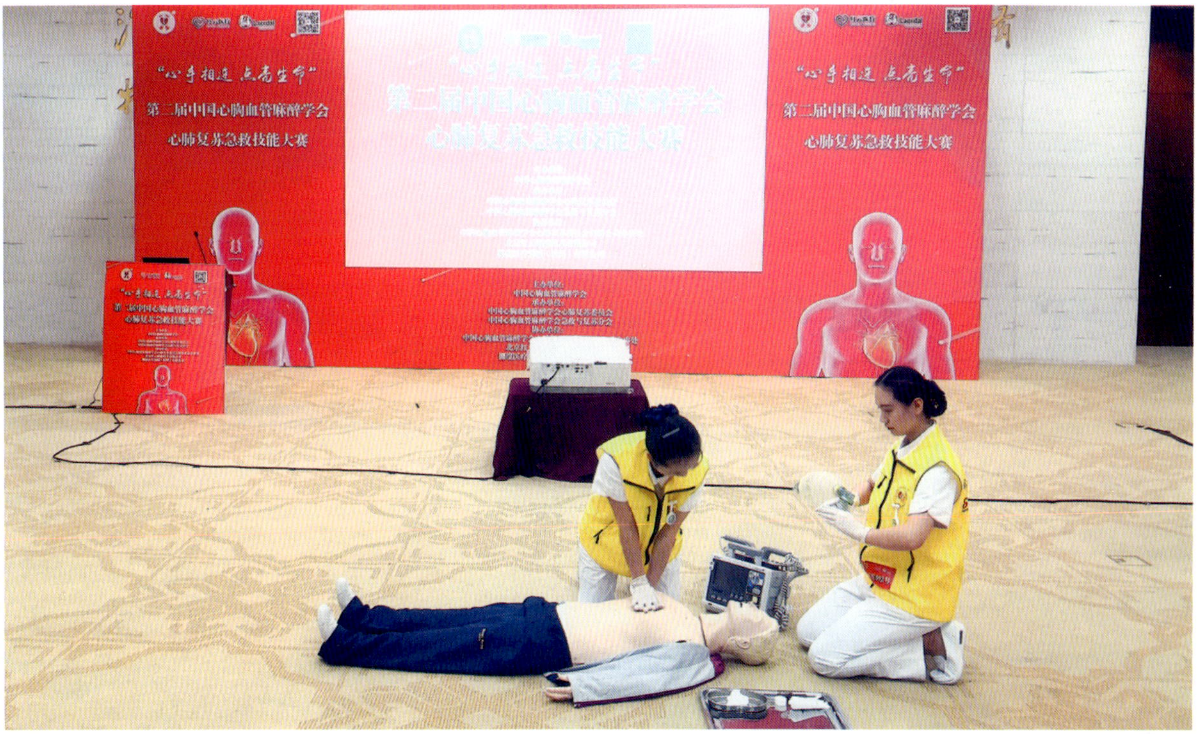

2020年11月13日，长寿区中医院参加在广州市举办的第二届中国心胸血管麻醉学会心肺复苏急救全国技能大赛并获奖

2020年11月14日，长寿区文化旅游交流路演活动在成都市宽窄巷子举行

2020年12月10日，2020年重庆市“奥维杯”青少年乒乓球比赛在长寿区举行

2020年10月28—29日，第九届重庆市乡村文艺会演在长寿区龙河镇秀才湾橘香广场举行

2020年10月26日，第二届重庆山歌会在长寿菩提古镇开唱

重庆市长寿区第十八届人民代表大会第四次会议

区长巴川江报告政府工作

区人大常委会主任张明生报告人大工作

2020年1月6—9日， 重庆市长寿区第十六届人民代表大会第四次会议在区科技文化中心礼堂召开。上图为大会主席团，下图为大会会场

人大代表参加分团讨论

中国人民政治协商会议重庆市长寿区第十五届委员会第四次会议

区政协主席张华报告政协工作

会议期间政协委员视察旅游发展

政协委员分组讨论

2020年1月5—8日，中国人民政治协商会议重庆市长寿区第十五届委员会第四次会议在区科技文化中心礼堂召开。上图为大会主席台，下图为大会会场

“三地一中心”

2020年，长寿区建成重庆工业高地、现代农业基地、休闲旅游胜地、区域物流中心。建成国内最大的天然气化工生产基地、聚乙烯醇出口基地、全国第二大玻璃纤维生产基地，当年完成工业投资145亿元；提档升级现代农业“三园五区”，成功创建国家农业科技园区，建成农畜产品加工区，“自然长寿”入围国家级品牌榜，当年农业总产值实现93.7亿元；多业融

重庆工业高地

2020年10月30日，立邦涂料（重庆）化工有限公司新工厂在长寿落成投产

2020年10月20日，亚力创能新材料（重庆）有限公司西南综合智能制造基地项目奠基仪式在长寿经开区举行

2020年3月18日， 重庆国际复合材料股份有限公司长寿新材料研发生产基地点火投产

装备制造业当年产值172亿元

2020年引进龙头项目12个

2020年8月27日，2020年第一批高新技术企业专家评审会

长寿经开区和长寿高新区开发面积45平方千米，入驻世界500强企业27家、跨国公司56家，上市公司57家、规模以上企业280家

如期建成

合、全域旅游格局初步形成，全年接待游客750万人次，旅游综合营收65亿元；物流产业全要素、全链条发展，初步构建“一网、一港、一群、多主体”发展框架，常态开行西部陆海新通道铁海联运长寿班列，四大专业市场初具规模，新增电商300家。

现代农业基地

2020年长寿区柚、橘、鱼、蛋四大主导产业产值占比超过60%，禽蛋产量居全市第一

2020年，长寿区做强以“一村一品”“一镇一特”为增长点的山地特色高效农业产业体系

2020年，长寿区实施水稻病虫害无人机统防统治

2020年，长寿区实施宜机化改造和高标准农田建设13333公顷

“三地一中心”

休闲旅游胜地

2020年12月2日，长寿区万顺温泉小镇项目开工

乡村游成为长寿人新时尚

2020年长寿菩提山——菩提古镇游客数跃居全市前三

重庆最美历史文化古迹长寿三倒拐受青睐

重庆文化旅游新地标
长寿湖景区美如画

如期建成

区域物流中心

2020年12月31日，重庆两江新区至长寿区快速通道开工

2020年长寿区区域性专业市场群初具规模，签约入驻300余商户

2020年长寿区打通南向出海「大动脉」，形成「铁公水管」多式联运体系。167家物流企业落户长寿

2020年长寿区电子商务和实体商业线上线下齐发展

全面小康

2020年，长寿区打赢精准脱贫攻坚战，10个贫困村、6964户、19649人全部脱贫。大力推动乡村振兴，成功举办全市乡村振兴工作推进现场会，完成部级农村集体产权制度改革试点，四级垃圾收运体系实现行政村全覆盖，完成农村人居环境整治三年行动目标任务；城市建成区

社会民生

产业扶贫

消费扶贫

如约而至

面积达到75平方千米，改造9个片区老旧小区，建成5G基站787个，打造城景相融城市形象。当年城镇居民人均可支配收入4万元，区内、基层就诊率达到90%、50%；基本建成“农村半小时、城市15分钟”文化健身圈；平安长寿建设成效显著，公共安全指数上升至99.2%。

调整产业结构

普及文化科技

“三变”改革给村民带来红利

改善人居环境

垃圾集中收运

城区面貌焕新

改革创新

2020年，长寿区深化改革挖潜力，深化供给侧结构性改革，试点增量配网电力体制改革，实施“营改增”和大规模减税降费，深化“放管服”改革，打造政策最优、成本最低、服务最好、办事最快的“四最”营商环境，审批提速70%以上。扩大开放添动力，加快对外通

2020年5月，长寿区整合媒体资源，成立融媒体中心

2020年11月，长寿区医联体让医疗资源共享

2020年7月，长寿区浩湖渔业公司达成区县销售渠道

2020年11月，连通五洲四海的大型物流码头

2020年5月，长寿区加入长江上游新材料产业技术协同创新联盟

高速公路和铁路是长寿对外开放的大通道

动 能 更 强

道建设，打破融入主城发展屏障，开放主体持续壮大，外经外贸企业达到102家，22家企业进出口超千万美元。创新驱动添活力，新增科技型企业150家、市级企业技术中心12个，引进首个国家技术中心，建成海外研发中心1个，2家企业入选全市数字经济龙头企业。

2020年11月，长寿高新区企业开展“5G+”研发

2020年1月，长寿高新区企业在新四板挂牌

2020年8月，长寿区高新技术企业认定专家评审会

主流媒体矩阵

2020年12月，长寿供电公司服务实现线上线下同步

2020年10月，长寿区实现芯片封装能力西南地区领先

2020年7月，长寿区开展知识产权知识培训

2020年8月，长寿区粮食科技活动周

2020年1月，长寿区利用废旧轮胎作为沥青原料铺路

从严治党

2020年，中共长寿区委落实新时代党的建设总要求，以政治建设为统领，全面推进党的各项建设，巩固深化“不忘初心、牢记使命”主题教育成果；整顿和巩固提升软弱涣散党组织39个，积极稳妥推动村（社区）书记、主任“一肩挑”；压减节约各类资金4909万元，连

舆论宣传

2020年11月18日，区委书记下村宣讲党的十九届五中全会精神

2020年6月16日，区委书记为长寿特色农产品直播带货

2020年12月，全区开展十九届五中全会精神宣讲

2020年7月，长寿区舆论宣传民兵排接受首次点验

党风廉政

廉政专题讲座

了解群众诉求

监督窗口单位

村（居）监察监督

工程质量监测

不忘初心

续查处并通报曝光违反中央八项规定精神问题67件、73人，查处“四风”问题51件、79人，精准运用监督执纪“四种形态”处理495人。

主题教育

2020年6月，区人武部与凤城街道黄桷湾社区党组织联合开展党日活动

2020年7月，区司法局主题党日活动

2020年6月，凤城街道微宣讲活动

2020年6月，八颗街道党史知识竞赛

践行宗旨

2020年新冠肺炎疫情期间，共产党员冲在抗疫一线

2020年3月，党员志愿者参与美化城市活动

“十三五”

“十三五”时期，是全面建成小康社会决胜阶段，长寿区面对重大战略机遇和复杂严峻挑战，坚持稳中求进工作总基调，深入践行新发展理念，持续打好“三大攻坚战”，深入实施“八项行动计划”，总体完成“十三五”规划目标任务。“十三五”末，实现地区生产总

地区生产总值（GDP）及其增长速度

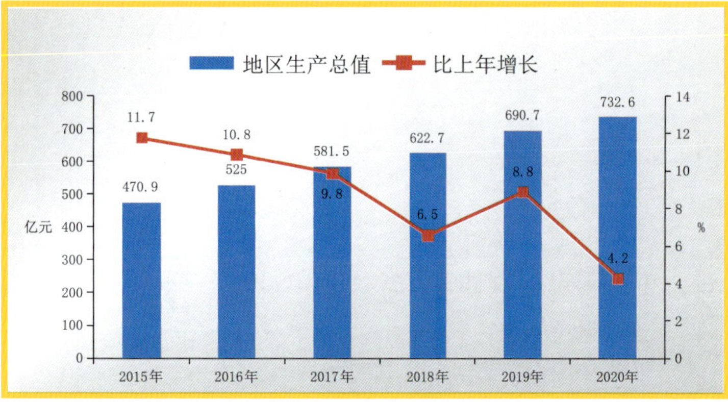

人均GDP

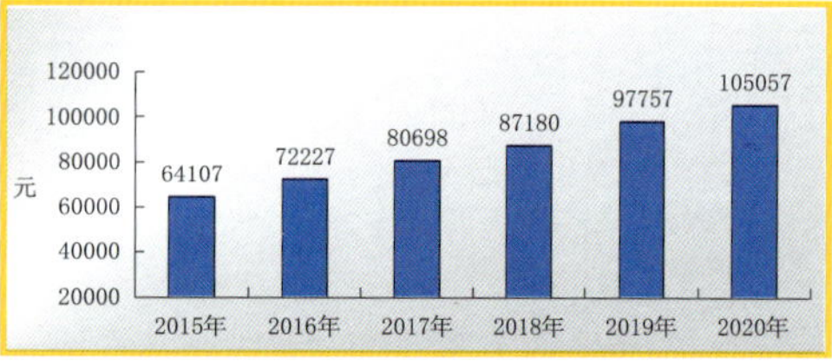

GDP总量“十三五”末比“十二五”末增长55.6%，“十三五”期间GDP年均增速8%

“十二五”末与“十三五”末三次产业结构比对比

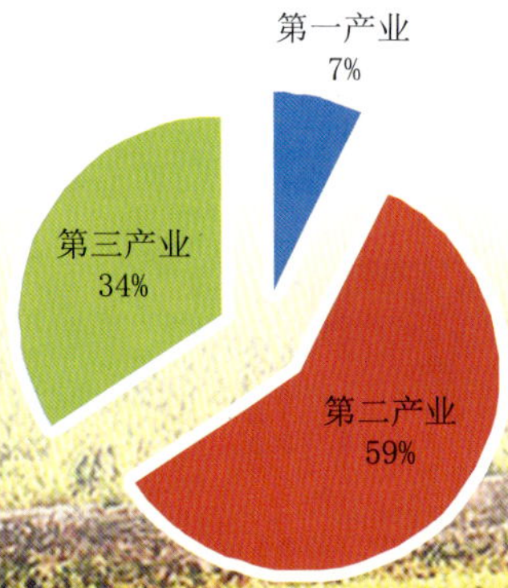

2015年三次产业结构比

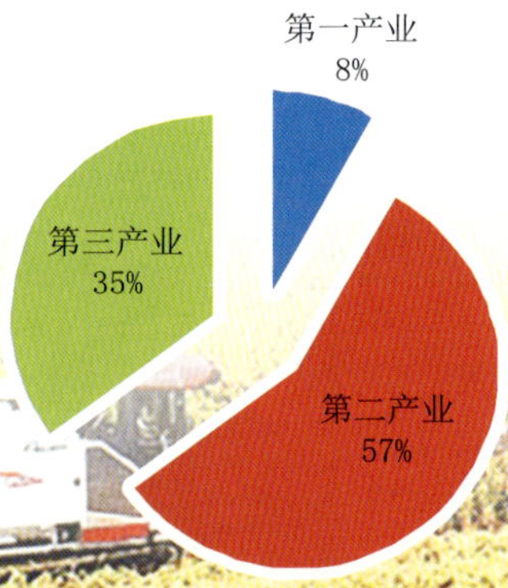

2020年三次产业结构比

财政收支

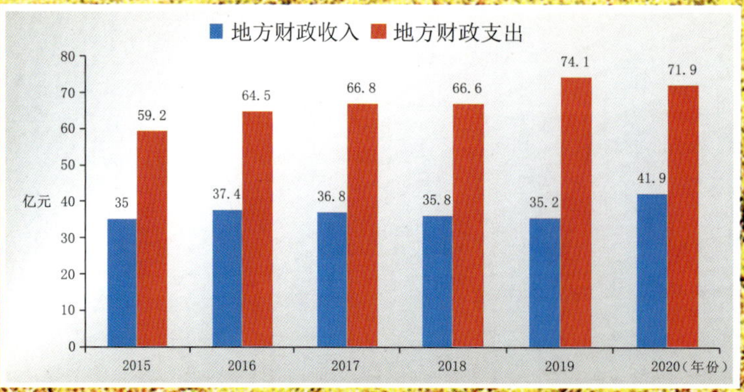

圆满收官

值732.6亿元；人均地区生产总值10万元，比全市高出20%；规模以上工业总产值1117.4亿元，规模以上工业企业总量达到280家，世界500强企业27家；社会消费品零售总额250.3亿元；累计完成固定资产投资2013亿元、外贸进出口总额481亿元。

工业增加值

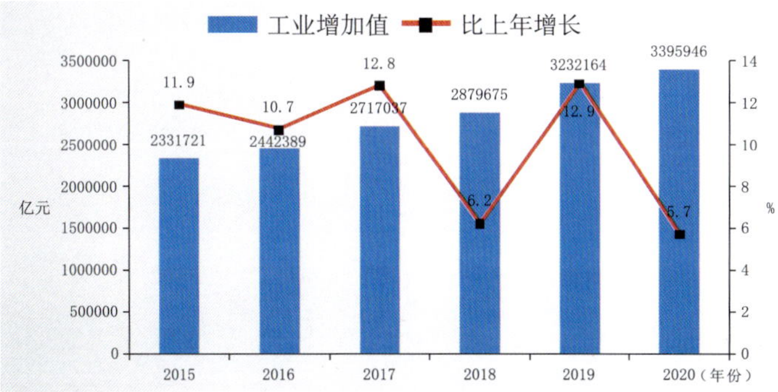

农业总产值

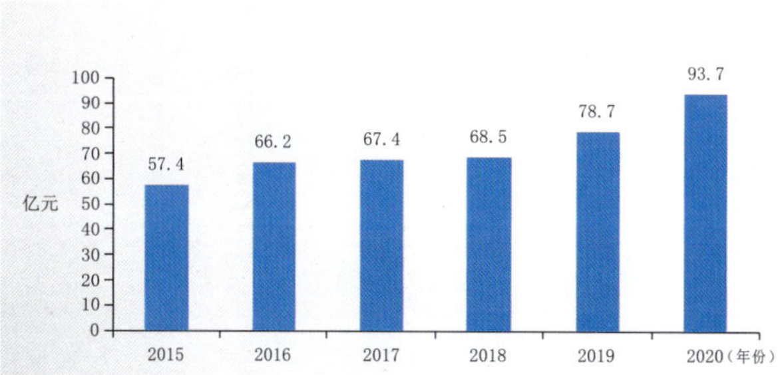

固定资产投资增速

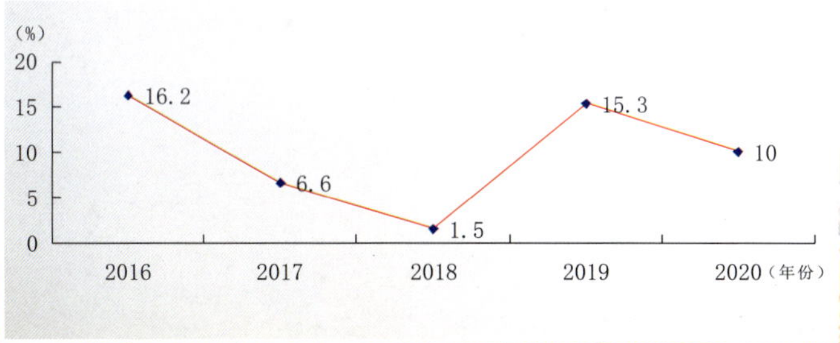

社会消费品零售总额增速

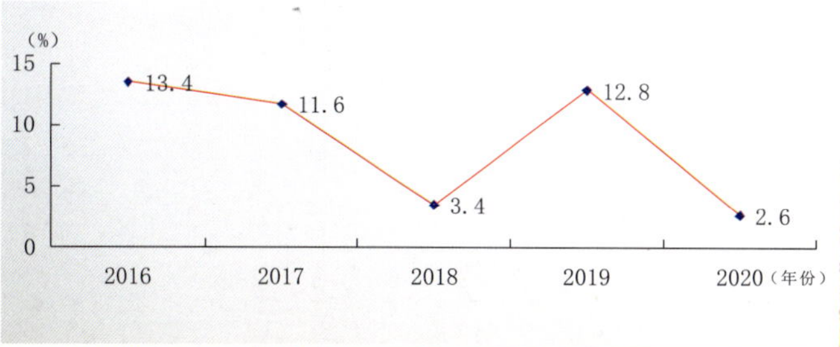

金融机构存贷款余额

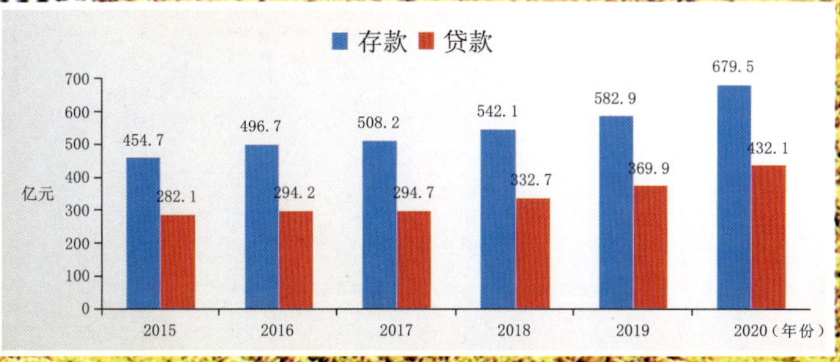

居民人均可支配收入

抗击新冠

2020年，长寿区坚持人民至上、生命至上，第一时间启动新冠肺炎疫情防控一级响应、对重点疫区封闭管理、落实差异化防控要求。排查出密切接触者1012人、集中隔离医学观察438人（次），检测车辆23万辆（次）、人员70余万人（次），22名确诊患者2个月内全部治

疫情防控

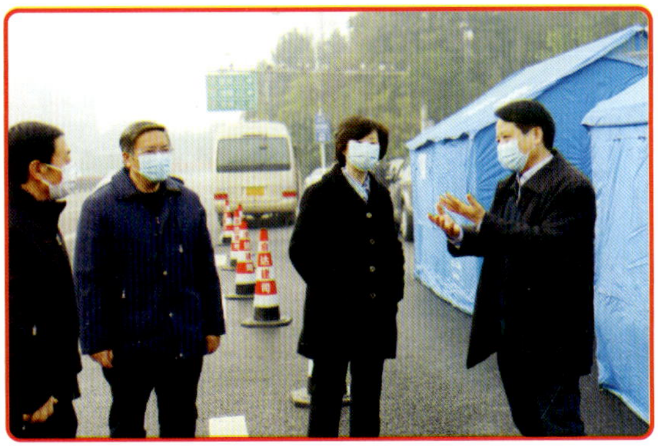

领导现场指挥

及时公告疫情

民兵集结抗疫

每日抗疫研判

排查阻断传播

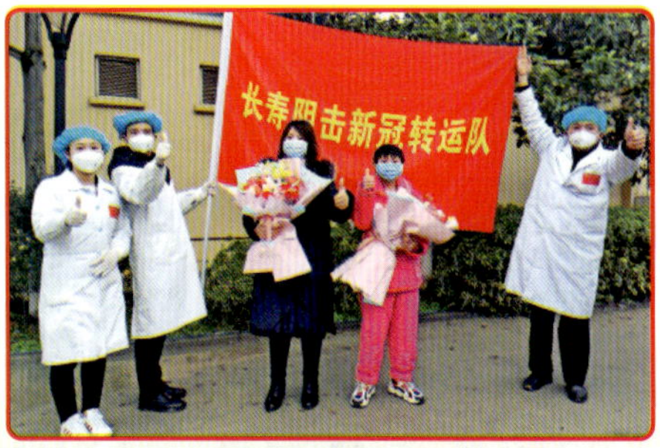

患者治愈出院

小区封闭管理

交通卡口严查

隔离医学观察

上门爱心服务

同心勠力

愈出院。685名医护人员主动请战，53人驰援湖北，成功救治421人，1人获评全国抗疫先进个人。全面落实疫情期间经济运行监测调度机制，分类有序推动复工复产、复市复消、复学复课。推动企业快速复产、复效，获市政府领导点名表扬。

驰援湖北

长寿捐赠抗疫物资支援湖北

三批53名医护人员驰援湖北

援鄂医疗队成功救治421人

欢迎逆行英雄回家

复工复产

18个复工复产督导组到一线

专车跨省运送复工人员

市场快速复苏

抗疫不误农时

政企携手助力春耕

数字长寿（2020）

土地面积	1421.43平方千米
截至2020年末户籍人口	88.1万人
地区生产总值	732.6亿元
农业总产值	93.7亿元
工业增加值	339.6亿元
固定资产投资总额	265.0亿元
社会消费品零售总额	250.3亿元
公路总里程	3639千米
实际利用外资	20210万美元
一般公共预算收入	41.9亿元
一般公共预算支出	71.9亿元
金融机构存款	679.5亿元
金融机构贷款	432.1亿元
城镇常住居民人均可支配收入	39997元
农村常住居民人均可支配收入	18227元

目　　录

特　载

大事记

长寿概览

政　治

经　济

社会事业

镇（街道）

人 物

附 录

索 引

特　　载

❖ 重庆市长寿区领导讲话选载

重庆市长寿区领导讲话选载

率先实现与重庆中心城区同城化发展 争当成渝地区双城经济圈建设生力军

——在区委十三届七次全会上的讲话

（2020年6月1日）

赵世庆

在举世瞩目的全国两会胜利闭幕之际，我们召开区委十三届七次全会，节点十分关键、意义十分重大。主要任务是，深学笃用习近平新时代中国特色社会主义思想，全面贯彻习近平总书记视察重庆重要讲话和在中央财经委第六次会议上重要讲话精神，认真学习贯彻全国两会精神，落实市委五届八次全会部署要求，审议区委《关于率先实现与重庆中心城区同城化发展推动成渝地区双城经济圈建设的决定》，动员全区上下把握大势、着眼大事，担当进取、不辱使命，统筹抓好常态化疫情防控和经济社会发展各项工作，加快率先实现与中心城区同城化发展，争当成渝地区双城经济圈建设的生力军、先锋队，推动长寿高质量发展之路行稳致远。

党的十八大以来，以习近平同志为核心的党中央高度重视区域协调发展，多次就推进新型城镇化、优化区域经济布局作出战略部署。今年1月，习近平总书记在中央财经委第六次会议上发表重要讲话，对推动成渝地区双城经济圈建设作出全面部署，将其上升为国家战略。总书记的重要讲话高瞻远瞩、总揽全局，深刻阐明了推动成渝地区双城经济圈建设的重大意义、总体思路、基本要求和重点工作，深刻回答了新时代为什么要推动成渝地区双城经济圈建设、怎么样推动成渝地区双城经济圈建设等根本性问题。今年3月召开的全市推动成渝地区双城经济圈建设动员大会，认真贯彻落实总书记在中央财经委第六次会议上重要讲话和视察重庆重要讲话精神，对唱好“双城记”、建好“经济圈”进行了动员部署。前不久召开的市委五届八次全会，全面贯彻落实总书记重要讲话重要指示精神，审议通过市委《关于立足“四个优势”发挥“三个作用”加快推动成渝地区双城经济圈建设的决定》（简称市委《决定》），对推动成渝地区双城经济圈建设作出专题部署。最近召开的重庆主城都市区工作座谈会，贯彻落实市委五届八次全会精神，专门就推进主城都市区发展问题进行了研究部署。今年是长寿全面建成小康社会和全面建成“三地一中心”决胜之年，是如期高质量打赢打好脱贫攻坚战之年，是“十三五”规划收官之年，也是大战、大考之年，党中央作出的推动成渝地区双城经济圈建设的历史性战略决策，市委部署的长寿率先实现与中心城区同城化发展的历史性重大决定，都给寿乡大地带来了历史性重要机遇，这是我们必须把握的“大势”和必须做好的“大事”。

为全面贯彻落实总书记重要讲话重要指示精神，按照市委部署要求，区委在前期集中调研、加强工作对接衔接、与四川毗邻地区签订合作备忘录、政策化项目化事项化推进落实的基础上，认真研究制订了《关于率先实现与重庆中心城区同城化发展推动成渝地区双城经济圈建设的决定（讨论稿）》（简称区委《决定》），这是区委贯彻落实市委《决定》的“任务书”，也是长寿建设同城化发展先行区、推动成渝地区双城经济圈建设的“施工图”。希望与会同志联系实际，集思广益，共同把区委《决定》讨论好、完善好、落实好。

一、因势而谋，匠心构思率先同城化大文章

推动成渝地区双城经济圈建设，是以习近平同志为核心的党中央着眼全局和长远发展作出的战略部署，是形成高质量发展重要增长极、优化国家区域经济布局的战略决策，是打造内陆开放战略高地、优化国家对外开放格局的重大行动，是保护长江上游和西部地区生态环境、维护国家生态安全的必然要求。重庆主城都市区是成渝地区双城经济圈“双核”之一。推进主城都市区发展，是市委、市政府落实中央重大决策部署、打造高质量发展新动力源的重大举措，是推进“一区两群”协调发展的重要保障。推进长寿等4个区率先实现与中心城区同城化发展，是市委五届八次全会对提升主城都市区作出的全新重大部署。率先实现与中心城区同城化发展，我们需要在推动成渝地区双城经济圈建设的大框架下来谋篇布局、谋划推进。重点在于把握好五个关键词：“成渝地区”，明确了战略实施范围；“双城”，体现了双核带动特征，即重庆主城都市区和成都市，是双核、双引擎、双枢纽；“经济圈”，彰显了融合发展要求，核心要义是市场化和一体化；“主城都市区”，明确了重点发展的优势区域，包括原主城9区和渝西地区12个区以及两江新区、重庆高新区、万盛经开区；“同城化”，蕴含了“做强自己”与“服务全局”的逻辑，要求长寿等4个同城化发展先行区按照郊区新城进行规划布局，保持独立成市格局，着力打造与中心城区功能互补、融合互动的高品质新城区。我们务必提高政治站位、战略站位，增强“四个意识”、坚定“四个自信”、做到“两个维护”，切实把思想行动统一到党中央决策部署上来，把共识力量凝聚到市委要求上来，坚持从全局谋划一域、以一域服务全局，在融入大局、服务全局中把握方位、找准定位，着力把建设同城化发展先行区这篇大文章做好做实。

第一，从顶层设计看，率先同城化体现的是大战略。推动成渝地区双城经济圈建设，是党中央推动共建“一带一路”、长江经济带发展、新时代西部大开发三大国家战略走深走实的“点睛之笔”，是解决发展不平衡不充分问题、推动形成优势互补高质量发展的区域经济布局的“破题之法”，是继京津冀协同发展、粤港澳大湾区建设、长三角一体化发展之后的国家重大区域发展战略“第四极”。市委五届八次全会提出加快建设同城化发展先行区，体现的是战略落地与战术实施的有机结合，也是长寿实现高质量发展的科学之路、必由之路。我们要深刻领会战略思想、准确把握战略意图，真正推动这一重大战略在长寿落地落实。

第二，从历史维度看，率先同城化带来的是大机遇。推动成渝地区双城经济圈建设，为重庆做大做强极核功能带来了补齐短板打牢基础、优化结构加快升级、深化创新增添动力、扩大开放拓展空间、绿色发展倒逼转型的重大新机遇。近年来，重庆发展战略不断优化升级，从总书记对重庆提出的“两点”定位、“两地”“两高”目标，到发挥“三个作用”；从成渝经济区到成渝城市群，再到总书记亲自谋划、部署和推动成渝地区双城经济圈建设，每一次战略大升级都带来战略大发展。伴随这一过程，长寿发展战略机遇也经历了迭代升级。这次被确立为同城化发展先行区，是长寿发展进程中一次千载难逢的历史性重大机遇。率先实现与重庆中心城区同城化发展，其时已至、其势已成。我们要抢抓先机、抢占风口，借梯登高、借船出海，在服务和落实国家战略中更好发展自己。

第三，从功能规划看，率先同城化明确的是大定位。市委《决定》提出，主城都市区要加快打造产业升级引领区、科技创新策源地、改革创新试验田、高品质生活宜居区，同时要求长寿等4个区率先实现与中心城区同城化发展，着力建设先进制造业基地、大健康产业集聚区、消费品工业高质量集聚区、城乡融合发展示范区。这次主城都市区工作座谈会，又明确提出将主城都市区划为“一核、一中心、四同城、四支点、四个桥头堡”五个层级，长寿属于第三层级并被赋予国家级新材料和先进制造业基地、城乡融合发展示范区、都市康养休闲旅游区、渝东物流集聚区的发展定位。市委对长寿发展从目标定位、空间布局、产业规划进行科学规划指引，既是长寿承载战略部署的使命所系、责任所系，也是长寿未来发展的方向所在、出路所在。我们要结合全面建成“三地一中心”，进一步找准坐标、校准定位，加快建设高质量发展集聚地、高品质生活宜居区，切实当好同城化发展的先行区。

第四，从任务职能看，率先同城化赋予的是大使命。成渝地区双城经济圈上升为国家战略，前所未有地强化了重庆引领西部乃至全国高质量发展的使命担当。对长寿而言，我们既是直接受益者，更应成为积极推动者，最关键的是要肩负起率先同城化的三大使命。其一，是纾解中心城区功能，承接中心城区空间拓展、功能布局、人口流动、产业集聚，成为与中心城区功能互补、融合互动的高品质新城区。其二，是促进“一区两群”协调发展，发挥新型工业化、现代城市化主战场优势，成为主城都市区发展的重要支撑和中心城区功能向外扩散的重要传接点。其三，是拱卫成渝相向发展，联合合川、广安打造环重庆主城地区经济协同发展示范区，打造川渝合作先行示范带。我们要切实增强使命感和责任感，勇于担当、奋力作为，推动率先同城化工作走深走实。

二、应势而动，精心构筑率先同城化大格局

建设同城化发展先行区，是一项系统工程、一个动态过程，不是一个单纯的概念和一项简单的工作，不可能一蹴而就、也不可能一劳永逸。我们要坚持全面、系统、辩证、长远的思维，积极探索新路径、构建大格局，努力在率先同城化上跑出加速度、按下快进键、取得好成效。

一要坚持解放思想与实事求是相统一。同城化，首先是思想、观念的同城化。从成渝经济区的“区”到成渝城市群的“群”再到成渝地区双城经济圈的“圈”，既有新意又有深意，不仅是提法的变化，而且范围更大、定位更准、内涵更丰富，也标志着川渝合作进入高位推动、全面深化新阶段。面对新形势，我们要树立新格局、打开新视野，不能身子进入了新时代，脑袋还停留在过去时。在率先同城化的问题上，要坚决破除“消极懈怠论”“等待观望论”“无所作为论”“单打独斗论”“事不关己论”等狭隘思想和错误认识，坚持高站位思考、高起点定位，切实以思想的大解放带动长寿的大发展，以观念的大更新带动工作的大落实。同时，解放思想、更新观念不能异想天开、脱离实际，要坚持一切从实际出发，做到既体现上级要求、符合发展规律，又契合长寿实际、满足人民群众意愿。

二要坚持问题导向与目标导向相统一。坚持问题导向与目标导向相统一，是总书记教给我们抓工作的重要方法论。坚持问题导向，要求我们聚焦率先实现与中心城区同城化发展的薄弱环节和重点领域，在工作上聚焦、在力量上聚集、在资源上聚合，着力破解城市能级体量不够大、质量效益不够好、辐射能力不够强等突出问题，认真抓好补短板、强弱项、固根本的工作。建设同城化发展先行区，2025 年、2035 年是两个重要的时间节点。我们要锚定建设“一地三区”，科学把握时序进度要求，以“钉钉子”精神事项化、项目化抓好落实，有序有力有效推进，确保一抓到底、善作善成。

三要坚持立足当前与着眼长远相统一。率先实现与中心城区同城化发展，既是一项紧迫现实任务，也是一项长期战略任务。立足当前，就是要结合全面建成“三地一中心”、圆满收官“十三五”和顺利开启“十四五”，全面理清工作思路、优化提升发展路径，认真做好同城化谋思路、打基础、建格局、蓄势能、增后劲的文章。着眼长远，就是要牢记长远之计，坚持把长寿发展放在“一区两群”协调发展、成渝地区双城经济圈建设大局中来把握、来谋划、来推动，把阶段性工作与长期性目标结合起来，坚持一张蓝图绘到底、一年接着一年干，更好地担当起率先同城化的历史使命。

四要坚持整体推进与重点突破相统一。经济圈是涉及全方位合作协作的发展战略，同城化是涵盖各方面融入融合的系统工程。我们要坚持“两点论”与“重点论”的有机统一，不能顾此失彼、单打一。要聚焦总书记提出的七项重点任务，把功课做全做足做好，特别是在交通、产业等基础核心项目上要下足功夫，争取将一批重大项目、重点工程、重要事项纳入市级和国家级“盘子”，集中发力紧抓快推，以点带面整体推进，加快推动形成体制机制统一高效、要素流动顺畅有序、基础设施通达便捷、人民生活水平大体相当的同城化格局。

*五要坚持自身发展和协同发展相统一。*长寿融入“双城记”“经济圈”，不是以城市为单位的个体融入，而是以主城都市区为单位的集群融入。因此，我们必须正确处理全局与一域、自己和他人的关系，既要着眼于自身建设“好不好”“优不优”、也要研判协同合作“够不够”“深不深”，既要加快率先实现与中心城区同城化发展、也要加强与城市新区其他区域的一体化发展，既要推动长垫梁抱团发展的协同协作、也要注重与“两群”其他地区的交流合作，既要加强与四川毗邻地区的融合发展、也要在产业开放生态等方面抓好跨区域合作，做到既集中精力干好“自己的事”又同心协力做好“合作的事”，既让自己发展好也让别人发展好。

三、顺势而为，同心构筑率先同城化大辉煌

当前，我们正处于疫情防控巩固关键期、经济社会发展恢复提振期、推动成渝地区双城经济圈建设重大战略机遇期、率先同城化发展历史机遇期。全区各级各部门要坚定不移贯彻新发展理念，紧紧围绕“一地三区”的目标定位，聚焦“一体化”“高质量”，抢抓机遇、发挥优势，全面落实区委《决定》提出的七项重点任务，着力提升城市综合能级和核心竞争力，同心合力铸就率先同城化大辉煌。

*（一）打牢“基础桩”，一体落实新发展理念。*总书记反复强调，新发展理念是管全局、管根本、管方向、管长远的根本指针。建设同城化发展先行区、推动成渝地区双城经济圈建设，最根本的是要坚定把新发展理念作为“指挥棒”“红绿灯”，做到一体坚持、一体贯彻、一体落实。一是以创新重塑转型发展新动能。无论是成渝地区建设具有全国影响力的科技创新中心，还是主城都市区打造科技创新策源地，都倒逼我们以“创新之钥”开启高质量发展之门。当前，我区创新能力、研发投入、成果转化、创新环境与中心城区相比差距还比较大，与同城化先行区的其他3个兄弟区相比也无比较优势。要把创新作为应对发展形势变化、增强发展动力、把握发展主动的根本之策，深入推进大数据智能化创新，大力推动区域协同创新体系建设，让创新创业成为率先同城化的主动力。二是以协调推动区域发展新突破。推动成渝地区双城经济圈建设，本身就是一项事关国家区域协调发展的重大战略。率先实现与中心城区同城化发展，迫切要求我们与中心城区走城市合理分工、融合发展的路子。要加快补齐短板、做长长板，努力破除长寿所面临的中心城区“虹吸效应”、周边区县“洼地效应”这一两头挤压效应，推进城乡区域协调发展，着力建设城乡融合发展示范区。三是以绿色开辟循环发展新路径。当前，我区生态环境总体比较脆弱，绿色GDP占比偏低，长江干流沿岸1公里范围还有化工企业，环境风险防范和处置的压力较大，绿色发展依然任重道远。要坚持生态优先、绿色发展，学好用好“两山论”，走深走实“两化路”，坚决不要黑色的、带血的GDP，一体推进绿色发展、低碳发展、循环发展。四是以开放厚植区域竞争新优势。过去，开放发展是“一江春水向东流”；现在，“一带一路”、长江经济带、西部大开发等国家战略打开了向西开放的新空间，也为长寿对外开放带来全新机遇。近年来，长寿外贸进出口额等指标持续位居全市前列，但在率先同城化的背景下还有大量工作要做，口岸功能缺乏、开放平台建设滞后等问题严重制约了开放型经济水平的提升。要借力重庆打造内陆开放高地的东风，一体推进开放主体、通道、平台、口岸、环境建设，厚植开放发展新优势。五是以共享满足美好生活新期待。当前，全区公共服务资源在城乡、区域之间分布不均衡的问题比较突出，民生支出占一般公共预算支出比例远远低于全市平均水平。要坚持以人民为中心的发展思想，从最困难的群体入手、从最突出的问题着眼、从最具体的工作抓起，推动优质公共服务扩面提质，促进人民群众获得感幸福感安全感更加充实、更有保障、更可持续。

*（二）出好“关键招”，一体推进重点任务。*区委《决定》对标对表总书记重要指示要求，就加强交通基础设施建设、加快推动现代产业体系建设等七个方面从任务和抓手上作出了具体安排，这是我们谋划和推进率先同城化工作的着力重点。要扭住重点、抓住关键，积极推进与中心城区等区域的互补互动、协调联动，加快把战略要求转

化为战略行动。

*一是交通建设要高起点。*交通是率先同城化的先行官。要抓住重庆入选首批交通强国建设试点地区重要机遇，加快构筑内畅外联、互联互通大通道，着力为率先同城化扫除交通瓶颈障碍，协同建设成渝地区双城经济圈区域性综合交通枢纽。对内要激活“毛细血管”。加快打通一批老百姓反映强烈的“断头路”“瓶颈路”，畅通“微循环”，加快完善内部骨架路网，实现各街镇与长寿城区之间的快联快通。对外要疏通“主要经络”。统筹东南西北四个方向、铁公水空四种方式、人流物流资金流信息流四类要素，加快打造“一港、五铁、六高、一快、多联”的立体交通“大枢纽”。围绕打造“一日生活圈”“1小时通勤圈”，着力畅通中心城区东向大通道最大“堵点”，打通与中心城区同城化发展的“血脉”，全面融入中心城区公路、铁路、轨道交通网，构建更加高效便捷的立体交通网络。要围绕协同共建成渝地区双城经济圈交通一体化融合发展先行示范区，缩短长寿与周边区域及毗邻地区的时空界限，着力将长寿打造成为西部陆海新通道的重要节点。

*二是产业发展要高层次。*建设同城化发展先行区，加快构建高效分工、错位发展、有序竞争、相互融合的现代产业体系是硬核支撑。要立足现有产业优势，瞄准未来产业发展方向，聚焦高质量、供给侧、智能化持续发力，突出建基地、强链条、聚要素，既要有“高大上”的产业、又要有“接地气”的产业，推进一二三次产业协调共进，大力推进产业集群化、融合化、智能化发展。要做大做强现代工业主导产业。工业是长寿发展的脊梁，要切实发挥长寿作为传统老工业基地和新型工业化主战场的优势，把抓工业发展作为看家本领，持续做大工业规模、提升工业能级，着力打造链群完整、生态完备、特色突出的国家级新材料和先进制造业基地。坚持“两条腿”走路持续推进产业转型升级，推进传统产业“老树新枝”“老树新果”和新兴产业“插柳成荫”“聚集成群”，着力打造钢铁材料、综合化工两个千亿级产业，推动产业结构迈向中高端水平。坚持大数据智能化创新，抓住用好重庆作为首批国家数字经济创新发展试验区机遇，大力推进数字产业化、产业数字化，协同打造“智造重镇”“智慧名城”。积极提高与两江新区产业的配套协同程度，加强与主城都市区、毗邻地区产业链的相互衔接，推动“串珠成链”，形成与周边区域横向错位发展、纵向分工协作的发展格局。要提质提档现代服务业。把推动服务业高质量发展摆在更加突出的战略位置，大力推动先进制造业和现代服务业深度融合。创新发展“互联网+”生产生活性服务业，培育服务业新产业、新业态、新模式，推动形成区域协调、特色鲜明、优势互补的同城化服务业集聚发展格局。围绕建设渝东物流集聚区，加快建成投用百亿级专业市场，与万州港、涪陵港联合打造生产服务型国家级物流枢纽，按全市布局建设长寿化工物流园，常态化运行陆海新通道长寿到广西钦州班列，把长寿港打造成为集保税、报关、仓储等口岸功能于一体的国际航运物流枢纽和长江上游航运中心重要组成部分，着力构建大通道、大枢纽、大口岸、大物流。围绕建设都市康养休闲旅游区，通过打好“人文”“山水”“康养”“工业”“乡村”五张牌建设大健康产业集群，积极创建全市首批“夜间文化旅游消费集聚区”，与广安共建精品旅游线路打造长寿旅游业发展升级版，进一步擦亮叫响“天赐长寿·人人向往”金字招牌。要因地制宜发展现代高效特色农业。突出品种、品质、品牌建设，依托现代农业科技园发展“1+4+N”现代山地特色高效农业产业，以长寿慢城等为牵引发展乡村旅游，大力发展农村电商，与广安协同打造成渝地区现代高效特色农业带，推进农业“接二连三”，促进产业融合发展。

*三是动能转换要高速度。*加快建设同城化发展先行区，必须从更高层面、更深层次、更宽视野进行战略谋划，改革分量上要更重、创新要求上要更高、开放力度上要更大。要把改革之路走得更实。拿出将改革进行到底的决心，围绕要素市场化配置、科技创新和成果转化、对外开放、公共服务、生态环保等多个领域同城化重点改革任务，积极探索城乡融合发展体制机制、投融资体制、产教融合创新、土地管理制度改革等先行先试，推动破除同城化行政壁垒、地域壁垒、政策壁垒、要素壁垒，强化改革系统集成和协同高效，着力解决同城化进程中的深层次矛盾和结构性问题。要把开放之门开得更大。深入实施开放

通道拓展、平台提升、口岸完善、主体培育、环境优化“五大行动”，不断提升开放型经济水平。要在统筹建设长寿经开区、高新区、现代农业园区三大开放平台基础上，积极推动重庆港口岸功能扩大到长寿港区，加快建设危化品分拨中心和长江沿岸铁矿石保税仓。营商环境是城市的核心竞争力，要对标世行营商环境评价体系，全面落实外商投资法及实施条例，健全投资政策和服务体系，着力打造成本的洼地、投资的高地。要抓住疫情后全球产业链重构的机遇，大力发展总部贸易、转口贸易、跨境电商等新业态，鼓励有条件的长寿企业“走出去”，加快建设服务外包示范区，推动外资外贸量和质的“双提升”。要把创新之火烧得更旺。要坚持围绕产业链部署创新链、围绕创新链布局产业链，努力打破制约创新要素流动的壁垒，推动产业创新深度融合。要抓住用好全市首批5G长寿试点机遇，深入挖掘大数据商用、政用、民用价值，大力推进以科技创新、管理创新、模式创新等为重点的全面创新。要着力发挥长寿经开区科技创新园、高新区中科未来城“双引擎”作用，持续推动研发创新和补链成群，加快推进科技成果转化应用。要着力推进创新资源共建共享，积极对接、加快融入西部科学城，深化与高等科研院所共建政产学研用创新平台，共同打造区域创新高地。

四是人民生活要高品质。总书记对成渝地区双城经济圈建设提出的建设“高品质生活宜居地”，与视察重庆时提出的“创造高品质生活”重要指示要求是一脉相承的。我们要把为民造福作为最重要的政绩，大力增加优质公共服务供给，加快构建幼有善育、学有优教、劳有厚得、住有宜居、病有良医、老有颐养、弱有众扶、家有关爱“八有”民生体系，努力打造高品质生活“样板间”。要做好城乡融合统合文章。认真落实市委陈敏尔书记关于长寿乡村振兴综合试验示范“率先示范、干在实处、走在前列”的要求，坚持以点带面、点面结合，有序有力推进长寿慢城等乡村振兴重点项目建设，高质量答好综合试验示范效果、脱贫攻坚与乡村振兴衔接、农村人居环境整治“三张卷”，着力打造乡村振兴“长寿样板”。要在提升城市发展能级上下功夫，着力彰显经济、人文、生态、生活“四个品质”，加快建设“双百”现代化高品质新城区，与中心城区形成各美其美、美美与共的融合发展局面。要做好公共服务共建共享文章。高水平公共服务是率先同城化的重要任务，要拆掉城市间“无形的门”，推动构建政策沟通、系统联通、数据融通、服务畅通的社会保障体系。坚持一手抓公共服务设施硬件支撑、一手抓公共服务水平软件提升，推动公共交通、社保、医保等领域同城“一卡通”，推动教育、文化、卫生、养老等基本公共服务同城普惠共享，健全同城化基本公共服务协调机制，切实提升公共服务均等化水平。要做好城市治理协同协力文章。率先同城化发展，必须加强和创新社会治理，协同推进城市治理现代化。要全面总结疫情大考经验教训，协同加快补齐同城化治理能力短板弱项。联动完善社会治安防控体系，着力打造人人有责、人人尽责、人人共享的社会治理共同体。深化基层社会治理联动机制，以社区为单元构建功能完善的“15分钟生活圈”，促进社会治理提质增效。建立社会治安综合治理联动机制，推进共建公共卫生、食品安全、灾害防治、安全生产等保障体系，协同推动跨区域社会治理体系建设。

五是生态环保要高要求。长寿境内山水林田湖草浑然一体，有被誉为“西南明珠”的长寿湖等美丽自然风貌，建设“山水之城·美丽长寿”具有良好的基础和独特的优势。要强化“上游意识”、担当“上游责任”，多干保护自然、修复生态的实事，多做治山理水、显山露水的好事，多为生态“留白”、多给自然“添绿”，展现生态建设和环境保护的“铁担当”。要全面筑牢长江上游重要生态屏障。坚持共抓大保护、不搞大开发，率先做好长江流域“减排扩容”、港口码头整治、沿江废弃矿山生态修复等生态保护与修复工作，坚决守住重化工基地优化升级过程中的生态环保底线，坚决不让一滴工业污水流入长江。协同落实河（湖）长制，推行负面清单管理“一单式”，推动建立流域环境风险防范联防联控和生态补偿机制，加强生态保护“源头联防”、环境风险“过程联控”、污染问题“后果联惩”，共同呵护好一江清水。要坚决打赢打好污染防治攻坚战。聚焦“水里”“山上”“天上”“地里”，持续打好标志性战役，有效解决水、大气、土壤、农村污染防治等方面的突出环境问题，让长寿天更蓝、地更绿、水更清、空气更清新。要统筹抓好中央生态环保督察整改。坚持全面改、重点改、长期改，一体推进、统筹抓好“建、治、管、改”，以最严格的整改推动最严格的制度、最严密的法治落实，以整改的实际成效回应人民群众关切。要大力推进产业生态化、生态产业化。念好“山字经”，种好“摇钱树”，做好“水文章”，打好“生态牌”，大力发展生态园区、生态旅游、生态康养等生态经济、循环经济，着力实现天赐长寿湖、菩提长寿山、长寿慢城等自然资本增值转化，不断提升绿水青山“颜值”、做大金山银山“价值”，努力在推进长江经济带绿色发展发挥示范作用中展现长寿担当、体现长寿作为。

（三）用足“工具箱”，一体确保各项工作落地落实。当前，成渝双城经济圈建设已经按下“快进键”，各兄弟区县在唱好“双城记”建好“经济圈”中都不遗余力、各展所长。我们要以踔厉奋发的姿态、闻鸡起舞的干劲、八仙过海的本领，主动作为、奋力作为，唱好主打歌、奏响主题曲，确保让既定的行动纲领、战略决策和工作部署兑现落实。

一是机制要建立起来。领导小组要加强统筹，定期研究、及时协调解决重难点问题。专项工作组要发挥专项领域的牵头作用，指导相关部门群策群力做好工作。领导小组办公室要加强上下沟通、左右协调、前后衔接，推动形成上下联动、运转有序、协调有力的工作格局。各牵头单位要负起牵头责任，协同单位要主动配合，各级各部门都要积极参与，真正做到上级部署的“不折不扣”落实、需要对接的“主动上门”跟进、自己能做的“快马加鞭”推进，不断提高工作的整体性协同性。

二是规划要引领起来。要全面对接成渝地区双城经济圈发展规划、重庆市“十四五”规划，加强与中心城区、主城新区及毗邻地区在总体规划、空间规划、产业规划上的衔接，在大通道、大项目、大产业、大政策方面协同互动，实现规划同图、方案同步。要科学编制区“十四五”规划，优化国土空间布局和发展规划，用心用力画好率先同城化、推动成渝地区双城经济圈建设的“工笔画”。

三是政策要活用起来。要善于从政策中找机遇、谋项目，立足新的定位、新的要求、新的变化，根据现实需要梳理出需要争取的重大政策和项目，争取上级在政策、试点等方面给予支持，推动更多政策、资金、项目落地长寿。要加强对重大问题、重大政策、重大改革、重大项目的研究，推出一批务实管用的细化落实举措，加快营造一流营商环境，最大程度地将政策含金量转化为发展的真金白银。

四是项目要大干起来。要抓紧建立形成率先同城化的重大项目、中小项目库，加大项目策划、包装和申报力度，尽快开工建设一批、积极引进培育一批、滚动储备实施一批，努力跑出加速度、增强可视度。对纳入重点任务的项目，要加强要素保障、强化督促检查，千方百计赶工期、保质量。特别是对标志性、引领性的重大项目，要组织开展集中攻坚，挂图作战、打表推进，力争达到一子落而全盘活、牵一发而动全身的效果。

五是氛围要浓厚起来。要巩固发展风清气正的良好政治生态，健全完善鼓励激励、容错纠错、能上能下机制，为干事者撑腰、为担当者担当，激励广大党员干部在同城化发展先行区、双城经济圈建设中建功立业。要大力加强宣传引导，营造浓厚氛围，把全区上上下下、方方面面的积极性主动性创造性激发出来，形成共同参与、共同推动率先同城化发展的生动局面。

东方风来满眼春，风劲扬帆正当时。让我们更加紧密地团结在以习近平同志为核心的党中央周围，在习近平新时代中国特色社会主义思想指引下，乘着推动成渝地区双城经济圈建设的浩荡东风，勇立潮头、锐意进取，只争朝夕、不辱使命，在率先实现与中心城区同城化发展、推动成渝地区双城经济圈建设的历史性考试中交出优异答卷！

在区委十三届八次全会上的讲话

（2020 年 12 月 24 日）

赵世庆

在“两个一百年”历史交汇点上，在收官“十三五”开启“十四五”的重要时间节点，我们召开区委十三届八次全会，意义十分重大、影响十分深远。主要任务是，以习近平新时代中国特色社会主义思想为指导，深入学习贯彻党的十九届五中全会精神，全面贯彻习近平总书记对重庆重要指示要求，认真落实市委五届九次全会部署，听取区委常委会工作报告，审议《中共重庆市长寿区委关于制定国民经济和社会发展第十四个五年规划和二〇三五年远景目标的建议》。

党的十九届五中全会，是在实现“两个一百年”奋斗目标历史交汇点上召开的一次极其重要的会议。全会审议通过的《中共中央关于制定国民经济和社会发展第十四个五年规划和二〇三五年远景目标的建议》，明确了“十四五”时期我国经济社会发展的指导思想、主要目标、必须遵循的原则和 2035 年远景目标，是今后五年乃至更长时期我国经济社会发展的行动指南。习近平总书记的重要讲话，高屋建瓴、思想深邃，总揽全局、内涵丰富，创造性地提出了许多新思想新论断新要求，科学回答了进入新发展阶段、贯彻新发展理念、构建新发展格局面临的重大实践问题，闪耀着马克思主义真理光芒，为全面建设社会主义现代化国家开好局起好步指明了前进方向、提供了根本遵循。前不久召开的市委五届九次全会，贯彻落实党的十九届五中全会精神和习近平总书记对重庆殷殷嘱托，审议通过市委关于制定重庆市国民经济和社会发展第十四个五年规划和 2035 年远景目标的建议，研究讨论市委、市政府关于贯彻落实《成渝地区双城经济圈建设规划纲要》实施意见，对全市“十四五”时期经济社会发展和深入推动成渝地区双城经济圈建设进行了安排部署。

学习宣传好、贯彻落实好党的十九届五中全会精神，是当前和今后一个时期的重要政治任务。我们要把思想和行动统一到全会精神上来，把智慧和力量凝聚到全会确定的目标任务上来，按照市委部署要求，切实抓好学习贯彻落实。

一、正确认识新发展背景，准确把握新发展阶段

总书记指出，新发展阶段就是全面建设社会主义现代化国家、向第二个百年奋斗目标进军的阶段，在我国发展进程中具有里程碑意义。新发展阶段就是新的发展大背景，我们要坚持以辩证思维从历史和现实、理论和实践、国际和国内的角度全面加以把握。

（一）全面盘点“十三五”发展取得的新成效，坚定进入新发展阶段的信心决心。“十三五”时期，我们坚持以习近平新时代中国特色社会主义思想为指导，围绕把习近平总书记殷殷嘱托和党中央决策部署全面落实在长寿大地上，按照市委的部署要求，坚持沉心静气、团结拼搏、真抓实干、苦干实干，推动全区各项事业迈上新台阶。令人倍感振奋的是，总书记两次亲临重庆视察，对重庆作出系列重要指示要求。全区上下奋力把总书记殷殷嘱托和亲切关怀化作干事创业的强大动力、转为砥砺奋进的务实举措，努力当好推动成渝地区双城经济圈建设、发挥“三个作用”的主力军。令人十分自豪的是，全面建成小康社会和全面建成“三地一中心”胜利在望，“十三五”规划主要目标任务即将完成，预计 2020 年地区生产总值达 750 亿元，跻身全国综合经济竞争力百强区（新城）。令人特别激动的是，脱贫攻坚目标任务如期完成，10 个贫困村全部脱贫出列，19649 名贫困人口全部脱贫，长寿人民将同全国人民一道告别延续千年的绝对贫困。令人备受鼓舞的是，

党中央作出新时代推进西部大开发、推动成渝地区双城经济圈建设的战略部署，长寿迎来率先实现与重庆中心城区同城化发展等重大历史机遇、发展机遇。令人印象深刻的是，我们齐心抗疫、共克时艰，统筹推进疫情防控和经济社会发展取得显著成效，主导产业强项持续扭亏为盈，“百年重钢”涅槃重生，以告知承诺制为典型代表的“放管服”等改革大大激发了市场活力，长寿颜值更高、气质更佳。当前，全区政治生态持续向好，干部群众精神面貌积极向上，各项事业稳步向前，巩固和发展了风清、气正、心齐、事成的良好氛围。

长寿“十三五”发展的生动实践充分表明：伟大事业依靠核心领航掌舵。习近平总书记领航掌舵，以习近平同志为核心的党中央坚强领导，是我们的信心所在、力量所在、依靠所在。不忘初心方能行稳致远，牢记使命才能开辟未来。只要始终坚持以人民为中心的发展思想，砥砺初心使命，我们就有战胜任何困难、挑战和风险的底气勇气。新发展理念是指挥棒、红绿灯。只要坚定不移践行新发展理念，高质量发展之路就能越走越宽广。正确的政绩观发展观至关重要。只要坚持一张蓝图绘到底，一届接着一届干、一年接着一年干，就能最终把美好蓝图变为生动现实。事业是拼出来的、干出来的。只要坚持发扬长寿干部敢打硬仗、善打大仗、能打胜仗的优良传统和作风，就能从胜利走向新的胜利。发展成绩来之不易，实践经验弥足珍贵，团结拼搏、砥砺奋进的良好局面值得倍加珍惜。

（二）*科学把握面临的新机遇，增强顺应新发展阶段的定力活力。*当前和今后一个时期，我国发展仍然处于重要战略机遇期，但机遇和挑战都有新的发展变化。“十四五”时期，长寿面临的发展机遇前所未有，我们要科学把握并善加利用。从外部环境看，经济全球化是发展主流，合作大于竞争。新一轮科技革命和产业变革、全球经济结构调整和产业链重组，我国正式签约 RCEP 等，都带来参与国际合作竞争新机遇。新时代推进西部大开发、全面推动长江经济带发展、推动成渝地区双城经济圈建设等，都带来加强区域合作新机遇。从政策趋向看，新一轮改革开放、构建新发展格局、实施扩大内需战略等，带来新一轮政策机遇。中央出台《关于新时代推进西部大开发形成新格局的指导意见》《成渝地区双城经济圈建设规划纲要》等重要文件，政策含金量很高，必将给重庆、给长寿带来系列重大政策利好。从发展阶段看，长寿发展已经站在新的历史起点上，经济由高速增长阶段转向高质量发展阶段，必将立足新发展阶段、贯彻新发展理念、融入新发展格局，推动高质量发展。从基础支撑看，长寿经济发展长期向好的基本面没有变，稳定经济增长的良好基础和条件没有变，经济结构调整优化的前进态势没有变，产业项目、生态环境、开放环境、营商环境、要素保障等支撑高质量发展的因素持续看好、一路向好。

机遇稍纵即逝，抓住了才是机遇，抓不住就是挑战。“十四五”时期，我们要强化抓机遇的意识、提升抓机遇的能力，切实珍惜机遇、抓住机遇、用好机遇，正确认识和准确把握好新发展阶段。

（三）*理性看待面对的新挑战，提升发力新发展阶段的狠劲韧劲。*当今世界正经历百年未有之大变局，外部环境更多的是逆风逆水，国内发展环境也经历着深刻变化。“十四五”时期，长寿发展将主要面临以下方面挑战。从发展动力动能看，以质量变革、效率变革、动力变革推动高质量发展的任务比较艰巨，适应高质量发展的体制机制还不健全。经济发展方式主要还是依靠投资、要素驱动，传统高投入、高能耗、偏重数量扩张的发展方式已经难以为继。消费、出口还有一些瓶颈需要突破，以科技创新催生新发展动能任务艰巨。从发展质量效率看，发展不平衡不充分问题依然突出，城乡区域发展差距较大。产业总体上处于产业链价值链低端，产业转型升级的任务比较繁重。收入分配差距较大，民生保障存在短板弱项。从发展安全风险看，当前和今后一个时期是各类矛盾风险易发期，各种可以预见和难以预见的风险因素明显增多。统筹发展和安全的能力水平还不高，确保政治安全、经济安稳、社会安定、百姓安宁、网络安靖的责任重大、任务艰巨。

总的来说，“十四五”时期，长寿发展机遇与挑战并存、困难与希望同在。我们要坚持辩证思维、保持战略定力，抓住机遇、应对挑战、趋利避害，在危机中育新机、于变局中开新局，奋力开创长寿“十四五”发展新局面。

二、紧紧聚焦新发展定位，科学锚定新发展目标

党的十九届五中全会擘画了一幅波澜壮阔的新图景，市委五届九次全会也描绘了重庆发展的美好新蓝图。我们要锚定新发展定位、校准新发展坐标、锁定新发展目标，主动作为、奋力作为、创新作为，努力把美好蓝图变为生动实践、化作美好现实。

（一）准确把握中央规划纲要对成渝地区双城经济圈的战略定位，明确一个总要求。推动成渝地区双城经济圈建设，是以习近平同志为核心的党中央作出的重大战略部署。今年11月，中央印发《成渝地区双城经济圈建设规划纲要》，这是推动成渝地区双城经济圈建设的纲领性文件。《规划纲要》明确提出，把成渝地区双城经济圈建设成为具有全国影响力的重要经济中心、科技创新中心、改革开放新高地、高品质生活宜居地，这是对成渝地区双城经济圈的战略定位，极大提升了重庆在全国发展大局中的战略地位。长寿处于成渝地区双城经济圈双极核之一的重庆主城都市区，并位于主城都市区“一核、一中心、四同城、四支点、四个桥头堡”五个层级中的第三层级，既承担着当好主城都市区打造“产业升级引领区、科技创新策源地、改革开放试验田、高品质生活宜居区”尖子生、模范生的重要任务，也肩负着加快建设同城化发展先行区、当好成渝地区双城经济圈建设主力军的重要使命，我们有基础和条件、也完全有决心和能力担负起这一重要任务和使命。

中央关于成渝地区双城经济圈“两中心两地”的战略定位，同时也蕴含着重庆发挥“三个作用”的内在要求。长寿是重庆主城都市区发展的重要支点，是中心城区与“两群”的重要传接点，同时也处在“一带一路”和长江经济带的重要联结点上。区委十三届五次全会提出，长寿要当好重庆发挥“三个作用”的主力军，这既是总书记对重庆殷殷嘱托的内在要求，也是长寿必须承载的使命担当。我们要深刻把握当好两个“主力军”之间的辩证统一关系，始终做到从全局谋划一域、以一域服务全局，切实增强当好主力军的责任感使命感和勇气担当，坚决不负总书记的殷殷嘱托和亲切关怀，坚决不负市委长期以来对长寿发展的重托和厚望。

（二）科学把握市委决策部署对长寿的发展定位，明确一个总目标。区委十三届七次全会认真贯彻落实市委五届八次全会部署和主城都市区工作座谈会要求，首次提出新时代建设“两地两区”发展目标。这既是市委对长寿新的发展定位，也是区委深刻把握长寿发展规律、发展阶段并在综合研判、科学论证的基础上确立的。区委十三届七次全会以来，围绕确立这一目标，区委先后多次组织研究讨论，不断进行优化提升，努力做到既贯彻市委部署又切合长寿实际，既落实顶层设计又顺应群众期盼，既体现使命担当又符合发展规律。

经过建区以来20年全区人民的一以贯之、接续奋斗，全面建成“三地一中心”和全面建成小康社会一道，即将历史性地画上圆满句号，建区之初提出的发展目标就要变成现实。“三地一中心”建设为“两地两区”目标奠定了坚实基础，同时，“两地两区”目标也是对“三地一中心”建设在新发展阶段的再深化、再拓展。我们要辩证把握和科学对待“两地两区”和“三地一中心”的关系，认真总结“三地一中心”建设经验，做到前后衔接、全面贯穿、接续发力，不断丰富、深化和拓展“两地两区”的内涵，一步一个脚印、一年一个台阶向前迈进。建设国家级新材料和先进制造业基地，就是要坚持把制造业高质量发展作为主攻方向，紧紧扭住创新驱动、转型升级两个关键，着力打造新材料产业集群，夯实先进制造业基础，打造钢铁材料、综合化工两个千亿产业。建设长江上游国家级特色商贸物流基地，就是要依托长江黄金水道，建设长江上游水公铁多式联运示范基地，大力发展临港经济，做大做强百亿级专业市场，打造生产服务型国家级物流枢纽。建设都市康养休闲旅游区，就是要以“一城、一谷、两湖、两山、多点”为载体，积极创建国家级旅游度假区和国家级康养旅游示范基地，打造重庆中心城区的都市花园、中华长寿文旅城，唱响“长寿·人人向往”金字招牌。建设城乡融合发展示范区，就是要以建设乡村振兴综合试验示范区和现代化高品质新城为抓手，着力构建新型工农城乡关系，实现城市让生活更美好、乡村让人们更向往。我们要继续保持一届接着一届干、一年接着一年干的定力和势头，紧盯目标不动摇、不折腾、不懈怠，确保“两地两区”建设五年见成效、十年大跨越、十五年决胜收官，以更高质量、更有效率、更加公平、更可持续、更为安全的发展，兑现向全体长寿人民的庄严承诺。

（三）*精准把握长寿“十四五”高质量发展的大好趋势和内在规律，明确一个总路径。*一个地方的发展，关键在于找准路子。“十四五”时期，长寿发展路径要抓住“同城先行”“产业升级”“城市扩能”“周边协同”这四个关键词，确保高质量发展之路行稳致远。同城先行，要切实把同城化七项重点任务和规划建设、产业体系、基础设施、城乡治理“四大专项”落细落地，把同城化的理念、规划和行动先一步落下去，为同城化发展积累经验、提供示范，切实当好先行者、先锋官。产业升级，要把制造业高质量发展摆在更加突出位置，以智能制造为主攻方向，大力推动传统制造业转型升级，培育发展战略性新兴产业，推动产业链和创新链“双向融合”，大幅提升产业规模和能级。城市扩能，要围绕扩容提品质，加快提升城市发展能级和质量，培育壮大枢纽型节点小城镇集群，着力提升城市经济和人口承载力，建设产城融合、职住平衡、生态宜居、交通便利的高品质新城。周边协同，要充分发挥长寿枢纽节点优势，一体推动成渝地区双城经济圈建设，主动承接重庆中心城区功能外溢，辐射带动两群地区城镇群，推动与四川毗邻地区、友好城市协同发展。

三、深入践行新发展理念，积极融入新发展格局

总书记强调，构建新发展格局必须坚定不移贯彻新发展理念。党中央提出新发展理念5年来，新发展理念的时代特征愈加明显、实践也在不断深化。“十四五”时期，我们要坚定不移贯彻落实新发展理念，将其作为新发展阶段推动各领域高质量发展的理念引领，严格按照“指挥棒”跑、跟着“红绿灯”走，不断提高贯彻新发展理念、融入新发展格局的能力和水平。创新是发展的第一动力。要以融入西部（重庆）科学城为着力点，以科技创新催生新发展动能，依靠创新发展解决长寿发展动力不足的问题。协调是发展的内生特点。要以建设城乡融合发展示范区和推进城乡区域协调发展为着力点，依靠协调发展解决长寿发展不平衡的问题。绿色是发展的普遍形态。要以打造生态文明建设示范区为着力点，依靠绿色发展解决长寿可持续发展的问题。开放是发展的必由之路。要以打造区域开放高地为着力点，依靠开放发展解决长寿发展内外联动不足的问题。共享是发展的根本目的。要推动形成全民共享、全面共享、共建共享、渐进共享的发展格局，依靠共享发展解决改革发展成果更多更公平惠及长寿人民的问题。

总书记强调，贯彻新发展理念，必然要求构建新发展格局，这是历史逻辑和现实逻辑共同作用使然。构建新发展格局，是事关全局的系统性、深层次变革，是立足当前、着眼长远的战略谋划。我们要从全局和战略的高度，准确把握党中央战略构想，加快在关系发展全局的重点工作上取得突破。重点是把握好六个重要着力点。

（一）*着力壮大经济高质量发展新动能。*坚持把发展经济着力点放在实体经济上，推动数字经济与实体经济深度融合，加快培育新发展动能，加快转变经济发展方式，切实增强经济发展的质量效益和核心竞争力。

*一是要加快产业转型升级。*总书记反复强调，推动经济高质量发展，要把重点放在推动产业结构转型升级上，把实体经济做实做强做优。市委赋予长寿同城化发展先行区的重大使命，也主要是基于长寿产业优势、区位优势等方面予以考量，对此我们要心中有数。“十四五”期间，我们要立足长寿传统老工业基地和新型工业化主战场的优势，加快推进产业基础高级化、产业链现代化，坚定不移推进产业转型升级。思想观念要往“新”里转。实体经济是基础。要坚持把高质量发展着力点放在实体经济特别是制造业上，推动制造业加速向数字化、网络化、智能化发展，着力稳住实体经济基本盘。传统产业是现代文明的基础，以制造业为代表的传统产业也是支撑起长寿工业大区的一张响亮名片。要坚持历史地、辩证地看待综合化工、钢铁冶金等传统产业，坚定不移做优传统产业、壮大支柱产业，决不舍弃传统产业带来的规模优势和先发优势。在立足新发展阶段、融入新发展格局的大背景下，在唱好“双城记”

建好“经济圈”的大框架下，产业协同是“关键一环”。要切实抓住用好同城先行机遇，唱好产业协同发展“重头戏”，大力推动与周边兄弟区县、四川毗邻地区及友好城市实现产业协同发展。产业能级要往“实”里抓。要坚持扩大增量与做优存量并举，抓紧补齐一批产业关键断点，着力打造钢铁材料、综合化工两个千亿产业。要坚持传统产业和新兴产业并抓，让传统产业“老树新枝”“老树新果”，让新兴产业“插柳成荫”“集聚成群”。要坚持锻造长板与补齐短板并重，大力实施制造业产业基础再造和产业链提升、战略性新兴产业集群发展、支柱产业提质三大行动，切实延长产业链、稳定供应链、提升价值链，促进产业结构迈向中高端。产业融合要往“深”里走。要大力推动一二三产协调融合，推动现代服务业同先进制造业深度融合，推动文旅农及大健康、电商等产业融合发展，着力构建以新材料产业为引领、先进制造业为支撑、生产性服务业为保障的现代产业体系。

二是要持续深化科技创新。党的十九届五中全会提出，坚持创新在我国现代化建设全局中的核心地位，把科技自立自强作为国家发展的战略支撑。我们要坚持创新驱动发展，全面增强发展新动能、塑造发展新优势。借势借力撬动创新之门。市委明确提出，举全市之力、集全市之智，高标准高起点建设西部（重庆）科学城。我们要围绕加快融入西部（重庆）科学城建设，立即行动起来、积极参与进去，在“一城多园”模式下加强谋划策划、对接衔接，强化分工协作、承接转移，打造一批创新分中心、实验室分部，坚决避免恶性竞争和低水平重复建设，力争将长寿经开区科技创新园、长寿高新区中科未来城打造成西部（重庆）科学城的特色功能园区。突破突围打通创新堵点。要着力破解高端创新要素集聚难，充分发挥企业主体和政府统筹作用，促进资金、技术、应用、市场等创新要素对接和集聚。要着力破解关键核心技术突破难，围绕产业链部署创新链、围绕创新链布局产业链，鼓励支持引导各类企业创新创造，力争搞出一些“独门绝技”。要着力破解创新成果转化难，提升协同创新能力，努力使更多科创成果从“实验室”走向“生产线”，推动构建以企业为主体、市场为导向、政产学研用深度融合的科技创新体系。求实求效构建创新生态。要完善创新激励机制、评价机制，鼓励企业加大研发投入，全方位培养、引进、用好和留住人才，让各类人才放开手脚搞科研、铆足干劲搞创新。要健全创新服务体系，提供全链条、全过程、全周期的创新服务，激发企业创新内生动力，推动科技创新和经济发展深度融合。要持续优化创新生态，依法保护知识产权，依法严厉查处假冒专利、商标侵权、专利侵权等违法行为，让创新的潜力充分释放、创新的活力不断迸发。

三是要积极扩大有效需求。任何高质量的供给，最终都需要依靠有效需求来实现。党的十九届五中全会提出，坚持扩大内需这个战略基点，加快培育完整内需体系。我们要坚定实施扩大内需战略，着力推动形成需求牵引供给、供给创造需求的更高水平动态平衡。要积极扩大有效投资。目前，有效投资依然是拉动长寿经济增长的关键因素。要拓展投资空间，精准把握“两新一重”等投资导向，瞄准战略性新兴产业、交通提质、旧城及老旧小区改造等领域，谋划和实施一批强基础、增功能、利长远的重大项目，增强投资增长后劲，充分发挥投资拉动的“乘数效应”。要优化投资结构，多一些思考资金“往哪投”“怎么投”的问题，保持投资合理增长，大幅提升投入产出综合效益，坚决杜绝盲目“铺摊子”、上项目。要激发全社会投资活力，积极鼓励异地商会人士回长投资兴业，营造鼓励企业家干事创业的浓厚氛围，助推民营经济高质量新发展。要全面促进消费升级。在传统“三驾马车”力量结构及扩大有效需求的基础性作用中，消费是我区面临的一块短板。当前和今后一个时期，我区消费内在向好的因素不断累积，消费升级的趋势也将更加明显。要积极营造高品质消费空间，坚持重点行业和优势领域挖掘潜力，积极发展教育、康养等服务消费；坚持线上消费与线下消费同时发力，大力发展“夜间经济”“假日经济”，积极拓展“宅消费”“中央厨房”消费，加快培育线上医疗、智慧零售、直播电商等新模式，建立适应消费升级多元化供给体系，不断丰富消费业态。要优化消费场景，想方设法提升群众特别是中等收入群体消费能力，推动“有钱”与“有闲”相结合，切实让群众愿消费、敢消费、能消费，最大程度消除中心城区“虹吸效应”影响，努力把消费短板补起来。

（二）*着力深化改革开放激发发展新活力*。改革开放是推动发展的关键一招，新时代改革开放的内涵、条件、要求同过去相比有很大不同。我们要坚定不移深化改革开放，推动改革和开放相互促进，着力增强高质量发展的动力活力。

一是要更深层次推改革。这次全会审议的区委“十四五”规划建议稿，以全区经济社会发展为主轴，包含着大量改革部署，是改革和发展的“双重奏”。我们要将全面深化改革进行到底，全面释放改革制度红利。要坚持科学统筹。善于运用改革思维和改革办法，谋划实施一批基础性和具有重大牵引作用的改革措施，统筹推进重点领域和关键环节改革，加强改革系统集成协同高效，推动改革和发展深度融合、高效联动。要坚持抓纲举目。坚持把改革重点放到解决实际问题上，重点在深化“放管服”改革、全面推行告知承诺制改革以及推进国资国企改革、投融资体制改革、深化农村综合改革、优化营商环境等关键点上发力见效，起到牵一发而动全身的效果。要坚持一抓到底。认真总结部级农村集体产权制度改革、市级工业企业项目告知承诺制改革等试点经验，扎实推进国家数字经济创新发展试验区、售电侧改革、市域社会治理现代化试点等改革试点工作，充分发挥试点的示范突破带动作用。要将主要精力集中到整体推进、督促落实上，健全改革落实推进长效机制，确保把各项改革任务抓深、抓实、抓出成效。

二是要更高水平扩开放。对一个地方来讲，开放的水平决定着发展的水平。我们要紧扣开放通道、平台、口岸、主体、环境五大关键，实施更大范围、更宽领域、更深层次对外开放，努力打造区域开放新高地。要拓展开放通道。围绕构建现代化综合交通体系，实施“五铁、六高、一快、多干道”交通发展规划，全力推动广涪柳铁路、渝汉高铁等“陆路大动脉”建设，加快推动两江新区至长寿快速通道建设，推进长寿城区至长寿湖景区等通道建设，既疏通“主要经络”也畅通“毛细血管”，着力构建内联外通、互联互通、四通八达通道体系。要提升开放平台。全面提升三大开放平台集聚辐射功能，串联“4+X”专业市场群，共建生产服务型国家级物流枢纽，按全市布局建设长寿化工物流园，着力打造千亿级临港产业集聚区。要完善开放口岸。推进长寿港整合提升，推动重庆港口岸功能扩大到长寿港区，全面恢复海关监管职能，加快建设港区大宗物流区、保税仓特色仓储区和化学品分拨中心，打造功能完备、多式联运、港产结合、港城共荣的现代长寿港。要培育开放主体。坚持“引进来”“走出去”并举，大力推进通道带物流、物流带经贸、经贸带产业，培育和引进一批特色突出、竞争力强、外向度高的外贸企业，加快建设服务外包示范区，不断提高开放型经济水平。要优化开放环境。坚持软硬环境一起抓，切实营造市场化法治化国际化的营商环境、公平公开公正的市场环境、宜居宜业宜游的人居环境，真正让各类主体愿意来、留得住、发展得好。

三是要更广领域促合作。合作是当今时代的主旋律，合作才能共赢。我们要以开放、合作、共赢的胸怀谋划发展，在合作中破解发展难题、实现共同发展。要深入推进园区合作。积极主动与成渝地区、东部沿海地区的各类开发区、高新区、现代农业园区探索建立合作协作、互利共赢机制，通过发挥比较优势，积极打造“飞地园区”、发展“飞地经济”，努力实现资源互补、共同发展。要大力推动周边合作。未来五年是成渝地区双城经济圈建设的关键期。要牢固树立一盘棋思想和一体化发展理念，同心协力办好合作的事情，全面落实七项重点任务，共建合（川）广（安）长（寿）环重庆主城区经济协同发展示范区，落实“一区两群”对口协同发展机制，合力打造协同发展样板。要积极参与国内国际合作。要树立全球视野、国际眼光，充分发挥长寿作为“一带一路”和长江经济带重要联结点的优势，常态化运行西部陆海新通道长寿班列，积极参与国际竞争和合作，在参与国内国际双循环中更好发挥自身优势。

（三）*着力增强城乡区域协调发展新优势*。党的十九届五中全会提出，健全城乡融合发展机制，推动区域协调发展。我们要坚持从园区内外、城乡两头共同发力，让城乡各美其美、美美与共，促进城乡区域协调发展、平衡发展。

一是要做优做强三大园区平台。多年来，国

家级长寿经开区、国家级现代农业科技园区、市级长寿高新区在推动城乡融合、区域协调发展方面发挥了重要作用。“十四五”时期，要更好发挥三大园区平台作用，做强主导产业、做优平台优势，为积极融入新发展格局、推动高质量发展积势蓄能。国家级长寿经开区要发挥支撑引领作用。聚焦国家关于国家级经开区的工作定位，充分发挥长寿经开区产业优势、开放优势和创新优势，推动从规模扩张向精耕细作转变，推动发展模式向产城融合、园城互动、产景交融转变，着力打造产业发展、企业培育、项目建设、对外开放、科技创新的综合承载平台，成为创新创业的落脚地、转型升级的示范区、改革开放的主战场、参与国内国际合作的排头兵。国家级现代农业科技园区要发挥探路架桥作用。坚持以园区模式推进农业现代化，提档建设科技研发创新中心和创业创新孵化基地、农业科普培训基地、智慧农庄养生基地、低碳种养循环展示基地、农畜产品加工物流基地，推动农业农村发展方式转变、结构优化、动力转换，着力打造集种养循环生态示范、智慧农业科技示范、特色农业高效示范为一体的西南领先、国内一流现代循环农业科技园区。市级长寿高新区要发挥统筹带动作用。牢牢把握“高”“新”发展定位，瞄准国家高新区创建目标，着力培育以新兴智能产业为核心、先进制造业为主体、现代服务业为支撑的产业体系，打造工业城镇群，全面提升小城镇容纳人口、吸纳就业和承接产业功能，推动从以工业开发带动沿线街镇开发向产业智能化、高端化、融合化、集群化、生态化发展，实现与长寿经开区、现代农业科技园区的协同发展、配套发展、替补发展，促进城乡区域产业合理布局和互动发展。

二是要大力推进以人为核心的新型城镇化。城镇化是现代化的必由之路。当前，我区常住人口城镇化率达到68%，高出全国7.4个百分点，但在打造宜居城市、韧性城市、智能城市方面还有大量工作要做。要更好推进以人为核心的城镇化，着力建设产城融合、职住平衡、生态宜居、交通便利的高品质新城，使城市更健康、更安全、更宜居，成为人民群众高品质生活的空间。新型城镇化，首要在理念先行。城市发展既不能只考虑规模经济效益，也不能盲目“摊大饼”，更不能搞“造城运动”。要坚持“东优、西融、北进、南改、中强”的思路，树立城市全周期管理理念，推动城市发展由外延扩展式不断向内涵提升式转变。新型城镇化，关键是统筹布局。要坚持高起点规划、高标准建设、高水平管理、高效率运营，“内外兼修”提升城市品质，建设有特色的人文城市，避免“众城一面、万楼一貌”。积极探索街镇功能分区，分类引导小城镇发展，重点打造环长寿湖等一批高品质特色城镇集群，统筹推动城市整体形态更新、业态更新、功能更新。新型城镇化，核心是人的问题。新型城镇化，新就新在以人为核心。第七次全国人口普查显示，我区户籍人口不增反降，这严重制约了城市能级、市场规模、消费潜力提升。要坚决破除妨碍要素自由流动的制度障碍，加速推进人口增长，着力提高经济和人口承载能力，努力打造“双百”现代化新城，把“发展落差”变为“发展空间”。

三是要全面推进乡村振兴。党的十九届五中全会提出“全面实施乡村振兴战略”，这与党的十九大提出的“实施乡村振兴战略”一脉相承。我们要按照“率先示范、干在实处、走在前列”的要求，坚决扛起建设全市乡村振兴综合试验示范区的使命担当，加快打造乡村振兴“长寿样板”。要以改革创新引领乡村振兴。深化农业供给侧结构性改革、农村土地制度改革，扩面深化农村“三变”改革，深入推动“三社”融合发展，带动城乡要素平等交换、双向流动，助力农业农村现代化。要以产业发展带动乡村振兴。着力增品种、提品质、创品牌，实施“六个十万工程”，做强做优“1+4+N”长寿山地特色农业产业体系，促进农业“接二连三”。要以有效治理促进乡村振兴。坚持以党建引领乡村善治，建立健全党委领导、政府负责、社会协同、公众参与、法治保障、科技支撑的现代乡村社会治理体制，健全党组织领导的自治、法治、德治相结合的乡村治理体系。要以优美环境彰显乡村振兴。建立健全乡村公共卫生管理长效体制和公共设施运营维护机制，强化农村人居环境整治，完善城乡垃圾一体化收运体系，着力建设生态宜居美丽乡村。

（四）着力探索生态优先绿色发展新路子。总书记指出，在“五位一体”总体布局中生态文明建设是其中一位，在基本方略中坚持人与自然和谐共生是其中一条基本方略，在新发展理念中绿色是其中一大理念，在三大攻坚战中污染防治是其中一大攻坚战。生态环保问题历来是长寿的敏感点焦灼点，我们要高扬生态文明这个旗帜，学好用好“两山论”、走深走实“两化路”，加快建设山清水秀美丽长寿。

一是要坚持不懈加强生态保护与安全。全面加强生态保护与安全，促进实现经济发展与生态保护的协调统一。要全面筑牢长江上游重要生态屏障。坚持共抓大保护、不搞大开发，把修复长江生态环境摆在压倒性位置，坚决禁止在长江干支流1公里范围内新建扩建化工园区和化工项目，坚决禁止在长江干流岸线5公里内新布局工业园区，坚决不让一滴工业污水流入长江。要全面统筹好“三生”发展空间。聚焦打造多元共生生态系统，优化生产、生活、生态三大空间布局，集约高效利用国土空间，真正实现生产空间集约高效、生活空间宜居适度、生态空间山清水秀。要全面确保生态安全。着力健全完善四级监测预警和应急响应机制，优化提升长寿经开区五级水污染风险防范体系和固体废物处置防控体系，坚决守住重化工基地转型升级中的生态环保底线，切实保护好长江母亲河、维护好三峡库区生态安全。

二是要雷霆手段狠抓污染防治。“十三五”时期，我区污染防治攻坚战取得决定性成效，我们要一鼓作气、乘势而上，深入实施污染防治行动，统筹山水林田湖草系统治理，一体推进治山、治水、治气、治城。要全域“治山”。深入开展大规模国土绿化行动，生态修复历史遗留矿山，打造四季常绿、色彩斑斓的生态景观。要系统“治水”。深入落实三级河（湖）长体系，有效治理农业面源污染，深化危险废物码头、船舶废油等危废整治，健全流域跨界横向生态补偿机制，扎实推进“三水共治”，使水清河畅、鱼翔浅底成为常态。要强力“治气”。严格落实能源消费双控制度，加快调整优化产业结构、能源结构，有效控制交通污染、扬尘污染、工业污染、生活污染，努力还百姓以蓝天白云、繁星闪烁。要综合“治城”。高水平推进海绵城市建设，做精做细城市管理，不断提升城市承载能力和服务效能，着力实现城市生态价值与经济社会发展价值的同步提高。

三是要坚定不移推进绿色发展。总书记强调，人不负青山，青山定不负人。我们要只增绿、不减绿，让绿色成为长寿发展最动人的色彩，努力当好坚持生态优先、绿色发展的典范。要大力推进产业生态化。坚持走低碳绿色可持续发展之路，落实“三线一单”硬性约束，完善产业准入负面清单制度，全面提高环保准入门槛，突出绿色制造、做优生态农业、做精生态旅游业，坚决淘汰产能落后和对环境破坏力强的产业，促进长寿经济社会发展全面绿色转型。要大力推进生态产业化。鼓励绿色生产和消费，以特色生态农业、康养休闲旅游为牵引，提质提档建设长寿经开区六大循环经济产业链和现代农业科技园区循环种养殖经济，培育壮大气候经济、山上经济、水中经济和林下经济。推动天赐长寿湖、长寿菩提山、长寿慢城等城乡自然资本加快增值，着力把生态优势转变成发展优势、把生态资本转化为富民资本、把生态价值转化为经济价值，使绿水青山建得更美、金山银山做得更大。

（五）着力满足人民美好生活新需要。民之所盼，政之所向。我们要始终坚持以人民为中心的发展思想，让经济社会发展成果更多更公平惠及长寿人民，努力提高长寿人民生活品质，让老百姓的日子越过越好。

一是要巩固拓展脱贫攻坚成果。脱贫摘帽不是终点，而是新生活、新奋斗的起点。脱贫摘帽也无法保证一劳永逸，当前和今后一个时期，巩固拓展脱贫攻坚成果的任务依然艰巨。要保持政策总体稳定。严格落实“四个不摘”要求，抢抓脱贫攻坚政策过渡期机遇，保持现有帮扶政策、资金支持、帮扶力量总体稳定，坚持“扶上马送一程”。要坚决防止返贫致贫。健全完善防止返贫致贫的长效机制，加强脱贫监测户、贫困边缘户的监测和帮扶，把解决绝对贫困的脱贫攻坚措施逐步调整为对农村低收入人口的日常帮扶措施。推动产业扶贫向产业振兴提升，推进产业迭代升级，做好脱贫人口稳岗就业。要做好有机衔接。把巩固拓展脱贫攻坚成果同乡村振兴有效衔接起来，做好规划、政策、工作、保障“四个衔接”，激活“人”“地”“钱”三要素，增强群众内生动力和自身发展能力，不断增强高质量发展的后劲。

二是要办好各项民生事业。总书记强调，要努力在推动高质量发展过程中办好各项民生事业、补齐民生领域短板。我们要像抓经济建设一样抓民生保障、像落实发展指标一样落实民生任务，多谋民生之利、多解民生之忧，不断适应人民群众需求变化。就业是民生之本。要强化就业优先政策，支持多渠道灵活就业，努力实现更加充分、更高质量的就业。教育是民生之基。要加快教育现代化，扩大普惠性学前教育供给，推动义务教育均衡发展，增强职业技术教育适应性、针对性，努力办好人民满意的教育。医疗是民生之需。要提高突发重大公共卫生事件处置能力，增加优质医疗卫生服务供给，全方位全周期保障人民健康。社保是民生之依。要建立健全覆盖全民、统筹城乡、公平统一、可持续的多层次社会保障体系，关注重点群众基本生活，发展普惠型养老服务和互助性养老。住房是民生之安。要坚持房子是用来住的不是用来炒的定位，完善住房市场体系和住房保障体系，有序开展共有产权住房试点，让全体人民住有所居。收入是民生之源。要完善各类生产要素参与分配机制以及税收、社保、转移支付等为主要手段再分配机制，着力提高低收入群众收入、扩大中等收入群体，确保投资有效益、产品有市场、企业有利润、员工有收入、政府有税收。

三是要推动文化事业文化产业繁荣发展。党的十九届五中全会对繁荣发展文化事业和文化产业作出了明确部署。“十四五”时期，我们要坚持一手抓文化事业繁荣、一手抓文化产业发展，推动文化事业文化产业的高质量发展与经济社会的高质量发展深度融合、协同并进。要一手抓文化事业繁荣。我区文化底蕴深厚、文化资源富集，长寿文化、水电文化、工业文化、红色文化、民俗文化交相辉映、相得益彰。要围绕打造“长于文、寿于和”的长寿文化名片，关注文化维度、激活文化元素、做足文化文章、用好文化力量，大力推动公共文化服务标准化、均等化，更好满足长寿人民的精神文化需求。要一手抓文化产业发展。当前，我区文化产业结构单一、产业领军人才紧缺、市场主体总量偏小。要加快制定实施文化产业发展规划和产业政策，持续推动农旅文融合发展，精心打造长寿湖——五华山旅游线路和文旅品牌，加快发展新型文化企业、文化业态、文化消费模式，更好满足长寿人民多样化、多层次、多方面的文化需求。

（六）着力提高社会建设新水平。安全是发展的前提，发展是安全的保障。党的十九届五中全会强调，统筹发展和安全，提高社会建设水平。我们要树立底线思维、风险意识，把安全发展贯彻发展各领域和全过程，牢牢守住安全发展这条底线。

一是要深化平安长寿建设。总书记强调，各级党委和政府要切实肩负起促一方发展、保一方平安的政治责任。我们要牢固树立安全发展理念，努力建设更高水平的平安长寿。要全力以赴固根本。坚持重心下移、保障下倾、力量下沉，进一步建强基层组织、抓实基础工作、提升基本能力，创新部门联动、政社互动、专群齐动三大机制，形成点线面同步发力、全社会共同参与的局面。要毫不松懈保平安。深入开展平安创建活动，全面提升平安建设科学化、社会化、法治化、智能化水平，真正以各区域、各行业、各方面的“小平安”汇聚成全区的“大平安”。要千方百计提质效。大力推动现代科技与平安建设深度融合，强化源头防控、过程把控、应急管控，大力推进全周期动态治理、全方位依法治理、全要素智慧治理，努力把平安长寿建设提升到新的水平。

二是要加强和创新社会治理。加强和创新社会治理，是提高人民群众安全感的重要途径。“十四五”时期，要围绕把制度优势转化为治理效能，大力提高社会治理的社会化、法治化、智能化、专业化水平。要以推进市域社会治理现代化试点为抓手。完善和落实党委领导、政府负责、民主协商、社会协同、公众参与、法治保障、科技支撑的社会治理格局，努力打造人人有责、人人尽责、人人享有的社会治理共同体。要以创新基层治理为基础。社会治理的重心在基层，难点在基层，活力也在基层。要把加强党建作为贯穿基层治理的红线，推动社会治理重心向基层下移，完善群众参与基层社会治理的制度化渠道，加快推进治理体系和治理能力现代化。要以推进现代科技与社会治理深度融合为载体。切实用好现代科技“杀手锏”，促进提高社会治理的预见性、精细度、精准度，努力实现精密防范风险隐患、精准开展打击防范、精细化解矛盾纠纷。

三是要深入推进全面依法治区。中央全面依

法治国工作会议明确了习近平法治思想在全面依法治国中的指导地位，这是我国社会主义法治建设中的一件大事。我们要深入学习贯彻习近平法治思想，大力推进全面依法治区，不断开创法治长寿建设新局面。要全面筑牢法治之基。坚定法治信仰，树牢法治理念，培养法治思维，弘扬法治精神，大力建设法治文化。尊崇宪法、学习宪法、遵守宪法、维护宪法，推动宪法全面实施。健全和落实党组织领导的“三治”结合城乡基层治理体系，夯实基层社会治理基础。要切实行好法治之力。深入落实全面依法治区重点任务，一体推进法治长寿、法治政府、法治社会建设，大力推进严格执法、公正司法、社会治理法治化和全民普法守法，切实彰显法治威力。要共同集聚法治之势。各级领导干部要带头尊法学法守法用法，党政主要负责人要履行推进法治建设第一责任人职责，不断提高运用法治思维和法治方式深化改革、推动发展、化解矛盾、维护稳定、应对风险的能力，确保经济社会发展在法治轨道上运行。全区上下都要齐心协力营造办事依法、遇事找法、解决问题用法、化解矛盾靠法的良好氛围和环境，推动形成法治良序。

*四是要有效防范化解风险。*总书记强调，既要有防范风险的先手，也要有应对和化解风险挑战的高招。我们要着力提高风险预见预判能力，认真抓好各种“存量”风险化解、“增量”风险防范，切实让“黑天鹅”飞不起、“灰犀牛”冲不动。要有效防范化解政治风险。坚决维护以政权安全、制度安全为核心的政治安全，严密防范和严厉打击敌对势力渗透、破坏、颠覆、分裂活动。深入落实中央新修订的《党委（党组）意识形态工作责任制实施办法》，确保意识形态领域绝对安全。要有效防范化解经济风险。加强经济安全风险预警、防控机制和能力建设，抓紧抓实政府隐性债务风险防范化解工作，依法严厉打击非法金融活动，坚决守住不发生区域性系统性风险的底线，确保经济运行保持在合理区间。要有效防范化解社会风险。突出抓好安全生产，加强危化品、建筑施工、交通运输、食药品等领域安全监管，有效防范和坚决遏制重特大安全事故发生。坚持“事要解决”“依法治理”，着力把信访纳入法治化轨道，依法打击缠访、闹访等违法犯罪行为。强化治安防控、重点管控，不断提高应急处突能力水平，坚决防止各类矛盾纠纷碰头叠加、交叉感染、蔓延升级，一以贯之筑牢安全稳定保障线。

四、全面落实新发展要求，奋力开创新发展局面

立足新发展阶段、贯彻新发展理念、构建新发展格局，对我们开启全面建设社会主义现代化新征程提出了新的更高要求。我们要坚持党的全面领导，调动一切可以调动的因素，团结一切可以团结的力量，为实现“十四五”发展目标和2035年远景目标提供坚强有力保障。

一是坚决做到“两个维护”，提供开创新发展局面的政治保障。“两个维护”关乎党和国家的事业成败、前途命运，是最高政治原则和根本政治规矩。要把政治担当作为首位担当。知行合一增强“四个意识”、坚定“四个自信”、做到“两个维护”，落实市委“三个确保”政治承诺，确保把总书记殷殷嘱托和党中央决策部署全面落实在长寿大地上。要把政治能力作为第一能力。在学懂弄通做实、走深走心走实上下功夫，坚持用习近平新时代中国特色社会主义思想武装头脑、指导实践、推动工作。始终对“国之大者”心中有数，善于用政治眼光观察和分析经济社会问题，不断提高政治能力和政治素养。要把政治纪律作为首要纪律。常怀对党的政治纪律政治规矩的敬畏之心，自觉增强政治自制力，始终做政治上的“明白人”“老实人”，真正做到时时处处事事讲政治、见政治、抓政治。

*二是全力锻造一支政治过硬、具备领导现代化建设能力的干部队伍，提供开创新发展局面的组织保障。*总书记指出，全面建设社会主义现代化国家，必须有一支政治过硬、具备领导现代化建设能力的干部队伍。要用好思想建党这个传家宝。加强理想信念教育，教育引导广大党员干部修好“不忘初心、牢记使命”这个永恒课题和终身课题，为党和人民事业矢志奋斗、不懈奋斗。要下好队伍建设这个先手棋。坚持正确选人用人导向，加强对敢担当、善作为干部的激励保护，着力在明年三级换届中选好干部、配强班子。加强对干部教育培养特别是年轻干部的教育培养，不断提高各级领导班子和干部贯彻新发展理念、构建新发展格局的能力。要抓住组织建设这个牛

鼻子。坚持大抓基层、抓实基层导向，统筹推进各领域基层党建工作，着力推动基层党组织全面进步、全面过硬，充分发挥基层党组织战斗堡垒作用。

三是巩固提升风清气正良好政治生态，提供开创新发展局面的作风保障。总书记强调，做好各方面工作，必须有一个良好政治生态。我们要全面落实管党治党政治责任，坚定不移全面从严治党，不断巩固和发展风清气正、干事创业、积极向上的良好政治生态。要为良好政治生态培厚土壤。全面彻底干净肃清孙政才恶劣影响和薄熙来、王立军流毒，坚决反对和破除袍哥文化、圈子文化、码头文化等滋生的土壤，大力发展积极健康的党内政治文化，巩固发展风清气正的良好政治生态，优化提升干事创业的良好发展环境。要不断增强党内政治生活的政治性、时代性、原则性、战斗性，促进党员干部不断自我净化、自我完善、自我革新、自我提高。要为良好政治生态清淤疏浚。完善和落实全区政治生态评价试行办法，着力为政治生态建设提供制度机制保障。持之以恒推进正风肃纪反腐，大力纠治“四风”特别是形式主义、官僚主义问题，标本兼治推进为基层减负，打好“以案四说”“以案四改”组合拳，一体推进不敢腐、不能腐、不想腐。各级党员领导干部要当好政治生态建设的“护林员”，促进干部清正、政府清廉、政治清明、社会清朗，真正让长寿成为风清气正的一方净土、投资兴业的一块沃土、干事创业的一片乐土。

四是健全完善党领导经济社会发展的体制机制，提供开创新发展局面的制度保障。加强和改进党对经济社会发展的全面领导，是实现“十四五”目标任务的决定性因素。坚持和完善保证党在领导经济社会发展中把方向、谋大局、定政策、促改革的具体制度，不断提高党领导经济社会发展制度化、规范化、程序化水平。坚持和完善党中央关于经济社会发展重大决策部署贯彻落实的具体制度，切实把党中央决策部署和市委工作要求转化为长寿的发展思路、政策举措和工作成果。坚持和完善确保党发挥总揽全局、协调各方的具体制度，加强与民主党派、党外人士合作共事，充分发挥群团组织的桥梁纽带作用，支持人大、政府、政协和监委、法院、检察院依法依章程履行职能、开展工作、发挥作用。

五是切实提高执行力和落实力，提供开创新发展局面的能力保障。再好的目标、再好的蓝图，如果不沉下心来抓落实，也只是镜中花、水中月。要树牢正确政绩观发展观。牢记“功成不必在我、建功必定有我”，正确处理“显功”与“潜功”关系，坚持一张蓝图绘到底、一届接着一届干，既做让老百姓看得见、摸得着、得实惠的实事，也做为后人作铺垫、打基础、利长远的好事。要增强斗争精神斗争本领。坚定斗争意志、发扬斗争精神、提高斗争本领，特别是在严峻形势和斗争任务面前，骨头要硬，敢于出击，敢战能胜，始终做到“不畏浮云遮望眼”“乱云飞渡仍从容”。要坚持真抓实干埋头苦干。深入开展“兴转促”行动，把全部心思和精力用到抓落实上，以干部的战天斗地换取群众的欢天喜地，以干部的奋斗指数换取长寿的发展指数和群众的幸福指数。

同志们，新征程引领新未来，新蓝图呼唤新作为。让我们更加紧密团结在以习近平同志为核心的党中央周围，全面贯彻落实党的十九届五中全会精神，砥砺奋进，接续奋斗，把美好蓝图镶嵌在长寿的山山水水，把美丽梦想照进长寿父老乡亲的现实，开启全面建设社会主义现代化强区新征程，以优异成绩迎接建党100周年！

重庆市长寿区人民代表大会常务委员会工作报告

——2020年1月8日在重庆市长寿区第十八届人民代表大会第四次会议上

重庆市长寿区人民代表大会常务委员会主任　张明生

过去一年的主要工作

2019年，是中华人民共和国成立70周年，是决胜全面建成小康社会的关键之年，也是地方人大设立常委会40周年。区人大常委会高举习近平新时代中国特色社会主义思想伟大旗帜，全面贯彻落实党的十九大和十九届二中、三中、四中全会精神，深入学习贯彻习近平总书记关于坚持和完善人民代表大会制度的重要思想、对重庆工作的重要指示批示精神，在区委坚强领导下，扎实开展“不忘初心、牢记使命”主题教育，坚持党的领导、人民当家作主、依法治国有机统一，认真履行宪法法律赋予的各项职责，为经济社会发展和民主法治建设，发挥了地方国家权力机关的职能作用。一年来，组织召开人大常委会会议6次、主任会议20次，审议专项工作报告20项，听取工作情况汇报12项，开展执法检查4项、专题视察4项、专项工作评议1项、专题询问1项，评议政府工作部门9个，全面完成区十八届人大三次会议确定的工作任务。

一、旗帜鲜明讲政治，牢牢把握人大工作正确方向

自觉把党的政治建设摆在首位，牢固树立“四个意识”，不断增强“四个自信”，坚决做到“两个维护”，紧跟党中央和市委、区委决策部署，确保人大工作沿着正确方向前进。

始终把学习贯彻习近平新时代中国特色社会主义思想作为首要政治任务。结合开展主题教育，密集安排中心组学习23次，系统深入学习习近平新时代中国特色社会主义思想。注重干什么学什么，深入学习习近平总书记关于坚持和完善人民代表大会制度的重要思想，跟进学习习近平总书记对地方人大及其常委会工作的重要指示精神、党的十九届四中全会精神，坚定了走中国特色社会主义政治发展道路的信心和决心，增强了坚持和完善人民代表大会制度的责任感和使命感，提升了依法履职的素质和能力。

始终把坚持党的领导作为重大政治原则。把党的领导体现在贯彻落实区委安排部署中，贯穿人大工作全过程各方面。主动争取区委把人大工作纳入党委工作总体布局，统筹加强区镇人大工作和建设，区委主要领导坚持联系人大工作、出席人大重要会议和活动，推动区委五次人大工作会议精神落地生根。及时传达学习区委十三届五次、六次全会精神，主动根据区委部署排兵布阵，全力确保区委在改革发展、人事安排等方面的主张通过法定程序得以实现。严格执行重大事项请示报告制度，先后就召开人民代表大会、开展重要监督活动、举办川渝鄂陕部分州区县人大工作联席会等重大事项，书面向区委请示报告19次，做到了事前有请示、事后有报告，确保人大工作同区委要求保持高度一致。

始终把为党尽职为民造福作为根本政治担当。自觉在全区大局下思考问题，重点围绕贯彻落实习近平总书记视察重庆重要讲话精神10项重点任务，围绕打好“三大攻坚战”、实施“八项行动计划”，从区委的决策部署中寻思路，从长寿人民对美好生活的向往中画重点，精心谋划、扎实推进人大各项工作。积极参与脱贫攻坚、扫黑除恶、河长制、重大项目建设、软弱涣散党组织整顿等重点工作，始终与党心民意同频共振、与“一府一委两院”合力并进，在经济社会发展中贡献了人大力量。

二、围绕中心服务大局，大力推动高质量发展高品质生活

突出依法治区、产业发展、乡村振兴、生态环保、公共服务等领域重要工作，强化跟踪监督、联动监督，做到既确保宪法法律有效实施，又确实帮助“一府一委两院”改进工作。

推动计划财政管理完善发展。听取审议计划、财政预算决算、审计等多项报告，督促区政府统筹做好稳增长、促改革、调结构、惠民生、防风险、保稳定各项工作，确保经济平稳健康运行。首次听取审议国有资产管理情况综合报告、行政事业性国有资产管理情况专项报告，督促摸清国有资产家底，加强和改进管理，给全区人民交一本“明白账”。持续跟踪审计查出问题整改工作，2016 年、2017 年审计查出问题整改落实率分别达 100%、96.7%。将审计工作报告通报纪检监察、组织人事、财政、税务等相关部门，形成联动监督机制。听取审议政府债务情况报告、政府债务余额限额报告，督促加强政府债务管控，切实防范债务风险。积极开展预算审查监督重点向支出预算和政策拓展工作，预算联网监督系统正式上线运行，推动政府建立完善预算公开评审、绩效评价、产业发展专项资金管理办法等制度。开展 2020 年财政预算公开评审，审减金额 4335 万元，提出评审意见建议 52 条。

推动依法治区不断深化。开展备案审查工作培训，严格规范性文件制定、报备、审查程序。对区政府报送的 21 件行政规范性文件进行备案审查，提出修改意见 8 条。建立人大常委会规范性文件“一沟通五审查”① 制度，获得市人大常委会主要领导批示，在全市作经验交流，重庆日报作专题报道。开展《水污染防治法》《重庆市预算审查监督条例》等执法检查，保证法律法规正确实施。对宪法宣誓制度贯彻落实情况进行全面检查，促进宪法宣誓制度化、常态化。听取审议区法院基本解决执行难工作情况报告、区检察院公益诉讼工作情况报告，推动“两院”完善工作机制，切实促进公正司法。积极受理、督办群众来信来访 101 件次，推动依法化解矛盾纠纷。

推动民营企业发展法治环境持续改善。把法治政府建设放到改革发展大盘中思考，在深入调查研究基础上，对民营企业发展法治环境工作开展专项评议，提出搭建民营企业政策发布平台、提升政务服务水平、落实民营企业优惠政策、维护市场主体公平竞争环境、破解民营企业“融资难”“用工难”“用地难”、增强企业法治意识等评议意见。促成区政府细化出台涉企政策 23 件，清理取消下放行政审批及证明事项 300 余项，启动建设政务资源共享交换平台，设置企业转贷应急资金池，推动解决了一批制约民营企业发展的突出问题，有效改善营商环境。

推动经济发展提质增效。组织市区代表深入长寿经开区、长寿高新区，视察工业企业转型升级，鼓励企业结合实际，积极谋划、稳妥实施转型升级。跟踪监督 2018 年旅游产业发展评议意见办理落实情况，督促理顺旅游管理机制，强化旅游重大项目建设管理，促进文旅、康旅、农旅融合发展，打造近悦远来的长寿旅游升级版。听取区税务局、区供销社、区烟草专卖局等部门工作情况，强调解决好减税降费、市场化改革等过程中的突出问题，切实服务全区大局。开展科技成果转化条例实施情况调研，针对当前存在的创新氛围不浓、政策支撑不够、投融资体系和机制不健全、科技成果转化不充分等问题，有的放矢提出了建议意见。

推动乡村振兴战略落地见效。采取上下联动方式，扎实开展乡村振兴专题询问，结合开展农村人居环境整治、农村人口“空心化”问题等调研监督活动，区镇人大同步调研，摸清实情，做到不询无准备之问。在专题询问会上，人大常委会组成人员、人大代表围绕“五个振兴”，开门见山直接问、连珠问、拓展问，30 多个问题直击关键和要害。区政府及 20 多个区级部门直面问题，诚恳作答，答出了责任和担当。对评议意见和会上提出的建议，区政府及时研究，布置落实，确保打赢脱贫攻坚、农村人居环境整治等硬仗，高标准建设乡村振兴综合试验示范区。

推动城市品质提升提档。听取审议“多规合

① “一沟通”即文件起草部门与区人大监察和法制委沟通。“五审查”指区人大常委会办公室初审、有关方面会审、区人大监察和法制委合法性审查、主任会议审议、常委会会议审定。

一”工作情况报告，督促强化多规约束，促进空间集约、高效、可持续利用，为建设高品质城市提供基础保障。听取物业管理工作情况，针对物业服务质量不佳、老旧楼栋管理不到位等问题，提出强化行业监督指导、优化“业主自我管理”模式、完善物业管理运行机制等建议，推动物业市场健康发展。听取审议环境保护和目标完成情况报告，督促区政府紧盯治水治气治土重难点问题，深入实施“五大环保行动”，抓好桃花溪治理等重点工作。聚焦水的问题，开展饮用水源保护调研，听取城区供水水源论证情况，组织市区代表视察街镇污水处理工作，督促加强源头治理，完善基础设施，严格执法监管，保障水环境安全和居民饮水安全。

*推动社会事业巩固加强。*听取审议义务教育督导年度工作报告，跟踪监督2018年学前教育评议意见办理落实情况，推动区政府把普惠园、公办园建设列为优先事项，开工建设桃花溪幼儿园。组织市区代表视察职业教育，区政府迅速作出回应，对重庆医药学校建设、化工职院注册地变更、行知学校校舍租赁等工作进行安排落实。专题调研《公共文化服务保障法》实施情况，通过主任会议听取专题汇报的方式，推动抓好公共卫生及公共文化服务视察意见办理落实。针对社会日益增长的养老服务需求，组织市区代表视察养老服务业工作情况，提出10条视察意见，推动区政府把福彩公益金支持养老服务的比例从50%提高到80%，加强敬老院、养老服务中心建设，支持发展医养结合模式，全区养老服务业呈现新活力。围绕社会热点，听取了就业创业、国防动员、媒体融合工作情况，开展了社会救助、医疗保障、应急管理、退役军人事务管理等专题调研。

三、民主决策依法决策，规范行使决定权任免权

围绕全区工作大局，坚持抓重点议大事，促进重大决策科学化、民主化、法治化。坚持党管干部原则，规范行使任免权，强化任后监督，促进人大任命干部担当作为。

*规范行使重大事项决定权。*按照人大常委会讨论决定重大事项办法，听取审议政府债务情况等年度报告事项12项，依法批准2018年财政决算、2019年财政预算调整、新增政府债券分配方案等决议决定5项。积极探索有效行使决定权的方式，在与区政府反复沟通、深入论证基础上，首次表决通过实施桃花溪中学等20项重大民生工程、重大基础设施、重点城镇建设及重大民生项目的决定。及时安排视察、调研、会议听取项目推进情况等监督活动，推动解决项目推进中的有关问题，实现决定权与监督权贯通。目前，决定实施的20个项目基本完成年度目标，代表呼吁强烈的城区至八颗、新市开通公交车等民生事项得以落实。

*规范行使选举任免权。*依法依程序任免国家机关工作人员279人次。着眼加强任后监督，围绕贯彻落实区委区政府决策部署、执行人大决议决定、依法履职、办理代表建议、服务群众等方面，对区政府办、区发改委、区教委、区公安局、区司法局、区财政局、区人社局、区交通局、区城管局9个部门开展工作评议，测评结果均为满意。及时反馈评议意见和176条建议，督促研究处理，实现以评促改。依法做好选举工作，补选区人大代表10名。

四、尊重代表主体地位，不断提升代表工作水平

出台《关于切实加强区人大代表工作的实施意见》，完善代表工作机制，提高服务保障水平，推动代表“从群众中来，到群众中去”，真正做到为民用权、为民履职、为民服务。

*做细做实代表联系群众工作。*认真落实“两联一述”制度，全年区代表走访、接访选民2万余人次，96名区代表回原选区向选民述职。开展“主任接待日”活动6次，及时反馈政府部门研究办理意见建议98条。先后邀请36名基层代表列席人大常委会会议，组织358人次基层代表参加人大常委会开展的执法检查、代表视察、工作评议、专题询问等监督活动，人大工作更接地气、更具民意基础。

*组织代表积极参与基层治理。*围绕构建自治、法治、德治相结合的基层治理新格局，完善代表工作考核、群众意见办理反馈等制度，推动代表常态化、制度化联系群众，准确把握基层治理热点难点问题。广泛开展“宪法宣传周”等普法宣传活动，推动宪法法律进机关、进农村、进社区、进校园、进企业，促进全民学法、尊法、守法、

用法。印发《镇人大重大民生实事项目代表票决制指导意见》，指导镇人大推行民生实事项目代表票决制，实现“为民作主”向“由民作主”转变。支持代表参与村民自治、“一事一议”、维护社会稳定等基层事务，带动群众理解支持党委、政府中心工作。

大力推动代表建议办理落实。以区领导牵头重点督办24件建议为牵引，推行代表面商、二次回复、二次评价等办理机制，实行进度通报、网上公开等制度，坚持年初推进会、年中督办会、主任会议专题听取部门办理情况、年底常委会议听取政府办理情况，持续压紧压实代表建议办理工作责任。区十八届人大三次会议301件代表建议全部办理回复。代表对承办单位办理态度满意率为98%，答复函满意率为94%。区十八届人大三次会议有承诺事项的117件代表建议，已全部二次回复，答复函二次评价满意率97%，建议落实率83%。桃花溪中学项目开工、黄桷湾隧道整治美化工程启动，代表建议落地有声，增强了群众获得感。

切实强化服务保障和激励约束。组织市区代表参加各类培训，定期寄送常委会公报、书报，依托人大网站、微信发布工作信息，保障了代表知情权，提升代表履职意识和能力。规范建成19个代表之家、60个代表工作站，成为代表联系群众、交流学习、集中活动、开展工作和发挥作用的平台。区镇代表履职活动经费和代表之家、代表工作站运行补助经费全额划拨，专款专用。强化代表履职考核，评选表扬区人大代表工作先进集体7个、优秀基层区人大代表20名、区人大代表优秀建议30件。组织市代表开展视察活动4次，协助市代表在市五届人大二次会议提出议案建议39件。经过市代表持续呼吁，主城东向通道项目通过专家可行性研究，两江新区至长寿快速通道有望今年开工建设。

五、强基础抓基层，切实做到运行高效保障有力

以开展主题教育为契机，加强机关自身建设，强化对街镇人大工作的指导，为依法、充分、高效履职夯实了基础。

党的建设持续深化。人大常委会党组坚持聚焦主责主业，全年召开13次会议研究党建工作，做到党建工作与人大工作同研究同部署同落实。党组班子成员带头以普通党员身份参加机关党支部活动，带头讲党课，带头参加党员志愿服务，带动组织生活严起来、实起来。机关党建责任压得更紧，“三会一课”、主题党日等基本制度落实到位，抓党建促业务的效果不断显现。认真落实党风廉政建设责任制，严格执行中央八项规定精神和市委、区委实施意见，注重完善机关工作制度和管理制度，把纪律要求细化落实到日常工作中。组织机构进一步健全，成立区人大社会建设委员会，区人大法制委员会充实职能并更名为区人大监察和法制委员会。工作力量进一步增强，从街镇部门选调9名干部充实机关，干部年龄结构、知识结构有一定改善。统筹做好了精神文明、综合治理、统一战线、老干部、群团等工作。

主题教育成效显现。按照人大常委会党组和机关党组织统分结合、同步开展的思路，聚焦实现“五句话”目标，把四项重点措施贯穿始终。坚持学习教育高标准严要求，高质量完成为期5天的读书班，每周安排一次以上集中学习研讨，融入革命传统、形势政策、先进典型和警示教育，理论武装不断强化。坚持把调研作为履职基本功，党组成员和专工委室同志人人领题，深入基层了解情况，为开展监督打好基础。坚持边学边查边改，把自己查与开门找结合起来、与专项整治工作衔接起来，及时梳理存在的问题，切实推动整改落实。通过高质量召开对照党章党规找差距专题会、专题民主生活会、支部组织生活会，机关党员干部理论水平进一步提高、政治品格进一步升华，坚持和完善人民代表大会制度的思想自觉和行动自觉进一步增强。

理论研究和调查研究成果丰富。历时三年，编纂完成上百万字的《重庆市长寿区人大志》，客观、翔实、系统记录1950–2016年长寿人大历史，成为宣传人民代表大会制度、研究长寿人大工作的重要载体。全年形成36篇高质量调研报告，街镇财政运行、饮用水源地保护等调研报告获区委、区政府主要领导批示，《人大监督工作引入第三方的思考》《长寿区农业面源污染防治情况的调研报告》等获市、区奖励。区管重点国企市场化改革等多项建议措施被区政府采纳，调研成果逐步转化。

宣传交流亮点纷呈。办好人大网站、微信、公报，全年发布原创微信58篇，制作《绿色发展新长寿》《守初心赢民心》两部视频短片，受到欢迎和好评。积极主动传播长寿人大声音，45篇稿件获市人大内刊、《公民报》采用，3篇获2019年度市人大新闻奖，2篇获市领导批示。我区人大常委会首次表决“四重”项目入选2019年重庆人大十大新闻事件，重庆日报作专题报道。积极开展对外交流学习，认真做好全国人大、市人大、市内外地方人大检查、调研、考察的服务工作，高质量承办了川渝鄂陕部分州区县人大工作联席会第50次会议。

街镇人大工作呈现新气象。把基层人大干部队伍建设纳入统筹考虑，推动12个镇人大主席、副主席配备到位，及时调整配齐街道人大工委成员。对街镇人大工作情况进行专题调研，开展《重庆市乡镇人民代表大会工作条例》《重庆市区县人大常委会街道工委工作条例》执法检查，常委会会议听取7个街道人大工委工作报告，召开街镇人大工作座谈会，对街道人大工委召开辖区代表会、镇人大实施民生实事项目票决制等重点工作加强指导，推动街镇人大工作制度化、规范化、常态化、科学化。一年来，菩提、晏家、渡舟、新市等紧扣发展和民生开展工作，代表履职有数量更有质量。江南、长寿湖、但渡、云集等积极发挥代表作用，有力助推乡村振兴、脱贫攻坚等重点工作。凤城、八颗、云台、海棠等依托代表之家、代表工作站，把代表联系群众推向村居院坝。葛兰、邻封、双龙、龙河试点民生实事项目代表票决制，推动实施了一大批群众急盼的民生实事项目。石堰、洪湖、万顺等多形式开展政策法律宣传，做实村居事务监督，基层治理进一步加强。街镇人大工作取得新进步，区镇人大整体合力日益增强。

各位代表，过去一年取得的成绩，是习近平新时代中国特色社会主义思想科学指引的结果，是区委坚强领导的结果，是全体人大代表、人大工作者辛勤工作的结果，是“一府一委两院”和长寿经开区密切配合的结果，是各级各部门和社会各界大力支持的结果，更是全区人民充分信任、积极参与的结果。在此，我代表区人大常委会，表示衷心感谢和诚挚敬意！

同时，我们清醒地认识到，人大工作与党的要求相比，与人民群众新期盼相比，还存在一些差距。主要是：监督深度、硬度、强度需进一步加大，讨论决定重大事项的主动性需进一步增强，代表作用发挥需进一步深化，代表建议办理面商率、落实率需进一步提高，自身建设还存在短板等。我们要高度重视，虚心听取各方面意见建议，认真研究、着力改进。

今年的主要任务

2020年，是全面建成小康社会和“十三五”规划的收官之年，也是我区全面建成“三地一中心”的收官之年。区人大常委会将以习近平新时代中国特色社会主义思想为指导，全面贯彻落实党的十九大和十九届二中、三中、四中全会精神，深学笃用习近平总书记关于坚持和完善人民代表大会制度的重要思想，在区委坚强领导下，坚持党的领导、人民当家作主、依法治国有机统一，高质量建设工作机关、代表机关，推动党中央、市委决策部署全面落实在长寿大地上，为决胜全面建成小康社会发挥更大作用。

一、提高政治站位，坚定人大工作正确政治方向

切实加强政治建设。始终把党的政治建设摆在首位，增强“四个意识”，坚定“四个自信”，做到“两个维护”，全面贯彻党的基本理论、基本路线、基本方略。按照“十破十立”“五个结合”要求，坚决全面彻底肃清孙政才恶劣影响和薄熙来、王立军流毒。大力发扬斗争精神，经常严肃开展批评，主动同身边和群众中的错误思想作斗争，持之以恒巩固风清气正的政治生态。

持续强化理论武装。发挥党组成员头雁作用，坚持个人自学与集中研讨相结合，深学笃用习近平新时代中国特色社会主义思想，学习宣传、贯彻落实习近平总书记关于坚持和完善人民代表大会制度的重要思想，跟进学习习近平总书记重要讲话文章，在学懂弄通做实上下真功，在消化转化实化上见成效。

始终坚持党的领导。紧扣习近平总书记对重庆提出的“两点定位”、“两地”“两高”目标、发挥“三个作用”和营造良好政治生态的重要指

示要求，学习贯彻区委十三届六次全会等重要会议和文件精神，行使好决定权、监督权、任免权，不折不扣贯彻落实区委各项决策部署。严格执行重大事项请示报告制度，全面准确领会落实区委精神，确保区委主张通过法定程序成为全区人民的共同意志。参与做好脱贫攻坚、市委巡视反馈意见整改落实、重大项目建设、河长制等重点工作。

充分发挥党组作用。发挥人大常委会党组把方向、管大局、保落实的重要作用，认真研究依法履职、自身建设等方面重要事项，经常听取区人大各专委会、常委会各工作部门的工作情况汇报，确保人大各项工作都在党的领导下有序开展，确保中央和市委、区委的决策部署在人大工作中得到全面贯彻和体现。认真履行全面从严治党主体责任，加强人大系统党的建设和意识形态工作，支持纪检监察组工作，做到工作管到哪里、责任就延伸到哪里，形成全面严、全程严态势。

二、坚持依法履职，推动工作机关建设

增强人大监督精准性和有效性。围绕全区大局和中心工作，精准选好监督事项，加强联动监督、跟踪监督，做到既敢于监督，又善于监督，寓支持于监督之中。聚焦改革发展要务，视察长寿经开区、长寿高新区聚商选资（开放经济）工作，听取审议计划执行情况报告，听取市场监管、气象、文物保护等工作情况，以及“十三五”规划完成情况和“十四五”规划编制情况。聚焦群众切身利益，区镇人大联动开展水污染防治工作评议，人大常委会专题询问城市品质提升，视察农村人居环境整治、高中教育、公安工作，听取审议医保工作情况报告，听取残疾人、住房公积金等工作情况。聚焦民主法治建设，落实法治政府建设和公正司法年度报告制度，听取审议区政府人民调解、区法院刑事审判、区检察院未成年人检察工作情况报告，开展《农民专业合作社法》《重庆市科学技术普及条例》《重庆市全民健身条例》《重庆市国防教育条例》执法检查。继续认真做好人大信访工作。聚焦为民当家理财，听取审议财政预算、预算执行和调整、决算、审计、政府债务、国资管理等工作情况报告。发挥预算公开评审、绩效评价、预算联网监督作用，推动提高预算绩效管理水平。

保证人大决定严肃性和权威性。主动与区政府就讨论决定重大事项加强协商，落实政府重大决策出台前向人大报告制度，促进重大决策科学化、民主化、法治化。审查和批准财政决算、预算调整、政府债券分配方案。落实重大事项年度报告制度，听取审议城乡规划、环境保护、义务教育督导等年度报告。讨论决定区政府2020年实施的部分重大民生工程、重大基础设施、重点城镇建设及重大民生项目。对2019年、2020年表决通过的“四重”项目加强跟踪监督，确保人大决定的重大事项有效实施。

提升人大任免工作规范性和任后监督实效性。坚持党管干部原则和人大依法任免程序有机统一，确保区委人事意图得以实现。继续执行任前法律知识考试、任前表态发言、颁发任命书、宪法宣誓等制度规定。区镇人大联动，对区信访办、区民政局、区住房和城乡建委、区水利局、区文化和旅游发展委、区应急管理局、区招商投资促进局、区机关事务局8个部门开展工作评议，促进人大任命干部履职尽责。

三、坚守人民立场，深化代表机关建设

密切代表与群众联系。按照《关于切实加强区人大代表工作的实施意见》，深化落实“两联一述”制度，做深做实人大常委会组成人员联系代表和代表联系群众工作，进一步做好区代表向原选举单位述职工作。改进“主任接待日”活动，推动意见建议得到解决，提高活动实效。注重通过网络“走”群众路线，通过调研、走访等渠道深入群众，实现联系群众多样化、常态化。

完善代表履职平台建设。对已经建成的代表之家、代表工作站进行查漏补缺，抓好软硬件建设，提高规范化水平。认真落实代表联系群众工作要求，定期开展代表集中活动。建立健全代表信息公开、活动预安排、代表履职登记等制度，规范和细化代表接待群众、意见梳理、处理结果反馈等工作流程，落实专门管理人员，提高代表之家、代表工作站常态化、制度化运行水平。

提高代表建议办理质量。积极引导代表加强调研，提出高质量、有分量的议案建议。推进代表建议信息化工作，规范和优化代表建议提出、交办、办理、回复、评价等程序，听取承办建议较多的部门办理情况的报告。坚持区领导牵头重点督办建议机制，强化落实代表面商、进度通报、网上公开、二次回复、二次评价等制度，推动办理工作从重回复向重落实转变。

加强代表履职服务管理。有计划地开展代表履职培训。坚持邀请基层代表列席常委会重要会议活动，分片区组织代表开展闭会期间活动。保障代表之家和代表工作站运行补助经费、代表履职活动经费及时到位。优化履职考核办法，探索代表退出机制，激励代表主动履职、正确履职。做好市代表履职服务工作，积极发挥其在服务大局、反映区情、模范履职等方面的作用。承办好都市片区二组市人大代表活动。

四、聚焦能力提升，加强人大机关自身建设

深化机关党建工作。强化对机关党委的领导，落实好全面从严治党责任、意识形态工作责任，夯实人大工作政治和组织保障。严格落实“三会一课”、主题党日、组织生活会等制度，丰富形式和内容，提高党内政治生活的政治性、时代性、原则性、战斗性。突出抓好党风廉政建设，严格执行中央八项规定精神和市委、区委实施意见，加强机关制度建设，筑牢制度防线，防止“四风”问题。抓好主题教育问题整改，巩固扩大主题教育成果。

加强机关能力建设。加强政治和业务培训，提高人大干部履职素质和能力。围绕基层治理、人大协商等重大课题，加强制度理论和实践研究。抓好公立医院综合改革、政府人才工作等调研课题，推动街镇财政运行、国企市场化改革等调研成果转化落实。把握正确舆论导向，加强专题策划，在人大网站、微信上推出一批有深度的宣传报道，扩大人大影响力。加强总结提炼，提高信息质量。争取市人大指导，加强市内外横向联系，发挥川渝鄂陕、长江流域联席会等平台作用，开展人大工作交流学习。

提高机关工作效率。加强思想教育，严格工作纪律要求，引导党员干部牢记初心和使命，认真履行岗位职责。坚持严管与厚爱结合、激励与约束并重，激发干部工作热情。统筹安排工作任务，精简文件会议，到基层轻车简从，减少对基层材料、报表等方面要求，杜绝形式主义、官僚主义。优化办文办事办会流程，提高运转效率，防止中梗阻现象。

提升两级人大整体合力。支持区人大各专委会依法履职，统筹常委会工作部门的工作。进一步贯彻落实区委五次人大工作会议精神，指导街镇人大争取党委（党工委）对人大工作的领导和保障。指导街镇人大健全落实各方面制度机制，开展片区交流，强化上下联动，推动基层建设，提高基层人大影响力。

坚守初心，不负人民期待；奋力前行，不辱神圣使命。让我们紧密团结在以习近平同志为核心的党中央周围，在习近平新时代中国特色社会主义思想指引下，在区委坚强领导下，团结起来，锐意进取，只争朝夕，不负韶华，全面高质量履行宪法法律赋予的各项职责，奋力决胜全面建成小康社会、全面建成“三地一中心”，创造无愧于党、无愧于人民、无愧于新时代的崭新业绩！

重庆市长寿区人民政府工作报告

——2020年1月7日在重庆市长寿区第十八届人民代表大会第四次会议上

重庆市长寿区人民政府区长　巴川江

一、2019年工作回顾

2019年，是新中国成立70周年的喜庆之年，也是长寿发展历史上极不平凡的一年。在开拓奋进的征程中，我们把忠诚深深刻入脑中，高举习近平新时代中国特色社会主义思想伟大旗帜，在市委、市政府和区委坚强领导下，扎实开展“不忘初心、牢记使命”主题教育，信仰之根扎得更深，思想之舵把得更稳；我们把责任稳稳扛在肩上，牢记习近平总书记视察重庆时的殷殷嘱托，在经济下行压力加大的背景下，经济增速居全市前列，贡献了“长寿力量”，实现了“长寿作为”，以硬碰硬的“铁担当”兑现了实打实的“军令状”；我们把人民时时记在心间，在不折不扣落实中央减税降费、严控政府隐性债务的环境下，民生投入依旧保持一般公共预算支出60%以上，以实际行动践行了人民至上的铮铮誓言。全年实现地区生产总值701.2亿元、同比增长8.8%（以下简称增长）；全社会固定资产投资244亿元、增长15.3%；社会消费品零售总额244.1亿元、增长12.8%；一般公共预算收入35.2亿元、同口径[1]增长0.1%；居民人均可支配收入30874元、增长9.7%。主要抓了五个方面工作。

（一）全力调结构、强支撑，主导产业量增质优

突出新型工业稳支柱。发挥工业经济稳增长关键作用，规上工业总产值突破千亿大关，达到1084.2亿元、增长14.4%；工业增加值增长12.9%，排名全市第一。狠抓固本强基，大力实施“千百亿”行动[2]，五大产业集聚发展，完成产值1007.3亿元，占规上工业总产值93%，7家企业税收过亿元，新升规企业33家，其中产值亿元以上23家。狠抓立新蓄能，聚焦“数字产业化、产业数字化”，推动恩瑞芯片、长芯半导体IC封装等19个战新项目投产达效，战新产业实现产值200亿元；国际复合建成国内最大高模量玻纤材料生产线；奕翔化工、沃特新材料等项目补齐新材料产业链条关键性“断点”，带动上下游产值增长10%。狠抓求变增效，推动传统产业智能化改造，投入54亿元实施64个智能化技改项目，培育智能工厂1个、数字化车间2个；工业新产品研发成效显著，开发新产品31个，EVOH[3]成功填补国内空白，打破国外技术垄断。狠抓保供稳产，工业用电73.8亿度、用气26.5亿立方米、用煤669.2万吨，分别增长14.9%、12.3%、6.1%。

突出商贸提质增活力。加快构建现代商贸体系，推动消费迭代升级。大宗贸易量大质优，实现商品销售总额796.6亿元、增长16.2%，新增限上企业30家，引导川维物流、怡能物资等企业成立独立销售公司，27家企业销售额过亿元。总部经济发展迅速，贸易结算额155亿元，6家企业在长设立独立结算机构。电商产业提质增效，实现交易额102.5亿元，建成“村村淘”服务站88个，发展邮乐小店319家，166个农特产品上线。会展经济繁荣活跃，拉动消费11.7亿元。金融、汽车等居民消费持续升温，银行个人消费贷款余额增长4.5%，新增车辆登记突破万辆。专业市场加快建设，农产品交易中心一期即将投用，认购商户4800余家，汽贸城主体基本完工，智慧物流中心开工建设。

突出特色旅游塑品牌。念好“山字经”，做好“水文章”，做大“夜经济”，实现旅游收入71亿元、增长24.3%。长寿博物馆、菩提山景区滑道动工建设，乐温大桥、三洞沟文旅项目、三倒拐历史文化街区修缮项目等稳步推进，龙鑫欢乐世界开园营业，古镇“巾帼创业就业一条街”开街。组织“走进魅力长寿”联合参访、巴渝文化节等

活动12次，举办国际铁人三项赛等国际国内赛事7场，首台文旅实景剧《穿越千年·品味长寿》对外观演，长寿湖首届迎春灯会盛大开幕。新改建旅游厕所10座，建成首个3A级旅游厕所。长寿湖获评“中国气候旅游目的地”。

（二）全力强投资、抓创新，新旧动能转换提速

坚持招商推动。紧紧扭住招商引资“生命线”不动摇，合同引资576.6亿元。党政主要领导带头招商，外出拜访企业461家，拜访企业数全市第一。引进世界村、江苏双象、重庆晟世百亿级项目3个，十亿级以上项目10个、亿元以上项目43个，世界500强企业1家。香港威誉等44个战新项目签约落地，总投资351.5亿元，新特新能源汽车项目实现整车生产“零突破”。引进海升果业、中航物流等一三产业项目15个，合同引资124亿元。推行股权招商、并购招商、大数据招商等方式，在全国分片区举办8场招商推介会，西洽会、智博会、支洽会签约项目数全市前列。

坚持投资撬动。深入实施“项目建设年”活动，统筹推进246个重大项目，贝利新材料、华邦原料药等100个项目开工建设，韩拓科技等54个项目竣工投产。总投资35.4亿元的20项人大决议项目有序推进。突出工业投资主力军，127亿元、增长29%，占固定资产投资52%；组织两次工业项目集中开工（投产）活动，开工项目72个，总投资271亿元，投产项目10个，新增产值42亿元。商贸物流板块投资持续增长，完成投资16亿元。房地产投资反弹，完成投资27.9亿元，商品房去化周期保持6个月合理区间。发挥政府投资杠杆作用，完成政府投资83亿元，争取三峡后续、新增债券等专项资金29亿元，兑现产业扶持资金4.5亿元，撬动社会资本130亿元。

坚持创新驱动。全社会R&D[4]经费支出13.6亿元，占地区生产总值比重2%。经开区科技创新园、高新区中科未来城加快建设，与武汉工程大学组建绿色化工工业技术研究院，化工职院“政产学研”合作基地建成运行。引入国家级孵化器“中孵高科”，累计培育科技型企业408家、高新技术企业69家、高成长性企业27家、市级研发机构40家，国家科技成果登记126件。为58家科技型企业提供知识价值信用贷款1.2亿元，16家企业OTC[5]科创板挂牌。深化国家知识产权试点城市建设，新授权专利827件，万人有效发明专利11.8件、增长57%，博腾制药荣获“中国专利优秀奖”。获批“英才计划”人才4人、“鸿雁计划”人才12人，引进高层次人才131人。

（三）全力抓改革、促开放，发展活力持续释放

改革之策落地落实。深化供给侧结构性改革，项目化、清单化推动50项改革任务，工商业用气、用电价格实现双降，单一制用电售价和输配电价降幅10%，节约电费1.8亿元。持续推进“放管服”改革，抓实“一网、一门、一次”改革[6]，5280项政务服务事项上网全国政务服务平台，实施企业开办“零见面、马上办”，开通政务服务邮递快送业务，“一次不跑、只跑一次”事项507项。投资项目告知承诺制改革入选“信用重庆”十大典型，代表重庆参加全国“诚信建设万里行”交流，试点项目30个，平均审批时间压缩70%。国企混合所有制改革及非平台类国企改革稳步推进。机构改革、企事业单位公车改革顺利完成。第四次全国经济普查圆满收官，准确摸清全区家底。高标准推进民兵调整改革，基层武装部正规化建设100%达标，大学生征集比例显著提高。

开放之路走稳走深。加快构建开放通道，两江新区至长寿快速通道纳入2020年市级重点建设项目。渝长高速扩能项目完成80%工程进度。投资6亿元实施64公里国省道改造。长江二桥桥塔封顶，主体工程接近尾声。高起点完成长寿港区规划，长寿长江沿岸铁矿石保税仓启动前期工作。做大做强外向型经济，精心组团参加进博会、东盟博览会等展会，加快全市首批承接加工贸易梯度转移示范园、服务外包示范区建设，服务外包企业累计达32家，实现离岸服务外包执行额1.3亿美元，完成进出口额110亿元，实际利用外资1亿美元。

民营经济培优培强。践行总书记“民营企业和民营企业家是我们自己人”嘱托，倾情倾力支持民营经济发展，新增民营企业2406家、增长16.3%，实现增加值420亿元、增长10%，占地区生产总值60%。圆满完成区人大民营企业发展法治环境工作评议意见办理，78个交办事项全部落实到位。切实为企业松绑减负，直接减税9.8亿

元、降费2.7亿元。举办银企对接会，新发放中小微企业贷款55亿元、增长10%，发放助保贷2170万元、政银担3125万元，提供10.4亿元应急转贷资金，帮助147家企业纾困发展。大力实施专项清欠行动，为民营企业追回欠款6317万元。深入开展“百名干部入百企”，帮助民营企业解决问题600余个。

（四）全力抓示范、补短板，城乡建设美美与共

城市品质更高。依托“国土三调”[7]，开展自然资源环境承载力和国土空间开发适宜性“双评价”，科学划定“三区三线”[8]，初步构建“一环八组团”[9]城市结构。持之以恒实施“七大工程”[10]，推进阳鹤组团等12条道路建设，升级改造干线公路103.5公里，体育馆公共停车场主体工程、格林广场公共停车场建设完工，黄桷湾广场建成投用。完成铁路沿线绿化提升、城区空地及主干道整形美化，新增城市绿化面积52万平方米，城市绿地率42%。开展“马路办公”，建立“视频曝光政府常务会月点评”工作机制，整改问题2265个。加强餐厨垃圾收运处置，推广城乡生活垃圾分类，区级部门和镇街机关实现生活垃圾分类全覆盖。

乡村发展更旺。加速乡村振兴综合试验示范区建设，绩效评估居全市第二，“六大农旅融合项目”[11]有力推进，“长寿慢城”一期开园。现代农业园区成功创建国家农业科技园区，建成高标准农田4.7万亩，新培育市级以上名牌农产品19个、农业经营主体202个，实现农业增加值51.8亿元、增长3.5%。以“五沿带动”[12]推进人居环境整治，新改造户厕7373户，新（改）建农村公厕20座，新增路灯3800盏，新建污水管网20公里，整治提升旧房1500户，建设“四好农村路”446公里。保合村入选中国美丽休闲乡村，15个镇村获评首批市级“一村一品”示范镇村。完成部级农村集体产权制度改革试点，219个村居成立股份经济合作联合社，“空壳村”[13]全部摘帽。破解乡村振兴用地难举措被中农办专文刊载并全国推广，推进农村公共服务均等化经验入选全国首批18个典型案例。

生态底色更靓。以迎接第二轮中央环保督察为契机，自查自纠85个突出生态环境问题。实施重钢、川维污染物超低排放改造和20家企业有机废气深度治理，空气质量优良天数300天以上，PM2.5浓度下降5.2%。严格落实河长制，严惩污水偷排、直排、乱排，综合治理长江流域中小河流13.5公里，开展沿江11座码头环境整治，排查整治206个长江入河排污口，分类处置4家沿江1公里化工企业，清理整治[14]个长江干流长寿段岸线利用项目；协同推进龙溪河、御临河上下游跨境水污染生态补偿，长寿段水质保持Ⅲ类；龙溪河—桃花溪连通调水工程开工建设，桃花溪水质持续改善。完成大棚房和违建别墅整治，对15块潜在污染地块开展风险评估，“关闭矿山”地质生态修复治理53.3公顷，治理水土流失38平方公里，森林覆盖率46%。

（五）全力强保障、惠民生，幸福指数节节攀升

打赢打好脱贫攻坚战。举全区之力打好脱贫攻坚战，全面解决“两不愁三保障”突出问题，年度减贫任务94户205人全部脱贫。全面落实包村包户工作责任制，实施建档立卡动态管理和“两摸底一核查”14，完成所有建档立卡贫困户、17万档外农户大排查，3605个问题全部销号。全面消除义务教育阶段辍学现象，成为全市8个全部学生有学籍的区县之一，资助贫困学生6647人次、659万元。贫困人口全部纳入医保范围，医保报销7.5万人次、2680万元。继续开展“先诊疗后付费”“一站式结算”和“三个一批行动”[15]，用好500万元医疗兜底基金，贫困户区内住院、门诊自费比例控制在6%、12%以内。完成1661户危房改造，实现“四类重点人员”[16]住房安全保障全覆盖。启动水槽口、大过河水库水源工程，完成龙河、渡舟等片区饮水巩固提升工程，农村集中供水率89%，自来水普及率84%。投入2400余万元对口帮扶丰都县。

筑牢筑实民生福祉。坚持就业优先，城镇新增就业2.1万人，城镇登记失业率控制在2.9%以内。为2.5万人发放各类救助金1.3亿元。发放公积金贷款4.7亿元，支持1430户家庭购房。城乡养老保险覆盖率、医疗保险登记参保率分别达95%、98%。建成养老服务中心1个，开工养老服务中心4个、养老服务站6个，新增民办养老机构3家，老年大学完成主体工程。大力规范治丧活动和丧葬服务，文明治丧成为市民思想共识、行为

自觉。办好人民满意教育，学前教育公办园占比49.6%、普惠率80.1%；古镇二小、桃花溪中学开工，建成5所市级示范“智慧校园”。医疗卫生健康发展，成功创建全国慢性病综合防控示范区，公立医院改革效果综合评价名列全市前茅，区域内就诊率稳定在90%以上，基层诊疗率提升至55.8%，二级以上医疗机构“药占比”[17]下降6.2%，住院患者人均费用下降10.1%。区中医院扩建楼、区妇幼计生服务中心扩建项目、晏家社区卫生服务中心竣工投用。文体事业成效凸显，体育中心维修改造工程开工，长寿美术馆开馆投用，建成首个社区智能健身点，完成30个村综合文化服务中心提升工程，《穿山越岭》获全市“五个一工程”奖。启动长寿城区长江水源供水项目前期工作。完成区职工服务中心维修改造工程，推进职工普惠化服务。公交提质扩面，新开行公交线路3条，覆盖八颗、新市片区。国防双拥工作深入推进，国防教育进机关、进学校、进村居，建立区、镇、村三级退役军人服务保障体系，发放优待抚恤补助7187万元。

提升提质社会治理。打赢新中国成立70周年大庆安保维稳攻坚战，强化重点地区、部位、领域综合防控，实现“五个不让”“七个坚决防止”[18]目标，获市委、市政府通报表扬。启动建设“雪亮工程”[19]，纵深推进扫黑除恶专项斗争，侦办黑恶势力团伙6个。破获长寿有史以来犯罪团伙规模最大、缉捕团伙成员最多的跨境特大电信诈骗案。摧毁一条“滇渝”毒品贩运网络，缴获毒品量创我区单次之最。“八类”案件、侵财案件破案率分别提升38.5%、7.9%。建立党政领导干部安全生产责任“履职清单”，加强重点领域安全监管，生产安全事故起数、死亡人数分别下降4.3%、4.2%，未发生较大及以上生产安全事故。新建市政消火栓63个，改造老旧居住建筑消防设施99单元。矛盾纠纷化解率达95%。菩提社区入选全国首批青少年零犯罪零受害社区试点。

过去一年，我们压紧压实管党治党责任，党风廉政建设和反腐败斗争深入推进。加快法治政府建设，主动接受区人大及其常委会法律监督、工作监督和区政协民主监督，办理人大代表建议301件，办理态度满意率98%、答复函满意率94%；办理政协提案471件，满意率98.4%；审计监督有力有效，落实问题整改258项。民族宗教、反邪教、外事侨务、行政学校、修志、档案、保密、气象、老龄、关心下一代、残疾人等工作均有新作为、收获新成效。

我们所做的每一项工作、取得的每一点成绩，都得益于党中央的掌舵领航，得益于市委、市政府和区委的坚强领导，得益于区人大、区政协的鼎力支持，得益于历届老领导老同志深耕厚植、90万长寿人民风雨同舟。在此，谨代表区人民政府，向各位代表、委员，向各民主党派、工商联、人民团体和社会各界人士，向奋斗在各条战线上的工人、农民、干部、知识分子、驻长部队、武警官兵、消防救援队伍，向所有关心支持长寿发展的同志们、朋友们表示衷心的感谢，并致以崇高的敬意！

在总结成绩与经验之时，更要清醒地看到差距与短板：区位、政策、产业、交通的比较优势不再凸显，友邻区县渐行渐近、有的甚至弯道超车；产业结构不够优、“拳头”产业不够硬、龙头企业不够多依然困扰着我们；长寿制造、长寿创造的水平还不高，创新能力还不够强；对外通道、港口枢纽等制约发展的瓶颈问题仍需解决；城市品质、乡村振兴还有很大提升空间；基础设施、公共服务等民生领域欠账不少，教育、医疗、社会保障等方面还需持续用力；形式主义、官僚主义等问题仍未彻底根除。针对这些问题，我们将以更坚定的决心、更有力的措施加以解决。

二、2020年目标思路

今年政府工作的总体要求是：以习近平新时代中国特色社会主义思想为指导，全面贯彻党的十九大、十九届二中三中四中全会精神和中央、全市经济工作会议精神，增强“四个意识”，坚定“四个自信”，做到“两个维护”，深化落实习近平总书记对重庆提出的“两点”定位、“两地”“两高”目标，发挥“三个作用”[20]和营造良好政治生态的重要指示要求，紧扣全面建成小康社会目标任务，坚持稳中求进工作总基调，坚持新发展理念，坚持以供给侧结构性改革为主线，坚持以改革开放为动力，坚决打赢“三大攻坚战”，深入实施“八项行动计划”，全面做好“六稳”工作，推动高质量发展之路越走越宽广，确保长寿经济实现量的合理增长和质的稳步提升，确保全面建成小康社会、全面建成“三地一中心”和“十三五”规划圆满收官。

今年经济社会发展的主要预期目标是：地区生产总值增长10%左右，固定资产投资增长10%，社会消费品零售总额增长12%，一般公共预算收入同口径增长3%，居民人均可支配收入增长9.7%，城镇登记失业率控制在3%以内。要聚焦四大重点任务，全面夺取经济社会发展阶段性胜利，为“十四五”良好开局奠定坚实基础。

——全面建成小康社会。围绕全面小康目标体系，认真落实党中央“七有”[21]要求，在就业、教育、医疗、养老等方面固强补短、聚力攻坚，不断增强人民群众获得感、幸福感、安全感。人均地区生产总值超过1万美元，二、三产业增加值占地区生产总值比重超过90%，常住人口城镇化率67%，人均公共文化财政支出超过120元，恩格尔系数[22]降至40%以下，居民人均住房面积40平方米，每千人拥有执业医师数超过2人，义务教育阶段学生入学率保持100%，森林覆盖率47.5%，政治、经济、社会、文化、生态全面协调发展，各项指标全面达标，人民群众安居乐业、生活幸福。

——全面建成“三地一中心”。历届区委、区政府围绕“三地一中心”目标接续奋斗，宏伟蓝图正逐步变为壮丽现实。规上工业总产值实现1250亿元，较2004年增长20倍，全市工业主力军作用更加凸显。农业总产值实现75亿元，较2004年增长2倍，乡村振兴成为全市样板。旅游综合收入80亿元，较2004年增长100倍，游客总数突破1200万人次，较2004年增长10倍，三大景区影响力持续扩大，全域旅游多点开花。货物运输量1.4亿吨，较2004年增长10倍，港口货物吞吐量2600万吨，较2004年增长20倍，社会消费品零售总额较2004年增长6.5倍，商品销售总额较2004年增长57倍，对外通道、长寿港区建设取得实质性进展，四大专业市场[23]初具形象，基本构建起“铁公水联运通道+重庆枢纽港+专业市场”的全链物流体系。

——坚决打赢三大攻坚战。三大攻坚战是政治任务、发展任务、民生任务，必须抓深抓实、打赢打好。防范化解重大风险，政府债务要减存量、遏增量、防变量，结构更趋合理；社会治安和重大刑事案件、生产安全事故起数和死亡人数全面下降，群众安全感指数90%以上，矛盾化解率95%以上，政治经济社会大局和谐稳定。精准脱贫要聚焦“三精准、三保障、三落实”[24]，全力防返贫、遏新增，贫困人口全部脱贫摘帽，返贫率控制在0.5%以内。污染防治要坚持“生态优先、绿色发展”，深入实施“五大行动”[25]，空气质量优良天数超过300天，长江干流水质保持Ⅱ类，龙溪河、御临河长寿段水质保持Ⅲ类，桃花溪水质持续改善，受污染耕地和污染地块安全利用率不低于95%，切实筑牢长江上游重要生态屏障。

——积极融入主城发展。认真贯彻落实市委、市政府加快构建“一圈两群”[26]的决策部署，按照区委融入主城发展的总体部署，充分发挥“一圈两群”重要联结点作用，以“一极、一地、一区、一城”[27]为路径，走好走实区域协同发展之路，推进综合交通、产业发展、空间布局、公共服务一体化，构建重庆东向开放“桥头堡”。利用明月山综合交通新通道可行性论证成果，谋划推动渝武高铁、城市轨道进入长寿，尽早实现与主城同城通勤。依托与主城在电子信息、汽车配套、新材料等产业领域的高度关联，积极承接主城相关产业转移，实现融合发展、互补互促。主动对接全市国土空间规划，优化城市功能布局。对标主城公共服务体系，全面提升公共服务水平，实现公共服务资源共有共享。

三、2020年重点任务

（一）坚持以工业强区为引领，厚植产业发展新优势

产业建集群强支撑。坚持工业优先、工业强区，持续壮大五大产业集群。钢铁冶金产业，以汽车用钢、模具钢、管线钢为重点，开工重钢脱硫脱硝改造、永航废钢再利用等项目，力争产值突破400亿元。化工医药产业，以精细化工、生物医药为重点，开工合佳医药原料药、英斯凯MPP等项目，推动博腾多功能车间、植恩原料药基地等项目达产增效，力争实现产值200亿元。新材料产业，以电子材料、轻量化材料、功能性膜材料为重点，开工双象超纤合成革、川维光学膜等项目，加快推动贝利新材料、欧中电子特气等项目达产增效，力争实现产值200亿元。装备制造产业，以智能网联汽车、汽车电子等高端零部件为

重点，加快数字化、网络化、智能化转型，开工小康动力增程式发动机等项目，加快推动三禾汽车零部件等项目达产增效，力争实现产值200亿元。消费品产业，以智能家居、健康科技、节能环保为重点，开工七腾软件特种机器人等项目，加快推动艾诺威智能家居等项目达产增效，力争实现产值200亿元。

园区抓提档促升级。推动园区“高端化、智能化、绿色化”发展，优化产业结构，提升产出强度，战新产业产值增长15%。经开区开工园区道路升级改造、废水防控系统等重点项目，建成投用科技创新园、八颗片区10.5万平方米标准厂房；实施市级节能与工业循环经济重点项目6个，发展清洁生产重点企业2家，完成市下达能耗“双控”目标任务。高新区实施葛兰组团污水可视化改造、新市组团110KV石桥变电站、云台组团7.5万平方米标准厂房等项目建设，加快中科未来城科技成果转化展示中心、凤栖科技岛等项目建设。发挥经开区股权引导基金、高新区产业发展基金杠杆作用，撬动社会资本投资。

企业重培育增质效。坚持分类施策，推动1—2家企业挺进“百亿俱乐部”。推进企业升规，鼓励中小企业走“专精特新”之路，新升规企业30家以上，力争规上工业企业突破300家。推进企业提质，实施智能化技改项目35个，新建智能工厂1个、数字化车间3个。推进企业上市，完善挂牌上市后备资源库，瞄准资本市场扩大直接融资，推进望变电气主板上市，1家企业IPO过会，新增15家企业OTC挂牌。

（二）坚持以现代服务业为突破，构建协同发展新格局

走好消费引领之路。坚持消费引领新供给新动力，商品销售总额增长15%。加快推进汽贸城、智慧物流中心建设，农产品交易中心开业运营，爱琴海购物公园开工建设，引导世纪广场、长寿古镇等大型商圈提档升级。大力发展总部经济、会展经济，办好房交会等各类展会，新培育限上商贸企业30家，培育引进贸易、金融等独立结算机构2家以上。探索“线上+线下+物流”新零售方式，依托易车交易中心、邮乐网助力电商孵化，推动渝化工成为市级交易平台，力争跨境电商实现“零突破”。大力发展绿色消费、定制消费、体验消费等新消费模式，释放医养、教育、旅游等产业消费潜力，促进城乡多元消费。做亮特色品牌，提升“老字号”美誉度、影响力。

走好生产性服务业振兴之路。推动生产性服务业专业化、集聚化、国际化发展，建立与大工业配套的全链服务体系。增强商务服务功能，大力引进培育营销策划、检验检测、工程咨询、技术评估、法律、会计等中介服务机构。增强金融服务功能，大力发展产业基金、商业保理、跨境结算等要素市场，引进风投创投公司设立地方机构。增强信息服务功能，完善知识产权运营中心、工业互联网暨工业APP公共服务平台功能，建成投用云晟双活数据中心，支持重点企业向物联网、云计算、区块链等领域拓展。增强物流服务功能，积极承接主城核心区专业市场外迁转移，布局建设一批现代仓储基地、集散分拨中心、冷链配送中心。

走好全域旅游发展之路。按照“布点连线、提质增效”的思路，打造全域旅游示范区，全年接待游客数、旅游收入均增长10%。推进长寿湖旅游提升PPP[28]项目，加快长寿湖恒大特色小镇建设，积极招徕亲水康养项目，打造重庆都市康养乐园。整合缆车站、三倒拐、定慧寺等资源，启动长江旅游码头前期工作，力争进入重庆三峡黄金旅游热线第一站。推进黄草山、白云山、五华山开发，以“六大农旅融合项目”为依托，谋划3—4条精品乡村游线路，打造重庆都市休闲后花园。实施杨克明故居修缮等工程，深入推进红色革命游。举办长寿湖美食音乐节等活动，丰富文旅业态，持续做大“夜经济”。

（三）坚持以改革开放为动力，拓展跨越发展新路径

打造“四最”营商环境。坚决落实国务院《优化营商环境条例》，对标世界银行营商环境样本城市标准，抓实营商环境优化提升方案19类79项具体任务，力争进入全市最优营商环境行列。大力实施“全渝通办”[29]，加快政务服务“一张网”[30]建设，政务服务“网上申办”“一窗综办”率分别达70%、80%。提速工程建设项目审批制度改革，全面推广告知承诺制。深化经开区行政审批制度改革，打造利企便企“绿色通道”。全面推行部门联合“双随机一公开”[31]，监管事项覆盖率、

结果公示率均达100%。完善信用评级评价和“红黑名单”制度，实施守信联合激励和失信联合惩戒。

抓实重点领域改革。加快售电侧改革，实施10千伏非居民用户“三省”[32]服务、低压小微企业办电“三零”[33]服务。加快区管重点国有企业集团化、市场化转型，完成非平台类国有企业改革，推进国企混合所有制改革，引导国企做大做强，确保国有资本保值增值。深化财税制度改革，全面实施预算绩效管理，实行绩效评价、监督检查结果与预算安排挂钩机制。深化投融资体制改革，创新股权投资、风险补偿、信用担保方式，激发社会投资活力。深化统计制度改革，推动第四次全国经济普查成果运用，开展第七次全国人口普查，增强统计服务经济发展能力。

构建对外开放高地。立足“全域开放、西向拓展、联结两群”，推进全面开放、率先开放。全力推动两江新区至长寿快速通道开工。启动渝宜高速石堰互通立交建设，渝长高速扩能、长江二桥建成投用，推进沿江高速长寿支线二期（东南环线）前期工作，力争完成投资人招标。高标准打造长寿港，推动临港经济高品质、多元化发展，整合码头资源，启动江南智慧物流园区、长寿（江北）化学品分拨中心建设，争取海关监管设点，加快保税仓建设，推动重钢、川维铁路专用线扩建延伸至港区，开工建设新恒阳罐区、四三五油库，打造长江多式联运示范港区。抢抓“一带一路”建设、中新互联互通项目等发展机遇，培优扶强诚隆化工等新兴进出口骨干企业，大力引进生产性服务外包企业，实现离岸服务外包执行额1.1亿美元，外贸进出口总额60亿元，实际利用外资1亿美元。

支持民营经济发展。持续优化公平竞争市场环境，实施市场准入负面清单制度，清理与企业性质挂钩的歧视性规定，鼓励民间资本参与医疗、养老、教育、文化等领域建设运营，民营经济增加值增长10%。严格落实联系走访重点民营企业制度，帮助企业解决融资难、用工难、负担重等问题，新增小微企业贷款50亿元，全力保障企业用工需求。加强民营企业家培训，提升创新、经营、管理能力，以青年商会为主阵地，为民营经济持续健康发展培养人才。

（四）坚持以投资创新为重点，夯实经济增长新支撑

在招商引资上下功夫。全力推进招商引资“一号工程”，深化与国家部委、行业协会交流合作，大力开展驻点招商、以商招商、股权招商，合同引资550亿元，工业引资占比60%以上，一产引资10亿元、三产引资120亿元。精准锁定重点行业和目标企业，大力引进战新产业，推动复星原料药等30个新兴产业项目签约落地，战新产业引资占工业引资30%以上。瞄准世界500强、中国500强和行业龙头企业，引进百亿级项目1个、十亿级项目10个。推动川维MTO[34]一体化等延链补链项目签约落地，拉长智能制造、新材料新能源、新一代信息技术等产业链条。

在投资带动上出实招。坚持以大投资带动大发展，推动政府投资瘦身、社会投资扩容，抓好233个重大项目，完成年度投资224亿元。政府类投资按照“互联互通、完善功能、补齐短板”原则，完成投资67亿元。市场类投资突出工业投资主攻方向，推动77个重大工业项目完成年度投资110亿元，力争工业投资增长15%以上；适当扩大土地供给，推动房地产项目完成年度投资30亿元，确保市场类投资占固定资产投资70%以上。强化项目谋划包装，争取各类专项债券、补助资金10亿元以上。优化项目建设“全周期、一条龙”服务，健全项目协办督办机制，重大项目计划开工率95%以上、计划完工率90%以上，确保项目多投资、多放量，早建成、早投产。

在创新引领上求突破。深入推进“一三五十百千”工程[35]，全社会R&D经费支出增长15%，占地区生产总值2.1%。鼓励企业加大研发投入，支持企业设立独立研发机构，新培育科技型企业100家、高新技术企业10家、研发机构10家，力争世界500强企业设立研发中心、引进国家级研发机构实现“零突破”。依托经开区科技创新园、高新区中科未来城，推动企业与知名高校共建产业技术创新联盟、高技术成果转移转化中心、高新产业孵化基地、产品中试基地。用好创新驱动发展专项资金，用活科技型企业知识价值信用贷款，实行财政奖励与企业贡献、研发投入绩效挂钩，激励企业技术创新、工艺创新、管理创新、模式创新。深入实施“鸿雁计划”“英才计划”，引进

国家级人才计划专家1人、市级人才计划专家20人、高层次人才120人。

（五）坚持以生态宜居为目标，彰显魅力长寿新风貌

打造山水美丽之城。立足长寿山脉水系，优化国土空间规划，强化城市设计和控规“双控”，提高土地供应配置效益，保护好天际线、山脊线、水岸线，给自然“添绿”，为生态“留白”，让蓝天白云、水墨丹青成为最亮丽的长寿颜色。持续实施“七大工程”，开工阳鹤山二期截污干管、凤岭路停车场等项目，加快推进老旧小区改造，完工阳鹤组团、渝宜高速公路桃花匝道改造、体育馆城市停车场等工程，新建停车场1万平方米。启动凤山、晏家等5个体育公园建设，提升改造云峰寺公园、桃花公园等5个城市公园，新增绿化面积65万平方米，城市绿地率达45.5%。建设各具特色的“花街、花道、花园、花海”，启动桃花溪、渡南路景观带建设，加大城市边坡、街头绿地整治，把“乱菜地”变成“小景致”，让高楼大厦与小桥流水相得益彰。推进大城智管、细管、众管，加强“马路办公”，推广“门前三包”“五长制”[36]，完善城市管理综合行政执法，深入推进生活垃圾分类和治理，让城市更加干净整洁有序、山清水秀景美、宜业宜居宜游。

打造历史人文之城。按照“以文赋建、以魂铸城”思路，打造独具特色的城市内核。以文明长寿建设为统揽，研究提炼长寿人文精神，激发共建美好家园的热情和动力。深入挖掘长寿文化内涵，传承发展非物质文化遗产，修缮保护林庄学堂等遗址遗迹，倾力创作文艺精品力作，充盈城市人文内涵。完成文化艺术创意产业园、沙湾全民健身中心规划设计，加快推动雕塑馆、青少年活动中心建设，建成区融媒体中心，赋予重点建筑、重点区域、重点部位独特“长寿”人文标识。争创全国全民运动健身模范区、全国书法之乡、围棋之乡、象棋之乡、工业版画之乡，办好品牌赛事和大型文体活动，持续为城市聚文气、添人气。

打造智慧未来之城。加快智慧城市建设，着力打造国内知名、全市一流、特色鲜明的现代化城市。启动城市大数据资源中心、智慧城市运营中心建设，整合政府信息系统迁移上云，打破部门和行业之间信息孤岛。改造扩容信息网络，积极推广“三网融合”[37]、有线电视数字化和移动多媒体新型广播电视网络，加快推动5G商用，人口聚居地4G网络全覆盖。推广智慧民生服务，开展智慧医疗健康服务，实行医保智能监管，创建全市智慧教育应用示范区县，建成智慧养老大数据平台，构建覆盖社保、医疗、教育、养老等智慧服务体系。优化提升“智慧城管”“智慧交通”“智慧物流”“智慧园区”等多平台功能，推动采集传感设施共享利用，实现全天候、全自动、全方位动态监控、高效调度。

（六）坚持以乡村振兴为抓手，开创强农富农新局面

做强特色产业。全面启动市级现代农业产业园建设，大力推进农田宜机化改造，建成高标准农田3.2万亩。持续壮大长寿柚、橘、鱼、蛋“四大优势产业”，培育一批产值10亿元的产业集群、产值亿元的龙头企业，打造“一村一品”“一镇一特”示范村镇，特色产业链综合产值提升到100亿元以上。抓好生猪稳价保供工作。健全农产品质量安全追溯体系，推广优质、高产、高效、多抗新品种，争创全市首个国家级水产健康养殖示范区。制定“自然长寿”区域公用品牌标准，融入“巴味渝珍”发展，新培育市级以上名牌农产品10个，认证“三品一标”[38]农产品20个以上。推进农业与食品加工、乡村旅游、电子商务“接二连三”，丰富长寿慢城业态，启动二期项目前期工作。扩大面向小农户的社会化服务，培育家庭农场、农民合作社等新型经营主体200个以上。

扮美乡村环境。全面完成农村人居环境整治三年行动计划目标任务，推进户厕改造7800户，旧房整治500户，新建“四好农村路”274公里、入户道路80公里，建设生活垃圾分类示范村16个，推进农业废弃物资源化利用。实施供水管网改造，加快推进但渡、新市、云台片区饮水巩固提升工程，完成龙门桥水库竣工验收。以乡村振兴示范村和三档村为重点，提速人居环境整治示范项目，打造以“福柚长寿”为主题的邻封、但渡环境整治示范片，以“长寿慢城”为主题的龙河、双龙环境整治示范片，以“橘香悦动村”为主题的洪湖环境整治示范片，推动示范片连成风景线。持续开展“三清一改”[39]行动和洁美文明村

庄评选活动，完善乡村治理体系，精心绘就“望得见山、看得见水、记得住乡愁”的美好画卷。

激活农村改革。多措并举破解“人”的问题，实施乡村人才工程和农村人才回流计划，引导农民工返乡、大学生回乡、科技员下乡，加快培育新型职业农民。开拓创新破解“地”的问题，用好用活乡村振兴试验示范500亩用地指标，全面完成土地确权工作。整合撬动破解“钱”的问题，全面实施农业项目财政补助资金股权化改革，努力整合涉农资金、融通社会资金、撬动金融资金，建立健全政府、社会、村集体和农民多元投入机制。以点带面破解集体经济弱的问题，巩固部级农村集体产权制度改革试点成果，继续推进225个涉农村居全面清理资产、规范管理资产、科学经营资产，实现资产保值增值。引导农民通过土地入股、房屋联营、租赁经营等多种方式与市场主体联动发展，实现“一地生四金”[40]。扎实推进“三社”[41]融合发展，加快构建为农服务“五大体系”[42]。

（七）坚持以民生福祉为根本，顺应人民群众新期盼

脱贫攻坚更精准更托底。全力做好迎接国家脱贫攻坚普查准备，巩固行业、专项、社会“三位一体”大扶贫格局。纵深推进“回头看”，建立返贫监测预警机制，推进社会救助兜底脱贫攻坚。提高特色产业带贫益贫效果，完善产业发展与贫困户利益联结机制。深入推进就业扶贫，精准开展技能培训、送工送岗、创业服务和兜底安置。强化扶贫小额信贷管理，让贫困户贷得到、用得好、还得上。完善控辍保学动态监测机制，落实奖、贷、补、减、免各项资助政策。持续推进“四类重点人员”危房改造动态清零。抓实健康扶贫“三个一批行动”，筑牢“八道保障线”[43]，确保应保尽保、应报尽报、应助尽助。

社会保障更有力更充分。把稳就业摆在更加突出位置，重点解决好高校毕业生、农民工、退役军人等群体就业，抓好职业技能培训，新增公益性岗位100个以上，城镇新增就业1.6万人。实施“渝创渝新”行动，加快建设创业孵化基地2个。深入实施全民参保计划，城乡养老保险覆盖率、医疗保险登记参保率分别达95%、100%。建立“一门受理、协同办理”社会救助机制，实现救助资源共享。新增社会办养老机构6家、社区居家养老服务中心6所、村级互助养老点83个，基本实现城市社区养老服务全覆盖，养老机构提供医养服务能力占比90%。推进全民国防教育，加强退役军人服务管理保障，争创市级“双拥模范城”。

教育医疗更均衡更优质。坚持“五育”[44]并举发展素质教育，启动区教师发展中心建设，按照“四有好老师”[45]标准建设高素质教师队伍，全面推行小学课后延时服务。增强学前教育普惠力度，加快桃花溪幼儿园建设，公办园占比和普惠率提高至50%、80.5%。统筹城乡义务教育一体化发展，编制城区中小学布点中长期规划，加快古镇二小、桃花溪中学建设，改善31所乡镇寄宿制学校、27所乡村学校办学条件。大力发展职业教育，落实“职教20条”[46]，推动重庆市医药学校规划建设、重庆微电子工业学校搬迁至长寿。实施健康中国长寿行动，推动创建全国基层中医药工作先进单位、区中医院创建三甲中医院，区医院北城分院力争投用，启动区中医院医养中心、长寿江南康养中心、区危化卫生应急救援中心建设，新建菩提、凤城、新市社区卫生服务中心和石堰、云集卫生院，做实家庭医生签约服务，推进药品耗材集中带量采购和按疾病诊断分组付费，降低广大群众看病费用。

生态环境更友好更优美。抓好第二轮中央环保督察问题整改。加快推进钢铁、火电企业超低排放改造和化工、家具企业挥发性有机物深度治理，建设17个空气质量网格化监测监控平台，对大气污染源实施精细化管控，让天朗气清成为常态。突出抓好长江生态环境修复，完成6个重点沿江排污口整治，完成30座小水电站清理整改，强化码头船舶污染防治。纵深推进河长制，加强水源地保护和流域水体治理，升级改造17座乡镇污水处理设施，城市和乡镇集中式饮水源水质达标率分别保持在100%、86%以上。启动桃花溪渡舟段岸线综合整治，完成龙溪河—桃花溪水系连通调水工程5.7公里输水管道建设。严守水资源管理“三条红线”[47]，抓好县域节水型社会达标建设。加强土壤污染防治和污染地块风险管控治理，深化畜禽养殖污染综合整治，畜禽粪污综合利用率85%以上。深入推进国土绿化提升行动，实施营造

林17万亩，恢复治理“关闭矿山”损毁土地16.7公顷，综合治理水土流失面积17平方公里，湿地保护率提高到50%以上，“山水林田湖草”生态系统协同共生。

（八）坚持以安全稳定为底线，实现社会治理新提升

强化公共安全监管。严格落实安全生产责任体系，完善风险防控和隐患排查治理双重防控机制。深化安全生产标准化建设，持续开展安全生产大排查大整治大执法，实施道路交通、建筑施工、危化品、消防安全等重点领域专项整治。持续推动应急管理体制改革，加强自然灾害预防救援制度建设，强化应急预案管理和责任体系，提升多灾种和灾害链综合监测、风险早期识别和预报预警能力。推动民兵综合训练基地建设，建成投用国家危险化学品应急救援重庆基地，定期组织应急处置能力培训、联训联演，构筑军地联防联控“钢铁防线”。加强食品药品监管，确保群众“舌尖上安全”。

防范重点领域风险。坚决防范政治风险，认真落实意识形态工作责任制，打好意识形态领域斗争主动仗、进攻仗。严守金融安全底线，用好市场化债转股、股权融资等手段，降低企业流动性风险。加强网络借贷、互联网金融等薄弱环节监管，严打各类涉众型经济犯罪。严格落实政府投资项目资金前置审核制度，坚决遏制债务增量，多渠道筹集化债资金，稳妥化解存量隐性债务。严控一般性支出、严控预算追加、严格预算执行，兜住“三保”[48]底线，让政府过紧日子，让老百姓过好日子。坚持“房住不炒”总体要求，强化房地产市场供需双向调控，加快非住宅商品房去库存，促进房地产市场平稳健康发展。

加强社会综合治理。围绕社会化、法治化、专业化、智能化，打造共建共治共享社会治理格局。践行新时代“枫桥经验”，推进“三社联动”[49]“六治融合”[50]，落实“三事分流”[51]，坚决打赢扫黑除恶专项斗争收官之战。构建区、镇两级普法责任体系，发挥工会、团委、妇联等群团基层治理桥梁作用，完善社会矛盾纠纷多元化解机制。健全社会治理人才培训体系，培养专业思维、专业方法、专业技术的社会治理队伍。把大数据、云计算、物联网、人工智能作为创新社会治理的强大引擎，全面完成“雪亮工程”，探索“互联网+社会治理”新模式，打造社区网格化治理“升级版”。

四、不忘初心、牢记使命，全面建设人民满意政府

打铁必须自身硬。必须始终坚持把政治建设摆在首位，巩固深化“不忘初心、牢记使命”主题教育成果，保持坚如磐石的决心和定力，持续强身健体、提质塑能，努力打造人民满意政府。

一是做到心中有党，打造忠诚政府。深学笃用习近平新时代中国特色社会主义思想，树牢“四个意识”，坚定“四个自信”，自觉践行“两个维护”。坚决贯彻中央大政方针，坚决落实市委、市政府和区委决策部署，确保政令畅通、令行禁止。严守政治纪律、政治规矩，坚持民主集中制，严格落实党的组织生活制度。强化斗争意识，增强斗争本领，全面彻底干净肃清孙政才恶劣影响和薄熙来、王立军流毒，持之以恒巩固风清气正的政治生态。

二是做到心中有法，打造法治政府。坚持依法行政，健全重大行政决策程序，坚持重大决策公众参与、专家论证、风险评估、合法性审查，做到“法无授权不可为、法定职责必须为”。坚决执行区人大及其常委会决议决定，“四重”事项[52]主动向人大报告，积极支持区政协履职尽责，认真办理人大代表建议和政协提案。自觉接受人大法律监督、工作监督，政协民主监督，党内、行政、司法、审计、社会、舆论监督。严格落实行政执法责任制，完善行政复议和政务公开机制，让权力在阳光下运行。

三是做到心中有责，打造实干政府。坚持在战略部署上“扣扣子”、责任履行上“担担子”、任务落实上“钉钉子”，努力打通工作落实“最后一公里”。主动适应新时代新要求，全面增强“八种本领”[53]，完善政府治理体系，提升治理能力现代化水平。加强政德建设，引导党员干部明大德、守公德、严私德。大力整肃慵懒散怠作风，健全正向激励和容错纠错机制，真正为担当者担当、为负责者负责，让担当实干者近无虑、远无忧。

四是做到心中有民，打造服务政府。始终把人民群众放在心上，多做打基础、管长远、利民生的工作，统筹解决好群众关心的热点问题。坚

决破除形式主义、官僚主义，大力精简各类检查、报表、会议，让基层干部有更多时间和群众在一起，发现问题、解决问题。扎实开展“兴调研、转作风、促落实”行动，深入一线倾听民情民意，持续抓好区长信箱、公开电话、“互联网+督查”等办理工作。

五是做到心中有戒，打造廉洁政府。坚决落实全面从严治党主体责任，严格落实中央八项规定精神，驰而不息正风肃纪，认真抓好巡视反馈问题整改。全力支持纪检监察机关依规依纪依法履行职责，抓住重点领域和关键环节，持续规范完善项目招投标、政府采购、土地出让等机制，加强财政资金、国有资产、公共资源交易监管，严肃查处侵害群众利益的腐败行为。强化审计揭示问题整改。

长风破浪会有时，直挂云帆济沧海。决战决胜2020年的号角催征、战鼓擂动，让我们紧密团结在以习近平同志为核心的党中央周围，在区委的坚强领导下，以抓铁有痕、踏石留印的决心，以破釜沉舟、背水一战的勇气，以人定胜天、志在必成的豪情，带领90万长寿人民，只争朝夕、苦干实干，锐意进取、击水中流，奋力绘就新时代高质量发展的长寿画卷！

名词解释

1. 同口径：即本次的统计口径与去年完全相同。不考虑减税降费因素，全区一般公共预算收入增长8%，区级税收收入增长10%。

2. “千百亿”行动：即打造3个千亿产业集群（综合化工、钢铁冶金、新材料新能源产业集群）；发展10户百亿产值企业（集团）；培育20户亿元税收企业。

3. EVOH：即乙烯-乙烯醇共聚物，是应用最多的高阻隔性材料。

4. R&D：英文 research and development 的缩写，即研究与开发。

5. OTC：即场外交易市场，这里特指重庆股份转让中心。

6. “一网、一门、一次”改革：“一网”，即企业群众办事通过全流程一体化在线服务平台，实现“一次登录、全网通办”；“一门”，即将各部门的业务统一到行政服务中心，实现前台综合受理、后台分类办理，线下“只进一扇门”；“一次”，即大力减材料、减环节，推进数据共享，让企业和群众“最多跑一次”。

7. “国土三调”：即第三次全国国土调查。

8. “三区三线”：“三区”即生态、农业、城镇三类空间；“三线”即生态保护红线、永久基本农田和城镇开发边界三条控制线。

9. “一环八组团”：“一环”即依托渝长高速扩能、规划沿江高速长寿支线二期（东南环线）形成的绕城区高速路环线；“八组团”即八颗、渡舟、菩提、桃花、阳鹤、凤城、晏家、江南组团。

10. “七大工程”：即治乱拆违、街净巷洁、路平桥安、整墙修面、灯明景靓、江清水畅、城美山青工程。

11. “六大农旅融合项目”：即乡村振兴·长寿慢城、橘香悦动村、邻封田园综合体、清迈良园、田园乐温、生态渔业休闲园区。

12. “五沿带动”：即开展沿高铁沿线、沿江两岸、沿高速两旁、沿城郊环线以及沿旅游景区周边等重点区域环境整治，引领改善农村人居环境工作。

13. “空壳村”：即集体经济薄弱、基层组织软弱涣散、人口流失严重等问题突出的村。

14. “两摸底一核查”：即脱贫监测户、边缘户摸底，核查建档立卡贫困人口数据信息的真实性。

15. “三个一批行动”：即大病集中救治一批、慢病签约服务管理一批、重病兜底保障一批。

16. “四类重点人员”：即建档立卡贫困户、低保户、农村分散供养特困人员、贫困残疾人家庭。

17. “药占比”：即药品费用占总花费的比例。

18. “五个不让”“七个坚决防止”：“五个不让”，即不让小风险衍化为大风险、个别风险衍化为综合风险、局部风险衍化为区域性或系统性风险、经济风险衍化为社会政治风险、域外风险衍化为域内风险；“七个坚决防止”，坚决防止发生影响社会稳定的重大政治性事件、发生暴力恐怖事件和个人极端事件、发生大规模群体性事件、发生重大到市进京上访事件、发生重大恶性刑事治安案件、发生重大公共安全事件、发生重大舆情炒作事件。

19.“雪亮工程”：即以区、镇、村三级综治中心为指挥平台、以综治信息化为支撑、以网格化管理为基础、以公共安全视频监控联网应用为重点的“群众性治安防控工程”。

20.“三个作用”：即努力在推进新时代西部大开发中发挥支撑作用、在推进共建“一带一路”中发挥带动作用、在推进长江经济带绿色发展中发挥示范作用。

21.“七有”：即幼有所育、学有所教、劳有所得、病有所医、老有所养、住有所居、弱有所扶。

22. 恩格尔系数：即食品支出总额占个人消费支出总额的比重。

23. 四大专业市场：即重庆东部汽贸城、重庆东部智慧物流中心、重庆东部农产品交易中心和江南钢材交易市场。

24.“三精准、三保障、三落实”：“三精准”即精准识别、精准退出、精准帮扶；“三保障”即义务教育保障、基本医疗保障、住房安全保障；“三落实”即责任落实、政策落实、工作落实。

25.“五大行动”：即蓝天、碧水、绿地、宁静、田园行动。

26.“一圈两群”：即主城区都市圈、渝东北三峡库区城镇群、渝东南武陵山区城镇群。

27.“一极、一地、一区、一城”：即现代工业发展极、对外开放新高地、城乡融合示范区、长寿文旅生态城。

28. PPP：英文 Public-Private-Partnership 的缩写，即政府和社会资本合作，是公共基础设施中的一种项目运作模式。

29.“全渝通办”：即在重庆全域实现审批服务事项“城乡一体、一网联通、同城通办”，线上线下政务服务城乡无差别。

30. 政务服务“一张网”：即全国一体化政务服务平台，是实现政务服务全国“一网通办”的支撑。

31.“双随机一公开”：即在监管过程中，随机抽取检查对象、随机选派执法检查人员，抽查情况及查处结果及时向社会公开。

32.“三省”：即省力、省时、省钱。

33.“三零”：即零上门、零审批、零投资。

34. MTO：即甲醇制烯烃（乙烯、丙烯）。

35.“一三五十百千”工程：“一”指建设创新生态示范区；“三”指打造长寿经开区、高新区、现代农业园区三大创新服务平台；“五”指实施生物医药、精细化工、装备制造、新材料新能源、电子信息五大科技专项；“十”指创建国家级科技孵化器、国家级知识产权示范园区、国家级知识产权试点城市等十大创新品牌；“百千”指聚集引进培育成百上千科技型企业、科技创新人才。

36.“五长制”：即将管理区域划分成街长、路长、巷长、楼长、店长的细致组合，进一步完善城市管理。

37.“三网融合”：即电信网、广播电视网和互联网融合。

38.“三品一标”：即无公害农产品、绿色食品、有机农产品和农产品地理标志。

39.“三清一改”：即清扫农村垃圾、清理农村塘沟、清除农村畜禽粪污和改变影响农村人居环境的不良习惯。

40.“一地生四金”：即农民通过集中流转土地，实现土地流转收租金、量化入股分红金、基地务工赚薪金、种养经营得现金。

41.“三社”：即农村专业合作社、供销社、信用社。

42. 为农服务“五大体系”：即为农服务组织体系、农业社会化服务体系、农村现代流通服务体系、农村合作金融服务体系、农村综合信息服务体系。

43.“八道保障线”：即基本医疗保险、大病保险、精准脱贫保（大病商业保险）、民政医疗救助、扶贫医疗救助、扶贫济困基金、健康扶贫医疗基金、区级医疗救助兜底保障。

44.“五育”：即德育、智育、体育、美育、劳动教育。

45.“四有好老师”：即有理想信念、有道德情操、有扎实学识、有仁爱之心的好老师。

46.“职教 20 条”：即 2019 年国务院发布的《国家职业教育改革实施方案》中提出的 20 项政策举措。

47.“三条红线”：即用水总量控制红线、用水效率控制红线、水功能区限制纳污红线。

48.“三保”：即保工资、保运转、保基本民生。

49. “三社联动”：即社区、社会组织、专业社工共同参与的新型社会治理模式。

50. “六治融合”：即政治、自治、法治、德治、智治、心治融合治理。

51. “三事分流”：即开展基层议事协商时，将群众诉求和矛盾问题按照“大事”“小事”“私事”进行分类处理，合理界定政府部门、社区组织和居民群众个人的职责边界和互补共生关系。

52. “四重”事项：即重大改革举措、重大民生工程、重大建设项目、重点城镇建设。

53. “八种本领”：即学习、政治领导、改革创新、科学发展、依法执政、群众工作、狠抓落实和驾驭风险的本领。

中国人民政治协商会议重庆市长寿区委员会常务委员会工作报告

——2020年1月6日在政协重庆市长寿区第十五届委员会第四次会议上

张　华

2019年工作回顾

2019年是中华人民共和国成立70周年，是中国人民政治协商会议成立70周年。中共中央首次召开政协工作会议，习近平总书记出席会议并发表重要讲话，中央出台《关于新时代加强和改进人民政协工作的意见》，为新时代人民政协事业发展指明了前进方向，提供了根本遵循。市委、区委认真贯彻落实中央政协工作会议精神，相继召开新时代加强和改进政协工作会议，出台《关于新时代加强和改进人民政协工作的实施意见》，就如何发挥人民政协专门协商机构作用、加强思想政治引领和广泛凝聚共识、健全人民政协工作制度、强化委员责任担当、加强党对人民政协工作的领导等提出明确要求。区政协对标对表中央、市委和区委对政协工作作出的一系列新要求，及时召开贯彻落实部署会，推动政协系统用心学进去、用情讲出来、用力做起来。

在区委的坚强领导下，区政协常委会坚持以习近平新时代中国特色社会主义思想为指导，以开展“不忘初心、牢记使命”主题教育为抓手，深入学习贯彻习近平总书记关于加强和改进人民政协工作的重要思想，全面贯彻落实总书记对重庆作出的重要指示批示精神，坚持团结民主两大主题，围绕中心、服务大局，主动谋事、认真干事、协以成事，充分展现了为党政分忧、为发展尽责、为人民服务的价值追求和境界。

一年来，区政协工作在继承中发展、在发展中创新，有特色、有亮点、有影响，展现出新时代专门协商机构的新样子新气象。突出体现在四个方面。

*一是更加突出政治引领。*人民政协是政治组织，是具有中国特色的制度安排，旗帜鲜明讲政治是人民政协的本质要求。我们深刻把握新时代人民政协的历史方位和使命任务，坚持维护核心、围绕中心、凝聚人心，第一时间深入学习习近平总书记重要讲话，特别是总书记在中央政协工作会议上的重要讲话。第一时间向区委请示汇报区政协重要事项、重大活动，全年报送协商、调研、视察、评议等各类履职报告25份，得到区委、区政府领导批示30余次，许多意见建议进入党政决策，确保了区委的决策部署在政协系统得到不折不扣贯彻执行。

*二是更加突出凝聚共识。*人心是最大的政治，共识是奋进的动力。我们把凝聚共识摆在更突出位置，贯穿于履职工作全过程。组织广大委员和机关干部持续跟进学习习近平总书记最新重要讲

话，学习中国共产党历史、人民政协历史，推动各党派团体和各族各界人士实现思想上的共同进步。引导委员在履职实践中感受长寿新变化新成就，组织委员深入橘香福地·长寿慢城、专业市场群等项目现场开展专题视察，委员参与热情高涨，取得了凝聚共识的效果。搭建以凝聚共识为目的协商议政平台，推动政协委员和职能部门在深入协商对话中释疑增信、凝聚共识。鼓励和支持委员深入界别群众，在敏感点、风险点、关切点上强化思想政治引领，协助做好解疑释惑、宣传政策、理顺情绪、化解矛盾的工作，达到了凝聚共识的目的。

三是更加突出提质增效。推动政协工作提质增效，是适应新时代政协事业发展的迫切需要。我们把提质增效贯穿工作始终，推动各项工作从注重“做了什么”“做了多少”向“做出了什么效果”转变。认真落实年度协商计划，精心承办14项协商活动，积极建净言、谋良策、出实招，做到协商有深度、建言有质量。把提得准、办得好、落地实作为提案工作标准，提案办理面商率92.7%，按期回复率100%，办理复函满意率98%，均创历年最高。围绕全区综合性、前瞻性工作开展专题调研，高质量完成康养产业发展等16篇专题调研报告，为党政提供决策参考。精心谋划信息选题，拓宽信息收集渠道，汇集编报《社情民意》96期，报送市政协66篇，采用10篇，在全市政协系统保持前列。多层次多角度发出政协好声音，全年在市级以上媒体刊发稿件88篇，其中52篇被《重庆政协报》刊用，36篇被《人民政协报》等中央媒体刊用。

四是更加突出担当作为。人民政协是党和国家一线工作的重要组成部分，我们引领广大政协委员强化“一线”意识、保持“一线”状态、勇担“一线”使命。充分发挥委员在本职工作中的带头作用、在政协工作中的主体作用、在界别群众中的引领作用，全年组织委员1300余人次参加各类履职活动，提出意见建议3000余条。聚焦解决“两不愁三保障”突出问题，区政协主席班子成员参与7个街镇脱贫攻坚，区政协机关对口帮扶渡舟街道16个村居、63名建档立卡贫困对象。组织委员热情参与云台镇拱桥村等重点镇村的精准扶贫工作，协调引进扶贫项目11个、带动扶贫消费30余万元。区政协主席班子成员结合开展“社区工作日”等活动，深入菩提街道胜天社区等开展定期接访走访、矛盾纠纷排查、信访问题化解，协调解决生活用水压力不稳定、电动车管理不规范、电梯运行维护不及时等群众反映强烈的问题。积极参与软弱涣散基层党组织整顿提升，深入渡舟街道高峰村、民兴社区等基层一线摸实情、找问题、查根源，为提升党组织战斗力谋思路、寻对策、开良方，并选派政协机关优秀干部担任高峰村第一书记，负责基层党组织整顿提升工作。

一年来，我们把事业放在心上、把责任扛在肩上，认真履职尽责，主要做了以下工作：

一、深入学习贯彻习近平新时代中国特色社会主义思想，加强思想政治引领呈现新气象

始终把加强思想政治建设摆在首位，进一步增强“四个意识”，坚定“四个自信”，做到“两个维护”，确保了政协事业前进的正确政治方向。

一是全面落实区委对政协工作的领导。区委加强对政协的全面领导，区委常委会定期听取区政协党组工作汇报，审议区政协年度重点协商、调研、视察、评议、通报计划，及时批示政协党组请示报告，支持区政协主席会议开展区委重要人事任免协商4次。区委、区政府领导出席政协重要会议、通报工作情况、批阅政协报告、交办重点工作、督办重点提案，有力推进了政协履职成果转化落实。我们认真落实区委批复，组织实施重点协商14项、重点调研3项、重点视察12项、监督性通报8项、民主评议部门3个，推动立案的449件提案全部办结，组织培训委员900余人次，联系走访委员200余人次，整理和编辑出版文史资料14余万字。

二是持之以恒抓好党的创新理论武装。以习近平新时代中国特色社会主义思想和党的十九大精神为学习主线，以党组会议、主席会议、常委会议学习为引领，组织26次党组和党组理论中心组学习，21次主席会和常委会专题学习，分层次分专委会组织全体政协委员学习，推动学习覆盖到整个政协系统和每名政协委员。开展“深刻认识专门协商机构的历史贡献和新时代的新使命”理论研讨活动，征集论文43篇，评出优秀论文16篇，其中《对新时代人民政协新使命的思考》《政协参加单位履职评价体系建设初探》两篇论文在全市获奖。

三是隆重举办庆祝新中国和人民政协成立70周年系列活动。组织开展理论研讨、“我与人民政协”征文演讲比赛、续编《长寿政协志》、征集历届政协委员“亲历亲见亲闻”实物史料等十项活动，充分展现人民政协成立70年来在中国共产党领导下同新中国一同诞生、一起成长、一道前行的光辉历程，充分展现新时代长寿政协的新面貌新气象。评选“我与人民政协”优秀征文20篇，来自全区各行各业的16名选手参加演讲比赛，展示了良好的精神风貌。

二、聚焦全区中心工作协商建言，助推高质量发展展现新作为

聚焦全区中心任务和重点工作，积极开展协商议政，助推长寿高质量发展。

一是为推动产业转型升级建诤言。开展中科未来城建设及高新区转型升级工作情况专题视察，提出“健全管理体制机制、营造创新创业良好环境、积极培育创新型人才、主动融入主城都市圈发展”等意见建议，区委、区政府高度重视并认真采纳。围绕全区上半年经济工作召开议政性常委会议，对下半年经济工作提出“在加快提升实体经济发展水平上做加法，在减轻实体经济负担上做减法，在培育领跑新动能上做乘法，在遏制影响经济社会发展负面因素上做除法”等意见建议，区委、区政府认真研究吸纳，转化为推动工作的具体举措。我们还围绕“十三五”规划中期评估、重大项目建设开展协商、视察和通报，积极为全区产业转型升级建言献策。

二是为实施乡村振兴献良策。组织开展农村“三变”改革试点工作重点调研，集中各方智慧力量，客观指出“承接主体难以寻求、入股农民思想纠结、人才问题制约明显、开拓创新意识不足”等需要重点关注的问题，对下一步试点工作提出“坚持农民自愿，注重集体意愿；坚持政府引导，注重市场主导；坚持实事求是，注重发挥优势；坚持盈亏与共，注重风险防控”四个方面建议。我们还围绕中小型水利工程运营管理、特色农产品品牌培育推广、“三社”融合推进、非洲猪瘟防控及生猪产业发展开展履职活动，以实际行动助力乡村全面振兴。

三是为文旅融合发展出实招。围绕打造长寿旅游升级版，首次组织西南大学等单位开展《重庆市长寿区“人多寿考”项目调查研究》，论证得出“长寿地区大部分农畜产品均符合富硒农产品要求，对提高人体身体素质具有重要意义；长寿湖水体的锶含量较为丰富，且又未超过标准规定，有助于身体健康；非常难得的是，土壤中重金属元素含量均低于标准值，土壤健康水平较好”的结论，首次为长寿自古“人多寿考”提供了科学依据。挖掘长寿文脉、追溯长寿源流，编印《长寿历史文脉》系列丛书之《长寿溯源》《长寿湖史话》，发挥了政协文史在助力长寿人文建设方面的作用。主席会议专题协商我区文化旅游工作，提出“突出长寿特色，立足群众需求，高品位打造特色文化旅游品牌”等建议，献计文旅融合发展。

四是为城市品质提升添合力。城市品质提升一直是委员们关注的热点。主席会议专题听取城区绿化提档升级工作情况通报，委员们从“推进城市绿化规范化标准化建设、强化城市绿化管理经费保障、高标准打造城市绿化名片”等不同方面提出建议。切实履行民主监督职责，组织20余名政协委员参与城市园林管护和城区停车服务考评，推动城市管理水平提升。一年来，委员们还围绕城市公共服务设施规划建设、新老城区市政设施配备与管护、城区“边角地、空地”绿化等工作撰写大会发言，提交提案和反映社情民意信息，助推城市功能不断完善和品质全面提升。

三、围绕民生重点难点献计出力，践行履职为民宗旨彰显新担当

紧扣保障和改善民生，助力解决群众操心事、烦心事、揪心事，促使群众拥有更多获得感、幸福感和安全感。

一是围绕打赢污染防治攻坚战实施民主监督。开展“聚焦污水偷排直排乱排问题”委员明察暗访监督性调研视察，紧扣逃避监管方式偷排污水、无污染治理设施直排污水、超环保标准乱排污水等11类突出问题，常态化开展明察暗访，发现疑似问题线索63件，职能部门核实确认并督促整改31件，立案处罚4件。积极参与全市“加强长江沿岸生态保护修复、筑牢长江上游重要生态屏障”网络议政及远程协商，提出“强化绿色制造体系构建、强化工业废渣环保处理、强化危化码头综合整治”等建议，得到市政协高度肯定，被市经信委等市级部门重视采纳。发动市、区两级政协委员，踏遍桃花河360平方公里流域开展监督性调研视察，形成桃花河全流域“体检报告”，为区委、区政府深度治理桃花河找到了“病根”、开出了“处方”。

二是围绕打造健康长寿开展调研协商。把加快康养产业发展作为年度重点调研课题，围绕旅游康养、医疗康养、运动康养、文化康养等9个方面，开展区内外实地考察调研20余次。针对康养认识不够明晰、规划引领不够有力、扶持政策不够完善、产业人才极度匮乏等问题，提出“以产业规划为引领开启康养产业发展新格局、以医养结合为突破构建新型养老服务体系，以‘康养+’为抓手推动康养全产业链发展，以政策支撑为杠杆撬动产业发展强大引擎”等工作建议，得到党政领导充分肯定，区政府召开专题会议研究推进。把全区深化医联体建设情况纳入每月协商，从完善考核评价体系、加强医疗质量管理、推进资源优化配置、发挥医保导向作用等方面提出建议。一年来，我们还开展了养老工作情况通报，区医院北城分院建设情况跟踪视察，协调农工党中央捐赠医疗器械等工作，助推健康长寿建设。

三是围绕解决民生热点难点问题开展民主评议。积极回应人民群众对教育教学、交通出行、“三农”服务等现实问题的高度关注，组织委员对区教委、区交通局、区供销社工作情况开展民主评议。针对城区学位供给缺口较大、“课后三点半难题”等问题，提出“加大学校建设统筹力度、加强教育创新协作”等建议，并推动小学课后延时服务政策年内落地。针对城市公共交通出行不便、融入主城交通瓶颈制约突出等问题，提出“推进重点交通项目规划建设、大力提供高品质公共交通服务”等建议，推动明月山综合交通新通道加快实施。针对农资购销渠道不够畅通、社会化服务体系不够完善等突出问题，重点提出“着力提高基层合作组织发展质量、着力增强基层合作组织内生动力”等意见建议，促进区供销社更好发挥渠道优势，更好服务“三农”发展。

四是围绕完善社会治理体系汇聚诤言良策。区政协常委会专题听取全区扫黑除恶工作情况通报，引导委员助力解决群众关注的黑、恶、乱等问题。区政协主席会议高度关注机构改革后应急管理工作运行情况，围绕完善责任体系、健全长效机制、强化基础建设、规范监督执法等重点领域开展深入协商，助推我区应急管理工作再上新台阶。专题视察全区公安工作，听取情况介绍，走访基层站所，充分肯定全区公安系统在维护政治稳定、开展专项整治、夯实基层基础、强化作风建设等方面取得的成绩，组织广大委员积极投身共建共治共享社会治理新格局。

四、全力做好凝心聚力工作，发挥人民政协统战功能达到新高度

坚持资政建言、凝聚共识双向发力，努力增进最大共识度、寻求最大公约数、画好最大同心圆，广泛凝聚智慧汇聚力量。

一是联谊交往功能得到充分发挥。参加全国地方政协工作调研座谈会并代表重庆市作交流发言，向全国政协提交区县政协工作书面经验交流材料1篇，在《中国政协》发表经验交流文章2篇。参加区县政协主席研讨班、区县政协信息化建设工作座谈会、区县政协片区联席会，围绕“区县政协信息化建设”“医养结合产业发展现状”等课题开展广泛交流。精心承办市政协“学习贯彻落实中央政协工作会议精神和市委工作要求”片区调研座谈会，围绕“加强思想政治引领、广泛凝聚共识”开展深入交流。支持住长市政协委员通过参加市政协全委会、常委会、专题协商会以及视察调研活动，向市政协提交委员提案24件、反映社情民意信息21篇，“关于增设沿江高铁联络线”“关于加快长寿港规划建设”等意见建议引起市级层面关注和重视。规范接待区外政协来长视察考察26起、210余人次，为增进交往、互鉴经验、提升长寿形象发挥了积极作用。

二是新型政党制度得到全面落实。认真贯彻落实中国共产党领导下的新型政党制度，健全区政协党组成员、主席会议成员联系各民主党派、工商联、无党派人士机制，定期开展走访党派团体和党外委员活动，定期向各民主党派、工商联、无党派人士和人民团体通报政协工作，支持各党派团体广泛参与党委政府重大决策部署的协商讨论和政协调研视察、民主监督等重要活动。坚持党派团体的活动重点支持、提案重点督办、发言重点安排、社情民意信息重点报送，确保政协成为党派团体、工商联和无党派人士参政议政的重要平台。党派团体提交的委员提案、撰写的大会发言、反映的社情民意信息，占比均稳定保持在60%以上。

三是界别基础工作得到切实加强。进一步突出界别特色、发挥界别优势、增强界别活力，支持各界别结合自身特点开展活动。中共界别围绕组织建设、法治建设、社区治理等提交提案和社情民意，民革界别开展送医下乡、送教下乡、博爱牵手等活动，民进界别开展“教育扶贫，智力支教”、城乡学校“同课异构”等活动，工商联界别开展走访民营企业等活动。支持各界别广泛开展调查研究，农工党界别围绕“探索长寿区民营经济发展路径”，九三学社界别围绕“提升失能老人护理能力”，无党派界别围绕“国有企业中无党派和党外知识分子培养情况”等课题开展深入调研。工会、共青团、妇联、侨联、科协等界别也都聚焦行业问题，积极提交界别提案，踊跃参与大会发言。

五、推动主题教育走深走实，全面加强政协自身建设得到新提升

以开展主题教育为抓手，全面加强自身建设，不断激发政协工作活力，实现主题教育与自身建设“双促进”、“双提升”。

一是扎实开展“不忘初心、牢记使命”主题教育。围绕“十二字”总要求和五个方面目标任务，紧扣学习贯彻习近平新时代中国特色社会主义思想这一主线，通过召开党组理论中心组（扩大）学习会、举办读书班等形式组织16次专题学习，努力学出信仰、学出定力、学出担当。围绕“加强思想政治引领、改进公共交通服务、提高政协提案质量、营造良好营商环境”等13项课题开展深入调研，党员领导干部以《坚持中国共产党的领导是人民政协的共识和初心所在》等为题讲党课21次。按照“四个对照”“四个找一找”的要求广泛收集意见建议，分别召开政协党组和机关党委专题民主生活会，达到了动真碰硬有辣味、红脸出汗触灵魂的效果。制定《整改工作方案》，明确整改时间表和任务单，把“改”字贯穿始终，推动主题教育见实效。

二是从严从实加强政协党的建设。深入贯彻落实区委《关于加强新时代人民政协党的建设工作的实施意见》，推进“两学一做”常态化制度化，定期召开组织生活会、“三会一课”，结合政协履职特点开展主题党日，增强了支部组织生活的凝聚力吸引力。政协全体会议期间和重要考察调研、集中学习培训等活动中，按照规定设立临时党组织，实现党的组织对党员委员的全覆盖、党的工作对政协委员的全覆盖。发挥党员委员先锋模范作用，教育引导党员委员在重点协商、视察、调研中带头履职尽责。持续肃清孙政才恶劣影响和薄熙来、王立军流毒，积极营造良好的政治生态。大力支持派驻纪检监察组开展工作，组织召开“以案四说”警示教育会，以身边典型案例警示全体党员干部。

三是探索完善协商民主制度机制。适应全面深化改革的要求，调整文化文史和学习委员会，设立农业和农村委员会，政协内设机构体制更加顺畅、职责更加明确。紧跟市政协制度机制建设步伐，优化年度重点协商、监督性通报、专题性视察、专题调研计划制定机制，有效提高协商效率与效果。改进民主监督方式，集中3个月时间对区教委、区交通局、区供销社等部门换届以来的工作开展民主评议，累计召开座谈会17次，发放调查问卷293份，收集意见建议341条，梳理形成书面意见报送区委，达到了党政肯定、部门认可、群众满意的效果。建立履职“回头看”机制，对2018年民主评议区人社局、区商务局、区农业农村委工作落实情况进行跟踪视察，有效推动履职成果转化落实。建立重大关切问题持续跟踪机制，对桃花河污染治理、中科未来城建设、专业市场群建设等进行跟踪视察，推动区委、区政府重大决策部署落地见效。

四是全面提升“两支队伍”能力素质。加强委员履职培训，分两批组织120名政协委员，赴贵州省政协干部培训中心学习培训。搭建委员知情明政平台，通过政协网站、委员微信群等方式畅通联系渠道，及时向委员通报情况。引导委员做好“委员作业”，对委员履职情况实行台账管理、量化考核，委员管理更加规范。认真做好委员调整工作，严格人选标准和条件，新增补16名委员。严肃政协常委会会风会纪，充分展现常委们良好的精神风貌。注重培养和发现优秀年轻干部，用好各年龄段干部，在区委的关心下，政协机关调入处级干部4人，提任处级干部1人，交流处级干部1人，13人次荣获市政协和区委、区政府通报表扬。

各位委员、同志们，成绩来之不易，奋斗充满艰辛。我们每前进一步，都是中共长寿区委高度重视、坚强领导的结果；是区人大、区政府、长寿经开区和各位离退休老领导老同志、各有关方面热情帮助、鼎力支持的结果，凝结着政协各参加单位、广大政协委员、政协机关干部职工的智慧、心血和汗水。在此，我代表区政协常委会，向大家表示衷心的感谢并致以崇高的敬意！

同时，我们也要清醒地认识到，与中央、市委和区委对新时代人民政协工作的新部署新要求相比，工作中还存在一些不足之处。主要是：对照凝聚共识新要求，在引导各族各界人士实现思想共同进步的成效上还有差距；对照建言资政新要求，在贡献全区高质量发展智慧上还有差距；对照制度建设新要求，在健全和完善人民政协工作制度上还有差距；对照队伍建设新要求，在提升政协“两支队伍”能力素质上还有差距；对照全面从严治党新要求，在发挥党建引领作用上还有差距。对此，我们将高度重视并认真加以研究解决。

2020年主要工作建议

2020年是完成“十三五”规划、全面建成“三地一中心”的收官之年，是全面建成小康社会、打赢“三大攻坚战”的决胜之年，做好全年工作意义重大。新的一年，区政协工作的总体要求是：更加紧密地团结在以习近平同志为核心的中共中央周围，高举中国特色社会主义伟大旗帜，以习近平新时代中国特色社会主义思想为指导，深入学习贯彻党的十九大和十九届二中三中四中全会精神，全面贯彻落实中央政协工作会议和市委、区委新时代加强和改进人民政协工作会议精神，在区委的坚强领导下，增强“四个意识”，坚定“四个自信”，做到“两个维护”，把坚持和发展中国特色社会主义作为巩固共同思想政治基础的主轴，把服务全区中心任务作为工作主线，把加强思想政治引领、广泛凝聚共识作为中心环节，以更高的政治站位、更强的责任担当、更实的工作举措，充分发挥专门协商机构作用，为推动全区经济社会高质量发展，如期全面建成小康社会，全面建成“三地一中心”作出新的更大的贡献。

一、切实加强党的全面领导，把区委对各项工作领导的重要阵地建设好

始终把政治建设放在首位，增强“四个意识”，坚定“四个自信”，做到“两个维护”，以实际行动兑现市委“三个确保”政治承诺。始终把习近平新时代中国特色社会主义思想作为统揽政协工作的总纲，以党组理论学习中心组学习为引领，推动广大委员不断巩固团结奋斗的共同思想政治基础。把坚持党的领导贯彻落实到政协全部工作之中，积极主动争取区委的全面领导，严格执行请示报告制度，定期向区委汇报工作，年度协商计划、常委会工作报告、全体会议和常委会议、党组重要工作等及时向区委请示，传达学习中央和市委、区委重要会议精神，执行党的重要指示和区委决定情况及时向区委报告。坚持破立并举，持续肃清孙政才恶劣影响和薄熙来、王立军流毒，巩固风清气正的良好政治生态。

二、切实加强协商平台建设，把广大委员和各界群众有序参与基层治理的渠道畅通好

充分发挥专门协商机构作用，围绕全区中心任务制定并实施年度协商计划。持续深化全体会议总体协商、常委会议专题协商、主席会议每月协商、提案办理全程协商“四位一体”协商格局，组织委员聚焦加快制造业高质量发展、提升科技创新能力、推进乡村振兴和城市提升、推动民营经济发展、大力发展现代服务业、保障和改善民生等重点工作，深入调研协商、议政建言，为推动高质量发展、创造高品质生活贡献智慧力量。特别聚焦社会关注度高、涉及群众利益大的热点焦点问题，充分运用调研、视察、民主评议、反映社情民意信息等履职方式开展协商议政。

三、切实加强思想政治引领，把最广泛的爱国统一战线组织的功能发挥好

认真落实新型政党制度，积极为各党派团体参政议政搭建平台、提供舞台，注重强化思想政治引领，在求同存异、聚同化异中实现思想上的共同进步。建立推进建言资政和凝聚共识双向发力的工作机制，进一步把加强思想政治引领融入履职活动的全过程和各方面。以专委会为依托，建立以自我教育、自我提高为主旨的学习座谈会机制，组织委员定期开展学习讨论、交流恳谈，着力提高政治把握能力、调查研究能力、联系群众能力、合作共事能力。做好党外知识分子、非公有制经济人士和新社会阶层人士的工作，加强与民族宗教界人士的联系。强化对街镇联络组的联系指导，支持其跨街镇开展履职活动。

四、切实加强协商制度建设，把专门协商机构的综合定位彰显好

抓住健全政协协商制度建设这个“牛鼻子”，着力在制度化规范化程序化上下功夫，更好发挥人民政协在国家治理体系中的重要作用。认真贯彻落实区委《关于把政治协商纳入决策程序的实施意见》，健全党委会同政府、政协制定年度协商计划制度，进一步完善协商于决策之前和决策实施之中的落实机制。探索民主监督的有效形式，完善监督程序和工作机制，更好发挥协商式监督的作用。健全重大关切问题情况通报制度，畅通委员知情明政渠道。更加注重提案工作和社情民意信息质量，推动提案、反映社情民意信息工作从追求数量向注重质量转变。发扬“团结—批评—团结”的优良传统，努力营造既畅所欲言、各抒己见，又理性有度、合法依章的良好协商氛围。

五、切实加强政协自身建设，把推进履职能力现代化建设的要求落实好

把“不忘初心、牢记使命”作为加强政协系统党的建设永恒课题和党员干部的终身课题，加强区政协党的建设，发挥党组把方向、管大局、保落实的领导作用，发挥基层党组织的战斗堡垒作用，发挥政协系统中共产党员的先锋模范作用。加强专门委员会建设，发挥其在政协工作中的基础性作用。统筹谋划推进界别履职活动，推动界别活动规范化、常态化、实效化。加强委员履职服务管理，通过完善履职考核、建立履职档案、加强学习培训等措施，强化委员责任担当。推进“智慧政协”建设，持续探索网络议政、远程协商。以推进高素质政协干部队伍建设为抓手，认真贯彻落实中央八项规定精神，深入推进党风廉政建设和反腐败斗争，着力提升机关干部队伍的政治素质和业务水平，焕发奋斗激情和斗争精神，打造政治过硬、作风优良、工作出色的政协机关和干部队伍。

征程万里风正劲，奋楫扬帆正逢时。今天的长寿已经迈上高质量发展的新台阶，今天的长寿政协已经踏上协商民主的新征程。站在新起点，肩负新使命，人民政协理应有所作为，也必将大有可为。让我们在区委的坚强领导下，更加紧密地团结在以习近平同志为核心的中共中央周围，以为国履职、为民尽责的情怀和担当，以永远在路上的坚韧和执着，不忘初心踏征程，牢记使命再起航，奋力书写新时代人民政协事业新的篇章！

2020 年 5 月，重庆市历史文化街区长寿三倒拐一瞥

大事记

❖ 2020年重庆市长寿区大事记

2020年重庆市长寿区大事记

1 月

3日，长寿区召开全区经济工作会。在长寿的区级领导和区级有关部门、镇街主要负责人等211人参加会议。

5—8日，中国人民政治协商会议重庆市长寿区第十五届委员会召开第四次会议。会议听取区政协十五届四次会议提案审查情况的报告，审议通过政协重庆市长寿区常务委员会工作报告的决议和政协重庆市长寿区第十五届委员会第四次会议的决议。19名市民代表受邀旁听大会。

6—9日，重庆市长寿区第十八届人民代表大会召开第四次会议。会议听取区政府工作报告、区人大常委会工作报告、区人民法院工作报告、区人民检察院工作报告；审议批准2020年国民经济和社会发展计划、2020年财政预算；选举3人为重庆市长寿区第十八届人民代表大会常务委员会委员。会议邀请30名公民旁听大会。

7日，长寿区召开2019年度“新时代新担当新作为”评议大会。参加区十八届人大四次会议的人大代表、区政协十五届四次会议的政协委员对全区96个单位给予“好”“较好”“一般”“差”4个等次的评议。

同日，长寿区40辆新能源纯电动公交车投放到104路、105路、170路、180路4条公交线路正式营运。

同日，《长寿日报》载，长寿区市民3人获评见义勇为“重庆好人”称号。

8日，在“一师一优课、一课一名师”活动中，长寿区获部级优课8节、市级优课29节，区教师发展中心1名教师被评为市级先进个人。

10—13日，第十九届中国西部（重庆）国际农产品交易会在重庆南坪国际会展中心举行。长寿区分别与重庆坤昱农产品加工有限公司和重庆市长寿区老陈菜农业综合开发有限公司签约，总投资12.5亿元；全区16家企业的长寿（沙田）柚、长寿血脐、富硒鱼等20余种农产品销售金额75.5万元，比上一届增加4万元。

14日，长寿区农业农村委员会组织开展2019—2020年度“长寿血橙”评比。重庆哈维斯特现代农业发展有限公司、长寿区先玛果树种植家庭农场、罗春花水果种植场3家企业获“网络人气奖”；长寿区长寿湖小丰水果种植场获“最美血橙奖”，长寿区湖心屿果蔬专业合作社、韩志刚水果种植场以相同票数获“大众最喜爱奖”；长寿区长寿湖小丰水果种植场获金奖，长寿区先玛果树种植家庭农场、长寿区湖心屿果蔬专业合作社、长寿区众合水果种植家庭农场获银奖。

15日，长寿区洪湖至渝北界段公路改扩建工程（永东路）竣工通车。

同日，《长寿日报》载，长寿区新增古桃路、民生路2条城市道路，分别位于凤城街道、菩提街道。

16日，中共长寿区第十三届委员会常委会召开第一百零八次会议，传达学习市人大五届三次会议和市政协五届三次会议精神，研究长寿区贯彻措施。

同日，长寿区召开离退休老干部座谈会，通报2019年全区经济社会发展情况。

同日，中共长寿区委全面深化改革委员会召开第五次会议，传达学习中央全面深化改革委员会第十一次会议精神和市委全面深化改革委员会第七次、第八次会议精神。

同日，2020年“聚侨迎新春、筑梦新时代”长寿区侨界人士迎新春座谈会召开，长寿区80余名侨界人士参加。

17日，长寿区召开“不忘初心、牢记使命”

主题教育总结会。区委副书记、区长巴川江主持，区委书记、区委“不忘初心、牢记使命”主题教育领导小组组长赵世庆，市委巡回指导组四组组长冉凤莲出席会议并讲话。

19 日，长寿公交车调整站点运行。170 路新增流水岩 1 个站点，179 路新增中央公园南、科创园、舒家湾、三台、鹿坪、刘家沙湾 6 个站点，180 路新增和平、纳溪桥、新湾 3 个站点。

20 日，长寿区政府召开第九十一次常务会议，安排部署安全生产、消防安全、脱贫户节前走访慰问、节日保供稳价等工作，研究老旧住宅增设电梯工作。

21 日，中共长寿区第十三届委员会常委会召开第一百零九次会议，区委常委、区人大常委会主任、区政协主席参加。

同日，长寿区召开 2020 年各界人士迎春座谈会，全体在长寿的区领导参加会议。

同日，长寿区妇联到巾帼创业就业街慰问长寿区女性专家人才。

22 日，长寿区召开中国共产党重庆市长寿区第十三届纪律检查委员会第五次全体会议。全体区级领导，区纪委委员、监委委员，区委部委、区级部门、人民团体和街镇的主要负责人等 429 人参加会议。

同日，《长寿日报》载，在首批 3947 个国家森林乡村中，长寿区的八颗街道石马村、云集镇华中村和大同村、石堰镇麒麟村上榜。

23 日，重庆市召开新型冠状病毒肺炎疫情防控工作领导小组电视电话会议，长寿区政府区长巴川江在会上做视频发言。会后对长寿区疫情防控各项工作做再部署。

同日，区委书记赵世庆、区长巴川江带队到区人民医院、区疾控中心检查新冠肺炎疫情防控工作。

同日，长寿区新型冠状病毒肺炎疫情防控工作领导小组办公室发出倡议书，请广大市民加强防范，不信谣不传谣。武汉回长寿人员自觉居家观察，主动配合排查。

24 日，长寿区商务委员会发布《关于暂停有关宴会活动的通告》。从 2020 年 1 月 25 日起，全区暂停婚庆、祝寿、吊丧、团年等大型宴会活动，恢复时间另行通知。

25 日，区委书记赵世庆主持长寿区召开新型冠状病毒肺炎疫情防控工作紧急会议，决定启动重大突发公共卫生事件一级响应机制。

26 日，长寿区人民政府发布《关于对云集镇重点区域实施管控的通告》。决定结合新冠肺炎疫情实际，自 2020 年 1 月 27 日零时起，对云集镇重点区域实施管控。

同日，长寿区交通局发布《关于暂停进出云集镇境内客运车辆（船舶）的通告》。决定从 2020 年 1 月 27 日零时起，所有进出云集镇境内的客运车辆（船舶）一律暂时停运，巡游出租车、网约出租车不得载客进入云集镇境内；恢复运营时间另行通知。

同日，区领导赵世庆、巴川江对 19 个街镇新冠肺炎疫情防控工作进行视频调度。

27 日，长寿区交通局发布《关于全区客渡船、车渡临时停运的通告》。决定从 2020 年 1 月 28 日零时起，全区所有客渡船、车渡临时停运；恢复运营时间另行通知。

同日，区委书记赵世庆到区内各主要卡口检查指导新冠肺炎疫情管控工作。

28 日，长寿区召开新型冠状病毒肺炎疫情防控视频调度会和工作布置会，对长寿区疫情防控工作做出具体安排。强调加强参与疫情防控工作人员的自我保护工作，加大对医护人员、村（社区）工作人员、入户走访人员等开展防控专业全员教育培训；决定自 1 月 29 日零时起，暂停运行省际、县际班车客运。区领导赵世庆、巴川江分别主持会议。

30 日，中共长寿区委印发《关于全面贯彻习近平总书记系列重要指示精神加强党的领导、为打赢疫情防控阻击战提供坚强政治保证的通知》。

31 日，长寿区召开新型冠状病毒肺炎疫情防控指挥长调度会，梳理盘点和安排部署疫情防控工作。

同日，长寿区住房和城乡建设委员会发布《关于对全区物业小区实施封闭管理的紧急通知》。加强对病毒传新冠染源的筛查和管理，尽快遏制疫情蔓延和扩散，即日起对全区所有物业服务企业的小区实施应急封闭管理。

同日，长寿区召开新型冠状病毒肺炎疫情防控工作新闻发布会，现场通报全区疫情防控工作有关情况，回应群众关注的热点问题。

2 月

1日，中共重庆市委常委、统战部部长李静赴长寿区菩提古寺、城隍庙，实地检查宗教领域新冠肺炎疫情防控工作。

同日，中共重庆市委常委、市纪委书记、市监委主任穆红玉到长寿实地检查新冠肺炎疫情防控工作。

同日起，长寿区贯彻落实阶段性减免缓社会保险费政策，对受新冠肺炎疫情影响生产经营出现严重困难的参保单位可缓缴社会保险费至2020年12月底。

2日，长寿区召开新冠肺炎疫情防控工作电视电话会议，传达习近平总书记重要指示、李克强总理重要批示精神，贯彻落实全国、全市新冠肺炎疫情防控工作会议部署，安排部署长寿区疫情防控工作。赵世庆、巴川江、张明生、张华等区领导出席会议。

同日，《长寿日报》载，中共长寿区委组织部划拨党费140.4万元用于支持新冠肺炎疫情防控工作。

3日，重庆市市第七督导组召开新冠肺炎疫情防控督导情况反馈会，对长寿区疫情防控工作给予肯定。

同日，《长寿日报》载，长寿区相关部门发布通知，为阻断新冠肺炎疫情传播，暂停行政服务中心、车管所业务大厅等窗口服务。

同日，长寿经开区的韩国企业重庆成元汽车部件有限公司向长寿捐赠5000个KF94口罩和1000套防护服。

4日，区委书记赵世庆带队前往电大酒店、金凤山酒店检查新冠肺炎密切接触者集中隔离点相关情况。

5日，长寿区政府召开第九十二次常务会议，学习贯彻习近平总书记关于新冠肺炎疫情防控工作的重要指示和市政府第八十一次常务会视频会议精神，研究部署疫情防控工作。

同日，长寿区就业和人才服务局印发《致长寿区农民工朋友的一封信》，号召广大农民工增强自我防护意识、周密安排外出行程、关注长寿就业动态、参加网络招聘和培训，安全有序地返城复工。

同日，《长寿日报》载，长寿区教委印发《关于做好疫情防控延迟开学期间中小学教育教学工作的实施方案》，要求从2月10日起，中小学生通过“教育+互联网”形式，开始在家有规律地进行在线学习。

6日，中共长寿区第十三届委员会常委会召开第一百一十次会议，专题学习习近平总书记在中央政治局常务委员会会议上的重要讲话精神、市委常委扩大会议精神和市新冠肺炎疫情防控调度会精神，听取全区疫情防控工作情况汇报，部署落实疫情防控工作。

同日，长寿区首批2名新冠肺炎确诊患者治愈出院。

同日，长寿高新区汽车企业新特汽车公司无偿提供20辆EDV1电动汽车，供一线新冠肺炎疫情防控工作使用。

同日，长寿区举行民兵参加新冠肺炎疫情防控战斗誓师动员大会，再次动员36名民兵突击队员，支援重点区域、重点部位疫情防控。

8日，长寿区新冠肺炎防控领导小组办公室发布《关于进一步加强对长寿区内村（社区）、住宅小区封闭式管理的通告》，要求区内所有村（社区）和住宅小区实行封闭式管理。

同日，长寿区人民法院、区人民检察院、区公安局、区司法局联合发布《关于依法打击新型冠状病毒感染的肺炎疫情防控期间违法犯罪行为的通告》。

同日，长寿区新冠肺炎防控领导小组交通运输防控组发布《关于区内部分道路临时交通管制的通告》。

10日，《长寿日报》载，长寿区各水厂实施封闭管理，对水厂厂区、居民集中取水点等重要区域定期开展消杀工作，暂停各供水单位集中收费，采取网上缴费方式。

同日，长寿经开区企业开始分批有序复工复产。

11日，长寿区首批援鄂抗击新冠肺炎疫情医疗队出征仪式在区中医院举行，21名医护人员启程前往湖北。

11—12日，区委书记赵世庆带队走进长寿经开区、长寿高新区，督导检查经开区企业复工复产及新冠肺炎疫情防控工作。

12日，重庆市人大常委会主任张轩到长寿区督导新冠肺炎疫情防控工作。

同日，《长寿日报》载，区红十字会第一次公布新冠肺炎疫情防控捐款情况，2020年1月30日至2月9日0时，收到捐款458027.55元。

13日，98岁的退伍军人，有72年党龄，参加过抗日战争、解放战争的中共老党员叶云洲，捐出1万元抗击新冠肺炎疫情党费。

14日，《长寿日报》载，区慈善会公示首批接收捐款情况，至2020年2月13日收到捐款1398076元。

15日，区委书记赵世庆和区委副书记、区长巴川江带队走进新冠肺炎密切接触者集中隔离医学观察点，看望坚守在疫情防控一线的医护人员、交通卡口值守人员，检查重钢疫情防控工作。

16日，中共长寿区第十三届委员会常委会召开第一百一十一次会议，专题学习习近平总书记2月12日在中央政治局常务委员会会议上的重要讲话精神、2月14日在中央全面深化改革委员会第十二次会议上重要讲话精神、市委常委会扩大会议精神和全市新冠肺炎疫情防控工作视频会议精神，听取全区疫情防控工作情况汇报，研究部署全区疫情防控工作。

17日，重庆市人大常委会主任张轩到长寿区暗访督导新冠肺炎密切接触者集中隔离医学观察点电大酒店、金凤山酒店相关情况，区领导赵世庆参加。

同日，由区人民医院肿瘤科、重症医学科、呼吸与危重症医学科、老年病科4名专家组成的第二批援鄂抗击新冠肺炎疫情医疗队在区医院举行出征仪式。

18日，中共长寿区第十三届委员会常委会召开第一百一十二次会议，区委常委、区人大常委会主任、区政协主席参加。

同日，长寿经开区召开企业复工复产视频调度会，强调统筹抓好“战疫”与复工复产，区领导巴川江等参加。

19日，重庆市新型冠状病毒肺炎疫情防控工作领导小组印发《重庆市新冠肺炎疫情分级分类实施方案》，长寿区被划为26个中风险地区之一。

同日，长寿区政府召开第九十三次常务会议，传达学习习近平总书记在中央政治局常务委员会会议上的重要讲话精神、在中央全面深化改革委员会第十二次会议上的重要讲话精神，以及市委常委会扩大会议精神和全市新冠肺炎疫情防控工作视频会议精神，研究部署长寿区疫情防控、复工复产、春耕生产、脱贫攻坚等工作。

同日，长寿区扶贫开发领导小组印发《关于扎实做好新型冠状病毒肺炎疫情防控期间贫困人口精准帮扶和脱贫攻坚有关工作的通知》，要求开展“五个一”活动、人居环境整治工作，抓好患新冠肺炎贫困人口精准帮扶，有序推进涉贫企业和项目复工复产，形成“战疫”和“战贫”联动机制。

同日，农行长寿支行向映天辉氯碱化工有限公司发放贷款3800万元，用于生产消毒液备战疫情。

20日，市发展改革委督察组到长寿区，督查复产粮食企业生产和新冠肺炎疫情防控工作。

同日，市民政局暗访组到长寿区，先后到寿星公馆、渡舟街道敬老院、寿长养老院现场，暗访长寿区养老机构新冠肺炎疫情抗疫工作情况。

21日，长寿区第三批支援湖北医疗队出征仪式在区医院举行，28名医护人员启程前往湖北，到武汉中心医院参与救治患者。至此，长寿区已经派遣53名医疗队支援湖北抗疫。

同日，川维化工公司收到美国商务部正式通知，撤销积水特种化学品美国有限责任公司对重庆川维化工有限公司销往美国的聚乙烯醇（PVA）产品反倾销年度复审案，标志着川维化工公司应对美国反倾销案复审获胜。

22日，长寿区援助西藏昌都市一次性挂耳口罩2000个、防护眼镜100个、一次性手套2000副、一次性防护服2000套等新冠肺炎疫情防控物资。

23日，中共长寿区第十三届委员会常委会召开第一百一十三次会议，专题学习习近平总书记在统筹推进新冠肺炎疫情防控和经济社会发展工作部署会议上的讲话精神、全市统筹推进新冠肺炎疫情防控和经济社会发展工作会议精神，研究长寿区贯彻落实措施。

24日，利洁士医疗器械（重庆）有限公司向长寿区医疗机构定向捐赠180个医用灭菌外科口罩、1000双医用一次性灭菌橡胶检查手套、1万只医用一次性丁晴检查手套、2万只一次性医用PE检查手套、40套台湾医用隔离衣、8000瓶75%乙醇消毒液等价值十余万元的抗击新冠肺炎疫情医疗物资。

25日，重庆中钢投资（集团）有限公司向长寿区政府捐赠医用口罩2万个。

26日，长寿区召开新冠肺炎疫情防控指挥长视频调度会，落实落细统筹推进疫情防控和经济社会发展工作。

同日，长寿区举行向万州区捐赠医疗物资出征仪式，捐赠5000个Ⅱ型医用外科口罩、2万个一次性医用口罩、1万套一次性隔离服、1万双一次性检查手套、20吨84消毒液等紧缺防疫物资。

同日，长寿区向湖北孝感捐赠20吨塔罗科血脐。

同日，长寿区接受开州区捐赠的一次性挂耳口罩2万个、一次性医用口罩1万个、3M防护服100套、一次性隔离服1000套、一次性医用手套3万双。

27日，长寿高新区联合区就业局，派专车、专人前往云南省昭通市盐津县柿子镇，接10多名因新冠肺炎疫情阻隔的建筑工人回到长寿中科未来城科技成果转化中心项目复工。

同日，重庆市铱佳物业管理有限公司向湖北孝感捐赠蔬菜、水果、方便面等价值十余万元的物资。

28日，长寿区召开项目建设和企业复工复产工作推进会。

29日，长寿区的“农民工返岗复工出行服务专项工作小组”组织专车，送22名务工者去北京复工。至此，长寿区的19.2万名春节返乡农民工，已有4.6万名在安全保障下外出复工。

同日，长寿区263家规模以上工业企业和49个市级重点工业项目全面复工复产。

3　月

2日，长寿区举行2020年一季度“云招商·云签约”活动。推出“云招商”项目总额1070亿元；落实“云签约”项目29个，投资总额218亿元，涉及新材料、智能家居、钢铁冶金、医疗器械等产业领域。

同日，长寿区发放抗击新冠肺炎疫情第一批援企稳岗返还补贴660.58万元，重庆川维物流有限公司等9家企业的2209名员工受益。

同日，重庆望变电气（集团）股份有限公司向湖北武汉和孝感捐赠23吨蔬菜水果。

同日，长寿区海棠镇联合区就业局，安排2辆专车送43名务工人员到云南复工。

同日，重庆佳立彩商贸有限公司向长寿区人民医院捐赠除菌香皂、洗衣粉和84消毒液等价值10万元的抗疫物资。

3日，长寿区政府召开第九十四次常务会议，传达全市农村工作会议和扶贫开发工作会议精神，研究部署长寿区2020年“三农”工作。

同日，重庆国本投资控股（集团）有限公司向长寿区红十字会捐赠5吨消毒水和10件纸尿裤等价值75.5万元的抗疫医用物资。

4日，重庆金山科技（集团）有限公司向长寿区人民医院、区第三人民医院、龙河镇卫生院捐赠S-ME-I台车式胶囊式内窥镜、JS-ME-III床式胶囊式内窥镜系统、JS-JSX-1宫腔观察吸引手术系统、84消毒液等价值380万元的医疗防疫物资。

5日，长寿区召开2020年春季动物疫病综合防疫工作视频会议，启动该项工作。

6日，长寿区召开农村工作和扶贫开发工作会议，提出坚决打赢“战疫”和“战贫”两场战役。

同日，《长寿日报》载，重庆市政府办公厅发文公布2020年市级重大项目，长寿区有28个。

同日，长寿湖景区上午9点恢复开放。

7日，由团市委、市青年志愿者协会、团区委和市火锅协会共同开展的“爱心火锅”情系支援湖北一线医护家属活动到长寿区，为48名支援湖北医护人员家属送去爱心火锅，致敬逆行英雄。

同日，长寿区教委印发《关于解决贫困生线上学习终端流量问题的通知》，为缺少网络终端设备的贫困生提供平板电脑284台，为因网络、流量等原因无法进行线上学习的354户贫困生提供每月60G学习流量包。

9日，《长寿日报》载，长寿区决定新冠肺炎疫情期间阶段性减征职工基本医疗保险费。2020年2—4月期间参加长寿区职工医保的用人单位

（机关事业单位除外），单位应缴纳的基本医保费，费率由8%降低到4%。

10日，中共长寿区第十三届委员会常委会召开第一百一十四次会议，专题学习习近平总书记在3月4日中央政治局常务委员会会议上的重要讲话精神和市新冠肺炎疫情防控工作领导小组总指挥长调度会精神，听取全区疫情防控工作情况汇报，研究部署全区统筹抓好疫情防控和经济社会发展工作。

11日，长寿区召开重大项目开复工专题调度会，会议要求落实落细疫情防控各项措施，把重大项目建设进度赶上去。

同日，《长寿日报》载，长寿区已恢复长寿至重庆龙头寺、江北机场、垫江、忠县、涪陵、武隆、綦江、大足、铜梁县际班车9条，恢复长寿城区至东新村、洪湖、长风卫东、长寿湖、双龙，青云至干坝村，长寿湖至回龙，新市村至黑湾垭口，长寿湖高铁站至长寿湖，合兴至湾丘农客班线10条。

同日，《长寿日报》载，长寿区城区主要商场从3月4日起逐步有序恢复营业。

12日，长寿区供销社联合洪湖镇政府、中国农业银行长寿支行举行农业社会化服务暨春耕备耕现场会。长寿区供销社已配送春耕农资1.4万吨，开展农业社会化服务面积上万亩；中国农业银行长寿支行已向长寿区699户农户发放贷款8900余万元。

13日，《2020年重庆市普通高中课程创新基地、校本教研基地、精品选修课程、优秀学生社团项目评审结果》揭晓，长寿中学、长寿实验中学的2个立项和3个社团获评。

同日，《长寿日报》载，通过“云投诉·云调解”的方式，长寿区消委会成功调解全市首例涉疫消费欺诈案，商家多收47元，惩罚性赔偿500元。

15日，长寿区2020年1—3月感染的最后1例新冠肺炎确诊患者治愈出院。

16日，长寿菩提山文化旅游景区恢复对外开放。入园客流限制每日接待不超过最大承载量的50%，进入景区需戴口罩、测体温。

同日，《长寿日报》刊载区发展改革委发布的《长寿区“十四五”规划金点子征集公告》。

17日，长寿区政府召开第九十五次常务会议，审议2020年重大民生工程、重大基础设施、重点城镇建设及重大民生事项计划（送审稿），审定长寿区推进城乡供水一体化工作方案及关于成立长寿区反诈骗中心的请示。

同日，长寿区通过互联网线上平台“瞩目视频”的方式，组织召开政银企融资座谈会暨财税纾困培训会，重庆银行、重庆农商行等6家金融机构及132家企业参会。

18日，重庆国际复合材料股份有限公司长寿新材料研发生产基地在长寿经开区投产，长寿成为国内最大特种玻纤生产研发基地。

同日，长寿区开展“春暖花开　拥抱生活”主题消费活动。

20日，重庆市举行2020年首轮工业投资项目集中开工视频连线活动。长寿区集中开工工业项目41个，总投资155.6亿元。

23日，长寿区支援湖北孝感市大悟县、云梦县和孝昌县的25名医疗队员完成任务返渝，集中隔离观察14天后再返回长寿。

24日，和信海纳川（重庆）汽车部件有限公司、重庆新川塔实业股份有限公司分别向长寿区捐赠10万元现金，重庆世界村生物化学有限公司向长寿区捐赠100桶酒精，用于抗击新冠肺炎疫情。

25日，西部陆海联运长寿班列首发仪式在长寿经开区环松工业（集团）有限公司举行，4家长寿企业生产的价值807万元的货物通过西部陆海新通道（重庆长寿—广西钦州）发往6个国家和地区。

同日，《长寿日报》载，长寿区支援武汉市中心医院的28名队员返渝。至此，长寿区支援湖北抗疫的53名队员完成任务全部返渝。

同日，长寿区举行新冠肺炎疫情发生以后的第一场农民工就业专场招聘会。正新橡胶、泓禧科技等企业提供零部件制造、物业管理、养老护理等岗位365个，267人达成就业意向。

同日，长寿区启动换发第三代智能残疾人证件工作，实现数字化、智能化、信息化管理。

26日，中共长寿区第十三届委员会常委会召开第一百一十五次会议，专题学习《市委巡视工作领导小组关于五届市委第二轮巡视整改工作调研的情况通报》《重庆市实施（中国共产党巡视工作条例）办法》《重庆市委巡视工作规划（2018-2022年）》《关于对6个区党委巡察工作开展专项检查的情况通报》，研究审定《中共重庆市长寿区委2020年度巡察工作计划》。

同日，长寿区领导以普通市民身份走进长寿菩提古镇带头消费，支持餐饮业复苏。至此，长寿区复工复产个体工商户49003户，复工复产率98.09%。

30日，《长寿日报》载，重庆市长寿区医疗保障事务中心挂牌成立，隶属于长寿区医疗保障局。

31日，长寿区政府召开第九十六次常务会议，学习习近平总书记在中央政治局常务委员会议上的重要讲话、在决战脱贫攻坚座谈会上的讲话、在二十国集团领导人特别峰会上的重要讲话精神，审议《长寿区2020年农村人居环境整治工作要点和长寿区2020年度农村人居环境整治工作考核办法》《重庆市长寿区2020年乡村振兴试验示范十大重点工作》。

4　月

1日，长寿区全面恢复路内停车收费，推行无接触电子支付。

同日，《长寿日报》载，长寿区启动第三届“长寿工匠”评选活动。

2日，长寿区召开国防动员工作会议，传达学习重庆警备区党委五届三次全体（扩大）会议精神，安排部署2020年国防动员工作。

同日，经长寿区人大常委会主任会议审议通过，区人大办印发《关于加强监督2020年“四重”项目实施的通知》，对27项“四重”项目（即重大民生工程、重大基础设施、重点城镇建设及重大民生事项）实行定人员、包项目、全过程监督。

3日，长寿区政府召开第九十七次常务会议，审定《关于明确全区部分领域安全生产监管责任的通知（送审稿）》，审议《长寿区申报第2期市级及全国市域社会治理现代化试点的说明》。

同日，中共长寿区第十三届委员会在《长寿日报》刊载《巡视带巡察反馈情况通报》。

6日，长寿区举行援鄂首批25名战疫医疗队员凯旋欢迎仪式，区委、区政府、区人大、区政协主要领导及医护人员、社会各界群众1000余人参加仪式。

7日，市侨联到长寿区开展捐赠活动，组织1000个“侨爱心·健康包”发往海外，支持海外侨胞、留学生抗击新冠肺炎疫情。

8日，政协长寿区委员会召开十五届四十次主席会议。协商《长江经济带战略环境评价重庆市长寿区“三线一单”成果》，服务长寿区高质量发展。

同日，长寿区市场监管综合行政执法支队挂牌成立，是长寿区市场监督管理局管理的副处级行政执法机构。

9日，中共长寿区第十三届委员会常委会研究审定《关于成立区委落实市委第五巡视组巡视长寿区（含长寿经开区）反馈意见整改工作领导小组的通知》《市委第五巡视组巡视长寿区（含长寿经开区）反馈意见整改落实方案》。

同日，中共长寿区第十三届委员会常委会召开第一百一十六次会议，研究审定《长寿区2020年乡村振兴试验示范十大重点工作》《长寿区2020年农村人居环境整治工作要点》《长寿区2020年度农村人居环境整治工作考核办法》。

同日，长寿区在邻封镇举行以“防疫有我，爱卫同行”为主题的第三十二个爱国卫生月暨村庄清洁行动春季战役启动仪式。

12日，长寿区第三批3名援鄂医疗队成员结束在重庆为期14天的隔离休整后回到长寿。至此，长寿区53名援鄂医疗队成员全部平安返回。

14日，长寿区政府召开第九十八次常务会议，审议《长寿区2020年春期新冠肺炎疫情下学校开学工作方案》，就开学物资准备、重点人员排查、应急处置、检查督查、成立复课复学疫情防控督导组等相关工作做详细安排。

同日，长寿区召开新型冠状病毒肺炎疫情防控工作领导小组会议，听取《长寿区2020春期新冠肺炎疫情下学校开学工作方案》相关情况，决定长寿区中小学从4月20日开始分批有序开学。

同日，市减灾委综合督察第四组一行到葛兰镇检查长寿区气象标准化建设、森林防火检查站值守、防洪点防汛、物资仓库运行储备等情况。

15日，长寿区召开以“敬佑生命、大爱无疆”

为主题的抗疫工作报告会。53名援鄂医疗队队员和10名区内抗疫代表以不同形式作报告。

17日，中共长寿区第十三届委员会常委会召开第一百一十七次（扩大）会议，传达学习市委五届八次全会精神，专题部署贯彻落实相关工作。

同日，长寿区召开市委巡视整改工作动员部署会。

同日，长寿区召开区人大代表建议和区政协提案办理工作推进会。

同日，长寿经开区管委会、经开区责任关怀协会和部分经开区企业，为经开区范围内的8所中小学校捐赠6.8万余个医用口罩和200余桶消毒用品。

20日，在农业农村部办公厅、财政部办公厅发布的2020年259个农业产业强镇建设名单公示公告中，长寿区云台镇入选。

22日，西南大学乡村振兴战略研究院长寿分院挂牌暨长寿区乡村振兴大讲坛启动仪式，在长寿区龙河镇“橘乡福地·长寿慢城”游客接待中心举行。

23日，长寿区召开第三届“长寿工匠”和2019年度技术能手代表座谈会，评选出全区各行业“长寿工匠”10名、“技术能手”89名。

同日，重庆钢铁、宝武炭材、路洋投资在重钢公司会议中心举行路洋化工股权转让签约仪式，三方携手打造高附加值炭材料加工企业。

26日，中共长寿区第十三届委员会常委会召开第一百一十八次会议。听取全区疫情防控工作情况汇报，分析研究全区一季度经济形势，研究加快推动成渝地区双城经济圈建设，部署统筹推进新冠肺炎疫情防控和经济社会发展工作。

同日，长寿区委全面深化改革委员会召开第六次会议，传达学习市委全面深化改革委员会第九次会议精神，研究审定《中共重庆市长寿区委全面深化改革委员会关于区委全面深化改革委员会专项小组有关成员的通知》《中国重庆市长寿区委全面深化改革委员会2020年工作要点》《2020年区级重点改革项目督察计划》《2020年全力攻坚突破重大改革项目计划》，安排部署下一阶段全面深化改革工作。

同日，在第三十五届重庆市青少年科技创新大赛网络评比活动中，长寿区38件作品获奖，其中一等奖9件、二等奖8件、三等奖21件。

同日，长寿供电公司徐家坪运维站被共青团重庆市委授予“2018—2019年度重庆市杰出青年文明号”荣誉。

27日，长寿区党政代表团赴四川省广安市考察，签订《四川省广安市人民政府　重庆市长寿区人民政府融入成渝地区双城经济圈建设战略合作框架协议》。

28日，长寿区政府召开第九十九次常务会议，专题学习习近平总书记、李克强总理关于新冠肺炎疫情防控工作重要讲话精神，中共重庆市委五届八次全会精神，全市推动服务业高质量发展大会和全市一季度经济形势分析会精神，研究部署城市提升等工作。

同日，新能源智能网联汽车联合工程院长寿中心正式揭牌。

同日，重庆向萨尔瓦多华侨华人捐赠的一批防疫物资在长寿区启运。区侨联前期已为长寿区在北美洲、大洋洲、欧洲、亚洲的16个国家的100多名侨胞和留学生捐赠“侨爱心·健康包”。

29日，由原区农业执法队、区动物卫生监督所的执法队伍整合而成的长寿区农业综合行政执法支队挂牌成立，为区农业农村委管理的行政执法机构。

5　月

8日，长寿区扶贫开发领导小组印发《长寿区脱贫攻坚总攻“九大”专项行动方案》，明确全区脱贫攻坚总攻健康医疗扶贫、产业扶贫、就业扶贫、消费扶贫（含电商扶贫）、乡村旅游扶贫、扶贫小额信贷及金融扶贫、村级集体经济发展、社会救助兜底脱贫、“志智双扶”九大专项行动方案。

同日，《长寿日报》载，中共长寿十三届区委第九轮巡察分4个巡查组，进驻被巡察的区委办公室、区人大常委会机关党委、区政府办公室党组、区政协机关党委等8个党组织。

同日，政协长寿区委员会召开十五届四十二次主席会议，专题学习习近平总书记在4月17日中央政治局会议上以及在陕西考察时的重要讲话精神，通报2020年度区政协党组理论学习中心组学习计划，审定区政协2020年度民主评议部门工作方案。

同日，水利部三峡工程管理司司长一行到长寿区滨江长寿谷生态修复与整治项目，龙溪河、桃花溪水系连通工程项目施工现场开展实地调研。

同日，《长寿日报》载，农发行长寿支行获批5000万元粮油购销贷款，首笔发放2400余万元，用于支持长寿区疫情防控重点保障企业调销大米，保障地方粮食供给。

同日，长寿区的宏昌担保公司与恒丰银行签订合作协议。创新合作模式，为长寿区小微企业、“三农”提供金融支持和高效服务。

9日，长寿经开区管委会与中国材料研究学会产业工作委员会、武汉工程大学、重庆国际复合材料股份有限公司、重庆市科学技术协会长江上游新材料联盟战略合作框架协议签订，通过网络视频连线的形式参加中国科协学会部门组织的“科技服务团”第三批产学研用协同创新联盟签约活动。

11日，中共长寿区第十三届委员会常委会召开第一百一十九次会议，传达学习重庆主城都市区工作座谈会精神，学习市委书记陈敏尔、市长唐良智在全市一季度经济形势分析会上的讲话精神，学习市委书记陈敏尔在市委常委会脱贫攻坚专项巡视“回头看”整改专题民主生活会上的总结讲话精神、《市委办公厅、市政府办公厅关于2019年脱贫攻坚成效考核情况的通报》等，研究审定《2020年长寿区对口帮扶丰都县工作方案》。

同日，《长寿日报》载，长寿区规划自然资源局、区文旅委联合对2019年被列入重庆市历史建筑保护名录的葛兰镇原天台卫生院、双龙镇正街33号建筑实行挂牌保护。

同日，长寿区举办2020年“5·12国际护士节”纪念大会，表彰53名“优秀护士”和29名援鄂护士。

12日，长寿区政府召开第一百次常务会议，审定《长寿区乡村振兴项目管理实施细则（试行）》《关于长寿区“十四五”规划编制有关情况的请示》等。

13日，中共长寿区委书记赵世庆就“同城化发展，长寿聚焦同城‘先行’，打造国家级新材料和先进制造业基地”接受重庆卫视、《重庆日报》等主流媒体记者专访。

同日，长寿区召开一季度经济形势分析会暨推动服务高质量发展会。一季度全区实现地区生产总值151.2亿元，增速比全国高1.4个百分点，比全市高1.1个百分点；一般预算收入同比增长22%；完成固定资产投资86.4亿元，增速高于全市4.1个百分点。

13—14日，四川省攀枝花市委书记、市长率党政代表团到长寿区，先后对长寿区的园区建设、工业发展、旅游开发等方面开展实地考察，就加强成渝两地经济圈建设进行座谈，签署《长寿区和攀枝花市战略合作协议》以及钒钛钢铁产业、康养产业2个专项合作协议。

14日，重庆市政协副主席张玲率队到长寿区开展群众接访工作和“聚焦污水偷排直排乱排问题”监督性调研视察。

同日，中共长寿区第十三届委员会常委会召开第一百二十次会议，区委常委、区人大常委会主任、区政协主席参加。

15日，重庆市乡村振兴“十大重点工程”暨试点示范工作推进现场会在长寿区召开，重庆市政府副市长李明清和20余个区县负责人走进长寿乡村振兴试验示范展馆，就大洪湖有机鱼生产养殖基地等多个乡村振兴项目进行考察。

同日，全国妇联举办“最美我的家　抗疫‘家’力量”全国抗疫“最美家庭”云发布活动，揭晓660户全国抗疫“最美家庭”名单，长寿区高税家庭上榜。

同日，《长寿日报》载，长寿区获重庆市商事登记制度改革“无纸化”登记权限，成为全市3个享有该服务的区县之一。

18日，中共长寿区委常委班子召开落实市委第五巡视组巡视反馈意见整改专题民主生活会。

同日，《长寿日报》载，长寿区图书馆发布《长寿区地方文献征集倡议书》，向全区市民征集长寿的地方文史资料。

19日，长寿区统一战线开展慰问支援湖北抗疫医务人员活动，先后到区中医院、区人民医院，看望慰问长寿区参与支援湖北抗疫的53名医务人员，送去慰问金和慰问品。

同日，《长寿日报》载，重庆市规划和自然资源局、重庆市地理信息和遥感应用中心共同推出

《重庆非遗小吃地图》，长寿血豆腐和长寿薄脆上榜。

20日，长寿经开区与浙江景兴纸业股份有限公司、重庆美力斯新材料科技股份有限公司举行年产4.2万吨卫材用双组分低熔点复合短纤维项目签约仪式。

21日，长寿区政府召开第一百零一次常务会议，审定《重庆海关长寿区人民政府共同促进长寿区开放型经济发展合作备忘录》，审议《重庆市长寿区贯彻落实〈重庆市中央生态环境保护督查报告〉整改方案》等事项。

同日，中共重庆市委常委、宣传部部长张鸣到长寿，调研龙河镇、长寿古镇思想文化艺术相关工作。

同日，垫江县政协主席率队到长寿区龙河镇，就乡村振兴建设进行考察交流。

同日，荣昌区委副书记率队到长寿区龙河镇，参观乡村振兴试验示范展览馆、保合书院、橘香文化广场等地，对现代农业园区和乡村振兴建设进行实地考察。

22日，中共长寿区第十三届委员会常委会召开第一百二十一次会议，传达学习第二轮中央生态环境保护督察反馈情况通报精神，传达学习市委常委会会议、市政府常务会会议、全市整改工作部署会精神，研究审定《重庆市长寿区贯彻落实〈重庆市中央生态环境保护督查报告〉整改方案》。

同日，长寿区委网络安全和信息化委员会召开第二次全体会议，传达学习市委网信委第二次全体会议精神，听取新冠肺炎疫情防控期间网信工作履职情况汇报，研究审定《2020年长寿网信工作要点》。

同日，长寿区开展森林防火实地教学，区公安局特警支队、区消防救援支队、街镇专职消防队等50人参加培训。

26日，重庆市人大常委会副主任王越率队到长寿区调研规范性文件备案审查工作，在龙河镇实地调研并召开座谈会，听取部分人大代表、专家学者的意见和建议。

同日，北京十方泰和中医医学研究院与长寿区第三人民医院签署战略合作协议。

28日，长寿区广播电视台和长寿日报社2家新闻单位组建的正处级公益一类事业单位长寿区融媒体中心挂牌成立。整合《长寿日报》、“长寿之声”广播频率、长寿电视台、人人长寿APP、长寿新闻网、长寿手机报、长寿日报微信公众号、长寿手机台等多种传播平台，实施“新闻+”多样化服务模式。

同日，长寿区政府召开第一百零二次常务会议，研究长寿区公共卫生应急管理智能联网工程建设、农村道路交通安全治理体系建设等事项。

同日，《春雷计划发布会——2020·重庆长寿跨境电子商务高峰论坛》在长寿经开区管委会举行，100余家长寿企业参加。

同日，共青团重庆市长寿区委与共青团广安市委签订融入成渝地区双城经济圈发展建设青春建功行动合作协议。

29日，中共长寿区第十三届委员会常委会召开第一百二十二次会议，区委常委、区人大常委会主任、区政协主席参加。

同日，《长寿日报》载，长寿区申请交易的第一批生态地票2.74公顷，以每平方米301元价格完成交易，总成交金额为825万元。

同日，《长寿日报》载，重庆小康动力有限公司在e-works数字化企业网的评选中，入选2020年中国标杆智能工厂，是西南地区唯一上榜工厂。

同日，《重庆日报》、重庆卫视、上游新闻、华龙网记者深入长寿慢城、清迈良园等地，就乡村振兴重大项目建设、农村人居环境整治、三产融合、三变改革等进行采访。

6 月

1日，中国共产党重庆市长寿区第十三届委员会第七次全体会议召开。全会由区委常委会主持，参会人员184人。全会审议通过《中共重庆市长寿区委关于率先实现与重庆中心城区同城化发展推动成渝地区双城经济圈建设的决定》和全会决议。

2日，国家卫健委下发文件公布2017—2025年慢性病综合防控示范区建设评估结果，长寿区获得“国家级慢性病综合防控示范区”称号。

3日，《长寿日报》载，重庆市教委公布重庆市中小学幼儿园教师教育实践基地学校名单，长寿区川维中学校、第一实验小学校、区示范幼儿园上榜。

4日，重庆市副市长李波率队到长寿区，先后走进重庆望变电气（集团）股份有限公司、重庆环松科技工业有限公司、重庆东部农产品交易中心、重庆东部汽贸城、重庆东部智慧物流中心，实地调研长寿区工业发展、商贸物流金融服务等工作。

同日，中共武隆区委副书记率领相关部门和街镇负责人，考察了解长寿慢城规划建设情况以及全区乡村振兴综合试验示范情况。

5日，长寿区召开深入推动长江经济带发展加快建设山清水秀美丽之地领导小组第一次全体会议暨推动长江经济带发展领导小组第一次全体会议。

同日，中共长寿区第十三届委员会常委会召开第一百二十三次会议，区委常委、区人大常委会主任、区政协主席参加。

6日，位于长寿桃花片区东方水岸的大型连锁超市世纪华联超市开业，填补长寿新旧城连接片区大型超市的空白。

8日，中共长寿区委召开国安委第二次全体会议暨区委退役军人事务工作领导小组2020年第一次全体会议。

同日，《长寿日报》载，自开展供销社、合作社、信用社“三社”融合发展试点改革以来，长寿区已发放“三社”融合信贷资金2111余万元。

同日，《长寿日报》载，长寿区以集体土地入股联营方式取得的第一本经营性集体建设用地“不动产权证书”，由长寿区规划自然资源局为重庆升升升农业科技发展有限公司颁发。

同日，《长寿日报》载，长寿区与重庆市警方和环境执法部门协作配合，侦破一起长江流域非法倾倒危险废物特大污染环境案。

9日，长寿区召开脱贫攻坚“百日大会战”工作推进视频调度会。

同日，长寿区政府召开第一百零三次常务会议，听取审定区人力社保局人事任免事项。

10日，长寿经开区与四川沿滩高新区签订战略合作协议，双方将在产业协作、招商宣传、企业合作、人才交流培养、人才柔性流动等方面加强合作。

同日，《长寿日报》载，重庆钢铁股份有限公司、巴斯夫聚氨酯（重庆）有限公司、重庆小康动力有限公司、中国石化集团重庆川维化工有限公司（含扬子乙酰）、重庆望变电气（集团）股份有限公司、重庆博腾制药科技股份有限公司等15家在长寿的企业入选重庆市100户重点工业企业和100户成长型工业企业名单（简称“双百企业”）。

10—11日，重庆市人大常委会副主任沈金强率队到长寿调研公立医院改革情况，先后到区人民医院、龙河镇实地走访、听取汇报。

11日，市政协主席王炯一行到长寿开展调研，区领导赵世庆、张华等参加。

同日，长寿区旅游发展中心正式挂牌成立，为区文化旅游委管理的公益一类事业单位。

同日，全市三峡水库蓄退水避险搬迁应急演练在长寿江南街道扇沱村举行。

12日，中共长寿区第十三届委员会常委会召开第一百二十四次会议，传达学习全国巡视工作会议暨十九届中央第五轮巡视动员部署会议等精神，听取成渝地区双城经济圈建设推进情况汇报等。

同日，全市废弃农膜回收利用工作推进协会在长寿区召开。

15日，长寿区举办“乡村振兴寿乡巾帼行动”2020年农村留守妇女“双学双比”技能比赛系列活动，并为巴渝巾帼产业示范基地授牌。

同日，《长寿日报》载，长寿区2020年安排1732万元资金用于帮扶丰都县脱贫攻坚。

16日，长寿区2020年惠民消费季启动仪式暨“消费扶贫、直播带货”电商助农公益活动在协信广场举行，区委书记赵世庆到现场直播带货，推介长寿特色农产品。

同日，长寿区政府召开第一百零四次常务会议，学习贯彻全国“两会”精神，研究《关于开展污水乱排、岸线乱占、河道乱建“三乱”专项整治行动实施方案》等事项。

17日，《长寿日报》载，在2020年重庆市“基层科普行动计划”项目评选中，长寿区养蜂协会、长寿区葛兰镇有机橙种植科普基地、长寿区凤城街道黄桷湾社区3家单位入选，分别获得10万元奖金。

同日，《长寿日报》载，长寿区公路运输管理所发布通告，调整107公交线路和站点，从6月24日起运行。

同日，《长寿日报》载，长寿区启动第二届全民健身运动会，持续到12月底结束。

18日，长寿区公安局、区城管局、区畜牧局等部门联合开展犬类专项整治行动，消除安全隐患。

19日，中石油天然气股份有限公司天然气销售分公司副总经理一行，到长寿交流能源基础建设合作相关事宜。

同日，《长寿日报》载，中共长寿区纪律检查委员会通报2起扶贫领域腐败和作风问题。

23日，中共长寿区委在区科技文化中心召开理论学习中心组（扩大）专题学习会暨民法典专题辅导报告会，邀请西南政法大学侯国跃教授作报告。

28日，长寿经开区与绵阳经开区举行《绵阳经开区与长寿经开区合作协议》签约仪式。

29日，江津区人大常委会主任石诗龙率江津区人大考察团到长寿慢城参观乡村振兴试验示范展览馆、保合书院、橘香文化广场、特色农舍等考察乡村振兴工作。

30日，长寿区举行重点外资项目签约仪式，由calysseo与中国蓝星安迪苏公司联手打造的单细胞生物蛋白质项目、日本武藏涂料株式会社投资建设的年产1万吨高性能涂料和中国区集团贸易总部项目同时落户长寿。

同日，重庆市副市长郑向东一行到长寿检查安全生产、应急管理相关工作，调研企业转型升级、创新发展情况。

同日，长寿区政府召开第一百零五次常务会议，安排部署防汛抗旱工作，研究《关于建立健全农村供水工程运行管护长效机制的实施意见（试行）》《关于全面推进我区养老服务发展的实施方案》等议题。

同日，重庆市住房城乡建委等相关单位负责人到长寿，就市人大关于“明月山都市区快速通道”重点建议办理情况，与长寿区进行面商。

同日，昌都市乡村振兴专干示范培训班（第一期）开班仪式在长寿区委党校举行，有48名乡村振兴专干参加培训交流。

同日，长寿区举行2019年度A级纳税人授牌暨“银税互动”签约仪式。2020年1—6月，长寿区各大银行通过“税银互动”合作，为136家中小企业发放5890万元信用贷款。

7　月

1日，零时起，长寿区采用政府购买方式，在沪渝高速长寿桃花收费站至长寿湖收费站段，实施点对点客车免费通行。

同日，位于长寿区体育中心的区公共文化服务超市揭牌开放。

2日，中共长寿区第十三届委员会常委会召开第一百二十五次会议，专题学习习近平总书记在中央政治局第二十次集中学习时的讲话精神，观看《2019年长江经济带生态环境警示片》，研究部署长寿区工作。

3日，中共重庆市委副书记、市政府市长唐良智率队到长寿区，深入重庆环松科技工业有限公司、重庆国际复合材料股份有限公司、巴斯夫聚氨酯（重庆）有限公司、重庆钢铁股份有限公司开展调研。

同日，重庆市长寿区第二人民医院挂牌仪式在长寿湖镇卫生院举行，标志着长寿湖镇卫生院升级成为区级综合医院。

同日，长寿区召开2020年征兵工作会。

6日，重庆市决战决胜脱贫攻坚专项督查第五组到长寿开展督查工作。

同日，中共长寿区委书记赵世庆会见重庆钢铁股份有限责任公司总经理刘建荣和宝武集团环境资源科技有限公司总经理陈在银，就拟在长寿投资重钢股份循环经济产业园项目举行座谈。

同日，《长寿日报》载，长寿区志愿服务组织“长寿心灵家园”招募33辆爱心送考车，在全区中高考期间开展爱心送考志愿服务行动定制服务。

同日，长寿区人民法院审结一起冒充国家医疗保障局工作人员，虚构国家医疗保障项目实施的特大电信网络诈骗案，涉案金额561万余元，被害人遍布全国20余万人。

7日，2020年全国普通高等学校招生全国统考开考，长寿区3267名学生参加。

8日，长寿区召开2020年第一批高新技术企业认定专家评审会。至此，长寿经开区的科技型企业已经超过130家，有效期内高新技术企业50家。

同日，《长寿日报》载，长寿区启动“创启未来”创业创新大赛暨第四届“中国创翼”创业创新大赛长寿区选拔赛。

9日，长寿区棋类协会揭牌仪式在长寿区体育中心举行。

同日，2020年重庆市围产医学专委会第一次学术会议暨长寿区第一届产儿（科）峰会在长寿举行，全市150名妇产科医生参会。

10日，《长寿日报》载，长寿区启动杨克明烈士故居主体修缮工程。

13日，中国化学华陆科技和长寿经开区举行纳米气凝胶复合材料一体化项目签约仪式。该项目总投资40亿元，占地62.53公顷，分3期建设。

14日，长寿区人民政府与重庆市储备粮管理有限公司签订粮食安全保障合作框架协议。

同日，重庆沙坪坝区党政代表团到长寿区考察，先后到长寿菩提山文化旅游景区、巴斯夫聚氨酯（重庆）有限公司分别考察文化旅游、工业经济发展情况。

同日，长寿区政府召开第一百零六次常务会议，研究进一步规范活禽交易、推行集中屠宰、加强冷链供应和违法建筑治理等工作，明确菩提街道、凤城街道、渡舟街道的城市建成区为活禽交易和商业性宰杀禁止区域。

15日，四川邻水、大竹，重庆梁平、垫江、长寿5地政协助推成渝地区双城经济圈建设合作协议签订仪式暨主席联席会议在长寿区召开。

17日，长寿区首例刑事附带民事公益诉讼案件，也是长寿区首次使用“3+4”（3名审判员+4名人民陪审员）合议庭模式审理的一起销售有毒、有害食品罪刑事附带民事公益诉讼案，在长寿区人民法院公开审理当庭宣判。

同日，长寿区首例公益诉讼案，在区人民法院开庭审判。

同日，《长寿日报》载，重庆市委宣传部、市文明办、市教委、市卫生健康委联合评选“新冠肺炎疫情期间未成年人心理健康辅导工作先进单位”和“新冠肺炎疫情期间未成年人心理健康辅导工作先进个人”各50名，长寿区精神卫生中心和长寿区教育团工委书记、少先队总辅导员入选。

20日，《长寿日报》载，长寿区教师发展中心揭牌成立。

21日，长寿区纪委监委召开全区纪检监察干部大会，通报全市4起纪检监察干部违纪典型案例。

23日，长寿区政府召开第一百零七次常务会议，审议《2019年长寿区工业企业评奖情况》《长寿区2020年度重点工业企业名单》，审定《关于重庆化工职业学院办理注册地变更有关问题的请示》《重庆化医控股（集团）公司股权无偿划转给长寿经开区协议》等事项。

同日，长寿区第十八届人大常委会召开第二十六次会议，任命胡文军为重庆市长寿区监察委员会副主任，代理主任。

同日，长寿区召开“抓‘六稳’促‘六保’民营企业百日大走访”活动推进会。

同日，长寿区与重庆钢铁股份有限公司（简称“重庆钢铁”）签订水运物流发展合作协议。

同日，由长寿区应急管理局统一指挥和调度的长寿区综合应急救援队正式揭牌成立。

24日，中共长寿区第十三届委员会常委会召开第一百二十六次会议，区委常委、区人大常委会主任、区政协主席参加。

同日，重庆市人大常委会副主任张定宇率队到长寿，实地调研长寿经开区和长寿高新区企业水污染防治工作，开展信访接待工作。

27日，长寿区交通局与涪陵区交通局、铁二院签订《新建重庆至武汉高速铁路（重庆北经长寿北至涪陵北段）工程可行性研究合同》，启动渝汉高铁进入长寿可行性研究。

28日，长寿区人民政府发布通告，在全区开展为期半年的违法建设集中整治行动。

同日，白鹤滩水电工程配套特高压超限变压器运输专列长寿站至西昌南站首发。

同日，长寿区建成区能源大数据中心。

29日，长寿区完成2020年企业和机关事业单位退休人员养老金调整工作，惠及全区123024名退休人员（含机关事业单位退休人员9350名），其中企业退休人员平均每人每月增加132.36元，城镇超龄人员及被征地农转非人员平均每人每月增加87.9元。

30日，中共重庆市委常委、政法委书记刘强到长寿调研，实地了解望变电气公司、区法院驻经开区巡回审判站、桃花派出所依法保障企业合法权益、服务经济社会发展工作情况。

同日，全市区县“晒旅途精品　晒文创产品”“双晒”大型网络文旅推介长寿直播专场开播。区长巴川江以“寿文化”和“慢生活”为主题直播，吸引1500万人（次）关注。

同日，小康动力汽车零部件项目在长寿经开区奠基开工，该项目总投资9.6亿元，分两期建设。

同日，长寿区第二批纯电动公交车投运仪式在区行政中心广场举行，标志着长寿公交为打造环保绿色出行又迈出新的一步。

8　月

3日，《长寿日报》载，15名长寿籍军人登上“八一”光荣榜，其中1人荣立二等功、14人荣立三等功。

4日，长寿区人大常委会召开主任会议，专题听取市场监管情况汇报。

同日，长寿、涪陵、巴南3区森林防火联防联控会议在长寿区江南街道五宝村举行。

5日，重庆警备区到长寿区，检查指导民兵训练、征兵体检、民兵应急救援工作。

同日，《长寿日报》载，重庆甲工机器人有限公司总投资5亿元的项目落户长寿高新区中科未来城大数据产业基地。

6日，重庆市人大常委会副主任周旬率领市安全生产监管工作调研组到长寿区调研安全生产监管工作，前往长寿经开区国家危化应急救援重庆基地、长寿经开区管委会应急管理中心及企业进行实地调研。

7日，中共长寿区第十三届委员会常委会召开第一百二十七次会议，听取全区河长制工作推进情况报告，研究部署全面深入开展常态化推进河长制工作。

同日，潼南区党政代表团到长寿区，就乡村振兴和文化旅游发展情况，到橘乡福地·长寿区慢城、菩提山、菩提古镇等地参观考察。

10日，长寿区人大常委会召开主任会议，专题听取全区气象工作情况汇报。

11日，长寿区政府召开第一百零八次常务会议，学习贯彻习近平总书记对进一步做好防汛救灾工作作出的重要指示精神、中共中央政治局常务委员会会议精神、习近平总书记在企业家座谈会上的重要指示精神等，审定《关于扩展城区文明治丧示范区域的请示》《关于对民办普惠性小区实施“零租金”补贴方案的请示》等，通报《关于2020年上半年安全生产和自然灾害防治工作情况的报告》、信访工作情况等。

12日，长寿区现代物流集散地建设的新项目重庆陕煤川维港物流发展有限公司正式挂牌运行。

同日，《长寿日报》载，重庆长寿高新区龙头电子通信企业友为技术有限公司获评重庆市数字化车间。

同日，长寿区第一家医学美容中心在长寿区中医院开诊。

13日，中共长寿区委书记赵世庆会见市高速集团党委书记、董事长滕英明一行，就拓宽领域深化合作推动发展进行对接交流。

同日，中共重庆市长寿区委召开2020年党外人士暑期谈心会暨双月座谈会。

14日，全国供销合作总社经济发展与改革部副部长马继红一行，到长寿区调研废弃农膜回收工作。

17日，《长寿日报》载，中共长寿区委政法委在全市率先出台《关于进一步推进检察机关依法开展公益诉讼工作的实施意见》。

同日，《长寿日报》载，长寿区第一实验小学四（21）中队、长寿区黄桷湾小学校少先队大队、长寿区龙河镇实验小学少先队大队3个集体和10名个人分别获得2020年重庆市“优秀（十佳）少先队员”“优秀（十佳）少先队辅导员”“优秀少先队集体”称号。

18日，重庆市应急管理局到长寿检查防汛准备工作，听取长寿区应急、水利、气象、交通、消防、海事等部门及部分沿江街镇负责人就应对洪峰过境的准备工作情况汇报。

19日，长寿区政府与国家电投集团重庆电力有限公司签订战略合作协议，共同推进长寿区电力基础设施建设。

同日，长寿区发展改革委、长寿区民政局、

国网重庆长寿供电公司联合发布《长寿区城乡困难家庭电量减免政策告知书》。

20日，下午6点左右，长江2020年第五号洪峰过境长寿，峰值181.38米，超保证水位7.38米。长寿区发布江河洪水Ⅰ级预警，并启动Ⅰ级应急响应。

同日，长江上游新材料产业技术协同创新联盟在长寿区揭牌成立，中国工程院院士王玉忠和相关区领导出席揭牌仪式。

同日，总投资额超过150亿元的一批新材料项目集中签约落户长寿。重点项目包括重庆鑫维新材料投资建设的年产6000吨导电炭黑项目、泸州鹏畅商贸投资建设的年产8000吨乙二醇项目、杭州铠恒新材料有限公司投资建设的苯并嗪树脂及复合材料项目。

24日，长寿区规划和自然资源综合行政执法支队揭牌成立。

26日，中国长航上海公司与长寿经济技术开发区签订长期战略合作协议，川江最大干散货船队入驻长寿。

同日，区委副书、区长巴川江率长寿区党政代表团赴开州区，就产业布局、城市规划、文旅融合等方面进行考察学习。

27日，公安部、农业农村部联合督导组到长寿检查基层渔政执法情况。

同日，长寿区政府召开第一百零九次常务会议，审议《长寿区小石门长江水源工程项目规划方案》，审定《关于长寿区乡村振兴农文旅融合项目（一期）秀才湾文创中心配套设施建设工程EPC总承包招标方案的请示》等事宜。

28日，中共长寿区第十三届委员会常委会召开第一百二十八次会议，区委常委、区人大常委会主任、区政协主席参加。

同日，华西证券重庆长寿桃源大道证券营业部正式开业。

同日，《长寿日报》载，长寿区2020年新创建国家级水产健康养殖示范场5家。至此，长寿区有国家级水产健康养殖示范场8家。

30日，保障长寿高新区企业用电的石桥110千伏变电站投入运行。

31日，长寿区人民政府发布《关于扩展城区文明治丧示范区的通告》。城区文明治丧示范扩展区域包括晏家、江南、渡舟、新市、八颗5个街道所辖的社区的城市建成区及在建区域、部分村的已征地区域。

9　月

1日，长寿区人大常委会与广安市及其市县人大常委会签署合作协议。协作建立“2+6”（广安市、长寿区+邻水县、华蓥市、广安区、前锋区、岳池县、武胜县）人大常委会主任联席会议制度和人大常委会热线联络机制、合作研讨机制、人大机关交流互动机制。

2日，长寿区召开第七次全国人口普查工作推进会暨户口整顿与基础信息采集培训工作会。

同日，在重庆市2020年大中小学体育科学论文报告会优秀论文评比活动中，长寿区8篇论文获奖，其中一等奖2篇、二等奖2篇、三等奖4篇。

同日，《长寿日报》载，长寿鳙鱼（花鲢）入选重庆市特色农产品优势区（第二批）名单。

同日，《长寿日报》载，长寿区洪湖镇称沱村入选《2020年中国美丽休闲乡村》。

3日，位于渝怀铁路长寿长江大桥下游1.85千米、长寿长江一桥上游6.4千米处的长寿长江二桥主桥合龙。

同日，长寿区召开扩展城区文明治丧示范区域管理工作动员会，强调确保实现城区文明治丧管理100%覆盖。

同日，由重庆市委宣传部主办、长寿区委宣传部承办的重庆市“学习新思想·唱响能行好·夺取双胜利”微宣讲第四片区赛在长寿区举行，来自涪陵、黔江、武隆、石柱等区县的20名优秀选手参赛。

同日，重庆市第四届中小学实验教学说课暨创新实验操作活动评选结果揭晓，长寿区教师作品《热的传递》《探究声音是怎样产生的》获一等奖。

4日，长寿区第三人民医院与中国职业安全健康协会化工职业安全健康专业委员会签订合作协议，推进长寿区规范化开展职业健康与化学救治服务。

同日，《长寿日报》载，长寿区人民医院护理部主任付显芬入选抗击新冠肺炎疫情国家级先进个人。

同日，《长寿日报》载，由中共长寿区委宣传部、长寿区卫生健康委、长寿区慈善会主办，长寿区融媒体中心承办的长寿区第五届“十大孝星”评选活动启动。

7 日，重庆市首批美丽宜居乡村名单公布，长寿区江南街道锯梁村、天星村等 17 个村获评。

同日，《长寿日报》载，长寿高新区企业重庆宇心门业有限公司被认定为重庆市企业技术中心。

8 日，长寿区政府召开第一百一十次次常务会议，审议《全区脱贫攻坚“收官大决战”工作方案（送审稿）》《长寿区数字经济创新发展工作方案》《长寿区扶贫开发领导小组关于加强消费扶贫工作的通知》等。

同日，由工信部网络安全产业发展中心、重庆市经济和信息化委员会、长寿经济技术开发区联合主办的 2020 年“创客中国”新材料中小企业创新创业大赛举行决赛暨颁奖典礼，长寿经开区的重庆川维科技有限公司的高性能维纶长丝项目获得创客中国组一等奖，另有 3 个项目获二等奖、3 个项目获三等奖。

9 日，《长寿日报》载，长寿经开区的重庆钢铁股份有限公司、中国石化重庆川维化工有限公司、巴斯夫聚氨酯（重庆）有限公司 3 家企业入选 2020 年重庆百强企业榜单。

同日，《长寿日报》载，长寿区首个烧伤整形科——区医院内分泌外科烧伤整形科正式成立，并开始对外就诊。

同日，《长寿日报》载，长寿区从 9 月起，执行新的城乡低保救助标准，城市居民每人每月基本生活保障为 620 元，农村居民每人每月基本生活保障为 496 元。

同日，《长寿日报》载，长寿区启动第十届“十大健康寿星评选活动”。

10 日，重庆职工会计专科学校迁建项目奠基仪式在长寿高新区举行，第二所高职院校正式落户长寿。

同日，长寿区委、区政府召开全区克服疫情灾情影响确保如期全面脱贫暨脱贫攻坚“收官大决战”动员部署会。

11 日，中共长寿区第十三届委员会常委会召开第一百二十九次会议，区委常委、区人大常委会主任、区政协主席参加。

同日，长寿经开区在重庆科顺新材料有限公司举行中国建筑防水行业首个仓配一体化项目即科顺股份与上海安点物流进行的仓配一体化交接仪式。

同日，长寿区中医院与湖北省孝感市大悟县中医院友好医院合作协议签订仪式在长寿区中医院举行。

同日，《长寿日报》载，在 2020“重庆好礼”旅游商品文创产品设计大赛中，长寿区选送的抛沙画获 2020“重庆好礼”旅游商品（文创产品）大赛银奖。

15 日，中共长寿区第十三届委员会常委会召开第一百三十次会议，区委常委、区人大常委会主任、区政协主席参加。

15—17 日，长寿区人民政府 2020 线上智博会展台亮相，以中华名果长寿柚为原型设计的吉祥物“柚柚”作为解说员，带领观众全方位逛馆。

16 日，2020 线上智博会重大项目签约活动在渝州宾馆举行，长寿区年产 30 万立方米硅基纳米气凝胶复合材料项目和单细胞生物蛋白质项目参加集中签约。

同日，长寿区向西藏自治区昌都市划拨第二批援藏资金 360 万元，用于网络应急指挥中心建设。

同日，《长寿日报》载，长寿区获认定的智能工厂有 4 家、数字化车间 19 家，全区智能化制造发展指数为 60.3，位列重庆市第九位。

17 日，长寿经开区与亚士创能集团签订合作协议，亚士创能西南智能制造基地落户长寿区。

同日，中共长寿区委书记赵世庆带队到安徽省滁州市开展招商考察。

18 日，由长寿区科协、区科技局、菩提街道共同出资打造的长寿区首个社区科普馆菩提社区科普馆开馆。

19 日，国家发展改革委外资司调研组到长寿经开区开展利用外资和开发区调研。

21 日，长寿区政府召开第一百一十一次常务会议，研究《长寿区废弃农膜回收利用管理办法（试行）》《关于开展小学生校内课后服务试点工作的实施方案（试行）》等议题。

22 日，长寿区公路运输管理所发布通告，决定从9月28日起，长寿公交新增181、182线路，变更106、109线路编号，调整103、109、118、201、202线路和站点。

同日，长寿区举行“学习强国”重庆学习平台“决胜全面小康 决战脱贫攻坚”知识竞赛决赛，7支代表队参加。

同日，“初心永不忘，爱心献功臣”主题捐赠电视和阳光惠军工程公益活动在长寿湖镇举行。广州市番禺区科普达电子厂和康达实业（广州）有限公司为长寿区基层退役军人服务站赠送电视机292台，总价值116万元。

同日，在重庆市科学技术奖励大会上，长寿经开区企业的“高性能特种玻璃纤维及绿色制造关键技术创新与产业化”成果获得科技进步奖一等奖。

同日，长寿区智慧医疗平台通过国家医疗健康信息互联互通标准化成熟度四级甲等测评。

22—23日，长寿区“全国基层中医药工作先进单位”创建工作接受专家组现场评审，获得肯定。

同日，民进攀枝花市委会考察团到长寿考察，与民进长寿区委会签订合作协议，结对共推成渝双城经济圈建设。

23日，市工商联发布重庆民营企业百强榜单，长寿区的重庆华硕建设有限公司、重庆博腾制药科技股份有限公司2家企业上榜。

24日，中共长寿区第十三届委员会常委会召开第一百三十一次会议，专题学习《党委（党组）落实全面从严治党主体责任规定》《中共重庆市委落实全面从严治党主体责任清单》等，研究全面从严治党工作；传达学习全市巡视巡察工作会议暨五届市委第七轮巡视动员部署会精神，研究长寿区贯彻落实措施。

25日，长寿高新区招商引资新引进总投资1.5亿元的东翼无人机项目落户中科未来城。

28日，长寿区新的社会阶层专业人士联合会、重庆万耳科技有限公司联合打造的新的社会阶层人士实践创新基地——长寿“1023网创街”开街。

同日，在2020中国500强企业高峰论坛上，长寿经开区企业重庆钢铁股份有限公司上榜2020中国制造业企业500强。

30日，《长寿日报》载，中共长寿区纪律检查委员会通报3起违反中央八项规定精神问题。

10 月

1日，位于长寿区的重庆东部国际农产品交易中心开始营业。

12日，长寿区2020年村（社区）党组织书记集中轮训暨党员示范培训班开班，全区380余人参加培训。

13日，长寿区举办企业知识产权专题培训，100余家企业和专业机构的专家人才参加培训。

14日，中共长寿区第十三届委员会常委会召开扩大会议，宣布市委关于长寿区政府主要领导任职的决定，戴明任中共长寿区委委员、常委、副书记，提名为长寿区政府区长人选，兼任长寿经开区党工委书记、管委会主任。全体在长寿的市管干部参加会议。

同日，《长寿日报》载，长寿新增长寿高新区的重庆物联网产业园和长寿经开区的重庆化学原料药及制剂产业园2家市级特色产业基地。

同日，《长寿日报》载，长寿区邻封镇石心村卫生室医务人员入选2020年第三季度“重庆好医生、重庆好护士”人物。

15日，2020重庆国际文化旅游产业博览会在重庆国际博览中心开幕。以“长寿，人人向往”为主题布置的长寿展馆总面积100平方米。

同日，国家发展改革委产业司一行到长寿区，就产业发展到重庆钢铁股份有限公司、重庆望变电气（集团）股份有限公司开展调研。

16日，中共长寿区第十三届委员会常委会召开第一百三十二次会议，传达中央和重庆市相关会议精神，研究长寿区脱贫攻坚、秋冬季疫情防控工作情况汇报，部署下阶段工作。

同日，长寿区政务服务管理办公室与中国邮政长寿区分公司签署“政务+邮政”战略合作框架协议，加快推进政务服务“一窗通办”。

同日，四川省攀枝花市总工会到长寿，就两地总工会助力成渝地区双城经济圈建设开展交流协商，双方签署战略协作框架协议。

19日，中共重庆市委、重庆市人民政府举行抗击新冠肺炎疫情表彰大会，长寿区6个集体和17名个人获重庆市抗击新冠肺炎疫情先进集体

（个人）表彰，4 人获重庆市优秀共产党员表彰，2 个党组织获重庆市先进基层党组织表彰。

20 日，长寿区政府召开第一百一十二次常务会议，研究《长寿区高层建筑消防隐患整改方案》《关于扩大高污染燃料禁燃区范围的通告》等事项。

同日，长寿经开区举行亚士创能新材料（重庆）有限公司西南综合智能制造基地项目奠基仪式。

同日，中国·重庆·长寿湖首届“浩湖杯”全国休闲垂钓大赛在长寿湖渔文化村开幕，来自北京、重庆等 11 个省市的 50 支代表队、200 名垂钓爱好者参赛。

同日，长寿区召开民间文艺家协会成立大会，选举产生第一届理事会领导班子。

同日，湖北省孝感市委常委、大悟县委书记带队到长寿，参观考察长寿区中医院，了解中医特色专科建设情况。

20—21 日，长寿区联合广安市、渝北区、合川区、垫江县举办“小平故里之旅·创新创业之行”广渝毗邻地区“青创 10 万+”青年电商培训暨青年团干部交流活动，签订“唱响‘双城记’·创享青春梦”广渝毗邻地区共青团助力成渝双城经济圈建设青春建功行动合作协议，100 余名创业青年代表参加。

21 日，《长寿日报》载，长寿区已有 251 家定点医药机构事项医保电子凭证扫码支付。

同日，《长寿日报》载，长寿高新区润金新材料、佳禾门业、豪迈门业、名风门业被认定为 2020 年度重庆市企业技术中心。

22 日，长寿区举行产业升级创新论坛，创业黑马联合创始人郭海峰、飞象工业互联网副总经理任小波、商界传媒集团首席运营官陈志强作专题演讲，40 余名专家人才参加。

23 日，中国自行研发建造的第一代 051 型驱逐舰、海军退役“166 珠海舰”途经长江长寿段水域过境，前往重庆建川博物馆九龙坡区九建码头。

同日，长寿区举办以“助力企业发展，弘扬科技创新”为主题创新创业路演大赛，10 余家高成长性企业参赛。

同日，《长寿日报》载，长寿区首批企业新型学徒制培训在重庆莱美药业股份有限公司开班。

同日，第二届重庆山歌会在长寿菩提古镇古戏台举行，重庆市各区县和内蒙古、甘肃等全国各省（区）民歌艺术家参加活动。

26 日，长寿区第十八届人大常委会召开第二十八次会议，任命戴明为重庆市长寿区人民政府副区长，决定戴明为重庆市长寿区人民政府代理区长。

同日，长寿区人大常委会召开主任会议，听取全区预算绩效管理工作情况。

同日，《长寿日报》载，2020 年 1—3 季度，长寿区完成地区生产总值 523.9 亿元，规模以上工业实现总产值 780.9 亿元，固定资产投资 211.3 亿元。

同日，双象集团就从日制钢机械商贸（上海）有限公司订购双螺杆脱挥挤出机与日本制钢所重大装备签约仪式，在长寿区行政中心举行。

27 日，长寿区政府召开第一百一十三次常务会议，研究长寿区高龄老人营养补贴范围和标准、2020 年乡村文化旅游节暨扶贫产品展销活动等事项。

同日，重庆市人大常委会副主任杜黎明一行到长寿开展主任接待日活动，听取基层人大代表关于同城化发展的意见建议。

同日，《人民日报》要闻版刊发《重庆长寿区统筹使用农村建设用地指标——为乡村振兴拓展空间》。

同日，长寿区发展改革委发布公告，征集 31 名“长寿区菩提山文化旅游景区门票价格听证会”参加人。

28 日，由市委宣传部、市农业农村委、市文旅委主办的“奋进新时代·共圆小康梦”第九届重庆市乡村文艺会演，在长寿龙河镇秀才湾·橘香广场启动，38 个区县队伍参加比赛。

同日，重庆三环高速合川至长寿段明月山隧道贯通。

同日，《长寿日报》载，重庆 2021 年城乡居民医保缴费标准为，一档 280 元、二挡 655 元。

29 日，中共长寿区第十三届委员会常委会召开第一百三十三次会议，学习传达王鸿津、陈敏尔在巡视指导督导工作专题培训会讲话精神，研究长寿区贯彻落实措施。

同日，长寿区召开第七次全国人口普查正式

登记工作动员会。

同日，国家公共文化发展中心主任白雪华一行到长寿调研长寿区公共文化服务工作，前往江南街道文化服务中心、凤城街道黄桷湾社区文化室、长寿区公共文化服务超市、菩提书院、龙河镇保合村公共文化服务中心查看。

30日，长寿区人民政府发布《关于全面规范活禽交易和宰杀的通告》，规范活禽交易，推行集中宰杀，加强冷链供应管理。

同日，立邦涂料（重庆）化工有限公司年产3万吨表面处理剂项目投产仪式在长寿经开区举行。

11　月

1日，第七次全国人口普查开启正式登记工作，长寿区有5323名普查员入户登记。

2日，《长寿日报》载，中国文明网发布2020年“我推荐我评议身边好人”活动8月中国好人榜名单，国网重庆市电力公司长寿供电分公司职工张能瑜获评“敬业奉献”中国好人。

3日，中共长寿区第十三届委员会常委会召开第一百三十四次（扩大）会议暨区委理论学习中心组（扩大）专题学习会，专题学习贯彻中共十九届五中全会精神和市委常委会扩大会议精神，研究部署全区贯彻工作。

同日，长寿区政府召开第一百一十四次常务会议，研究长寿区营商环境评估与优化提升工作，传达全市脱贫攻坚“收官大决战”和“十大专项行动”视频调度电视电话会议及全国脱贫攻坚先进事迹巡回报告会议精神，研究脱贫攻坚成效考核相关工作。

同日，长寿区召开扶贫开发领导小组扩大会，传达学习全国脱贫攻坚先进事迹巡回报告会议暨全市脱贫攻坚“收官大决战”和“十大专项行动”视频调度电视电话会议精神，研究审定《长寿区对照2020年市级脱贫攻坚成效考核工作责任表》。

4日，中共长寿区委书记赵世庆会见华为技术有限公司重庆代表处代表童德刚，就推动智慧城市建设等开展交流。

5日，中共长寿区委出台《长寿区政治生态评价办法（试行）》，夯实强化政治生态建设主体责任和监督责任。

同日，长寿区、邻水县毗邻地区协同推动党建引领基层治理座谈会在云台镇召开，两地13个镇党委代表参加会议，共同签订合作协议。

同日，长寿区融媒体中心首部自编自导自演的微电影《梦开始的地方》首映仪式举行。

6日，《长寿日报》载，长寿区2020年1—3季度实现电商交易额74亿元。

6—8日，2020年长寿区—丰都县消费扶贫产品公益展销活动在协信广场举行，40家丰都企业到长寿展销特色农产品。

9日，丰都县委书记率丰都县党政代表团到长寿，对接对口帮扶，考察长寿区产业发展。

同日，《长寿日报》载，市委宣传部、市文明办、市退役军人事务局、重庆警备区政治工作局联合发布10名2020年度重庆市“最美退役军人”，长寿供电公司1名退役军人上榜。

同日，长寿柚（沙田柚）擂台赛搏出的“柚王”2.16千克（4.32市斤）。

同日，《长寿日报》载，涉及全市政务服务的236项行政服务项目，长寿区实现跨区县通办。

同日，《长寿日报》载，菩提街道的2条新规划道路青山路、青春路和1条新建道路金璞路获得命名。

10日，中共长寿区第十三届委员会常委会召开第一百三十五次会议，区委常委、区人大常委会主任、区政协主席参加。

同日，长寿区政府召开第一百一十五次常务会议，研究黄草峡储气库先导性试验用地及输气管网走廊专项规划、长寿区非居民用水超定额累进加价实施方案，听取全市冬春火灾防控暨大型综合体消防安全工作现场会议精神、高层建筑专项整治第二轮暗访检查情况汇报等事宜。

12日，2020年长寿柚（沙田柚）乡村文化旅游节开幕式暨消费扶贫产品展销活动在邻封镇柚香广场举行，长寿区及丰都县的20家企业的数十个扶贫、农特产品参展。

同日，中央电视台记者到长寿柚（沙田柚）核心产地邻封镇长寿柚（沙田柚）果园，向全国观众直播。

同日，长寿区老科学技术工作者协会第一次会员大会暨成立大会召开，选举产生协会第一届领导班子。

13日，中共长寿区第十三届委员会常委会召开第一百三十六次会议，专题学习习近平总书记在中共十九届五中全会上作的报告和讲话精神及《中共中央关于制定国民经济和社会发展第十四个五年规划和二〇三五年远景目标的建议》、习近平总书记在中央政治局第二十四次集体学习时的讲话精神，研究部署长寿区学习贯彻工作。

同日，《长寿日报》载，截至10月，长寿区完成农厕改造7585户，其中卫生厕所6056户、三格式厕所1224户、水冲式厕所196户、其他类型厕所109户。

同日，《长寿日报》载，2020年1—9月，全区新材料产业产值393亿元，装备制造业产值115亿元，大健康特色产业产值61亿元。

14日，长寿区文化旅游交流路演活动在成都市宽窄巷子举行。

16日，《长寿日报》载，长寿区5家企业的15项产品入选2019年度重庆市重大新产品名单，涉及汽车摩托车、装备制造、化工医药、材料4个行业。

17日，长寿区召开区脱贫攻坚领导小组暨迎接2020年市级成效考核工作动员部署视频会议，强调举全区之力确保2020年实现现行标准下的农村贫困人口全部脱贫。

同日，长寿区教委与四川省广安市教育和体育局签订《推动教育区域协同发展战略合作协议》，建立教育合作常态机制，缔结16所友好学校，推进两地教育协同发展。

19日，中共长寿区委召开2020年议军会议，传达学习中央、市里相关会议精神，研究部署长寿区国防后备力量建设和双拥工作，研究解决驻长寿部队实际困难。

同日，江苏省无锡高新区党工委一行到长寿区考察交流社会稳定、司法调解工作，先后到晏家街道综治中心、区法院驻院调解和诉讼调解中心实地考察。

20日，重庆钢铁举行7号转炉投产及4号连铸机新建项目开工仪式。

同日，中央文明委发布第六届全国文明城市、文明村镇、文明单位名单，长寿区凤城街道白庙村获“全国文明村镇”称号，三峡路社区获“全国文明单位”称号。

同日，农业农村部公布第十批全国“一村一品”示范村镇及2020年全国乡村特色产业十亿元镇亿元村名单，长寿区龙河镇保合村（柑橘）获评全国“一村一品”示范村。

21日，长寿区经济信息委与四川广安市、广安区、前锋区、华蓥市、岳池县、武胜县、邻水县、广安经开区经信局签订共建成渝地区双城经济圈制造业协同发展区合作协议。

23日，《长寿日报》载，长寿区三倒拐历史文化街区获评“成渝潮流新地标”。

24日，长寿区政府召开第一百一十六次常务会议，研究《关于重庆兴广再生资源有限公司投资建设长寿再生资源分拣交易市场事宜的请示》《关于报送卧旱线管网隐患整改暨葛兰片区天然气停气保供工作方案的报告》等事项，安排部署工作。

同日，长寿区召开专题会议，研究《中共长寿区委对“十四五”规划编制的建议》《“十四五”规划纲要》《长寿区“十四五”规划重大项目清单》。

同日，长寿区葛兰镇盐井村四组村民李顺清获得全国劳动模范称号。

25日，长寿区评选出20个首届受喜爱乡村休闲旅游特色商品。

27—30日，第十八届中国国际农产品交易会暨第二十届中国西部（重庆）国际农产品交易会在重庆国际博览中心开幕。长寿区18家企业参展，产品有长寿柚（沙田柚）、长寿柑橘、长寿有机鱼、鱼面、茶叶、血豆腐等50种。

28日，在重庆国际博览中心举行的国际农产品交易会乡村振兴重大项目招商签约活动中，长寿区成功签约长寿区同安农业开发有限公司、重庆紫耘事业发展有限公司2个重大项目，总投资3.97亿元。

30日，中共长寿区第十三届委员会常委会召开第一百三十七次会议，传达市委五届九次全会精神，研究审定区委十三届八次会议相关事宜。

同日，长寿区2020年总河长会议（第二次）召开，听取推行河长制工作情况汇报，研究审定龙溪河、焦家河、锅锣溪区级河长调整有关事宜。

12　月

1 日，长寿区政府召开第一百一十七次常务会议和区政府第二十次区长办公会议，研究《长寿区创建全国健康促进区实施方案》《关于滞后重点项目推进情况的报告》等事宜。

同日，政协长寿区第十五届委员会召开第四十八次主席会议，学习传达中共十九届五中全会精神和市委五届九次全会精神，通报长寿区 2020 年第四批新政府债务分配方案、《长寿区机关事业单位职工医疗补助暂行办法》等。

2 日，总投资 30 亿元的长寿区万顺温泉项目在万顺镇石龙村举行钻探开工仪式。

同日，重庆化医集团与奕翔化工在长寿经开区就化工产品的购销与上下游产业链构建方面达成协议签约。

同日，《长寿日报》载，长寿区第五届“十大乡贤”评选公示期结束，10 人被评为“十大乡贤”。

同日，长寿区交通局开出重庆市地方海事领域首张“酒后驾船”罚单。

2—4 日，长寿区区领导带领相关部门负责人到广东省，先后前往惠州市、深圳市，深入中润达投资集团有限公司、三科控股集团、华为总部、深圳远恒佳教育集团、沃特新材料股份有限公司招商考察。

3 日，长寿区人民法院与垫江县人民法院、邻水县人民法院、大竹县人民法院共同签署《成渝地区双城经济圈垫江邻水大竹长寿四地司法协作框架协议》。

4 日，《长寿日报》载，重庆市农业农村委员会公布“一村一品”示范村镇名单，长寿区 11 个村入选。

同日，《长寿日报》载，长寿区 8 户家庭上榜 2020 年重庆“绿色家庭”“最美阳台”“最美庭院”名单。

同日，《长寿日报》载，长寿江南街道龙山社区 9 组居民一棵 20 多年的红心橙树嫁接的 6 种水果结出 5 种果实。

7 日，长寿区援鄂医疗队及其队员，收到湖北省分享的来自蒙古国的 19 箱捐赠羊。

同日，《长寿日报》载，长寿区调整高龄老人营养补贴享受范围和标准。从 2021 年 1 月 1 日起执行，发放范围新增 90 周岁至 95 周岁的老人，每人每月 100 元；96 周岁至 99 周岁的老人，由原来的每人每月 100 元调整为 200 元；100 周岁的老人，由原来的每人每月 500 元调整为 800 元。

同日，《长寿日报》载，重庆市召开第三届自强模范暨残疾人工作先进集体和先进个人表彰大会，长寿区残联获残疾人工作先进集体，3 人获残疾人工作先进个人称号。

8 日，中共重庆市委常委、市政府常务副市长吴存荣到长寿经开区应急管理中心和重庆国际复合材料有限公司、重庆钢铁等 6 家企业，调研安全生产和企业生产经营。

同日，长寿区政府召开第一百一十八次常务会议，研究长寿湖创建国家级旅游度假区、进一步加强社区教育工作等事项。

9 日，《长寿日报》载，长寿慢城上榜重庆市智慧旅游乡村示范点。

同日，《长寿日报》载，长寿区人民医院与贵州省贵阳市开阳县人民医院签订对口支援全面合作协议。

10 日，长寿区与香江国际集团签订合作协议，联合打造长寿茶旅融合项目。

11 日，中共长寿区第十三届委员会常委会召开第一百三十八次会议，区委常委、区人大常委会主任、区政协主席参加。

11—13 日，长寿区第四届双十二电商节暨消费扶贫公益展销会在协信广场举行。

14 日，《长寿日报》载，长寿区已经建成 22 个消费维权快速服务站。

15 日，长寿区政府召开第一百一十九次常务会议，审议《重庆市长寿区农村污水治理专项规划（2021—2025）》《关于进一步促进建筑业持续健康发展的实施意见》等。

同日，长寿供电公司成功创建重庆市劳模和工匠人才创新示范工作室。

16 日，长寿区党政代表团到丰都县考察产业扶贫和旅游开发情况，共谋两地“十四五”合作发展新局面。

同日，长寿区人民政府、长寿经开区与交通银行重庆市分行签订“十四五”战略合作协议。

同日，西南大学综合实习实训基地暨劳动教育实践基地在长寿慢城挂牌。

同日，《长寿日报》载，长寿区11家企业上榜2020年度重庆市知识产权优势企业名单。

17日，中共长寿区第十三届委员会常委会召开第一百三十九次会议，传达学习平安中国建设工作会议、平安重庆建设工作会议精神，研究部署长寿区贯彻落实措施。

同日，长寿区召开“以案四说”警示教育暨“议案四改”工作部署会。

17—18日，市政协副主席宋爱荣到长寿区，调研乡村振兴和工业经济发展情况。

18日，世界首个规模化天然气生产FeedKind单细胞蛋白项目在长寿经开区开工。

同日，长寿经开区科技工作会暨科学技术协会第二次代表大会在长寿经开区管委会召开。

同日，《长寿日报》载，长寿区统计局获“重庆市第四次全国经济普查先进集体”称号，2人获“重庆市第四次全国经济普查先进个人”称号。

21日，《长寿日报》载，长寿区葛兰镇中心小学、晶山小学、川维中学、龙河镇初级中学入选重庆市第三批智慧校园建设示范学校。

同日，《长寿日报》载，长寿区78岁老人章世扬经过7年艰苦创作，完成临写《中国名帖》的《兰亭序》《文天祥传奇》等3000米书法长卷。

22日，中共长寿区第十三届委员会常委会召开第一百四十次会议，传达学习中央经济工作会议精神和成渝地区双城经济圈建设相关内容，研究部署长寿区贯彻落实措施。

同日，长寿区召开区政府第一百二十次常务会议，研究《政府工作报告》起草推进情况、建设全区集中式饮用水水源地视频在线监控平台等工作。

同日，弈柯莱生物科技（上海）股份有限公司与长寿经开区正式签约，投资8亿元在长寿区建设生物催化及合成生物学产业化项目。

23日，《长寿日报》载，全市首个同城双活数据中心（长寿基地）建成投用，超大型数据中心为企业和金融机构提供服务。

同日，《长寿日报》载，长寿区新设立海棠镇海花社区、万顺镇万兴社区2个社区及其居民委员会。至此，长寿区社区总数为49个。

24日，中国共产党重庆市长寿区第十三届委员会第八次全体会议在长寿区科技文化中心召开。全会学习贯彻中共十九届五中全会精神，落实市委五届九次全会部署，听取区委常委会工作报告，审议《中共重庆市长寿区委关于制定国民经济和社会发展第十四个五年规划和二〇三五年远景目标的建议》。

同日，重庆市市政府副市长郑向东率市级相关部门负责人到长寿区，实地检查长寿区高层建筑消防安全隐患整治工作和大型商业综合体消防安全工作。

25日，万顺镇的5个村获得“平安乡村”授牌，万顺镇成为长寿区首个“平安乡镇”。

同日，《长寿日报》载，长寿区移动政务服务平台“畅快办”在“人人长寿APP”上线，区内企业和个人可以在手机上办理各项行政审批服务事项。

28日，《长寿日报》载，长寿区破获特大社保诈骗案，300余人被骗3000余万元。

30日，长寿区政府召开第一百二十一次常务会议，研究审议“十四五”规划及2021年主要经济发展指标建议方案、“十四五”规划纲要（送审稿）、“十四五”重大项目暨2021年重大项目清单库等。

同日，长寿区开展“重要（高危）化工企业供电中断联合应急演练”，首次采用云视频全程直播。

同日，《长寿日报》载，工信部公布第四批国家工业遗产认定名单，长寿区的狮子滩梯级水电站枢纽上榜。

同日，《长寿日报》载，区医保局公布长寿区2021年以个人身份参加城镇职工医疗保险缴费标准，一档全年缴费2670元，二挡全年缴费5874元。

同日，《长寿日报》载，长寿区菩提街道朝阳社区、新市街道河石桥社区、洪湖镇沙湾社区获评重庆市“民主法治示范社区”称号。

同日，《长寿日报》载，在2020年重庆市青少年围棋团体赛中，长寿中学围棋队获一等奖。

31日，长寿区政府召开第五次全体（扩大）会议，审议2021年《政府工作报告（送审稿）》《长寿区“十四五”规划纲要（送审稿）》。

同日，长寿水电80周年暨国家电投集团重庆狮子滩发电有限公司成立80周年纪念大会召开。

同日，重庆两江新区至长寿区快速通道作为全市重大项目集中开工，中共重庆市委副书记、市长唐良智出席集中开工活动。

同日，长寿区社会保险事务中心统计，从2月至12月，为全区3200家参保单位减免养老保险费39257.03万元、失业保险费1321.14万元、工伤保险费3097.83万元。

是年，截至12月31日，长寿区建成5G基站900个，实现城区、工业园区、景区等重点区域的5G网络覆盖。

2020年2月，长寿区爱心企业捐赠抗击新冠肺炎疫情防护物资

长寿概览

❖ 长寿概况

长寿概况

建置沿革

【概况】 长寿是古老的文明之地。约2万年前，现代长寿地域就有人类活动，4000年前进入渔猎和原始农耕阶段。在《尚书·禹贡》中，长寿属梁州，春秋属巴国枳邑，战国、秦汉至北朝西魏时期（前314—556年）属巴国（郡）枳县（邑）之地，其间蜀汉章武年间（221—223年）首置常安县，在县历史30余年。北周至隋朝时期（557—618年），县地划入巴县。唐武德二年（619年）分巴县地置乐温县，以“县东北有乐温山，其地常温，禾稼早熟，民亦乐之”而名。同时又置永安县、温山县，后永安、温山二县分别于唐开元二十二年（734年）、宋熙宁三年（1070年）撤并入乐温。元至元二十年（1283年），乐温撤县入涪州，置为涪陵巡检司。在县历史永安115年、温山451年、乐温664年。元至正二十三年（1363年），西系红巾军将领明玉珍建大夏国定都重庆，置长寿县，以“县东北有长寿山，居其下者，人多寿考”而名，明、清、民国前期皆属重庆府所辖。民国24年（1935年），划属大竹专区。1950年3月，划属涪陵专区。1952年9月，长寿县由涪陵专区划属重庆市。1953年1月，长寿县由重庆市划归涪陵专区辖。1959年4月，长寿县由涪陵专区划归重庆市辖。2001年12月25日，国务院批准，撤销长寿县设置重庆市长寿区，结束了638年（1363—2001年）长寿县历史，揭开重庆市长寿区历史新篇章。

政　区

【地理位置】 重庆市长寿区地处重庆腹心，在重庆市主城区东北隅，属地跨长江南北，东南接壤涪陵区，西南与渝北区、巴南区为邻，东北接垫江县，西北与四川省邻水县相接。位于北纬29°43′25″~30°12′30″，东经106°49′22″~107°27′30″。辖区面积1421.43平方千米。人口88.09万人。

【行政区划】 2020年，长寿区辖菩提街道、凤城街道、晏家街道等7个街道，长寿湖镇、云台镇、葛兰镇等12个镇。下设49个社区、221个村、630个居民小组、1760个村民小组。重庆市长寿区人民政府驻菩提街道桃源大道11号。

（雍　瀚）

2020年重庆市长寿区行政区划一览表

表1　　　　单位：个

序号	街镇	社区数	居民小组	社区	村总数	村民小组	村
1	菩提街道	7	112	桃花　古镇　胜天 朝阳　菩提　文苑 碧园	6	53	东新　红花　阳鹤　松柏 菩提　田坝
2	凤城街道	13	218	骑鞍　向阳路　凤岭路 望江路　三峡路 轻化路　滨江路 东街　梅村　顺风亭 黄桷湾　凤西　凤家	9	130	复元　永丰　长风　走马 三洞　陵园　过滩　古佛 白庙

续表

序号	街镇	社区数	居民小组	社区	村总数	村民小组	村
3	晏家街道	9	164	中心路　查家湾 朱家岩　晏家 曹家堡　育才路 晏山　牛心山　齐心	8	51	三观　石盘　石门　沙溪 沙塘　金龙　龙门　十字
4	江南街道	2	26	南滨路　龙山	7	46	龙桥湖　扇沱　五堡　大元 锯梁　大堡　天星
5	渡舟街道	4	21	长生桥　渡中路　民兴 三好	13	150	渡舟　堰桥　果园　黄连 三好　新道路　太平　白果 天桥　甘蔗　高峰　保丰 河塘
6	新市街道	1	6	河石桥	8	54	红土地　河石井　新合 新同　新市　东门　堰耳沱 惠民
7	八颗街道	1	5	莲花街	15	124	八颗　丰胜　石马　曙光 武华　幸福　水井　核桃 新桥　高新　美满　付何 鹿坪　梓潼　干滩
8	长寿湖镇	1	9	狮子滩	13	102	响塘　东海　回龙　红光 花山　石岭　大石　石回 龙沟　紫竹　两桂　安顺 玉华
9	云台镇	1	3	云台	13	104	八字　寨口　小岩　安坪 八角　利民　桥坝　拱桥 黄葛　应祝　青云　梅沱 鲤鱼
10	葛兰镇	1	6	葛兰桥	21	162	湾丘　白云　冯庄　罗岩 盐井　天台　天宝　大坝 塘坝　烟坡　潼观　天福 沙河　南中　金山　葛兰 枯井　兰兴　中华　黄家坝 龙井坎
11	但渡镇	1	5	三堡石	8	61	楠木院　但渡　升高　双河 兴同　龙寨　未名　曾祠
12	邻封镇	1	7	龙溪	10	80	邻封　上硐　青观　汪塔 上坪　三化　保家　焦家 庙山　石心
13	云集镇	1	3	华福	11	90	华中　玉龙　雷祖　飞龙 万寿　福胜　大胜　玛瑙 青丰　大同　尖峰

续表

序号	街镇	社区数	居民小组	社区	村总数	村民小组	村
14	双龙镇	1	8	双龙	11	77	龙滩　谷黄　飞石　长寿寨　联合　罗围　尖山　红岩　群力　连丰　天堂
15	龙河镇	1	6	龙兴	17	115	长安　仁和　堰塘　保合　明星　合兴　明丰　骑龙　龙河　金明　四坪　河堰　咸丰　太和　永兴　盐井凼　九龙
16	海棠镇	1	6	海花	9	58	海棠　小河　龙凤　庄严　古林　建生　清泉　土桥　金子
17	石堰镇	1	11	石兴	20	133	大塘　兴隆　石堰　海天　金星　燕耳　麒麟　石坝　普子　狮子　石安　雨台　木耳　义和　干坝　朝阳　高庙　兴庄　新寨　新滩
18	洪湖镇	1	9	沙湾	14	99	凤凰　表耳　永顺　普兴　坪滩　称沱　梯子　草堰　码头　芦池　黑岩　三合　五龙　长生
19	万顺镇	1	5	万兴	8	71	万顺　四重　白合　院子　万花　东风　石龙　垭口
合计		49	630		221	1760	

（重庆市长寿区民政局提供）

人口与民族、宗教

【人口】　截至2020年年底，长寿区共有户籍人口88.1万人，其中，城镇人口38.5万人，乡村人口49.6万人。出生人口6114人，死亡人口12038人，人口自然增长率-0.62‰。人口性别比为102.3（以女性为100，男性对女性的比例）。

（李永鑫）

【民族】　2020年，长寿区有少数民族36个，总人数6100人，占全区总人口的6.9‰，分布在全区19个街镇。于1987年成立长寿区（县）少数民族联谊会。　（张成文）

【宗教】　2020年，长寿区有4个宗教团体。已批准开放的寺观教堂（包括固定处所）35个，其中佛教14个、道教4个、天主教2个、基督教15个。有信教群众3.2万人，其中佛教1.76万人、道教0.81万人、天主教0.49万人、基督教0.14万人。全区有宗教房产2660平方米，有宗教教职人员18人。

（张成文）

自然环境

【地质】　长寿区地质构造属压应构造形迹，以北北东向梳状褶皱形为主，具有背斜紧闭，向斜开阔和陡倾纵横张裂隙发育的特征。近背斜轴部件有压性逆冲断裂构造。区域地质构造大致分为三部分，一是华蓥山隆褶皱带。东南以明月峡背斜或开江潼梓基底断裂带为界，由平行排列的背斜向斜组成。背斜隆起较高，出现二叠系龙潭组长兴组地层。此背斜位于华蓥山隆起带东部边缘的长寿明月山一带，经东北边界穿越垫江倾伏于开县中心场附近的黄家梁子，轴线平直，无大的弯曲。二是长垫梁坳褶皱带。背斜隆起较低，背轴部只露出中山三叠系地层，形成较规则的雁列，向斜轴部零星保存着遂宁组、蓬莱镇组地层，在长寿区境内分为长垫向斜，卧龙河背斜，万县向斜，狮子滩、新市多字形褶曲轴组等四种次级构造。三是南部复合构造。晏家、古佛、但渡（北纬29°50′）一线以南地带，由北东至北东东褶皱轴和南北向褶皱的复合，使北东东至北东向构造痕迹展布和组合形态。因黄草峡背斜位于蔺市盆地北缘，涪陵区、长寿区两地交界部位的崖壁陡坎、黄草山百盛寨一带，全长37千米，北东段轴向为北东35°与苟家场背斜北西翼呈锐角相交，其间形成一系列的向南北倾伏的小褶皱。南西端扬起，呈鼻状反接丰盛场背斜上，地层倾角15°~40°，个别达50°以上。北段南东翼稍陡，20°~50°北西两翼较缓，20°~40°背斜轴部北东段及中段各发育有一条断层。一是黄草峡断层，位于背斜中断轴部南东翼的黑山、黄草峡上袁家湾一带，断层面倾向东南，倾角57°，地层断距为165米，属走向逆冲断层。二是太平寨断层。位于黄草峡背斜北东段近轴部的百盛寨至缺头垭一带。北西翼的须家河组逆冲于南东翼侏罗系珍珠地层之上，断层面倾向北西，倾角50°，断层走向随背斜轴后而变化，属走向逆冲断层。

【地貌】 长寿区地域地貌受构造控制明显，山体走向与构造形迹展布方向基本一致。背斜构成条状中低山岭，向斜构成宽缓开阔的槽谷丘陵。岭谷相间，构成平行岭谷地貌景观，为典型的梳状褶皱地貌。长江北岸地势顺大巴山支脉由东北向西南呈阶梯下降，东侧黄草山（亦名东山，海拔600~942米）、中偏西侧明月山（亦名西山，海拔500~1034米）、西部边缘铜锣山（海拔500~600米）将全境切割为“三山夹两槽”地形。三山之间丘陵波状起伏，梯土层层，冲田密布。东西二山之间沿长垫公路两侧地势平缓，渡舟、双龙为较大平坝。长江南岸范围窄小，南端五堡山耸峙，岗峦起伏，沿江是丘陵台地，黄金水道长江流经凤城、晏家南部、江南北部，境内流长20.9千米。一级支流龙溪河、御临河和二级支流大洪河等河和桃花溪、大石溪、沙溪等13溪纵横全区，境东西分别有长寿湖、大洪湖。长寿湖为西南最大人造湖泊，有“川东明珠”之称。全境山区约占18%，深丘35%，浅丘42%，江湖水面5%；全境海拔高度多在300米以上，最高点是明月山主峰白云山1034米，最低点是长江黄草峡出口黄尾岭江面175.6米（三峡电站175米蓄水后）。

【山脉】 长寿区境山脉为锯齿状。明月山、黄草山、铜锣山和五堡山，是境内主要山脉。以明月山最大，其支脉支峰分布较广。

明月山，又名邻山，亦名西山。位于区境西北，源自川陕间的大巴山脉，向西南绵亘，由垫江县澄溪镇与邻水县石滓乡交界的鸡公岭入区境海棠镇，经云台（含义和）、石堰、葛兰（含大坝、天台）、万顺、洪湖（含永顺、芦池）、八颗（含付何、梓潼）、晏家（含十字、沙溪）等街镇，交渝北区张关界，至洛碛镇境被长江切断，全长约175千米，区境内长80余千米，一般海拔600~700米，区内主峰白云山海拔1034米，是全区海拔最高峰；次主峰五华山海拔1009米，是全区第二高峰。

黄草山，又名东山，古称赤甲山。位于区境东，源自大巴山余脉。山脉由涪陵区永义乡入区境云集镇飞龙，经云集镇、长寿湖镇、但渡镇、凤城街道等地，抵黄草峡被长江切断。一般海拔600~700米，长寿湖镇太平寨最高峰，海拔942米。

铜锣山，位于区境西北边缘，万顺镇、洪湖镇的西侧，与四川邻水县和重庆渝北区以山为界，境内无主峰，一般海拔500~600米。

五堡山，位于区境内的江南街道，距扇沱场南约20千米，是巴南、涪陵、长寿三区交界地，山脉接扇沱的茶叶寨，由西向东与长江平行，主峰老山顶海拔881米，其东向西北行迂回，抵黄草峡。

（长寿区地方志研究室）

【河流】 长江。长江横贯西南而东，从长寿区晏家街道石门村一组大石门码头入境，流经晏家街道、江南街道、凤城街道，至凤城街道永丰村一组江家岩出境。长寿区境内河道长度20.90千米，主要支流有北岸的御临河、沙溪河、晏家河、古佛河、桃花溪、龙溪河和南岸的步里溪、萝白溪，区内流域面积1421.75平方千米。

御临河。曾用名西河，长江左岸一级支流，发源于四川省大竹县周家镇八角村，河道全长231千米，流域面积3867平方千米，总落差538米，河床平均坡降2.8‰，河口多年平均流量50.74立方米/秒。长寿区境内流域面积164.03平方千米，河道长5.3千米，起点为长寿区洪湖镇称沱村一组花生堡，终点为长寿区洪湖镇码头村一组石子桥。

龙溪河。长江左岸一级支流，又称龙溪，以其水流湍急而名之，又名溶溪。上源称桂溪，亦称高滩河。发源于重庆市梁平区明达镇龙马村，自河源流经梁平区城北至沙河铺称小沙河，纳川西河后称高滩河；南行至僚野滩纳七间河，复南流经七里滩入垫江县境；再经垫江县永安乡纳回龙河、桂龙河，经高安至澄溪镇纳卧龙河，继至砌纳大沙河，水量大增，始称龙溪河。自高砌西南流至云台镇梅沱村二组吴家沱进入长寿区境，干流绕云台镇、石堰镇、龙河镇、双龙镇、长寿湖镇、云集镇、邻封镇、但渡镇、菩提街道、凤城街道10个街镇，在长寿区凤城街道走马村十五组汇入长江。龙溪河由东北流向西南，总长238千米，长寿区内70.06千米；总流域面积3248平方千米，长寿区内661.60平方千米。多年平均流量为51.31立方米/秒。

大洪河。又称御临河东河，为御临河左岸一级支流。发源于四川省大竹县双溪乡双溪村，流经大竹县、邻水县、长寿区、渝北区境，在渝北区石船镇民利村汇入御临河，全流域面积1451平方千米，河长158千米。长寿区境内流域面积135.8平方千米，境内长度18.9千米，起于万顺村东风村九组牛背山，止于洪湖镇普兴村八组秧基湾。

桃花溪。长江左岸一级支流，发源于长寿区云台镇拱桥村四组望哨坡，由北向南流经云台镇、石堰镇、葛兰镇、新市街道、八颗街道、渡舟街道、菩提街道、凤城街道8个街镇，后于凤城街道东街社区汇入长江，全长65.10千米，流域总面积363.80平方千米，河道平均坡降8.8‰，河床河宽15~30米，多年平均流量5.43立方米/秒。

打渔溪。龙溪河右岸一级支流，发源于垫江县太平镇龙华村九道拐，流经太平镇、澄溪镇，从海棠镇土桥村四组岩陡坡入长寿境，再流经云台镇、石堰镇，在石堰镇木耳村七组墩河坎汇入龙溪河。打渔溪流域呈扇形，全流域面积117.9平方千米，河道全长38.3千米，多年平均流量1.27立方米/秒，天然落差656米，平均比降6.92‰，流域河床高程为325~981米，河宽12.52~68.89米，河谷呈不对称“V”形谷；长寿区境内流域面积73.03平方千米，境内河流长度26.4千米。

晏家河。长江左岸一级支流，发源于长寿区八颗街道水井村二组窝凼，流经八颗街道水井村、石马村，晏家街道龙门村、十字村、晏家村、石盘村，凤城街道过滩村、轻化路社区，在凤城街道过滩村十五组胡家坪汇入长江。流域面积81.65平方千米，河道长度为21.8千米，河道平均比降19.36‰，平均河宽6~10米，多年平均流量1.09立方米/秒。

高洞河。龙溪河左岸一级支流，发源于涪陵区百胜镇回龙村，从云集镇大同村一组文家坡入境，流经长寿区云集镇、长寿湖镇，在长寿湖镇红光村十一组大石坝汇入龙溪河，河势总体“上陡下缓”。高洞河总流域面积58.05平方千米，河流长度20.0千米；长寿区境内流域面积45.31平方千米，境内河流长度15.9千米。多年平均流量0.65立方米/秒，天然落差235米，平均比降13.13‰。

双龙河。龙溪河右岸一级支流，发源于长寿区双龙镇罗围村六组高潮水库，流经双龙镇、龙河镇，在龙河镇咸丰村二组老娃咀汇入龙溪河。流域面积57.2平方千米，河流长度19.5千米。

焦家河。龙溪河右岸一级支流，发源于长寿区双龙镇尖山村五组石堰水库，流经双龙镇、邻封镇、渡舟街道，在但渡镇未名村三组入河口汇入龙溪河。流域面积52.75平方千米，河流长度17.2千米，河道平均宽度9米，天然落差80米，河道比降9.01‰。

干滩河。桃花溪右岸一级支流，发源于长寿区八颗街道核桃村六组冒水洞，流经核桃村、新桥村、高新村、付何村、武华村、梓潼村、干滩村，在八颗街道干滩村一组河咀湾汇入桃花溪。干滩河流域面积50.2平方千米，河流长度14.2千米，平均坡降10.75‰，天然落差610米。

张巴河。龙溪河右岸一级支流，发源于垫江县董家的马鞍山下，自海棠镇建生村六组石滚冲入长寿区境，流经海棠镇、云台镇、石堰镇，至云台镇青云村九组蹾河坎汇入龙溪河。流域总面积35.37平方千米，河流长度17.0千米；长寿区境内流域面积31.57平方千米，河流长度16.57千米。多年平均流量0.32立方米/秒，天然落差112米，平均比降2.66‰。

但渡河。龙溪河左岸一级支流，原名南秋河。发源于长寿区长寿湖镇石迴石牛寨，在但渡镇但渡村二组入河口汇入龙溪河。流域面积30.40平方千米，河流长度13.70千米；长寿区境内流域面积21.09平方千米，河流长度12.54千米。

龙河。双龙河左岸一级支流，龙溪河右岸二级支流，发源于长寿区双龙镇飞石村二组宋家湾，流经祝家洞水库，至高桥湾处纳入左岸一条支流，汇合后流经磡坎湾、龙河水位站、李家桥、合兴场、断桥、廖家桥、龙河场、龙河桥，在龙河镇龙河村十组黄坡汇入双龙河。流域面积26.79平方千米，河流长度14.33千米，天然落差144米，平均坡降3.82‰。

古佛河。长江左岸一级支流，发源于长寿区菩提街道田坝村七组唐坝，流经菩提街道、凤城街道，在凤城街道过滩村十六组汇入长江。流域面积21.93平方千米，河流长度7.60千米，多年平均流量0.29立方米/秒，天然落差147米，河道平均坡降19.34‰。

万顺河。原名玉溪河，大洪河右岸一级小支流，发源于长寿区万顺镇白合村二组老君寨，流经四川省邻水县雷公乡又转入长寿区万顺镇院子村，流经万顺镇白合村、万花村、院子村，最后在万顺村院子湾七组曹家院子处汇入大洪河水库。流域总面积20.75平方千米，河流长度9.7千米，多年平均流量0.19立方米/秒，天然落差178米，平均比降5.38‰；长寿区境内流域面积3.97平方千米，河流长度3.45千米。

沙溪河。原名石门溪，长江左岸一级支流，发源于长寿区晏家街道沙塘村十二组新开洞，至晏家街道石门村一组大石门处汇入长江。沿途流经晏家街道的沙塘村、沙溪村、石门村。沙溪河也是长寿区晏家街道与渝北区洛碛镇的分界河。全流域面积27.83平方千米，河流长度10.84千米，平均比降9.89‰；长寿区境内流域面积20.43平方千米，河流长度10.84千米。

（注：本条目资料均来自2019年10月《重庆市长寿区长江河道调查评价报告》。）（邹　川）

【湖泊】 长寿境内无天然湖泊。中华人民共和国成立后，兴修龙溪河狮子滩电站拦河坝和大洪河电站拦河坝，形成两大人工淡水湖，长寿湖和大洪湖。

长寿湖，位于区域东北，距主城区凤城22.5千米（长寿湖旅游高速公路里程）。1956年狮子滩电站拦河大坝竣工蓄水形成，是西南第一个大型人工湖。长寿湖控制流域长140千米，受水面积3020平方千米，在设计水位347米时，总库容量10.27亿立方米，调节库容7.5亿立方米。水面积65.5平方千米。湖区平均气温略高，气温变化平缓，冬季升温和夏秋季降温均较慢，加之湖岸为深丘低山相依，形成狭长的、特殊的湖盆半封闭地形谷地气候效应，对柑橘类生长有利，对夏橙生长尤为有利，是优质水果生产基地。湖区内有大小岛屿200多个，湖水清澈，岛上花果林木茂盛，风景宜人，是重庆市著名的风景名胜旅游胜地，国家AAAA级旅游景区。

大洪湖，位于区域西北隅，距主城凤城约41千米。1958年动工兴建大洪河电站拦河坝后蓄水形成。湖呈枝叶状，跨越四川省邻水县和重庆市长寿区，水库控制流长90千米，受水面积1326平方千米，入库总水量6.43亿立方米，设计水位297米，水库面积43平方千米，库容量3.68亿立方米。由于淹没田地较多，设计改为近期正常水位294米，沿岸农民亦有意见，后经重庆市（四川省）和有关部门协商，正常水位暂为290.8米，秋后蓄水位可达292米，水库面积26平方千米，库容量1.6亿立方米，有效库容1.19亿立方米，占多年平均入库总水量的18.5%。

（长寿区地方志研究室）

气　候

【概况】 2020年长寿区总体气候特征表现为：气温偏高，降水量偏多，日照偏少；大雨开始期显著偏早，入汛偏早，四季开始期均偏早；高温开始期偏晚，日数偏多；强降温强度较常年略偏轻，集中在春秋；暴雨过程场次偏多、强度偏强、首尾相连、落区重叠；华西秋雨开始和结束均偏早，秋雨量偏多；连阴雨过程偏强，集中在秋季。

2020年长寿区年平均气温为18.1℃，较多年平均值偏高0.6℃；年总降水量为1280.3毫米，较多年平均值偏多11%；年总日照时数为960.7小时，较多年平均值偏少16%。

【汛期】 2020年长寿区汛期（5—9月）平均气温为25.6℃，较多年平均值偏高0.6℃；总降水量为879.6毫米，较多年平均值偏多15%；日照602小时，较多年平均值偏少19%。≥35℃高温日数27天，较常年平均值偏多。汛期先后出现“6·2”“6·13”“6·17”“6·27”“7·1”“7·13”“7·17”“7·25”“8·9”“9·3”“9·13”11次区域（局地）暴雨天气过程。

【气象灾害】 2020年长寿区发生的气象灾害主要有暴雨、冰雹、高温、雷电、大雾、连阴雨、强降温、大风、低温雨雪等以及气象衍生灾害。年内出现特强降温1次（3月26—29日）、强降温1次（2月13—16日），全年出现12次区域或局地暴雨天气过程（“6·2”“6·13”“6·17”“6·27”“7·1”“7·13”“7·17”“7·25”“8·9”“9·3”“9·13”“10·3”），2次冰雹天气（“5·4”“5·9”），1次大风天气（“5·5”），3次一般连阴雨天气（9月12—17日、10月25日—11月5日、11月22—28日）和1次严重连阴雨天气（10月1—17日）。其中，“7·25”暴雨影响范围最广，强度最大，损失最为严重。

总体而言，2020年灾害性天气对农业生产具有一定影响，农业气象条件属正常年景。

（徐元照）

表2　2020年1—12月长寿区气温及距平情况表

月份	1月	2月	3月	4月	5月	6月	7月	8月	9月	10月	11月	12月	全年
气温（℃）	8.6	10.1	14.8	17.0	23.1	25.3	26.5	30.3	22.7	16.9	14.5	7.6	18.1
气温距平（℃）	1.7	1.2	2.1	-0.6	1.4	1.1	-1.1	2.6	-0.8	-1	1.1	-0.6	0.5

表3　2020年1—12月长寿区降水及距平情况表

月份	1月	2月	3月	4月	5月	6月	7月	8月	9月	10月	11月	12月	全年
降水量（毫米）	23.3	27.5	85.6	54.8	146.1	257.1	294.9	29.8	151.7	158.5	33.4	17.6	1280.3
降水距平（%）	14.2	11.3	84.5	-48.4	-21.0	32.4	98.6	-77.3	47.7	45.8	-41.9	-33.8	11.1

表4　2020年1—12月长寿区日照及距平情况表

月份	1月	2月	3月	4月	5月	6月	7月	8月	9月	10月	11月	12月	全年
日照时数（小时）	25.2	25.0	89.6	112.1	155.6	100.0	79.3	222.8	40.7	12.0	91.5	6.9	960.7
日照距平（%）	-22.5	-38.9	14.4	5.7	27.3	-13.7	-56.9	12.1	-66.7	-81.4	79.8	-74.5	-16.0

（重庆市长寿区气象局提供）

自然资源

【土地资源】 2020年，长寿区土地总面积142144.54公顷，其中耕地面积51934.98公顷，占土地总面积的36.53%；种植园用地面积11669.18公顷，占8.21%；林地面积47076.26公顷，占33.12%；草地面积393.63公顷，占0.28%；湿地面积566.82公顷，占0.40%；城镇、村居民及工矿用地面积12809.15公顷，占9.01%；交通运输用地面积4815.79公顷，占3.39%；水域及水利设施用地面积12489.22公顷，占8.79%；其他土地面积389.51公顷，占0.27%。全区集体土地面积114476.98公顷，占80.54%；国有土地

面积 27667.56 公顷，占 19.46%。　　　（陈　曦）

【矿产资源】　2020 年，长寿区境内主要矿产资源有天然气、岩盐、煤、石灰岩、页岩、砂岩、白云岩、矿泉水、铁矿、地热等。天然气主要分布在卧龙河气田，黄草峡背斜。岩盐主要分布在双龙构造，已探明资源储量 21.4 亿吨，已设采矿权 2 个。煤炭资源主要分布在明月峡背斜和黄草峡背斜，探明储量 3083.4 万吨，保有资源量 2100 万吨，区内所有煤矿均按照相关规定于 2016 年底前予以关闭，停止开发利用。石灰岩主要分布在明月山背斜嘉陵江组一段、三段，飞仙关组三段，已探明资源储量 20 亿吨；白云岩主要分布在葛兰镇大坝，已探明资源储量 8000 万吨；该区域内所有石灰岩、白云岩采矿均于 2018 年 12 月全部关闭退出，停止开发利用。铁矿主要分布于江南、葛兰、东山、云台，品位较低，未开发利用。矿泉水主要分布在石堰镇干坝村，设采矿权 1 个。页岩矿分布于沙溪庙组、遂宁组。砂岩矿主要分布于沙溪庙组。境内地热资源较丰富，设探矿权 2 个，分别位于洪湖镇和云台镇境内。　　　（陈　曦）

【水资源】　长寿区有“一江、两湖、三河、十三溪”，均属长江水系。其中，流域面积 1000 平方千米以上的河流有长江、龙溪河、御临河、大洪河 4 条；100~1000 平方千米的河流有桃花溪、打渔溪 2 条；50~100 平方千米的河流有晏家河、高洞河、双龙河、焦家河、干滩河 5 条；20~50 平方千米的河流有张巴河、但渡河、龙河、古佛河、万顺河、沙溪河 6 条（《重庆市长寿区防洪规划报告（2015—2025）》第 8 页）。多年平均径流量为 6.96 亿立方米，2019 年地表水资源量 5.11 亿立方米，2019 年地下水资源量 1.1 亿立方米（重庆市水利局，2020 年 6 月，《2019 年重庆市水资源公报》表 9《2019 年重庆市行政分区水资源量》）。

（邹　川）

【生物资源】　2020 年，长寿区林业用地面积 6.7 万公顷以上，森林面积 6.5 万公顷，森林覆盖率 47.5%。乔木林主要分布在东山、西山、五堡山，主要树种为马尾松、柏木和杉木；灌木林主要分布在龙河、双龙、邻封、云集等镇，主要树种为杂柑、血脐、沙田柚、花椒等；竹林主要分布在凤城、江南、八颗、葛兰、洪湖等街镇，主要为楠竹、白荚竹、大叶麻竹、慈竹等。植被分布 5 个植被型，18 个植被群系，植物有 182 科、249 属、619 种、148 个变种，其中绝大多数为乡土物种，珍稀保护树种有水杉、银杏、润楠等。

动物资源以农区动物和湿地水域鸟类为主。主要野生动物有 219 种，其中两栖类 7 种、爬行类 13 种、鸟类 160 种、兽类 39 种。国家级重点保护动物 19 种，其中国家Ⅱ级保护动物有猕猴、鸳鸯、鸺鹠、长耳鸮、短耳鸮、大灵猫、小灵猫等；有益、有重要经济价值、有科学研究价值“三有”保护动物有赤麂、松鼠、雉鸡、白鹭、苍鹭、珠颈斑鸠、四声杜鹃、乌鸫、大山雀、麻雀、白颊噪鹛、画眉、红嘴蓝鹊、乌梢蛇、蝮蛇、王锦蛇等。重庆市重点保护动物 20 种，主要有黄鼬、赤麂、豹猫、小䴙䴘、绿鹭、鸿雁、灰胸竹鸡、秧鸡、四声杜鹃、蓝翡翠等。　　　（陈怡璇）

旅游资源

【概况】　2020 年，长寿区旅游资源有 8 个主类、21 个亚类、56 个基本类型。旅游资源单体有 528 个，包括五级旅游资源 3 个、四级旅游资源 21 个、三级旅游资源 86 个、二级旅游资源 128 个、一级旅游资源 290 个。集合型旅游资源单体 32 个，包括四级旅游资源 4 个，三级旅游资源 15 个，二级旅游资源 13 个。

附　　　长寿区旅游资源分布图

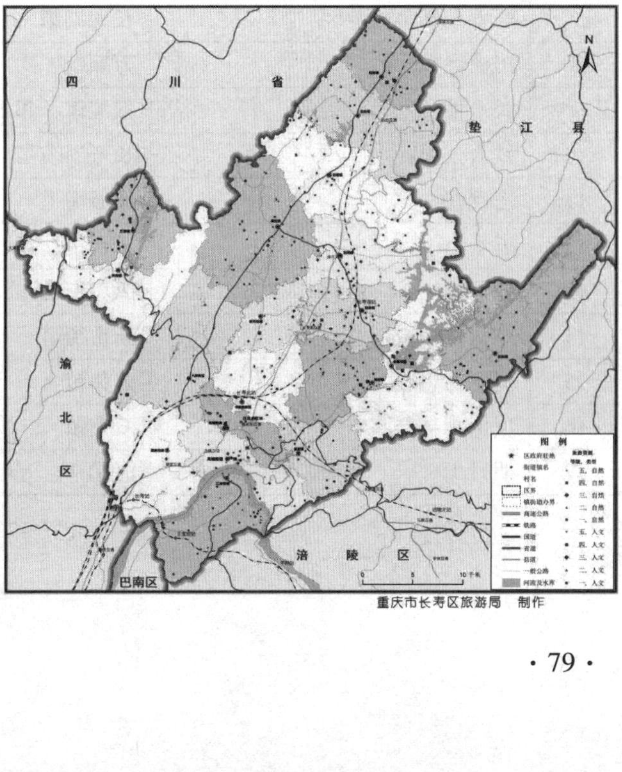

重庆市长寿区旅游局　制作

长寿区旅游资源基本类型表

表5　　　　单位：个

资源类型	标准类型	长寿区	
		基本类型	单体数量
地文景观	17	8	35
水域景观	13	5	88
生物景观	8	4	27
天象与气候景观	5	2	13
建筑与设施	39	26	216
历史遗迹	8	4	68
旅游购品	15	5	38
人文活动	5	2	43
合计	110	56	528

（重庆市长寿区文化和旅游委员会提供）

【优良级旅游资源】 长寿优良级旅游资源单体有110个，其中五级旅游资源3个、四级旅游资源21个、三级旅游资源86个。

表6　**长寿区优良级旅游资源单体一览表**

序号	名称	街镇	等级
1	长寿湖风景名胜区	长寿湖镇	五
2	菩提山文化旅游景区	菩提街道	五
3	菩提古镇文化旅游区	菩提街道	五
4	大洪湖	万顺、洪湖镇	四
5	长寿湖西岸旅游区	长寿湖镇	四
6	百寿园	长寿湖镇	四
7	长寿湖场镇旅游区	长寿湖镇	四
8	玉溪寺	万顺镇	四
9	长寿柚	但渡镇、邻封镇、云集镇、海棠镇、长寿湖镇	四
10	铁人三项赛	长寿湖镇	四
11	三倒拐	凤城街道	四
12	五华山	云台镇、石堰镇	四
13	三洞沟峡谷	凤城街道	四
14	中科未来城创意产业园	新市街道	四
15	杨克明	云集镇	四
16	罗山森林公园	双龙镇	四
17	明月山	海棠镇、万顺镇	四

续表

序号	名称	街镇	等级
18	乐温半岛	龙河镇	四
19	楠木院	但渡镇	四
20	田园乐温	渡舟街道	四
21	白云山景区	八颗街道	四
22	东林古寺	邻封镇	四
23	张家寨民居	海棠镇	四
24	海棠唢呐	海棠镇	四
25	长江	凤城街道	三
26	徐里沟生物化石带	洪湖镇	三
27	晏子山历史文化园	万顺镇	三
28	袁家湾传统村落	万顺镇	三
29	铜锣山	洪湖镇	三
30	天台寺	葛兰镇	三
31	菩提圣灯	菩提街道	三
32	谯定	万顺镇	三
33	万寿天梯	菩提街道	三
34	天主教堂	凤城街道	三
35	摩崖石刻	菩提街道	三
36	醉美东山	长寿湖镇	三
37	老龙洞	葛兰镇	三
38	大洪湖岛群	万顺镇	三
39	定慧寺	凤城街道	三
40	大雄寺	石堰镇	三
41	玉溪府山门	万顺镇	三
42	血橙	新市街道、江南街道、长寿湖镇	三
43	晏渊	万顺镇	三
44	长寿湖郁金香展暨风车节	长寿湖镇	三
45	桂花湾水库	万顺镇	三
46	巴清丹砂园	长寿湖镇	三
47	大洪河水库	洪湖镇	三
48	五华山狮寨嘴	石堰镇	三
49	桃花溪	云台镇、凤城街道、葛兰镇、八颗街道、渡舟街道、菩提街道	三
50	百里花海	邻封镇	三
51	西山竹海	八颗街道	三
52	灵泉寺	八颗街道	三
53	血豆腐	渡舟街道	三
54	薄脆	渡舟街道	三
55	柑橘	江南街道、长寿湖镇、龙河镇	三

续表

序号	名称	街镇	等级
56	龙舟民俗文化节	长寿湖镇	三
57	五堡山	江南街道	三
58	金盘山	葛兰镇	三
59	锅顶温泉	云集镇	三
60	老陈菜生态农庄	龙河镇	三
61	菩提寺	菩提街道	三
62	菩提桥	菩提街道	三
63	桓侯宫	凤城街道	三
64	杨克明故居	云集镇	三
65	聂贤	晏家街道	三
66	巴清	江南街道	三
67	黄草峡	凤城街道	三
68	龙溪河	云台镇、凤城街道、石堰镇	三
69	澳凯生态园	石堰镇	三
70	王爷庙	江南街道	三
71	观音寺	葛兰镇	三
72	阳鹤山水果种植场	但渡镇	三
73	聂氏宗祠	晏家街道	三
74	洪湖酒	洪湖镇	三
75	夏橙	长寿湖镇	三
76	奶子山	新市街道	三
77	水碾河峡谷	洪湖镇	三
78	郭家大洞	洪湖镇	三
79	周家坡神火	新市街道	三
80	龙桥水库	江南街道	三
81	丁木湖	但渡镇	三
82	祝家洞水库	龙河镇	三
83	百年柚树	邻封镇	三
84	千亩荷花园	石堰镇	三
85	明月山日出日落	海棠镇、万顺镇	三
86	五华山日出日落	云台镇、石堰镇	三
87	明月山云雾	海棠镇、万顺镇	三
88	五华山云雾	云台镇、石堰镇	三
89	西岩观城门	凤城街道	三
90	长寿经济技术开发区	晏家街道	三
91	国家现代农业公园	双龙镇	三
92	长寿现代农业种植园区	龙河镇	三
93	八洞桥梯田	新市街道	三

续表

序号	名称	街镇	等级
94	狮子嘴梯田	新市街道	三
95	张家洞	渡舟街道	三
96	凤山公园	凤城街道	三
97	万寿公园	菩提街道	三
98	回龙寨	但渡镇	三
99	清迈良园	云台镇	三
100	东篱田园	万顺镇	三
101	江家祠堂	江南街道	三
102	张家祠堂	双龙镇	三
103	高铁长寿湖站	双龙镇	三
104	长寿北站	渡舟街道	三
105	罗围城老街民居	双龙镇	三
106	孔家花园民居	龙河镇	三
107	秦家古村	葛兰镇	三
108	永兴村石牌坊	龙河镇	三
109	杉树坪	但渡镇	三
110	石狮艺术	葛兰镇	三

（重庆市长寿区文化和旅游委员会提供）

【长寿新八景】 2011年，长寿区评选并经区政府确认的长寿新八景，分别是长湖浪屿、凤山春色、菩提胜景、桃源仙洞、黄峡塔影、罗围寿山、五华云峰、钢城溅花。

【特色商品及地方特产】 长寿柚（长寿沙田柚），素有“天然罐头”之称，自清末（1887年）由广西容县沙田村引进，栽培历史逾百年，经过多年不断的选择培育，形成独具特色的水果。长寿沙田柚果形似葫芦，橙黄色艳，醇甜芳香，果肉醇甜如蜜，汁多味浓，脆嫩化渣，营养丰富。2001年被评为中国国际农业博览会名牌产品，2006年荣获中华名果荣誉称号，2009年成功注册长寿沙田柚地理标志商标。

长寿血豆腐，内嵌置猪肉、外裹精制豆腐，以其色泽红润而得名，外形椭圆，色金黄，味咸鲜、腊香、麻辣爽口，令人回味无穷，且含丰富的蛋白质及多种微量元素，经常食用有增强免疫抵抗能力，增强食欲等多种益处。

长寿鱼面，所用的鲜鱼是长寿湖中最名贵的翘壳鱼，经去骨取肉后，将鱼肉打成鱼糜，制作成普通面条般粗细的鱼面条，经特殊烹制煮熟而成，爽滑柔韧，鲜香嫩细，全无腥味。

长寿米粉，是长寿民间的传统食品，以优质大米做原料，用传统工艺加工制作而成，下到开水锅中煮开即可食用，可依个人喜好配蔬菜，色白如玉、口感细腻、滑爽筋道，深受市民喜爱。

长寿薄脆，薄如纸，纯甜芳香，酥而化渣，脆而不碎，益气和血，为长寿独有的特产，在清朝咸丰年间风行长寿及长江沿岸，是绿色、保健的休闲食品。

长寿夏橙，长寿是全国发展最早、面积最大的夏橙生产基地，种植区域主要分布在长寿湖周边的云集、长寿湖、双龙、龙河、石堰等5个镇。长寿夏橙颜色深橙，甜酸适度，汁多味浓，被农业部授予“绿色食品”称号，被国家工商总局评为名优产品地理标志商标。

长寿鲜鱼，长寿区渔业发达，水产品产量位居重庆市前列。长寿湖产的白鲢、花鲢获得国家有机食品认证，长寿湖翘壳鱼肉滑嫩爽口，营养丰富，口味独特；大洪湖产的白鲢、花鲢、翘鱼红鲌、甲鱼4个品种先后获得国家有机食品认证，成功注册“渔缘”牌商标。区先后引进推广黄颡鱼、叉尾鮰、大口鲇、鳜鱼、湘云鲫、翘嘴红鲌等名特优新品种，八成以上的产品进入重庆主城批发市场及大型超市销售。（孙　祥）

长寿杂柑，是品质好、产量高、长寿地区产量较大的柑橘良种。该品种树型稍矮小、树势中等，树冠圆头形、开张，骨干枝开展、略下披；叶片狭小，呈长椭圆形、两端尖。该品种果实扁形或圆扁形，中等大小，单果重120～150克，顶部与蒂部对称；果皮橙黄色至橙红色，皮薄、易剥，油胞蜜生、突出；瓤瓣梳形，8～12瓣排列成球，果心较空，汁胞柔软，汁多，化渣，口感浓甜；每百毫升果汁含糖8～12克，含酸0.5～0.6克，可溶性固形物13%；品质上等，种子极少；早秋梢挂果能力强，结果多，果实累累形成“果球”。长寿杂柑成熟期在12月至次年2月，果实较耐贮藏和运输。该品种要求年积温高，需肥水多，管理精细。长寿区种植杂柑采取抹夏芽，促进秋梢发生，控制树冠，以获得年年丰产。长寿杂柑主要种植在龙河、双龙、长寿湖、石堰、云台、渡舟、新市、江南、晏家、凤城、洪湖等镇街。截至2020年年底，全区发展杂柑5000公顷，年产量6万吨，年产值3亿元。

（重庆市长寿区农产品商贸流通协会）

地方文化

【国家工业遗产】　2020年12月17日，中华人民共和国工业和信息化部公布第四批国家工业遗产名单（62个），重庆市长寿区狮子滩梯级水电站入选。

表7　**长寿区国家工业遗产名单（第四批）**

序号	地址	名称	核心物项
47	重庆市长寿区	狮子滩梯级水电站枢纽	狮子滩水库大坝，六角亭，八角亭，狮子滩水电站厂房及办公楼，调压井及发电设备；上硐水电站大坝，调压井，厂房及发电设备；回龙寨水电站大坝，厂房及发电设备；下硐水电站大坝，厂房及发电设备

（摘自工信部政法函〔2020〕348号）

【长寿区第八批非物质文化遗产】　2020年3月18日，长寿区人民政府公布长寿区第八批非物质文化遗产名录22项。

表8　**长寿区第八批非物质文化遗产名录表**

编号	项目名称	项目类别	分布地区
1	渡舟扇子舞	传统舞蹈	长寿区渡舟街道
2	川剧石堰锣鼓	传统音乐	长寿区石堰镇
3	龙溪河车幺妹（旱船车车灯）	民俗	长寿区长寿湖镇
4	川东竹琴	曲艺	长寿区凤城街道
5	四川盘子	曲艺	长寿区凤城街道
6	鱼肉鱼香肉丝制作工艺	传统技艺	长寿区长寿湖镇
7	犁头制作工艺	传统技艺	长寿区江南街道
8	长寿三活泡椒兔制作工艺	传统技艺	长寿区渡舟街道
9	长寿糖画传统手工工艺	传统技艺	长寿区八颗街道
10	付何明式家具制作工艺	传统技艺	长寿区八颗街道
11	长寿新市古法三庚寿羊汤	传统技艺	长寿区新市街道

续表

编号	项目名称	项目类别	分布地区
12	长寿西山竹编工艺	传统技艺	长寿区凤城街道、八颗街道、菩提街道
13	君豪火锅底料传统制作工艺	传统技艺	长寿区八颗街道
14	三倒拐糯米小肚制作工艺	传统技艺	长寿区菩提街道、凤城街道
15	河街油辣子制作工艺	传统技艺	长寿区菩提街道、凤城街道
16	五彩肉汤圆制作工艺	传统技艺	长寿区菩提街道、凤城街道
17	杨氏关口古法刮痧	传统中医	长寿区凤城街道
18	长寿工业版画	传统美术	长寿区川维
19	菩提金丝楠木雕	传统技艺	长寿区菩提街道、八颗街道
20	长寿寿陶制作工艺	传统技艺	长寿区菩提街道
21	海棠土陶制造工艺	传统技艺	长寿区海棠镇
22	河街铁砂掌	传统技艺	长寿区凤城街道

渡舟扇子舞。主要分布于长寿区渡舟街道。渡舟扇子舞蹈从人民活动逐渐走向舞台表演，扇子在汉族民俗舞蹈中运用更为广泛，如胶州秧歌、海洋秧歌、安徽花鼓灯、云南花灯、沧州落子等，扇子都是常见的舞蹈道具。扇子在当代舞蹈创作中推陈出新的中国古典舞《春江花月夜》以柔美的舞姿，优美的身段，细腻、含蓄的情韵，表现月下少女的憧憬，舞蹈中扇子的运用非常成功。

川剧石堰锣鼓。是一种打击乐，它具有节奏鲜明，清脆悦耳，铿锵有力的艺术特点，在当地堪称一绝，主要分布在长寿区石堰镇。它起源于民国时期，石堰街上民间艺人文贵安在成都学艺归来，成为该地川剧锣鼓的掌门人。1958 年公社成立文工团，由文贵安负责，当时拜在他门下学艺的有林中伯、代有林、高其轩、张子初、张子亚、文定才、董志云、韦然、黄国林等，每逢红白喜事，逢年过节、建房乔迁，都会大显身手，并经常到垫江、邻水、涪陵等地演出，并多次在县文化馆获奖。到 2020 年，掌握此艺术的人只有三四人。

龙溪河车幺妹（旱船车车灯）。民俗项目“车幺妹”发源于民间民众生活，系民间迎亲送亲途中进行的一种民俗表演形式。主要位于重庆东南部原龙溪河长寿湖小河流域一带，流传于乡间。其历史沿革大致经历 3 大时期的演变：明末清初时期为彩船，在船上表演；清末民国初演变为旱船车车灯，表演划船情景，并边走边唱；1998 年后再改变为陆地大花轿，表演抬大花轿的景象。

川东竹琴。竹琴，是四川地方曲艺形式之一种，为群众所熟悉。川东竹琴自形成已有 200 多年的历史，特征是道具简单，轻便，表演者可多可少；不择场地，婚丧嫁娶、田间地头、院落、茶馆、酒楼、舞台均可表演；唱腔韵味浓郁、独特动听，唱词讲究押韵、对仗、排比、字数统一；可单独表演，也可与其他民乐一道混合演出。

四川盘子。是四川省的曲艺曲种，主要分布在长寿区凤城街道。四川盘子以两支竹筷敲击瓷盘击节而得名。敲击方法有敲盘沿、点盘心、平敲、轮敲、急奏、慢夺、颤、滚、滑等，按不同旋律，敲出不同的高低急缓的音响，盘子所唱的曲调为民间小曲，也吸收部分四川清音的曲牌，像《金梅花》《十杯酒》《学生歌》《反十二花》等曲目都是短段，其中有讲唱故事，也有抒情小段。长寿流行四川盘子《丰收曲》《三个媳妇争婆婆》《幺嫂的农家乐》《采花》《长寿湖畔丰收忙》等。

鱼肉鱼香肉丝制作工艺。是以长寿湖产的草鱼、花鲢等鱼为原料，精细加工烹饪而成的名肴，色泽红亮，鲜香浓郁，且有丰富的营养价值，主要分布在长寿区长寿湖地区。“鱼肉鱼香肉丝”是由长寿厨师潘元寿创立带回长寿地区的。选择两斤左右的鱼，剥去鱼皮，剔下鱼肉拣去刺，切成大小粗细均匀的丝，码味后与姜葱蒜等调料一起烹饪而成。

犁头制作传统工艺。犁头（俗称铧口）传统制作技艺，始于祖先2000多年，我国南方居住的绝大部分农民都是种植以水稻为主的粮食作物和经济作物，农民常用的农具有：犁头（铧口）耙子、锄头、铲刀等，一户农民家庭最主要的农具就是犁头。长寿地区犁头制作这项传统技艺近乎失传，会“砍铧口”技艺的木匠年龄最小的都是七八十岁的老人，也所剩无几；半机械化和机械化的农具已经取代原始的耕种农具，用木制的犁头已没有，这项传统技艺已经濒临灭绝。

长寿三活泡椒兔制作工艺。是一种民间手法烹饪的美食，它是以新鲜兔肉为原材料，加入泡椒、姜、花椒、香料等原料加工制作而成。

长寿糖画传统手工工艺。糖画，是一种传统民间手工艺，以糖为材料来进行造型的，长寿糖画传统手工工艺流传于长寿区八颗街道。长寿糖画所用的工具仅一勺一铲，糖料一般是红、白糖加上少许饴糖放在炉子上用温火熬制，熬到可以牵丝时即可以浇铸造型；待糖画凝固后，用一根竹签黏合支撑，拿在手上“观之若画，食之有味”。

付何明式家具制作工艺。付何明式家具，取材长寿阴沉木、阴沉金丝楠木，具有结构严谨、线条流畅、技艺精良、漆泽光亮的特点，以其鲜明的艺术风格和地方特色独树一帜，主要分布在长寿区八颗街道。付何明式家具制作工艺是从传承人李实懿爷爷辈传下来的祖传技艺，且传承人在2000年求学四川省文物商店乔德光指导，技术及风格都有很大提升，拥有世代传承的独特产品和精湛技艺。

长寿新市古法三庚寿羊汤。主要分布在长寿区新市街道，伏羊汤即在三伏天吃羊肉，是1919年生于民国时期的今长寿新市镇人彭福生结合重庆潮湿的天气特点，在所学的古法羊汤技艺中加入当归、党参、海马、藏红花、黄芪、熟地、杜仲、白芷、枸杞中药材，采用武隆地区的放养黑山羊和多种食材煨制的。食之大汗淋漓，具排寒去毒、补肾益气、镇静止惊、止痛通血、开胃健力等功效。

长寿西山竹编工艺。挖掘传承长寿传统文化和民间工艺，利用长寿本土丰富的竹资源，设计、生产、销售各种中高档竹工艺品、竹生活用品，主要分布在长寿区凤城街道、八颗街道、菩提街道。长寿西山竹编工艺是传承人廖维莉用长寿本地西山竹子为原料发展起来，传承人还师从国家级非遗大师青神大师陈老师，竹编技艺得到提升传承。竹制工艺品如：竹编画、瓷胎竹编等有较强的艺术价值、较高的艺术品位和地域特色；竹生活用品、竹家具、竹装修也越来越得到社会的认可。

君豪火锅底料传统制作工艺。是重庆市长寿区的一个特色产品，主要分布在长寿区八颗街道。君豪火锅底料具有重庆麻辣的鲜明特色，将三椒、三油、三糖加以熬制，添加新鲜的猪板油，使火锅油更加香醇宜人。

三倒拐糯米小肚制作工艺。主要分布地区是长寿区凤城街道、菩提街道。三倒拐糯米小肚主要原材料是小肚、糯米、云南紫糯米，根据口味不同，糯米里还可以加入花生、黄豆、枸杞、大枣、坚果、肠头、花椒，炸后味道酥脆可口、百吃不厌。

河街油辣子制作工艺。是重庆长寿区的饮食文化的一大特色，长寿人最爱吃的味道就是又辣又麻，长寿人好辣，更懂吃辣。主要分布地区是长寿区凤城街道、菩提街道。河街油辣子要经过选料、配料、油酥等工序，味道虽传承一贯的重庆麻辣、香辣风味，却不易上火。

五彩肉汤圆制作工艺。五彩肉汤圆，最早兴起于重庆长寿区凤城街道河街一带。鲜肉做馅是重庆肉汤圆最传统的肉馅，五彩肉汤圆传承人叶彤在此基础上对传统肉汤圆进行创新。创造春夏秋冬四种口味的肉汤圆，包括鱼肉汤圆、鸡肉汤圆、羊肉汤圆、猪肉汤圆等，品类丰富。在央视9套《餐桌上的节日》长寿肉汤圆专题，叶彤的五彩肉汤圆得到一致好评。

杨氏关口古法刮痧。是用刮痧板蘸纯中药药酒反复刮动，摩擦患者某处皮肤，以治疗疾病的一种方法，主要分布在长寿区凤城街道。刮痧就是利用刮痧器具，刮拭经络穴位，通过良性刺激，充分发挥营卫之气的作用，使经络穴位处充血，改善局部微循环，起到祛除邪气、疏通经络、舒筋理气、祛风散寒、清热散寒、清热除湿、活血化瘀、消肿止痛，以增强机体自身潜在的抗病能力和免疫机能，从而达到扶正祛邪，防病治病的作用。

长寿工业版画。起源于原中国石化集团四川维尼纶厂。在一幅幅让人感动的作品之中反映职工沸腾的生活与蓬勃向上的精神风貌。长寿工业版画具有几个特点：原创性、地域性、亲民性、国际性、商业性。版画艺术在欧美国家是相当普及的，长寿在欧洲参加的2次展览均受到德国最大的美术家协会马卡斯滕的领导、画家、艺术评论家们以及普通百姓追捧。

菩提金丝楠木雕。木雕寿星，“寿星”又称南极老人星，由一颗南极星辰转化而来，能在夜空中持续不断发光，应合人长寿长久的意思。由于道教养生观念植入也使得寿星形象发生相应改变，对寿星的尊重和向往从东汉明帝在位期间开始，他亲自主持祭祀寿星仪式，寿星文化历史悠久长远。木雕寿星主要分布在长寿区凤城街道、八颗街道。

长寿寿陶制作工艺。长寿寿陶，解放前后长寿地区各地都有陶器制作生产，主要分布在长寿区菩提街道，最耳熟能详的就是瓦罐窑。后来因产能落后，市场需求转变等因素倒闭，但陶瓷作为文旅商品具备很多独特的文化底蕴，而且造型立体独特。适用面广，定可为长寿文旅增色添彩。

海棠土陶制造工艺。据说明代传入，20世纪六七十年代是发展的鼎盛时期，2005年后开始进入萎缩期，据说后来整个长寿区仅有海棠一家陶罐厂还在生产，并且仅有4名技术工人，濒临失传。工艺流程主要包括：踩土、发土、打土、揉土、制作生坯、风干、上釉、装窑、烧制、出窑十道工序。需要用到的相关材料和工具有黏土、刮刀、制作盘、土窑、煤炭等，主要制作泡菜缸、酒坛、水缸、砂钵等。

河街铁砂掌。源自少林铁砂掌，主要流传于巴蜀两地，练法已有上千年之久，由少林寺历代护寺武僧代代相传，由还俗武僧带入重庆长寿区，传于长寿区河街码头工人李家成，自始形成与少林功夫派系相关的武术门派，成为重庆民间武术绝技。其独特的气息调节能安神稳息，疏通经络，松动随和之中内外兼修，符合现代健康锻炼的目标，是健康养身的锻炼之选；其独有的跌打药方为门派独有，不但对跌打损伤有奇效，还能用于风湿、关节炎的治疗，是为人们治病造福的珍贵文化。（摘自长寿府发〔2020〕9号）

【长寿区第七批非物质文化遗产代表性传承人】 2020年3月18日，长寿区人民政府公布长寿区第七批非物质文化遗产代表性传承人名录14人。

表9 **长寿区第七批非物质文化遗产代表性传承人名录表**

序号	项目	传承人姓名	性别	出生年月	住 址	从艺时间
1	长寿剪纸	殷嘉应	男	1937年10月	重庆市长寿区实验中学1栋5-1	60年
2		张世成	男	1943年11月	重庆市长寿区凤城街道火神街154号2-3-2	56年
3	龙溪大鼓	罗宁	男	1962年10月	重庆市长寿区邻封镇焦家正街180号附1号	49年
4		梁晓琼	女	1972年11月	重庆市长寿区邻封镇正街11号附14号	14年
5	拦手门武术	张勇	男	1955年1月	重庆市长寿区园丁路10号1栋5-2	56年
6	四川扬琴	董胜英	女	1945年10月	重庆市长寿区黄东街2号1单元1-2	57年
7	四川清音	欧晓丽	女	1944年12月	重庆市长寿区新星路9栋2单元4-1	57年
8		杨昭琼	女	1946年1月	重庆市长寿区菩提街道东海假日花园2栋4-2	56年
9		姜曦	女	1963年2月	重庆市长寿区菩提街道泊景湾	35年
10		李阳	女	1988年2月	重庆市长寿区桃源北支路1号圣瑞华府	13年
11	车灯	黄盈明	男	1951年8月	重庆市长寿区桃源东一路1号碧水天城	37年
12		谭淑君	女	1949年1月	重庆市长寿区凤城街道黄桷雅居	18年

续表

序号	项目	传承人姓名	性别	出生年月	住 址	从艺时间
13	火罐	高晓蓉	女	1969 年 12 月	重庆市长寿区凤城街道黄桷路	19 年
14	长寿米粉制作工艺	叶翰骏	男	1992 年 8 月	重庆市长寿区凤岭路 4 号 4 幢	11 年

（摘自长寿府发〔2020〕9 号）

2020 年经济社会发展

【概况】 2020 年，长寿区面对突如其来的新冠肺炎疫情，全区上下贯彻落实党中央决策部署和市委、市政府工作要求，精准落实疫情防控和复工复产各项举措，疫情防控和经济社会发展工作取得重大成果。恢复性增长态势持续巩固，全年地区生产总值同比增长 4.2%，固定资产投资同比增长 8.6%，一般公共预算收入同比增长 19.1%，全体居民人均可支配收入同比增长 6.7%，主要指标增速均超过全市水平。下半年，全区上下齐心协力抢时间、赶进度、补损失，经济加速恢复性增长，主要经济指标加速回升，地区生产总值增速第一季度下降 5.4%，第二、第三连续两个季度增速均恢复至 7.2%，第四季度提高到 9%，经济发展已经恢复正常，对冲疫情影响目标实现。

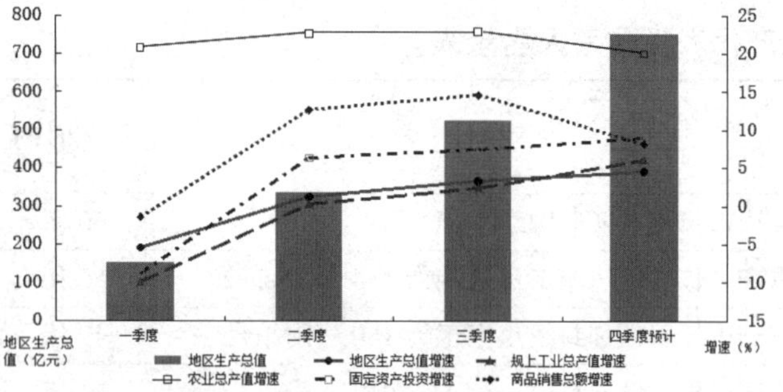

2020 年长寿区主要经济指标发展图

【工业经济】 2020 年，长寿区工业经济顶住疫情冲击，在 2 月底实现规模以上工业企业全面复产，规模以上工业总产值同比增速在 3 月实现单月正增长，在 6 月实现累计正增长，工业经济基本盘得以稳固。全年规模以上工业总产值实现 1117.4 亿元，同比增长 3.2%；规模以上工业增加值增速 5.9%，战略性新兴产业产值占规模以上工业总产值的 20%；规模以上工业企业总量达 280 家，世界 500 强企业达 27 家。钢铁冶金、化工医药、装备制造、新材料新能源、电子信息、消费品等主导产业在成渝地区双城经济圈内建立起相对竞争优势地位，建成国内最大的天然气化工生产基地、国内最大的 PVA 出口基地、全国第二大玻璃纤维生产基地。全年新材料产业产值 182 亿元、同比增长 12.3%，装备制造业产值 172 亿元、同比增长 6.8%，消费品产业产值 215 亿元、同比增长 9%。全年实施 125 个工业技改项目，完成技改投资 53 亿元，占比 35.3%。要素保障更加充分，用气、用电、用煤分别同比增长 8.5%、1.6%、1.7%，全年无拉闸限电、限气断供现象发生，支撑企业用能保障。

【农业经济】 2020 年，长寿区农业总产值同比增长 24.4%，对经济增长贡献率保持在 8% 左右。粮食、蔬菜、生猪、禽蛋产量分别为 33 万吨、37.5 万吨、47.5 万头和 4.1 万吨。推广农产品追溯平台企业应用系统，上线企业 94 家、产品 425 个；街镇农产品质量安全检测室实现全覆盖。推广绿色生产方式，畜禽粪污资源化利用率 90%，测土配方施肥覆盖率 94%。新认证“两品一标”农产品 18 个，云台镇获评全国“产业强镇”，龙河镇保合村获评全国“一村一品”村。助推扶贫产业发展，整合资金 1854.5 万元，指导 10 个贫困村特色效益项目 35 个，实施贫困村装备能力提升项目 13 个；完成 44 家市场主体、155 个扶贫产品申报认定，助销农产品 3500 吨；新增扶贫小额信贷 1731.82 万元、493 户（次）。

【商贸旅游经济】 2020 年，长寿区商贸发展取得新成就，社会消费品零售总额增速 2.6%，实现疫情背景下的正增长；四大专业市场集群初具规模，重庆东部国际农产品交易中心、重庆钢材交易市场分别实现交易额 10 亿元、30 亿元，重庆东部汽贸城加速建设，智慧物流中心启动建设，产业集群效应和周边辐射影响力明显增强。加速推进物流产业发展，出台物流降本增效综合改革试点实施方案和城乡冷链物流体系建设方案，长寿港正加速建设长江上游多式联运基地，中国长航上海公司旗下川江最大干散货船队将整体入驻长寿。提质居民消费，完成对协信、桃花等主要商圈的提质改造，丰富完善体验消费、夜市经济等消费业态，常态举办家电、汽车等惠民购物会展；新增电商300家。

文旅产业在疫情后加快恢复，全年接待游客750万人（次），其中过夜游客80万人（次），实现旅游综合收入65亿元，文旅产业增加值占地区生产总值比重4%。争取缙云山、中梁山、铜锣山、明月山“四山”管制地带旅游设施建设用地167公顷，启动万顺温泉小镇等项目。长寿慢城开园后继续完善，成为全市乡村振兴旗帜。推进川渝地区旅游联动发展，联合广安市、渝北区等5地推出旅游精品线路6条。

【创新改革开放】 2020年，长寿区推进全面化创新，全社会研究与试验发展（R&D）经费支出占地区生产总值比重为2.4%，超额完成“十三五”规划目标。推动创新资源加快集聚，82家科技型企业获知识价值信用贷款1.67亿元，666个科技创新项目获奖励资金4869万元。发掘创新人才，开展长寿区第三届“十大双创”人物评选活动，全社会研发人员数量同比增长14%。

推进全领域改革，优化营商环境，开展对标国际先进营商环境第三方评估，启动营商环境优化提升行动。完善公共资源交易集中监管，出台政府投资项目代建管理办法。项目审批服务再提速，办理时限较法定时限平均压缩79%。动产担保融资服务更优化，成立长寿区首贷续贷中心，入驻14家银行提供信贷产品70余种，办理小微企业贷款4166万元。全年民营经济增加值增长5.5%，连续5年超过地区生产总值增速。

推进全方位开放。招商引资顶住疫情冲击，组织线上招商，引进世界500强3家，引进百亿元级项目1个、十亿元级项目10个，实现合同引资611.5亿元，其中工业引资429.5亿元，战略性新兴产业引资194.6亿元。推动市场主体培育，新发展市场主体近万户。外经外贸承压迈进，超预期完成年度目标，全年实现进出口总额100亿元，新引进外资项目6个，实际利用外资达到1亿美元。西部陆海新通道铁海联运长寿班列（长寿—钦州）实现首发并稳定开行。开展进口货物“船边直提”和出口货物“抵港直装”试点工作，进出口通关效率提高。支持企业“走出去”拓展全球市场，望变电器、永航钢铁、国际复合分别在斯里兰卡、埃塞俄比亚、巴西建设生产基地，博腾科技在美国建立研发中心。

【城乡建设】 2020年，长寿区城镇品质加速提升。持续加快推进规划、建设、管理、交通等10项城市品质提升重点工作和68个城市提升重点项目。加快建立租购并举的住房制度，商品房开发项目28个，投资同比增长9.7%；注册地建筑业完成总产值312亿元，同比增长15%；房地产开发项目28个，完成投资31亿元，同比增长9.7%；寿城水岸公租房年底交付签约入住。乡村振兴加快推进，成功举办全市乡村振兴“十大重点工程”暨试点示范工作推进现场会，完成部级农村集体产权制度改革试点，完成农村人居环境整治三年行动目标任务，做好巩固拓展脱贫攻坚成果同乡村振兴有效衔接，逐步实现由集中资源支持脱贫攻坚向全面推进乡村振兴平稳过渡。

【社会民生】 2020年，长寿区民生保障支出完成47.3亿元，占一般公共预算支出的65.8%；全体居民人均可支配收入32991元，同比增长6.7%，人民群众的幸福感获得感增强。优质教育发展，桃花溪幼儿园、古镇二小、桃花溪中学项目有序推进，乡村小规模学校和乡镇寄宿制学校基本办学条件不断改善，消除超大班额，全面启动小学课后延时服务，重庆职工会计专科学校落户长寿并开工建设。医疗卫生协调发展，区中医院、区妇幼医院等卫生扩建项目投用，区医院北城分院即将竣工，一批民营专科医院加速发展，每千人医疗机构床位数6张，城乡医保参保率100%。人口老龄化迅速发展，统筹政府力量和社会资源，加速建设以养老院、养老服务中心、养老服务站和互助养老点为主体的多层次养老服务体系，养老保险覆盖率95%；推进兴隆、鹿坪老年养护院，引进2家全市前列的市场化养老运营主体，普惠托育服务并行发展。文体惠民强化，推进基层综合文化服务中心、体育公园、社会足球

场等文体基础设施建设，常态化举办广场舞、文艺调演等文艺活动，“两馆一中心”免费开放服务群众60万人次。（贺　莉）

2020年综合经济体制改革

【“放管服”改革深化】　2020年，长寿区探索一般工业项目“告知承诺制”改革。实行“投资主体+中介机构+施工单位+政府部门”多方承诺机制，政府一次性统一告知准入条件、行业规范、技术标准，投资主体联合中介机构作出书面承诺后，按照“承诺即视为有”“承诺即可办理”，畅通土地供给、技术审查、行政审批三条线独立快速推进的新型审批体系。一般工业项目审批环节压缩至18个，审批时限压缩至15个工作日以内，全流程办理最快从签约到开工建设用时1个月。告知承诺制改革入选“信用重庆”十大典型案例。

建立市、区两级重大项目“一卡通”制度。以开工时间为控制点，倒排各关键环节责任单位、办理时限，锁定在“关键环节审批流程一卡通”上，做到“一项目一张卡”“一企业一张卡”“一主管部门一张卡”，开通绿色审批通道限时办结，完善事中督办催办，事后评估考核机制。年度新开工项目实现“一卡通”全覆盖，116个重大项目审批时限压缩80%以上，40%的重大项目实现较年度计划工期提前开工。

实行经开区首席代表制。发展改革、规划自然资源、住建等部门，分别授权一名首席代表全权负责涵盖企业项目落地的37项规划、建设、管理事项。首席代表与企业服务中心实行一窗综办，园区项目实行保姆式提前介入，做到全过程无差别零距离服务。各首席代表年度业务办理量超2000件（次），园区企业实现“不出园办全部事”，企业好评率100%。

【数字经济发展】　2020年，长寿区加快完善数字经济顶层设计。成立区数字经济创新发展领导小组，统筹推进全区数字经济创新发展各项工作。出台长寿区数字经济创新发展工作方案，梳理策划长寿区数字经济重点项目35个，其中，政府类项目22个、计划总投资24.3亿元，市场类项目13个、计划总投资39.4亿元。

推动数字产业化。全年数字经济增加值超过20亿元，同比增长16%；新申报入库规模以上工业企业库中数字经济企业27家、总计42家，新增限上数字经济服务业3家、总计5家，云晟“同城双活”数据中心一期、欧中年产5735吨电子气、恩瑞实业年产300万片半导体芯片、七腾软件特种机器人项目完工。长寿高新区获评市级物联网特色产业建设基地称号。

推进产业数字化，实施智能制造，实施重钢28.5亿元工艺再造、川维8.8亿元技术提升等技改项目150个，总计建成智能工厂4个、数字化车间19个，小康动力年产25万台发动机智能化生产线获评市级智能化工厂第一名，智能制造发展指数位于全市前列。加快数字技术与服务业深度融合，渝化工、胖胖狗等产业电商加速发展，渝运集团智慧物流中心启动建设。

【双城经济圈建设】　2020年，长寿区全面融入成渝地区双城经济圈建设。健全体制机制，成立由区委书记、区长任双组长的推动成渝地区双城经济圈建设领导小组，召开区委常委会会议、区政府常务会会议、领导小组会等10余次，在全市率先开展《长寿区加快融入成渝地区双城经济圈发展研究》规划，为全区科学谋划、高效推进成渝地区双城经济圈建设打牢基础。

加快推动区域协同发展。与广安市、攀枝花市分别签署“1+7”“1+2”战略合作协议，项目化推进合作事项50余项，联合储备五华山康养休闲国家级旅游度假区、重庆东部国际农产品交易中心、重庆同城双活数据中心、重庆东向大通道等川渝合作重大项目10余个。推进与合川区、广安市共建环重庆主城都市区经济协同发展示范区，共同承接主城中心城区功能疏解和产业外溢。

推动重点领域合作。协同共建交通网络争取广涪柳铁路、渝宜高铁过境，携手6市（区）共建双城经济圈交通一体化融合发展先行示范区。协同推进产业合作，联手长江上游12个开发区成立创新联盟，加盟新材料企业110家，川渝5地联合推出6条文旅特色精品线路。强化生态环境协同保护，跨区域开展大气、水污染联动共治，加强与周边区县协同共治，与两江新区、渝北区、垫江县在产业协同、生态共治、民生共享、治安联防等多领域的互动交流加快推进。

【其他领域改革】　2020年，长寿区实施创新驱动发展战略。年度全社会研究与试验发展（R&D）经费支出占地区生产总值比重2.4%，超额完成“十三五”规划目标。修订完善创新驱动专项扶持办法，兑付2019年度创新驱动发展战略专项666个、涉及金额4869万元。打造创新平台，博腾制药获批国家企业技术中心；已培育国家级技术中心2家、市级工程技术研究中心7家、市级企业技术中心45家。注重培育创新主体，已培育科技型企业558家、高新技术企业110家。强化金融支持，助力147家科技型企业获得知识价值信用贷款2.95亿元，20家企业OTC科创板挂牌。

深化公共资源交易监督管理改革。完成区公共资源交易集中统一监管改革，在区发展改革委设立公共资源交易集中监督管理机构，连人带编调动住建、水利、城管业务人员各1名到公共资源交易监督管理科集中办公，实现工程建设项目招标投标、政府采购、土地使用权和矿业权出让、国有资产交易等4大类公共资源交易集中统一监管目标。出台《关于进一步规范政府投资项目代建有关问题的通知》，对项目代建方面的职责划分和工作程序进行规范。

推进公务用车制度改革。2020年1月前，已完成长寿区国有企事业单位公务用车制度改革工作，完成车辆处置及司勤人员安置工作；事业单位车改后节支率25.6%，区属重点国企车改后节支率19.65%。年内印发《区车改办关于补充长寿区党政机关2019—2020年度公务车辆定点租赁社会服务有关事项的通知》等文件，就公务活动租赁车辆条件、流程等方面作出具体规定，形成长寿区“3+24”的定点租赁服务格局。（周　欣）

2020年精神文明建设

【文明长寿建设】　2020年，长寿区落实文明长寿建设专项经费550余万元，纳入财政常规预算。修订完善《文明长寿考评办法》和《文明长寿建设考评细则》，继续引入第三方机构进行现场考评，对19个街镇、9个重点部门和36个社区进行常态化测评。建立“日交办、周通报、月总结、季考评”的考评机制，对全年有连续3次排名最后一名的重点职能部门、街道、镇、社区取消其领导班子评先和班子成员评优资格。全年交办各类问题600余件（次），整改完成率95%以上。背街小巷、老旧小区、农贸市场等城市公共区域环境卫生持续改善，垃圾分类、礼让斑马线、十抵制十提倡等文明新风尚深入人心。

2020年6月，长寿慢城端午传统民俗体验活动

【公民思想道德建设】　2020年，长寿区坚持层层选树，厚植道德沃土。建立村（社区）推选、镇（街道）推荐、区级有关部门审核把关的3级联动的选树工作机制。涌现出“中国好人”张能瑜、“重庆好人”杨松柏等先进典型；2名学生获评“新时代重庆好少年”，2名选手获得全市导游词讲解大赛银奖、铜奖；持续开展“十大健康寿星”“十大孝星”“十大乡贤”评选。强化典型宣传，致敬身边榜样，在《长寿日报》、“人人长寿”APP等媒体平台开设“我推荐我评议身边好人”“点赞身边好人”等专题专栏，刊登“身边好人”事迹60余条（次），通过公交车车载视频、广场LED屏等播放先进典型事迹2万余条（次）。

2020年12月，长寿区红樱桃“冬日针爱”编织志愿服务行动

组织身边好人参与“身边的脱贫故事”微访谈、“榜样面对面”宣讲活动各160余场，邀请身边好人参加新年音乐会并坐第一排，礼遇先进典型，致敬身边榜样。发挥榜样力量，引领多方践行，组织“身边好人”、道德模范等先进典型带头开展“文明看我家”“礼让斑马线·文明我点赞”“我文明·排队行”“我文明·靠右行”“停车车头向外”“您文明 我点赞 共践行”等主题活动3000余场（次），引导市民在参与中深化认识，成为社会主义核心价值观的践行者。

【新时代文明实践】 凝心聚力战疫情，开展“阻击新冠病毒 我们共克时艰”志愿服务行动，组织52名志愿者为119名医护人员（家庭）提供物资代购等精准服务；组建150余支助农支耕志愿服务队伍开展送化肥等服务，获《光明日报》等央媒点赞；340余名志愿者为工业企业提供“一人一厂”防控服务。用心服务解民忧，开展“文明新生活”“垃圾分类·党员在行动”等垃圾分类主题活动480余场（次）；组织“雷锋的士”开展免费送考等活动160余次；组织50余名志愿者为贫困山区留守儿童编织围巾等爱心织物1500余件；实施“金秋助学·圆梦行动”计划，筹集66万元资金资助132名贫困学生圆大学梦。引领文明新风尚，印发《长寿区深化“吃得文明”践行“光盘行动”实施方案》，组织志愿者，发放厉行节约公益广告1.5万余张，开展文明用餐劝导行动580余次；常态化开展交通文明劝导志愿服务，组织志愿者600余人次持续开展“周六文明劝导我参与”志愿服务活动，引导市民文明出行。

【群众性精神文明创建】 2020年，长寿区继续开展群众性精神文明创建活动，城乡居民文明素养持续提升。完成国网长寿供电公司等6个全国文明单位（村镇）的复查工作，凤城街道白庙村、三峡路社区成功创建第六届全国文明镇（单位）；全区新增区级文明单位21个、文明村镇46个、文明家庭9户；区级以上文明村镇占比73%以上。创新开展文明细胞创建，投入15万余元，组织志愿者2000余人次开展“桃花大道—桃源大道交通文明劝导志愿服务示范街”建设；评选出“好婆媳”“好儿女”“好夫妻”等先进典型49户；评选出“最美庭院”600个，星级文明户、清洁文明户、“文明院落”1200余个，“最美阳台”10个。

（赵中华）

集体荣誉榜

表10　　2020年长寿区获市级以上表彰先进集体一览表

获奖项目	获奖单位	授奖单位	授奖时间
全国乡村治理示范村	龙河镇保合村	农业农村部、中央宣传部、民政部、司法部	2019年12月
全国农业产业强镇	长寿区云台镇	农业农村部、财政部	2020年5月
第十批全国“一村一品”示范村镇	龙河镇保合村	农业农村部	2020年11月
2020年中国美丽休闲乡村	洪湖镇称沱村	农业农村部	2020年9月
“大排查、早调解、护稳定、迎国庆”专项活动表现突出集体	菩提街道司法所	司法部	2020年1月
全国公共法律服务工作先进集体	长寿区司法局公共法律服务管理科		

续表

获奖项目	获奖单位	授奖单位	授奖时间
2019-2020 年节约型公共机构示范单位	长寿区人民医院	国务院机关事务管理局、国家发展改革委、财政部	2020 年 12 月
2019-2020 年节约型公共机构示范单位	长寿区人民检察院		
国家森林乡村	云集镇华中村、云集镇大同村	国家林业和草原局	2019 年 12 月
国家级慢性病综合防控示范区	长寿区	国家卫生健康委	2020 年 6 月
全国敬老文明号	邻封镇张涛家庭医生团队	国家卫生健康委、全国老龄委办公室	2020 年 12 月
全国文明村镇	凤城街道白庙村	中央精神文明建设指导委员会	2020 年 11 月
全国文明单位	凤城街道三峡路社区		
2020 年度全国优秀少先队集体	重庆市长寿区第二实验小学校六（2）中队	共青团中央、教育部、全国少工委	2020 年 12 月
2020 年度机关规范化建设市级组织先进单位	九三学社长寿区委会	九三学社中央办公厅	2020 年 12 月
中国农工民主党成立九十周年先进集体	农工党长寿区委会	农工党中央	2020 年 8 月
中国医患体验管理奖	区妇幼计生服务中心	中国研究型医院学会	2020 年 10 月
先进基层党组织	狮子滩发电公司	国家电力投资集团有限公司	2020 年 6 月
疫情防控先进基层党组织			2020 年 3 月
管理创新成果优秀奖			2020 年 10 月
2019 年西部计划绩效考核优秀等次县级项目办	共青团重庆市长寿区委	全国大学生志愿服务西部计划项目管理办公室	2020 年 1 月
2019 年重庆市乡村振兴贡献奖先进集体	长寿区农业农村委	中共重庆市委、重庆市人民政府	2020 年 4 月
重庆市抗击新冠肺炎疫情先进集体	长寿区卫生健康委	中共重庆市委、重庆市人民政府	2020 年 10 月
	长寿区疾病预防控制中心党支部		
	长寿区公安局渡舟派出所		
	长寿区交通局		
	长寿区晏家街道办事处		
	长寿区菩提街道菩提社区党委		
重庆市先进基层党组织	长寿区菩提街道菩提社区党委	中共重庆市委、重庆市人民政府	2020 年 10 月
	长寿区疾病预防控制中心党支部		
重庆市见义勇为先进群体	杨勇、周于平、张道成群体	重庆市人民政府	2020 年 11 月

续表

获奖项目	获奖单位	授奖单位	授奖时间
重庆五一劳动奖状	狮子滩发电公司	重庆市总工会	2020年5月
	扬子江乙酰化工有限公司		
	重庆市铱佳物业管理有限公司		
重庆市工人先锋号	重庆华硕建设有限公司研究院		
	重庆钢铁股份有限公司重庆钢铁中厚板厂热轧甲班作业区		
	长寿供电公司能瑜劳模创新工作室核算班		

（各有关单位提供）

2020年5月，长寿桃花溪畔一瞥

政 治

- ❖ 中共重庆市长寿区委员会
- ❖ 重庆市长寿区人民代表大会
- ❖ 重庆市长寿区人民政府
- ❖ 政协重庆市长寿区委员会
- ❖ 中共重庆市长寿区纪律检查委员会（重庆市长寿区监察委员会）
- ❖ 民主党派　工商联
- ❖ 群众团体
- ❖ 法治
- ❖ 军事

中共重庆市长寿区委员会

综　述

【概况】　2020年，中共长寿区委深学笃用习近平新时代中国特色社会主义思想，深入贯彻党的十九大和十九届二中、三中、四中、五中全会精神，认真学习贯彻习近平总书记关于统筹推进疫情防控和经济社会发展重要讲话精神，全面落实习近平总书记对重庆重要讲话重要指示精神，认真贯彻落实党中央决策部署和市委工作要求，统筹战疫情、战复工、战脱贫、战洪水和经济社会发展工作，扎实做好“六稳”工作全面落实“六保”任务，全区经济社会发展和党的建设各项事业取得新成效。实现地区生产总值732.5亿元，比2019年增长4.2%；全社会固定资产投资同比增长8.6%；居民人均可支配收入同比增长6.7%，跻身全国综合经济竞争力百强区（新城）。全力以赴打好疫情防控阻击战，实现2月底规模以上工业企业100%复工复产，圆满完成对口支援湖北孝感、武汉任务。实现“十三五”圆满收官。

【思想政治建设】　2020年，中共长寿区委教育引导全区各级党组织和广大党员干部自觉增强“四个意识”、坚定“四个自信”、做到“两个维护”，不断提高政治判断力、政治领悟力、政治执行力。制定实施政治生态评价试行办法，全面彻底干净肃清孙政才恶劣影响和薄熙来、王立军流毒，加强和规范党内政治生活，发展积极健康党内政治文化，巩固和发展风清气正良好政治生态。不折不扣贯彻落实党中央决策部署，召开区委十三届七次全会专题部署率先实现与中心城区同城化发展、推动成渝地区双城经济圈建设工作。召开区委十三届八次全会专题部署学习贯彻党的十九届五中全会精神，统筹抓好中央脱贫攻坚专项巡视“回头看”和第一轮、第二轮中央生态环保督察反馈问题整改，认真整改并提前完成重钢违规堆存钢渣问题。学习贯彻新修订《党委（党组）意识形态工作责任制实施办法》，完善和落实区委意识形态工作“1+10”制度体系。严格执行重大事项请示报告条例，年内向市委请示报告75件（次）。

【经济社会发展】　2020年，长寿区稳住实体经济基本盘，完成规模以上工业总产值1117.4亿元，比2019年增长3.2%；战略性新兴产业产值占规模以上工业总产值的20%，技改投资占工业投资的35%。推动服务业高质量发展，接待游客750万人次、实现旅游收入65亿元。推动现代山地特色高效农业发展，农业增加值同比增长4.7%。精准有效落实纾困惠企政策，全年减税降费9.8亿元，新增市场主体9500户，国有经济增加值242.6亿元、与2019年持平，占GDP比重33.1%；民营经济增加值411亿元、同比增长6%，占GDP比重56.1%，外商港澳台经济增加值79亿元、同比增长8.9%，占GDP比重10.8%。深化改革开放创新，市级告知承诺制改革试点成效明显并逐步全面推开，营商环境持续位居全市前列；推进开放通道、平台、口岸等建设，实现外贸进出口总额100亿元；坚持大数据智能化创新，全社会R&D投入占地区生产总值比重较“十二五”末翻番。推动城乡融合发展，完成部级农村集体产权制度改革试点，统筹推进长寿慢城等6大农旅融合项目建设，全市乡村振兴第一次工作推进现场会在长寿召开；分类实施68个城市提升重点项目，常住人口城镇化率68%。坚持绿色循环低碳发展，提质建设长寿经开区6大循环经济产业链和现代农业科技园区循环种养殖经济，新引进循环经济项目6个，畜禽养殖废弃物资源化利用率96%。

【同城化发展】　2020年，长寿区学习贯彻习近平总书记重要讲话精神，落实成渝地区双城经济圈建设规划纲要，加快建设同城化发展先行区，争当重庆在推进新时代西部大开发中发挥支撑作用、在推进共建“一带一路”中发挥带动作用、在推进长江经济带绿色发展中发挥示范作用“三个作用”和推动成渝地区双城经济圈建设主力军。坚持项目化、事项化、清单化落实，开展集中专题调研，聚焦7项重点任务细化分解实施重点工作事项55个，推进同城化发展抓好规划建设、产业体系、基础设施、城乡治理“四大专项”工作，开工建设两江新区至长寿区快速通道节点工程，会同合川、广安制订建设环重庆主城经济协同发展示范区实施方案，推进与垫江、梁平联合建设绿色经济走廊，加强与攀枝花友好城市合作，认真落实“一区两群”（即由都市功能核心区、都市功能拓展区和城市发展新区构成大都市区；由渝东北生态涵养发展区11个区县的城镇，构成以万州为中心城市的渝东北城镇群；由渝东南生态保护发展区6个区县的城镇，构成以黔江为中心城市的渝东南城镇群）对口协调发展机制。

【三大攻坚战】 2020年，长寿区如期高质量打赢打好脱贫攻坚战，学习贯彻习近平总书记在决战决胜脱贫攻坚座谈会上重要讲话精神，实现10个贫困村全部出列，6964户、19649人全部脱贫；做好区县对口帮扶工作。打好污染防治攻坚战，落实区、镇（街）、村（社区）三级河（湖）长体系，落实长江“十年禁渔”重大任务，抓好船舶危险废物转移专项整改，长江长寿段水质达II类。坚决打好防范化解重大风险攻坚战，着力防范化解政治、经济、社会等领域风险，落实政府“过紧日子”10条措施，规范运行政府投融资平台，兜住保基本民生、保工资、保运转“三保”底线。

【社会民生】 2020年，长寿区落实以人民为中心的发展思想，民生投入占一般公共预算支出保持在2/3以上。办好年度11件重点民生实事，城镇新增就业2万余人，开工建设重庆职工会计专科学校，成功创建国家慢性病综合防控示范区，医养结合服务率45%以上，公租房盘活率93%。繁荣发展文化事业文化产业，常态长效推进文明长寿建设，组织参加全市“晒旅游精品·晒文创产品”“双晒”第二季大型文旅推介活动。汲取綦江松藻煤矿、永川吊水洞煤矿安全事故教训，突出抓好安全生产和防汛救灾工作，实现重大及以上安全事故零发生。推进“清仓见底”（即市信访联席办交办的案件，这些案件是经过处理仍在信访的案件）、“四重攻坚”（即重点群体、重点领域、重点问题、重点人员信访矛盾攻坚）专项行动，深化扫黑除恶专项斗争，开展禁毒“集群打零”试点，八类案件下降11.1%。

【民主政治建设】 2020年，长寿区坚持中国共产党的领导、人民当家作主和依法治国有机统一，巩固发展生动活泼、安定团结的政治局面。加强和改进新时代人大工作，支持政协发挥社会主义协商民主重要渠道和专门协商机构作用。推进全面依法治区，落实区党政主要负责人履行推进法治建设第一责任人职责，教育引导干部群众深学笃用习近平法治思想。学习贯彻统战工作条例，推动构建大统战工作格局。加强工会、共青团、妇联等群团工作和外事工作。落实党管武装要求，国防动员和“双拥”工作取得新成效。

【全面从严治党】 2020年，中共长寿区委落实新时代党的建设总要求，坚持以党的政治建设为统领全面推进党的各项建设。把抓好巡视整改作为一项重要政治任务，推动市委第五轮巡视反馈的4个方面、16个问题及意识形态、选人用人、巡察工作3个专项检查反馈问题按节点整改完成。组织召开全区“不忘初心、牢记使命”主题教育总结大会，着力巩固深化主题教育成果。坚持新时期好干部标准，制定实施激励广大干部新时代新担当新作为实施方案，对有用人权的单位全覆盖开展“一报告两评议”。建立并落实党支部工作联系点制度，整顿和巩固提升软弱涣散党组织39个。认真谋划村（社区）“两委”换届，积极稳妥推动村（社区）书记、主任“一肩挑”。坚持厉行节约、反对浪费，压减节约各类资金4909万元；严肃查处并通报曝光违反中央八项规定精神问题67件、73人，查处“四风”问题51件、79人。一体推进不敢腐不能腐不想腐，立案106件，给予党纪政务处分103人；精准运用监督执纪“四种形态”处理495人，推进“以案四说”“以案四改”。加强新时代党内法规制度建设，有力有效开展党内规范性文件下备一级工作。（陈宇凌）

重要会议

【中共重庆市长寿区委十三届七次全会】 2020年6月1日，召开中国共产党重庆市长寿区第十三届委员会第七次全体会议。36名区委委员、6名区委候补委员出席会议；不是区委委员和区委候补委员的区级领导，原担任实职的区（县）级离退休党员干部，区纪委委员，各街镇、各部门主要负责人等184人列席会议，会议由区委常委会主持。

全会以习近平新时代中国特色社会主义思想为指导，全面贯彻中共十九大和十九届二中、三中、四中全会精神，深入贯彻落实习近平总书记视察重庆重要讲话、在解决“两不愁三保障”突出问题座谈会上的重要讲话、在中央财经委员会第六次会议上的重要讲话精神以及市委五届八次全会、重庆主城都市区工作座谈会精神，认真落实党中央、市委统筹推进新冠肺炎疫情防控和经济社会发展系列部署，加快推动成渝地区双城经济圈建设，坚决打赢脱贫攻坚战，切实把总书记殷殷嘱托全面落实在长寿大地上。会期一天。

第一次全体会议上，区委书记赵世庆做常委会工作报告；区委副书记、区政府区长，长寿经开区党工委书记、管委会主任巴川江就《中共重庆市长寿区委关于率先实现与中心城区同城化发展促进成渝地区双城经济圈建设的决定（讨论稿）》做说明；各小组对赵世庆书记讲话、《中共重庆市长寿区委关于率先实现与中心城区同城化发展促进成渝地区双城经济圈建设的决定（讨论稿）》《中国共产党重庆市长寿区第十三届委员会第七次全体会议决议（讨论稿）》进行分组讨论，提出意见和建议。区委书记赵世庆主持第二次全体会议，表决通过《中国共产党重庆市长寿区第十三届委员会第七次全体会议决议（草案）》并做总结讲话。（金　瑜）

【中共重庆市长寿区委十三届八次全会】 2020年12月24日，召开中国共产党重庆市长寿区第十三届委员会第八次全体会议。37名区委委员、6名区委候补委员出席会议；不是区委委员和区委候补委员的区级领导人，原担任实职的区（县）级离退休党员干部，区纪委委员，各街镇党政主要负责人，区委各部委、区级各部门、各人民团体主要负责人等323人列席会议，区委常委会主持会议。

全会深入学习贯彻党的十九届五中全会精神，全面贯彻习近平总书记对重庆重要指示要求，认真落实市委五届九次全会部署，听取并审议区委书记赵世庆代表区委常委会所作的工作报告和抓党建工作报告，审议通过《中共重庆市长寿区委关于制定国民经济和社会发展第十四个五年规划和二〇三五年远景目标的建议》《中国共产党重庆市长寿区第十三届委员会第八次全体会议决议》。会期一天。

第一次全体会议上，区委书记赵世庆代表区委常委会向区委全会报告十三届七次全会以后的工作和抓党建工作情况；区委副书记、区政府代理区长，长寿经开区党工委书记、管委会主任戴明就《中共重庆市长寿区委关于制定国民经济和社会发展第十四个五年规划和二〇三五年远景目标的建议（讨论稿）》做说明。与会人员分组对赵世庆书记讲话、《中共重庆市长寿区委关于制定国民经济和社会发展第十四个五年规划和二〇三五年远景目标的建议（讨论稿）》《中国共产党重庆市长寿区第十三届委员会第八次全体会议决议（讨论稿）》《区委常委会工作报告》进行讨论，提出意见和建议。区委书记赵世庆主持召集人会议，听取分组讨论情况汇报。

第二次全体会议由区委书记赵世庆主持，表决通过《中国共产党重庆市长寿区第十三届委员会第八次全体会议决议（草案）》。之后，区委书记赵世庆做总结讲话。（陶　亮）

组　织

【概况】 截至2020年年底，长寿区有中共基层党组织1364个（其中党委83个、党总支30个、党支部1251个）；有区级部门党组34个、市委派出工委1个、区委派出工委14个。有党员45157名，其中女性党员12692名、占28.1%，男性党员32465名，占71.9%。35岁及以下党员6597名、占14.6%，36岁至60岁党员19339名、占42.8%。60岁及以上党员19221名、占42.6%；具有大专及以上文化程度的党员16393名、占

36.3%，中专（高中）文化程度党员9846名、占21.8%，具有初中及以下文化程度的党员18918名、占41.9%。全区有行政村221个，行政村建立党支部221个；有农村党员19413人。

截至2020年年底，全区有干部14164名；其中党政干部3332名、占23.52%，事业干部10832名、占76.48%；女干部7111名、占50.20%；35岁及以下干部4630名、占32.69%，36~45岁3414名、占24.10%，46~54岁4340名、占30.64%，55岁及以上1780名、占12.57%；研究生学历干部838名、占5.92%，本科学历10000名、占70.60%，大专学历2977名、占21.02%，中专（高中）及以下学历349名、占2.46%。在党政干部中，女干部1086名、占32.59%；厅级干部34名、占1.02%，区管干部915名、占27.46%，科级干部1202名、占36.07%，科级以下干部954名、占28.63%。

截至2020年年底，全区人才总量127793人。其中，党政人才3332人、企业经营管理人才17785人、专业技术人才51050人、高技能人才40200人、优秀农村实用人才11422人、社会工作人才4004人；高层次人才3700人，柔性引进中科院院士2人、国家级专家6人，享受国务院政府津贴专家11人，入选重庆英才计划5人、创新创业示范团队2个、"鸿雁计划"17人，市委直接联系专家1人，省部级突出贡献中青年专家5人，省部级学术学科带头人（含后备人选）12人，省部级优秀专业技术人才18人。创建国家级企业技术中心2个，国家级技能大师工作室2个。

2020年2月25日，中共长寿区委组织部赴企业一线督查各督导组参与疫情防控工作情况

【疫情防控助力】 2020年新冠肺炎疫情暴发后，中共长寿区委组织部发挥党的组织体系优势，推动建立城市社区、驻居单位、住宅小区防控网络和联动机制，成立疫情防控一线临时党支部、党员突击队，设置党员先锋岗，动员组织各级党组织、党员干部参与疫情防控。及时划拨150.4万元党费专项支持疫情防控工作，组织广大党员开展自愿捐款，捐款额647万余元，党员参与率99.3%。出台在疫情防控一线考察识别干部工作方案，掌握党员干部在疫情防控中的表现情况，作为提拔重用、考核评价和评先评优的重要参考。组建督导、指导、服务3支队伍，督导和服务复工复产企业疫情防控工作，得到新华社、人民网等媒体的宣传推介。

【中心工作服务】 2020年，中共长寿区委组织部贯彻落实党中央和市委推动成渝地区双城经济圈建设相关安排部署，先后赴邻水县、广安市考察交流，分别与广安市签订共建党建先锋区协议，与邻水县签订组织工作战略合作协议，提出专项规划对接、基层党建共建、干部人才队伍交流合作等4个方面、16项具体合作措施。组织召开长寿、邻水地区党建引领基层治理座谈会，在共过组织生活、党建引领基层治理等6个方面达

2020年11月5日，长寿邻水毗邻地区召开协同推动党建引领基层治理座谈会

成共建协议；推动干部互访互学，选派2名干部到广安市顶岗锻炼；常态邀请邻水县干部参与长寿区公务员招录面试等工作；推动干部联培联育，邀请10名邻水县干部参加长寿区第五期中青班。

2020年，区委组织部抓党建促脱贫攻坚，做好专题检视会和民主生活会服务保障工作，推动巡视、督查考核反馈问题全部整改销号；研究制订扶贫干部考核办法，激发扶贫干部干事创业热情。抓党建促乡村振兴，推动脱贫攻坚与乡村振兴有机衔接，跟踪掌握中央财政资金扶持村集体经济发展情况，研究制订村干部发展集体经济奖励机制，壮大发展集体经济。抓党建促基层治理，健全完善村党组织领导的乡村治理体制机制，深化扫黑除恶专项斗争，建立完善党员涉嫌违纪违法信息通报和处理工作机制，落实村干部区级联审机制，取消不符合任职资格条件人选4名。

【干部选拔任用】 2020年，区委组织部落实新时期好干部标准，把政治标准放在首位，制定贯彻《重庆市干部政治素质考察工作实施办法（试行）》具体措施，结合民主测评开展政治素质专项测评，政治不合格的坚决不用。坚持着眼事业发展选干部，强化实践实干实绩导向，注重在疫情防控、经济发展、脱贫攻坚等一线发现使用干部；全年提拔重用区管领导干部14人。建立健全年轻干部培养机制，分正处级、副处级、正科级和副科级“四个梯队”建立优秀年轻干部台账，进行动态管理，加大选配使用优秀年轻干部力度。立足为2021年启动换届工作做准备，对领导班子运行、个人意愿等情况开展全覆盖调研。抓好市委巡视整改，推动选人用人专项反馈的8个问题按要求落实整改任务。

【干部教育培训】 2020年，区委组织部抓住思想淬炼、政治历练、专业训练和实践锻炼，提升干部综合能力素质。将习近平新时代中国特色社会主义思想和中共十九届四中、五中全会精神作为干部教育培训的主要内容和必修课，组织全区各级干部参加全市网络专题培训班，培训干部2389人。举办脱贫攻坚、风险防范、生态文明等专题培训班51期，培训干部7600余人次。结合对口帮扶工作，举办丰都县村（社区）干部培训班1期、昌都市乡村振兴专干示范培训班2期，培训干部218人次。举办长寿区第五期中青年干部培训班，加强优秀年轻干部培训；选派学员到脱贫攻坚、乡村振兴、生态文明建设等一线开展实岗锻炼，撰写资政报告，为全区经济社会各领域建设提供决策参考。

【干部监督管理】 2020年，区委组织部突出抓好政治监督，全覆盖列席区管班子民主生活会，对被巡察单位整改方案、整改报告和整改情况，进行审核和监督检查。加强担当作为监督，与相关部门建立生态环境损害、脱贫攻坚追责问责沟通协调机制，了解干部在重大工作中的担当作为表现。做细做实日常监督，及时更新并用好干部“负面清单”，反馈不宜评优、嘉奖信息56人。组织773名区管干部开展个人有关事项填报，查核129人；对11名机关事业单位负责人开展经济责任审计和自然资源资产离任审计。抓好干部选任监督，规范科级干部选任工作，对拟任人选进行预审，放下3人。对有用人权的89个单位全覆盖开展“一报告两评议”；结合区委巡察对13个单位开展选人用人专项检查，反馈问题27个，跟踪督促整改。

【干部考核评价】 2020年，区委组织部坚持以考促干，优化和完善考核指标体系和内容，逐一分解56项市级经济社会发展业绩考核指标责任，有效传导考核压力、推动工作落实。强化考核结果运用，把考核结果与干部选任、评先评优、目标绩效、追责问责等进行挂钩，树立赏勤罚懒、赏优罚劣导向。开展综合民意调查工作，全年完成电话民意调查问卷3200份，倒逼各级各部门办好一批群众看得见、感受得到的民生实事。强化正向激励，出台关于激励干部新时代新担当新作为的实施方案，落实公务员职务与职级并行制度，晋升二级巡视员4名、一至四级调研员42名，审核同意晋升一级主任科员以下职级812名。优化调整一般公务员年度考核优秀指标核定办法，给予90人记三等功和534人嘉奖。深化对干部的人文关怀，加强对患重大疾病和家庭困难干部的慰问帮扶，为干部干事创业解决后顾之忧。

【人才引进】 2020年，区委组织部完善人才政策体系，建立高层次人才有关事项报告制度，编制《长寿区2019—2020年度急需紧缺人才专业目录》，提高人才引进针对性。加大“高精尖缺”人才引进力度，到北京、成都等地引进18名优秀硕士研究生；开展高层次人才认定工作，兑现高层次人才奖励244.8万元。参加重庆英才大会、百万英才兴重庆等引才活动，引进高层次人才113人；贯彻落实重庆英才计划、“鸿雁计划”，区内2个团队、2人分别入选2020年重庆英才计划创新创业示范团队、高技能领军人才，9人入选“鸿雁计划”。

【人才培育】 2020年，区委组织部统筹推进各类人才队伍建设，培训各类人才3.47万余人次。为人才质量提升和作用发挥搭建平台，支持创建工程技术研究中心、企业技术中心、区级企业研发创新中心等研发平台，推动12家公司新获评重庆市企业技术中心；总计培育各级研发机构84家、科技型企业550家。成立长江上游新材料产业协同创新联盟，共建研发机构、重点实验室，联合突破制约新材料产业发展的共性关键技术问题。引导专家人才共克时艰，抽调5266名医务人员和9个专项工作组，参与全区疫情防控；组织53名医务人员分3批赴湖北武汉、孝感等地抗击疫情。

【人才服务】 2020年，区委组织部开展“弘扬爱国奋斗精神、建功立业新时代”活动，落实区委联系专家服务管理措施，开展春节人才慰问和抗疫一线医务工作者慰问。召开2020年党外专家人才暑期谈心会暨双月座谈会，收集意见建议100余条。提升区级人才“一站式”服务平台服务质量，为引进人才的配偶随调、子女就学、就医等方面提供服务；落实人才安居，通过企业自筹、存量住房改造等方式筹集“拎包入住”人才公寓300套。开展长寿区“十大创新人才”“十大创业人物”“长寿工匠”“长寿名师”等评选活动，在社会上营造尊重知识、尊重人才、鼓励创新创业的浓厚氛围。

2020年6月16日，长寿区委党校2020年第一期主体班开班

【基层党建工作】 2020年，区委组织部实施农村基层党组织“整镇推进、整区提升”示范创建行动，提高全区农村基层党建整体质量水平。着眼村（社区）“两委”换届，深化带头人队伍建设，对267个村（社区）班子开展全覆盖回访研判，优化调整干部124名。落实村（社区）党组织书记备案管理制度，积极稳妥推进书记、主任“一肩挑”，指导街镇“一村（社区）一策”制定换届人事安排方案。持续回引储备本土人才和后备力量，确保每村至少保持1名本土人才、至少储备2名后备力量。建立和完善动态增长机制，调整提高村（社区）干部固定补贴标准，落实党组织、党员和党代表活动经费。推进扫黑除恶专项斗争，执行村（社区）干部及人选区级联审机制，会同区纪委监委机关等有关部门对拟任村（社区）干部进行联审，取消4名不符合任职资格条件人选。

在街道社区做实“五项权力”（即派驻街道机构负责人的考核考察和选拔任用权，城市规划参与权，公共事务综合管理权，派驻街道工作力量指挥调度、考核监督权）下放，健全完善三级党建联席会议和资源、需求、项目“三张清单”制度，持续推动共驻共建；加强社区工作者职业体系建设，面向全区范围统一公招社区工作者80余名。在机关开展“灯下黑”问题专项整治，持续推进“三基”建设（即强化基层组织建设，提升党员基本能力，夯实党建基础性工作），推动主要负责人兼任机关党支部书记。在事业单位强化党委领导，全面推进支部建在科室上，健全党组织设置和会议、议事决策制度建设，加强医德医风、师德师风建设。在国有企业推进国企改革，推动区管重点国企集团化整合运营，落实党委前置研究讨论事项清单，稳妥推进国企退休人员属地化管理。在非公领域成立社会组织综合党委，理顺社会组织管理机制；常态化推进民办学校、民营医院、律师行业、互联网等领域调查摸排、组织覆盖和工作覆盖“两个覆盖”，非公经济组织、社会组织党组织覆盖率分别为88.9%、87.7%。

【党支部和党员队伍建设】 2020年，区委组织部落实支部工作条例，规范落实“三会一课”、主题党日等基本制度规范。推动各级党委（党组）书记和班子成员建立支部联系点，分层次抓实各领域基层党组织书记集中轮训。组织远程教育终端站点参加培训16期，培训党员群众10万余人次。“远程教育站点”终端每月使用率和达标率均保持100%，排名并列全市第一。开展“党课开讲啦”活动，组织脱贫攻坚、疫情防控等重大任务落实中涌现的先进典型人物积极参与，增强党课的吸引力和感染力。推动整顿软弱涣散基层党组织常态化、长效化，运用集中整顿的成功经验，把不齐不强、换届难点村（社区）纳入重点整顿，巩固提升39个软弱涣散基层党组织。滚动实施农村发展党员三年规划，新发展农村党员130名；有序推进排查整顿农村发展党员违规违纪问题。

（袁时雨）

宣传思想文化

【理论武装】 2020年，中共长寿区委宣传部推动习近平新时代中国特色社会主义思想深入人心。制定《党委（党组）理论学习中心组规范手册》，印发党委（党组）理论学习中心组学习意见，开展中心组学习巡听旁听工作，督促指导各级党委（党组）中心组学习1300余次；购买使用《习近平谈治国理政》第三卷、《中国制度面对面》等理论读物5000余册。组建理论专家队伍、区委宣讲团、“六进”宣讲队、小喇叭基层宣讲队等4级宣讲队伍，开展基层宣讲700余场；承办全市“能行好”微宣讲比赛片区赛，获片区赛第一名、全市决赛第三名；深化“学习强国”学习平台推广使用，在全国、市级平台用稿230余篇（条），开展“学习强国”知识竞赛79场，获全市决赛二等奖。联系实际调研，结题社科调研18项，征集“能行好”征文及理论调研文章388篇，汇编出版《长寿（理论专刊）》《长寿发展探索》；区委中心组成员在省级以上刊物发表理论文章8篇，在《重庆学习论坛》《重庆宣传》等刊物发表文章6篇。

2020年12月，长寿区组织十九届五中全会精神宣讲

【意识形态工作】 2020年，区委宣传部压紧压实责任，牢牢掌握意识形态工作领导权。提高政治站位，将市委意识形态专项监督检查反馈意见整改作为提升工作水平重要抓手，区委常委会、区委巡视整改领导小组专题研究9次，细化分解整改措施36项，建立完善“一报告三会一督查”专项整改机制和27项常态化制度，项目化、清单化整改销号。加强领导抓统筹，学习贯彻新修订实施的《党委（党组）意识形态工作责任制实施办法》；区委常委会专题学习3次、专题分析研判3次、向市委报告2次，统筹部署、定期研判，推动意识形态工作落实落细。压实责任强管理，加强民族宗教、社团组织、学校思政课堂等重点领域管理，定期召开防范化解意识形态领域重大风险专题会议，建立完善工作台账、风险清单、应急预案；推进“3+2”专项整治，加强属地互联网阵地管理，优化网络生态空间；创建“扫黄打非”进基层市级示范标兵、示范点各1个，184件“绿书签”作品获市级奖项；推进软件正版化。完善制度促落实，区委领导对分管领域（部门）、联系街镇意识形态工作进行常态化督查指导；将意识形态工作纳入党建督查、考核考察、述职述廉述责、民主生活会等重要内容，对18家

2020年9月，长寿区开展脱贫攻坚宣讲活动

单位开展专项监督检查；纳入党校主体班培训内容，专题培训2000余人次。

【舆论宣传】 2020年，区委宣传部凝聚社会合力，营造夺取疫情防控和经济社会发展“双胜利”的舆论氛围。围绕统筹疫情防控和经济社会发展，在市级以上媒体发稿700余篇，其中《人民日报》、中央电视台、《光明日报》发稿15篇，人民网、新华网等中央网络媒体发稿170余篇，《“驻厂督导+多级联动”为复工复产按下“快进键”》等6条重点稿件单条阅读超过100万次，最大阅读量超过151万次；建成网络安全应急指挥中心，成立区舆情中心。区级媒体开设“决战决胜脱贫攻坚”专题专栏发布稿件213篇，《人民日报》、新华社等中央媒体及《重庆日报》等市级媒体深度报道18篇，讲好长寿“脱贫故事”；推进“志智双扶”行动，开展“身边的脱贫故事”微访谈、“榜样面对面”宣讲等160余场，开展文明单位“爱心进农家”等活动200余场。唱响改革发展主旋律，做好习近平总书记视察重庆一周年宣传；区级媒体开设“唱好双城记 建好经济圈”专题专栏，新华社、《人民日报》、中央电视台等中央媒体刊发稿件10余篇。壮大新闻舆论主阵地，建成区融媒体中心，顺利通过验收，《长寿日报》获评全市优秀区县报，人人长寿APP获评全市“十佳优秀客户端”；承办全市“民政惠民进社区”专场新闻发布会，围绕新冠疫情防控、优化营商环境等举行新闻发布会6场；“长寿微发布”全年推送新闻3680条，被“重庆发布”转发14条、微信转发10条。网信事业为经济社会赋能，举办全市电信5G应用首发仪式，同城双活数据中心一期建成并投入使用，加快推进北斗产业聚集区及北斗技术应用示范区建设。

【思想道德建设】 2020年，区委宣传部强化示范引领，弘扬社会主义核心价值观这一当代中国精神。持续深化文明长寿建设，落实专项经费550余万元，落实“日巡查、季考评、年考核”，总计发现整改问题600余件；凤城街道三峡路社区、白庙村成功创建全国文明单位、全国文明村镇；完成区级文明村镇、文明单位、文明家庭创建工作。深化思想政治教育，贯彻落实《新时代爱国主义教育实施纲要》，开展理想信念教育63场，组织开展梦想课堂、家风润万家、千万市民做公益、千万市民学法律等活动300余场。贯彻落实《新时代公民道德建设实施纲要》，开展“十大寿星”“十大孝星”“十大乡贤”等评选活动，选树“最美抗疫人物”“最美退役军人”等先进典型，张能瑜获评“中国好人”，2名学生获评全市“新时代好少年”，完善“星耀巴渝·时代新人库”，开展道德讲堂等90余场（次）；新建2所乡村学校少年宫；2人获得全市“山水之城·美丽之地”导游词讲解大赛业余组银、铜奖。培育社会文明新风尚，拓展新时代文明实践所、站建设，开展“文明在行动·满意在重庆”“我文明·靠右行”等志愿服务活动；1万余名志愿者参与疫情防控，340余名志愿者为395家企业提供疫情防控志愿服务，52名志愿者为119名一线医护人员提供志愿服务；“阻击新冠病毒 我们共克时艰”志愿服务行动获《人民日报》等中央媒体点赞；深化“十抵制十提倡”工作，开展“吃得文明”践行“光盘行动”300余次。

2020年1月，文化进万家演出活动在龙河镇保合村举行

【文化建设】 2020年，区委宣传部着力坚定文化自信，推进文化惠民为百姓提供向上向善的精神滋养。开展“晒旅游精品·晒文创产品”活动，晒出长寿文旅融合新气象，获得全市“最佳推广奖”，彰显长寿文化魅力。文艺创作走深走实，创作战“疫”文艺作品600余件，《那双手》等数件作品被新华网、华龙网等媒体转载报道；围绕“决战决胜脱贫攻坚”和“建党100周年”两大主题，策划13个重点文艺项目创作，5件作品先后入围全国农民画作品展、全国扶贫书法展、

第五届全国正书展、全国草书十佳学术提名展，1人获全市德艺双馨文艺工作者称号；承办全国民歌表演艺术中青年人才高级研修班。统筹推进乡村文化振兴“百乡千村”试验示范工程、“十校结百村、艺术美乡村”活动，“长寿慢城”成为全市乡村文化振兴新地标；推动2个乡情馆和5个“一村一品”文化品牌活动建设。文化惠民开展“我们的中国梦”文化进万家、“奋进新时代·共圆小康梦”等系列群众文化活动，举办市第九届乡村文艺会演、市第二届群众书法大赛、第二届重庆山歌会；放映惠民电影2900余场；建成首个全民阅读活动中心，广泛开展“新时代乡村阅读季”“百本好书送你读”等活动，办好“阅读悦美·悦享长寿”品牌阅读项目，1人获全市十大“乡村阅读榜样”，5件作品获市级奖项。（洪彦斌）

统一战线

【政治引领】 2020年，中共重庆市长寿区委统战部（简称区委统战部）加强统战干部理论学习，召开全区统战工作会、部务会、统战系统职工大会等方式，组织统战干部学习习近平总书记关于加强和改进统一战线工作的重要思想、习近平总书记在中央统战工作会议上的重要讲话精神以及视察重庆重要讲话精神等重要内容。会同区社会主义学院组织成立全区统一战线讲师团，在长寿区民主党派、知联会和新专联骨干成员培训班和长寿区2020年第二期街镇科级干部培训班中均开设统一战线理论课程，强化党政干部和统战成员的理论武装；参与全市统战理论政策课题研究，形成子课题理论文章1篇，报送理论调研成果和实践创新成果各3篇。推进统战知识进校园工作，开展统战知识教学研究活动，组织教师参加全市统一战线第六届教学竞赛片区赛和全市“新时代、新担当、新作为”中学教师统战知识教学竞赛片区赛。深化拓展全区统一战线“学讲做”活动，开展常规的学习培训、交流研讨31次，开展精准“微讲座”39场（次）。宣传贯彻落实党的十九届四中、五中全会和市委五届七次、八次、九次全会精神，在全区范围内宣讲25场（次），组织全区统战成员开展专题学习和以会代训42场（次）。推进统一战线领域思想政治建设，持续强化统战干部学著作、学法典、学重要讲话精神，支持全区统战成员持续开展“不忘初心、与党同心”系列教育活动；坚持把意识形态工作放在统战工作的重要位置，常态化开展统战领域意识形态风险分析防控，抓好民主党派、宗教、网络“大V”等重点领域意识形态工作，完成对“民族宗教领域风险较大”问题的整改。2020年全区统一战线领域意识形态无负面事件发生。

2020年8月13日，中共长寿区委召开2020年党外人士暑期谈心会暨双月座谈会

【服务发展】 2020年，全区统战成员围绕决胜全面建成小康社会、脱贫攻坚、防范化解风险和抗击新冠肺炎疫情等重大战略以及“十四五”规划研究制定，围绕贯彻落实习近平总书记对重庆的重要指示要求，围绕成渝双城经济圈建设等重要部署，报送党外人士建言156条，中央统战部重要刊物采用2条（其中九三学社区委会青工委主委《建议推迟2020年三峡大坝检修时间》被国家交通部采纳），市委统战部采用12条。全年各民主党派开展脱贫攻坚主题活动12场；各民营企业“万企帮万村”精准扶贫和光彩行动资助830万元；侨资企业互茂劳务公司被授予“长寿区就业扶贫基地”；区委统战部机关干部坚持到石堰镇干坝村帮扶贫困户。助力抗击新冠肺炎疫情，全区统一战线领域捐款捐物1200余万元，组织疫情防控相关活动101次，动员统战成员400余人奋战在抗击疫情一线，为全区新冠肺炎疫情防控工作做出贡献。

【多党合作】 2020年，区委统战部就区委全委会报告、政府工作报告、“十四五”规划、重要人事安排等内容同民主党派、工商联、无党派人士进行协商，助推全区中心工作高质量推进。组织召开2020年区委暑期谈心会暨双月座谈会，向各民主党派、工商联、知联会及新的社会阶层人士代表通报全区经济发展情况，收集意见建议73条。年内全区各民主党派、无党派、新的社会阶层人士围绕成渝双城经济圈建设、脱贫攻坚、公共卫生等方面展开调研，完成市级调研课题4个、区级调研课题26件，形成调研报告30篇；组织召开调研成果交流会，各民主党派、无党派、新的社会阶层人士就如何更好开展调研工作提出系列意见建议。

强化参政党建设，做好民主党派基层组织换届工作，把政治坚定、业绩突出、群众认可的党外人士推选到党派基层组织班子中，全区4个民主党派区委会42个基层组织完成换届选举工作和政治交接。支持民主党派组织建设，把好各民主党派成员发展政治关，2020年区内各民主党派发展新成员36名，对其中1名非公经济人士开展综合考察；指导民进长寿区委会完成班子成员届中调整，增补1名副主委和3名委员。强化区委组织部、区委统战部联席会议制度，加强党外人才培养选拔力度，选派6名党外人士到区级实践基地顶岗锻炼；新推荐处级党外领导干部4名，全区有处级以上党外领导干部40名。

发挥党外人士作用，全国抗击新冠肺炎疫情期间，各民主党派区委会和区知联会第一时间发出倡议，时刻准备奔赴抗疫一线；报送党外干部抗疫先进典型事迹7篇。引导各民主党派、无党派人士围绕全市、全区中心工作开展调查研究、收集反映社情民意，在市、区“两会”报送人大建议77件、政协提案256件；全年报送社情民意275条，确定调研课题26个。引导党外代表人士发挥民主监督作用，推荐10名专业性强、发挥作用好、有参政议政意愿的优秀党外代表人士分别任特约监察员、人民监督员、人民陪审员等特聘人员，引导党派成员自觉服务和维护大局，结合自身特色优势发挥民主监督作用。

【民营经济统战工作】 2020年，区委统战部持续加强非公经济领域思想政治引领，举办非公经济代表人士专题培训班、举办专题讲座等方式，引导非公经济人士坚定理想信念，自觉把思想和行动统一到中央决策部署上来。结合“纾难解困”强化思想政治引领，开展疫情期间惠企政策宣传活动、“抓‘六稳’促‘六保’民营企业百日大走访”活动等，帮助非公企业落实减税降费、贷款贴息、社会保险费缓缴等政策实惠。加强“政企沟通”及时解疑释惑，在春节等重要时间节点，组织召开非公经济代表人士座谈会，区四大家主要领导到会与非公经济代表人士座谈交流，听取意见建议，现场答疑解难，激发非公经济人士发展实体经济的信心和勇气。

倡议民营企业助力抗击新冠肺炎疫情，全区40余家区工商联（总商会）执委以上民营企业捐款捐物910余万元，各基层商会捐款捐物140余万元。助推民营企业复工复产，区委统战部抽调统战系统干部担任复工复产疫情防控第四督导组和第十二督导组工作，督导112家企业实现安全复工复产；召开金融单位支持民营企业复工复产工作座谈会，量身推出科创贷、“政银担”贷款等多种融资产品，有效缓解民营企业融资难题。开展民营企业融资情况专题调研，走访民营企业30余家，开展集中座谈会3次，形成《民营企业融资情况调研》报告1篇，推动形成与民营经济在国民经济中作用更加匹配的金融资源配置。

2020年6月16日，长寿区统战系统召开“抓‘六稳’促‘六保’民营企业百日大走访”活动动员会

开展“抓‘六稳’促‘六保’民营企业百日大走访”活动，发挥统一战线联系和服务民营企业的优势，8个走访组和19个街镇到民营企业、外资企业、台资企业和个体工商户走访调研1130家民营企业和个体工商户，召开座谈会、现场办

公会等119场（次），宣讲总书记重要讲话精神以及中央、全市、全区惠企政策举措103场（次），收集困难问题和意见建议475余件（年底前已处理问题434件，惠及市场主体700余户）；全区减免税费6.1亿元、电费打折优惠1800余万元、国有企业（平台公司）减免租金900余万元，民营企业为商户减免租金1000余万元，为民营企业争取融资2000余万元。

提升非公经济人士综合素质，实施第五期区工商联（总商会）执委轮训计划，组织全区50余名非公经济人士代表赴西南大学开展为期6天的“长寿区2020年非公经济代表人士培训班”学习，促进参训非公企业家转变发展观念、提升管理能力。组织长寿区青商会和各街镇、行业商会的50余名年轻一代非公经济人士赴西南大学参加“长寿区工商联非公经济青年企业家管理能力提升研修班”培训，量身定制年轻一代非公经济人士事业发展相关课程。引导和支持非公经济人士中的人大代表、政协委员参政议政、建言献策，全年提交人大代表建议和政协提案30余件。

【党外知识分子和留学人员统战工作】 2020年，长寿区加强区知联会组织建设，完善区知联会人物数据库。年内区知联会发展新会员9名，向市委统战部推荐2名优秀无党派人士确定为市知联会会员。向区委组织部推荐优秀人才，11名区知联会成员作为重点培养对象，其中副职领导干部3名、中层干部5名、医卫教育系统优秀人员3名。

引导无党派人士和党外知识分子发挥作用，组织医卫组成员开展糖尿病慢性病调查研究，提交《关于长寿区糖尿病慢病管理现状的调研报告》作为2020年区政协集体提案；农业组就区内标准化农田项目开展调研，形成的调研报告作为2020年区政协大会发言材料。围绕区委中心工作建言献策，《关于将公交线路延伸至高新区葛兰工业组团的建议》《关于全面更换盲道砖的建议》得到区领导批示。支持优秀人才回馈社会，区知联会会员、无党派人士、区医院肿瘤科主任陈杰，获评“重庆市抗击肺炎疫情先进个人”；无党派界别区政协委员周成伟，为区内一线医护人员协调筹集口罩2万余只、医用免洗手消毒凝胶2.5吨、医用防护服40余套，开办口罩厂，以实际行动展现无党派人士的责任担当。

关注留学生人员健康成长。向长寿海外侨胞及留学生寄送“侨爱心健康包”100余个，缓解海外留学生抗疫物资匮乏难题；及时了解各地入境、检测、隔离等相关政策和规定，协调解决留学生在归国途中和回国后的系列防疫抗疫问题；协助海外留学生与国内亲属建立微信群，携手共同抗击疫情。致力健全留学生教育管理机制，长寿区向市侨联报送的《关于加强留学生行前集中教育的建议》被列为市领导重点督办提案；长寿区2名归国留学生在区政协理论调研征文活动中分别获得二、三等奖。

【新的社会阶层专业人士统战工作】 2020年，长寿区发挥区新的社会阶层专业人士统战工作联席会议制度优势，组织实地走访会员企业60余家，宣讲党的方针政策、宣传疫情期间惠企政策、帮助解决思想问题；召集区委组织部、区非公经济和社会组织工委、区委宣传部等成员单位群策群力，支持并指导新专联做好党支部建设、“1023网创基地”打造等重点工作。

重庆市长寿区新的社会阶层专业人士联合会（新专联）完善组织架构，新组建公益扶贫、文娱活动、长寿陶和网络主播4个专业委员会；秘书处撰写的《重庆市长寿区创新推进“巴渝网络大V同心圆工程”思路举措 着力提升新媒体代表人士工作实效》经验材料被中央统战部网站选登。新建成“1023网创基地”于9月28日正式开街，吸纳网络主播近百人，关注总量26万人，直播总浏览量超1100万次，搭建起更具特色的交流发展平台。加强人才培育，优化新的社会阶层代表人士队伍，2020年吸纳新会员19名，其中7名为单位会员；强化会员教育培训，组织11名会员赴上海、义乌、杭州等地参观学习沿海地区直播电商经济发展经验，举行“网红主播课开讲啦”等新媒体培训9次。加强联谊交流，与农业银行长寿支行签订战略合作协议，同义乌市、深圳市龙华区、成都高新区新的社会阶层人士组织分别签署《建立友好单位关系框架协议书》。

发挥新阶层人士作用，引导新阶层人士助力疫情防控，今日长寿、长寿文化等新媒体平台及时发布疫情防控和辟谣信息，定期发布《新专联助力疫情防控工作通报》宣传先进事迹，组织新专联会员捐款捐物32万余元；系列工作得到市委统战部、市新专联肯定，被区民政局评为“长寿区新冠肺炎疫情防控优秀社会组织”。引导新阶层人士建言献策，全区“两会”期间，提交人大议案2件、政协提案18件；区级课题《乡村振兴背景下，长寿陶的历史文化背景，烧制工艺以及产业发展方向研究》正式结题，形成《长寿陶器史话》书稿；推荐1名新阶层人士到区教委顶岗锻炼，推荐8名新的社会阶层人士参加暑期谈心会等重要政治活动。组织会内书法爱好者赴对口帮扶贫困村八颗街道石马村开展迎新春送春联活动，赠送春联100余幅；带动新阶层人士在石马村投资3000万元，打造53公顷民宿和五彩田园项目；联合区教委、区工商联、团区委、区妇联等单位开展公益助学活动，向飞龙九年制学校捐赠价值12.3万元学习资料。

【民族宗教统战工作】 2020年，长寿区推进民族团结工作，在少数民族相对集中地区开展民族团结进步宣传周活动和民族团结进步示范单位创建工作，悬挂宣传横幅10条，发放民族政策知识手册1000余份，晶山小学成功创建为市级民族团结进步示范单位。依法管理民族事务；贯彻落实全国、全市民族工作会议精神，确保在长寿少数民族群众享受同城待遇；完成13位应届少数民族考生的“重庆市普通高校招生少数民族成分情况申报表”申报审核工作；配合新疆驻渝工作组到长寿做调研，确保在长寿新疆务工人员的合法权益得到保障。排查处置少数民族群众矛盾纠纷，加强民族领域的风险研判，引导在长寿经商的流动少数民族群众依法经营，与相关部门共同做好涉城市流动少数民族群众无摊位、乱摆摊问题调处工作。做好少数民族发展资金项目建设工作，争取市级少数民族发展资金20万元、区级配套资金9.5万元建成石堰镇干坝村食用菌基地。

加强宗教事务管理，开展宗教政策法规培训，组织各街镇统战委员、各宗教团体和各宗教场所负责人进行培训；不定期召开各宗教界代表人士座谈会，进行党的宗教政策培训和工作安排；开展宗教政策法规学习月活动，使宗教政策法规宣传更贴近信教群众。防范化解宗教领域风险隐患，做好全区宗教领域常态化疫情防控工作，按标准指导宗教活动场所恢复开放；做好2020年度市级寺观教堂维修补助资金分配、监督、使用工作。全区宗教领域无安全事故发生。全区宗教秩序总体和谐有序。坚持宗教中国化方向，在全区宗教场所内开展国旗、宪法和法律法规、社会主义核心价值观、中华优秀传统文化“四进”活动，推荐优秀教职人员参加讲经比赛活动，发动宗教团体向武汉疫情重灾区捐款5.76万元，支持菩提寺管委会与石堰镇4名优秀贫困学生建立长期帮扶机制并向石堰镇敬老院赠送价值2万元的慰问品。

【港澳台与海外统战工作】 2020年，长寿区强化对台工作。加强长台基层好友线上交流，开展传统佳节送祝福活动，持续增进长台基层友好情感；参加第八届重庆台湾周活动，台湾金门县县长杨镇浯、台湾彰化县大城乡农会总干事蔡南辉2位长寿女婿特发祝福视频；组织参加第三届海峡两岸姊妹湖产业协作年会，长寿湖与海峡两岸姊妹湖齐聚福建泰宁大金湖，就深化湖泊产业、两岸文化旅游交流互通等方面进行探讨。坚持发展经贸，深入长寿的台资企业督促新冠肺炎疫情常态化防控工作，帮助复工复产并实现达产超产；落实定期走访台资企业制度，宣传中央、市委对台工作方针政策和惠台政策；落实台资企业困难求助立接立办制度，协调解决国浩永固工程合同纠纷、重庆世现汽车配件有限公司租赁台商设备纠纷等问题，保障台资企业正常生产秩序；执行台资企业负责人传统佳节话发展和联络联谊机制，及时收集对全区经济社会发展的意见建议，促进长台经济融合发展；长寿区有台企10家，1000万美金以上的有正新橡胶（重庆）有限公司等3家，发展势头总体良好。贯彻落实“重庆市惠台58条”，做实做细做好台胞台属服务工作，2020年慰问重点（困难）台胞台属80余人次，解决1名台胞子女就近入学问题。

服务侨界群众，开展侨法颁布30周年系列宣传活动，提升侨界群众的法治意识；传统节日走访慰问侨界人士100余人次，疫情防控期间走访慰问抗疫一线侨界人士13人，召开“聚侨迎新春·筑梦新时代”座谈会等活动，增强侨届人士凝聚力。汇聚侨资侨智服务发展，深入侨资企业调研，助力标杆养鸡股份合作社、亚太森博（重庆）纸业有限公司等10余个侨企的典型问题获得区级有关部门办理回复；新冠肺炎疫情缓解后走访慰问侨界复工复产企业11家，帮助协调解决存在的困难问题；筹备成立侨商会，组织侨界企业家到万州区、北碚区学习侨商会工作经验，促进企业资源共享、共同发展；助力双城经济圈建设，与四川省攀枝花市、广安市侨联缔结友好关系；鼓励侨界人士参政议政，在区两会期间区侨联界别提交提案13件。组织侨界群众参与疫情防控，捐款捐物12万余元；助力海外侨胞抗击疫情，提供24小时在线服务，向长寿海外侨胞及留学生寄送“侨爱心健康包”等。

【统战队伍建设】 2020年，长寿区将统战工作纳入区委重要工作安排部署，全年区委常委会专题研究统战工作9次；纳入党政领导班子工作考核内容、宣传工作计划、党校（行政学院、社会主义学院）教学内容等。发挥区委统一战线领导小组的作用，年内召开区委统一战线领导小组会议3次；区委统战部推进统战工作实践创新，落实统战工作第一责任人责任。落实党外干部、非公经济、对台、侨务、民族宗教工作等联席会议机制，完善大交流、大合作、大联谊、大培训工作机制，形成大统战工作格局。

统战机关深化党风廉政建设，将党风廉政建设相关党内法规作为每次部务会的必学内容，召开党风廉政教育专题会、党风廉政警示会等，组织全体机关干部重点围绕贯彻落实中央八项规定精神、廉洁自律有关规定、典型案例剖析等内容进行学习。执行领导干部重大事项报告、民主生活会、述责述廉和财务管理、请销假等10多项制度，落实组织监督、民主监督、群众监督等手段。加强机关党支部建设，持续巩固“不忘初心、牢记使命”主题教育成果，做好支部“主题党日”“三会一课”“两学一做”的融合结合，运用集中学习、“党课开讲啦”活动、党员进社区、结对共建等多种方式，抓好机关支部自身建设；开展机关党支部“灯下黑”专项整治，建立机关党支部2020年度“三基”建设负面清单并完成整改。

强化统战干部队伍思想政治素养，“坚持为民宗旨不动摇、求真务实不折腾、清正廉洁不放松、高效服务不懈怠”的工作态度。加强教育培训和岗位锻炼，年内区委统战部开展以会代训13次、个别约谈28人次、选派1人到区纪委巡查组锻炼等方式，提升统战干部队伍的政治素养、业务能力、作风水平。落实领导干部个人事项报告制度，领导干部均实事求是报告个人有关事项。

（张成文）

机构编制

【概况】 中共重庆市长寿区委机构编制委员会办公室（简称区委编办）设主任1名、副主任2名，内设综合科、行政科（督查科）和事业科（事业单位登记管理局），下属参公事业单位重庆市长寿区机构编制管理事务中心。

截至2020年年底，长寿区有区级行政机构71个，其中纪检监察机关1个、党委工作机关9个、人大常委会机关工作机构5个、人大专门委员会工作机构3个、政府工作部门32个（含区审计局）、政协专门委员会办事机构5个、民主党派4个、群众团体机关12个（含区工商联）；有事业单位364个，其中街镇事业单位133个、教育系统事业单位64个、卫生系统事业单位29个、其他区级部门下属事业单位138个。

【开发区管理体制】 2020年，长寿区根据市委编委《关于调整长寿经开区党工委管委会内设机构和领导职数的批复》，将长寿经开区管委会办公室更名为党政办公室，增加“负责经开区机关意识形态、党风廉政建设工作”职责；将经济发展局更名为经贸合作局，增加“负责大数据、人工智能、信息化应用发展管理”职责。

根据市委编委《关于同意调整设置重庆长寿高新技术产业开发区党工委和管委会的批复》，依托葛兰镇政府设立重庆长寿高新技术产业开发区管理委员会，为区政府派出机构，机构规格为正处级，与葛兰镇政府实行“镇园合一”管理体制；设立中共重庆长寿高新技术产业开发区工作委员会，为区委派出机构，与重庆长寿高新技术产业开发区管理委员会实行“一套班子、两块牌子”管理体制。

【事业单位改革】 2020年，长寿区按照市委编办《关于同意长寿区调整部分处级事业单位设置的复函》要求，完成34个处级事业单位（不含医院、学校、科研单位以及6个重点领域综合执法机构）的调整，撤并、整合区教育信息中心、区市政设施安全监管中心等7个“小散弱”或职责相同相近的科级事业单位。全区除医院、学校、科研单位以及6个重点领域综合执法机构外，有正处级事业单位26个：区委党校（区行政学院、区社会主义学院、重庆广播电视大学长寿分校）、区融媒体中心、区委党史研究室（区地方志研究室）、区档案馆、区文明城区建设管理服务中心、区临港经济发展服务中心、区政府电子政务中心、区土地房屋征收事务中心、重庆市长寿高新区服务中心（挂重庆市长寿工业园区服务中心牌子）、区保障性住房建设服务中心、区经济研究发展中心、区农业发展服务中心、区畜牧兽医事务中心、区现代农业园区发展服务中心、区农村综合产权流转交易中心、区城市建设服务中心、区旅游发展中心、区教师发展中心（挂区教师进修校牌子）、区商贸物流建设管理服务中心、区城市管理服务中心、区水务投资建设管理服务中心、区社会保障事务中心、区风景名胜区事务中心、长寿经济技术开发区应急管理中心、长寿经济技术开发区创新服务中心、长寿经济技术开发区土地房屋征收事务中心；有副处级事业单位8个：区舆情中心、区公共资源交易中心、区政府投资项目评审中心、区卫生健康服务中心、区疾病预防控制中心（挂区健康教育所牌子）、区就业和人才中心、区应急管理综合行政执法支队、区医疗保障事务中心。

【公共卫生体系】 2020年，长寿区完善重大疫情防控体制机制，将专病防治机构区公共卫生服务中心整体并入区疾控中心，将疾控中心编制增至139名，加强对重大疫情、疾病防控的基础保障。调整公立医院布局，在长寿湖镇卫生院加挂区第二人民医院牌子，将区第三人民医院（挂区精神卫生中心、晏家街道社区卫生服务中心、区危化应急医学救援中心牌子）调整为区精神卫生中心（挂区第三人民医院、晏家街道社区卫生服务中心、区危化应急医学救援中心、区职业病防治中心、区心理健康服务中心牌子），形成以区人民医院、区中医院为龙头，以区妇幼保健中心、区精神卫生中心为重点专科，辐射所有镇卫生院、街道社区卫生服务中心的医联体格局。

【供销合作社改革】 2020年，长寿区加快完善供销合作社治理结构，结合区供销社按章程设置理事会、监事会的要求，在原有职数框架内，重新核定区供销社领导职数，设理事会主任1名、副主任2名，监事会主任1名，增设内设机构“监事会办公室”，为合作经济组织更好地服务“三农”提供机构编制保障。

【服务发展新平台】 2020年，长寿区根据成渝地区双城经济圈建设需要，在区发展改革委新设置正处级事业单位长寿区经济研究发展中心，承担成渝地区双城经济圈建设等国家级发展战略在长寿区域内落实落地的相关事务性工作。

按照中新互联互通示范项目建设有关要求，依托长寿区商贸服务中心，挂牌设立重庆市长寿区中新互联互通示范项目服务中心，增核事业编制相应承担具体服务工作。

长寿区根据市政府办公厅《关于做好2020年全市深化“放管服”改革工作的通知》精神，在区政务服务管理办设立正科级事业单位重庆市长寿区行政服务中心，主要承担区级政务服务平台运行相关事务性工作，提升政务服务大厅“一站式”服务功能。

【事业单位登记管理】 2020年，长寿区开展事业单位法人公示信息“双随机、一公开”抽查工作。按照市事业单位登记管理局《关于开展2020年事业单位法人公示信息抽查工作的通知》要求，随机抽查92个事业单位、实地核查9个事业单位，对抽查发现的问题限时整改，有效促进事业单位规范履职。

推进事业单位法人简易注销登记工作。按照国家事业单位登记管理局《关于试行事业单位法人简易注销登记有关事项的通知》精神，优化事业单位登记管理服务工作，完成7个事业单位法人的简易注销登记工作。

按照中央编办有关文件精神，探索其他组织利用国有资产举办事业单位设立登记新思路，完成武汉工程大学重庆研究院的设立登记工作，为长寿经开区内企业的技术创新、科技成果转化提供支持。

【人员编制管理】 2020年，长寿区从严控制编制使用，全年批复使用行政和事业编制747名，与2019年同比减少244名。推进后勤服务社会化，对后勤服务事业编制“退一收一”，2020年全区核减机关后勤服务事业编制10名。持续推行事业编制周转制度，2020年先后下达凤城街道等8个单位周转事业编制22名，解决部分事业单位人员结构老化、工作推进缺少骨干力量的问题。

（张恩豪）

机关党建

【概况】 中共重庆市长寿区委直属机关工作委员会（简称区委直属机关工委），成立于1989年，是负责区委直属机关党的建设和思想政治工作的职能部门；下设办公室、组织科。2020年底，有在职在编公务员6人、工勤人员1人、外聘人员1人。2020年区委直属机关工委加强机关党建工作“三基”建设、绿色机关建设、模范机关创建，机关党的建设发展态势良好，实现机关党建工作走在前、做表率的目标。

【政治建设】 2020年，区委直属机关工委组织机关党支部通过“三会一课”、主题党日等方式，学习领会习近平新时代中国特色社会主义思想和党的十九大和十九届二中、三中、四中、五中全会精神。工委领导班子成员带头宣讲习近平总书记重要讲话精神，挑选11名基层骨干组成党的十九届五中全会精神进机关宣讲队开展宣讲。

教育引导机关党员严守政治纪律和政治规矩，以区委办名义印发《关于以党的政治建设为统领加强和改进区直机关党的建设的具体措施及责任分解》，细化具体工作措施，明确机关各党组织的政治责任。开展党内集中学习教育，把主题教育与理论学习中心组、党务干部培训、支部“三会一课”、主题党日相结合，推动“不忘初心、牢记使命”制度落实，推进“两学一做”学习教育常态化、制度化。

【思想建设】 2020年，区委直属机关工委履行意识形态工作主体责任，建立健全责任制，督促基层党组织把意识形态工作落实情况作为领导班子民主生活会、述职述廉的重要内容，与机关党建业务工作同布置、同安排、同考评。加强思想理论学习，组织区直机关2840名党员干部坚持每天通过“学习强国”平台开展学习，提高理论水平和思想认识。组织开展庆祝建党99周年纪念活动、“党课开讲啦”、“决战全面小康，决战脱贫攻坚”知识竞赛、“宪法进机关主题日”等活动，发挥机关党组织和党员干部的政治引领作用。

【组织建设】 2020年，区委直属机关工委落实党组织、党组织书记、班子成员的机关党建“三张责任清单”，执行党组织书记三级联述联评考核制度：由机关党支部向机关党委、党总支述职，机关党委、党总支向区委直属机关工委述职，区委直属机关工委向区委述职；年初由区委直属机关工委组织召开述职评议会议，抽取部分党组、党委、党工委书记及机关党组织书记进行现场述职并开展民主评议，推动基层党组织负责人及班子成员履行抓基层党建工作责任；年初的2019年度述职评议考核结果显示，党组织书记抓党建工作总体成效明显、评价好。党务干部培训及管理按照《中国共产党党和国家机关基层组织工作条例》选配党组织书记，从10月起，执行新任区直机关党支部书记必须由党员主要负责人担任；配强配齐党务干部，完善党组织结构，建立党支部书记及党务干部台账；年内举办1期、80名党组织书记培训班。

按照区委办《关于以党的政治建设为统领深入推进机关党建工作“三基”建设的实施意见》，区委直属机关工委在5月份制定《2020年度区直机关党建工作“三基”建设负面清单》，以台账式、清单化的工作任务和具体举措，确保机关党建“加强基层组织建设、提升党员基本能力、夯实党建基础性工作”的“三基”建设推进并取得实效。抓好党建基础工作，2020年新建机关党总支1个、党支部2个，撤销机关党委1个、党支部2个，1个党总支完成更名；建立机关党组织换届台账，执行换届提醒制度，对任期届满的基层党组织提前6个月通知按期换届；严格党费管理，督促机关各党组织严格按照标准每月收缴党费，建立党费台账进行管理，将相关情况纳入党建工作考核内容，2020年收缴党费150.1万元。新党员培训与发展，严格把好培训合格关、入党程序合格关和入党动机审查合格关，2020年区直机关发展新党员33名，组织53名预备党员入党宣誓仪式，预备党员转正48名；举办全区党员发展对象培训班2期，培训446名；接转组织关系513人次。

探索模范机关创建，5月，区委直属机关工委制定《长寿区直机关党组织规范化建设标准参考（试行）》，把区委办关于绿色机关建设工作方案中的规范化机关建设，作为党建工作的重要任务加强引领督促和落实；以机关党建规范化标准化为基础，重点打造11个“模范机关创建”示范单位，以点带面推进区直机关模范机关创建工作。

严肃区直机关党的组织生活，督促区直机关党支部按照要求开展“三会一课”，落实领导干部双重组织生活和上党课制度，对党员领导干部未能参加组织生活的，实行补课并作好记录备查；抓实主题党日，区直机关各党组织结合“三会一课”、机关党建协作组、城乡支部结对共建、党员进社区等形式集中开展党内组织生活。

机关党建全覆盖调研督查，采取常规督查与专项督查相结合的方式，分别于5月和10月开展2轮常规性调研督查，了解区直机关基层党组织工作开展情况并建立台账；对专项工作，有针对性地对重点领域、重点部门、重点工作进行专门指导和督促检查；针对调研督查中发现的问题，及时反馈，跟踪督促整改，对存在问题较严重的党组织负责人进行约谈。落实市委直属机关工委安排部署的“创建让党中央放心、让人民群众满意的模范机关”和“推动落实机关党建责任制研究”课题调研，年内到区直机关基层党组织调研2次，覆盖率100%，形成调研报告4篇；承办“推动落实机关党建责任制研究”课题研讨会，课题组成员单位形成理论调研文章37篇，形成推动落实机关党建责任制研究总报告1篇，得到市工委领导肯定。

实施党建工作协作组制度，将区直机关党组织划分为8个协作组，搭建机关党建工作交流学习平台。采取集中上党课、开展联合主题党日活动等方式，以协作组为单位开展党内活动，提升党内活动的质量和成效。

开展机关党建“灯下黑”问题专项整治，按照问题“定向”、方案“定纲”、制度“定标”、典型“定位”、落实“定质”的“五定”工作步骤，自查自纠区直机关党建“灯下黑”问题，排查梳理问题15条，整改落实15条。

把机关党建融入成渝地区双城经济圈建设，区委直属机关工委与攀枝花市直机关工委签订机关党建协同服务成渝地区双城经济圈建设战略合作协议，重点从围绕政治引领、组织建设、队伍建设、服务中心、成果转化等5个领域开展深度合作，推动两地机关党建工作优势互补、共同发展。

【纪律作风建设】 2020年，区委直属机关工委将党内法规学习作为理论学习中心组、党支部“三会一课”和干部教育培训重要内容，加强警示教育，引导机关党员干部深化宗旨意识，带头转作风、纠“四风”。做好机关党员干部直接联系服务群众工作，督促区直机关基层党组织与联系村开展城乡基层党组织“结对共建”，构建城乡基层党建新格局；区直机关在职党员按照要求参加社区服务、慰问帮扶等活动，建立资源需求项目三张清单，推进机关党建“子系统”主动融入城市基层党建“大系统”；脱贫攻坚工作通过产业帮扶、政策宣传等方式，为结对联系的葛兰镇塘坝村、葛兰镇天台村张某等提供产业资金支持，帮助落实医保、社保、低保等保障措施。区委直属机关工委到软弱涣散基层党组织开展调研指导，落实专人帮助查找问题根源，制订切实有效方案抓好整顿。

区委直属机关工委落实党风廉政建设党委主体责任和纪委监督责任，定期听取党风廉政建设工作汇报，及时召开机关党组织书记会议研究重大问题，督查基层党风廉政建设责任制落实情况等，推进区直机关反腐倡廉建设。开展党性党风党规党纪教育，推进机关廉政文化建设，通过“三会一课”、教育培训、机关党建QQ群、谈心谈话、主题党日等，运用正反典型，重要时间节点警示提醒以及党内法规宣传学习、“以案四说”等党性党风党规党纪教育，增强机关党员干部规矩意识和廉洁从政意识。（何　艳）

巡　察

【概况】 2019年3月29日，长寿区委办印发《关于调整中共重庆市长寿区委巡察工作领导小组办公室职能配置、内设机构和人员编制的通知》，中共重庆市长寿区委巡察工作领导小组办公室（简称区委巡察办）为正处级，列区委工作机关序列。区委巡察办内设机构2个（综合科、督查科），内设机构科级领导职数为2正。

区委巡察办主要职责是向巡察工作领导小组报告工作情况，传达贯彻巡察工作领导小组的决策和部署，统筹、协调、指导具体巡察工作，开展政策研究、制度建设，对区委、巡察工作领导小组决定的事项进行督办，配合有关部门对巡察工作人员进行培训、考核、监督和管理；办理区委、巡察工作领导小组交办的其他事项。

【组织领导工作】 2020年，长寿区委坚持把开展好巡察工作作为落实全面从严治党主体责任的重要抓手，区委常委会传达学习习近平总书记关于巡视工作的重要论述、重要要求，准确理解中央和市委关于巡视巡察工作的新部署新要求，增强抓好巡察工作的思想自觉、政治自觉和行动自觉；年内区委常委会专题学习和研究巡视巡察工作7次，研究审定2020年度巡察工作计划，听取巡察工作专项检查反馈意见整改情况汇报；传达学习十九届中央第五轮、第六轮巡视动员部署会，中央巡视指导督导专题培训会，全国市县巡察办主任提级培训班，五届市委第六轮、第七轮巡视动员部署会等会议精神，把习近平总书记关于巡视工作的重要论述纳入2020年度区委党校主体班教学内容，邀请市委巡视办领导专题授课，引导党员干部深化巡视巡察思想认识；将巡察工作列入区委常委会年度工作要点，区委书记、区委巡察工作领导小组组长赵世庆作为“第一责任人”，坚持一线指挥、亲自部署，先后就巡察工作讲话9次，作出批阅圈阅16次，主持召开2次书记专题会；听取各个巡察组汇报，直接点人点事43件（次），提出整改要求和处置意见。区委巡察工作领导小组研究2020年度巡察工作计划和区委第九轮、第十轮巡察工作方案，协调解决巡察重点难点问题，为巡察工作开展提供充足的人力、物力和财力保障；年内领导小组会议2次听取巡察情况汇报，集中研究巡察发现问题300个、问题线索60件。

【政治巡察】 2020年，长寿区委坚守政治巡察的基本职能定位不动摇，落实“两个维护”根本任务，围绕“三个聚焦”总体要求，紧扣被巡察党组织职能责任开展政治监督，查找和推动纠正政治偏差，营造良好政治生态。2020年分2轮完成对区委办、区人大常委会机关党委、区政府办党组、区政协机关党组、区委老干局、区林业局党组、区供销社党委、区机关事务局党组、区工商联党组、长寿工业园区党工委、区现代农业园区管委会机关党支部、区城市开发中心党组、重庆市长寿区城乡统筹开发（集团）有限公司党支部、重庆盈地实业有限公司党支部、重庆长寿开发投资集团有限公司党支部、重庆市医药学校党总支、区教师发展中心党支部、长寿中学党委、川维中学党委等19个区管党组织的常规巡察。巡察发现整改规范类问题289个、问题线索24件。十三届区委应巡察党组织新增区人民检察院党组、区人民法院党组、区审计局党组、长寿经开区集团公司党委。截至2020年12月，十三届区委应巡察区管党组织96个，已先后开展10轮巡察79个单位（市审计局党组2018年已巡察，合并纳入），占规划总数的82.29%。

【整改落实】 2020年，长寿区委对市委第五巡视组专项检查区委巡察工作反馈问题照单全收、全面整改，针对专项检查反馈的5个方面、15项问题，成立区委落实市委第五巡视组巡视长寿区（含长寿经开区）反馈意见整改工作领导小组巡察工作专项整改组，制订专项检查反馈意见整改工作方案，研究落实31条整改措施，建立问题清单、责任清单、任务清单，4名区级领导、7个责任单位牵头负责。坚持牵头单位每两周报告一次整改进度机制，及时掌握整改情况，督促推动整改措施落地落实。把制度建设贯穿于整改落实全过程，先后建立完善10项制度机制，发挥好巡视标本兼治作用；到12月20日，相关反馈问题已完成整改。

压实巡察整改主体责任，落实巡察情况“双反馈”制度，将巡察反馈问题整改落实情况纳入全面从严治党年度考核。坚持区委巡察工作领导小组成员参加巡察反馈会，巡察办及时向区委、区政府有关分管领导通报巡察问题反馈情况，共同督促被巡察党组织整改落实。2020年，通过人人长寿APP、长寿新闻网、“长寿清风”微信公众号等平台，将十三届区委第六轮至第九轮巡察整改情况及时向社会进行公开，接受干部群众监督。

做细做实巡察整改日常监督，健全区纪委监委、区委组织部、区委巡察办“三方联动”工作格局，印发《关于进一步加强巡察整改监督检查“三方联动”的通知》；区纪委监委、区委组织部相关领导全程参与巡察反馈、列席巡察整改专题民主生活会，打好巡察整改“准备战”。2020年，区委巡察工作领导小组组织实施巡察整改监督检查工作2次，成立10个检查组对35个被巡察党组织落实巡察整改情况进行“集中会诊”，开展整改成效评估，发现问题109个；召开2次专题会议听取被巡察单位主要负责人巡察整改情况汇报，逐个分析点评，督促各单位持续用力做好巡察“后半篇文章”；强化约谈问责，区纪委监委对巡察整改不到位的14个被巡察党组织主要负责人开展集体提醒谈话。巡察整改联席会议4次集中审核被巡察党组织整改方案和整改情况报告31份，反馈意见353条。

强化线索处置查办力度，对巡察移交所有问题线索紧盯不放、一查到底，坚持巡察移交线索优先办理，精准运用监督执纪“四种形态”处置。2020年，按规定移送区纪委监委涉及60名党员干部的问题线索，立案6件，给予党纪政务处分6人，组织处理68人次。

【规范化建设】 2020年，长寿区委强化巡察队伍建设。区委巡察办不含巡察办主任配备专职干部6名（其中专职副主任1名，综合科正、副科长各1名，二级主任科员1名、三级主任科员2名），4个巡察组配备专职干部7名，其中组长（正处级）4名、副组长（副处级）3名；2020年选派20人到区委巡察机构顶岗锻炼，参加第九轮、第十轮巡察工作，组织巡察干部开展集中培训2次、61人次，参加第五期全国市县巡察办主任提级培训班、中央巡视机构“讲师团”专题培训、第二期全市巡察干部培训班、市纪委全员培训班等，参训100余人次，巡察干部综合素质和业务能力得到提高。加大信息化建设，探索运用大数据、智能化等现代信息技术开展巡察监督，及时连通中纪委内网和市纪委内网，推行使用巡视巡察发现问题线索管理系统，及时准确录入各项基础信息，强化信息数据综合分析和成果共享。建立健全巡察制度，对标对表中央和市委要求，制定《重庆市长寿区巡察整改成效综合评估办法（试行）》和《中共重庆市长寿区委巡察工作领导小组关于进一步加强巡察整改监督检查“三方联动”的通知》，修订完善长寿区委巡察工作相关规则等规章制度，完善巡察信访工作意见、巡察期间立行立改工作办法、加强巡察机构党建工作意见等制度，保障巡察工作有法可依、有章可循。

（何　颖）

老干部工作

【概况】 1983年12月，长寿设立“中共长寿县委组织部老干部科”（设组织部内）。1991年6月，改建为“中共长寿县委老干部局”，机构规格为县委直接管理的局级机构。2002年4月，长寿撤县建区中共重庆市长寿区委老干部局（简称区委老干部局）为区委直属的正处级机构。2008年8月，成立重庆市长寿区老干部活动中心，为区委老干部局直属事业单位，机构规格为正科级。2015年7月，正科级事业单位重庆市长寿区关心下一代工作委员会办公室在区老干部活动中心挂牌。2017年6月，成立中国共产党重庆市长寿区委离退休干部工作委员会，为区委直属的正处级机构。2017年8月，设立重庆市长寿区离退休干部党建管理中心，在重庆市长寿区老干部活动中心挂牌。2019年3月，长寿老年大学由区民政局整体划转至区委老干部局。

2020年，区委老干部局有人员编制15名，其中行政编制4名，参公事业编制11名；在编人员13名，其中局机关干部4名，下属参公事业单位干部9名。下设办公室、离退休干部管理科、区老干部活动中心（含挂牌的区关工委办公室、区离退休干部党建管理中心）、长寿老年大学。截至2020年12月，纳入区委老干部局服务管理的离退休干部1097人，其中离休干部18人、市管退休干部52人、区管退休干部872人、原县管实职科级退休干部155人。

【老干部三项建设】 2020年，区委老干部局持续加强政治建设，激励和引导全区老同志在坚决听党话、永远跟党走上当好示范。组织离退休干部开展“增添正能量·共筑中国梦”系列活动，组织各离退休党支部学习谭连兴等全国离退休干部先进个人事迹，引导广大离退休干部“不忘初心、牢记使命”。落实老干部政治待遇，落实阅读文件、参加重要会议和重大活动、情况通报、暑期集中学习、形势政策教育、走访慰问、支部学习等制度；年内组织市管离退休干部阅读《一区两群协调发展的实施意见》、长寿区“十四五”规划和2035年远景目标、区政府工作报告等重要文件12份；组织老干部代表参加区委十三届七次、八次全会，区“两会”、“一报告两评议”工作会、全区经济社会发展情况通报会、迎春座谈会、区政府工作报告和区“十四五”规划征求意见座谈会等重要会议10次；春节、“七一”等重要节日，区主要领导带队看望慰问老干部代表26人，元旦、春节、国庆、重阳节对离退休干部进行普遍慰问，全区各单位在重要节日分别对离退休干部进行走访慰问。加强老同志教育提醒和日常引导，组织召开老干部工作联络员会议，开展离退休干部意识形态工作专题培训，分管负责人带队到重点部门和街镇退休党支部开展意识形态工作宣讲，建立微信群随时引导老同志讲政治、守规矩。

加强思想建设，坚持以习近平新时代中国特色社会主义思想武装头脑，组织离退休干部学习党的十九届四中、五中全会，市委五届八次、九次全会，区委十三届七次、八次全会精神，组建宣讲团到区纪委监委、区委直属机关工委、区公安局、区教委、新市街道等退休党支部开展宣讲培训和业务指导，局机关工作人员分片联系，实现全区73个离退休党支部上门指导全覆盖。发挥区委老干部局的阵地作用，持续举办离退休干部政治理论学习培训班，集中组织学习党的十九届五中全会、2020年全国“两会”、抗日战争暨反法西斯战争胜利75周年座谈会、全国抗击新冠肺炎疫情表彰大会、中央经济工作会等重要会议精神，全年组织开展学习活动18场、老同志座谈学习交流7次，向离退休党支部赠阅学习资料10000余份。指导各单位组建离退休干部网上学习微信群，组织4000余名老同志关注“红岩青松”“离退休干部工作”微信公众号，全年向各单位推送学习通知12次、组织开展线上集中学习交流活动20次、组织1000余名离退休干部集中收看专题报告会3场。

加强党组织建设，年内开展离退休党支部建设专题调研，局领导带队到重点部门和街镇进行座谈；建立局机关工作人员定点联系支部制度，定期开展上门指导。探索离退休党组织建设向社区延伸，在2个市级“四就近”示范社区落实老同志支部学习经费和阵地，安排社区专职人员定期集中学习。组建长寿区老干部暑期读书班，在老同志集中避暑的黄水、利川、武陵山等地组织老同志开展暑期学习；围绕《习近平谈治国理政第三卷》和老同志关注的时政热点开展学习。局党建管理中心每月定期向各离退休党支部印发《支部学习参考》，分送《老同志生活》等学习资料，引领离退休党组织向规范化标准化推进。

【老干部作用发挥】 2020年，区委老干部局发挥老干部政治优势，传递红色基因。组织动员广大离退休干部在确保自身安全前提下投身到全区新冠肺炎疫情防控和复工复产工作中，区纪委监委、区政协办、区交通局、凤城街道的老同志主动融入社区疫情防控，开展社区人员排查和防疫宣传工作。引导老同志正面发声，正确引领社会舆论。组织开展“我看脱贫攻坚新成就”专题调研，区纪委监委、区委办、区人大办、区政府办、区政协办、凤城街道、石堰镇、万顺镇等30多个单位老同志助力脱贫攻坚工作；组织老同志到长寿慢城、滨江长寿谷、三科农商城等地座谈研讨，为项目建设提供意见建议。组织动员全区老干部党员为疫情防控捐款，全区离退休干部主动捐款40余万元，其中老同志樊崇启捐款10000元、离休干部冯家玉捐款4000元。组织开展“初心故事会”活动，各单位报送作品220余件，其中调研报告17篇，书法、诗词、视频各1件，摄影作品200余件。

发挥老干部经验优势，开展老干部助力成渝地区双城经济圈建设调研活动，及时学习解读政策文件精神，组织“畅想双城记”系列座谈，老同志们在基础设施建设、工业经济发展、文旅融合发展等方面积极建言。组织老干部代表参加“十四五”规划征求意见座谈会、区委十三届七次、八次全会、区政府工作报告征求意见座谈会等区级会议，前往老年活动中心老年大学建设项目、长寿湖渔文化村参观考察，老干部们提出建设性意见，得到认可和好评。组建老干部调研组到市级贫困村云集镇大同村、江南街道天星村、云台镇拱桥村开展调研，与街镇班子、驻村工作队、村支两委、贫困户等70余人座谈交流，形成调研报告5篇。

发挥老干部威望优势，维护社会和谐文明。建立健全“党建带关建”机制，倡导和支持老同志带头参与各级关工委工作。组织开展新时代爱国主义教育，开展“众志抗疫话家国”老少征文比赛、“中华魂”（科技托起强国梦）主题教育活动、新时代爱国主义教育巡讲，为全区中小学发放学习读本34560册、广大青少年和“五老团”的老同志撰写征文1087篇、“五老团”开展爱国主义巡讲55场。深化结对联动机制，开展教育助学扶贫，向长寿区和丰都县50名学生发放助学金12.5万元，联合经开区关工委为全区107名贫困学生兑现心愿，向因残致贫的70名贫困孩子发放慰问金3.5万元；全区关心下一代工作质效和机制健全完善，原区关工委常务副主任谭连兴获中国关工委成立30周年表彰的全国先进个人称号。探索组织离退休干部投身基层社会治理，参加社区志愿服务、协助化解矛盾纠纷、宣讲党的方针政策、协助参与常态化疫情防控，助力维护全区社会和谐稳定大局。

【老干部服务】 2020年，区委老干部局为离休干部提供亲情化个性化服务。坚持和完善离休费保障机制、医药费保障机制和财政支持机制，牵头建立老同志医疗卫生联系服务机制；发挥区保健委职能，运用优势医疗资源为老同志服务，建立区级医院、社区医院医生和老干部工作者与离休干部“一对一”医疗服务制度，落实离休干部走访慰问全覆盖，在送医上门、后勤保障、精神关怀等方面提供优质服务，坚持每周一次电话、每旬一次上门制度。全年帮助就医就诊42人次，开展上门送诊80人次，走访慰问45人次，为企业离休干部据实报销医药费21.6万元。做好中华人民共和国成立初期参加革命的退休老同志的生活补贴调标工作，与社保局对接落实6名企业干部生活补贴及医疗补贴，落实1名工人生活补贴发放。

探索退休干部服务新格局。建立健全原单位、老干部局、家庭、社区相结合的退休干部服务工作机制，为老同志提供精准化、多元化的服务。年内完成949名退休干部健康体检。利用社区资源建立完善《社区专职老干部服务人员考勤制度》《社区专职老干部服务人员的目标考核制度》，开展“温暖进社区、关爱老干部”公益活动，年内社区专职服务人员上门走访216人次、帮助解决实际困难15件，春节重阳走访慰问205人次。加强宏观指导，开展老干部工作督导和考核，强化考核标准、优化考核内容，督促各单位贯彻落实中央、市委和区委有关文件精神，按照文件要求谋划好、开展好、落实好老干部工作。

精准解决离退休干部实际困难，加大特殊困难帮扶工作力度，建立机关干部走访特殊困难离退休干部制度。加强政策宣传，主动联系全区各单位人事干部、老干部联络员、离退休党支部书记，宣传老干部特殊困难帮扶政策，并做好服务工作。2020年帮扶70人、发放帮扶资金21.1万元，安排机关干部上门走访每名提出帮扶申请的离退休干部，从精神、生活、家庭等方面进行关心问候。新冠肺炎疫情期间，区委老干部局运用电话、短信、微信、QQ等向离退休干部及时通报有关情况和政策，协调原单位、区级有关部门、社区开展上门服务，及时将口罩、消毒喷雾剂、手套等防护用品分送到老同志家中，对空巢、独居、特殊困难老同志，用电话、视频经常关心、关注他们的思想和身体状况，引导老同志正确认识疫情。

满足离退休干部多元精神文化需求。区委老干部局组织老同志在元旦春节、国庆重阳开展集体游园活动，全区900余名离退休干部参加活动，设置套圈、幸运转盘、掷骰子、摇奖、棋牌比赛等项目。在重阳节开展“同堂祝寿”集体祝寿活动，为79名“逢九满十”的老干部寿星送上生日祝福；全区各部门、单位分别组织离退休干部开展重阳节座谈交流活动。开展“感受变化”活动，组织40余名市管退休干部代表到区老年活动中心（老年大学）建设项目、长寿湖渔文化村参观考察；区人大常委会、区纪委监委、晏家街道、石堰镇等单位分别组织离退休干部到长寿慢城、三科农商城、桃花溪生态引水工程等区级重点建设项目参观考察，实地感受发展变化、畅谈改革成果。区老干部活动中心、区老年大学按新冠肺炎疫情防控要求谋划网上课堂和网上活动，及时转发最新和权威的疫情公告信息和健康保养知识。

【自身建设】 2020年，区委老干部局配合区委第四巡察组专项巡察，针对反馈问题，强化制度保障和机制创新，推动巡察整改落地见效。修订局中心组理论学习制度，按要求对漏学内容进行补学；指导离退休党支部开展组织生活，运用新媒体、互联网组织开展专题学习活动。修订完善局务会议事规则，定期研究党风廉政建设、脱贫攻坚、意识形态等工作，发挥班子核心作用；用心用情为老同志服务，老干部工作质效得到提升；制定干部选任操作手册和全纪实清单，确保选人用人程序规范、基础扎实。强化专题调研，组织到自贡、大足、渝北、北碚等地老干部局，开展老干部工作融入基层社会治理、老干部工作率先融入主城实现同城化发展专题调研，助推老干部工作实现精准化、信息化、规范化。

加强能力锻炼，把政治建设放在首位，局班子召开中心组理论学习会12次，班子成员带头上党课4次，局机关党支部开展集中学习11次，举办业务交流学习座谈会4次；开展“党课开讲啦”活动、组织干部职工通过干部网络学院、学习强国平台、参加干部轮训、业务培训等方式学习。年内区委老干部局班子获得全市老干部工作先进集体。

打造老干部工作者过硬作风。面对新冠肺炎疫情，坚持在危机中锻炼意志、锤炼作风。班子成员分别带队到黄桷湾社区、凤岭路社区、骑鞍社区、碧园社区、桃花社区等开展疫情蹲点值守和人员排查；按照分片包点的安排，组织开展送健康上门服务，干部职工、离退休党支部书记和社区专职人员分别为老干部们送疫情防护健康知识和防护用品，老干部工作者体现出强烈的担当精神和过硬的工作作风。定期研究脱贫攻坚工作，组织帮扶责任人统筹“战疫”“战贫”，顺利完成目标任务。健全完善党风廉政建设规章制度13个，开展重要岗位廉政谈话，主动接受区纪委监委派驻纪检监察组的监督，在重大物资采购、重要时间节点规范办事流程和改进廉政教育方式，拒腐防变的意识进一步巩固。（刘星星）

党　校

【概况】　中共重庆市长寿区委党校、重庆市长寿区行政学校、重庆市长寿区社会主义学院实行“一个机构、三块牌子”的管理体制，挂重庆市广播电视大学长寿分校、重庆市长寿区社区教育学院牌子（本分目简称学校）。校长（院长）由区领导兼任，设常务副校（院）长1名、副校（院）长2名、校务委员2名；有9个内设科室。学校2020年有教职工31人，其中高级职称7人、中级职称11人，博士研究生1人、硕士研究生8人、在职研究生6人、本科16人。学校新校区坐落于长寿区桃花新城文苑西路2号，占地面积1.7公顷，建筑面积10288平方米，教室32间，可同时容纳2000人上课；学校有藏书万余册，有100兆校园网、双向视频远程教学系统、网上直播系统，有一流的校园教学观摩系统、校园安全监控系统、校园广播系统，各项教育设施设备齐全。

【干部培训】　2020年，学校承办各类培训班37期，培训干部3491人次，其中主体班27期，培训干部2559人次。年内组织主体班、专题班学员，接待上级和兄弟区县党校的学员，到学校的现场教育基地长寿区新型工业园区和预防犯罪法治教育实践基地接受现场教育278批（次）、6243人次。学校教师到区级部门、街镇授课21场（次），受训干部2080人次。年内，区委书记赵世庆和10名区级领导到区委党校主体班上课。教研科科长被区委组织部评为“党课开讲了”名嘴教师；1名青年教师的专题课在全市党校系统精品课评选中获第三片区一等奖；1名青年教师的专题课在重庆市统一战线教学竞赛活动第四片区赛中获二等奖。

【学历教育】　2020年，学校着力将重庆广播电视大学长寿分校打造成长寿地区成人继续教育、学历教育、社区教育的主阵地。电大长寿分校年内有在校生1879人，其中网院687人、开放教育学生1192人。2020年4月，重庆市长寿区社区教育学院在电大长寿分校挂牌成立，设社区教育科，新增2个编制岗位。至此学校实现学历与非学历教育并举发展。

2020年，学校开放教育招生699人，比2019年增长11%；网院招生317人；专科毕业生成功转化本科新生67人，转化率12.5%；招生人数创历史新高。全年学校教师参加各类线上和线下培训48人次，教师参加各类竞赛获奖68人次。其中，1名青年教师在重庆广播电视大学第七届微课大赛中获一等奖，学校选送的其他作品均创佳绩；重庆市第五届社区教育微课大赛中，学校获优秀组织奖，2名青年教师获二等奖；2名校务委员分别获《国家开放大学2020年度学习习近平总书记关于扶贫工作重要论述征文活动》个人一等奖、个人二等奖。

【科研资政】　2020年，学校坚持以科研促教学，以教学推科研，以促进教学科研咨政一体化为目标，着力发挥地方智库、智囊团作用。2020年，教师公开发表论文29篇；成功申报课题15项，结项课题15项；通过《领导参阅》上报资政报告18篇（其中，组织教师围绕“成渝地区双城经济圈建设”“乡村振兴战略行动”“长寿区推进同城化发展先行区建设”等区委、区政府重要工作，开展基层调研，撰写出15篇高质量资政报告送领导参阅）。完善对接机制，加强与相关部门的沟通联系，及时了解长寿经济社会发展中的重大问题，实现研究与决策无缝对接。完善协作机制，与片区党校开展科研合作，6名教师的科研论文在片区理论研讨会获奖，成功申报重庆市社会科学规划“两基”专项课题《大数据视域下智慧社区治理创新研究》。

【后勤服务】 2020年，学校办公后勤立足本职、服务大局，做好各方沟通协调工作和后勤保障工作，确保学校教学、招生等业务工作顺利开展。全年收取和办理区委、区政府和相关部门文件1815件，印发80份文件；规范做好学校各类会务接待；坚持从严从俭，降低公务活动成本，三公经费持续下降；落实新型冠状肺炎疫情防控措施，做好学校疫情防控工作，保障学校师生安全；继续优化校园环境，改善学校基础设施，及时维修公共区域设备，完成消防管道维修、配电房搬迁工程，确保水电和消防安全，保障设施设备安全有序运行。（林　娣）

党史（地方志）研究

【概况】 2020年2月18日，中共长寿区委机构编制委员会印发《关于重庆市长寿区地方志办公室更名的通知》，中共重庆市长寿区委党史研究室（重庆市长寿区地方志办公室）更名为中共重庆市长寿区委党史研究室（重庆市长寿区地方志研究室），简称区委党研室（区志研室）；年底前有在编人员6名、临聘人员3名。

【党史研究】 2020年，区委党研室（区志研室）在完成《长寿大事记》《中国共产党长寿组织史》等基本著作后，编辑《中共重庆历史大事记·长寿区卷（1925—2006）》，年内完成出版社三校，年底前已公开出版。为迎接和庆祝中国共产党百年华诞，开展党史专题课题研究，组织力量编辑《图说长寿党史》《口述长寿党史》，年底前已形成《口述长寿党史》初稿及《图说长寿党史》大纲。及时跟进党中央和市委、区委的决策部署，收集整理长寿地区在新冠肺炎疫情防控中出台的文件、各类指示批示、相关图片影像、先进典型事迹材料等资料，以大事记形式梳理和记录长寿区各级党组织领导广大干部群众开展新冠肺炎疫情防控的重要活动、重大事件等。落实革命遗迹保护，多次实地查看陈燮烈士纪念碑、杨克明故居等革命遗迹遗址，协助推进革命遗址保护修复工作；协助区文旅委开展林庄学堂党史陈列馆建设；完成全区24处乡村革命遗址摸底核查工作。

【地方志研究】 2020年，区委党研室（区志研室）贯彻落实《地方志工作条例》《全国地方志事业发展规划纲要（2015—2020年）》和《大力促进新时代地方志事业发展的意见》，着手开展第三轮修志的资料收集等准备工作。综合年鉴工作常态化，年底前完成110万字的《长寿年鉴（2020）》公开出版，《长寿年鉴（2021）》进入资料收集阶段。指导和协助完成《中共长寿区委老干部局志》和《长寿区关工委志》资料收集，年底前进入志书编纂、校审阶段。

【史志宣传】 2020年，区委党研室（区志研室）发挥党史育人和地方志教化的作用，与区纪委监委合作，在微信公众号风正巴渝刊登《大美五月，走走这个人人向往的地方》，介绍长寿湖的湖光山色及红色文化；加强与新媒体合作，在长寿在线app开辟《长寿史话》和《红色长寿》专栏，每周1期讲述长寿故事和寿城红色历史；发挥党史资政职责，撰写《长寿区红色历史遗址遗迹保护开发利用研究》《开发利用红色资源，落实促进融合发展》《加快长寿区区域经济发展的建议》等资政文章；开展宣传思想工作队伍“四力”教育实践工作，增强“脚力、眼力、脑力、笔力”。

【史志服务】 2020年，区委党研室（区志研室）围绕服务经济社会发展需要，开展史志资料数字化，整合已有资源，收集长寿文化、旅游等史料档案，为各街镇、部门加快乡村振兴提供电子资料查询；落实关爱解困行动，“七一”期间深入凤城街道凤西社区为困难党员送温暖，到双龙镇飞石村慰问老党员老干部；致力脱贫攻坚，每个月至少1次进村入户走访扶贫帮扶对象，落实扶贫政策，了解贫困户现状，及时帮助解决贫困户行动不便帮助申请轮椅，贫困户就业困难帮助申请公益性岗位等困难；按照区新冠肺炎疫情防控工作领导小组部署，协助工业园区管委会包片联系长寿工业园区，督导园区企业落实各项疫情防控措施，指导和帮助企业解决复工复产有关问题，以实际行动践行初心和使命。

【政治建设】 2020年，区委党研室（区志研室）建立健全“不忘初心、牢记使命”主题教育长效机制，发挥部门优势，用好红色资源，加强“四史”学习，强化对党忠诚；丰富学习内容和形式，以讲党课、学习强国app、先进典型教育、参加党员志愿活动形式多样开展党员教育。落实意识形态工作责任制，牵头拟制《关于加强长寿区重大历史题材项目审读工作的实施意见》；维护网络意识形态安全，教育引导全室干部在QQ、微信朋友圈等网络平台抵制消极言论、低级庸俗的图片、视频。

抓好廉政教育，贯彻落实中央八项规定及实施细则精神；深化运用监督执纪“四种形态”，在“第一种形态”上下功夫，在“治未病”上积极作为；加大典型案例警示通报，及时贯彻和解读党纪党规，经常开展典型案例警示通报，以案明纪、引以为戒。修订完善《区委党研室（区志研室）制度汇编》，严格用制度管人管事；明确主要负责人不直接分管人财物；严肃财经纪律，对2018年1月—2020年5月期间的财务管理情况进行自查，未发现违规情况。落实区委巡察整改工作要求，配合巡察整改情况督查；支持纪检组履职。执行《党政领导干部选拔任用工作条例》，2020年，晋升一级主任科员2人，符合相关标准及程序，无违规情况；强化干部理论及业务素质培养，加强对年轻干部的培养锻炼，全年组织干部职工参加市委党研室、市志办及区内各类理论培训和业务能力培训20余人次。实施好个人有关事项报告、及时更新党员干部及其亲属涉权事项公开等；落实“一岗双责”，班子成员率先垂范，模范践行党章党规党纪，带头遵守宪法法律法规和政德建设建设，管好亲属子女和身边的工作人员。

（张玉洁）

保密工作

【组织领导】 2020年，中共长寿区委和区委保密委员会对保密工作采取多项措施加强对保密工作的领导。区委书记赵世庆多次在不同场合对保密工作提出要求；全年区委常委会4次专题听取保密工作情况汇报，研究解决保密工作重大问题；区委副书记、区委保密委员会主任和区委常委、区政府常务副区长、区委保密委员会副主任多次深入重点部门、单位，开展保密工作调研。全区保密工作形成区委组织领导有力，区国家保密局统筹协调有序，部门街镇齐抓共管的工作格局。

【保密责任落实】 2020年，长寿区国家保密局协调区纪委监委、区考核办继续将保密工作责任制落实情况纳入区级部门和街镇经济社会发展实绩考核指标体系及年度述职述廉，以考核倒逼责任落实，确保保密工作与业务工作同研究、同部署、同落实、同考核、同奖惩；同时加大保密监督检查力度。

【保密宣传教育】 2020年，中共长寿区委和区委保密委员会把抓好保密宣传教育摆在突出位置，确保宣传到位、警示到位、教育到位。继续将保密宣传教育纳入区委党校（区行政学校）教学体系，组织开展领导干部、涉密人员、公务员和公职人员保密教育培训。继续在《长寿日报》和长寿手机台开设《保密微讲堂》专栏，运用新媒体、新渠道对全区公民开展保密知识、保密意识“两识”教育和警示案例教育，年内在《长寿日报》、长寿手机台发布《保密微讲堂》专栏12期，受众超过20万人次。全区保密宣传教育培训做到组织有力、实施有序、成果有效。

【保密技术防范】 截至2020年年底，长寿区投入资金100万元配齐配强保密技术检查和技术服务装备。建成投用覆盖全区电子政务外网和互联网的保密检查平台，全区保密技术服务、技术防范和技术监管能力得到有效提高，分工负责、密切协同、整体联动、快速反应的工作格局形成。

【保密日常管理】 2020年，长寿区国家保密局强化保密日常监督检查，会同区委机要局、区国安办、区公安局、区市场监管局开展保密自查自评督查、涉密文件清退、重点涉密单位周边文印店安全保密隐患排查、全区泄密隐患排查、涉密载体管理情况等专项检查5次，约谈相关责任单位分管负责人4人次，发现并消除保密管理隐患、漏洞6件（次），以检查整改倒逼保密管理水平提升。加强疫情防控工作信息安全保密管理，抽调区委办保密工作人员到区新冠肺炎疫情防控领导小组综合办公室集中办公，参与全区疫情防控工作，提前介入重点部门做好涉疫情信息的保密管理工作，为维护国家政治安全和社会稳定，确保疫情防控工作大局不受影响发挥积极作用。规范互联网网站信息公开保密审查工作，区国家保密局召集相关单位召开联席会议，共同对全区党政机关主办的互联网网站、政务邮箱系统等开展排查，指导全区各党政机关建立健全网站信息公开发布保密审查制度，从源头上堵塞失密泄密漏洞，健全完善互联网网站违规发布涉密信息删除的工作程序和工作流程。做好全国统一考试的保密工作，派员配合区教委、区公安局全程参与高考和高中学业水平考试试卷分发、整理、运送及清点工作；参与高考、中考巡考工作，指导区教委做好考务保密管理工作，保障考试试卷在各个环节安全可控，确保高考、中考、高中学业水平考试顺利有序进行。（韩　黎）

表11　　**2020年中共重庆市长寿区委员会重要文件一览表**

文件名称	文号
区委区政府关于抓好“三农”领域重点工作确保如期实现全面小康的实施意见	长寿委发〔2020〕1号
关于表彰重庆市长寿区城市提升工作先进集体和先进个人的决定	长寿委发〔2020〕2号
区委关于印发《区委常委会“不忘初心、牢记使命”主题教育专题民主生活会整改方案》的通知	长寿委发〔2020〕3号
区委、区政府关于表彰重庆市长寿区平安长寿建设先进集体和先进个人的决定	长寿委发〔2020〕4号
区委关于全面贯彻习近平总书记系列重要指示精神加强党的领导、为打赢疫情防控阻击战提供坚强政治保证的通知	长寿委发〔2020〕5号
区委区政府关于全面实施预算绩效管理的实施意见	长寿委发〔2020〕7号
区委区政府关于印发《2020年长寿区脱贫攻坚工作要点》的通知	长寿委发〔2020〕8号
区委区政府关于印发《长寿区进一步加强耕地保护和改进占补平衡实施方案》的通知	长寿委发〔2020〕9号
区委关于印发《长寿区2020年度政党协商计划》的通知	长寿委发〔2020〕10号
区委关于成立市委巡视长寿区（含长寿经开区）反馈意见整改落实工作领导小组的通知	长寿委发〔2020〕14号
区委区政府关于进一步加强全区国有资产资源统筹管理利用的意见	长寿委发〔2020〕16号
关于印发《市委第五巡视组专项检查长寿区委巡察工作反馈意见整改落实方案》的通知	长寿委发〔2020〕17号
关于印发《区委常委会工作规则》的通知	长寿委发〔2020〕19号
区委《关于率先实现与重庆中心城区同城化发展推动成渝地区双城经济圈建设的决定》	长寿委发〔2020〕20号
区委、区政府《关于印发贯彻落实市委市政府〈深化改革加强食品安全工作的若干措施〉的实施方案》的通知	长寿委发〔2020〕21号
区委、区政府关于印发《重庆市长寿区2020年安全生产工作考核办法》的通知	长寿委发〔2020〕22号
中共重庆市长寿区委关于调整区委巡查工作领导小组成员的通知	长寿委发〔2020〕23号
区委、区政府关于2019年度工业企业考评获奖情况的通报	长寿委发〔2020〕24号
区委、区政府关于命名长寿区2020年度重点工业企业的通知	长寿委发〔2020〕25号

续表

文件名称	文号
区委印发《长寿区政治生态评价办法（试行）的通知》	长寿委发〔2020〕26 号
区委区政府关于给予卢莉等 90 名同志记三等功和黄述明等 534 名同志嘉奖的决定	长寿委发〔2020〕27 号

（中共重庆市长寿区委员会办公室提供）

2020 年 6 月，中共长寿区第十三届委员会第七次全体会议召开

重庆市长寿区人民代表大会

人民代表大会

【区十八届人民代表大会第四次会议】 2020年1月6—9日，重庆市长寿区十八届人民代表大会第四次会议召开。会议应到代表291人，实到282名；邀请不是区十八届人大代表的政协区十五届四次会议出席和列席人员，不是区十八届人大代表的区级领导、经开区管委会副主任，历届人大常委会副主任，在长寿的市五届人大代表，区监委、区法院、区检察院副职领导，区委各部委、区委巡察组、区政府各部门及直属事业单位、经开区各部门、各人民团体、区管重点国有企业有关负责人，部分在长寿市属单位、部分企业负责人列席；邀请30名公民旁听第一、二次全体会议。

大会举行1次预备会议、3次全体会议、6次主席团会议和6次代表团会议。会议听取审议区政府工作报告、区人大常委会工作报告、区法院工作报告、区检察院工作报告，审查计划、预算报告。依法作出决议，批准区人大常委会、区政府、区法院、区检察院工作报告和区计划报告、区预算报告，批准2020年国民经济和社会发展计划、2020年区级预算。会议选举杨一、杨洪梅、罗建平3人为区十八届人大常委会委员。

大会收到代表建议353件（未收到议案），内容相同或者相近的代表建议合并后，实有建议342件。涉及交通54件、城乡规划建设39件、城市管理39件、公安司法25件、农业22件、卫生健康20件、水务17件、民政13件、文化旅游13件、教育9件。 （张忠荣）

人大常委会会议

【区十八届人大常委会第二十三次会议】 2020年1月2日，长寿区十八届人大常委会第二十三次会议召开，审议区人大常委会工作报告（送审稿）。

【区十八届人大常委会第二十四次会议】 2020年3月26日，长寿区十八届人大常委会第二十四次会议召开，审议并表决通过区人大常委会2020年工作要点，审议区人大各专门委员会工作要点，听取审议区政府《关于2020年重大民生工程、重大基础设施、重点城镇建设及重大民生事项计划及2019年办理情况的报告》《关于2020年第一批新增政府债券分配方案的报告》《关于2019年度政府债务情况报告》。

【区十八届人大常委会第二十五次会议】 2020年5月27日，长寿区十八届人大常委会第二十五次会议召开，听取审议区政府《关于2019年国土空间规划及执行情况的报告》《关于人民调解工作情况报告》《关于2020年第二批新增政府债券分配方案的报告》《关于2018年度审计查出问题整改落实情况的报告》《关于长寿区2019年度生态环境状况和环境保护目标完成情况的报告》，听取审议《区法院关于刑事审判工作情况报告》，审议人事任免议案。

【区十八届人大常委会第二十六次会议】 2020年7月23日，长寿区十八届人大常委会第二十六次会议召开。听取审议区政府《关于长寿区2020年上半年国民经济和社会发展计划执行情况的报告》《关于长寿区2020年上半年财政预算执行情况的报告》《关于2020年特别国债和特殊转移支付分配方案的报告》《关于长寿区义务教育督导工作和学前教育评议意见办理落实情况的报告》《关于医保工作情况的报告》，听取审议区检察院《关于未成年人检察工作情况的报告》，听取审议区人大常委会执法检查组《关于检查〈重庆市国防教育条例〉实施情况的报告》《关于检查〈中华人民共和国农民专业合作社法〉实施情况的报告》，审议人事任免议案。决定接受谭伟辞去重庆市长寿区监察委员会主任职务；任命胡文军为重庆市长寿区监察委员会副主任，决定胡文军为重庆市长寿区监察委员会代理主任。

【区十八届人大常委会第二十七次会议】 2020年9月23日，长寿区十八届人大常委会第二十七次会议召开，听取区政府《关于水污染防治工作情况的报告》，对区政府水污染防治工作开展评议；听取审议区政府《关于重庆市长寿区2019年财政决算的报告》《关于长寿区2019年度预算执行和其他财政收支的审计工作报告》《关于2020年第4批新增政府债券分配方案的报告》《关于2019年度国有资产管理情况的报告》《关于2019年度企业（含金融企业）国有资产管理情况的报告》；对区民政局、区住房和城乡建委、区水利局、区文化和旅游发展委、区应急管理局、区信访办、区招商投资促进局、区机关事务局8个部门2017年换届到2020年工作情况进行工作评议，并开展满意度测评；审议区人大常委会执法检查组《关于检查〈重庆市全民健身条例〉实施情况的报告》，审议人事任免议案；决定接受巴川江辞去重庆市长寿区人民政府区长职务。

2020年9月23日，长寿区十八届人大常委会第二十七次会议评议区政府水污染防治工作

【区十八届人大常委会第二十八次会议】 2020年10月26日，长寿区十八届人大常委会第二十八次会议召开，审议人事任免议案，决定任命戴明为重庆市长寿区人民政府副区长，决定戴明为重庆市长寿区人民政府代理区长。

【区十八届人大常委会第二十九次会议】 2020年12月7日，长寿区十八届人大常委会第二十九次会议召开，学习传达中共十九届五中全会精神，听取区政府《关于城市品质提升工作情况的报告》，对区政府城市品质提升工作情况进行专题询问；听取审议区政府《关于2020年区级财政预算调整方案的报告》《关于区第十八届人民代表大会第四次会议代表建议办理情况的报告》，审议区人大常委会执法检查组《关于检查〈重庆市科学技术普及条例〉实施情况的报告》，听取区人大常委会菩提、凤城、晏家、江南、渡舟、新市、八颗街道工委工作情况报告，听取市五届人大代表龚致平、甘秉洪的2020年履职情况报告，听取审议区人大常委会代表资格审查委员会《关于个别代表的代表资格的报告》；审议区人大常委会主任会议《关于召开重庆市长寿区第十八届人民代表大会第五次会议的议案》。（张忠荣）

重要工作与活动

【政治思想建设】 2020年，区人大常委会党组安排中心组学习13次。以学习贯彻习近平新时代中国特色社会主义思想为主线，重点学习习近平法治思想、关于坚持和完善人民代表大会制度的重要思想、《习近平谈治国理政》，跟进学习习近平总书记关于新冠肺炎疫情防控、脱贫攻坚、全面小康等重要讲话，以及党中央和市委、区委重要文件精神。围绕成渝地区双城经济圈建设、主城都市区同城化发展、“两地两区”等重大决策部署，有针对地谋划和做好人大工作。严格请示报告制度，就人大重要履职事项、履行管党治党

2020年10月28—29日，长寿区人大常委会与四川省广安市及其区市县人大常委会召开协同助推长寿广安一体化发展对接协作暨主任联席会议第一次会议

责任等工作，书面向区委请示报告18次。在召开人代会、通过重要人事任命时，成立临时党组织加强组织领导。按照区委安排，参与新冠肺炎疫情防控、脱贫攻坚、河长制落实、重大项目建设、社区工作日等工作。

【监督工作】 2020年，区人大常委会贯彻市人大常委会《关于增强人大监督实效的意见》，寓支持于监督之中，加强和改进监督工作。加强法律监督，对27件规范性文件进行备案审查，开展中华人民共和国农民专业合作社法、重庆市国防教育条例、重庆市全民健身条例、重庆市科学技术普及条例执法检查。加强工作监督，听取审议工作报告33项，作出审议、评议、视察意见30项。坚持围着中心工作转，听取审议上半年计划、预算执行情况，视察园区聚商选资工作，听取新冠肺炎疫情防控工作情况，组织各级代表参与疫情防控。开展成渝双城经济圈6项课题研究，与广安市人大常委会签订合作协议。推动两江新区至长寿快速通道实现开工，助力同城化发展。持续跟踪督办学前教育评议意见、养老服务视察意见办理落实情况，上下联动开展水污染防治工作评议、城市品质提升专题询问，组织视察普通高中教育、农村人居环境整治、公安工作，听取审议医保工作情况，听取残疾人保障、人民调解、刑事审判、未成年人检察等工作情况。以问题为导向，听取审议国资管理报告，听取预算绩效管理工作报告，预算公开评审审减资金6890万元。区人大常委会领导牵头，全过程跟踪监督，推动"四重"项目按计划实施。开展已征未用土地管理、村级公共服务和社会管理专项资金补助政策、城区长江饮水工程调研。

【重大事项决定】 2020年，区人大常委会坚持抓重点议大事，召开7次常委会议，听取审议政府债务、城乡规划、教育督导等年度报告事项13项。作出关于批准2020年长寿区第一批新增政府债券分配方案的决定、关于实施桃花溪幼儿园等重大项目的决定、关于批准区人民政府2020年第二批新增政府债券分配方案的决定、关于通过区十八届人大常委会代表资格审查委员会个别委员的决定、关于批准2020年特别国债和特殊转移支付的决定、关于批准2019年区级决算的决议、关于批准区人民政府2020年第四批新增政府债券分配方案的决定、关于批准2020年区级预算调整方案的决议、关于召开重庆市长寿区第十八届人民代表大会第五次会议的决定等决议决定。

2020年10月26日，市区人大代表视察长寿区高中教育

【选举任免工作】 2020年，区人大常委会坚持党管干部与人大依法选举任免有机统一，任免国家机关工作人员11人（次），补选区人大常委会委员3名、区人大代表4名。落实任前法律知识考试、任前表态发言、宪法宣誓等制度。对区民政局、区住房城乡建委、区水利局、区文化旅游委、区应急局、区信访办、区招商投资局、区机关事务局8个部门开展工作评议，测评结果均为满意。

【代表工作】 2020年，区人大常委会不断完善代表工作机制，加强代表同群众联系，落实人大常委会联系人大代表、人大代表联系人民群众，人大代表向选民述职"两联一述"制度，全年区人大代表走访、接访选民1.2万人（次），293名区人大代表以口头或书面形式向选民述职；开展"主任接待日"活动6次，接待基层人大代表190人（次）；组织364人（次）基层人大代表参加常委会开展的工作活动。推动代表建议办理落实，区领导牵头督办26件代表建议，全面推行与代表面商、二次回复等办理机制，实行进度通报、网上公开等工作制度。实行每年向人代会报、年初推进会听、年中督办会听、专题主任会议听、常委会会议听"一报四听"制度，持续压紧办理工作责任。区十八届人大四次会议342件代表建议，面商率超过80%，代表对办理态度、答复函满意率均为100%。优化代表履职服务保障，规范建成

19个代表之家、60个代表工作站，市区镇人大代表统一编组、进家进站。组织参加全国人大、市人大视频培训，开展代表工作评比表扬活动。协助市人大代表在市五届人大三次会议上提出57件建议，组织市人大代表开展4次视察活动。

【人大常委会及机关建设】 2020年，区人大常委会以全面从严治党为引领，加强常委会机关各项工作。抓好巡视巡察整改，主动认领市委巡视、区委巡察反馈问题，从常委会党组、机关党委2个层面，分别制定整改落实方案，清单化推进整改落实。完成区委巡察反馈3类12项问题整改销号，建立健全理论学习、议事决策等制度机制11项。抓好机关党的建设，召开党组会议21次；设立人大常委会机关党组，督促机关党委自觉承担党建专责责任，加强党建和意识形态工作。定期开展“三会一课”、主题党日，常委会党员领导带头上党课、参加组织生活，党内政治生活严起来、实起来、活起来。严格执行中央八项规定精神，纠治“四风”问题，全力支持派驻纪检监察组工作，人大常委会机关保持风清气正。加强调研宣传工作，地方人大专委会建设课题获市人大制度研究会立项，连续4年获市人大制度研究会论文奖，形成具有较高质量的调研报告30多篇，人大微信公众号发布原创微信118篇，连续3年获市人大新闻一等奖；组织人大代表、人大工作者广泛宣传宪法、民法典法律。规范镇街人大工作，制定镇街人大工作考评办法，明确6类27项量化指标，考评结果实行“一通报两挂钩”。加强对镇街人大工作指导，上下联动开展专项工作评议，深入镇街开展调查研究，年中、年底分别召开镇街人大工作座谈会，听取镇街人大工作报告。各镇街人大规范召开人代会、辖区代表会，各镇人大全面推行民生实事项目代表票决制，年内全区票决实施113个民生实事项目。（张忠荣）

表12　**2020年重庆市长寿区人大常委会重要文件一览表**

文件名称	文号
重庆市长寿区人大常委会关于深入学习贯彻《重庆市人民代表大会常务委员会关于依法全力开展新冠肺炎疫情防控工作的决定》的通知	长人发〔2020〕1号
重庆市长寿区人大常委会关于批准区人民政府2020年第一批新增政府债券分配方案的决定	长人发〔2020〕2号
重庆市长寿区人大常委会关于2020年实施桃花溪幼儿园等重大项目的决定	长人发〔2020〕3号
重庆市长寿区人大常委会办公室关于印发《重庆市长寿区镇街人大工作考评办法》的通知	长人办〔2020〕14号
重庆市长寿区人大常委会关于批准区人民政府2020年第二批新增政府债券分配方案的决定	长人发〔2020〕11号
重庆市长寿区人大常委会关于通过区十八届人大常委会代表资格审查委员会个别委员的决定	长人发〔2020〕12号
重庆市长寿区人大常委会关于黄磊等同志职务任免的决定	长人发〔2020〕13号
重庆市长寿区人大常委会关于批准2020年特别国债和特殊转移支付的决定	长人发〔2020〕14号
重庆市长寿区人大常委会关于接受谭伟同志辞职的决定	长人发〔2020〕15号
重庆市长寿区人大常委会关于胡文军等同志职务任免的决定	长人发〔2020〕16号
重庆市长寿区人大常委会关于胡文军同志为重庆市长寿区监察委员会代理主任的决定	长人发〔2020〕17号
重庆市长寿区人大常委会关于批准2019年区级决算的决议	长人发〔2020〕18号
重庆市长寿区人大常委会关于批准区人民政府2020年第四批新增政府债券分配方案的决定	长人发〔2020〕19号
重庆市长寿区人大常委会关于接受巴川江同志辞职的决定	长人发〔2020〕20号

续表

文件名称	文号
重庆市长寿区人大常委会关于熊浩同志免职的决定	长人发〔2020〕21号
重庆市长寿区人大常委会关于接受陈红辞去区第十八届人民代表大会代表职务的决定	长人发〔2020〕22号
重庆市长寿区人大常委会关于戴明同志职务任命的决定	长人发〔2020〕23号
重庆市长寿区人大常委会关于戴明同志为重庆市长寿区人民政府代理区长的决定	长人发〔2020〕24号
重庆市长寿区人大常委会关于批准2020年区级预算调整方案的决议	长人发〔2020〕25号
重庆市长寿区人大常委会关于召开重庆市长寿区第十八届人民代表大会第五次会议的决定	长人发〔2020〕26号

（重庆市长寿区人大常委会办公室提供）

2020年8月，长寿区的市、区人大代表视察乡村振兴

重庆市长寿区人民政府

综　述

【概况】　2020年，面对突如其来的新冠肺炎疫情，长寿区坚持疫情防控和经济发展两手抓、两手硬，着力应变局破危局，经济发展迎来新机遇；着力调结构促升级，主导产业实现新突破；着力抓改革扩开放，发展动能得到新释放；着力抓统筹促融合，城乡建设展现新风貌；着力惠民生保稳定，幸福指数实现新攀升。各项经济指标全面止跌回升，经济社会发展呈现稳中有进、进中向好态势。全年地区生产总值比2019年增长4.2%，固定资产投资增长8.6%，社会消费品零售总额增长2.6%，一般公共预算收入增长19.1%，全体居民人均可支配收入增长6.7%。

【疫情防控】　2020年，长寿区坚持人民至上、生命至上，第一时间启动疫情防控一级响应、对重点疫区封闭管理、落实差异化防控要求。1.9万名基层工作者奔赴一线，排查出密切接触者1012人、集中隔离医学观察438人次，检测车辆23万驾（次）、人员70余万人次，以血肉之躯筑起守护生命健康的钢铁长城。秉承医者仁心，5000余名医护人员不分昼夜挽救生命，22名确诊患者2个月内全部治愈出院；685名医护人员主动请战，53人千里驰援湖北，成功救治421人，1人获评全国抗疫先进个人。164家企业展现社会担当，主动捐款捐物1100万元。

全面落实疫情期间经济运行监测调度机制，分类有序推动复工复产、复市复消、复学复课，努力把损失补回来。倾心服务企业，全力保障产业链、供应链畅通，推动企业快速复产复效，获市政府领导点名表扬。建立企业帮扶机制，按照“一企一策一专班”原则，18个复工复产督导组、293名“企业专员”到一线，帮助企业解难纾困。落实“助力市场主体45条”等系列对冲措施，采取续贷、展期、延本降息等方式，为3217户企业提供差别化信贷70.5亿元。

【经济发展新坐标】　2020年，长寿区找准“双城”“同城”新坐标，把握成渝地区双城经济圈建设、“一区两群”协调发展重大机遇，成为主城都市区4个同城化先行区之一，区域发展呈现新格局、彰显新优势。编制《加快融入成渝地区双城经济圈发展研究》规划，与广安、攀枝花分别签订“1+7”“1+2”战略合作协议，推进合作事项50余项，10余个项目纳入第二批川渝双城项目库。协同推进产业合作，联手长江上游12个开发区成立创新联盟，加盟新材料企业110家，川渝五地联合推出6条文旅特色精品线路。强化生态环境保护，跨区域开展大气、水污染联动共治。

【稳工业促增长】　2020年，长寿区发挥工业稳增长作用，完成工业投资145亿元，比2019年增长14.5%。狠抓补链成群，引进世界首创天然气制蛋白质、国内最大气凝胶、最大高强钢筋、最大钢绞线等龙头项目12个，新投产重大产业项目79个，新增产能300亿元以上。狠抓重点帮扶，助力60家重点工业企业稳生产、稳订单，实现产值700亿元。狠抓“三上”企业，新升规模以上企业25家，培育拟上市企业11家，新增上云企业11家。狠抓创新创造，实施重钢28.5亿元工艺再造、川维8.8亿元技术提升等技改项目150个，新增专精特新企业3家、研发机构30家、发明专利67件，11个工业消费品获评重庆名牌产品。狠抓要素供给，全力保障企业用气需求，工业用电、用煤、用蒸汽分别同比增长3.4%、6.8%、1.9%。

【稳商贸促消费】　2020年，长寿区开展促进消费回补系列活动，加快商圈业态提档升级，引进星巴克、海底捞等名品名店22家；做大总部经济，重庆宇邦、盛份实业等在长寿注册，长航集团落户长寿，完成结算32亿元。培育线上消费，壮大电商产业，新增电商300家，实现交易额120亿元。提速港区建设，完成长寿港码头整合规划方案；长寿港申报国家“十四五”口岸开放项目进展顺利，与重庆海关签订协议，在长寿设立监管点，海关检验检疫化学实验室落户经开区，报关、保税等口岸功能正加快恢复。常态开行西部陆海新通道铁海联运长寿班列，打通南向出海大通道，已发班列60列。四大专业市场加快建设，三科农商城开门营业，入驻商户3000余户；汽贸城一期主体全面完工，大众4S店等商家入驻营业；智慧物流中心开工在即；钢材交易市场新入驻贸易企业12家。

【抓文旅促回暖】 2020年，长寿区完成“十四五”文化旅游规划编制，区博物馆主体楼工程完工，长寿湖欧瑞酒店开门营业，万顺温泉小镇项目钻井取水，长寿湖特色小镇、长寿湖高铁站至景区旅游专线、滨江长寿谷库岸整治等项目正在推进。三大AAAA级景区、长寿湖—菩提古镇市级旅游度假区通过评定性复核。长寿古镇网红街盛装开街，游客数跃居全市前三。长寿云上文旅馆上线运行。成功举办非遗文化赶场、慢城迷你马拉松、成都文旅交流等推介活动，第二届重庆晒文化·晒风景“双晒”活动反响热烈，长寿旅游精品、文创产品获广泛好评。全年接待游客750万人次，实现旅游收入65亿元。

【重点领域改革】 2020年，长寿区打造政策最优、成本最低、服务最好、办事最快的“四最”营商环境，对标世行标准梳理问题逐一整改落实，审批提速70%以上。开展“民营企业百日大走访”活动，降低企业生产经营成本，为企业减税降费10.4亿元。树立“资产运营”思维，启动国有资金、资产、资源“三资”清理，盘活1.2万个停车位、60万平方米公租房等闲置资产，筹集资金11.2亿元。提前回购长寿湖旅游高速公路，实现控债、融资、惠民“三受益”。创新设立资金“三池”（征地拆迁、重大项目前期工作、化债周转），落实滚动补充、持续蓄水机制，解决项目前后两端资金需求，有效打通重大项目落地堵点。坚守保工资、保稳定、保公共民生“三保”底线，出台“过紧日子”10条措施。分类推进区属国企混改、重点国企集团化整合；帮助重钢完成混合所有制改革。

【实施全面开放】 2020年，长寿区协同共建交通网络，完成全区“一港、五铁、六高、一快”区域交通体系规划（“一港”即长寿港；“五铁”即渝宜高铁、广涪柳铁路、沿江货运铁路、长垫梁开货运铁路、都市快轨C7线；“六高”即渝长复线、沿江高速长寿支线二期、重庆至城口高速公路的石船—洪湖—邻水段、沪渝高速的长寿—梁平段扩能改造、广安至长寿高速公路、沿江高速北线；“一快”即两江新区至长寿快速通道），争取广涪柳铁路、渝汉高铁过境，携手6市（区）共建双城经济圈交通一体化融合发展先行示范区。明月山通道可行性研究取得重大突破，同城化“生命线”——两江新区至长寿快速通道节点工程开工，打破融入主城发展屏障；渝长复线即将竣工，长江二桥主桥合龙。千方百计稳外贸，帮助企业保订单、保市场，“一企一策”解决通关商检、出口退税、融资贷款等难题，支持企业海外建厂、海外代理规避贸易壁垒。

【创新驱动发展】 2020年，长寿区实施创新驱动“一三五十百千”工程（“一”即建设创新生态示范区；“三”即打造长寿经开区、高新区、现代农业园区三大创新服务平台；“五”即实施生物医药、精细化工、装备制造、新材料新能源、电子信息五大科技专项；“十”即创建国家级科技孵化器、国家级知识产权示范园区、国家级知识产权试点城市等十大创新品牌；“百千”即聚集引进培育成百上千科技型企业、科技创新人才），着力构建以企业为主体、产学研用深度融合的创新格局。加快创新平台建设，经开区科技创新园建成投用，中科未来城科学综合馆投入运营，转移转化科技成果。注重主体培育，新增科技型企业150家、市级企业技术中心12个。引进首个国家级技术中心——重庆钢铁技术中心，建成海外研发中心1个，友为技术、恒成智道入选全市“100家数字经济龙头企业”。强化政策支持，深化知识价值信用贷款改革试点，积极申报创新驱动发展项目。注重人才支撑，坚持以企业引人才，健全科技人才评价体系。

【城市品质提升】 2020年，长寿区坚持高起点规划，开展国土空间开发保护专题研究，都市快线C1线等重大同城化项目成功纳入全市国土空间总体规划。坚持高水平建设，统筹推进城市提升重点项目，龙溪河—桃花溪水系连通工程破土动工，体育馆、格林广场公共停车场建设完工，改造三峡路、望江路社区等9个片区老旧小区，加装老旧小区电梯31部，提档升级凤山公园、桃花公园，增加城市休闲空间。完成智慧城市规划方案，建成5G基站787个，智慧交通、智慧城管、智慧社保等平台广泛应用、惠及于民。坚持高效能管理，巩固扬尘示范街道10条，持续打造古镇片区城市管理示范区，深化“马路办公”工作机制，解决城市综合管理问题。开展爱国卫生运动，推动城市垃圾分类处置，垃圾无害化处理率100%，城市环境整洁有序、优美洁净。

【乡村振兴推进】 2020年，长寿区着力抓示范，成功举办全市乡村振兴工作推进现场会，破解乡村用地难题典型案例入选国家《乡村振兴战略规划实施报告》，乡村振兴试验示范成为全市旗帜。着力促改革，完成部级农村集体产权制度改革试点。着力强产业，依托柚、橘、鱼、蛋“四大主导产业”，壮大现代山地特色高效农业；实施“六个十万”工程（即十万亩现代高效粮油、十万亩高品质血橙、十万亩高标准晚熟柑橘、十万亩长寿柚、十万亩健康渔业养殖、十万吨绿色鸡蛋），云台镇获评全国产业强镇；依托“村村淘”电商平台，助力本土农特产品线上销售。着力塑品牌，推广“自然长寿”品牌。着力美环境，完成农村人居环境整治三年行动目标任务，新建“四好农村路”，乡村面貌持续改观。

【生态环境改善】 2020年，长寿区把修复长江生态环境摆在压倒性位置，“一口一策”整治排污疑似点，清理长江干流岸线利用项目，完成长江经济带小水电整改。推进长江长寿段10年禁捕，实现应禁全禁、应退全退。巩固提升五级水污染风险防控体系，长江长寿段水质达Ⅱ类。推进第二轮中央生态环保督察问题整改落实，全面完成重钢不规范堆存钢渣问题整改。城区空气质量优良天数比例稳定在90%以上。

【决胜脱贫攻坚】 2020年，长寿区以决胜之势尽锐出战，压茬推进定点攻坚、百日大会战、收官大决战，10个贫困村全部出列，长寿人民彻底告别绝对贫困。“两不愁三保障”问题全部动态清零，全面完成控辍保学任务，群众看病就医负担进一步减轻；完成新增四类对象危房改造228户、住房安全边缘户危房改造175户，完工8个贫困村饮水安全巩固提升工程，5户以上集中水源水质监测实现全覆盖。

【社会保障完善】 2020年，长寿区打好稳定就业“组合拳”，抓好农民工、高校毕业生等重点群体就业，发放稳岗补贴、创业担保贷款。全面启动小学课后延时服务，重庆会计专科学校落地开建，古镇二小等项目加快建设，创建全市社区教育示范区。加快医疗、医保、医药改革“三医联动”，推动分级诊疗，区人民医院北城分院建设、区中医院三期扩建、危化卫生应急救援中心工程加快推进。引进百龄帮等2家企业打造高品质养老机构，区博物馆主体建筑完工，区体育中心改造翻新，建成“农村半小时、城市十五分钟”文化健身圈。

【社会治理高效】 2020年，长寿区打好“扫黑除恶”专项斗争收官战。践行新时代“枫桥经验”，全面推进矛盾纠纷多元化解机制。“雪亮工程”建成，立体化、信息化防控体系织密织牢。破获特大网络售卖伪劣口罩案，受公安部电贺表扬。聚焦交通、建设、危化、消防等重点行业领域，抓住涉燃涉爆等重点风险因素，开展安全隐患大排查、大整治、大执法。加强巡查监管，抓好已关闭煤矿、非煤矿山安全管理工作。全力防范暴雨洪涝等自然灾害，开工森林防火视频监控指挥系统，升级山洪灾害等监测预警平台。

（魏　刚）

重要会议

【区政府常务会议】 2020年，长寿区人民政府召开政府常务会议30次（第91次至第120次），总计412个议题。会议审议关于对新中国成立70周年安保维稳工作成绩突出的个人予以表扬的通报（送审稿），关于开展2020年领导干部“社区工作日”活动的通知，关于做好2020年区级领导公开接访群众工作的通知，关于提请审议开展2019年度事业单位工作人员（机关工勤人员）考核及定期奖励工作的请示，关于授予明建平等42人长寿区第四届名教师称号的决定，关于调整交巡警支队、车管所等单位业务用房方案的请示，关于由长寿区保安服务有限责任公司承担区公安局安保服务工作的请示，关于进一步盘活区级公租房资产的请示，关于开展长寿区营商环境内评与优化提升研究的请示，关于加快推进2019年度国土绿化提升行动农田林网和特色经济林建设的通知，关于与千诚公司签订项目投资协议的请示，关于参股投资重庆长美生态文化旅游有限公司的请示，关于邯郸一三高研科技有限公司相关事项的请示，关于进一步推进老旧住宅增设电梯工作的报告，重庆市长寿工业园区管理委员会关于向区政府借款的请示，关于全市恢复生猪生产保障市场供应电视电话会议精神的汇报材料，关于2020年元旦、春节期间政务值班工作情况的报告，关于2019年长寿区生态环境保护工作完成情况的报告，关于传达全国打击、治理电信网络新型违法犯罪工作电视电话会议精神汇报，关于道路交通安全设施管理工作情况汇报，关于传达全市体育工作会议精神及全区贯彻落实工作措施的汇报材料，关于传达全市文化和旅游发展大会精神及全区贯彻落实工作措施的汇报材料，全市财税审计工作会议精神传达提纲，全市统计工作会议精神传达提纲，传达学习习近平总书记关于新型冠状病毒感染肺炎疫情防控工作系列重要指示精神和重庆市第五届人民政府第八十一次常务会视频会议精神，关于新型冠状病毒感染的肺炎疫情期间医疗物资采购和收储有关问题的请示，关于向企业有偿提供口罩等医疗物资的请示，关于做好重庆市长寿区新冠肺炎疫情防控物资资金结算管理工作的通知，学习贯彻习近平总书记在中共中央政治局常务委员会会议上的重要讲话、习近平总书记在中央全面深化改革委员会第十二次会议上重要讲话精神、市委常委会扩大会议精神、全市疫情防控工作视频会议精神，区政府各分管领导通报疫情防控期间相关工作情况，关于长寿区防疫物资采购工作情况的报告，关于传达全市做好疫情防控期间贫困户帮扶和脱贫攻坚工作电视电话会议精神的汇报，2020年长寿区脱贫攻坚工作要点（送审稿），关于2020年重大项目开复工情况的报告，关于经开区部分道路命名审核考察的意见，关于报送长寿区备战重庆市第六届运动会工作方案的请示，关于长寿长江二桥项目通信线路迁改费用补偿事宜的请示，关于与重庆银税互动企业孵化器管理有限公司签订合作协议的请示，关于公开出让菩A12-2/03、A13/03、A14-1/03和桃A6-4/02、A6-5/02、A5-2/02地块国有建设用地使用权的请示，关于2020年春节期间政务值班工作情况的报告，传达全市农业农村工作会议和扶贫开发工作会议精神，关于抓好“三农”领域重点工作确保如期实现全面小康的实施意见（送审稿），长寿区2019年安全生产工作考核结果，关于做好疫情防控期间向学生快递教材的请示，渝宜高速公路长寿区石堰互通立交工程相关事宜，长寿区爱琴海购物公园大型城市综合体项目投资开发协议，关于为基层医疗机构更换救护车的请示，关于2020年第一批新增政府债券分配方案的请示，关于完善公共租赁住房补贴相关事宜的请示，关于延长第十一届房交会购房补贴政策优惠期限的请示，关于化解渤能房地产公司信访稳定问题的报告，关于“3·2”全市企业复工复产安全生产工作视频会议的精神传达提纲，长寿区2019年新时代、新担当、新作为评议结果及效能建设工作经费分配方案，2020年重大民生工程、重大基础设施、重点城镇建设及重大民生事项计划（送审稿），关于报请审批重庆文和建设集团有限公司混合所有制改革方案的请示，长寿区推进城乡供水一体化工作方案，关于设立重庆战略性新兴长园股权投资基金合伙企业（有限合伙）的请示，关于成立长寿区反诈骗中心的请示，2020年长寿区“3+3”信访突出问题专项治理（重点领域攻坚）实施方案，关于调整完善值班伙食补助政策的请示，重庆市长寿区旅游营销奖励办法，关于借支一牛养殖场环境安全隐患防控处置经费的请示，全市信访办主任电视电话会议精神传达提纲，关于全市稳投资工作电视电话会议有关情况的汇报，区政府常务会和区长办公会决定事项进展情况（三十二），全国森林草原防灭火工作电视电话会议精神，2020年全市林业工作电视电话会议精神传达提纲，学习贯彻习近平总书记在3月4日中共中央政治局常务委员会会议上的重要讲话、3月6日决战脱贫攻坚座谈会上的讲话、3月26日二十国集团领导人特别峰会上的重要讲话，关于2019年度人大代表建议政协提案办理工作考核结果的通报，长寿区2020年重点工作目标任务分解，关于提请审议2020年土地供应计划的请示，关于经营性加油（气）站项目用地出让有关事项的请示，长寿区2020年农村人居环境整治工作要点和长寿区2020年度农村人居环境整治工作考核办法，重庆市长寿区2020年乡村振兴试验示范十大重点工作，长寿区国民营养计划（2020—2030年）实施方案，关于明确全区小型游乐设施设备安全监管责任的通知（送审稿），关于重庆市长寿区阳鹤山片区一期道路工程——南北中路土石方作业方式及特殊路基处理方式变更相关事宜的请示，关于安排凤城华府·公园里四期、五期一组团项目城市基础设施建设资金的请示，关于进一步加强全区国有资产资源统筹利用的意见，关于长寿经开区环松西地块D610渡两复线（正新以北地块段）山体滑坡应急抢险工程相关事宜的请示，关于三洞村部分群众反映集体土地征收住房安置问题的处理建议，关于委托国家发改委综合运输研究所编制《国家物流枢纽建设方案》的请示，关于传达全市反恐怖工作领导小组会议暨全市反恐怖工作会议精神的汇报，关于传达全市民族宗教委主任电视电话会议精神的汇报材料，关于全市统筹推进疫情防控和稳就业、人社扶贫电视电话会议有关情况的报告，关于明确全区部分领域安全生产监管责任的通知（送审稿），关于申报第二期市级及全国市域社会治理现代化试点的评估报告，关于印发2020年重点民生实事工作目标任务的通知（送审稿），关于报送区东方物业有限责任公司等11家区级部门所属企业改革方案的请示，关于印发长寿区2020年春期新冠肺炎疫情下学校开学工作方案的通知，关于继续沿用城市道路交通安全设施管理维护模式的请示，关于交办2020年信访矛盾攻坚战首批“四重”案件的通知，关于传达主城都市区整改落实中央脱贫攻坚专项巡视“回头看”和2019年国家脱贫攻坚成效考核反馈意见暨挂牌督战脱贫攻坚现场推进会会议精神的汇报材料，关于国家及重庆市脱贫攻坚普查工作部署视频会议精神的汇报材料，关于2020年清明节期间政务值班工作情况的报告，2020年全市退役军人工作电视电话会议精神汇报，关于传达全市政务服务工作电视电话会议精神的汇报材料，学习贯彻习近平总书记、李克强总理关于新冠疫情防控工作重要讲话精神和中共重庆市委五届八次全会精神、全市推动服务业高质量发展大会、全市一季度经济形势分析会精神，关于公布长寿区行政权力及责任事项清单及长寿区公共服务事项清单的请示，关于对2019年度平安细胞予以命名的通知（送审稿），关于2019年度长寿区创新驱动重要成果的通报，关于2019年度长寿区科技工作考核结果的通报，关于长寿区人民政府与中住（北京）数据科技有限公司签订装配式建筑产业基地投资框架协议的请示，长寿区高层建筑消防安全提升计划（2020—2022年），长寿区促进3岁以下婴幼儿照护服务发展的实施方案，关于进一步加强大中型水库移民后期扶持项目及资金管理的通知，关于加强三峡后续工作项目实施管理的通知，长寿区2020年城市提升工作要点，关于重庆川维化工有限公司项目建设手续办理相关问题的请示，关于转发《重庆市规划和自然资源局关于做好〈土地管理法〉（修正案）施行后过渡期征地报批及实施有关工作的函》的通知，关于开展成渝地区双城经济圈重庆东向大通道明月山连接道工程PPP实施方案（预论证）工作的请示，关于调整桃花河流域水环境综合治理规划编制采购主体的请示，关于解决历年项目结算审计及结算款支付相关事宜的报告，2020年长寿区对口帮扶丰都县工作方案，关于2020年第二批新增政府债券分配方案的请示，关于电大宾馆集中医学观察期间费用的请示，关于实施政府过紧日子十条措施的通知，关于有偿授予经开区范围内公共停车位经营权的请示，关于全市第二批开学复课和全市高校开学复课电视电话会议精神暨长寿区中小学开学复课情况汇报，关于传达全市5G网络建设攻坚工作电视电话会议有关情况的汇报，关于传达全国禁毒工作电视电话会议精神和长寿区禁毒工作汇报材料，“4·10”全国安全生产电视电话会议精神传达提纲，关于传达全市汛期地质灾害防治电视电话会议精神及长寿区贯彻落实情况的汇报材料，区政府常务会和区长办公会决定事项进展情况（三十三），学习贯彻习近平总书记在陕西考察时的重要指示精神、2020年4月22日、4月30日、5月7日中央应对新冠肺炎疫情工作领导小组会议精神，关于提请审定鲁巧等免职的请示，关于报请审批组建重庆宜寿康养服务有限公司方案的请示，关于2019年度卫生健康工作目标任务完成情况的通报，关于报送《重庆寿岛国际旅行社有限公司和重庆市茂途物业服务有限责任公司混合所有制改革方案》的请示，关于中石油将金桥加油站迁建至长寿区阳鹤南北一路补偿事宜的请示，关于回购长寿湖旅游专用高速公路特许经营权的请示，关于加强征地拆迁资金管理的通知，长寿区农村宅基地审批管理工作方案（试行），长寿区乡村振兴项目管理实施细则（试行），关于长寿区“十四五”规划编制有关情况的请示，李明清在全市长江流域禁捕工作推进视频会议上的讲话（摘要），关于全市大力推进就业扶贫电视电话会议有关情况的报告，关于2020年劳动节期间政务值班工作情况的报告，关于退还重庆同洲汇子科技有限公司土地竞买保证金的请示，重庆海关长寿区人民政府共同促进长寿区开放型经济发展合作备忘录，关于新建渝长高速八颗服务区两侧加油站、双龙加油站、桃花加油站、重庆东部国际农产品交易中心加油站的请示，重庆市中央生态环境保护督察报告，传达全市第二轮中央生态环保督察反馈意见整改工作部署会精神，重庆市长寿区贯彻落实《重庆市中央生态环境保护督察报告》整改方案，关于区政府与重庆路桥股份有限公司签署战略合作协议的请示，学习贯彻5月14日中共中央政治局常务委员会会议、习近平总书记在山西考察时的重要指示精神，学习习近平总书记向全国广大护士致以节日祝贺和诚挚慰问的重要精神、5月15日中央应对新冠肺炎疫情工作领导小组会议精神，关于报送《长寿区公共卫生应急管理智能联网工程实施方案》的请示，关于提请审定《重庆职工会计专科学校迁建（一期）项目·校区部分实施EPC总承包建设及招标相关事项的请示》，重庆长寿开发投资（集团）有限公司关于签订《战略合作框架协议》的请示，关于设立重庆市长寿区停车管理服务中心有限责任公司的请示，关于对沪渝高速公路长寿至长寿湖段客车实施免费通行的请示，关于深化农村道路交通安全治理体系建设有关工作的请示，关于收购储备重庆钢铁（集团）有限责任公司及重庆钢铁集团三峰工业有限公司国有建设用地使用权的请示，关于与上海国和现代服务业股权投资管理有限公司和上海国创商业保理有限公司签订合作协议的请示，关于与重庆慧铭纵策企业管理咨询有限公司签订合作协议的请示，2019年重大项目考核结果及奖励方案，关于全市乡村振兴“十大重点工程”暨试点示范工作推进现场会精神传达的汇报，关于城中城项目维稳相关事宜的请示，传达贯彻陈敏尔书记对统计工作的指示精神及学习中央《关于深化统计管理体制改革提高统计数据真实性的实施意见》《统计违纪违法责任人处分处理建议办法》《防范和惩治统计造假、弄虚作假督察工作规定》，关于传达全市投资调度电视电话会议有关情况的汇报材料，2020年全市国家教育考试安全保密暨高职分类考试工作视频会议，全市普通高校招生工作视频会议及近期教育有关工作视频调度会议的传达提纲，关于“4·24”第二季度全市安全生产与自然灾害防治工作电视电话会议的精神传达提纲，关于全国公安机关及全市公安机关深入学习贯彻习近平总书记在全国公安工作会议上的重要讲话精神电视电话会议主要精神的报告，关于提请审定罗立等职务任免的请示，学习贯彻全国两会精神、习近平总书记在全国两会期间的重要讲话精神、中共中央政治局第二十次集体学习精神、习近平总书记对毛南族实现整族脱贫作出的重要指示精神，学习习近平总书记给袁隆平、钟南山、叶培建等25位科技工作者代表的回信精神，5月20日中央应对新冠肺炎疫情工作领导小组会议精神，习近平总书记6月2日召开的专家学者座谈会精神，李克强总理6月4日召开的中央应对新冠肺炎疫情工作领导小组会议精神，关于提请审议余波免职的请示，关于印发重庆市长寿区公共投资建设项目审计实施办法的通知，长寿区加强非洲猪瘟防控稳定生猪生产保障市场供应促进转型升级实施方案（2020—2021），关于开展污水乱排、岸线乱占、河道乱建“三乱”专项整治行动实施方案，关于废止部分区政府规范性文件的决定，关于与安诚财产保险股份有限公司签订合作协议的请示，关于兑现鹏诚保险代理有限公司2019年度财政扶持政策资金的请示，关于2019年度农业农村经济及住户收支统计调查工作考核结果的通报，2019年度区级部门和单位、街镇党委和政府脱贫攻坚成效考核结果，关于进一步推进区管重点国有企业集团化整合运营的请示，重庆长寿钢材交易市场招商协议，关于全市防汛抗旱工作视频调度会议精神汇报材料，关于区政府与重庆钢铁股份有限公司签订水运物流发展合作协议的请示，关于启动新建重庆至武汉高速铁路（重庆北经长寿北至涪陵北段）工程可行性研究的请示，关于印发《长寿区临港产业发展扶持办法》（暂行）的通知，重庆市长寿区人民政府与中铁建重庆投资集团有限公司签订战略合作协议，2019年长江经济带生态环境警示片，全国、全市普通高等学校毕业生就业创业工作电视电话会议精神传达提纲，关于传达2020年全市三峡后续工作会议和中央环保督察反馈涉及水利问题整改工作推进会议精神的汇报材料，关于2020年普通高校招生考试安全工作电视电话会议精神的汇报材料，关于传达全市禁毒工作电视电话会议精神和长寿区禁毒工作汇报材料，区政府常务会和区长办公会决定事项进展情况（三十四），关于传达全市推动消费品工业高质量发展电视电话会议有关情况的汇报，2020年全区法治政府建设工作要点，关于建立健全农村供水工程运行管护长效机制的实施意见（试行），重庆市长寿区老旧住宅增设电梯工作实施方案，全面推进长寿区养老服务高质量发展的实施方案（2020—2022），重庆市长寿区养老服务发展扶持办法，关于渡舟街道太平大道更名审核考察的意见，长寿区有机肥推广使用办法，关于传达长江流域禁捕和退捕渔民安置保障工作电视电话会议精神的汇报材料，关于传达全市脱贫攻坚“百日大会战”视频调度暨决战决胜脱贫攻坚专项督查动员部署电视电话会议精神的汇报材料，关于近期全市及全区消防重点工作情况的汇报，长寿区区属国有企业采购管理办法，重庆市长寿区安全生产专项整治三年行动实施方案，关于提高农村客运营运补贴标准的请示，关于印发重庆市长寿区政府投资重大项目前期工作管理暂行办法的通知，关于印发长寿区重大项目工作目标考核细则的通知，关于进一步规范政府投资项目代建有关问题的通知，关于给予重庆三科农产品市场有限公司产业发展资金的请示，重庆市长寿区人民政府、国家电投集团重庆电力有限公司战略合作协议，重庆市长寿区人民政府、重庆川港中汇能源有限公司战略合作协议，关于传达全市财政保运转防风险工作会暨全市财政局长座谈会会议精神的汇报材料，关于全市规范义务教育学校招生入学工作及学校疫情防控工作视频调度会议精神的汇报材料，关于2020年全市教育系统安全工作视频会议精神的汇报材料，关于传达全国禁毒工作先进集体和先进个人表彰会议精神的汇报材料，关于2020年端午节期间政务值班工作情况的报告，关于市级农村人居环境整治工作督促指导情况的通报，关于传达全市开展脱贫攻坚与实施乡村振兴战略有机衔接试点工作视频会议精神的汇报材料，学习贯彻习近平总书记在宁夏考察时的重要指示精神、2020年6月29日中共中央政治局会议精神、中共中央政治局第二十一次集体学习会议精神、中央全面深化改革委员会第十四次会议精神、习近平总书记对防汛救灾工作作出的重要指示精神和市长唐良智调研长寿工业企业时的指示精神，关于长寿区人民政府与重庆钢铁（集团）有限责任公司不再履行相关债权债务的请示，关于印发《贯彻落实〈中共中央 国务院、中央军委关于加强新时代退役军人工作的意见〉的具体措施》的通知，关于进一步规范活禽交易推行集中屠宰加强冷链供应工作的实施意见，关于全面规范活禽交易和宰杀的通告，重庆市长寿区违法建设治理工作方案，重庆市长寿区违法建设分类处置工作方案，关于开展违法建设集中治理的通告，长寿区液化天然气加气站特许经营项目实施方案，长寿区液化天然气加气站特许经营协议示范文本，关于机动车驾驶人考试中心1号楼二次装修工程造价增加的请示，重庆市长寿区农村危旧房土地复垦工作方案，全国农村乱占耕地建房问题整治工作电视电话会议暨全市农村乱占耕地建房问题整治工作电视电话会议精神传达提纲，关于到期收回重新投放2020年到期出租汽车特许经营权指标的请示，关于2020年特别国债和特殊转移支付分配方案的请示，2019年度长寿区工业企业评奖情况，长寿区2020年度重点工业企业名单，关于重庆化工职业学院办理注册地变更有关问题的请示，重庆化医控股（集团）公司股权无偿划转给长寿经开区协议，学习贯彻习近平总书记对进一步做好防汛救灾工作作出的重要指示精神、7月17日中共中央政治局常务委员会会议精神、7月21日习近平总书记在企业家座谈会上的重要讲话精神、习近平总书记在吉林考察时作出的重要指示精神、7月30日中共中央政治局会议精神，重庆市人民政府令第337号《重庆市重大行政决策程序规定》，中共重庆市委办公厅印发《关于2020年上半年全市意识形态工作情况的通报》的通知，关于提请审定徐征任职的请示，重庆市长寿区人民政府关于划定禁止露天烧烤区域的通告，重庆市长寿区民政局关于扩展城区文明治丧示范区域的请示，长寿区人民政府与百龄帮（重庆）康养产业集团有限公司签订养老服务招商协议，关于长寿区社区居家养老服务设施建设稳定风险情况的汇报材料，关于全市冒名顶替上大学问题专项清查处置工作电视电话会议精神及我区专项清查处置工作方案的汇报材料，关于对民办普惠性小区配套园实施“零租金”补贴方案的请示，关于葛兰镇葛兰村2组胡某某等户拆迁安置补偿方案的请示，关于印发《长寿区完善住房保障体系试点工作方案》的通知，关于解决经开区内工业项目历史遗留问题有关事宜的请示，关于2019年度长寿区招商引资工作考核结果的通报，关于安排2018年公益性农产品市场体系建设补助资金的请示，关于长寿古镇会展中心（博物馆）项目室内装修（展陈）相关事宜的请示，关于高速公路收费站站名及服务区名称设置情况的报告，关于2020年全区上半年安全生产和自然灾害防治工作情况的报告，全市上半年信访工作总结、下半年工作安排电视电话会议精神及长寿区上半年信访工作汇报，全市野生动物养殖后续处置工作电视电话会议精神传达提纲，关于传达全市“招商季”活动动员电视电话会议精神及长寿区贯彻落实情况的汇报材料，关于传达全市扩大农业农村有效投资电视电话会议精神的汇报材料，关于全市2020年调整退休人员基本养老金暨信访稳定工作视频会相关情况的报告，关于“7·31”全国安全生产电视电话会议和全市安全生产与自然灾害防治工作电视电话会议的精神传达提纲，关于传达全市财政直达资金监管工作视频会会议精神的汇报材料，关于传达国务院第七次全国人口普查电视电话会议暨全市第七次全国人口普查领导小组电视电话会议精神的报告，关于传达全市食品药品安全委员会第一次全体（扩大）会议精神的汇报材料，区政府常务会和区长办公会决定事项进展情况（三十五），学习贯彻习近平总书记近期系列重要讲话、批示指示精神，学习贯彻李克强总理到渝考察时的工作要求，关于三洞村关口片区旧城改造群体反映住房安置问题的处理建议方案的请示，关于市委第五巡视组巡视长寿区反馈意见交办事项（“五大帮扶”及生活困难补助措施）整改方案的请示，长寿区小石门长江水源工程项目规划方案，长寿区畜禽养殖区域划定方案（修编），关于长寿北部新城渡南路西延伸段道路工程人行道、照明工程变更相关事宜的请示，关于长寿区乡村振兴农文旅融合项目（一期）秀才文化文创中心配套设施建设工程EPC总承包招标方案的请示，关于协调解决重庆钢铁股份有限公司环保税滞纳金有关问题的请示，重庆市长寿区人民政府重庆市农业科学院战略合作协议，关于促进大健康产业高质量发展的实施方案（2020—2025年），长寿区智慧政务“一张网”项目建设的请示，关于安排2019年度市定财税扶持政策补助资金的请示，关于与重庆沐顺企业管理有限公司签订合作协议的请示，关于拟租用蓝筹银座商业用房建设区综治中心过渡性指挥大厅的请示，关于同意长寿经开区与重庆化医控股（集团）公司签订MDI配套项目股权无偿划转协议及补充协议的请示，收购储备重庆钢铁集团三峰工业有限公司国有建设用地使用权的方案，关于全区2019年及2020上半年行政规范性文件管理情况的汇报材料，关于近期信访工作情况的汇报材料，学习贯彻习近平总书记近期重要讲话精神进一步做好有关工作，关于提名王世平等职务任免的通知，关于印发重庆市长寿区野生动物养殖后续处置工作实施方案的通知，关于印发《长寿区数字经济创新发展工作方案》的通知，长寿区脱贫攻坚“收官大决战”工作方案，传达全市克服疫情灾情影响确保如期全面脱贫暨脱贫攻坚收官大决战动员部署电视电话会议精神，关于印发《长寿区金融支持稳企业保就业实施方案》的通知，关于印发《长寿区“1+2+N”普惠金融服务到村工作方案》的通知，关于安排2019年度建筑业产业扶持资金的请示，关于安排2019年度现代商贸物流服务业发展等扶持资金的请示，关于进一步加强消费扶贫工作的通知，关于印发《重庆市长寿区物流降本增效综合改革试点实施方案》的通知，长寿区人民政府重庆凯尔老年公寓管理有限公司养老服务招商协议，关于2020年至2022年拟建项目规划的报告，关于确定三峡担保转让股份收购方的请，关于长寿智慧国企数字化管理平台项目相关情况的请示，关于选择合作机构参与长寿区存量水库资产盘活 PPP 项目的请示，关于提请审定印发《关于通过 PPP 模式盘活存量水库资产工作实施方案》的请示，关于转让重庆渝巴物流有限责任公司股权的请示，关于 2019 年度统计工作考核结果的请示，2020 年全市退役军人安置工作电视电话会议精神汇报，学习贯彻 2020 年 8 月 31 日中共中央政治局会议精神、中央全面深化改革委员会第十五次会议精神、全国抗击新冠肺炎疫情表彰大会精神进一步做好有关工作，学习贯彻习近平总书记近期重要讲话精神进一步做好有关工作，关于提请审议熊浩免职的请示，关于收购德基盛公司在长寿区渡舟正街 146 号国有建设用地使用权的请示，长寿区废弃农膜回收利用管理办法（试行），关于划转部门国有资产充实社保资金建议方案的请示，关于安排北斗高精度位置服务应用试点项目建设资金的请示，关于与广州致景科技有限公司签订合作协议的请示，关于 2020 年第四批新增政府债券分配方案的请示，关于菩提街道道路命名审核考察的意见，关于与重庆市白帽子科技有限公司签订合作协议的请示，关于 2019 年度禁毒工作考核结果的通报，2019 年度招商引资专项经费考核结果的请示，关于开展小学生校内课后服务试点工作的实施方案（试行），关于提请审定付显芬任职的请示，关于 2019 年度创新驱动项目奖励的请示，长寿区高层建筑消防隐患整改方案，关于 2020 年应急物资保障体系建设补助资金（直达资金）管理方案的请示，重庆市长寿区山洪灾害防御预案，关于古佛污水处理厂三期建设用地及土地资金保障的请示，关于公布长寿区行政规范性文件制定主体清单的通知，关于废止部分区政府规范性文件的决定，长寿区农村乱占耕地建房问题摸排方案，关于开展 2020—2021 年巨灾保险工作的请示，关于与中国建设银行股份有限公司重庆市分行签订合作协议的请示，关于与交通银行股份有限公司重庆分行签订战略合作协议的请示，长寿区 2020 年“以奖促治”专项资金使用方案，关于扩大高污染燃料禁燃区范围的通告，关于确定长寿区共有产权住房第一批次配售价格的请示，关于传达贯彻全市集中治理重复信访化解信访积案专项工作动员部署会议精神的汇报，关于传达全市农村乱占耕地建房专项整治行动领导小组第一次电视电话会议精神及我区贯彻落实情况的汇报材料，关于保障粮食安全暨 2020 年度秋粮收购工作座谈会会议精神的汇报提纲，区政府常务会和区长办公会决定事项进展情况（三十六），安排部署近期重点工作，关于给予卢莉等 88 人记三等功和黄述明等 530 人嘉奖的决定，关于调整高龄老人营养津贴享受范围和标准的请示，关于重庆寿城养老服务有限公司租用乐至公司房产建设江南和八颗街道养老服务中心相关事宜的请示，2020 年“长寿柚”乡村文化旅游节活动方案，关于调整 2020 年度土地供应计划的请示，长寿区消防物联网大数据平台建设方案，关于变更重庆有线和广电网络公司股权及股东的请示，关于渝长扩能高速公路长寿西互通建设预算编制及核对事宜的请示，关于开展长寿经开区“十四五”发展规划编制有关情况的请示，关于两江新区至长寿区快速通道——跨渝长复线高速节点上跨桥项目相关事宜的请示，关于审定《燃料电池汽车示范应用实施方案》相关事宜的请示，关于印发《长寿区基层政务公开标准目录》的通知，关于长寿区营商环境评估与优化提升有关工作的请示，长寿区机关事业单位职工医疗补助暂行办法，关于完善管道天然气及 CNG 加气站经营企业特许经营协议补签手续的请示，传达学习全国脱贫攻坚先进事迹巡回报告会议和全市脱贫攻坚“收官大决战”和“十大专项行动”视频调度电视电话会议精神和审议《长寿区对照 2020 年市级党委和政府脱贫攻坚成效考核工作责任表》，关于提请审定《黄草峡储气库先导试验用地及输气管网走廊专项规划》的请示，关于制定长寿区非居民用水超定额累进加价制度实施方案的请示，关于市委第五巡视组反馈“存在工程项目违规招投标”问题整改工作情况的报告，关于桃花溪头洞下游桃花溪、三洞沟、三洞 3 座电站退出相关事宜的请示，关于重庆市长寿区城乡供水一体化 PPP 项目实施方案等有关事项的请示，关于印发重庆市长寿区金融突发事件应急预案的通知，关于近期消防工作的汇报，关于全市第四季度经济运行调度会情况的汇报，关于全市统计工作务虚会主要精神的报告，关于全市道路交通安全工作会议贯彻落实情况的报告，关于与重庆兴广再生资源有限公司投资建设长寿再生资源分拣交易市场事宜的请示，长寿区非居民用水超定额累进加价制度实施方案，关于报送卧旱线管网隐患整改暨葛兰片区天然气停气保供工作方案的报告，关于拨付2020年长寿区应急物资保障体系建设补助资金（直达资金）的请示，关于长寿湖寿茶湾项目合作的请示，关于拟竞买重庆合为实业有限责任公司股权限价的请示，关于长寿区2020年1—3季度全面推行河长制工作推进情况的汇报材料，关于龙溪河、焦家河、锅锣溪区级河长调整的请示，关于实施长寿区应急广播系统项目建设的请示，关于兑付招商投资合同相关事宜的请示，关于印发《长寿区政府服务“一窗综办”改革工作方案》的通知，长寿区开展治理重复信访、化解信访积案专项攻坚行动的方案，关于海棠镇万顺镇新设立社区和菩提等4个社区分设的请示，关于渡舟街道新建道路命名审核考察的意见，关于晏家街道部分道路命名审核考察的意见，关于审定《启动无原始证明材料离岗乡村医生身份及服务年限再认定工作的实施方案》的请示，关于禁止农村乱占耕地建房的通告，关于报请审定《关于建立健全农村村民住宅用地转用有关机制的通知》的请示，关于提请审定《重庆市长寿区第十二届房交会购房补贴政策》的请示，关于向区财政借款的请示，关于2020年区级预算调整方案的报告，2020年全国、全市双拥模范城（县）命名暨双拥模范单位和模范个人表彰大会会议精神汇报，关于“11·9”全市安全生产与自然灾害防治工作（开州）现场会议的精神传达提纲，关于渝长高速复线长寿北收费站天棚提升建设补偿相关事宜的请示，关于申请同意实施加强留置看护兼职队伍建设工作方案的请示，关于印发2021年度城乡居民合作医疗保险参保征缴工作实施方案的通知，关于调整非居民用天然气销售价格的请示，关于印发长寿区创建全国健康促进区实施方案的通知，关于11月26日市信访工作联席会议精神传达提纲，关于2020年脱贫攻坚成效考核市级检查和第三方评估以及市级脱贫攻坚成效考核暨建档立卡数据质量视频会议精神的汇报材料，关于调整大洪河水位管理线的请示，重庆市长寿区城乡冷链物流体系建设方案（2020—2025年），关于长寿湖创建国家级旅游度假区工作的请示，长寿区新型智慧城市顶层设计方案，关于进一步加强社区教育工作的意见，关于中铁港航集团重庆长寿长江二桥建设有限责任公司委托专业造价咨询单位编制补充定额的请示，关于“12·6”全国、“12·5”全市煤矿安全视频会议精神的传达提纲及长寿区安全生产工作存在主要问题的报告，关于全市配合2020年国家脱贫攻坚成效考核暨“收官大决战”视频调度会议精神的汇报材料，关于表彰重庆市长寿区环境保护与生态文明建设先进集体和先进个人的决定，关于印发《重庆市长寿区农村生活污水治理专项规划（2021—2025年）》的通知，关于进一步促进建筑业持续健康发展的实施意见，关于报送征地区片综合地价测算制定成果的请示，关于加快建设长寿区安全生产与自然灾害监管平台的请示，重庆市长寿区人民政府与三科控股集团有限公司战略合作框架协议，关于全国根治欠薪冬季欠专项行动动员部署电视电话会议有关情况的报告，审议《2021年政府工作报告》，关于重庆市长寿区2020年国民经济和社会发展计划执行情况及2021年计划草案的报告，关于重庆市长寿区2019年预算执行情况和2020年预算草案的报告，关于表彰重庆市长寿区乡村振兴工作先进集体和先进个人的决定，关于建设全区集中式饮用水水源地视频在线监控平台的请示，关于天宇世家拆迁相关事项的请示，关于与深圳北高峰投资咨询有限公司深圳坤湛科技有限公司签订战略合作协议的请示，关于重庆市国企改革三年行动动员部署会精神及长寿区贯彻落实建议的报告，关于传达全市规范财务管理有关工作专题警示教育电视电话会会议精神的汇报材料，区政府常务会和区长办公会决定事项进展情况（三十七）。

【区长办公会】 2020年，长寿区人民政府召开区长办公会议7次（第15次至第21次），研究21个议题。会议研究关于三洞村关口片区旧城改造群体反映住房安置问题的处理建议方案、关于解决无原始证明材料离岗乡村医生养老和医疗补助的请示、关于支付重庆白帽子科技有限公司技术支持服务费的请示、关于“恒大·湖山半岛”项目建设竣工验收有关情况的报告、关于《2021年政府工作报告》撰写工作安排的汇报、关于长寿区“十四五”规划编制进展情况的汇报、关于《2021年政府工作报告》撰写推进情况的汇报、关于长寿区“十四五”规划编制进展情况的汇报、关于2020年脱贫攻坚成效市级考核迎检准备情况的汇报、关于2020年度市级经济社会发展业绩考核指标推进情况的汇报、长寿区生态保护红线评估调整与自然保护地整合优化方案、重庆恒寿旅游开发有限公司关于恒大湖山岛项目调整幼儿园建设时序的申请、关于购买重庆金爵酒店管理有限责任公司酒店资产的请示、关于购买重庆东海经济开发有限公司“快乐岛”土地及房屋的请示、关于《2021年政府工作报告》起草工作推进情况的汇报、关于2019年长寿区全面建成小康社会统计监测有关情况的报告、关于滞后重大项目推进情况的报告、关于“十四五”期间“5+1”板块工作情况的汇报材料、关于长寿区“十四五”规划编制进展情况的汇报、关于天宇世家拆迁相关事项的请示。（刘　渝）

外　事

【概况】　2020年，长寿区委、区政府将深入学习贯彻习近平新时代中国特色社会主义外交思想作为政治任务来抓，开展“习近平外交思想进党校进课堂”，加强宣传贯彻习近平外交思想的力度和广度；先后在区委常委会、区政府常务会、区委外事工作委员会全体会议传达学习中共中央政治局委员、中央外办主任杨洁篪署名文章《深入学习贯彻党的十九大精神 奋力开拓新时代中国特色大国外交新局面》和市委书记陈敏尔关于外事工作重要指示、中共重庆市委外事委第二次会议纪要等批示文件精神。以“大外事”推动“大开放”，以“大开放”促进“大发展”，外事工作更好地服务全区经济社会发展，为服务国家总体外交作出新贡献。

【外事工作机制】　2020年，长寿区全面落实党对外事工作的绝对领导，发挥区委外事工作委员会统筹协调外事工作职能。区委外事委成员领导第一时间对市委外事委下发的相关文件作出批示部署，提出贯彻落实要求，明确牵头部门开展工作，全年作出重要批示10余次。区委外事办履行归口管理职能，牵头梳理工作任务清单，协调区委外事委成员单位，提出贯彻落实意见报区委外事委研究；及时将区领导批示及相关文件抄告职能部门，确保信息畅通，相关部门联动，步调一致，形成合力。各单位主动对接市级部门，推动市委外事委的各项工作要求快速落地落实。

【涉外安全管理】　2020年，长寿区外事工作维护国家政权和制度安全，强化宣传、公安、外事等部门信息共享、资源整合和协调联动，建立重大涉外事项会商制度，重点管控境外非政府组织和宗教势力渗透、驻渝机构或新闻媒体记者采访等。开展海外领事保护宣传工作，直接面向广大人民群众，提升市民海外安全意识；印发《关于进一步加强海外领事保护宣传工作的通知》和《关于进一步加强紧急信息报告工作和值班工作的通知》，明确属地管理责任，利用区政府应急管理平台和值班信息报送渠道，建立涉外应急事件报送处置机制流程；强化海外领事保护宣传和海外安全预警，将外事服务窗口前移；加强涉外事件报送工作，整合地方应急资源，全面提升涉外应急突发事件处置能力和水平。

【外事活动审核】　2020年，长寿区规范外事活动管理，执行市委外事办《关于进一步规范全市重要外事活动管理的通知》要求，严格外事活动管理，落实涉外活动审批报备制度。严明纪律规矩，加强意识形态管控，落实涉外敏感事项会商机制，加强舆论引导，确保外事活动安全、有序开展。区委外事办联合区委组织部、区财政局印发《关于进一步加强因公临时出国事中事后监督管理工作的通知》，建立完善因公出访管理机制体制。把严事前审查关、事中管理关、事后审查关。2020年因受新冠肺炎疫情影响，长寿区暂无因公出国（境）情况。

【外事助力发展】　2020年，长寿区精细化推进外资企业复工复产工作。建立“区、镇（街）、村（社区）”三级联动体系，选派293名“驻厂（点）督导员”，“一人一厂”驻厂督导，检查督促企业整改问题600余个，总结分餐制、人员进出管理、场所消毒等方面数十条先进经验进行推广。落实《关于切实做好当前邀请外国人来渝管理工作的通知》《重庆市建立中韩人员“快捷通道”工作方案》《重庆市全面实施“快捷通道”工作方案》文件要求，履行属地监督管理职能，强化部门协同和服务意识。年底前，已为巴斯夫、星宇汽车、望变电气、中润化学等20家外资企业技术专家或家属82人审核出具到渝必要性说明；其中已到渝外国人28人，主要来自韩国、德国、日本、新加坡等国家，均已安全解除闭环管理。园区配合相关部门开启绿色审批通道，24小时为企业复产复工开设行政审批网上办、邮寄办、预约办；全年为企业协调代购口罩42万个、测温枪177把、消毒液500吨。解决企业要素保障、企业用工、物流等问题，为重钢、川维、巴斯夫、奕翔、康乐等45户复工复产企业申报办理新冠肺炎疫情期间运输通行证，保障企业1000余辆（次）车正常运输；强化涉外企业主体责任意识，加强沟通协调，确保疫情防控工作的无缝衔接；对已在长寿区的外籍人士，纳入社区健康管理，联合属地街镇，做好服务保障，加强人文关怀；实施“线上春风行动”，推行“网络招聘、远程面试”，有效助力企业复工复产。长寿区入园建成投产外资企业45家，已复工45家，复工率100%。

助力重庆市中西部国际交往中心建设，贯彻落实和工作对接市委办公厅关于《重庆市建设中西部国际交往中心三年行动计划（2020—2022年）》。依托外事工作委员会成立工作专班，梳理计划内容，落实建设中西部国际交往中心计划工作任务。及时制发《长寿区外事工作实施方案（2020—2022年）》和重庆中西部国际交往中心建设任务三年行动计划，细化工作方案，高质量建设开放通道，拓展开放平台，发展开放产业。打造长寿湖旅游度假区，高规格办好长寿湖国际铁人三项赛；统筹推进与两江新区产业转移承接工作，在国土空间规划、成渝中部地区一体化发展、中新战略互联互通示范项目、中国（重庆）自由贸易试验区以及出境出海大通道等方面融入主城发展，加快同城化发展步伐。

加强对外联系交流，务实开展对外招商引资和宣传推介工作。与美国加州鲍德温公园市保持日常紧密联系，双方互致慰问信，相互鼓励，共同抗击新冠肺炎疫情；推进两地在招商引资、人文社科、旅游推介等领域的交流合作，力争早日缔结友好城市。抗击疫情期间，与市外办协调，争取国外援助，获白俄罗斯援助口罩4000只。长寿区抛沙画和长寿湖屏风成功入选“重庆外事礼品”。与《重庆与世界》涉外杂志签订战略合作协议，每年投入10万元，借助该平台讲好长寿故事，展现长寿魅力，打造长寿国际名片。

【外事助力开放】 2020年，长寿区找准外事工作切入点，融入国家“一带一路”建设。西部陆海新通道全面发力。2020年3月25日，长寿区成功举行“西部陆海新通道”铁海联运班列（重庆长寿—广西钦州）首发仪式；与南向通道公司签订共建“西部陆海新通道”合作协议，打通长寿通往东南亚市场的铁路大动脉，联通经广西北部湾通达全球的运输网络；全年发运3422标箱货物。长寿经开区、长寿高新区着力招大、招强、招龙头，发展开放型经济，提高对外开放水平。年内全区新签约项目113个、合同引资611.5亿元（其中市外引资503亿元，实现市外项目到位资金138.25亿元，引进百亿级项目1个、十亿级项目10个，战略性新兴产业项目26个）；引进美国恺勒司世界首套单细胞生物制蛋白质、武藏涂料等外资项目6个，投资52.3亿元。2020年实际利用外资2.021亿美元，同比增长15.01%；实现外贸进出口额97.5亿元，同比下降17.7%；全区实现离岸服务外包执行额1.39亿美元，同比增长3.1%。

（唐　军）

人事人才

【概况】 2020年，重庆市长寿区人力社保局（简称区人力社保局）机关内设科室有办公室、组织人事科、基金财务科（内审科）、人才流动管理科、就业促进科、事业单位管理科（区职称改革办公室）、工资福利科、社会保障科（区劳动能力鉴定委员会办公室）、法制科（行政审批科、信访科）、劳动关系科9科1室。2020年3月区委常委会同意区社会保险局更名为长寿区社会保险事务中心、区就业和人才服务局更名为长寿区就业和人才服务中心，两个单位仍为人力社保局管理的公益一类事业单位。区人力社保局管理的下属事业单位有7个，其中参照公务员法管理的事业单位4个：社会保险事务中心（正处级）、就业和人才服务中心（副处级）、劳动保障监察大队（正科级）、劳动人事争议仲裁院（正科级）；未参公的事业单位3个：人力资源培训考评中心（正科级，挂技能鉴定所牌子）、公共人事服务中心（正科级）、档案信息管理中心（正科级）。全局编制总数114人，在编职工105人；其中局机关20人、社保事务中心30人、就业人才服务中心24人、劳动保障监察大队9人、劳动人事争议仲裁院12人、人力资源培训考评中心（含技能鉴定所）3人、公共人事服务中心3人、档案信息管理中心4人。2020年，面对新冠肺炎疫情严峻形势，区人力社保局扛责任、抓关键、保重点，围绕助复工稳就业、减免缓纾困境等积极作为，就业形势稳中有进、社会保障持续有力、人才人事规范运行、劳动关系总体和谐、人社扶贫成效突出、双城合作顺利启动、自身建设持续强化、"十三五"任务圆满收官，服务民生、服务发展成效明显。

【人才队伍建设】 2020年，区人力社保局多措并举引人才，牵头编制《重庆市长寿区2019—2020年度急需紧缺人才专业目录》，拟草《重庆市长寿区重庆英才服务管理办法》，引导急需紧缺高层次人才向企事业单位流动聚集，满足企业人才所需。打造长寿"阳光考试"品牌，完成单次近万人规模招聘考试，招录（聘）事业单位工作人员288人（硕士研究生43人）、"三支一扶"大学生4人；实施"鸿雁计划"，引进市级人才计划专家10人，引进高层次人才113人；组织全区企事业单位参加"2020重庆英才大会"，网上签约并经考核招聘引进高层次医疗专业技术人才8人，为经开区、高新区引进人工智能、生态环保、新材料等项目6个；新招收博士后科研工作人员1名，新设立市级博士后科研工作站1个（重庆望变电气集团股份有限公司）。落实服务激励，推选高技能人才参加各类荣誉称号评选，川维公司、重钢公司各1人入选2020重庆"英才计划"高技能领军人才，推荐参与"寻找最美巴渝工匠"、第十五届高技能人才评选表彰、第五批重庆市有突出贡献的中青年专家推荐选拔等评选，协助区总工会开展"长寿工匠"评选，10人获评"长寿工匠"称号，营造"技高行天下，能强走世界"氛围；委托市公共实训中心开展2020年度机关事业单位工勤人员技术等级（岗位）考核，全区17名工勤人员考试成绩全部合格；开展专业技术人员继续教育公需科目网络培训、事业单位新进人员岗前在线培训、专业技术人员初中级职称岗前网络培训12928人次，选派2名脱贫攻坚专业技术人员参加"重庆山地高效特色产业融合发展示范"高级研修班培训学习，接收整理各类人事档案230份、移交311份；慰问享受国务院特殊津贴专家、优秀专业技术人才、高技能人才、实用人才、社会人才等99名，组织在职正高级职称专业技术人员健康体检68人。

【职称评审改革】 2020年，区人力社保局落实疫情一线、全职脱贫攻坚、援藏援外、"三支"人员职称评审倾斜和基层人才降分划定专业考试合格分数线优惠政策，推荐高级专业技术人员职称申报232人，正高级职称申报38人，评审通过中初级专业技术职称369人，评选通过特殊人才专业技术职称5人；开展中初级专业技术职务日常初定确认409人。

【职业技能鉴定】 2020年，区人力社保局按《国家职业资格目录》清单开展职业技能鉴定，组织国家职业技能鉴定和专项能力考核122批、5319人次，考核合格5046人获得国家职业资格证书（中级1651人、初级2024人、专项职业能力1371人）。全年收鉴定资金101.14万元，拨付鉴定补贴37.64万元、鉴定考场和耗材补贴6.7万元。开展企业和三方机构职业技能等级认定工作，印发第一批社会培训评价组织职业技能等级认定工作通知；金维公司申报企业职业技能等级认定，行知学校、开拓职校申报三方机构职业技能等级认定。

【人事服务管理】 2020年，区人力社保局推动人事制度改革，办理以区政府名义任免行政职务手续41人次；指导86个事业单位变更岗位设置方案，优化事业单位岗位结构比例，开展岗位清理、岗位聘用，完善1800余名事业人员岗位确定、晋升等聘用手续；转换事业单位用人机制，开展事业单位工勤技能人员转岗，2名优秀工勤技能人员通过考试、培训转换到相应管理或专业技术岗位；推动事业单位人事信息化建设，指导事业单位完善基础信息，实行事业单位岗位设置、人员聘用线上审批，为实行全程网上流程办理做准备。落实事业单位人员奖励政策，开展事业单位人员脱贫攻坚专项奖励，嘉奖45人、记功5人、集体记功3个；开展事业单位人员定期奖励工作，奖励嘉奖1420人、记功213人。落实专项表彰政策，组织推荐17名个人、6个集体获得重庆市抗疫表彰；开展全区环境保护与生态文明建设、乡村振兴表彰工作，表彰环境保护与生态文明建设先进集体10个、先进个人100人，乡村振兴先进集体40个、先进个人100人；为纪念抗美援朝70周年，根据国家统一部署，给抗美援朝老兵发放“中国人民志愿军抗美援朝出国作战70周年”纪念章，审核信息600余人次，发放纪念章485枚。做好工资福利管理，统筹平衡机关目标考核奖与事业单位绩效总量核定，根据全市政策口径和全区2019年部门考核结果，拟定机关在职人员目标绩效奖和离退休人员健康休养费工作方案并报区政府审批同意，完善发放具体口径，经区委组织部、区财政局、区人力社保局会商下发部门、街镇实施；开展事业单位2019年绩效工资总量终核和2020年初核工作，做到机关、事业单位和退离休人员待遇同步同幅补差兑现，环比周边区县提前足额兑现；审批新录（聘）用为基层事业单位工作人员高定工资，72个基层事业单位853人（次）享受高定工资政策，补发基本工资199.34万元、补核基础绩效69.63万元；完成11049名事业单位工作人员增加薪级工资和64名机关工人工资晋档，重新确定2227名事业单位工作人员和3名机关工勤人员岗位变动工资，完成252名新录用事业单位工作人员工资待遇审批，办理291人次工资关系转移，发放162人病故一次性抚恤金等补助926万元和33名困难遗属定期生活补助，认定168人工龄，审核172人正常退休，组织5批、169人病退鉴定，统发事业单位工资11400余人、8.52亿元。用活用足绩效工资激励政策助推重点行业发展，牵头建立重点高中增核超额绩效激励总量机制，完善融媒体中心薪酬激励制度，为全区首家实施高层次人才激励性报酬的事业单位公证处制定《高层次人才评选和发放激励性报酬管理办法》；探索建立重庆市医药学校一次性增核超额绩效总量的办法发放培训补助费；开展公立医院薪酬制度改革，区人民医院2019年核定超额绩效人均水平10.62万元，比2018年增长11.54%。落实抗疫一线医务人员关爱措施，向53名援鄂医疗队队员和59名本地一线医护人员发放一次性慰问金38.3万元，按时足额发放644人、2878天（次）临时性补助费110.1万元（未含援鄂医疗队部分在鄂已支付部分）；调整卫生防疫津贴标准，财政支付卫生防疫津贴374人、7.89万元；增核一次性绩效工资总量，全区23个单位医护人员2484人（含援鄂抗疫53人）增核一次性绩效工资总量1347.3万元；为一线医务人员增加不少于5天的带薪休假时间。根据全市人力资源工资指导价首次发布需要，对辖区内47家企业薪酬调查及7家制造业企业监测采样，审核工资数据2万余条。

【人社扶贫】 2020年，区人力社保局落实就业、社保、技能、人才扶贫等人社扶贫重点的政策，助力脱贫攻坚。分片包干定点攻坚，制定人社扶贫定点攻坚和脱贫攻坚“百日大会战”实施方案，梳理脱贫攻坚大普查指标、人社扶贫重点工作目标任务等51条，按照“局领导包片、相关业务科室一对一包街镇”的方式，组成攻坚帮扶小分队，到19个街镇开展定点攻坚和“会战”指导；人力社保局被区委、区政府表彰为“乡村振兴工作先进集体”，就业中心1人被表彰为“乡村振兴工作先进个人”。技能扶贫采取流动授课、在线学习、院坝教学等方式，开展技能下乡进村活动，培训贫困人员3435人，发放培训补贴437.4万元、交通食宿补贴262.2万元。人才扶贫助力街镇教育、卫生、农业、畜牧等，招聘急需紧缺人才74人（定向培养全科小学教师20名、专向招聘长寿籍贫困大学生1名、招募“三支一扶”人员4名）。常态落实结对帮扶，区人力社保局坚持实地走访，划拨资金2万余元改善居民饮水条件，支持云台镇就业信息化平台建设经费9万元，为云台镇拱桥村修建便民服务中心筹资2万元，协助举办“10·17”就业扶贫行动日系列活动并筹资2万元；参与社会扶贫，注册社会扶贫网380人（其中帮扶干部55人）、中国社会扶贫网重庆馆140人，组织爱心捐款7635元，消费扶贫10余万元。区人力社保局帮扶的云台、石堰2个镇的55户贫困户已经稳定脱贫。（雷福中）

应急管理

【概况】 2020年，长寿区各行业领域安全生产排查生产经营单位5841家（次），发现问题隐患4429项，对生产经营单位违法违规行为实施行政处罚2618万余元、行政拘留51人；年内全区发生安全生产事故20起、死亡21人，全年无较大及以上生产安全事故发生（其中道路运输事故11起、死亡11人），事故起数和死亡人数较2019年

（22起、23人）分别下降9%和8.7%，全区安全生产形势稳定可控。2020年，全区自然灾害形势总体平稳，未发生森林火灾，未发生较大及以上自然灾害，未发生因灾亡人事件；在汛期，全区因风灾、暴雨、洪涝灾害造成25965人不同程度受灾，紧急转移安置1279人，房屋倒损569间，农作物受灾面积1422公顷，造成经济损失1.37亿元。

【安全管理机制】 2020年，长寿区强化统筹，建立健全安全管理体系。将全区小型游乐设施设备、长寿湖浮动设施、电力工程建设、燃气工程建设、通信工程建设、设备安装、附属工程建设、房屋厂房、道路维修、管廊附属设施建设、市政基础设施工程建设、城市绿化景观工程建设、交安设施建设、智能数据信息类项目建设等安全监管“空白”区域监管责任进行明确。印发《长寿区全面加强企业全员安全生产责任制工作的实施办法》，要求企业建立完善全员安全生产责任制清单，分析各个工作岗位存在的风险，制定岗位责任清单，强化全员责任制公示警示和教育培训；将企业履行全员责任制情况纳入部门执法检查内容。推动长寿区农村道路交通安全治理体系建设，明确街镇交通管理机构、提升劝导站运行经费、设定农村道路交通基础设施建设目标任务等农村道路安全工作。对减灾委下设的专项指挥部办公室设置和组成人员作相应调整，加强“1委4指”（区减灾委员会，区森林防灭火指挥部、区防汛抗旱指挥部、区抗震救灾和地质灾害防治救援指挥部、区气象灾害防御指挥部）对全区防灾减灾救灾工作的综合协调和统筹指导，成立区安委会危险化学品安全办公室，推进相关成员单位加强危险化学品安全生产工作监管。强化督查检查，根据区委区政府《安全生产工作考核办法》要求，区安委办、区减灾办发挥督查考核作用，建立督查检查计划，对各部门、镇街的安全生产、防汛抗旱、地震地灾、森林防火、应急救援工作情况开展120余家（次）督查，下发督办函43个，推动全区各级安全生产和自然灾害防治责任落实和基层基础建设工作。

【安全排查执法】 2020年，长寿区抓住关键，全面开展安全大排查大整治大执法。以确保元旦、春节、全国“两会”、中秋、国庆和疫情期间企业复工复产安全为目标，建立“服务+监管”管理模式，严格落实局长在片区、处长在区县、干部在现场、交警在路上、老板在企业“五在”要求，对重点企业、重点区域派出“一企一组”到一线指导帮助。吸取各地重特大事故教训，紧盯危化、交通、建设、工贸、消防等行业领域重大安全风险、重大安全隐患和突出违法行为。持续开展重点行业专项整治和“打非治违”工作，确保各个重要时段、关键节点和重点环节安全，道路交通方面持续加强“两客一危”等重点车辆“三超一疲劳”问题和农村地区马路市场隐患集中专项整治，打击违法违规行为，全年组织开展隐患排查30次，深入辖区重点企业检查533家（次），警示约谈重点企业11家（次），先后组织14次“交安”部门联合执法行动，开展各类专项行动26次，查处各类交通违法12万余起，罚款2049余万元；建筑施工开展防高坠事故、防危险性较大的分部分项工程群死群伤事故的“两防”专项整治，开展“建安”系列集中执法行动，全年检查施工项目958个（次），下发隐患整改通知书262份、局部停工通知书11份，简易执法126件、罚款8.62万元，一般程序立案10起、罚款16.5万元，执行项目经理记分38次、119分；强化非煤矿山领域常态化执法检查，深化岗位风险辨识和管控，永川吊水洞煤矿事故发生后，全区有关部门和街镇对全区关闭退出的18个煤矿和29个非煤矿山全部开展巡查检查，未发现人为破坏、私挖偷采、死灰复燃等情况，要求各街镇落实属地责任，每季度至少对辖区内关闭矿山开展一次巡查检查，形成专项台账，发现人为破坏的现象坚决依法查处；围绕重点工艺、重点危险化学品和重大危险源和硝酸铵持续开展危化烟爆专项治理，严厉打击、系统整治违规违法“小化工”，严格对烟花爆竹零售点“前店后宅，下店上宅”、异地经营、超量储存等违规行为进行查处，全年开展危险化学品执法检查236次、下达现场检查记录236份、整改指令224份，发现隐患645个、行政处罚33.2万元，烟花爆竹查处非法储存4起、非法运输17起、查获非法烟花爆竹703件、行政拘留17人、警告教育8人；开展粉尘防爆、金属冶炼及冶金煤气、铝加工、有限空间、涉氨制冷等工贸专项整治，落实好用电管理、火源管控和防火、防爆、防中毒管控等关键措施，开展安全检查130余次、下达现场检查记录120份、整改指令书100份、发现安全隐患350条（均已完成整改）、行政处罚15万元。

【安全保障】 2020年，长寿区着力从根本上解决安全问题。将全区涉及重大危险源和危险化工工艺的生产、储存企业等28家的预警监测数据接入市应急局预警信息平台，对22家危险化学品生产企业的可燃有毒报警、视频监控等预警数据接入长寿经开区应急管理中心。开展硝酸铵等危险化学品安全风险隐患第三轮专项排查治理工作，做到监管有底数；检查企业5家，涉及重大事故隐患和突出问题13项，均实施挂牌督办。对点帮扶15家工贸企业，着重从企业合法性、安全体系管理、应急管理及现场作业等4个方面进行帮扶，提升企业事故防控能力。全区烟花爆竹零售店严格按照“三严禁两关闭”（即严禁销售超标、违禁、专业燃放类产品或非法产品，严禁在许可证载明的经营场所外存放烟花爆竹，严禁超过许可证载明限量存放烟花爆竹；关闭存在“下店上宅”“前店后宅”等形式与居民居住场所设置在同一建筑物内的零售点，关闭与人员密集场所和重点建筑物安全距离不足、集中连片经营、在超市内销售、未按规定专店销售的零售点）的安全条件要求，全年取缔10家。完成15个区属危化建设项目安全设施必须与主体工程同时设计、同时施工、同时投入生产和使用“三同时”审查，推进危险化学品生产装置和储存设施外部安全防护距离评估工作，43家危化企业完成评估。危化、矿山、工贸企业坚持以安全生产标准化评审与监管执法“一体化”的方式进行监管，确保企业主体责任有效落实，全年完成标准化创建45家。年内新列重大火灾隐患单位4家（分别为东方之骄、在水一方、恒居民生佳苑、圣瑞华府小区）均按程序推进完成整改。

【专项整治】 2020年4月，长寿区启动安全生产三年专项整治。制定《重庆市长寿区安全生产专项整治三年行动实施方案》，形成2个专题任务清单+9个行业专项整治任务清单+1个挂图作战任务（问题）清单。成立三年行动推进办，明确各牵头部门和责任单位的职能职责，建立健全三年行动工作制度和信息统计报送工作流程，确保安全生产专项整治三年行动各项任务有力有序推进。完成2020年度三年行动目标任务，各级各部门对照任务清单挂图作战，取得的主要成绩包括：全区将习近平总书记关于安全生产重要论述纳入各级党委（党组）理论学习和干部培训班培训内容；组织辖区内危险化学品企业、交通运输企业、港口危化企业以及非高危行业大中型企业开展标准化达标建设；完成经开区120平方千米的航摄工作，对经开区建筑地貌进行实景三维还原，形成实景三维地理信息地图，为应急处置提供科学精准的辅助决策；完成长寿高新区园区整体性安全风险评估；完成危险化学品风险信息排查，汇总全区涉及的279种危险化学品储存分布信息，形成“一张图一张表”，全区50家危化企业完成重大危险源视频监控图像和监控数据的接入工作；落实资金230万元，完成全区带消防设施的所有社会单位消防安全现状排查，完成晏家街道市政消火栓缺失火灾隐患整改，改造40栋老旧居住建筑消防设施，新建市政消火栓48个、消防取水设施3处；提高农村交通劝导站运行维护经费，落实“生命护栏”工程三年计划目标任务，深入开展“九座以上租赁客车”专项整治；完成G319、G351国道21千米生命安全防护工程更换，完成“四好农村公路”42千米生命工程建设，完成7处国省县道路段滑坡、水毁、边坡垮塌等地灾整治，完成公路桥梁防护设施和连续长陡下坡路段安全通行能力检测评估；开展“建安”系列集中执法行动，创建智慧工地3个；开展市政设施隐患排查治理，维修城区人行道7990平方米、公路沥青路面4400平方米，更换井盖450个，清掏桥梁伸缩缝167次，维修桥梁200平方米，拆除破损灯杆广告牌400余块；成功破获“4·11”跨区县入长寿非法倾倒危险废物案、“怡昌保洁有限公司非法转移危废案”等重案要案，获生态环境部表扬并获评全国执法正面清单典型案例和打击危险废物环境违法犯罪典型案例。防范化解突出风险隐患，全区安全生产整体水平有提高。

【应急处置】 2020年，长寿区成立以书记、区长为双组长的防汛救灾工作领导小组，实行区级领导防汛救灾包片联系街镇，形成一体联动、高效协同的工作机制，全力以赴做好防汛救援各项工作；全年调度大型水库开闸泄洪6次，其中大洪河水库4次、狮子滩水库2次；发布防汛Ⅳ级预警并启动Ⅳ级响应2次，成功应对御临河“7·16”洪水、“长江2020年第五号洪水”和地质灾害应急处置20余处。打牢基础，全面排查整治隐患，充实应急力量，加强队伍演练，落实应急准备。加强临灾会商研判，区减灾办及4个指挥部开展会商研判60余次，及时预警，完善信息传播机制，确保信息测得准、传得到、用得好；发动各级干部群众，合力做好疏散撤离避险演练，减少各类灾害损失。加强统筹调度，形成统一指挥、上下联动、部门协调合作的“紧而有序、忙而不乱”应急救援工作常态。争取上级资金，确保救灾有力。通过国家级、市级救灾下拨资金，根据受灾程度向各街镇下发防汛救灾资金150万元、生活救灾资金63万元、倒损房重建资金121万元和冬春生活救助资金216万元。

【应急能力建设】 2020年，长寿区强化统筹协调，做好综合监测预警，发挥“两委”（区安委会、区减灾委）会商研判中枢作用，依托突发事件预警信息发布平台，及时开展趋势研判，形成“年度综合+月度综合+汛期专项+临灾实时”的趋势研判会商机制；强化预警发布，多渠道保证受影响群体全覆盖，督促各行业主管部门加强灾前预防。强化救援能力建设，区应急指挥中心一期硬件建设设计方案已经专家评审，待修订完善后即可组织招标建设；正在着手二期软件建设方案编制，可与应急指挥中心硬件建设同步完成。提升应急处置能力，完成《长寿区扑救森林火灾前线指挥部工作规范》《长寿区森林火灾应急预案》《重庆市长寿区防汛抗旱应急预案》《重庆市长寿区地震应急预案》的制订更新工作，已着手启动全区风险辨识评估和应急能力调查；启动区突发事件风险评估、应急能力调查及总体应急预案编制，指导抓好基层实用性应急预案的制订和完善，加强镇街、企业各类应急演练培训，提升日常突发事件应急处置能力。创新性开展检验性示范盲演，年内先后在永航钢铁、豪迈家具、映天辉开展3次检验性盲演，以点带面推动工作。形成专业救援队伍、常规救援力量、群众救援力量“专常群”队伍架构，整合已有资源，建成30人“专常群”“全灾种”的区级综合应急救援队；依托区消防救援支队、国家危险化学品应急救援重庆基地、金维公司、欧邦物流、禾润中天、中法水务组建化工灭火救援、抗洪抢险、水上消防救援等各类专业队伍；镇街建成6支专职消防队；年内全区各级各部门、有关企业开展交通、矿山、消防、建筑施工、危险化学品、森林防火、防汛抗旱、地震地灾等领域的应急救援演练300余次。强化应急救援救灾物资配备，区救灾救援物资仓库（八颗街道）即将建成，建成后将按照紧急转移安置6000人规模储备生活类救灾应急物资；全年向上级争取救灾物资资金468万余元保障资金，采购物资即将入库，有效提升灾害应急救助能力。严格应急值守处突，在疫情灾情、高温汛期、重要时间节点及时高效向相关部门和街镇调拨救灾物资，确保灾害发生后第一时间启动应急响应，年内成功组织处置“3·15”龙河东源公司冻库火灾事故、“8·22”盐酸罐车泄漏事故、“9·3”甲醇罐车爆炸事故、“10·23”林德化医合成气泄漏起火事故、“11·7”和友公司二硫化碳闪爆等9起事故。

【应急宣传】 2020年，长寿区强化应急宣传培训，创建共享共治新格局。构建囊括新媒体、传统媒体在内的同心圆式宣传平台，形成以《长寿日报》、长寿电视台、华龙网、长寿应急管理微信公众号等区内主流媒体为内圆，长寿圈、电梯视频、商圈LED户外电子大屏幕、村村通、预警短信平台、大型商场广播等媒介为外圆的宣传平台，拓宽安全应急宣传渠道。全年组织应急知识网络有奖问答、“安全在我心中”美术摄影创作大赛、安全生产月、“5·12”防灾减灾日、“10·13”国际减灾日、“11·9”消防安全宣传月，以及安全文化宣传进企业、进农村、进社区、进学校、进家庭“五进”等安全应急集中宣传活动30余场（次），提高安全应急意识和能力；开展安全生产监管执法、防汛抗旱、森林防火、地质灾害、应急救援等方面的培训40余次，提升基层安全应急工作水平。

【主要问题】 2020年，长寿区重化工基地存在危化企业安全风险。全区有危化企业41家（二级标准化创建达标5家，三级标准化创建达标33家，其余3家正在推进标准化创建）、危化经营储存企业7家、加油站37个、危险化学品重大危险源98个（其中一、二级重大危险源17个，三、四级重大危险源81个），涉及重点监管危险化工工艺10种、涉及14家企业，原有生产企业已生产10年以上，新引进在建企业10余家，安全风险、监管压力逐年增大。企业设备设施和控制系统老化问题，国家标准没有强制要求对有关设施设备和工艺进行淘汰，因设施设备及工艺更新换代需要耗费大量的时间和资金，企业更新换代主观能动性不强；企业员工素质不高，部分企业安全管理人员水平不高，重点是部分精细化工企业一线员工文化程度偏低，对岗位风险认识不够充分；应急救援难度大，长寿经开区危化企业生产装置集约化、大型化、风险集聚化给安全生产应急救援工作带来的挑战，对如何快速有效提高应急救援能力，精准救援不发生二次伤害是一项危化应急救援的考验；精细化工企业自动化程度不高，以间歇式人工操作为主，安全风险较高，企业改善自动化成本较高。

长寿区应急工作存在基层基础建设问题。基层执法应急车辆和执法装备得不到保障，街镇应急办工作任务重，监管对象点多面广，应急处突和救灾救援随时待命，应急办在开展执法和应急时车辆常得不到保障；执法检查装备不齐且配置多年，大多老旧不能正常使用。镇街应急办机构改革后职责增加多项，由于门类多、专业性强，且未得到系统的培训，导致履行职能存在力不从心；镇街的应急队伍主要是民兵和专职消防队员，民兵没有工资待遇、没有保险、没有经过系统专业培训，专职消防队员工资待遇低，参与应急救援没有补助，导致年轻人不愿干，队员流动性大。根据区委编委《关于设立镇街安全生产监督管理办公室的通知》的要求，但渡、邻封、云集、海棠、洪湖、万顺6个镇配备安全监管执法专职人员不少于5名，其他街镇不少于7名，但是全区大多数街镇在机构改革后不能达到要求；村居按要求应设置安全信息员、灾害信息员，但是没有配套的经费保障，导致信息收集不及时、工作水平差、工作不积极等情况。

长寿区的应急救援体系建设问题。应急管理工作牵涉面广、应急组织指挥需要协调各方，涉及军、民、行业部门、街镇、企业，从应急管理局层面难以实现高效协调；应急管理是一门综合性学科，应急管理系统专业人员特别是自然灾害防救方面人员缺乏。应急救援队伍由各相关行业主管部门统筹建设，各救援队伍训练不系统、不规范，除消防主力军外，各镇街消防队、企业救援队、部门专兼职队伍专业化训练程度参差不齐；在国家级长寿经济技术开发区，国家危险化学品应急救援重庆基地的位置离经开区核心区域距离较远，不可能在黄金救援5分钟内抵达事故灾难现场。

【“十三五”生产安全事故】 “十三五”期间（2016—2020年），长寿区发生生产安全死亡事故116起，死亡122人，事故总起数、死亡总人数较“十二五”期间186起、197人分别下降37%和38%，煤矿、烟花爆竹、特种设备、旅游、消防、水上交通、农机渔船等重点行业领域实现“零死亡”，有效防控重大以上事故的发生，各项指标全部实现“十三五”规划目标。

表13 **“十三五”期间长寿区事故起数和死亡人数情况统计表**

类别	2016年	2017年	2018年	2019年	2020年
事故起数（起）	27	27	20	22	20
与上年同比	下降3.6%	持平	下降25.9%	上升10%	下降9%
死亡人数（人）	27	30	21	23	21
与上年同比	下降20.6%	上升11.1%	下降30%	上升9.5%	下降8.7%

（重庆市长寿区应急管理局提供）

【防震减灾】 2020年，长寿区提高地震监测预报、灾害防御、应急救援能力。利用“5·12”防灾减灾日、“7·28”地震纪念日、“国际减灾日”，开展进企业、进园区、进社区、进农村、进机关、进家庭活动，利用展板、挂图、科普画廊、标语、宣传画册等形式宣传地震知识。联合教育部门要求全区所有学校每个学期至少开展1次地震应急演练；加强与社区联动，开展防震减灾培训和地震应急演练；检查区级有关部门、学校和化工企业的应急工作准备情况，重点针对应急物资准备、应急场所建设和应急预案建设等方面查找问题，督促整改。加强地震观测站设备设施日常维护和监测环境建设，长寿信息节点和长寿湖“陆态网”基准站运行正常，日常监管维护到位，全年不间断上传地震监测数据，上传率98%以上；开展地震烈度速报与预警工程项目的建设。抓抗震设防，按照《重庆市防震减灾工作联席会议办公室关于开展建设工程抗震设防要求监管检查工作的通知》和区政府领导批示要求，依法对全区2020年新建、改建、扩建的77个建设工程项目开展抗震设防监管检查。针对机构改革职能并行和地震专项预案修订要求，原地震专项预案已不适应防震减灾工作要求，开展地震专项预案修订，以适应新形势下防震减灾各项工作，有效应对突发事件。

存在的主要问题是：重大建设工程和人员密集场所的建设工程抗震设防事中事后监督仍需加强，建设工程抗震设防监管检查力度有待加大。地震监测环境需优化改造。（余　杰）

【消防救援】 2020年，长寿区消防救援支队坚持贯彻习近平总书记在国家综合性消防救援队伍授旗仪式上的训词精神和党中央、国务院关于国家综合性消防救援队伍的决策部署，坚持对党忠诚、纪律严明、赴汤蹈火、竭诚为民的“四句话方针”不动摇，坚持纪律部队建设标准不动摇，坚持24小时驻勤备战模式不动摇，坚持走中国特色消防救援队伍建设新路子不动摇，担负防范化解重大安全风险、应对处置各类灾害事故的重要职责，推进长寿消防救援队伍改革建设发展。对标应急救援主力军和国家队的职能定位，着眼“全灾种”“大应急”任务需要，建设全面过硬的应急救援主力军和国家队，以实际行动维护人民群众生命财产安全和社会稳定。

2020年12月24日，长寿区消防救援支队政委带队开展消防安全夜查行动

2020年，区消防救援支队深化消防执法改革，构建指挥控制、作战力量和作战保障“三大体系”，强化履职担当，加快转型升级，实现队伍管理和火灾形势“双稳定”、战斗力和火灾防控水平“双提升”。成功处置“8·16”八颗街道民房爆炸事故、“11·7”经开区和友实业二硫化碳火灾事故及“长江”系列洪峰过境抗洪抢险等急难险重任务，灭火及抢险救援成功率100%。全年接处警1599起，其中火警246起、抢险救援94起、社会救助1259起，出动车辆2145辆（次），出动人员12870人次。

2020年，区消防救援支队被市消防救援总队评为2020年度安全工作先进单位；区消防救援支队经开特勤站被市消防救援总队评为“先进消防救援站”；3人立个人三等功，32人获记嘉奖，1人被评为优秀共产党员；在市消防救援总队消防技能比武竞赛和消防业务运动会中，获得纵深灭火救人操第三名、楼层火灾内攻操第十名、团体第六名的好成绩。

2020年，区消防救援支队加强党建工作，坚持全面从严治党、从严管党要求，贯彻民主集中制，推进示范基层党组织创建活动，落实党的组织生活制度。抓好思想教育，开展“践行训词精神，担当神圣使命，坚持五个不动摇”教育实践活动；以全面学习贯彻习近平总书记训词精神为引领，推进“条令”“纲要”的学习贯彻、向九江支队和陈陆学习等活动，创新开展“EAP心理健康咨询服务”，培树先进典型。夯实干部工作，完成领导干部和专业技术干部晋升工作，规范干部档案，协调落实各项转改配套优待措施，为全体指战员解决落户问题，协调帮助1名指战员家属工作随调，完成新工资套改核算。严格队伍管理，开展“抓管理、促正规，抓作风、促养成，抓防范、促稳定”专项活动，落实队伍管理各项规章制度和市消防救援总队“十条铁规”，全年未发生一起安全责任事故与违法违纪案件。加强廉政建设，开展“叩问初心，警钟长鸣”警示教育活动，落实“六个一”活动，抓实涉赌涉贷整治，推进巡视、巡察整改工作，开展执法干部公开述职述廉活动，做好审计监督工作。

2020年11月5日，长寿区举行“119消防宣传月”启动仪式暨首届网络大V进红门体验活动

2020年，区消防救援支队落实各级消防安全责任，推动消防工作作为单独考核内容纳入全区经济社会发展实绩考核范畴。推动行业部门施行消防安全标准化管理，建立行业系统火灾情况和突出问题定期通报机制，落实易燃易爆场所消防安全“三个一”制度（开展一次消防安全自查、一次消防安全培训、一次疏散逃生演练）。推动社会单位对照标准，开展“三自主两公开一承诺”（自主评估风险、自主检查安全、自主整改隐患，向社会公开消防安全责任人、管理人，承诺本场所不存在突出风险或者已落实防范措施）活动，落实“六加一”（开展一次消防安全评估，签订一份消防安全承诺书，维护保养一次消防设施，组织检测一次电气和燃气线路设施，全面清洗一次油烟道，集中培训一次全体员工；建立一支志愿消防队，确保一旦发生火灾，3分钟内形成第一处置力量到场扑救）火灾防控措施。提升全区火灾防控水平，委托第三方机构对长寿区带消防设施的所有社会单位消防安全现状进行全面摸排，形成翔实报告；提请区政府出台《长寿区高层建筑消防隐患整改方案》，完成42栋政府投资项目的无水高层建筑隐患整改，对全区18栋无专项维修资金的老旧商住房进行消防改造；完成晏家街道市政消火栓缺失火灾隐患整改，改造40栋老旧居住建筑消防设施，新建市政消火栓48个、消防取水设施3处；开展消防物联网大数据平台建设，对6处文物增设火灾自动报警系统和消防给水系统，推广安装简易喷淋10套、电气火灾监控装置30套、独立式火灾探测报警器1800个。加大消防宣传教育力度，出台《消防安全专项整治三年行动宣传工作实施方案（2020—2022）》，组织开展“119消防宣传月”系列主题活动，完成支队级全媒体中心建设和平层集装箱式消防宣传车的购置工作；全年区内各类媒体刊发消防类信息2000余条，曝光重大火灾隐患4处，开展各类集中宣传活动10次，发送消防宣传提示短信10万余条，教育培训5万余名群众。

2020年，区消防救援支队深化力量体系建设，组建75人的渝东战区化工灭火救援重型编队和40人的抗洪抢险支队级救援队；挂牌成立江南综合应急救援大队，组建1支区级森林火灾扑救专业队、6支乡镇级突击分队，形成突出重点、辐射全区的应急攻坚力量布局。强化实战岗位练兵，牢固树立“练兵备战、尚武扛旗”的鲜明导向，制订全区消防救援队伍全员岗位大练兵工作方案，坚持练体能技能、练战术指挥、练协同保障，明确岗位标准，突出练兵重点，探索建立分级分训体系。开展危化品灾害事故处置专题学习活动，选派1名指挥员赴浙江开展为期半年的危化品灾害事故处置跟班学习，组织全区指战员深入辖区危

2020年11月30日，长寿区开展危险化学品事故应急处置联合演练

化品企业开展熟悉调研和实战演练，同步开展车辆装备供液能力测试和消防水源调查。举办渝东战区跨区域危险化学品事故处置联合演练，开展全市危化品事故处置战例复盘。承办渝东战区冲锋舟驾驶员复训工作，组织17名指战员到大江大河开展水域救援实战化训练，2名指战员获得国际激流救援专业技术资质认证，1人获评全国训练标兵。提升应急通信保障能力，开展应急通信岗位大练兵、大培训、大比武活动，定期组织全勤指挥部指挥员开展无线通信组网训练。加强通信装备配备，全勤指挥部搭建所需器材全部配备到位并投入战备执勤，双光无人机、聚合路由器、移动指挥平台等装备的配备增强支队应急通信保障能力。

2020年，区消防救援支队经费保障实现新增长，装备建设实现新发展，按照《城市消防站建设标准》配齐所有消防救援站器材装备，采购大跨度高喷车和马基路斯支臂云梯消防车，新购火场勘查车，签订箱体宣传车、火场指挥车新购合同，执勤消防车类型更加齐全。针对各消防救援站的辖区特点和灾害事故类型，差异化配备无人机、破拆工具、球形气垫等消防器材装备，立足“全灾种、大应急”的实际需要，配备森林灭火、水域救援、地震救援、化工灾害处置等消防器材装备。设施建设完成江南站码头项目，趸船已完成验收并交付投入使用，48米主力型消防船顺利完工验收，投入执勤。启动晏家站重建工作，推动支队训练基地建设项目。美化营区，对外墙进行改造，对桃花站、经开特勤站训练塔公寓、江南应急救援大队晾衣场和大厅进行改造升级，新建支队停车棚和国旗台、翻新支队机关及各消防救援站营区路面，完成营区危险围墙改造，为江南应急救援大队训练塔加装电梯，营区生活工作秩序和生活环境得到改善。（李岷轩）

退役军人事务管理

【概况】 重庆市长寿区退役军人事务局（简称区退役军人事务局）位于重庆市长寿区凤城街道望江路6号。局机关核定3个内设科室，办公室、拥军优抚科（权益维护科）和安置就业培训科；内设事业单位重庆市长寿区退役军人服务中心，下设参公单位重庆市长寿区军队离休退休干部服务管理中心和事业单位重庆市长寿区光荣院。区级退役军人事务系统核定人员编制28名（其中机关行政编制8名、军休中心参公编制7名、光荣院事业编制3名、服务中心事业编制10名），19个镇街服务站核定编制63名，268个村（社区）退役军人服务站配备工作人员562人从事退役军人事务工作。

2020年，全区有5家驻军单位，区人武部、重庆预师三团三营、武警中队、武警十三中队和晏家通信站。全区退役军人事务系统组建完成，区、镇（街）、村（社区）三级服务体系组建到位；信息采集全区已登记在册的退役军人及各类优抚对象2.6万余人，其中享受国家定期抚恤补助的重点优抚对象5427人、军队离退休干部18人、企业军转干部201人、自主择业军转干部65人以及其他退役军人。

【疫情防控】 2020年，区退役军人事务局及下属单位坚持常态化新冠肺炎疫情防控，主动融入全区疫情防控工作。局机关党员干部主动援助辖区街道抗击疫情，到楼院逐户入户扫楼排查；负责部分区域对所有商铺、企业复工复产进行登记、排查，严格复工复产流程和手续，协助做好复工复产工作。退役军人自发请战，全区有1000余名退役军人参与一线疫情防控排查。协助捐款捐物，局机关干部、下属单位光荣院和军休中心工作人员为疫情防控捐款10余万元；部分退役军人以个人名义向区红十字会捐款；部分老复员军人个人缴纳特殊党费名义缴纳上万元党费用于抗疫；全区退役军人自发捐款、口罩和消毒液抗击疫情。

【宣传保障】 2020年，区退役军人事务局抓好部分退役士兵社保接续，宣传动员、沟通衔接，规范业务处理，落实资金保障，全区受理并办结养老保险1296人，医疗保险27人。建立常态化联系退役军人制度，按照重点联系与普遍联系相结合的原则，定期入户为退役军人及其他优抚对象提供心理咨询、精神慰藉、困难帮扶和政策宣传等服务。认真耐心倾听退役军人诉求，宣传相关政策。推荐辖区张能瑜入选全市“最美退役军人”，一等功臣李顺清获评“全国劳模”。“七一”和“八一”节日期间，通过《长寿日报》、长寿电视台、抖音等平台集中宣传15名优秀退役军人在平凡的岗位做出不平凡的贡献。

【服务体系建设】 2020年，区退役军人事务局对标对表“五有”（有机构、有编制、有人员、有保障、有场地）和“全覆盖”的标准，规范化、制度化建设区、镇（街）、村（社区）三级退役军人服务体系，明确各级服务中心（站）上墙内容、办公设备和政治文化建设标准。开展全国示范型服务站创建活动，财政拨付专项资金424.5万元，指导9个街镇服务站开展创建工作中的软硬件指标建设，推广枫桥式服务站，促进基层服务体系高效运行。

【军队离退休干部服务】 2020年，区退役军人事务局组织军休干部开展“走进天然氧吧，助力脱贫攻坚”和“爱心献功臣，军休帮战友”主题活动2次。筹集购置医用口罩、消毒液、体温计、药品等防疫物资送到军休干部家中，发放2000余只口罩，投入3万余元保障防疫工作，在军休中心醒目位置张贴告知单，LED显示屏播放防控口号，为18名军休干部发送提醒短信和防护短信等500余条。全年为军休干部邀请专家举办健康讲座1次，开展消防知识讲座1次，组织钓鱼、游园、比赛、主体活动、兴趣小组活动24次。

2020年10月12日，长寿区组织军休干部参加活动

【双拥工作】 2020年，长寿区委区政府召开双拥军地联席座谈会和议军会，听取双拥工作汇报，作出重要工作要求，汇聚力量、共建双拥。开展双拥抗疫活动，走访慰问长寿籍支援武汉一线抗疫军队人员家属，做好抗疫英雄后勤保障工作。为驻长寿的武警长寿中队、武警十三中队紧急筹集口罩、消毒液等疫情防护物资。发起全区退役军人投身抗疫活动，全区涌现一批抗疫典型退役军人。营造双拥氛围，组织区人武部、武警长寿中队、武警十三中队和区预备役以及地方单位8支队伍开展“双拥杯”篮球友谊赛。花费30余万元为武警长寿中队、武警十三中队改造升级训练基地和篮球场；春节期间区四大家领导带队慰问驻长部队，送去10余万元慰问物资。“八一”建军节期间举办退役军人优秀文艺作品展，收集文学类、书法作品类、美术作品类和摄影作品类优秀作品200余份在区美术馆展览，上千人次观展。

（陈　奎）

政策研究

【概况】 2019年1月18日，重庆市长寿区人民政府研究室（简称区政府研究室）获得批复组建。新组建的区政府研究室为因地制宜设置的机构，在原区政府办公室政策研究工作职责基础上组建，是区政府工作部门，为正处级；主要承担区政府文稿起草、调查研究、决策服务、联络协调等职责。区政府研究室核定内设机构3个，即综合科（挂调查研究科牌子）、经济发展科、城乡社会科；核定行政编制9名，设主任1名、副主任2名、科级领导职数5名，2020年年底前在岗在编干部9名、临聘人员1名、志愿者1名。

【以文辅政】 2020年，区政府研究室聚焦以文辅政主责主业，落实初审、复审、终审和照排人员毛校、校正人员连校、校正室三校的“三审三校”制度，严把文稿质量“六关”（政治关、政策关、法制关、内容关、体式关、文字关），打造精品文稿。高标准完成经济形势分析会、重点工作部署会、农村工作会议等重要会议讲话30余篇；高质量起草复工复产经验交流、工业经济发展、市委脱贫攻坚督导等重要汇报材料40余篇；牵头撰写《政府工作报告》，为“十四五”规划和2035年远景目标谋篇布局；撰写党课《高质量建设“两地两区”，书写长寿发展新篇章》等辅导文稿5篇。全年撰写各类综合文稿200余篇、60余万字，整理各类文稿150余篇、50余万字，为助力全区政府部署工作、落实要求、推动发展起到积极作用。

【调查研究】 2020年，区政府研究室推进“兴调研、转作风、促落实”行动，坚持理论与实践结合、国情市情与区情结合、当前与长远结合，围绕工业经济、民营经济、投资消费、城市品质、乡村振兴、社会事业等重点领域，到一线调查研究，针对工作难点、堵点和政策性、体制性障碍，加强与部门、街镇横向联动、协作共研，协助区政府开展联合调研10余次，提出工作建议30余条，均转化为具体工作思路和举措。其中提出共建两江长涪经济带、长垫梁特色产业带，被纳入重庆市“十四五”产业发展规划；提出推动“东优、南改、西融、北进、中强”发展思路以及破解烃类产业瓶颈再造“千亿级”产业链，被纳入区委全委会报告。

【决策服务】 2020年，区政府研究室按照“打造一个载体、建立一支队伍、储备一批课题、转化一批成果”思路，持续办好《微见》和《政务参考》，高标准打造全区政务交流平台。全年围绕优化营商环境、全面深化改革和做好“六稳”工作、落实“六保”任务等重点调研课题20余个，面向12个区级部门和重点企业征集优质文稿120余篇；择优编印《微见》4期，向全区部门发放2000余册。协调政府系统调研力量和社会力量开展专题研究，组织开展全区重大项目、经济运行、重点行业疫情防控、农业春耕生产等工作30余项；协助抓好“金融支持10条”“支持企业45条”等惠民助企政策落地，编写《政务参考》3期供区政府领导参阅，为全区疫情防控、复工复产等提供对策建议。 （常　耿）

信访工作

【概况】 2020年，重庆市长寿区信访办公室（简称区信访办）有行政编制15名、事业编制3名，实有行政编制人员15人、事业编制人员3人，均为大学本科以上学历，其中研究生学历2人。班子成员为1正、3副、2名副处级信访督查专员。区信访办有内设机构6个，包括综合科、接访科、信访稳定科、群工科、信息科、重大矛盾纠纷综合调处中心，内设机构领导职数8名，实有在编正科级实职干部5人、副科级实职干部2人、一级主任科员1人。

2020年，全区信访工作总体形势稳中向好，区信访办全年受理信访事项7007件（次）、13803人次，同比2019年分别上升15.4%、下降0.25%；其中，来访3217件（次）、9254人次，略有上升。受理网上投诉4297件（次），占信访总量的61.32%。化解中央交办“治重化积”案件87件，化解率41.04%；接待初次走访群众874批（次）、2679人次，化解859件，化解率98.28%，办结率100%。区级领导坚持每日公开接访群众，总计接访222批（次）、326人次；全年开展“社区工作日”活动359次，帮助解决实际问题398件。信访秩序好转，发生5人以上群众到区集访267批（次）、5169人次，分别同比下降11.88%、上升3.24%；群众到市越级访1件（次）、5人次，分别同比下降80%、44.44%。

【组织领导工作】 2020年，长寿区委、区政府重视，高位推动信访工作。区政府常务会定期研究信访工作，区群众工作联席会议每月召开例会研究突出问题、分析稳定形势，区委常委会定期听取工作情况汇报、研究信访重点工作。区党政主要领导对信访工作做出批示指示13次，谋划部署信访重点工作；其他区级领导坚持“一岗双责”，主动抓好分管领域的信访工作。全区各级各部门层层强化领导、层层传导压力，共同推动信访工作落到实处。2020年，召开区群众工作联席会议11次（2月因疫情停开），研究交办重点问题30个；区委常委会研究信访工作7次；区政府常务会研究信访工作9次。

【源头预防】 2020年，长寿区健全完善制度机制，推动重心下移、关口前移，在抓早、抓小、抓苗头上下功夫，夯实信访工作基础。持续深入开展干部接访下访，常态化开展领导干部公开接访、社区工作日活动、阅批群众来信和书记、区长阅批交办重点信访问题等工作，推行“信访办主任接待日”制度。开展矛盾纠纷排查化解，坚持矛盾纠纷“三级联排联调”机制，实行重点矛盾挂牌交办督办制度，全年排查交办重点矛盾纠纷55件，化解55件，化解率100%；妥善处置各类突发矛盾纠纷40余件。推行社会稳定风险评估，按照全市社会稳评工作“扩面提质增效三年行动计划”安排，在全区开展“稳评增效年”活动，完善落实“1+4”稳评制度（即区委办印发的《长寿区社会稳定风险评估工作实施意见》和区联席办印发的4个配套办法），指导相关单位完成石门村电力迁改及燃气管道工程、禁止活禽宰杀、野生动物交易等社会稳定风险评估备案40件（次），关注群众切身利益，做到应评尽评，促进科学决策。

【信访积案化解】 2020年，长寿区落实专题研究部署，区委常委会、区政府常务会专题研究“治重化积”“清仓见底”和“四重攻坚”（“重点群体、重点领域、重点问题、重点人员”攻坚）专项工作，32名区级领导其中的四大家主要领导带头包案，明确责任单位主要负责人为具体责任人，具体负责案件办理。全面排查交办，区联席办按照“属事为主、突出化解”的原则，分级分类交办排查案件600件，全部落实一个问题、一名领导、一套班子、一个方案、一抓到底“五个一”工作措施，按照“三到位一依法”工作原则（群众诉求合理的解决问题到位、诉求无理的思想教育到位、生活困难的帮扶救助到位，行为违法的依法处理）和“三重新”（重新听取信访人申诉、重新调查核实、重新研究处理）工作要求，推进信访积案“事心双解”。督查督导问效，成立由联席会议召集人任组长、成员单位负责人为成员的5个督查组，常态化督导，对工作滞后、化解率不高单位的主要负责人，由区委政法委书记约谈；联席会议办公室每月统计分析化解数据，对重点个案进行挂牌督导，直至化解；全区436件信访存量已化解188件，市交办4个重点群体已化解4个，10个重点问题已全部化解，15名重点人员已化解6名。

【信访制度改革】 2020年，长寿区推进“阳光信访”，广泛推行信访代理，推动信访事项规范录入；全年群众信访事项及时转送率、及时受理率、按期办结率均为100%，信访事项参评率78.77%，群众对信访部门满意率99.66%。推进“责任信访”，全力抓好信访责任制的贯彻落实，建立信访办领导联系街镇机制，由5名区信访办领导分别联系19个街镇，协调推动联系街镇疑难信访问题有效化解；制定印发信访案件办理规范，对积案化解的街镇和重点部门进行培训，轮训信访干部500余人次。推进“法治信访”，推动各级各部门通过法定途径分类处理信访问题，落实诉、访分离制度，强化初信初访案件受理办理，开展联合接访146件（次），及时妥善处理群众每一个合理合法诉求，让初信初访群众“最多访一次”。

【队伍建设】 2020年，区信访办坚持学懂弄通做实习近平总书记关于加强和改进人民信访工作的重要思想，坚持党建工作、业务工作“两手抓”“两不误”。持续深化巩固“不忘初心、牢记使命”主题教育成果，落实党组理论中心组学习，坚持党员领导干部讲党课、“三会一课”等制度规定，强化理想信念教育和党性教育，把学习党章作为必修课，加强党规党纪学习教育，坚持重温入党誓词、党员过“政治生日”等政治仪式。全年开展党组中心组集中学习9次，组织党员干部职工参加学习研讨21次，班子成员讲党课6次，开展主题党日活动12次，完成调研报告6篇，撰写心得体会16篇，召开专题民主生活会、支部组织生活会及民主评议党员等。推进干部队伍能力建设，组织全区信访干部参加专题培训班和各级各类视频培训14场（次），受训干部700余人次，实现教育培训全覆盖、常态化。（胡　梅）

招商引资

【概况】 重庆市长寿区招商投资促进局（简称区招商投资促进局）是区政府正处级工作部门，承担9项主要职能职责。领导班子设1正3副；2020年有18人，其中行政在编人员11人、事业单位在编人员5人、聘用职工2人；内设办公室、综合效能科、规划促进科、招商合作科等4个科室，在北京、苏州、深圳设有驻华北、华东、华南招商工作组。

2020年，长寿区实现合同引资609.53亿元（其中市外合同引资500.94亿元），实现市外项目到位资金141.85亿元。区党政主要领导到市外拜访企业62家。

【招商引资质量】 2020年，长寿区注重产业招商，全区引进二产项目84个、投资总额427.45亿元，引进一产及三产项目28个、投资总额182.08亿元；工业支撑作用明显，工业引资占全区合同引资额的70%，市外工业引资占全区市外合同引资的76%。注重战略性新兴产业招商，成功引进深圳沃特新材、亚士创能等战新产业项目26个，合同引资194.5亿元，占工业引资的45.5%。注重招大引强，引进世界500强企业3家（中国石油化工集团、日本三井物产株式会社、中国航天科工集团），引进产值100亿元级项目1个（国内最大高强钢筋企业邯郸一三高研），引进中国最大皮革及聚氨酯企业江苏双象集团、国内最大气凝胶企业华陆科技、国内最大保温装饰板生产企业亚士创能、国内最大钢绞线企业天津春鹏等10亿元级项目10个，引进望变电气智能电力设备及其元器件项目等亿元级项目68个。注重外资招商，引进恺迪苏生物蛋白质、日本武藏涂料、韩国大世汽车座椅、韩拓科技多元醇等外资项目4个，协议投资27.9亿元。注重补链招商，引进重庆药友制药国际化原料药及制剂产业基地项目等延链补链项目20个，促进生物医药、化工新材料等主导产业发展壮大。

【集中招商】 2020年7—9月，长寿区“招商季”卓有成效，全区实现市外合同引资251.4亿元，实现市外项目到位资金33.7亿元，区党政主要领导到市外拜访企业20家，“招商季”考核排名主城都市区第五位；宣传造势推进项目签约、开工建设等多角度宣传，《从事区“招商季”百日攻坚初见成效》等40余篇招商引资信息先后在人民网、新华网、中国网、上游新闻、华龙网、《重庆日报》等多家主流媒体发布，获得社会各界广泛关注和好评。成功组织参加2020年线上智博会，设置虚拟展台500平方米，组织重庆小康动力等17家大数据智能化企业参展，线上展示包括小康发动机等30余类最新产品和技术；在全市集中签约活动中签约央地合作项目和外资项目各1个，实现合同引资62.7亿元。

【重点招商】 2020年，长寿区华北、华东、华南的3个驻外招商工作组拜访企业200余家，获取有效信息50余条，撰写招商专报40余篇，邀请到长寿考察企业60余家，主导或参与召开招商投资推介会3场，参加商务交流活动30余次，接触企业家3000余人；经驻外招商工作组第一手获取招商信息并协助园区签约项目5个、合同引资额15亿元。数字化招商已完成大数据招商平台更新升级，新增产业链图谱、投资意愿引擎、权威产业榜单等模块，利用大数据精准挖掘投资线索及锁定目标企业的功能提升优化。重点招商活动持续推进，成功举办2020年一季度“云招商·云签约”活动，云端会见客商2万多人次，发布“云招商”项目74个、投资总额1160亿元，“云签约”项目29个、投资额218亿元；借助昆山重庆商会成立契机，成功举办长寿区华东地区招商引资推介会，吸引参会企业260余家，同昆山重庆商会签署战略合作协议。（孔祥波　于　玥）

机关事务管理

【概况】 重庆市长寿区机关事务管理局（简称区机关事务局），为区政府工作部门。2020年在职23人（其中行政编制13人、机关后勤服务事业编制2人，聘用人员8人），设局长1名，副局长2名，科级领导职数7名；内设办公室、服务接待科、办公用房管理科、公务用车管理科、公共机构节能管理科5个科室。2020年，区机关事务局抓集中统一管理，推进标准化信息化各项工作，提升机关事务管理保障服务水平。区人民医院和区检察院被评为“全国节约型公共机构示范单位”。

【疫情防控】 2020年，区机关事务局在新冠肺炎疫情防控工作中，制定和调整区行政中心疫情防控措施，干部职工夜以继日投入到抗击新冠肺炎疫情防控工作中，做到守土担责、守土尽责。及时组织和采购口罩、酒精、消毒水、红外线电子体温测试仪等物品及党政专用视频会议系统云平台摄像机等设备用于区行政中心新冠肺炎疫情防控。组织和采购口罩112000余个、酒精600瓶、84消毒液18桶、红外线测温枪18个、红外热成像人体测温仪2台；为区行政中心干部职工提供盒饭3万余份。截至年底前，区行政中心无一例感染和疑似病例。为区防控办、物资保供及复工复产等工作组在区行政中心协调安排3间会议室用作临时办公室；协调3个酒店作为疫情防控隔离等临时保障用房。协调支持区医院、区中医院及部分街镇卫生院新购2台医用负压车、更换8台老旧120救护车，保障和服务新冠肺炎疫情防控。

【节约型机关建设】 2020年，区机关事务局持续将节约能源资源和服务接待、办公用房、公务用车管理等节约型机关建设考核内容纳入年度全区经济社会发展实绩和党的建设工作考核指标（部门2分，街镇1分），优化完善考核体系，制定《长寿区节约型机关建设考核评分标准》；落实《长寿区公共机构节约能源资源“十三五”规划》。开展生活垃圾分类、食堂油烟治理、节水型单位创建、节约型机关创建、制止餐饮浪费行为等工作，发挥党政机关等公共机构示范引领作用。实现3年完成全区公共机构生活垃圾分类全覆盖目标任务；2020年完成公共机构食堂油烟污染治理21家；完成公共机构节水型单位创建51家，节水率30%以上，人均用水108升/人·日，低于重庆市定额用水标准150升/人·日；完成节约型机关创建42家，占全区党政机关51%，超额完成市里下达的30%的目标任务；在既有公共区域完成30个电动汽车充电桩建设，组织协调22家公共机构推进新能源汽车充电桩基础设施建设。完成年度能源资源消耗下降目标任务，实现人均能耗同比下降2.4%（含）以上、单位建筑面积能耗同比下降2.1%（含）以上、人均水资源消费同比下降3.2%（含）以上。长寿区在2019年度全市公共机构节约能源资源考核中获“优秀”。

【公务用车管理】 2020年，区机关事务局执行《区政府过紧日子十条措施》，严格控制机关事业单位公务用车购置。委托第三方平台拍卖处置党政机关事业单位公务用车105辆，成交金额104万余元上缴区财政。为区政府研究室等14家机构改革新成立或调整的党政事业单位核定车辆编制。年底前全区党政机关公务用车编制为436辆、事业单位公务用车编制为322辆。全面完成公务用车标识张贴。全年对全区公务用车运行管理及使用情况开展监督检查60余次，重点检查公务用车定点停放、定点保险、定点维修、标识化、统一派车单制度、加油卡管理等落实情况和非工作时间及节假日公务用车使用情况。

【办公用房管理】 2020年，区机关事务局落实《重庆市党政机关办公用房管理实施办法》，严格办公用房使用面积标准和调剂、租用、维修审批，坚持“调新交旧”，为4个民主党派协调办公用房，解决区委巡察办办公用房不足问题。完成全区党政机关办公用房信息更新统计，年底前全区各级党政机关（含所属垂直管理机构、派出机关和参照公务员管理的事业单位），有房屋用地面积304883.8平方米、总建筑面积291680.7平方米（其中办公用房建筑面积218250平方米，技术业务用房建筑面积73430.7平方米），基本办公用房使用面积92928平方米，附属用房建筑面积28273.1平方米。

【服务接待】 2020年，区机关事务局严格公务接待标准和服务，坚持接待清单制度，认真细致完成每一次接待任务；全年完成282次接待服务任务，其中部级及其以上23次24人次，公务接待费用逐年下降。完善《长寿区行政中心公用会议室管理制度》，严格会议预约、登记、安排、保障流程，确保会议、活动、演出顺利进行；加强对论坛、讲坛、讲座、年会、报告会、研讨会等活动的使用查验；全年完成各类会议和活动服务保障675场（次），其中重要会议和活动80场（次）；完成长寿党政专用视频会议系统升级改造，全力保障疫情期间视频会议需求，提高会议活动服务保障能力。

【标准化信息化建设】 2020年，区机关事务局贯彻习近平总书记、李克强总理关于标准化信息化工作的重要指示精神，坚持新发展理念，立足机关事务工作职能职责，按照《长寿区机关事务标准化工作方案（2018—2020年）》，推进机关事务标准化信息化工作；围绕综合管理、服务管理、公务接待、办公用房、公务用车、节约能源资源管理等7个重要方面28项内容完善和制定管理标准，推动机关事务管理工作“有规可依、有迹可循”。按照“互联网+机关事务”深度融合思路，全区党政机关及其下属参公事业单位全部纳入党政机关房屋资产信息管理系统，全区不涉密的事业单位公务用车均纳入全市“一张网”公务用车信息化管理平台，全区195个公共机构全部纳入公共机构能源资源消费统计系统。

【后勤保障】 2020年，区机关事务局持续推进后勤服务社会化，政府购买社会化服务将区行政中心的物业、安保、机关食堂、过渡性住房等后勤服务外包给4家企业；完善服务管理制度，压细压实区行政中心安全保卫工作责任制和食品安全责任制，严格服务考核标准，在监督问效中不断提升后勤保障服务水平。全年完成3000余次维修服务，登记来访人员10300余人次；合理、合法、有效处置非正常上访1490余人次，全年未发

生安全生产事故。（李唐贤）

政务服务管理

【概况】 2020年12月24日，长寿区委编委会同意设立重庆市长寿区行政服务中心，属重庆市长寿区政务服务管理办公室（简称区政务服务管理办）管理的公益一类事业单位，级别正科级，机构编制4名。2020年，区行政服务中心总面积为8650平方米，设办事窗口208个，入驻单位59个（其中一级单位35个、二级单位9个、市政公用服务机构7个、中介服务机构8个），入驻工作人员236人，入驻事项1217项（其中行政许可731项、行政确认93项、其他行政权力159项、公共服务161项、行政给付32项、行政裁决7项、行政奖励34项）；设置综合服务大厅、不动产登记服务大厅、住房公积金服务大厅、税务服务大厅和工程建设审批服务大厅5个办事大厅。2020年，区行政服务中心受理各类事项723649件，办结714916件（含历史在办件），办结率98.79%；“渝快办”网络平台事项受理40169件，办结35401件，办结率88.13%。

【疫情防控】 2020年，区行政服务中心坚持疫情防控常态化，防控服务两手抓、两不误。落细落实各项防疫措施，坚持每日消杀、测温、查验健康码，进入大厅配戴口罩，全年向窗口人员和办事群众发放口罩11万余个、一次性手套6800余双等防疫物资，保障职工和群众生命健康安全。在一级响应期间，开展网上办、电话办，急事特事实行24小时线下预约办理，办理防控物资企业登记、变更环保手续等开设绿色通道，为特病人员办理住院手续等业务51684件，为企业群众救急解困。

【权力规范运行】 2020年，区政务服务管理办理清“四类”清单，形成《长寿区行政权力及责任事项清单》及《长寿区公共服务事项清单》。其中区级行政权力、公共服务事项4792项，街镇级行政服务、公共服务事项189项，依申请办理类政务服务事项区级1398项、街镇级75项。全年清理中介服务及证明事项196项，实现医保、社保、户籍、车管、税务等139项高频民生事项“零材料”办理；村居帮办代办事项50项。

【政务服务改革】 2020年，区政务服务管理办加强“一门、一网、一次”改革。全区政务服务事项入驻区行政服务中心“一门”从年初的966项增加到1287项，入驻率从75.4%提高到93.7%；2020年6月，将区公安局、区人社局、区司法局、区民政局、区退役军人事务局5个单位8个因场地和技术原因暂不能入驻中心的事项但又单独面向企业和群众设置了办事大厅的场所确立为分中心，出台分中心管理办法，加强全区政务服务管理。全区1373项政务服务事项上线一体化平台，1288项开通网上办理功能，开通率为93.8%，较年初提高24.64个百分点；1069项可全程网上办理，全程网办率77.9%，较年初提高64个百分点。持续深化减环节、减纸质材料提交、减时间、减跑动“四减”改革，到现场的平均跑动次数由1.01次压缩至0.23次；立等可取的有640项，即办件比率为46.6%，较年初提高46个百分点；办理时限从36058个工作日压缩至4780个工作日，压缩比例为86.7%，较年初提高34.9个百分点。

深化重点领域改革。企业办事窗口将设立登记、发票申领、印章刻制和就业社保登记等多部门业务整合，实行“一网一窗一次一日”全流程办结，免费提供一套公章，注册全程无纸化、一次不跑，全年新增市场主体10473户。首贷续贷中心建成投用，设置3个窗口，辖区15家金融机构全部入驻首贷续代中心，为民营小微企业提供融资帮助，全年对接企业56家，24家企业符合融资需求，放贷4668万元，解决民营小微企业“融资难”问题。强化工程建设审批大厅建设，水、电、气、信等市政公用服务已入驻区行政服务中心，工程建设审批后台完成建设和配置；持续深化经开区首席代表制、重大项目一卡通制、告知承诺制，当好企业项目建设“总客服”。纳税服务“一窗通办”“一网通办”“一件事一次办”，纳税人税收满意度在全市连续2年调查测评中分获一、二名。

【智慧政务服务】 2020年，区政务服务管理办启动智慧政务“一张网”项目，加快“渝快办”长寿应用开发。长寿本土网审平台移动端“畅快办”上线“人人长寿”APP，与“渝快办”实现无缝对接。投入1100余万元，对“渝快办”前端应用开发，与部门业务系统融通，实现全区政务服务“一个办事门户，一个管理平台，一个用户终端，一个数据库源”的“1+3+N”智慧政务“一张网”政务服务体系，逐步统一服务入口，数据共享互通。

发挥“互联网+督查”平台作用，解决群众诉求。全年“互联网+督查”长寿平台受理问题线索1480件，办结1462件，办结率98.7%；评价满意964件、基本满意21件、不满意71件，未评价406件，满意率67.37%。通过重庆市广播电视台“民生热线”广播节目上线，与群众搭建畅通的沟通渠道，及时回应解决油烟扰民、生活噪音扰民、占道经营、违章搭建等群众身边的困扰。

【创新优化服务】 2020年，区政务服务管理办围绕群众和企业眼中办成一件事，梳理“我要开餐馆、开理发店”等64件“一件事一次办”套餐，重构办事流程，编制服务指南，设置“一件事一次办”帮办、代办窗口。推进“一窗综合”受理改革，设立商事金融、工程建设、纳税服务、涉农、交通、社会事务等分类综窗，862项可通过“重庆一窗”综办系统办理。开展“政务+邮政”服务，与长寿邮政分公司签订战略合作协议，利用邮政人员及其网络体系实行免费代办服务，开展办理结果政府买单、群众免费邮寄到家服务，已在晏家、双龙、洪湖等街镇设立8个代办点，涉企业开办、税务服务、公安交巡警、社保事务等36项高频民生服务事项。年内1200多项服务通过“渝快办”线上申请办理，已为企业、群众免费代办事项2252件（次），实现政务服务365天不打烊、走出去、流动起来，方便企业、群众在家门口办事，有效降低办事成本20余万元。

【宣传培训监管】 2020年，区政务服务管理办重视宣传推广，在区行政服务中心、街镇公共服务中心和村社区便民服务中心通过二维码、易拉宝、走村入户、短信群发等多种方式宣传推广“渝快办”“畅快办”。组织全区政务服务业务骨干开展“四减”工作、“一窗综办”“好差评”和“公共服务”等业务培训15次，组织中心窗口工作人员在月末最后一周周五下午开展规范服务培训，全年已开展《优化营商环境条例》《重庆市政务服务管理办法》、政务服务沟通技巧、政务服务礼仪、普通话等7次、1237人次大培训，窗口工作人员服务能力得到提升。强化监督考核，落实“日扫描、月通报、季分析、年考核”机制，强化对网审平台预审业务、网办管理事项、市场主体和群众反映问题督促提醒；印发《运行简报》14期，对中心每月突出成绩、重大改革情况进行宣传肯定，对超期等问题进行点名；年内专项问题反馈28次，整改问题1300余个，推动各项改革落地落实；考核窗口人员2803人次，评优评先60人次；落实政务服务“好差评”评价机制，全年政务服务“好差评”评价16994次，其中非常满意13481次。聘请由区党代表、区人大代表、区政协委员及群众代表等10人组成政务服务监督评议团，对全区政务服务开展监督评议，开展监督评议2次，形成监督评议报告并发出专项问题反馈2期，改善窗口作风和提升群众满意度。　（张晓强）

表14　**2020年重庆市长寿区人民政府重要文件一览表**

文件名称	文号
重庆市长寿区人民政府关于加强2020年春节期间城区燃放烟花爆竹管理的通告	长寿府发〔2020〕1号
重庆市长寿区人民政府关于分解2020年重大项目工作目标任务的通知	长寿府发〔2020〕2号
重庆市长寿区人民政府关于云台镇云台社区村规划的批复	长寿府发〔2020〕3号
重庆市长寿区人民政府关于江南街道大堡村村规划和江南街道锯梁村村规划的批复	长寿府发〔2020〕4号
重庆市长寿区人民政府关于晏家街道龙门村村规划的批复	长寿府发〔2020〕5号
重庆市长寿区人民政府关于印发2020年全区安全生产与自然灾害防治工作要点的通知	长寿府发〔2020〕6号
重庆市长寿区人民政府关于授予明建平等42名同志长寿区第四届名教师称号的决定	长寿府发〔2020〕7号
重庆市长寿区人民政府关于经开区部分道路命名的批复	长寿府发〔2020〕8号

续表

文件名称	文号
重庆市长寿区人民政府关于公布第八批非物质文化遗产名录和第七批非物质文化遗产代表性传承人的通知	长寿府发〔2020〕9号
重庆市长寿区人民政府关于2019年安全生产工作考核结果的通报	长寿府发〔2020〕10号
重庆市长寿区人民政府关于做好第七次全国人口普查的通知	长寿府发〔2020〕11号
重庆市长寿区人民政府关于印发长寿湖镇黑角冲花山村供水站等8个街镇集中式饮用水水源地保护区调整方案的通知	长寿府发〔2020〕12号
重庆市长寿区人民政府关于明确全区部分领域安全生产监管责任的通知	长寿府发〔2020〕13号
重庆市长寿区人民政府关于印发《长寿区国民营养计划（2020-2030年）实施方案》的通知	长寿府发〔2020〕14号
重庆市长寿区人民政府关于明确全区小型游乐设施设备安全管理责任的通知	长寿府发〔2020〕15号
重庆市长寿区人民政府关于有偿授予长寿经开区范围内公共停车位经营权的批复	长寿府发〔2020〕16号
重庆市长寿区人民政府关于授权区应急局组织实施一般生产安全事故调查工作的通知	长寿府发〔2020〕17号
重庆市长寿区人民政府关于2019年度卫生健康工作考核结果的通报	长寿府发〔2020〕18号
重庆市长寿区人民政府关于鲁巧等免职的通知	长寿府发〔2020〕19号
重庆市长寿区人民政府关于2019年度长寿区创新驱动重要成果的通报	长寿府发〔2020〕20号
重庆市长寿区人民政府关于2019年度长寿区科技工作考核结果的通报	长寿府发〔2020〕21号
重庆市长寿区人民政府关于2019年度重大项目工作考核结果的通报	长寿府发〔2020〕22号
重庆市长寿区人民政府关于罗立等职务任免的通知	长寿府发〔2020〕23号
重庆市长寿区人民政府关于印发重庆市长寿区2019年耕地保护督察整改工作实施方案的通知	长寿府发〔2020〕24号
重庆市长寿区人民政府关于2019年度农业农村经济及住户收支统计调查工作考核结果的通报	长寿府发〔2020〕25号
重庆市长寿区人民政府关于调整长寿区违法建设治理工作指挥部的通知	长寿府发〔2020〕26号
重庆市长寿区人民政府关于废止部分区政府规范性文件的决定	长寿府发〔2020〕27号
重庆市长寿区人民政府关于同意渡舟街道太平大道更名的批复	长寿府发〔2020〕28号
重庆市长寿区人民政府关于坚决遏制新增农村乱占耕地建房问题的通知	长寿府发〔2020〕29号
重庆市长寿区人民政府关于印发《长寿区长江经济带废弃露天矿山分类处置实施方案》的通知	长寿府发〔2020〕30号
重庆市长寿区人民政府关于关闭重庆平地新型建材有限公司的通知	长寿府发〔2020〕31号
重庆市长寿区人民政府关于印发《长寿区临港产业发展扶持暂行办法》的通知	长寿府发〔2020〕32号
重庆市长寿区人民政府关于印发《重庆市长寿区违法建设治理工作方案》的通知	长寿府发〔2020〕33号
重庆市长寿区人民政府关于开展违法建设集中治理的通告	长寿府发〔2020〕34号
重庆市长寿区人民政府关于印发重庆市长寿区公共投资建设项目审计实施办法的通知	长寿府发〔2020〕35号
重庆市长寿区人民政府关于徐征任职的通知	长寿府发〔2020〕36号
重庆市长寿区人民政府关于印发《全面推进长寿区养老服务高质量发展实施方案（2020—2022）》的通知	长寿府发〔2020〕37号
重庆市长寿区人民政府关于组建重庆市长寿区能源数据中心及有关事项的批复	长寿府发〔2020〕38号

续表

文件名称	文号
重庆市长寿区人民政府关于划定禁止露天烧烤区域的通告	长寿府发〔2020〕39号
重庆市长寿区人民政府森林防火禁火令	长寿府发〔2020〕40号
重庆市长寿区人民政府关于扩展城区文明治丧示范区域的通告	长寿府发〔2020〕41号
重庆市长寿区人民政府关于印发《长寿区城区文明治丧示范扩展区域文明治丧管理工作实施方案》的通知	长寿府发〔2020〕42号
重庆市长寿区人民政府关于进一步规范活禽交易推行集中屠宰加强冷链供应工作的实施意见	长寿府发〔2020〕43号
重庆市长寿区人民政府关于全面规范活禽交易和宰杀的通告	长寿府发〔2020〕44号
重庆市长寿区人民政府重庆市长寿区人民武装部关于确定彭涛等24名同志为长寿区人防专业队负责人的通知	长寿府发〔2020〕45号
重庆市长寿区人民政府关于落实《健康中国重庆行动实施方案》任务分解的通知	长寿府发〔2020〕46号
重庆市长寿区人民政府关于印发长寿区促进大健康产业高质量发展的实施方案（2020—2025年）的通知	长寿府发〔2020〕47号
重庆市长寿区人民政府关于王世平等职务任免的通知	长寿府发〔2020〕48号
重庆市长寿区人民政府关于印发《长寿区数字经济创新发展工作方案》的通知	长寿府发〔2020〕49号
重庆市长寿区人民政府关于2019年度统计工作考核结果的通报	长寿府发〔2020〕50号
重庆市长寿区人民政府关于2019年度长寿区招商引资工作考核结果的通报	长寿府发〔2020〕51号
重庆市长寿区人民政府关于城区批发市场环境综合整治的通告	长寿府发〔2020〕52号
重庆市长寿区人民政府关于菩提街道道路命名的批复	长寿府发〔2020〕53号
重庆市长寿区人民政府关于付显芬任职的通知	长寿府发〔2020〕54号
重庆市长寿区人民政府关于扩大高污染燃料禁燃区范围的通告	长寿府发〔2020〕55号
重庆市长寿区人民政府关于废止部分区政府规范性文件的决定	长寿府发〔2020〕56号
重庆市长寿区人民政府关于印发《关于落实生态保护红线、环境质量底线、资源利用上线制定生态环境准入清单实施生态环境分区管控的实施意见》的通知	长寿府发〔2020〕57号
重庆市长寿区人民政府关于印发《重庆市长寿区基层政务公开标准目录》的通知	长寿府发〔2020〕58号
重庆市长寿区人民政府关于重庆市长寿区城乡供水一体化PPP项目实施方案等有关事项的批复	长寿府发〔2020〕59号
重庆市长寿区人民政府关于晏家街道部分道路命名的批复	长寿府发〔2020〕60号
重庆市长寿区人民政府关于渡舟街道新建道路命名的批复	长寿府发〔2020〕61号
重庆市长寿区人民政府关于同意《黄草峡储气库先导试验用地及输气管网走廊专项规划》的批复	长寿府发〔2020〕62号
重庆市长寿区人民政府关于禁止农村乱占耕地建房的通告	长寿府发〔2020〕63号
重庆市长寿区人民政府关于确定兴港大道化工新材料园道路征收项目的批复	长寿府发〔2020〕64号
重庆市长寿区人民政府关于设立海棠镇海花社区万顺镇万兴社区的批复	长寿府发〔2020〕65号
重庆市长寿区人民政府关于进一步促进建筑业持续健康发展的实施意见	长寿府发〔2020〕66号

（重庆市长寿区人民政府办公室提供）

政协重庆市长寿区委员会

政协全体委员会议

【区政协十五届四次全体委员会议】 2020年1月5—8日，政协重庆市长寿区第十五届委员会第四次会议在区科技文化中心召开。大会应到委员290名，实到281名，到会率96.89%。区领导赵世庆、巴川江、张明生、何以龙、王身高、谭伟、李松、师明萌、胡建川、李伟、宋平等到会祝贺并在主席台就座。区人大常委会副主任、区政府副区长、经开区副主任、区人民法院院长、区人民检察院检察长、区人武部部长、区公安局政委应邀参加大会。邀请区政协历届主席、副主席、秘书长，住长寿的市政协委员和区级部门、经开区内设机构、区委巡察组、部分部门所属事业单位、区管重点国有企业、在长寿市属管理部门、部分金融机构等班子成员中无政协委员的单位负责人，以及区委统战部相关负责人、区政协机关各委室负责人列席会议。19名市民代表旁听大会。

区政协副主席付恺主持大会开幕式。区政协主席张华代表十五届区政协常委会向大会作工作报告。报告从五个方面，对2019年工作进行总结，对2020年政协工作做出安排部署。区政协副主席邓有国受十五届区政协常委会委托，向大会报告区政协2019年提案工作情况，明确2020年提案工作思路及建议。

会议期间，与会人员列席区人大十八届四次会议，听取区政府工作报告；分组讨论区政协常委会工作报告、提案工作情况报告，区政府工作报告及计划、财政报告，法院、检察院工作报告。会议对以上报告表示赞同。会议审议通过区政协十五届常委会工作报告和提案工作情况报告。

闭幕会上，区政协主席张华号召，区政协各参加单位和广大政协委员，要在落实党对政协工作全面领导，发挥人民政协专门协商机构作用，加强政治引领广泛凝聚共识，健全完善人民政协工作制度，发挥委员履职尽责主体，强化能力作风建设上下功夫，始终不忘初心、主动服务中心、广泛凝聚人心，推动长寿区经济社会高质量发展。

（杨　娟）

政协常务委员会议

【十五届十八次常务委员会议】 2020年1月7日，区政协召开十五届十八次常委会议，听取关于委员在区政协十五届四次会议分组讨论情况的汇报，审议通过关于区政协十五届四次会议日程调整事宜，协商讨论关于区政协常委会工作报告的决议（草案）、关于区政协十五届四次会议的决议（草案）。

【十五届十九次常务委员会议】 2020年1月8日，区政协召开十五届十九次常委会议，听取关于委员分组讨论情况的汇报，审议通过关于提案审查情况的报告，审议关于区政协常委会工作报告的决议（草案）、关于区政协十五届四次会议

2020年3月31日，长寿区政协召开第一季度常委会议

的决议（草案）。

【十五届二十次常务委员会议】 2020年3月31日，区政协召开十五届二十次常委会议，传达学习全市推动成渝地区双城经济圈建设动员大会精神，协商长寿区优化营商环境情况，听取全区新冠肺炎疫情防控工作及企业复工复产情况通报，审议通过区政协2020年工作要点。

【十五届二十一次常务委员会议】 2020年7月14日，区政协召开十五届二十一次常委会议，传达学习习近平总书记在全国两会期间重要讲话精神和十三届全国人大三次会议、全国政协十三届三次会议精神，传达学习市政协五届十四次常委会议精神，协商全区上半年经济社会发展情况，通报全区脱贫攻坚工作情况，审议通过《关于民主评议区司法局工作情况的报告》《关于民主评议区城管局工作情况的报告》《关于民主评议区招商投资促进局工作情况的报告》。

【十五届二十二次常务委员会议】 2020年10月9日，区政协召开十五届二十二次常委会议，传达学习全国地方政协工作经验交流会精神、市政协常委会议精神，审议通过人事任免事项，通报全区提案办理落实情况，审定《政协重庆市长寿区委员会提案工作规定》，协商长寿区“十三五”规划完成情况、“十四五”规划编制进展情况。

【十五届二十三次常务委员会议】 2020年12月10日，区政协召开十五届二十三次常委会议，传达学习中共十九届五中全会精神和市委五届九次全会精神；听取区政府2020年全区经济社会发展情况通报，区法院、区检察院2020年工作情况通报，重大公共卫生应急管理体系建设情况通报，区政协十五届五次会议筹备情况通报；审议通过关于召开区政协十五届五次会议的决定，区政协十五届五次会议常委会工作报告报告人名单和提案工作情况报告报告人名单，审议通过区政协十五届五次会议议程（草案）、日程（草案）、各次大会执行主席和主持人名单，大会秘书长、副秘书长名单，特邀领导、列席人员和市民代表名单，分组讨论召集人名单和委员分组名单；审议通过区政协常委会工作报告（审议稿），区政协常委会提案工作情况的报告（审议稿），区政协各委室、街镇联络组、界别小组2020年工作情况汇报（书面）；表彰区政协2020年度理论研讨优秀论文。 （杨　娟）

重要工作与活动

【政治引领】 2020年，区政协把巩固人民政协共同思想政治基础放在首位，树牢“四个意识”，坚定“四个自信”，做到“两个维护”，全面彻底干净肃清孙政才恶劣影响和薄熙来、王立军流毒，营造良好政治生态，确保政协事业沿着习近平总书记指引的方向砥砺奋进。对标“懂政协、会协商、善议政，守纪律、讲规矩、重品行”要求，提高委员和机关干部队伍思想政治素质。落实习近平新时代中国特色社会主义思想学习制度，引导广大委员增进对中国共产党和中国特色社会主义的政治认同、思想认同、理论认同、情感认同。开展以自我教育自我提高为主旨的学习座谈，组织委员定期开展专题学习、调研视察、谈心谈话，把科学理论转化为团结奋斗的共同思想政治基础。

抓实党的创新理论武装，健全以区政协党组理论学习中心组学习为引领，常委会、主席会、专委会集中学习相配套的多层次学习制度，全年组织各类学习90余次。原文学习《习近平谈治国理政》第三卷，及时跟进学习习近平总书记最新重要讲话精神，及时宣传宣讲党的十九届五中全会精神，实现政协系统学习宣传全覆盖。围绕“发挥好人民政协专门协商机构作用”开展理论研讨，征集理论研究论文52篇，评出优秀论文30篇，其中《浅谈人民政协作为专门协商机构的专门性》《加强人民政协协商专业化建设提高协商能力研究》2篇论文在全市获奖。

全面落实区委对政协工作领导，区委常委会定期听取区政协党组工作汇报，落实区委统战部部长兼任区政协党组副书记的要求。区委、区政府领导多次参加政协重要会议和协商活动，多次对政协履职成果作出批示。区政协党组切实担负实现党对人民政协领导的政治责任，落实请示报告制度，及时就重要工作、重大活动、重大事项向区委请示报告；年内组织实施区委批复的重点协商14项、重点调研8项、重点视察9项、重点关切问题通报15项、民主评议部门3个，确保政协工作与区委中心工作同步。

开展委员读书活动，打造“书香政协”。加强组织领导，制定活动方案，以专委会为单元开展政协机关干部和委员读书活动；建立政协书屋，采购相关书籍2000余册，与区图书馆资源联网互通，为委员读书提供“知识套餐”；利用政协大讲堂、专委会学习会等载体，创新“线上+线下”读书方式，确保学习不断、思想连线；建立委员读书交流群，设立读书专栏，广泛开展读书、荐书、讲书、评书活动，《把政协制度更好转化为治理效能》等多篇委员学习心得被《重庆政协报》刊载。委员参与读书热情高涨，自发到工人俱乐部和菩提书院等场所教授书法、讲授古诗词，推动读书活动走深走实。

【作用发挥】 2020年，区政协及时动员组织全体委员投身新冠肺炎抗疫斗争，政协委员驰援湖北武汉、临床救治，调配物资、排查值守，抗疫宣传、疏解情绪，捐款捐物、稳产稳岗，共筑疫情防控坚固防线，其中的先进典型受到国家和市级表彰。在战疫关键节点，就野生动物保护、重大疫情防控、企业复工复产等重点议题召开主席协商会和常委协商会，推动解决一批党政关心、群众关注、社会关切的热点难点问题。聚焦决战决胜脱贫攻坚，区政协主席班子成员到联系街镇调查研究、走访慰问、解决困难，协调资金建成云台镇拱桥村便民服务中心，推动实施11个项目带动该村贫困人口全部如期脱贫；政协机关先后对口帮扶云台镇、渡舟街道30余个村居126名建档立卡贫困人口全部脱贫；委员广泛开展结对扶贫、消费扶贫、产业扶贫，围绕解决“两不愁三保障”撰写提案、社情民意、大会发言100余篇。

2020年3月9日，长寿区政协主席张华带队深入渡舟街道视察企业复工复产工作

建言“十四五”规划纲要编制，聚焦全区经济社会发展中的重大问题和群众最为关切的民生难题，开展调研视察、协商议政，推动党政科学决策、民主决策。区政协召开专题议政性常委会议，听取全区“十四五”规划编制进展情况通报，就规划编制工作提出7个方面27条意见建议。主席班子成员、政协委室多次主动参加各类座谈会，就全区“十四五”规划编制工作会商研讨。组织政协各参加单位和广大政协委员开展调查研究，参与“十四五”规划金点子征集活动。

围绕成渝地区双城经济圈建设重大战略，区政协组织专题学习研讨、开展重点调研视察、邀请专家专题授课，运用政协平台传递共识、深化认同。牵头与四川邻水、大竹和重庆梁平、垫江联合召开川渝友邻五区县政协主席联席会议，共同签订《助推成渝地区双城经济圈建设合作协议》。携手邻水县政协围绕大洪河生态环境保护、五华山旅游开发运营、农村人居环境整治等主题开展联合实地调研，助推双城经济圈建设走深走实。着眼建设“都市康养休闲旅游区”，组织编写《长寿河街记忆》文史专辑，助力打造“长寿·人人向往”城市旅游品牌。年内《四川政协报》《重庆政协报》走进长寿，开展“双城经济圈·政协新作为”首次联合采访，以《长寿引领新材料产业高质量发展》为题，在重要版面专题报道长寿政协助力双城经济圈建设的积极作为。

参与基层社会治理，开展“区领导公开接访群众”活动，年内协调解决居民用水困难、房屋安全隐患、噪音扰民等30余件关系群众切身利益的事项。区政协主席班子成员定期到渡舟街道渡中路社区等联系点开展“社区工作日”活动，参与接访走访、矛盾纠纷排查、信访问题化解等工作，协调解决停车难、社区环境改善、新增充电桩等群众反映强烈的问题20余个。持续推动软弱涣散基层党组织的巩固提升工作，到渡舟街道高峰村、民兴社区等基层一线摸实情、找问题、查根源，帮助提升党组织战斗力。

【建言献策】 2020年，区政协准确把握专门协商机构的性质定位，发挥协商民主的政治优势，围绕优化营商环境、半年经济社会发展、重大公共卫生应急管理体系建设等全局性问题开展常委会重点协商。针对全区上半年经济社会发展情况，客观指出疫情影响持续存在、复工复产尚不全面、消费增长动能不足、脱贫攻坚亟需加力、财政收支矛盾突出等重点问题，提出持续用力绷紧防疫弦、抢抓新机遇、提升“价值链”、打好攻坚战、办好民生事等工作建议，为区委区政府提供决策参考。

区政协发挥委员代表性强、影响力大的优势，组织委员聚焦全区社保资金征管用、医保资金监管情况、住房公积金归集使用等事关群众切身利益的问题，邀请相关部门负责人及时通报情况，增进共识。组织政协委员聚焦全区重大项目建设、交通三年大会战推进情况等社会各界普遍关注的问题开展专题视察，帮助委员及时了解工作进展情况，鼓励委员带动界别群众增强敢于正视困难、勇于面对困难、善于解决困难的信心和勇气。

区政协发挥人才荟萃、智力密集的优势，组织政协委员围绕推动成渝地区化工产业协同创新开展调研，提出强化顶层设计、建立协作机制、培育创新主体、加强资源互补等对策建议，调研成果被市政协纳入全市“十四五”规划建议提交市委、市政府参考。立足成渝地区双城经济圈建设，围绕挖掘巴蜀特色文化一体发展、促进成渝两地涉企优惠政策落地等课题开展调查研究，形成高质量调研报告送区委、区政府参考。

发挥联系广泛、渠道畅通的优势，开展“抓六稳促六保民营企业大走访”活动，年内多次深入企业，及时了解生产经营情况，协调解决发展难题。区政协主席班子成员包片督导7个街镇、48家单位企业，15名政协机关党员干部到基层一线现场督导做好“六稳”工作、落实“六保”任务。广大委员经常走进界别群众，及时反映民情、维护民利，“加强冬闲田开发利用保障粮食安全”“鼓励发展地摊市场和大型夜市”等40余条与“六稳六保”工作紧密相关的委员建议被市、区两级采用，并转交相关部门办理。

【协商议政】 2020年，区政协加强平台建设丰富协商形式，深化“四位一体”协商格局，加强协商平台建设，丰富协商形式。健全重点关切问题通报制度，及时邀请相关部门就人民群众和政协委员集中关注的问题，开展政协常委会议和主席会议通报，搭建沟通交流、解疑释惑、凝聚共识新平台。创新推出委员履职“菜单”，将全年重点履职活动分为20余项，由委员根据职业领域、关注重点和时间安排自主“点单”，360余人次报名参与相关履职活动。探索组织工商联界别委员围绕“优化营商环境”开展协商，调研走访区内100多家企业，赴德阳、绵竹、遂宁等地学习考察，提出贷款融资、降本增效、引才用工、政策落实等6个方面57条意见建议。

区政协抓住重点环节，把建言资政与凝聚共识双向发力贯穿协商议政全过程。在协商议题准备阶段，组织专题学习，明确双向发力的着力点关键点，推动工作有的放矢；在调查研究阶段，深入界别和基层听取意见，开展问卷调查、网络调查和委员听民意活动，加大分析研讨力度；在协商议政阶段，邀请民主党派成员、专家学者和基层干部群众参与，扩大协商参与面和界别群众工作覆盖面，推动建言资政和凝聚共识双向发力。

区政协推进制度建设，坚持一流标准，推动政协工作从“做了什么”“做了多少”向“做出了什么效果”转变。贯彻《全国政协加强和改进调研工作实施办法》，规范组织实施，提高调研质量，促进成果转化。修订《区政协提案工作规定》，从提案提出、立案、服务、公开等环节提出要求。完善区领导领衔督办重点提案工作机制，区政协十五届四次会议提案立案396件，办理答复率100%，面商率92.7%，满意率98.5%，“小学课后延时服务”等提案反映的热点难点问题得到有效解决。健全重点协商事项“回头看”机制，连续8年组织政协委员对桃花溪生态治理情况开展监督性调研视察，连续5年对上年度民主评议整改落实情况开展专项视察，持续推动协商成果转化落实。

区政协培育协商文化，营造既畅所欲言、各抒己见，又理性有度、合法依章的良好协商氛围，“请你来协商”的机制更加健全，邀请区委区政府领导参加全会期间分组讨论，直接听取委员的协商意见；邀请区委、区政府相关领导参加政协常委会议专题协商，通报工作开展情况；邀请相关区级部门负责人参加区政协主席会议协商、专委会议协商、界别协商等活动，就专项工作开展协商。“我要来协商”的氛围更加浓厚，区发改委、区财政局、区医保局等部门就长寿区实施成渝地区双城经济圈建设推进情况、新增政府债券分配方案、财政预决算执行和医保政策调整等情况提请协商通报，实现在政协协商有来有往、良性互动，商出办法、商出共识。

【团结协作】 2020年，区政协落实中国共产党领导的新型政党制度。密切同各民主党派、工商联和无党派人士的联系，经常听取意见，定期开展走访，通报政协工作，协调解决困难。优先安排大会发言、联合开展调研、督办重点提案、参与专项民主监督等，为各参加单位参政议政搭建平台。2020年，各民主党派、工商联和无党派委员提交提案276件、大会发言36篇、反映社情民意信息298条，在区政协委员提交总数中占比分别为69.7％、75%、75.8%。“加强村镇饮水安全工程运行管理”“提升老城片区城市品质”“完善养老服务体系”“加强学前教育发展”等提案得到党委政府重视办理，推动相关工作落地见效。

2020年6月11日，重庆市政协主席王炯到重钢调研

增进交流联谊，参与全国政协“加强和改进市县政协工作”“人民政协与发挥新型政党制度优势的机制问题”等课题调研。市政协主席王炯等多位领导到长寿视察，肯定长寿改革发展和政协工作取得的成绩。聚焦市政协“大力推动成渝地区双城经济圈建设”“发挥主城新区在主城都市区的作用”等课题开展专题调研和重点协商，形成调研报告和经验交流材料10余篇。参加全市区县政协主席研讨班、区县政协工作交流会，围绕“发挥人民政协专门协商机构作用”“加强思想政治引领、广泛凝聚共识”等课题开展交流。年内规范接待政协组织到长寿视察考察26起300余人次；参加第三届海峡两岸姊妹湖产业协作年会暨海峡两岸姊妹湖区县市互动协作峰会，推动两岸文化沟通交流。

发挥界别智力优势、组织优势和专业优势，激发界别工作内生动力。民革界别开展“工业企业转型升级”专题调研，民进界别开展艺术教育乡村行、“微公益”等活动，农工党界别开展“加大高等院校引进扶持力度”“合理引导地摊经济发展”等专题调研，九三学社界别持续开展“同心树人”扶贫帮扶、“九地合作”等活动，工商联界别开展“减轻疫情对中小微企业的冲击”界别协商，无党派界别围绕“加快高标准农田建设”“推进医联体建设”等课题开展专题调研；工会、共青团、妇联、侨联、科协等界别也都聚焦行业问题，提交界别提案、参与大会发言。

搭建履职平台，支持住长寿市政协委员参加履职活动，组织市政协委员对桃花溪生态治理情况进行监督性视察，助力桃花溪美起来、靓起来；加大事关长寿发展重大事项的收集、分析、研判力度，全年向市政协提交提案17件，“加快推进两江新区至长寿快速通道开工建设”“支持长寿打造长江上游多式联运示范港区”“加快推进轨道交通长寿支线规划”等建议引起市级层面关注和重视。加大指导街镇联络组工作力度，搭建平台、畅通渠道，组织开展长寿湖联络组工作情况专题视察，街镇政协委员提出的“加快推进农村零星道路建设”“推进农村闲置房屋合理利用”等50余条建议得到党政部门的重视采纳。

【自身建设】 2020年，区政协严格规范政协系统党的组织建设，成立区政协机关党组，完成机关党支部换届选举，形成“政协党组—机关党组—党支部”完备的党组织体系；在政协全会、委员集体外出学习考察等重大活动期间设立临时党组织。执行党员领导干部双重组织生活制度，规范开展民主生活会和组织生活会，党组成员以普通党员身份主动参加党支部各类学习活动。落实全面从严治党主体责任和党管意识形态工作责任，按规定向区委报告相关工作情况。

区政协以调研视察、以会代训、微信读书群等“线上+线下”方式加强委员培训，提升委员协商议政、履职建言水平。持续开展政协委员每年参加1次集中学习培训、撰写1份高质量的提案、反映1条有价值的社情民意、参加1次有影响的调研视察活动“四个一”活动，使每位委员都有参加活动的机会、施展才华的舞台。健全委员履职评价体系，实行“一人一档一表”台账管理，全年评选优秀提案41件、优秀委员30名。广大委员收集反映民情民意的能力持续提升，全年报送社情民意400余条、汇编《社情民意信息》145期，其中区委、区政府领导批示65条，市政协采用15条，在全市政协系统保持前列；依托新闻媒体展示委员履职风采，全年新闻稿件被市级以上媒体采用77篇，其中《沾满泥土芬芳的“委员作业”》《高速路上“微协商”》等20余篇稿件在《人民政协报》重要版面刊发。

2020年，区政协党组和机关党组先后接受市委巡视和区委巡察，始终保持高站位、树立高标准、追求高质量，先后8次召开专题会议研究部署巡视巡察工作，广泛征求部门、街镇和基层干部群众意见建议，结合巡视巡察反馈意见，对梳理出的问题形成清单化整改措施，逐一完成整改销号。以市委巡视、区委巡察为契机，推进党风廉政建设和反腐败斗争，持续落实落细中央八项规定及其实施细则精神。

区政协着力打造政治强、能力强、服务强、作风强的模范机关，以科学严密的制度增强机关保障服务水平，完善《党风廉政建设制度》等9个制度，新建《机关党组议事规则》等8个制度，废止2个制度。过紧日子，严控“三公”经费支出，开展节能型机关建设。开展软件正版化改造，机关办公软件正版率达到100%，网络安全和信息化建设得到强化。以“重庆市政协移动履职服务平台APP”向区县政协延伸为依托，推进“一站式”委员履职服务平台建设。（杨　娟）

表15　　**2020年政协重庆市长寿区委员会重要文件一览表**

文件名称	文号
关于政协重庆市长寿区第十五届委员会第四次会议情况的报告	长协党组文〔2020〕1号
关于长寿区政协2020年协商计划的请示	长协党组文〔2020〕2号
关于召开政协重庆市长寿区第十五届委员会第二十次常委会议的请示	长协党组文〔2020〕3号
关于报送《中共重庆市长寿区政协党组2020年工作要点》的报告	长协党组文〔2020〕4号
关于何以龙同志兼任区政协党组副书记的请示	长协党组文〔2020〕5号
关于拟与四川邻水大竹、重庆梁平垫江等区县政协签订《助推成渝地区双城经济圈建设合作协议》的请示	长协党组文〔2020〕6号
关于民主评议区司法局工作情况的报告	长协党组文〔2020〕7号
关于民主评议区城市管理局工作情况的报告	长协党组文〔2020〕8号
关于民主评议区招商投资局工作情况的报告	长协党组文〔2020〕9号
关于协商全区2020年上半年经济社会发展情况的报告	长协党组文〔2020〕10号
关于召开政协重庆市长寿区第十五届委员会第五次会议的请示	长协党组文〔2020〕11号
关于监督性视察桃花溪生态治理情况的报告	长协党组文〔2020〕12号
关于全面从严治党主体责任履行情况的报告	长协党组文〔2020〕13号
关于设立区政协十五届五次会议临时党组织的请示	长协党组文〔2020〕14号
政协重庆市长寿区委员会2020年工作要点	长协〔2020〕1号
关于做好民主评议区司法局、区城管局、区招商投资促进局工作的通知	长协〔2020〕2号
2020年度理论研讨论文评审工作方案	长协〔2020〕3号
关于同意李彬旭同志辞去政协重庆市长寿区第十五届委员会副主席职务的决定	长协〔2020〕4号
关于印发《政协重庆市长寿区委员会提案工作规定》的通知	长协〔2020〕5号

续表

文件名称	文号
关于对2019年聚焦污水偷排直排乱排突出问题委员明察暗访监督调研视察发现并移交突出问题开展“回头看”的情况报告	长协〔2020〕6号
关于成立区政协十五届五次会议筹备工作领导小组和筹备工作组的通知	长协〔2020〕7号
关于2020年度理论研究优秀论文的通报	长协〔2020〕8号
关于召开中国人民政治协商会议重庆市长寿区第十五届委员会第五次会议的决定	长协〔2020〕9号
关于2020年度优秀政协委员和优秀提案的通报	长协〔2020〕10号
关于授权区政协机关党组批复设立临时党支部的请示	长协机党组文〔2020〕1号
关于2020年度上半年意识形态工作的报告	长协机党组文〔2020〕2号
关于区委巡察反馈意见整改专题民主生活会的报告	长协机党组文〔2020〕3号
2020年落实全面从严治党主体责任情况报告	长协机党组文〔2020〕4号
关于2020年年度意识形态工作的报告	长协机党组文〔2020〕5号
关于印发《区政协机关党组工作规则》的通知	长协机党组发〔2020〕1号
关于区政协机关党组成员分工的通知	长协机党组发〔2020〕2号
关于杨娟同志转岗的函	长协机党组发〔2020〕3号
关于印发《“党课开讲啦”活动实施方案》的通知	长协机党组发〔2020〕4号
关于拟对李林同志进行调入考察的函	长协机党组发〔2020〕5号
关于同意成立区政协赴四川考察组临时党支部的批复	长协机党组发〔2020〕6号
关于拟调李林同志到区政协办公室信息中心工作的函	长协机党组发〔2020〕7号
关于聘用李林同志的函	长协机党组发〔2020〕8号
关于同意成立区政协赴四川考察组临时党支部的批复	长协机党组发〔2020〕9号
关于印发《落实区委巡察反馈意见整改工作实施方案》的通知	长协机党组发〔2020〕10号
关于同意成立区政协赴四川考察组临时党支部的批复	长协机党组发〔2020〕11号
关于区委巡察反馈意见整改专题民主生活会的报告	长协机党组发〔2020〕12号
关于成立区委巡察反馈意见整改工作领导小组的通知	长协机党组发〔2020〕13号
关于落实区委巡察反馈意见整改情况的报告	长协机党组发〔2020〕14号
关于主要负责人组织落实区委巡察反馈意见整改情况的报告	长协机党组发〔2020〕15号
关于印发《2020年度区政协机关党组理论学习中心组学习计划》的通知	长协机党组发〔2020〕16号

（政协重庆市长寿区委员会办公室提供）

中共重庆市长寿区纪律检查委员会（重庆市长寿区监察委员会）

综　述

【概况】　中共重庆市长寿区纪律检查委员会（简称区纪委），在中共重庆市长寿区委员会和中共重庆市纪律检查委员会领导下，按照《中国共产党章程》的规定开展工作，履行监督执纪问责职责；重庆市长寿区监察委员会（简称区监委），与区纪委合署办公，在中共重庆市长寿区委员会和重庆市监察委员会领导下，按照《中华人民共和国监察法》的规定开展工作，履行监督调查处置职责。区纪委监委机关 2020 年有行政编制 71 名，内设机构有办公室、组织部、宣传部、法规研究室、党风政风监督室、信访室、案件监督管理室、第一至第五监督监察室、第六至第八审查调查室、案件审理室、纪检监察干部监督室。

2020 年 7 月 23 日，长寿区第十八届人大常委会召开第二十六次会议，表决通过人事任免事项，决定任命胡文军为重庆市长寿区监察委员会副主任，决定胡文军为重庆市长寿区监察委员会代理主任。

2020 年 7 月 23 日，新任长寿区监委副主任、代理主任胡文军在区人大常委会第十八届二十六次会上进行宪法宣誓

【政治监督】　2020 年，区纪委监委以党的政治建设为统领，创新构建政治生态评价体系。在真学真懂真信真用中坚定政治方向，把《习近平谈治国理政》第三卷和第一卷、第二卷贯通起来学习，区纪委常委会开展理论学习中心组学习 9 次；把学习贯彻党的十九届四中、五中全会和中央纪委四次全会精神结合起来，领导带头学习、带头宣讲、带头调研，确定强化政治监督、优化营商环境等 5 个重点课题。

在大战大考中践行初心使命。认真落实市纪委书记、监委主任穆红玉 2 月 1 日督查长寿的指示要求，举全系统之力服务保障新冠肺炎抗疫大局，加强集中救治、医疗物资生产、群众生活保障等监督，发出整改函 10 份，督促整改问题 23 个，查处疫情期间履职不力等问题 5 件、14 人。强化“六稳”“六保”监督，督促主责部门新增减免企业税收、社保资金等 9.8 亿元，发放困难群众临时补助 1426 万元，兑付各类企业贴息、帮扶资金 956 万元，推动复工复产、复课复学等落实。

在守正创新中强化政治监督，加大对习近平总书记重要指示要求落实情况的监督检查，严明政治纪律和政治规矩，创新构建可视、可评、可治政治生态评价体系。牵头研究制定并以区委名义印发《长寿区政治生态评价办法（试行）》，聚焦严肃党内政治生活、严明党的政治纪律和政治规矩、发展积极健康的党内政治文化、突出政治标准选人用人、落实管党治党政治责任、保持清正廉洁政治本色、人民群众满意度 7 个维度，设置一级指标 7 个、二级指标 18 个、具体评价内容 30 项，实现“可视”。运用日常监督和组织、宣传、巡察、审计、督查等部门反馈情况进行综合评价、量化打分，评价结果直接作为党风廉政建设和反腐败工作年度考核的重要板块，不搞多头考核、重复考核、留痕主义，不增加基层负担，实现

“可评”。配套建立考核、反馈、预警、会商、问题线索处置、整改评估、追责问责等7大机制，强化评价结果运用，及时发现问题、纠正偏差，督促指导被评价单位对政治生态进行修复、完善和优化，实现“可治”。年底前，已对全区92个单位开展政治生态评价，评价结果与日常监督情况及社会反响一致。

【专项整治】 2020年，区纪委监委以铁的纪律护航脱贫攻坚，抓好中央脱贫攻坚专项巡视“回头看”反馈意见整改落实，优先办结中央脱贫攻坚专项巡视“回头看”交办问题线索33件，对已办结的86件中的巡视交办件逐一复核。开展落实脱贫攻坚住房安全保障专项整治工作，排查四类贫困人员住房1.5万余户，督促整改问题122个。聚焦决战决胜脱贫攻坚专项督查和“百日大会战”暗访抽查反馈问题，发出纪律检查建议书4份，督促整改问题42个。查处扶贫领域腐败和作风问题6件、14人。

以铁的决心“打伞破网”，对4件重点黑恶案件惩处情况再梳理再排查，深挖涉黑涉恶腐败和“保护伞”问题。健全完善工作例会、情况通报、线索移送和协同办案等机制，严格落实公、检、法“三长”签字背书机制。到年底，处置问题线索60件，立案查处4件、4人。

以铁的担当保障民生。汲取松藻煤矿“9·27”矿难事故和吊水洞煤矿“12·4”重大事故教训，强化生产安全领域监督，全覆盖参与20起道路及生产安全事故处理。开展教育医疗保障领域专项整治，清退各类教育补助50人、10万余元，查处违规违约定点医药机构38家、117万元，约谈医疗机构负责人15人次，给予党纪政务处分1人、组织处理7人。用好用活党员干部亲属涉权事项系统，加大对乡村振兴、危房改造、教育资助等政策落实情况的比对核查力度，新录入项目2441个，涉及资金309亿余元，发现涉权394人次。查处群众身边腐败和作风问题22件、40人。

【“四风”纠治】 2020年，区纪委监委“惩治”结合，开展享乐主义、奢靡之风专项整治。聚焦违规收送名贵特产和礼品礼金、违规吃喝、违规发放津补贴或福利等6类问题，集中开展享乐主义、奢靡之风专项整治，督促整改问题300个，清退违规款项410万元。坚决防范和查处收送电子红包、私车公养等隐形变异问题，查处享乐奢靡问题25件、34人，给予党纪政务处分20人。

“督查”并重，从讲政治高度整治形式主义、官僚主义。整治贯彻党中央决策部署只表态不落实、维护群众利益不担当不作为、困扰基层的形式主义等突出问题，紧盯“低级红”“高级黑”等错误表现，查处形式主义官僚主义问题26件、45人，给予党纪政务处分7人。推动营商环境持续优化，督促主责部门落实投资项目告知承诺、行政审批“首席代表”等政策规定，依法平等保护市场主体合法权益，整治政策落实“中梗阻”、服务企业不作为乱作为等问题。

“纠树”共举，构建纠治“四风”长效机制。对照《落实中央八项规定精神30问（一）（二）（三）》，修订完善长寿区制度解读汇编，厘清政策边界。坚持纠“四风”和树新风并举，加大对典型问题的通报曝光力度，通报曝光典型问题67件、73人次，推动党风政风社风民风持续好转。

【腐败惩治】 2020年，区纪委监委着力于信访举报减存遏增，制定“严查、压责、解忧、反馈、建制”系列闭环措施，建立分片联系、全程督办、“红黄绿”预警问责、反馈澄清4大机制，化解越级访59件、重复访37件、澄清正名5件。信访举报量单月排名从全市第五位下降至第三十八位，下半年信访总量较上半年下降69%，重复访、越级访同比2019年下降55.2%、38.2%。

攻坚案件查办，处置问题线索379件，立案106件，结案99件，留置3人，给予党纪政务处分103人，涉嫌犯罪移送检察机关2人。落实“三个区分开来”，运用监督执纪“四种形态”处理495人次，其中第一种形态392人次、占79.2%，第二种形态56人次、占11.3%，第三种形态11人次、占2.2%，第四种形态36人次、占7.3%。推动纪法情理贯通融合，安排留置对象重温入党志愿书、入党申请书“两书”、共吃月饼，写出生动有效的“两地书”，办案人员与安全员成为留置对象最信赖的人。严把案件质量关，随机抽查、专项检查案卷94卷，整改问题189个，着力打造“铁案工程”。发挥“反向检视”作用，办理申诉案件1件。

综合运用“以案四说”“以案四改”，协助区委组织召开“以案四说”警示教育暨“以案四改”

工作部署会，拍摄警示教育片《路灯下的“迷路人”》《营商环境“绊脚石”》，全区开展“以案四说”警示教育650余场（次）、受教育3.8万余人次，促使14人主动向组织说明问题；推进享乐主义奢靡之风、脱贫攻坚、教育系统、农业项目等领域“以案四改”，督促整改帮扶责任落实不到位、津补贴发放不规范等问题520个，推动完善工作用餐、车辆管理、工会预算、财务审核等制度规定96个。

重视办案安全，全覆盖督查，研究制订年度检查方案，开展全覆盖监督检查、飞行检查、常态化监督检查等30次，自查整改问题221个。全流程监管，实行办案全过程报批，优化谈话预案，细化个人履历、身体状况、性格特点、家庭关系、工作表现、为人处事“六必知”“安全预案”“七日回访”模板，针对谈话对象所虑、所忧、所怕、所盼，逐一列出具体解压措施，增加疫情防控安全检查、“七日两次回访”等谈话全程风险管控的21项内容。全方位保障，改造标准化谈话室5间，升级同步录音录像设备，建立信息化、智能化讯问指挥系统，完善沟通协调、监督检查、同步录音录像、谈话室管理使用、责任追究等制度，组建141人的专业化留置看护队伍，确保审查调查安全。

【巡察监督】 2020年，区纪委监委“外督”“内改”同向发力，全方位整改巡视反馈问题。履行巡视整改监督责任，协助督促区委整改市委巡视反馈的4方面、16个问题，对15个牵头单位整改落实情况进行专项督查，督促整改举一反三不够、制度不健全等问题41个。针对巡视反馈的区属国有企业工程项目违规招投标、融资业务投资决策存在廉洁风险等重点难点问题，督促主责单位建立健全项目实施、投融资管理、选人用人等制度规定，查处国有企业违纪违法案件7件、8人，留置1人。针对市委巡视反馈的纪检监察机关存在的“履行监督责任还有差距”等3方面、9个具体问题，研究制定18项整改措施，对“零立案、零查处”纪检监察组织进行约谈、调整综合监督单位、定期调度问题线索处置。巡视反馈问题全部整改到位，并长期坚持。

“查处”“整改”同步进行，发挥巡察利剑作用，高质量推进全覆盖，对19个区管党组织开展“政治体检”，发现并督促整改问题300个，移送问题线索60件，立案6件，给予党纪政务处分6人、组织处理65人次。十三届区委已分10轮对78个党组织开展巡察，占规划总数的83.87%。高质量做好巡察“后半篇”文章，区委巡察工作领导小组定期听取巡察整改情况汇报，召开区纪委监委、区委组织部、区委巡察办“三方联动”巡察整改联席会议4次，督促被巡察党组织完成巡察反馈问题整改484个，清退违规资金523.66万元，推动建立完善制度461个，处理责任人员426人次。对35个已巡察党组织开展整改情况专项监督，发现并督促整改问题103个。

优先快查快办中央巡视组交办的41件问题线索，已办结36件，立案1件、给予党纪政务处分1人、组织处理4人，推进剩余5件（同一重复件）的办理，确保件件有着落、事事有回音。

【执纪监督体系建设】 2020年，区纪委监委贯彻落实区委落实全面从严治党主体责任清单等“三个清单”，对2014年到2020年受到党纪政务处分的33名区管“一把手”违纪违法情况进行集中梳理，督促区经信委、洪湖镇等25个单位党委（党组）剖析问题原因、落实整改措施、建立长效机制。建立并实时动态更新领导干部廉政档案3108份，其中处级996份、科级2112份。严格规范廉政审查工作，审查回复党风廉政意见34批、139人次，建议暂缓提拔2人。严格监督落实新形势下党内政治生活若干准则，全覆盖列席监督区管领导班子民主生活会。

推进“三项改革”，提升治理效能。深化内设机构改革，落实“两为主一报告”，强化上级纪委对下级纪委的领导和指导，将监督检查室由3个增加为5个、审查调查室调整为3个，将监督靠前，让震慑常在。深化派驻机构改革，落实“三个为主”，完善派驻（出）机构运行机制，调整优化派驻纪检监察组综合监督单位，推动长寿中学、川维中学等区管事业单位成立纪委。深化监察体制改革，围绕村居监察监督员“敢监督、敢报告”开展全覆盖调研，加紧研究制定村（居）监察监督员工作办法，着力打通监察监督“最后一公里”。强化纪法贯通、法法衔接，召开反腐败协调会议7次，与司法机关、执法部门相互移送问题线索63件。

做实日常监督，出台基层纪检监察组织3个“监督十条”，明确监督重点，提升监督实效，基层纪检监察组织立案49件。紧盯招投标、项目工程建设等重点领域关键岗位，全覆盖排查风险点，约谈相关单位党组织主要负责人194人次。紧盯元旦、春节、国庆等重要节点，借助大数据筛查机关企事业单位发票，发现问题线索9件。开展谈话函询33件，对如实说明的予以采信并向本人反馈结果。精准规范问责，开展问责20件、29人，向区城市管理局等发出纪律检查建议书、监察建议书19份，督促整改问题70个，推动完善制度规定17个。

【纪检监察队伍建设】 2020年，区纪委监委加强党建，落实意识形态工作责任，提高机关党的建设质量。认真整改市纪委监委蹲点调研反馈的14个问题，科学调整班子成员分工，全面规范区纪委监委机关运行秩序、办案程序和干部管理规则。

开展全员培训，邀请市纪委监委领导到长寿授课2期，开展光盘和视频培训等8期，进行应知应会测试5次，实战练兵39人次，中央纪委国家监委、市纪委监委应知应会测试平均得分98.12分、97.97分。加强干部队伍建设，晋升正处级2人、其他职级55人，提拔区管副职3人，交流轮岗9人。

加强内部监督，建立廉政档案，健全内控机制，邀请特约监察员列席重要会议、参与全员培训监考和党风政风专项监督检查活动，全覆盖开展“家访”，对“零查处”纪检组织负责人进行约谈。处置纪检监察干部问题线索6件，给予党纪政务处分1人并调离纪检监察岗位，严防“灯下黑”。

（刘永洋）

重要会议

【区纪委十三届五次全会】 中国共产党重庆市长寿区第十三届纪律检查委员会第五次全体会议，于2020年1月22日举行。区纪委委员20人出席会议，146人列席。区委书记赵世庆出席全会并讲话，区委、区人大常委会、区政府、区政协、长寿经开区领导出席会议，有关方面负责人参加会议。

全会由区纪委常委会主持。全会落实十九届中央纪委四次全会、五届市纪委四次全会部署和区委要求。回顾2019年全区纪检监察工作，部署2020年任务；审议通过谭伟代表区纪委常委会作的《坚持和完善党和国家监督体系 为长寿决胜全面建成小康社会提供坚强保障》工作报告。

2020年1月22日，中国共产党重庆市长寿区第十三届纪律检查委员会第五次全体会议召开

全会指出，2020年纪检监察工作的总体要求是：以习近平新时代中国特色社会主义思想为指导，全面贯彻党的十九大和十九届二中、三中、四中全会精神，深入贯彻习近平总书记视察重庆重要讲话精神，增强“四个意识”，坚定“四个自信”，做到“两个维护”，认真落实十九届中央纪委四次全会、五届市纪委四次全会部署和区委要求，坚持稳中求进工作总基调，协助党委深化全面从严治党，坚持和完善党和国家监督体系，强化对权力运行的制约和监督，一体推进不敢腐、不能腐、不想腐，在坚持和完善中国特色社会主义制度、推进国家治理体系和治理能力现代化中发挥监督保障执行、促进完善发展作用。持续深入肃清孙政才恶劣影响和薄熙来、王立军流毒，久久为功营造良好政治生态，建设高素质专业化纪检监察干部队伍，推动新时代纪检监察工作高质量发展，为长寿决胜全面建成小康社会、决战脱贫攻坚提供坚强保障。（刘永洋）

表 16　　2020 年中共重庆市长寿区纪律检查委员会重要文件一览表

文件名称	文号
关于印发《中央脱贫攻坚专项巡视“回头看”反馈意见区纪委监委任务整改落实工作方案》的通知	长寿纪发〔2020〕1 号
关于印发《市委第五巡视组巡视长寿区反馈意见区纪委监委任务整改落实工作方案》的通知	长寿纪发〔2020〕4 号
印发《关于新时代纪检监察机关强化政治监督的实施办法》的通知	长寿纪发〔2020〕6 号
关于成立区纪委监委落实中央脱贫攻坚专项巡视“回头看”反馈意见整改工作领导小组的通知	长寿纪办〔2020〕1 号
关于印发《重庆市长寿区纪委监委机关贯彻落实〈党委（党组）落实全面从严治党主体责任规定〉的具体措施》的通知	长寿纪办〔2020〕4 号
关于贯彻落实习近平总书记重要批示精神加强监督执纪坚决制止餐饮浪费行为的通知	长寿纪办〔2020〕5 号
关于印发《重庆市长寿区纪委监委机关贯彻落实 2020 年全面从严治党、党风廉政建设和反腐败工作部署分工方案》的通知	长寿纪办发〔2020〕2 号
关于委领导班子成员分工的通知	长寿纪办发〔2020〕3 号
关于印发《长寿区纪委监委“以案为鉴、以案促改”工作实施方案》的通知	长寿纪办发〔2020〕6 号
关于调整区纪委监委派驻机构综合监督单位的通知	长寿纪办发〔2020〕7 号
关于委领导班子成员分工的通知	长寿纪办发〔2020〕8 号
关于印发《长寿区纪委监委派驻（出）机构考核办法（试行）》的通知	长寿纪办发〔2020〕9 号
关于印发《长寿区纪委监委干部准入退出办法（试行）》的通知	长寿纪办发〔2020〕10 号
关于 3 起在疫情防控工作中因履职不力被追责问责问题的通报	长寿纪通〔2020〕1 号
关于党员干部亲属涉权事项公开工作有关情况的通报	长寿纪通〔2020〕2 号
关于 2 起扶贫领域腐败和作风问题的通报	长寿纪通〔2020〕3 号
关于 2 起违反中央八项规定精神问题的通报	长寿纪通〔2020〕4 号
关于 3 起违反中央八项规定精神问题的通报	长寿纪通〔2020〕5 号
关于 4 起违规操办婚丧喜庆问题的通报	长寿纪通〔2020〕6 号

（中共重庆市长寿区纪委办公室提供）

民主党派　工商联

中国国民党革命委员会重庆市长寿区委员会

【概况】　2020年，中国国民党革命委员会重庆市长寿区委员会（简称民革长寿区委会）下设8个支部；有党员196人，其中重庆市黄埔军校同学会会长1人、民革重庆市委会委员2人（常委1人）、重庆市第五届人大代表1人、重庆市第五届政协委员2人（常委1人）、长寿区第十八届人大代表3人（常委会委员2人）、长寿区第十五届政协委员26人（副主席1人、常委6人）。

2020年12月25日，民革长寿区委会组织部分民革科级以上实职干部到垫江县开展廉政警示教育

【思想政治建设】　2020年，民革长寿区委会深化“不忘合作初心，继续携手前进”主题教育活动成果，提高政治站位，巩固和扩大思想政治共识。健全完善以中心组学习为牵引，以学习习近平新时代中国特色社会主义思想为主线，以主委会议、区委会议、支部会议等为载体的学习制度体系。专题学习《习近平谈治国理政》（第三卷）、中共十九届四中、五中全会精神和习近平总书记系列重要讲话精神，学习民革中央十三届三中、四中全会和中共市委五届八次、九次全会精神。加强与民革市委会、中共区委统战部沟通协调民革党员之家建设工作，争取相关单位支持，年底前已建成1个党员之家，投入正常使用。党员自愿订阅《团结报》78份，订阅率42%；线上思想阵地拓展。

思想宣传丰富内容创新方式，参与庆祝民革市委会成立65周年系列活动，选送主题征文5篇、摄影作品20余幅，2幅摄影作品分别获一等奖和三等奖。参与区政协主题理论研究论文征集活动，收集论文11篇，其中3篇获二等奖、1篇获三等奖、7篇获入围奖。运用“重庆民革”微信公众号、重庆民革网站、重庆统一战线网站、长寿政协网站、长寿融媒体中心等主流媒体和新媒体平台，讲好民革长寿区委会和民革党员履职故事；2020年，1人扶贫事迹被《人民政协报》报道，民革长寿区委会被各级组织采用宣传信息30余篇，被评为民革市委会宣传工作先进集体，1名干部被评为优秀通讯员。

2020年11月12日，民革长寿区委会组织新任支委会成员培训

【组织建设】　2020年，民革长寿区委会落实民革“组织建设年”工作，统筹兼顾，突出重点，上下联动，整体推进，全面提升长寿民革组织建设水平。加强领导班子建设，提升政治把握能力、参政议政能力、组织领导能力、合作共事能力、解决自身问题能力“五种能力”，打造“讲政治、重团结、干实事”的领导集体，健全完善决策议事机制，发挥领导班子的整体功能；印发《民革长寿区委会领导班子理论学习中心组学习制度》，加强区委会领导班子理论学习；建立健全领导班子民主生活会制度，班子成员利用多种渠道和形式，听取基层组织和广大党员对区委会工作和班子的意见建议，在领导班子民主生活会上逐一查摆问题、对照检查，明确整改方向；坚持班子成员联系基层组织制度，加强对基层组织工作的指导。民革长寿区委会重视基层组织换届选举工作，认真谋划、严密组织，换届过程中严格组织程序；全区8个支部全部完成换届工作，产生支部委员38名，新进主委7名、支委23名，基层组织领导班子文化程度、年龄结构优化；开展新一届支委会成员培训，组织新任主委参加民革市委会基层组织骨干培训。组织发展按照有关文件，明确民革重点分工领域范围，提高重点分工领域党员比例；坚持质量优先，全年发展新党员12名，平均年龄36岁，研究生学历1名、高级职称1名、科级干部2名；为党员搭建平台，推荐10名党员参加民革市委会各类培训，1名党员参加长寿区党外代表人士实践锻炼。全程监督基层组织换届工作，对《民革长寿区委会内部监督工作条例》进行修订，监督委员会成员职数由11名调整为13名；协助民革市委会内部监督会议在长寿召开；继续执行监督委员会委员交叉列席支部组织生活制度，年内各委员交叉列席30余次；组织民革科级以上实职干部前往垫江县法治教育公园开展廉政警示教育活动，对1名违纪违法的党员做出开除党籍的决定，按照相应程序报市委会审查批准。

【履职献策】　2020年，民革长寿区委会推进“举全党之力抓参政议政”，把参政议政作为“一把手工程”谋划，坚持“没有调研就没有发言权”，发挥党员中的人大代表、政协委员、特约人员和有关方面专家学者的引领作用，集中群体智慧，提高履职实效。坚持将中华民族伟大复兴的战略全局和世界百年未有之大变局，作为参政议政工作的着眼点和出发点，聚焦全区经济社会发展全局性、战略性、前瞻性问题，克服疫情影响，开展集体调查研究活动13次，形成《关于盘活农村闲置房屋及宅基地资源促进乡村振兴的建议》等调研报告5篇，为中共长寿区委、区政府更好地建设长寿提供建设性的观点和建议。2020年，民革长寿区委会在市五届人大三次会议上提交建议2件，在市政协五届三次会议上提交提案2件；在区十八届人大四次会议上提交建议8件，在区政协十五届四次会议上提交大会发言9篇、提案70件；其中获市人大优秀建议1件、区人大优秀建议1件、区政协优秀提案8件，4件提案确定为区级领导重点督办提案，5人被评为区优秀政协委员。加大信息工作统筹力度，开展信息工作培训，推荐骨干参加民革市委会参政议政工作培训，壮大信息工作骨干队伍；年内向民革重庆市委会、区政协、中共长寿区委统战部提交社情民意、建言献策90余篇，市政协采用2篇、市委统战部采用3篇、区政协采用51篇，区领导批示13篇。

2020年12月16日，民革长寿区委会召开2020年度民主生活会，民革重庆市委会主委到会指导

【社会服务】　2020年，民革长寿区委会参与新冠疫情防控工作，医卫系统和相关部门、街镇的30余名党员坚守在抗疫岗位上，其中2名党员主动请战赴鄂抗疫；党员1人获全国抗击新冠肺炎疫情先进个人，2人获民革中央抗击新冠肺炎疫情先进个人，4人获民革重庆市委抗击新冠肺炎疫情先进个人。民革长寿区委会组织党员捐款4.8万余元，指导农业企业销售鸡蛋400吨、水果360

吨，党员个人购买农户滞销农产品1.6吨，向凤城街道福利院和但渡镇养老院捐赠蔬菜450余公斤；组织开展“我为扶贫下一单”活动，全区民革党员采购民革对口帮扶贫困县扶贫产品价值1万余元。年内开展“法治宣传进乡村”活动1场，长寿民革法律界人士进行法律援助10件、调解矛盾纠纷8件、提供法律咨询200余人（次）；到但渡镇敬老院开展“送医下乡”活动，到但渡九年制学校开展“送教下乡”活动。

【促进祖国和平统一工作】 2020年，民革长寿区委会贯彻中共中央对台工作大政方针，坚持“九二共识”、反对“台独”，在区委会议、支部组织生活会上组织党员学习习近平总书记对台工作重要论述、中央和重庆惠台政策，把握新时期新阶段对台工作方针与方向；坚持与其他区县祖统骨干进行经验交流，学习借鉴好经验、好做法；务实开展对台交流合作，民革党员、重庆黄埔军校同学会会长刘永庆与台湾“中央军事院校”校友会荣誉理事长庞雄夫妇等70余位台海友人保持着密切联系和书信往来；有海外关系的民革党员通过多种方式向海外亲属宣传祖国统一的方针政策，了解并向区委会反映港澳台侨各方面人士对祖国建设和祖国和平统一的看法和意见。

【岗位奉献】 2020年，民革长寿区委会的党员们围绕中心，在各自工作岗位上创下业绩，受到上级的表扬和各界的肯定。1人获“全国抗击新冠肺炎疫情先进个人”称号、并获重庆市五一劳动奖章，1人获重庆市“巾帼建功标兵”称号，1人负责的微生物实验室被评为重庆市细菌耐药监测网优秀监测单位，1人被评为市级骨干教师，1人撰写的论文获市级一等奖，1人获“2020重庆市校园足球联赛优秀教练员”称号，1人获“2020重庆市中小学生田径锦标赛优秀教练员”称号，1人获“孝感市新冠肺炎疫情防控工作先进工作者”称号，1人获长寿区乡村振兴先进个人，1人获长寿区“优秀医师”称号，1人被评为长寿区第四届高中语文学科名教师、长寿区第二届高中语文学科带头人，1人被评为长寿区第二届高中音乐学科带头人，1人被评为长寿区素质教育目标管理先进个人；5人年度考核为优秀。（钟文艺）

中国民主促进会
重庆市长寿区委员会

【概况】 2020年，中国民主促进会重庆市长寿区委员会（简称民进长寿区委会）下设老龄妇女、参政议政、教育文化、经济科技4个专门委员会；基层组织有1个总支委员会、13个支部，14个基层组织领导班子成员中有研究生学历5名、大学24名、专科14名、其他4名，副处职级1名、正科4名，高级专技人员5名、中级25名、其他6名；年底前有会员405人。2020年，民进长寿区委会在全面加强自身建设中开展履职能力主题年重点建设，克服新冠肺炎疫情影响，各项工作取得新进展新成绩。1人获民进全国履职能力建设年先进个人，1人获民进全国抗击新冠肺炎疫情先进个人，1人获民进全国会史工作先进个人；民进长寿区委会获市委会社情民意信息工作、参政党理论建设、电子信息化建设专项表彰；8名会员在抗击新冠肺炎疫情中表现突出，获民进市委会表彰。

【思想建设】 2020年，民进长寿区委会以深入学习贯彻习近平新时代中国特色社会主义思想为首要政治任务，多次召开区委（扩大）会议学习；制定学习规则，部署学习任务，编发学习资料；领导班子开展专题民主生活会，加强政治学习，深化思想建设。11月，区委会召开民进长寿区委会2020年干部培训会，学习《中国民主促进会会员工作条例》《中国民主促进会发展会员工作条例》，传达学习中共十九届五中全会精神。

民进长寿区委会继续推进“不忘合作初心，继续携手前进”主题教育活动，落实习总书记关于多党合作要有新气象、思想共识要有新提高、履职尽责要有新作为、参政党要有新面貌，做中国共产党的好参谋、好帮手、好同事的“四新”“三好”要求，将学习型参政党建设与会务工作结合，拓宽学习形式，坚持中心组、工作会例行学习等分层次组织、分类别开展专题学习；区委会班子成员带头调查研究，深入基层一线，围绕长寿区委、区政府中心工作和建设教育强国、推动社会主义文化繁荣兴盛、加快建设创新型国家、脱贫攻坚民主监督、定点扶贫等重大课题调研，建言献策；开展会员思想状况调查，及时报送思想动态信息，增强思想政治工作的针对性和有效性。年内上报中共市委统战部及民进市委会各类新闻宣传信息37条，《重庆政协报》采用1条，市委统战部网站采用5条，民进市委会网站采用29条。

【组织建设】　2020年，民进长寿区委会进行届中调整工作，补选1名副主任委员、3名区委委员；制订《民进长寿区委会关于2020年基层组织换届工作方案》，搞好支部换届工作。换届工作从5月开始，到10月13日完成基层支部换届工作。新一届支部委员会成员吸纳一批政治坚定、有能力、有水平的年轻会员进入基层组织委员会，为发挥基层支部职能作用和政治交接提供人才保障。

民进长寿区委会严把新会员质量关，落实会员发展2020年年度规划，年内发展会员11名，其中重点分工领域会员7名、政府机关界别3名、民营经济人士会员1名。

【参政议政】　2020年，民进长寿区委会坚持“以新作为巩固老阵地、在顺势中开拓新领域”，按照“有组织、有渠道、有平台、有资源、有制度”的要求，完善集智聚力的体制机制，加强联动合作，数质并重推动参政议政取得好成效。抓好两会人员、实职人员、信息员等参政议政骨干队伍建设，及时召开参政议政工作会，对会员中的人大代表、政协委员进行专门培训，提出参政议政要求；组织骨干会员开展乡村振兴专题调研；组织新会员支部活动，培养参政议政积极性。按照中共市委统战部《关于开展“抓‘六稳’促‘六保’民营企业百日大走访”活动的通知》要求，推动“民营企业百日大走访”活动，向民进市委会汇报走访成果。同民进攀枝花市委会签署结对共建友好市区组织协议。

2020年9月30日，民进长寿区委会同民进攀枝花市委会签署结对共建友好市区组织协议

2020年，民进长寿区委会承担市委会参政议政课题《深化放管服改革 探索推动成渝地区双城经济圈行政审批协同办理》，自备课题2个；民进长寿区委会主委牵头撰写的调研文章《成渝双城经济圈建设背景下的智慧校园建设现状及路径研究》刊发在《微见》杂志，《关于充分运用大数据优势进一步完善“渝康码”功能的建议》《关于构建“成渝双城经济圈”疫情联防联控机制的建议》被市政协采用。社情民意《餐饮业复工前“库存”野生动物处置亟待重视》被中共市委统战部和民进中央采用，《建议准确界定“疫情防控不可抗力”助力企业有效止损》被中共中央统战部《零讯》采用。民进长寿区委会全年向各级部门、党派中央等报送社情民意信息42条，区政协采用18条、中共市委统战部采用5条、民进中央采用3条、中央统战部《零讯》采用1条。两会期间，报送全国两会信息10余条，中共重庆市委统战部采用3条；民进会员中的人大代表、政协委员围绕长寿区中心工作和全面建成小康社会目标建言献策，提交提案、建议64件，其中区政协集体提案12件。

【社会服务】　2020年，民进长寿区委会发挥自身特长和党派优势积极作为。疫情防控期间，组织会员捐款3.3万元，通过民进湖北省宜昌市委会购买生活急需物资，送到宜昌点军区桥边镇基层抗疫人员手中；向长寿区龙河镇的防疫一线人

2020年3月7日，民进长寿区委会将捐赠生活急需物资送到宜昌点军区桥边镇

员捐赠口罩3000个、消毒液30桶价值3万余元；会员以个人或所在单位名义，向武汉慈善总会、重庆慈善总会、长寿区红十字会、重庆大学及伊朗等国家捐赠防护服、护目镜、增强免疫力的防疫药品、消毒酒精、N95口罩和体温检测仪等总计价值19万余元的抗疫物资。

2020年，民进长寿区委会到履职实践基地龙河镇开展艺术教育乡村行、“春联万家”新春送春联活动，开展乡村文化专题调研，制订龙河乡村文化振兴实施方案；小教支部、进修校支部、长二中支部持续开展“名师在行动”“城乡学校同课异构”活动；联合会员单位爱尔眼科开展教师节“关爱教职工眼健康活动”“关爱青少年近视预防，爱眼护眼进校园”活动，先后走进江南九年制学校、凤一小、葛兰中心校、实验中学、新市实验小学等。

民进长寿区委会的会员双岗建功成效显著，川维支部1人获第三十五届重庆市青少年科技创新大赛一等奖和优秀指导教师、2020年重庆市青少年生物多样性探究大赛优秀指导教师，1人获重庆市基层优秀卫生专业技术人才和新冠肺炎疫情防控工作先进个人；小教支部1人获重庆市教育学会工作先进个人和重庆市小学语文优质课大赛指导一等奖，1人在重庆市视频课大赛中获一等奖；进修校支部1人获重庆市教育系统优秀通讯员，1人获音乐市级指导教师一等奖，原创歌曲《那双手》获国家级银奖。（龚秋源）

中国农工民主党重庆市长寿区委员会

【概况】 2020年，中国农工民主党重庆市长寿区委员会（简称农工党长寿区委会）下设14个支部、10个专委会，有党员276名。农工党长寿区委会获农工党中央先进集体，1人获得农工党中央先进个人称号，3人获得农工党中央抗击新冠肺炎疫情先进个人表彰，医院支部、机关支部、长寿湖支部获评农工党重庆市委会优秀基层组织，5人获评农工党重庆市委会优秀党员，1人获评农工党重庆市委会优秀党务工作者。

【思想建设】 2020年，农工党长寿区委会持续开展“不忘合作初心，继续携手前进”主题教育活动，强化理论学习，提高党员理论修养，增进对中国共产党和中国特色社会主义的政治认同、思想认同、理论认同、情感认同。

2020年8月6日，农工党长寿区委会召开中国农工民主党成立90周年纪念大会

开展农工党成立90周年庆祝活动，表彰先进集体9个、优秀党员56人，回顾农工党党史，传承优良革命传统；组织党员撰写农工党成立90周年纪念文章，1人撰写的《我们的信条》被《中国政协》杂志刊登，被农工党中央网站转载；党员撰写的7篇政协理论文章，获区政协特等奖1篇、二等奖1篇、入围奖5篇。

利用农工党中央、农工党重庆市委会门户网站、微信公众号和《前进论坛》《重庆农工》《长寿农工》《农工简讯》以及市、区政协网站等平台，传播正能量。全年报送的信息被中共重庆市委统战部采用8条、被农工党重庆市委会采用28条、被区政协网站采用7条。

【疫情抗击】 2020年，农工党长寿区委会面对突如其来的新冠肺炎疫情，及时传达各级关于疫情防控的安排部署，联合全区各民主党派区委会发出《长寿区民主党派联合倡议书》，组织全区农工党党员参与到疫情防控工作中。1名党员驰援武汉中心医院，50余名党员参与发热门诊、隔离病房、疫区流调、检查点体温检测等一线防疫工作，20余名党员参与街镇社区排查、动植物检测、疫情防控督导等工作；在“三八”节期间，向全区女党员重点是抗疫一线的女党员致以节日的慰问，鼓励她们为疫情防控作出新的更大贡献。向党员发出捐款倡议，开展“抗击疫情·奉献爱心”

捐款活动，有210名党员、15名入党积极分子和联系朋友参与捐款活动，筹集现金48236元；党员通过所在单位和企业捐赠现金20750元和价值190余万元的防疫物资。

2020年疫情防控期间，农工党长寿区委会收集报送相关建言信息17条，其中“关于在防疫的同时做好春播物资调配的建议”被农工党中央和市委统战部采用，“对重点人员实行核酸检测全覆盖的建议”等10条信息被农工党市委会采用，“关于有效防控及应对疫情的几点建议”等15条信息被区政协采用。组织编辑《农工抗疫专讯》12期，宣传长寿区农工党党员抗疫先进事迹。

【组织建设】 2020年，农工党长寿区委会重视基层组织换届工作，充分酝酿、多方征求意见、慎重考察、民主选举，完成换届工作。班子成员整体年轻化，界别特色更加突出，学历、职称水平提高。利用换届之机，新成立妇幼健康和自然资源2个主体界别支部，基层组织由原来的12个增加到14个，主体界别更加突出。

2020年10月，农工党长寿区妇幼健康支部、自然资源支部相继成立

提高党员发展质量，注重发展突出界别、代表性强的党员，年内发展党员14名，全部为主体界别党员。其中，1名驰援武汉的队员在抗疫一线武汉中心医院提出加入农工党申请，经农工党区委会和市委会研究，同意加入。

2020年，农工党长寿区委会组织15名党员参加农工党重庆市委会为期4天的新党员培训；及时听取新党员汇报培训成果；主动向农工党重庆市委会、中共长寿区委汇报，争取对农工党党员的关心和支持。推进党员队伍中人才的发现发展、教育培训、实践锻炼和推荐使用，年内推荐1名党员在区开发投资集团实践锻炼，1名党员新提拔担任正处级领导，1名党员新提拔担任副处级领导。

【参政议政】 2020年，农工党长寿区委会积极主动作为“献良策”。在2020年市、区“两会”期间，农工党长寿区委会的代表、委员提交市人大代表建议5件、市政协提案4件，区人大代表建议17件、区政协提案46件（其中集体提案6件），区政协大会现场发言1篇、书面发言5篇；2件建议获优秀建议表彰，3人获优秀政协委员表彰，6件提案获优秀提案表彰。

农工党长寿区委会坚持主副委牵头，全年开展《缓解交通阻塞，提升城市品质》《关于引进或设立高校促进长寿经济高质量发展的建议》《关于强化区域臭氧治理和宣传的建议》《关于推进农村失能人员集中照护工程的对策建议》《应对疫情冲击，提振居民消费》《合理引导地摊经济，使其朝着健康的方向发展》重点课题调研6个。开展调查研究，收集报送社情民意信息44条。2020年全国“两会”期间，通过统战信息渠道，报送党外人士建言24条，《关于将“推动川渝文化一体化，建设巴渝文化走廊”纳入“十四五”规划的建议》《关于推行全民免费注射新冠肺炎疫苗的建议》被市政协采用，《关于环境行政处罚自由裁量基准中加入“污染因子”考量的建议》被中共重庆市委统战部采用。

【岗位履职】 2020年，农工党长寿区委会党员们在各自工作岗位中建功立业。1人获得全国妇联表彰全国最美抗疫家庭称号，2人获得湖北省委、省政府表彰的“最美逆行者”，1人获得审计署优秀案例奖；1人获得重庆市第五届中小学教育教学优秀论文一等奖，1人获得重庆市中职学校

"三教"改革论文一等奖，1人获得重庆市教育委员会教育教学研究论文二等奖，1人获得市教科院基础教育改革论文三等奖，1人获得长寿区人民政府表彰的"长寿区名教师"，1人获得长寿区第二届学科带头人，1人获得长寿区师德师风先进个人称号，1人年度考核记三等功、7人获得优秀。

（杨　莉　刘小波）

九三学社
重庆市长寿区委员会

【概况】　2020年，九三学社重庆市长寿区委员会（简称九三学社长寿区委会）下设长寿化工总厂支社、医卫科技支社、四川维尼纶厂支社、综合支社、教育支社、长寿经开区支社等6个支社和青工委、妇工委2个专委会；有社员180人，其中研究生以上学历34人、占18.89%，高中级职称174人（高级职称77人）、占96.67%。九三学社长寿区委会年内先后获社市委会表彰10项，其中：综合表彰1项，专项表彰2项，社务工作表彰7项，囊括社市委会对区级组织所有表彰奖项。

【思想建设】　2020年，九三学社长寿区委会把思想建设放在首位，召开主委会议、全委会议、座谈会等组织学习中共十九届五中全会、中共重庆市委五届九次全会精神，传达学习社市委会、中共长寿区委会议精神；落实"不忘合作初心，继续携手前进"主题教育活动，抓好各类学习培训，全年组织参政议政培训和基层组织领导班子成员培训会等专题学习会10余次，参加社中央网络专题政治辅导5次，组织11名社区委会委员参加区委统战部党外人士培训、6名支社负责人参加社市委会基层组织建设工作培训、1名社员参加市委统战部组织的习近平新时代中国特色社会主义思想培训、1名社员参加社中央青年论坛、4名新社员参加社市委会新社员培训；将集中学习和个人学习相结合，购买《范柏乃参政议政文集（第二版）》《民法典》等书籍发放给骨干社员学习，引导社员增强"四个意识"、坚定"四个自信"、做到"两个维护"。

以九三学社创建75周年活动为契机，组织召开纪念座谈会和征文活动，制作《纪念九三学社创建75周年暨九三学社长寿区委员会成立5周年》宣传片。以《重庆政协报》、市委统战部网站、长寿区政协网站等主流媒体为平台，发挥社内网站、微信公众号作用，讲好九三学社故事，扩大社内外宣传力度。全年编辑信息60余条，九三学社中央网站采用52条、《重庆政协报》刊登2条、中共重庆市委统战部网站采用17条、九三学社市委会网站采用55条（微信公众号采用8条）、区政协网站采用35条、人人长寿APP报道5次。推广"社员之家"手机APP，60%的社员完成注册；"长寿九三"微信公众号推送文章36条。

深化理论社史研究，完成社市委会《新时代九三学社地方组织自身问题研究》课题；组织社员参加第七届重庆九三青年论坛，2人获一等奖、5人获二等奖、4人获三等奖，1人在论坛上作《关于进一步完善消费扶贫有关问题研究》专题演讲；组织社员参加区政协2020年度理论研究征文活动，4人获三等奖。

【疫情防控】　2020年，九三学社长寿区委会在新冠肺炎疫情发生后，与区内各民主党派发出联合倡议书，第一时间发出《致全区九三学社社员的倡议书》，号召社员把思想和行动统一到中共中央、社中央的决策部署上。用微信群、QQ群等形式转发社中央、社市委会、中共长寿区委的工作部署，及时向社市委会、区委统战部等报送社员参与抗疫情况，关注社员身体健康状况，传播疫情防控正能量。组织社员捐款捐物，参与"献爱心抗疫情捐款活动"，捐款3.5万余元、血脐53箱；1人捐赠医用口罩3500余个，价值4万元；1人捐赠医用防护服48套，价值1.5万余元；组织"献热血传爱心无偿献血活动"，10余人献血3200毫升。

社员们投身到医疗救治、市场保供、社区排查等疫情防控战线，用行动彰显九三学社的担当和作为。主委陈红带队看望慰问奋战在抗疫一线的医务人员，赠送防疫物资；医卫支社多名社员主动请缨支援湖北一线，1人参与武汉中心医院后湖院区医疗救治；1人担任区新冠肺炎定点救治医院抗击新冠肺炎疫情防控领导小组成员及医疗救治专家组组长，负责长寿区新冠肺炎医疗救治工作；1人坚守保供一线，助销农产品1500余吨，实现销售收入890余万元；其他社员坚守长寿抗疫，在社区排查一线，走访企业，落实疫情防控措施，助力企业复工复产，开展线上教学助力学校复学复课等。

【组织建设】　2020年，九三学社长寿区委会坚持民主集中制等议事规则，召开主委会议14次、全委（扩大）会议6次。加大后备人才队伍培养力度，建立代表人士队伍，推荐1名骨干社员到凤城街道顶岗锻炼。以青工委为载体为青年社员成长搭建履职平台。发展高素质优秀人才入社，年内发展新社员7名，其中高级职称2名、研究生2名。

推进基层组织规范化建设，完成基层组织换届选举工作，从代表性、界别特色等综合考虑，充实一批高素质的青年社员。换届后，基层组织有领导成员33人，其中男性22人、女性11人，平均年龄43岁，年龄结构、性别结构等更加合理。搭建横向交流平台，支社间多次联合开展组织活动。医卫支社、经开区支社获社市委会九三学社创建75周年优秀基层组织表彰。

组织开展“青春之我，奋斗之我”主题拓展活动和“享健康生活 展巾帼风采”女社员活动，为老社员开展“特别的爱给特别的您”健康知识讲座及一对一健康咨询服务活动，春节期间走访慰问老社员，关爱生病住院社员，发放慰问金0.5万余元。

【参政议政】　2020年，九三学社长寿区委会建立和完善参政议政工作机制，发挥参政议政骨干作用，在参政议政工作上实现量质并重。全国两会期间，撰写建言及反映类信息25篇，其中中共市委统战部采用1篇；市、区两会期间，提交市两会人大建议8件、政协提案3件，提交区两会人大建议16件、政协提案53件（含集体提案16件）。《关于完善养老服务体系的建议》被列为区领导重点督办建议，《关于提倡文明养宠的建议》《关于预防和化解住宅小区物业管理纠纷的建议》等6件提案被列为区领导重点督办提案，《关于加强电动车、摩托车停放管理的建议》《关于帮助无户籍人员上户口的建议》3件建议被评为优秀建议，《关于加快智慧校园建设推动校园管理的建议》《关于加快实施智慧园区信息化基础设施建设的建议》被评为优秀提案，4名社员被评为优秀政协委员。

围绕疫情防控等报送建言信息69件，全国政协采用1件、中央统战部采用1件、社中央采用2件，市政协采用2件、市委统战部采用5件、社市委会采用13件，区政协采用41件，区领导批示9件。《关于推迟2020年三峡大坝检修时间的建议》被全国政协每日要情、中央统战部《零讯》采用，获中央领导批示，得到交通部、市政协等采纳，市委统战部发贺信祝贺，得到中共长寿区委书记赵世庆批示；《关于尽快出台我市文物保护单位保护范围和建设控制地带划定相关正式法规的建议》被市政协采用；《关于推迟2020年三峡大坝检修时间的建议》《新冠肺炎疫情对产业扶贫的影响及对策建议》《关于合理评价资源承载力加强长江经济带生态环境保护的建议》3篇建言入选中共重庆市委统战部《党外人士建言成果选编》。

2020年7月20日，九三学社长寿区委会召开参政议政培训会，邀请市政协专职常委作专题讲座

完善课题调研机制，制定《课题调研管理办法》，建立以主委为组长，人大代表、政协委员、中青年骨干社员组成的40余人的参政议政骨干队伍。全年开展课题调研16个，市级以上课题3个、社区委立项课题13个。参与社中央《加强国有企业科技创新人才队伍建设》党派大调研子课题，调研成果作为社市委会在“九三论坛”上的发言素材；承接社市委会常委课题，完成《关于推进我市老年助餐服务相关问题调研》；围绕成渝地区双城经济圈建设，完成区级领导调研课题《长江流域长寿段生态走廊建设专题调研》；聚焦中心工作，完成区科技局立项课题《乡村振兴战略下的传统建筑保护及利用研究》等，调研成果均转化为参政议政素材。

落实民主监督，参加社市委会组织的脱贫攻坚民主监督，围绕基础设施提升、产业扶贫、健康扶贫等重点献计出力。发挥社员中人大代表、政协委员、特约监督员等监督作用，参与区人大、区政协对部门民主评议工作，2 名社员担任全区绿化日常管护目标考核组成员，参与考核 6 次。

【社会服务】 2020 年，九三学社长寿区委会发挥人才优势和界别特色，推进“九地合作”，与区卫生健康委续签《九地合作协议》，持续助推长寿湖镇卫生院发展；组织社员每月到镇卫生院帮扶指导，开展专题讲座 5 场（次）、查房指导 6 次，协调区文化旅游委赠送乒乓球桌 2 张；镇卫生院加挂“长寿区第二人民医院”的牌子，正式升级成为区级综合医院，通过重庆市甲级乡镇卫生院初评。

参与民营企业百日大走访活动，走访企业 30 家；持续开展走进企业活动，走访经开区企业 3 家、社员企业 2 家，收集企业发展的意见建议 15 条，多种渠道为企业发展鼓与呼，帮助企业协调解决问题和困难。

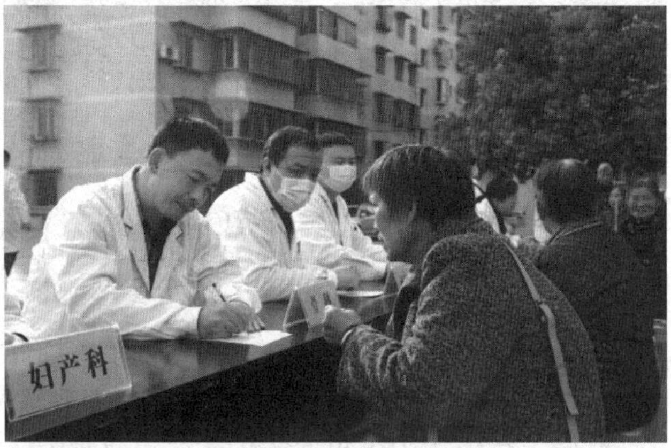

2020 年 10 月 21 日，九三学社长寿区委会“送医下乡”走进石堰镇

开展“送医下乡”活动，为石堰镇居民提供健康检查和咨询服务等 200 余人次，在镇卫生院开展专题培训、教学查房、药品和医疗器械指导等。联合开展“送课下乡”活动，为葛兰镇初级中学校送去示范课，加强城乡学校教师互动。年内开展健康知识讲座 2 次，开展“迎新春、写春联、送祝福”活动；与社市委会联动，2 名副主委赴贵州开展教育与产业扶贫调研；1 名副主委向社中央历史陈列馆捐赠何鲁砚铭砚台 1 枚。

【机关建设】 2020 年，九三学社长寿区委会持续推进机关规范化建设，在九三学社中央机关规范化建设交叉检查中，以满分 100 分、加分 64 分的成绩，得到检查组肯定，获社中央市级组织机关规范化建设先进单位（全国第一）和市级组织机关工作成效奖，在社中央总结交流会上作经验交流；参与对北京市、内蒙古自治区组织机关规范化交叉检查。

2020 年 10 月 15 日，九三学社机关规范化建设检查组到九三学社长寿区委检查指导工作

2020 年，九三学社长寿区委会修订和完善社内各项规章制度，分类梳理形成领导班子制度、社务工作制度、机关管理制度 3 大类、30 余项，印发《九三学社重庆市长寿区委员会制度汇编》《九三学社重庆市长寿区委员会工作手册》《九三学社重庆市长寿区委员会内部控制制度》。在区文化旅游委建成“社员之家”“老年社员活动室”，配备办公桌椅、电视机等硬件设备，制作组织文化展示，购置社史人物类、政治理论类等图书资料 200 余册，购置象棋等文体用具。

【岗位奉献】 2020 年，九三学社长寿区委会社员们在社务工作和本职岗位上取得成绩，38 人次获区级以上表彰。1 人被评为社中央“九三学社抗击新冠肺炎疫情先进个人”，1 人获社中央“九三学社抗击新冠肺炎疫情湖北抗疫一线优秀社员”和“重庆市巾帼建功标兵”荣誉称号，25 人次获社市委会参政议政、社情民意信息等先进个人表彰，2 人被评为优秀公务员，2 人获区政府卫生健康先进个人表彰，1人获事业单位脱贫攻坚专项奖励个人记功和事业单位嘉奖，1人获事业单位工作人员个人记功，1人获事业单位嘉奖，1人获重庆市医院协会优秀员工称号，1人获教育扶贫领域学生资助管理工作先进个人表彰。　（周丽容）

重庆市长寿区工商业联合会（总商会）

【概况】　2020年，重庆市长寿区工商业联合会（总商会）简称区工商联（总商会）有工作人员10名，其中行政编制5名、事业编制2名、聘用人员3名；科室设有办公室、民营企业维权投诉中心。2020年8月第十届区工商联（总商会）进行领导班子调整后，有执行委员126名、常务委员22名、副主席（副会长）40名、主席（会长）1名，主席（会长）和多数副主席（副会长）由非公经济人士担任。

全区有街镇商会19个、行业商会5个，昆明、成都、乌鲁木齐3个异地商会及女企业家联谊会、长寿区青年委员会（区青商会）、区国际税收研究会、区税务学会；每个街镇都设立1个分会，会长由区域内有影响力的民营企业家担任，常务副会长由街镇统战委员担任，秘书长由街镇公职人员担任。行业商会有餐饮商会、建筑房地产商会、饰材家具商会、美容美发洗浴商会、混凝土商会。各个商会均按选举程序按时换届，有会长、副会长、监事、秘书长，有序地开展工作。

长寿区总商会会员由成立初期的278名，发展到2020年的2719名，其中企业会员1061个、个人会员1627人、团体会员31个。长寿县一届政协成立起，总商会为政协组成单位，当时有政协委员6名；至2020年有区人大代表16名、区政协委员40名、市人大代表1名、市政协委员1名。

2020年，区工商联（总商会）紧扣促进非公经济健康发展和非公经济人士健康成长的工作主题，积极作为，真抓实干，各项工作取得成效。

【思想政治引领】　2020年，区工商联（总商会）引导非公经济人士深入学习贯彻党的十九大和十九届二中、三中、四中、五中全会精神，学习习近平总书记在民营企业座谈会和企业家座谈会上的重要讲话精神，学习各项支持非公经济发展的政策举措，促进非公经济人士提升思想政治素养，坚定理想信念，自觉把思想和行动统一到区委、区政府的重大决策部署上来。

在抗击新冠肺炎疫情前期，及时宣传市、区应对新冠肺炎疫情支持市场主体渡难关有关政策举措，让非公企业获得税收减免、贷款贴息、缓缴社会保险费、租金减免等实实在在的政策支持，缓解疫情冲击，稳住发展信心。疫情取得阶段性胜利后，及时宣传抗击新冠肺炎疫情取得的成果，将经济形势企稳回升的重要信号传达给广大非公经济人士，提振发展信心。

助力构建“亲”“清”政商关系，先后组织非公经济人士参加非公经济人士座谈会、暑期谈心会等，促进政府部门与非公经济人士沟通交流，互通有无，互动发展。引导非公经济人士人大代表、政协委员参政议政，为长寿经济社会发展建言献策，撰写政协提案和人大建议30余件。

【疫情防控】　2020年，区工商联（总商会）引领助推民营企业抗击新冠肺炎疫情，及时动员民营企业履行社会责任，第一时间发出倡议，动员组织各基层商会、民营企业参与支援新冠肺炎疫情防控工作；以长寿区青年商会为代表的区内各基层商会，和以长寿昆明商会、长寿成都商会等为代表的在外发展长寿籍企业家组织，伸出援助之手驰援家乡，捐款40余万元，捐物100余万元，包括消毒液、口罩、体温枪、酒精、方便面等抗疫物品；全区民营企业参与疫情防控捐款捐物1100余万元。及时帮助企业订购口罩等复工复产所需防疫物品，确保所有执委以上企业均按要求落实防疫措施，陆续有序复工复产，无一家出现新冠肺炎疫情问题；区工商联（总商会）2人作为复工复产疫情防控第十二督导组成员，及时入驻高新区督导77家企业复工复产，对发现的问题及时指导整改，完成交办任务；召开金融支持民营企业复工复产工作座谈会，组织人民银行长寿中心支行、农业银行长寿支行，以及来自家具制造、物联网、餐饮、教育培训、广告传媒、房地产等10多个行业的30余家有融资需求的民营企业负责人，共聚一堂应对融资问题，为民营企业推出科创贷、“政银担”贷款、纳税e贷、抵押e贷、信用贷等多种融资产品缓解当时的融资难题。

开展民营企业融资情况专题调研，先后到新市、葛兰、江南等商会及其会员企业开展民营企业融资情况专题调研，了解后疫情期间全区民营企业融资获得情况、实际融资成本状况、有关融资支持政策贯彻落实情况及金融机构服务民营企业情况；走访民营企业50余家，形成《民营企业融资情况调研》报告，收集上报系列民营企业在融资方面存在的问题，对改善金融服务民营经济发展提出对策建议，为促进形成与民营经济更加匹配的金融资源配置体系，提供一线决策参考。

【非公经济服务】 2020年，区工商联（总商会）聚力缓解民营企业发展难题，配合区委统战部开展“百日大走访”活动，到1130家民营企业、外资企业、台资企业和个体工商户走访调研，收集困难问题和意见建议475件，处理问题434件，惠及市场主体700余户。加强纵向沟通和横向协调，携手各相关部门减税降费促融资，全年减免企业税费9.8亿元，降低工商业电价5%，为企业提供融资贷款200亿元，落实援企稳岗政策发放稳岗返还补贴4800余万元、创业担保贷款2亿元。

促进非公经济人士健康成长，推进第五期区工商联（总商会）执委轮训，组织50余名非公经济人士代表赴西南大学参加为期6天的“长寿区2020年非公经济代表人士培训班”学习；培训设置《习近平新时代中国特色社会主义思想》《2020年中国经济趋势热点解读》《企业战略管理与规划》等与企业经营管理息息相关的课程，在卢作孚纪念馆开展理想信念教育。于12月中旬组织区青商会和各街镇、行业商会的50余名年轻一代非公经济人士赴西南大学开展“长寿区工商联青年企业家管理能力提升研修班”培训，设置系列与年轻一代非公经济人士事业发展息息相关的课程，促进参训学员在创新创业能力素质提升和理想信念增强。组织民营企业家参加“重庆市年轻一代企业家理想信念培训班”“2020年重庆市大中型民营企业高质量发展研修班”“工业互联网赋能制造业促进高质量发展”、德胜门大讲堂走进重庆活动线上分会场活动、新冠疫情期间民营企业线上法律公益培训、金融支持疫情防控在线政策宣讲培训会，观看民营企业标准化公益大讲堂网络直播，参训500余人次，促进民营企业家了解经济形势，掌握现代企业管理，把控各类法律风险，用好用活各类优惠政策。

协力优化民营经济发展法治环境，区工商联（总商会）与区检察院联合开展服务“六稳”“六保”护航民企发展检察开放日活动，邀请民营企业家走进检察院，参观区人民检察院控申接待大厅、案件管理大厅、刑检办案中心等，了解区人民检察院办公环境条件、办案工作流程，召开主题座谈会，观看市检察机关服务“六稳”“六保”工作情况PPT和区人民检察院服务民营经济工作开展情况，与会人员就企业守法经营等问题进行交流，促进民营企业家守法诚信经营，为长寿区经济社会发展贡献力量。

助力优化营商环境，调研吸收民营企业意见后，形成《关于进一步落实减税降费促进民营经济高质量发展的建议》《关于进一步拓宽营商环境的建议》等提案，促进形成有利于民营企业转型升级创新发展的良好营商环境。依托全国工商联民营企业调查系统，组织区内20余户在不同行业有代表性的民营企业，持续对区域营商环境、“亲”“清”政商关系、民营经济运行状况等以信息直报的方式开展调研调查。开展营商环境满意度调查，在市营商环境考评组抽选出参与营商环境现场测评的50家民营企业后，商请发改委协调区经信委、区市场监管局、区农业农村委、区住建委等10余个相关部门组织所抽选的民营企业参加现场测评，完成对长寿区2019年度营商环境的满意测评，测评结果全市排名第七位。

持续开展优秀民营企业家和优秀民营企业评选推荐工作，营造创先争优氛围，区工商联（总商会）与区经信委、区人社局等部门联合组织推荐区内民营企业董事长、总裁、总经理、厂长，私营企业、民营经济成分控股的有限责任公司和股份有限公司，参与市级优秀民营企业家和优秀民营企业评选表彰活动，分别推荐4名民营企业家和5户民营企业参评。

【基层商会服务】 2020年，区工商联（总商会）推动出台《重庆市长寿区促进工商联所属商会改革和发展的实施方案》，明确发挥商会职能作用、规范商会自身建设、改进商会管理服务等三大方面改革任务，部门协作推进基层商会改革发展。适时制定《区级领导干部联系辖区商会制度》，37名区级领导分组联系区总商会及各基层商会；定期不定期向所联系的商会通报区委、区政府关于扶持非公经济发展的重大决策部署，向商会会员企业介绍全区经济社会发展的情况，听取商会和企业家的意见建议，了解和分析各商会组织的问题和困难；督促相关部门落实落地涉企政策，协调解决企业生产经营急难问题，向所联系的商会组织和企业宣传招商引资政策和项目，以商会为平台推动招商引资、招才引智。

发挥基层商会桥梁纽带作用有效服务非公经济。组织会员企业捐款捐物支援疫情防控，采购防疫物资促进非公企业复工复产；组织以乡村振兴等为主题的考察交流和以理想信念教育、提升管理能力等为主题的学习培训，300余名企业家参与；组织以金秋助学，慰问敬老院、留守儿童，扶贫济困等为主题的光彩事业行动，促进非公企业和非公经济人士履行社会责任、感恩回馈社会，捐赠捐物1000余万元；组织召开经济发展座谈会10余次，促进街镇党委政府与非公经济人士和企业面对面互通有无、互动发展。多种方式和多渠道促进银企对接，为会员企业协调融资额度5000余万元。用好商会维权职能，协调企业厂址搬迁、生产场地扩建，周边环境不利企业发展因素以及企业补偿、追偿欠款等，维护非公企业合法权益，全年维权40余起。（黄家菊）

2020年8月，长寿区气象局举行气象开放日活动

群众团体

重庆市长寿区总工会

【概况】　2020年，重庆市长寿区总工会（简称区总工会）有在职人员9名。其中正处级1名、副处级2名、副调研员1名，正科级3名、主任科员1名，机关工勤人员1名；有办公室、基层工作科、服务发展科3个内设机构；下设1个公益一类事业单位长寿区职工服务中心，有在职工作人员6名。

2020年，全区有园区总工会2个，街镇工会联合会19个、区卫生健康委员会工会联合会1个、区教育委员会工会联合会1个，直属工会70个；工会联合会主席和直属工会主席由同级副职担任。

2020年，区总工会应对产业转型升级、职工队伍结构变化等对工会工作的挑战考验，推进党的建设，做好“引领、联系、服务、建设”4方面工作，各项重点工作取得实效，获市总工会年度综合目标考核特等奖。

【思想引领】　2020年，区总工会把学习贯彻习近平新时代中国特色社会主义思想和党的十九大精神作为首要政治任务，利用主席办公（扩大）会议、党组中心组理论学习会议、党员大会以及职工会等会议，先后17次学习习近平总书记重要讲话和重要指示精神；召开座谈会、劳模宣讲等引领全区各级工会组织、工会干部学习宣传贯彻习近平总书记在全国劳动模范和先进工作者表彰大会重要讲话以及加强和改进新时代产业工人队伍思想政治工作的具体措施等文件精神。弘扬劳模精神、劳动精神、工匠精神，区总工会与融媒体中心开设《劳动者颂》《工会之窗》等专栏，报道“长寿工匠”故事；利用“长寿工会”微信公众号，开辟“工作动态”“工会维权”“劳模风采”专栏，宣传国家政策、法律知识、技能技术、工会工作等；用微信公众号组织开展“网聚职工正能量、争做中国好网民”等活动，推荐的好网民作品获市总工会三等奖。

组织开展劳模宣讲活动，分别召开街镇、部门工会工作会以及劳模、工匠、技术能手代表座谈会贯彻学习习总书记在全国劳模表彰大会上的讲话，邀请2020年全国劳模李顺清宣讲进京参会情况和感受。全年开展劳模宣讲活动6场（次）。

【疫情防控】　2020年，区总工会配合打赢新冠肺炎疫情防控战，及时划拨各街镇工会联合会防控经费38万元，拨付区医院、区中医院、第三人民医院、化工园区医院、区妇幼保健计划生育服务中心、区疾控中心总计15万元，用于购买防控物资以及一线职工慰问。开展企业职工志愿理发服务，区总工会出资11万元购买社会服务，从2020年2月上旬开始，组织26名理发师为经开区、高新区复工复产企业5570名职工开展义务理发服务，解决疫情期间职工理发难的问题。抽调21名工会志愿者组成企业复工复产疫情防控督导组，对41个复工复产企业进行疫情防治督导，推进企业早日复工复产。开展“抗疫女工”慰问活动，“三八节”为街镇抗疫一线女职工、复工复产企业一线女职工代表等送上慰问信和节日礼物1000件，为援鄂抗疫患癌女医务人员送去慰问金1万元，为园区400多名抗疫女职工开展免费的公益体检，为52名女职工提供免费“两癌”体检筛查。

【职工服务】　2020年，区总工会持续开展“四送”活动，“冬送温暖”活动为全区70名一线职工和农民工送去慰问金25万余元，为16名困难职工送去慰问金1.6万元；“春送岗位”活动推行线上“春风行动暨就业援助月”，推送企业用工信息5000余条；“夏送清凉”活动自筹经费16万多元，慰问高温一线职工1640人；“秋送助学”活动筹资 11 万元，联合相关部门为 141 名困难学子圆大学梦。

2020 年 8 月 11 日，区委书记赵世庆一行在重庆钢铁股份有限公司的 1780 热轧薄板车间看望慰问生产一线职工

推动城市困难职工解困脱困，完成城市困难职工解困脱困第三方评估，巩固开展困难职工解困脱困工作回头看，对已脱困的职工落实专人开展回访，制定防止返困措施；截至年底前，全区已脱困建档困难职工 3077 人，无一人返困。助力脱贫攻坚，拨付专项经费用于帮扶村脱贫攻坚，定期到结对帮扶村宣传脱贫帮扶政策，为贫困户解决院坝整修、饮用水困难等实际生活问题；落实 6 万余元资金用于消费扶贫工作，落实 20 万元专项经费助力丰都县总工会开展脱贫攻坚工作。开展职工互助保障活动，在园区开展互助保障大讲堂、互助保障送体检、扩大互助保障宣传等；2020 年，全区有 211 家单位参保，参保金额 301 万元，完成市互助会下达的入会总金额的 108.6% 和入会续保率指标。

成立区总工会劳动争议调解委员会，制定《劳动争议调解工作评价办法》，筹集经费 6 万元，实施菜单式调解服务，职工申请，线上以及现场调解，全方位开展职工劳动关系矛盾调解工作；截至年底前调解案件 189 件，结案 176 件，维护职工群众合法权益 410 万余元。提供免费法律服务，开展“尊法守法 · 携手筑梦”服务农民工大型公益法律服务活动 8 场（次）；组织 4 名志愿律师开展“千名律师进企业，服务职工在基层”活动。推进劳动关系和谐企业创建，参加市集体协商竞赛，获得全市二等奖，全区创劳动关系和谐企业 AAA 级 12 家、AA 级 50 家、A 级 54 家。配合开展工资清欠工作。

提升普惠化服务，开办 3 期“惠工学校”艺体培训班，分别开有国画山水、PPT 制作、竹编、太极、体育舞蹈、妆容与服饰、国学等 39 个班次，服务 1500 余人，年内接待万州、开州、梁平、丰都等 10 余个兄弟区县总工会到长寿交流学习；在高新区为暑期看管子女有困难的职工，根据孩子的不同爱好以及需求提供唱歌、跳舞、书法培训以及学业辅导、心理辅导等公益服务，服务职工 80 余名；开展订单式服务，问需职工，招募公益服务健身志愿者，年底前为 2400 余人次职工常态化开展有氧操、瑜伽练习班，为全区 80 家机关事业单位和企业提供区职工服务中心场地和活动策划普惠服务 137 场（次）。

2020 年 7 月 24 日，长寿区首届“岐黄颐寿”杯中医药知识与技能竞赛的第二阶段技能操作竞赛在区中医院举行

【工会品牌建设】 2020 年，区总工会组织劳动竞赛，制发《2020 年劳动竞赛方案》，以“当好主人翁、建功新时代”为主题出台全区技能竞赛方案，支持园区和重点企业开展劳动竞赛并实施补助，明确教育、卫生等系统劳动技能竞赛相关要求。开展行业劳动技能竞赛，联合区卫健委、区中医院等相关单位举办首届“岐黄颐寿”杯中医药知识与技能竞赛；开展畜牧劳动和技能大赛，选派获奖选手参加川渝畜牧劳动和技能大赛，在猪前腔静脉采血鸡翅静脉采血项目中获得一等奖，在母猪阉割项目中获得二等奖；加强交流学习，总结推广相关工作经验，接待泸州市总工会劳模

和工匠代表团到长寿交流，与攀枝花市总工会签订友好合作框架协议，筹备组队参加川渝康养技能人才交流活动。

2020 年 5 月 29 日，万州区总工会到长寿区考察职工服务中心作用发挥并交流工会工作

开展推先评模活动，推评全国劳模 1 名，到北京参加表彰大会，现场聆听习总书记讲话；推评全国示范性劳模创新工作室 1 个，重庆市工人先锋号 2 个、“重庆市五一劳动奖状” 2 个、“重庆市五一劳动奖章” 2 个。组织第三届“长寿工匠”和技术能手评选，评选出 10 名“长寿工匠”和 89 名技术能手。做好劳模管理服务工作，实施 2020 年全国劳模和重庆市省部级劳模基本情况调查，通过春节、五一走访慰问等，为劳模提供精细化、个性化、特色化服务，向全区 158 名劳模发放价值 14.5 万元的慰问物资；组织 76 名区级劳模免费体检；组织 26 名劳模以及先进工作者到彭水摩围山疗休养。

打造职工建功立业平台，动员 28 家非公企业参加网上劳动竞赛，推评劳动之星、技能之星、创新之星、服务之星 30 名；搭建技术工人成长平台，以申报评选劳模（职工）创新工作室为载体，发挥劳模、工匠和技术能手的业务专长和技术优势，发挥示范引领、人才集聚、创新攻关、培育传承的功能，引领广大职工立足岗位刻苦钻研。年内新增全国示范性劳模创新工作室 1 个、区级劳模（职工）创新工作室 7 个。

推进产业工人队伍建设，利用全委会、街镇及直属工会座谈会等以会代训，贯彻落实《关于推进新时代重庆产业工人队伍建设改革的实施意见》。成立以区人大常委会副主任、区总工会主席为组长的专题调研组，开展园区产业工人队伍建设调研；选取 30 家企业、300 名职工，进行企业情况、产业工人技术水平、晋升途径以及权益维护等方面问卷调查，形成调研报告。在 2020 年二季度开展单身职工“彩虹交友”活动，为单身职工搭建交友平台，全区 380 名单身职工参加活动。开展“为爱而照、幸福圆梦”活动，为 240 名职工弥补结婚欠缺婚纱照遗憾。

【基层工会建设】 2020 年，区总工会加强组织建设。坚持党建带工建，联合区委组织部出台《关于加强非公有制经济组织和社会组织党建带工建工作的通知》，整合工作力量和信息资源，出台《关于非公组织建立工会工作实施工作经费补助的通知》，对新建会的非公企业给予启动经费，确保建会工作得到落实；推进基层工会规范化建设，全年新建独立基层工会 40 个，新办理法人资格证书 127 个，指导基层工会换届 238 家，会员实名制系统新增录入工会组织 78 个、会员 2631 人；完善非公企业工会工作激励机制，出台《长寿区非公经济组织和社会组织工会主席工作补贴试行办法》，量化工作目标，强化对基层工会工作的考核；加强工会干部培训，组织工会干部先后参加全国总工会、市总工会举办的社会化工会工作者、工会干部培训班 4 期，组织 120 名直属工会干部以及部分非公企业工会干部开展拓展培训 2 期。

严格规范经费管理，健全完善财务管理制度，贯彻落实《重庆市基层工会经费收支管理实施细则》，完成 24 家下级工会组织的经费审查工作，完成 2019 年开展审查的单位“回头看”工作；做好预决算编制工作，下发《关于基层工会预决算、工会财务监督的通知》，督促下级工会做好预决算编制，及时完成预算审批管理，年内完成全区工会组织 218 家决算数据汇总以及预决算公开工作。

（周　洋）

共青团重庆市长寿区委

【概况】 截至 2020 年 12 月，长寿区有基层共青团组织 1190 个，团员 31858 名［其中，团（工）委 72 个、团总支 21 个、团支部 1097 个，农村团员 16995 名、机关企事业单位团员 3493 名、学生团员11368名]；共青团重庆市长寿区委员会（简称团区委）含下设青少年活动中心有在职在编干部10名（其中团委书记1名、副书记2名），平均年龄34岁，研究生学历3名、大学本科7人。

2020年，团区委在《人民日报》报道1次，共青团中央微信公众号报道6次，人民网报道3次，新华社APP报道5次，《重庆日报》报道11次，重庆电视台报道2次，团市委微信公众号报道25次。全区各级团组织、团干部先后获得“2019年西部计划绩效考核优秀等次县级项目办”“全国优秀少先队集体”“重庆市优秀团委书记”“重庆市优秀少先队辅导员”“重庆市优秀少先队集体”等荣誉称号19个。

【共青团功能建设】 2020年12月9日，长寿区第三届少年先锋队工作委员会2020年度全委会在区行政中心召开，宣布少先队新任重庆市长寿区工作委员会主任；12月18日，重庆市长寿区青年联合会第二届委员会第三次常委会议在区行政中心召开，增补2名委员；12月28日，长寿区贯彻落实《重庆市中长期青年发展规划（2018—2025年）》工作联席会议第二次全体会议召开，区委领导和各成员单位参会。

2020年，“五四”期间在全区范围内发动各行各业青年参与“悦动青春 舞力全开”专题舞蹈接力活动；把握“六一”“建队日”等时间节点，开展“云端”聚会、“清明祭英烈”、主题队日等系列主题活动100余场（次），引导青少年走好人生第一步；举办“我与祖国共成长·童心追梦新时代”文艺会演，1000名学员及家长参加活动；举办“点赞新时代 童心颂祖国”诵读比赛，区青少年活动中心100余名学员参加比赛；团区委联合相关部门举办“中华魂演讲比赛”“长寿区第二届十佳红领巾小记者/小主持人比赛”活动2场（次），全区200余名青少年参加；组织全区27家青少年之家开展端午中秋主题课堂、“非遗”体验课堂、公益课堂、安全自护教育等活动200场（次）；开展“寿城印象·共绘家乡美”三倒拐古街写生活动，让青少年零距离、全方位感受家乡历史文化；评选区级红旗团委、红旗团支部、优秀共青团员、优秀共青团干部“两红两优”45名（个），创建市、区级青年文明号29个，推出4期《青年榜样说》，引领青年形成正确的世界观、人生观、价值观。

【助力中心工作】 2020年，团区委融入新冠肺炎疫情防控宣传大局，利用自有微信公众号宣传抗疫一线的青年和志愿者事迹；组建“长寿网络青年突击队”，广泛转发疫情相关新闻、报道、公告、辟谣等正能量信息；运用56个快递投递车载广播宣传防疫小知识；向抗疫一线街镇和卫生、公安的24个团组织划拨特殊团费2.4万元；组织西部计划志愿者47人，开展入户排查、卡点检查、宣传宣讲等防疫工作；组织区医院及9家民营医院20名医务志愿者成立“青年突击队 长寿阻击新冠转运队”，交由区卫生健康委临床救治组统一指挥调度，承担基层首诊可疑病例和排除疑似病例的转运任务；成立一线医务人员后勤保障志愿服务队，为一线医务人员家属提供物资代买、作业辅导、乘车等服务；组织100余名运输行业青年成立“长寿区物流运输青年突击队”，为全区市民安心居家隔离做好后勤保障；发动8家店、16名青年理发师开展爱心“疫”剪青年志愿服务活动，为一线防疫人员免费理发。

开展“冬日阳光·温暖你我”活动，用爱心结对、物资帮助等形式，为全区600余名贫困留守儿童个性化实现新年心愿；为丰都县湛普镇中心小学校100名贫困留守青少年赠送价值1万元的新年礼物；组织区内建档立卡贫困户子女参加市、区级军事夏令营和公益研学活动2场（次）。开展西部计划志愿者网络直播带货活动6场（次），帮助长寿区果农销售农产品。开展“千校万岗”“扬帆计划”等项目，推荐40余名建卡贫困户子女到机关、企事业单位就业或实习；联合区人社局、区编办开展西部计划志愿者“定向择优招聘”工作，率先在全市举办专场双选会。

助力川渝双城经济圈建设，分别与广安市、攀枝花市团委签订共建协议，成立广渝毗邻地区青创联盟。先后联合开展团干部交流互访、巡河护河志愿服务、青少年公益研学、青年电商培训、青少年活动中心流动少年宫走进邻水县“童伴之家”等主题活动5次，参与青少年300余人。

【志愿服务工作】 2020年，团区委发动各级团组织常态化开展“河小青”“洁小青”、安全自护教育等志愿服务活动100余场。开展“青春志愿行 温暖回家路”志愿服务活动及春运“暖冬”

行动，为旅客提供书写梦想、禁毒宣传、送春联窗花、乘车指引等服务；疫情期间，成立7支、628人的学雷锋志愿者服务队，包括西部计划志愿者服务队、一线医务人员后勤保障志愿服务队、防疫青年志愿服务队、转运青年志愿服务队、物流保障青年志愿服务队、复工复产青年志愿服务队、爱心“疫”剪青年志愿服务队等；其中381名企业复工复产青年志愿者在督导组的统一安排下，到长寿经开区、长寿高新区、商贸企业、区内重大项目，实现复工复产企业“一人一厂”或“多人一厂”的驻厂监管，协助企业复工复产和重大项目开工复工做好体温检测、食堂分餐、防疫监督等工作，得到新华社、人民网的宣传推介。长寿青年志愿者协会因表现突出，获评“重庆市新冠肺炎疫情防控志愿服务先进典型”。

（章　梅）

重庆市长寿区妇女联合会

【概况】 重庆市长寿区妇女联合会（简称区妇联）是中共重庆市长寿区委直属的正处级群团单位。有机关事业编制11名、领导职数3名（主席1名、副主席2名）；2020年年末实有9人，其中实职处级领导3人，内设机构4个（办公室、维权科、妇女发展科、家庭与儿童工作科）。

2020年，长寿区人口总数880913人，其中女性435441人；有在长寿市属部门妇女组织7个，部门机关妇委会（妇工委）62个，机关事业行业系统妇委会4个，民主党派妇委会4个，街道妇联7个，镇妇联12个，村妇联221个，社区妇联47个，非公有经济、社会组织的妇女组织83个。

【宣传教育】 2020年，区妇联召开党组理论学习中心组学习会议17次，职工政治学习会13次；通过支部“三会一课”、学习强国APP等活动和平台，对中央重大决策部署，市委、区委重要会议、重要文件做到“三必学”；动员区内全国巾帼文明岗、各行业妇联以及街镇、村（社区）妇联集中开展十九届五中全会精神宣传活动30余场。深化“百千万巾帼大宣讲”，组织宣讲团成员走进八颗街道、云集镇、石堰镇及区检察院，开展会议培训、理论学习、院坝交流等为5000余名妇女群众宣讲重要会议精神及法律法规；在“长寿女性”微信公众号开设“思想政治引领第一课”，发布文章13篇，解读党的新思想、新政策、新精神；全年编发妇工信息62期、妇联大事记12期，长寿信息上稿6条、人才信息上稿2条，《长寿日报》、长寿电视台、人人长寿APP、长寿女性、长寿群团等媒体上稿500余条。开展“巾帼心向党·建功新时代”主题活动，区中医院1人获评市级三八红旗手、菩提街道菩提社区获评市级三八红旗集体；区委组织部1人、区交通局高速执法大队1人获评重庆市新冠肺炎疫情防控巾帼建功标兵；开设同心战疫专栏，开展“最美巾帼奋斗者”先进事迹展播，宣传抗疫一线女医护工作者、基层女性先进事迹100余篇，命名2020年新冠肺炎疫情防控最美巾帼奋斗者50名；命名区级巾帼文明岗18个，以典型示范带动更多的妇女群众为夺取疫情防控和经济发展双胜利贡献巾帼力量。

【巾帼建功】 2020年，区妇联推进“脱贫攻坚寿乡巾帼行动”，开展“巾帼脱贫技能大培训·母婴护理技能培训”1期，培训贫困妇女44名，实现未脱贫妇女培训全覆盖；开展“巾帼扶贫工坊进家庭”，先后在云集镇、双龙镇建立“寿乡巧姐”扶贫家庭工坊4个，开展活动5场（次），帮助周边贫困户50人居家就业，脱贫增收1.5万余元；八颗街道石马村1人、双龙镇红岩村1人被评为重庆市最美“巾帼脱贫户”；培育3名巴渝网姐，在全区率先创立“社区电商模式”，以“胡小啾土货”微信营销媒介主销本地农特产品，带动300余名农村妇女参与当地农特产品的推广及销售，帮助60余户贫困户建立产品网销渠道，带动脱贫增收；讲好生动故事，拍摄制作《用青春诠释责任与担当》微视频获市妇联“小康路上 巾帼力量”主题短视频征集展播活动三等奖，区妇联机关获优秀组织奖。推进“乡村振兴寿乡巾帼行动”，举办长寿区“乡村振兴寿乡巾帼行动”暨2020年农村留守妇女“我家菜最香”双学双比厨艺技能比赛活动；开展“绿色生活美万家·战疫植绿同步行”活动，开设微课堂2期，开展主题活动15场，参与巾帼志愿者200余名；开展“巾帼工坊走进慢城”主题活动，在家门口教授妇女创业技能，得到副市长李明清肯定。推进“创业创新寿乡巾帼行动”，投入资金6万元培育重庆澳凯农业开发有限公司和重庆唯粒竹编制品有限公司2个巴渝巾帼产业示范基地；组建“巾帼街网上春风行动工作群”，发挥巾帼创业就业服务站作用，联合区女企业家协会、巾帼创业导师团成员，定期到巾帼街开展项目对接，为妇女提供创业就业指导、事务代理等服务，带动300余名妇女创业增收；市政协妇联界别、区政协社法委等50余名政协委员先后到巾帼街调研创业创新工作并给予高度评价。推进“城市提升寿乡巾帼行动”，联合区发改委、区生态环境局等7个部门实施“绿色家庭”创建行动；持续开展“绿色家庭”及“最美阳台”“最美庭院”创评活动，2户家庭获评重庆市“绿色家庭”，3户家庭获评重庆市“最美阳台”，3户家庭获评重庆市“最美庭院”；开展“洁美家园 巾帼靓家”农村妇女卫生习惯专题培训3场，培训农村妇女300余名。助力打赢新冠肺炎疫情防控阻击战，第一时间利用“长寿女性”微信公众号、妇联组织微信工作群、QQ工作群等发布疫情防控宣传信息和视频100余条，总计阅读量180余万人次；免费开通心理咨询和维权热线，为广大家庭及儿童提供心理干预和维权服务300余人次；开展长寿家庭“宅家汇”征集展示活动，凸显广大儿童积极向上、健康科学的精神风貌；组建“驰援湖北医护人员”帮帮群，在生活及心理上对其家庭进行“一对一”关爱服务；实施“加油！抗疫天使”项目，为53名一线医护人员家庭赠送6万余元的“医护家庭关爱包”；开展“三八”国际妇女节“致敬最美巾帼奋斗者”主题慰问活动，为900余名驰援湖北抗疫的女医务工作者及抗疫一线的基层女性、三八红旗手等寄送节日礼物；开展暖心慰问，为36名一线妇女干部、贫困妇女和困难儿童，送去生活用品及防护物资，还为8名隔离家庭儿童送去爱心礼物。投身成渝地区双城经济圈建设，区妇联先后与成都市郫都区妇联、攀枝花市妇联沟通交流，签订双城发展协议；多次就乡村振兴、创业创新、家政服务等方面进行现场调研学习，为两地妇女发展搭建学习交流平台。

【家庭建设】 2020年，区妇联开展美好家庭创建活动，常态化开展“最美家庭”“最美书香家庭”评选活动，区法院1人、海棠中心小学1人家庭获评重庆市“最美家庭”，3户家庭获评重庆市“最美书香家庭”；开展寻找“抗疫最美家庭”活动，区医院1户家庭获评新冠肺炎疫情防控“全国最美家庭”，4户家庭获评新冠肺炎疫情防控“重庆最美家庭”；创新开展长寿区孝善典型“好婆媳”“好儿女”“好夫妻”评选活动，年内评出十佳“好婆媳”“好儿女”“好夫妻”。开展家庭教育公益活动，常态化开展“寿乡父母加油站”家庭教育特色品牌活动，开展线上亲子阅读及游戏分享136次，亲子沟通视频微课堂6次，直播讲座50场，心理健康微课堂24场，云上活动4次，“快乐心连心 幸福一家亲”亲子团辅线下活动1次，6000余个家庭受益；开展家庭教育“百场讲座进万家”活动6场，吸引1000余个家庭收看，满意率90%以上；联合区文旅委、长寿图书馆组织20余个家庭在菩提书院开展“打赢阻击战 书香润万家”家庭亲子诵读系列活动；开展深化“吃得文明”践行“光盘行动”启动仪式，为广大家庭及儿童树立珍惜粮食、文明节约的理念。开展家风传承活动，组织梦想驿站“把好家风带回家”宣传，发放各式家风家礼台历、年画等宣传资料800余份；开展“清风常伴 廉洁齐家”家庭助廉立德系列活动，在“长寿女性”微信公众号推送廉政教育视频3次，开展廉洁书画作品创作活动1次，创作各式廉洁书法、绘画作品40余幅；投入资金3万元打造“家风家礼之路”主题长廊，集中展示优秀家庭事迹、家风故事及优良家风文化，弘扬好家风好家训主旋律。

【维权服务】 2020年，区妇联发挥区妇儿工委办设在妇联的优势，履行组织、协调、综合、服务职责，多次召开协调工作会，细化各成员单位的指标、任务和责任清单，助推133项重点指标提前达标，实现达标率99.25%，推动长寿区2011—2020年妇女儿童发展规划实施，得到市级妇儿规划检查评估组一致好评。强化源头维权，落实24小时接访工作制，全年接待妇女群众来信来访57件；对接访的案件，及时进行解答和调解，做好回访工作，确保来访件件有落实；组织街镇妇联和村、社区妇联干部、巾帼志愿者，常态化开展婚姻家庭矛盾纠纷排查化解工作，杜绝民转刑案件的发生；与区法院、区检察院等9个部门达成协议，制定落实预防性侵未成年人、保护未成年人人身权益“五项机制”（关爱服务和侵害预防机制，风险摸排和发现报告机制，联动办案和帮扶救助机制，舆情监测和应对处置机制，侵权案件推进工作督查制度）具体举措；对全区贫困、残疾、留守、流动等困难儿童及困境儿童家庭，开展常态化风险摸排，建好台账，针对重点关注对象进行精准辅导帮扶；启动“小小花朵不再哭泣”儿童防性侵安全教育活动，在全区30个村（社区）持续开展儿童防性侵安全教育活动，提高未成年人及监护人的防护意识和能力。加强法治宣传，常态化开展“建设法治中国·巾帼在行动”主题活动，引导广大妇女学法、用法、守法，提升依法维权意识和能力，在微信公众号，开展反家庭暴力、禁毒等宣传10期；开展《民法典》“每日一‘典’”法治宣传42期；线上开展《反家暴法》和《未成年人保护法》知识竞赛，3000余人参与活动；在“三八”妇女节、世界粮食日、“11·25”国际反家暴日、“12·4”宪法宣传日围绕维护妇女权益、深化“吃得文明”践行“光盘行动”宣传活动，发放各类宣传资料2000余份。实施关爱救助，联合区卫生健康委对22141名农村妇女进行“两癌”免费检查，救助农村贫困“两癌”妇女51名，发放救助金51万元，连续5年实现农村“两癌”困难妇女救助全覆盖；在“99公益日”期间，募集并获得中国妇基会奖励配捐资金7000元，慰问贫困母亲24人；筹集资金4万余元，在端午、中秋等传统节日帮扶慰问困难妇女、儿童300余人，实现困境儿童全覆盖慰问。

【组织建设】 2020年，区妇联家政网红大姐牵头建立“美凤大姐”微信家政社群，吸纳200余名养老、育婴、保洁等家政从业妇女，通过线上推荐、线下选举，成功建立重庆首个家政行业线上妇联，获国务院妇女儿童工作委员会及《中国妇女报》专题刊载；年底前，已开展技能提升、权益维护、心理疏导等关爱服务30余场（次）；在区卫健委、区教委、区融媒体中心、区国资委4个机关事业单位试点建立行业系统妇联；常态化推进在非公企业和社会组织中建立妇联，总计建成妇联组织83个。“妇女微家”延手臂，在古镇巾帼街建成手工制作、文化创作、烘焙体验、创业指导4个示范型“妇女微家”，陆续在19个街镇建成“妇女微家”53个，开展学习引领、创业指导、技能培训等各类活动170余场（次）；长寿区妇女微家负责人代表参加全市妇女工作座谈会，向全国人大常委会副委员长、全国妇联主席沈跃跃汇报工作，获得对长寿区妇女微家建设工作及发挥作用的充分肯定。阵地建设推进妇女之家、儿童之家规范化建设，凤城街道凤西社区、江南街道龙山社区建成市级示范妇女之家各1个，凤城街道凤西社区建成市级示范儿童之家1个；在渡舟街道等8个街镇建设区级示范妇女之家9个、儿童之家8个，为妇女发展、儿童成长提供活动阵地；截至年底前，全区建成区级示范妇女之家、儿童之家各15个。

【队伍建设】 2020年，区妇联加强党的建设，以争创“学习型”妇联机关、争当“娘家人”妇联干部为载体，建设“学习型”党组、“学习型”党支部，把“不忘初心、牢记使命”作为加强党的建设的永恒课题和全体党员、干部的终身课题；运用主题教育形成的好经验好做法，建立健全学习教育、调查研究、检视问题、整改落实的长效机制；落实“第一责任人”和“一岗双责”各项规定，彻底清理整治“享乐主义、奢靡之风”突出问题，以点带面推动中央八项规定精神化风成俗、成为习惯。提升妇联干部素质能力，开展业务大练兵，指派业务骨干参加市妇联维权、宣传、妇女发展等业务培训8次；组织开展“巾帼领头雁”精品培训班1期，基层培训班15期，培训各级执委、妇联干部454人；石堰镇妇联执委1人、新市街道堰耳沱村妇联执委1人获评重庆市优秀基层执委。 （白玛央宗）

重庆市长寿区科学技术协会

【概况】 重庆市长寿区科学技术协会（简称区科协）是党领导下的人民团体。2020年有在职参公人员6人，其中正处级2人、副处级1人、正科级2人、副科级1人。全区有区级科学技术学（协）会18个；园区（经开区）科协2个，企事业科协7个；科普示范社区17个，其中市级6个，区级11个；农村科普示范基地46个，其中国家级5个、市级3个、区级38个。

【政治引领】 2020年，区科协先后印发《关于开展2020年全国科技工作者日活动的通知》《关于组织区科协农业科技专家服务团开展科技活动的通知》《关于组织长寿区第八届科协代表开展履职活动的通知》，全年举办“弘扬爱国奋斗精神、建功立业新时代”专题活动2次、“全国科技工作者日”专题活动4次，开展科协代表履职活动4次，组织农业科技专家团等开展科技志愿服务活动6次。开展科技志愿服务活动，组织科技工作者和区科协代表认真学习习近平总书记视察重庆重要讲话和党的十九届五中全会精神，加强对科技工作者的思想政治引领。

【学术交流】 2020年，区科协联合长寿经开区科协，与中国材料研究学会、武汉工程大学等科研单位、高等院校、行业组织沟通与协作，筹划发起成立长江上游新材料产业协同创新联盟，“长江上游新材料产业技术协同创新联盟”于2020年8月20日在长寿成立；成功举办联盟首届新材料产业技术协同创新学术交流会，中国工程院院士王玉忠、中国材料研究学会秘书长张增志分别作《高分子材料可持续发展》《长江上游新材料产业发展意见》学术报告。弘扬中医药文化，发挥中医药在治未病中的主导作用、在重大疾病中的协调作用、在疾病康复中的核心作用，长寿区科协联合区卫健委、区中医院、区中医药学会、长寿经开区创新中医药服务平台举办“长寿区第三届膏方养生文化节”；邀请11名来自北京、上海、重庆的相关领域专家教授就《膏方的开具》《关注抑郁、远离抑郁》等开展学术交流、学术讲座和免费咨询诊疗活动。2020年，区科协联合长寿经开区、长寿高新区、长寿中医药学会、区卫健委、区农业农村委等单位和部门共同举办学术交流活动6场（次）。

【科技人才培养】 2020年，区科协联合长寿日报社、长寿电视台等区内主流媒体，定期对基层一线科技工作者的事迹进行宣传报道；在全国科技工作者日期间，集中开展“科技为民，奋斗有我——致敬科技工作者”专题宣传和走访慰问活动，广泛宣传工业、农业、教育、卫生战线的科技工作者先进事迹。年内开展科技工作者专题宣传12次，走访慰问科技工作者20人次，宣传报道科技工作者先进事迹60人次。

区科协重视科技工作者的培养和举荐，联合区总工会、区人社局组织开展第三届“长寿工匠”和“长寿区技术能手”评选活动，推荐和鼓励基层科技工作者参加；通过区人才工作联席会、“长寿区十佳创新人才”评选活动等平台，向相关单位和活动主办单位举荐科技工作者；联合区委宣传部、区教委、区科技局、区农业农村委、区卫生健康委等单位，开展重庆“十佳科技青年奖”“最美科技工作者”等候选人评审推荐活动。2020年，全区有67名科技工作者获得区委区政府高层次人才奖励，37名基层科技工作者分别获得“长寿工匠”和“长寿区技术能手”荣誉称号，3名科技工作者获“长寿区十佳创新人才奖”。

【科技服务】 2020年，区科协组织企事业科协组织参加创新活动，建立“长江上游新材料产业技术创新联盟”，引进科技项目4个、科技人才23名。出台《关于申报2020年科普设施和科普能力建设奖补项目的通知》，将企事业科技创新能力建设纳入奖补范围，鼓励科技工作者集中、技术创新活跃的企业科协开展以创新知识培训 、推广运用创新方法、劳动技能竞赛为重点的科技创新活动，重庆小康动力有限公司、重庆欣欣向荣精细化工有限公司等一批园区企业科协，围绕企业产业发展，开展多种创新创业活动。

开展企业科技需求调查服务，联合长寿经开区科协开展园区企业需求调查，先后走访企业50余家，归纳梳理企业需求5大类47个需求，加强与市科协联系。2020年9月16日，“科创中国”重庆科技与经济融合专家服务团走进长寿经开区，来自重庆化学工业学会、石油与天然气学会等10余名专家与企业代表就技术需求、技术瓶颈和企业发展经营情况进行交流，帮助企业解决一批技术难题，就部分技术瓶颈攻坚问题达成合作协议。

开展科技信息应用和科技培训，区科协联合区农业农村委、区农研中心，组织农技专家深入农业龙头企业、农村专业技术协会、农村科普示范基地开展柑橘、水产、榨菜、花椒等特色种养殖业农业科技培训，推广农业科技信息应用。2020年，区科协组织开展农业科技培训12次，推广运用农业科技信息120余条，助力脱贫攻坚和乡村振兴。

【全民科普】 2020年，区科协开展各类科普活动，抓好集中科普宣传活动，联合区委宣传部、区教委、科技局、水利局、农业农村委、卫健委、应急局，组织开展以“决胜全面小康、践行科技为民”为主题的2020年“全国科普日”活动；组织开展“科技三下乡”“科技活动宣传周”等科普宣传活动，先后组织科技下乡6场（次），发放科普图书、科普挂历、科普画册1.2万余册；组织开展长寿区全民科学素质大赛活动，选拔、推荐4名选手参加重庆市第三届公民科学素质大赛活动，获得片区赛二等奖。

加强与区教委等部门合作，组织开展全区青少年科技创新作品评选活动和科技节，组织参加第三届重庆市青少年STEAM科创大赛，获市科协优秀组织单位奖；配合区教委统筹做好第三十五届全国青少年科技创新大赛参赛工作，长寿区38件作品获奖，其中一等奖9件、二等奖8件、三等奖21件。

实施科普惠农兴村行动计划，区科协印发《关于组织实施2020年基层科普行动计划申报工作的通知》《关于申报2020年科普设施和科普能力奖补项目的通知》，2020年打造乡村振兴示范点2个，新建科普基地6个。截至2020年12月，全区总计有农村专业技术协会15个、农村科普基地46个，全年奖补资金47万余元；长寿区养蜂协会、长寿区葛兰镇有机橙种植基地获市级基层科普行动计划先进单位，分别获得奖补资金10万元。

实施科普益民计划，加强标准化社区和科普阵地建设，投资120万元的菩提社区科普馆正式开馆投用；全年新建社区科普图书室7个、科普画廊5个、科普专栏30块，新培育科普社区3个，全区总计有科普社区17个、市级科普标准化社区3个；2020年奖补资金22万元，凤城街道黄桷湾社区获市级科普益民计划先进单位称号，获得奖补资金10万元；争取区委、区政府的支持，投资4000余万元的“长寿科技馆”主体工程完工，已经转入展馆布局阶段。

推进科普信息化工作，依托科普重庆中央厨房，在科普内容借给、科普渠道拓展、科普方法创新方面下功夫，汇集战疫科技力量，开展应急科普宣传；建立和完善联络员制度，发挥学校、社区、基地“重庆科普·文化云”平台开展科普宣传，促进“重庆科普·文化云”落地运用；加强管理，依托“科普中国e站”和“科普网络书屋”开展科学知识传播和科技宣传工作，促进“科普中国”落地运用。

组织开展反邪教理论研究和宣传工作，区科协联合区教委开展反邪教理论研讨和征文活动，全年收到相关征文67篇，向西部反邪论坛推荐征文9篇；发挥区反邪教协会的作用，采取把反邪工作与科技下乡相结合、与全国科普日相结合、与乡风文明建设相结合的“三结合”方式，实施“五个一”工程（每月在主流媒体开展一期防邪知识宣传、每季度召开一次反邪防邪工作联系会、每年3月集中开展一次防邪知识宣传活动、每年9月组织开展一次反邪集中宣传月活动、每年组织一次反邪征文竞赛活动），推进反邪教宣传进校园、进社区、进农村、进企业、进机关“五进”活动；利用全区公共LED显示屏、楼宇广告和公交车流动广告平台开展反邪教宣传工作，全年开展反邪集中宣传活动4次。

【调研工作】 2020年，区科协参与市科协改革研讨活动，先后转发《关于征集第五届科协改革研讨论文的启事》《关于开展川渝科学技术大会优秀论文评选工作的通知》，印发《关于开展基层科协“三长”创新案例征集活动的通知》，动员全区各级科协组织和科技工作者，围绕科协改革和发展开展调研，先后征集科协改革调研报告21篇，向市科协报送调研报告4篇，长寿湖镇农服中心主任报送的《“三步曲”创新科协工作格局》获市科协“三长”工作创新优秀案例。

发挥科协代表和区科协农业专家服务团作用，先后印发《关于组织长寿区第八届科协代表开展履职活动的通知》《关于组织区科协农业科技专家团开展科技活动的通知》，把调研研讨活动作重点内容，组织科协代表和科技工作者围绕长寿经济社会发展，开展专题研究和理论研讨活动。先后征集科技工作者理论研讨报告36篇；其中向区委报送理论研究报告2篇，向区政府报送经济社会发展课题研究报告3篇。

发挥科协界别政协委员智力密集优势，2020年，组织科协界别政协委员围绕科技创新、乡村振兴等课题，开展专题调研3次、专题视察2次，撰写提案8件、社情民意4件、大会发言材料1篇，受到区委、区政府和相关部门重视，部分提案被列为区领导重点督办提案。

【科协改革】 2020年，区科协加强与区委组织部、区教委、区农业农村委、区卫健委沟通与合作，把“三长制”（“三长”指的是医院院长、农业服务中心主任、学校校长在镇街科协担任兼职副主席）作为科协改革重点任务，采取“两纳入、一指导、三结合”（将“3+1”改革纳入区委区府深化改革重点内容、纳入街镇党委政府党建带群建综合考核，加强对街镇科协“3+1”改革指导，将“3+1”改革与区科协带头组建的农业科技专家服务团、健康科技专家服务团、青少年科技创新讲师团相结合）的方式，推进街镇科协“3+1”改革工作。截至年底前，19个街镇科协全面完成“3+1”改革工作，先后有58名医院院长、学校校长、农技站站长进入街镇科协领导班子，“三长”成为街镇科技创新、科学普及、科技推广的重要力量。

【科协组织建设】 2020年，区科协争取区委、区政府重视和支持，加强与区民政局、区教委、区农业农村委、区卫健委等部门沟通与协作，完成老科学技术工作者协会的组建工作，为全区老科技工作者服务长寿经济社会发展搭建平台。推进企事业科协组织建设工作，先后在重庆飞华环保科技有限公司、重庆鼎盛印务有限公司2家企业建立科协组织。截至2020年12月，区科协主管和联系的区级学（协）会组织18个、园区科协2个、企事业科协组织7个。

【科协宣传工作】 2020年，区科协建立完善科普信息员制度，加强与《长寿日报》、长寿电视台等区内主流媒体合作，签订战略合作协议，年内主流媒体专题宣传科协工作9次，向《重庆科技报》《科普惠农》杂志和市科协网站报送宣传信息117条，宣传信息数量和质量提升。重视宣传信息工作，全年订阅《重庆科技报》125份、《科普惠农》杂志79份，免费赠送区级相关领导、区级相关部门、全区各街镇、科协代表、基层科协组织、农村专业技术协会、科普基地和科普社区。

（高小鸿）

重庆市长寿区归侨侨眷联合会

【概况】 重庆市长寿区归侨侨眷联合会（简称区侨联）成立于1984年。2020年设办公室（联络经济科）、维权服务科2个内设机构，有编制9名，在职在编人员5人；下设融媒体分会、教育分会、留学生家长联谊会、侨界青年联谊会、紫荆花艺术团5个基层组织。

2020年，区侨联在统筹抓疫情防控和经济社会发展上贡献侨界力量。中国侨联秘书长、办公厅主任和中国侨联副主席隋军先后到长寿和重庆调研，均对长寿区侨联工作多次肯定。区侨联干部1人被评为“全国侨联系统抗击新冠肺炎疫情优秀个人”，1人被评为重庆市最美侨联工作者。

2020年9月17日，中国侨联秘书长、办公厅主任陈迈到长寿调研

【防疫抗疫】 2020年新冠肺炎疫情期间，区侨联干部全员赴渡舟街道开展为期近2个月的疫情防控工作；组织机关党员捐款3150元，组织侨界群众及侨界企业向长寿红十字会捐款12万余元；联系澳大利亚重庆同乡会向区医院捐赠抗疫消毒巾15箱；组织侨界人士撰写诗歌，凝聚众志成城、共克时艰的正能量；邀请伦敦大学心理学博士陈

2020年9月25日，长寿区侨联组织侨法知识竞赛

志林开通免费心理咨询热线，助力海外侨胞抗击疫情，提供24小时在线服务，及时发送疫情防控指南等信息；向长寿海外侨胞及留学生寄送“侨爱心·健康包”100余个，协助市侨办、市侨联以及其他区县侨联向重庆籍海外侨胞邮寄口罩，将长寿企业生产的口罩送到世界各地；协调解决留学生防疫抗疫问题，协助留学生接种新冠疫苗。长寿籍侨胞倪某某向美国硅谷医院捐赠口罩1000个。

【侨益维护】 2020年，区侨联以《中华人民共和国归侨侨眷权益保护法》颁布30周年为契机，开展迎中秋庆国庆暨侨法知识竞赛，举办“图说侨法”宣传周，组织侨界群众参加中国侨联第二届“侨商杯”法律知识竞赛，举办《民法典》知识讲座等活动，邀请法律专家现场解答侨界群众生活中遇到的法律问题。利用春节、端午、中秋等传统节日走访慰问侨界人士100余人次；在疫情期间走访慰问医疗、公安、交通等抗疫一线侨界人士13人。召开“聚侨迎新春·筑梦新时代”座谈会，开展消防安全知识培训及实践演练等活动。

【助推发展】 2020年，区侨联开展“抓‘六稳’促‘六保’民营企业百日大走访”活动，走访企业30余家；联系江南、洪湖2个街镇，收集问题40余条，标杆养鸡、亚太森博等10余个企业的典型问题获得区级有关部门办理回复。走访慰问侨界复工复产企业11家，协调解决他们遇到的困难问题。组织侨界企业家到万州区、北碚区考察，学习侨商会工作经验，为侨界企业搭建资源共享平台。配合成渝双城经济圈战略，与四川省攀枝花市、广安市侨联缔结友好关系，推动川渝两地侨界人才、项目、企业开展合作。做好脱贫攻坚收官工作，持续帮扶2户建档立卡贫困户巩固脱贫成果。引导侨界企业和资金参与扶贫，协调市华商会理事的企业互茂劳务公司帮助解决建档立卡贫困户就业问题，被授予“长寿区就业扶贫基地”；连续第六年实施叶爷爷莲花奖助金项目，向长寿区实验中学20名贫困高中生捐赠奖助金2万元；继续开展“侨爱心·光明行”助力脱贫攻坚活动，帮助白内障患者实施复明手术；开展魏基成慈善列车项目为困难群众送冬衣40套。

【参政议政】 2020年，区侨联引导侨界人大代表、政协委员建真言、谋良策。在区两会期间，区侨联界别上交提案13件，其中《关于尽快开展我区智慧消防工程建设的建议》等3个提案被区政协评为优秀提案；2人被区政协评为优秀政协委员。向市侨联报送的提案素材《关于加强留学生行前集中教育的建议》和《优化营商环境助推民营企业发展》被市政协予以立案，其中《关于加强留学生行前集中教育的建议》被评为市政协优秀提案。在区政协理论调研征文活动中，2人分别获二、三等奖。

【自身建设】 2020年，区侨联强化政治引领，学习贯彻中共十九大及其历次全会精神，重点深入宣讲中共十九届五中全会精神，巩固“不忘初心、牢记使命”主题教育和巡察整改成果，持续推进“两学一做”学习教育，开展党员进社区、城乡支部结对共建和联合主题党日活动。用微党课、微信群等向侨界群众宣传中国之制、中国之治，向海外侨胞宣传中国伟大抗疫精神，引导侨界群众牢固地树立“四个意识”、坚定“四个自信”、做到“两个维护”。选派侨联2名班子成员参加市侨联学习中共十九届五中全会精神专题培训班，选派干部参加党校主体班学习，选派干部到市侨联顶岗锻炼，培养提拔副科级干部1人。深化作风建设，巩固主题教育、巡察、审计成果，建立健全相关制度14个，经常性地开展廉政教育学习，主动接受区纪委监委政治生态评价，营造良好政治生态。指导侨联分会及侨界社团工作，支持基层分会及侨界社团开展丰富多彩的活动。撰写《长寿侨讯》20余期，活动被各媒体报道10余次，多篇文稿被市委统战部、市侨联网站及期刊采用，组织开展的民法典讲座活动被重庆司法微信公众号报道，向海外寄送“侨爱心·健康包”信息被市委组织部推送。（向文静）

重庆市长寿区文学艺术界联合会

【概况】 2020年，重庆市长寿区文学艺术界联合会（简称区文联）建立健全用党的创新理论武装文艺工作者制度，肩负起“举旗帜、聚民心、育新人、兴文化、展形象”的使命任务。落实中共十九届四中、五中全会和市委五届七次全会精神，提高文联工作治理效能。把决胜全面建成小康社会、决战脱贫攻坚作为主基调，助力疫情防控和复工复产。落实《中国共产党宣传工作条例》，落实意识形态工作责任制，加强展览展演、论坛讲座、评论评奖等意识形态阵地建设和管理，确保文艺领域意识形态安全。引导艺术家到人民中去，增强脚力、眼力、脑力、笔力。

【文艺创作】 2020年，区文联围绕全国、全市、全区工作大局，提高组织化程度，开展系列主题鲜明、特色突出、影响较大的文艺创作活动。上半年，在新冠肺炎疫情防控、复工复产“两手抓”的阶段，挖掘抗疫一线的感人事迹和优秀典型，对前期创作的作品进行深度打磨加工；《长寿文旅》战“疫”特刊印刷1200余册，涌现出大批优秀文艺创作；出资30万余元打造《那双手》《大爱无言》《中国气派》原创音乐词曲及MV，在学习强国、华龙网、人民网展播；待疫情结束，举办各艺术门类抗疫专题文艺活动，推出一批叫得响、留得住的精品力作；更加关注各行各业复工复产，开展复工复产文艺创作活动，持续开展数字化展览、远程教学等线上活动，助力统筹疫情防控和经济社会发展。聚力重要时间节点和重大主题，把决胜全面建成小康社会、决战脱贫攻坚作为主基调，承办由中共重庆市委宣传部、重庆市文联、重庆市书协主办的“脱贫攻坚 艺术助力”——重庆市第二届群众书法作品展，承办由中国民歌协主办的中国民歌表演艺术中青年人才高级研修班以及由重庆市文联主办的第二届重庆山歌会，筹备“脱贫攻坚 全面建成小康社会”美术、书法、摄影作品联展，在年底展出；做好建党100周年庆祝活动筹备工作，落实中央关于“弘扬中国优秀传统文化，在传承中发展，在发展中创新”的文艺方针，年底前正筹备长寿诗歌诵读节、长寿籍优秀书画家书画展等，抓好选题策划和素材储备，持续跟踪推进；以全面建成小康社会、建党100周年和红色文化为主题，创作一批重点红色文艺作品。冲刺全国性、全市性文艺大奖，推荐会员参加全国性、全市性比赛、展览，推出一批文艺精品；派送曲艺家协会参加第七届曲艺大赛，金钱板《两个儿子争妈》获文学奖，长寿曲协获得优秀组织奖。致力文旅结合，推出长寿特色文艺项目，做好创工业版画之乡、创书法之乡前期工作；落实打造全国知名文旅网络大V活动空间的前期工作。

【文艺惠民】 2020年，区文联把“文化惠民、文化为民、文化乐民”作为根本宗旨，推动文艺志愿服务常态化制度化，开展新时代文明实践文艺志愿服务活动，发挥文艺志愿队伍体系作用，坚持“送”“种”结合，围绕元旦春节、“5·23”文艺志愿者服务日等时间节点，开展“送欢乐下基层”“文化进万家”等新时代文明实践文艺志愿服务活动。发挥文艺精神抚慰作用，开展主题文艺实践活动，组织长寿曲艺进校园进社区进街镇，采取购买服务等形式，向基层送曲艺20余场，受到老百姓和学校、家长欢迎。

【文艺人才培养】 2020年，区文联把文艺人才队伍建设摆在更加突出的位置，坚持德艺双馨、以德为先，多种渠道、各种手段、不拘一格选拔人才。培育文艺领军人物，年内长寿区书法领军人物1人获重庆市首届德艺双馨文艺工作者，涌现出一批在雕塑、水彩、工业版画、书法等方面的优秀人才。培育文艺骨干人才，举办《燃烧的天才》艺术分享会、筹备美术个人展。培养时代文艺新人，培育和挖掘本地文艺人才，完善人才评价体系和保障机制，培育一批新时代文艺新人，组织区书协开展公益篆刻入门培训班，持续两个半月，培训学员20多名。

【文艺奖扶】 2020年，区文联注重从基础环节扶持原创，推出富有感染力、吸引力，既叫好又叫座的文艺精品。争取市文联、市级各协会、区委宣传部支持，加大政策扶持力度，着力打造一批以重庆红色文化及历史人物事件为主题的精品力作，为建党100周年献礼。加强资助扶持，完善创作资助扶持机制，重点在前期策划、采风创作、评论引领、激励表彰等环节给予精准扶持；长寿文艺奖继续落实中，严格扶持标准，扩大扶持范围，用好用活扶持资金，重点对受疫情影响较大的文艺组织或文艺群体，加大扶持力度。

【文联建设】 2020年，区文联完善党建带群建和文建工作机制，持续巩固主题教育和巡视整改成果，加强文联党组、机关各支部和社会组织党建工作，推进行业自律、行业服务和行业建设。推动数字文联建设，推进网络和信息化工作，加大文艺作品、文艺活动等网络宣传力度，通过互联网开展文艺助力抗疫的系列宣传展览。开展抗疫书法、美术、摄影作品专题展览活动，年底前正在征集作品中；开展成渝双城经济圈的交流活动，加盟“川渝两江文艺联盟”、长寿曲艺走进四川蓉城，在成都开展8场具有长寿特色的展演；继续开展长寿文艺走进重庆母城、长寿文艺走进攀枝花等文艺交流等。（张　草）

【重庆市长寿区诗词学会】 重庆市长寿区诗词学会（简称诗词学会）2020年举行第四届理事会全体会议2次、常务理事会2次、主席会议7次。9月26日举行重庆市长寿区诗词学会第五届理事会第一次全体会议，选举产生诗词学会第五届常务理事会及理事会领导班子；选举1名第五届理事会主席、5名副主席、2名副秘书长（秘书长暂缺）、1名办公室主任、1名重庆市诗词学会长寿区联络站站长。

2020年，诗词学会组织学习中共十九届五中全会精神和习近平论脱贫攻坚等讲话精神，践行习近平关于繁荣发展文学艺术的讲话精神，传承和创作中华诗词，创新会务活动，团结带领会员围绕文化中心工作开展活动。1月11日举办“歌颂中华人民共和国诞生70周年诗词朗诵会暨迎春诗词朗诵会”，42人登台诵诗词89首；组织联防联控诗词创作活动，响应国家关于联防联控新冠肺炎的号召、按国家及市区部署开展活动，宅在家里的会员围绕国家和自身防护新冠肺炎创作诗词300余首，除在微信群交流外，于9月26日上午举行“联防联控新冠肺炎诗词朗诵会”；关注全面建成小康社会和脱贫攻坚工作，深入现场参加实践，或者观察、感受身边的实践，含着饱满的政治热情撰写诗词讴歌记录，于9月26日下午举行“庆祝‘夺取双胜利（全面建成小康社会和全面脱贫）’朗诵会”，遴选部分诗词送交区扶贫办和《长寿日报》；不少会员在工作之余互相唱和吟诵诗词，自觉追求高尚的、有文化品位的生活。2020年受新冠肺炎疫情影响及疫情防控需要，全年开展2次小型采风活动；赴三科农商城采风后，创作《重庆三科农商城赋》，制匾赠送三科农商城悬挂；11月14日赴万顺镇石龙村开展华蓥山游击队活动遗址采风。2020年编辑出版发行《长寿诗词（总第39、40期合刊）》1册，葛兰诗会编辑发行《葛兰诗词》1册。年内拟成《重庆市长寿区诗词学会志》，计有文字4000字，提交《重庆市诗词学会志》编写组和《重庆市长寿区文化志》编写组；选编长寿籍51位历代诗人的328首诗词提交市诗词学会入编《重庆市历代诗词选》。加强对外联络，邀请重庆市诗词学会会长一行到长寿区调研诗词学会工作，区诗词学会主席一行8人赴涪陵九中观摩该校诗词教育活动。2020年，区诗词学会会员在《中华诗词》《中华辞赋》《重庆诗词》《长寿日报》等国家级、省（市）级、区报刊上发表以诗词为主的文学艺术作品200余件。

（周家修）

重庆市长寿区诗词学会领导人名录

主　　席：周家修（2020年9月离任）
　　　　　罗　天（2020年9月任）
常务副主席：罗　天（2020年9月离任）
　　　　　王雁灵（女，2020年9月任）
副 主 席：佘明文（2020年9月离任）
　　　　　史来胜（2020年9月离任）
　　　　　袁文斌（2020年9月离任）
　　　　　谢　斌（2020年9月离任）
　　　　　姚龙海（2020年9月离任）
　　　　　王雁灵（女，2020年9月离任）
　　　　　龚敏维（女）张 强 但伯清
　　　　　郑月明（2020年9月任）
秘 书 长：谢　斌（兼，2020年9月离任）
重庆市诗词学会长寿联络站站长：
　　　　　鞠加燕（女，2020年1月离任）
　　　　　李文峰（2020年1月任）

重庆市长寿区残疾人联合会

【概况】 2020年，重庆市长寿区残疾人联合会（简称区残联）机关编制9人，实有6人；内设科室为办公室（教育就业科）、信访维权科；下设残疾人综合服务中心属公益一类事业单位，编制6人，实有6人。全区设立肢残人协会、聋哑人协会、盲人协会、智力残疾人亲友协会、精神残疾人亲友会等5个残疾人专门协会。截至2020年12月31日，全区有持证残疾人27916名。

2020年，区残联抓“量体裁衣”式残疾人服务，以残疾人脱贫奔小康为重点，实施残疾人民生项目工程，全区残疾人的获得感、幸福感、安全感持续提升。

【疫情抗击】 2020年新冠肺炎疫情期间，区残联组织全区残联系统参与群防群治，对涉及残疾人的疫情防控工作实施应对措施；区残联第一时间筹集2400只口罩发放到涉疫重点街镇，争取市级资金7万元、区级资金75万元，用于各街镇开展残疾人疫情排查、防治宣传、上门服务、困难救助、信访接待、复工复产等相关工作；先后走访慰问受疫情影响导致生活困难残疾人204名、盲人按摩从业残疾人51名；推动区内儿童康复机构、区特殊教育学校先后开设“空中课程”，利用微信群等网络平台，开展远程视频教学及疫情防控宣传，实现“停课不停学”的目标。

【脱贫攻坚】 2020年，区残联帮扶救助“一户多残”残疾人108户、辅助性就业47人，为1399名建档立卡残疾人进行精准康复家庭医生签约、辅具适配、精神病免费服药等康复服务，照护贫困重度残疾人642人，农村贫困残疾人家庭危房改造101户、贫困重度残疾人家庭无障碍改造303户，全面巩固提升贫困残疾人“两不愁三保障”成果。开展“决胜小康 奋斗有我”残疾人主题宣讲活动，举办长寿区残疾人脱贫攻坚风采展，营造决胜全面建成小康社会的良好氛围。

【信息管理】 2020年，区残联从培训、入户调查、质量抽查各个环节，推动残疾人基本服务状况和需求信息数据动态更新工作。及时出台“实施”“质量控制”“培训”等方案，指导工作顺利开展；逐层落实区政府残工委、区残联、街镇残联的“三层签字”责任制，把好数据信息质量关；全面实施手机APP数据采集，APP采集比例100%，购买第三方评估机构进行质量控制，加强质量督查。全面开展三代残疾人证换发工作，全年完成三代证换发22357个，换发比例80.09%。

【文体宣传】 2020年，区残联整合资源，统筹兼顾，加快残疾人文化阵地建设，成功申报创建3个残疾人群众体育和特奥运动训练基地；长寿区棋类协会残疾人分会挂牌成立。结合各类残疾人节日，引入社工组织进场镇、进社区、进校园，结合特奥日、爱眼日、盲人节等残疾人节日开展30余场文体活动，全区残疾人文化活动参与率26.81%。完善残疾人运动员队伍建设，成功举办第二届残疾人“自强杯”棋类比赛。加强残疾人事业宣传工作，全年市级媒体、区级媒体信息发布量超过350条；组织参加“书香有爱·阅读无碍”残疾融合阅读活动，获得阅读金奖。宣传工作成绩位于全市残联系统前列。 （田 媛）

2020年12月22日，长寿区选手获重庆市“书香有爱·阅读无碍”残健融合阅读活动金奖

长寿区法学会

【概况】 长寿区法学会（简称区法学会）成立于2011年8月；2017年5月，长寿区法学会依法注销社会团体组织法人登记，成为在中共重庆市长寿区委领导下主管法学工作的群团组织。2020年年底前，区法学会机关核定事业编制9名，内设机构1个，由区委政法委代管，人员和工作经费由区委政法委统一安排。截至年底，发展团体会员20个、个人会员467名。

【法学统筹】 2020年，长寿区委、区政府重视法学会发展，召开各类会议专题研究法学工作3次；区委政法委召开委务会专题研究法学会发展规划12次；区法学会就2020年工作要点下发征求各行业部门专家建议48条、采纳23条，区委常委、政法委书记审阅提出修改意见6条，经委务会研究后下发。坚持在法学研究、法治活动、法学专家选拔等方面的政治导向，年内从各级部门选拔150名法治宣讲团讲师，共产党员占90%以上，未发生1起法治负面舆论；总结推广基层行3+N工作模式和双百活动1+4+2推进机制，提炼江南“孝文化”经验，引导以孝为先、尊法崇法守法敬法的良好氛围；总结推广凤城梅村社区人民调解建设经验。新冠肺炎疫情发生后，区法学会机关全员参加社区排查，发动会员投身疫情防控工作，推进疫情防控相关法学研究；年内1项课题中标市高院重点课题，疫情防控2项课题中标区级研究课题，在中央媒体发表调研文章1篇。

【法治活动】 2020年，区法学会搭建普法互通互联平台，每个会员单位确定1名宣传员负责互联互通；建立起联席会议制度，定期研究进展，年底前召开8次会议；建立疫情宣传工作专班，抓好相关部门责任落实，实现疫情期间普法宣传队伍不散、工作不断，开办疫情防控专题宣传5期，各相关部门协力配合，形成疫情期间全覆盖的宣传阵地。建立基层活动1个方案、4家行业主管部门、2个工作机制的1+4+2工作模式；明确双百活动3个特色动作、N个常规动作的3+N工作模式，3个特色动作是每年分别开展1次普法专题调研、1项专题协商、1项监督检查，N个常规动作是普法工作融合联动、同步推进，实现任务共担、优势互补、成果共享。协同开展“保护长江母亲河”公益诉讼专项行动，督促清理区内大中型违法垃圾倾倒点14处；配合开展“助企抗疫司法同行”专项活动，为27家企业进行法治体检，提出风险提示40件（次），提供法律建议和咨询290件（次），开展防疫法治宣传和政策解读135次，参与涉企矛盾纠纷化解30余件（次）。

【法治宣传】 2020年，区法学会坚持从习近平法治思想中汲取力量，协同开展“孝善立德”实践行动和“家风颂·长寿福”“家风润万家”等公益宣讲，挖掘传统家风家训107条；在桃花公园建设法治走廊、法治广场等法治示范工程，展现古今法治文化、法治名言、法律规章等。从法治文化入手，统筹指导全区各单位制作34部优秀政法“三微”作品，其中《你好啊！小哪吒》《国家生物安全》等作品选入市级优秀影视作品；发挥“调频广播”普法作用，与区融媒体中心合作“法治大讲堂”栏目，滚动播出80余期。从宣传方式上做文章，运用好新闻发布会、微博直播典型案例庭审等方式，开展“庭审进街镇”“法律进乡镇”“法治院坝会”等活动，继续创优“莎姐普法”“双百活动”等普法品牌。

【法治服务】 2020年，区法学会抓好服务平安建设，抓住市域社会治理现代化试点的契机，推动人民调解走深走实；结合法律诊所在各街镇设立派驻调解室，推动矛盾纠纷就地化解；加强心理服务，开通“12348”心理服务热线，遴选34名具有心理学专业背景、心理咨询专业技能的志愿者，建立心理问题专家人才数据库设立心理疏导平台，邀请心理专家参与重大矛盾调处、重点老户化解；引导志愿组织参与社会治理，引进冬青等7家社工机构，设立6个社工项目点组织3600多名社工投身到社会治理。抓好服务法治建设，抓住依法治区实践的契机，完善政府法律顾问制度，发挥政府法律顾问的决策辅助作用，全年法律顾问提供专家咨询意见200余条；区法院《世行营商环境评估“执行合同”指数下民事庭前会议制度的应用研究》中标市高院重点研究课题，区检察院中标中央媒体调研报告1篇，区公安局《大数据环境下的“情报主导警务”》入选市公安局课题。抓好服务经济，助力长寿慢城建设，充实基层志愿者队伍；建立服务民营企业调研机制，坚持每年到长寿经开区、长寿高新区开展调研，帮助企业解决生产生活中的困难；探索推进“打捆式”律师服务工作，引导律所打捆服务中小微企业，实现法律服务低成本运行，服务高质量发。

（何　苗）

法　治

政法工作

【概况】　2020年，中共重庆市长寿区委政法委员会（简称区委政法委）围绕战疫情、防风险、护稳定、保安全四大工作重点，推进理念创新，促进全区经济社会秩序恢复提振。全区民调群众安全感指数为99.07%，连续3年99%以上；政法队伍满意度、司法公信力分别获97.51分、97.59分，均高于全市平均分；区委政法委获评重庆市平安建设暨社会治安综合治理先进集体，委机关1人获评重庆市抗击新冠疫情先进个人。

【平安建设】　2020年，区委政法委健全体防范化解重大风险机制，成立区委平安建设暨防范化解重大风险领导小组，区委书记、区长分别担任组长、副组长，14名区级领导为领导小组成员；领导小组下设11个专项组，制订《区委平安长寿建设暨防范化解重大风险领导小组工作规则》和各专项组工作规则；建立政法部门和区级部门共同参与的平安建设工作协调机制，理顺“区、镇街、村社”上下贯通的平安建设领导体系；区委平安办每季度向区委常委会报告整体工作和重点专项工作情况，重大事项随时请示报告。在年初新冠肺炎疫情防控最紧张的阶段，日均组织政法干警、镇街村社干部、网格员、志愿者等3万余人，连续开展5轮集中社区排查，排查400多万人次；3月份以后，有效应对湖北武汉解封和北京、乌鲁木齐、大连、广东汕尾、天津、安徽、上海、吉林、黑龙江、河北等地国内散发疫情，常态化对国内中高风险地区到长寿人员和入境人员开展重点排查、精准信息核查，助力疫情防控取得阶段性胜利。统筹协调11个平安建设专项组组长单位和相关成员单位，推进平安建设暨防范化解重大风险工作，加强对全区范围内政治、意识形态、社会等领域风险的常态化排查化解，各风险点逐一“见人见事见地点”“定人定时定责任”；自2019年8月全市防范化解重大风险信息系统启用至2020年12月底期间，全区化解749个风险（重大风险59个、较大风险35个、一般风险655个）；开展铁路沿线外部环境安全整治，推动沿路镇街排查整治重大涉路隐患15处，推进渝怀铁路长寿段14.5千米完成全线护网封闭。

【安全维稳】　2020年，区委政法委确保政治安全，依法打击处置涉国家安全案件，核查境外宗教活动线索，查处邪教案件，捣毁邪教聚会窝点；依法取缔和打击“精神传销”有害培训，规范宗教场所管理，严查非法宗教活动；开展国家安全宣传教育活动，投入资金38万余元，拍摄宣传短片，张贴海报7500余套，发放宣传品6万份，悬挂横幅400余条，利用LED显示屏、网络课堂、新媒体等进行宣传，提升群众国家安全意识。服务重点人群，对全区列管在册严重精神障碍患者、吸毒人员、安置帮教对象、社区服刑人员、扬言报复社会人员动态开展帮扶走访，实时掌握活动轨迹；重点加强严重精神障碍患者服务管理，在6月、12月期间2次对19个镇（街道）开展联合督导，压实工作责任。开展安全稳定工作大排查大整治大督查大执法行动，执行区、镇街、村社三级安全风险滚动排查、动态治理机制；召开全区校园及少年儿童安全防护工作大会，开展汛期校园及少年儿童安全防护隐患集中排查整治专项行动；持续开展社会治安重点地区挂牌整治，2020年市委政法委确定全区挂牌整治4个市级社会治安重点地区，经过6个月的整治，4个市级常态挂牌整治地区刑事案件立146件，较2019年同期下降45.93%，群众满意度上升，已顺利摘牌。围绕深挖根治、长效常治目标任务，开展扫黑除恶“六清”“六建”行动，全区到年底判决黑社会组织1

个、恶势力犯罪集团2个、恶势力团伙1个，责令退赔被害人经济损失15780元、追缴违法所得15.63万元；受理并办结涉黑涉恶腐败和“保护伞”问题线索59件，立案4件、4人，查处党员干部一般违纪问题14件、42人；年内新侦破“5·2”专案、A4专案，区委政法委加强案件的会商督办，推进案件的快侦、快诉、快审，严厉打击黑恶势力嚣张气焰。

【社会治理】 2020年，区委政法委推进综治中心建设，区级综治中心指挥大厅完成基础装修并挂牌，综治信息系统、综治视频会议系统等信息化平台建设加紧开发；晏家街道、凤城梅村社区等试点镇街、村社“综治中心”规范运行，全区268个村（社区）实体化运行网格化管理服务工作。加快建设智能安防系统，建成“雪亮工程”外场，自建视频监控4778路，可实时调用社会单位视频镜头15547个；在农村地区推广“天翼看家”视频监控建设，19个镇街安装监控镜头12773个；完成渝万高铁沿线116个监控镜头的升级改造，区内4条国网铁路实现全线路智能监控、全区域智能报警、全时段智能调度，在10月全市铁路护路联防工作大会上作经验交流，获市领导肯定。开展示范点申报，申报长寿区智能化手段防控涉铁风险建设、龙河镇乡村治理建设、葛兰镇盐井村“湾长制”3个市级基层社会治理现代化示范点，按照重庆市《市域社会治理现代化试点工作实施方案》和工作指引落实相关责任；6月15日长寿区被确定为第二期全国、全市市域社会治理现代化试点地区。弘扬见义勇为，2020年4月，区委政法委授予周于平、杨勇、张道成为见义勇为群体，各奖励人民币5000元；向市见义勇为基金会推荐该群体参与市级见义勇为先进评选；11月2日，市政府下发《关于授予冯启忠等人“见义勇为先进个人（群体）”的决定》，授予上述3人见义勇为先进群体，各奖励人民币10万元。全区在“诉调、警调、访调、复调、仲调”五调对接中探索新路径，推动在区法院设立4个“驻法院（庭）调解室”，实现“驻法庭调解室”覆盖率100%；设立4个驻派出所调解室，释放基层公安派出所警力，受理调解纠纷934件，调解成功879件；整合信访、司法行政、其他行政部门和人民调解组织的工作资源，成功化解信访案件29件；发挥行政复议与人民调解衔接合力，通过“复调对接”方式化解10件行政争议；制定《调解案件审批流程管理规定》等制度，通过自行收案、接受委托2种方式与仲裁委实现无缝衔接，立案受理劳动争议调解申请203件，调解成功139件。

【执法监督】 2020年，区委政法委强化检查，化解信访案件，组织区政法各部门相关领导、科室负责人召开涉法涉诉信访案件协调会30余次，研究可能引发涉法涉诉信访问题的重大疑难案件40余件（次）；对每一件涉法涉诉信访案件明确工作方案和责任，全区的42件涉法涉诉案件化解（终结）率100%。2020年针对重点疑难复杂案件召开协调会20余次，对涉黑涉恶的“5·2”和“A4”案件会商10余次，统一执法思想和适用法律政策的认识，明确办案的原则和方向，确保案件依法按程序办理。制订2020年度执法监督方案，对政法各部门执法规范化建设情况、2019年发现问题整改落实情况、服务民营企业工作开展情况、学习贯彻《中国共产党政法工作条例》情况、扫黑除恶专项斗争进展情况、群众反映强烈的案件情况等6个方面内容进行执法监督检查，发现的问题已督促各相关单位整改。开展案件评查，全年案件评查50件，43件为合格案件，7件为一般瑕疵案件，合格率84%；7件一般瑕疵案件中4件为区法院办理的民商事案件，3件为区公安局办理的行政案件；一般瑕疵案件中6件是因办案程序问题，1件是法律引用问题。推动法学会工作，全年区法学会开展基层行活动190场（次），线上开展法治大讲堂、微信、微博等新媒体宣传100余次；发展会员10名，会员总人数467人；召开8次联席会议，定期研究进展；统筹指导全区各单位制作34部优秀政法“三微”作品，与区融媒体中心合作“法治大讲堂”栏目播出80余期；加强心理服务，开通“12348”心理服务热线，建立专家库，设立心理疏导平台，参与重大矛盾调处和老户化解工作。

【党建和队伍建设】 2020年，区委政法委“主题党日”常态化，全年组织召开党员大会12次、支部委员会12次、主题党日活动12次、讲党课活动6人次；组织机关党员干部赴荣昌区喻茂坚纪念馆开展警示教育、赴石柱县中益乡华溪村开展“追寻总书记足迹，不忘初心跟党走”活动；

集中学习《习近平谈治国理政》(第三卷)、《中国共产党政法工作条例》及市委实施办法、全国抗击新冠肺炎疫情表彰大会讲话精神、十九届五中全会、习近平总书记对重庆提出的营造良好政治生态等重要指示要求。

开展“以案四说”“以案四改”警示教育，一体推进不敢腐、不能腐、不想腐体制机制建设；整治违反中央八项规定精神，组织1期政法综治干部政治轮训示范班，专门安排全面从严治党、纪律作风建设培训课程，全区60余名政法干部参训。区委政法委机关未出现党员领导干部违纪违规违法的情况。建立政法部门干部考察联审机制，选好配强政法部门领导班子，年内新选任科级领导干部2名，审批政法各部门中干任免69名。

持续开展脱贫攻坚，区委政法委结对帮扶洪湖镇芦池村9户建档立卡贫困户，2015年已全部脱贫；脱贫后区委政法委持续加强后续帮扶，坚持思想重视到位、学习宣传到位、工作措施到位3个到位，把脱贫攻坚工作列入重要议事日程，“一把手”亲自抓，区委政法委18名干部定点帮扶9户贫困户，坚持每月1次走访，落实扶贫政策，全年向9户贫困户发放慰问金5400元，另对菩提街道1个困难学生家庭发放助学金1万元。

(何　苗)

法治长寿建设

【概况】　中共长寿区委全面依法治区委员会为区委议事协调结构，区委全面依法治区委员会办公室（简称区委依法治区办）设在区司法局。2020年3月26日，区委全面依法治区委员会举行第二次会议，审议通过《中共重庆市长寿区委全面依法治区委员会重大法治事项请示报告制度》《中共重庆市长寿区委全面依法治区委员会协调小组工作细则》《全面依法治区督察工作办法（试行）》《重庆市长寿区法治工作重要决定和方案备案工作规定》，形成“以议事规则为架构，以重点工作实施方案为指引，以年度工作要点为核心，以考核指标为抓手”的工作体系。

【政治思想建设】　2020年，长寿区加强党对依法治区工作的领导，将党政主要负责人履行推进法治建设第一责任人职责纳入全区区管干部述职述廉重要内容。贯彻落实中央关于推进党的领导入法入规的要求，区委常委会修订完善《区委常委会工作规则》，对“三重一大”等事项决策程序予以明确。推进宪法和法律法规的贯彻实施，对全区宪法宣誓制度贯彻落实情况进行全面检查。严格党内规范性文件备案审查工作，将146部中央和市委党内法规进行执规责任划分，明确25家牵头执规单位，审查党内规范性文件100余件，上报市委备案9件，报备及时率、合法合规率连续3年100%。学习贯彻习近平法治思想，推进学法用法常态化，把领导学法列入区委中心组年度学习计划，年内邀请市委宣讲团成员、专家学者开展依法治区专题学习讲座8次。将宪法法律列入党校(行政学院)、社会主义学院必修课，举办党校主体班2期、6个班次，培训党政干部540余人。抓好重点领域学法用法，开展领导干部法治理论知识集中抽考，合格率100%。举办政治理论讲座、业务知识专题培训、“线上授课考试”等加强对法官、检察官等法治专门队伍和律师等法律服务队伍的培训，全年培训1500余人。

【依法防控疫情】　2020年，长寿区按照市级重大突发公共卫生事件一级响应启动应急预案，及时制定新冠肺炎疫情防控措施，严格分区分级分类管控并实行闭环式管理。发布《关于依法打击新型冠状病毒感染的肺炎疫情期间违法行为的通告》，查处涉疫情类刑事案件35件、行政案件15件，抓获违法犯罪嫌疑人29人。加大疫情期间风险排查，推行线上调解、视频调解，全区摸排处理涉疫矛盾纠纷2315件，成功化解2245件。组织成立长寿区“抗疫援企”法律服务团队，提供免费法律咨询，开展民营企业“法治体检”“助企抗疫 司法同行”专项活动；编写《重庆市中小企业中央及重庆市抗疫优惠政策及文件选编》，在线发布《重庆市长寿区人民法院疫情期间企业法律问题及风险防控提示电子手册》2辑，疫情期间为企业复工复产提出风险提示300件（次），合同审查200余份，开展“法治体检”180余家。

【法治保障工作】　2020年，长寿区为推动成渝地区双城经济圈建设提供法治保障，与四川省邻水县签署《关于大洪湖生态环境保护跨区域检察协作工作机制的意见》，探索在大洪湖流域生态和资源环境保护中加强跨区域协作。营造法治化营商环境，制定《长寿区营商环境优化提升工作方案》《2020年对标国际先进优化营商环境实施方案》，实施长寿区政法机关服务民营企业13条措施及政法各部门营造法治营商环境具体措施；对不符合《优化营商环境条例》的现行规定进行专项清理，涉及规范性文件26件，出台涉及营商环境的规范性文件2件。依法惩治侵害各类市场主体合法权益的刑事犯罪49件，为各类市场主体挽回经济损失36万余元；受理商事案件2557件，审结1983件，审结率77.55%。狠抓政务诚信建设，建立“长寿区公共信用信息平台”法人基础数据库，履行依法作出的政策承诺和签订的各类合同、协议，未出现因政府换届、相关责任人更替等理由出现毁约的情况。出台实施《关于进一步贯彻落实〈关于加强法治乡村建设的意见〉的具体措施及任务分工方案》《关于依法惩治赡养人不履行赡养义务行为的通告》，推进法治乡村建设与脱贫攻坚深度融合；开展“脱贫攻坚、法治同行”主题活动，法治扶贫宣传活动50余场。持续开展互联网金融、非法集资等专项整治，依法审结涉53人系列跨境电信网络诈骗案，挽回经济损失285万余元；依法审结一起虚构“国家项目”实施的特大电信网络诈骗系列案件，涉案金额561万余元，涉及全国各地被害人27万余人。加强社会公平正义法治保障，疫情防控期间，针对大米等消费量大的食品开展抽检190批（次）；复工复产期间，对学校食堂及周边食品经营单位开展专项抽检300批（次）；2020年开展食品快速检测1057批（次），监督抽检3449批（次）。健全未成年人刑事案件办理工作机制，建立健全涉未成年人性侵案件办理、强制报告和被害人综合保护、救助机制，健全完善“莎姐”未成年人司法保护、帮教矫治、心理疏导、犯罪预防四位一体工作机制。

【法治政府建设】 2020年，长寿区深化“放管服”改革，政务服务事项入驻大厅入驻率由75%提升至93%，即办件由8%提升至35.69%，平均跑动次数由0.79次压缩至0.18次，开通网上接口由89.96%提升至92.49%，全程网上办由29.1%提升至73.82%，承诺时间压缩由73%提升至81.51%。全面清理全区行政权力和公共服务事项，创新审批和便民服务方式，实行重大投资建设项目行政审批“一卡通”制度，在经开区实行行政审批首席代表制，实行建设领域审批告知承诺制试点改革，设置工程建设审批专厅，投入1100万元开发智慧政务“一张网”，推进“一窗综合”受理和“分类综窗”改革，设置“一件事一次办”专门窗口。首贷续贷中心正式运行，15家金融机构全部入驻首贷续代中心，为民营小微企业提供融资帮助。推行“政务服务+邮政”模式，在8个邮政网点设立政务服务代办点，为周边群众免费代办政务服务；通过政府购买服务的方式，全区35个区级政务服务部门实现19个街镇政务服务结果免费邮寄送达。健全依法决策机制，出台并实施《关于健全人大讨论决定重大事项制度、政府重大决策出台前向本级人大报告的实施意见》，确保政府重大决策程序合法。增强公众参与实效，重大行政决策事项充分听取行业协会商会、社会组织、群众代表的意见。建立健全专家论证、风险评估机制，完善长寿区社会稳定风险评估专家库，推行第三方社会稳定风险评估机构推介目录制度。发挥“合法性审查”把关作用，重大行政决策全部经合法性审查，不存在未经合法性审查或者经合法性审查不合法仍提交决策机关讨论的情形；年内审核政府规范性文件25件，审查重大合同36份。加强政务依法公开，编制《重庆市长寿区基层政务公开标准目录》并在长寿区人民政府网站公开，涉及25个领域的事项1630项，对符合法定条件要求的依申请公开政府信息答复率100%。通过集约化的方式，整合建设重庆市长寿区人民政府网站，开设财政预（决）算、重大项目、重大民生信息等专栏，分别发布914条、84条和2151条政务信息。完善公开渠道，在“人人长寿”APP开设长寿当地网络问政平台，为网民提供监督爆料的渠道，完善区长公开电话（信箱）交办体系和处理制度。

【司法体制改革】 2020年，长寿区深化诉讼制度改革。完善证人、鉴定人、侦查人员出庭作证制度，推动完善讯问过程录音录像制度；落实认罪认罚从宽制度要求，审结案件360件，占刑事案件总审结数90.91%。推进诉源治理、多元化解、繁简分流“三位一体”一站式多元解纷机制建设，引导调解6253件，调解成功3448件，申请司法确认916件，同比增长238%。推进案件繁简分流，办理简案6770件，占民事立案量的

74.96%。出台《关于贯彻落实中央全面依法治国委员会〈关于加强综合治理从源头切实解决执行难问题的意见〉的实施意见（试行）》，妥善执结一起特大道路交通事故引发的系列赔偿案件，执行赔偿款420万余元。深化检察改革，完善检察官权力清单和随机轮案规则，制定《加强法律监督提升质效的评估和运用办法》和《检察人员年度业绩考评办法》，构建“无闻不问、无问不答、问则登记、答则留痕、常态监管”的机制；强化公益诉讼工作，组建由员额检察官牵头的5人专门办案团队；出台实施《关于加强公益诉讼工作内部协作配合的实施办法（试行）》《关于加强公益诉讼与审计监督工作协作的意见》等文件，在全市首个实现公益诉讼诉前程序四大领域（生态和资源保护、食品药品安全、国有财产保护和国有土地使用权出让等领域）全覆盖。

【法治社会建设】 2020年，长寿区推进社会治理现代化，构建民法典学习宣传大格局。“关键少数”带头学，组织区委理论学习中心组（扩大）专题学习民法典，要求领导干部做学习、遵守、维护民法典的表率；“普法主体”全面学，全区各单位通过购买民法典书籍、举办专题讲座、知识竞赛等组织干部职工开展专题学习；“社会大众”广泛学，通过APP、交通车等推送宣传信息122篇，在全区悬挂宣传标语横幅500条，制作宣传手册2万余份。健全群众参与自治机制，规范村（社区）23项自治事项、27项依法协助政府工作事项和7项负面禁止事项，合理界定政府部门、社区组织和居民群众个人的职责边界和关系。做深做细城乡社区基层网格化服务管理，将网格化服务管理与村社日常工作深度整合，做到一套班子、一套制度、一套表格、一体考核、一体保障。完善以社区为平台、社会组织为载体、社会工作专业人才为支撑的“三社联动”工作机制，形成以区、镇（街道）、村“三级服务中心”为主体的“3+N”城乡社区服务机构体系，建成镇级社工服务中心19个，村（社区）社工服务室138个。

【行政规范性文件监管】 2020年，长寿区强化规范性文件“立、改、废、释、备”工作。加强行政规范性文件备案审查，审核规范性文件44件，向市政府备案20件，审查重大合同38份，提出意见建议160余条，审核率、备案率100%。开展全区规范性文件集中清理，涉及政府规范性文件113件、部门规范性文件136件，废止及修改文件24件。针对《优化营商环境条例》、交通和卫生健康、生态环境保护、野生动物保护、政务服务“跨省通办”等重点领域开展规范性文件清理涉及56件。

【行政执法协调监督】 2020年，长寿区协调推进行政执法监督工作，严把执法准入关，核查行政执法主体资格单位76个、行政执法资格人员2300余名，开展全区执法人员网络培训350余人次。对公安、市场监管、卫生健康等8个重点执法单位开展案卷评查，梳理形成问题清单，以评促改。全面梳理权责清单，形成《长寿区行政权力和责任事项清单》《长寿区公共服务事项清单》，其中行政权力和责任事项4602项，公共服务事项331项并在区政府网站公示。

【行政复议应诉工作】 2020年，全区收到行政复议申请82件，比2019年同期上升64%；其中申请人向区政府申请56件，受理38件，办结33件，已办结的行政复议案件未发生被法院或者市政府纠错的情况。探索复调对接工作机制建设，发挥行政复议与人民调解衔接合力，年内通过“复调对接”方式解决10件行政争议，占全年受理的行政复议案件26.3%，同比上升18.3%。行政应诉工作保质保量，全年办理行政诉讼案件70件；其中2019年结转31件已全部办结，2020年39件已审结16件，胜诉率100%。行政机关负责人出庭应诉工作强化，2020年行政机关负责人出庭应诉132人次，出庭应诉率80.8%，同比增长77%。全区行政机关未出现有行政诉讼案件而零出庭的情况。

（陈跃勇）

公　安

【概况】 2020年，重庆市长寿区公安局（简称区公安局）有内设机构32个、派出所21个。核定政法专项编制783名，实有在职在编民警766名（男民警659名、女民警107名），平均年龄40.1岁。2020年，区公安局面对突如其来的新冠肺炎疫情及社会稳定压力加大带来的风险挑战，在聚焦防范化解重大风险，在一系列大仗大考中践行初心使命，社会政治大局实现“五连安、五连稳”，主要公安工作全市综合排名第十一位，本序列排名第四位；其中，维护国家安全、社会治安防控、安全监管、公安队伍建设排名全市第一位；区公安局被评为全市公安机关2020年度“绩效考评优秀单位”，获集体三等功。

【公安宣传】 2020年，区公安局在市级以上主流媒体刊、播报道736篇（次），其中国家级媒体122篇（次）、市级媒体567篇（次）。策划“110”集中宣传、反诈骗宣传、公安科技文化宣传周、交通“七进宣传”等20余次大型宣传活动；组建宣传小分队，强化随警作战，收集一线岗位民警经验做法和典型事迹，开展各类宣传报道10余次；妥善管控处置40余起重大突发案事件网络舆情苗头，无一起涉警负面舆情发生，宣传工作排名全市前列。

【矛盾化解】 2020年，区公安局开展“百万警进千万家”活动，针对婚恋纠纷、劳资纠纷，入户走访4220户、7426人；推进“庭所对接”“民调入所”“律师进所”，全年排查化解较大矛盾纠纷3548件，防止发生“民转刑”案件。梳理重大疑难信访案件40件，制订3年行动方案，实现领导分片包干，限期化解。落实局领导接访制度，接访信访案件72件，办结率100%，息诉率95%，实现停访息诉工作目标；依法查处非访行为，办理非访案件3件，行政拘留非访重点人员3人。开展司法救助，落实1名困难群众司法救助金2万元。

【扫黑除恶】 2018年开展扫黑除恶专项斗争至2020年，区公安局先后成立扫黑除恶专案组

2020年5月29日，长寿区公安局召开长寿区反诈骗中心第一次联席会议

7个，打掉涉恶犯罪集团3个、涉恶犯罪团伙2个、黑社会性质组织1个，查封扣押冻结涉案财物382万元；侦办“9+4”案件210件，判决362人。录入黑恶线索207条，其中市局及区扫黑办下发线索106条、自收线索101条，线索查结率和核查结果告知率均为100%。开展11次集中清查行动，抓获违法犯罪嫌疑人85人、逃犯2名、取缔娱乐场所2家，12个常态挂牌及31个动态挂牌地区整治效果明显，实现“各类突出问题得到有效整治、治安面貌明显改观”的工作目标。为期3年的扫黑除恶专项斗争圆满收官，总排名位居全市第十位。

【专项工作】 2020年，区公安局开展“云剑2020”，牵头成立“长寿区反诈骗中心”，将反电信诈骗工作纳入平安建设考核，形成齐抓共管的工作格局；全年破获电信网络诈骗案件4320起，冻结资金1875万元，比2019年分别提高302%、435%。在全市范围内率先搭建“昆仑行动”行刑衔接工作机制，提升监督执法效能，破获涉食药环、知识产权和野生动物领域刑事案件48件，抓获犯罪嫌疑人81人，涉案金额1000余万元。以试点开展禁毒“集群打零”为契机，实施4次大规模禁毒集中收网行动，抓获涉毒违法犯罪人员230人，全区毒情形势持续好转。打击治理跨境赌博，打掉网络赌博平台5个、捣毁实体赌场2个，查扣冻结资金1200万元。

【大案要案】 2020年，区公安局快速侦破一起影响恶劣的“长江流域非法倾倒危险废弃物特大污染环境案”，被生态环境部评为典型案例向全国推广。疫情期间，成功破获非法销售170万只特大伪劣口罩案，受到公安部《贺电》表彰。打掉诈骗团伙1个，破获案件200余件，追赃挽损480余万元，保障辖区群众财产安全；打掉传统类诈骗团伙2个，抓获团伙成员37人，收缴赃款110余万元。成功侦办“何某等人组织领导传销案”等，移送起诉16人，涉案金额1.63亿元。现行命案连续3年实现100%告破，抓获3名20年以上的命案逃犯。

【公共安全】 2020年，区公安局践行新时代“枫桥经验”，研究制订《2020年至2022年加强新时代公安派出所工作方案》。推进标准地址和实有人口、实有房屋、实有单位“一标三实”基础信

息采集应用，核实更正各类错误信息18万条，新增出租房屋、流动人口数据3.7万条。推进智慧街面巡防，新建监控镜头、电子警察及卡口1434个，新接入社会镜头2827个，围闭度100%，数据贡献率度80%以上，接入全市视频图像综合应用平台镜头1.04万个。整合上传社会资源信息2900万条，核查清理问题数据4万余条，支撑公安大数据建设。围绕交通安全百日会战，查处各类交通违法16万起；紧盯“三客一危一货”（“三客”指公路、公交、旅游客车，“一危”指危险化学品运输车，“一货”指货车），督促企业排查整改交通风险隐患73个，全区客车检验率、报废率、违法处理率均为100%，全区连续3年未发生死亡3人以上较大交通事故。建立民爆物品护送机制，确保运输安全，部署开展打击整治枪爆违法犯罪专项行动，收缴枪支28支、子弹218发，抓获枪支刑事案件违法嫌疑人18名，查获非法烟花爆竹885件，安全保障全区施工爆破作业使用炸药486吨、雷管12万余发。落实散装汽油销售管理工作，与区内38家加油站点逐一签订安全责任书，实施安全检查152次，排查整改安全隐患4起。依法开展日常消防安全监督检查，下发消防责令整改通知书1098份。启动二级应急响应，加大警力部署，确保“长江2020年第五号洪水”安全过境。

【治安管理】 2020年，区公安局加强行业场所治安问题整治，排查整治存在涉黄问题娱乐场所21家。通过旅馆业治安管理信息系统抓获上网逃犯23名、违法犯罪嫌疑人78人。4个常态挂牌整治地区刑事案件比2019年下降45.9%，顺利

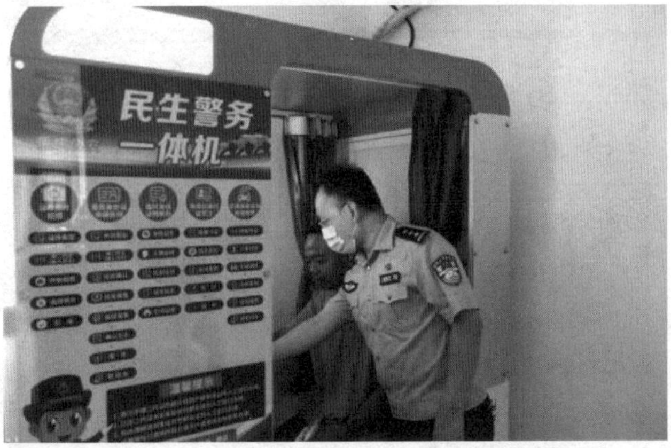

2020年6月1日，长寿区公安局桃花派出所开启窗口综合服务试点工作

摘牌。向全区22所中小学派遣22个驻校指导员，年内总计出动警力4800人次开展巡防防控，净化校园及周边环境。加强犬只管理，办理审核养犬资格证172本，捕捉流浪犬只14只。出台《长寿区公安局森林防灭火应急处置预案》，全区连续9年未发生较大以上森林火灾。围绕新冠肺炎疫情防控和监室挂点隐患整治，持续保持安全责任事故“零发生”。

【公安民生】 2020年，区公安局主动服务经济民生，落实疫情期间服务复工复产37条措施，贯彻执行成渝双城经济区“放管服”合作协议精神，实现第一批17项川渝通办事项落实落地。推行政务服务网上办、自助办，办理各类行政审批、公共服务事项21万笔，为群众减免各类证照费用63万元，惠及3万余人次。首次将印章刻制纳入区行政服务中心受理范围，为685家新开办企业免费刻章。完成13个派出所综合窗口建设，整合办理公安28类、134项业务，方便群众就近办理公安业务。严打经济领域犯罪，规范市场秩序，破经济案件12件，移送起诉23人，经济案件发案比2019年下降18%，为群众挽回经济损失303万元。

【基础服务】 2020年，区公安局强化实有人口管理，受理异地办理身份证5564个，开展户口清理整顿专项工作，消除重复户口435人，为126名群众解决无户口问题。参与第七次全国人口普查户口清理工作，摸排应销未销人员信息4.08万条，变更户口项目2.67万条，清理维护实有人口、实有房屋数据18.68万条，确保全区人口普查工作有序开展。强化出入境证件审核签发管理工作，办理护照及港澳台通行证1685件（次），为企业开通绿色办证服务13次。

【队伍建设】 2020年，区公安局把习近平总书记系列重要讲话精神纳入理论中心组学习和党委会“第一议题”，开展党委理论学习中心组学习14场（次）、党委落实“第一议题”制度10次，带动全局各党支部（总支）开展理论学习549次，落实“第一议题”制度429次。以抓实组织发动、抓实学习教育、抓实问题导向“三个抓实”推进教育整顿有效开展，经验做法被公安部采用推广。加强党的建设，新成立森林警察支队党支部和离退休第三党支部、情报合成研判临时中心党支部；年内7个党支部完成换届选举，发展党员23人、

预备党员转正29人。

2020年8月6日，长寿区公安局“坚持政治建警全面从严治警”教育整顿部署会

（戴江东）

检　察

【概况】　2020年，重庆市长寿区人民检察院（简称区检察院）围绕全区大局，忠实履行宪法和法律赋予的职责，为服务和保障全区经济社会全面健康发展积极贡献检察力量。全年19个（次）集体、43名个人获得区级以上表彰，成功创建国家级节约型公共机构示范单位。

【刑事检察】　2020年，区检察院依法惩治各类刑事犯罪。批准逮捕各类刑事犯罪嫌疑人334人，提起公诉655人。起诉故意杀人、故意伤害、非法拘禁、强奸等侵犯公民人身权犯罪28人，诈骗、盗窃、抢夺、抢劫等多发性侵财犯罪315人，聚众斗殴、寻衅滋事等扰乱社会秩序犯罪36人，涉枪涉爆犯罪10人。开展“禁毒”专项斗争行动，起诉毒品类犯罪104人。依法办理制售假冒伪劣防护产品药品、涉疫诈骗等严重妨害疫情防控的刑事案件11人。

保持扫黑除恶高压态势，批捕“9+4”类案件犯罪嫌疑人41人、起诉58人，依法从重从快打击陈某某等16人恶势力犯罪集团。对涉黑涉恶犯罪案件，一律深挖其背后腐败问题，移送“保护伞”线索15条，市检察院第一分院立案查处司法工作人员1人。及时向有关主管部门发出检察建议促进加强旅馆行业安全管理，助力铲除黑恶势力滋生蔓延的土壤。

服务保障高质量发展，开展“保市场主体、护民营经济”专项行动，依法惩治各类侵害市场主体合法权益的刑事犯罪71件、123人，为各类市场主体挽回经济损失259万元。稳妥处理各类市场主体涉罪案件40件、58人，最大限度减少对企业正常生产经营的不利影响。开展涉市场主体刑事诉讼“挂案”清理，监督撤案7件，为7家企业卸下包袱，依法对4名企业重要生产经营人员作出不起诉决定。与区司法局建立涉民营企业社区矫正对象请假“绿色通道”机制，帮助民营企业渡过生产经营难关。

强化刑事诉讼监督，对不构成犯罪和事实不清、证据不足的，不批捕31人、不起诉9人。加强对刑事立案和侦查活动的监督，书面纠正侦查违法25件（次）。监督撤销历史积案35件。追捕、追诉漏犯26人，追诉漏罪9条。办理羁押必要性审查9人，改变强制措施8人。定期查阅行政执法档案136件。提前介入、引导侦查重大疑难复杂案件14件，参与重大案件讨论80余件（次）。办理刑事抗诉案2件。在区公安局执法办案管理中心设立派驻检察室。

【刑事执行检察】　2020年，区检察院依法办理各类刑事执行检察案件104件。开展重大案件侦查终结前讯问合法性核查工作，保障犯罪嫌疑人合法权益。开展服刑人员基本养老金专项法律监督活动，对调查中发现的35名服刑人员在服刑期间违规领取养老金的问题，及时与主管部门联系，主管部门已停止对相关服刑人员发放养老金。依法监督看守所、社区矫正机构等执行机关履行好刑罚执行职责，维护监管秩序和安全稳定。

2020年12月，案件当事人向长寿区检察院赠送锦旗

【民事行政检察】 2020年，区检察院依法办理各类民事行政监督案件126件，审结127件（含积存1件）。办理和协助上级检察院办理生效裁判类监督案件34件。加强对行政机关行政违法行为的监督，向有关行政机关发出检察建议5份，均获采纳。加大支持起诉力度，支持弱势群体依法向人民法院提起诉讼，维护其合法权益。年内办理的1件合同纠纷抗诉案被市检察院评为“重庆市民事行政检察十大典型案件”。

【公益诉讼检察】 2020年，区检察院办理各类公益诉讼案件72件。发布《关于疫情期间公益诉讼线索举报奖励的公告》，开展防疫医疗废物处置专项监督活动，加强涉疫公益问题源头防治。与四川省邻水县人民检察院建立大洪湖跨区域生态环境保护联动机制，助推服务成渝地区双城经济圈建设。加大生态环境司法保护力度，督促相关企业修复废弃露天矿山5处，15个“垃圾山”、11处搅拌站扬尘污染得到有效治理。探索办理消防安全、文物保护公益诉讼案件，对城区住宅小区消防安全和区内39个文物保护单位进行走访调查，针对存在的隐患，依法向有关行政机关发出诉前检察建议。

2020年3月，长寿区检察院联合市场监督管理局开展公益诉讼专项监督活动

【未成年人检察】 2020年，区检察院严厉打击侵害未成年人犯罪，批捕14人、起诉17人。对涉罪未成年人宽容不纵容，批捕6人、起诉18人，对不起诉的21人开展帮教矫治。落实最高检“一号检察建议”，推行性侵未成年人案件“一站式”办理，建立性侵未成年人违法犯罪信息库和入职查询制度，对全区1万余名教职员工进行涉罪信息查询。与区教委建立检察官担任法治副校长工作机制，班子成员、未成年人检察干警全部对口担任16所中小学校法治副校长。深化法治进校园活动，到区内33所中小学校和2个社区开展法治宣讲，1.5万余名中小学生接受法治教育。

【控告申诉检察】 2020年，区检察院深化“12309”检察服务中心建设，接受各类群众信访258件。落实“群众来信件件有回复”制度，对107件群众来信做到7日内程序性回复100%，3个月内书面答复办理结果或过程100%。办理刑事申诉案件5件，对不服判决结果的申诉人，公开听证释法说理，做到息诉罢访、案结事了。

【社会治理参与】 2020年，区检察院发挥检察建议综合治理功能，针对司法办案中发现的社会治理重点、难点及监管漏洞等问题，发出检察建议107份，其中社会综合治理类8份，有关部门整改回复。坚持普法教育与疫情防控相结合，开展各类法治宣传和民法典普法宣讲34场（次），187批、5100余人在预防犯罪法治教育基地接受法治教育。预防犯罪法治教育基地被命名为重庆市第一批法治宣传教育基地。

【司法体制改革】 2020年，区检察院强化检察官办案主体地位，落实“谁办案谁负责、谁决定谁负责”要求，确保办案权力与责任相统一。检察长、副检察长、检委会专职委员带头办理重大、疑难、复杂案件156件，入额领导干部带头办案成为常态。落实检察长列席同级法院审判委员会会议制度。修订检察人员业绩考评办法，强化分类量化考核。适用认罪认罚从宽制度审结608人，提起公诉563人，占同期提起公诉案件人数的85.95%。

【检察队伍建设】 2020年，区人民检察院把政治建设摆在首位，学习贯彻习近平法治思想和党的十九届五中全会精神，确保检察工作沿着正确政治方向前进。推进专业能力建设，开展教育培训732人次、岗位练兵242人次，围绕司法办案重点环节开展案件质量评查348件、流程管理213件（次）。压紧压实管党治检政治责任，以过问或干预、插手司法办案等重大事项为重点，全员覆盖、逐月报告，有效防止人情案、关系案、金钱案。

【接受各界监督】 2020年，区检察院贯彻区人大及其常委会的各项决议和审议意见，自觉接受政协民主监督。对人大代表、政协委员提出的75条意见建议，逐条研究、落实、答复。向区人大常委会专题报告未成年人检察工作，落实审议意见。建立“检察+街镇”联络制度。邀请人大代表、政协委员旁听公益诉讼案件庭审、参与刑事申诉案件听证以及附条件不起诉未成年人的帮教工作。邀请人大代表、政协委员、人民监督员、各界群众代表552人次走进检察机关，“零距离”接触和了解检察工作。公开案件程序性信息1164条、法律文书488份，为律师及当事人提供案件查询82次，微博、微信、客户端“两微一端”“长寿检察”手机报等线上平台发布信息7532条。

（周　丹）

法　院

【概况】 2020年，重庆市长寿区人民法院（简称长寿区法院）由14个部门组成，其中人民法庭3个。全院有工作人员154人，其中员额法官61人，占39.61%；法官助理58人，占37.66%；其他人员35人，占22.73%。全年受理案件16528件，审执结15836件。案件结收比95.81%，位列全市基层法院第二名。被区委、区政府评为“平安长寿建设先进集体”。

【刑事审判】 2020年，长寿区法院审结刑事案件498件、698人。依法惩治危害国家安全犯罪，1名干警在办理危害国家安全重大刑事案件中成绩突出获市高法院嘉奖。依法惩治侵犯人民群众财产新类型犯罪，审结长寿法院受理的首例特大跨境电信网络诈骗案，62名被告人分别被判处有期徒刑10年6个月至10个月、并处罚金30万元至1万元不等的刑罚，100多名被害人经济损失280万余元均全部挽回。审结张某某、邓某某伙同他人（另处）虚构国家医疗保障项目实施的特大电信网络诈骗系列案，全国各地受害群众20多万人，骗取财物561万余元，2名被告人分别被判处有期徒刑12年、11年6个月，分别并处罚金20万元。自2018年起为期3年扫黑除恶专项斗争开展后，坚持精准打击，审结涉黑恶案件13件、68人，实现受理黑恶案件“清结”，确保专项斗争圆满收官。发挥反腐司法利剑作用，审结贪污贿赂、渎职等犯罪案件3件、3人。全面准确适用认罪认罚从宽制度，审结认罪认罚案件458件、627人，适用率91.97%。审结涉未成年人犯罪案件12件、13人，帮助失足青少年走向新生。

【民事审判】 2020年，长寿区人民法院审结民事案件6580件。审理医疗、就业、住房、社会保障等案件690余件。审结劳动争议案件247件，及时为290名劳动者追回薪资1100万余元。审结继承、婚姻家庭等案件889件，推进家事调解、心理疏导等制度。做实做优3个中心人民法庭，即“民生示范法庭”“园区法庭”“景区法庭”特色功能定位，受理案件2750件，审结2631件，审结率95.67%。审结双龙镇龙滩村、连丰村、谷黄村，石堰镇普子村、石坝村等涉及农户2400余户土地流转纠纷案件24件，解决争议标的930万余元。

2020年9月10日，长寿区法院法官到双龙镇巡回审理当地一起赡养纠纷

【商事审判】 2020年，长寿区人民法院审结商事案件2782件。与垫江法院、四川邻水法院、四川大竹法院签订司法协作框架协议，服务保障成渝地区双城经济圈建设。长寿经开区巡回审判站突出“五大平台”（巡回审理平台、法治宣传平台、综合发布平台、定期咨询平台、沟通交流平台）功能，发挥“三个作用”（成为连接经开区及其各个企业的桥梁纽带、助推企业发展的“催化剂”、营造良好营商法治环境的“桥头堡”），创新便企利企举措，得到市委常委、政法委书记刘

强肯定。长寿区法院院领导带队走进重庆华胜化工、重庆一洋化工、重庆博腾制药等民营企业，开展“审务进园区、送法进企业”活动。全面开展线上诉讼服务，开展线上调解、开庭审理案件120余次，满足新冠肺炎疫情期间人民群众司法需求，审结涉疫情案件60余件。其中依法惩治妨碍疫情防控口罩诈骗案2件2人。

2020年12月3日，《成渝地区双城经济圈垫江邻水大竹长寿四地司法协作框架协议》在邻水法院签署

【行政审判】 2020年，长寿区法院审结行政案件483件。判决确认行政行为违法、撤销行政行为、履行法定职责28件，保障“放管服”“一次办好”等改革措施落地。推动行政机关负责人出庭应诉制度落实，区规划资源局局长、人社局局长、司法局局长等出庭应诉，让老百姓“告官见官”，让机关负责人“出庭出声”；全年行政机关负责人出庭应诉率83.33%，比2019年上升37.76个百分点。召开行政审判新闻发布会、发布

2020年5月21日，长寿区社会保险事务中心主任出庭应诉

行政审判白皮书，组织专题培训、案件研讨、旁听庭审等，促进依法行政水平提升。

【执行工作】 2020年，长寿区法院执结执行案件5467件。突出源头施治，中共长寿区委全面依法治区委员会在全市率先出台《关于贯彻落实中央全面依法治国委员会〈关于加强综合治理从源头切实解决执行难问题的意见〉的实施意见（试行）》。依法执结新市街道菌棚征地拆迁案，保障高新区创新产业园重点项目落地建设。加强执行联动机制常态化运转，曝光323名失信被执行人信息，拘留10人，限制高消费2451人次，限制乘坐飞机、高铁、动车13032人次，敦促358名被执行人履行义务。长寿区法院联合区税务局制定《关于建立房屋处置参考价定向询价和涉税征管工作机制的实施意见》，网上司法拍卖成交156件，成交额7967万元。扩建升级“三中心一场地”（执行指挥中心、执行事务中心、民事财产保全中心，执行接待场地），在长寿区法院机关办公一区重新布局新建占地214平方米的执行大厅、占地220平方米的执行指挥中心，完善民事财产保全中心、执行事务中心的建设，实行一站式窗口服务，确保执行事务及案件办理运行顺畅、集约高效、规范有序。实施线上办理，为四川泸州港务公司挽回损失20万余元。深化执行案件繁简分流，简案团队办理案件2912件，占结案总数53.27%。强化执行规范化管理，创建重大执行案款发放廉政监察“双审双签”（重大执行案款支付时，执行局领导审查签字和驻执行局专职廉政监察员审查签字）工作制度，组织开展2019—2020年执行移送司法评估拍卖执行案件专项督察。贯彻谦抑、审慎、善意的司法理念，执结1起特大道路交通事故赔偿案件，落实分期赔付，为16名死伤者拿到赔偿款420万余元，使被执行人重庆某磨具公司顺利渡过资金难关，避免“办了案子，垮了企业”。

【司法为民】 2020年，长寿区法院以宣讲民法典为契机，到桃源小学、实验中学、凤城第三小学、梅村社区、邻封镇、葛兰镇、区税务局、区侨联、经开区等单位开展普法宣传或培训。宣传工作被人民法院新闻传媒总社授予“司法宣传和通联工作先进单位”称号。构建线上线下一体化诉讼服务系统，运用移动微法院“网上立案”3222件，“12368”诉讼服务热线接受当事人咨询

答疑1205人次。诉讼服务质效位列全市基层法院第四名；对生活困难的17名当事人缓减免诉讼费9.5万元，对符合条件的9名被救助人发放司法救助金16万余元。

2020年10月29日，长寿区人民法院干警到桃源小学校为全校4300余名师生上民法典宣讲法治课

【司法改革】 2020年，长寿区法院坚持院庭长办案制度，办理案件7106件，占结案总数的44.87%。坚持有效放权与有序监管的统一，强化“四类案件”监管。打造以“协调保障强力度长效化、平台建设成规模集群化、制度建设重规范体系化、繁简分流求实效模式化”为特点的纠纷解决机制“长寿模式”，引导调解7447件，调解成功4587件，成功率61.60%；申请司法确认1371件，比2019年增长211.36%；调解平均办理时长3.58天。建立专项工作督查制度，通过对长期未结案、案卷归档工作实行专项督办，超一年以上长期未结案由116件减至7件，案卷归档率提升为97.48%。优化办案质效监管，建立办案进度周通报、质效月分析制度，完善法官办案进度指引，召开质效态势分析会9次，发布审执质效通报29期。

【队伍建设】 2020年，长寿区法院开展坚持党对司法工作的绝对领导、坚持中国特色社会主义法治道路“两个坚持”专题教育，分两期在重庆法官学院对全体干警进行全员政治轮训，组织开展重温入党誓词、党课开讲啦、党员过“政治生日”等活动。夯实全面从严治党主体责任，持续推进正风肃纪，开展专项警示教育，出台《法院工作人员业外活动监督管理》《关于对审判执行重点案件实施监督的意见（试行）》。举办“振奋精神强作风、凝心聚力争上游”大讨论活动和演讲比赛，营造浓厚干事创业氛围。深化法学理论及法律适用问题研究，中标全市法院重点调研课题1个，顺利结题并获评优秀；4个案例分别入选全市法院网络空间司法保障、弘扬社会主义核心价值观首批十大典型案例和司法体制综合配套改革、民营经济司法保护典型案例；1篇论文获全国法院第三十二届学术论文优秀奖。全年有6个集体、30名个人受到区级以上有关部门表彰奖励。

【接受监督】 2020年，长寿区法院主动向区人大常委会专题报告刑事审判工作开展情况，全年办理落实政协委员提案3件；向人大代表、政协委员专题报送《法院半年工作情况通报》600余份，主动邀请人大代表、政协委员旁听庭审、参加新闻发布会、见证执行、参加法庭开放日活动等147人次。依法接受检察机关法律监督，共同维护司法公正。年内人民陪审员参审案件1093件，陪审率91.77%。在中国裁判文书网公开文书12786份；在中国庭审公开网直播庭审1819场，访问量39.26万次。审判流程信息有效公开率99.91%，比2019年上升5.33个百分点，在全市基层法院排名第二。召开新闻发布会4场，让司法公正看得见、能评价、受监督。

2020年10月22日，重庆市医药学校师生走进长寿区法院零距离体验模拟法庭

（谢劲松　石苛蔓）

司法行政

【概况】 重庆市长寿区司法局（简称区司法局），2020年核定编制84名，其中中央政法编制63名，事业编制21名；实有在职在编干部74人，其中行政编制61人，事业编制13人；非在编聘用人员36人。管理全区6个律师事务所、9个基层法律服务所和1个司法鉴定所，全区社会律师42名，基层法律服务工作者50名，司法鉴定工作者22名。2020年，区司法局在全市政法系统公众安全感、政法队伍满意度和司法公信力民调中连续7年名列全区政法系统第一，菩提司法所被司法部表彰为“大排查、早调解、护稳定、迎国庆”专项活动表现突出集体，公共法律服务管理科被司法部表彰为“全国公共法律服务工作先进集体”，规范性文件管理科被市司法局表彰为法治建设示范单位（集体三等功），1人被司法部表彰为“全国模范人民调解员”。

【公共法律服务】 2020年，全区法律服务执业人员代理经济、民事、行政案件1465件，咨询4396人次，代写各类法律文书76份，办理鉴定业务71件，办结各类公证3268件。拓展公共法律服务平台，利用智能高科技与法律援助服务结合，引进1台“大牛”机器人和2台“小牛”机器人提供“点餐”法律咨询，全年接待法律咨询1406件，“12348”热线咨询1403条。以平台为基础，提档升级8个公共法律服务工作站；在街镇公共服务中心设立公共法律服务窗口。延伸公共法律服务触角，会同区退役军人事务局率先在全市设立区、镇（街）、村（社区）三级退役军人法律服务工作平台，维护退役军人和其他优抚对象的合法权益，年内组织开展5场退役军人《民法典》专题讲座。提升公共法律服务质效，围绕区委、区政府重点难点项目和民生工程开展公证业务，为阳鹤南北中路隧道爆破施工入户调查、公租房抽签选房、农业部长江长寿段渔业生态增殖放流项目提供公证服务；全区律师参与政法机关信访接待41次，代理中德梓潼·合作项目、重庆秀沧生态农业开发有限公司非法吸收公众存款案等重大案件2件。健全村（社区）法律顾问制度，制定实施《长寿区村（社区）法律顾问工作实施方案（试行）》《长寿区村（社区）法律顾问工作考核管理办法（试行）》，加强对村（社区）法律顾问工作的指导、管理、监督和考评；2020年全区村（社区）法律顾问实地到街镇服务217天，参与矛盾纠纷化解39件，法治宣传60场，审查合同100余件。完善法律服务管理机制，制定实施《法律服行业党建工作要点》，完成重庆市基层法律服务协会长寿分会改革任务，开展为期2个月的全区律师、基层法律服务工作者队伍教育整顿，开展警示教育15次，撰写心得体会60余篇；开展律师违规兼职等行为专项清理，对执业律师违规兼职及丧失国籍情况进行专项检查，检查覆盖率100%；强化政治理论学习，对全区社会律师、公职律师、公司律师及基层法律服务工作者120余人开展专题培训。

【法律援助工作】 2020年，全区受理法律援助案件394件，办结540件（含2019年371件），为受援人挽回经济损失或取得利益745.78万元，回访受援人满意率94.74%。健全制度机制，研究制定《法律援助案件管理办法》等制度3件，加强法律援助案件承办、履行法律援助值班职责等监督管理；开展为期3个月的“法律援助百日集中宣传培训活动”，覆盖4500余名基层干部。将农村留守儿童、空巢老人、残疾人、妇女等作为法律援助重点对象，受理法律援助案件201件，办结224件，挽回经济损失198.54万元；受理涉农法律援助案件151件，办结296件，挽回经济损失440.74万元。发挥法律援助在刑事诉讼中的法律保障作用，促进法律援助值班律师制度、认罪认罚从宽制度及刑事案件律师辩护全覆盖制度试点工作落地生根；全年受理刑事法律援助案件152件，参与认罪认罚见证签署具结书等法律帮助552件；办理全覆盖刑事案件46件。

【普法宣传】 2020年，长寿区构建“谁执法谁普法”普法格局，65个区级单位和19个街镇申报年度普法计划并制定普法责任清单。利用新媒体“零接触”进行卫生防疫知识宣传，推广“长寿普法”微信公众号，关注人数从年初300余人到年底增长为1万余人；制作、转发普法文章260余篇，互联网普法受众20余万人，实现普法举措多元化、远程化、便民化。通过“内外”“线上+线下”结合的形式，开展民法典宣传，组织参加全市“民法典与你同行”民法典知识竞赛活动，获“优秀组织奖”；邀请执业律师开展民法典专题培训，利用“长寿普法”公众号推送相关宣传信息40余篇，组建民法典、公共卫生领域普法讲师团163人和普法志愿者389人，组织送法下基层活动200余场。抓领导干部“关键少数”学法用法，落实新提任领导干部和法治理论知识抽考制度；年内组织全区159名领导干部参加行政诉讼庭审旁听，“以案说法”提升干部依法行政意识。自治、法治、德治“三治结合”建设稳步推进，达标村（社区）152个，占比56.7%，其中当年新建设达标85个；长寿区预防犯罪法治教育基地被列入全市第一批重庆市法治宣传教育基地，菩提街道朝阳社区等3个社区被命名为第九批“重庆市民主法治示范村（社区）”。

【人民调解】 2020年，全区调解各类矛盾纠纷7703件，成功7262件，成功率94%，成功调解突发重大矛盾纠纷185件，协议兑现金额7000多万元，无一件引发群体性事件。发挥行政调解在化解矛盾纠纷中的重要作用，办理5起征地补偿安置争议协调纠纷。深化联调联动，大调解工作格局健全完善。新建立3个“驻法庭调解室”，实现“驻法院（法庭）调解室”建成率100%。2020年，全区警调、诉调、访调“三调对接”组织调解涉法、涉诉、涉访矛盾纠纷3531件，成功调解3150件，完成司法确认1124件，确认率35.68%，有效减少诉讼，分流非治安类接处警案件，化解多年信访积案。定化管理机制，推进行业性专业性调解，坚持“应建尽建”，在交通、医患、旅游等12大重点领域成立行业性专业性调委会。年内开展人民调解员培训40余场，培训人民调解员2000余人次。

【社区矫正和安置帮教】 2020年，全区接收社区矫正人员248人，解除矫正人员276人。加强信息技术监管手段，实现“监管、教育、奖惩”全流程网上流转，综合运用APP签到、微信位置共享、电话抽查等手段，对符合条件的重点人员实行定位手环监管，落实辖区社区矫正对象定位监管，手机定位率100%。完善制度机制，风险排查制度化、常态化，成立以区委政法委书记为主任的社区矫正委员会；落实对辖区重点社区矫正对象的动态化管理，结合实际开展服务美丽乡村活动、“铁路护路”绿色环保主题活动、滨江路防护绿化带公益劳动等，将集中学习与爱国主义教育、禁毒宣传、防邪、扫黑除恶专项斗争等结合，推进《社区矫正法》学习宣传落实。做好安置帮教工作，压实工作责任，狠抓帮教对象风险排查、走访、帮教，做到台账清、底数明。有针对性地对重点人员开展法治教育和心理疏导，执行风险出库入库动态管理机制，对在库风险人员和新出监人员实时评估，对风险等级有变化的及时调整，对新出监确有风险的及时入库，全年未发生重大影响事件。

【扫黑除恶专项斗争】 2020年，区司法局立足司法行政职能，用电话、微信等非接触方式，在社区矫正、人民调解、法律援助、公证等司法行政工作中加强对涉黑涉恶问题线索的全面摸排。强化律师管理，落实律师办理黑恶势力犯罪案件双备案制度，对律师代理黑恶案件的全程跟踪，实行一案一档管理；2020年全区律师代理黑恶案件报备新增18件，总计61件。

【队伍建设】 2020年，区司法局坚持党对司法行政工作的绝对领导，将意识形态工作作为重点工作与业务工作同谋划、同部署、同落实；推进“不忘初心、牢记使命”主题教育常态化制度化；印发实施《党组理论学习中心组学习计划》，全年开展中心组学习8次；落实三会一课、支部主题党日、每月交纳党费等制度，开展志愿活动、参观廉政教育基地和革命纪念馆、重温入党誓词等；落实区司法局党组书记和班子成员至少联系一个律师支部。建设职业化队伍，利用星期一例会、全局干部职工大会，学习领会习近平总书记系列重要论述、党的十九届五中全会精神及习近平法治思想等重点内容，每周汇报学习情况，定期检查学习笔记。规范开展选人用人，按照《党政领导干部选拔任用工作条例》选拔任用干部，年内职级晋升25人，选拔10名科级领导干部，对16人进行岗位调整，新调入人员2人。建设专业化队伍，制定实施《落实全面从严治党“一岗双责”职责的分工方案》《落实全面从严治党主体责任清单》等责任清单，研究党风廉政建设工作8次（其中专题研究2次）。落实中央八项规定精神，抓好医疗保障领域欺诈骗保、党员干部和公职人员子女参加高考、中考、参军情况专项排查，党政机关领导班子主要负责人不直接分管人财物执行情况和清理整治享乐主义奢靡之风问题工作专项自查等专项整治工作。运用监督执纪“第一种形态”开展谈话提醒5人；在重大节假日前，均召开节前廉政教育工作会，年内召开全局党风廉政教育大会6次、“以案四说”“以案四改”警示教育大会2次，通过微信、QQ等发送廉政信息、开展廉政提醒，要求全局党员干部随时绷紧“纪律弦”。

【疫情防控】 2020年，区司法局以高度的责任心参与新冠肺炎疫情防控工作，对2件区级应急通知通告及时出具法制审查意见；制作防疫法治宣传专题广播节目7期；19个街镇司法所配合所在街镇开展到户走访、法治宣传、安全巡逻等，走访群众4000余户、2万余人，参与巡逻车广播宣传50余次，发放宣传资料4万余份；强化对社区矫正人员及刑满释放人员的涉疫信息排摸，特殊管控人员无一例确诊；组织职工捐款2.7万元、购买因疫情滞销农产品3000余公斤。

【脱贫攻坚】 2020年，区司法局帮扶责任人因户施策，为8户贫困户提供产业扶持专项资金1.2万元；产业帮扶初见成效，从2017年开始扶持贫困户种植的枇杷果树年内成功挂果，为贫困户增收3000余元。多渠道解决就业，为有劳动能力的贫困对象联系工作岗位，已有4人有固定工作，月平均工资3000元；协调村委会开发非全日制公益岗位2个，负责辖区的道路清洁、治安协管，每人每年收入5000元；协调解决贫困户农产品“销售难”的问题，2020年组织3次帮助干部职工购买绿色、健康、放心的农产品，协助销售2万余元。（陈跃勇）

【监狱管理】 重庆市凤城监狱（简称凤城监狱）位于长寿区北城大道101号。2020年，凤城监狱贯彻落实中央和市、区委部署，完善新冠肺炎疫情防控机制建设，成立疫情防控领导机构，制定疫情防控实施方案，设置满刑罪犯临时留置点，监狱疫情防控纳入长寿区属地管理。落实联防联控，加强与长寿区卫健委合作联系，定期向长寿区卫健委汇报和了解疫情动态。组建疫情综合评定小组，压实“属地、部门、单位、个人”四方责任。落实封闭管理，强化大门管理，严格车辆、人员进出审批登记备案以及“四问一测一消”制度。制定出台人员、车辆进出、送餐工作、新犯收押、罪犯释放等18项工作流程及装卸货物消毒、罪犯离监治疗监管方案等工作规定。强化人员管理，常态化开展监狱民警职工、外协外聘人员核酸检测，严控民警职工离渝外出，切断感染风险。强化疫情防控应急保障。购买储备防疫物质，完善公共卫生事件应急处置预案并开展应急演练。确保民警职工、罪犯“零感染”。

2020年，凤城监狱执行监管安全制度，确保防疫安全与监管安全。开展“扫黑除恶”专项斗争“回头看”行动，专项行动顺利收官。持续推进规范化建设，开展安全隐患“大排查、大整顿”和“规范化建设”大评比活动。开展监狱长大接访活动，抓好情绪疏导与矛盾化解，疫情期间开通罪犯家属视频会见通道。

2020年，凤城监狱依法、严格、科学、文明教育管理罪犯，开展社会帮教安置工作，严格依法公平公正开展减刑、假释、暂予监外执行工作，做深做细狱务公开工作，以“监狱长接待日”为载体，畅通信息渠道，提高执法透明度，提高司法公信力。落实罪犯释放核酸检测、14天体温检测、刑释前出监教育、刑释对接交接等工作。开展社会帮教安置工作，与政府相关部门进行无缝对接，重点帮教刑满释放人员做到“必接必控”。推进教育改造类基础工作，罪犯集中教育考试合格率98%以上。制定《公共法律服务工作推进表》，建立法律服务工作站。开展“两会”精神教育宣传周、《民法典》教育宣传月以及厉行节约、践行“光盘行动”宣传教育等主题活动。

2020年，凤城监狱持续加强党建工作，下发全面从严治党“三个责任清单”，制作印发《支部工作手册》；新培养发展党员6名，预备党员转正4名。深化主题党日内涵，以“学英雄 战疫情 保平安”“读党史 守初心 担使命”等为主题，统一活动安排，强化活动组织，党内组织生活更加接地气、更加有新意。开展民警教育培训，以“一季度一主题”的形式，督促民警学习党的政策理论、法律法规。打造暖警工程，承办全市监狱系统“第二届金剑杯”乒乓球比赛第三赛区的赛事活动。

2020年，凤城监狱强化与长寿区各部门的联系沟通，参与长寿区精准扶贫活动，定期走访慰问，11户贫困户如期脱贫。执行公务车辆管理规定，落实派车单制度和定期保养、维修制度，强化驾驶员安全培训。组织参加安全生产管理员培训及长寿区消防队跟班培训，主动接受长寿区安办季度安全排查和业务指导，风城监狱被长寿区评选为2020年安全生产优秀单位。（周多琦）

2020年4月，长寿区公安局快速侦破长江流域特大污染环境案

军 事

重庆市长寿区人民武装部

【党管武装】 2020年，重庆市长寿区人民武装部（简称区人武部）落实议军会、武装工作例会、军事日、党管武装述职等制度，组织所有区级领导全体过军事日活动，召开国防动员大会，四大班子主要领导全部参会；组织4个街镇党（工）委书记进行党管武装述职交流发言，表彰“双争”活动中涌现出来的先进单位和先进个人；发挥“武常委”作用，上级重要部署要求第一时间向第一书记报告，上级重要会议精神第一时间提交区委常委会学习，武装工作中遇到的重大困难问题第一时间协调区委、区政府研究解决。强化政治教育，制订政治教育计划，每周一大交班传达学习上级重要文件精神，每周五上午开展理论学习、政治教育；开展“传承红色基因、担当强军重任”和“不忘初心、牢记使命”主题教育，配套开展形式多样的党日活动，聆听参战老兵讲述革命故事，邀请援鄂医疗分队民兵讲述抗疫事迹，走进革命烈士陵园祭奠先烈，与凤城街道黄桷湾社区党总支联合开展“幸福路上感党恩 军地携手共前行”主题党日活动，踏入预防犯罪法制教育基地接受心灵洗涤；利用民兵集结点验、军事训练、战备拉练等时机，在民兵预备役队伍中深化战斗精神培育；全年在《解放军报》《中国民兵报》《中国国防报》、华龙网等主流报刊发稿50余篇，重要工作、重大活动在央视、重庆卫视等报道10余次。把肃清郭徐流毒作为一项政治任务来抓，专题召开党委会研究部署，压实各级责任；组织观看《忏悔录》《永远在路上》《一抓到底正风纪》教育片；采取逐电脑、逐文件、逐房间、逐桌柜和个人自查、科室普查、部里抽查、片区互查相结合的清查清理方法，彻底清遗毒，组织全员逐人签订保证书，坚决剔除军队政治领域官僚主义顽症痼疾。抓班子带队伍，贯彻落实民主集中制“十六字”方针，主官开诚布公，班子成员尊重信任，形成和谐共事氛围。完善《长寿区人武部党委议事细则》，制订《工程建设和物资采购实施规定》，党委集中决策单位建设思路、国防动员主责、练兵备战任务、干部队伍建设、大项经费开支等重大事项，确保贯彻上级决策指示不落空、全面建设方向不偏离。党委班子成员下沉一线搞调研、解难题，新冠肺炎疫情期间每名班子成员挂钩2个重点街镇指导民兵参与抗疫，民兵整组潜力调查时部领导带队到26个企业和行业部门调研，推动工作落实；带头进村入户搞动员，协调区政府加大入伍大学生奖励力度，完成年度新兵征集任务，在征兵五率考评中取得优秀成绩。正风肃纪抓监督，贯彻落实上级纪检政法工作会议精神，传达违规违纪问题通报，做到“廉政风”常吹、“警示钟”常敲、“预防针”常打；聚焦战斗力核心、突出敏感性问题和盯住大项目开支抓监督，组织档案数字化、战备器材库、文体活动室建设，均在纪委监督下召集不少于3家单位

2020年6月1日至4日，长寿区创新应急民兵点验方式方法

议标。

【练兵备战】 2020年，区人武部落实军委《关于聚焦推进备战打仗的决定》，紧扣人武部应急应战职能使命练兵备战，强力推进实战化国防动员准备。纠治和平积弊，修订完善各类战备方案预案，规范值班分队和人武部机关的战备秩序，与区应急管理局和森林防火、防汛抗旱2个指挥部以及区反恐维稳办建立联动机制，下发《关于确保民兵遂行抢险救灾任务安全的通知》，每个重大节假日组织30名基干民兵在辖区重要商圈、景区开展巡逻执勤。坚持真训实练，部党委机关带专武干部参加开训练兵活动，组织徒步拉练、实弹射击、野炊宿营，分批组织专武干部、民兵骨干、应征青年、高中学生进行军事训练，开展为期半个月的夏季大练兵活动，组织新任职专武部长参加警备区轮训；指导5个街镇应急民兵开展森林灭火、防汛抗洪、地质救援等课目演练；应战2020年重庆市军地联考联评，开展2期应急连轮训备勤，参加片区“小专业大集中”专业分队集训，牵头组织渝北片区防化救援作战值班实战化演练；推进民兵训练基地建设，5次牵头协调区长、常务副区长研究部署推进基地建设，已进入具体设计阶段。采取实地调研与数据比对相结合的方式，拟制基干民兵编建计划，构建“区政府统抓统管、区人武部牵头组织、业务部门对口指导、街镇武装部结对帮带、编兵单位具体抓建”的工作模式，有效检验组织指挥、快速动员、机动集结和应急处置能力。

8月5日，重庆警备区副司令员南小冈率领重庆警备区工作组到长寿区，调研指导民兵综合训练基地、征兵体检、民兵应急救援等相关工作

【国防动员】 2020年，区人武强推国防教育，制订《长寿区全民国防教育工作要点和工作方案》，明确28个军地单位的具体职责；围绕“人人向往长寿、人人心系国防”主题，开展国防教育“三进”活动（进校园、进机关、进社区），在辖区主要干道建设永久性国防标语墙50余处，部领导到16所学校开展国防教育、到区委党校为中青年干部班学员上形势教育课，全民国防意识持续增强。整理国防动员潜力调查数据2000余条，与41家编兵企业签订装备预征预储协议，完成基干民兵编组任务。协调区人大专项监督国防动员工作，将全民国防教育作为重要监督内容；持续完善国防动员体制机制，将创新抓实后备力量建设作为区委、区政府重大任务安排。依令参加战时装备物资动员指挥考核，完成演训任务。

【基础建设】 2020年，区人武抓基层打基础，夯实战斗力建设根基。贯彻习主席在军委基层建设会议上提出的“四个坚持扭住”和“三个过硬”的要求，落实《军委关于加强新时代军队基层建设的决定》，各科室和基层武装部建设质量逐步提高。全面抓秩序规范，以依法抓建为首要、落实制度为重点、配套保障为支撑，按照时间节点不折不扣抓好工作推进；抓好基层武装部规范化建设，协调区委、区政府给予专项资金用于各个街镇武装部建设，全区基层武装部全部达标。抓人才培养，新进4名文职干部，招聘2名职工，选任6名专武部长，人员紧缺问题缓解；注重对机关干部进行帮带和培养，以老带新，以工促训，开展比学习、比工作、比能力等活动，在实践中历练增强各科室工作能力；组织专武干部培训和年度训练考核，落实资格认证制度，军事素质和业务能力逐年提高。建立安全管理责任机制，将任务分工细化到人头，确保每项工作有专人负责办理，有专人检查督促；年内7次专题召开安全稳定工作会议，部署元旦、春节、“两会”“五一”“十一”等重要节日和敏感时期的安全稳定工作；完善营区软硬件建设和武器库安防设施建设，提高营区工作生活环境；以枪弹专项清理整治、迎接全军安全大检查、警备区开展“百日安全活动”为契机，抓安全稳定自查自纠工作，着重整改安全组织、人员管理、武器管理、车辆管理、营院管理、机要保密等方面存在的15个具体隐患，保持正规秩序和安全态势；完成警备区首批次退役报废武器装备销毁处理任务。

2020年8月，长寿区人武部官兵参加抗洪抢险

【双拥工作】 2020年，区人武组织机关人员和民兵在扶贫帮困、乡村振兴、生态绿化、维稳协勤、抢险救灾中当先锋、打头阵。围绕党建帮扶、产业扶贫、基础设施等精准施策，明确责任分工，落实每月走访制度，投入资金和人力，帮助贫困户发展产业，积极有序推动但渡镇脱贫攻坚工作，对接帮扶的贫困户提前实现脱贫、脱贫户没有出现返贫。主动参建参治，投入资金6万元，帮扶凤城街道黄桷湾社区、菩提街道胜天社区，完善社区基础设施，提升居民幸福感；开展软弱涣散党组织整顿工作，围绕强化党建、抓实班子队伍、发展村集体产业等，走访调研、交心谈心，制定整改措施，购置办公器材，完善基础设施，但渡镇曾祠村服务能力明显增强；协调区委组织部、区卫健委，帮助解决但渡镇升高村服务中心阵地建设难题；妥善解决3起涉军信访积案，全年接待来访群众办理档案查询、开具证明材料3000余人次。制定下发《关于组织全区民兵力量积极参加打赢新冠肺炎疫情防控阻击战的工作指示》，全区民兵队伍立足自身优势，积极参战、冲锋在前，总计投入兵力32000人次，冲在一线担起宣传引导、巡逻巡查、设卡排查、入户摸排、秩序维护、隔离管控、复工复产等任务，为打赢防疫阻击战作出突出贡献；长江5号洪峰过境时，紧急部署80余名民兵分成3个小组前往受灾较重的江南、凤城、晏家开展巡逻值守、群众转移、洪涝清淤等；组织民兵参与脱贫攻坚、乡村振兴、农村人居环境整治、河流治理等工作，配合地方加强社会管理，建立“常态化备勤路子”，重大节假日组织民兵开展巡逻执勤，为群众欢度佳节创造良好的社会氛围。做好拥军优属工作，协调解决驻长寿部队实际困难3个，做好退役军人安置、随军家属就业、子女入托入学等工作，为部队官兵解决后顾之忧；在春节、“七一”“八一”、国庆等重大节假日，组织官兵看望慰问抗战老兵、退伍军人、烈士家属等。 （杨　敏）

中国人民武装警察部队长寿中队

【概况】 中国人民武装警察部队长寿中队（简称武警长寿中队）官兵以顽强的战斗作风、过硬的军事技能完成上级赋予的各项任务，为维护长寿区的社会稳定，保护人民生命财产安全，为长寿经济建设做出贡献，多次受到上级党委的表彰。截至2020年年底，党支部曾先后8次被武警重庆总队表彰为基层先进党支部，中队先后10余次被总队、支队表彰为先进中队，连续15年被评为安全无事故单位，先后9次被总队评为正规化执勤一级单位，涌现出“徒手擒敌”二等功臣李巧龙、“处突尖兵”何茂涛等一批先进典型。

【政治工作】 2020年，武警长寿中队用主题教育铸魂聚气，把“传承红色基因、担当强军重任”主题教育放在突出位置，探索“4+”创新教育模式；用好五小阵地（小广播、小网络、小辨析、小演讲、小展板）深化教育效果，开展6类配合活动（写红色励志格言、读红色经典书籍、观红色经典影视、唱红色革命歌曲、办红色故事

演讲、学驻地红色文化），为官兵制定“红色套餐”。用经常性教育稳控思想，结合官兵的现实思想、心中疑问、兴趣关注，搞好调查研究、编写授课教案、灵活运用教育载体；年内先后抓好荣誉观、苦乐观、婚恋观、密切内部关系、形势任务、职责使命、战斗精神、疫情防控等教育；开展“谈心解兵心、用心懂兵心、真心暖兵心”活动，用真情真心关爱官兵，用真实真理打动官兵，形成“心事有人听、困难有人帮、犯错有人管、进步有人夸”的氛围。用兴趣爱好助力官兵成长，利用官兵兴趣爱好，每名官兵制定学习成长计划，利用周末采取个人自学、集中组织等方式开展学习活动；年内中队1人考取士官学校、1人学会网络维护、2人调出担任司务长、4人学会摄影、10人掌握基本炊事技能、人人掌握电脑基本操作。

【军事训练】 2020年，武警长寿中队用灵活形式抓训练，针对新冠肺炎疫情防控形势要求，采取分班、分组、分场的方式组织训练，避免人员集中；白天突出抓好勤务、擒敌、刺杀、防爆器材使用、自动步枪操作、军事体育训练，夜间开展练兵和支队计划安排的夜训科目。《关于深入推进执勤方式优化改革的通知》下发后，及时调整昼间“1+1”、夜间“1+2”执勤部署模式；按照能游动不固定的原则，统一规范监墙哨兵游动时间和方式，将网络查勤员调整为执勤安全监控员，及时制作更换执勤安全监控员职责牌和修改方案、编组表等资料中相关表述；开展“学规定 查隐患 补漏洞 保安全”和“提能力、查隐患、正秩序”2项执勤安全教育整顿活动。围绕习主席“全力干好维稳这件大事”的政治嘱托，落实战备制度，全年出动兵力150余人次，完成49起武装押解临时勤务和“国庆”“中秋”双节巡逻任务，8月出动10名兵力参加长寿区的抗洪清淤任务，任务完成圆满，受到驻地党委政府和人民群众好评。

【日常管理】 2020年，武警长寿中队开展“条令年”活动，组织官兵原原本本学，扎扎实实改，以学习聊城支队正规化建设和支队正规化试点为契机，拉出包括官兵养成、库室规范等26个方面、76条问题清单，分工合作、责任到人，逐项抓好整改落实。用和谐氛围做支撑，开展形式多样的暖兵心、送温暖活动，邀请地方老红军到中队给新兵讲传统，利用春节假期开展最美官兵评比；以每月“四个一”活动（举办一次生日晚会，进行一次篮球比赛，观看一次红色电影，组织一次露天烧烤）为抓手，营造拴心留人的内部环境。用制度管好装备，把装备安全作为安全工作的重中之重，落实相关管理要求，重点把枪弹和保密设备纳入全程监控范围，确保不失控不失管；利用装备日搞好武器装备维护保养，合乎要求；搞好车场日活动，坚持定期考核驾驶员，出车前搞好车辆检查和驾驶员教育提醒；普通密码设备坚持妥善封存，未经批准不随意动用。

【疫情防控】 2020年，武警长寿中队突出一个“新”字抓好新冠肺炎疫情防控宣传教育，第一时间组织传达学习上级关于疫情防控的相关指示，到支队参加集中教育后，围绕疫情防控开展形式多样的微课教育，利用板报橱窗加大宣传力度，开辟疫情动态专栏，每日更新疫情数据；创办人人争当疫情“防控员、宣传员、战斗员”主题板报，制作疫情防控“战士小报”。突出一个“严”字抓好防控措施落实，对照支队《关于加强疫情防控工作的紧急通知》，高标准落实哨兵着装佩戴、哨位执勤设施、勤务运行登记等19个方面的防控内容；实行封闭管理，杜绝与任何对外人员发生接触；按防控要求组织教育、训练，确保任何时候人员不集中、不扎堆；严格在外人员跟踪管理，随时掌握在家身体情况、活动轨迹，及时传达疫情防控通知要求，督促做好居家隔离。突出一个“快”字抓好防护物资保障，疫情暴发后，不等不靠，做好防护物资保障工作，第一时间自购2000余个口罩、1000余双一次性手套，保障前期防护需求；后采取依托支队配发、协调驻地支援、立足自身自购的方式储备口罩、消毒液、护目镜、防护服等各类防护物资。（刘　凯）

武警重庆总队执勤第一支队执勤第六大队执勤第十三中队

【概况】 武警重庆市总队执勤第一支队执勤第六大队执勤十三中队（原武警三中队，简称武警十三中队）组建于2011年6月，2012年10月1

日正式上勤，主要担负重庆市凤城监狱外围警戒任务。2011年6月至2017年12月隶属于中国人民武装警察部队武警重庆总队第四支队，2017年12月转隶为中国人民武装警察部队武警重庆总队执勤第一支队管理。

【政治工作】 2020年，武警十三中队扭住根基铸牢军魂，学习习主席改革强军系列讲话精神，开展“不忘初心，牢记使命”主题教育，“传承红色基因，担当强军重任”专题教育，推进《习近平谈治国理政》第三卷学习活动；利用主题教育，搞好“三个注重”（注重文化搞熏陶、注重养成抓规范、注重和谐促氛围），铸牢官兵思想根基；搞实配合活动，唱强军战歌、阅读革命书籍（《国家命运》《苦难辉煌》《红日》）、观看战斗影片（《八佰》《高山下的花环》《我为你牺牲》）、讲红军故事，及时讨论交流、心得展评，深化教育效果；注重载体宣传，通过营区橱窗、黑板报、知识竞赛、网络跟帖、三公开播放、开展“每日一题，每晚一问”活动、营区小广播等方式，使官兵对重大理论观点熟记于心。贴近实际把控思想，抓实政治教育，日常教育坚持效果转化，坚持“四个一”教育效果（记住一句话，懂得一个道理，得到一点启示，掌握一个故事），对思想调查、备课、试讲、授课、讨论、补课等重点环节紧抓不放，合理制定计划，创新方法手段，活用“4+”教育模式，定期组织开展双百微课，其中双百微课“团结就是力量”和“从哪吒之魔童降世谈内部关系”授课获得支队表扬；每天晚上组织勤务人员补课等制度刚性落实，每月分析教育形势，利用驻地资源和时事热点，回归传统，讲清历史脉络，在老兵退伍之际，请回年过八十的抗美援朝老兵现场为官兵填写寄语，使官兵始终保持健康积极向上的情操。营造军营文化，成立文化兴趣小组及“小红花乐队”文化小分队，定期组织观看红色电影、读书演讲、影视体会交流等活动，“小红花”乐队自编自唱多首反映官兵战斗生活的歌曲，赢得上级首长和官兵们的肯定；定期举办集体生日晚会，每周举办一场体育比赛，培养一批“体育文化骨干”，1名战士在支队强军杯羽毛球项目中获得第二名的成绩；持续开展“话队魂，谈成长”活动，将“忠诚奉献，拼搏实干”的队魂刻在官兵的脑海里；组织建立“红肩章”理论小分队，运用网络学习室、读书演讲、警营小广播、办板报、“重庆武警”微信公众号等载体拓宽教育渠道，开展观看正能量影片、教唱红色歌曲等传承红色基因、赓续优良传统活动；开展“三学”活动，中队9名战士取得学历提升，4名战士完成技能鉴定；开展讲习主席故事演讲比赛，日读“主席金句”、周讲“双百微课”、月赞“理论之星”、季评“身边典型”活动，将习主席讲话精神融入执勤哨位、训练场地和工作实践。用活方法内部和谐，开展密切内部关系“六防”“三互”“双四一”“三帮一带”等活动，开展“住班排、站排头、当标兵”活动，化隔阂促和谐；结合条令年活动，开展预防监狱人犯自杀活动，摸排15类人员和新兵“八类重点关注对象”，确保部队内部关系和谐，营造出人人关爱的良好氛围。

【执勤工作】 2020年，武警十三中队狠抓固定勤务不放松。按照真打实备的要求，紧盯“九二二专项任务”备战任务，围绕支队“守阵地、稳辖区、抓重点、保安全”的总要求，主动作为、积极备战，开展以“讲、摆、演、练”的战术训练，提高指挥员技（战）术水平；开展专勤专训、专哨专训，狠抓一点一策、一情一策、一哨一策情况演练，坚持“十六字”执勤思路，落实“三个决不允许”要求，重点突出落实好“四抓”（抓执勤教育，抓能力提升，抓制度落实，抓隐患治理），落实《值班执勤违纪问题的处理办法》和中队制定的“四个一遍”（每十五分钟各哨位轮流将执勤情况汇报一遍，每班哨上哨前战斗警示语呼喊一遍，每天勤务值班员对录像抽查一遍，每晚将当天执勤情况讲评一遍），每班哨必做的“四五六件事”将每个哨兵站哨要做的事情都进行细化，使得执勤“常见病、多发病”得到有效治理；8月24日，1名执勤哨兵处置一起监墙外喊话事件，受到上级表扬。精细组织临时任务，完善军地兵力需求协调机制，主动与目标单位及地方政府对接用兵事宜，重点做好临时押解勤务等任务对接，确保地方用兵顺畅，部队行动高效；8月23日，长寿地区发生洪灾，派出30余名兵力前往长寿二中担负抢险救援工作，受到驻地政府和人民好评，在军内外媒体进行报道；深化对脱逃事件、暴恐事件、自然灾害“三种情况”研究，统筹运用好应急班力量编成，科学拟订方案，严密组织演练，确保随时拉得出、冲得上、打得赢。落实战备制度，每月组织2次应急班带实战背景的出动演练、1次兵力抽组演练，落实战备值班、节日战备、请示报告等制度，熟练掌握战备等级转换程序方法，持续保持人员在位率；重点搞好战备演练，老兵退伍、人员调整补入后结合“修方案、学方案、推方案、演方案”活动，及时修订完善执勤战备方案，每月组织战备演练，主动与凤城监狱召开联席会议分析当前执勤形势，定期组织开展联合方案演练，增强“两警”协同处置能力；加强战备物资管理，管好“三室一库”，落实好“三分四定”，随时做好处突应急保障，定期组织战备物资清点检查，做到及时补充、定期更换。重点围绕执勤工作中的8个方面、60个具体内容开展执勤隐患排查治理，结合“学规定、查隐患、补漏洞、保安全”和“提能力、查隐患、正秩序”执勤安全教育整顿方案，补强执勤薄弱环节；每月与凤城监狱开展执勤隐患联查联治，消除执勤隐患，排查出执勤隐患12处，解决9处。

【后勤工作】 2020年，武警十三中队持续开展“贯彻落实新条令，塑造军队好样子”条令年活动和“暑期百日安全竞赛”活动，常态组织条令条例学习教育，狠抓共同条令和法规制度的落实，严格日常养成，加强“八小时”以外人员的管理，从一日生活制度严起，正规部队秩序严格，落实点名、查铺查哨、请假销假等制度，形成“按纲要建、按条令管、按制度办”的行动自觉，对违规违纪等行为严格依照条令进行处理，建立健全安全组织，常态开展好安全教育和安全技能训练，持续推进“四无”安全月和每日翻安全计时牌、呼喊安全警示语及安全倒计时日活动，持续性开展群众性创安、安全隐患大排查活动，每周结合行政例会进行安全形势分析，把安全理念渗透到各项工作中。紧盯防疫保稳定，落实总队、支队关于新冠肺炎疫情防控相关要求，每日检测体温登记、营区消毒，更换官兵口罩，在口罩不足时向目标单位及支队协调，立足实际进行购买，保证口罩使用率；每天对在外人员进行视频联系，要求其严格按照要求居家隔离，落实每日体温检测上报制度，确保全体官兵零感染、零确诊、零疑似的成绩；在疫情发展态势转好后，常态化抓好防疫工作相关制度落实，对在外休假、集训归队人员及时组织核酸检测，确保安全后正常投入中队工作；及时根据疫情发展修订中队应对发生新冠肺炎病例处置方案，做好方案学习演练，确保部队内部安全稳定。抓好保障增效益，重点加强后装队伍纪律规定学习，强化依规办事的思维，确保后装队伍纯洁可靠，采取岗位练兵和走出去的方式进行培训；落实伙食管理制度和要求，每周征求伙食意见，每月对伙食进行民主评议，经济民主组定期检查伙食和经费账目；搞好健康和卫生常识教育，开展训练伤防护和自救互救训练，对伤病员及时诊治转送，每季度组织1次训练伤防治、传染病预防、心理卫生知识专题教育；重点抓好“三项”清查及后勤重点行业整肃治理，保证后装秩序正规。管好装备保任务，新兵上勤时组织授枪仪式，每月组织开展管装爱装教育，学习武器装备使用管理知识，抓好武器分解结合、故障排除、维修保养等经常性训练，落实每周五对武器装备进行擦拭保养；重视密码装备的管理，实施专柜存放，定期检查维护，做好登记。

（陈良友）

人民防空

【概况】 重庆市长寿区人民防空办公室（简称区人民防空办）是区国防动员委员会常设机构，也是区人民政府人民防空工作的主管部门。2020年长寿区人防工作以人防系统腐败问题专项治理工作为主线，规范各项人防权力运行，推动重大项目，提高城市综合防护能力，推进人民防空融合发展，创新驱动人民防空高质量发展，全面完成“十三五”规划建设任务。

【人防指挥设施】 2020年，长寿区结合乡村振兴战略推进人防疏散基地试点建设，建成疏散基地指挥组、物资仓库、人防疏散集结广场、应急物资堆放广场等；建成2个人防疏散基地。推进指挥信息系统建设，建成长寿区人防指挥分中心。完成1个重要经济目标防护试点工作，按照“三个一”目标（即制定一套防护方案，开展一次演练，形成一套成果），分步组织实施。

【人防工程】 2020年，长寿区配合市人民防空办完成人防工程信息核对工作，推进人防工程空间信息管理系统建设。制定长寿区人民防空安全生产专项整治3年行动工作方案，抓好重要时节安全隐患排查治理，排出安全隐患11个，下发整改通知书3个，确保人防系统安全工作稳步推进。

【人防应急保障】 2020年，长寿区抓好人防指挥机关和通信业务训练，制订年度训练计划，完成5次通信指挥跨区训练，在市人民防空办组织通信指挥年终考核中取得优秀成绩。强化人防专业队伍建设，提升应急应战能力，研究制订《长寿区2020年人防专业队伍整组工作方案》，按照二类防护区城市人口1‰~2‰组建专业队伍，包括抢险抢修（工程、水务、电力、燃气）、医疗救护、防化防疫、通信、运输、信息防护、心理防护和伪装设障（引偏诱爆）8支专业队伍。

【人防宣传教育】 2020年，长寿区提升人防宣传教育水平，强化群众防空意识，在“5·12”防灾减灾日、“6·5”防空警报试鸣日、中华人民共和国人民防空创立日等重要时机，协调相关单位推进人防宣传教育进机关、进学校、进企业、进社区、进媒体网络活动；向机关赠阅人防杂志及知识手册；协调教委组织初级中学开人防知识课、组织知识竞赛等活动；指导重要经济目标开展人防知识技能宣传活动；在社区循环播放人防知识科普片、宣传片，赠阅人防科普宣传资料；在桃花新城重百广场进行现场宣传，设立宣传展板，现场解答人防法律和常识，分发资料；利用LED显示屏循环播放人防宣传视频，在广播台、电视台、《长寿日报》及网络平台发布宣传信息，增强宣传实效。协调区教委搞好学校人防教育工作，完成全区所有初级中学一年级的人防知识教育。

（张春来）

2020年8月，武警长寿中队官兵参与洪峰过后清淤

2020 年 7 月，长寿区人武部干部指导企业民兵编建工作

经 济

- 经济管理
- 农业农村
- 工业
- 工业园区建设
- 中央市属企业
- 商贸物流业
- 交通　邮政
- 信息业
- 住房与城乡建设管理
- 生态环境保护
- 旅游业
- 库区移民后期扶持
- 财政　税务
- 金融业

经济管理

发展管理

【重大规划政策落实】 2020年，长寿区加快成渝地区双城经济圈推进工作，编制《长寿区加快融入成渝地区双城经济圈发展规划》，向市级争取资金、项目、政策等方面的支持；强化区域协作，与广安市、攀枝花市签署两地战略合作协议，会同合川区、广安市研究制定建设环重庆主城地区经济协同发展示范区的实施方案（送审稿）。区发展改革委牵头，区相关部门配合开展“十四五”规划纲要编制工作；征求社会各方意见、衔接全市“十四五”规划纲要，形成近200页、10.4万字的纲要文本；附长寿区“十四五”规划重大项目储备库，储备项目800个，体现新形势下长寿区发展的新思路、新目标、新任务；区发展改革委牵头编制《“十四五”社会事业发展规划》，编制出台《重庆市长寿区现代产业发展规划研究（2020—2025年）》《关于促进大健康产业高质量发展的实施方案（2020—2025年）》等专项规划。

【重大项目统筹建设】 2020年，长寿区发展改革委实施全区重大项目建设年度计划，跟踪督导、统筹解决项目推进中的各种问题。年内全区183个重大建设项目完成投资202亿元，新开工项目71个、开工率92%，完工项目67个、完工率90%。从社会民生、基础设施建设、城镇建设等3个领域的区级重大项目中甄选27个项目，形成2020年人大“四重”项目计划，重点推进。抓好市级项目申报及中期调整工作，成功申报市级重大项目33个，包括30个建设项目和3个前期项目。抓好重大项目统筹管理，强化重大项目进度跟踪反馈机制，召开重大项目工作会议10次，开展现场检查50余人（次），检查项目152个；完善重大项目管理机制，新增分管区领导月度呈报制、常务会季度通报制等举措，修订《重大项目工作目标考核细则》，编制《重庆市长寿区政府投资重大项目前期工作管理暂行办法》，设立资金池5000万元，解决项目前期工作资金紧张问题。完成“十四五”规划重大项目储备库及2021年项目清单库编制工作，通过区政府常务会、区委常委会审定，即将按程序报请区政府印发实施。

【重大改革试点示范】 2020年，长寿区发展改革委深化营商环境改革，成立“1+11”优化营商环境工作领导小组，出台《长寿区营商环境优化提升工作方案》《2020年对标国际先进优化营商环境实施方案》等系列政策文件，开展长寿区营商环境评估与优化提升研究，提出138项优化提升建议，统筹推进整治落实。推动告知承诺制改革再扩面，探索向企业投资、政府投资项目领域全面推行行政审批告知承诺制改革工作。抓好综合经济体制改革，牵头拟定综合经济体制改革2020年改革计划任务，推进26项改革任务落地见效。推进招投标改革，完成公共资源集中监管改革，将区住建委、水利、交通等行业主管部门工程建设项目依法必须招标项目招标投标实行集中统一监督管理；全年404个政府投资工程建设招标项目，招标总限价36.47亿元，中标合同总价32.51亿元（其中限额以上项目109个全部进行公开招标，招标总限价32.30亿元，中标合同价29.10亿元）；完成市委第五巡视组巡视反馈违规招投标问题整改落实工作，规范招投标监管工作秩序。优化政府投资项目代建管理，印发《关于进一步规范政府投资项目代建有关问题的通知》，规范项目代建确定问题、项目代建单位确定问题、项目业主和项目代建单位职责问题、项目资金管理使用问题、代建项目变更问题、项目代建管理费问题、代建项目验收移交问题等7个方面。深化党政机关、企事业单位公务用车制度改革，形成“3+24”

的定点租赁服务结构，方便公务租赁出行。推进价格认证，2020年，完成各类价格鉴证案件8919件，标的金额150897万元；其中二手房交易涉税价格认定8750件，标的金额150767万元，增加契税收入4944万元。

【重大事项实施】 2020年，长寿区发展改革委策划梳理新增中央投资项目50个，总投资180亿元，成功争取中央资金项目20个，争取中央资金3.65亿元；策划梳理专项债券项目56个，获批地方政府专项债券项目9个，获批债券资金14.2亿元；成功争取抗疫特别国债项目8个，债券额度2.35亿元；储备2021年中央预算内投资项目79个，专项债券需求项目30个；申报制造业优质项目9个，解决企业融资需求19.1亿元。严格项目审批管理，全年批复项目立项140个，项目可研报告43个，项目概算28个，备案项目373个，项目核准13个，项目审批34个，其他项目2个。统筹抓好长江经济带专项工作，制定《重庆市长寿区2020年推动长江经济带发展工作要点》，开展《长寿区长江经济带发展规划纲要》实施情况评估工作，牵头推进中央第二轮环保督察及长江经济带生态环境警示片披露问题整改工作，督促推进长江干流项目清理、化工产业污染防治等专项工作，持续巩固船舶污染治理、非法码头整治等专项工作。持续推进龙溪河河长制工作，重点对六剑滩监测点等地巡查过程中发现的28个问题进行研究整改，牵头推进市级龙溪河“一河一策”（2019—2020年）重点任务，推进亚行贷款龙溪河流域环境综合整治与生态保护项目。落实能源发展管理，在油气长输管线安全和电力建设安全监管中，开展安全检查45次，查处安全隐患11起，下发隐患整改指令书4份，整改合格率100%；在能源发展工作中，牵头落实重钢220千伏输变电工程、经开区分布式能源和黄草峡储气库先导试验用地及输气管网走廊等规划的编制，新建公交车专用充电站8座，新增离散式公共充电桩点位4处，申报建设补贴180余万元，争取居民供电设施改造专项补助资金1300万元，争取新增三峡电入渝电力补贴资金750余万元。

【重大民生事项】 2020年，长寿区发展改革委抓好保障和改善民生行动工作，做好市委第五巡视组巡视反馈民生问题整改落实工作，建立跟踪督办机制，加快推进11项重点民生实事落地见效；统筹推进全区老旧小区改造工作，探索老旧小区改造投融资模式，编制全区2019—2025年城镇老旧小区改造提升计划，已实施老旧小区改造项目5个。加强粮食安全工作（详见本类目《粮食安全管理》分目）。落实各项价格改革工作，落实各项降费减税政策，减免行政事业性收费203万元；支持企业复工复产阶段性降低疫情期间水、电、气收费1393.5万元；办理电量追溯减免困难群众家庭4328户，减免电费67.5万元；对六类困难群体发放价格临时补贴22.9万人次、1426万余元；开展调研分析，联合区级部门制定长寿区非居民用水超定额累进加价制度实施方案；开展城镇燃气安装收费标准成本监审、规模化街镇水厂成本监审、菩提山旅游景区门票成本监审等工作，开展教育收费及停车场收费备案管理，化解物业服务收费、停车收费、水气等因价格收费引发的信访矛盾，强化经开区煤汽联动机制。开展定点攻坚工作，聚焦脱贫攻坚目标任务，紧扣“两不愁三保障”标准，着力补齐长寿湖镇龙沟村短板弱项、解决突出问题，完成市级定点攻坚村各项目标任务。

【抗疫与发展统筹】 2020年，长寿区发展改革委做好新冠肺炎疫情期间民生物资保障工作，加强疫情期间粮情动态、商品价格监控，协调推动粮食加工厂全面迅速恢复生产，抓好重点区域天然气站的走访抽查、防疫督促和隐患消除工作，争取抗疫医药物资，采购负压救护车、转运呼吸机、空气消毒机等10种疫情防控设施设备131台，合计金额730万元。牵头抓好企业复工复产工作，组建复工复产工作组，牵头研究出台《关于进一步强化责任做好企业复工复产工作的通知》《长寿区统筹推进疫情防控和经济社会发展工作措施》等措施，3月初实现257家规上工业企业全部复产，183个区级重大项目全面复工；4月初实现1000余家工业企业100%复产；贯彻落实市政府“支持企业40条”“助力市场主体健康发展45条”等纾困惠企系列政策措施，发放中央专项债贷款1.3亿元、使用转贷应急周转资金7182万元，发放企业用工稳岗补贴600余万元；为复工复产企业协调代购口罩200余万只、测温枪500把、红外线测温仪15个、消毒液200吨，为8家复工复产企业协调解决物流车辆出市高速、周边区县上下道通行。解决疫情期间企业融资需求，成功申报博腾制药等8家企业纳入国家（市）级疫情防控重点企业名单，21家企业纳入疫情防控重点保障物资生产企业名单，享受全额退还增值税增量留抵税额、贷款贴息、融资需求绿色服务等优惠政策。加强经济运行调度，坚持问题导向、靶向施策，坚持三产融合、创新引领，坚持按月分析、每季调度，突出项目建设和改革开放，全年地区生产总值增长4.2%，达到732亿元，固定资产投资增长8.6%，一般公共预算收入增长19.1%，全体居民人均可支配收入增长6.7%，全年主要经济社会发展目标实现，经济社会发展稳中向好、稳中有进。

（贺　莉）

审　计

【概况】　2020年，重庆市长寿区审计局（简称区审计局）设8科1室，即办公室、法规审理科、整改督查与内审管理科、重大政策执行审计科、财政审计科、企事业审计科、投资审计科、经济责任审计科（重庆市长寿区经济责任审计工作联席会议办公室）、电子数据审计科，行政编制19名；下设参照公务员法管理的正科级公益一类事业单位审计中心，参公编制31名。2020年，区审计局及审计中心有在岗在编人员41人；1人晋升为一级调研员，1人晋升为二级调研员，2人晋升为四级调研员。

【审计制度建设】　2020年，长寿区政府印发《重庆市长寿区公共投资建设项目审计实施办法》，区委办公室印发《关于加强财政预算管理强化预算约束的通知》，区委审计委员会印发《中共重庆市长寿区委审计委员会工作规则》和《中共重庆市长寿区委审计委员会办公室工作细则》，区委审计委员会办公室印发《中共重庆市长寿区委审计委员会重大审计事项请示报告实施细则（试行）》。

【审计成果】　2020年，区审计局安排审计项目计划29个，完成29个。查出主要问题金额41亿元，促进增收节支1739万元，挽回（避免）经济损失1311万元，核减投资额1295万元；向区纪委监委移送问题线索9件、向行业主管部门移送问题线索4件，收到移送问题线索回复15件（含以前年度4件），当年移送线索回复率85%，6名正处级领导干部、3名副处级领导干部被给予党纪处分或处理；提交审计信息58篇，被《中国审计报》、重庆市审计局网站等媒体采用35篇（次）；2019年度全市财政预算执行和决算（草案）审计、优化营商环境政策落实情况审计调查、2019年度扶贫资金管理使用情况审计被市审计局评为行业审计优秀项目。

【重大政策执行审计】　2020年，区审计局重点开展应对新冠肺炎疫情防控资金和捐赠款物专项审计、新增财政资金直达市县基层直接惠企利民情况专项审计，对涉企保证金、行业协会收费、中小微企业发展专项资金等优惠政策落实情况进行跟踪审计。督促落实惠企利民政策落地，推动重大工程复工复产1项、兑付一线医务人员临时性工作补助110万元、及时划拨抗疫捐赠资金7万元、按规定清退涉企保证金及利息2857万元、减免小微企业和个体工商户租金150万元，揭示资金划转不规范、违规扩大支出范围等问题10余项；揭示违规享受优惠政策问题，促进催收承诺到期的农民工工资保证金294.33万元、收回违规享受财政补助资金15万元。

【预算执行情况审计】　2020年，区审计局重点关注区级财政在预算收入组织、预算编制及执行等方面存在的风险隐患，以及部门预算执行过程中表现出的普遍性、倾向性问题。区级预算执行和决算草案编制审计揭示出虚增财政收入33.37亿元等重大问题，对化解地方债务的收入来源进行剖析，对其潜藏的风险作出预警。区级部门预算执行审计实现对10个街镇卫生院（社区卫生服务中心）的全覆盖数据分析和重点核查，揭示门诊和耗材收费超标、医用物资采购不规范、违规开展院企合作等问题，促进基层卫生机构规范日常管理、提高服务水平。

【重大项目审计】　2020年，区审计局坚持以审促建、以审促改的基本原则，贯通实施市级以上重大项目和区级重大项目、2020年新增重点项目和2017—2019年度重点项目跟踪审计，实现对区域内重点建设项目系统性、全覆盖审计监督。全年归集已竣工重点项目信息533个，跟踪新建重大项目99个，建立全区重大项目基础数据库，推进重点项目建设30个、激活资产效益33万元，全区已竣工项目结算办理完成率较2019年提高12%、已竣工项目决算办理完成率提高16%；向区纪委监委移送问题线索5件，4名处级领导干部被给予批评教育或谈话提醒。

【政府投资审计】 2020年，区审计局完善法规制度，对标上级要求修订《重庆市长寿区公共投资建设项目审计实施办法》，取消必审制、杜绝“以审代结”，明确审计机关的监督职责和业主单位、建设单位的主体责任。推进转型，决算审计项目占比较2019年提高10%，在决算审计报告中单独反映项目绩效、财务管理等情况，揭示的项目管理、财务、质量、绩效等问题占全部问题的78%。加快技术理念升级，纵向贯通项目决策、建设过程管理、决结算办理及资产移交全过程，以多维度、跨类别数据关联分析为依托，针对关键环节、重要内容，综合分析建设管理和财务收支两方面信息流，进而实现数据精准、结论可靠。向区纪委监委移送问题线索1件，2名处级领导干部被提醒谈话，另外1人被批评教育、1人被诫勉谈话。

【经济责任审计】 2020年，区审计局强化组织保障，对标调整区经责联席会议组成人员及办公室人员，修订联席会议制度；强化项目统筹，广泛听取纪检监察、组织等部门意见，聚焦行业整体发展情况，确定区属重点学校为年度经责审计监督重点；强化组织实施，年初由牵头科室试审1所规模较大的学校，据此形成工作方案统筹推进其他项目。全年实施经责审计项目10个，查出项目管理不严格、资金管理不规范、资产使用不充分等问题60余项，向区纪委监委移送问题线索1件，规范历史遗留问题处理标准3项。

【自然资源资产审计】 2020年，区审计局开展自然资源资产审计项目1个，运用国土、环保等部门的既有数据资源，研判被审计乡镇资源禀赋特点，针对性确定水资源保护审计重点12项、国土资源保护审计重点6项、森林资源保护重点6项；项目实施过程中，发挥RS直观成像、GPS精准定位、GIS空间分析等功能，精准定位对比，实现对各方面自然资源资产信息数量、质量、属性、变量的多维叠加分析，揭示6个方面、21项问题。关于农村饮水安全隐患的审计要情获区委、区政府主要领导重视，区委副书记牵头落实整改。

【重点专项审计】 2020年，区审计局在扶贫审计中着眼“政策落地精准、资金用管安全、项目绩效显著”等目标，重点关注“两不愁三保障”、饮水安全、消费扶贫等短板，揭示扶贫政策落实不到位、产业项目收益不理想、利益联结机制不健全、农村饮水安全存在隐患等问题，促进规范项目和资金管理、强化特殊人群兜底保障、提升多维扶贫合力等工作10余项。在优化营商环境专项审计调查中，重点跟进放宽市场准入、推进证照分离、便利建设项目审批等改革政策施行情况，推动治理违规收费、优化政务服务等9个方面、28项工作；关于提升政务服务的审计要情获区委、区政府主要领导肯定性批示，直接促进行政审批大厅综合服务能力、效果的提升。

【内部审计】 2020年，区审计局实施内部审计着眼于实现覆盖全面、监督深入、成效显著等目标，以2020年度全区内部审计工作要点为统领，利用以审代训、专题培训、专项督导提升内审人员能力，抓好村居财务收支、重点资金专项检查；指导完成内部审计项目151个，审计资金10亿元，查出违纪违规金额414万元、管理不规范金额286万元、实现增收节支46万元。中介机构相关结果核查着眼于提升中介机构责任意识、纪律意识和风险意识，实施核查项目1个，向行业主管部门移送问题线索1件。 （赵　勇）

统　计

【概况】 2020年，重庆市长寿区统计局（简称区统计局）设5个内设机构：办公室、综合科（普查科）、农经科、工业科（投资科）、服务业科（贸易科），辖1个参公事业单位（长寿区统计执法队）、1个事业单位（长寿区社会经济调查队）；有人员编制30名，在职职工26人。承担11项主要职责。

2020年，区统计局落实各级各项重大决策部署，夯实基础工作，提高基础数据质量，圆满完成各项工作任务，局领导班子在区委区政府考核中获得鼓励奖，创历年考核最好成绩。

【统计主要指标】 “十三五”期间，长寿区经济总量一年一台阶，GDP总量2017年突破500

亿元，2018年突破600亿元，2019年接近700亿元，2020年达到732亿元，超额完成“十三五”计划130亿元；GDP总量排位超过北碚区，在全市排第十四位；工业增加值总量超过沙坪坝、合川、大足、荣昌、璧山5个区县，排全市第六位。2020年，长寿区经济增速居全市前列，GDP增速全市第八，规模以上工业总产值增速全年保持在全市前十，固定资产投资、社会消费品零售总额、居民收入等数据连续2年保持全市中上水平。

【基层基础工作】 2020年，长寿区深化统计改革，建立统计工作联席会议制度，全年区政府常务副区长组织相关部门和街镇召开4次统计工作联席会议，研究部署统计工作，推动各项工作落到实处。修订出台《长寿区统计数据质量管理办法》等业务管理制度30多个，覆盖所有统计调查项目、统计业务流程，规范统计数据生产的各个环节。加强基层统计队伍建设，各行业主管部门均配备1~2名专职统计人员，大部分街镇配备2名以上专职统计人员。

【四上企业统计】 2020年，区统计局狠抓全区670余家规模以上工业企业、资质等级建筑业企业、限额以上批零住餐企业、规模以上服务业企业“四上企业”、投资项目统计报表报送工作，强化业务指导、数据查询、数据审核、数据验收和数据汇总等工作，指导企业依法依规、如实填报企业数据；加强基础数据质量检查，各专业按照数据质量评估办法对数据波动较大、数据间匹配性较差、数据质量不高的企业进行重点检查，全年进行数据质量检查100余次；狠抓企业升规纳统工作，利用第四次经济普查结果和财政、工商、税务等资料对全区所有企业进行拉网式排查清理，梳理出具有升或达限潜力的企业名单，分类进行核实，争取早日入库。全年新增规模以上工业企业25家、资质等级建筑业企业11家、房地产开发企业1家、限额以上商贸企业32家，规模以上服务业企业18家。

【涉农统计调查】 2020年，长寿区开展农业农村和住户收支统计调查工作，成立以区主要领导为组长的领导小组，明确各部门、各街镇的工作职责，加强对全区涉农统计工作的领导。建立健全日常工作管理制度、全面农业统计制度和调查员、辅助调查员、调查户管理制度等工作体制，建立“一月一培训、一季一评比、一年一考核”工作机制。推进调查样本轮换工作，提高样本数据质量，确保2020年与2021年调查数据的平稳衔接。

【统计服务】 2020年，区统计局加强同部门和街镇的沟通联系，全局分4个工作组，分片包干对接相应的部门和街镇统计工作，共同协商解决工作中存在的困难和问题，形成合力；走访街镇140余次、部门60余次。加强分行业、分企业基础工作指导，建立重点检查企业清单，定期到基层、到企业指导工作，查看原始台账及相关基础资料，年内走访企业230家（次）。开展优化管理年活动，对全局干部职工工作岗位进行优化调整，细化岗位职责，优化内部管理，年内新提拔科长5名，新进工作人员3名（其中市优秀选调生1名、西部志愿者1名）。按照长寿区统计局统计分析信息考核办法，制定全年撰写计划，将统计信息分析纳入全局干部职工年度考核，作为评优评先的重要依据，全年撰写统计分析46篇、统计信息68篇，区主要领导批示3篇，市统计局、区委区政府采用40篇。

区统计局贯彻落实上级关于新冠肺炎疫情防控各项决策部署，做好疫情防控工作，抽调2人到区疫情防控办物资组，负责全区防疫物资发放、统计工作；抽调2人到菩提街道、凤城街道现场检查企业复工复产情况，确保企业符合复工复产规定。牵头抓好区重大项目复工复产疫情防控督导工作组第三小组工作，完成43个区级重大项目复工复产督导检查工作。发挥统计职能，完成企业复工复产调查问卷，了解企业复工复产情况，提供疫情下的社会经济数据。

【依法治统】 2020年，长寿区统计执法法治工作取得进步，组织全区统计系统多次开展《统计法》《统计实施条例》《统计违法违纪行为处分规定》等法律法规学习活动，开展统计法律法规进党校活动，邀请市局执法队领导到长寿授课，取得较好反响。以迎接国务院统计大督察为契机，夯实依法治统工作，针对存在的薄弱环节，建立整改台账，限期完成整改。加大执法力度，全年查处并给予1家企业警告并罚款的行政处罚。

【重大普查】 2019年11月长寿区第七次全国人口普查工作启动，到2020年年底，区人口普查领导小组办公室遵照普查方案，完成普查机构建立、普查人员选聘、普查经费落实、普查两员培训、综合试点、户口整顿、短表、长表入户登记等工作，摸清全区人口情况。

区统计局完成第四次全国经济普查后续工作，审核发布长寿区第四次全国经济普查公报，向社会公布长寿区四经普普查结果。完成四经普总结和表彰工作，对在四经普工作中表现突出的单位和个人进行表彰。加强四经普数据结果运用研究，为全区经济发展提供统计服务。

抓好脱贫攻坚普查工作，同市调查总队对接，及时掌握脱贫攻坚普查新动态新情况；做好全区脱贫攻坚普查业务指导，夯实脱贫普查基础工作，提高普查数据质量；做好上级脱贫普查小组接待工作，做好普查人员后勤保障工作，完成长寿区的脱贫攻坚普查工作。

【党建工作】 2020年，区统计局落实以政治建设为统领，学习贯彻落实中共十九届四中、五中全会精神，学习贯彻习近平总书记对重庆提出的营造良好政治生态和推动成渝地区双城经济圈建设等重要指示要求，以及对统计工作的重要指示批示精神；以巡察整改为契机，推动全面从严治党，主动对巡察整改落实情况开展回头看，针对区委巡察整改监督检查中提出的1个整改不到位的问题，及时研究整改落实方案，责任到人，立即整改；强化全面从严治党主体责任落实，细化实化领导班子落实“一岗双责”工作责任制，制定三项责任清单并抓好落实；党组会多次研究部署支部工作，机关党支部结合巡察整改及创建“五好党支部”，规范完善党建工作长效机制，落实“三会一课”等制度，丰富主题党日活动形式，强化党员教育管理，党支部的战斗堡垒作用得到更好发挥。强化作风整治，紧盯“四风”新表现、新动向和统计违纪违法行为，管出习惯、化风成俗；管理干部职工举办参加升学宴、参军宴，对涉黑涉恶、领导干部利用名贵特产类特殊资源谋取私利问题、疫情期间资金物资使用管理等情况认真自查；组织学习关于党风廉政建设和反腐败工作的法律法规及重要文件精神，元旦、春节、国庆等节假日组织开展正风肃纪专题教育；开展经常性的谈心谈话、“以案四说”警示教育、参观警示教育基地等活动，全方位落实党员干部廉政教育。按照“两不愁三保障”要求，落实长寿湖大石村脱贫攻坚的具体工作。 （李永鑫）

国有资产监督管理

【概况】 2020年，长寿区有区属国有企业62家（一级企业18家、二级企业36家、三级企业8家），其中区国资委出资企业46家（一级企业10家、二级企业28家、三级企业8家），经开区管委会出资企业11家（一级企业4家、二级企业7家），另有正在改革中的区级行政事业单位出资企业5家（一级企业4家、二级企业1家）。区属国有企业资产总额1364.32亿元，年营业总收入62.28亿元，净利润8.16亿元。区属国有企业有职工5041人，其中区管重点国有企业417人，其他国有企业4624人。

重庆市长寿区国有资产监督管理委员会（简称区国资委）是长寿区政府工作部门，有行政编制6名，实有6人，设主任1名、副主任1名；下设综合管理科、改革发展科2个科室，科级领导职数2名；区国资委下设国资管理中心1家事业单位，编制6名，实有6人。另有工勤人员1人。设立有长寿区国资委党委，下设12个企业基层党组织（1个党总支、11个党支部），有中共党员241名。

【国有企业改革】 2020年，区国资委推进区管重点国有企业集团化运营改革。2017年区管重点国有企业改革后依旧存在资产管理分散、经营业务交叉、集团统筹能力较弱等问题。2020年，区委办、区政府办印发《进一步推进区管重点国有企业集团化整合运营方案》；推进部门出资企业统一监管改革，重庆市长寿区合泰移民资产管理有限公司等11家企业的改革方案已经区政府常务会审议通过，重庆市长寿区校办企业公司等9家企业已完成统一监管改革；开展区属国有企业混合所有制改革，对重庆寿岛国际旅行社有限公司和重庆茂途物业服务有限责任公司进行混合所有制改革，年底前已完成。做好企业退休人员社会化管理工作，将474名区属国有企业退休人员移交给相应社区实行社会化管理，384份人事档案移交给区档案馆，相关服务活动场所及设施、设备2处、2300平方米的房产无偿划转给相关社区，区属国有企业退休人员社会化管理移交协议签订率100%。

【国有企业监管】 2020年，区国资委继续完善国有资产监督管理制度，出台《关于进一步加强国有企业公务用车管理的通知》《关于加强区属国有企业监事会工作的通知》《长寿区区属国有企业采购管理暂行办法》《重庆市长寿区区管企业领导人员管理办法（试行）》和《关于进一步加强区属国有企业融资管理工作的通知》等5个制度，汇总整理134个中央、市级和区级关于国资国企监管的制度、规范性文件，编辑印发《国资国企管理制度汇编》。推进智慧国资大平台建设，年底前智慧国资企业端财务和人力资源管理模块顺利试运行。强化审计监督整改，落实市委第五轮巡视问题整改；制定14项整改措施，分解落实整改责任，在规定时间已完成整改任务，并建立起长效监督机制；聘请第三方专业机构协助，对出资企业2019年度制度建设及执行情况、运行成本、投资、薪酬和资产管理等情况开展专项审计。加强公务用车管理工作，印发《关于进一步加强国有企业公务用车管理的通知》，规范车辆设备和车辆标识，督促企业安装ETC装置93台、粘贴170辆车公务用车专用标识。

【债务风险化解】 2020年，区国资委完善融资管理机制，印发《关于进一步加强区属国有企业融资管理工作的通知》，规范企业融资举债行为，防范企业融资业务中的廉洁风险。做好融资工作，推动企业按照市场化方式、依法依规开展市场化融资，年内全区国有企业融资到位300多亿元，满足企业自身发展、重点项目建设和偿债需求，全年未发生债务违约事件。推动国有资产资源盘活利用，印发区委《关于进一步加强全区国有资产资源统筹管理利用的意见》，启动对全区经营性国有资产资源的清理摸底和盘活利用工作；通过授予区属国有企业特许经（运）营权的方式，推动2.47万个市政停车位及60.17万平方米区级公租房等资产资源的盘活利用，盘活规模20.22亿元（其中融资14.7亿元）。

【社会责任履行】 2020年，区国资委持续推进脱贫攻坚工作，区属国企完成消费扶贫22.46万元，超额完成安排的任务。统筹安排抗击新冠肺炎疫情，出台《关于进一步落实国有房屋租金减免政策的通知》，督促各国有企业为794户承租主体减免租金736.07万元，涉及租赁面积39.59万平方米；组织防控疫情捐款，区属国企全体党员捐款51780元。鼓励企业吸纳大学生就业，区属国有企业按政策要求招聘应届毕业生，新增13个岗位用于招聘。（徐 筝）

金融管理

【金融供给侧改革】 2020年，长寿区深化金融供给侧改革，缓解企业融资难融资贵。截至2020年12月底，完成转贷应急周转资金481笔，使用转贷资金合计27.67亿元，帮助240家企业解决资金周转困难问题；2020年1—12月完成转贷应急周转资金132笔，109家企业使用转贷资金合计7.6亿元。建立“政银担”合作机制，开展政银担合作贷款，设立贷款额度1亿元的风险补偿资金池，首期出资2000万元，建立政府、银行、担保三方共同承担的分担机制，撬动银行信贷资源向民营企业及三农企业倾斜。区财政局与农行长寿支行、长寿中银富登村镇银行以及宏昌担保公司签订合作协议，新增贷款43家企业、5621万元，总计为65家企业发放贷款8666万元。

【普惠金融】 2020年，长寿区支持乡村振兴。设立1100万元的区级扶贫小额信贷风险补偿金，帮助有条件、有意愿的建档立卡贫困户获得生产发展资金。制发扶贫小额信贷政策宣传手册，打消贫困户不愿贷、不敢贷的顾虑；构建5家银行和贫困户对接平台，采取集中办理和分散办理相结合的方式，让贫困户少跑路；加强贷后资金使用、产业发展、还款能力等情况监测；截至年底前，总计发放扶贫小额信贷3508户次、5263.43万元，获贷率63.37%。

【金融创新服务】 2020年，长寿区推动财政金融融合发展，创新保险产品，探索推出鸡蛋价格“保险+期货”保险项目试点，加大政策扶持力度，完善农业保险补贴政策，鸡蛋投保规模达10000吨，实现保额7780万元，保费总额385.5万元，财政给予40%的保费补贴，企业获赔178.6万元。引导金融机构履行社会责任，简化贷款程序、减少贷款环节、优化贷款环境、优惠贷款利率，严禁各种形式的不合理收费。加大金融知识普及力度，开展金融宣传月活动，加深群众对金融知识和金融政策法规的了解，增强风险防范意识，提升金融素养。

【金融生态环境建设】 2020年，长寿区严防联控，非法集资专项治理成效明显，年内全区未发生重大非法金融活动案件和造成较大社会影响的案件，未发生到市、到京上访案件；全区聚焦非法集资发现难、协调难、处置难的“三难”问题，创新和完善长效治理、专案专班、举报奖励和“四个数据库”等工作机制，整合优化部门职能，加强事前、事中、事后的整体防范，从源头、传导、转化等关键环节进行化解，提高非法集资风险防范化解的前瞻性、系统性、协同性；加强宣传、强化排查、加大案件处置的力度；2020年，案件化解率、追赃挽损率分别达到83.33.%、59.23%，均远高于全国平均水平，全区非法集资案发数量、涉案金额等主要数据呈逐年大幅下降趋势；长寿区治理非法集资工作的相关做法，得到副市长李波的肯定性批示。互联网金融风险专项整治有序推进，按照属事属地管理原则明确责任，加强跨部门协作，共同承担整治任务，共同落实整治责任的要求，开展专项整治工作，规范全区各类互联网金融业态，防范和化解互联网金融领域存在的风险；采取专项排查+常态化巡查相结合的方式，对重点行业和重点领域开展风险排查；截至年底前，长寿区无从事P2P网络借贷、股权众筹等互联网金融业务的市场主体及分支机构，全区参与互联网金融人数较少，未发生因互联网金融风险引发的大规模群体性事件及舆情。

（陈　航）

自然资源保护管理

【调查登记】 2020年，区规划和自然资源局推进第三次全国国土调查统一时点更新暨2019年变更调查工作，核实设施农业用地、公路用地、新开挖人工湖（人工水景）、常规监测图斑20000个，外业举证图斑9738个。开展不动产登记权籍调查316宗（含林权调查3宗）面积931.01公顷，完成6座小水电权属调查登记，备案审查房地产开发项目测绘成果213件。核查清理不动产数据134万条，修改重复房屋信息10848条、重复楼栋1254幢，更正错误挂接信息6.3万条；依托不动产登记信息管理平台，结合“以地控税、以税节地”“点对点”网络执行查控等工作机制，强化与税务部门、金融部门、公检法司等有关部门的信息共享，建立不动产登记和权籍调查信息查询与共享管理制度机制。

落实农村宅基地“三权分置”改革要求，持续完善农村土地房屋登记数据库，下沉一线攻坚化解农村村民房屋产权登记遗留问题，完成葛兰、石堰2镇农房历史遗留办证2100多件。颁发经营性集体建设用地不动产权证书5件，助推集体建设用地和企业资产保值增值。推动历史遗留问题办证，完成乐至公司晏家十期、十一期安置房办证3587件，长寿区粮食有限责任公司、重庆长航川江船业有限公司等企业和群众初始、转移、变更登记421件。

【土地供应】 2020年，区规划和自然资源局完成83个地块109.62公顷城市规划和土地利用规划“两规”一致性处理，保障过渡期建设项目空间落地。全年完成建设项目用地预审7宗、60公顷，获批农用地转用和土地征收项目14宗、200公顷。筹措耕地占补平衡指标，保障渝长高速扩能变更工程等重要基础设施和长寿高新区职教基地等重要产业项目用地。科学编制实施年度土地出让计划，供应国有建设用地70宗、541.62公顷，实现财政入库收入49.25亿元。建立全区批而未供土地空间数据库，处置消化批而未供土地185.31公顷，完成年度“增存挂钩”（即分解下达新增建设用地计划，要把批而未供和闲置土地数量作为重要测算指标）处置任务。采用村规划+项目清单方式，打通简化点状用地项目农用地转用各环节，获批乡村振兴点状用地29公顷，审批农业农旅结合休闲观光等乡村建设项目用地1.37万平方米，促进农旅融合、一二三产融合发展项目落地。

履行空间用途管制职责，建立运行社会稳定风险评估机制和征地公告联席会议制度，健全农村村民住宅用地审批和农用地转用工作机制，完成全区征地区片综合地价制定。加快推进征地补偿安置政策调整研究，抓好过渡期征地报批和实施，发布土地征收公告和补偿安置方案公告7个、拟征地公告17个。加强土地供应统筹管理和引导，发布9宗房地产用地预公告。加快建立政府公示自然资源价格体系，完成新一轮城镇土地级别和基准地价更新，发挥价格杠杆对生态环境保护和资源节约集约利用的引导作用，促进自然资源保护与合理开发利用。

【土地储备】 2020年，长寿区新增储备土地23宗、117.97公顷，为全区新建居住楼、长寿经开区消防特勤一站改扩建工程、长寿湖游客集散中心、100万吨电子级硫酸项目等建设项目提供储备土地20宗，面积145.33公顷。强化土地储备资金监督管理，做到分账核算、专款专用，保障土储资金安全，开展2019年土地储备专项债券跟踪工作，对2017年至2020年5月期间完成全部收储程序的6个经开区土地收储项目土地收购款支付情况进行清理。

【耕地保护】 2020年，长寿区以耕地保护督察整改、遏制农村乱占耕地建房、耕地“非农化”行为等专项行动为契机，开展保护耕地专题宣传，营造保护耕地资源的良好氛围。坚持实行最严格耕地保护制度，强化目标任务统筹，建立补充耕地激励机制，明确各街镇耕地和永久基本农田数量保有量任务，压紧压实街镇耕地保护责任。执行“占优补优、占水补水”的占补平衡制度，以优化选址、采取工程措施等形式，实现减少建设占用耕地20公顷以上。制定农村乱占耕地建房和耕地“非农化”行为工作推进方案，畅通举报渠道，完善查处机制，遏制新增农村乱占耕地建房和耕地“非农化”行为。规范设施农业备案管理，明确使用永久基本农田类型和程序，压实设施农业用地复垦责任；备案设施农业用地11宗、3.08公顷，保障农业产业发展需求。

完成明月山长寿段禁建区内29家关闭退出矿山237.38公顷损毁土地生态修复治理，栽种旱柳、黄桷树等6万余株。以自然恢复、工程恢复、现状保留+周边治理、政府关闭+工程恢复等多种方式，科学系统编制长江经济带废弃露天矿山生态修复实施方案，约谈不履行修复义务矿山企业20余次，区规划和自然资源局、区检察院联合开展生态赔偿案件督办10余次，按时完成长江经济带废弃露天矿山42个图斑、52.68公顷生态修复任务。完成全区第一批8个历史遗留矿山复垦地票交易，新增地票2.74公顷，实现交易金额825万元。

【土地整治】 2020年，长寿区加快推进土地整理“旱改水”项目试点，分析研判全区2.8万个旱改水潜力图斑，完成30个项目、609个图斑、506.67公顷旱改水潜力图斑实地调查，万顺镇东风村土地整理项目纳入“旱改水”项目试点。精准结合脱贫攻坚，在贫困村投资6440余万元实施土地综合整治，直接增加群众财产性收入3972万元，增加集体经济组织收入695万元。结合乡村振兴战略，实施土地整理，实现新增耕地239公顷、农村建设用地复垦验收22公顷，完成土地整理项目入库333.33公顷、农村建设用地复垦项目入库26.13公顷，超额完成年度任务。

【地灾防治】 2020年，长寿区全面加强汛期地质灾害防治，强化由群测群防员、片区负责人、驻守地质队员、区县技术管理员组成的“四重”网格化管理，确保273名网格员在岗位、在现场、在状态，开展信息维护更新、监测数据上报、巡查排查、监测预警等工作。区规划和自然资源局与气象部门联动，及时发布气象预警信息，常态化开展会商研判，及时处置险情13起，无人员伤亡。推进凤城街道关塔路塌岸、晏家街道川维物流公司水上加油站塌岸综合治理及56个地灾点避险搬迁项目等灾后重建项目，争取中央专项资金1664.4万元；实施小微地质灾害治理项目5个，完成18个地灾隐患点销号。整合打捆农村建设用地复垦与地灾搬迁避让政策，实施“金土工程”搬迁避让项目18个，撤离受威胁群众105户、271人，兑付资金271万元。强化宣传培训与应急演练，实现已有地灾点简易避险演练全覆盖，提高受威胁群众防灾意识和自救互救能力。编制完成《长寿区地质灾害专群结合智能化监测预警实施方案》，推动地灾隐患点监测预警由“人防”模式转变为“技防+人防”的新形式。

【矿产资源管理】 2020年，长寿区完成砂岩、页岩资源专项调查评价，《重庆市长寿区矿产资源总体规划（2021—2025）》纳入国土空间总体规划统筹推进。强化矿产资源勘查开采监督管理，落实采矿权标识制度，完成13宗采矿权实地核查和储量动态监测、矿业权人勘查开采公示信息抽查。持续加强矿业权管理，依法依规开展万顺镇地热探矿权等5宗矿业权出让《出让技术报告》《矿业权评估报告》编制，完成云台镇地热资源普查等2宗探矿权出让，实现出让收益480万元。实施露天矿山综合整治，区规划和自然资源局联合区生态环境局等多部门加强露天矿山综合整治督促指导，召开露天矿山综合整治推进会6次，开展现场督促指导8次，下达整改通知4份，约谈企业4家、10次，完成12宗露天矿山综合整治任务，规范矿产资源勘查开采秩序。

【监察执法】 2020年，长寿区持续提升规划自然资源领域执法水平，成立长寿区规划和自然资源综合行政执法支队，健全机构设置、优化人员配置，建立健全周例会、日常动态巡查、案件会审等工作制度，持续提升执法监察水平。利用“6·25”土地宣传日、“12·4”宪法宣传日等节点，结合农村乱占耕地建房专项整治、扫黑除恶专项斗争等专项行动，到菩提街道、新市镇等镇街开展4次集中宣传活动，发放宣传资料20余种、10万余份。利用多平台多形式开展农村乱占耕地建房“八不准”、耕地非农化“六严禁”（即严禁违规占用耕地绿化造林，严禁超标准建设绿色通道，严禁违规占用耕地挖湖造景，严禁占用永久基本农田扩大自然保护地，严禁违规占用耕地从事非农建设，严禁违法违规批地用地）等专项宣传。提升法治建设和决策的规范化、法治化，依申请政府信息公开按时答复率100%，依法办理行政复议案件4件、行政诉讼案件110件。从2018年扫黑除恶专项斗争开展到2020年，签订扫黑除恶专项斗争排查工作承诺书34份，发放《致党员干部的倡议书》1000余份，在45家矿山企业周边、住宅小区发放宣传资料55000余份、宣传卡片20000余张，悬挂横幅88条，张贴海报200余张。完成2019年度、2020年季度584个土地矿产图斑核查判定，推进42个违法图斑查处整改，立案查处土地违法案件30件。快速完成国家和市级下发6257个农村乱占耕地建房线索图斑摸排，2起新增农村乱占耕地建房全部消除违法状态。持续加强建设工程批后监管，细化巡查、竣工核实、违法建设查处工作机制，打击规划和自然资源领域各类违法行为，持续规范土地管理、矿产开发、工程建设各领域秩序。（陈　曦）

知识产权

【概况】 2020年，重庆市长寿区市场监督管理局（简称区市场监管局）以知识产权工作服务区域经济社会发展、优化区域营商环境、增强区域核心竞争力为根本，围绕创建国家知识产权试点城市，统筹推进知识产权创造、运用、保护和管理工作，促进知识产权与区域经济社会发展的深度融合。实施知识产权、商标品牌“两大战略”，商标强区成效显著，全年全区新申请商标1869件，新注册商标1284件；新增授权专利1018件（其中：授权发明专利326件），新增有效发明专利1162件，重庆博腾制药有限公司发明专利瑞舒伐他丁中间体及制备方法（ZL201010179187.8）获“中国专利优秀奖”。年底前，全区有效注册商标11518件，同比2019年增长22.95%；中国驰名商标4件；授权专利1103件，同比增长6.47%；授权发明专利352件，降低8.09%；万人有效发明专利13.46件，增长9.95%；地理标志3件。

【知识产权运用】 2020年，区市场监管局开展知识产权优势企业、示范企业培育工作，重庆市浩源门业有限公司等22家企业被认定为市级知识产权优势企业，全区总计有国家级知识产权示范企业2户、国家级知识产权优势企业13户、市级知识产权优势企业46户、市级知识产权试点企业56户。

开展产业和企业技术创新专利导航项目申报工作，重庆康乐制药有限公司抗新冠肺炎治疗药物硫酸羟氯喹原料药新合成技术专利导航项目被确定为2020年度企业技术创新专利导航项目（重点类）拟立项项目。开展金属材料及制品产业专利导航和诊断试剂（分子诊断）等产业规划专利导航工作，明晰产业与技术发展现状、产业专利布局态势、区域产业发展专利导航路径等。开展知识产权军民融合工作，年内2次组织辖区相关企业参加全市“军转民”“民参军”专利对接活动。推进企业贯彻《国家企业知识产权管理规范》工作，全区103家企业通过国家权威机构贯标认证，区市场监督管理局、区科技局、区财政局联合开展企业贯标抽查，区政府兑现贯标补助1030万元。指导开展国家知识产权示范企业和优势企业年度考核工作，重庆博腾制药科技股份有限公司等7家企业考核为优秀。指导开展2019年度市级专利资助工作，福安药业（集团）股份有限公司等73家企业（个人）的254项专利获得市级资助50.8万元。指导开展重庆市产业专利导航中心考核评估工作，重庆市新材料产业专利导航中心考核为优秀等次。召开知识产权融资银企座谈会，促进银企对接合作，推进知识产权金融工作，年内82家企业科技型企业知识价值信用贷款1.79亿元；知识产权质押融资取得突破，重庆中平紫光科技发展有限公司通过质押专利实现融资1.5亿元。

【知识产权保护】 2020年，区市场监管局按照《2020年度重庆市知识产权行政保护专项行动方案》《2020年重庆市打击侵犯知识产权和制售假冒伪劣商品工作要点》，常年开展“铁拳”“蓝天”“绿色技术”等知识产权保护行动及商标、专利、新冠病毒防护用品等专项检查。全年检查药店1300余户（次）、大型商超120余户（次）、书店15户（次）、旅游景区12次、各类市场主体5100余户（次）；检查药品200余种、医疗器械30余种、文具60余种、玩具100余种、新冠病毒防护用品1100余个（次）。开展地理标志专项检查，检查各类市场主体5000余户及“长寿沙田柚”“长寿夏橙”“长寿血豆腐”等地理标志产品3200余个（次），有效遏制地理标志证明商标侵权违法案件的发生。做好广交会、智博会、进博会等重大展会参会企业知识产权侵权风险排查工作，指导参展企业对拟参展展品涉及的商标、专利、地理标志等知识产权进行自查自纠，及时发现整改知识产权风险隐患。履行知识产权行政保护职责，开展专利、商标专项整治活动，办理商标侵权案件2件。贯彻落实成渝双城经济圈发展战略，与四川省攀枝花市场监督管理局签订区域间知识产权保护协作协议。重庆望变电气（集团）股份有限公司的惠泽及图、重庆市长寿区农产品商贸流通协会的长寿沙田柚、重庆永航钢铁集团有限公司的永航YONG HANG及图等3件商标进入第一批川渝知识产权合作重点保护名录。

【知识产权管理】 2020年，区市场监管局推动全区知识产权由量的提升到质的转变，配合区政府修订《长寿区创新驱动发展战略专项扶持办法（试行）》，完成“鼓励知识产权”版块政策调整相关工作，调整坚持稳中有进、精准施策，保持政策总体稳定，专利资助仅对申请主体作进一步明确，资助范围及标准未作调整；知识产权贯标补贴范围缩小至规模以上工业企业和科技型企业，补贴标准由一次性补助10万元降至2万元。为推动国家知识产权试点城市创建工作，区市场监管局会同区财政局出台《重庆市长寿区知识产权专项扶持方案》，对在区内注册登记、经营、纳税的具有独立主体资格的市场主体进行知识产权专项扶持，具体包括：规模以上工业企业专利清零补贴、重庆市企业技术创新专利导航补贴、重庆市重点企业（产品）知识产权风险防控补贴、高新技术企业知识产权托管补贴等。区市场监管局会同区科技局、区发展改革委、区财政局等部门完成2019年度《重庆市长寿区创新驱动发展战略专项扶持办法》中涉及知识产权奖励的企业上报资料初审工作，兑现奖励扶持资金1293万元（其中发明专利授权248万元、优势企业15万元、知识产权贯标1030万元）。完成2019年度全区商标品牌奖励兑现188.56万元（其中新注册商标10.56万元、驰名商标50万元、重庆名牌产品和重庆知名产品126万元、涉外商标2万元）。牵头推进国家知识产权试点城市建设工作，印发《2020年长寿区推进国家知识产权试点城市建设工作责任分工》，分解目标责任，召开工作推进会部署落实。组织召开国家知识产权试点城市建设考核验收部门联席会，做好考核验收相关资料及会务筹备工作，资料汇编编制完成。指导督促全区知识产权运营平台建设，长寿经开区一站式知识产权公共服务平台线上交易系统开发完毕，完成数据导入工作，线下平台完成基地建设及展厅规划设计，进入装修阶段。线下业务体系及运营服务体系搭建完成，线下运营团队组建完毕；长寿高新区知识产权公共服务平台和权小智企业知识产权智能管家平台建设有序推进。开展重庆市中小学知识产权教育试点学校申报工作，指导长寿区八颗中心校、长寿区葛兰镇中心小学校做好申报工作，2所学校均被认定为重庆市第三批知识产权试点学校。开展知识产权宣传培训工作。受制新冠肺炎疫情大环境约束，创新宣传方式，通过户外媒体、报纸、电视等进行宣传，组织开展线上培训1次，近2000人次进入直播间参加培训；

下半年疫情缓解后，开展线下培训2次，300余人次参加培训；开展户外展板宣传1次。

（王　红）

表17　2020年长寿区知识产权情况统计

项目名称	历年累计（个、家）
有效注册商标	11518
万人有效发明专利	13.46
中国专利优秀奖	1
地理标志商标	3
驰名商标	4
市级知识产权优势企业	46
国家知识产权优势企业	13
国家知识产权示范企业	2
国家知识产权示范园区	1
重庆市知识产权试点园区	1
知识产权贯标企业个数	106
重庆市知识产权教育试点学校	3
在建知识产权公共服务平台	2

（重庆市长寿区市场监督管理局提供）

粮食安全管理

【概况】　2020年，长寿区持续推进粮食安全行政首长责任制工作，落实粮食收储制度，增强粮食保障能力，加强粮食存储、生产流通质量检查力度；强化粮食市场流通保障，加强粮食应急保障能力建设；落实储备粮油轮换计划，严把粮食质量关，确保全区粮食安全。长寿区储备粮存储任务量增加，达到储备原粮90250吨，其中区级储备原粮15000吨；成品粮储备任务量增加，达到850吨。全区粮食应急保障能力提升。

【粮食应急保供体系】　2020，长寿区强化应急保供网络建设，根据全区人口规模和区域面积，设置粮油应急供应网点30个、粮食应急加工企业4个、粮食应急储运企业2个、粮食应急配送中心2；建立2个粮情监测网点，进行市场供求和价格走势分析；粮食应急储运、加工、配送、供应网络形成，确保粮食市场稳定。疫情期间，区粮食应急加工企业加工大米1.5万余吨，为全区粮食应急保供任务作出贡献，销售至四川、贵州、云南、市内其他区县等地，在全国疫情防控中发挥作用。

【粮食生产管理】　2020年，长寿区加快推动“藏粮于地、藏粮于技”落实落地。以“优质粮食工程”建设为契机，推进粮食绿色化、优质化，推广粮食优良品种，推进适度规模经营，建成80公顷稻虾养殖基地，增加农民收入，提高周边农户种粮积极性。穗花食为天粮油有限公司500吨粮食加工能力提升工程完成，日加工能力达到1000吨，成为全市重点粮油保供企业。

【粮食购销管理】　2020年，长寿区加强粮食购销监管，要求各粮食收购企业按照“先检后收、优粮优价、应收尽收”和“先检后收、分仓储存、分类处置”的方式，督促企业按计划完成收购任务；对每次购入和售出的粮食做好质量检测，守住质量安全底线。区发展改革委年内配合市场监管局等部门开展联合检查和单独检查47次，出动检查人员93人次。

【粮食安全宣传教育】　2020年，长寿区开展以“科技创新促发展，兴粮兴储保民生”为主题的粮食科技活动周宣传活动，以“齐成长、同繁荣、共持续。行动造就未来”“端牢中国饭碗，共筑全球粮安”为主题的世界粮食日和全国粮食安全宣传周系列宣传活动；聚焦人才与科技创新，宣传粮油科技创新成果、优质粮油营养健康知识、农户科学储粮、农户储粮常见鼠类防治、农户储粮常见害虫防治等热点内容。结合“七五”普法工作，向人民群众现场宣传粮食安全相关法律法规，让粮油科技知识和粮食安全知识深入人心，提高全区人民关心粮食储备、关爱粮食、“节约粮食人人有责”责任意识。

（包　操）

土地房屋征收安置

【概况】　2020年2月18日，长寿区委编委发文将重庆市长寿区土地房屋征收安置办公室更名为重庆市长寿区土地房屋征收事务中心（简称区征收事务中心），智能职责不变；单位领导职数为1正2副，年底前实有领导人员1正3副；人员编制30名，实有人员27人。2020年10月20日，长寿区委发文撤销中国共产党重庆市长寿区土地房屋征收安置办公室党组。

2020年，区征收事务中心以重大建设项目征收工作为重心，兼顾抓好其他项目征收工作，全体干部职工以高度责任感和高效率工作，实施征收补偿项目48个（含2020年以前未实施完成项目），征地1067公顷，完成农房拆迁6500余户，安置12000余人，拆除房屋60万平方米，确保项目用地的需求。足额支付被征收群众的各项补偿资金，保障被征收群众的合法权益不受损害。

【重点项目征迁】 2020年，区征收事务中心完成渡舟专业市场群商住项目、海棠工业组团四期、八颗汽车配套项目三期、八颗恒大新能源电池项目、晏家乙烯片区项目、经开区中航油及双象项目、葛兰健康产业园四期等市场主导类重点项目，征地507公顷，拆除农房2590余户，安置人员8300余人。完成S413石堰至石安连接道、渡舟横一路北一支路、北城大道连接道等道路交通项目，征地333公顷，拆除农房200户，安置1000余人。完成位于新市街道的长寿区新引进高等院校职工会计专科学校项目一期、二期征地45公顷，拆除农房320户，安置710余人。完成三洞沟旅游景区项目征地113公顷、长寿湖景区（至高铁站）畅通工程道路改造等旅游配套项目。

【党建工作】 2020年，区征收事务中心党组把落实全面从严治党工作列为年度重要工作，落实重大问题请示报告制度，对突发性和工作中的重大问题及时向上级党委请示报告，对征地补偿安置工作中存在的不稳定因素，可能引发群体性事件重大问题的被征地安置人员“五大帮扶”及资金问题，领导班子多次向区委区政府报告相关情况，按照区委区政府的安排及时开展相关工作。通过党组会、主任办公会、职工大会、党员大会、反腐倡廉参观、个人自学、节假日微信提醒等多种形式，开展廉政教育90余人次，观看扶贫领域警示教育片4次；利用宣传展板、公示栏、办公墙面等，营造良好廉政文化氛围；将接受监督检查与自查自纠常态化、长效化；年内党组主要负责人召集研究部署党风廉政建设工作13次，传达上级工作部署18次，约谈党员干部18人次；开展廉政风险排查，针对排查出的17条廉政风险，逐条研究制定防控措施；配合纪委监察委对征收补偿安置中发现的违规违纪线索进行调查核实。党组对意识形态工作进行专题研究，将保持正确的政治方向摆在第一位。完成公务车辆改革，全部公务车辆纳入重庆市公务车辆管理系统管理，接受监督监管。

党支部坚持抓好“两学一做”“不忘初心、牢记使命”主题教育，通过集中学习、听党课、开展党章知识竞赛等多形式开展党员干部的理论学习和思想教育，年内领导干部讲党课9次；集体学习研讨民法典、十九届五中全会精神、意识形态工作责任制等理论知识；组织党员到杨闇公、杨尚昆故居开展红色教育，进社区开展志愿服务活动；发挥党组织示范引领作用，贯彻落实党风廉政建设“一岗双责”，对“三公经费”预算、职工工作作风、节假日值班、职工职称晋升等进行抽查和监督；参加菩提街道东新村精准扶贫工作，帮扶发展种植业、养殖业，帮扶就业、就医以及节日慰问、送温暖等，年底前10名被帮扶对象已全部脱贫。（简　勇）

公共资源交易管理

【概况】 2020年，根据市委组织部《关于中共重庆市长寿区委党校等40个单位继续列入参照公务员法管理范围的通知》，重庆市长寿区公共资源交易中心（简称区公共资源交易中心）被重新认定为参照公务员法管理单位。应全区深化公共资源交易监督管理改革需要，人员编制从18名缩减为15名，年底实有在编人员15名；内设6个科室（综合科、监察科、政府采购中心、政府采购服务科、工程交易服务科、产权交易科）。2020年，区公共资源交易中心提拔科级干部1名，晋升职级7名。

【平台建设】 2020年，区公共资源交易中心落实市政府关于交易平台管理要求，立足平台职能定位，加强平台建设。完善评标区域功能建设，增加鱼眼摄像头7个、拾音器5个，在评标专家的座位上设置物理隔断，为评标专家创建独立评标环境，实现评标室全方位无死角监控。5月，区交易网成功并入市公共资源交易网投入使用，实现全市公共资源交易信息资源整合共享。完善区招投标管理系统服务功能，先后对系统进行优化提升8次，新增保证金退还提醒功能、查询开标安排和项目能否正常开标等功能。推行全流程电子招投标上线使用，11月底房屋建筑和市政公用工程类项目正式投入使用。

【交易服务】 2020年，区公共资源交易中心在疫情期间有序恢复公共资源进场交易，助力全区复工复产。全年完成集中代理采购项目163宗，成交金额5.87亿元，节约资金0.75亿元，节资率11.28%；工程建设招投标414宗，成交金额33.52亿元，节约资金4.03亿元，节资率10.74%；土地挂牌出让成交32宗，成交金额20.68亿元；矿业权出让成交2宗，成交金额676.21万元；全年增收节资4.78亿元。加强投标保证金代收代管工作，坚持收到退款通知书后当日退返投标保证金及银行同期利息，全年按期退返投标保证金4684笔、4.05亿元，退还利息11.70万元。发挥集中采购代理机构职能作用，为采购人制作采购文件180余个，指导社会代理机构编制采购文件60次、提供咨询服务250余次、进场交易服务80余次。

【交易规范】 2020年，区公共资源交易中心协助区发展改革委重新修订《国有投资项目开评标现场监管规范及要求》，明确评标区资料、信息的传递以及人员进出必须在监督人员和交易中心工作人员陪同下进行，创设完全独立评标环境。参与草拟《长寿区区属国有企业采购管理暂行办法》，完善企业采购入场交易流程，规范全区国有企业采购行为。制定《政府采购文件专家论证制度》，对预算金额较大或技术复杂项目采购文件进行专家论证，严把采购文件质量关。严格执行政府采购评标（评审）专家考核制度，对评标专家的考勤及评标过程如实记录，及时在重庆市政府采购网进行登记。协调区规划自然资源局修改完善土地出让公告、竞买须知2次，共同拟定矿业权出让公告、竞买须知、成交确认书等文件范本，首次开展矿业权出让服务。推进诚信体系建设，通过事前承诺、现场核验、联合惩戒等方式提高诚信意识；全年使用信用承诺5000余次，因不按期提交低价风险金、履约保证金等不诚信行为被惩处的企业有49家。

【服务全局】 2020年，区公共资源交易中心配合优化配置监管资源，支持发展改革委完成全区公共资源交易监管职能整合。协调行业主管部门对拟采用综合评估法的施工项目进行认定，倡导施工类项目尽可能采用经评审的最低投标价法。推行银行保函，降低保证金管理风险，减轻企业投标成本，从4月起工程建设项目全面推行。配合有关行政监督部门和招标人（或采购人）处理质疑投诉，全年协助采购人处理采购文件质疑20余宗，其他质疑投诉10余次，协助采购人处理信访件1宗，无一例针对中心工作人员的质疑或投诉举报。 （勾馨月）

市场交易管理

【概况】 自2019年3月6日，重庆市长寿区市场监督管理局（简称区市场监管局）成立，加挂长寿区知识产权局牌子，实行市级垂直管理。其主要职责有18项。区市场监管局机关设置25个科室（含机关党办）和纪检组；按照机构改革在每个乡镇（街道）设立市场监督管理所的要求，全区设置基层市场监管所19个，覆盖全区19个街镇，负责辖区市场监管执法服务工作，纳入镇（街道）统一指挥协调工作机制的范围，具体职能职责8项。

区市场监管局人员编制核定191名，其中行政编制153名、行政执法专项编制25名、事业编制2名、工勤编制11名；核定局长1名、副局长3名、区委非公经济和社会组织工委副书记1名、纪检组长1名、综合行政执法支队支队长1名；核定科级领导职数92名；核定消委会编制8名。2020年实有人员186名，其中消委会5名，区局181名；实有局领导班子成员9名，其中局长1名、副局长7名、纪检组长1名；二级巡视员1名、一级调研员1名、二级调研员4名、三级调研员3名、四级调研员50名；科级领导干部57名。

长寿区市场监管综合行政执法支队于2020年4月8日正式挂牌成立，下设综合科、执法一大队、执法二大队、执法三大队、执法四大队，编制19名（其中行政编制13名、行政执法专项编制5名、锁定事业编制1名，均由局内编制调剂）。设支队长1名、副支队长2名，内设机构科级领导职数7名。实有人员17名，其中支队长1名（由党组成员、副局长兼任）、副支队长1名，综合科科长1名，4个执法大队副队长3名。

【法制建设】 2020年，区市场监管局严格规范执法程序，强化执法监督，开展行政执法人员清理工作，核对完善行政执法人员信息系统161

条，换发行政执法证件157件，新申请行政执法证件4件。加强综合执法，打击违反市场监管法律法规的违法行为，执法程序不断规范化制度化，严格信息公示、行政法与刑法两法衔接，妥善解决历史遗留案件，执法效能显著提升；年内立案查办各类经济违法案件169件，涉案金额303.62万元；向纵深推进“长江禁捕打非断链专项行动”“扫黑除恶专项行动”“气瓶执法专项行动”“打击侵犯知识产权和制售假冒伪劣商品专项行动”“开展打击侵权假冒专项行动”等20项专项行动。

【公平竞争推进】 2020年，区市场监管局持续推进公平竞争审查工作，按照“谁制定、谁清理”的原则，落实专人进行公平竞争审查工作，对涉及市场主体的政策性文件、“一事一议”政策措施等进行全面清理，查处反不正当竞争行为案件2件；开展整治保健市场乱象百日行动“回头看”，联合检查5次，取缔问题会销3起。

2020年，区市场监管局开展涉嫌传销举报投诉线索调查处理，联合区公安局分别对东方水岸、长寿古镇、老城重百涉传销线索进行摸排处理；办理区纪委移交涉传销线索1件，总计有案件线索4件。

【信用监督管理】 2020年，区市场监管局拓展信用报告应用范围，建立“一处失信，处处受限”的信用约束机制。年内5户企业因存在失信行为在评先评优活动中被取消资格，89名人员因失信行为被限制担任企业法定代表人，45户企业因被列入经营异常名录被限制贷款，1户失信企业被取消财政资金补助资格，2户失信企业在工程招投标中被取消资格，78户企业因存在失信行为被交易对象交易限制，报送信用典型案例4条。全年查询扶贫产品企业信用信息31户（次）。

【网络交易监管】 2020年，区市场监管局严格网络主体监管，完善监管数据库。网上检查网站、网店1021个（次），实地检查网站、网店经营者19个（次），开展行政指导2次，查处涉网案件8件、罚没款12.73万元。强化重点领域合同格式条款监管，收集相关合同文本24份，约谈企业6户（次），发现问题条款34条，下发责令整改通知书12份，纠正涉嫌违法违规格式条款34条。

【企业监管】 2020年，区市场监管局推行“双随机、一公开”，完成抽查任务18个，抽取市场主体1890户，已全部完成并公示。开展市场主体年报工作，内资企业年报率96.18%，外资企业年报率96.26%。加强异常经营名录管理，及时受理审核市场主体移出异常经营名录，依法列入经营异常名录或经营异常状态，纳入信用约束监管

【注册登记许可】 2020年，区市场监管局优化市场准入环境，依托“互联网+政务服务”体系，推进各项“放管服”改革任务。2020年，全区新发展市场主体10473户，新发展率15.49%（其中新发展民营市场主体10409户，新发展率15.71%）。截至2020年底，全区市场主体总量69289户，净增长率2.50%（其中民营市场主体总量67930户，净增长率2.53%）。

【消费维权】 2020年，区市场监管局持续改善市场消费环境，系统转换有序衔接。12315投诉举报处理及时率、准确率均在100%。全年接待消费者咨询1753人次受理投诉举报1963件，其中重大、典型案件12件，为消费者挽回经济损失63万元。

【党建和队伍建设】 2020年，区市场监管局弛而不息抓好理论学习。系统学习习近平重要系列讲话精神、全国两会精神、《中国共产党党和国家机关基层组织工作条例》《中华人民共和国公职人员政务处分法》等理论知识，年内党组中心组理论学习9次。落实意识形态工作责任制，统筹抓好安全事件处置和舆情导控；“报纸有文字、电视有图像、网络有报道”的宣传模式初现成效，人民网、《中国市场监管报》《中国质检报》《重庆日报》、新重庆客户端等上游新闻以文、图27篇和头版头条3条，报道区市场监管局多措并举优化营商环境、监管综合执法成效。抓好主题教育，制定活动实施方案，组织各支部开展15堂“党课开讲啦”专题党课；组织党员干部前往重庆建川博物馆参观，引导党员干部“学党史、知党情、跟党走”。持续匡正选人用人之风，打造业务水平过硬的执法铁军。强化干部教育，制定《2020年度教育培训计划》，集中举办各类培训33期，培训干部职工960人次。

机关党建深化“不忘初心、牢记使命”主题教育成果，依托落实“三会一课”制度，印发《组织生活参考》12期。实施支部活动室标准化建

设，组织党员自愿捐款支持新冠肺炎疫情防控工作。“小个专”党建落实党员亮身份、亮职责、亮承诺“三亮”工作要求，培育非公组织党员“创业先锋、创新标兵”；年内组织回访党员“三亮”200余户；政策帮扶、困难帮助，培养党员创业先锋、培养党员创新标兵，党员带头创业创新、党员带领创业创新“双帮双培双带”“三双”100余户，组织非公支部党员捐款5.1万元、物资10余万元。

勤政廉政正风肃纪，区市场监管局年内召开党组会16次、局长办公会10次，坚持主要领导末位发言表态，纪检组长全程参加。聚焦“关键少数”和“关键环节”，完善科级领导干部廉政档案65份，主要领导单独约谈科（所）主要负责人16人次，纪检组长单独约谈干部61人次。廉政教育走深走实，组织观看廉政警示片、开展典型案例集中学习讨论、廉政教育基地实地学习等形式，扎牢拒腐防变“篱笆墙”。

2020年，区市场监管局做深做实职能扶贫和对口扶贫，培育农民专业合作社、家庭农场，开展合同帮农。落实帮扶责任，对口52户贫困户在“两不愁三保障”方面的问题全部得以解决，饮水得到保障，人居环境明显改善。（秦俊侠）

价格管理

【概况】 长寿区价格管理工作由区发展改革委的成本调查与收费管理科、价格认证中心2个科室负责。主要职责包括8个方面。

【价格监测】 2020年，长寿区发展改革委以稳定市场主要商品和服务价格为重点，多举并措，开展多项针对降低非洲猪瘟及新冠肺炎影响的措施。关注市场动态，不分周末、节假日采取“日监测、日报告”的方式及时掌握猪肉、粮油、蔬菜、口罩等40余种重点商品价格波动情况，24小时不间断值班，一日一测一报，关注苗头性、倾向性和潜在性问题，及时作出预警。重视价格动态分析、价格走势报告工作，及时了解全国及重庆市市场价格走势，加强长寿区市场监测和市场巡查，对商品供应和价格变化情况进行动态价格数据采集、分析研判，就新冠肺炎对物价的影响分析向区政府专题汇报2次；高质量完成市场价格动态及居民消费价格动态分析各12期，上报日监测报表300余次、旬报表36次、月报表12次，为区政府、市政府领导决策提供参考。扩大监测范围，对羊肉、牛肉、家禽肉等其他食用肉类加强监测，加大对仔猪养殖成本、猪饲料价格、人工原料成本、生猪收购及屠宰价格等价格的监测调查；更新工业品价格监测品种，涵盖钢铁、化工医药、新材料新能源、装备制造、电子信息、消费类制造业等六大类，涉及工业企业62个。

【收费管理】 2020年，长寿区利用区政府官网、《长寿报》等媒体公告《重庆市2019年行政事业性收费目录清单》《重庆市2019年涉企行政事业性收费目录清单》等；转发《重庆市人民政府办公厅关于应对新型冠状病毒感染的肺炎疫情支持中小企业共渡难关的二十条政策措施》《重庆市发展和改革委员会关于贯彻落实阶段性降低企业用电成本支持企业复工复产政策的通知》，针对性地制定长寿区疫情期间减免政策。年内全区非居民用水落实用户12012户，优惠71万元；非居民用气落实用户5982户，优惠550万元；享受批发、零售、餐饮、住宿行业按90%结算电费的用户23430户，优惠104.43万元；非高耗能企业按95%结算电费的用户38189户，优惠668.13万元；及时转发全市启动社会救助和保障标准与物价上涨挂钩联动机制文件，协调有关部门将价格临时补贴按时足额发放到位，保障困难群众基本生活，对享受国家定期抚恤补助的城市低保、农村低保、优抚人员、特困困供养人员、孤儿、领取失业保险金人员等六类人员发放价格临时补贴22.9万人次、1426万余元。按照《重庆市发展和改革委员会关于进一步优化城乡困难家庭电量减免方式有关事项的通知》精神，多举措确保国家政策红利有效传导至城乡困难家庭；2020年8月10日至15日期间，全区集中办理电量追溯减免困难群众家庭4328户，减免电量1298430千瓦时，减免电费675183.6元。

【成本调查】 2020年，长寿区发展改革委加强对涉及成本监审的各项法律法规、涉及行业的行为准则的学习和运用，开展各项价格政策落实，建立健全以“准许成本+合理收益”为核心的约束与激励相结合的定价制度。年内组织及参与全区城镇燃气安装收费标准成本监审、规模化街镇水厂成本监审、菩提山旅游景区门票成本监审等工作；按照“合法性、合理性、相关性”原则，对成本进行核准。对菩提山景区成本中与景区经营活动无关的费用、政府专项资金予以补偿的费用等成本进行剔除，其中剔除三峡移民资金补贴109万元、林木资产6002万元、财政补贴土地整治及前期费用8600万元。

【价格认证】 2020年，长寿区发展改革委本着“服务司法、服务政府、服务系统和服务社会”的宗旨，创新开展价格认定工作，全年完成各类价格鉴证案件8919件，标的金额150897万元。做好刑事案件涉案物品价格认定工作，涉案财物价格认定涉及罪与非罪，认证工作始终把为公安、司法机关办案服务放在首位，坚持按法律、法规和程序依法进行价格鉴定，从接收委托到物品查验、市场调查、鉴定过程和出具结论等每个环节都一丝不苟，把握住原则，坚持客观作价，排除人为因素影响，严格按有关文件规定和操作规程办理，完成刑事案件涉案物品价格认定169件，标的金额130万元，无复核案件；区发展改革委与地税部门共同创新开展存量房涉税价格认定工作，保障国家财税收入应收尽收；开发优化运行存量房交易软件评估系统，及时更新系统数据，有效地减少征、纳税双方的争议，杜绝交易中的“阴阳合同”，全年完成二手房（住宅和非住宅）交易涉税价格认定8750件（其中住宅8110件、非住宅640件），标的金额150767万元，增加契税收入4944万元。

【物价运行情况】 2020年，长寿区随着新型肺炎疫情防控逐步进入常态化，市场价格总体运行良好，部分商品结构性上涨明显。受非洲猪瘟疫情影响，生猪供给偏紧，猪肉价格上涨，成为食品价格上行的首因。

粮食、食用油价格稳中小幅波动，纳入监测的7宗粮食产品综合零售均价为3.18元/500克，比2019年同期下降0.9%；6宗食用油类产品综合零售均价79.34元/5升，同比上涨3.2%。肉类价格上涨、鸡蛋价格下跌，猪肉价格上涨显著，去骨后腿肉、精瘦肉、三线肉和纤排骨零售均价28.20元/500克，同比上涨50%；鸡场蛋零售均价4.06元/500克，同比下降22.8%。水产品类价格稳中涨跌互现，监测的7宗鱼类零售均价19.50元/500克，同比上涨3.2%。蔬菜类价格整体上涨，零售价格呈17升4跌，全区21宗蔬菜综合零售均价3.47元/500克，环比涨幅10.2%；全年涨幅较大的蔬菜有：生姜、飘儿白、白萝卜、青椒、莲白，同比涨幅分别为38.7%、25.4%、25.4%、24.8%、23.9%。水果类价格涨跌互现。农副产品收购价格涨跌互现，生猪收购价和仔猪销售价涨幅明显，全年生猪收购价1844.94元/50公斤、同比上涨62.7%，仔猪销售价为26.20元/50公斤、同比上涨122.2%；鸡场蛋收购均价319.78元/50公斤，同比下跌28.8%；稻谷、玉米收购价分别为2.66元/公斤、2.42元/公斤，分别同比上涨2.9%、10.3%；农资类价格涨跌互现，其他农药、化肥类零售价格稳中涨跌互现。黄金饰品价格稳中涨跌互现，黄金零售均价为506.11元/克，同比涨幅27.9%；酒类零售价格稳中涨跌互现，酒类中的飞天茅台每瓶零售均价为1499.00元、同比持平，五粮液每瓶零售均价为1299.00元、同比上涨9.87%；其他居民服务价格稳中涨跌互现，其他居民消费品价格稳中涨跌互现。（李祥运）

表18 **长寿区2020年主要产品市场价格监测情况一览表**

名称	规格等级	单位	2019年均价	2020年均价	环比
1. 粮油、副食品类					
黄豆	标准品（三等）	元/500克	3.97	3.95	-0.4%
绿豆	一级	元/500克	5.65	5.58	-1.2%
大米	地产大米	元/500克	1.97	2.03	3.1%
大米	东北大米	元/500克	2.55	2.49	-2.5%
面粉	特一级	元/500克	2.68	2.79	4.1%
面粉	标准粉	元/500克	2.06	1.99	-3.4%

续表

名称	规格等级	单位	2019 年均价	2020 年均价	环比
玉米粉	精制玉米粉	元/500 克	3.62	3.42	-5.5%
菜籽油	一级桶装（AE 金龙鱼）	元/5 升	75.21	77.94	3.6%
大豆油	桶装一级压榨	元/5 升	51.25	51.72	0.9%
食用调和油	一级桶装（金龙鱼）	元/5 升	68.93	69.40	0.7%
花生油	一级桶装（压榨鲁花）	元/5 升	149.26	154.00	3.2%
菜籽色拉油	一级桶装（红蜻蜓）	元/5 升	66.25	64.59	-2.5%
大豆调和油	一级桶装（红蜻蜓）	元/5 升	50.46	58.38	15.7%
2. 肉禽蛋类					
鲜猪肉	精瘦肉	元/500 克	21.26	32.55	53.1%
鲜猪肉	三线肉	元/500 克	16.98	26.27	54.7%
鲜猪肉	去骨后腿	元/500 克	15.91	25.00	57.2%
鲜猪肉	纤排骨	元/500 克	20.87	28.97	38.8%
鲜牛肉	腱子肉	元/500 克	39.83	46.99	18.0%
鲜牛肉	牛腩	元/500 克	38.83	47.47	22.2%
鲜牛肉	新鲜去骨	元/500 克	44.02	53.55	21.6%
鲜羊肉	新鲜带骨（10-4）	元/500 克	34.74	/	/
鲜羊肉	新鲜去骨	元/500 克	36.37	/	/
鸡场鸡鸡肉	白条鸡上等	元/500 克	17.22	17.68	2.6%
鸡	活土鸡	元/500 克	23.94	/	/
鸡蛋	新鲜完整、鸡场蛋	元/500 克	5.26	4.06	-22.8%
3. 水产品					
大黄鱼	冻 500 克左右一条	元/500 克	18.38	21.15	15.1%
海虾（基围虾）	冻体长 10cm 左右	元/500 克	56.86	58.75	3.3%
带鱼	冻 250 克左右	元/500 克	5.11	5.61	9.8%
白鲢	活体 1500 克左右	元/500 克	22.56	20.79	-7.8%
草鱼	活 750 克左右	元/500 克	8.68	8.03	-7.5%
鲫鱼	活 750 克左右	元/500 克	9.23	11.32	22.7%
花鲢鱼	活 750 克左右	元/500 克	11.19	10.93	-2.3%
4. 蔬菜类、水果					
芹菜	新鲜一级	元/500 克	3.80	4.06	6.9%
大白菜	新鲜一级	元/500 克	1.72	1.95	13.1%
瓢儿白	新鲜一级	元/500 克	2.21	2.77	25.4%
黄瓜	新鲜一级	元/500 克	3.11	3.26	4.7%
白萝卜	新鲜一级	元/500 克	1.14	1.43	25.4%
茄子	新鲜一级	元/500 克	3.48	3.94	13.2%
西红柿	新鲜一级	元/500 克	3.25	3.56	9.6%
四季豆	新鲜一级	元/500 克	4.29	4.72	9.9%
土豆	新鲜一级	元/500 克	2.10	2.42	15.4%

续表

名称	规格等级	单位	2019 年均价	2020 年均价	环比
胡萝卜	新鲜一级	元/500 克	2. 65	2. 98	12. 3%
青椒	新鲜一级	元/500 克	3. 02	3. 77	24. 8%
尖椒	新鲜一级	元/500 克	3. 82	4. 28	11. 9%
莲白	新鲜一级	元/500 克	1. 53	1. 90	23. 9%
蒜薹	新鲜一级	元/500 克	4. 51	4. 78	6. 1%
韭菜	新鲜一级	元/500 克	4. 00	3. 64	-9. 0%
莴笋	新鲜一级	元/500 克	2. 52	2. 63	4. 2%
冬瓜	新鲜一级	元/500 克	1. 59	1. 54	-3. 3%
花菜	新鲜一级	元/500 克	3. 92	3. 63	-7. 4%
洋葱	新鲜一级	元/500 克	2. 09	2. 22	6. 0%
大蒜	新鲜一级	元/500 克	5. 60	5. 28	-5. 8%
生姜	新鲜一级	元/500 克	5. 80	8. 05	38. 7%
苹果	新鲜一级	元/500 克	7. 83	5. 36	-31. 5%
香蕉	国产一级	元/500 克	3. 40	3. 18	-6. 3%
梨	新鲜一级	元/500 克	3. 77	4. 37	15. 9%
西瓜	国产一级	元/500 克	/	1. 81	/
5. 农副产品收购类					
玉米		元/公斤	2. 19	2. 42	10. 3%
稻谷		元/公斤	2. 58	2. 66	2. 9%
小麦		元/公斤	2. 58	2. 56	-0. 9%
生猪	中等	元/50 公斤	1134. 25	1844. 94	62. 7%
鸡蛋	新鲜完整	元/50 公斤	449. 05	319. 78	-28. 8%
6. 农资类					
仔猪	20-30 公斤左右	元/500 克	11. 79	26. 20	122. 2%
豆粕	国产	元/公斤	3. 05	3. 08	1. 1%
麦麸	国产	元/公斤	1. 60	1. 63	1. 7%
尿素		元/公斤	2. 33	2. 22	-4. 8%
碳铵		元/公斤	0. 88	0. 82	-6. 5%
低浓度复合肥		元/公斤	1. 40	1. 40	0. 0%
高浓度复合肥		元/公斤	2. 93	3. 00	2. 4%
过磷酸钙		元/公斤	0. 58	0. 59	2. 2%
7. 日用品					
黄金饰品	纯金 24K	元/克	395. 73	506. 11	27. 9%
白酒	飞天茅台（53 度 500ml）	元/瓶	1499. 00	1499. 00	0. 0%
白酒	五粮液（52 度 500ml）	元/瓶	1182. 33	1299. 00	9. 9%
奶粉	国产三段幼儿配方牛奶粉 盒装 400 克	元/盒	86. 51	88. 00	1. 7%
奶粉	进口三段幼儿配方牛奶粉 盒装 400 克	元/盒	75. 00	75. 00	0. 0%

（重庆市长寿区发展和改革委员会提供）

人力资源管理

【依法行政】 2020年，长寿区依法规范人力社保工作，健全决策机制，完善依法行政制度体系，开展行政执法“三项制度”（行政执法公示制度、执法全过程记录制度、重大执法决定法制审核制度）自查，制定《重大执法决定法制审核实施办法》，规范行政决策行为；落实规范性文件法制审查、备案及清理要求，清理并报区司法局备案、在区政府网站公布文件5个，废止《关于开展就业扶贫示范车间创建工作的通知》。规范执法行为，执行行政执法人员持证上岗和资格管理制度，更新完善执法人员库，组织46名行政执法人员进行专用法律知识测试；强化行政执法事前公开，接受社会监督；开展综合行政执法改革督查工作并提交报告，确保行政执法行为依法规范有序公平。做好行政复议和应诉工作，落实单位负责人+具体科室+法律顾问的行政应诉工作机制，行政应诉74件，承接办理汤某某等行政应诉区级示范庭审2件。注重普法宣传，突出人力社保专题普法，依托社保、就业、仲裁、监察4大阵地，定点分类普及劳动关系法律法规，保障人力社保普法工作落到实处；组织在编人员完成2020年度全区法治理论知识学习考试、观看《国家安全普法》宣传片、参加“百名法学家百场报告会”民法典宣讲活动、人社部法治知识网络竞赛、民法典知识竞赛。完成法治政府建设总结评估，接受区“七五”普法督察检查得到工作组好评；制作法治人社资料13册，接受市局评估验收；完成市一中院辖区人力社保典型案例研讨会第三次会议承办任务。持续做好扫黑除恶专项斗争和安全生产、平安建设工作。

【劳动管理服务】 2020年，区人力社保局简化优化公共服务，领取发布依申请行政权力和公共服务办理类事项实施清单6类、145项；推进业务网上经办，承诺时限总量由法定3322日缩短为770日、压缩率77%，开通网办127项、网办率87%，全程网办公共服务类开通83项、占比57%，行政许可类开通8项、占比80%；即办件公共服务类71项、占比49%，行政许可类3项、占比30%；平均跑动次数公共服务类0.41次、行政许可类0.2次。全年受理审批特殊工时制86个企业、工种增设企业14个，审批劳务派遣企业8个、民办职业培训机构4个、经营性人力资源服务机构6个。推进政务公开，编制公开《长寿区就业创业领域政务公开标准目录》《长寿区社会保险领域政务公开标准目录》；人大代表建议、政协提案办结率、回复率、满意率和面商率均为100%。开展证明事项清理，清理政务服务事项证明事项430项，提高窗口办事效率。加强社会信用体系建设，清理公共信用信息目录49项，统筹行政许可和行政处罚等信用信息公开评估，按照“双公示”开展自查补录。

【劳动关系规范】 2020年，区人力社保局开展劳动关系“和谐同行”行动，变被动为主动，精细服务打造和谐“共同体”，实地走访企业90余家，通过访谈劳动者、发放电子调查问卷等方式，调查摸排问题线索100多个，有针对性研究制定构建和谐劳动关系实施意见。梳理争议处理指南23条，召开专题会、答疑会等10余次，提供法律指导30余次，解决用工疑难问题60余个。完成家具门业、化工制药2批行业和谐劳动关系示范点创建，新增AAA级和谐劳动关系企业2家、AA级和谐劳动关系企业2家，示范点劳动合同签订率、社保参保率均超99%，劳动争议案件量较2019年减少30%，裁员率低于万分之五。川维化工作为重庆企业代表参与川渝和谐劳动关系宣讲，博腾制药、川维化工等单位获和谐劳动关系创建先进集体、先进示范点单位称号，区人力社保局1名副局长、劳动关系科1名干部被评为和谐劳动关系创建先进个人，长寿区作为示范点创建先进在全市成果展示会上做经验交流。

【劳动保障监察】 2020年，长寿区劳动监察执法强化日常化解、事前干预、化险为夷，接待群众到访7900余人次、接受电话咨询8700余人次、回复信访111件、入企巡查463户，全区没有因疫情影响引发群体性劳资纠纷；举报投诉案件17件，比2019年下降22.7%。强化基础建设，升级改造劳动保障监察执法专用场所900平方米，配备综合执法信息系统、移动办案设备等，增设园区执法中队2个，招用辅助人员9名，成功创建“创新执法优化服务”试验区。强化农民工工资治欠保支，多渠道开展《劳动保障监察条例》宣传，开展专题培训35场、5000余人，发放宣传手册3万余册，设置宣传栏及条幅700余处；组织到企业宣传12场（次），受众3.6万余人；多举措落实工资保证金、应急周转金，农民工实名制、工资专用账户制度、银行代发工资制度“两金三制”，全区在建项目57个，农民工工资保证金余存2.1亿元，应急周转金一案一议、财政兜底，实名制管理、专用账户建立、银行卡代发实现全覆盖；开展根治欠薪夏季攻坚、冬季攻坚专项行动，检查企业663户、2.1万人，完善支付担保措施的新开工项目9个，维权信息公示制度，消除欠薪隐患；区人力社保局协调住建、市场监管和公、检、法、司等部门联动，始终保持治欠保支高压态势，开展企业守法诚信等级评价266家，公布重大违法案件1起，公示行政处罚3件；全区治欠保支“三降两无两清零”（欠薪案件、涉及人数、金额同比下降78%、94%、98%；政府项目无欠薪案件、无因欠薪引发50人以上群体事件；2020年发生的政府投资工程项目、国企项目以及各类政府与社会资本合作项目拖欠农民工工资案件在年底前全部清零，其他欠薪案件在2021年春节前动态清零）态势持续向好，长寿区连续4年、3次代表全市接受国务院部级实地核查并取得较好成绩，在全市人力社保工作会上做交流发言。

【劳动仲裁调解】 2020年，区人力社保局提升劳动争议案件办理效率，接待群众来访2000余人次、受理咨询电话4200余人次；收到劳动争议仲裁申请944件，不予受理99件、立案845件（劳动报酬争议375件、社会保险争议200件、解除终止劳动合同争议125件、确认劳动关系争议82件、其他劳动争议63件），实行简案“211”速调模式（简案2日内立案、1周内调解、1小时内制发文书），结案846件（含上年存案和当年部分立案），结案率97.02%（调撤结案512件，占60.52%；裁决结案334件，其中一裁终局177件占裁决结案的52.99%），通过调解、裁决维护当事人合法权益2613万余元。推进调解组织建设，构建多元化、网格化、全覆盖调解格局，横向分布街镇劳动争议调解组织19个，纵向分布各企业劳动争议调委会、经开区企业党群服务中心、总工会劳动争议调委会；人力社保局协同区总工会在全市率先运行总工会调委会，立案受理劳动争议调解申请203件（占仲裁申请61.9%），平均用时10.6天，调解率70.2%，维护当事人合法权益454万余元；推进裁审衔接运行创新，落实联席会议、联合培训、庭审观摩、案件互通制度，探索调、裁、审一体化建设，因不服仲裁裁决向人民法院提起劳动争议诉讼案件量比2019年下降22.9%。提升仲裁调解基本功，持续开展“理论+案例”“集中学”“个人学”业务学习，加强案件分类指导、特案讨论，分类编印“要素式”审理提纲，开展仲裁员专题业务培训6次，新组建专职调解团队3支、新增仲裁员1人。

【劳动信访工作】 2020年，区人力社保局强化信访制度落实，受理养老待遇、劳动报酬、工伤认定、工龄认定、劳动合同争议、劳动关系确认等6类来信190件（市政府公开信箱86件、市人力社保局转办14件、区信访办转办61件、舆情4件、领导留言板3件、其他交办件16件，群众来信6件），协助区住房城乡建委处理60件，实现初信初访按期办结率100%、网上信访按期办结回复率100%、上级及领导阅批交办案件按期办结率100%、群众合理诉求100%及时有效解决的“四个百分百”目标，连续3年受理信访数量呈逐年下降趋势。强化矛盾排查化解，相继开展新冠肺炎疫情期间、全国两会、涉洪期间、国庆期间等特殊时期矛盾纠纷专项排查化解，接待涉及复工生产群众电话咨询20人次，解决复工复产劳动用工问题37个。强化突出问题攻坚，围绕信访工作“五个不让”“七个坚决防止”目标任务，针对涉及人力社保的4件“清仓见底”类案件和3件“治重化积”类案件，区人力社保局配合区信访办、凤城街道、石堰镇等针对性开展政策解释、疏导工作14次，将重点人员稳在当地。强化重点群体、重点人员疏教管控，对超龄退役军人群体、棉纺厂原临时工、原肉联厂职工等重点群体，成立维稳工作组，把准政策、定位诉求、精准解答，开展政策解释10余次，实现重大到市进京上访、大规模群体性事件、通报事件、媒体炒作事件“四个零发生”目标。（雷福中）

质量技术监督管理

【质量发展】 2020年，长寿区实施质量强区战略，品牌实力明显增强，区域质量水平整体跃升，人居环境逐步改善，质量技术基础效能释放。年内工业产品抽检239批（次），10批（次）不合格，抽检合格率95.4%；重点工业产品抽检合格率100%，同比2019年增长2.44个百分点；农产品抽检合格率100%；重大建设工程竣工验收合格率保持100%。

【标准化管理】 2020年，长寿区推进“企业产品标准自我声明”公开工作，有79家企业进行产品标准自我声明公开。围绕“标准保护地球”，开展“2020年世界标准日”，“6·9世界认可日”等主题活动。

【计量管理】 2020年，长寿区贯彻落实巩固民生计量“双十工程”，检定基层医疗机构297家、各类医疗计量器具998台（件）。对全区各大行业、108家市场主体、27000余台计量器具开展专项检定抽查，民生计量工程持续巩固。

（秦俊侠）

市场安全监管

【食品药品安全】 2020年，区市场监管局遵循最严谨的标准、最严格的监管、最严厉的处罚、最严肃的问责“四个最严”要求，强化新冠肺炎疫情防控，坚持源头严防、过程严管、风险严控，确保“产得安全、管得到位、吃得放心、用得安心”。食品安全全覆盖与双随机相结合，持续深入开展活禽交易宰杀市场隐患排查，全年检查农贸市场、活禽点12810个（次）。

加强药品、化妆品、医疗器械监管，规范“两品一械”市场秩序和执法行为。全覆盖检查全区所有药品经营使用单位，有效保障全区人民群众用药用械安全，每季度对辖区内29家疫苗接种单位进行检查，加强新冠肺炎疫苗应急接种点监管。

【工业品质量安全】 2020年，区市场监管局加强工业产品质量安全日常监管。加大质量监督抽查力度，工业产品抽检全年抽查278批（次），抽查合格率94.96%；对抽检不合格的产品按时完成后处理，督促企业完成整改复查，后处理完成率100%。

【特种设备安全】 2020年，区市场监管局针对长寿的特种设备量大、压高、介危、管道长的形势，站在政治高度，坚持安全第一、预防为主。安全工作常抓不懈，专题研究部署危化品特种设备专项整治工作，开展大排查、大整治、大执法“四大行动”，聘请专家一起开展特种设备安全监管。全年检查企业102家，出动监察人员338人次，下达监察指令书25份，发现并整改安全隐患142个。

（秦俊侠）

烟草专卖管理

【概况】 重庆市长寿区烟草专卖局、中国烟草总公司重庆市公司长寿分公司，本分目简称长寿区局（分公司），组建于1984年12月，实行“统一领导、垂直管理、专卖专营”的烟草专卖管理体制。2020年内设7个部门（办公室、党建人事科、综合科、专卖监督管理科、专卖内管与法制监督科、财务审计科、客户服务部），在岗职工89人；办公地址位于长寿区渡舟街道杏林路266号。

2020年，长寿区局（分公司）实施“党建立烟，改革强烟，科技兴烟，依法治烟”战略，着力高质量发展，战疫情促发展，强党建保健康，严规范重监管，拓市场建终端，细管理守规则，转作风提效率，取得新进展。

【专卖管理】 2020年，长寿区局（分公司）强化辖区市场监管，巩固完善打假打私协作体系，深化文明执法标准化建设，维护良好市场秩序。全年查获各类涉烟违法案件134起，查获违法卷烟4928.5条、实物案值98.63万元，查获假私烟案件33起、案值25.7万元、假私烟953.5条。整治真烟非法流通，推进卷烟销售内管派驻办对需求预测、品牌进退、客户分档、营销策略、订单采集、货款结算、物流配送、零售业务等8个卷烟经营环节是否制定规则、是否执行规则、是否存在规则漏洞和问题等情况进行监督的“8个闭环”全过程监管，在运输环节查获拟外流卷烟案件10起、卷烟1498条，案值25.26万元。合理布局新规平稳施行，落实“放管服”改革，推进“互联网+专卖管理”建设，完成合理布局规定修订；推进网上办证，实现“零跑路”办理模式。年底前辖区许可证总数3152户，其中有效许可证3064户。

【扶贫济困】 2020年，长寿区局（分公司）开展脱贫攻坚工作，向一对一结对帮扶龙河镇保合村和永兴村14户已脱贫建档立卡贫困户发放慰问金1.91万元，向3户降档立卡贫困户资助9400元用于养殖围栏修建及房屋修缮。支持公益事业，向望江社区、梅村社区和龙河镇永兴村捐赠4.5万元。参与扶危济困工作，向云台镇小岩村5名贫困党员发放慰问金1500元，向长寿区内的困难卷烟零售客户捐赠9200元。

【企业管理】 2020年，长寿区局（分公司）基础管理提质增效，开展管理创新，成立管理创新课题攻坚小组，摘牌获得的“互联网+内管——卷烟货款结算环节内部监管研究”创新项目通过验收。简化审批程序，提倡低碳办公，优化投资采购项目审批流程，全面实行钉钉请销假及物资采购申请制度。采购项目严格规范，制订固定资产投资计划和物资（服务）采购计划，履行审批流程，强化采购系统应用。加强内部审计管理，强化线上监督，加强审计结果运用，实时监督资金执行进度，提升内部运行效能。持续深化安全生产标准化建设，开展隐患排查治理，防范化解安全风险，全年无安全责任事故发生。

【党建工作】 2020年，长寿区局（分公司）将党的政治建设放在首位，发挥国有企业党组织“把方向、管大局、保落实”的领导核心和政治核心作用，履行从严治党“两个责任”，强化思想政治教育，加强反腐倡廉教育，严格意识形态责任制落实，开展主题教育“回头看”，落实“三会一课”“两学一做”学习教育。推进新冠肺炎疫情防控和复工复产，党员干部冲锋在前，一线员工拼搏奉献，落实上级疫情防控决策部署，经济指标实现逆势增长。推进人才队伍建设，建立完善选人用人、干部交流等制度，持续加强队伍教育培训，6名职工获聘专业技术职务或技师职务，2名职工参与撰写的论文分别获得国家烟草专卖局论文评选一等奖、2020年重庆烟草学会优秀学术论文优秀奖。

（张　煜）

2020年4月，长寿区市场监管局人员在超市进行食品监测

农业农村

综　述

【概况】　2020年，长寿区农业农村工作稳中向好。全年实现农业总产值93.69亿元，比2019年增长19.1%；实现农业增加值61.1亿元，同比增长4.7%；农村居民人均可支配收入18227元，同比增长7.1%，在新冠肺炎疫情影响下完成既定目标。

【脱贫攻坚】　2020年，长寿区全面完成脱贫攻坚目标任务，10个市级贫困村全部脱贫出列；动态识别的总计14567名建档立卡贫困人口全部脱贫。贫困人口识别和退出更加精准，准确率从2017年的98.25%提高到2020年的100%，19个街镇均未发现错退漏评错评等现象。脱贫不稳定户、边缘易致贫户得到及时监测和帮扶，19个街镇均未发现致贫返贫情况；"两不愁三保障"全面实现，19个街镇建档立卡脱贫人口全部实现"两不愁三保障"，未发现底线性、系统性、区域性突出问题。全区扶贫干部、结对帮扶干部、驻村工作队等尽锐出战，决战决胜脱贫攻坚；全区因村因户帮扶工作群众满意度，从2017年的91.86%上升到2020年的98.06%，19个街镇的满意度全部达到96%以上。

【乡村振兴】　2020年，长寿区整体推进乡村振兴综合试验，明确2个市级试验示范镇、4个市级试验示范村，17个街镇各确定1个区级试验示范村，形成"1+2+4+N"的试验示范工作布局。以"长寿慢城"为龙头，抓好6大农旅融合项目；慢城一期成功开园，作为2020年全市乡村振兴现场推进会实地考察项目；合作建立西南大学乡村振兴战略研究院长寿分院，"乡村振兴大讲堂"正式开讲；推进"六个十万工程"，提质增效"柚橘鱼蛋"4大产业；完善区、镇（街）、村3级农产品质量安全监管体系，做实"自然长寿"品牌，总计认证"两品一标"农产品78个、有效期内市级名牌农产品38个，11个村获全市第二批"一村一品"示范村。

【农业综合执法】　2020年，长寿区开展以确保农产品田间质量安全为核心的绿剑护农、农资打假专项整治行动，有效维护农民的合法权益；查获农业投入品案件15件，罚没款36200元；成功调解涉农（渔）纠纷14起，为农（渔）民挽回经济损失135余万元。加强种子专项执法，对全区的种子批发市场、零售市场、区域交界处进行拉网式检查，完成328次检查任务，检查种子销售单位97户，抽查249个种子产品；抽样送检水稻、玉米8个品种，经检测全部合格。

强化"农业投入品检打联动"执法检查，对全区农业投入品零售网点兽药、农药、肥料、饲料生产企业、批发商，进行"双随机"执法检查行动。检查兽药、农药、肥料、饲料生产企业和批发商、经营户177户，抽查产品937个；监督抽检肥料样品19个，样品合格16个；执法抽检肥料样品5个，样品合格5个；监督抽检农药样品11个，立案查处2件，约谈相对人5个（次）。

加强农产品质量安全专项检查巡查。全年检查粮、菜、果生产基地107户，集中检查克百威、氧乐果等限用农药在果蔬上违规使用的问题。检查畜禽产品生产经营主体63家（次）、生猪屠宰生产企业32次、水产品养殖生产经营主体108家（次）、水产养殖兽药生产经营主体19家（次）。开展农产品质量安全监督抽查样品165个（水产品61个、水果18个、蔬菜63个、畜禽产品23个），水产品、畜禽产品样品均合格，3个水果及1个蔬菜样品不合格，约谈相对人4个（次）。

强化植物检疫执法监管，开展水果苗木检疫专项执法检查50次，检查柑橘苗木销售市场9个

（次），检查柑橘育苗户和生产企业50家（次），受理果树种苗举报6起，暂扣无调运证书果树苗1000余株。

【品牌建设】 2020年，长寿区新认证绿色食品16个，续展认证绿色食品3个，总计有效期内绿色食品认证74个；新认证有机农产品1个，再认证有机农产品13个，总计有效期内有机农产品认证达14个。长寿鳙鱼、长寿沙田柚、绿花品牌蛋、大洪湖甲鱼、长寿湖有机鱼入选重庆市2020农业品牌目录，全区总计获评“重庆名牌农产品”36个；长寿鳙鱼已成功纳入重庆市特色农产品优势区（第二批）名录，实现长寿区“特色农产品优势区”零的突破。

配合市农业农村委成功申报“涪陵青菜头”农产品地理标志，长寿区云集镇、长寿湖镇等9个街镇纳入“涪陵青菜头”农产品地理标志保护地域范围，保护面积8379公顷，年产量25万吨。

【农业环境保护】 2020年，长寿区推动农业面源污染治理，编制《重庆市长寿区农作物秸秆综合利用实施方案（2019—2022年）》，开展农作物秸秆综合利用试点区（县）项目；持续落实秸秆粉碎还田技术措施，将农作物秸秆生产有机肥纳入有机肥补贴范畴，制定《长寿区废弃农膜回收利用管理办法（试行）》《长寿区农药包装废弃物回收处置工作方案（试行）》，建立健全农药包装废弃物回收网点和运行机制。按照“谁使用谁交回、谁销售谁收集、谁生产谁处置”的原则，完成全区170个农药经销商回收网点物资采购，分级分类对包装废弃物给予回收补贴，回收农药包装废弃物10万个，支出资金35万元；开展农用地安全利用关注，全区农用地安全利用率95%以上。开展野生植物资源调查、外来生物调查防除等项目调查统计工作，做好河长制及水污染防治工作。

（王成果）

表19 **长寿区绿色食品、有机产品统计**

类别	批次	企业名称	证书编号	产品名称	产量（吨）
绿色食品	2019年之前认证	重庆清迈农业有限公司	LB-03-1604341812A	大米	260
		重庆市长寿区树茂果树种植场	LB-18-20073410647A	梨	80
		重庆市美高农业投资有限公司长寿分公司	LB-18-20073411134A	葡萄	104.25
		重庆市长寿区意远达水果种植场	LB-18-171427348434A	红心猕猴桃	10
		长寿区聚祥蔬菜种植专业合作社	LB-15-1712348442A	番茄	120
			LB-15-1712348443A	黄瓜	100
			LB-15-1712348445A	豇豆	45
			LB-15-1712348444A	油麦菜	100
		重庆市长寿区烊马农业种植专业合作社	LB-03-18053403256A	海棠大米	85
		重庆志道农业开发有限公司	LB-15-18053403425A	胭脂红薯	200
			LB-15-18053403426A	苕尖	90
		重庆市巽泰农业开发有限公司	LB-18-18083407023A	乐温贵妃柑	1600
		重庆市长寿区慧洋农业开发有限公司	LB-18-18083407025A	慧洋耙耙柑	2000
		重庆友曼农业开发有限公司	LB-18-18083407088A	柑橘	2000
		重庆市长寿区阳媛水果种植场	LB-18-18093407313A	金丰一号枇杷	100
			LB-18-18093407314A	五星枇杷	120

续表

类别	批次	企业名称	证书编号	产品名称	产量（吨）
绿色食品	2019年之前认证	重庆市长寿区鱼宝水产养殖有限责任公司	LB-36-18093407523A	鲫鱼	30
			LB-36-18093407524A	草鱼	45
		重庆哈维斯特现代农业发展有限公司	LB-18-18093407693A	哈维斯特柠檬	450
		重庆市长寿区有强蔬菜种植家庭农场	LB-15-18103407876A	青菜头	180
		重庆市长寿区和兴源农业开发有限公司	LB-18-18103407900A	晚熟脐橙	4000
			LB-18-18103407901A	塔罗科血橙	1000
			LB-18-18103407902A	尤力克柠檬	300
			LB-18-18103407903A	春橘	3000
		重庆农正农业开发有限公司	LB-18-18103408068A	农正红橙	600
			LB-18-18103408069A	农正柠檬	200
		重庆市长寿区容翔园桑葚种植专业合作社	LB-18-18103408308A	桑葚	100
		重庆市长寿区秀德蔬菜种植家庭农场	LB-18-18103408306A	青菜头	415
			LB-15-1608343993A	南瓜	300
			LB-18-18103408307A	萝卜	270
		重庆市长寿区罗磊蔬菜专业合作社	LB-15-18103408404A	巨无霸莲藕	800
			LB-15-18103408403A	鄂莲六号莲藕	800
		长寿区先玛果树种植家庭农场	LB-18-18103408389A	先玛沃柑	150
			LB-18-18103408390A	先玛血脐	500
		重庆市长寿区劳益水稻种植专业合作社	LB-03-18113410090A	白合香米	30
			LB-03-18113410091A	松鹤香米	30
		重庆市长寿区张容农业发展有限公司	LB-18-18103408388A	馨容怡粑粑柑	1200
			LB-18-18103408387A	馨容怡大雅柑	260
		重庆平伟朝阳农业发展有限公司	LB-18-18063404237A	蜜莉葡萄	20
			LB-18-18063404238A	醉金香葡萄	15
			LB-18-18063404239A	户太8号葡萄	15
		重庆市全年蔬菜种植家庭农场	LB-15-1605342373A	青菜头	300
绿色食品	2019年认证	重庆醉美东山生态观光农业开发有限公司	LB-44-19063405618A	寿湖玉叶（绿茶）	3
			LB-44-19063405621A	寿湖雪芽（绿茶）	2
			LB-44-19063405620A	寿湖雪眉（绿茶）	2
			LB-44-19063405619A	寿湖碧螺（绿茶）	4
		重庆市长寿区曾建林水稻种植场	LB-13-19063405546A	稻谷	312
		重庆市长寿区大同水产养殖专业合作社	LB-15-19083407144A	南瓜	260
		重庆迪钰农业开发有限公司	LB-15-19033402550A	青菜头	1000

续表

类别	批次	企业名称	证书编号	产品名称	产量（吨）
绿色食品	2019年认证	重庆市长寿区明熙蔬菜种植家庭农场	LB-15-19043402599A	南瓜	340
		重庆市长寿区银湖农业发展有限公司	LB-18-19073406965A	葡萄	100
		重庆市长寿区黄葛黄腊李子种植专业合作社	LB-18-19043402995A	黄腊李	600
		重庆市长寿区缘和种养殖股份合作社	LB-18-19073405788A	翰平塔罗科血橙	200
		重庆市长寿区张容农业发展有限公司	LB-18-19093408287A	馨容怡丑柑	200
			LB-18-19093408286A	馨容怡沃柑	500
		重庆市长寿区慧沣农业开发有限公司	LB-18-19093408052A	慧沣砂糖橘	200
		重庆哈维斯特现代农业发展有限公司	LB-18-19073406949A	哈维斯特红橙	600
			LB-18-19073406950A	哈维斯特血脐	690
	2020年认证	重庆豪顺生态农业发展有限公司	LB-44-19123413904A	豪顺绿茶	6
		重庆市长寿区高光政水果种植家庭农场有限责任公司	LB-18-20043401834A	玉华塔罗科血橙	800
		重庆栗脆生态农业发展有限公司	LB-18-20053402456A	永丰胭脂李	154
			LB-18-20053402457A	永丰脆李	165
		重庆醉美东山生态观光农业开发有限公司	LB-18-20053402425A	猕猴桃	200
		重庆立润生态农业有限公司	LB-15-20093408257A	吊瓜（小南瓜）	100
			LB-15-20093408256A	番茄	80
			LB-15-20093408255A	青椒	60
		重庆平伟朝阳农业发展有限公司	LB-18-20103410396A	纽荷尔脐橙	600
			LB-18-20103410397A	W默科特（柑橘）	1800
		重庆今邱农业科技有限公司	LB-15-20113411039A	甘蓝	250
			LB-15-20113411040A	花椰菜	195
			LB-15-20113411041A	小白菜	180
			LB-15-20113411042A	藤菜	178
		重庆市长寿区三条沟农业专业合作社	LB-15-20113411966A	胭脂红薯	300
			LB-15-20113411967A	苕尖	75
有机产品	有机产品再认证	重庆市大洪湖水产有限公司	100OP1300165	鲌	10
				鳙	50
				鳖	0.8
				鲤	50
				鲫	25

续表

<table>
<tr><th>类别</th><th>批次</th><th>企业名称</th><th>证书编号</th><th>产品名称</th><th>产量（吨）</th></tr>
<tr><td rowspan="9">有机产品</td><td rowspan="5">有机产品再认证</td><td rowspan="3">重庆市大洪湖水产有限公司</td><td rowspan="3">100OP1300165</td><td>鲇（鲶鱼）</td><td>10</td></tr>
<tr><td>鳊</td><td>10</td></tr>
<tr><td>鲢</td><td>120</td></tr>
<tr><td rowspan="2">重庆市长寿区浩湖渔业有限公司</td><td rowspan="2">100OP1400003</td><td>鲢</td><td>500</td></tr>
<tr><td>鳙</td><td>500</td></tr>
<tr><td rowspan="3">2019 年认证</td><td rowspan="4">重庆市长寿区浩湖渔业有限公司</td><td rowspan="4">100OP1400003</td><td>草鱼</td><td>400</td></tr>
<tr><td>鲌</td><td>100</td></tr>
<tr><td>鲂</td><td>400</td></tr>
<tr><td>2020 年认证</td><td>鳖</td><td>10</td></tr>
<tr><td rowspan="2">有机投入品</td><td>2018 年认证</td><td>重庆市长寿区标杆养鸡股份合作社</td><td>QIF18007</td><td>有机肥料</td><td>15000</td></tr>
<tr><td>2019 年认证</td><td>重庆拓阳科技有限公司</td><td>OIF19007</td><td>有机肥料</td><td>5000</td></tr>
</table>

（重庆市长寿区农业农村委员会提供）

现代农业产业基地建设

【概况】 2020 年 4 月 10 日，中共长寿区委机构编制委员会关于同意重庆市长寿区现代农业园区发展服务中心机构编制事项的批复，决定重庆市长寿区现代农业园区管理委员会更名为重庆市长寿区现代农业园区发展服务中心（简称区现代农业园区发展服务中心），仍为区农业农村委管理的公益一类事业单位，机构规格为正处级，经费形式为财政全额拨款。内设科室 5 个（综合科、财务资产科、产业发展建设科、农村产权交易科、招商引资科）；核定事业编制 15 个，设主任 1 名、副主任 2 名，内设机构科级领导职数 7 名（5 正 2 副）。

2020 年，区现代农业园区发展服务中心完成重大项目投资 2.9 亿元，固定资产投资 8.28 亿元，合同引资 11.1 亿元；出产柑橘 10 万吨、长寿柚（沙田柚）甲级果 6000 万个、蔬菜 2.5 万吨，生猪 20.8 万头、牛奶 950 吨、鸡蛋 4.1 万吨、饲料 15 万吨、有机肥 8.3 万吨，产值 33.52 亿元，园区产业发展保持稳定。

【重大项目建设】 2020 年，区现代农业园区发展服务中心坚持抓项目建设，夯实园区产业基础，加快推进市场类重大项目建设工作。市场类重大项目 4 个，均为续建项目；计划投资 2.82 亿元，完成投资 2.9 亿元，完成年度投资任务的 103%。

渔乐仙谷项目：2020 年计划投资 1.2 亿元，完成投资 1.23 亿元。年底前已完成廊道改造、停车场扩建、非屋民宿和林下游乐场建设、国防教育基地等工程。

紫薇花海项目：2020 年计划投资 1 亿元，完成投资 1.01 亿元。已完成游客接待中心、宴会厅施工，正在加快变压器安装工作。

清迈良园项目：2020 年计划投资 0.46 亿元，完成投资 0.5 亿元。已完成温泉钻探前期工作和施工合同签订，新建 1 座周家新湾桥、职业技术培训楼 3000 平方米 3 层主体完工，协调解决安装变压器的经费补助。

橘香悦动村项目：2020 年计划投资 0.16 亿元，完成投资 0.16 亿元。已完成 2 口山坪塘坝体施工和 4 千米旅游公路工程。

【聚商选资工作】 2020 年，区现代农业园区发展服务中心以主要产业招商，围绕产业及产业链构建和功能完善，加大招商力度。全年合同引资任务 10 亿元，实现合同引资 11.1 亿元，完成目标任务的 111%；其中与重庆平伟朝阳农业发展有限公司签订的“橘香悦动村”产业融合发展项目（二期）合同引资 6 亿元、与同安农业开发有限公司签订的“长寿养生花谷”（一期）合同引资5.1亿元。推进招商项目落实建设工作，全年招商项目到位资金任务5亿元，实际到位6.08亿元，完成年度到位资金任务的121.5%。接待到长寿考察的四川新越农牧有限公司、四川凯荣农业发展有限公司等企业20余家，协议意向投资项目7个，投资额10亿元。重点追踪重庆市慢寿城文化传媒有限公司中国长寿神龟博览园项目、温氏公司石坝村7万头优质生猪养殖项目（在原一牛公司改建种猪场项目）、佳和农牧有限公司现代农业生态园项目、德庄实业公司原料生产基地项目、重庆王蓉蔬菜合作社复元大棚项目、千友旅行社洽谈沙田柚购销项目、安新控股公司投资农业项目、欣欣向荣精细化工有限公司民宿投资项目等8个项目。

【农村产权交易工作】 2020年，区现代农业园区发展服务中心着力完善农村产权流转交易服务体系，加强农村产权流转交易服务平台建设，延伸交易服务链条，引导农业经营主体进场交易，规范农村产权流转交易流程，推进农村产权流转交易服务工作。全年完成土地经营权流转交易鉴证29宗、327.07公顷。年底前还有100余公顷土地经营权流转交易鉴证，正按照市土地交易所工作新要求进行。

【乡村振兴工作】 2020年，区现代农业园区发展服务中心做好区乡村振兴重点项目跟踪服务工作，履行基础设施配套工作职能职责，协助园区企业推进园区休闲旅游重大项目建设，促进园区一、二、三产融合发展。协助紫薇花海农旅结合项目和清迈良园项目解决安装变压器有关事宜；助推橘香悦动村项目、渔乐仙谷项目建设进度。

【园区建设管理】 2020年，区现代农业园区发展服务中心落实创建市级现代农业产业园工作，加强园区企业服务，做好国家级科技园区运营，提升园区科技水平，农业园区发展稳步推进。坚持园区基地巡查，不定期对农业园区企业进行安全巡查、环保巡查，全年巡查走访企业50余次，针对巡查出的问题及时提出合理的建议和意见，及时督促企业限时整改。注重科技支撑，继续推进国家农业科技园区相关工作，编制完成长寿国家农业科技园区2019年度总结报告。

加快推进长寿现代农业产业园总体规划和市级现代农业产业园控制性详细规划编制工作，年底前委托中冶赛迪美丽乡村设计院已完成长寿现代农业产业园总体规划初稿，正进行修改和完善；将继续与区发改委等相关区级部门加强对接，收集编制规划所需相关材料。

做好园区稳定工作，配合双龙镇政府处理重庆果然好农业开发有限公司拖欠土地租金及解除土地流转合同事项，通过依法诉讼，重庆市第一中级人民法院2020年6月22日一审作出“原告撤诉，维持长寿区法院作出解除土地流转合同”判决，村民收回土地，已进行二次流转。正在协调解决市农担公司与和兴源公司债权债务处理事宜。完成中央脱贫攻坚专项巡视“回头看”信访交办件余某某信访案件调查处理报告，处理中央第十二巡视组移交督办件王某某信访案件。

做好新冠肺炎防疫督导工作，加强园区企业复工复产疫情防控督导。会同区级部门组成疫情防控督导组，帮助解决企业在促销保供、复工复产中所需的防疫物资，要求企业严格按照疫情常态化防控要求落实措施，对未按防控要求执行的企业进行批评教育、要求及时纠正，确保疫情防控与正常生产经营两不误。（张玉兰）

美丽乡村建设

【设计下乡】 2020年，重庆市长寿区住房和城乡建设委员会（简称区住房城乡建委）与重庆大学建筑城规学院周露教授团队签订合作协议，完成长寿湖特色小城镇方案设计、初步设计及施工图设计工作，长寿湖镇紫竹村乡村振兴试验示范项目的方案调研工作，以及石回村乡村振兴试验示范项目的方案设计、初步设计及施工图设计工作。加强农村建筑工匠师资队伍管理，强化农村建筑工匠培训的理论与实作教学，推广农房建设通用图集，结合脱贫攻坚、农房建设风貌管控开展农村建筑工匠培训，培训合格农村建筑工匠121名。

【农村人居环境改善】 2020年，长寿区整体推进美丽乡村建设，申报龙河镇保合村灯坎湾、柏树堡美好环境与幸福生活共同缔造示范点建设，整治提升农村旧房1000户，创建评比美丽庭院600个，安装庭院灯或路灯1300盏，持续整治2

个农村非正规建筑垃圾堆放点。摸排农村房屋安全隐患5086户，其中用作经营性自建房2631户、非自建房963户、未用作经营性自建房1492户，完成经营性农村房屋的排查工作。（张春来）

农村经济

【农业农村改革】 2020年，长寿区农村资源变资产，资金变股金、农民变股东“三变”改革试点扩面深化，年内新增开展农村“三变”改革试点村23个，全区农村“三变”改革试点村有28个，“三变”改革试点村扩大到全区13%的行政村。

经过清产核资，2020年全区农村集体总资产为167304.96万元，其中经营性资产7382.76万元，非经营性资产159922.20万元；全区另有待界定资产999.04万元。农村集体负债为9479.36万元，其中流动负债6391.59万元、长期负债3087.77万元。农村集体所有者权益合计157825.60万元。全区集体土地总面积94480公顷，其中农用地总85927公顷、建设用地5780公顷、未利用土地2773公顷。

推进农业财政补助资金股权化改革，年内全区农业财政补助资金股权化改革项目69个，涉及财政股改资金5891.06万元，村集体总计分红80.46万元，农户总计分红25.62万元。

【承包地管理】 截至2020年年底，全区家庭承包经营的耕地面积54193公顷；流转土地26133公顷，土地流转费用2亿元（其中，流向1651个新型经营主体公顷，占土地流转总面积的58.06%）。

【农业农村金融】 2020年，长寿区政策性农业保险承保水稻7273公顷，涉及农户10811户；发生理赔案件6037件，理赔金额210.88万元，涉及面积607.53公顷。承保玉米5313公顷，涉及农户11849户；发生理赔案件4659件，理赔金额达165.48万元，涉及面积434.31公顷。承保油菜2613公顷，涉及农户3293户；发生理赔案件1986件，理赔金额65.06万元，涉及面积169.54公顷。承保柑橘6067公顷，涉及农户343户；全年发生理赔案件69件，理赔金额95.71万元，涉及面积953.29公顷。承保生态渔业保险面积181公顷，涉及农户27户；全年发生理赔案件24件，理赔金额45.79万元，涉及面积123.71公顷。

做好农业担保贷款工作，市农担公司担保贷款金额13.43亿元，在保项目434个，贷款余额22259万元，金额居全市第二；2020年全区担保放款项目441个、20653万元，其中新增项目放款52笔、2259万元。

【农村集体经济】 2020年，长寿区全面完成村级集体产权制度改革试点工作，组建股份经济合作联合社220个。225个涉农行政村全年实现经营性收入704.3万元，消除无经营收入的空壳村；其中收入1万元以下的村41个，收入1万~5万元的村67个，收入5万~10万元的村109个，收入10万元以上的村8个。

【新型农业经营体系】 2020年，长寿区新增95个家庭农场，总计培育家庭农场914个；其中区级示范家庭农场201个、市级示范家庭农场13个。截至2020年年底，全区有农民专业合作社605个、合作社联合社7个，有区级示范社38家、市级示范社29家、国家级示范社2家。

（王成果）

表 20　　2020 年长寿区区级龙头企业统计

序号	街镇	类型	企业名称	主导产品	企业法人	企业基地地址及联系电话
1	龙河	水果种植类	重庆东源农业开发有限公司	柑橘	袁东升	龙河镇保和村 18602378555
2			重庆哈维斯特现代农业发展有限公司	柑橘	周于玲	龙河镇龙河村 13983692118
3			重庆市长寿区银湖农业发展有限公司	水果、养殖	贾麟	龙河镇龙河村一组 18680813399
4			重庆三田农业科技有限公司	柑橘	林洪兴	龙河镇河堰村 15213064419
5			重庆益恒农业开发有限公司	柑橘	李清	龙河镇河堰村 13272807563
6			重庆市慧沣农业开发有限公司	柑橘	董静	龙河镇咸丰村 2 组 18982266665
7			重庆市巽泰农业开发有限公司	柑橘	雷礼阳	龙河镇永兴村 4 组 15310600456
8			重庆恋琪橙农业有限公司	脐橙	邱月	龙河镇仁和村 7 组 13658053832
9		畜禽养殖类	重庆长水禽业发展有限责任公司	生产销售蛋鸡苗、鸡蛋、生产销售有机肥	廖长水	龙河镇保合村一组 13638389826
10			重庆龙河兔业发展有限公司	肉兔	李德云	龙河镇四坪村 5 组 15523509762
11		花卉苗木类	重庆市禾丰生态园林有限公司	花卉苗木、柑橘果树	邱本国	龙河 13637950899
12			重庆海川园林景观有限公司	生态绿化苗木种植销售、园林绿化工程设计施工	李志明	龙河镇明丰村 2 组 13500350800
13		加工类	程珊养蜂股份合作社	蜂蜜、蜂王浆	陈长庆	龙河镇合兴路 51 号 492343844、408511311
14		休闲类	重庆市长寿区老陈菜农业综合开发有限公司	农业种植及水产养殖	陈舰崑	龙河镇明星村二组 13883221955
15		蔬菜种植类	重庆正农生态农业开发有限公司	蔬菜	李宁	龙河镇龙河村 2 组车家坝 13594233338
16		水果种植类	重庆农正农业开发有限公司	W 默科特、血脐、柠檬	韩影	双龙镇 18983061332、40311995
17			重庆泰业农业开发有限公司	柑橘、水产	何良富	双龙镇 18723188271、67620111

续表

序号	街镇	类型	企业名称	主导产品	企业法人	企业基地地址及联系电话
18	双龙	水果种植类	重庆市长寿区联恒农业开发有限公司	柑橘	余春花	双龙镇 13220202666
19			重庆杰冠生态农业开发有限公司	水果	雷洪波	双龙镇飞石村3组 13708377712/13527499519
20			重庆市长寿区和兴源农业开发有限公司	柑橘	陈世远	双龙镇 13368008999
21		水产养殖类	重庆市长寿区鱼宝水产养殖有限责任公司	水产养殖及蔬菜水果种植	郭小明	双龙镇长寿寨村4组 13650526566
22			重庆昊泓水产养殖股份合作社	水产品	吴建中	双龙镇居委会3组 13896193818
23			重庆海倩农业开发有限公司	水产	温良海	双龙镇长寿村7组 13330288282/40280586
24		畜禽养殖类	重庆市长寿区德康好家禽养殖有限公司	鸡	张红威	双龙镇红岩村八组 13629779783
25		其他类	重庆创源农业技术有限公司	农业社会化服务、无人机植保服务、测土配方配肥、农药、种子	陈洪	双龙镇龙凤街9号3幢1单元1－2号 18983668844
26			重庆市长寿区汇鸣供销合作社有限公司	农业社会化服务、无人机植保服务、测土配方配肥、农药、种子	陈洪	双龙镇龙兴街33幢 1 － 10号 18182338291
27		休闲类	重庆麓谷农业开发有限公司	生态观光、园林绿化工程设计施工、农业及苗木生产销售	甘星荣	双龙镇长寿寨村 13983833156
28	石堰	水果种植类	重庆市草根农业发展有限公司	核桃、李树、绿化草木、林下种植	陈永胜	石堰镇干坝村5组38号（13594057961）
29			重庆市长寿区纯净柑橘种植专业合作社	柑橘	王传斌	石堰镇兴庄村 13608376055
30			重庆市蓝恒农业开发有限公司	柑橘	余明普	石堰镇高庙村 15983589018
31			重庆市长寿区俊超家禽养殖专业合作社	鲜鸡蛋	高俊超	石堰镇麒麟村2组 13908356426
32			重庆蒙润农业开发有限责任公司	奶牛养殖	张明钢	石堰镇大塘村 13808337896

续表

序号	街镇	类型	企业名称	主导产品	企业法人	企业基地地址及联系电话
33	石堰	休闲类	重庆澳凯农业开发有限公司	生态农产品、乡村旅游	李政委	石堰镇石安村 7 组 13500366757
34			重庆市长寿区智保农业开发有限公司	养殖、餐饮、住宿	戴志保	石堰镇干坝村 2 组 13350387389/40879888
35		蔬菜种植类	重庆市康宏生态农业有限公司	蔬菜、柑橘	刘小洪	石堰镇高庙村 2 组 13637869688
36			重庆市长寿区琏瑚农业有限公司	蔬菜	伍治勇	石堰镇海天村 6 组 13594109751
37			重庆市长寿区龙蕈生态农业有限公司	食用菌	任飞	石堰镇干坝村 17347651191
38			重庆今邱农业科技有限公司	蔬菜	邱映	石堰镇朝阳村 5 组 13271831820
39			重庆柒沣生态农业发展有限责任公司	粮油、水产	袁洪兵	石堰镇石堰村 3 组 13667639777
40		加工类	重庆市素椒农业开发有限公司	花椒	李俊峰	石堰镇海天村 15823992976/15023657272
41			重庆聚昇鑫农业开发有限公司	花椒	郝平	石堰镇海天村 13594049308
42			重庆市骄丽生态农业发展有限公司	花椒	程浩	石堰镇新寨村 5 组 13996002232
43	葛兰	水果种植类	重庆市恒河农业科技有限公司	柑橘	朱铁能	葛兰镇 18623144411
44			重庆民生农业开发有限公司	柑橘果苗	郭琦	葛兰镇天台村 18623191973
45			重庆市长寿区富茜农业开发有限公司	水果	喻一峰	葛兰镇枣子坡街俊华楼附一楼 13609404635
46		粮油种植类	重庆市葛福农业专业合作社	粮油	杨培林	葛兰镇天福村五组 13500353090
47			重庆市长寿区进冠果蔬有限公司	蔬菜	刘涛	葛兰镇沙河村 7 组 13368257966
48			重庆市长寿区罗磊蔬菜专业合作社	莲藕	罗磊	葛兰镇龙井坎村 1 组、13658328222
49		畜禽养殖类	重庆市长源饲料有限公司	生产销售蛋鸡饲料	柳阳	葛兰镇东街 13883358737
50			重庆市长寿区标杆养鸡股份合作社	收购销售鸡蛋、生产销售有机肥料	何以华	葛兰镇天台中心场 13908345075

续表

序号	街镇	类型	企业名称	主导产品	企业法人	企业基地地址及联系电话
51	葛兰	畜禽养殖类	重庆长寿温氏畜牧有限公司	生猪养殖	黄木森	葛兰镇枯井开发区8号 15310183311
52		加工类	重庆达沃斯食品有限公司	植物蛋白饮料	孙勇	葛兰镇清风桥 13608617968/19923805659
53			重庆合得拢食品有限公司	生鲜豆制品	王时元	葛兰镇工业园区康富一路7号
54			重庆梦怡食品有限公司	腐乳	李建明	街镇工业走廊葛兰工业组团 13996035753
55			重庆市顶尖食品有限公司	酱腌菜	刘培芳	葛兰镇 40812399、13883184058
56			重庆穗花食为天粮油有限公司	大米加工、仓储、销售	袁泽兰	葛兰镇富康路8号 13399856666
57			重庆市亚泉食品有限公司	泡菜系列产品	李小平	葛兰街镇工业走廊健康科技产业基地 13708361775
58			重庆凯年食品有限公司	粽子、月饼、腌腊	黄海鹰	街镇工业走廊葛兰工业组团康富路19号 13637801911
59			重庆美道食品有限公司	长寿湖鱼肉面系列产品	张蔺天	葛兰镇 13618319993
60			重庆长寿区可又可食品有限公司	火锅底料、麻辣鱼佐料	杨含均	葛兰镇健东二路14号 13908366959/13206025252
61		花卉	重庆荣达农业发展有限责任公司	花卉苗木	祝荣	葛兰镇 67082198
62			重庆荣达建设（集团）有限公司	花卉苗木	祝荣	葛兰镇 67082198
63		水产养殖类	重庆彭戚水产品有限公司	水产品养殖	彭群益	葛兰镇葛兰村14组 13509476772
64			重庆天可农业开发有限公司	水产	朱本义	葛兰盐井6组 15178805517
65		混合类	重庆拓阳科技有限公司	有机肥，有机无机复混	周吉	葛兰镇盐井村 15223462188
66		休闲类	重庆华夏农业有限公司	特色户外草坪婚礼寿喜文化	李伟	葛兰镇响水街168号 18602354999

续表

序号	街镇	类型	企业名称	主导产品	企业法人	企业基地地址及联系电话
67	云集	水果种植类	重庆市长寿区福胜夏橙专业合作社	夏橙	汤和云	云集镇福胜村 40366165 13206111828
68			重庆鸥能农业开发有限公司	柑橘、休闲农业	李群中	云集镇尖峰村九组 15123159688
69			重庆豪顺生态农业发展有限公司	茶叶	袁野	云集镇大同村 7 组 17308396555
70		花卉苗木类	重庆彦季农业开发有限公司	花卉、苗木	张延友	云集镇飞龙村一组 18602389298
71			重庆国清园林绿化工程有限公司	花卉苗木	唐国清	云集镇福胜村 10 组 15736164708
72	邻封	水果种植类	重庆华飞农林发展有限公司	沙田柚	吴旭峰	邻封镇青观村三组 13983275197/ 02367180911
73		蔬菜种植类	重庆市保役农业开发有限责任公司	种植、销售黑木耳	王徐	邻封 18623066927
74		畜禽养殖类	重庆烈安农业发展有限公司	乳鸽	颜烈	邻封镇 13508391888
75			重庆市长寿区健长生态农业有限公司	生猪养殖、销售	文元彬	邻封镇上坪村 4 组 18983410788
76		休闲类	重庆立润生态农业有限公司	生猪养殖、林下养鸡、销售	苏勇	邻封镇焦家村 1 组 40425270、13608355051
77	云台	水果种植类	重庆牛队长生态农业有限公司	蓝莓种植	刘明斌	云台镇桥坝村 13983767026
78			重庆市美高农业投资有限公司长寿分公司	葡萄	胡燕	云台镇锅厂村 4 组 18523383999
79			重庆皿皿农业发展有限公司	柑橘、水产	朱召均	云台镇黄葛乡双土村三组 13658464455/ 15922545049
80		粮油种植类	重庆大田粮油有限公司	大米	李兴智	石堰黄葛东街 55 号 13193083411
81		休闲类	重庆清迈农业有限公司	水稻种植、乡村旅游	李大志	云台镇八字村五组 15023752688/ 13708316655

续表

序号	街镇	类型	企业名称	主导产品	企业法人	企业基地地址及联系电话
82	长寿湖	休闲类	重庆醉美东山生态观光农业开发有限公司	茶叶	吴斌	长寿湖镇湖滨路 13389618000
83			重庆熙润生态农业发展有限公司	蔬菜、水果、花木	傅建	长寿湖镇红光村十组 13399813030/13983967590
84		水产养殖类	重庆世航农业开发有限公司	鱼	高世勇	长寿湖镇紫竹村5组 13983052226
85			重庆市翔鹏农业开发有限责任公司	水产	唐晓泽	长寿湖镇云集红光村 13808366226
86			重庆市长寿区浩湖渔业有限公司	鲢鱼、鳙鱼	杨俊伟	长寿湖镇湖滨路25号 岳璐 13637704040
87		水果种植类	重庆市长寿区安驰农业综合开发有限公司	柑橘	韦凡	长寿湖 13908320806，吕文彬 13908320806
88	八颗	混合类	重庆缘梦农业发展有限公司	蔬菜、水果、花木	李文清	八颗镇核桃村 13883559789
89		畜禽养殖类	重庆市长寿区牧标养殖专业合作社	蛋鸡	张陈勇	八颗街道新桥村7组 13594112569
90	江南	蔬菜种植类	重庆市长寿区英英蔬菜种植场	蔬菜种植及销售	聂秀英	江南天星村6组 15923976578
91		水果种植类	重庆市长寿区五宝农业开发有限公司	水果种植、畜禽养殖	孙世忠	江南镇扇沱正街11号 13709405834
92			重庆市长寿区阳媛水果种植场	枇杷	田茂洋	江南街道扇沱正街4号 13983072255
93		畜禽养殖类	重庆市长寿区元刚生猪养殖场	生猪养殖及生猪销售	王元刚	17323600188
94	新市	畜禽养殖类	重庆市长寿区源创畜牧发展有限责任公司	生猪	雷云国	新市街道 13527346635
95			重庆市长太生猪养殖有限公司	生猪	朱淑清	新市镇何石井村 40392439/13883553739
96		花卉苗木类	重庆紫耘实业发展有限公司	紫薇种植、园林建设、休闲旅游	刘科涛	新市街道 18696507117
97			重庆长龙园林工程有限公司	园林绿化、苗木种植	刘科林	新市街道
98			重庆名华园林工程有限公司	园林绿化、苗木种植	刘科林	新市街道

续表

序号	街镇	类型	企业名称	主导产品	企业法人	企业基地地址及联系电话
99	新市	加工类	重庆市红红饲料有限公司	猪用饲料	朱淑清	新市街道河石井粮站 13193119486/13883553739
100	新市	加工类	重庆佐恩家具有限公司	课桌椅、公寓床	左昱立	重庆市长寿区新市集中工业园内
101	晏家	加工类	重庆尚蔬坊饮料食品股份有限公司	浓缩橙汁及成品饮料	朱敬伦	晏家工业园区 15902345129
102	洪湖	水产养殖类	重庆市大洪湖水产有限公司	水产品	程光杰	洪湖镇 40731016/13908319749
103	洪湖	水果种植类	重庆平伟朝阳农业发展有限公司	柑橘	甘毅	洪湖镇称沱村 18996014816
104	洪湖	水果种植类	重庆硕果农业开发有限公司	柑橘	胡木建	洪湖镇码头村 13883660578
105	渡舟	休闲类	重庆市金洲泉农业开发有限公司	水果、蔬菜、旅游	张树全	渡舟街道黄连村三组 13509405789
106	渡舟	混合类	重庆三科农产品市场有限公司	综合性农产品交易中心	李名泽	渡舟街道重庆东部国际农产品交易中心 13320220084
107	渡舟	加工类	重庆怀达食品有限公司	血豆腐、薄脆	王怀	重庆市长寿区渡舟开发区商贸街 138 号，王怀 13500369248
108	万顺	蔬菜种植类	重庆洲晟农业发展有限公司	乡旅	陈沛彬	万顺镇东风村 13452817357/02340881777
109	万顺	水产养殖类	重庆市诚善农业发展有限公司	水产品	杨小玲	万顺镇 13708302188/40748258
110	万顺	加工类	重庆捷弘农业发展有限公司	中药材种植、加工	刘文云	万顺镇百合村 8 组 13308300808
111	万顺	水果种植类	重庆煌烜农业有限公司	火龙果、无花果	袁平	万顺镇院子村 2 组 13983055816
112	但渡	水果种植类	重庆恩科农业开发有限公司	柑橘	张小平	但度镇兴同村 13368460558
113	但渡	加工类	重庆亿茂农业有限公司	花椒	王志强	但渡镇 40336158、13509404831
114	但渡	加工类	重庆金地农业开发有限公司	花椒	陈学文	但渡镇 40336158
115	但渡	加工类	重庆市容丽平蜂业有限公司	蜂产品	袁自仁	但渡镇双河村老岩沟 13709405558

续表

序号	街镇	类型	企业名称	主导产品	企业法人	企业基地地址及联系电话
116	但渡	畜禽养殖类	重庆市长寿区华犇肉牛养殖场	肉牛	韩学明	但渡镇龙寨村6组13609405688
117		休闲类	重庆润乐尔农业科技开发有限公司	果蔬、中药材种植加工，农村生态观光旅游	雷家英	但渡18983075693
118	凤城	混合类	重庆长寿村村淘电子商务有限公司	长寿柚、血脐、柠檬、柑橘等	张瑜	凤城街道黄桷路4号6楼15023787166/18623339566
119						
		加工类	重庆市友谊畜产品有限公司	肠衣、肝素钠	罗桂彬	凤城街道桂花村2号13908380464
120	菩提	花卉苗木类	重庆市长寿区同安农业开发有限公司	蔬菜、苗圃	周树明	菩提18983298199
121	海棠	蔬菜种植类	重庆市长寿区聚祥蔬菜种植专业合作社	蔬菜	张正兴	海棠镇海棠村9组17783078111

（重庆市长寿区农业农村委员会提供）

种植业

【粮油生产】 2020年，全区水稻种植面积21933公顷，比2019年增加267公顷，总产量与2019年持平；亩产522千克，较2019年减产1.5%。玉米种植面积11933公顷，亩产499千克，单产增加1.5%。油菜种植面积5895公顷，亩产131.2千克，较上年增加2千克（2020—2021年采购双低油菜种子6.0吨）。胡豆种植面积1940公顷，单产139.69千克。豌豆种植1040公顷，亩产117.79千克。种植春马铃薯2887公顷，亩产折粮245.8千克；秋马铃薯播种面积2100公顷。种植甘薯9707公顷，亩产233.52千克。种植大豆7067公顷，亩产110千克。

【果蔬生产】 2020年，全区水果投产面积15547公顷，产量21.76万吨。全区蔬菜种植面积14455公顷，产量37.86万吨。示范推广生草栽培和可降解地布等果园生态覆盖技术667公顷；进行柑橘叶片和土壤营养诊断333公顷，研发柑橘黄化低产综合防控技术，建立营养失衡矫治试验示范园；建立200公顷水果绿色防控示范基地。

【土肥工作】 2020年，长寿区坚持农业绿色发展为导向，抓好耕地质量保护与提升技术，稳定粮经作物产量，实施化肥减量及耕地质量提升行动。全年开展田间肥效试验12个，测土配方施肥技术覆盖率94%，主要农作物当季肥料利用率41%，高出全市0.7个百分点；农作物秸秆综合利用率91.38%；推广测土配方施肥技术，制定《长寿区测土配方施肥配方肥合作企业遴选认定与管理办法（试行）》；公开发布《长寿区2020—2021年度主要农作物施肥推荐配方》；开展定点农户施肥调查50户，并录入全市调查施肥系统。推进化肥减量增效行动，为237公顷柑橘果园建立水肥一体化运筹制度；全区化肥施用量实现负增长。建成国家级和省级耕地质量长期定位监测点8个，全面实现每十万亩耕地建设1个耕地质量监测点的监测网络建设规划要求。

【植物保护】 2020年，长寿区实施油菜和稻水象甲统防统治，增施硼肥和菌核病统防统治，面积333公顷；各街镇采购药品进行统防统治，防治面积2133公顷；大实蝇“蛆果”收集4106吨；布置完成实蝇监测点123个、柑橘溃疡病监测点24个、草地贪夜蛾监测点12个、稻水象甲监测点1个、红火蚁监测点19个；完善水稻中后期病虫害统防统治518公顷，财政补助10.88万元。通过

统防统治和绿色防控，全区农药较2019年减少1.82吨，统防统治和绿色防控率40%以上，完成市级目标任务。（王成果）

林　业

【概况】 2020年，重庆市长寿区林业局（简称区林业局）机关内设科室5个，分别是办公室（计财科）、生态修复科、森林资源管理科（行政审批科）、林业安全科（行政执法科）、改革发展科。下属参公事业单位2个，分别是重庆市长寿区森林病虫防治检疫站、重庆市长寿区林木种苗站，机构规格为正科级；下属事业单位3个，分别是重庆市长寿区林业服务中心、重庆市长寿区林业行政执法支队、重庆市长寿区国有林场，机构规格为正科级；下属国有企业1个，为重庆市长寿区木材公司（重庆市长寿区森发木材有限公司）。

【国土绿化】 2020年，区林业局实施营造林1.1万公顷，全区林地面积6.71万公顷，森林覆盖率47.5%，林木蓄积量190万立方米；森林火灾受害率稳定控制在0.3‰以下，无森林火灾发生；林业产业总产值63.34亿元，比2019年增长15%。

完成国土绿化提升行动3年目标任务，做好新冠肺炎疫情防控，及时组织复工复产，超额完成2019年市级1.63万公顷营造林目标任务，顺利通过2019年度市级成效检查验收和考核；组织开展国土绿化提升行动“秋冬季大决战”，全面落实落地1.67万公顷2020年营造林任务。完成第一轮退耕还林工程2019年区级验收和2015年新一轮退耕还林工程第三次区级验收，完成直补兑现工作。春季义务植树活动，全区19个街镇分别开展，直接参与人数19万人次，尽责株数100万株。开展农村人居环境整治，整合农村“四旁”植树项目，开展农村公共场所绿化27公顷。强化古树名木保护，对全区218棵古树实施挂牌复壮保护，其中二级保护古树10棵、三级保护古树208棵。加强城区绿化建设，以建设生态园林城市和国家森林城市为载体，完善绿地系统，提升城区和各大工业组团生态人居环境，启动凤山、晏家等街镇体育公园建设，提升改造云峰寺公园、桃花公园等城市公园，完成城区绿化提档升级333公顷，有效提升城区绿化质量。

【森林资源保护】 2020年，区林业局实施天然林保护工程，建立天保工程管理平台，强化对护林员的管理，森林覆盖率47.5%；完成全区范围内森林生态效益补偿补助工作，补偿面积2.31万公顷，补偿资金441万元。规范全区自然保护地建设和保护管理体制，对自然保护地开展优化调整，年底前最终成果已报国家林草局审定。加强对湿地的保护和管理，完善相关工作机制，强化湿地保护宣传力度，全区湿地保护率50%以上。严格林地审核审批，规范林地的审批手续，依法依规、主动配合相关单位及个人申报使用林地，做好资源保护，为全区社会经济发展服务。2020年全区审核审批使用林地78件，林地批准面积181.88公顷。加强林木采伐管理，2020年全区审批发放林木采伐许可证790份，采伐林木蓄积4042.4立方米，无超限额审批发放采伐证的情况，完成“十四五”森林采伐限额编制。开展森林督查，完成2019年森林督查65个图斑的查处整改工作，查处率、整改率均为100%；完成2020年森林督查260个图斑的外业调查工作，下一步将对市林业局最终核定的40个涉林案件、59个疑似图斑开展查处整改。推进野生动物养殖后续处置工作，组织人员对全区野生动物驯养繁殖基地进行全面调研核查；按照实事求是、分类处置的原则，引导养殖户转型转产并对存栏动物开展无害化处置，已完成16家野生动物养殖户存栏动物无害化处置、补偿和25家虎纹蛙养殖企业（户）转型转产补助。林业有害生物防治，开展2020年度松材线虫病除治工作，根据秋季普查结果，涉及小班777个、面积5.27万公顷、枯病死松树28162株，已完成山场除治工作。强化森林防火基础设施建设，2020年新建市级标准化森林防火检查站2座、区级标准化森林防火检查站5座；投入260余万元完成森林防火预警监测系统建设并正式投入使用；新建区国有林场森林消防专业队伍，依托原消防队伍建立6支森林消防半专业队伍。加大林业违法违规案件查处力度，2020年查处林业行政违法案件53件，罚款92万余元，有效避免林业资源损失。

【林业产业】 2020年，区林业局围绕乡村振兴和脱贫攻坚工作，发展特色经济林和花卉苗木产业；依托长寿湖、菩提山、紫耘花海、清迈良园等林业优质资源，发展森林旅游和森林康养产业，深化林旅深度融合发展。2020年发展特色经果林2800公顷，有苗圃83个，育苗面积1953公顷，在圃苗木8564万株。加大对林业企业指导服务力度，扶持涉林民营企业发展，协调解决民营企业发展面临的困难问题。2020年，帮助渝维家具成功申报林业贴息贷款25万元，疫情期间帮助相关单位购买疫情防控物资4105件。创建国家森林乡村和市级林业龙头企业，成功创建华中、大同、石马、麒麟、八字、桥坝、复元7个国家森林乡村和重庆渝维家具、重庆紫耘实业、重庆荣达农业、重庆荣达建设（集团）有限公司、重庆宇心门业5个市级林业龙头企业。继续实施林业产业扶贫，结合贫困村资源优势，继续完成3个贫困村“一村一品”建设以及森林人家、林业专业合作社能力提高建设；通过国土绿化提升行动等林业重点项目，吸纳2000多个贫困户以土地流转、务工等方式参与项目建设。实施生态管护扶贫，设立生态保护公益性岗位，对全区区域内2.51万公顷公益林实施管护，其中涉及10个贫困村2946公顷，涉及贫困户1000余户，每年享受生态效益补偿金12万余元。开发护林员公益性岗位，为建档立卡贫困户提供护林员公益性岗位36个，每年增加贫困户工资收入12万余元。开展林业科技扶贫，2020年落实13名林业专家进村接受咨询及现场技术指导和培训8次，服务590人次，其中服务贫困村4个、贫困人员210人次。

【林业改革】 2020年，区林业局启动林长制准备工作，全面摸排全区山林资源情况，做到山林资源底数清、情况明，推动林长制工作有序开展。持续推进集体林权制度改革，引导社会资本投资林业，鼓励林权向专业大户、林业专业合作社、林业企业流转，提高林地生产力，促进多种形式的规模经营。2020年全区林地流转5宗，林地流转面积333公顷，林权抵押贷款2起，抵押面积2387公顷，抵押金额24401万元。推进“放管服”改革，优化办事流程、压缩办理时限；主动上门为基础设施、公共事业和民生项目服务，帮助其完成林地使用审批资料，为全区经济社会发展提供要素保障。开展非国有林赎买改革试点后续工作，年底前正对接区规划自然资源局为其办理不动产权证。巩固区国有林场改革成果，继续强化区国有林场基础设施建设，完成义和管护站改造项目。落实安全生产“一岗双责”，由局领导带队，组织3个督查组对森林防火、松材线虫病除治、林业安全生产等进行明察暗访65次，发现安全隐患21处，现场整改到位13处，下发安全隐患整改通知书8份；在规定时间内全部整改到位，有效推动全区林业安全稳定发展。着力化解林业信访矛盾纠纷，针对野生动物经营户、天保安置人员、原清退林业员等重点信访群体和个人，制定维稳方案，做到“一案一策”，做好矛盾疏导解释、纠纷调处等工作，实现维稳工作目标。

【队伍建设】 2020年，区林业局以政治建设为统领，时刻注重教育和引导班子成员和干部职工严守政治纪律和政治规矩；严格落实意识形态工作责任制，重新制定并印发《中共重庆市长寿区林业局党组落实意识形态工作责任制实施方案》《中共重庆市长寿区林业局党组落实网络意识形态工作责任制实施方案》，开展意识形态场所和QQ群、微信群排查，建立台账，落实责任领导和责任人，维护林业系统意识形态安全，推动意识形态工作进一步落地落实。以组织建设为基础，成立重庆市长寿区林业局党的建设工作领导小组，制定并印发《中共重庆市长寿区林业局党组落实全面从严治党主体责任清单》等3个责任清单；组织干部职工开展新修订的森林法学习、“七一建党99周年知识竞赛”等活动，加强正面教育和警示教育，利用发生在身边的违法违纪案件作为案例，深入剖析、深刻吸取案件教训，以案为警，筑牢拒腐防变的思想防线。 （陈怡璇）

畜牧业

【概况】 重庆市长寿区畜牧兽医事务中心（简称区畜牧兽医事务中心）是区农业农村委管理的公益一类事业单位，机构规格为正处级。其前身是1951年成立的涪陵专区兽疫防治队分队，于1957年成立长寿县畜牧兽医工作站，1975年改为长寿县畜牧站，1984年成立长寿县畜禽服务公司，2001年成立长寿县畜牧局，2002年更名为重庆市长寿区畜牧局，2007年更名为长寿区畜牧兽医局，2020年5月更名为重庆市长寿区畜牧兽医事务中心。在2020年机构改革中，将原重庆市长寿区畜牧兽医局承担的行政决策、行政许可等行政职能划归区农业农村委，行政执法职能划归区农业综合行政执法支队，重庆市长寿区畜牧兽医事务中心不再承担行政职能；转隶在编人员13人，退休3人。

区畜牧兽医事务中心地址位于凤城街道三峡路18号，是全区畜牧兽医行业主管部门，履行全区畜牧兽医技术指导与服务职能。内设4科1室，即办公室（财务科）、党建人事科、畜牧科、兽医科、畜禽废弃物利用科；直属事业单位4个，即动物疫病预防控制中心、畜禽品种改良站、饲料监测管理站、畜牧信息中心。机关及直属事业单位有职工47人，其中在编人员44人、临聘人员3人、退休人员17人，有研究生8人、本科28人、专科8人，35岁及以下11人、36~45岁13人、46~55岁17人、55岁以上10人，高级职称6人、中级职称13人。

2020年，区畜牧兽医事务中心推进畜禽养殖废弃物资源化利用，推动畜牧业提质提效和高质量发展，抓好动物疫病防控，打好非洲猪瘟持久战，完成年度畜牧兽医重点工作任务。全年全区实现畜牧业总产值37.87亿元，全区畜牧业发展总体呈现保供保质的良好态势，未发生区域性重大动物疫情。

【畜牧产业发展】 2020年，全区生猪出栏46.3万头，蛋鸡存栏510万只，奶牛存栏395头，肉类、禽蛋、牛奶产量分别为5.4万吨、5.9万吨、0.2万吨，饲料生产量16.5万吨。

生猪稳产保供成效突出，出台《长寿区加强非洲猪瘟防控稳定生猪生产保障市场供应促进转型升级实施方案（2020—2021年）》，落实种猪引种、新建标准化猪场、养殖用地等各项扶持政策；优化生猪产业规划布局，以畜牧园区生猪核心区（新市街道）为中心，以双龙、葛兰、石堰、龙河等为辐射，形成较为合理、相对集中、相互配套、生态协调的生猪产业布局；优化“产销平衡”布局，将全区12个街镇纳入生猪主产街镇，明确到2021年猪肉自给率达到100%以上；完善生猪良繁体系，支持种猪企业开展种猪选育及良种引进，破解猪源供应难题，年内支持政策引进父母代种猪1400头，超额完成市级1300头任务；推进生猪标准化养殖，支持生猪生产、动物防疫、粪污资源化利用等环节标准化改造和设备更新，推广投料、清粪、控制等智能化设施装备。全区有种猪场5个、种鸡场2个，种鸡存栏29万套；2020年新建标准化猪场11家，拟增加生猪产能10万头。规模场生猪存栏量比重59.3%，规模场蛋鸡存栏量比重97.4%；加快生猪复产增养。实行年度任务台账制度，新增生猪产能任务落实到场到户，推行“公司+养户”合作模式，发挥温氏公司、和圆公司龙头带动效应，带动中小养殖场（户）发展，截至12月，全区存栏生猪33.7万头，能繁母猪3.4万头。

保障新冠肺炎疫情期间畜牧业正常生产，开展全区生猪存出栏情况调度，建立屠宰场与养殖企业供销对接机制，指导生猪养殖场有序出栏，确保市场猪肉供应稳定；落实畜禽产品应急保供企业，明确区内5家生猪、2家屠宰企业区内新冠应急保供企业；利用已有的生猪定点屠场建立活禽临时屠宰点，丰富市民肉盘子；保障猪肉市场平稳供应，统筹区内外市场资源，猪肉市场供给稳定；增强猪肉自给能力，引导规模养殖场适时出栏生猪；组织区内生猪屠宰企业与区外养殖企业签订生猪供销协议，促成永辉、新世纪等大型保供企业与市内等肉企达成猪肉供货伙伴关系，鼓励区内家禽、水产品及时上市，扩大替代肉品供应；完善价格监测机制，制定生猪价格保障等预案，持续做好猪肉保供稳价工作。

支持发展畜牧业新型经营主体，构建新型农业经营体系，全区有畜牧业龙头企业24家、专业合作社81个、微型企业561个、家庭农场126个。引导各类经营主体形成小养户与大企业的利益联结平台，新型经营主体活力显现，蓬勃发展。

创新经营机制，长寿区生猪养殖企业既有传统的独资经营、合资经营等方式，又有家庭农场、专业合作社、“公司+农户+合作社”“公司+基地+农户”等新模式。一批企业通过建设标准化、规模化养殖场，形成集良繁、养殖、饲料生产为一体的产业链，企业的扩张速度和抵御市场风险能力明显提高。在养殖业受非洲猪瘟影响的情况下，区内饲料企业产销量提前2个月达到2019年全年水平，全年突破16.5万吨，创历史新高。

【重大动物疫病防控】 2920年，长寿区科学制定全年动物疫病防控方案，对全区重大动物疫病防控工作进行合理安排，有效减少各种变化带来的冲击。全面压实重大动物疫病防控责任，强化街镇政府属地领导责任、部门属事监管责任、生产经营者主体责任，网格化管理和动态巡查监管“生猪户口制”保证防疫密度和免疫质量。开展春秋两防和常年免疫工作，口蹄疫、高致病性禽流感、H7N9流感、小反刍兽疫等强制免疫病种的防疫密度达到100%，环境和圈舍消毒面、畜禽驱虫指导面、畜禽免疫标识佩戴率、散养户畜禽《动物免疫证明》持证率均达100%；加强牛结节性皮肤病防治技术规范的宣传培训，提高养殖场户防范意识和鉴别能力，全区未发现一起临床病例；加强长江消落带（江南、晏家、凤城）血吸虫病风险监测（监测200份样品），及早发现并及时预防和诊治，防止传播并感染人。2020年春防、秋防行动集中免疫涉及260个村、1772个村民组、50986个农户，全年免疫生猪25.52万头、牛8964头、羊7872只、鸡725.84万羽、鸭54.78万羽、鹅9.29万羽、犬4.32万只、鸽子（鹌鹑）7.12万羽，消毒圈舍49.9万间、参与春秋防人数6900人次。抓好动物疫病监测工作，血清学监（检）测畜禽规模场358场次［其中，生猪70场（次）、牛16场（次）、家禽272场（次）］和76个包片兽医责任单元；监测H7亚型流感1.07万份、H5亚型禽流感1.07万份、O型口蹄疫0.5万份、猪瘟0.2万份、小反刍兽疫0.1份；出具规模养殖场检测报告700余份、散养监测单元监测报告152份、风险评估报告2份；协助督促落实补免、再监测等整改工作，推进行政监管、技术监测、执法监督有机衔接，提升动物疫病防控的针对性；完成病原学检测近0.3万余份（其中，非洲猪瘟2356份、口蹄疫93份、H7亚型流感102份、H5亚型禽流感102份、新城疫病102份、高致病性猪蓝耳病93份、猪瘟93份）；全年监测牛羊布病3342头（次）、牛结核病184头（次），确保全区公共卫生安全。非洲猪瘟阻击有效，开展非洲猪瘟防控复养技术培训4次；开展各项专项防控行动，全区每月25—30日组织集中消毒行动，最大限度消除面源污染；开展病死猪规范化处理行动，确保无害化处理规范和处理可追溯；开展生猪调运违法违规行为“百日行动”；制定屠宰场飞行检查方案，全面落实人员、车辆、环境、器具等消毒措施，监督生猪入场查验和非洲猪瘟检测日报告制度的落实；开展2次非洲猪瘟防控专项检查和非洲猪瘟防控工作大督导大巡察行动；完成生猪运输备案车辆和屠宰场非洲猪瘟监测任务，完成年出栏500头以上生猪养殖场监测任务；建立疫情日报告制、生猪户口制；公布疫情举报（投诉）电话，建立疫情举报投诉核查制度，组建核查专班，及时到场核查核实（在7月底接到一起疫情投诉，快速反应组织排查，排除疫情可能，消除舆情影响）；坚持生猪户口制巡查报告制度，实行旬报制，及时掌握生猪养殖动态、病死情况；做好应急准备，物资、预案、处置工作方案、预备人员队伍准备到位，集中开展疫情应急处置培训，强化疫情应急处置实战演练，遵循“早快严小”的原则，及时兑现扑杀处置补助经费，购入各类动物疫苗700余万毫升（头份）、消毒药20吨防护服2000余套等物资，确保日常和应急防控工作正常开展。

【畜产品质量监管】 2020年，区畜牧兽医事务中心加强组织领导、明确职责分工，确保畜产品安全工作顺利开展。抓好农资打假“春雷”行动、农产品质量安全整治“利剑”行动、农村假冒伪劣食品治理等专项整治，打击影响畜产品质量安全的违法行为；兽药抽检样品6个，没有发现非法制售使用假劣兽药、兽用生物制品等违法行为；抽检饲料样品31个，全部合格；奶牛养殖场检查6场（次），抽取12个生鲜乳样品进行三聚氰胺、黄曲霉、兽药残留等指标检测，未发现兽药残留和违禁添加物；屠宰环节配合配合区农业综合执法支队开展私屠滥宰、屠宰病死猪、注水注药等违法行为专项整治及养殖和屠宰环节病死畜禽无害化处理监管，规范生猪屠宰秩序，确保病死畜禽不入江河污染环境、不上餐桌损害人体健康，保障人民群众身体健康和公共卫生安全。

【脱贫攻坚】 2020年，区畜牧兽医事务中心抓好中央脱贫攻坚专项巡视“回头看”反馈意见、国家和市级脱贫攻坚成效考核等各类问题整改落实，制定整改方案6个，完成问题整改4个；开展贫困户走访慰问活动，全年走访528人（次）；加大产业指导力度，组织全区103名贫困户畜禽产业技术指导员进行了培训；落实产业到户政策，指导帮助干坝村21户贫困户因户施策发展短平快增收种养殖项目，增加生产经营性收入，并为其提供技术指导与服务；每季度牵头组织区委统战部、区社保局、区工商联、中邮长寿公司指导石堰镇全镇贫困户脱贫工作，协调解决实际问题；开展消费扶贫，组织和动员全体干部职工和其他社会力量购买贫困户农副产品 7 万余元，帮助贫困户增收。（肖玲娜）

【畜牧兽医】 2020 年，长寿区加强畜禽动物卫生监督。对 19 个动物产地检疫申报点和 4 个屠宰场官方兽医室检疫行为进行检查；开展打击生猪调运等违法违规行为和病死畜禽无害化处理专项工作，确保上市畜禽产品安全。全年产地检疫生猪 1.54 万批次、19.96 万头，家禽 0.42 万批次、2273.02 万羽，牛羊 166 批次、1162 头；屠宰检疫生猪 1.41 万批次、12.46 万头，鸡 292 批次、20.23 万羽。动物及产品调运备案 3059 批次，其中生猪 649 批次、6.25 万头，猪肉 2258 批、112.45 万千克，家禽 145 批次、166.22 万羽，牛羊 7 批次、597 头。

全年开展专项行动 3 次，查获畜牧违法案件 37 件，罚没款 30.29 万元，其中办理全市生猪违法违规调运处罚金额最大的典型行政处罚案件 1 件，罚款 17.8 万元。

推进活禽集中屠宰工作，率先在全市设立活禽集中屠宰场点 1 个，集中屠宰场白条禽全面实行“两证一标”上市，确保畜产品质量安全和可追溯。推行病死畜禽无害化处理，全年养殖环节无害化处理病死猪 14082 头，兑付补助资金 105 万元；屠宰环节生猪无害化处理 619 头，兑付补助资金 10.94 万元；15 个集中收储点有效监管率 100%，全年未发生突出乱丢乱抛病死动物和病害产品安全事件。（王成果）

渔　业

【概况】 2020 年，全区水产养殖面积 10633 公顷，水产品总产量 44173 吨，比 2019 年 42079 吨增加 2094 吨，增长 4.98%；生产草鱼、鲢鱼、鳙鱼、福瑞鲤、异育银鲫、江泓鲫、鳊鱼、鲂鱼、大鳞鲃等水花 23110 万尾，培育各类规格鱼种 11500 万尾、6710 吨；全区渔业经济总产值 13.5 亿元。总计创建国家级水产健康养殖示范场 8 个，省部级水产苗种良种场 2 个；“长寿鳙鱼”成功申报“重庆市特色农产品优势区（第二批）”，推进国家级渔业健康养殖示范县创建工作，落实养殖池塘尾水治理工作。

【渔业生产】 2020 年，长寿区推广池塘内循环微流水、鱼菜（稻）共生综合种养、稻田综合种养等绿色健康养殖技术，浩湖公司水上水稻亩产 300 千克、空心菜亩产 2000 千克；国家贝类产业体系重庆综合试验站“十三五”验收会在长寿召开，池塘内循环微流水养殖基地鱼—蚌混养新模式得到专家认可。组织开展绿色健康养殖技术培训班 4 次，培训学员 200 余人；发放水产科学用药明白纸 2020 年 1 号、2 号 500 余张，倡导科学规范用药。做好日常巡查监管，整治违法使用硝基呋喃类、孔雀石绿等禁用药物和肥水养殖等行为。配合农业农村部、市农业农村委开展成鱼、鱼种抽检 5 批次，抽检花鲢、白鲢、鲫鱼、黄颡鱼、斑点叉尾鮰等品种样品 56 个，开展水产品快速检测 400 个，检测合格率 100%。做好渔业病害监测工作，全区设立监测点 5 个，完成鱼病预测预报工作 12 期。摸清全区池塘、水库、稻田养殖面积及生产情况，建立水产养殖管理台账，为水产养殖尾水治理提供基础数据；全区有池塘养殖（包括山坪塘）3230 户、面积 2005 公顷，水库（包括河沟）153 处、面积 8569 公顷，稻田养鱼 45 户、面积 472 公顷。开展渔业资源增殖放流活动，在长江李家坪码头和桃花溪渡舟段投放 3~5 厘米、10~12 厘米规格的草鱼、鲢鱼、鳙鱼、胭脂鱼、翘嘴鲌、瓦氏黄颡鱼种 124 万尾；在龙溪河投放鲢鱼、鳙鱼、草鱼、黄颡鱼等鱼种 3 万尾。救护群众遗拾娃娃 2 尾，查获贩卖国家二级保护动物胭脂鱼案 1 起。

【渔业安全】 2020 年，全区查处非法捕捞案件 77 件、127 人（其中电鱼案件 10 件、17 人，网捕案件 55 起、95 人，抓钩案件 12 起、15 人），公安机关查处 65 件、109 人，农业执法支队处理 12 件、18 人；收缴电捕鱼工具 11 套、武斗竿 14 套、非法捕捞网具 180 套、渔获物 185 千克，收缴龙溪河、三洞沟水域“三无船舶”6 艘，收缴、当场销毁违规钓鱼鱼竿 200 余根、橡胶皮划艇 1 艘；成功救护娃娃鱼 2 尾；查获贩卖国家二级保护动物胭脂鱼案 1 起；加强对渔业养殖检查、巡查，查处利用鸡粪从事水产养殖案1件；实施生态环境损害赔偿2起，向天然水域投放鱼苗3万尾。长江渔民退捕转产后，年底前登记渔船174艘（长寿湖水域165艘、大洪湖水域9艘）。（王成果）

农机

【农机推广】 2020年，长寿区推广和引进农机新机具、新技术，推进农业全程机械化，继续抓好农机购置补贴、机插、机耕、机收工作。全区推广补贴农机具1785台（其中耕整机1506台、拖拉机5台、联合收割机1台、其他农机新机具273台），补贴资金170.26万元。完成机耕作业面积71050公顷，水稻机插秧作业面积10410公顷，水稻机收作业面积19710公顷。组织农业服务组织开展春季机耕作业服务面积5333公顷，水稻机播作业服务面积2000公顷，油菜机收作业服务面积133公顷，机防作业服务面积3333公顷，机收作业服务面积6000公顷，秋耕作业服务面积3333公顷，秋播作业服务面积667公顷，总计农业社会化服务面积20800公顷。开展土地宜机化整理整治面积113公顷，涉及云台镇，产业涵盖粮油、蔬菜、蓝莓等。

【农机执法】 2020年，长寿区农业农村委、区公安局、各街镇建立联合执法机制，每季度联合检查变型拖拉机不少于10次，形成齐抓共管局面；开展变型拖拉机变拖清零行动，通过注销“清零”地籍变拖641台，变拖管理基数由666台减少为25台，渝01变拖总量比2019年降低96.2%；依法打击和动员报废“清零”挂外省籍拖拉机牌照车辆192台，挂外省籍牌照变拖存量由277台减少为85台，挂外省籍牌照变拖存量降低69.3%。协助公安交巡警上道路检查拖拉机202天（次），督查街（镇）42个（次），检查道路行驶拖拉机86台（次），检查农田作业机械76天（次），检查农田机械286台（次）；通过短信平台曝光典型违法案例2起，发放安全预警短信2万多条。全年办理拖拉机违法案件82件、罚款13980元，其中简易程序案件81件、罚款13480元，一般程序案件1件、罚款500元。（王成果）

水利

【概况】 重庆市长寿区水利局（简称区水利局）位于长寿区凤城街道向阳路2号，为区政府工作部门，是全区水行政主管部门。

区水利局有9个内设科室（办公室、财务科、河道管理科、水政水资源管理科、水土保持科、规划建设管理科、水库移民后期扶持科、三峡库区工作科、安全科），5个挂牌科室（行政审批科、内部审计科、河长制工作科、节水办公室、信访科）；机关行政编制27名、工勤编制2名。局属事业单位7个（区水务投资建设管理服务中心、区水务执法大队、区库区移民服务中心、区水土保持监督所、区水旱灾害防御站、区水质水文监测站、区水利工程质量监督站），均为财政全额拨款。全局定编177人，2020年年底在职156人，其中，公务员25人、工勤人员2人、参公人员14人、事业编制人员115人。

区水利局管理的公益Ⅰ类正处级事业单位区水务投资建设管理服务中心成立于2013年11月，下设4科8所（综合科、规划发展科、工程建设科、运行维护科和晏家、长寿湖、八颗、葛兰、双龙、云台、云集、新市片区水库管理所）；核定事业编制84名，在编77名。

2020年，长寿区水利系统推动水利事业高质量发展，完成水利投资3.99亿元，到位三峡后续专项资金17883万元，完成市级下达年度计划投资任务，为全区经济社会发展提供水利支撑。

【水生态环境改善】 2020年，长寿区严守水资源管理用水总量、用水效率和水功能区限制纳污“三条红线”，全年用水总量3.47亿立方米（其中工业用水量2.07亿立方米），低于重庆市对长寿区下达的5.12亿立方米用水总量控制指标。加强和规范取水许可管理工作，全年新办取水许可证210个。严格水资源费征收管理，全年收取水资源费1431.71万元。加强重要饮用水源地检查力度，对烟坡饮用水源地开展检查8次。县域节水型社会达标建设工作已接受市级验收并顺利通过，完成目全年标任务。水保治理完成新增水土流失治理23.98平方千米，审批水土保持方案78个，落实人为水土流失防治责任范围面积4.51平方千米，征收水土保持补偿费502.63万元，完成水土保持设施验收及报备19个；完成监督检查市级审批项目4个，区级审批项目35个；开展水土保持监督执法57次，立案查处水土保持违法案件1件，罚款10万元。开展河道乱占、乱采、乱堆、乱建“清四乱”常态化、规范化工作，全年内区河道进行排查发现问题14处，完成整改14处。开展长江干流岸线利用项目清理整治工作，对全区列入可能存在重大防洪影响的6个项目（重庆川维物流有限公司笑滩泵船、重庆川维物流有限公司7号泊位、重庆川维物流有限公司8号泊位、重庆主城港区长寿棺材石货运码头、中石化长江燃料长寿加油站和吉福码头）和不存在重大防洪影响的8个项目（涪陵石沱—长寿晏家输气管道工程、长寿长江铁路大桥、三峡库区长寿扇沱淹没集镇功能恢复工程、长江长寿航道处航道基地码头、长寿区港航管理处港航趸船、长江公安65-01趸、长寿大桥、江上人家民用趸船）进行规范整改；长寿区长江干流岸线利用清理整治14个项目已通过长江委的现场核查和市级验收销号工作。推进重庆市总河长1号令和2号令，落实一河一策，在新冠肺炎疫情中，全区各级河长加强巡河查河，全年总计巡河30170次，巡河率120.64%，全区主要河流水环境持续改善；长江长寿段水体水质稳定在Ⅲ类及以上，御临河、龙溪河、大洪河等主要次级河流平均水质都达到Ⅲ类及以上，桃花溪碧桂园幼儿园断面平均水质达到Ⅲ类水质；编制印发《关于开展污水乱排、岸线乱占、河道乱建“三乱”专项整治行动实施方案》，在全区范围内开展专项整治行动，采用周报、定期调度等方式，开展污水偷排、直排、乱排问题排查，排查出问题51个，其中乱占问题18个、乱建问题13个、乱排问题20个；全年发出通知通报4份、督办函6份、河长令1份，召开现场大小会议10余次，专项行动发现的问题已全部完成整改；利用河长公示牌、网络报刊、微信等多媒体强化河长制工作宣传，引导社会群众参与河长制工作，全年各级媒体报送70余条宣传稿件，其中《人民长江报》采用信息1条、《重庆日报》采用信息2条、华龙网采用信息1条、市水利局网站采用信息5条、市河长办工作简报采用信息6条。长寿区与四川省广安市、邻水县，渝北区、巴南区、涪陵区、垫江县等有关区县签订跨界河流联防联控协议；年内，与广安市召开联席会议1次，开展联合巡河活动1次；与梁平区、垫江县召开龙溪河水污染治理联席会议1次，建立龙溪河河长制工作交叉检查工作机制，年底前完成第一轮河长制交叉检查工作。

【水利项目建管】 2020年，长寿区水源工程建设完成龙门桥中型水库下闸蓄水，每年将为晏家街道居民和长寿经开区企业提供1000万立方米的水源；完成匡家洞、煤炭沟、联丰水库除险加固工程恢复供水71.9万立方米；完成万顺镇大洪河团堡段综合治理工程、桃花溪汪家墩至母猪滩段综合治理工程，双龙镇河段龙凤桥、八一桥拆除复建工程，整治河道6千米，投资3180万元；完成2019年农村饮水安全巩固提升工程、渡舟街道堰桥果园饮水安全保障项目、渡舟街道甘蔗黄莲饮水安全保障项目、江南水厂管网优化改造工程、江南水厂及管网提标改造工程，八颗水厂和三条沟水厂节水改造工，完成管网76千米，完成投资2950万元；东新村片区农村饮水安全巩固提升工程、但渡片区农村饮水安全巩固提升工程于2020年11月开工，完成投资1000万元。完成洪湖镇称沱村新建董家沟、鞍子沟山坪塘工程、洪湖镇下龙塘扩容改造工程，新增蓄水量11.85万立方米，灌溉面积上千亩，完成投资1300万元。龙溪河、桃花溪水系连通工程年底前完成投资1亿元，整体形象进度完成40%，预计2021年年底完工。御临河董家沟（称沱村段）生态修复工程于2020年9月开工，年底前完成投资400万元。桃花溪祝家桥—辜家桥小流域综合治理工程、桃花溪母猪滩—后湾小流域综合治理工程于2020年12月开工，完成投资500万元。完成灌区用水计量设施安装及运行维护项目、2020年在线监控信息安装项目，完成投资200万元。武华水库干渠隧洞段节水改造项目，完成投资38万元。

【水利民生】 2020年，长寿区启动小石门长江水源工程前期工作，每年将为长寿城区提供8000万立方米的水源，实现长江水源为主、龙溪河水源为辅的城区双水源保障格局。年内实施水利脱贫攻坚，投资扶贫专项资金1080万元，完成江南街道天星村、双龙镇红岩村等8个贫困村饮水安全巩固提升工程。改造水处理设施，升级水处理设备，提高水厂供水水质，受益农村居民1.67万人，其中建档立卡贫困户1150人。完成全区23座整改类小水电站生态流量泄放、测流、监控设施、监管平台建设和手续完善，退出电站7座。完善水质检测监测体系，制定《长寿区水利局2020年农村供水水质监督计划》，健全和完善全区农村生活饮用水水质卫生监测网络。委托重庆天航检测技术有限公司和区水文水质监测站实现对全区5户以上271处集中（分散）式农村供水工程供水水质检测全覆盖。开展全区范围内农村饮水安全保障大排查2次，对全区60.35万农村人口（含建档立卡贫困人口14613人）再次梳理，确保饮水安全得到保障。全区实现村村接通自来水，农村集中供水率95%，自来水普及率92%，实现全区农村人口饮水安全有保障。年内及时、足额发放各类移民补助51184人次28876774.98元；其中，大中型水库移民后扶直补资金42868人次、2572.95万元，三峡水库移民后扶直补资金2058人次、123.48万元，三峡水库库区基金解决移民遗留问题困难补助和特殊救济6258人次、1912474.98元；后扶政策推进实施，移民家庭收入持续、稳步增长，年人均可支配收入较上年增长3%，达15905.26元，与农村居民年人均收入16661元相当；全年下达投资计划5批、53个项目（含移民直接补助项目、工程项目、工作经费项目等）、9695万元。强化水旱灾害防御责任，区水利局与19个街镇签订度汛安全管理责任书和山洪灾害防御责任书38份；落实20座小（一）型水库、5座小（二）型水库、21座水电站、22处防洪重点区域（薄弱环节）以及342个山洪灾害危险区的防汛（防御）“行政、技术、管护”3个责任人，对部分责任人在长寿区政府网进行公示；开展防汛演练，4月28日在叶家沟水库开展2020年区管水库防汛抢险应急演练，5月28日在洪湖镇称沱场镇开展2020年度全区山洪灾害防御演练；成功应对长江1—5号洪水过境长寿，“8·20”长江第5号洪峰（8月20日长江过境长寿，峰值181.4米，高于警戒水位11.4米，超保证水位7.4米），长寿区及时开展监测预警，提供技术支撑，全面进行隐患排查及沿江巡查，协助配合人员转移和应急抢险，成功应对长江洪峰过境长寿。

【改革创新】 2020年，长寿区继续推进水土流失治理项目股权化改革试点，重庆市长寿区2020年坡耕地水土流失综合治理项目云台项目区股权化分红的财政资金370万元；继续加大水土保持事中事后监管力度，政府购买服务，委托技术服务单位对全区16个在建重点项目进行事中水土保持技术监管，涉及水利、交通、房地产、公益事业工程、工业园区项目等多种类型项目。优化行政审批流程，政务服务事项时限压缩81%，行政许可事项时限压缩81%；政务服务和行政许可事项平均跑动次数0.1次以下；行政许可事项即办率33%；政务服务事项开通网上办理的比例100%，政务服事项和行政许可事项全程网上办理比例90%。加强水行政执法，按照“谁审批、谁监管”的原则，推行水利行业“互联网+监管”，运用重点监管、“双随机、一公开”监管、信用监管和“互联网+监管”，实现事中事后监管全覆盖。

（邹　川）

城乡统筹发展

【概况】 重庆市长寿区城乡统筹开发有限公司（简称区城乡统筹公司）属公益类国有平台公司，代建政府公益类基础设施项目，与重庆长寿乡村旅游发展有限公司（简称乡旅公司）合署办公（两块牌子，一套人马），代管重庆盈地实业（集团）有限公司下属农投公司、林投公司、交基司3个子公司。2020年5月27日区城乡统筹公司内设机构调整，由办公室、财务部、规划设计部（总工办）、合同预算部、工程建设部、用地事务部、资产园林部、旅游管理部（发展投资部）8个部室调整为办公室、发展规划部、财务部（风险防控部）、总工办、合同预算部、工程建设部、资产园林部、旅游管理部、安全环保部9个部室。2020年公司有人员69名（其中城乡统筹公司56人、乡旅公司13人），公司领导4人（其中中共党员3人、民主党派1人），中层干部12人（其中正职6人，中共党员4人、无党派人士1人、群众1人；副职6人，中共党员2人、民革党员1人、群众3人），高级职称3人、中级职称32人、初级职称9人。

【项目建设】 2020年，区城乡统筹公司计划实施政府类项目19个，总投资350107万元，其中重大项目14个、新开工5个（已开工2个）、续建8个；重大前期项目1个，总投资344707万元，年度计划投资93330万元；一般项目5个，总投资5400万元。

实现龙河长寿慢城项目正常运营，策划完成乡村振兴馆《喜看乡村开画卷》、保合书院《耕读传家·弦歌不辍》2个宣传视频和优化完善乡村振兴馆《美丽幸福新乡村》宣传视频；在全市乡村振兴现场会召开期间发放宣传画册和宣传指南各约200册；投入T形广告牌12面、三面体广告1个，在重庆北站北广场、长寿北站投放LED宣传广告各1个；开展六一毛绒玩具节、端午节民俗体验、三甲医院专家进慢城义诊、乘风破浪的秀才、慢城迷你跑等活动。启动慢城基础设施配套建设项目等其他建设项目。完成长寿慢城重庆市智慧旅游乡村示范点、长寿中小学生社会实践教育基地、市级高素质农民培育示范基地申报工作。

【资产管理】 2020年，区城乡统筹公司实现专项资金等上账151826万元。其中，年度专项资金收入及代建收入实际到账59704万元、年度经营收入实现866万元、年度融资计划上账完成91256万元。

2020年，区城乡统筹公司与16家用电农业企业签订42余台提灌站、变压器设施管护协议；2667公顷森林资产保护工作到位；落实1115座坟墓和204口山坪塘责任安全巡防机制；处理林区占地纠纷23件，清理侵占林地31公顷；农民新村结余房出售7套，收回房款97万元；资产创收71万元；接受双龙镇165.5公顷果园。

【规范管理】 2020年，区城乡统筹公司完善内务机制建设，在原有36个制度基础上重新修订制度文件4个，新增制度2个；完成公司制度汇编1册。落实安全生产主体责任，签订安全目标责任书70份。全年开展安全日常检查项目172次，发出整改通知书576件，整改576件，罚款1.1万元；项目建设投入安全帽3820顶、警示标牌2213块、安全带771条、安全宣传标语79幅、锥筒8750个、防护栏7680米；发放防暑降温物品约220件。有效开展新冠肺炎疫情防控工作，成立疫情防控工作领导小组，设立疫情防控办公室，下发疫情防控相关文件8个、200余份，党员自愿捐款5700元，发放口罩3000余个、消毒液800余斤、消毒酒精60余公斤。

推进政务公开透明，2020年办理人大建议10件（主办7件，协办3件）和政协提案5件，其中人大建议区领导重点督办件1件，均获得代表、委员满意评价。

找准政治导向，组织干部职工参加法制理论考试和网络法律知识考试，通过率100%；组织职工参加网络岗前培训等各种培训学习50余次，购买《民法典书》《论党的宣传思想工作》等辅导读物10余本；组织观看《路灯下迷路人》《中央环保督查》《巡视利剑》《网络安全》等警示教育片、专题教育片、意识形态片10余次。

【党群建设】 2020年，区城乡统筹公司强化主体责任，落实党风廉政建设责任制，签订党风廉政承诺书14份、廉洁从业承诺书70份、意识形态目标责任书10份；接受区委第四巡察组巡察、意识形态巡察、组织人事巡察、党建工作督查、档案管理检查、区委政治巡察等专项检查等10余次。年内召开党支部扩大会45次，完成4名入党积极分子发展备案；增补工会委员2名，成立公司工会经审委员会、女职工委员会；改选共青团书记、增选团委委员5名。参加国资委“聚力青春共抗疫，团心向党重担当——长寿保安杯”微信知识竞赛，获得二等奖1个、三等奖5个；参加“安全在我心中”美术摄影大赛，获得三等奖1个；完成扶贫走访及困难党员慰问39人次。年内公司中层干部转正提拔10人、员工职级晋升12人、招募新进员工10人（其中城乡统筹公司1人、乡旅公司9人）。开展帮扶丰都消费扶贫活动，完成消费扶贫任务34341元。（秦雨洁）

工 业

综 述

【概况】 2020年，长寿区围绕建设“三地一中心”的战略目标，坚持新发展理念，把握“稳中求进”的工作总基调，主动适应经济发展新常态，突出稳增长、调结构、增后劲、抓改革、强创新、防风险，统筹推进工业和信息化各项工作，工业和信息化工作取得新成效。2020年，全区年产值排名前三十的企业，实现规模以上工业产值685.4亿元，比2019年增长0.7%，占全区规模以上工业总产值的61.3%；其中百亿产值工业企业1家，即重钢股份。全区亿元以上税收工业企业4家，包括重庆钢铁股份有限公司、巴斯夫聚氨酯（重庆）有限公司、中国石化集团重庆川维化工有限公司、重庆国际复合材料股份有限公司长寿分公司。重钢股份实现年产值258.9亿元，同比持平；川维化工实现产值48.7亿元，同比下降10%；巴斯夫实现产值43.7亿元，同比增长19.3%；永航钢铁实现产值35.2亿元，同比下降12.9%；柳鑫模具实现产值29.6亿元，同比增长2.8%。

【工业经济指标】 2020年，长寿区实现规模以上工业总产值1117.4亿元，比2019年增长3.2%；其中经开区847.4亿元、同比增长2.8%，高新区258.8亿元、同比增长4.4%。全区实现战略性新兴产值224.5亿元，同比增长4.3%，占全区规模以上工业总产值的20.1%。规模以上工业增加值增速5.9%。新升规模以上工业企业19家，全区规模以上企业总数达到280家。全年完成工业投资145.4亿元，同比增长14.5%；其中技改投资56亿元，占比38.5%。

在280户规模以上工业企业中，长寿经开区171户，长寿高新区96户；2020年新增的27户中，长寿经开区新增12户、长寿高新区新增14户、园区外新增1户。全年规模以上工业企业实现主营业务收入1049.7亿元，比2019年下降1.5%；实现利润总额44.5亿元，同比增长7.2%；实现销售税金及附加（含增值税）24.4亿元，同比下降14.1%。

【工业招商投资】 2020年，长寿区签约引进工业项目85个，工业合同引资427.5亿元，签约个数和引资额分别占全区的75%、70.1%。引进新中天环保、无锡双象等战略性新兴产业项目26个，合同引资194.5亿元，工业占比45.5%。

化工医药、新材料、装备制造产业多点发力、强劲崛起。全年完成工业投资145.4亿元，增量18.4亿元，比2019年增长14.5%；技改投资56亿元，占比38.5%。

【生产要素保障】 2020年，长寿区规模以上工业综合能耗987.6万吨标煤，比2019年增长1.3%。工业用电76.1亿千瓦时，增长3.4%（其中自发自用电36.1亿千瓦时，增长13.9%）；工业用气25亿立方米，同比增长2%；工业用煤715万吨，同比增长6.8%；工业用热力2262.2万百万千焦，同比增长1.9%。当年新纳入重庆市电力直接交易试点企业28户，总计154户。

【智能制造】 2020年，长寿区以大数据智能化为抓手，加速推进制造业智能化建设，智能制造发展指数位居全市前列。加快通信基础设施建设，年底前全区行政村人口聚居区实现4G网络全覆盖，总计建成5G基站900余个，实现中心城区、园区等重点区域5G网络覆盖。推进智能化项目改造，全区以传统产业智能化改造为突破口，全年投入20亿元实施58个智能化项目改造，建成4个市级智能化工厂、19个市级数字化车间。

（周　维）

表 21 **2020 年长寿区规模以上工业主要产品产量统计**

产量（吨）	1—4 季度	2019 年同期	同比±%
家具（件）	3207075	3232698	-0.8
化学药品原药（吨）	1770	1796	-1.5
饲料（吨）	237183	215441	10.1
涂料（吨）	134337	117281	14.5
精甲醇（吨）	1594436	1616222	-1.3
合成氨（无水氨）（吨）	130209	106382	22.4
合成纤维聚合物（吨）	145823	147243	-1.0
化学纤维（吨）	8896	11751	-24.3
生铁（吨）	6378431	6110334	4.4
粗钢（吨）	7990423	7478653	6.8
钢材（吨）	7430152	7356164	1.0
冰乙酸（冰醋酸）（吨）	454146	393386	15.4
变压器（千伏安）	6110527	2654306	130.2
甲醛（吨）	58229	45914	26.8
塑料制品（吨）	66729	107712	-38.0
橡胶轮胎外胎（条）	6606042	6400209	3.2
商品混凝土（立方米）	1222013	970877	25.9
初级形态塑料（吨）	384246	322313	19.2
硫酸（折 100%）（吨）	128286	100265	27.9
原盐（吨）	2501113	2253641	11.0
发动机（千瓦）	19579407	23560133	-16.9
水泥（吨）	1507507	1464569	2.9
烧碱（折 100%）（吨）	181386	189952	-4.5
玻璃纤维布（米）	109530770	98394250	11.3
饮料酒（千升）	787	255	208.2
印制电路板（平方米）	116565	59284	96.6

表 22 **2020 年长寿区规模以上工业企业经济效益统计**

规模以上工业企业经济效益	1—4 季度	2019 年同期	同比±%
亏损企业个数	62	59	5.1
营业收入（亿元）	1049.7	1065.7	-1.5
其中：经开区	829.3	828.5	0.1
高新区	209.3	226.9	-7.8
税金（万元）	243686	284002	-14.2
其中：经开区	198972	238844	-16.7
高新区	40770	41099	-0.8
利润总额（万元）	445313	415168	7.3

续表

规模以上工业企业经济效益	1—4 季度	2019 年同期	同比±%
其中：经开区	344397	296742	16.1
高新区	95099	113501	-16.2
其中：钢铁行业	60828	91124	-33.2
化工行业	146787	107043	37.1
医药行业	74440	36345	104.8
家居行业	58462	67171	-13.0
收入利润率（%）	4.2	3.9	升 0.3 个点
其中：经开区	4.2	3.6	升 0.6 个点
高新区	4.5	5	降 0.5 个点

（重庆市长寿区统计局提供）

2020 年长寿区重点工业企业名录
（60 家）

重庆钢铁股份有限公司
中国石化集团重庆川维化工有限公司
巴斯夫聚氨酯（重庆）有限公司
扬子江乙酰化工有限公司
重庆小康动力有限公司
重庆卡贝乐化工有限责任公司
重庆望变电气（集团）股份有限公司
重庆永航钢铁集团有限公司
重庆博腾制药科技股份有限公司
正新橡胶（重庆）有限公司
重庆环松科技工业有限公司
重庆奕翔化工有限公司
重庆云天化天聚新材料有限公司
福安药业集团重庆博圣制药有限公司
重庆柳鑫模具材料有限公司
重庆鸽牌电工材料有限公司
重庆市润金新材料科技有限公司
重庆天泽新材料有限公司
重庆科顺新材料科技有限公司
重庆飞华环保科技有限责任公司
重庆双羽家具有限公司
林德化医（重庆）气体有限公司
重庆怡能智造实业集团有限公司
重庆天勤材料有限公司
友为技术有限公司
重庆名风家具有限公司
重庆紫光国际化工有限责任公司
重庆鼎盛印务股份有限公司
重庆市佳禾家具制造有限公司
重庆市豪迈家具有限公司
重庆启尔电子科技有限公司
重庆宇心门业有限公司
重庆长寿西南水泥有限公司
重庆广恒食品开发有限公司
重庆乾岷光学科技有限公司
重庆市泓禧科技股份有限公司
重庆达沃斯食品有限公司
重庆川维林德气体有限责任公司
重庆市恒固席勒装饰工程有限公司
重庆好弟兄食品有限公司
重庆成元汽车部件有限公司
重庆市盛百利防水建材有限公司
重庆星宇海特克汽车部件有限公司
重庆一洋化工设备制造有限公司
重庆莱美隆宇药业有限公司
重庆大唛物联网科技有限公司
重庆凯林制药有限公司
重庆鸽牌电瓷有限公司
重庆鑫富化工有限公司
中盐重庆长寿盐化有限公司
重庆大禹防水科技发展有限公司
重庆美福斯机械制造有限公司

重庆康普化学工业股份有限公司
重庆国浩永固新型建材有限公司
重庆正能实业有限公司
重庆普力晟新材料有限公司
重庆钢铁集团产业有限公司
金刚化工（重庆）有限公司
长芯半导体有限公司
和信海纳川（重庆）汽车部件有限公司

（摘自长寿委发〔2020〕25号）

工业主导产业

【概况】 2020年，长寿区五大主导产业（钢铁冶金、化工医药、新材料、装备制造、消费品）实现规模以上工业总产值1044.3亿元，占全区规模以上工业总产值的93.5%，五大版块产值比为29：17：18：16：20，工业结构更加优化。

【钢铁冶金行业】 2020年，长寿区钢铁冶金行业完成规模以上工业产值299.2亿元，比2019年下降2%。年产值前5位的企业分别为重庆钢铁股份有限公司（258.94亿元）、重庆永航钢铁集团有限公司（35.15亿元）、重钢矿业有限公司长寿铁矿（2.70亿元）、重庆钢铁集团产业有限公司（1.23亿元）、重庆航铸钢结构有限公司（0.85亿元）。

【化工医药行业】 2020年，长寿区化工医药行业完成规模以上工业产值176.4亿元，比2019年增长0.2%。年产值前5位的企业分别为中国石化集团重庆川维化工有限公司（48.73亿元）、重庆卡贝乐化工有限责任公司（16.59亿元）、扬子江乙酰化工有限公司（13.86亿元）、重庆博腾制药科技股份有限公司（13.37亿元）、重庆朝阳气体有限公司长寿分公司（8.78亿元）。

【新材料业】 2020年，长寿区新材料业完成规模以上工业产值产值183.2亿元，比2019年增长10.6%。年产值前5位的企业分别为巴斯夫聚氨酯（重庆）有限公司（43.74亿元）、重庆鸽牌电工材料有限公司（14.29亿元）、重庆奕翔化工有限公司（13.40亿元）、重庆国际复合材料股份有限公司长寿分公司（12.28亿元）、正新橡胶（重庆）有限公司（12.16亿元）。

【装备制造业】 2020年，长寿区装备制造业完成规模以上工业产值171.7亿元，比2019年增长8.9%。年产值前5位的企业依次为重庆柳鑫模具材料有限公司（29.58亿元）、重庆小康动力有限公司（23.89亿元）、重庆望变电气（集团）股份有限公司（14.84亿元）、重庆环松科技工业有限公司（10.64亿元）、友为技术有限公司（6.07亿元）。

【消费品行业】 2020年，长寿区消费品业完成规模以上工业产值213.8亿元，比2019年增长5.8%。年产值前5位的企业依次为重庆双羽家具有限公司（6.03亿元）、重庆宇心门业有限公司（5.95亿元）、重庆名风家具有限公司（5.93亿元）、重庆穗花食为天粮油有限公司（5.91亿元）、重庆市佳禾家具制造有限公司（5.61亿元）。

（周　维）

工业园区建设

长寿经济技术开发区

【概况】 长寿经济技术开发区（简称长寿经开区）是2010年经国务院批准设立的国家级经济技术开发区，是国家知识产权示范园区、国家循环经济示范园区、国家化工新材料高新技术产业化示范基地、国家新型工业化产业示范基地、国家外贸转型升级基地、国家绿色示范园区。重点发展综合化工（生物医药）、新材料新能源、钢铁冶金、装备制造、电子信息5主导产业。

长寿经开区规划管理面积80平方积千米，由晏家新材料区、江南绿色钢城、菩提创新慧谷3个组团组成，已经开发面积42.5平方千米。发展过程中推进经济社会发展规划、城乡规划、土地利用规划、生态环境保护规划、产业发展规划、循环经济规划、能源保障规划等“多规合一”发展，将产品关联度高、原料互供性强、产业链延伸长、上中下游联动的企业及项目布局在同一区域，以川维化工为龙头的综合化工产业和以德国巴斯夫为龙头的新材料新能源产业布局在晏家新材料区，以重钢为龙头的钢铁冶金产业布局在江南绿色钢城，以小康汽车为龙头的装备制造产业、以泓禧科技为龙头的电子信息产业布局在菩提创新慧谷，最大限度实现企业内部、组团内部和组团之间资源、能源的高效循环利用，实现“三区统筹五产同进”的发格展局。离岸服务外包执行总额保持全市前5位；长寿经开区先后荣获国家知识产权示范园区、国家绿色园区、国家外贸转型升级基地、国家化工新材料高新技术产业化示范基地、国家新型工业化产业示范基地、国家循环经济示范园区6项“国”字号殊荣。

到2020年年底，长寿经开区产业链招商引进工业商贸企业600余户（其中世界500强27户、跨国公司55户、上市公司57户），合同引资超4800亿元，培育规模以上企业187家，年工业总产值占全区的3/4以上，税收贡献占全区的近60%；坚持创新发展，建成以企业为主体、市场为导向、产学研深度融合的创新体系，引进独立法人化研发机构17家，建成院士工作站3个、博士后工作站2个、校地合作基地2个、智能化工厂5个；坚持龙头引领发展，培育世界首套天然气制蛋白质生产商凯迪苏，世界第二大聚乙烯醇生产企业中石化川维化工，全球十大轮胎制造商之一的台湾正新轮胎，亚洲最大玻纤生产企业国际复合，国内领先的化工新材料生产商巴斯夫聚氨酯，国内最大的船用钢生产商重庆钢铁，国内最大的气凝胶生产商华陆科技；建成投产企业287户（其中规模以上企业183户），2020年实现工业产值1150亿元、固定资产投资115亿元、实际利用外资2亿美元、进出口额100亿元、税收25亿元、新增合同引资300亿元；重庆钢铁具备1000万吨产能，冶金及金属压延产业链企业达到49家，以汽车配套为主的装备制造企业突破50家，化工新材料和非金属材料产业集群达到75家，电子基材、电子化学品、电子特气、光通讯材料企业达到23家，建成全市除两江新区单一组团之外最大的工业集中区。深化行政审批制度改革，全面推开告知承诺制、首席代表制和一卡通制，审批时间压缩70%以上，10余个项目实现当年签约、当年开工，3个项目用时6个月建成投产。

长寿经开区以公用工程集中建设、专业运营、统一管理的方式，建成一体化的供排水、蒸汽、工业气体、公共管廊和仓储罐区等公辅设施，拥有变电站20余座，配电总容量2780兆伏安；配气站10座，供气能力1540万立方米/天；管廊120千米，蒸汽管网16千米，道路102千米；建成供水厂4座，供水能力67.2万立方米/日，实现在规划区域内的水、电、气、汽等要素供给全覆盖，为符合产业规划项目入驻提供可靠公用工程保障。

长寿经开区已建立市级、区级、经开区级3级安全环保立体化协作化监管体系，推动安全环保应急工作智能化、自动化、封闭化、管道化。已经投入25亿元，建成污水管网83千米（其中可视化60千米）、日处理4万吨污水处理厂1个（化学需氧量达60毫克/升）、日处理6000吨电镀污水处理厂1个、危险废物处置场1座（焚烧能力50吨/日，填埋能力70吨日）、一般工业废物处置场1座（填埋能力9.27万吨/年）、生活垃圾填埋场1座（日填埋能力272吨）；建成高于国家标准的“装置级、工厂级、片区级、经开区级、河流级”5级事故废水防控系统，污水拦截能力50万立方米，不让一滴事故废水流入长江；建成西南地区最高水平的应急管理中心，集成“110”“119”“120”“12369”报警系统，能实现辖区数据全集成、监控全覆盖、值守全天候、应急联动一键响应。29家企业取得ISO 14000环境管理体系认证，紫光国际成功创建国家级绿色工厂；重点实施20家企业安全标准化改造，开发区注册安全工程师上岗人数达87人，企业本质安全水平得到提升；全国首创政府购买服务聘请“第三方”开展安全环保监管服务，历年来没有发生较大以上安全环保事故。

【疫情防控】 2020年，长寿经开区统筹新冠肺炎疫情防控加速经济发展，克服困难服务企业复工复产，落实11个“片长”单位常态化督导企业疫情防控工作，解决全产业链复产难、员工返程难、中小企业和第三方服务疫情防控统筹难、优惠政策理解落实难、疫情涉法事务调解难“五大难题”。落实惠企政策助力达产达效，落实好国家、市、区支持项目建设、企业发展等方面的政策，叠加实施“一企一策”扶持办法，支持企业全面恢复产能、提升产值，确保实现经开区“二季度正增长、三季度补欠账、四季度保目标”的发展任务。

【聚商选资】 2020年，长寿经开区由驻点招商向精准化招商转变，结合产业基础，量身定做“招什么”“去哪招”以及“怎么招”的系统化、精准化招商引资解决方案，成功引进国内最大的高强钢筋、国内最大的钢绞线等项目17个。由“面对面”招商向“屏对屏”招商转变，将招商工作搬到“线上”，制作招商专案视频，在线上推介谈发展、谈合作、谈落实，成功引进天然气制蛋白质等项目6个。由国内招商向全球招商转变，组建外资招商局，成功引进日本武藏、韩国大世等6个外资项目，总投资超50亿元。依托行业协会国际化学品工业协会、中国欧盟商会，先后开展外资企业、日资企业专场推介会，零距离洽谈100余家企业、储备项目167个。抓创新资源培育招商，成功引进北京中孵高科、武汉工程大学研究院等4个创新研发机构，带动上海奕柯莱等高新技术企业签约入驻。抓临港经济产业招商，成功引进招商局长航集团105艘船舶进驻长寿港，储备宁波舟山港、中储粮仓储基地等一批港口物流重大项目。

【项目建设】 2020年，长寿经开区开展“项目建设提速年”活动，及时开展重大项目集中开工活动3次。坚持清单化管理，针对疫情影响，系统梳理重大项目复工、新项目开工、前期工作进度、突出问题破解、政策保障措施等5个清单，明确35个复工项目、40个新开工项目、21个前期项目和15条支持措施，实行日调度、周调度，推

2020年8月26日，中国长航集团签约入驻长寿港

2020年7月30日，小康动力汽车零部件项目开工

动项目加快建设。坚持全方位推进，优化调整项目37个，推动华陆新材、亚士创能等22个新项目开工建设；完成重钢1号、4号高炉等27个技改项目，新增投资47亿元；长寿长江二桥顺利合拢，科技创新园、菩提慧谷28万平方米标准厂房即将建成投用。

【科技创新】 2020年，长寿经开区创新成果转化有新成效，长风化学、鸽牌电瓷、小康动力等7个项目技术获2020年度重庆市科学技术奖。创新载体建设有新发展，组建武汉工程大学技术研究院、长江上游新材料产业创新联盟，重钢股份和博腾科技成功创建国家企业技术中心。创新氛围营造有新提升，举办“创启未来”创业创新大赛暨第四届“中国创翼”创业创新大赛、“创客中国”新材料中小企业创新创业大赛，威能科技、瀚恩、康普化学、川维科技、亿煊新材等企业获奖。

【要素保障】 2020年，长寿经开区全方位协调保障水电气汽要素，保障供电66亿千瓦时、天然气23.5亿立方米、供水8160万吨、供煤692万吨、供应蒸汽125万吨，保障重钢、川维、巴斯夫、双象等重点投产企业满负荷生产要素所需。协调保障流动资金，年内兑付企业产业发展资金10.3亿元，协调企业抗疫国债4.5亿元，缓解部分企业流动资金困难问题。强化用工保障，到四川、贵州开展专场宣讲会，到街镇开展招工动员会，到高职院校开展人员招聘会，帮助企业填补用工缺口4000余人。

【安全环保】 2020年，长寿经开区推动第二轮中央生态环保督察问题整改落实，以最严要求、最高标准、最实举措，完成重钢、钰宏环保问题整改工作；坚持以“解决问题、群众满意”为目标，剖析原因、找准问题症结，确保环保督察投诉案件跟踪回访全面整改落实。开展安全环保生产各项专项整治行动，持续发挥第三方服务企业指导督导作用，强化隐患整治，确保企业本质安全环保，全年没有发生较大以上安全环保事故。高标准启动智慧园区建设工作，推进基础设施网络化、产业发展智能化、建设管理精细化、服务功能专业化。

【融入双城核心圈】 2020年，长寿经开区把握成渝地区双城经济圈建设、“一区两群”协调发展重大机遇，立足资源禀赋、产业优势等，紧扣“一体化”和“高质量”2个关键，融入重庆主城都市区同城化发展先行区。聚焦新材料、电子信息和高端装备等产业优势互补，与绵阳经开区、广安经开区等签订战略合作协议，推动产业协同联动发展；聚焦军民融合科研资源，搭建产业共享研发平台，联手中物院建设军民科技协同创新平台，促进与四川地区高等院校、科研院所在资源共享、成果转化与产业化方面取得新突破；聚焦长寿铁公水联运优势，推动长寿港融入成渝地区国际航运和枢纽建设。

【党建工作】 2020年，长寿经开区全面加强党的政治建设，贯彻落实习近平总书记对重庆提出的“两点”定位、“两地”“两高”目标、发挥“三个作用”和营造良好政治生态的重要指示要求，以高度的政治自觉认真履行全面从严治党主体责任，用“一流党建支撑一流开发区建设”，凝聚起推进经开区高质量发展的思想共识；将巡视整改作为重大政治任务，突出问题导向、目标导向、效果导向，细化措施，扎紧扎牢从严治党保障线。着力提升基层组织力，完成经开区管委会机关党委、机关纪委换届工作，指导机关直属5个党支部完成换届选举工作，争取设立集团公司党委，整建制接收飞华环保、恩力吉、林德化医等1个党委、11个党支部、184名党员；督导基层各党支部执行“三会一课”、支部主题党日等制度，直属党支部召开支委会76次、党员大会57次、党小组会60次，开展“庆七一”等主题党日活动72场（次），发展新党员1名，预备党员转正4名。抓好意识形态工作，完善《党工委理论学习中心组学习制度》，组织中心组集体学习研讨7次；制定出台《意识形态工作管理实施办法》《员工网络行为规范》等4项工作制度，实行“片长单位”负责制，指导规范入驻企业意识形态工作。开展党风廉政建设，力戒形式主义、官僚主义，开展享乐主义奢靡之风问题全面清理整治，未发现违规问题；执行中央八项规定精神，严格公务接待、商务接待和公务车管理，厉行“光盘行动”，防止“四风”反弹回潮，全年“三公”经费与2019年持平。坚持正确的选人用人导向，公职人员按组织程序并通过党工委会议研究后选拔任用，聘用人员按笔试、面试、考察、党工委会议研究后招聘使用，全年开展并完成职级晋升20人、提拔科级干部2人。

【部分规模以上企业】 华陆工程科技有限责任公司 华陆工程科技有限责任公司（简称华陆科技）是中国化学工程股份有限公司的全资子公司，前身是化工部第六设计院，在长寿建设30万立方米/年硅基纳米气凝胶复合材料项目。该项目拟由华陆工程科技有限责任公司（中国化学全资子公司）、贵州航天乌江机电设备有限责任公司（世界500强中国航天科工三级单位）、国化投资控股有限公司（中国化学全资子公司）气凝胶专项基金共同投资，后期拟引进万华化学等战略投资方。该项目总投资40亿元，占地62.53公顷，分3期建设，达产后可实现年销售收入40亿元，可实现综合税收8亿元（其中，一期建设5万立方米/年硅基气凝胶，投资9亿元，预计产值5.5亿元、税收0.8亿元，2020年10月开工建设，2021年底建成投产；二期建设10万立方米/年硅基气凝胶及硅基原料装置，投资10亿元，预计产值11.8亿元、税收1.2亿元；三期投资21亿元，建设15万立方米/年硅基气凝胶及年产3.4万吨四氯化硅装置）。长寿气凝胶项目将采用华陆科技与乌江机电自主开发的超临界流体技术，产品可满足航空航天等军用领域的需求，辅助相关军用装备性能的提升。该项目建成后将成为中国领先、世界一流的集研发、生产、上下游供应链为一体的气凝胶新材料产业基地，带动长寿经开区新材料产业链发展，也将有利用于加速超临界流体技术在国内市场的推广应用。

亚士集团及亚士创能西南综合智能制造基地 亚士创能起源于1998年，是一家集建筑涂料、保温装饰板、防火保温新材料研发、制造、服务于一体的高新技术企业。2017年9月28日，亚士创能科技（上海）股份有限公司作为亚士创能上市公司主体，在上海证券交易所主板上市，股票代码：603378。亚士创能新材料（重庆）有限公司是亚士创能在主板上市3周年之际，由亚士创能科技（上海）股份有限公司全资控股，围绕“1+8+N”产能布局作出的又一重大战略部署。亚士创能新材料（重庆）有限公司西南综合智能制造基地项目作为未来的西南区域总部，该项目总占地面积34.8公顷，按“智能制造、绿色制造、制造与服务相融合”的定位建设，数字化转型，实现自动化生产系统精准控制，自动、高效、智慧、环保，以特有的亚士速度满足更快捷更广阔的市场需求；总投资20亿元，分2期建设；其中一期占地28.53公顷，投资12亿元，年产60万吨功能型建筑涂料、800万平方米保温装饰一体板、15万立方米改性保温板、20万吨砂浆腻子、6000万平方米SBS防水卷材、2000万平方米高分子防水卷材、5万吨水性沥青防水涂料、8万吨JS防水涂料、10万吨聚氨酯防水涂料、5000吨水性色浆、2万吨溶剂型涂料、4000万只包装罐等产品，达产后年产值50亿元，实现亚士产品在西南区域的全面覆盖。

恺迪苏（重庆）有限公司 恺迪苏（重庆）有限公司（简称恺迪苏），是恺勒司香港公司在重庆注册的全资子公司，注册资本金8000万美金。主要业务范围是食品添加剂生产、饲料生产、饲料添加剂生产、技术进出口、生物饲料研发、畜牧渔业饲料销售、食品添加剂销售、化工产品销售。恺迪苏由中国化工行业的领导者中国蓝星（集团）股份有限公司、美国恺勒司公司、恺迪苏香港有限公司合资，在长寿兴建世界首套天然气制蛋白质项目。项目总投资23.1亿元，建设20万吨单细胞蛋白质项目，占地面积13.3公顷，拟分3期实施。其中一期投资6.1亿元，建设2万吨/年单细胞蛋白质生产装置，建成达产后可实现年销售收入2.4亿元；二期投资17亿元，建设8万吨单细胞蛋白质生产装置，建成达产后可实现年销售收入11亿元；三期计划建设10万吨生产装置，投资额度按实际情况确定。项目于2020年7月签约入驻，一期项目已于2020年12月18日开工建设。

上海恩捷新材料科技有限公司及高性能锂电池隔膜项目 上海恩捷新材料科技有限公司（简称上海恩捷）成立于2010年4月27日，注册资金3.89亿元，是全球生产高性能锂离子电池微孔隔膜的龙头企业，占全球市场份额的30%以上，占全国市场份额近65%；主要从事锂离子电池隔离膜技术专业领域内的技术开发、技术咨询、技术转让、技术服务以及锂离子电池隔离膜的生产和销售，自有专利358件，良品率78%，高于行业平均水平60%。下属上海、珠海、无锡、江西、苏州5个生产基地，已有高性能锂离子电池隔膜年产能32亿平方米，产能全球第一。上海恩捷锂电池隔离膜主要国外客户有LG Chem，Ltd.、三星集团以及日本知名厂商，国内客户有宁德时代新能源科技股份有限公司、万向A123系统有限公司、合肥国轩高科动力能源有限公司、比亚迪股份有限公司等新能源行业领军企业。上海恩捷核心生产设备由公司研发团队自主设计并不断改良，向日本制钢所订制，相比国产设备具有更好的稳定性及低能耗性，生产效率和产品质量在同行业排第一；上海恩捷产品具有优良的特性和一致性，较低的热收缩率，均匀的孔隙率，稳定的透气性，倍受海内外知名客户广泛好评。该企业在长寿总投资67亿元，建设16条高性能锂离子电池微孔隔膜生产线及39条涂布线项目，总占地面积28.5公顷。项目全部达产后，可实现锂离子电池隔膜年产能16.2亿平方米，年产值56亿元、净利润15亿元、综合税收5.5亿元。将成为西南最大的锂离子电池隔膜生产基地，辐射和带动西南新能源汽车、智能家居家电和智能终端等产业的发展，完善锂电池产业链。（杨永超）

重庆长寿高新技术产业开发区

【概况】 2010年1月，中共长寿区委常委会研究决定，建立中共重庆市长寿区街镇工业走廊工作委员会。同年1月，区政府研究决定成立重庆市长寿区街镇工业走廊管理委员会，与重庆市长寿区街镇工业发展有限公司合署办公，公司班子成员同时兼任党工委、管委会职务。2011年3月成立重庆盈地实业有限公司，统筹推进长垫沿线区域经济发展。2016年5月，中共长寿区委常委会研究决定，建立中共重庆市长寿工业园区工作委员会，同时撤销中共重庆市长寿区街镇工业走廊工作委员会。2017年底全区平台公司改革后，重庆盈地实业有限公司转型为区属重点国有企业，更名为重庆盈地实业（集团）有限公司（简称盈地公司），负责长寿工业园区开发运营和城乡统筹项目建设，重庆市长寿区街镇工业发展有限责任公司整合进入盈地集团，成为盈地集团下属子公司。2018年10月，经区委组织部批准成立中共重庆盈地实业（集团）有限公司支部委员会（简称盈地支部），盈地公司班子成员兼任长寿工业园区党工委职务，并在重庆市长寿工业园区管理委员会挂职，履行长寿工业园区管委会党政班子职责。2018年12月，市政府批复同意设立重庆长寿高新技术产业开发区。2020年5月重庆市长寿工业园区管理委员会更名为重庆市长寿高新区服务中心（事业单位），盈地公司领导班子成员在工业园区党工委、管委会所兼（挂）职务一并免去。2020年6月，区政府同意重庆盈地实业（集团）有限公司在过渡期间代行长寿高新区管理机构职能职责，对内对外签署文件，待高新区服务中心领导班子成员到位后，按照有关规定和程序对过渡期间代行签署的文件进行规范和完善。2020年9月重庆市长寿高新区管理委员会成立。

重庆长寿高新技术产业开发区（简称长寿高新区）是2018年12月3日由重庆市人民政府批准，在2003年设立的重庆晏家工业园区2016年与重庆市长寿区街镇工业走廊整合组建的重庆市长寿工业园区设立的市级高新区。规划面积为18.8平方千米，重点发展新一代信息技术、智能制造、节能环保、智能家居、健康科技等五大产业集群产业。长寿高新区（长寿工业园区）先后获重庆市智能家居特色产业基地、重庆市知识产权试点园区、重庆市健康科技产业基地、重庆市物联网示范基地称号。

2020年，长寿高新区融入以国内大循环为主体、国内国际双循环相互促进的新发展格局，坚持稳中求进工作总基调和新发展理念，推动高质量发展，以供给侧结构性改革为主线，深化市场化改革、扩大高水平开放，统筹抓好疫情防控和经济发展。截至年底前，建成投产企业167家；新增规模以上企业11家，规上企业总数96家。全年实现规上工业总产值260亿元，比2019年增长5.2%；完成固定资产投资51亿元，同比增长44.9%；完成工业投资42亿元，同比增长25.9%；完成利税14亿元，同比增长6.6%；完成重大项目投资21.8亿元。

【聚商选资】 2020年，长寿高新区扭住招商引资这个“牛鼻子”，围绕主导产业开展精准招商，完善招商机制、创新招商手段、拓展招商渠道、聚集创新资源，引进优质项目、培育优势产业。着力构建市场化招商体系，组建以盈新科技、正业投资、中科蔚来、盈创力和为主体的市场化招商体系，创新招商引资方式、拓宽招商渠道、激发市场化招商活力。年内跟随区委、区政府领导外出招商37次，出访考察企业460余家（次）。以已有产业为基础开展全产业链统筹布局，围绕主导产业梳理产业链条，开展补链、扩链、壮链、强链招商，推动企业抱团成链、集群集聚发展，成功引进天津联图人工智能与工业物联网、东翼航空空中机器人飞行平台与飞行控制技术系统、台技达电子科技有限公司智能装备生产项目、重庆微电子工业学校迁建等项目。探索“线上招商”，“云招商·云签约”签约企业12家，引资额度21.1亿元。全年签约项目49个，合同引资额130亿元，其中市外项目26个、占比53%，合同引资额104.8亿元、占比80.6%。

【项目建设】 2020年，长寿高新区开展“项目建设年”活动，坚持一切围绕项目转、一切围绕项目干，实施开工一批、建设一批、投产一批“三个一批”项目滚动机制，落实一个项目、一个分管领导、一个项目团队、一个倒排工期、一竿子抓到底的“五个一”项目责任制，倒排工期抓进度，强化管理保进度，做好“七通一平”等前期工作。加快推动落地开工、竣工投产，促进项目建设提速、提质、提效，帮助企业解决政策支持、办证办件、安全环保和项目施工等过程中存在的问题和困难。年内获取征地批文41.2公顷，完成征地拆迁96.7公顷；实施重大建设项目27个（其中新建重大项目12个），政府类重大项目完成投资13.1亿元，市场类重大项目完成投资8.7亿元；强锐科技数控机床合金刀片等10个项目开工；创新产业园二期基础设施、洛丁光电智慧城市应用中心等11个项目竣工。

【创新驱动】 2020年，长寿高新区把创新作为推动高质量发展的第一动力，实施以大数据智能化为引领的创新驱动发展战略行动计划，推动“创新转型、特色发展”，以建设中科未来城为牵引，健全完善产、学、研协同创新机制，推进互联网、大数据、人工智能与实体经济深度融合，采取“基地+投资+平台+服务”方式推动人工智能、集成电路、物联网等关联产业融合发展。加快推动高新区传统产业向高新技术产业转型，实施“物联网+软件+家居”企业发展模式推动传统家居产业智能化发展；新培育独立法人研发机构8家、高新技术企业19家、科技型企业13家、知识产权贯标认证企业20家、区级研发创新中心2个、数字车间1个，新授权发明专利91件。园区信息化和工业化“两化融合”企业实现“零的突破”，成功申报重庆市物联网产业建设基地。

【企业服务】 2020年，长寿高新区着力深化“亲”“清”新型政商关系，建立健全联系服务民营企业长效机制，“一企一策”做好服务企业“加减乘除”法，打造宽松的发展环境、提供广阔的发展舞台，为民营企业提供保姆式服务。在项目手续办理、融资等方面帮助企业解决难题，最大限度地为企业发展扫清障碍、铺平道路，支持和帮助民营企业家聚精会神办企业、遵纪守法搞经营。年内完成企业土地供应7宗、36.2公顷；完成项目方案审查、工程规划许可、施工许可等行政许可40项，促进新开工市场类项目30个、新投产项目24个；协助企业开展创新驱动资金、水电补贴、社保补贴申报，获取补助资金2533万元；园区领导对园区11个在建项目、18家新投产企业、90家规上企业开展“大走访、大服务”活动，解决园区企业交通、经营管理、物流、招工及能源保障等方面的问题；全力以赴保企业稳就业，协助园区企业解决用工需求1800余人；落实纾困惠企政策，疫情期间减免租金374.9万元。紧跟国家金融政策加快推进融资计划，年内融资到位27.37亿元，发行公司债（一期）10亿元，融资成本创历史新低；组织开展银企座谈会暨财税纾困培训会3次，协助园区87家中小企业融资到位4亿元。

【安全环保】 2020年，长寿高新区坚持一手抓经济、一手抓安全，年内先后开展日常检查214家（次），下达整改通知书389份，排查隐患589处，安全隐患整改率100%，确保安全事故“零发生”。

践行绿色发展理念，打好污染防治攻坚战，实施生态优先绿色发展行动计划，推进生态产业化、产业生态化，把“绿色+”融入建设和发展全领域全过程。培育引进生态环保企业，决不引进高耗能、高污染和资源性“两高一资”项目；推动传统产业绿色化改造、新兴产业生态化发展，守住园区产业优化升级过程中的生态环保底线，助力生态文明示范区建设。完成44套有机废气提标改造治理设施安装，完成新市组团有机废气整治工作；完成葛兰新市污水干管工程，葛兰污水管网可视化改造工程，葛兰至经开区污水干管输送处理污水31万立方米，有效降低工业污染对桃花溪的生态环境影响。

【新增规模以上企业】 长芯半导体有限公司 成立于2017年11月，注册资本1.3亿元人民币，生产基地总投资5.25亿元，第一期投资6000万元，占地7500平方米。拥有全球领先的系统级封装工艺生产设备及测试设备，年产能60KK集成电路芯片，有员工150人。长芯是由一群来自腾讯科技、技术、兴森科技、意法半导体等互联网及半导体行业精英组成的创新型半导体服务企业，致力于为全球中小型半导体企业及硬件厂商提供快速、一流的半导体设计及封测服务，为中国物联网进程提供一站式物联网芯片设计和制造服务，系统级模块快封/测试服务，封装批量代工服务。以更低的成本，更短的周转时间，更小的尺寸，更强的扩展能力，秉承 M. D. E. S package 的核心理念，构建满足客户需求的模块及服务。公司拥有世界领先的全自动晶圆研磨抛光设备（东京精密研磨设备 PG-3000RMX），可满足最薄25微米厚度晶圆的研磨和抛光工艺，以及先进的激光切割和塑封设备，可实现特殊形封装模块的塑封和切割。公司专注于系统级模块的先进封装技术，配置业界领先的封装成套设备，提升封装技术能力，在封装技术工艺方面已达到国内领先、国际先进水平。

重庆品卓智能家居有限公司 隶属重庆冉升智能家具有限公司，是重庆冉升智能家具有限公司于2017年投资新建的二分厂，位于重庆市长寿区新市街道新富二路1号，占地总面积38157平方米，于2020年4月建成投产。是一家集木门制造与定制家具销售为一体的综合性定制家居制造企业。高管团队拥有10年木门及轻整装自主设计、研发、制造的核心技术，具有丰富的木门选配设计及施工实战经验，在产品设计及居室空间应用理念上都有着独到、深刻的见解。公司拥有现代化企业管理体系、国内顶尖的生产设备、才华横溢的设计师团队和丰富的品牌打造能力；先后通过 ISO9001：2000 质量管理、ISO45001 职业健康安全管理体系认证，获得1项发明专利、2项外观专利，获得知识产权管理体系认证；拥有高级技术工程师2名、专业技术人员12名、销售人员18人、生产工人130多人，公司有自己产品研发团队。

重庆联诺家居用品有限公司 隶属于重庆联诺家居用品有限公司的蒂诺一定制家具是集研发、生产、销售于一体的家居品牌，已建立广州、成都、贵阳、昆明、长沙、西安、济南、兰州、郑州等生产销售分公司。历经20余年的发展，蒂诺一拥有重庆长寿工业园区60000平方米现代化4.0智慧工厂，以“设计改变生活”为理念、秉承“用良心做事”的原则，服务于广大客户，坚信“口碑相传”的思想，打造个性、时尚、高品位的定制空间，加快全案整屋定制思维，为消费者提供更优质的家居体验，致力于推动中国定制家居的创新与发展，将家居文化生活、现代装饰潮流与领先科技力量相结合。蒂诺一选用业内顶级环保原材料为本，运用数字化生产体系，发扬工匠精神，为客户提供高端、环保的家居产品；以规范化的经营管理，不断引进、培养家居精英人才和团队，用优质服务迅速打造中国定制家居创新品牌。

重庆鑫奇门业有限公司 创建于2004年，致力于室内烤漆门、木质艺术门、模压门、转印门、实木门等系列产品研发、生产、销售为一体的综合企业。鑫奇木门拥有两大生产基地，一厂区位于重庆市沙坪坝区歌乐山；二厂区位于重庆长寿木门基地，厂房面积7万平方米。鑫奇木门获 ISO 9001 国际质量认证企业、中国著名品牌、重庆门业协会理事单位、全国质量、服务、信誉 AAA 级企业、重庆消费者满意产品称号、长寿区信息化改造工程示范单位、绿色环保产品等几十项国家级、市级荣誉称号。2015年企业开设整木家装项目，重点开发原木系列室内门、橡胶木全木门、高仿原木门、定制衣柜、定制护墙等系列产品。整木家装项目重点研发木门、护墙、衣柜的风格设计，以适应定制时代的空间设计需要。2018年北京门展正式命名为鑫奇定制。鑫奇定制拥有优秀的设计团队和工艺精湛的生产技术人才，建立起遍布全国的销售网络和完善的售后服务体系。坚持"诚信为本、以质取胜"的品牌经营策略，打造"新""优""精"产品，为客户提供优质、高效、及时、热情周到的服务。

重庆东庭智能家居有限公司　创立于2017年9月，总投资700万元。是一家专业从事室内中高档实木定制家具的集研发、设计、生产、销售、服务于一体的综合性企业。厂房租地面积11698.6平方米，有员工90余名。生产车间布置有木工车间、喷涂车间、组装车间、软包及沙发车间等，主要生产工艺包括选料、配料、精裁、重砂、车积、打磨、压刨、组装、油磨、底漆、面漆等，年生产定制家具2000套。东庭智能家居专注于高端家居市场，通过全屋定制、软装设计以及家居饰品等服务板块，以高端私人定制服务、自有工厂优质产品、合理的价格等三大价值点，为高端顾客提供高品质全程一站式的家居服务，用有温度有理想的产品营造舒适生活，使之变得更美好。

重庆涪昇电子科技有限公司　位于重庆长寿高新区，是园区重点引进企业。公司主营业务为高精度电子线、天线、喇叭等产品设计、研发、生产和销售，产品主要包括极细同轴线、极细铁氟龙线和电子线、天线、喇叭等，主要应用于笔记本电脑、通信、数码等产品领域，主要客户为广达、仁宝、英业达、纬创、和硕、联宝、三诺等系统厂，终端客户为世界一流品牌。公司直接间接拥有生产规模超过3000人，分布于重庆、四川、陕西等地区，各类生产线超过35条。

重庆红三城食品科技有限公司　是由重庆知名产业投资机构"安信诚基金"、全国著名火锅品牌"刘一手火锅集团"、英国上市公司"富氏集团"及朋帛餐饮等投资方共同设立，位于长寿高新区葛兰工业组团，拥有2万平方米的标准化生产基地，年生产能力5万余吨，是麻辣调料、火锅底料、麻辣风味食品等川渝特色食品调味品的专业生产厂家。公司有员工39人，拥有产品外观专利3项，获重庆火锅协会副会长单位、重庆餐饮协会副会长单位等称号。公司正在申请ISO 22000、HAPPC等质量认证体系，生产的产品远销美国、加拿大等多个国家。公司坚持以匠人精神、立足产品和产地特色，打造非物质文化遗产调味品品牌的定位和目标，加大技术研发推动产品升级创新，力争在西南地区打造比肩"涪陵榨菜""老干妈"等具有广泛影响力的川渝特色麻辣食品、调味品研发生产基地。　（姜志芳）

中央市属企业

重庆钢铁股份有限公司

【概况】 重庆钢铁股份有限公司（简称重庆钢铁）原是重庆钢铁（集团）有限责任公司（简称重钢集团）核心子公司。前身是清朝洋务运动时期由湖广总督张之洞于1890年9月6日创办的汉阳铁厂；抗日战争时期，由国民革命政府于1938年西迁至重庆市大渡口区，1940年3月建成投产。1997年8月11日成立重庆钢铁股份有限公司，1997年10月17日、2007年2月28日分别在香港联交所、上海证交所发行上市。2007年1月，重庆钢铁启动节能环保搬迁至重庆市长寿区江南镇（后为江南街道），2013年环保搬迁全部完成。2017年7月3日，重庆钢铁进入司法重整程序，同年12月29日司法重整成功，大股东由重钢集团变更为四源合股权投资管理有限公司控制的重庆长寿钢铁有限公司（简称长寿钢铁），重庆钢铁由国有控股变更为混合所有制企业。2019年12月27日，中国宝武向重庆钢铁发出实控人意向书；2020年7月中国宝武对重庆钢铁实施实质性管理；9月16日，与四源合产业发展基金签署《股权转让协议》，重庆钢铁实际控制人由四源合股权投资管理有限公司变更为中国宝武；12月2日，长寿钢铁完成工商登记变更，重庆钢铁正式成为中国宝武的子公司。

重庆钢铁主要生产和销售热轧薄板、中厚板、螺纹钢、线材、钢坯、钢铁副产品及焦炭煤化工制品，产品主要应用于机械、建筑、工程、汽车、摩托车、造船、海洋石油、气瓶、锅炉、输油及输气管道等行业。2020年，重庆钢铁产铁637.8万吨、钢711.6万吨、商品坯材677.7万吨，铁、钢、材产量均创历史最好水平；营业收入245亿元，利润6.13亿元。

2020年，重庆钢铁按照“大部制大厂制”管理要求，持续推进集中一贯制管理。厂部级单位由2020年初的20个调整为15个（不含全资收购子公司），减少25%；三级机构（室、分厂、车间）由93个精简至82个，减少12%。截至2020年年底在册员工7667人，在岗员工6701人。

【安全生产】 2020年，重庆钢铁推进安全基础管理，营造“我要安全”的管理氛围。围绕安全标准化建设，分级编制厂部、作业区安全标准化实施方案及岗位作业指南，促进员工安全行为养成，全年开展各类安全培训9883人（次）。辨识确定危险源6610个，事故隐患整改率98%，投入安全费用2376万元，实现风险防控与隐患排查治理的双重预控。开展反“习惯性违章”百日安全行动，查处违章1300人（次）。构建实施编制综合应急预案1项、专项应急预案2项、岗位应急措施N个（2020年编制324个）“1+2+N”应急预案体系，均在长寿区应急局备案，组织演练383次、4895人（次）。全年发生轻伤事故2起、2人，重伤及以上事故为零，安全生产平稳受控。

【节能环保】 2020年，重庆钢铁未发生环境污染事件，污染物总量排放达标。环保项目陆续建成投用，实现2号、3号烧结烟气脱硫超低排放，完成焦化废水系统、中央废水处理系统等升级改造，废水水质稳定达标。开展无组织散排专项治理，厂区降尘下降23%。落实中央环保督察整改项目，完成固废物料处置及堆场建设，开展污染状况调查，土壤质量满足标准要求，地方行政部门完成现场验收。推进节能项目改造，实施富余煤气高效利用发电、铁区空压系统扩能改造、炼钢除尘风机变频改造等11项节能项目。全年吨钢综合能耗527.68千克标准煤，同比2019年下降7.73千克标准煤。

【生产管理】 2020年，重庆钢铁开展设备升级改造，以“高炉为中心”组织生产，全面对标找差，各项指标屡创新高。2号高炉（2500立方米）12月份利用系数3.2吨/立方米·日，位列全国同类型高炉第二名；燃料比487千克/吨·铁，位列全国同类型高炉第一名。4号高炉（1750立方米）12月份利用系数3.213吨/立方米·日，燃料比505千克/吨·铁，指标进入全国同类型高炉前五名。推进降低铁钢比工作，7月份实现铁钢比破八进七（795.7千克/吨），成为宝武集团第一家将铁钢比控制在800千克/吨内的子公司。轧钢全面发挥产线能力，7月份月产量70.35万吨，创历史最高水平。

【采购管理】 2020年，重庆钢铁推进采购管理变革、机构变革和业务变革，加强采购体系能力建设。持续优化矿石、煤炭品种结构，减少矿石品种6个、煤品种19个；持续优化资源布局、拓展采购渠道，引入性价比优的泰富球团、平煤、神华等国内优质资源和俄罗斯GJ气煤、布坎南焦煤等进口焦煤资源；分别建立煤炭、熔剂“性价比模型”，指导资源分配和资源开拓；实施废钢日挂牌价、创新熔剂矿采购模式；采取淘汰、竞价、点价等采购模式以发现价格、发现渠道。推进采购降本，配煤成本从6月起低于对标单位70~124元/吨，废钢低于周边钢厂采价16元/吨，硅铁、锰硅合金、高碳锰铁三大合金低于对标单位68~147元/吨，全年实现降本2.29亿元。

【市场营销】 2020年，重庆钢铁坚持“以客户为中心”的营销理念，区域市场优势显现，市场竞争力提升。成立“川藏铁路线”专项工作组，加大区域重大项目跟踪力度。新建客户走访制度，拓展终端用户，加强新终端用户走访；挖掘终端客户需求，终端销售市场拓展比例42.5%。加强代理商管理，制定代理商评价管理办法。提高品种钢市场开发力度，实现汽车钢销售1.2万吨，桥梁钢销售3537吨，耐候钢板销售6903吨。完善业务管控模式，推行“管操分离”，推动用户服务全流程信息化项目建设，服务水平和能力得到有效提升。

【智慧制造】 2020年，重庆钢铁智慧制造“换挡提速”，组织编制智慧制造“3+2”五年规划，推动从“传统制造”向“数字智造”的转型。启动双高棒MES系统、双高棒成品库无人化、双高棒智能感知等“省人增效”智慧制造项目，推进4号、5号、6号连铸机自动浇注和远程运维等升级改造，全年推进智慧制造类项目25个，投资4.49亿元。年内“重庆钢铁运营管控智慧平台升级改造”“重庆钢铁棒线材智能辊环修磨间”“重庆钢铁5G+工业互联网综合应用示范”等3个工业互联网创新项目获得重庆市智慧制造专项补贴资金2000万元。

【体系化管理】 2020年，重庆钢铁引入、传递宝武管理文化与管理理念，建立并规范现代化企业管理模式。4月，重庆钢铁启动韶关钢铁体系化精准支撑，按照“一厂包一厂、一部包一部”的原则引进常驻支撑人员21人，短期支撑总计1303人（日），有序推进3批、30个体系化攻关项目。通过支撑，重庆钢铁主要技术经济指标得到持续优化。

2020年4月22日，韶关钢铁体系化支撑重庆钢铁项目启动会在重庆钢铁会议中心举行

【设备管理】 2020年，重庆钢铁以“点检定修制”为核心，强化设备基础管理，规范设备作业流程，设备状态趋于稳定，维修费用经济可控，设备保障体系得到提升。全年主作业线月均设备故障时间同比2019年降低38小时；通过管理降本、技术降本、预算审核降本等措施，综合吨钢维修费同比2019年降低30元；通过严控采购资金、清理备件、鼓励跨厂利库、推行存货周期管理等手段，库存资金下降48%。推进专项维修工作，投入3100万元消除皮带通廊、介质管道、厂房通风器等钢结构重大隐患，投入2081万元对20千米厂区道路的塌陷、积水等问题进行整治。

【资产管理】 2020年，重庆钢铁融入宝武以后信用等级提升，融资渠道更加广泛，融资结构得以优化，融资成本降低。权威机构评估重庆钢铁主体长期信用等级为AA+，评级展望为稳定。

年内新增授信57亿元，成功发行中期票据10亿元，取得第二期20亿元中期票据的批复。

2020年，重庆钢铁完成4项股权投资项目。4月份完成宝丞炭材10%股权收购，7月份完成千信能源100%股权收购，8月份完成宝武原料8%股权投资，12月份完成新港长龙72%股权收购，实现对新港长龙的全资控股。

【项目建设】 2020年，重庆钢铁推进重点发展项目建设，成立发展项目建设指挥部，各生产工序成立项目组。全年先后完成3座高炉、2台烧结机、2座转炉、2台连铸机、码头、原料场、废水处理等升级改造，新开工建设4号连铸机、双高棒、5万立方米制氧机组、富余煤气发电等项目，开展中板产线复产改造。

【体系认证】 2020年，重庆钢铁组织体系培训13期；开展内部审核2次，通过中国船级社质量认证公司的2次外部审核，完成信息化和工业化两化融合管理体系新型能力评定更换，以及职业健康安全管理体系和能源管理体系新版标准转换，保持质量、环境、职业健康安全、能源及两化融合5个体系的认证。

【人才建设】 2020年，重庆钢铁重新定位"品德、知识、能力、激情、业绩"的人才标准，15名厂部长退出岗位，12名室主任获提拔，轮岗交流调整16人次，选拔"80后"进厂部班子，厂部长平均年龄比2019年降低3.2岁。启动实施管理序列"接班人计划"、技术业务序列"专家计划"、操作维护序列"工匠计划"人才工程，完成2批、73名厂部长后备人员甄选及任职资格培训；明确技术业务人才3年193人，技能人才3年138人培养目标。优化技术业务岗位层级结构，构建"橄榄型"管控模型，激励员工岗位成才。学习先进企业绩效管理经验，推行"工分制""工时制""计量工资制""一人一事"等绩效管理的工具和方法，为精准激励提供条件。强化绩效分配监管，落实"绩效结果上墙"公示制度，以"公开"倒逼绩效管理"公平公正"，力促绩效导向，奖勤罚懒，奖优罚劣。

【基层基础管理】 2020年，重庆钢铁成立由总经理、党委书记任"双组长"的推进基层基础管理水平提升领导小组，确立以标准化作业为核心，深化整理（SEIRI）、整顿（SEITON）、清扫（SEISOU）、清洁（SEIKETSU）、素养（SHITSUKE）、安全（SAFETY）6个项目的"6S"管理，拓展"金牛级"作业区创建与评比；试点"全员改善日"；整修办公室、操作室、休息室、会议室、浴室、卫生间、食堂"五室一间一堂"的总体推进思路。按照日常督查+专项推进会的运作机制，形成"以点带面"的推进局面。经过评比，轧钢厂热卷准备作业区、炼钢厂连铸点检作业区、轧钢厂成品作业区、设备管理部备件修复作业区、炼铁厂干熄焦作业区、炼钢厂连铸一车间乙班作业区、能源环保部钢轧余热作业区、物流运输部机务作业区、轧钢厂成品丙班作业区、制造管理部化学检测作业区等10个作业区获得"重庆钢铁金牛作业区"称号。

【福利保障】 2020年，重庆钢铁福利性支出254万元，新增节日慰问品发放149万元。投入80万元开展"员工百日健康"活动，为全体员工发放健康饮品、开展健康知识讲座；强化员工健康筛查工作，增加60%的费用投入，增加体检频次、丰富体检项目。启动与员工"吃、住、行"密切相关的"民生工程"，投资1600万元打造19个样板点，投资720万元对管控食堂就餐环境进行改善，投入289万元增建1107个停车位；投资110万元修建足球场、增建电动停车位、增设充电桩和更新文体健身器材，改善闲趣园整体环境。推进食堂供餐模式改革，提升服务质量，引导文明就餐；拓展服务模式，组织食堂卤制品食品、超市生活物资展销，提高员工服务满意度。

（陈光云　余连权）

中国石化集团
重庆川维化工有限公司

【概况】 中国石化集团重庆川维化工有限公司（简称川维化工公司）位于重庆长寿经济技术开发区（国家级），占地面积380万平方米。公司前身为中国石化集团四川维尼纶厂，是二十世纪七十年代初毛泽东主席、周恩来总理批准引进的4大化纤项目之一，主要装置从英、法、德、日等国引进，1974年破土动工，1979年建成投产，1983年竣工验收，同年整体进入中国石化；2017

年11月完成公司制改革。截至2020年12月底，企业资产总额62.78亿元，资产负债率为55.91%。年底前川维化工公司设25个二级单位，包括12个职能部门、6个专业中心、7个生产运行部；在岗合同制员工2604人，其中正高级职称的7人、副高级职称186人、中级职称538人。

川维化工公司是中国石化集团唯一的天然气化工企业，也是2020年年底前国内最大、最具代表性的天然气化工企业，天然气加工能力为15.5亿立方米/年（含合资企业），主要产品产能为甲醇（MeOH）87万吨/年、乙酸乙烯酯（VAc）50万吨/年、聚乙烯醇（PVA）16万吨/年、乙酸乙烯酯—乙烯共聚乳液（VAE）6万吨/年、乙酸甲酯（MeOAc）24万吨/年、液氨20万吨/年、维纶纤维1.8万吨/年。2020年年底前有5家在营合资企业，分别是扬子江乙酰化工有限公司、重庆川维林德气体有限责任公司、重庆华利维盛油田化学科技有限公司、重庆信维环保有限公司、重庆川维港物流发展有限公司。

【生产运行】 2020年，川维化工公司装置运行技术经济指标明显提升，醋酸乙烯装置催化剂运行周期延长至577天，提升30%以上；PVA第二粉碎机运行周期延长至150天，皮带破损减少50%，装置产能提高5%以上。PVA微粉年产量突破10000吨，VAE乳液年产量突破6.58万吨，工业取水量同比2019年降低4.79%，蒸汽管网差损同比降低13.78%，万元产值综合能耗同比降低0.925%。

【产能提升】 2020年6月，川维化工公司年产15万吨精醋酸甲酯装置建成投产，产品纯度达到99.97%；自此川维化工公司精醋酸甲酯产能从6万吨/年提升至21万吨/年，成为国内最大的精醋酸甲酯生产企业。2020年10月29日，川维化工公司热电联产配套项目49兆瓦发电机组建成B#4机组一次性成功并网发电；明显提升川维化工公司热电系统保供能力，年可增加自发电量8000万千瓦时；有效改善供电标煤耗高的局面，年可节约标煤12000吨，减少碳排放2.95万吨。2020年3月31日，川维化工公司与摘牌方正式签订资产交易合同，将维纶部分落后产能资产以挂牌价（无税）转让，标志着川维化工维纶部分落后产能彻底退出，在供给侧结构性改革上迈出重要一步。

2020年8月12日，重庆陕煤川维港物流发展有限公司举行揭牌仪式。该公司是川维化工公司与陕西煤业化工集团澄合矿业有限公司等额出资组建，于2020年6月注册成立，以铁水联运及煤炭贸易为主营业务，将建设一期300万吨/年煤炭储运设施，项目建成后，将具备静态储煤10.64万吨，年吞吐量300万吨的储运销能力。

【职能移交】 2020年8月，川维化工公司全面完成企业办社会职能“四供一业”及市政分离移交工作，移交工作涉及川维、黄磏2个社区，供水、供电、供气及市政物业等8个移交项目，涉及供水用户9390户、供电用户10546户、供气用户7536户、物业用户7994户。移交固定资产610项，资产净值8767.28万元；移交土地47宗，面积767002平方米。10月31日，川维化工公司全面完成退休人员社会化管理移交工作，涉及之前的退休人员4628人，其中退休党员1344人；滚动移交人事档案4638份。

【产品市场】 川维化工公司自2017年8月开展厂内集装箱出口业务，截至2020年9月，集装箱发运量突破10000箱，并实现超过7000箱装载零差错的纪录，装箱质量满足海外客户要求，产品国际竞争力和市场美誉度明显提升。

2020年2月21日，川维化工公司收到美国商务部正式通知，正式撤销日本积水公司对川维化工公司销往美国的聚乙烯醇（PVA）产品反倾销年度复审案。PVA产品在美国反倾销年度复审中再度获胜，仍独立享有对美PVA产品出口0%的反倾销单独优惠税率。

【技术进步】 2020年8月25日，中国石油化工科技开发有限公司与万华化学（四川）有限公司在山东烟台正式签署《5万吨/年天然气制乙炔装置技术许可合同》。标志着川维化工公司天然气部分氧化制乙炔技术实现第四次对外许可。

（杨　红）

表 23　　2020 年川维化工公司主要生产经营指标完成情况

名　称	2020 年完成	完成年计划（%）	与上年同比±（%）
乙炔（吨）	163582.93	93.98	1.27
甲醇（吨）	804919.67	93.52	-0.16
醋酸乙烯（吨）	509667.21	94.31	1.06
聚乙烯醇（吨）	145822.92	94.38	-0.96
醋酸甲酯（吨）	137786.32	125.26	81.23
VAE（吨）	65297.91	103.65	5.82
液氨（吨）	130209.42	80.43	22.40
维纶纤维（吨）	8895.58	68.43	-24.30
营业收入（万元）	531432.97	—	—
利润总额（万元）	-28039.37	—	—
利税总额（万元）	-14547.57	—	—

（中国石化集团重庆川维化工有限公司提供）

扬子江乙酰化工有限公司

【概况】　扬子江乙酰化工有限公司（简称扬子乙酰）成立于 1995 年，注册资本 104751 万元，由英国英力士乙酰投资有限公司、中国石化集团重庆川维化工有限公司和重庆市能源投资集团有限公司合资组建，3 家股东股权比例分别为 51%、44%和 5%。扬子乙酰位于长寿经济技术开发区重庆市长寿区维江路 97 号，经营范围为“购置并营运合营公司的醋酸装置、一氧化碳装置、醋酸酯装置及其他醋酸衍生物装置和场外设施，销售（含出口）上述装置设施生产或外购的产品（醋酸）和副产品”，是一家主要以天然气为原料的化工企业。经过三期建设，2020 年年底前已达年产醋酸 42 万吨、醋酸酯 8 万吨、氢气 5.4 亿立方米的生产规模。2020 年，扬子乙酰继续保持“无事故、无人员伤害、无环境破坏”的纪录，实现董事会下达的 HSSE 业绩目标。

【生产经营】　2020 年，面对突如其来的新冠肺炎疫情，扬子乙酰快速响应，对全业务流程进行风险识别，制定不同紧急场景下的生产经营预案；推行“现场+网络+云会议+电话”办公，实施常态化疫情防控措施，有效确保生产经营业务有序开展。开展主题为“关注安全、共享健康”的安全月活动，组织合规性隐患排查，改进可燃有毒气体报警和工艺报警系统。创建数字化工厂和 Agile 工厂，提高信息透明度，优化资源配置，提升生产效率。通过提升装置可靠性，优化天然气供应结构，改善变动成本，提升公司竞争力。面对诸多不利因素带来的挑战，全体员工戮力同心、团结奋斗，对外开拓市场、对内降本增效，全年实现税前利润 1.1 亿元。　（陈　瑜）

国网重庆市电力公司长寿供电分公司

【概况】　国网重庆市电力公司长寿供电分公司（简称长寿供电公司）成立于 1985 年，供区面积 1418.84 平方千米，供区范围涵盖长寿区 19 个镇街，占全区幅员面积的 99.67%（其余由长耀售电公司供电）；供电客户 49.21 万户，占全区的 99.58%，服务大客户 1581 户。长寿供电公司设 11 个部室、7 个业务实施机构、2 家产业单位，代管广汇长寿分公司；党委下设 3 个党总支和 20 个党支部。售电公司有大唐重庆能源营销有限公司、重庆长耀售电有限责任公司等 22 家售电有限公司。

2020 年，长寿供电公司售电量 89.22 亿千瓦时，比 2019 年增加 0.67 亿千瓦时，增长 0.76%；电费回收率 100%。完成固定资产投资 3.32 亿元。2020 年企业负责人业绩考核指标位列重庆市电力公司A段；能瑜劳模创新工作室获评“重庆市劳模创新示范工作室”，核算班获2020年度“重庆市工人先锋号”称号，徐家坪运维站获重庆市“杰出青年文明号”；张能瑜获“中国好人”“重庆好人”及“重庆市最美退役军人”称号。

至2020年年底，长寿电网（含渝东南电网）西接重庆主城，东联万州、湖北，南邻綦南，是国家“西电东送”的重要通道。网内有500千伏长寿、五马、张家坝变电站3座电源支撑点，220千伏网络形成闭环运行，110千伏网络主要呈辐射性，供区面积2.98万平方千米，占重庆总面积的36%；服务人口720万，占重庆总人口的22%。属长寿供电公司资产220千伏变电站7座、110千伏变电站21座、35千伏变电站10座，主变总容量525.95万千伏安；35千伏及以上输电线路196条，长度2734千米；10千伏配电线路190条，长度2682千米；配电变压器4153台，容量122.5万千伏安；开闭所71座，配电室538座，户外环网柜338座，箱变185台；配电自动化覆盖率90%，电缆化率23.05%，绝缘化率48.03%。属长寿供电公司调度管辖35千伏及以上用户厂站179座，变压器53台、变电容量184.35万千伏安；35千伏及以上线路289条，总长3535.47千米。

【电网建设】 2020年，长寿供电公司精准对接长寿区发展规划，编制完成“十四五”长寿经开区、高新区配电网及乡镇网格化电网规划。克服电网建设“建管项目多、外来施工队伍多、高风险作业数量多，项目覆盖范围广，项目建管难、安全风险管控难”的“三多、一广、两难”和疫情影响，安全投运梅江牵增容、回山坪送出、石桥输变电等14项基建工程，助力渝怀二线铁路2020年全线通车和回山坪风电顺利送出，彻底解决新市片区供电瓶颈。完成165项技改、大修、成本项目审计、决算，结（决）算率93.75%，花庄站GIS大修等重点项目按期顺利完工，配网工程历史项目实现“清零”。2020年1项配网工程获国网公司“百佳工程”，3项配网工程获重庆市公司“百佳工程”。电网建设圆满实现“计划不减，任务不调，目标不变”，得到渝怀铁路项目部等诸多客户高度评价。

【安全供电】 2020年，长寿供电公司将学习习总书记安全生产重要论述固化为安委会第一议程，执行“要勤洗手、要戴口罩，不聚会、不聚餐、不串门、不打牌、不旅游、不搞活动、不订外卖、不去餐馆、不进娱乐场所、不坐公共交通”的“两要十不”、关键值班人员“酒店、单位”的“两点一线”封闭管理、“街道、社区、楼栋”三级网格管理、外来施工人员核酸检测等防疫措施，确保零感染、零疑似；开展区医院等12家重点防疫单位电力设备安全检查，排查治理隐患33处。出动410人次、110车（次），实施台区、线路停电避险38次，成功应对长江百年不遇洪峰过境。快速完成马涪马丰、武涛南北地质滑坡抢险工作，保障国庆、中秋双节期间渝东南电网安全稳定运行。组织实施重庆电网首次黑启动实战实境试验，促进多个县调应对县城全停能力从“0”到“1”突破。持续开展树竹障碍专项治理，完成246条输、配电线路和1291个台区树障清理，输电线路跳闸率同比下降22.7%。完成7座220千伏变电站及70回2100余千米、220千伏输电线路资产回归工作，率先依靠自身力量承担长寿地区4座220千伏变电站属地化运检。严抓产业单位方案审查和现场管理，对重大项目按照电网风险“先降后控”原则，优化施工顺序和停电时序，实现保施工安全、降电网风险。联合长寿区政府及11家高危化工企业开展“重要（高危）用户供电中断应急演练”，首次采用云视频全程直播，受到社会各界关注、好评。全年未发生信息、保密、车辆、消防、产业单位等领域安全问题。

【供电服务】 2020年，长寿供电公司落实新冠肺炎疫情期间支持性电价政策，为大工业客户节约基本电费370余万元；执行95%电价结算28.23万户（次），降费3539万元。查处窃电、违约用电用户71户。延伸园区内电网投资界面至客户红线处，为14户高压客户节约投资1800余万元。落实企业电费补助政策，为150家企业降低用电成本5500余万元。为“清迈良园”提供最惠用电方案，打造重庆市首个乡村电气自动化示范点。高压报装接电平均时长34.08天，低压报装接电平均时长4.64天。客户服务工单下降，发生投诉35件，客户服务满意率累计值为98%。0.4千伏线损率3.29%，减少损耗235.2万千瓦时，台区线损综合合格率98.21%；完成电能替代新增电量1.51亿千瓦时，完成充电量56.86万千瓦时，采用“1+N

+X”城区大网格、社区小网格、台区单元格的网络服务模式，低压客户经理与配网设备主人协同配合，为客户提供精准快捷服务。

【党建工作】　2020年，长寿供电公司把政治建设摆在首位，坚持党委理论学习中心组“第一议题”制度，全年开展中心组集中学习14次；修订党委和班子成员党建工作责任清单，压紧压实责任54项；党委班子成员带头履行“一岗双责”三承包，全年前往所在党支部、党建工作联系点、分管专业党组织讲授党课、参加学习、督导工作52次。以“一支部一项目解决一难题”的方式实施20个“党建+”工程，党建引领工作成效突出，“党建+安全生产”“党建+渝东南调控集约化”项目获重庆市公司好评；开展“亮明党员身份、量化党员业绩”行动，引导党员比群众多承揽20%工作，践行行动快一点、担当多一点、标准高一点“三个一点”；制定年度创先争优目标计划87项，授予19人次“长电先锋”先进党员和“创先争优”先进个人荣誉。全年完成新华社上稿1篇、《人民日报》上稿1篇、人民网上稿2篇；丰富职工文体活动，实现“每日有场所、每月有项目、每年有特色”；升级改造渡舟、晏家基地食堂，改善职工就餐环境。加强从严治党，分解落实党委主体责任7个方面、44项具体任务，纪委监督责任6个方面、23项具体任务；组织召开年度党风廉政建设和反腐败工作会议，分解并完成党风廉政建设工作任务6个方面、43项；坚持把业务监督嵌入业务运转全过程，研究实施10个业务监督项目，每月通报考评中干完成情况，全年发现和整改营商环境优化、授权采购、劳务费使用、工程验收核量等领域问题101个；深化应用问制度、问责任、问思想、问监督和责任追究、完善制度、规范流程、调整权限、优化机制、完善构架、教育培训、监督考核“四问八改”工作方法，创新实施问题整改计划、布置、检查、考核同时进行“四同时”工作方案，前总经理任期经济责任审计问题整改得到重庆市公司肯定，并建立专项机制落实后续问题整改；全年公司党委听取纪委专题汇报29次，开展纪委书记大巡讲及案例警示教育14场（次），涵盖500余人次。2020年长寿供电公司高质量配合完成国网巡视下沉检查，实现“零”问题线索。

【社会责任】　2020年，长寿供电公司在新冠肺炎疫情期间每日对5家定点收治及发热门诊医院、3家医疗物资生产企业、4家重要复工复产企业、2处集中隔离点开展保电特巡，主动协助指导防疫重点单位映天辉公司处理设备故障，保障疫情期间防疫重点单位的正常用电。提前一年完成“十三五”农网改造，“十三五”期间总计投资1.52亿元，农村地区供电质量提升，供电可靠率提升0.22‰，综合电压合格率提升5.24‰，户均容量2.13千伏安、提升0.27千伏安；实现区内1805个自然村“村村通”动力电；推动18个分布式光伏发电项目并网发电，总计贫困户发电收益31.19万元。（姚长宏）

重庆长风化学工业有限公司

【概况】　2020年，重庆长风化学工业有限公司（简称长风化学）完成工业总产值29710万元；实现营业收入28699万元，实现利润253万元。全年无任何社会灾害性事故，重大火灾、爆炸事故，重大环境污染事故发生。

【生产运行】　2020年受新冠肺炎疫情影响，长风化学造气和苯胺装置自2月12日开工后，一直低负荷运行。面对苯胺市场的不景气，长风化学公司及时采取措施，开拓同工艺类产品邻甲苯胺市场，从3月下旬开始至8月中旬利用苯胺部分富余装置生产邻甲苯胺4336吨，增加销售收入，确保生产光衍产品所需的CO和热能，保障全年高效平稳生产。全年生产芳胺类产品同比2019年增长19.2%，全年光衍产品产量与上年度持平。

【安全环保】　2020年，长风化学加强安全环保职业卫生管理，持续开展危险化学品综合治理和专项整治。全年完成安全生产投入695万元，完成20多项生产装置的维保和整治，通过国家重点县第4轮专家指导服务迎检工作，完成各类隐患整改53项（包括1项重大隐患），老厂生产许可证延期至2021年6月30日；加强固废管理，合法合规处理各类危险废物，达标排放率为100%；重新修订劳保防护用品发放标准缩短劳保用品使用周期，组织203人进行职业健康体检，合格率100%。组织各单位以桌面、实战等多种形式进行演练14次，提高全员的应急处置技能和安全意识；全年开展日常安全环保教育6000余人次、其他各类培训360人次，组织开展知识竞赛、防灾减灾宣传周、谈心对话、反“三违”活动、“排查整治进行时”等系列专题活动，有效提升员工的安全环保技能和意识。

【创新发展】 2020年，长风化学推进创新能力发展，研发投入857万元，占工业销售总额3.01%。该年度先后获得重庆市经信委重庆英才—创新领军人才（重点产业领域）项目支持、长寿区创新驱动发展战略专项资金支持，成功申报并获得重庆市高新技术企业，顺利通过知识产权管理体系年审、国家知识产权优势企业年度考核、重庆市企业技术中心复审，取得4件实用性新型专利授权。依托重庆市企业技术中心光气衍生物工程技术研究中心，长风化学先后完成氯甲酸-2-氯乙酯、二甘醇双氯甲酸酯、氯苯异氰酸酯的小试研发，苯并噁嗪树脂单釜5立方米级放大试验，形成完善的单釜5立方米级的中试体系，完成二苯甲酮重结晶生产工艺的技术研发，与多家企业、院校开展技术研发的交流合作。

【企业管理】 2020年，长风化学持续梳理和完善企业管理制度，开展风险自查工作，组织分析企业全方位风险事项，制定并上报《2020年度长风化学重大风险应对方案》，制定《全面风险管理体系建设实施方案》；加强合同审核，全年完成合同规范化审查1426个；加大企业降本增效和对标管理工作力度，制定《降本增效工作实施方案》《对标管理工作实施方案》，全年实现降本增效800万元以上。开辟OA法治学习专栏，组织开展《民法典》等法规的学习、宣传贯彻；收集相关证据和材料，应对各项诉讼，据理力争，为公司最大限度挽回损失。推进“三供一业”等国有企业办社会职能剥离移交，完成项目清算、审计和专项补助资金的申报工作。推进标准化管理，完成军标专项经费财务验收，争取二苯甲酮化工行业标准被工信部立项，完成报批稿并报批，通过中质协2020年第三方监督审核。

【项目搬迁】 2020年，长风化学在严峻的疫情防控形势下，克服重重困难，加快推动搬迁项目实施。在老厂复工复产后不久，2月29日，主体工程第一标段即正式进场，于3月6日举行整体搬迁项目开工仪式，正式拉开整体搬迁项目建设的序幕。年底前，搬迁项目各项建设工作进展顺利，计划2021年4月完成机械竣工，2021年6月底开始陆续投产。

【人力资源管理】 2020年，长风化学完善人力资源结构和管理。截至12月底，员工总数445人（含复合材料），全年新招聘员工13人，返聘退休人员6人，办理离职32人（其中退休13人）；聘任12名专业技术职称人员、14名职业技能人员、3名技术干部。为强化整体搬迁项目各装置培训效果，年内实施12批（次）750人次参加的装置考试。

【党建和企业文化建设】 2020年初，长风化学党委积极应对新冠肺炎疫情蔓延，组织员工进行疫情防护和安全排查，申请复工复产，克服重重困难，于3月6日如期举行整体搬迁项目开工仪式。整个疫情期间，长风化学公司上下无一人感染。

长风化学党委落实从严治党和党风廉政建设，通过党委会、中心组学习、政工例会、中层干部会、OA网等形式，强化政治学习，落实全面从严治党要求，履行两个责任；做好信访工作，维护企业和谐稳定。持续强化纪检监督职责，加强对采购、比选、项目等敏感环节的监督审核，一体推进惩防体系建设，净化业务环境降本增效；传达学习中央“八项规定”、反“四风”和上级各部门相关文件精神及会议精神，教育引导党员干部保持为民务实清廉本色。

长风化学利用OA办公平台和公示栏，及时宣传报道生产经营的闪光点，全年上传稿件144篇，向市总工会、《重庆化医》、《化医动态》投稿13篇，开展“我与企业同成长”征文活动；组织开展2020迎春文艺晚会、羽毛球比赛、钓鱼活动、“我与国旗合个影、我为祖国送祝福”活动、“迎搬迁促发展”职工万米走等职工文体活动。利用好“学习强国”平台，鼓励党员职工自觉学习，保持先进性。

（许　剑）

国家电投集团
重庆狮子滩发电有限公司

【概况】 国家电投集团重庆狮子滩发电有限

公司（简称狮电公司）前身为始建于20世纪40年代的狮子滩水力发电总厂，是“一五”计划国家156项重点工程项目之一，也是中国自行设计、自行开发的第一座大型梯级水力发电厂。周恩来、朱德、李富春、李先念、刘澜波等老一辈无产阶级革命家曾到厂视察并亲笔题词，对在龙溪河流域水力资源的综合利用中所取得的成绩给予高度评价。

2020年，狮电公司落实国家电力投资集团有限公司（本分目简称集团公司）、国家电投集团重庆电力有限公司（本分目简称重庆公司）战略部署，实现连续安全生产1814天，发电量5.38亿千瓦时、利润1935万元，连续7年保持盈利，获集团公司先进基层党组织、疫情防控先进基层党组织、安全先进集体和管理创新成果优秀奖，重庆市五一劳动奖状，获评国家第四批工业遗产。

【疫情防控】 2020年，狮电公司把新冠肺炎疫情防控和复工复产作为头等大事来抓，及时启动突发重大公共卫生事件一级响应，制定落实疫情防控和安全保障方案，开展全员“地毯式、网格化”排查，全力确保员工健康安全，做好生产应急值守和复工人员保障，疫情防控取得阶段性胜利。重庆电视台、长寿电视台分别到该公司实地采访，长寿区委、区政府及相关部门领导也多次到该公司调研，给予高度评价。

【安全环保】 2020年，狮电公司以抓机制、抓现场、抓行为、抓教育培训、抓文化、抓设备治理、抓创新为重点行动项，建立安全生产正向激励机制，上线承包商安全管理系统，提升自主安全管理能力。强化安健环体系建设，实现重庆公司评估达二钻目标。推进“五型五化”（打造安全型、技能型、创新型、管理型、和谐型的“五型班组”，实现工作内容指标化、工作要求标准化、工作步骤程序化、工作考评数据化、工作管理信息化的“五化目标”）和星级“安全示范”班组建设，水工观测班获重庆公司五星级示范班组，其他各班组管理水平均显著提升。抓早抓实防汛工作，年内狮子滩和大洪河两大水库安全泄洪6次；“8·19”长江洪峰过境，下硐电站厂房告急，该公司上下不畏艰险，经过几十个小时日以继夜地奋战，打赢抗洪之战。建成下硐电站、大洪河电站主变事故油池，完善污水一体化装置及主变事故油池标识，实现污水一体化设备排出水的循环再利用，履行好央企环保责任。

【生产管理】 2020年，狮电公司创新集控中心管控模式，完成金子山风电接入和江口水电调试工作。优化梯级水库调度，提升运行管理，提高水能利用率。探索水位联动机制，合理调用水力资源，既兼顾公司水能利用率，也兼顾长寿湖旅游、长寿城区供水等社会各界用水。妥善安排检修计划，年内完成主设备检修16台次，技改项目13项，整改各类隐患16项，处理缺陷829项，处理率99.28%。推进花园电站建设，现场文明生产治理能力持续提高。

【经营管理】 2020年，狮电公司主动向竞争型企业转变，完成3.3亿千瓦时市场化电量签约。克服疫情影响，拓展对外市场，完成沙阡电厂、茶溪水电站等系统外检修任务，开展培训送教上门和鱼面销路拓展等，全年实现对外创收2489万元，为国家创造税费3336万元。深化法治央企建设，完善法律、风险、合规、内控“四位一体”建设，风险防范能力持续提升。创新“团队+”“平台+”人才培养模式，构建“人才培养地图模型”，深化“菁英计划”平台，实施青年人员职业生涯拓展拜一个师傅、每季度开展一次综合学习、每年度出一个业务成果“三个一”计划，推行导师带徒机制，队伍建设持续加强，企业活力更加充沛。

【改革发展】 2020年，狮电公司推进“三项制度”（劳动、人事、分配）改革，制定人力资源“再出发”优化配置方案，做好各级人员结构分析，明确重点岗位，撤并岗位34个。深化“战略—规划—计划”（SPI）实施体系、“计划—预算—考核—激励”（JYKJ）管理体系和“双对标、双激励”（SDSJ）管理体系运用，构建现代化治理体系。紧抓长江经济带小水电整改、地方政府关停桃花溪电站的机遇，完成厂办大集体改革任务。利用多种形式宣传退休人员社会化管理移交工作的目的、政策和步骤，取得多数人支持，有序落实档案清理、退休党员组织关系移交等，全面完成退休人员社会化管理移交工作。发挥重庆市中小学生社会实践基地价值，打造独具优势的培训课程，得到各方的关注和认可。多渠道、多方式开展土地开发宣传工作，为实现公司资源内循环做足准备。以狮电文化为载体，搭建政企交流平台，加强系统内外交流，与中国电建集团成都勘测设计研究院有限公司签订“同根同源 共创未来”战略合作协议，与能投清洁能源公司、汇智公司、长寿生态旅业公司等分别达成合作意向，促成重庆公司与长寿区政府、水务集团签订战略合作协议，推动抽水蓄能项目列入长寿区“十四五”发展规划，高质量发展蓄势待发。

【党建工作】 2020年，狮电公司发挥好党组织的政治功能、组织功能、服务功能，创新“党建+”工作机制，压实“保落实”责任，确保各项工作有序完成。强化价值引领，开展超前领先一千米、最后落地一千米“两个一千米”主题实践活动，建立党员示范岗、党员先锋队，以党员先锋行动、党员安全行动、党员创效行动、党员攻关行动，聚集全员力量为目标拼尽全力。强化规范引领，深化“大监督”工作机制，强化形式主义、官僚主义问题整治，加强党纪党规宣传教育学习，开展“微权力”靶向监督专项行动，严明纪律规矩。深入挖掘传承狮电文化，弘扬艰苦创业、安全创效、开拓创新、和谐创优“四创精神”，发挥“铸魂”“兴企”作用，开展建厂80周年系列活动等，重新激发狮电和狮电人在新时代奋斗激情，得到社会广泛地关注和认可。重庆市委常委、宣传部部长张鸣，长寿区委书记赵世庆，区人大常委会主任张明生，集团公司党组副书记、董事祖斌等到公司参观指导，狮电品牌影响力与日俱增，持续为狮电发展带来机遇。（曾怡翔）

重庆长航川江船业有限公司

【概况】 始建于1970年7月18日的重庆长航川江船业有限公司（简称川江船业）隶属招商局集团重庆长江轮船有限公司，1980年12月竣工投产，注册资金2371万元，营业范围包括“在港区内提供货物装卸、仓储（不含危化品仓储），普通货运，设计、建造、修理各类客船、货（驳）船和推、拖船及各类特种船舶，船舶停靠”；位于长寿长江北岸的周家沱，拥有岸线1500米，是天然的深水港区，有可供常年使用的深水泊位码头3个，陆域占地面积220公顷，各类房屋总建筑面积2.97万平方米。

三峡流动污染源重庆监测站（本分目简称监测站）于1984年由交通运输部立项投资建设，2015年迁移至长寿，成立初期主要承担重庆地区及长江全线运输船舶污染源监测任务，负责所辖区域内航运公司造成的污染源及污染事故的调查；后隶属于招商局长航集团重庆长江轮船公司。该站完成与中科院、中国人民解放军后勤工程学院等科研机构“固体煤脱硫课题研究”“对重庆港猫儿沱作业区改扩建工程环境影响评价中的大气、水体、噪声的环境监测”等项目；参与“七五”国家重点科研项目“三峡库区流动污染源预测及防治对策研究”；承担重庆港窍角沱水域两船相碰，92%的硫酸136.9吨倾入长江的严重水质污染事故的现场监测分析、重庆南岸七公里长江汽车零配件制造公司环境影响评价监测分析以及重庆港区的底泥污染状况评价监测；持续为交通部环保中心提供及时、准确、可靠的监测数据，进入交通部环保中心的监测网，获取三峡库区船舶污染物排放基础数据10万余个；配合重庆海事局、港航局、宜宾海事局、渝中海事局、两江新区交通管理局完成多次执法检查、防污培训等工作。

【创新发展】 2020年，川江船业环境监测站配合重庆海事局“零排放”推广，与朝天门海事处合作开发碧水船舶污染物管理系统项目，顺利启动并完成试点，环境监测、数字化在线有机结合，围绕国家政策要求，谋求作为。

川江船业持续加快发展，具有修船、物流、环境监测综合服务能力的企业建成；实现监测站从无到有，物流由小到大，船舶修理扭亏为盈的转变，保持5年利润总额年均增长169%。持续抓转型促调整，创新活力竞相迸发，确定环境监测为主业发展方向，物流、修船为支柱产业的“一主两支”发展战略，吹响向绿色环保产业进军的号角，监测站实验室建成，监测仪器逐步到位，专业人员持续引入，转型发展取得新突破。持续建设美丽企业，开展“三绿三化”环境整治、“现场安全环保整治”等专项整治活动，5年投入资金千余万元，办公楼、现场环境焕然一新，企业形象明显提升。

【经营业务】 2020年，川江船业围绕主业发展目标，夯基固本、开拓创新，圆满完成目标任务。船舶修理开拓新局面，意向订单不断增加，以往业务主要集中于下半年的情况得到改善，业务更趋合理。港口物流注重绿色、环保，清退一批与发展不适应的业务，开始选择性承接高质订单，伴随双浮吊设备引入，潜力更加强劲。环境监测向高新智能靠拢，发展规划明确，赋能措施不断落地，前景更加美好。

【攻坚克难】 2020年，川江船业经历战疫抗洪考验，面对突如其来的新冠肺炎疫情，联防联控，做实防控措施，实现“零”风险；在特大洪水之前落实防洪准备工作，未造成直接生产损失，防洪抗险交出满意答卷。率先完成604名退休人员社会化管理移交，名列长航集团前茅。老码头检测剩余项目全部通过，成功取得正式港口经营许可证，为物流业务发展提供有力保障。

（张　周）

重庆化工码头有限公司

【概况】 重庆化工码头有限公司（简称化工码头公司）成立于2006年5月31日，是长寿三峡库区淹没复建货运码头。其前身是重庆港口局长寿中心港务站，1996年4月兼并长寿县第一搬装公司成立长寿港埠公司，2009年3月长寿港埠公司整体转移到重庆化工码头有限公司（为港九全资子公司）。2020年11月，中国航油物流有限公司以现金对重庆化工码头有限公司进行增资；2020年12月，完成工商变更登记，重庆化工码头有限公司成为重庆港九、中航油分别持股65%、35%的合资公司。化工码头公司码头（重庆主城港区长寿朱家坝化工码头一期工程）于2007年3月开工建设，2009年3月26日投产试运行，是重庆主城枢纽港区的重要组成部分，辐射重庆中部及川东地区，是中国西部第一座专业公共化工码头。截至2020年底，化工码头公司下设12个部门；在册职工123人，有专业技术人员17人，特殊工种人员52人，大专以上文化程度55人。2020年完成装卸自然吨189.83万吨、吞吐量191.05万吨、集装箱1.87万标准箱。

【业务发展】 2020年，化工码头公司引进新货源，液体化工大幅增长，完成液体化工品51.92万吨，同比2019年增长147%，逐步向液体化工转型升级发展。克服不利因素，件散货保持稳定增长，完成件散货102.54万吨，同比增长8.93%。开发适箱货源，完成集装箱1.87万标准箱，同比下降7.59%。摸清客户需求，促进流失箱源顺利回归，整合资源，引进园区企业集装箱，且发运稳定，“散改集”业务有新突破。以“码头+”的运输方式，推进全程物流业务。

【合资合作】 化工码头公司于2019年12月30日与中航油签署《战略合作框架协议》，以股权合作的方式建立长期战略合作关系；2020年10月27日，在市发展改革委及市能源局相关领导的见证下，与中航油正式签署《合资合作协议》《合资合作补充协议》。11月10日，中航油增资款到达公司账户；12月10日，完成工商变更登记工作，化工码头公司正式成为合资公司。

【港口建设】 2020年，化工码头公司按照集团公司对东港沥青作业转移及长寿经开区沥青中转的需求，以及长寿区政府关于《长寿港口码头生态环保治理暨功能提升行动规划（2019－2035年）方案》要求，对原1号散货泊位改建为年设计吞吐能力为148万吨的沥青专用泊位，已于年10月建成投产。正逐步完善货源结构转型升级调整，使生产经营真正向专业化、规范化、差异化发展。

化工码头公司和中航油公司合资合作后，拟扩建2个航油专用泊位，进行二期工程建设。年底前已完成国土规划意见、社会稳定评价、工程可行性报告初稿，下一步将按基本建设程序推进。

重庆海关做出重新启动化工码头公司海关监管场所建设的决定，化工码头公司从2020年4月下旬开始，先后与涪陵海关、长寿经开区管委会以及监管场所设计单位多次举行设计方案讨论会，年底前已确定设计方案。

【生产组织】 2020年，化工码头公司强化内部生产组织，根据货源信息及时追踪船舶动态，抓好车、船、货三方衔接；科学调配人员、机具，及时在双浮吊开通双机作业，提升码头昼夜作业效能。针对公司新引进货源，在操作工艺和工属具上狠下功夫，自行设计制作确保安全环保的工属具满足作业需求，实现件散货作业安全、环保、高效。针对新建沥青作业线，提前制定沥青卸船装车工艺标准，做好人员培训，压缩生产环节，提高操作效率。

【安全管理】 2020年，化工码头公司在新冠肺炎疫情暴发后，一手抓疫情防控，一手抓安全生产，迅速全面布置疫情防控工作，动员和发动全司干部职工，落实各项疫情防控措施。研究成立公司疫情防控工作领导小组，下设4个专项工作组，对疫情防控的相关工作作出具体安排和明确分工；研究制定《疫情防控工作方案》《防控工作应急预案》，层层压实防控责任；各专项工作组和职能部门各司其职，相互配合，同心协力抓好“三保”（保防疫防控、保安全环保、保生产经营）工作，有序落实各项防控措施；职工全员参与，做好公司公共区域、办公场所及食堂的消毒工作，对到港作业的船舶采取“先查验、后作业”的措施；加强值班值守，落实24小时值班制度，加强疫情宣传；党员发挥先锋模范作用，机关党支部迅速成立党员突击队，调整划分党员疫情防控责任区34个，将疫情防控工作落实落地。

严阵以待，积极应对，确保特大洪峰顺利过境。2020年雨水较多，多地洪涝灾害严重，防汛形势严峻。化工码头公司制定《2020年防汛工作安排》《河下设施维保计划》《179水位各趸船应对洪峰安全渡汛的应急处置方案》；组织相关部门对河下锚链、地牛、钢丝绳等系缆设施进行汛前安全排查，备足应急物资和排除安全隐患；组织开展防汛应急演练。汛期，启动5次防汛应急响应。8月，出现百年难遇的特大洪水，长寿最高水位达到182.5米，化工码头公司启动防汛一级应急响应，全员在岗值守5天5夜，在化工码头公司防汛指挥部的统一布署和安排下，严阵以待，应对洪峰过境；化工码头公司及时加固趸船系缆设施，根据水位情况，连夜抢运货场物资，抢运集装箱600余个、石油焦等散货8000余吨；在人员紧缺的情况下，各抗洪小分队主动上前支援，灌装沙袋，留守趸船，坚守在抗洪一线，全员努力，确保8月20日特大洪峰的顺利过境。

2020年，化工码头公司做好沥青泊位改建期间的安全施工；完成安全标准化达标评审工作，取得安全标准化二级企业证书；完成《生产安全事故应急预案》的修订评审备案工作。

【环保管理】 2020年，化工码头公司完成区政府港区环保整改验收相关工作；完成国家排污许可证的办理工作；开展环境管理体系认证工作；开展环境诚信企业评价申报工作；加强现场环境管理，强化港区抑尘防尘工作，加强散货作业过程防污染控制，落实防撒落措施，做到及时清洗、及时冲扫、及时遮盖；对危险废物、污水、固体垃圾进行处理；落实海事、区交通局船舶污染物码头防治工作，与净江环卫、怡昌保洁公司签订趸船污水转运处理协议，做好污染物防治工作；在散货堆场安装防尘网。 （叶 颖）

重庆渝长燃气自来水有限责任公司

【概况】 重庆渝长燃气自来水有限责任公司（简称渝长公司）是重庆燃气集团股份有限公司全资子公司，专业从事城市供气、供水及设计安装等。2020年，渝长公司下设7科2室2站1厂（办公室、党群办公室、财务科、安全科、市场科、生产运行科、经营管理科、技术质量科、工程科、黄桷湾客户服务管理站、河街客户服务管理站、长寿自来水厂），负责燃气工程和自来水安装工程及自来水生产的业务操作和标准的制定、指导和监督执行；服务客户32.58万户（其中天然气客户12.67万户，自来水客户19.91万户），服务范围覆盖长寿主城区及晏家、渡舟、江南等地区。有供气管网517千米，供水主管网325千米，无人配气站1座以及新六中站、倒水桥站、晏家首站、焜田南站、江南循环经济区站等5个气源下载点，调压箱（柜）1677台，特殊用气场所3处，天然气阀井255座；有自来水水厂1座（3个站），供水能力10万吨/日；下属葛兰供水公司（控股子公司），供水能力3000吨/日。年底前有在册在岗职工162人，退休职工113人

【安全管理】 2020年，渝长公司开展高层建筑用气安全隐患专项整治行动，完成辖区内212栋高层建筑隐患排查及建档工作，整改隐患8795处；投入资金70余万元，完成泊景湾小区980户的立管更换。拟定《安全生产专项整治三年行动工作方案》，分解落实3年行动挂图作战任务清单到具体部门。开展非居安全隐患排查整治专项行动，列入年度技措安措费用，完成非居隐患整改103户，打造非居客户“示范场所”772个、“规范场

所”1776个。开展排查清理未安检用户、完善入户安检工作专项行动，对“从未安检及未编册不安检”户进行全面清理，已清理超期和临期未安检户4万余户，实现“从未安检及未编册不安检”户归零目标。开展安全生产大排查大整治，梳理问题和不足15处，发现隐患24处，形成党委班子的整改方向和任务措施，已全部完成整改。持续开展“雨季三防”专项行动，重点对危岩滑坡、过江过河管线进行梳理，完善重点地段管线台账，提高巡检频次和监护力度。制订《安全奖励与处罚办法》，实行全员安全奖差异化和全员风险抵押金制度，与年度个人安全奖及安全风险抵押金缴纳标准额度挂钩，与科级管理人员的风险抵押金挂钩考核。梳理燃气泄漏报警控制系统安装业务，制定相关告知书、委托意向书和三方合同等方式，确保项目合法合规。

落实隐患排查整治，全年领导带队检查62次；做好迎接市燃气集团半年安全大检查、安全巡查、专项督查、年终大检查等工作；加强分析系统培训和监督考核力度，改善安全检查智能分析系统“日周月”隐患排查呈现“倒三角”的情况；实施办公大楼消防系统隐患改造，更换改造火灾报警控制器等32项消防设备。实施户内安全管理，周期内居民月安检到位数105694户，实际入户数95578户（其中一级隐患整改626处）；周期内非居入户安检实际入户数3045户。发现一级隐患20处，全部完成整改；发放安全检查告知书10.4万份。

落实应急管理，年内完成天然气接警1800次，自来水接警3800次，抢修及时率100%；开展狮子山配气站应急综合演练、长江大桥过江过桥管线泄漏综合演练等实战演习3次；修编渝长公司《天然气、自来水生产安全事故应急预案》；建立抢险案例分析机制，对典型案例进行反向分析，解决设计、选材、施工、验收和运行维护等方面存在的不足和缺陷，对涉及的相关责任人员、施工单位进行追责考核。

加强管网运行及附属设施管理，全年天然气管道有效巡查9812.07千米，自来水主管线有效巡查6482千米，发现隐患5处，全部完成整改；聘请第三方公司对自来水管网进行检测，检测DN100及以上管线200余千米，发现漏点17处，有效降低水损。邀请合众慧燃对菩提东路、桃园西路等路段115千米管道进行泄漏检测，发现漏点31处，已全部整改。完成GIS系统修正，消除管网断点8839个、重复管线13条，处理率100%。普查天然气中压管线269千米，低压管线226.5千米。改造水、气埋地管道18条，整改锈蚀户内立管396处，更换老旧水表桩6945表位、表前阀7843只，投入明管更换资金51.45万元；更换单回路调压箱164台，改造气阀井87座、水阀井65座；自来水新安装和旧改部分采用新型双环压304薄壁不锈钢管材料，使用各口径管材9万余米。

开展安全宣传教育。年内组织开展年度安全生产工作计划、安全目标考核量化指标等内部解读培训，集中观看“生命重于泰山——学习习近平总书记关于安全生产重要论述”电视专题片，召开深刻吸取“9·27”松藻煤矿事故、“12·4”永川吊水洞煤矿事故教训专题会；组织开展《重庆市天然气管理条例》等制度培训、外委施工单位现场业务技能培训、调压箱技能竞赛等各类安全技术培训9次，参训883人次，实现员工全覆盖。开展“安全生产月”“安全生产万里行”等宣传日、主题月、入校园、入社区宣传活动6次，发放各类宣传资料1万余份。拟定《自来水天然气事故和隐患信息报告奖励办法》，安全隐患信息报告27处，奖励费用1580元。

2020年，渝长公司技措安措投入资金1493.22万元，实现安全生产事故、交通事故、治安事件等为零的目标，无群体性事件及闹事苗头，无上访事件。

【疫情防控】 2020年，渝长公司在新冠肺炎疫情防控中反应迅速，及时成立疫情防控组织机构，春节前召开疫情防控紧急工作会，编制《疫情防控实施方案》，明确防疫物资采购、防护佩戴标准和舆论引导以及各级工作职责等。多措并举、多途径采购防疫物资，购置口罩64080个、灭菌手套231双、红外线体温计4台、医用酒精170瓶。保障水气供应，编制《疫情防控期间天然气、自来水供应保障方案》《突发传染病疫情事件应急预案》，确保各部门关键岗位人员值班值守到位；加强供气、供水设备和管线巡查维护，主动联系物资设备供应商，完善抢险物资储备，确保水气供应系统正常运行。压实责任，通过企业微信上报每日健康状况，及时掌握员工活动轨迹和实时健康；落实办公楼、水厂定期消毒和进出人员测温制；推进网络远程办公和网上业务办理，减少人员聚集和流动；取消收费站点现金业务，倡导网上缴费和业务办理。严肃执纪，疫情期间查处违反工作纪律、工作执行不到位员工8名（其中中干1人），分别给予警告、通报批评、扣发当月绩效等处分。

【重点工作】 推进重点工程。2020年，渝长公司完成长寿自来水厂清水调节池建设工程、水厂一级站高压配电改造工程前期工作，2021年1月完成项目的招投标；长寿LNG调峰储备加注站项目，已获批复同意，等待参与项目土地招拍挂；长寿区凤城街道凤岭社区、骑鞍社区老旧小区供水供气改造工程，进入交工验收阶段；晏家首站至宏大化工天然气管线安装工程，主管线和增压站已完成施工；桃花新城5000立方米高位蓄水调节池工程，被列为政府应急工程，已验收并投入运行；镇中路天然气、自来水管线安装工程、西门泵站至西门转盘自来水主管改造工程，已完成招投标和工程量50%；滨江路自来水管线工程，已完成招投标工作和工程量60%；重庆化医集团重庆长风化学工业有限公司所属天然气用户775户、自来水用户991户，已完成“三供一业”剥离。

编制完成渝长公司“十四五”发展规划、市场发展规划与客户服务专项规划。

提升服务质量，深化“放管服”改革对业务全流程进行梳理压减，已实现电话预约、微信公众号、营业厅及现场等多渠道申请用水、用气，实现1个工作日内约定现场查勘时间和资料收取。推进自来水微信服务大厅上线，推广天然气、自来水微厅服务功能，让用户由线下跑变为线上办。定期拜访大宗客户，及时掌握客户需求和答疑解惑。组织开展第二届“燃气赋能·让生活更加美好”服务月活动。截至年底前，未收到有效投诉工单。

加强智能化表具管理，全年更换天然气普表5400只、远传表2410只，更换自来水表7688只、超声波水表54只。更换表箱1600个、表位更换6000只，表具周检10台。完成LORA智能燃气表的集中器加装和接入工作，实现远传抄读表具数据。

【政治建设】 2020年，渝长公司组织党员干部系统学习近平总书记系列讲话精神、《中国共产党重大事项请示报告条例》《党委（党组）落实全面从严治党主体责任规定》等党纪党规，开展常态化党纪教育，召开党风建设暨反腐倡廉工作会，组织观看警示教育片、谈认识、谈体会、“以案促改”等工作。全年开展党委中心组理论学习6次、专题研讨会1次，撰写“聚焦主责主业，提高核心竞争力”心得体会5篇。

巩固深化“不忘初心、牢记使命”主题教育，开展“廉洁家风润万家”书画评展，发放“清风常伴·廉洁齐家”倡议书，以“为了爱，请廉洁”为主题征集“廉洁家书”活动，读书思廉活动收集读书心得12篇；多种方式组织党员干部学习“作风建设正负面清单”；开展“守望初心勇担当·牢记使命心向党”党日活动。

全面从严治党向纵深发展，制订《党建工作定期督导检查制度》《督办管理办法》《党建工作考核办法》，签订2020年度《党建工作绩效考核责任书》《信访稳定和治安保卫工作目标责任书》29份，签订《重点岗位人员廉洁从业承诺书》40份。召开党委会22次，审议议题91项。建立《党建工作定期督导检查制度》《党建工作考核办法》《督办管理办法》，压实全司上下责任落实。开展“违规操作造成国有资产流失问题与党建工作弱化、管党治党责任缺失、党的领导融入公司治理结构不合理专项整治”，坚持排查整改举一反三，逐条完成整改任务。

落实意识形态工作责任制，定期召开意识形态暨宣传工作会，向上级部门投稿138篇。加强统筹协调，确保信访工作稳定。强化正面宣传、管好意识形态、做好疫情防控期间员工思想政治工作和信访稳定工作的安排，年底前妥善处理群众反映的问题34件。

落实党建带工建、带团建方针，工会、团支部组织开展“齐心协力迎新春 凝心聚力踏征程”趣味迎春、“凝心聚力 携手同行”秋季徒步、“青年大学习”、纪念五四运动101周年“红五月”系列宣传教育、“大手牵小手 安全带回家”燃气安全进校园暨金秋助学等多种活动。 （徐冰玉）

商贸物流业

综　述

【概况】　2020年，重庆市长寿区商务委员会（简称区商务委）一手抓保供稳价、一手抓内外贸易发展，推进重大项目建设和招商引资工作，建成区域商贸物流中心，取得新冠肺炎疫情防控与经济发展双胜利。全区4大商圈、52家农贸市场、34家保供企业、375家物流企业、150家外贸企业、61家外资企业、546家规上企业和单位做到疫情防控、生产两不误，稳住全区商贸基本盘，在保流通、稳价格、保民生、稳就业当中发挥重要作用。全年实现社会零售总额250.33亿元，比2019年增长2.6%，列全市14位、考核组12位；批发业713.11亿元，增长9.1%，列全市17位、考核组9位；零售业158.78亿元，增长11.2%，列全市2位、考核组2位；住宿业13.72亿元，增长0.3%，列全市16位、考核组10位；餐饮业24.88亿元，增长-11.3%；外贸进出口额97.5亿元；实际利用外资2.021亿美元，超额完成目标任务；服务外包1.39亿美元，完成目标任务的174%，位于全市前列；完成电商额115亿元。

【重大项目建设】　2020年，长寿区4大百亿级专业市场（重庆东部国际农产品交易中心、汽贸城、智慧物流中心、江南钢材交易市场）建成，构筑起区域物流中心的“四梁八柱”，全部投用后年交易额可达500亿元。农产品交易中心一期33万平方米建成营业，入驻长寿本地商家100余户，2020年完成营业额2000万元；二期12万平方米完成规模50%，投入资金8.28亿元，建成果蔬摊位1658个、干副粮油水产冻品摊位571个、市场配套商业门面728个，摊位门面总计2957个。汽贸城一期5.6万平方米13栋楼主体竣工，投入资金2亿元，年底前正在做内部管网、道路、绿化等工程，即将投入使用。智慧物流中心一期14.7公顷完成施工招标，2021年1月进入主体施工。江南钢材交易市场初具规模，占地9.3公顷，主要经营线材、管材、板材、型材、钢坯等各类钢材粗加工以及综合物流服务，入驻企业12家，实现交易额20亿元。

【招商引资】　2020年，长寿区实施专业市场招商，重庆东部农副产品交易中心已签订意向协议商家3000余户，重庆东部汽贸城已引进长寿交巡警中心、长寿车管所、大众4S店、长安4S店、树生汽车、长寿邮政物流及30余家汽修汽配企业。开展临港产业招商，与中新南向通道（重庆）物流发展有限公司签订《促进长寿区融入西部陆海新通道合作协议》，搭建长寿区西部陆海新通道铁海联运班列运营平台；与重庆海关签订《共同促进长寿区开放型经济发展合作备忘录》，推进长寿区外贸转型发展；与中国长航上海公司签订合作协议，推动长寿区现代物流集散地建设；与四川省广安市、攀枝花市商务局签订《商务产业协同发展合作协议》，推动川渝毗邻地区跨行政区域合作。推进商圈招商，凯谊世纪广场打造小吃街和环球美食城，引进永辉超市（绿标店）、星巴克咖啡、海底捞火锅、欢乐迪、金妈家烤肉、吉布鲁自助餐、金翠河茶餐厅等22家知名品牌企业入驻，消化存量商业1.5万平方米；古镇商圈引进50户商家入驻，消化存量商业1万平方米；金科世界城打造“金科美邻汇”和“山下拾堂”，引进新世纪超市、俏巴渝、横店影城等知名品牌入驻，消化存量商业1.3万平方米。中央商务区招商，与上海爱琴海商业集团股份有限公司、宁波驰飞投资咨询有限公司签订《长寿区爱琴海购物公园大型城市综合体项目投资开发协议》，项目总投资40亿元，总计建筑面积60万平方米，其中商业总建筑面积不少于8万平方米，一期23公顷已开工建设。

【城乡商贸发展】 2020年，长寿区成功举办“火锅啤酒节”、双十二电商节、汽车消费节、长寿区丰都县扶贫产品公益展销活动等展会及节庆活动，区商务委协助相关行业协会、有关企业举办家居博览会、童博会、汽车展销会等有关展会活动13场（次），吸引500余家企业参展，拉动消费1.2亿元。用好用活《现代商贸物流服务产业发展扶持办法》，兑现产业发展扶持资金1000余万元，培育10亿元以上的限额以上企业8家；千信国际全年营业额破290亿元，总部实现结算额32亿元；重百销售额1.6亿元；永辉超市销售额4.6亿元，同比增长26%；新世纪超市销售额2.3亿元，同比增长30%；你我他超市销售额2.2亿元，增长18%；金凤山酒店营业额5119万元，同比增长30%；碧桂园酒店营业额4034万元。新建云台、葛兰、龙河3个农贸市场，完成2个加油站经营证书变更和6个加油站经营许可证更换，迁建加油站1个。

【消费扶贫】 2020年，区商务委协调区发展改革委、区财政局、区扶贫办、区教委、区卫生健康委、经开区、高新区等相关单位及社会力量开展消费扶贫，举办“消费扶贫直播带货”“消费扶贫产品展销”和“双十二电商”助农公益展销活动，高标准超额完成市级下达2020年度消费扶贫目标任务8572万元的137.31%，实际完成11770.17万元，超额3198.17万元。其中，对口帮扶丰都县采购扶贫产品2794.08万元，完成任务的186.27%，超额1294.08万元；预算单位预留份额采购扶贫产品457.43万元，完成任务的100.31%，超额1.43万元；动员其他社会力量购销重庆市扶贫产品8518.66万元，完成任务的128.76%，超额1902.66万元。

【安全稳定】 2020年，区商务委就安全生产印发《商务委2020年安全生产工作要点》和《2020年安全生产监督检查计划》，执行“一岗双责”制度，形成“横向到边，纵向到底”的安全责任网络，组织商务领域“安全生产月”“安全生产长寿行”活动和高层建筑消防应急演练；全年开展安全生产监督检查企业124家（次），发现问题73个，下达整改指令10份，罚款7.3万元，行政警告2次；实施安全风险研判，对成品油企业、人员密集场所、二手车市场、报废汽车拆解及再生资源等行业集中排查整治，年内全区商务系统没有发生安全生产事故。成立区重要商品应急保供工作领导小组，确立34家本地区重点保供企业，明确保供商品品种和数量，确保疫情期间市场供应充足，重要生活必需品无断档脱销；做好猪肉应急保供应对，与区畜牧局联合启动猪肉价格日监测周报送机制，完成区级储备猪肉300吨储备任务。综合治理推进“平安商圈”建设和社会治安防控体系建设工作；抓好禁毒宣传、影响政治经济社会稳定重大风险防控、反恐怖等社会治安综合治理；持续推进扫黑除恶专项斗争和信访稳定工作，加大敏感期和节假日防邪监控，对邪教“法轮功”人员开展帮教、监控工作，实现四个“0”目标和“六个确保”，全区商务领域和谐稳定。

【党建工作】 2020年，区商务委把政治建设摆在首位，把党的政治建设作为党的根本性建设，围绕习近平总书记关于推动成渝地区双城经济圈建设、统筹疫情防控和经济社会发展等重要论述和《习近平谈治国理政》第三卷等重点内容，开展理论中心组学习16次、党组集中学习7次，班子成员上党课6次。印发商务委《2020年全面从严治党、党风廉政建设和反腐败工作方案》，定期召开专题会议，研究党风廉政建设和反腐败斗争工作；查找问题，督促落实；落实《长寿区政治生态评价办法（试行）》，召开全面从严治党工作专题会议5次，讲廉政党课1次，警示教育3次，集中廉政谈话8次、220人次。严格选人用人标准，提拔重用干部6名，引进优秀人才4名，发展预备党员2名；落实公务员职务与职级并行制度，晋升一级调研员1名、一级主任科员6名、二级主任科员2名、三级主任科员4名。严肃党内政治生活，班子成员执行双重组织生活会制度，每月20日为主题党日活动日，全年开展支部主题党日活动12次、上党课6次。深化落实中央八项规定精神、驰而不息纠正“四风”问题，集中观看《路灯下的迷路人》《护航脱贫路》和《为了“一个也不能少”的庄严承诺》警示教育片，学习《中国共产党党内重要法规汇编》和市纪监委、区纪监委有关违反中央八项规定精神的案例通报，确保商务领域风清气正。结合“三会一课”与主题党日活动，在“十破十立”“五个结合”上下功夫，把意识形态工作纳入中心组学习，列入全年工作要点和计划；印发《区商务委2020年意识形态工作要点》，制订《区商务委贯彻落实意识形态工作责任制实施方案》；更新宾馆、酒店等场所意识形态管控数据库；全年专题研究意识形态工作5次，论坛、讲座审批备案4次，商务领域意识形态安全无事故。（崔桂花）

【重庆市长寿区农产品商贸流通协会】 重庆市长寿区农产品商贸流通协会（本条目简称协会）成立于2012年3月，是经长寿区民政局注册的长寿农产品种养殖企业、批发企业、加工企业、流通企业、农资企业、农业企业、专业大户、专业合作社、微型企业、行业协会和行业经纪人自愿成立的法人社会组织。协会主要任务是：宣传政策法规、推广先进技术、组织经验交流、提供咨询服务、反映会员合理意见和要求，维护会员合法利益。是政府联系农、林、牧、渔业的桥梁和纽带。协会实行理事会下的会长办公室负责制，下设一室（会长办公室）、四部（会员发展部、技术开发咨询部、商贸流通部、市场网络部）。2020年，协会有会员2000余人，分布全区12个镇、6个街道、20余个相关企业、10余个专业合作社、10余个微型企业、5个行业协会，有200余名农村经纪人。截至2020年底，经过协会申请，成功注册长寿地区中国地理标志商标3个，即“长寿沙田柚”“长寿夏橙”“长寿血豆腐”；“长寿薄脆”正在公示中；成功注册国际马德里商标2件：“长寿血豆腐”“长寿沙田柚”；重庆老字号1个：“长寿沙田柚”。

2020年疫情期间，协会在1月24日第一时间将上级关于新冠肺炎疫情来临的通知迅速发到群里，发动会员三亲六戚不出门、不恐慌，自觉抗击疫情渡过难关；2月5日统计会员单位在疫情期间的先进事迹，重庆城冠有机肥公司向所在地政府及有关村赠送口罩8000余个，三科农商城向渡舟捐赠抗疫资金5万元，余廷碧、张达红等会员在疫情期间销售血脐8000余吨，受到区、市的好评；协会负责人带领部分会员免费到社区、村、组宣传抗击疫情工作，几个月没休息，受当地政府、村、社区表扬；协会会长还为社区义务宣传员送去口罩5000余个。2020年3月20日区民政局《社会组织工作》（第十期）“区民政局积极引导社会组织共抗疫情”一文，重点刊登区农产品协会参与新冠肺炎疫情防控工作，组织志愿者服务、捐资捐物和组织农村经纪人销售血脐的先进事迹。

2020年，协会破解发展难题，促转方式调结构，促民生改善。利用网站建设平台与重庆易网有限公司签订建设独立中国特色农产品网站协议，发布全区农产品供求信息，为会员提供销售信息平台。组织会员参加重庆市政府、重庆市商委组织的网商采购会，在该会展销和与采购商对接；让全国各地了解长寿区农产品品牌情况及进行采购。协会直接与农资厂家联系农业物资（肥料、农膜、农药、种子等）厂价直供会员及有关单位，帮助会员降低成本，提高收入。全年协会上门走访会员35次，接洽咨询150次、1250余人，收集会员建议3件、采纳2件、上报1件。

协会抓好地标品牌保护管理，加大市场打假力度。联合区市场监管局，年内在长寿湖、邻封、桃花、骑鞍、凤城、河街等区内市场和市内市场进行专项整治2个月，长寿沙田柚包装箱已覆盖全区各大市场；组织全市近邻区县采果一日游和线上销售长寿沙田柚，品牌得到有效保护。年内组织农村经纪人200余人利用电商和传统方式销售长寿农产品10万余吨，农民增收2.5亿余元。

（余志鹏　程　哲）

重庆市长寿区农产品商贸流通协会领导人名录

会　长：罗淑明（女）

副会长：余志鹏　王友明　石桂霜（女）
李名泽　李玉兰（女）　郑　昕
余永舟　邹　伟　陈代芬（女）
余长寿

批发及零售业

【概况】 2020年，长寿区批发业销售额713.11亿元，同比2019年增长9.1%，增速列全市17位、考核组9位；零售业销售额158.78亿元，同比增长11.2%，增速列全市2位、考核组2位。

表 24　　2020 年长寿区批发及零售业完成情况

指标名称	一季度绝对额（亿元）	同比增速（%）	二季度绝对额（亿元）	同比增速（%）	三季度绝对额（亿元）	同比增速（%）	四季度绝对额（亿元）	同比增速（%）
批发销售额	125.20	0.1	272.53	7.9	449.76	8.0	713.11	9.1
零售销售额	33.76	-1.4	75.52	12.6	108.62	14.6	158.78	11.2

2020 年年初，受新冠肺炎疫情影响，全区消费市场受到巨大冲击，主要商业指标出现断崖式下降；一季度，全区零售业商品销售额下降 1.4%，比 2019 年下降 19.9%，全区商贸经济面临困难局面。下半年在疫情防控形势和经济社会秩序持续向好的推动下，全市消费市场逐步复苏，主要商业指标开始触底反弹，但仍未恢复到上年同期水平。全年实现社会零售总额 250.33 亿元，同比 2019 年增长 2.6%，增速虽然实现转正，但仍低于同期 12.8 个百分点。全年批发销售总额 713.11 亿元，同比增长 9.1%；零售总额 158.78 亿元，增长 11.2%，而 2019 全区批零销售总额同比增长 16.2%，疫情对全区商贸经济的影响之大前所未有。

全年商贸个体入库 113 家，企业入库 32 家。为长寿区商贸业注入新鲜血液，也为 2021 年商贸行业打下基础。（陈守明）

电子商务

【概况】 2020 年，区商务委将电子商务作为转型升级、促进农村快速发展的重要抓手，传统企业与农村电子商务的合作更加紧密，全区电商交易额 115 亿元。

【电商发展】 2020 年，长寿区产业电商逆势增长，建成邮政和古镇 2 个电商直播基地，建成 1 万平方米的三科农商城电商产业园，引进京东、顺丰等大型电商平台入驻；截至 2020 年年底，长寿区建成 3 个电子商务产业园区，总面积 6000 平方米。组织中国气象网、美家买菜网、穆迪科技、汇鸣、晶茹、码化腾等 10 余家电商企业通过淘宝、天猫、拼多多、京东等全国性电商平台外销长寿区滞销农产品 0.82 万吨，销售额 8152.9 万元；全年农副产品网上交易额 2.56 亿元。发展产业电商，实现网上交易额 113.2 亿元。在新冠肺炎疫情冲击下，帮助标杆合作社、付何牛肉、苏宁电器等传统企业转型升级。

【电商培训】 2020 年，区商务委发动长寿区邮政公司、重庆树星人创业咨询服务有限公司，以自身电商产业园为基础，组织电商培训 20 余场，培训 1500 人次；通过 1023 网创街，对 10 个贫困村的部分人员进行本地主播营销培训，促进全区网红经济的发展；举办春雷计划发布会——2020·重庆长寿跨境电子商务高峰论坛，携手阿里巴巴在长寿执行春雷计划，助力长寿企业加快向跨境电商转型，区内 100 余家企业参加培训。

【电商宣传】 2020 年 6 月 16—18 日，举办长寿区 2020 年惠民消费季启动仪式暨“消费扶贫、直播带货”电商助农公益活动，区委书记担任“主播”对长寿特色农产品进行直播带货，区内外的 23 名网红达人，以及相关领导干部也通过现场直播的方式推销长寿区特色农产品；3 天活动销售 200 万元。联合重庆树星人创业咨询服务有限公司在葛兰镇农贸市场进行电商宣传；在但渡、双龙、石堰、葛兰开展直播带货、社区电商培训。

（苟　婷　崔桂花）

【电商抗疫】 2020 年新冠肺炎疫情期间，区商务委发挥行业优势，发展线上经济，助推消费转型。组织区内外电商企业开展“零接触服务”进小区活动，分别在阳光世纪城、金科世界城、同元御府华庭等 19 个小区设置“零接触”直供点，满足居民能就近选购生活物资的需求；倡导永辉、新世纪、你我他等大型超市利用企业 APP、微信群、小程序等电商新购物方式，通过“线上销售+线下配送”模式，实现送货上门、“无接触”配送服务。（崔桂花）

物流业

【概况】 2020 年，长寿区物流业围绕打造长江上游国家级特色商贸物流基地为目标，依托长江码头、岸线、铁公水资源，建设一带一路和长江经济带上重要港口。年底前，启动一江两岸智慧物流港产业规划、码头改造提升和生态环境整治研究。提出建设长寿港的战略目标定位：成为长江经济带和一带一路联接点的重要港口；提出分三段五片区来研究岸线资源、泊位资源、陆域资源、航道资源和如何守住生态环保红线，实现铁公水联运等一系列课题；提出在江南片区建设钢材、木材、石材、矿石等大宗商品物流市场基地，在江北片区建设化危品国际物流分拨中心、保税仓、集装箱、滚装船、航空油品以及旅游等项目产业的可行性研究。

【临港经济】 2020年1月，设立重庆市长寿区临港经济服务中心，为区政府办公室管理的公益一类事业单位，机构规格正处级；设综合科、规划建设科、经济发展科、港口航运科、口岸物流科、安全环保科6科；核定事业编制14名，设主任1名、副主任2名、内设机构科级领导职数8名。

长寿境内长江岸线上起大石门（距宜昌里程595.7千米），下至黄草峡（距宜昌里程574.3千米），自然岸线总长40千米，其中右岸19.1千米，左岸20.9千米，可利用岸线有11.9千米，水域内有重钢、川维、冯家湾、新恒阳等大型码头。辖区有港口企业11家，生产性泊位20个（其中危化品泊位7个）。码头靠泊等级以3000吨级兼顾5000吨级为主，设计通过能力为1753万吨/年，集装箱2万标箱/年。2020年完成货物吞吐量1751万吨。

2020年，长寿区恢复长寿港区通关职能，举办外贸企业AEO认证培训会，完成国家物流枢纽（港口型）创建工作，联合万州、涪陵向国家发改委申报2020年国家生产服务型物流枢纽项目；向市口岸物流办提交《重庆港口岸扩大开放长寿港区项目可行性研究报告》申报材料，推进长寿港区的整合提质建设，力推将长寿港建设纳入全市口岸物流“十四五”规划。

【铁路运输】 2020年，长寿区融入西部陆海新通道，成功举办“西部陆海新通道”铁海联运班列（重庆长寿—广西钦州）首发仪式，打通长寿通往东南亚市场“大动脉”；全年发出班列60列，3200余个集装箱通过西部陆海新通道走出国门。长寿境内铁公水多种交通方式汇集，深水码头、干线铁路、高速公路“三位一体”，境内铁路总里程122千米，3条铁路支线进入园区，其中2条支线连接港区，设计货运量1570万吨/年。明月山公铁两用隧道打通后，长寿10分钟可达两江新区和江北机场。在晏家沙溪规划建设一条从渝长高速公路连接长寿港的货运专用通道（概算总投资3亿元），既便于化工品货物快速直达长寿港，又可实现危化品运输车辆不通过园区，确保园区封闭运行，安全生产。

【公路运输】 到2020年年底，长寿区境内形成渝长、长涪、长万、国道319厦成线、渝巫、长邻等9条骨架公路，里程338千米；渝长、渝万、长涪、长梁4条高速公路交会，距离港区最近2千米。完成贯穿全区的“三纵四横”主骨架公路，构建全区横跨东西、纵贯南北的交通大通道，加快路网改造升级，优化路网结构和密度，形成以骨架公路为依托，网络公路疏密有序，互通连接的公路交通网络。在长寿港区修建兴港大道，将江北片区各码头连接起来，为港口提升打下基础。

（苟　婷　崔桂花）

商贸物流建设

【概况】 重庆市长寿区商贸物流中心开发投资有限责任公司（简称区商贸物流公司）于2013年11月7日注册成立，注册资本金1亿元，系重庆长寿开发投资（集团）有限公司全资子公司；主要承担商贸物流产业招商引资和企业管理，商贸物流体系的规划，商贸物流项目的投资、开发、建设、管理及资本运作，房屋租赁，物业管理，相关国有资产的经营和管理工作。2020年，区商贸物流公司有综合管理部、财务法规部、工程建设部、企业服务部、招商引资部、投资发展部6个部门；有在册职工36人，其中领导4人、正式职工26人，聘用临时人员2人、劳务派遣人员4人。

2020年，区商贸物流公司抓项目、强招商、壮产业、暖企业、促转型，全年择优引进商贸物流企业11家，完成合同引资27亿元，完成目标任务20亿元的135%（其中引进市外企业6家，完成合同引资额11.8亿元，完成目标任务10亿元的

118%）；完成重大项目建设投资额10.18亿元，完成年度目标任务10.17亿元的100%；完成固定资产投资8.6亿元；入驻企业实现商贸物流额230亿元，实现税收7000万元（最后这两个数字是预计）。

【聚商选资】 2020年，区商贸物流公司紧扣推进重庆东部农副产品交易中心、汽贸城、智慧物流中心三大专业市场建设的主题，做实招商引资“一号工程”。赴广东深圳、四川广安、重庆丰都等地拜访企业，全年拜访和接待企业50余次，签约引进兴广再生资源、浩弘实业等企业11家；开展“云招商·云洽谈”，紧盯重点领域，围绕钢材物流市场、冷链仓储市场捕捉招商信息，储备在谈项目8家。助推专业市场招商，投放14块广告牌，多角度多形式进行宣传推广，三科农商城已与商家签订意向协议3000余户，预订仓位4100余间，批发商户已入驻100余家；汽贸城招商签约大众4S店、长安4S店、数生汽车、邮政物流等企业39家。

【企业服务】 2020年，区商贸物流公司开展“企业服务年”活动，持续优化营商环境。围绕打赢新冠肺炎疫情防控阻击战，成立疫情防控领导小组，制定具体可行的防控措施，指导企业分批有序复工复产；落实减税减费优惠政策，为企业申报2019年度财政扶持资金2200多万元，减免疫情期间房租4万余元；打造高效便捷的投资环境，实行“保姆式”服务，全年服务企业、为企业办理相关手续50余次，为11家新入驻企业办理成立手续。打造重商亲商的服务环境，全年走访企业50余次，对企业反映的物流成本、人才用工等诸多问题落实责任到人，为企业解决实际问题。截至2020年12月底，已签约入驻企业总计312家，有年贸易物流额1000万元以上的规模以上企业30家，龙头企业天旭化工年贸易物流额突破160亿元。

【专业市场建设】 2020年，区商贸物流公司致力于实现长寿区“十三五”期间的重大宏伟目标，全面建成涵盖专业市场群园区、沿江现代物流园区和中央商务园区的区域商贸物流中心。专业市场群园区位于渡舟街道黄连村、甘蔗村和太平村，东邻渝宜高速公路，西接渝富集团征地线，南连渝万高铁，北靠渡舟组团城市外围路，总规划面积2.74平方千米，涵盖农副产品交易中心、汽贸城、智慧物流中心三大市场业态，配套有住宅用地、道路、绿化、停车场等设施用地。重庆东部国际农产品交易中心、重庆东部汽贸城、重庆东部智慧物流中心等三大市场已于2017年8月31日集中签约落地，项目总投资62亿元，项目占地133公顷，全部建成投产后，年交易额可达370亿元，年入库税金8亿元。

2020年，渡舟专业市场群涉及渡舟街道太平村、甘蔗村、黄连村、三好村等村组的200公顷征地已完成拆迁99.8%，专业市场群商住配套用地56.7公顷征地已完成拆迁90%，专业市场群加油加气站项目、边角余料项目7.3公顷土地已取得征地批文，配套住宅区间道路10公顷土地正在进行征地报件。

2020年，全年实施项目15个，其中区级重大项目8个。渡舟专业市场园区初具规模。重庆东部农产品交易中心项目一、二期建设45万平方米，一期33万平方米建设已完工，于2020年10月1日试营业，正在实施项目二期主体施工；重庆东部汽贸城项目一期5.6万平方米建设已完工，已入驻长寿大众4S店正式营运；重庆东部智慧物流中心项目已完成一期土地招拍挂、平场、地勘等前期工作。市场群园区内配套基础设施正在全面推进，长寿区渡舟组团站北片区纵次路一线北延伸段道路、长寿区渡舟专业市场南北中路、横三路与纵次一路互通式立交已建成通车；长寿区渡舟专业市场片区截污干管农商城段工程已完工；长寿区北部新城横二路专业市场段道路工程已完成工程量的50%；长寿区北部新城横三路道路工程（渡舟组团）东段景观绿化提升工程已完工；长寿区渡舟专业市场片区公交枢纽站工程、长寿区渡舟专业市场片区商贸支路工程、长寿区北部新城横三路东延伸段道路工程、长寿区渡舟专业市场片区商贸东路工程全面启动；长寿区渡舟专业市场三科农商城10千伏入户电力电缆敷设工程、长寿汽贸城一期项目10千伏入户电力电缆敷设工程正在加速推进。

【转型发展】 2020年，长寿区商贸物流业转型发展初见成效。与千信、重钢合作开展钢材贸易，全年实现贸易额8亿元、利润350万元；于2020年7月注册成立重庆市长寿区停车管理有限公司，规范长寿区公共停车管理，全年实现营业收入550万元。探索转型发展新出路，筹备打造商贸物流产业双创孵化园，与北锐实业合作开展实景模拟驾培中心项目，与新崛物流合作开展物流运输业务，与三科合作开展重庆东部国际农产品交易中心冻库及冷链仓储物流项目。配合做好智慧国资大平台建设，推进国企智能化转型。做好集团化整合运营，推动国企改革持续深化。

（王　林）

供销商业

【概况】 重庆市长寿区供销合作社联合社（简称区供销社）系政府其他机构，人员编制20名，内设办公室、财务资产科、合作指导科、业务发展科、农村电商科、监事会办公室。2020年末机关在编在岗19人，退休人员33人；服务管理葛兰、云台、石堰、海棠、新市、云集、双龙、双龙汇鸣、狮龙、长寿湖、邻封、但渡、龙河、朱家、城西、洪湖、万顺、菩提、凤城19个基层供销社有限公司，鑫智农资、农服中心公司、人人向往农业、村村淘电子商务、物汇回收、恒源农资、渝长烟花爆竹、渝长棉麻、城郊农贸9个专业公司，亿茂花椒、顶尖食品、恒昌回收、成栋食品4个成员社。

2020年，区供销社围绕打好“三大攻坚战”和实施“八项行动计划”，坚持为农服务宗旨，以巡察整改工作为契机，统筹推进各项工作。完成销售总额33.92亿元，比2019年增长15.51%；利润总额1440万元，同比增长12%；资产总额19998万元，同比增长15%；所有者权益13632万元，同比增长10.5%。供销社系统及农民合作社农产品有组织销售额25.43亿元，同比增长20.8%，完成年度目标任务。在2020年全市区县供销社综合业绩考核中，区供销社获一等奖。供销社的社会认可度和影响力持续提高。

【五大服务体系】 2020年，长寿区为农服务组织体系实现全覆盖。年内在江南、晏家、菩提、云台、海棠改造建设基层社供销社5个，争取区级财政专项补助资金180万元；全区19个街镇基层供销社改造建设100%全覆盖，其中新建设基层社示范社1个、总计10个。新发展合作社33个（农民专业合作社21个，股份合作社11个和专业合作社联合社1个），总计771个（其中注销158个），培育市级农民专业合作社示范社3个。新发展农村综合服务社24个，总计240个，行政村覆盖率95%；对2019年确定的15个星级农村综合服务社（三星级7个、四星级5个、五星级3个），在市场监管局办理注册登记，给予资金扶持75万元完成办公、经营设施等建设；2020年启动11个星级农村综合服务社建设申报工作。

农业社会化服务体系体现新优势。农资供应服务全年销售3万吨（其中配方肥0.5万吨）、储备化肥1万吨，量足价稳，全区春耕农业生产用肥需求得到有效保障。投入资金36.76万元建成洪湖镇称沱测土配方肥站1个；推进6个已建测土配方肥站运行，全年生产测土配方肥5000余吨；到村居举办测土配方施肥技术推广现场会50余场（次），覆盖4000余人次，其中12月25日，联合区农业农村委召开长寿区化肥减量增效与科学用药暨测土配方施肥推广会。服务组织壮大，双龙镇汇鸣供销社、兴保合农业股份合作社等服务骨干主体快速发展；指导建立汇鸣供销社测土配方技术服务队、林禾农机合作社农机服务队等专业服务组织15支以上。开展农业社会化服务，全年土地托管、半托管、农机服务、测土配方施肥、无人机飞防植保、施药防控、柑橘采收等服务16000公顷，其中土地托管6296公顷、农机服务1165公顷、配方施肥4142公顷、无人机水稻飞防等其他服务534公顷、科学试验示范田33公顷、承接区农业农村委水稻无人机统防统治服务3830公顷；协会、基层社组织培训60余场（次）、5000余人次。

产销对接，农村现代流通服务体系达到新水平。年内新增骨干农产品流通企业5个，重点培育葛兰供销社、才泉南瓜合作社等10余个骨干农产品流通经营主体。持续打造“自然长寿馆”，集中展示展销长寿（沙田）柚、长寿血橙等10大类、上百个品种的长寿特色农产品，已成为慢城核心区的重要功能组成单元和区域公共品牌的重要宣传平台；全年接待市区及市外领导、嘉宾、人大代表、政协委员和游客5000余人次。发展农村电商，对接融入“村村旺”市级电商平台，推进“市—区县—乡镇—村”四级服务网络建设，形成供销电商发展合力；发挥农村电商服务功能，帮助农民解决疫情期间水果滞销问题，线上线下融合销售晚熟柑橘2000余吨；指导下属村村旺电商站尽早复工优先帮助贫困村农户销售，先后到云集镇的大胜村、大同村、尖峰村集中设点收购滞销的1000余吨晚熟柑橘。做好冷链物流前期工作，对接市农产品集团，推进冷链业务合作；对长寿区冷链物流发展现状进行调研，向区政府报送《“佰年供销”长寿农产品冷链物流产地仓项目建议书》。

财政支持，农村合作金融服务取得新进展。加强与重庆农商行长寿支行、农业银行长寿支行、宏昌担保公司等金融机构合作，开展“兴农易贷”工作。争取到位专项财政资金2000万元人民币作为“兴农易贷”风险补偿基金，用于项目实施；全年通过兴农易贷向涉农经营主体发放贷款2.6亿元，有效缓解农民合作社、涉农小微企业、基层供销社的融资难、融资贵问题。

信息融合，农村综合信息服务体系迈出新步伐。对接市级“村村旺”农村综合信息服务平台，及时完善、维护和更新农村综合信息数据，年底前全区常住农户总数7.12万户，采集信息录入入社入会农户6.67万户，常住农户加入合作经济组织比率93.96%，提升大数据服务能力和水平。

【“三社”融合】 2020年，区供销社推进供销社、农民专业合作社、信用社“三社”完善功能、相互支持、融合发展，以“三社”促“三农”，完成5个“三社”融合示范单位建设，争取区级专项资金扶持60万元用于“三社”融合示范单位办公设施设备、生产经营设施设备、制度宣传等建设。与金融机构合作专业合作社贷款36万元。

加强基层组织建设，提高农民合作社服务中心、农合会的服务带动能力，用市场的方式加强联合合作，推广“基层供销社+农民专业合作社+农户”“基层供销社+农村综合服务社+农户”“基层供销社+村集体经济组织+农户”等多种形式，推进基层供销社、农民专业合作社、村集体经济组织和农户共同出资、共建队伍、共建产业、共享成果，农民组织化程度提升。2020年街镇农村常住农户入社入会10225户，总计66670户，93.96%的常住农户加入各类农村合作经济组织。

与农民利益联结更加紧密，社有企业和基层供销社以财政补助资金和自有资金量化作股，采取合作制、股份合作制等多种形式，引导农民和农民专业合作社以货币或实物、土地经营权、林权、经营设施等多种资源要素，与供销合作社开展股份合作、生产合作、服务合作、流通合作，不断紧密在组织上和资本上的利益联结，全区基层供销社与农民专业合作社股份合作实现“两社”深度融合发展38家。

【疫情防控】 2020年，区供销社及时成立新冠肺炎疫情防控处置工作领导小组，落实各项防控措施，指导战疫情、防风险、促发展、保稳定。全程组织春耕备耕农资供应，疫情早期，区供销社党委立足“早、稳、实”，做到疫情防控和春耕保供工作两不误，组织各农资企业、基层社做好疫情防控工作，通过电话预约、送货到村组到户等服务，加大农资供应力度；全区162家化肥农膜经营网点服务在全区19个街镇实现适农行政村全覆盖，送货上门140余车次，供应化肥1.9万余吨、种子260余吨、农药90余吨、农膜200余吨，农资配送服务覆盖全区所有产业贫困户。疫情期间，区供销社党委促成凤城供销社通过与金科等物业公司合作，开展互联网支付、无接触式配送3000余单、3万余公斤高山蔬菜到小区，方便市民宅家抗疫，缓解13公顷高山蔬菜的滞销困境；发动供销系统职工购爱心果3000余公斤，助推长寿血脐由滞销转变为脱销。疫情期间，区供销社动员全系统375人和3个法人单位捐款95810元。

【助力脱贫攻坚】 2020年，区供销社发挥行业优势，“1+2”结队帮扶脱贫。机关干部每人结队帮扶2户，帮扶云集镇大同村、大胜村、尖峰村贫困户36户；每月1次进村入户，帮助制定实施脱贫措施，帮助销售果蔬家禽增加收入，帮助解决“两不愁三保障”突出问题。建立起各类经营主体与贫困户联动发展的利益联结机制，全区10个贫困村成立农民专业合作社19个、综合服务社10个，覆盖率均达到100%；疫情期间，组织中臻云等电商公司提前复工进驻云集镇大同村、大胜村、尖峰村等地集中设点收购，助推该镇血脐销售；免费赠送云集镇大同村化肥12吨，惠及118户贫困户。发动所属基层供销社、企业及其干部职工购买丰都县及长寿本地扶贫产品，到“832”

消费平台、社会扶贫网重庆馆采购扶贫产品，组织工会会员到对接帮扶的丰都县消费扶贫游；全年扶贫消费26万余元。

【污染防治】 2020年，区供销社推进废弃农膜回收利用工作，废弃农膜回收利用工作超额完成各项目标任务，废弃农膜回收594吨，回收率81%以上，交售加工546.73吨，新建农膜回收站19个，完成任务的475%；全区农膜回收、加工、加厚和可降地膜推广三项工作均通过重庆市第三方中介审计验收和市总社确认；加厚和可降解地膜推广示范面积46公顷，实施农业经营主体8个，覆盖6个镇街；推动出台《长寿区废弃农膜回收利用工作管理办法（试行）》，明确各部门、街镇和企业的责任；依托家庭农场、农民合作社，将回收站点向村级延伸，新建成镇级农膜回收站20个，总计56个；形成“村收+镇转+区贮+区域加工”的长寿废弃农膜回收利用体系。推进再生资源回收网络建设，在凤城街道龙潭村、友谊村、晏家街道晏中路改建再生资源回收利用站点3个；长寿区供销社系统回收利用网点总计超过150个；占地2.9公顷、概算投资4000万元的长寿区再生资源分拣中心市场建设前期工作已完成，供销社再生资源回收体系得到完善。实施烟花爆竹网点减量行动，规范全区农村烟花爆竹专营零售点300余个，配合打非治违，实现长寿烟花爆竹市场专营有序、管理规范、经营安全；农资、烟花爆竹、回收等商品连锁经营销售额5亿元，比2019年增长38.9%。

【党建工作】 2020年，区供销社全面从严治党主体责任全面落实，组织召开党委理论学习中心组集中学习（扩大）会12次，参会人员扩大至机关全体职工，参会人数240人次，主题发言12人次，一般交流发言24人次，小结发言12人次；传达学习党的十九届五中全会精神3次，集中学习习近平总书记关于供销社重要批示精神3次；修订《长寿区供销社党委理论学习中心组学习制度》等4个学习制度；将全面从严治党贯穿于业务工作决策和个人目标责任中统筹谋划，适时督查，定期专题研究，形成党委书记负总责，其他班子成员“一岗双责”，齐抓共管，狠抓落实的工作机制和工作格局。2020年5月至7月，区委第二巡察组对区供销社党委进行常规巡察，于2020年9月8日将巡察意见进行反馈；区供销社党委对巡察反馈的意见高度重视，制定整改方案，组织整改落实；截至2020年12月底，区委第二巡察组巡察反馈的4个方面、15个问题、41项整改任务已整改完成39项，剩余2项正在整改推进中；建立和修订各类制度32个，对20个相关责任人进行谈话提醒。开展警示教育，组织全体机关职工观看《为了一个都不能少的庄严承诺》《路灯下的“迷路人”》《护航脱贫路》等警示教育片。

区供销社党委把意识形态工作纳入《区供销社党委2020年党的建设工作要点》。对区供销社意识形态工作领导小组进行调整，将意识形态工作纳入党委班子成员分工，落实党委班子成员意识形态工作“一岗双责”。加强风险排查和处置工作。年内对基层党组织、行业协会、归口管理企业进行意识形态工作培训4次。修订《区供销社报告会、研讨会、论坛、讲座管理办法》等7方面的意识形态工作制度。（周遵华）

烟草商业

【卷烟营销】 2020年，重庆市长寿区烟草专卖局、中国烟草总公司重庆市公司长寿分公司，本分目简称长寿区局（分公司）做好现代卷烟零售终端建设，调查研究、摸清家底，借鉴标杆单位的成功经验，制订长寿现代卷烟零售终端建设实施方案，推进现代卷烟零售终端建设落地见效，全年建成现代终端零售星级门店441户。

【地产烟销售】 2020年，长寿区局（分公司）做好地产烟品牌培育，贯彻落实“走进工厂·重庆烟草基层高质量发展协同推进会”精神，强化绩效考核和宣传引导，狠抓地产烟发展品规、新品规的上柜率、订购面，逐线下达每月、每季的培育品规上柜率、订购面指标，提升全区零售客户的“卷烟营销能力、品牌培育能力、卖烟赚钱能力”。做好卷烟营销基础工作。全年实现卷烟税利1.24亿元。（张　煜）

其他商业

【广告业】 2020年，长寿区紧抓搭建一个专班、印发一个方案、明确一定职责、形成一个沟通机制、抓好一个督查。“五个一”，统筹推进专项工作。坚持问题导向，突出工作重点，加强疫情期间广告监管，推动疫情防治公益广告宣传，开展房地产、集资融资、教育培训、装饰装修“四大领域”广告宣传信访突出问题专项治理工作。2020年全区新增广告主体232户，总计有广告主体1116户（其中专业广告企业294户）。广告市场秩序良好。（秦俊侠）

【住宿、餐饮】 2020年，长寿区有限额以上住宿单位29家、餐饮单位167家，三星级农家乐14个，市级美食街2条；引进维也纳国际酒店、远恒佳酒店入库。受新冠肺炎疫情影响，住宿业年营业额13.72亿元，比2019年增长0.3%；餐饮业营业额24.88亿元，同比下降11.3%。

表25　　2020年长寿区住宿、餐饮业营业额统计

指标名称	一季度绝对额（亿元）	同比增速（%）	二季度绝对额（亿元）	同比增速（%）	三季度绝对额（亿元）	同比增速（%）	四季度绝对额（亿元）	同比增速（%）
住宿营业额	1.08	-62.4	4.60	-22.8	8.60	-12.4	13.72	0.3
餐饮营业额	4.16	-34.2	10.03	-23.6	19.29	-9.5	24.88	-11.3

年内举办古镇火锅啤酒节、2020年惠民消费季启动仪式、“消费扶贫直播带货”电商助农公益活动节庆会展活动13场（次），吸引500余家企业参展，拉动消费1.2亿元。（陈守明）

【集市贸易】 截至2020年年底，长寿区按照《长寿区商业设施及专业市场布局规划（2016—2025）》要求，新建龙河镇农贸市场、云台镇黄葛村农贸市场，改造葛兰中心农贸市场。全区有农贸市场（包含城区菜市场）52个，占地面积149488平方米，营业面积116060平方米，固定摊位5746个，固定从业者4346人，年营业收入5亿元。（陈守明）

外经外贸

【概况】 2020年，长寿区新注册外贸企业57家，引进外资项目6个、投资51亿元。实际利用外资2.02亿美元，比2019年增长15.01%，总量列全市10位；实现外贸进出口额97.5亿元，同比下降17.7%，总量列全市9位；实现离岸服务外包执行额1.39亿美元，同比增长3.1%，总量列全市7位。

【统筹发展】 2020年，长寿区实行外经外贸企业三级网格化联系制度、开放型经济指标、外经外贸重点工作月调度、季分析、年总结制度，工作预见性、针对性明显增强，实际利用外资在逆势中保持小幅增长，外贸进出口降幅收窄，服务贸易难中求稳。以上3项主要指标总量完成量连续多年保持在全市前列。

2020年，长寿区加快推进恢复化工码头海关监管场所建设，建设方案已上报重庆海关审核通过，2021年上半年开建。建设海关检验检疫化学实验室，为长寿区建设保税仓营造良好营商环境。

【平台建设】 2020年，长寿区举行“西部陆海新通道”铁海联运班列（重庆长寿—广西钦州）首发仪式，重庆环松科技、望变电气、中石化川维化工等重点外贸企业和物流企业参加，807万元长寿造货物通过首发班列发往6个国家和地区，降低企业的物流成本，提振企业信心。沟通协调恢复长寿海关监管功能，年底前重庆化工码头有限公司正在与重庆海关对接，按照海关最新要求制定监管场所的规划设计建设方案，力争早日完成监管场所的建设，恢复海关监管功能。组织辖区内企事业单位参加京交会和进博会2场经贸大会，组织企事业单位参加第三届中国国际进口博览会，制定工作方案，完成11家采购单位在专业观众系统上的报名注册工作和32名参会人员的审查工作，完成采购金额1000万美元。

【服务优化】 2020年，长寿区针对外资外贸企业采取一系列措施，既当好“服务员”又当好“监督员”，防控、生产两不误。发布上级稳外资、稳外贸相关政策，帮助企业及时掌握各种帮扶和支持政策。走访推动150余家外资外贸外经企业复工复产，聚焦返岗用工、物流运输、供应链、防

控物资、资金需求、外派人员和外籍人员入境等方面，想方设法落实防疫物资，帮助外资外贸企业做好疫情防控和排查。收集企业在外贸政策落地、海关通关，企业用工等方面面临的实际问题，为企业排忧解难；收集企业贷款需求，搭建进出口转贷融资桥梁，提供中小外贸企业专项贷款贴息资金。及时审核上报企业申报2020年第一批和第二批商务发展专项资金，走访企业，收集企业在外贸政策落地、通关商检、企业用工等方面面临的实际问题，为企业排忧解难，兑现52家外经贸企业专项扶持资金1233万元。

（胡小敏　崔桂花）

大型商场和商贸公司

【重庆百货大楼股份有限公司长寿商场】　重庆百货大楼股份有限公司长寿商场重庆百货大楼股份有限公司长寿商场（简称重百长寿商场）是重庆百货大楼股份有限公司于2000年10月独资创建的综合性百货商场，是重百向区县连锁发展的第一家分店。2012年9月28日，重百长寿商场从初创时期在老城经营面积仅3000平方米的百货、超市、电器业态三业态一体的综合体发展成为百货业态在桃花新城的大型现代化综合商场。位于长寿新城桃花凯谊世纪广场的百货商场，营业面积21000多平方米，经营品种万余个，有4个经营楼面，一楼经营化妆品、名表珠宝、饰品、男女鞋品、箱包手袋、手机数码 、潮牌服装；二楼经营少淑女装、文胸睡衣、流行饰品；三楼经营精品女装、成熟女装、针织床用、羊毛羊绒制品、童装童用；四楼经营精品男装、时尚男装、青年休闲、运动户外用品。商场自开业后，曾先后获山城百店无假货市级示范店、长寿区文明单位、保护消费者合法权益先进单位、价格计量信得过企业荣誉称号；重百商标被认定为中国驰名商标。重百长寿商场秉承“顺应市场，优异服务，达成满意”的核心价格观和“顾客至尊，满意至上”的服务理念，竭诚为大众服务。

重百长寿商场经过调整后在品种、品质上下功夫，紧抓品牌调整，使商场荟萃众多知名品牌、时尚品牌，满足长寿市场各个消费层次的需求。2020年年底前，商场经营的知名品牌有雷达、浪琴、周大福、六福、欧珀莱、欧莱雅、理肤泉、薇姿、自然堂、百丽、他她、百思图、天美意、Kasscat、斐乐、百家好、ONLY、MODA、IM27、圣迪奥、艾托奥、堂皇、梦洁、罗莱、领姿、渔牌、金利来、鄂尔多斯、华菲型格、杰克琼斯、GXG等。非购引进星巴克、良品铺子等知名品牌入驻。

2020年，重百长寿商场有员工700余人。由于受新冠肺炎疫情影响，于1月30日至3月6日期间闭店，停业时间37天。销售受影响，年创造销售1.65亿元，创造毛利2000多万元。

（甘雨竹）

【重庆商社新世纪百货长寿商都】　2020年，受新冠肺炎疫情影响，重庆商社新世纪百货长寿商都（简称长寿商都）于1月30日至3月6日期间闭店，停业时间37天。全年完成销售12327.17万元，比2019年下降20.53%；上缴利税325.52万元；提供472人的就业岗位。

2020年，长寿商都因新冠肺炎疫情闭店暂停营业37天。闭店期间，各级领导干部及关键岗位员工坚守岗位，停业不停工，落实各项防控措施和要求。成立长寿区域疫情防控和复工复产领导小组，详细、动态排查，清楚掌握场店合同工、促销员、外包服务等所有员工状况，建立员工每日健康台账，每日逐一落实疫情防控情况、动态排查、汇总上报。按照长寿区政府及公司事业部要求开展复工复产工作，严格落实“五必须”（即必须成立由主要负责人牵头的疫情防控领导小组、必须严密落实各项防疫措施、必须承诺疫期不新招收不符合防控要求的重点区域人员及其密切接触者、必须严格落实市外返工人员不少于14天的隔离医学观察措施、必须严格执行《企业职工疫情防控操作手册》）防控要求，做到规定动作不走样，生产经营不放松，全年未出现一例疫情防控安全事件。

2020年，长寿商都抓品类规划、品牌调整、提档升级，对34个品牌进行汰换调整，引进玛丽黛佳、纽西之谜、慕音、LUCIDY、伊迪、法莱德蒙、denominate等28个大众熟知品牌，优化商都品牌形象。及时调整经营策略应对市场变化、探索拓展线上营销，完善微商城、社群、预收款系统、直播平台、重百云购等线上运营渠道；加速线上线下双线融合，加强员工社群营销培训，与重点品牌对接沟通，抢抓优质货品资源，助力客流、销售双提升，加速恢复销售规模。针对疫情中顾客消费需求及消费习惯的变化，着重打造微商城秒券、线上众筹、线上游戏、社群爆品秒杀、带货直播等线上活动，丰富吸客手段，线上线下吸客引流，线上线下预告暖场，扩散活动造势；在各节点通过策划顾客参与度和互动性较高的公关活动，提前招募会员及微粉参与，提升每档活动的吸引度，以达到“线上吸客，线下引流”的目的。全年开展公关活动23档，促销活动42档，活动销售8827.86万元。

2020年，长寿商都加强人才培养，激发团队活力，完善各级、各岗位后备人才梯队建设工作，持续执行《店长奖励基金》方案，分别就创新营销、大单团购、超额分享、收银考核等各项指标进行考核奖励。开展《消防安全知识》《新冠肺炎防护知识培训》及线上各类《商品知识培训》《新媒体运用小技能》《百货购物中心短视频与直播营销》等活动55次，参与员工5905人次。

2020年，长寿商都加强规范性管理，过程管控与结果管理并重，将管理活动向纵深化推进。比照公司事业部下发的内控自查情况表，重点针对合同管理与执行、营运管控、人事薪酬、考勤管理等多项工作进行内控自查，发现问题及时完善并整改，整改率100%。着重抓服务关键时刻，于3月组织员工进行线上固化学习转训；根据事业部工作时间进度制订区域工作计划。对入职3个月新员工抽查103人次，合格率84.60%；对入职1年的员工抽查79人次，合格率98%。

加强安全管理，签订《岗位安全职责告知书》604份；对长寿商都场店及监管场店开展各类安全教育培训54次，参训人员3840人次；定期开展消防安全隐患排查，消防安全检查52次，查出消防、治安隐患285起，督促整改率100%。

2020年，长寿商都强化党员干部廉洁教育，开展党员自评、互评、党风廉政谈话及全体党员和关键岗位人员专项自查等工作，以及手机云平台集体学习廉政教育题材等，使全体党员干部警钟长鸣，保证商都干部队伍的清正廉洁，全年商都无一例违法违纪案事件。党工团合力互动，以党建促工建、带团建的工作思路，关心看望慰问职工6人次，疫情期间组织党工团成员300余人次到区域各超市门店增援，确保民生物资及时上架，恢复长寿民众对民生物资保供的信心，安心居家抗击疫情。（赵　勇）

2020年1月，长寿区花市一瞥

交通 邮政

交通综述

【概况】 重庆市长寿区交通局（简称区交通局）是长寿区人民政府主管全区公路、铁路、水路、民航、邮政等交通行业的职能部门。2020年内设办公室（信访科）、安全科、财务科、法制科（内部审计科）、规划科、道路运输科（交通战备办公室）、公路科、港航科、铁路民航科（行政审批科）9个科室，下属区交通运输综合行政执法支队、区道路运输事务所、区港航事务所、区公路事务所、区交通工程质量安全监督所、区交通运行监测与应急调度中心6个直属事业单位；全系统有在职职工201人。

2020年，区交通局按照“拓宽出口，畅通网络，关注民生，规范管理”的总体思路，加强交通设施建设，完善内外交通网络，全面推进依法治交，提高交通管理水平，加快构建现代综合交通运输体系，解决群众关心的交通热点、难点问题，受到市交通局和区委、区政府肯定，获评重庆市抗击新冠肺炎疫情先进集体。

【疫情防控】 2020年，区交通局执行新冠肺炎疫情防控交通防控组牵头单位职责，准确研判形势，统筹交通防控，统筹抓好铁路、公路、水运的交通疫情防控工作；协调公安、卫生、街镇，在全区火车站、汽车站、高速公路收费站和国省县道、省际出境路口（四川广安邻水）等设置交通卡口34个，指导各街镇在乡道、村道设置交通卡口900余个，安排人员24小时严守排查，筑牢疫情防控第一道防线；疫情期间，应对停靠列车6384趟（次）、靠港船舶5014艘（次）、车辆23万驾（次），检测乘客90余万人次。协调周边区县、市级相关部门，畅通交通网络，为在疫情期间在连续生产的60余家企业，保障生产物资和工厂职工运输需求；抓好企业复工复产，完成长寿区复工复产企业原材料、产成品，企业员工返厂、员工上下班的运输保障；2020年长寿水路运输货物周转量同比2019年增长0.73%，公路运输货物周转量同比增长9.5%。落实疫情常态化防控，督促企业做好火车站、汽车站、公交车、出租车等运输企业和运输工具的疫情防控工作；加强冷链食品运输企业排查，组织3家具有冷藏保鲜运输资质车辆的企业就冷链食品运输疫情防控专项排查，按照相关要求从事冷链食品运输。

【对外交通推进】 2020年，区交通局抓住长寿区率先同城化发展、成渝地区双城经济圈、一区两群发展等重大战略机遇，编制《长寿区“十四五”综合交通运输发展规划》《长寿区推进成渝双城经济圈建设交通发展规划》。委托中铁二院对明月山综合交通新通道进行3个阶段的研究，已全面完成，为高速公路、高速铁路、快速路、轨道交通穿越明月山提供技术支撑。2020年7月，区交通局与涪陵区交通局、中铁二院工程集团有限责任公司三方签订《新建重庆至武汉高速铁路（重庆北经长寿北至涪陵北）工程可行性研究合同》，该项目可行性研究已通过专家评审；渝宜高铁已明确西向经长寿连江北国际机场对接成渝中线高铁，东向由长寿出鄂西至武汉、上海。高速公路加密度有新进展，渝长高速扩能改造项目即将建成投用，东南环线高速（沿江高速长寿支线二期工程）开展初设工作；财政承受能力评价、物有所值评价和PPP实施方案“两评一案”以及政府和社会资本合作（PPP）综合信息平台项目入库有序推进，确保2021年完成投资人招标及开工建设。配合区住房城乡建委推动两江新区至长寿快速通道项目，2020年12月30日如期开工。年内，铁二院已启动市域铁路（长寿涪陵专线）预可研工作，这将加快长寿区融入重庆主城中心城区，实现同城化、通勤化。

【交通设施提升】 2020年，长寿区普通干线公路建成163千米，完成市考核159千米的目标任务。“四好农村路”建成1481千米，完成市考核目标任务。长江二桥、乐温大桥有序推进，确保2021年建成投用。长寿港提质扩能启动，港口码头升级改造有序推进；加大航运企业引进力度，引进上海长江轮船有限公司旗下川江最大干散货船队100余艘运输船舶和天一物流公司、重庆江屿航船务有限公司落户长寿；川维物流船舶洗舱中心升级改造项目2020年12月28日已开始洗舱作业，洗舱基地年内完工运营；推进川维码头、新恒阳码头、重钢原料码头以及新港长龙码头的岸基固定污染物接收装置建设，完善船舶污染物上岸处理机制和监督机制，全年接收船舶垃圾172吨、生活污水4821吨、含油污水71吨以及化学品洗舱水11655吨。帮助交通运输企业调整产业结构，维柴集团扬州亚星公司支持凤城公交分期3年付款，购买220台纯电动公交车；渝运六分公司公交车队购买宇通20台纯电动公交车，长寿区纯电动公交车已有240台；协调安装新能源车辆充电桩81个；年内新开行公交线路3条，调整公交线路7条，提升公交开行广度和覆盖密度。公路养护水平有提升，公路国评效果好，对管养的372.69千米国省县道开展清扫保洁；完成路面破损、裂缝挖补、沥青灌缝，更换百米桩、公里碑、道口桩、标志牌，修复护栏3410米，重新施划路面标线35400平方米；投入资金1906万元，开展预防性养护，完成公路桥梁定特检，开展桥梁护栏改造，管养国省道路况常年在90分以上；投入资金282万元，完善公路附属设施，完成2个公路服务点，启动1个公路服务点建设，新建招呼站5个、招呼点7个，完成2个交调站搬迁。

【交通安全生产】 2020年，区交通局落实落细“从根本消除事故隐患”的重要指示精神，开展安全生产专项整治三年行动，健全完善安全风险管控和隐患排查治理双重预防控制体系。完成2020年安全生产专项整治三年计划阶段任务36个清单，全年检查督查企业、项目700余次，发现并责令整改隐患751处，查处违规企业26家（次），投入安全经费2445万元；加强对企业疫情防控的检查指导、督促企业做好复工复产的安全生产工作。做好防汛度汛工作，在防汛救灾中，及时应对汛情险情，确保交通运输企业安全度汛和公路畅通安全；督促指导港口运输企业加固趸船系泊，组织企业转运低水位堆场货物11.2万吨；实施水淹路段临时断道，涉水在建交通工程停止作业，成功应对长江特大洪峰过境，及时开展隐患排查及水毁治理，恢复公路畅通。落实整改交通运输部督查反馈问题和挂牌督办事项，组织辖区11家港口和相关企业进行警示通报，对化工码头3号泊位下达停业整顿通知，向涉及问题隐患的化工码头公司和新恒阳公司下达隐患整改通知并进行约谈，全部隐患已改完毕。全年没有发生较大以上的安全事故。

【交通综合执法】 2020年，区交通局查处道路交通违法，规范交通运输秩序，全年出动执法车2300余辆（次）、执法人员9000余人次，查处各类违法案件1058件，收缴罚款150余万元。组织开展客运秩序暨打击非法营运专项整治，采取定点检查和流动检查、明察和暗查、联勤联动等工作方式，重点查处“非法营运”，网约车违规巡游载客，出租车议价、乱打组合、班线客车不进站经营、站外上客，长途客车不按规定线路运行、9座以上租赁客车违规租赁等违法违规行为。开展超限治理，固定超限检测站点检测车辆280428台，卸货1870.03吨，超限率为0.19%，车辆超限率远低于市局规定的3%，有效保护公路路况；开展路警联动，与交警部门联合在区内重点区域、重点路段对超限超载故意绕行逃避检测、短途驳等开展联合执法150余次，流动巡查线路80余条次，查处超限超载违法行为60余起。

【交通政务服务】 2020年，区交通局开通互联网申办功能，优化办事流程，网上办理比例100%，全程网办比例86.32%，即办事项比例38.92%，平均跑动次数减少到0.14次，承诺办结时限比法定时限压缩比例83.03%；完成市政府、区政务服务管理办交办的提升政务服务水平工作目标，全年行政许可办件3211件。

做好信访工作，妥善处理各类信访案件，对重点人员进行疏导，跟踪公交提质扩面和新冠疫情可能引发的不稳定因素，有效维护行业稳定。全年受理人民群众来信来访144件，已处理144件。区政府交办市长公开信箱98件，已办理回复

98件；接待来访群众96批（次）300余人次，其中领导接访、下访60批（次）230余人次；召开矛盾纠纷排查会议12次。交通行业矛盾纠纷大幅下降，交通系统无到市进京上访。

【党建工作】 2020年，区交通局深化“两学一做”学习教育和“不忘初心、牢记使命”主题教育成果，局党委中心组学习12次。抓管党治党责任落实，印发《2020年党风廉政建设和反腐败工作分工责任制》，修订完善责任清单，执行民主集中制，坚持党委会、党政办公会研究部署党建工作。加强党纪教育和警示教育，通过专题会、职工会、党政办公会、长寿交通微信群等载体，开展“以案四说”警示教育1次，组织观看警示教育片3次，学习党纪党规、案例通报等15次。开展清理整治享乐主义奢靡之风、职工工作纪律、防疫资金和物资的使用管理、上级巡察督查反馈的意见、公车管理等整改工作，推动工作作风持续好转。严把意识形态阵地管控，掌握意识形态主导权，宣传交通人在疫情防控、脱贫攻坚、生态环保工作中涌现出的先进典型。（邱 林）

公路建设与养护管理

【公路建设】 2020年，长寿区交通三年行动计划全面完成。完成普通干线公路“三年行动计划”项目32个190千米，其中完工里程163千米，在建里程27千米；完成“四好农村路”三年行动计划考核目标任务1481千米，其中通畅工程1109千米，通达工程372千米。

【公路养护】 2020年，长寿区完成“十三五”国评检查。全年路面挖补8555平方米、沥青灌缝54710延米，清扫保洁出动洒水车56台（次），清理白色垃圾243.5立方米，清理水毁坍方2300.5立方米、路肩边沟114870米、堆积物1470立方米、枯断树（枝）3376棵。公路预防养护加深推广，投资1850万元，对G319、G243、S513、S207实施预防养护62.92千米。公路桥隧养护投资358万元，完成公路桥梁定特检、危桥改造2座（G243夏家湾大桥、S515龙石桥）、桥梁护栏改造2座及桥梁公示牌版面更新。公路水毁治理投资1385万元，开展公路水毁治理项目12个，完成G351边坡治理建设、G351台小线K2388处水毁路面恢复、渡三路应急保通治理。

【安保工程】 2020年，长寿区加强生命安全防护建设，投资502.44万元，完成国省道护栏21千米；长万路、沙凤路施划标线，但复路标志标线整治以及会馆隧道彩色沥青抗滑薄层；修复国省县护栏5364米、标志标牌456套、道口桩718根、换百米桩149个、千米碑19块，重新施划路面标线35400平方米。完善公路附属设施，投资282万元，建成G351幸福公路服务点、G319楠木院公路服务点，启动G243龙桥湖公路服务点建设；实施建设招呼站5个、招呼点7个；完成江南交通调度站建设和龙河交通调度站搬迁。

【路政管理】 2020年，长寿区持续强化路政治超管理。全年审批路政行政许可7件，结案率100%；查处交通事故损坏公路路产及附属设施案件43起，已赔偿41起；拆除非公路标志牌365块，规范和整治涉路行为170起，清理占道晒粮行为8起。固定超限检测站（点）检测车辆280428台，移交区交巡警544台，卸货1870.03吨，超限率为0.19%，车辆超限率远低于市局规定的3%以内。

【安全监督】 2020年，长寿区把公路行业安全工作落到实处。全年出动各项安全检查127次、人员321人次，发现隐患121起，均已整改完成，整改率100%；约谈在建项目负责人36人次；应急清理路面油污5起，出动应急抢险130余次、650余人次。（张艳均）

道路运输行业管理

【路运服务】 2020年，长寿区道路运输事务所统筹经济发展和疫情防控，支持企业复工复产，推进公交提质扩面，强化法治宣传，促进道路运输行业健康发展。梳理事项目录清单，优化办事服务流程，压缩事项许可时限，领取发布路管所政务服务事项。按照能开通互联网申办接口必须开通的原则，开通互联网申办功能，优化办事流程，开通网上办理比例100%，即办事项比例36.5%。全年行政许可办件2028件。

加大法治宣传力度，组织道路运输行业安全例会、普货运输企业负责人培训会及安全员轮训会学习道路运输行业相关法律法规，全年培训22

期、1400人次。在客运站、道路运输企业发放张贴民法典宣传海报25份，在公交车内醒目位置张贴宣传标语100份；发动全所干部职工积极参加民法典网络知识竞赛，26人次参加各类网上民法知识竞赛；在每月“两客一危”的安全例会、普货运输企业负责人安全学习例会、企业负责人和安全管理员年度轮训会上，宣传学习民法典知识，覆盖1190人。开展宪法宣传周活动，在长寿总站、凤城车站LED屏播放宪法宣传片，在凤城车站、长寿总站发放宪法宣传资料50余份，利用云MAS平台向道路运输从业人员发送宪法宣传短信9966条，扩大宪法宣传的覆盖面和影响力。

加大扫黑除恶线索摸排力度，在各种会议传达学习扫黑除恶相关文件精神，到运输企业、维修企业、驾培机构开展扫黑除恶线索摸排，收回线索摸排表38份；公开线索举报电话，设置举报箱；利用好交通阵地，在长寿汽车总站和凤城车站的LED屏和区内出租车LED屏每天滚动播放扫黑除恶宣传语。

加强客运市场管理，妥善处理矛盾纠纷，协调解决太平线路客车停运、卫东客车延伸问题，指导众悦公司顺利改选，完成119台巡游车经营权到期重新投放，完成建设12个农村客运招呼站，16件客运提案建议均高效办理。

支持“司机之家”建设，2020年7月，全市首家涉危化品“司机之家”在长寿投运。长寿区货车司机工作休息环境和条件得到改善，区域危化品运输车辆停车难、罐体清洗难等重点问题得到缓解。

做好GDP统计工作，克服新冠肺炎疫情影响，支持企业复工复产。2020年全年货运量为9460万吨，比2019年上升9.3%；货运周转量为766969万吨/千米，同比上升9.5%。

【运力发展】 2020年，长寿区注销渝运长寿公交公司经营资质，完成渝运六分公司的经营许可增项；新增公交车辆240辆。办理客运营运证365张；新增客运线路11条；新增小型汽车租赁经营许可2家，小型汽车租赁备案车辆20台；变更经营许可证2家；注销经营许可证2家；办理大中型汽车租赁备案2家，大中型汽车8台；注销营运证181张。审核包车2905趟（次），其中县内包车2110趟（次）、县际包车746趟（次）、省际包车49趟（次）；核发市内临时线路牌260张。年内新增货运业户297家，清理注销业户2520家（其中个体户2350家，企业170家）；新增货运车辆1042台（其中普货939台，危货103台），注销货运车辆1950台。新增备案二类维修企业1家、三类维修企业17家。核发从业资格证841件，换发从业资格证1791件，注销从业资格证111件，从业资格证遗失（损毁）补办100件，完成从业资格证继续教育1474人。

年底前全区从事道路运输经营以及道路运输相关业务的业户1319家，营运车辆14502辆，驾驶人员1.6万人。其中，客运企业7家（其中公交企业2家，城市公交线路19条，公交车278台）；班线客运企业5家，营运客车382台，客运车站8家；巡游出租车企业6家，巡游车362台；网约车235台。普通货运企业369家，个体户728户，普货车辆11981台；危货企业26家，危货车辆1364台。维修企业178家，其中一、二类49家，三类127家，摩托车二类2家。驾校5家，教练车198辆，年培训0.6万人。

【安全监管】 2020年，长寿区道路运输事务所坚持“发展决不能以牺牲人的生命为代价”，多措并举，提高安全监管水平。按照年初计划开展年度安全检查291次，排查安全隐患616个，向执法支队抄送企业涉嫌违法违规行为15次，约谈企业19次。落实各类专项检查，吸取浙江温岭“6·13”事故、贵州安顺“7·7”事故和永川吊水洞煤矿“12·4”事故教训，做好“两会”期间、“五一”汛期、“国庆中秋节”安全专项检查工作，以及开展大排查大整治大执法加强高温汛期安全生产工作、液化石油气瓶和瓶装液化石油气安全专项整治行动。

加强安全服务质量考核，对2家公交公司、5家客运企业、6家巡游车企业、23家危险品运输企业、79家普货企业、48家维修企业、5家驾培企业进行安全服务质量考核，以考核促使企业严格规范经营行为。

年内组织道路运输行业的企业负责人和安全管理人员880人，开展6期安全培训；对货运企业负责人2400人，在西培中心长寿教学站开展8期安全培训。对道路运输企业负责人和安全管理人员组织16场考试，752人次参考；通报1起作弊行为。

落实行业应急演练，在长寿经开区明宇危化品车辆服务中心停车场，开展危险品泄露应急演练；在长寿区三科农商城公交枢纽站，开展城市公共汽车自燃突发事件应急演练。提升危化品企业、公共交通企业处置突发事件应急综合能力和安全意识。

【抗疫保障】　2020年，长寿区道路运输事务所强化疫情防控和支持企业复工复产，先后派出3批工作人员在防疫卡口执勤，后期负责涪陵上、下道口、重庆上道口、小康点4个卡口；多方协调物流企业运输帐篷、水马、消毒液等防疫物资；制发3000份《应急物资保障运输车辆通行证》；组建疫情防控应急保障运力，应急客车运行177趟，运送隔离人员1215人次。为企业申报购买口罩19220片、测温枪41把，保障企业复工复产防疫物资的需求；制订《长寿区道路运输行业重点企业复工复产疫情防控检查计划》，对三类以上班线客车、旅游包车、危化品运输车辆“两客一危”企业进行复工复产的指导检查工作，检查32次；督促企业对全区所有客运车站、362台出租车、210台公交车、400余台班线客车等交通工具进行消毒；号召干部职工为抗击疫情捐款5050元。加强冷链食品运输企业排查，组织德奥物流、诺百世物流、恒途物流3家具有冷藏保鲜运输资质车辆的企业就冷链食品运输疫情防控专项排查工作进行安排部署，要求企业严格按照交通部下发的《公路、水路进口冷链食品物流新冠病毒防控和消毒技术指南》《重庆市进口冷链食品预防性全面消毒工作方案》从事冷链食品运输。开展农民工返岗服务保障工作，返岗包车23趟（次），运送农民工480人。

【党建工作】　2020年，长寿区道路运输事务所在落实重大任务和推动业务工作中坚持正确政治方向，自觉用习近平新时代中国特色社会主义思想武装头脑，发挥党支部战斗堡垒作用，在疫情防控、安全监管、信访稳定等方面发挥党员先锋模范作用，持续正风肃纪，让权力在阳光下运行；全年开展廉政谈话16次。支持年轻业务骨干向党组织靠拢，年内发展1名党员。

督促脱贫攻坚帮扶责任人每月按时走访，在疫情期间通过电话、QQ、微信等途径与被帮扶人联系，加强疫情宣传，送口罩等防疫物资。发动职工开展线上消费扶贫工作，购买扶贫产品8222.5元；号召企业、职工购买长寿血橙、桑葚9720元。

（冉　进）

汽车运输

【概况】　2020年7月，重庆市汽车运输（集团）有限责任公司六分公司（简称渝运集团六分公司）与重庆市汽车运输（集团）有限责任公司长寿公共交通公司（简称渝运集团长寿公交公司）合并为渝运集团六分公司。经营范围：县内班车客运、县际班车客运、省际班车客运、普通货运、出租客运、县内包车客运、县际包车客运、省际包车客运，汽车租赁，客运站经营，旅游客运，网络预约出租汽车经营，洗车服务（不含危化车辆及设备清洗），危险化学品运输（不含管输），城市公共交通，汽车维修，销售汽车零配件、润滑油，汽车信息咨询服务，汽车装饰，为非营运车辆提供代驾服务。下设1室5科1站4队1厂［综合办公室，设备技术科、生产经营科、财务营收科、安全保卫科、物业经营科，长寿汽车总站，公营车队、商务车队、公交车队、出租（网约）车队，修理厂］，建有总支委员会，下设2个支部（机关支部、车站支部）；设有团支部，有团支部书记1人、团支部委员2人；有在册职工152人（其中女职工55人）。拥有中高档车辆、公交车、出租车合计367辆，经营线路71条；其中有公交车58台、公交线路4条（201路，火车北站—顺风亭，运营时间6：15—21：30；202路，火车北站—池上春天，运营时间6：15—21：30；203路，长寿古镇—火车北站，运营时间6：00—21：30；181路，长寿古镇—三科农商城，运营时间6：20—18：00）。

【抗疫工作】　2020年，新冠肺炎疫情暴发后，渝运集团六分公司履行职责，多次召开新冠病毒防范工作布置会，落实工作责任，多措并举防控疫情，遏制疫情蔓延；运用LED显示屏、横幅等向广大市民及乘客正面引导和宣传，做到不信谣、不传谣。承接后勤运输保障任务，将逆行驰援湖北的医护人员安全送达目的地；做好防范措施，顺利将1208名新冠病毒密切接触人员送达指定隔离点。

【深化改革】 2020年，渝运集团六分公司直面高铁动车高速发展，私家车、网约车盛行，加之受新冠疫情打击，传统运输行业举步维艰的负面影响。在下半年，大胆实施3项制度改革，深化企业内部管理；优化企业经营管理组织结构，顺利完成机构调整、人员精简、部门定编定岗、科级干部竞聘等工作，改革分配、考核机制，修订完善《员工薪酬分配制度》《绩效考核制度》，真正实现“员工能进能出，干部能上能下，收入能增能减”。

【生产经营】 2020年，渝运集团六分公司完善内部管理机制，调整生产经营结构，整合线路资源，实现联营联运；提高车辆利用率，与红旗河沟汽车站、菜园坝重庆站、龙头寺南广场站衔接，开展站间接驳，保障市民出行的便利；利用“互联网+”模式，定制家校直通车、建立客户群，在线上提供班车信息及车票预订、代购服务；持续推进转型发展，与长寿区多家企事业单位签订长期通勤车协议，建立良好的品牌形象。年内新进20辆纯电动公交车，倡导绿色健康出行。拓展业务，强化内部管控，挖潜增效，为南来北往的旅客提供安全、优质、高效的一流服务。

【安全管理】 2020年，渝运集团六分公司坚持以“严管重罚 重在落实”持续实施“安全生产专项整治三年行动”，强化驾驶员安全管理，从原来的处理事故为主转变为事故预防为主；对102辆客车安装智能监控终端，对73辆农村客运车辆的监控终端由2G换装为3G，实现车载视频监控终端全覆盖。全年未发生重特大事故、重大事故，各项安全生产指标均控制在集团公司下达的目标范围内。

【企业文化建设】 2020年，渝运集团六分公司落实宣传思想和意识形态工作，增强党员干部“四个意识”“四个自信”，做到“两个维护”，落实中央“八项规定”扫除“四风”；组织党员干部向疫情重灾区捐款。开展以“温馨伴你行 真诚渝运人”服务提升月活动；发挥群团联系职工、青年骨干的纽带作用，开展特困职工摸底、职工合理化建议、春运志愿服务、年底防诈骗宣传等系列活动，搭建文化平台将职工、青年骨干团结在党组织的周围，增强企业的凝聚力。（张馨月）

附：2020年渝运六分公司公交运行线路

201路，顺风亭—长寿中学—桃源小学—化工学院—火车北站，往返各28站。火车北站发班时间6：15，收班时间21：30。

202路，池上春天—凤城华府—长寿中学—工商局—金科世界城—化工学院—火车北站，往返各29站。火车北站发班时间6：15，收班时间21：30。

203路，长寿古镇—实验二小—协信广场—区党校—碧桂园—在水一方—火车北站，往返各26站。长寿古镇发班时间6：00，收班时间21：30；火车北站发班时间6：10，收班时间21：30。

181路，农商城东—北城区医院—火车北站—北城中学—长寿古镇，往返各15站。长寿古镇发班时间6：20，收班时间18：00。

公共交通

【公共交通提质扩面】 2020年，长寿区道路运输事务所优化部分公交线路，微调103路、107路、179路等线路部分站点，取消109路A\B线编号，106环1、环2变更为106路、116路，201路、202路从环线调整为单线；新开行2条夜间公交专线，从火车北站到望江路，方便深夜乘坐动车乘客回家；服务产业发展，新开行181路、182路至三科农商城的公交线路。政府出台政策帮助企业渡过难关，对公交企业购置纯电动公交车按购车价20%给予补助，年内新购新能源纯电动车240辆，开启长寿区绿色环保出行新时代。协助企业改善用车环境，已在八颗、古镇、火车北站、在水一方、中央公园建成公交车专用充电桩55个，在川维车站、凤城公交修理厂在建公交车专用充电桩26个。（冉　进）

【凤城公交公司】 重庆市长寿区凤城公共交通有限公司（简称凤城公交）成立于2006年11月15日，原由重庆汽车运输（集团）有限责任公司、重庆亿思达实业公司共同出资组建，其中重庆汽车运输（集团）有限责任公司占股51%，重庆亿思达实业公司占股49%。企业注册资本1000万元，2020年拥有公交车辆220台，投入运行公交线路16条，分布在北部新区、长寿城区以及晏家、八颗、新市等工业园区，市场占有率为90%，经营模式为全公司化经营。年底前在职员工 391 人，其中管理人员 30 人，后勤和一线生产人员 361 人，均属合同制用工。

2020 年，凤城公交层层签订安全生产目标管理责任书，安全奖惩兑现和发放都与安全责任人考核结果挂钩，实行“一票否决”，凡安全工作不到位的部门和个人，一律不得参加评先；加大对安全目标、安全事故、“三违”现象的考核力度和对违规违章的治理力度，领导带队深入一线纠违；增设季度安全奖，对一个季度周期内无违章、无超速的驾驶员给予奖励。开展安全管理人员取证、法律法规普及、安全知识学习、安全技能教育等系列培训工作；全年召开安全生产领导小组会议 4 次、安全生产工作例会 12 次、驾驶员安全学习 12 次、违章及事故驾驶员警示教育会 3 次；通过技能竞赛，为广大职工开辟学知识、长技能的渠道。推进专业管理，对照适用的法律法规和规程标准，开展隐患排查治理工作，全年检查车辆 3283 台（次）（其中主管领导带队 22 次、分管领导带队 32 次），发现隐患 14 台（次），整改 14 台（次）；日排查 59664 台（次），部门周排查 50 次，月排查（综合检查）12 次；线路隐患排查 15 次，对公司各线路通行状况、危险路段、隐患路段及易违章路段进行排查和风险查勘评估，将排查结果和注意事项及时通报给现场调度及驾驶员。年内组织开展“春运”“安全生产专项整治三年行动”“安全生产大排查大整治活动”“安全生产月和安全生产渝州行活动”“反违章、除陋习”专项整治活动，以及消防应急演练和驾驶员技能竞赛。全年重特大交通事故、火灾事故、工伤事故死亡人数、工伤重伤人数均为零。

2020 年，凤城公交完善和优化公交线网布局，保证市民出行的便捷性和经济性。2020 年 9 月，102 路从“古佛”终点站、107 路从“麒源路口”终点站均延伸到“晏家街道”；109 路 AB 线破线为 109 路及 118 路，完成线路站点的调整工作；12 月，成功开行新线路 182（望江桥—三科农商城）和 183（顺风亭—三科农商城）。发展学生专线及接驳公交车，主要服务对象包括长寿中学、实验中学等 5 所学校，克服传统运营模式客流无法预测而经常出现的空载率较高的状态；在 12 月 10 日成功开通火车 C6434 专列临时接驳公交车，为市民和游客提供无缝接驳服务。凤城公交率先引进新能源纯电动车，在 2019 年 12 月投放 40 台之后，2020 年 7 月投放 60 台、9 月投放 90 台、12 月投放 30 台新能源纯电动公交车到各线路，完成公司全部营运车辆的改革更新；先后完成古镇（7 个桩）、在水一方（19 个桩）、中央公园（12 个桩）、八颗（7 个桩）、古佛（18 个桩）及川维（8 个桩）的充电设施 71 个桩建设；组织修理厂人员学习纯电动车的车辆维保技术；经过全面更新后，凤城公交的车辆维护成本、燃料成本下降，公交车辆运营成本下降。凤城公交年内对所有车辆的刷卡系统进行改造升级，升级后支持微信、支付宝、美团等 APP 的支付功能，实现数据的实时传输；让驾驶员能够随时查看营收数据以更好地完成工作任务，有助于公司领导分析、预测并调整计划安排以适应市场；解放部分人力。凤城公交全年完成总班次 69.73 万班，同比 2019 年 68.29 万班增加 1.44 万班，增长率 2.1%；完成有效里程 1140.33 万千米，同比 2019 年 1109.96 万千米增加 30.37 万千米，增长率为 2.7%。

打造凤城公交品牌形象。在新冠肺炎疫情期间，每天对车辆进行消毒，长期保持车内通风，在车内配备一定数量的口罩，免费发放给忘戴口罩的乘客，形成常态化管理；对到公司办理业务的市民发放口罩、洗手液、肥皂等防疫物资，全公司内无一人确诊感染新冠肺炎。夏季、冬季待发车提前开空调，为上车乘客营造适宜的温度环境；关注车辆清洁卫生，驾驶员每日维护车厢内卫生，安排专人对车身、车顶及车轮钢圈定期清洁，为乘客提供干净整洁的乘车环境；安排工作人员到学校及火车站为市民和游客提供公交导乘服务，以“贴心、便捷、优质”的服务赢得社会各界的认可与好评。

凤城公交践行“成就客户，创造价值”的使命，不断提高员工敬业度和客户满意度，关注员工和客户反映的问题，纳入工作重点。全年购进防疫口罩 112935 个、测温枪 13 把、酒精、消毒粉等，做好办公场所及车辆的消杀工作，以保障员工及乘客的身体健康。年内慰问工伤及生病职工 18 人、丧葬慰问 11 人；表彰拾金不昧 15 人。组织党员为疫情受灾人民献爱心，将筹集到的善款及时送往灾区。开展“关爱职工，夏送清凉”高

温慰问活动以及“同学习、共进步”岗位职责学习等活动，筑牢思想根基。（罗 梅）

附：2020年凤城公交运行线路

101路，火车北站—黄桷湾—重钢二号门。往（22站）发班时间6：00，收班时间21：00；返（23站）发班时间6：00，收班时间21：00。

102路（终点延伸），圣天湖—凤岭路—古佛—菩提立交—李家湾—蓑衣湾—蔑匠坪—通威饲料—高家湾—第三人民医院—晏家街道。往（31站）发班时间6：15，圣天湖—古佛收班时间21：38，圣天湖—晏家街道收班时间19：30；返（32站）发班时间7：15，晏家街道—圣天湖收班时间20：40。

103路（站点微调），长寿院子—菩提街道—晏家火车站。往（31站）发班时间5：40，古镇收班时间19：00；返（30站）发班时间6：25，晏家火车站收班时间19：45。

104路，桃源小学—区医院—长化大营门。往（29站）发班时间6：00，收班时间21：50；返（29站）发班时间6：00，收班时间22：30。

105路，朵力7号—铭宇江南。往（21站）发班时间5：40，朵力收班时间21：40；返（22站）发班时间6：10，收班时间22：00。

106路环线（站点微调），圣天湖—半岛香颂—中医院—碧桂园—凤城华府—长寿中学—东方之骄—凤岭路—凤城车站—长寿一中—实验中学—妇儿医院—公安局—圣天湖。往返（35站）发班时间6：20，收班时间20：30。

116路环线（站点微调），圣天湖—公安局—桃花学校—实验中学—长寿一中—凤城车站—向阳路—凤岭路—长寿中学—凤城华府—碧桂园—中医院半—岛香颂—圣天湖。往返（35站）发班时间6：20，收班时间20：30。

107路（站点微调），黄桷雅居—经开印象—黄桷湾小学（合谊榕府）—晏家街道。往（29站）发班时间6：20，收班时间20：00；返（29站）发班时间7：07，收班时间20：50。

108路，菩提山—翰林港湾。往（29站）发班时间6：25，收班时间20：00；返（28站）发班时间6：00，收班时间20：00。

109路（原109A线站点微调），火车北站—区医院—山水国际—川维车站。往（39站）发班时间5：50，收班时间22：00；返（39站）发班时间5：55，收班时间21：50。

118路（原109B线改行），火车北站—公安局—东方之骄—工商局—交通局—望江桥。往（20站）发班时间6：35，收班时间21：30；返（21站）发班时间6：00，收班时间20：40。

170路，池上春天—古镇大门—菩提山—化工学院—八颗街道。往（19站）发班时间：6：00，收班时间20：00；返（19站）发班时间6：00，收班时间21：00。

179（站点微调），桃园东路—金科世界城—菩提山—化工学院—鹿坪—殡仪馆。往（16站）发班时间7：00，收班时间20：20；返（19站）发班时间7：40收班时间21：00。

180路，长寿古镇—火车北站—长寿高新区。往（17站）发班时间6：00，收班时间20：00；返（17站）发班时间6：45，收班时间21：00。

182路（新开行），望江桥—区医院—公安局—重庆医药学校—北城区医院—三科农商城东。往（25站）发班时间6：00，收班时间20：00；返（25站）发班时间6：50，收班时间21：00。

183路（新开行），顺风亭—实验中学—长寿中学—中医院—在水一方—三科农商城东。往（22站）发班时间06：00，收班时间21：00；返（22站）发班时间06：50，收班时间21：00。

港口建设与水路运输

【港口建设】 2020年，长寿区的港口基础设施建设实施5项工程。长寿胡家坪作业区二区团山堡码头建设工程，为5个3000吨兼5000吨级液体化学品泊位及后方水平管廊、消防、变电、公用工程及辅助设施，自开工建设至2020年底，已完成投资16000万元；该项目5个泊位中，4号、5号已于2014年完工，2018年完成1号、2号、3号泊位的斜坡道建设。重庆川维物流有限公司船舶洗舱站中心升级改造工程，项目位于长寿区长江左岸胡家坪作业一区，设计修建3000吨兼顾5000吨级洗舱专用泊位1个，年洗船量500艘，总投资3896万元；2019年投资1800万元，进行斜坡道的建设以及陆域管廊架的敷设、洗舱污水处理装置，已完成主体工程建设；2020年投资

2100万元，完成港池清礁、洗舱囤船建造、电气安装、管道安装重庆川维物流有限公司船舶洗舱站中心升级改造工程。重庆新港长龙物流有限责任公司6号码头技改工程，项目位于长寿区长江右岸，设计件杂货改建矿石泊位，年吞吐量484万吨，总投资7500万元；2019年投资200万元，2020年投资7300万元，进行斜坡道的建设以及陆域皮带通廊的建设，已完成主体工程建设。重庆化工码头有限公司1号沥青专用泊位改建工程，项目位于长寿区长江左岸冯家湾作业区1号泊位，设计改造3000吨兼顾5000吨级沥青专用泊位1个，年吞吐量148万吨，总投资480万元；2020年投资480万元，进行斜坡道以及趸船作业管道改造，在岸上建设4个装车位的沥青装卸平台1个，已全部完成工程建设，于2020年12月竣工验收投产。重庆钢铁股份有限公司船舶1号、3号泊位升级改造工程，项目位于长寿区长江右岸，对1号、3号原料泊位码头设备进行升级改造，以提升码头卸载能力，配套新建缓冲仓、转运站、输送机廊道等生产设施；该设计工程投资概算总额为13290.86万元，已完成主体工程建设，工程完工后年吞吐量由450万吨增加至750万吨。

2020年年底前，长寿区实施的港口码头船舶污染物接收岸基建设有4项工程。重庆川维物流有限公司5号泊位船舶污染物接收岸基建设工程总投资60万元，于2020年底建成，可对行船接收生活污水、油污水。重庆新恒阳储运有限公司船舶污染物接收岸基建设工程总投资128万元，于2020年底建成，可对行船接收油污水。重钢船舶污染物接收岸基建设工程总投资117万元，于2020年7月开建，2021年3月建成投入使用。重庆新港长龙物流有限责任公司船舶污染物接收岸基建设工程总投资90万元，2021年3月建成投入使用。

【水路运输】　2020年，长寿辖区内有水路运输经营者31家，其中水路运输企业5家、个体工商户26家。水路运输企业包括普通货物运输企业3家、危险化学品运输企业1家、旅客运输企业1家。年底前有营运船舶104艘，载重214833吨，总重169369吨，载客人数1626人。

2020年，长寿区经水路货运量215.85万吨，货运周转量460340万吨千米；客运量3.91万人，客运周转量39.9万人千米。　（魏文辉）

邮　政

【概况】　中国邮政集团有限公司重庆市长寿区分公司（区邮政公司）接受重庆分公司、渝北片区分公司2级领导管理，下设6个部室（市场营销部、金融业务部、集邮与文化传媒部、寄递事业部、渠道平台部、综合办公室）、3个支局（凤城、葛兰、狮子滩）、1个寄递营业部（凤城寄递营业部）和5个班组（营销组、武装保安押运班、库管班、后勤班、行政驾驶班）；支局辖41个金融网点、6个纯邮政所。2020年有在职职工390人、退休职工104人，其中有中共党员36人；设中共中邮重庆市长寿区分公司总支部委员会，接受长寿区直机关工委领导，下设2个党支部（综合职能党支部、支局联合党支部）。

2020年，区邮政公司持续深化改革，统筹推进疫情防控和生产经营，实现业务收入1.33亿元，比2019年增长12.36%。

【邮政服务】　2020年，区邮政公司普遍服务"七确保、两提升、两杜绝"（即确保营业服务达标率100%；确保建制村直接通邮质量稳步提升；确保普服邮件全程时限达标率100%；确保条码平信信息断点率低于1‰，普邮给据邮件丢损率低于0.1‰，邮件、报刊妥投率100%；确保稳步提升全省县及县以上城市党政机关《人民日报》当日见报率；确保机要通信万无一失；确保普服满意度达到79分以上，邮政服务申诉处理满意率高于97%。提升认识，坚守"人民邮政为人民"的初心使命；提升质量，建立行政处罚案件"一对一"督导闭环管理制度，杜绝违反"两条红线"行为。杜绝触碰"两条红线"，未经邮政监管部门批准，不得擅自停止办理或限制办理普遍服务或特殊服务业务，不得擅自撤销普遍服务营业场所）指标全部达标；营业服务达标率、投递频次深度达标率、普邮全程时限达标率、邮件报刊妥投率、党政机关《人民日报》当日见报率均达到100%，条码平信丢损率低于1‰，机要通信质量全红；普服用户满意度89.91分，申诉处理满意度100%；全年未发生违反"两条红线"（即邮政企业未经邮政管理部门批准，不得撤销提供普遍服务的邮政营业场所；邮政企业未经邮政管理部门批准，不得停止办理或者限制办理邮政普遍服务和特殊服务业务）情况；巡视邮件专用邮箱寄递确保万无一失。

【邮政业务】 2020年，区邮政公司落实邮政寄递改革发展要求，深化管控指标落地，深化薪酬改革、调整投递作业模式、加快响应速度，有效提升时限和服务质量，竞争力明显提升；实现寄递业务收入1159万元。继续深化转型，提升风险防范能力和员工队伍综合能力，推进普惠金融服务以及金融知识进社区下乡村、扶贫产品优惠购等便民惠民服务；金融业务实现收入9005万元。

【电商物流】 2020年，区邮政公司持续完善农村电商3级服务体系建设，建成邮乐购站点327个、邮乐网长寿馆上架长寿区农特产品77个，注册邮乐小店17263户，带动农产品进城；组织优惠购、批销订货会、农资订货会等活动10场，推动工业品下乡。建设完成邮政电商产业园暨直播培训基地；开启“政府+邮政+直播+扶贫”助农领导干部直播带货新局面，组织直播带货10余场，销售产品1.2万单。

【文化传媒】 2020年，区邮政公司融入长寿区政府重点工作和节会经济，组织消费会展、“政务图书”“全民阅读”等惠民活动服务群众，获得“2020年中国邮政文化惠民活动县级创新奖”。实现文化传媒收入1037万元。

【渠道拓展】 2020年，区邮政公司打造重庆化工职业学院电商产业大学生创新创业实训基地；建设完成41个“邮快超市”；7个网点开通政务代办业务；新接入警邮服务平台网点11个，税邮合作持续深化。

【疫情防控】 2020年，区邮政公司在新冠肺炎疫情暴发期间，落实“四不中断”（即网点服务不中断，做到各项业务均可开办；机要通信不中断，确保重要文件及时送达；揽投服务不中断，保证各类邮件揽收投递；在线服务不中断，提供足不出户业务办理）和“四免费办”（即救援物资免费送，爱心接力来传递；上门揽收免费办，电话在线均受理；个人捐助免费寄，窗口收寄可办理；捐款转账免费汇，金融服务有助力）服务承诺，确保党报党刊投递、机要通信渠道安全畅通以及邮政营业、邮件投递及各项服务不中断。开展蔬菜、春耕农资、邮乐购站点物资等配送，保障老百姓生产生活需要。销售血橙等滞销农产品，开通长寿至广州的直达邮路，助力农产品销售出口；疫情期间完成63所中小学校、30.6万份教材书籍的封装打包、配送，无接触投送到学生家中，保障学生学习不中断；协调免费专趟邮车帮助长寿区政府捐赠孝感市的20吨血橙并逆行送达。

【三大攻坚战】 2020年，区邮政公司参与精准脱贫攻坚战，高质量完成定点扶贫年度任务；推进寄递、电商与扶贫结合，助力销售贫困村农产品25万元。投入污染防治攻坚战，落实“9792工程”（即“瘦身胶带”封装比例90%，电商快件不再二次包装率70%，循环中转袋使用率90%，新增2万个设置标准包装废弃物回收装置的邮政快递网点）和绿色邮政建设行动三年规划要求，各项指标明显提高。推进化解重大风险攻坚战，狠抓安全生产专项整治三年行动，持续完善风险防控体系建设，全年未发生重大及以上安全责任事故，生产平稳有序。

【党建工作】 2020年，区邮政公司开展巡视巡察问题整改落实。落实“三个第一时间”（即习近平总书记的重要讲话精神和党中央重要会议精神第一时间传达学习，收到党中央重要文件第一时间传达学习，中央媒体发布的重要会议、文件精神第一时间传达学习）学习机制，学习传达党中央和上级重要会议、文件精神。召开年度党建纪检监察工作会，将党建工作纳入企业整体发展规划，层层签订全面从严治党责任书，推进党风廉政建设和反腐败斗争，全年未出现违法违纪行为。狠抓基层党组织政治建设，执行民主评议党员、民主生活会、“三会一课”等制度。

（张熙琳）

信　息　业

大数据发展

【概况】 重庆市长寿区大数据应用发展管理局（简称区大数据发展局）挂牌成立于2019年4月1日。2020年内设1室2科，下设直属事业单位1个（与局机关合署办公）。主要负责全区大数据、人工智能、信息化的规划、统筹、协调工作。截至2020年末，有在编在岗工作人员8人。

2020年，区大数据发展局抓5个方面重点工作：推动信息系统迁移上云（数字信息云平台），加快信息系统内部整合；推进政务数据资源汇集、共建、共享；健全公共卫生应急管理体系，推动信息技术与社区治理深度融合；抢抓新基建机遇，推动数字产业发展；组织评审智慧城市建设工作，构建“城市大脑”。

【“云长制”工作】 2020年，区大数据发展局继续按照《重庆市全面推行“云长制”实施方案》要求，落实建云迁云（将非涉密信息系统迁移至“数字重庆”云平台）、集约建设、数据治理、融合应用、安全保障工作。长寿区有信息系统19个，可迁移上云系统17个；2019年迁移9个非涉密信息系统上云，整合12个系统为4个；2020年迁移8个非涉密信息系统上云，整合4个系统为2个。截至2020年末，全区迁移上云比例100%，信息系统整合比例52.6%。完成非涉密信息系统迁移至“数字重庆”云平台比例不低于95%，内部整合比例不低于50%的工作目标。

【数据资源中心建设】 2020年，区大数据发展局推进政务数据资源汇集、共享、开放、应用，启动长寿区大数据资源中心建设，以自然人和法人数据库建设为试点，探索建设自然资源与空间地理数据库。截至2020年末，汇聚800万条自然人、法人数据。大数据资源中心定位为数据资源综合管理平台，依托资源中心，可实现政务数据资源汇聚、共享、开放、应用。

【能源数据中心建设】 2020年，区大数据发展局牵头组建能源数据中心。该中心汇集全区水、电、煤、气、油等能源宏观数据以及用户侧明细数据，对全区能源概况、能源结构、经济发展、能耗分析等作出可视化展示。年底前实现能源数据的有序汇聚共享，为利用能源数据中心开展产业结构分析、企业生产、人口管理等场景应用提供数据支撑。

2020年12月16日，长寿区政府副区长到国网长寿供电局调研能源数据中心建设

【疫情防控工作】 2020年，区大数据发展局在新冠肺炎疫情防控工作中，建立方便在渝居民健康出行的区、街镇、社区、小区4级渝康码管理体系，利用网格化管理模式优势，快速推广渝康码。截至2020年12月31日，长寿区自查上报762064人次。

疫情期间，区大数据发展局组织开发疫情防控申报平台，为全区7500家企业、个体工商户和8万余名员工提供申报服务。全区19个街镇和15

个区级部门根据实时申报数据，对疑似病例进行联动排查，推动全区复工复产。用大数据方式，实现疫情防控申报平台与区委政法委复工复产系统数据对接。

【公共卫生应急管理智能联网工程建设】 2020年，区大数据发展局组织实施长寿区公共卫生应急管理智能联网一期工程，采取在重要场所安装红外感知设备，进行人脸识别、出入数据溯源管理，实现信息实时甄别预警、公共卫生安全工作监督等功能。该项目也作为雪亮工程的补充和智慧社区的技术平台，推动信息技术与社区治理深度融合。

【新基建建设】 2020年，区大数据发展局储备重庆同城双活数据中心长寿工程、长寿区智慧城市智能中枢及共享交换平台建设工程、长寿区北斗精准时空综合管理工程、智慧安全长寿（一期）等4个新基建项目。积极与市大数据发展局对接，争取将投资20亿元的重庆同城双活中心建设纳入全市大数据产业规划，该中心2019年4月开工建设，到2020年底，一期项目已竣工并投入使用。

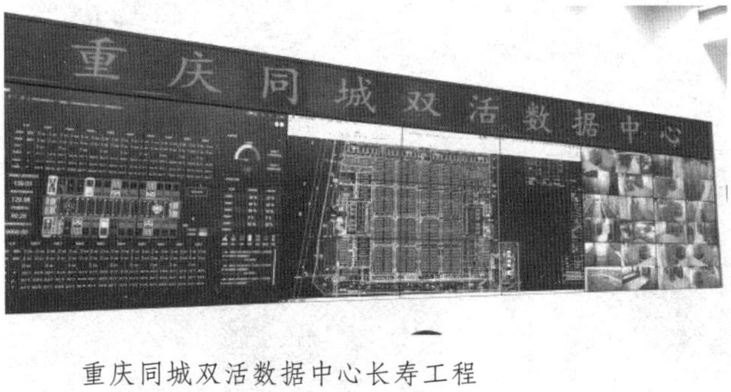

重庆同城双活数据中心长寿工程

【智慧城市建设】 2020年，区大数据发展局组织专家评审智慧教育云平台、智慧园区、“安可工程”（涉密计算机相关设备国产化替代）、智慧政务一张网、铁路集装箱多式联运业务信息化管理系统等项目，就项目的必要性、可行性，投资规模的合理性等方面进行综合评估论证，提出具体意见和建议。为争取北斗项目早日落地，区大数据发展局采取多点视频联线、线上审核、视频互动的“云评审”形式评审《长寿区北斗导航系统综合应用示范项目工程可行性研究报告》。

（黄琳涵）

通信业综述

【概况】 2020年，长寿区通信行业（移动、联通、电信、广电）实现营业收入5.8亿元，固定资产达到17亿元，固定员工510人，完成市级、区级考核任务。

【通信业发展】 2020年，长寿区推进通信基站建设，全年新建4G基站127个，新建5G基站810个，总计建成4G基站3200余个、5G基站900余个，实现全区人口聚居区4G信号网络全覆盖，实现区政府、车站、商圈、工业园区等重点区域5G网络覆盖。全区手机用户82万户，其中4G手机用户56万户、5G手机用户9万户。

持续开展宽带网络建设，完成凤城街道等老旧小区92幢、3228户居民的通信线路改造，实现全区行政村100%通光纤网络，互联网用户30.15万户，比2019年增长1.24%，其中光纤用户20.88万户、电视用户35.67万户。

【通信扶贫】 2020年，长寿区通信扶贫攻坚以电信普遍服务项目为抓手，在万顺镇东风村等7个行政村新建7个4G基站，实现贫困村人口聚居区4G信号全覆盖，为脱贫攻坚贡献力量。

（邓粮友）

中国电信股份有限公司长寿分公司

【概况】 2020年，中国电信股份有限公司长寿分公司（简称长寿电信）业务收入规模18387万元，收入市场份额39.5%。移动用户27.43万户，移动过网份额32.53%；宽带用户13.19万户；电信电视用户12.75万户。

【通信能力建设】 2020年，长寿电信开展全光网建设工程65个，新建二级分光箱805个，总计28136个；新建光端口4052个，总计310564个。进行2期千兆光网建设，完成全区37个局站千兆网络接入，总计千兆PON口达到976个、光端口21410个，覆盖用户数61122个；年底前长寿区FTTH覆盖率农村为98.11%，城区为99.65%。进行4期LTE网络建设，新增室外覆盖站点19

个、扩容站点51个，配合搬迁站点6个，总计709个；新增室分站点2个，总计149个；全区城区4G MR网络覆盖率97.9%，农村4G MR网络覆盖率95.3%。加强互联网+、云、大数据网络建设，年底前长寿电信已在桃花完成云、大数据区域中心机房建设，正在启用新市云基地机房建设。

2020年完成294个5G基站建设开通工作（其中不包含7个政企客户、大客户和人口密集居住的小区室分覆盖系统建设）。

长寿电信在PTN传输网、SDH传输网、IPRAN传输网、城域网、DWDM传输网等网络核心层、汇聚层局站之间实现光缆多路由保护接入；通过网络优化组网，打造长寿高质量和高效率的安全通信网络，多次经受住自然灾害和网络安全造成的考验。

【服务质量提升】 2020年，长寿电信坚持推行全面质量管理作为企业管理的核心工作，将改善服务作为企业发展永恒的主题。坚持“用户至上，用心服务”的服务理念，提高通信服务意识和服务质量，完成中国电信重庆公司下达的各项通信质量指标任务。

长寿电信下设5个服务管控部门、16个支局（城区8个，农村8个）、5个政企团队、79个电信营业厅，覆盖长寿区各大商圈、街（镇），为客户提供方便、快捷、全方位的服务。（黄　伟）

中国移动通信集团重庆有限公司长寿分公司

【概况】 2020年，中国移动通信集团重庆有限公司长寿分公司（简称长寿移动分公司）有员工111人，其中正式党员34人、预备党员4人，硕士学历3人、大学本科72人、大学专科33人、高中/中专3人，平均年龄37岁；设立综合部/党群纪检部、销售部、集团客户部、建设维护部4个部门及7个创业承包分局。长寿移动分公司执行公司整体部署，围绕“一个核心、四轮驱动、六大工程”，聚焦5G发展，坚持服务初心，把握团结稳定、高质量发展、合作共赢“三个大局”，锻造核心能力，夯实分局建设，上下同欲，实现整体业绩上台阶，全年实现总收入2.17亿元，总计用户38万户，其中4G客户24万户、5G客户5万户。

【网络能力建设】 2020年，长寿移动分公司建成4G基站86个，达到2033个；建成5G基站273个，实现城区室外5G网络连续覆盖，平均下载速率700兆位/秒；新建光缆1050千米，提升乡镇、农村区域光纤覆盖率，助力打造龙河镇“信息乡村”建设。实施“宽带中国”战略，总计新建家庭宽带1.2万线，实现城区、乡镇及重点农村区域的家宽资源的全覆盖；完成专线建设990条，总计达到3060条。长寿移动分公司以“规划、建设、验收、评估”4个环节为重点，推动规划与网络建设需求准确匹配，实现网络能力综合提升。

【优质客户服务】 2020年，长寿移动分公司持续提升客户服务管理，坚持“客户为根，服务为本”的理念，重点关注客户感知。以不断提升客户服务感知为导向，建立健全服务质量管理体系，解决服务中的热点、难点问题，全面推行优质、规范服务。全年投诉解决率为100%，投诉处理满意率为90.62%，营业厅满意度持续保持在99%以上。2020年新冠肺炎疫情期间，加强客户关怀，开展全员“服务大回访”，推动渠道线上业务受理；保障学生们能够顺利开展学习，与区教委沟通落实教育部和市教委相关精神，在疫情期间“停课不停学，学习不延期”以及教育精准扶贫工作上与区政府达成共识，3日之内完成为全区贫困中小学生提供“终端+网络”，保障“停课不停学”工作，获得区政府高度评价。

【数智化发展】 2020年，新冠肺炎疫情加速全社会数字化、网络化、智能化的进程，长寿移动分公司携手助力经济社会的数智化转型发展，推动各领域信息技术汇聚和应用，发挥运营商促进信息技术融合创新、信息技术与经济社会民生深度融合的“扁担作用”，主动助推长寿区智慧城市、雪亮工程、全域旅游、5G工业互联网、5G智慧园区、5G智慧校园、智慧农业的落地；助力长寿区举行云招商大会，完成招商引资；助力防疫视频彩铃快速提升群众防疫意识，稳定民生。

（舒　莉）

中国联合网络通信有限公司重庆市长寿区分公司

【概况】 中国联合网络通信有限公司重庆市长寿区分公司（简称长寿联通）成立于2000年3月，位于长寿区民兴路99号。2020年，长寿联通设立3个部门（中心）和3个经营网格（即办公室、云网运营交付中心、销售服务支撑中心、城区综合营销服务中心、乡镇综合营销服务中心、大客户综合营销服务中心）；有在职员工69人。

2017年，中国联通成为首家混合所有制改革的央企，百度、阿里巴巴、腾讯、京东4大互联网巨头的进入，开启中国联通互联网化转型；同年，中国联通正式成为北京2022年冬奥会和冬残奥会官方通信服务合作伙伴，跻身于北京冬奥组委市场开发计划最高级别的赞助企业之列。中国联通在云计算、大数据、物联网、人工智能、信息安全及系统集成开发等方面的技术和能力已经越来越成熟，能为客户提供“互联网+”应用的产品和服务。

长寿联通负责为客户提供通信服务，主要包括：5G/4G/3G、专线宽带、固定电话、云计算、大数据、物联网等互联网+行业等服务。2020年，长寿联通正加大基础网络建设，持续增强数字产业支撑能力，已形成大数据、物联网、云计算等新兴产业发展新格局和云网一体化运营核心竞争力；发挥企业使命，履行企业职责，发挥5G新型基础设施作用，推动信长寿区息通信建设和数字经济发展，助力工业企业转型和升级。

【通信能力建设】 2020年，长寿联通落实“网络强国”战略部署，探索智慧城市、工业互联网、智慧工厂（园区）、智慧文旅、智慧医疗、智慧教育、高清视频直播等应用和业务，建设5G站点254个，主要覆盖城区、长寿经开区、长寿高新区、重钢厂区。2021年规划站点211个，实现城区、晏家工业园、长寿湖风景区、合兴至双龙主干道及街镇全覆盖，为市民提供覆盖广、速率高、体验好的精品5G网络。

【安全生产】 2020年，长寿联通制订《长寿分公司关于安全生产专项整治三年行动实施方案》，成立安全生产专项整治三年行动领导小组，按照任务清单持续开展安全生产专项整治工作。组织观看学习“生命重于泰山——学习习近平总书记关于安全生产重要论述”电视专题片；与合作方签订安全生产协议书，起草长寿联通突发事件应急预案，做好日常检查巡视；强化安全教育，定期培训和演练，学习安全生产管理理论知识、安全生产的具体规范和技术、各类安全生产管理制度以及突发事件应急预案；开展安全生产分公司、部门、班组“三级教育”。2020年开展3次消防安全知识培训及突发事件实战演练，1次营业厅突发事件应急预案演练。

【社会责任】 2020年，长寿联通围绕“一切为客户”的宗旨，提高通信服务意识和服务质量；开展扶贫工作，履行社会责任。在“517”国企开放日活动，全体在编员工均已完成扶贫产品采购1万余元；疫情后，每月走进当地建档立卡贫困村开展通信扶贫服务，让贫困群众用得上、用得起、用得好通信服务；把推进精准扶贫作为党支部工作的重要任务，构建扶志脱贫工作机制，建立党员一对一或二对一机制，点对点帮扶，年内走访10次，帮扶人电话慰问3次，确保对口的海棠镇庄严村7户家庭年内实现脱贫。

【党建工作】 2020年，长寿联通特邀长寿区委党校宣讲团成员宣讲十九届四中、五中全会精神2场，党组织书记、委员讲党课4场；和长寿邮政组织开展庆七一党建共建活动，双方党建互促互进，转化为双方经营发展、服务群众的实际行动，共同在改革转型发展中取得新成效。

（黄建秋）

重庆市长寿区人民政府网站

【概况】 重庆市长寿区人民政府网站（简称区政府门户网站）由重庆市长寿区人民政府电子政务中心管理。重庆市长寿区人民政府电子政务中心为区政府办公室管理的公益一类事业单位，机构规格正处级，经费形式为财政全额拨款，编制15人；其职能职责有7项：贯彻落实有关电子政务工作的法律、法规、规章和政策；承担重庆市长寿区人民政府网站的运维和管理；承担全区电子政务外网的建设、应用、运维和管理；配合区政府办公室做好全区政务（政府信息）公开日常工作和区政府办公室政务（政府信息）公开日常工作；配合做好“互联网+政务服务”工作，协调促进跨行业、跨部门面向公众服务网络的互联互通和信息资源共享；做好网络应急值守和处置工作；完成上级交办的其他工作。

【网站信息公开】 2020年，区政府门户网站继续整合推进区政府网站集群集约化建设，集约化网站4月正式上线运行后，迁移旧网站数据45527条，发布信息6553条，浏览量138.9余万次。强化政府网站的运维和管理，开设“政府信息公开、基层政务公开”等专栏，及时修订政府信息公开指南、政府信息公开年报、领导信息和机构职能等，增加完善法定主动公开的内容。强化政务新媒体监管，按照“谁运维、谁负责”“谁发布、谁负责”的原则，安排专人对政务新媒体的更新情况进行检查，及时通报，督促整改；做好政务新媒体的关停并转工作，年底前全区有14个政务新媒体，全部报送至全国政务新媒体监管平台；做好重庆市人民政府APP“云上区县”信息发布，辅助开展政务公开。加大政府网站运维的抽查力度，定期对全区政府网站信息发布进行抽查检查，抽查结果纳入年度考核。统筹做好各单位政府信息公开年度报告编制工作，汇总全区政府信息公开工作数据，编制全区政府信息公开工作年度报告，按时挂网公开。

2020年，区政府收到政府信息依申请公开118件，其中土地征收领域58件、房屋征收领域16件、农业农村领域6件、生态环保领域5件、人力社保领域1件、城市管理领域3件、卫生健康领域1件、交通领域2件、其他领域26件；其中行政诉讼7件，胜诉7件。

【网站管理】 2020年，区政府门户网站贯彻落实《重庆市政府系统公开信箱管理办法》，规范信箱回复格式，强化回复时限，确保件件有着落、事事有回音。公开信箱全年收到有效件974件，其中市长信箱交办件210件、转阅转入96件；区长信箱受理668件，其中投诉类202件、咨询类164件、求助类170件、建议类121件。所有信箱收件均及时有效进行回复，及时与写信人进行沟通反馈，写信人大多表示满意。

强化信息公开，按照《重庆市人民政府办公厅关于印发贯彻落实国务院办公厅2020年政务公开工作要点任务分工的通知》和《重庆市长寿区人民政府办公室关于印发重庆市长寿区2020年政务公开工作要点任务分工的通知》，督促各街镇、部门高度重视新时代政府信息公开工作，提高工作人员业务水平和工作责任心，落实各部门相关责任领导和责任人，强化信息安全审核。

强化网站管理，按照《重庆市长寿区人民政府办公室关于印发重庆市长寿区政府网站管理办法的通知》要求，整合建设区政府网站主站1个，开设街（镇）、区级部门及其他单位子网站51个，其中街道办事处和镇人民政府19个、区政府部门30个、长寿经开区和长寿高新区各1个。按照国务院网站普查和第三方评估要求加强网站管理。

（叶佳龙）

融媒体

【概况】 中共长寿区委、区政府贯彻落实中央、市委关于媒体融合的部署，将媒体融合发展列为全区深化改革的重点任务，区委宣传部制订《重庆市长寿区融媒体中心建设实施方案》，推动传统媒体和新兴媒体在内容、渠道、平台、经营、管理等方面深入融合。2020年4月26日，十三届区委常委会第一百一十八次会议审定，同意设立重庆市长寿区融媒体中心。4月28日，区委编委会下发《关于同意设立长寿区融媒体中心的批复》，在长寿日报社和区广播电视台的基础上，组建长寿区融媒体中心，为区委管理的公益一类事业单位，机构规格为正处级，经费形式为财政全额拨款，归口区委宣传部领导；内设办公室、总编室、新闻采访部、栏目专题部、创新研发部、编辑刊播部、播音主持部、媒资管理部、外宣通联部、计划财务部、质量考评部、移动传播部、综合服务部、市场经营部、技术保障部、无线转播部16个部室，核定事业编制87名，设主任1名、副主任4名，内设机构科级领导职数30名（16正14副）。年底前有职工97人，其中在职在编人员72人、聘用人员25人。今日广告有限公司改革正在有序推进中。

重庆市长寿区融媒体中心（简称区融媒体中心）的职能职责是推动媒体融合发展，巩固拓展宣传文化阵地，夯实党的意识形态工作根基，建设主流舆论阵地、综合服务平台、社区信息枢纽，更好地服务群众、引导群众；分为7个方面。

【平台系统建设】 2020年，长寿区财政划拨640万元专项经费用于融媒体平台系统建设和器材购置。其中，区融媒体中心编辑系统建设项目建设经费为448.55万元，年底前进入试运行阶段；长寿区融媒体中心指挥大厅建设项目预算170万元（其中，50万元为2020年中央公共文化服务体系建设专项资金），于1月下旬开工建设，7月底完成建设；长寿区融媒体中心供配电改造项目已完成，建设经费为33.7121万元。按照“一层一特色、一层一主题”的方式合理布局，在中心区域设置平台展示、领导关怀、职工风采、理念大事等相关主题内容，美化工作环境，发挥宣传教育作用。

【传播矩阵拓展】 2020年，区融媒体中心坚持移动优先，整合资源和平台，推进媒体融合，构建起以人人长寿APP、长寿电视台、《长寿日报》为依托，长寿新闻网、长寿手机报、长寿日报微信公众号、“长寿之声”广播电台（FM91.1）、长寿手机台“八位一体”的全媒体矩阵。年底前，人人长寿APP下载安装量41.4万户，长寿手机报用户44.3万户，长寿日报微信公众号关注23.1万户，长寿手机台注册用户数3万户，全媒体覆盖数、用户规模超过110万户。全年稿件编发总量为11000余条，平均阅读量1.2万次/条；平均每周编发自采稿件数量150条，日均编发自采稿件量30条；浏览量10万+的稿件15条，排名全市区县前列。6月，“人人长寿《感动》！他们对党说了这些心里话”被评为“优秀短视频奖”；7月，人人长寿APP被重庆客户端集群联盟评为“十佳客户端”；5月、6月、7月被评为优秀运营奖；10月，《壮美！退役“珠海舰”来了》在重庆客户端集群联盟评选中，获得“优秀网络爆品奖”，实现“网络爆品奖”零的突破。

【主旋律宣传】 2020年，区融媒体中心综合运用新闻宣传、专题宣传、典型宣传，对全区经济发展、脱贫攻坚、生态环境保护、疫情防控，以及率先实现与重庆中心城区同城化发展、争当成渝地区双城经济圈建设生力军等进行全方位、多角度报道，导引全区经济社会发展主旋律。广播、电视、新媒体平台播出《把习近平总书记的殷殷嘱托全面落实在重庆大地上》《聚焦2020年长寿两会》《2020年新春走基层》《战“疫”一线党旗红》《坚决打赢疫情防控阻击战》《决战决胜脱贫攻坚》《唱好“双城记”建好“经济圈”》《走向我们的小康生活》等55个专题。出版报纸《长寿日报》151期；长寿手机报推送153期，1224条；电视节目《长寿新闻》播出255期、时长5100分钟；《长寿新农村》《环保在行动》《长寿故事》3档电视专题栏目播出36期、432分钟；《每日天气》《历史上的今天》《新闻周报》《古诗童谣》《生活你我他》《法制大讲堂》《911听天下》《故事人生》《只想听音乐》等电台节目播出时长15000余分钟。加强与中央、市主流媒体的沟通联系，推送长寿好声音、新亮点，年内在市级及以上新闻媒体刊发稿件303篇，其中电视新闻103篇、报纸类新闻68篇，在学习强国平台上稿132篇。

自新冠肺炎疫情防控工作开展，区融媒体中心做好疫情防控宣传工作，确保新闻宣传有力有效。《有一种责任叫“我是共产党员”》《致敬！你们是最可爱的人》《坚守在防疫战线上的一家人》《直击长寿人的坚守》《待到花开烂漫时》等一系列报道浏览量均达到2.5万+，制作《主播为你来科普》节目12期、防疫公益宣传片5个，刊播防疫通告公告32个、原创防疫诗歌10首，引导社会舆情，提振抗疫信心。

【宣传专题制作】 2020年，区融媒体中心重点配合完成各项视频拍摄、制作任务，参与“重庆市第九届乡村文艺会演决赛”“‘学习强国’重庆学习平台‘决胜全面小康、决战脱贫攻坚’知识竞赛”等10余个重大活动的录制编辑，承接专题片，行业、企业宣传片等摄制业务，协助完成“决战决胜、奋斗有我”重庆脱贫攻坚故事、区纪委监委警示教育片、区委政法委扫黑除恶总结片、区委组织部民调视频等20余个专题视频拍摄制作任务，获得一致好评。11月，区融媒体中心首部自编自导自演的微电影《梦开始的地方》举行首映仪式，获得各方好评。

【品牌宣传活动】 2020年，区融媒体中心依托自身宣传及资源整合优势，搭建平台、聚合资源，建立专题活动策划团队，统筹承办全区性各类文化活动、赛事、节会、展会等活动品牌，线上线下活动贯穿全年。线下活动，自办和承办长寿区第三届“双创人物”评选、第五届“十大孝星”、第五届“十大乡贤”评选、首届受喜爱乡村休闲旅游特色商品评选活动、“长寿区第二届十佳红领巾小记者、十佳红领巾小主持人”比赛等6场大型活动，社会效果良好；线上活动，开展《庆祖国华诞 免费吃只煮面》《与梨相遇 50元现金券免费领》等27个活动，采取视频或图文或视频+图文形式，直播《长寿区新型冠状病毒感染的肺炎疫情防控工作新闻发布会》《长寿区区长邀你常来长寿慢品生活》等11场活动，广受关注。加快推进“媒体+政务”工作，开展长寿区移动政务服务平台名称征集活动，经过两个多月的公开征集、初步评选、入围复评、网络投票、专家评审等，12月18日以“畅快办”为名的长寿区移动政务服务平台已经在“人人长寿APP”上线。

【舆论安全保障】 2020年，区融媒体中心把意识形态工作作为党的建设的重要内容；利用党总支会议对意识形态工作进行研究部署，完善网络意识形态工作实施方案和领导机构，确保意识形态工作责任安排落实到位；将意识形态工作列入年度工作计划，召开专题会议2次进行分析研判，向区委专题报告意识形态工作2次。

把防范安全播出事故作为重中之重，健全和完善广播电视、新媒体安全播出长效机制。年内完成融媒体中心供配电改造项目，西山至罗围光端机传输项目，西山、罗围广播电视发射台本地电视节目无线数字化改造项目，确保广播电视、新媒体安全播出。（肖　举）

2020年8月，由共青团重庆市委主办的“长情永寿 菩提之恋”青年交友活动在长寿区举行

住房与城乡建设管理

城乡规划

【概况】 重庆市长寿区规划和自然资源局(简称区规划和自然资源局)于2019年2月19日挂牌成立，隶属于重庆市规划和自然资源局，实行市以下垂直管理；内设科室13个，下辖直属事业单位10个和片区基层规划和自然资源所11个；职工449人。

【国土空间规划编制】 2020年，区规划和自然资源局开展成渝双城经济圈国土空间布局专项工作，先后赴四川邻水及垫江、涪陵等毗邻区县开展国土空间规划对接交流。长寿区锚定区委十三届八次全会确立的“十四五”时期至2035年发展目标，即建设国家级新材料和先进制造业基地、长江上游国家级特色商贸物流基地、都市康养休闲旅游区、城乡融合发展示范区的“两地两区”全新定位，参与全市国土空间规划编制研究，城市总体规划和土地利用总体规划落实情况评估(双评估)及资源环境承载能力和国土空间开发适宜性评价(双评价)等11项专题研究取得阶段性成果；开展5轮生态保护红线评估和调整，快速推进“四山”管制区(长寿部分)评估优化，划定“三区三线”(“三区”指城镇空间、农业空间、生态空间三类空间；“三线”指城镇开发边界、永久基本农田、生态保护红线三条控制线)，同步推进全区12个镇国土空间规划编制；统筹推动《黄草峡气田储库用地及输气管网走廊专项规划》《菩提山旅游总体规划(局部修改)》《重庆市长寿区三洞沟休闲旅游规划》《5G通信专项规划》《长寿区中小学布点规划(局部修改)》《长寿区综合能源站“十四五”规划》等6项专项规划编制。

持续优化长寿城市“一环双轴三片十组团”空间布局(即依托城市高速环线形成生态环；城市发展主轴和产业发展主轴；高新产业新城片区、城市生活片区、经开产业片区；付何、新市、八颗、渡舟组团构成的北部高新产业新城片区，凤城、菩提、桃花、阳鹤组团构成的东部城市生活片区，晏家、江南组团构成的西部经开产业片区)，完成新增1平方千米经营性建设用地指标空间落地，完成八颗组团D、E标准分区及拓展区、晏家组团F标准分区拓展区控规编制。将城区划分为三级管控区，落实建筑物空间形态分级管理，加强对重点地区、重要景观节点地区的形态塑造，高质量抓好建设项目方案审查；三倒拐历史文化街区、邻封镇历史文化名镇、葛兰镇大坝村历史文化名村，第二、三、四批历史建筑保护规划获批，云集镇深沟湾碉堡等3处历史建筑实行挂牌保护。对全域221个行政村规划实施系统管理，完成43个实用性村规划系统入库，龙河镇保合村村规划作为优秀村规划案例在自然资源部进行交流汇报。落实镇村规划“三区三线”及其空间管控要求，统筹资源保护、生态修复、文化传承、经济发展、村庄建设、基础设施和公共服务设施配置、防灾减灾等内容，推进实用性村庄规划编制入库。开展石堰镇兴隆村、云集镇青丰村等6个村规划修改工作，保障农村公共服务设施、文化旅游项目空间落地。

【国土空间规划管理】 2020年，区规划和自然资源局着力提升规划编审水平，增强国土空间规划科学性、系统性、合理性和前瞻性。发挥区规划委员会民主审议职能，完善区规划委员会组织机构和工作规则，召开专题会议2次，审议《城市中轴线景观视廊建筑高度分析》等6项规划设计方案；召开专委会9次，审议项目涉及控规修改、专项规划等30个规划设计方案。邀请首席规划师全面参与长寿区规划编制项目审议，加强对国土空间规划编制和重点建设项目指导，坚持规划方案第三方技术审查、加强与行业主管部门对接，提高规划编制水平。

畅通公众参与规划渠道，通过多媒体多形式开展规划和自然资源领域宣传，依法依规开展规划审批公示、公告，深化建设工程领域行政许可改革，持续推进“多审合一”“多证合一”“多测合一”改革，推广联合审图和建设项目行政许可告知承诺制。加强政务服务和行政许可事项全流程办理系统集成，实现政务服务事项办理时限压缩 82.8%，行政许可事项压缩 73.24%。全年完成各类行政许可 376 件，核发建设工程规划许可总建筑面积 268.62 万平方米、道路 19.1 千米，市政管线 76.3 千米，竣工核实总建筑面积 176.45 万平方米。

【测绘地理信息】 2020 年，区规划和自然资源局完成过境铁路压覆长输管线测量、覆盖全区的三等水准网建设、年度城区建筑物信息调查更新、地下管线数据及综合管理信息系统维护更新、地理国情数据动态更新等重点工作。首次利用倾斜无人机航飞测图完成 1：500 地形图测量 6.75 平方千米。投用新型测绘装备全站扫描仪完成龙河、洪湖等镇立面测量。运用无人机航摄建模与建筑规划设计模型对比，破解老旧小区违法建筑认定难题。完成亚投行龙溪河整治、1 平方千米经营性建设用地等市级、区级重大项目测绘工作，完成各类勘测定界测绘 364 宗、面积 763.89 公顷、1：500 地籍测绘 282 宗、面积 1017.5 公顷、房屋测绘面积 346.41 万平方米。（陈　曦）

城乡建设

【城市建设】 2020 年，重庆市长寿区住房和城乡建设委员会（简称区住房城乡建委）持续提升城市品质。推进新型城镇化建设，1 个城区、3 个中心镇、9 个一般镇的“1+3+9”城镇体系逐步完善。落实市政府工作报告“争取开工建设两江新区至长寿快速通道”工作部署，开工建设两江新区至长寿区快速通道跨渝长复线高速节点上跨桥项目。完成渡舟专业市场南北中路、渡舟组团纵次路一线北延伸段、阳鹤组团阳鹤一、二、三路等 10 余条道路建设，新增城市道路 9.3 千米、管网 10.4 千米，加快建设城区“三横三纵五联络”的快速路网体系（“三横”即位于八颗组团和渡舟组团，东起渡舟组团的东侧立交，西连重庆两江新区；东起凤城组团，贯穿菩提山和牛心山，西连晏家组团；东起江南组团，西连渝万高速。“三纵”即北起八颗组团，贯穿晏家组团，跨长寿长江二桥，南连长南高速；北起八颗组团，经由菩提组团、菩提山、牛心山，跨长寿长江大桥，南连江南组团；北起渡舟组团的东侧立交，南跨长寿长江三桥，连接江南组团。“五联络”为长寿城区快速路与高速路的联系通道，2 条向西连接重庆主城区，1 条向北连长寿绕城高速，2 条向南连接江南大通道至巴南区和长寿南川高速的快速路联络线）。完成盛世桃园永辉超市路口节点改造工程，新建化工职业学院天桥、东方之骄人行地通、中医院跨河人行桥等 3 座城市人行过街设施。联合消防救援支队印发《长寿区 2020 年市政消火栓建设方案》，新补建消火栓 135 个。圣天公园、云峰寺公园等重点公园绿化项目完成形象进度 60%，桃花公园、凤山公园提档升级工程推进，新增城市绿化面积 36 万平方米，城市建成区绿地率 42% 以上。有序推进老旧小区改造、厕所革命、老旧住宅加装电梯、海绵城市建设；完成格林广场、老体育馆、国税停车场改造，新增停车位 916 个，逐步改善老城区形象。持续开展桃花溪污染整治，桃花溪水质达Ⅲ类。

【镇村建设】 2020 年，区住房城乡建委强化特色小城镇建设，结合 2018—2019 年长寿湖已实施特色小城镇项目，2020 年实施长寿湖镇街区主干道环境综合整治项目，改造道路和环境整治 5.2 万平方米，安装消防管网 4 千米，新增消火栓 68 个。提升长寿湖场镇品质，集聚“寿、水电、红色、鱼、水德”文化特色小镇初现成效。

【住房安全监管】 2020 年，区住房城乡建委持续加强住房安全保障，发动街镇人员、结对帮扶人员、村干部，落实责任到人到户，对辖区内所有农村房屋进行全面摸底排查，借助专业培训知识简易判断农村房屋等级，每排查一户必有排查记录，每份排查记录排查人员必签字确认；全区排查农户 17 余万户。全面鉴定不留下一户，对各街镇初步摸排的疑似危房汇总分类，聘请 3 家专业房屋安全鉴定机构对农户房屋进行鉴定，实现“四类”重点贫困对象房屋鉴定全覆盖；鉴定后的全部房屋，张贴农村住房安全信息表，统一进行挂牌公示管理。全数比对不错过一户，对经鉴定为C级、D级及无房的农户，采取街镇村组干部走访调查，全面核查比对农户实际居住信息；严把“唯一住房、长期居住、无能力改造”3项标准，建立扶贫、财政、人社、住建、民政、规资、公安、市场监管等部门大数据核查比对机制，核实核准改造对象；信息比对后，各街镇筛查不符合危房改造条件的四类对象342户，住房安全保障边缘户570户，杜绝不符合条件享受危房改造补助的现象。全力实施不遗漏一户，对四类对象住房鉴定为C、D级危房，且长期居住的，实施农村危房改造，实现应改尽改，全年完成动态新增四类对象危房改造228户；对长期居住、唯一住房、无能力改造、经鉴定为危房的一般农户，量身定做住房安全保障边缘户危房改造政策，识别改造175户；鼓励拆除农村危房、引导农户其他渠道保障、建立动态监管机制、劝导搬迁封闭危房等方式，多管齐下，确保脱贫攻坚住房安全保障工作落到实处。全方位解读不走样一户，相继制定出台《脱贫攻坚住房安全保障三年行动方案》《脱贫攻坚住房安全保障工作方案》等政策性文件，对住房安全保障工作进行明确部署；加强农村C、D级危房改造专业技术指导。出台《长寿区农村D级危房改造标准图集》《长寿区农村D级危房改造技术导则》《长寿区农村C级危房改造技术导则》等系列技术标准；区财政安排住房安全保障专项资金2400万元，用于“四类”对象厨房、厕所等配套设施建设改造，全面改善贫困群众居住条件。

（张春来）

城市基础设施建设

【概况】 2020年，重庆长寿开发投资（集团）有限公司（简称长寿开投集团）有员工87人，公司领导3人，中层管理人员19人；内设机构1室、9部，分别为董事会办公室、综合事务部、人力资源部（党群工作部）、财务融资部（财务集中管控中心）、资产运营部、投资发展部、审计与风险控制部（监事会办公室）、安全生产部、项目运营一部、项目运营二部。

2020年，长寿开投集团一手抓疫情防控，一手抓企业生产经营，经济发展稳中有进、进中向好；围绕公司转型升级，以改革创新为动力，同心同向谋发展，完成年度目标任务。全年完成固定资产投资11亿元；融资114.76亿元；实现营业收入6.99亿元（其中市场化租赁收入0.83亿元），利润总额4.16亿元，净利润3.51亿元；所有者权益209.06亿元，资产负债率57.36%；缴纳税费0.4亿元。

【疫情防控】 2020年，长寿开投集团履行疫情防控主体责任，做到疫情防控与安全生产同部署、同落实，强化组织领导，成立新冠肺炎疫情防控工作领导小组和项目复工复产疫情防控督导指导组，制定疫情防控工作方案及应急预案，建立项目业主负责+区督导组督导+行业监管的“三级联动”机制，复工率100%。落实防控措施，及时采购抗疫物资，严格办公区域外来人员及车辆登记管理，定时对办公区域进行消杀。帮扶服务业小微企业和个体工商户，缓解房屋租金压力，减免符合政策的租户115户、租金145万元。号召全体党员伸出援手，党员自愿捐款4700元。建设长寿区公共卫生应急管理智能联网工程，健全长寿区公共卫生应急管理体系，提高应对突发重大公共卫生事件的能力水平。

【资金管理】 截至2020年底，长寿开投集团资产总额490.28亿元，比2019年增长27.23%；负债总额281.22亿元，同比增长52.11%；所有者权益209.06亿元，同比增长4.28%；有息债务余额215亿元。

全年筹集到位资金140.40亿元。其中，融资到位资金114.76亿元（含丰碑公司0.85亿元），财政下达项目建设资金5.35亿元，征迁资金2.07亿元，化债资金3.75亿元，市政及办公用房租金2.73亿元，注资2.2亿元，代法院还借款0.09亿元，收回平台公司间借款9.45亿元。

全年各项支出114.10亿元。其中，还本付息支出79亿元，缴纳税金0.40亿元，规划设计、土地征迁、项目建设、缴纳土地成本及运行管理等费用支出17.41亿元，借给平台公司17.29亿元。

全年签订对外担保合同金额126.71亿元，到账金额86.48亿元，纳入征信金额35.54亿元，对外担保余额244.45亿元，或有债务风险增大。全年拆借资金支持区内平台公司缓释债务风险17.29

亿元。

【运营管理】 2020年，长寿开投集团拓展思路，理顺产权管理关系，老体育馆、格林广场停车场和西山、窝凼、滴水岩3个煤矿废水处置项目，以及古镇公厕广告和3处充电站正式投运。全年资产收入5.74亿元，比2019年增加7%；其中市场化运营收入0.13亿元、同比增加24%，行政事业单位办公用房租赁收入0.7亿元，市政设施租赁收入4.91亿元。

强化资产管理，加大巡查监管，年内清理乱搭乱建等1001次，清理面积341公顷，挽回损失25.7万元；加强水电管理，撤销水表35块、移交15块、过户13块，追回水电费用19.63万元；完成20条道路绿化、船舶废弃物码头、雨污水抽排泵房等市政设施资产的移交工作；收回原示范繁殖农场土地。

加大产权办理，完成增减挂钩24公顷土地指标收购转为地票证书，新增20个房产证、15宗土地证；注销10宗土地，其中有6宗土地已重新供地；正在办理产权54处。全年办理抵押资产343处，融资金额14.04亿元。

【项目建设】 2020年，长寿开投集团承担重大项目任务46个（含子项目32个），其中续建区老年活动中心及老年大学等项目20个（子项目32个）、新开工桃花体育中心综合体等项目6个、开展沪渝高速北城互通等前期工作项目20个；完工雪亮工程、凤山公园美化提升工程等项目23个（含子项目）；承担一般项目30个。完成固定资产投资11亿元，为年度计划的110%。

项目前期工作完成黄桷湾帮扶项目、溪悦府电力通廊等9个项目控规调整，面积83公顷；凤城街道古滨路、渡舟立交等7个项目土规调整，面积57公顷。正在推进青少年活动中心、长寿区北部新城培训活动中心等20个项目前期工作。

建设城市对外交通，完成渝宜高速公路桃花匝道改造，沪渝高速渡舟立交完成挂网招标。城市道路体系建设完善阳鹤山片区、站北片区道路建设路网建设，建成道路7.2千米；维修改造市政设施4.1千米。完成桃花溪沿线互联互通工程、北城大道与北城互通处人行过街设施、菩提东路化工职大段人行过街工程、渝宜高速3座人行天桥建设及2座车行天桥美化。提升基础设施水平，完工阳鹤山截污干管工程一期，二期开工建设；桃花溪西岸截污干管（二期）完成横穿桃花溪段的建设；站北截污干管建设除铁路下穿段外已完工；完成站南片区燃气管线迁改，阳鹤山片区燃气管网开工建设，加快推进凤西片区天然气管网迁改相关工作。提升城市生态环境水平，完工渡南路（示范段）绿化提升工程、金科世界城侧绿化、凤山公园等项目绿化，绿化面积94万平方米。民生工程建设完工老体育馆、格林广场停车场，新建停车位1240个、46919万平方米；完成“雪亮工程”、城市品质提升项目（一期）公厕维修；推进桃花体育中心综合体、区老年活动中心及老年大学、长寿江南康养服务中心、二号商务楼等建设。

推进结（决）算工作，需要办理结（决）算遗留项目181个，2020年计划完成98个，实际完成83个，完成率84.7%。落实审计整改，完成市委第五巡视组反馈长寿区（含长寿经开区）问题整改及各项专项整改。

【征地拆迁】 2020年，长寿开投集团推动征地报件，取得古镇中小学、横一路、横一北一支路、北城大道东一支路、纵次二线北段、红星美凯龙地块等征地批文，面积37公顷；启动阳鹤拓展训练中心、渡舟立交以及新增建设用地100公顷征地报批工作；取得桃东片区、古镇片区、阳鹤山片区等2.5公顷林地使用权批复。

加大征地协调，完成菩提街道辖区阳鹤南北中路坟墓搬迁、爆破施工入户调查相关工作，拆除南北一路但某处违法建筑；完成凤城街道辖区鑫远货场封场工程施工协调及保护性施工；完成渡舟街道辖区站北截污干管苗圃征迁及横一路李某房屋处保护性施工，解决南北一路堰桥村阻工相关问题。

加大土地出让，配合完成凤D7-2/01地块、红星美凯龙爱情海项目招牌挂出让工作，出让面积25公顷，出让收入72878万元，公司收益36075万元。

整改违法用地，完成横一路、横一路北一支路、阳鹤南北一路、卫古路临时货运车场、古佛高架污水部分违法用地及阳鹤一路林地违法卫片图斑整改2.7公顷。

【“三大攻坚战”】 2020年，长寿开投集团打好防范化解重大风险攻坚战。建立全面风险控制管理体系，制定《风险控制管理办法（试行）》，完成《风险事件库》《重大风险预警指标》《风险评估报告》《全面风险管理手册》。严控债务风险，强化负债规模和资产负债率双重管控，推动资产资源划转，保持现金流充裕，提高企业偿债能力。严控对外担保风险，制定《对外担保管理办法》，对外担保余额控制在净资产总额的60%以内。严控投资风险，规范投资程序，做好投资项目的科学论证和风险评估，未超出企业财务承受能力去盲目投资。强化法务审查，完成非诉讼类项目的法律审查意见书183个。

打好精准脱贫攻坚战。配合晏家街道开展脱贫攻坚工作，支持晏家街道饮水安全保障、基础设施建设资金340万元；开展“下基层、访深贫、促整改”走访调研活动，入户帮扶贫困户48次；完成5.1万元消费扶贫任务。

打好污染防治攻坚战。做好第二轮中央环保督察迎检和交办案件“回头看”整改工作，成立长寿开投集团第二轮中央生态环保督察反馈问题整改工作领导小组，完成长寿污水处理厂三期土地整治、鑫远货场封场项目和西山、窝凼、滴水岩3个煤矿废水处置项目及船舶废弃物接收处置工程环保验收；强化文明施工，规范建筑工地管理，做好施工粉尘、噪音、排水处理，杜绝发生污染环境事件；完成桃花溪环境综合整治、阳鹤山截污干管（一期）、桃花溪西岸截污干管（二期）、站北截污干管、重庆新型建材有限公司关闭矿山生态复绿项目及3个矿井水处理站建设。

【安全与信访工作】 2020年，长寿开投集团安全生产总体形势良好，未发生一起安全责任事故，安全隐患整改率100%，做到“零重大事故、零死亡”。建立健全安全生产责任制和安全管理体系，建立完善周查月检、安全隐患分级管理制度和重大隐患排查治理机制；以“消除事故隐患，筑牢安全防线”为主题，开展“安全生产月”及“安全生产渝州行”等系列专项活动，召开项目专题（调度）会37次，安全检查421次，发现问题208个、整改202个、正在整改6个；安全施工交底5次，工程竣工验收28个，环保验收3个，水保验收6个。建立信访工作预案，全年收信访件44件，全部按时回复；接待群众来访187人次，比2019年下降11%。落实农民工工资监管，开展根治农民工工资欠薪行动，农民工工资拖欠实现动态清零。

【改革创新】 2020年，长寿开投集团优化机构设置，理顺部门职责关系，明晰部门职能，设置1室、9部，强化工程建设全过程管理。获得2019年综合考核优秀，被区委区政府评为重庆市长寿区城市提升工作、脱贫攻坚先进集体，被区政府评为重大项目工作先进单位；4人被评为先进个人。开展6名中层干部试用期转正考察，定向考核招聘急需专业技术人才10人，聘用高级职称2人、中级职称3人；开展中层干部岗位交流10个（含群团负责人）、项目经理岗位交流4个、一般员工岗位交流5个。完善分配机制，优化岗位等级设置，重新修订完善《全员绩效考核实施办法》，建立《日清周结管理办法》，考核结果更加符合工作实际。完善产业发展规划，按照长寿区新型智慧城市顶层设计和行业发展趋势及公司战略定位，编制完善《产业发展规划（2019-2025）》。推进智慧国企建设，年底完成财务核算、融资管理和人力资源管理的业务系统上线准备。提速转型发展，推进混合所有制改革，完成长美公司、文和公司等混改，正在推进与七化建重庆公司组建合资公司；开展长期股权投资，完成正业公司、重庆兴开股权投资基金合伙企业（有限合伙）、宏昌担保公司、寿山寿水公司股权投资，投资金额16430万元；推进集团化整合运营，完成集团化整合运营实施方案。加强对控股公司的管理和考核，完成控股公司《领导班子和领导人员综合考核评价暂行办法》《公司负责人经营业绩考核和薪酬管理暂行办法》，下达2020年经营业绩目标责任考核指标，签订责任书。完善制度建设，建立《合同管理办法》《投资项目合同变更管理实施办法（试行）》《关于进一步做好工程结决算审计工作的补充通知》《工程结（决）算管理办法》《风险控制管理办法（试行）》《对外担保管理制度（试行）》等规章制度24个。

【党建工作】 2020年，长寿开投集团党支部把加强党的建设贯穿公司发展全过程，注重党建工作与企业生产经营融合，落实管党治党政治责任，召开支委会25次、党员大会4次、党小组会10次，开展支部委员上党课5次、主题党日活动14次，专题学习宣传贯彻党的十九届五中全会精神4次，撰写心得体会26篇。推进党的领导融入公司治理各环节，厘清党组织和董事会、监事会、经理层等其他治理主体的权责边界，制订《党组织前置研究讨论事项清单》。坚持党对群团工作的领导，完善党建带群建、党群共建工作机制，工会、妇委会、共青团各项工作有序开展。做好党员发展管理工作，年内转正预备党员2名，批准预备党员1名，发展入党积极分子7名；2名党员转入组织关系，制订《党员设岗定责实施方案》。制定《党组织书记接待日制度》，开展每月一次“党组织书记接待日”活动，听取员工意见，及时解决员工工作、生活中存在的问题。完成区级文明单位创建工作，获得“区级文明单位”称号。

自9月启动巡察工作，召开动员会，完成党支部工作报告，开展谈话39人次，填报项目基本情况992个，提供项目资料82个，完成意识形态专项监督检查及组织人事专题巡察；坚持问题导向，边查边改，自查发现7个方面、22个问题，年底前整改完成20个。

强化意识形态管控，成立意识形态工作领导小组，完善《意识形态工作责任制实施方案》，建立健全《场所阵地管理制度》等5项制度，专题研究意识形态工作2次；强化意识形态阵地管理，推进扫黑除恶专项斗争，注重舆论引导，综合利用公司各类会议、微信群、宣传专栏、展板等媒介载体，刊发相关报道及政务信息50余篇，编写《开投集团简报》10余期；完成企业文化建设及上墙运用，开展“我与开投共成长”主题演讲比赛。

把党风廉政建设与业务工作深度融合，形成党支部统一领导，各部室各司其职的工作格局。完善《开投集团廉政风险点及防控措施》，传达上级工作部署127次，班子成员对党风廉政建设和反腐败工作批示112次、指导分管部门开展廉政建设和反腐败工作98次、约谈党员领导干部135人次；开展“以案四说”“以案四改”警示教育3次；开展领导干部涉权事项排查工作，全年上传系统信息20余条；印发《倡议“光盘行动，杜绝浪费”活动方案》，加强食堂监督管理，严格食材采购管理，日用食材量下降十分之一。（高　勇）

城市管理

【概况】 重庆市长寿区城市管理局（简称区城市管理局）有5个内设机构，分别为办公室（行政审批科）、市政公用科、市容环卫科、园林绿化科、信访安监科（法制科）；有4个下属单位，分别为区城市管理服务中心、区城市管理综合行政执法支队、区市政设施与环境卫生管理处、区园林绿化管理所。

2020年，区城市管理局履职尽责，稳中求进，主动作为，在新冠肺炎疫情和汛期防汛抢险中，城管队伍冲锋在前、忠诚履职，城市管理水平提升，市政设施完善，市容秩序规范。

【市政设施管护】 2020年，区城市管理局加强市政设施巡查管护力度，维修城区人行道7990平方米、公路路面4400平方米，更换井盖450个，维修桥梁200平方米，更换维修人行护栏460米，维修果皮箱2702次，安装果皮箱545个，维修直饮水机458次；加强照明设施维护，维修路灯1570盏，排查整治照明设施安全隐患591处，城区路灯亮灯率和设施完好率均达99%以上；实施公交站台年度改造计划，完成25个公交站台、3套公交站牌和48块公交站杆建设；完成黄桷湾隧道摊位拆除、功能恢复、美化亮化整治工程，恢复隧道通行功能，打造为全区历史文化长廊；加快停车场建设，卫古路货运停车场、黄桷湾移民综合市场停车场、格林广场停车场、老体育场停车场已建成投用，桃花体育中心停车场、老看守所停车场、狮龙雅园停车场、晶山小学北侧带状

长寿桃花新城城市公园一瞥

公园配套停车场正在施工建设中。

【城市园林绿化】 2020年，长寿区新增城市绿地面积75.58公顷，建成区绿地总面积2877.36公顷。统筹推进城市园林绿化提档升级，凤山公园景观提升、金科世界城北侧社区公园、渡南路示范段景观提升、晏家高速路出入口景观改造工程、长江两岸空地生态绿化工程、阳鹤一路二路道路绿化工程等重点绿化项目加快推进。完成城市景观节点、重要节日等鲜花摆放100万盆，为城市"增花添色"；指导管护单位加强虫害防治，打药1568桶，完成城区18万平方米绿篱及2100株行道树的病虫害防治工作；整形修剪树木、造型植物、绿篱、草坪，清除杂草80余万平方米，清理倒伏断裂树木260余棵；做好夏季高温抗旱保苗工作，浇灌淋水3万余吨。

【市容秩序管理】 2020年，区城市管理局加强队伍建设，强化案件立案查处，及时履行执法查处程序送达强制消除公告，配合相关单位组织实施；加强网格化日常管理，接入区公安局视频监控网络体系，消除城市管理监控盲点；加强学校周边、农贸市场周边、马路市场专项整治，规范城区秩序，开展城市违规广告整治和大气污染防治，制定出台《重庆市长寿区人民政府关于划定禁止露天烧烤区域的通告》，疏堵结合设置8处露天烧烤限烤区，对违规露天烧烤及焚烧等行为进行综合整治；开展餐厨垃圾检查30余次，重点打击未按规定收集运输餐厨垃圾的违法行为；开展脏车入城整治，在入城路段设置脏车检查点进行集中检查和重点抽查，查处未密闭运输车辆39台（次），督促入城车辆清洗6840辆；持续开展停车秩序整治，劝离车辆34409车（次），拖移违停车辆387辆，拖移"僵尸车"88台。

【供水防汛】 2020年，区城市管理局做好城市供水节水工作，启动"城市节约用水宣传周活动"，推进87万立方米再生水利用，将城市生活污水厂处理达标后排放的非饮用水用于城市绿化、道路清扫；完成桃花新城5000立方米蓄水调节池工程和水厂一、二级站水泵电机改造工程续建，组织供水企业实施供水应急演练4次，完成自来水抢险1635次，持续提升城市供水能力和调节能力；协调供水企业筹集资金，实施城区自来水老旧管网隐患改造工作，推进老旧城区居民住宅一户一表及二次供水设施改造工作，开展42项水质监测33次，106项水质全项分析3次，城区饮用水水质合格率100%。在汛期建立健全防汛工作责任制和预警信息报告制度，明确各级防汛责任人，制定应急处置详细预案，落实岸上码头24小时应急保障制度，确保险情发生后第一时间处置；分片对城区重要路段、节点的防汛工作开展巡查督导，出动救援人员106人次、车辆14台，对清漂趸船加固缆绳2根，砌砖封闭绞车房下端窗口，及时拆除转移重要设施设备，抢救转移价值200余万元的设施设备13台；及时对码头平台上的设施设备、办公物品进行全面清理，责令无关人员全部撤场，在码头入口设立标志牌块、拉警戒线，严防人员进入危险地带；洪峰过后做好灾后恢复工作，清理淤泥1458吨，冲洗面积3340平方米，消杀面积4000平方米。

【违建治理】 2020年，区城市管理局违建治理职能划入后，理顺违建治理工作，摸排历年治理情况和违建台账，用多种方式加强宣传引导，启动在建违法建设快速发现处置机制，对存量违法建设坚持分类处置原则，开展违法建设集中成片治理；全区新增违法建设消除率100%，存量违法建设治理市级计划任务完成率100%，违法建设专项治理五年行动全面完成。

提档升级后的长寿凤山公园

【数字城管】 2020年，区城市管理局数字城管系统运行良好，受理市级平台转办案件245件、结案率100%，上报案件38144件、结案率90.21%；启动智能视频分析仪参与城市管理，实现城市管理全天候、全自动、全方位的监控；运用“长寿数字城管”微信公众号为城市公众提供城市管理、投诉建议综合服务，让市民参与到城市管理工作中。

【停车管理】 2020年，区城市管理局调整路内停车泊位，重新施划建设路11个公交车泊位、望江支路6个公交车泊位，在美丽泽京小区外围西侧和北侧人行道范围内设置256个路内停车泊位，指导中央公园小区物业公司在中央公园小区美食街公共区域设置22个停车泊位；落实新能源汽车免停车费政策，指导区停车管理公司新开通文苑南路（体育中心广场至档案馆）、文苑西路（党校至盛世桃源路口）、文苑中路（图书馆至林溪大酒楼）278个路内停车泊位进行收费服务管理。

（张　婷）

勘察设计

【勘察设计管理】 2020年，长寿区住房城乡建委严格勘察外业见证管理。按照《关于进一步加强工程勘察外业见证员管理的通知》要求，重点对工程勘察单位钻探劳务业务承揽和开展情况、现场钻探工作质量情况、勘察外业见证情况、工程勘察“四员”（外业见证员、现场司钻员、描述员、土工试验员）培训合格上岗情况进行监督管理。2020年长寿区系统统计项目154个，已抽查16个，抽查比例为10.3%，达到原市建委《关于进一步优化房屋建筑和市政基础设施工程勘察设计管理工作的通知》、关于区县城乡建设主管部门应开展工程勘察外业见证工作动态抽查，抽查比例不低于项目总数的10%的要求。

优化初步设计审批管理。执行原市建委《关于进一步优化房屋建筑和市政基础设施工程勘察设计管理工作的通知》等管理制度，取消社会投资项目初步设计审批，压减政府投资项目初步设计审批时限。年内长寿区办理初步设计审批31件，总投资19.78亿元（其中房屋建筑5件，总规模6.00万平方米，投资4.06亿元；市政项目26件，投资15.72亿元）。

【审查备案】 2020年，长寿区住房城乡建委开展施工图联合审查备案，落实《关于重庆市房屋建筑和市政基础设施工程施工图联合审查管理办法（试行）的通知》《关于贯彻实施住建部〈房屋建筑和市政基础设施工程施工图设计文件审查管理办法〉（住建部13号令）的通知》等管理制度，严格市外审查机构入渝信息报送管理；按照《建筑工程五方责任主体项目负责人质量终身责任追究暂行办法》规定，在施工图联合备案时收取建设、勘察、设计单位的法人授权书和质量终身责任承诺书，落实各方主体设计质量责任。2020年办理施工图联合审查备案191件，总投资118.5亿元（其中房屋建筑144件，总规模355.1万平方米，总投资109.04亿元；市政项目28件，投资8.09亿元；装饰装修19件，总规模15.46万平方米，总投资1.37亿元）。

开展消防设计审查确认工作。根据《关于做好建设工程消防设计审查验收职责移交承接工作的通知》要求，自2019年5月15日起，区住房城乡建委开始受理建设工程消防设计审查工作。为落实市住房城乡建委《关于做好建设工程消防设计审查验收工作的指导意见（试行）》要求，对《房屋建筑和市政基础设施工程施工图设计文件审查合格书（消防）》进行审查确认。2020年办理消防审查确认78件，总规模196.55万平方米，总投资76.88亿元（其中房屋建筑65件，总规模182.74万平方米，总投资75.91亿元；市政项目2件，总规模0.63万平方米，总投资0.31亿元；装饰装修11件，总规模13.18万平方米，总投资0.66亿元）。

（张春来）

公共民生工程开发建设

【公益性项目建设】 2020年，重庆乐至置业发展有限公司（简称乐至公司）承建的公益性项目涉及教育、卫生、党政机关、移民、交通和水利等系统建设项目47个，其中重大项目11个、其他重点项目36个。截至年底，完成寿城水岸公租房室内装饰等2个重大项目建设，云峰阁环境改造等14个重点项目建设，全年完成投资9.74亿元（重大项目9.15亿元、重点项目0.59亿元）。完成项目预算编制和审核112个，完成招标133个，签订各类合同236个，完成项目结算审核99个；完成教育、卫生、市政、党政系统111个项目财务决算合同签订，完成80个代建项目财务决算工作。

【安全与信访工作】 2020年，乐至公司坚持安全第一、预防为主、综合治理的方针，定期开展风险研判和督促“日周月”隐患排查，成立领导带队安全检查小组，在各重大节假日前对建设现场和定销房小区进行安全检查；全年对建设项目发出安全隐患通知书101份，涉及问题486条，发出安全处罚文件8份，处罚安全违约金额2万元；对定销房小区设施设备发出隐患整改单29份，涉及问题115项；部署建设安全专项整治三年行动，制订应急救援预案、建筑施工安全生产大排查大整治行动工作方案、定销房小区消防安全隐患整改方案、安全生产“党员在行动”方案等，以制度化、标准化、规范化、系统化的方式推进安全生产，完善安全生产管理体系，提高安全生产管理水平；全年未发生一般及以上安全生产事故，未发生安全生产死亡事故，安全生产工作平稳、有序推进。做好信访工作，推进民工工资监管，全年发放33个项目民工工资142次，总金额6125.25万元；按时回复信访交件42件，及时化解各类问题，维护群众合理诉求。

【疫情防控】 2020年，乐至公司推进新冠肺炎疫情防控工作，在强化安全生产、物资保障、人员调配、疫情排查、舆论宣传、消毒杀毒等各环节落实人员，坚守岗位，做到业务与抗疫两手抓，公司管理范围内未出现一例“新冠”肺炎感染者或疑似病例。强化国企担当，做好“六稳”工作，落实“六保”任务，在疫情期间减免门面租金200余万元；加快工程结算与财务决算，尽快支付工程款，减轻企业负担；推进重大建设项目开工，稳投资的同时为老百姓提供就业岗位；全力加快产权证办理，保障老百姓利益。

【资产管理】 2020年，乐至公司通过需求调研、广告宣传、品质提升等手段，采取对外公开销售、租赁、推进长寿区“共有产权”试点工作，引进社区卫生服务中心、开展医康养项目，配合园区提供租售房源，配合区级相关部门提供过渡房源、安置房源、优惠购房房源等措施，推进闲置资产去库存工作。全年新增出售住房378套（其中新市华府实现首套房销售网上竞价，价高者得），新增出租住房1861套，新增出售商业门面3个，新增出租商业门面366个，新增出租车位291个，全年回收资金1.1亿元。住房和商业门面的累计处置率为58.46%。

【企业管理】 2020年，乐至公司推进集团综合改革，加强公司内部管理，提升乐至公司形象。全年修订完善《“三重一大”决策制度实施办法》《财务管理制度》等12个制度，新建《国有资产租赁管理办法》《融资管理制度》等19个制度，用制度管人、用制度管事、用制度管权，促进企业可持续发展。完善组织结构及人才队伍，根据工作需要对部分工作人员岗位进行调整，取得效果。开展职工能力素质、办公技能、专项技能等培训，提升职工专业技能和综合服务能力。完善内部控制和内部监督体系，建立奖惩机制，提高公司执行力。

【党建工作】 2020年，乐至公司发挥党组织把方向、管大局、保落实的作用，对公司重大经营管理事项，将党支部研究讨论作为董事会决策的前置程序，实现党建工作与公司中心工作紧密融合；执行“三会一课”制度，全年召开支委会48次、党员大会15次、主题党日活动17次，支委委员上党课4次，每月召开1次党小组会；把好发展党员工作关，转正预备党员2名，新发展预备党员2名。落实谈心谈话制度，全年开展谈心谈话58人次，使党内党外的交流畅通无阻。落实意识形态责任制，综合利用各类会议、微信群、宣传专栏、展板等载体，做好员工意识形态引导和思想政治教育工作。持之以恒正风肃纪，通过讲党课、专题研讨会、观看廉政教育片、主题党日、以案四说、以案四改等多种形式，提升党员干部的纪律意识；与每名干部职工签订《党风廉政责任书》，夯实廉政责任。全年通过社会扶贫网重庆馆采购农产品消费扶贫逾4.7万元，组织职工到丰都县开展旅游消费扶贫逾6.27万元。（*汤　梅*）

房屋管理

【概况】 2020年，长寿区有物业服务行业非公有制企业（会员单位）85家，实质性企业（有固定经营场所、有一定数量职工、有生产经营活动）78家；有物业服务企业党支部16个、社会组织党支部1个、物业服务行业党委1个，有正式党员148名，组织覆盖率86.8%，工作覆盖率100%。形成党建引领、政府监管、市场主导、社会参与、居民自治五位一体的共建共治共享综合管理格局。

【物业管理】 2020年，长寿区完成物业管理信用信息系统，物业企业及项目负责人纳入信用管理。于2020年1月6日在区委党校学术报告厅举办全区物业服务行业物业管理信息系统专题培训，在长寿各物业服务企业单位法人、物业服务项目负责人及企业办公室行政工作人员等220余人参加。年底前，长寿区全面完成信息录入的物业服务企业有65家，完成项目数195个，完成设施设备入库6413条，完成维保信息入库2599条，服务合同备案109个，发布AAA级企业2家、AA级企业3家，信息完善率位居全市前列。

采取多种形式宣传贯彻《重庆市物业管理条例》，在全区范围内开展集中宣传贯彻，在小区张贴栏张贴标语、悬挂条幅，通过物业协会会长办公会安排部署，印制《条例》单行本10000本，向区内相关行政主管部门、街道办事处、乡镇人民政府、社区居民委员会、业主委员会、物业服务企业、建设单位、专业经营单位等进行发放。将物业管理纳入现代服务业发展规划和社会治理体系，促进物业管理发展与和谐社区建设。

物业安全管理狠抓企业安全生产责任制，印发《关于全面落实物业服务企业安全生产责任制工作的通知》，督促物业服务企业建立健全全员岗位安全生产责任制并公示责任清单。推进消防安全隐患整治，印发《关于做好物业管理区域消防安全管理工作的通知》，督促物业服务企业落实消防安全主体责任，排查整治消防通道、电动车充电、设施设备等消防安全隐患，督促企业百分之百完成增设消防禁线标识。抓好重要时节管理，印发《关于加强物业住宅小区高温汛期安全工作的通知》《关于开展高温汛期物业安全专项检查的通知》等，针对性提出防控要求，督促物业服务企业根据计划安排落实各项应急演练，突出特殊时节安全管理重点。

【老旧小区改造】 2020年，长寿区建立健全老旧小区改造工作机制，成立以分管副区长为组长，相关部门负责人为成员的老旧小区领导小组，完善议事机制；协调推进2020年老旧小区开工，沟联协调解决相关事宜；定期进行项目检查，指导安全文明施工，跟进问题协调，根据工程进度拨付项目资金，掌握项目进度情况并根据要求定期向市级部门报送工作进度。区住房城乡建委联合区发改委、区财政局申报2021年老旧小区改造计划，制定长寿区2021—2025年老旧小区改造工作规划和实施方案。

【房屋住用安全管理】 2020年，长寿区开展隐患排查，指导属地街镇开展行政区域内的城镇房屋日常安全隐患排查工作；通过购买服务方式，委托重庆市建设工程质量检验测试中心提供技术支撑，对街镇排查报送和群众反映的安全隐患定期复核，出具分类处置建议，复核结果书面移送属地街镇，建议其落实日常监测、督促鉴定、代为鉴定、应急管理、督促治理和代为治理责任；印发《长寿区2020年城镇房屋主体使用安全隐患排查工作方案》，督促各街镇开展排查整治工作。推进疑似危房分类鉴定。

【疫情防控】 2020年新冠肺炎疫情暴发后，长寿区各物业服务企业全体员工放弃休假，全员上岗站在疫情防控前线，为全区疫情防控工作做贡献。加强疫情防控知识宣传，发放、张贴宣传资料，走访调查，了解小区业主情况，进行疫情排查，防止疫情蔓延扩散；各住宅小区实施封闭管理，确保辖区业主健康、安全；秩序维护员严把小区入口，对进出人员和车辆进行严格的体温检测和询问登记；各住宅小区每日对公共区域，包括楼道、电梯、单元门、游乐设施健身器材、公厕、客户中心、小区主管道、车库及道闸、小区出入口等进行消毒，保障安全，风雨无阻。

【物业纠纷调解】 2020年，长寿区处理物业纠纷调解案件112件，调解成功99件，调解成功率88.39%。纠纷争议主要包括电梯、消防通道专项维修资金的使用异议，拆墙除渣费收取异议，楼上漏水至楼下问题，消防通道管理不当致堵塞问题，装修破坏主体结构问题，房屋墙体空鼓、天花板裂纹问题，施工保证金收取异议，施工不善或清洁不到位导致摔倒的人身损害，疫情期间减免物业费要求，空置房物业费减免要求，违规停水停电问题，收取电费单价高于供电部门收取单价问题，层高不足问题，楼层未设置垃圾桶问题等。

【专项维修资金管理】 2020年，长寿区做好物业专项维修资金交存、管理、使用，缴存余额

11.45亿元，使用金额3542.75万元，结息1.14亿元。推进国有企业职工住房管理移交工作，年底前14家企业、16783套房屋完成物业专项资金交存，完成正式接管8258套。（张春来）

房地产市场

【概况】 2020年，长寿区继续坚持“房住不炒”和“稳地价、稳房价、稳预期”的房地产调控主基调，推进房地产开发项目复工复产；化解房地产市场信访矛盾纠纷，控制房地产市场风险；加强房地产市场监测分析，引导刚性和改善性需求的有效释放，商品住房价格维持上升态势，商品住房库存去化成效显著，房地产市场呈现积极向好发展态势。

【商品房交易】 2020年，长寿区预售许可批准商品房投放市场量比2019年下降明显。批准商品房预售许可44件，新增商品房市场供应建筑面积52.32万平方米，同比下降20.98%；其中住宅面积41.15万平方米、同比下降28.70%，非住宅面积11.17万平方米。

商品房交易量较2019年同期略有增长。新建商品房网签销售建筑面积76.20万平方米，同比增长4.81%；合同价款40.62亿元，同比增长9.17%。其中住宅网签销售5138套，建筑面积51.57万平方米，同比下降7.57%；非住宅网签销售建筑面积24.63万平方米，同比增长45.70%。

商品住房成交均价回升。住宅建筑面积成交均价5784.98元/平方米，同比增长5.57%；其中高层住宅成交均价5236.78元/平方米，洋房成交均价6629.43元/平方米。

可售商品住房面积下降。全年商品住房去化建筑面积10.42万平方米；截至年底，长寿中心城区可售商品住房面积19.39万平方米，去化周期为5个月，处于合理健康区间。

2020年12月18—20日，长寿区举办以“福寿圣地·生态宜居”为主题的第十二届房地产展示交易会。汇集金科·世界城、凤城华府、实地常春藤、泽京·璟樾府等品质楼盘参展；相关职能部门提供房屋登记、物业管理、维修资金、公(廉）租房、交易税费等政策咨询服务。

【二手房交易】 2020年，长寿区二手房交易量同比2019年呈现下降趋势。全区二手房成交建筑面积为64.70万平方米，同比下降5.13%；其中住宅建筑面积62.74万平方米，同比下降4.40%，超过新建商品住房交易量11.17万平方米。交易数据显示，长寿区住房交易已步入存量房交易时代。

【住房租赁市场】 2020年5月，长寿区划入重庆主城都市区，成为贯彻落实党中央、国务院关于“加快建立多主体供给、多渠道保障、租购并举的住房制度”的决策部署，落实中央经济工作会议关于“构建房地产市场健康发展长效机制”的要求，财政支持住房租赁市场发展的试点区，获得重庆市财政局、重庆市住房和城乡建设委员会出台的财政支持住房租赁市场发展的配套政策。长寿区成立以分管区领导为组长的长寿区加快培育和发展住房租赁市场工作领导小组，转发《重庆市人民政府办公厅关于加快培育和发展住房租赁市场的实施意见》，印发《财政资金支持租赁住房项目管理实施办法（试行）》的通知，建立租赁住房项目初审规则；开展住房租赁项目前期排查，组织区开投公司申报“经开印象·凤西苑”项目装修出租的人才公寓、蓝领公寓，建筑面积5万平方米，作为财政资金支持租赁住房项目；建立财政资金支持租赁住房项目储备；年底前乐至公司建设的“桃西雅图”“云峰阁”项目已纳入财政资金支持租赁住房项目储备库。组织线下完成备案的房地产经纪机构在住房租赁监管服务平台的申请备案。

【房地产中介】 截至2020年年底，长寿区办理备案登记的房地产经纪机构151家，其中分支机构85家。这些房地产经纪、房地产咨询机构及其分支机构是在取得工商营业执照或者办理工商营业执照变更之日起三十日内，持相关资料向区住房城乡建委申请备案的。

【房地产市场规范】 2020年，长寿区致力于规范房地产市场秩序，防范化解市场矛盾隐患，维护消费者合法权益，营造主体诚信、行为规范、监管有力、市场有序的房地产市场环境。启用重庆市商品房新网签系统，规范商品房认购行为，将销售认购环节纳入合同网签管理工作；设立预售资金缴款渠道，使用专用POS机，确保购房首付款缴存至预售资金监管账户；精简业务流程，实行网签即备案，提高办事效率；提升消费者购房参与感，在购房各个关键环节都发送确认短信给购房者，方便了解购房进度，消费者的购房参与感更强。加强商品房销售行为的监管，落实销售现场公示信息达标制度，加强对无证预售的监管，通过明察暗访，发现问题后采取约谈、发整改通知书等措施，有效制止和纠正开发企业未取得预售许可对外销售，以认购、预定、排号、发放 VIP 卡等方式向买受人收取或变相收取定金、预订款等性质费用的行为。加强部门协作开展专项检查，区住房城乡建委与区市场监管局一道，对商品房销售现场进行专项检查，重点就沙盘、证件及价格公示信息，宣传图片进行检查，对发现问题及时提醒整改。开展房地产开发项目品质提升专项行动，通过整治全区房地产开发项目交付阶段延期交房、虚假宣传、项目设计、房屋质量、住宅小区配套设施建设不完善等突出问题，使全区房地产开发项目品质明显改善，交房矛盾得到有效化解。（张春来）

住房公积金管理

【概况】 重庆市住房公积金管理中心长寿区分中心（简称住房公积金长寿分中心）2008 年 8 月上划至重庆市住房公积金管理中心管理，是不以营利为目的的直属事业单位（其中，党组织关系隶属于长寿区直机关工委，群团组织均由长寿区群团部门直属管理）。内设有综合管理科、财务管理科、归集提取管理科、住房信贷管理科，承担 9 项主要职责。

2020 年 1—12 月，新增缴存额 9.13 亿元，同比 2019 年增长 7.67%，完成年度目标的 131.18%；新增缴存职工 5325 人，同比增长 6.01%，完成年度目标的 177.5%。截至 2020 年 12 月 31 日，全区有 737 个缴存单位，63794 名缴存职工，总计缴存 77.9 亿元，余额 24.02 亿元。

2020 年 1—12 月，全区使用住房公积金 11.67 亿元，较 2019 年同期增长 4.66%，资金使用率 127.82%；截至 2020 年 12 月 31 日，全区总计使用住房公积金 94.95 亿元，资金使用率 121.89%。全年 21568 人次提取公积金 6.54 亿元，分别同比增长 -5.78%、1.87%，提取率 71.63%；其中购房、还贷、租房等住房消费类提取 5.31 亿元，占提取额的 81.19%；截至 2020 年 12 月 31 日，总计提取公积金 24.76 万人次、53.96 亿元，提取率 69.27%。全年发放贷款 1505 户、5.13 亿元，分别增长 5.24%、8.33%，完成自有资金贷款年度目标的 102.57%；支持项目（楼盘）20 个，实现城区重点楼盘全覆盖；截至 2020 年 12 月 31 日，总计实现放贷 17472 户、40.99 亿元（含贴息贷款 902 户、2.6 亿元），贷款余额 22.54 亿元，市场占比 18%，个贷比率 93.85%，个贷逾期率 0.057‰，低于重庆市 1‰的控制要求，资产质量良好。

2020 年 1—12 月，实现增值收益 3436.39 万元，增值收益率 1.5%。当年提供廉租住房补充资金 2760 万元，总计提供廉租住房补充资金 1.86 亿元。

【共克时艰】 2020 年，住房公积金长寿分中心对受新冠肺炎疫情影响的企业，支持其通过降比、缓缴等方式减轻负担，为 35 家企业办理缓缴业务，涉及职工 7943 人，缓缴金额 2717.84 万元，助力长寿区企业复工复产。协调银行持续抓好对受疫情影响缴存企业的定向授信工作，帮助企业渡过难关，年内年支持企业定向授信贷款 13 笔、1633.8 万元。

及时完善补缴手续，对缓缴企业进行逐一回访，做好阶段性支持政策到期后衔接工作，年底前 35 家缓缴企业均已将缓缴金额进行全额补缴。

【扩面缴存】 2020 年，住房公积金长寿分中心多渠道增强群众关注度，年初区政府工作报告将“长寿区住房公积金支持职工合理住房消费情况”纳入全区民生福祉举措；2019 年度分中心工作综述在《长寿日报》“两会”专刊中进行专版登载，工作成效受到代表及委员们的点赞。上半年区人大常委会主任会议及区政协十五届四十次主席会议专题听取住房公积金管理情况，有效措施及取得的成绩均得到领导们的肯定。住房公积金长寿分中心负责人作为政协委员通过协商民主这一重要渠道，汇报全区住房公积金的作用及成效，助推制度影响力提升。

住房公积金长寿分中心摸清底数，协调区经信委、长寿高新区、经开区管委会办公室了解长寿区未建制企业实际情况，对有条件的单位开展上门宣传，全年新开户非公企业 49 家。取得地方政府相关职能部门的支持，推动机关事业单位临聘职工的住房公积金建缴工作取得成效，区公安局文职辅警800人于9月进行全面建缴。按季召开归集协作银行业务工作会议，分析研究归集现状及工作举措，当年度银行自主营销新增开户缴存单位8家。支持企业上市，推动拟上市企业全员建制，全年为25家企业做好上市服务工作，新增缴存职工2000名。

利用微信群、qq群等线上渠道，实时传达重庆市关于企业减负的支持政策，讲解网上操作规程，及时解决业务办理中遇到的问题，确保单位缴存及时进账、职工便捷服务的开展。分类抓好各缴存单位经办人员的业务培训，组织开展地区住房公积金政策宣传月活动、打击违规提取住房公积金专项行动，以规范建设年“集中行动月”活动为契机，到缴存单位开展上门走访，为缴存单位及职工提供优质服务，提升社会满意度。

【提取管理】 2020年，住房公积金长寿分中心及时贯彻落实重庆市适度提高租房提取额度、提取住房公积金支付城镇老旧小区自住住房加装电梯费用等相关政策；推行网上提取业务办理，降低临柜率，实现服务职工“最多跑一次”。全年通过线上办理提取业务7157人次占当年提取人数的34.84%。

强化过程监管，注重市场调研，做好市场分析和研判，合理拟定贷款资金计划，时时掌握企业及市场动态，保障资金合理使用。对已准入的楼盘报送预售许可时，加强实地调查，防范楼盘烂尾、违规操作等风险，全年完成36项新增预售许可现场勘查和审核。严格审查楼盘追加额度的申请，确保申请额度与楼盘真实资金需求相符，全年审核申请32项，审核资金需求4.64亿元。

对照《2020年重庆市住房公积金受托银行考核评分标准》落实银行考核，规范业务办理，提升协作银行的住房公积金个贷服务水平。做好个贷审核工作，年内完成贷款申请受理和初审676件，完成贷款集中审核和发放审核4883件。为失联多年的原重庆利宾房地产开发有限公司（后为“重庆无形商贸有限公司”）退还住房公积金贷款保证金31.63万元，帮助企业解决实际困难。

【风险防控】 2020年，住房公积金长寿分中心多形式开展窗口工作人员的教育培训，提高工作人员的业务能力和合规化意识。加大对日常办件的监督，严格执行提取规范，加强审核管理，将办件质量纳入窗口人员日常考核，防范内部操作风险。常规化开展政策宣传，针对以交易手续合法、价格虚高手段套取住房公积金的违规提取行为，进社区、进单位，多形式政策宣讲，提高合法合规使用住房公积金的意识。加强同区公安局经侦支队的工作联动，加大对新型违规提取住房公积金的打击力度；运用好约谈这一防范手段，年内约谈职工7名，阻止110万元住房公积金违规提取。

严防贷款风险，建立分中心、担保公司、受托银行三位一体的协同催逾体系，明确责任，对于3期以下的逾期借款人进行电话或上门催还。处置风险资产，对于连续逾期3期以上的予以重点关注，逾期6期（含）以上报信贷管理处做债权转让；全年上报4笔债权转让，上报转让金额86.68万元。

加强内控防范，落实原市中心党组书记、主任文星任期经济责任审计整改工作，及时研究出台工作实施方案，细化责任，确保审计整改工作有序推进；对审计中发现的3项问题整改规范，开展自查自纠，梳理出问题13条，年底前已整改落实12条，有1条在持续整改中；加强对问题根源与预防机制的研究，抓好建章立制，按照全市报账制要求进行费用报销。

【服务优化】 2020年，住房公积金长寿分中心持续提升住房公积金业务办理便捷度，推广网上服务大厅、微信公众号、住房公积金APP等线上服务渠道，全年区内有582家缴存单位开通网厅服务并实现线上业务办理，占实缴单位数86.87%。结合“优化营商环境 提升窗口服务效能”专项行动的开展，组织部分非金属矿物制品业企业、税务师事务所、会计事务所、律师事务所、人力资源公司等重点客户群体召开政策宣讲座谈会，传达全市住房公积金系统在优化营商环境提升服务效能方面的新举措和新成效，收集意见建议，争取各单位的支持与配合。

落实市、区窗口监督考核机制，窗口服务被纳入全区政务服务监督评议范围，在2019年“新时代新担当新作为评议”中名列前茅。着力制度化管理，出台并实施《一线窗口服务人员考核管理试行办法》，将日常考核情况作为绩效考核依据，强化窗口建设。在年初，整合归集、提取业务柜台进行综合业务接件，设置综合办件窗口4个，有效缓解部分业务高峰时段临柜办件职工多而受理窗口不足的问题。

深化“放管服”改革，务实开展窗口服务提升专项行动，围绕“便民、高效、廉洁、规范”的服务理念，将部分提取类业务再次压缩至3个工作日，达到实际办理时间比规定时限平均减少75%以上。推行“单位业务网上办、个人业务手机办、复杂业务临柜办”的方式，落实“最多跑一次”的目标，提升满意度。

【内部管理】 2020年，住房公积金长寿分中心规范组织设置，抓好科室调整，开展科长岗位竞聘工作，规范科室管理；做好领导分工，明细岗位职责，年底前分已形成“主任全面统筹，副主任强化落实，科长执行到位”的工作体制，逐步形成“岗位AB角，岗岗有牵制”的管理模式。党建组织规范化，做好支部按期换届工作，建好班子，更好地发挥基层党组织的政治核心和战斗堡垒作用。

规范队伍建设，开展规范建设年“集中行动月”活动，抓好思想引领、素质提升，强化干部职工宗旨意识，树牢规矩意识；全面梳理盘点“工作问题清单”，按照整改问题与建章立制相统一的原则，制定规范性文件3个，逗硬奖惩，强化监管。开展“规范化”及“廉政风险点”双查，坚持边查边改，组织开展“以案四说”、撰写“廉洁家书”活动，增强队伍廉政意识，形成规范管理的行动自觉。推行节约型机关建设，结合“绿色机关”主题活动的开展，倡导节能低碳，完善油料登记、办公用品、食堂物品进出库等多项台账做到规范管理、有序使用，杜绝铺张浪费。

落实市、区行政服务中心新冠肺炎疫情防控要求，做好办公区域的日常消毒、防疫物资的保障，确保职工和办事群众的健康安全。

【党建工作】 2020年，住房公积金长寿分中心党支部发挥党建工作“三基”建设和“模范机关”创建示范点的表率作用，创新推出以党建科学化提升组织引领、以党建规范化实现固本强基、以党建制度化推动管理创新、以党建品牌化践行为民服务的“四化”党建模式，落实分中心党支部全面从严治党主体责任，压实书记党建“第一责任人”的责任，开展党建“灯下黑”问题排查及党建工作“三基”建设负面清单梳理，健全整改机制，提升党建工作水平和能力。党建工作得到区直机关工委的肯定，对分中心党支部在“模范机关”创建工作中的经验，在全区进行推广。住房公积金长寿分中心党支部作为长寿区直属机关党支部代表先后与攀枝花市、南川区的直属机关工委就党建促业务、党建带群建进行交流，得到好评。

住房公积金长寿分中心党支部以创新主题党日活动为着力点，与綦江区分中心党员、干部一同开展以主题为“深入农村一线，助力脱贫攻坚”的主题党日活动。拓展党群共建活动载体，组建党员服务队，与青年志愿者一道到渣家社区、凤岭社区等开展住房公积金政策政策宣讲志愿者活动，促进党建与业务工作融合。组织参加市、区各级党组织活动，党支部在“晒党建阵地、展组织活力”中获二等奖，支部1名党员在区委组织部开展的“党课开讲了”活动中获“党课名嘴”称号。

深化作风纪律建设，对兼职纪检监察员进行调整，强化纪检监督。开展理想信念、党性党风党纪、廉洁自律和事业心责任感教育，引导干部职工懂规矩、守纪律、敢担当、善作为。参与脱贫攻坚工作，结对帮扶贫困户，采购扶贫产品3万元，支持贫困户增收；“以上率下”示范引领，为支持疫情防控工作捐款3600元，人均捐款450元。

（傅歆芯）

表 26

2020 年长寿区住房公积金缴存情况表

项目	单位个数(个)		职工人数(人)		缴存金额(万元)						
					2019 年止累计		2020 年度实际数		2020 年止累计		缴存余额
	2020 年新增数	2020 年止累计	2020 年新增数	2020 年止累计	合 计	结转利息	合 计	结转利息	合 计	结转利息	
	1	2	3	4	5	6	7	8	9＝5+7	10＝6+8	11
合计	52	737	5325	63794	687677.52	21864.33	91312.85	3195.16	778990.37	25059.49	240156.81

2020 年长寿区住房公积金使用情况表

表 27

单位：万元

项目	贷款合计				个人购建住房贷款								单位贷款				个人提取额
	发放额	回收额	贷款余额	逾期贷款额	贷款户数（户）	建筑面积（万平方米）	购建房总价款	发放额	回收额	贷款余额	逾期贷款额	逾期户数（户）	发放额	回收额	贷款余额	逾期贷款额	
	1＝8+13	2＝9+14	3＝10+15	4＝11+16	5	6	7	8	9	10＝8−9	11	12	13	14	15＝13−14	16	17
2019 年止累计	332317.6	133165.23	199152.37	0.83	15065	166.17	525020.40	332317.6	133165.23	199152.37	0.83	3	−	−	−	−	474253.08
2020 年数	51283.5	25056.07	/	0	1505	15.47	80228.13	51283.5	25056.07	/	0	0	−	−	−	−	65379.87
2020 年止累计	383601.1	158221.30	225379.80	12.88	16570			383601.1	158221.30	225379.80	12.88	4					539632.95

（重庆市住房公积金管理中心长寿区分中心提供）

生态环境保护

综　述

【概况】　长寿于1979年设立长寿县环境保护办公室，隶属县科委；1983年成立长寿县环境保护局；2002年4月撤县设区后更名为“重庆市长寿区环境保护局”；2019年2月机构改革组建重庆市长寿区生态环境局（简称区生态环境局），主要职责有17条。2020年区生态环境局党组有班子成员7人；全局有编制90名，实有在编82人（其中行政编制12名，实有12人；参公事业编制42名，实有36人；事业编制36名，实有34人），临聘20人。局内设1室6科，即办公室（应急管理办公室）、自然生态保护科（法规宣教科）、水生态环境科、大气环境科、土壤固废管理科、总量与排放管理科（应对气候变化科）、行政审批科（环境影响评价科）；下辖生态环境保护综合行政执法支队（副处级，参公管理，）、生态环境监测站、生态环境宣教信息中心3个事业单位。

【生态环境质量】　2020年，长寿区生态环境质量持续改善，全区环境空气质量优良天数333天，优良率91.0%，比2019年增加27天。长江长寿段水质Ⅱ类，龙溪河、御临河长寿段水质保持Ⅲ类，桃花溪碧桂园断面年平均水质Ⅲ类，为2010—2020年10年的最好水质；城区集中式饮用水源地水质合格率保持100%，31个乡镇集中式饮用水源地水质合格率92.4%。土壤环境风险管控强化，危险废物和医疗废物规范处置率100%。未发生较大以上环境污染事件。

【环境信息公开】　2020年，区生态环境局依法、主动、及时、准确公开环境信息。每天在重庆市空气质量发布系统等网站公布城区环境空气质量达标状况和空气污染指数，每月在区政府网站公开对辖区内地表水的水质监测数据，每季度在区政府网站公开对城区集中式饮用水源地的水质监测数据；在市生态环境局信息公开平台实时公开重点污染源监督性监测信息。督促指导102家企业开展自行监测，确保自行监测信息及时、准确公开；严把监测数据质量关，对企业自行监测、第三方生态环境监测机构开展35次现场质控检查，对8家企业在线监测设施开展比对监测。全年重点污染源监督性监测公布率、企业自行监测信息公布率均为100%。

【环境防疫】　2020年，区生态环境局按照市生态环境局《重庆市新型冠状病毒感染肺炎疫情防控应急环境监测专项方案》和长寿区新冠病毒疫情防控工作领导小组要求，从1月24日启动重大突发公共卫生事件一级响应，每日对有发热门诊和新型冠状病毒感染肺炎确诊患者的区人民医院、区中医院及密切接触人员集中隔离点开展总余氯及pH监测，获取监测数据300余个；及时上报监测结果。指导督促医疗机构开展自行监测，确保医疗废水有效消毒、达标排放。疫情期间持续对城区集中式饮水源地、高风险地区污水处理厂、医疗废物处置单位开展监测与现场检查。严格落实监测人员安全卫生防护，规范实验废物处置，筑牢生态环境抗疫防线。　（张　群）

环境保护

【污染源头治理】　2020年，区生态环境局打好污染防治攻坚战。完成2020年城市集中式饮用水源地环境状况评估报告，完善全区31个集中式饮用水源地基础信息调查；落实专项资金2650万元，启动水源地规范化建设及污染整治项目，开展集中式饮用水源地信息化平台建设。推进城市污水处理厂三期扩建项目建设，完成全区街镇污水处理厂日常监督管理职能移交以及5座污水处理厂技术改造。持续推进桃花溪、龙溪河、御临河等重要流域环境综合治理，完成全区农村黑臭水体排查。推进“河长制”工作，全年巡河2万余次，排查整治问题32个。完成龙溪河流域龙河镇居民集中点生活污染治理等4个中央水污染防治专项资金项目建设。

加强油品源头管理，全面供应国六汽柴油，抽检油品质量44家（次）、抽检加油站油气回收设施20家；完成1143辆柴油车淘汰，投入240辆新能源纯电动公交车；完成机动车尾气上路执法抽检3005辆，全面实施非道路移动机械环保编码登记管理工作，完成379台非道路移动机械环保编码登记。完成重钢2号、3号烧结机脱硫除尘超低排放改造，川维化工1号、2号燃煤锅炉超低排放改造，西南水泥二线窑头窑尾布袋除尘改造工作以及17家工业企业挥发性有机物污染治理。完成90家餐饮业、20家机关食堂油烟污染治理，扩大高污染燃料禁燃区至33.64平方千米，查处露天焚烧66件、露天烧烤90件，杜绝露天焚烧现象；巩固扩大城区集中无烟环保熏制腊制品便民服务。加强扬尘管控，巡查施工工地151处，城区重点工地实现扬尘在线监控；检查脏车入城157辆，查处各类违法车辆410台（次），罚款15.49万元；冲洗道路3.8万余车（次）、喷洒水32.5万余吨，城市建成区道路机扫率稳定保持在90%以上。完成17个空气质量网格化微站建设，建立“2+17”空气质量网格化监测监控体系；完成臭氧污染来源解析，开展空气质量预警预报，启动污染天气应对12次；适时开展人工降雨8次，发射火箭22枚。

开展噪声污染防治，加强城市声环境管理，控制社会生活、交通、建筑施工和工业噪声。开展“高中考”期间噪声专项整治，化解路成建材有限公司排放噪声扰民等投诉热点问题，开展1个市级安静居住小区创建。

【环境综合治理】 2020年，区生态环境局综合管控土壤环境风险。加强医疗废物管理，全面启动医废电子联单；新冠肺炎疫情期间，疫情医疗废物实现“应收尽收”和“应处尽处”全覆盖，未发生与疫情相关的生态环境污染事件。持续加强企业危险废物规范化、精细化管理，推进经开区3个危险废物扩能项目建设，投运后将新增危险废物年处理能力17万吨，长寿区危废处理能力将处于西南地区前列。开展全区40余家一、二类机动车维修行业危险废物整治，健全船舶废弃物联防联控机制，即将建成投运4个码头的船舶含油污水固定接收装置建设，全面实现长江干流船舶污染物上岸规范处置，着力补齐“社会源”固体废物环境监管短板。启动市级“无废城市”创建工作，完善全社会固体废物治理体系。开展工业工地土壤污染详查，完成23家在产和关闭企业的用地调查现场采样、17家土壤污染重点监管单位周边土壤及地下水监测，组织完成9个地块土壤污染状况调查评估，督促加强长化等4块暂不开发利用污染地块风险管控，确保受污染耕地、建设用地安全利用率保持100%。完成2.3万头存栏生猪当量畜禽养殖污染治理和15个村农村环境综合整治，创建2个农村环境综合整治示范镇和3个示范村，打好农业农村污染治理攻坚战。

【长江生态保护】 2020年，区生态环境局加强长江岸线治理，清理整治14个长江干流长寿段岸线利用项目及长江支流29座小水电站生态基流，建成护岸堤防1.24千米。开展国土绿色提升行动，实施森林抚育3467公顷，新增公园绿化面积65万平方米，新增水土流失治理面积19平方千米，保持湿地面积不低于9589公顷；持续实施三峡库区库岸绿化工程和长江沿线码头生态环境提升工程以及明月山非煤矿山复耕复绿工作。

【生态系统共治】 2020年，区生态环境局严格开展环境执法，实施“双随机、一公开”监管制度，出动执法人员400余人次，检查企业200余家（次），下达整改35份，实现重点监管对象全覆盖。截至年底前，实施行政处罚28件，罚款322.91万元；查封扣押2件，涉嫌行政拘留移送公安1件，涉嫌环境犯罪移送公安3件，有效遏制各类环境违法行为；落实生态环境损害赔偿制度改革，开展生态环境损害赔偿工作，全年办结3件生态环境损害赔偿案，入库生态环境损害赔偿金31.2万元。

筑牢风险应急体系，持续筑牢化工园区五级水污染风险防控和污染事故四级联防联控体系，完成90家（次）环境风险评估和应急预案备案，督促80余家企业开展突发环境事件应急演练；现场观摩指导恩力吉液氨泄露等应急演练。

【问题整改】 2020年，区生态环境局全面落实中央生态环境保护督察反馈问题整改。2017年4月第一轮中央生态环保督察组通报长寿区存在的12个问题已全面完成整改，一大批突出环境问题得到有效解决；根据2020年5月第二轮督察反馈意见，对表对标全市整改要求，制定印发《重庆市长寿区贯彻落实〈重庆市中央生态环境保护督察报告〉整改方案》，方案包括1个专项整改方案、15个专项整改子方案、9个举一反三整改措施清单，年底前各项整改任务正有序实施。2轮中央生态环保督察组交办的132件群众投诉环境案件已全部办结，无典型问题被督察组通报。高质量全面完成长江经济带生态环境警示片通报的长寿区重钢钢渣堆存不规范问题，长寿区整改方案中要求2020年完成整改的重钢钢渣堆存不规范问题以及其他7个问题（4个共性问题、3个举一反三问题）组织推进整改销号工作，年底全部销号。

（张　群）

环境监测

【环境质量监测】 2020年，区生态环境局克难奋进，敢于担当，以持续改善全区生态环境质量为核心，多管齐下开展生态环境质量监测，圆满完成年度工作任务。全年按照市、区下达的监测断面、监测频次，完成对19个地表水水质监测断面、2个城区集中式饮用水源地（一用一备）、10个水功能区监测断面、10个桃花溪“河段长制”水质监测断面、20个龙溪河“河长制”水质监测断面、34个乡镇集中式饮用水源地、109个区域环境噪声监测点位、21个交通干线噪声监测点位、7个功能区噪声监测点位、6个国控土壤环境监测点位以及2个环境空气监测点、1个酸雨监测点、2个降尘监测点的例行监测工作，获取有效监测数据8.01万余个，实现按时上报数据，为实施环境管理提供真实可靠的数据支撑；先后完成长寿湖流域21个区控地表水水质自动站建设工作，大洪河黎家乡崔家岩、龙溪河运输桥、龙溪河六剑滩等3个国考地表水水质自动监测站、桃花公园、林庄的2个市考环境空气质量自动监测站稳定运行，生态环境质量自动监测及预警能力得到提升。

【污染源监测】 2020年，区生态环境局尽职履职，依法实施污染源监测，对55家重点排污单位和挥发性有机污染物排放重点企业、6家大型畜禽养殖场一年至少开展1次监督性监测；对2家涉重金属涉危险废物企业每2个月开展1次监督性监测；对2家城区及工业园区污水处理厂、16家镇级污水处理厂每季度开展1次监测性监测；对11家村级生活污水处理设施1年至少开展1次监测性监测；积极主动服务发展，开展竣工环保验收、限期治理及其他委托性监测。全年完成污染源监督性监测151次、委托监测322次，获得有效监测数据1.84万余个。

【监测与执法协同】 2020年，区生态环境局深化环境监测与环境执法协同工作机制，2部门协同开展整治污水偷排直排乱排、在线监测专项执法检查、“两会一节”环境安全隐患排查、汛期环境安全隐患排查、环境安全隐患大排查大整治大执法、餐饮油烟整治、宁静小区创建、长寿经开区夜间臭气扰民巡查监测等专项监测工作，查处环境违法行为28件，处罚金322.91万元，查封扣押2件，涉嫌行政拘留移送公安1件、涉嫌环境犯罪移送公安3件，完成对90余家餐饮企业、20家挥发性有机污染物排放企业的整治。开展155个长江入河排口现场巡查，对61个排口采样分析。联合区公安局抽查控制机动车排气污染，全年抽查车辆3005台、非道路移动机械50台。

【第二次环境污染源普查】 2020年，区生态环境局在第二次全国污染源普查和年度环境统计工作中，按照国家普查办、市普查办及区普查办的部署，积极作为，克服时间紧、任务重、人员少等诸多困难，先后按照普查方案完成1177个普查单位的数据录入、产排污核算、数据审核工作，形成数据分析报告，所有档案资料规范整理入馆，向社会发布普查公报，普查工作通过市普查办验收。结合污染源普查工作，完成111家工业企业、10家大型畜禽养殖场、23家集中式污染治理设施的清查、统计和核实工作，按时完成年度环境统计工作任务。运用污染源普查、环境统计成果，参与并协助完成2020年排污许可证核发工作。

【监测质量控制】 2020年，区生态环境局完善质量管理体系，提升管理水平，按照依法取得的检验检测机构资质认定证书的项目开展监测，严守客观独立、公平公正、诚实信用原则；充实、修订质量手册、程序文件、作业指导书等制度体系文件，对环境监测标准（方法）选择、样品前处理和保存运输、样品交接和编码、实验室分析等每一个步骤、每一个环节开展全过程质量控制。在监测数据核对、监测报告审核中实行逐级审核签字、重点报告联审、会签三级把关。按照计量法律法规要求及时送检或校准设备213台套，适时对必要的设备开展期间核查，确保所有计量仪器设备量值传递统一、可靠，始终处于有效受控状态；使用的标准物质全部是有证标准物质，保证环境监测仪器设备量值准确、可靠；全年更新或新增设备45台（套），保证监测能力常备常新；完成实验室、现场监测室优化改造，确保实验环境条件满足质控要求。定期开展内审、管理评审；完成区生态环境监测站全体监测人员持证上岗考试换证考核，于9月通过区市场监管局监督抽查、11月通过市市场监管局技术负责人集中测试；在参加全市检验检测机构能力验证（石油类、二氧化硫）测试中，考核结果均为合格。

【环境应急监测】 2020年，区生态环境局开展环境应急监测练兵，应对突发环境事件能力提升。针对重点企业的高环境风险环节以及可能发生的典型突发环境事件，专门制订“一源一策”“一案一策”的应急监测操作流程。每季度定期开展1次突发环境事件应急处置桌面推演，年内组织2次区级、经开区多部门联动的突发环境事件应急演练，不定期开展突击检查、拉动训练、现场排查等活动10次，使应急监测队伍、监测装备得到锻炼与运用；在参加涪陵分中心组织的应急演练中，包括组织架构、指挥体系、应急响应、现场调查监测、数据分析等各个环节都得到有效的检验。全年参与处置因气象、区位、累积性污染共同作用发生的30余起包括水质异常、大气扰民、恶意偷排等引起的环境信访事件，完成4月11日沙溪河水质异常、8月3日长寿湖特种车辆沉湖事故、11月7日经开区锦湖石化闪爆事件应急监测，为事件的科学处置提供300余个有效监测数据。

【环境科技】 2020年，区生态环境局立足探索与创新，提升生态环境服务效能。承担区科技局科研项目《长寿区VOCs来源解析与臭氧成因研究》，着力解决长寿区臭氧污染导致的空气质量超标以及挥发性有机物污染问题；以此为契机，提高区生态环境监测站在臭氧以及挥发性有机污染物等的实验室分析能力。推进生态环境监测智能化建设，按照标准规范以及体系文件，设计开发与管理体系相适应的实验室智能管理系统，推动智慧监测、智能监测工作再上台阶。（张　群）

城乡环境卫生

【环境卫生】 2020年，区城市管理局加强日常环卫保洁，全年冲洗路面3.78万车（次），清除“牛皮癣”21.88万张、喷涂1.35万处；加强公厕管理，实行“一厕一员”24小时管护制度，对公厕消毒杀菌1.92万座（次），维修公厕1680座（次）；加强水域清漂工作，联合海事、环保、港航等部门开展船舶防污染联合执法行动，加强船舶日常保养工作，清理长江、桃花河水面漂浮物及岸边垃圾2858吨，出动清漂船舶3240船（次），有效保障三峡航道畅通和水域环境卫生。

【垃圾收运】 2020年，区城市管理局加强城区生活垃圾收运力度，按照“一日两次”的收运频率，确保辖区内临街门面垃圾日产日清；定期对生活垃圾桶、垃圾箱等环卫设施进行清洗消毒，确保垃圾收运点干净整洁。全年清理暴露垃圾1620吨、门市垃圾8407吨、建筑装修垃圾2.49万吨、餐厨垃圾1.6万余吨，运往涪陵焚烧处置15.11万吨。

【垃圾分类】 2020年，区城市管理局推进垃圾分类工作，设置垃圾分类大型公益广告牌110处，竖立大型宣传展板72幅，印制宣传手册10万余份，在人流量大的商圈LED显示屏上滚动播放垃圾分类宣传视频；在菩提街道、凤城街道、八颗街道部分小区开展垃圾分类试点工作，合理配置垃圾分类收集点57个，设置装修垃圾、大件垃圾临时存放点4个，规范设置标识标牌72处，垃圾分类体系正在完善。（张　婷）

【畜禽粪污治理】 2020年，长寿区出台《长寿区畜禽养殖区域划定方案》，明确禁养区、限养区、适养区“三区”划分，保护和改善城乡生态环境；开展畜禽养殖污染防治专项检查工作，对全区所有街镇及养殖场进行分片式检查，对街镇自查内容进行全覆盖核查，检查养殖场（户）

1140户、1822余场（次），对检查中发现的问题，下达整改通知书，督促业主整改。2020年组织区级河长巡河4次，责任部门巡河9次，加强对焦家河流域养殖场的巡查力度，杜绝畜禽养殖对焦家河带来污染；完成23000头生猪当量畜禽养殖污染治理目标任务，畜禽养殖污染治理成效明显。推广畜禽粪污集中收运机制和有机肥生产扶持机制，全年收运处理粪污7.08万吨，生产有机肥3.4万吨，划拨财政补助1153万元。2020年，长寿区畜禽粪污资源化利用率90%，规模化畜禽养殖场粪污处理设施设备配备率100%，大型规模养殖场粪污处理设施装备配套率100%，通过2020年国家第三方机构评估，畜禽粪污得到有效利用，乡村环境有效改善。（肖玲娜）

2020年6月，水清岸绿的长寿湖一瞥

旅 游 业

综 述

【概况】 2020年，长寿区旅游事业发展围绕成渝地区双城经济圈国家战略，紧扣“都市康养休闲旅游区”目标，依托“天赐长寿湖”“菩提长寿山”“滨江长寿谷”三大百亿级景区，推进文化旅游体育深度融合发展。截至2020年年底，全区有长寿湖旅游景区、重庆长寿菩提古镇文化旅游区、重庆长寿菩提山文化旅游区3个国家AAAA级景区；重庆长寿碧桂园凤凰酒店（五星）、重庆金凤山大酒店（四星）、重庆长寿湖度假酒店（三星）3家星级饭店以及重庆寿岛国际旅行社有限公司、寰京国际旅行社（重庆）有限责任公司、重庆大欣旅游有限责任公司等6家旅行社；拥有一批乡村旅游项目和红色旅游项目。全年接待游客750万人次、过夜游客80万人次，实现旅游收入65亿元。区文化旅游委完成成渝双城经济圈旅游业建设调研报告、区人大调研旅游工作汇报材料的撰写，及时办理人大建议、政协提案，办结率、满意率100%。

【旅游重点项目】 2020年，长寿区大洪湖旅游发展策划年底结题，长寿湖水上体育旅游综合体专项策划、五华山康养休闲国家级旅游度假区策划、云龟山西山旅游发展策划全面启动。大洪湖—五华山生态旅游区一体化开发稳步推进，争取四山管制地带旅游设施建设用地167公顷。万顺温泉小镇项目启动钻探，恒大长寿湖特色小镇项目、长寿湖东岸和西岸、云台蓝莓小镇项目等快速推进。智慧旅游服务平台、长寿区应急广播系统等文化旅游重点项目启动招投标。长寿湖民宿文化村建成投用，长寿湖欧瑞酒店年底开门迎客。

【旅游创优争优】 2020年，长寿区的长寿湖—菩提古镇景区市级度假区评定性复核、长寿菩提古镇景区AAAA级评定性复核工作，均顺利通过；完成2020年全市A级旅游景区“体验式”交叉暗访复核工作、2020年度旅游星级饭店复核和标准执行监督检查工作。旅游资源普查顺利结题，成果稿通过市文旅委审查。年内重新更换制作旅游导视牌31块，新改建旅游厕所10个。完成兑付2019年旅游营销奖励（组团奖和住宿奖）89万元。完成2020重庆市第三届导游大赛长寿区初选，推荐3人参加全市比赛。长寿慢城成功上榜第二批重庆市智慧旅游乡村示范点。

【旅游宣传营销】 2020年，区文化旅游委继续抓好传统媒体、新兴媒体及硬广平台推广，利用火车北站、高铁站台灯箱、重庆主城和成都商圈LED、高速路户外T形牌、公交车身、重庆交通广播、网媒整合营销等宣传长寿旅游；编辑发行《长寿旅游全攻略》，编辑出版《长寿文旅》杂志4期。开展节会活动宣传造势，打造长寿湖国庆节湖滨音乐节、百合花展和菩提古镇2020年啤酒火锅节等特色活动；参加“成渝地·巴蜀情”2020年重庆文旅大篷车巡游路演活动；选送“长寿好景抛沙画”3幅参加2020年“重庆好礼”旅游商品文创产品设计大赛被评为旅游商品银奖，该作品与长寿区浩湖渔业公司“长寿湖屏风”1件同时入选重庆市政府外事礼品推介名录库。完成2020年全市区县“晒旅游精品·晒文创产品”大型文旅推介活动云上文旅馆上线工作，做好后期的运营维护更新。重新制作一批旅游小礼品，包括5个景区形象的冰箱贴、购物袋等。创新开展长寿区文化旅游交流（成都）路演活动及推介会；召开长寿气象与旅游融合发展联席会议，并签订战略合作协议书。

（岑　欢）

风景名胜区管理

【概况】 2020年4月，长寿区编委《关于同意重庆市长寿区风景名胜区事务中心机构编制事项的批复》，重庆市长寿湖风景名胜区管委会机构改革后更名为重庆市长寿区风景名胜区事务中心（简称区风景名胜区事务中心），核定编制10人，设主任1名、副主任1名；内设机构4个（综合科、规划发展科、建设管理科、资源保护科），科级领导职数4名（4正）。2020年有在编干部5名，其中正处级1名，正科级4名（抽调到长寿湖镇龙沟村驻村扶贫1人，实有3名）。

【规划管控】 2020年，区风景名胜区事务中心按照《风景名胜区条例》和《长寿湖风景名胜区总体规划修编（2009—2030）》，对长寿湖风景名胜区范围内的所有建设活动进行前置审核，对不符合规划的守住底线，把好前置审核第一关。对符合规划的建设项目，按规定编制详细规划，报区林业局、市林业局审批后再启动正常审批程序。

【资源保护】 2020年，区风景名胜区事务中心重视长寿湖湖泊生态环境保护试点工作，协调到位环保项目资金并跟踪资金使用情况；加大湖面清漂工作管理力度，及时开展清漂工作安排部署，协调清漂资金及时到位；加大长寿湖污水处理厂运行情况监管力度，配合环境监察部门对长寿湖水质进行监测；配合相关部门开展水上安全联合执法，长寿湖水上交通安全形势进一步好转；加强日常走访和重点节假日期间安全生产巡查工作，及时排查和处理安全隐患，全年长寿湖无安全事故发生。配合开展行政执法，宣传《风景名胜区条例》，强化干部群众对风景名胜区生态环境保护意识，自觉遵守和执行《风景名胜区条例》；配合区林业局查处破坏风景名胜区生态环境的各类违法建设行为，协助调查处理违法案件3起；配合区司法局处理行政复议案1起；配合区水利局查处河道筑坝违法行为1起、配合区环保局查处破坏生态环境违法行为2起。

【信访工作】 2020年，区风景名胜区事务中心坚持每月一次的矛盾排查制度。4月，协调区交通局解决长寿湖镇湖滨村村民自用船舶安全管理问题；5月，协调区农业农村委和畜牧局解决湖滨村动植物检疫问题。及时处理群众来信来访。全年接待群众到访13次，处理群众信访4件，处理率100%。

【党建工作】 2020年，区风景名胜区事务中心履行党建、党风廉政建设、意识形态工作主体责任，定期研究部署党建、党风廉政建设和意识形态工作，抓好政治建设、思想建设、组织建设、作风建设、制度建设和反腐倡廉建设。全年组织党工委理论中心组学习（扩大）会议18次，机关支部会议学习15次，上党课2次，开展支部主题党日活动12次；机关支部换届完成，开展“宪法进机关”主题日活动，邀请区医院重症部副主任、门急诊党支部书记为党员干部上《党员初心、医者使命》的党课。制定《推进“不忘初心、牢记使命”主题教育常态化工作方案》，建立完善机关工作制度。组织党员干部观看《路灯下的迷路人》等警示教育片3次，通报违法违纪处理案5次，组织开展“以案四说”“以案四改”工作。

针对2019年区委巡察组反馈5个方面、12个问题，区委意识形态责任制落实情况专项巡察组反馈3个问题，2020年市委巡察反馈问题2个和区委巡察办反馈巡察整改监督检查发现问题1个，制定整改方案，落实整改责任，年底前已全部整改到位。建立完善规章制度43个，扎紧扎密制度的“笼子”，确保问题不反弹、不回潮，强化“不敢腐”的震慑氛围、“不能腐”的制度约束、“不想腐”的思想防线。

【扶贫攻坚】 2020年，区风景名胜区事务中心支持驻村扶贫干部做好脱贫攻坚工作，帮助龙沟村创新成立村级劳务公司，高质量建成扶贫示范车间，解决贫困户60余人就业。高标准建成千亩柑橘产业园，组建专业合作社，解决6个生产队100户农民实现土地流转收益和果园务工收入。多措并举壮大集体经济，为村集体创收20万元。帮助销售水果、蔬菜、家禽等扶贫产品，总价值23万元。

（杨　勇）

重庆市长寿湖风景名胜区

【概况】 2020年，重庆市长寿湖风景名胜区管委会和重庆市长寿区生态旅业开发集团有限公司面对突如其来的新冠肺炎疫情给旅游带来严重影响，坚持景区发展不停步。将防疫期变为“闭关期”、修炼内功的“最佳期”，落实各项工作举措，调整旅游发展规划，提质基础设施建设，创新市场营销策略，加强文旅交流融合，着力提升景区品质。编制出台《长寿湖区域发展策划》《长寿湖自然公园详细规划（一期）》，完成盐卤温泉施工图设计、漂浮泳池前期工作；顺利通过A级景区“体检式”交叉暗访复核检查，上榜重庆体育旅游地图、入选重庆精品体育旅游线路和体育旅游综合体；成功举办首届休闲垂钓大赛、湖畔音乐节等大型活动。2020年，长寿湖景区接待游客247.6万人次，旅游收入21.2亿元。

【景区建设】 2020年，长寿湖景区政府类重大项目取得阶段性进展。长寿湖夜钓场、长寿湖西岸景区提升工程完工；长寿湖高铁站至景区旅游专线正在进行道路水稳层浇筑，即将完工；乐温大桥完成桥墩主体施工；长寿湖民宿文化村开工建设。

快速推动一般类项目建设进度。长寿湖东岸环湖路（人头山至官栈河码头）、长寿湖高铁站换乘中心（环境部分）、长寿湖游客集散中心（平场部分）项目工程竣工；长寿湖西岸二级和三级管网与主干管网连接贯通工程、长寿湖铁人广场驳岸工程、长寿湖红旗岛绿化生态修复等项目加快施工。

推进有关项目前期工作。启动开展长寿湖西岸景区灯饰工程设计；申报长寿湖温泉康养等3个专项债券和长寿湖环湖路生态修复等5个水污染防治环保项目，均已完成立项、可研编制及批复。

【项目招商】 2020年，长寿湖景区优质项目招商洽谈34家，外出考察项目5个。景区引进伴游机器人、动力三角翼投运。成功与香江国际集团签订长寿区茶旅合作协议，共同开发长寿湖茶旅产业长寿湖茶旅融合项目包括茶山板块和茶旅板块；其中茶山板块将依托长寿湖同心岛自然环境，以寿茶文化为基础，以茶叶种植为载体，丰富长寿茶休闲、茶旅游、茶体验等内容；茶旅板块将发挥香江国际集团在地产、文旅、茶产业、酒店及商业运管等方面的资源优势，融合香江国际集团的茶业及茶旅品牌，拟修建茶文化美学空间、茶主题精品酒店和茶业运营中心，共同丰富长寿湖“产业+文旅”内容。推进氦气球、探洞工场项目、房车露营地等项目落地，打造旅游发展新亮点。

2020年10月1日，首届长寿湖金秋湖滨音乐节“城市荣耀·星工场时尚音乐嘉年华”开幕

【旅游营销】 2020年，长寿湖景区立足区位优势和资源禀赋，唱响“长寿·人人向往”旅游品牌。依托传统+新兴媒体发声，利用线上网络和线下实体平台，开展活动营销推广。参加成渝地区农产品交易会、艺术节、文化节、旅游推介会等各类文旅活动，扩大旅游品牌影响力和市场知名度。推动文旅交流融合，开展巴蜀路演活动，融入成渝双城经济圈；参加第三届海峡两岸姊妹湖产业协作年会，探索姊妹湖发展新路径。营造良好景区氛围，强化战役英雄·荣誉归来、智造重镇·智慧名城、党的十九届五中全会精神等宣传推广，提升景区形象。提高宣传媒介品质，完成长寿湖旅游推介视频、宣传PPT的拍摄及制作，升级打造微信公众号、抖音号。

2020年，长寿湖景区围绕“一年四季有鲜花一年四季有活动”的旅游营销思路，策划打造一批“主题突出、文化丰富、亮点纷呈”的系列文旅活动，以元旦节、春节、五一节、端午节等传统节假日为契机，举办“女子乐坊、小丑表演”“愉悦身心·富氧生活瑜伽”“千人抢鱼”“端午粽飘香”等系列活动，获得游客欢迎；打造郁金香展、三角梅、百合等花展，发展花卉产业，用四季花卉打造美丽经济；激活旅游“夜经济”，筹办“滨湖晚风烧烤趴”“湖滨音乐节”等文旅推广活动，整合资源、开展惠民季活动，让游客引得来、留得住。

【旅游服务】 2020年，长寿湖景区着力完善景区服务体系。做好新冠肺炎疫情防控工作，形成疫情防控长效机制；加强景区旅游交通、星级旅游厕所、安全、卫生等基础设施建设，完成智慧景区服务体系，为游客提供优质的人性化服务；转变发展思路，景区物业管理项目实现由服务外包向自主经营转变，降本增效、提高企业核心竞争力。着力促进旅游景区规范发展，顺利通过A级景区“体检式”复核检查、二级安全达标企业的复核，不断巩固标准化建设成果。着力打造品牌旅游景区，开展国家级旅游度假区创建工作，力争到2022年成功创建。

2020年8月7日，重庆市长寿区人民检察院、重庆市长寿生态旅业开发集团有限公司签约“莎姐大普法+地方文旅”协作意见

【长寿湖大事记】 2020年3月5日，区委书记赵世庆带队检查长寿湖景区复工复产情况，区领导张明生、张昌红、张明万参加检查；强调要求景区全面落实疫情防控措施，要一手抓疫情防控，一手抓生产经营，抓紧实现疫情后的经济恢复运作，把安全生产工作摆在重要位置。

2020年8月7日，重庆市长寿区人民检察院、重庆市长寿生态旅业开发集团有限公司在长寿湖监察室举行“莎姐大普法+地方文旅”协作意见签约仪式，签署《关于加强普法协作配合的实施意见》，开启“法治+文旅”普法宣传新模式

2020年9月18日，长寿湖景区、菩提山景区顺利通过全市A级旅游景区交叉复核检查。

2020年10月1日，首届长寿湖金秋湖滨音乐节“城市荣耀·星工场时尚音乐嘉年华”在长寿湖景区情人坡开幕。音乐节持续5天，以“中秋、国庆双节同庆”为主题，邀请知名艺人、国际超模、著名DJ、重庆爆热厂牌同台献艺。时尚绚丽的音乐舞台、丰富多元的活动形式、激情创意的团队为所有游客与音乐爱好者带来别开生面的视听大餐。

2020年10月20日，由中国休闲垂钓协会、重庆市长寿生态旅业开发集团有限公司主办，重庆市长寿区浩湖渔业有限公司承办的中国·重庆·长寿湖首届“浩湖杯”全国休闲垂钓大赛在长寿湖渔文化村隆重举行。来自北京、浙江、四川等11省市200名钓鱼爱好者组成50个代表队参赛，历经28小时，四川省剑客野钓战队一队4位钓鱼高手以121.4公斤“战果”夺得第一名，现场获得10万元大奖；单尾最重奖由重庆市长寿湖本土战队摘得。

2020年12月10日，以“与湖同香，共享长寿”为主题的长寿区茶旅项目签约仪式在长寿湖镇举行。区领导赵世庆、戴明、张明生、张华等出席签约活动。（张小敏）

菩提山文化旅游开发

【概况】 2020年，长寿菩提山文化旅游风景区接待游客164.4万人次，旅游收入14.3亿元。年度A级景区复核获得通过；开展菩提山门票收取前期有关工作，区发改委组织召开听证会并征求相关部门意见，待报区政府同意后取得正式批复。

2020年3月5日，中共长寿区委书记赵世庆到长寿湖西岸景区，检查景区复工准备及郁金香花展有关情况

【景区建设】 2020年，长寿生态旅业开发集团有限公司坚持规划引领、多规合一，修改完

善《菩提山文化旅游区总体规划》，为景区在功能分区、业态布局、项目引进等方面提供遵循。景区建设工程各项目已初具规模，长寿古镇会展中心主体已封顶，完成建筑基础部分施工建设；长寿三贤纪念园项目挡墙施工完成30%，观景台施工完成；菩提山滑道土建部分施工完毕，正准备进行立柱安装。（张小敏）

滨江长寿谷建设

【概况】 2020年，长寿区把滨江长寿谷作为三大“百亿级”景区，融入长寿区“湖—山—谷”旅游金三角的重要组成部分，与长寿湖、菩提山形成资源互补。截至年底，滨江长寿谷片区库岸整治项目完成部分排水涵洞及桥梁建设，三洞沟集体土地、国有土地拆迁工作正在进行中。加紧编制完善《三洞沟休闲旅游规划》，规划旅游发展方向，依托三洞沟区位优势、文化资源和景观特色，将三洞沟城市河谷地段打造为集文化体验、城市休闲、峡谷旅游、生态科普等功能于一体的城市峡谷型生态文化旅游区。

【三倒拐获成渝潮流新地标】 2020年11月18日，长寿三倒拐历史文化街区获评2020年“成渝潮流新地标”。这是该街区2019年正式挂牌以后，继获评“重庆最美历史文化街区”之后第二次获得美誉。三倒拐将继续厚植其悠久的历史，深厚的文化底蕴，深挖细掘，巩固、放大品牌价值，再上新台阶。（张小敏）

大洪湖生态旅游开发

【概况】 山、水、林、田、湖构成大洪湖独特的自然景观，凭高远望，烟波浩渺的湖面上，点缀着星星点点的岛屿，与炊烟袅袅的农舍构成一幅令人神往的水墨画卷，恍惚进入江南水乡。放舟其间，万顷波光熠熠生辉，青山湖水交相辉映，双桨扬起粼粼的涟漪划破远去的倒影，让人不忍打破这份珍藏的宁静。日出日落，满天云霞映入湖中，天地浑然一体，如入仙境。微雨之中，烟霞氤氲于湖面，低飞的水鸟、萋萋的芳草以及凝影的碧水，俱幻化成无边无际的空蒙，湖边斑驳犹在的无粮寺、玉溪寺，无声地诉说着大洪湖古老而凝重的历史。湖内盛产的鲤鱼、鲫鱼、青鳙、鳊鱼、鲶鱼、甲鱼等20余种鱼类，既满足人们泛舟垂钓的闲情逸致，也让食客们尽享舌尖美味口福。明朝建文皇帝避难邻水时特封的“无粮寺”，曾名震长寿、江北、邻水三地；后改名玉溪寺的玉溪府，雕刻精美的摩崖造像及成群汉墓更形成承载厚重历史的人文景观。玉溪里儒学文化、猴儿石传说、杜天官与建文帝传说、无粮寺传说等文化传说为大洪湖旅游注入灵魂，铸就大洪湖旅游的独有特质和不可替代性。

万顺大洪湖全景

【旅游开发】 2020年，位于大洪湖畔的万顺镇用大战略、大思路、大举措做出规划发展大旅游，提升大洪湖旅游发展品质化、生态化、市场化、智慧化水平，挖掘大洪湖片区独有的旅游资源潜力，以大洪湖大美自然风光、大美人文风情资源为依托，规划做亮大风情体验，做特生态康养度假，通过“康养+”打好组合拳，将大洪湖片区打造成为独具魅力的旅游度假目的地。

“万顺镇温泉小镇”依托万顺温泉资源，打造以康养为核心的温泉体验组团，以放松身心、休闲度假产品为主题，丰富园林温泉、棋牌娱乐、文体活动、推拿按摩、小食餐饮等业态，配套主题养生温泉、SPA美容美体、瑜伽塑身、艾灸养生、营养配餐等产品利用温泉矿物功效和先进水疗技术。引入专业温泉医疗机构，打造温泉主题康复疗养中心。依湖而建主题汤屋客栈，体验不一样的隐奢生活；临近湖边，在阳光下聆听风的声音，夜空下仰望星的璀璨。该项目经过前期准备，年底前已开工进行温泉钻探。

“三归溪谷田园综合体”针对已有的东篱田园、三归溪谷等乡村农家民宿等开发基础，进行

2020 年 11 月 18 日，中共长寿区委书记赵世庆等区领导在万顺镇部署温泉小镇建设

提档升级；依托周边农业产业资源，发展现代农业，开发打造集旅游观光、种植、餐饮、农副产品销售、休闲、养生、度假、娱乐等为一体的综合性组团式高端乡村康养度假组团。该项目年内已实施路、房等基础设施建设。

“户外探索基地”依托天宝寨遗址资源及周边森林场地，通过打造户外拓展游乐设施，设置高空和地面设施障碍，包括摩托车越野拉力赛、户外攀岩运动、飞拉达、丛林飞索、高空网阵拓展训练、岩洞探险、古寨文化体验、骑马、射箭体验等户外项目，针对不同年龄段，打造全年龄段户外拓展基地。

“谯定文化庄园”利用谯定在程朱理学的形成和传播中是关键人物的历史价值，以挖掘理学文化、传承理学文化之光为宗旨，开设传统中华文化的“六艺”体验课程、经典国学诵读课程等，将其打造成集餐饮住宿、农耕体验、经典教育、心理教育、游学等于一体的文化体验中心

“夏子山历史文化园”利用夏子山古为谯定和夏渊讲学之地，夏子山树木繁茂，鸟语花香，已有纪念碑、古井、古碑、石雕等资源，还原“上学堂”的场景，将其打造成户外研学、森林研学等教育基地；结合夏子山的农耕田园，将“道法自然”等哲学思想与生产结合上，打造儒学田园；利用山体本身的资源环境，开展山地运动、山体观光、森林养生等户外休闲活动。

“玉溪田园综合体”以保护性开发为主，定期对玉溪寺庙内文物进行文物保护；拓展佛教文化的内涵，倡导健康、健身、绿色环保的现代理念，开发气功和斋菜、养生治病等旅游项目，开展佛诞节、浴佛节等节事活动吸引人气；扩大玉溪寺面积，在其附近另新建一处道观，将玉溪寺打造成佛道合一的寺庙。针对已有盈田生态园发展基础进行现状提档升级，整合周边农业产业，发展现代农业生产型产业园、休闲农业和 CSA（社区支持农业），发展田园休闲旅游产品和乡村民宿度假产品。其中的“青龙寨特色农庄”依托青龙寨遗留的建筑遗迹，借助其历史故事，还原青龙寨原址，将其作为一个打卡点；运用土木、木石等材质，结合周边农业，打造一处集休闲、住宿、娱乐等功能的特色主题农庄。“屏岚秀谷”以乡村田园环境为依托，将项目地打造苗圃种植区、休闲度假区、生态采摘区三大功能区，结合食疗养生、山林养生、田园养生等康养理念，将其打造成集健康餐饮、休闲娱乐、养生度假等功能为一体的乡村生态田园康养地。“九石坎康养中心”结合区域医疗与生活配套，打造一所在西南领先的高端老年养护中心，利用良好的生态、先进的设施及高端的服务，吸引高端养老客群入住，形成医养结合的新型养老模式。“松鹤香米绿色种植园”，依托已有种植资源，结合绿色农业、循环农业等，提升农业产业效益，结合大地艺术、田园农耕表演、开展稻田研学、农业科普、运动等活动，打造成集农耕展示、农耕体验、农耕文化、研学旅行、休闲娱乐于一体的休闲文化田园。“捷宏·空中药谷”依托捷宏农业良好的产业基础，栽种“地上开花、地下结果”药赏两用中药材，将中药材种植与林下间作、农田景观、休闲农业等相结合，构建四大阶段性项目：“育苗种植—观光科普—采挖体验—膳食养生”，打造集科普研学、森林康养、休闲旅游等功能于一体和农业种植、加工、物流于一体的中药生态农业园区。“孝酒文化主题园”通过石雕、现代化的玻璃和金属钢架、文化剪纸等多种形式展现传统文化二十四孝故事图，打造二十四孝主题园区；将酒文化与孝善文化结合，挖掘传统酒文化的精髓，打造酒文化休闲体验为主题的风情旅游园区；形成文化康养、生态康养、度假康养结合的产品体系，实现体验产品多样化，打造养生、休闲、文化消费等多功能综合性休闲中心。（刘显林）

库区移民后期扶持

三峡库区移民后期扶持

【概况】 2020年，长寿区将以人民为中心的思想和长江大保护理念，落实到第一轮三峡后续工作规划收官之年工作中。围绕“库区产业发展及移民安稳致富、生态环境建设与保护、地质灾害防治”三大目标任务，提速提质长寿区三峡后续工作，为实施好新一轮三峡后续工作规划奠定基础。

【三峡后续工作】 2020年，长寿区以库区水资源配置、支流系统治理、农村饮水安全巩固提升、人居环境改造、地质灾害防治为重点，精心谋划，统筹部署，申报2020年度三峡后续工作项目18个，获批18个，下达专项资金17883万元（其中，农村精准帮扶和移民安置区综合帮扶项目8个，获批专项资金3509.4万元；库区地质灾害防治项目2个，获批专项资金462.6万元；教育培训项目1个，获批专项资金220万元；农村饮水安全巩固提升项目2个，获批专项资金2820万元；御临河董家沟、晏家河及桃花溪小流域治理项目4个，获批专项资金2986万元；区级重大项目长寿区龙溪河桃花溪水系连通工程获批专项资金7885万元）。

兼顾申报与实施并重，加强后续项目管理，成立后续项目工作小组，实行项目分组包片跟踪，每个项目落实专人全程跟踪指导，强化日常进度质量安全督查；根据相关规划及实施目标，分阶段、分步骤地有序推进项目建设，做到建设一个、成功一个。签订目标责任书，做到后续项目奋斗有目标、考核有指标、奖惩有依据。2011—2020年度获批三峡后续工作项目120个，项目总投资40.37亿元，核定专项补助资金18.75亿元，已下达专项资金12.81亿元，完工110个，在建10个，完成总投资36.96亿元，其中完成专项补助资金12.11亿元。

依照“不挪用、不抵扣、不截留、不拖延”原则，对三峡后续工作项目补助资金实行专项调度、专项审批，清理2011—2019年度项目资金，及时调整结余结转资金，安排到续建和新建项目上，有效解决资金闲置问题，提高资金管理使用效益，实现2019年及以前年度结存资金全面清零，年底结存资金3270万元，结存率2.5%。完工项目建设质量合格率100%，无任何质量安全责任事故发生。

【移民安稳致富】 2020年，长寿区结合库区推进新型城镇化和乡村振兴战略的发展要求，处理好移民群众日益增长的对美好生活需要和发展不平衡、不充分之间的矛盾，实施城镇移民小区综合帮扶和农村移民安置区精准帮扶，在凤城街道、江南街道、晏家街道、邻封镇等街镇实施帮扶项目，涉及12个村（社区），消除移民居住安全隐患，完善小区基础设施和公共服务设施“老旧缺”配套，解决移民“急愁盼”的突出困难和问题，提升居民居住安全保障和生产生活服务保障功能。

2020年，长寿区实施政策扶持，资助高职学历教育16人，为移民提供直接帮助和支持；开展教育培训与促进劳动力就业培训，培训2260人次。落实2020年度广西壮族自治区无偿援助资金400万元，实施江南水厂改造项目，解决江南安置房片区饮水安全问题；推进长寿柚博物馆项目建设，项目主体工程已完工。

【水库综合管理】 2020年，长寿区落实党中央关于长江经济带发展的决策部署，共抓大保护，不搞大开发，加大库区生态环境建设与保护的力度，把环境保护摆在突出位置，强化库区生态环境建设和保护。长寿区滨江长寿谷库岸综合整治项目位于凤城街道三洞沟桃花溪出口段，已修建挡土墙650米，河口大桥及牛尾岭大桥桩基施工完成；实施长寿区龙溪河桃花溪水系连通工程，主体工程完成2340米。

长寿区对三峡库区消落区实施库区水污染防治，开展消落区乱挖、乱填、乱堆、乱倒、乱搭、乱建、乱耕、乱种“八乱”整治，联合检查50次，出动船舶2000艘（次），打捞长江干支流漂浮物2900余吨；全年开展巡库检查40余次，重点隐患排查20余次，处理险情12起；2020年长江第5号洪水过境长寿，出动抢险人员762人、抢险舟4艘、车辆93辆，转移避险人口1049人，排查隐患点55个，保障洪峰过境沿江居民的生命财产安全。抓好库区地质灾害防治，完成全区2020年度175米试验性蓄水影响避险搬迁103人；开展移民安置区22个高切坡监测预警工作，抓好巡查排查、监测预警、专家驻守、应急处置。2020年，库区总体保持稳定，实现“三无一畅一稳”（无重大地质灾害发生、无重大疫情、无人员伤亡，行人出行道路畅通，库区水质稳定在Ⅱ类）目标。

【移民资产管理】 2020年，长寿区强化移民资产监管力度，将资产责任落实到人，防止非法侵占移民资产，2020年7月和8月，通过签订合同，将创业街1巷4号3幢1-1房屋和清净庵移民安置房分别落实给黄桷湾社区居委会和轻化路社区进行监管，落实专人管理，有效解决监管难题。做好安全巡查和日常维护，定期巡查排查，全年开展安全检查40余次；在疫情期间做好超市、厂房、药店等租赁资产和移民安置房屋的疫情防控的提醒和督促工作；做好阳光丽景房屋下水道管道破损等资产维护工作，保障整个移民资产安全。清晰管理，动态监管，建立健全移民资产管理台账，资产管理变化情况进行适时更新，全面反映20处资产存在和经营管理状态。资产的分配划转工作按照区政府要求和签订的划转合同，将12处移民资产划转区乡村旅游公司；2020年9月1日后由区乡村旅游公司全权负责已划转移民资产（含已过户和未过户的资产）的安全监管、合规经营、保值增值等管理工作。

规范经营移民资产，严格程序依法经营，对外长期租用资产都委托有资质的中介机构对资产进行价值评估，在区联交所通过对外公告，公开竞标高价竞得租用权。严格移民资产收益管理，纳入专户，单独核算，专款专用。减免租金工作按照长寿区财政局和长寿区国资委的扶持中小微企业要求，疫情期间，对承租经营用房的中小微企业，通过承租人申请和区水利局核实，减免租金约10万元。推进黄桷湾移民综合市场经营管理工作，已完成该市场车位出租300余个、门面2个，形成农贸市场出租和招标的初步方案，督促公益公司加快出租经营进度，发挥移民资产效益。

完成合泰公司的企业改革工作，已全部完成公司人员安置、资产处置和在建项目处置工作，清算完毕。2020年8月31日，重庆市长寿区合泰移民资产管理有限公司完成注销登记。

（张　宇）

大中型水库移民后期扶持

【概况】 2020年，长寿区大中型水库移民扶持人口指标总数为107068人；其中，地方大中型水库移民92974人，三峡水库移民14094人。截至2020年年末，核实到人移民44930人，不能核实到人移民62138人。全区移民分布于区内7个街道、12个镇，相对集中于大洪河水库、狮子滩水库周边街镇。2020年后扶政策推进实施，移民家庭收入持续、稳步增长，年人均可支配收入较2019年增长3%，达到15905.26元，与农村居民年人均收入16661元相当。

【后扶项目资金管理】 2020年，长寿区下达水库移民后期扶持投资计划5批、53个项目（含移民直接补助项目、工程项目、工作经费项目等）、9695万元。其中，大中型水库移民后期扶持规划项目及市级结余资金项目25个、7761.44万元，三峡水库移民后期扶持规划项目8个、845.56万元，小型水库库区群众困难扶助项目1个、156万元，三峡水库库区基金项目18个、907万元，大中型水库移民后期扶持基金专项工作经费项目1个、25万元。

2020年，长寿区后扶投资计划中，下达生产开发及配套项目13个，涉及后扶投资1322万元；其中在建未完工4个，完工未验收7个，完工验收2个，完成后扶投资1195万元，铺设引水管网4.7千米，新建泵站6座，整治提灌站3座，硬化道路

1.88千米，新建高位水池2口，整治渠道1.6公里，整治山塘2口，13个移民村、2900多移民直接受益。

2020年，长寿区水库移民后期扶持直补资金及时、足额发放各类移民补助51184人次、28876774.98元；其中，大中型水库移民后扶直补资金42868人次、2572.95万元，三峡水库移民后扶直补资金2058人次、123.48万元，三峡水库库区基金解决移民遗留问题困难补助和特殊救济6258人次、1912474.98元。全年下达投资计划项目53个，移民直补补助项目3个，下达建设项目50个；年底前50个项目已全部开工建设，完工29个（已验收10个），其余在建。全年完成资金投资8652.76万元，完成投资率89.25%。

【后扶重点工作】 2020年，长寿区后扶脱贫攻坚精准识别出建档立卡贫困移民1069人，纳入水利脱贫攻坚总体方案。在移民贫困村倾斜投入，重点是在农村饮水保障方面，安排财政专项扶贫资金1140万元用于洪湖镇五龙村、长寿湖镇龙沟村等8个贫困村实施农村饮水安全巩固提升工程，受益农村居民1.67万人；安排移民后扶资金630万元，在移民村建设饮水改造项目7个，改善0.9万人饮水问题。年底前，全区建档立卡贫困移民户已实现全部脱贫，饮水安全均得到保障。

2020年，长寿区在水库移民美丽家园建设投资计划中，下达项目34个，涉及投资5069.38万元（其中在建未完工17个，完工未验收11个，完工验收6个），完成投资4202.00万元。硬化村级公路5.2千米，改造便民服务中心1处，硬化机耕道1千米，支持淹没区学校采购教学用电脑50台和LED屏等，铺设各管径的引水管网14千米，新建蓄水池2口，安装太阳能路灯292盏，新建加压泵站1座，44个移民村、9385名移民直接受益。

【移民避险解困】 截至2020年年底前，长寿区完成后扶移民避险解困试点工作帮扶对象安置6772户、12696人（超计划完成安置任务257人）；其中，城（集）镇安置2353户、4724人，集中安置点安置244户、499人，自主建房安置2080户、4817人，投亲靠友安置2095户、2656人。镇级统筹和市级配套避险解困配套基础设施项目114个已全面完工。市发展改革委、市水利局和市财政局2015年11月批复的避险解困补助资金26378万元（其中，中央专项资金24878万元、市级配套资金1500万元）已全部拨付给各避险解困实施主体。

【后期扶持政策实施】 2020年，长寿区政府办牵头出台《关于进一步加强大中型水库移民后期扶持项目及资金管理的通知》。在4个方面有创新：实行年度投资计划预下达，比照往年投资规模进行项目扩大化策划和储备，彻底杜绝“资金到位后再开展前期工作”的现象发生；直补资金的兑付由原按季核定发放调整为按年一次性核定发放，提升移民家庭受益水平；后扶项目资金的支付使用由原区级“报账制”调整为区级“拨付制”与项目业主“报账制”，保障建设用资金需求，加速资金使用效率；加强后期扶持项目和资金的监督，开展监测评估运行监控和内部审计，实行后扶政策实施情况年度考核。

2020年，长寿区迎接市级对2016年至2018年后扶政策实施情况的稽查和审计。通过工程现场实地查勘，内业资料核对等监测方法，完成自评表和自评报告，重点检查后扶项目结余资金再安排情况、前期工作开展情况、项目实施进度情况、年度投资计划分解下达和执行情况、项目质量监督、变更和验收情况、项目档案管理情况等，在限期内完成审计提出问题的整改。

【移民信访】 2020年，长寿区水利局调查办理移民信访自收和交（转）办件8件，调处进京越级重复访专项治理1件、中央脱贫攻坚专项巡视“回头看”反馈案件3件、市委第五巡视组反馈案件5件，接待并劝返以李某某、黄某某和张某某等移民到访5批（次）40余人次，成功调处到区信访办、区纪监委、区检察院等单位集访7次，息诉息访1人。

（徐浩松）

财政 税务

财 政

【概况】 2019年，《中共重庆市长寿区委办公室重庆市长寿区政府办公室关于印发〈重庆市长寿区财政局职能配置、内设机构和人员编制规定〉的通知》核定重庆市长寿区财政局（简称区财政局）下设9科1室；《中共重庆市长寿区委机构编制委员会关于同意调整金融工作职责有关事宜的批复》将区国资委承担的金融工作职责划入区财政局，增设金融管理科；2020年，《中共重庆市长寿区委机构编制委员会关于同意区财政局调整内设机构的批复》增设资产管理科。截至2020年12月31日，区财政局下设办公室、预算科、国库科、行政事业科、社会保障科、经济发展科、农业科、债务管理科、资产管理科、会管采购科、绩效管理科、金融管理科12个科室。下属2个参照公务员管理事业单位（区国库集中支付中心、基层财政事务中心），基层财政事务中心源于《中共重庆市长寿区委机构编制委员会关于同意区街镇财政管理办公室更名的批复》，规格为正科级；直属副处级全额拨款事业单位1个：区政府投资项目评审中心，内设机构有综合科、项目优化科和预算审核科。

截至2020年12月31日，区财政局机关实有行政编制人员25人，区基层财政事务中心人员139人，国库集中支付中心10人，机关后勤编制人员1人，政府投资项目评审中心在编人员10人。

【财政指标】 2020年，长寿区一般公共预算收入完成419077万元，为调整预算的100.7%，比2019年增长19.1%；加上上级补助收入、地方政府债务收入、动用预算稳定调节基金、上年结转收入、调入资金等414247万元后，收入总计833324万元。全区一般公共预算支出完成719101万元，下降2.9%；加上上解上级支出、地方政府债务还本支出、安排预算稳定调节基金、结转下年支出等114223万元后，支出总计833324万元。政府债务余额1290663万元（2020年初1134495万元，加上市财政转贷政府债券324600万元和亚行龙溪河整治项目政府债务外债9万元，减去当年偿还的政府债券167600万元和外债841万元），其中一般债务余额489163万元，专项债务余额801500万元。全年争取到位债券资金324600万元，其中置换债券167600万元、新增政府债券157000万元（其中专项债券127000万元，一般债券30000万元）。

【财政收入】 2020年，长寿区积极组织收入，应对减税降费和突发新冠肺炎疫情等多重因素叠加带来的减收影响，多措并举弥补财政收支缺口，发挥财税部门收入征管联席会议作用，强化执收部门联动协调，准确分析把握收入形势，加强重点税源监控，执行减税降费，依法应收尽收。一般公共预算收入完成419077万元，增长19.1%（其中区级税收收入完成237563万元，减收26146万元，下降9.9%）；其中，12月单月区级税收完成18905万元，同比2019年增长15.6%，增收2551万元。区级税收降幅较上半年收窄11.3个百分点，税收收入形势稳中向好。强化非税征收管理，加快盘活处置低效闲置国有资产，采取组织停车位和公租房特许经营权转让收入及时缴纳入库，多渠道挖潜增收，努力增加财政收入；非税收入完成175604万元，增收95988万元，增长120.56%。积极争取上级资金，紧跟中央提高财政赤字率、发行特别国债、扩大专项债规模等政策，积极向市级相关部门汇报对接，争取上级对全区最大支持，争取到位新增政府债券15.7亿元，在中央财政新增赤字和抗疫特别国债合计2万亿元中争取到位特殊转移支付2.6亿元、抗疫特别国债8.5亿元，为弥补全区税收减收财力缺口、疫情防控经费保障、公共卫生领域补短板、重大项目建设落实落地提供有力资金保障。

【财政节流】　2020年，长寿区实施过“紧日子”措施，落实中央、市级相关要求，出台《关于实施政府过紧日子十条措施的通知》，为做好过紧日子建立制度保障；全年围绕课题经费、规划经费、培训经费在年初预算基础上整体压减30%，其他一般性项目支出压减10%，暂停公务用车购置，压减节约资金4909万元，全部统筹用于保工资、保运转、保基本民生“三保”支出；加大部门盘活财政存量资金力度，盘活存量资金10497万元，统筹用于全区“三保”等重点领域，增加资金有效供给。加强财政预算管理约束，出台《加强财政预算管理强化预算约束的通知》，明确规范预算编制和预算执行、压缩一般性支出和预算追加、促进预决算信息公开和审计整改的具体要求，强化预算约束，提高财政资金使用绩效。

【财政支持重点工作】　2020年，长寿区着力保稳岗就业，安排115家中小企业稳岗补贴资金4800万元，失业保险稳岗补贴794万元，阶段性减免中小微企业及个体工商户企业职工养老保险、失业保险30071万元，发放1361笔创业担保贷款23298万元，支持企业疫情后复工复产，降低中小企业负担，帮助受疫情影响的中小企业稳定岗位、共度时艰。着力保基本民生，面对减收增支的压力，多渠道筹集资金、努力增加可用财力，调整优化支出结构，确保“保工资、保运转、保基本民生”全面落实；全年财政民生支出47.3亿元，占一般公共预算支出的65.8%，完成年初预算确定目标，确保“幼有所育、学有所教、劳有所得、病有所医、老有所养、住有所居、弱有所扶”上不断取得新进展。着力保市场主体，落实增值税、小微企业普惠性减税、个人所得税专项附加扣除等政策，兑现“支持中小企业共渡难关20条”“复工复产40条”，全年新增减税降费9.8亿元（其中减税5.2亿元、降费4.6亿元），减轻企业税费负担；加大金融支持力度，全年使用转贷应急周转资金7.6亿元，新发放助保贷、政银担、知识价值信用贷、商业价值信用贷款1.6亿元，帮助194家企业解决融资难、融资贵的问题。着力保粮食能源安全，筹措资金，强化区粮食储备经费保障，安排区级成品粮储备经费713万元、区级储备粮运行费57万元，用于粮食应急保供、流通监督检查等；2020年，区级储备粮1.5万吨，区级成品粮850吨，安排耕地力保护和种粮大户补贴专项资金6644万元，补贴农户16.5万户，保障粮食稳定生产。着力保产业链、供应链稳定，加大财政支持力度，安排各项财政扶持政策资金9964万元，兑现重大新产品研发成本财政补助、现代商贸物流服务产业扶持、建筑业企业发展补助等政策，支持创新发展和产业升级，稳定产业链、供应链，助推实体经济高质量发展。着力保基层运转，在税收下降的情况下，调整优化财政支出结构，加大转移支付和专项补助，全年增加街镇转移支付2745万元，兜牢基层运转底线；安排街镇一般性转移支付63824万元，增长24%，主要用于支持镇“三保”，提升基本公共服务保障水平；安排街镇专项补助32567万元，用于疫情防控补助、兑现村居干部待遇提标、一事一议补助等民生工程。全力支持疫情防控阻击战，安排疫情防控资金22783万元，保障防疫物资采购资金充足，确保确诊和疑似患者得到及时救治，完善公共卫生体系、重大疫情防控救治体系和应急物资保障体系建设，落实对抗疫一线人员的关爱，支持疫情防控阻击战。优先保障脱贫攻坚战，安排专项扶贫资金3343万元和危房改造资金3735万元，支持脱贫村基础设施建设和产业发展，巩固扶贫攻坚成果；安排乡村振兴专项资金5678万元，用于乡村振兴试验示范村“五个振兴”建设及重点项目产业用地扶持和投资奖补；统筹各项财政资金6831万元，用于农旅融合、现代农业产业园区创建、农田建设补助、农业生产社会化服务、农业产业强镇建设等农业产业及基础设施建设；安排人居环境整治资金2736万元，用于农村人居环境整治、公厕建设和厕所革命，有力推进乡村振兴，农业产业发展壮大。大力支持污染防治攻坚战，落实生态优先绿色发展行动，安排资金5004万元，支持国土绿化、生态效益补偿项目建设；安排资金154万元用于长江渔民退捕转产后相关项目，巩固长江退捕成果；安排生态环境保护专项资金17174万元，支持大气、水、土壤等污染防治，重点推动水污染治理、黑臭水体整治、生活及餐厨垃圾转运处置、街镇污水管网整改，继续支持退耕还林、三峡库区地质灾害防治，支持长江上游生态屏障建设等项目。

【财政管理】 2020年，长寿区管好用好财政直达资金，以疫情防控和助企纾困为导向，区分轻重缓急，精准谋划，合理制定直达资金分配方案，快速畅通拨付渠道；建立直达资金分配使用台账，将支付信息及时录入直达资金系统，确保每笔资金有迹可循、规范使用；年底前全区直达资金已全部分配完成，支付到人到户到企95497.6万元，支付进度72.4%。加快实施预算绩效管理，出台《关于全面实施预算绩效管理的实施意见》，落实各部门各单位预算绩效管理职责，确定预算绩效管理措施；强化项目绩效目标管理，对当年全部项目支出编制绩效目标并开展绩效运行监控，其中重点监控项目508个，最终对绩效目标执行进度确定不能完成的5个项目收回财政资金1364万元；夯实绩效评价，在各预算单位自评基础上，选取2019年实施的民生项目17个、金额4.2亿元，委托第三方中介机构进行了重点绩效评价。完善预算公开评审，继续组织评审组成员在公开评审前对部分重点项目实地调研，促进流程更加完善、内容更加丰富；通过对66个部门申报的2021年259个项目进行公开评审，审减预算6890万元，评审组对部门加强预算管理提出评审意见103条，增强预算透明度、约束性。加强政府采购监管服务，推进“互联网+政府采购”改革，推广实施政府采购云平台建设；持续优化营商环境，放宽供应商入围条件；加强采购监管，依法处理投诉；组织指导预算单位，完成采购贫困地区农副产品任务，全区采购贫困地区农副产品814万元，超额完成111%。推动财政投资评审工作提质增效，严把评审关口、优化工作方式，完善制度措施，提升评审质效，2020年完成评审项目146个，送审总额196915万元，核准金额190072万元，节省投资6842万元，审减率3.47%；收到并完成备案项目125个，备案金额12678万元；投资评审工作为财政资金的合理安排提供科学的依据，提高财政资金的使用效率。严格结转结余资金管理，继续严格执行“零结转”制度，收回部门2020年底未实现支出的区级预算3975万元，补充预算稳定调节基金，统筹用于2021年刚性支出。开展财务规范监督检查，开展全区行政事业单位规范财务管理专项治理工作，查找费用报销、资金管理、资产处置、内控建设、重大财务事项问题，推动整改落实，完善内控制度体系，维护财经秩序纪律；加强基层财务督促指导，组织开展农村财会、涉农政策培训，提升代理记账、资金管理水平。强化会计管理业务服务，组织开展财务人员会计法规制度宣传培训，开展会计人员信息采集及审核、会计职称报名考试服务、网上继续教育工作，开展代理记账机构的审批和管理，推进会计人员管理规范化、制度化。

【财政风险防范】 2020年，区财政局履行控债主体责任，年初专题向区人大常委会报告2019年度隐性债务化解情况和2020年度隐性债务化解方案，明确化解计划和责任分工，整合资金、资源和资产，确保完成隐性债务化解任务；履行债务主体责任，优化还款时序，多措并举筹集化债资金，完成隐性债务化解工作；严格债务管控，防止新增政府隐性债务。严格防范债务风险，强化债务管理制度建设，提请区委、区政府印发《防范化解隐性债务风险任务措施分工方案》，落实党委政府统一领导、财政归口管理、部门分工协作的工作机制，明确各自责任，提升债务风险意识和防范和化解债务风险能力；年内组织召开2次全区债务联席会议，专题研究债务相关问题。探索降低债务增速、优化债务结构、提高资金统筹水平和使用效率的新举措，防止发生债务风险；持续深化区管国有重点企业改革，提升企业市场生存能力和投融资功能，增强企业竞争力和抗风险能力；强化债务限额管控，确保政府债务余额不超过市政府规定债务限额，牢牢守住债务风险底线。持续化解金融风险，利用线上+线下的模式，加大对防范非法集资的宣传教育力度，有效管控非法集资风险苗头；采取专项排查+常态化巡查相结合的方式，对重点行业和重点领域开展风险排查；防控化解涉众金融风险，加强行政案件和司法案件处置，完成非法集资陈案积案处置攻坚工作目标，案件化解率、追赃挽损率分别达到77.78%、59.23%，远高于全国平均水平。

（陈　航）

税　务

【概况】 国家税务总局重庆市长寿区税务局（简称区税务局）为中央直属在长寿行政机关，设置行政机构29个，其中内设科室18个、派出机构（税务所）9个、事业单位2个。主要担负全区19个街镇、3.2万户纳税人和全区缴费人的税费征收管理工作。截至2020年12月31日，全局在职干部职工262人，离退休干部102人。

2020年，区税务局重点开展七项工作。即抓好党的建设；推进新冠肺炎疫情防控和税收发展工作；落实减税降费政策，精准释放改革红利；依法尽职组织税费收入；提升纳税服务质效和优化税收营商环境；健全完善税收监管体系；加强干部队伍建设。

【组织税费收入】 2020年，长寿区受新冠肺炎疫情防控严峻形势、宏观经济下行、税源性减收增多、减税降费政策性减收集中兑现等多重因素影响，全区税费收入总量出现较大程度下滑。全年组织税费收入77.72亿元，同比2019年下降10.39%，减收9.01亿元。全口径税收收入48.83亿元，下降10.83%，减收5.93亿元（其中，中央级税收20.19亿元，下降10%，减收2.24亿元；地方级税收28.64亿元，下降11.4%，减收3.68亿元；区级税收23.96亿元，下降9.47%，减收2.50亿元）。

【减税降费】 2020年，长寿区新增减税降费9.49亿元。其中，税收减免5.61亿元，占全年税收收入的11.49%，减负成效位列渝西片区前列。精准落实增值税优惠政策，全区2155户小规模纳税人享受征收率减按1%优惠，减征增值税2171.51万元；全年办理54笔留抵退税，退库3.35亿元。及时核准房产税城镇土地使用税困难性减免，为受疫情影响造成重大损失的496户符合减免条件的中小企业，核准减免“房屋土地”两税5481.99万元。

【城乡居民两险及非税划转】 2020年，长寿区征收城乡居民医疗保险费63.18万人，入库费款1.32亿元；征收城乡居民养老保险费15.61万人，入库费款4658万元。区税务局同财政、环保、水利、人防等部门对接，建立非税划转工作机制，做好业务衔接和信息系统互通工作，实现征管信息实时共享，有效解决数据零星、分散、不规范的难点堵点痛点，确保水土保持补偿费等4个非税收入项目征管职责平稳顺利划转。

【税收征管】 2020年，区税务局业务科室、税务所联合成立核查小组，对企业享受减税降费政策情况、各税种汇算清缴情况开展后续管理，利用汇算清缴涉及税种多、勾稽关系明显等特点，与企业自主申报信息进行比对分析，全年查补入库税款4000万元。强化税收风险管理，创新建立风险应对小组机制，聚焦重点税源、典型欠税等高风险疑点，兼顾行业型、税种型等群体风险案件，有针对性地开展高风险任务应对，将税收执法风险有效地控制在前端，达到“攻关一个，解决一批”的效果，全年减少税款流失3400万元。

【税务稽查】 2020年，区税务局与重庆市税务局第二稽查局沟通协作，抓好积案查处进度，全年办结14户，已结案15户，追补入库税款167万元。分类加强案源管理，全年新增案源17户，调查核实7户，入库税款460万元。挂牌成立长寿区税收违法案件举报中心，注重发票协查工作，全年开展69户（次）应对工作，涉及增值税专用发票39份、增值税普通发票156份，办结62户，查补税款及滞纳金62万元。在2020年度全市税收违法案件发票协查任务应对质量评价中，区税务局位列第一。

【税务服务】 2020年，区税务局推行网上办、掌上办等线上办税服务，以及预约办、自助办、容缺办等线下办税方式。年底前，195项涉税事项已实现网上通办，线上办税替代率92.36%。细化落实增值税小规模纳税人纳税申报“点即报”服务、全程电子退库系统、企业所得税“一表集成”系统、单位社保费“一网通”平台等便民办税缴费措施。创新推出“线上+线下”纳税人学堂，全年组织1256户纳税人开展各类专题政策培训12场。向全区纳税人发送“税收优惠政策套餐”短信6万余条，重点宣传新出台的涉疫系列税费优惠政策，确保纳税人应知尽知、应享尽享。

区税务局紧扣全区经济税源发展形势，对接地方党政领导决策需要，建立分析选题“双来源”机制。全年编发税收经济分析21篇，收入快报6篇，获得区委书记赵世庆肯定性批示6次，区四大班子其他领导肯定性批示8次。融入长寿经济社会发展大局，全年参与区政府招商引资协调工作44次，科学研判投资方提出的税收事宜，主动协助区政府完善财政扶持政策。持续推进出口退税无纸化办理，推广"单一窗口"出口退税申报功能，熟练运用出口退税管理新系统，提升出口退税效率，全年为264户（次）企业核准出口退（免）税3.81亿元。

【纳税信用】　2020年，长寿区纳税信用评价采集信息54846户，纳入信用管理8721户；对其中7989户予以评价，评出A级纳税人154户，B级纳税人3764户，C级纳税人119户，D级纳税人1043户，M级纳税人2905户。推进"征信互认、银税互动"，举行2020年度银税互动现场签约仪式，全年各大银行运用纳税信用评定结果，为242户诚信企业提供1.24亿元贷款。

【从严治党】　2020年，区税务局落实中央八项规定及其实施细则精神，紧盯"关键少数"、重点领域、关键环节和重要时间节点，实行"正负面清单"管理，强化八小时内外的监督，全年发布节假日廉政提示6次。开展"以案四说"警示教育活动，创新廉政教育形式，组织集体旁听法院受贿案庭审，引导干部职工知敬畏、存戒惧、守底线。严肃查处违规违纪问题，深化运用执纪监督"四种形态"重点是"第一种形态"，抓早抓小、防微杜渐，维护税务干部队伍形象。

（喻献策）

表28　**重庆市长寿区2020年度组织税费收入情况一览表**

单位：万元

项目名称	2020年累计	2019年同期累计	同比增减	同比增幅%
一、总收入	777201	867297	-90096	-10.39
二、税收收入	488286	547560	-59274	-10.83
其中：中央级	201866	224300	-22434	-10.00
地方级	286420	323260	-36840	-11.40
重庆市级	46860	58655	-11795	-20.11
区县级	239560	264605	-25045	-9.47
01. 增值税	267735	309509	-41774	-13.50
02. 消费税	8923	10370	-1447	-13.95
03. 营业税	68	251	-183	-72.91
04. 企业所得税	67352	68273	-921	-1.35
05. 个人所得税	19386	17663	1723	9.75
06. 资源税	627	2107	-1480	-70.24
07. 城市维护建设税	21329	23361	-2032	-8.70
08. 房产税	17530	19100	-1570	-8.22
09. 印花税	9745	8969	776	8.65
10. 城镇土地使用税	27396	30305	-2909	-9.60
11. 土地增值税	6980	11230	-4250	-37.85
12. 车船税	64	72	-8	-11.11
13. 车辆购置税	7000	7489	-489	-6.53
14. 耕地占用税	8314	11375	-3061	-26.91
15. 契税	20475	22801	-2326	-10.20
16. 环境保护税	5362	4685	677	14.45

续表

项目名称	2020年累计	2019年同期累计	同比增减	同比增幅%
三、社保费收入	250981	282715	-31734	-11.22
01. 企业职工基本养老保险费	124880	152671	-27791	-18.20
02. 失业保险费	2755	3641	-886	-24.33
03. 基本医疗保险费	67996	64536	3460	5.36
04. 工伤保险费	2344	6565	-4221	-64.30
05. 生育保险费	0	1	-1	-100.00
06. 机关事业单位基本养老保险费	30247	30347	-100	-0.33
07. 城乡居民基本养老保险费	4658	11510	-6852	-59.53
08. 城乡居民基本医疗保险费	18101	13444	4657	34.64
四、非税收入	18428	20207	-1779	-8.80
01. 教育费附加	9105	9963	-858	-8.61
02. 地方教育附加	6070	6641	-571	-8.60
03. 文化事业建设费	15	77	-62	-80.52
04. 税务部门罚没收入	14	28	-14	-50.00
05. 残疾人就业保障金	2834	3180	-346	-10.88
06. 跨省际大中型水库库区基金	390	318	72	22.64
五、其他收入	19506	16815	2691	16.00
01. 工会经费	2224	2048	176	8.59
02. 机关事业单位职业年金	17282	14767	2515	17.03

（重庆市长寿区税务局提供）

表29 **重庆市长寿区2020年度纳税十强名录**

1	重庆钢铁股份有限公司
2	巴斯夫聚氨酯（重庆）有限公司
3	中国石化集团重庆川维化工有限公司
4	重庆国际复合材料股份有限公司长寿分公司
5	中国烟草总公司重庆市公司长寿分公司
6	重庆华硕建设有限公司
7	正新橡胶（重庆）有限公司
8	重庆市金科和煦房地产开发有限公司
9	重庆渝发建设有限公司
10	国网重庆市电力公司长寿供电分公司

（重庆市长寿区税务局提供）

金融业

综述

【金融服务体系】 截至2020年12月末，长寿区有金融机构59家。其中，银行业金融机构15家、保险业金融机构28家、证券机构2家、融资性担保公司1家、小额贷款公司3家，股权投资企业6家，要素市场1个，结算中心1个，典当行2家。形成以四大国有商业银行分支机构为主导，全国性、地方性商业银行、政策性银行和合资银行为主体，保险、证券、地方性非银行金融机构为补充的金融服务体系。

【金融服务实体经济】 截至2020年12月末，长寿区银行业本外币存贷款总额1111.63亿元，同比2019年增长16.67%。其中，存款余额为679.49亿元，增长15.05%；贷款余额为432.14亿元，增长16.84%。当年新发放各类贷款200亿元，其中，支持中小微企业贷款150亿元，占总贷款的75%。非银行业补充作用加强，宏昌融资担保公司宏昌融资担保公司当年担保发生额3.99亿元，总计180笔，在保余额4.25亿元，增长33.23%。截至2020年12月末，2020年证券交易额212.12亿元，同比下降17.34%。客户托管市值余额10.55亿元，当年上缴税金118万元，实现利润1632万元。

【保险】 截至2020年12月末，全区保险业机构23家，其中寿险11家、财险12家。2020年全区实现保费收入14.07亿元，同比2019年下降3.7%，其中财险4.85亿元，受理理赔4.96万件，支出2.35亿元；寿险9.22亿元，理赔0.5万件，支出0.64亿元。保险市场呈现出全面协调发展的良好态势。

【资本市场体系】 2020年，长寿区发展直接融资，推动长寿多层次资本市场体系建设。开展企业挂牌上市专题培训，提高企业意识和信心，推动泓禧科技转板新三板精选层辅导备案，全年新推动101家企业进入重庆OTC成功挂牌，上市公司重庆钢铁发行中期票据10亿元。

【证券】 2020年，长寿区有证券业金融机构2家（西南证券长寿证券营业部、华西证券长寿桃源大道证券营业部）。截至2020年12月31日，证券机构开户总数27677户，比年初增加604户，同比2019年增加140户；托管余额市值100861亿元，减少22104亿元；证券交易量2121210亿元，增加111353亿元；利润1637万元，增加490万元。

（陈　航　张鑫妹）

2020年长寿区金融机构本外币信贷收支情况一览表

表30

单位：亿元

栏目 项目	2020年12月余额	比11月增减额		比年初增减额		栏目 项目	2020年12月余额	比11月增减额		比年初增减额	
		2020年	2019年	2020年	2019年			2020年	2019年	2020年	2019年
一、各项存款	679.49	-39.75	-10.18	87.01	50.35	一、各项贷款	432.14	5.13	10.96	62.19	37.29
（一）境内存款	679.28	-39.62	-10.22	86.97	50.32	（一）境内贷款	432.14	5.13	10.96	62.19	37.30
1. 住户存款	480.19	4.12	2.70	52.38	44.28	1. 住户贷款	163.16	-1.22	1.55	2.27	9.78
（1）活期存款	118.68	5.11	3.58	13.12	8.00	（1）短期贷款	33.00	0.27	0.53	6.56	3.14
（2）定期及其他存款	361.51	-0.99	-0.88	39.25	36.28	消费贷款	7.28	0.09	0.23	1.35	0.62
2. 非金融企业存款	129.40	-30.23	-14.16	45.63	-1.44	经营贷款	25.72	0.18	0.30	5.21	2.52
（1）活期存款	83.68	-24.30	-9.11	28.14	10.39	（2）中长期贷款	130.15	-1.49	1.02	-4.28	6.64
（2）定期及其他存款	45.72	-5.93	-5.05	17.49	-11.83	消费贷款	118.99	-1.34	0.91	-4.35	6.03
3. 广义政府存款	64.76	-14.17	0.89	-12.58	4.12	经营贷款	11.16	-0.14	0.12	0.07	0.61
（1）财政性存款	6.09	-0.46	6.64	-3.57	-6.32	2. 非金融企业及机关团体贷款	268.98	6.35	9.41	59.91	27.52
（2）机关团体存款	58.67	-13.71	-5.75	-9.01	10.44	（1）短期贷款	52.49	4.37	6.23	7.32	5.42
4. 非银行业金融机构存款	4.92	0.65	0.35	1.54	3.37	（2）中长期贷款	205.24	0.35	3.31	46.96	24.76
（二）境外存款	0.21	-0.13	0.03	0.04	0.03	（3）票据融资	11.24	1.63	-0.13	5.64	-2.66
二、金融债券	0.00	0.00	0.00	0.00	0.00	（4）融资租赁	0.00	0.00	0.00	0.00	0.00
其中：境外发行	0.00	0.00	0.00	0.00	0.00	（5）各项垫款	0.00	0.00	0.00	0.00	0.00
三、卖出回购资产	0.00	0.00	0.00	0.00	0.00	3. 非银行业金融机构贷款	0.00	0.00	0.00	0.00	0.00
四、借款及非银行业金融机构拆入	0.00	0.00	0.00	0.00	0.00	（二）境外贷款	0.00	0.00	0.00	0.00	0.00
五、联行往来（净）	0.00	0.00	0.00	0.00	0.00	二、债券投资	0.00	0.00	0.00	0.00	0.00
六、应付及暂收款	11.54	0.24	-1.08	2.19	1.30	其中：境外债券	0.00	0.00	0.00	0.00	0.00
七、各项准备	3.88	-0.02	0.18	0.19	0.87	三、股权及其他投资	0.00	0.00	0.00	0.00	0.00
八、所有者权益	7.19	0.42	-0.57	4.20	-1.61	四、买入返售资产	0.00	0.00	0.00	0.00	0.00
其中：实收资本	0.60	0.00	0.00	0.00	0.00	五、存放非银行业金融机构款项	0.00	0.00	0.00	0.00	0.00
九、其他	-8.59	1.46	-6.46	3.04	6.41	六、联行往来（净）	255.73	-43.20	-28.10	32.86	19.94
	0.00	0.00	0.00	0.00	0.00	其中：境内存放二级准备金	0.54	0.27	0.16	-5.36	-0.87
	0.00	0.00	0.00	0.00	0.00	七、金银占款	0.00	0.00	0.00	0.00	0.00
	0.00	0.00	0.00	0.00	0.00	八、中央银行外汇占款	0.00	0.00	0.00	0.00	0.00
	0.00	0.00	0.00	0.00	0.00	九、应收及预付款	2.68	0.40	-1.00	1.67	0.14
	0.00	0.00	0.00	0.00	0.00	十、投资性房地产	0.00	0.00	0.00	0.00	0.00
	0.00	0.00	0.00	0.00	0.00	十一、固定资产	2.96	0.02	0.03	-0.09	-0.06
资金来源总计	693.51	-37.65	-18.11	96.63	57.32	资金运用总计	693.51	-37.65	-18.11	96.63	57.32

注：本表机构包括中国人民银行、银行业存款类金融机构、银行业非存款类金融机构

（中国人民银行长寿中心支行提供）

中国人民银行长寿中心支行

【概况】 中国人民银行长寿中心支行（简称人行长寿中心支行），同时挂“国家外汇管理局长寿中心支局”及“中华人民共和国国家金库长寿区中心支库”2块牌子，履行相应法定职责；2010年7月，由原分管长寿、渝北2区的片区支行升格为管辖长寿区和垫江县2个行政区的地市级中心支行，内设货币信贷管理科、调查统计科、货币金银科、国库科、外汇管理科等14个科室；机关正式职工70人，行级领导5人、处级非领导职务2人。2020年，人行长寿中心支行推进全面从严治党向纵深发展，提升对外履职实效，完善内部管理机制，力求在推动“先进行”建设中取得实效。

【货币政策传导】 2020年，人行长寿中心支行实施金融助力疫情防控、复工复产及“六稳”“六保”成效显著，全年向辖区抗疫保供、复工复产领域提供13.94亿元低成本资金；为辖区地方银行办理再贴现1312万元，利率低至2%。加速应收账款融资平台推广工作，年内全辖新增注册用户62家，成交金额新增55.84亿元。搭建政银企对接平台，召开政银企对接会5次，签约企业53家，涉及金额5.05亿元。持续开展“百日大走访”活动，加大“一企一策”服务力度，全年走访对接企业1611户（次），为181家企业提供信贷支持2.6亿元。建立融资绿色通道，推动区政府出台《重庆市长寿区金融支持稳企业保就业实施方案》，辖区建成2家首贷续贷中心，通过原创动画在掌上金融服务平台宣传；接待企业136家，对接成功62家，为企业提供贷款6762万元，加权平均利率4.81%。为普惠小微企业到期贷款本金16.47亿元实施延期。《长寿日报》《人人长寿》等当地新闻媒体以《用金融“暖风”驱散疫情“寒冬”》为题，报道人行长寿中心支行落实“六稳”“六保”工作成效。

【外汇开放推进】 2020年，人行长寿中心支行推进跨境金融区块链服务平台、贸易投资便利化等8项创新试点，为企业快捷办理服务贸易付汇63.4万美元；运用区块链背书企业信用，帮助企业办理贸易融资650万美元，货物贸易进口付汇便利化试点落地见效；成功办理1家企业跨境融资模式变更，为3家企业办理一次性外债登记额度51.7亿元人民币。2020年，辖内涉外收支合计14.8亿美元，同比2019年增长5.7%。推广运用“互联网+外汇服务”，创新开展线上宣传和“云培训”；鼓励引导银行降费减负，帮助企业节省615.3万元人民币；为外国来华投资者提供“一站式”服务，帮助辖区引入外商投资项目2.32亿美元；打击虚假欺骗性交易，对1家企业逃汇等实质性外汇违规处罚142万元人民币。

【金融风险防控】 2020年，人行长寿中心支行制订防范化解重大金融风险攻坚战实施方案，按季召开分析会议推进落实。制订金融领域扫黑除恶专项斗争工作实施方案，打击非法集资、非法放贷和金融诈骗“两非一诈”活动，成功拦截冒名开户13户、诈骗转账6笔，向公安机关移交可疑线索1次并协助成功防堵在逃人员。发挥银行信贷资产质量风险监测机制作用，指导房地产项目不良贷款2.2亿元顺利转让处置，辖区不良贷款率降至0.36%的低风险水平。妥善处置工商银行大额贷款信用风险、中国银行“原油宝”、天安财险托管3起重大风险事件。做好存款保险标识上线及宣传工作，高质完成保费缴纳有关工作，收取保费16.56万元，如期汇划至中国存款保险业务中心账户。

【脱贫攻坚支持】 2020年，人行长寿中心支行聚焦脱贫攻坚，33名帮扶责任人坚持按月联系走访，为贫困户及时送上各类防疫物资；帮助申请到户奖补资金3万余元，小额信贷12.45万元；协助3户申请纳入低保；购买各类扶贫产品7万余元。辖区扶贫小额信贷获贷率明显提升，全年辖区发放扶贫小额信贷1.99亿元，比年初增幅64.46%；为建档立卡贫困户申请贷款执行基准利率，其他个人申请贷款在原利率基础上下降50BP。提供就业、定点收购、土地流转、代耕代种代养等多种形式，组织农户发展现代农业。全年辖区涉农贷款297.82亿元，较年初增加22.07亿元，同比增长8%。垫江县支行推进央行再贷款+县域生猪养殖产业合作模式创新工作。构建政担银企户5级联动机制，通过政府增资、担保增信、银行增贷，实现企业增效、农户增收的目标。

【污染防治助力】 2020年，人行长寿中心支行统筹建设全区生态文明建设发展纲要统筹协调机制，筛选101个绿色项目入选长江“绿融通”项目库，为库内项目融资放款39.14亿元。完善绿色金融考核评价机制，围绕绿色发展中企业效益与社会效益的关系、环保政策落地效果等主题开展联合调研。加快推进绿色金融各要素市场全面发展，建立企业环境信用评价机制，指导银行业金融机构做好绿色信贷认定工作。2020年，长寿区绿色贷款余额25.39亿元，比年初增加6.43亿元，增速为33.91%。推动绿色债券发展，辖区绿色债券融资12.4亿元，同比2019年增加4.4亿元，融资成本比年初下降50个BP。

【疫情防控保障】 2020年，人行长寿中心支行及时拨付新冠肺炎防疫资金676笔，金额1.05亿元；关注重点区域现金需求，对重点医院、居民社区等区域回流现金做好消毒处理。建立信用保护约束机制，帮助受疫情影响的115户企业和242人修复信用记录。纵深推进移动支付便民示范工程建设，开展“提振消费+复工复产”集中营销促销活动。

【普惠金融到村】 2020年，人行长寿中心支行推动区政府出台《长寿区“1+2+N普惠金融服务到村”工作方案》，将5年的任务要求压缩至2年完成。开展试点工作，辖区4家涉农银行业金融机构建成长寿慢城等4个试点基地，为2021年基地建设工作全面铺开奠定基础。建设普惠金融线上服务平台，以一张二维码满足村民足不出户便捷获取金融服务的需求，通过一个咨询电话“40712363”，让村民快捷享受各项业务咨询。智慧交通、智慧生活、智慧产业等乡村移动支付生态圈总体成型，推动“长寿柚之乡·邻封镇”果品产业链收单支付业务，直接为果农降低交易手续费3750元。

【履职服务为民】 2020年，人行长寿中心支行推进长寿菩提古镇现金服务区建设，开展整治拒收现金行动。联合区教委开展“人民币知识进校园”，围绕金融知识普及、落实“六稳”“六保”政策、经理国库35周年等主题开展形式丰富的宣传。对标对表开展数据治理，制定长寿中心支行2020年金融统计“数据治理年”工作推进表，提升数据质量。对辖区1家法人金融机构开展综合执法检查，发现并督促整改13类问题，提升金融服务规范化水平。

（张鑫妹）

中国农业发展银行重庆市长寿区支行

【概况】 中国农业发展银行重庆市长寿区支行（简称农发行长寿支行）属国家政策性银行，主要职责是按照国家的法律、法规和方针、政策，以国家信用为基础，筹集资金，承担国家规定的农业政策性金融业务，代理财政支农资金的拨付，为农业和农村经济发展服务。成立于1996年12月，为重庆市分行直管支行。2020年在职职工23人，内设机构为办公室、信贷业务部、会计结算部。全年获批贷款103200万元，投放贷款29654.11万元，实现长江大保护贷款和民营小微企业贷款投放的“双突破”；各项存款余额62375.7万元，各项贷款余额169819.01万元；全年日均存款余额69569.37万元，比2019年增加25560.38万元；实现利润3437.89万元，增加2217.5万元；资产利润率1.99%，增加0.99个百分点；不良贷款继续保持为0。

【业务发展】 2020年，农发行长寿支行突出重点支持领域，服务重大国家战略，全年营销储备项目7个，融资需求46.22亿元，年末一级库在库项目4个、贷款需求金额18.12亿元；全年贷款投放29654.114万元。支持产业兴旺，全年走访小微企业6户，意向融资客户4户，融资需求2600万元；获市分行审批1户小微企业，发放贷款200万元。拓展存款来源渠道，运用组织企业增资款项、提前到位项目资本金、与商业银行和保险公司合作等多种方式，年末各项存款余额62375.7万元。严守合规底线，夯实内部管理，强化风险防控，营销和发展中间业务，开展代理保险业务营销工作，全年代收保费15.73万元，实现代理保险手续费收入3.26万元。

【党建工作】 2020年，农发行长寿支行党支部推进“全面从严治党夯实年”活动，坚持党建统领全局，强根铸魂，从严从实抓好支部党建工作；加强疫情防控，推进全面从严治党管行，干部队伍和谐稳定，在全行形成主动担当、积极作为的良好氛围。做好扶贫对口帮扶，服务打赢脱贫攻坚，与葛兰镇黄家坝村于2015年结成扶贫帮扶对口单位，帮扶10个贫困户，帮扶责任人主动联系帮扶对象，持续跟进，多次与村委会沟通，在扶贫扶志扶智上下功夫，力求将扶贫帮扶落到实处，全年走访入户20次，10户贫困户均已实现稳定脱贫。（余　茜）

中国工商银行股份有限公司重庆长寿支行

【概况】 中国工商银行股份有限公司重庆长寿支行（简称工行长寿支行）成立于1984年。至2020年末，有在岗员工140人，有办公室、公司金融业务部（普惠金融事业部）、个人金融业务部、业务运行管理部、信贷管理部5个内设部室，有营业部、凤城支行、文苑支行、川维支行、黄桷湾支行、古镇支行、晏家支行、洛碛支行8个营业网点。

2020年，工行长寿支行以永争同业第一，提升系统贡献为总目标，以加快发展速度，提高效益质量为总要求，加快改革创新步伐，最大限度减少新冠病毒疫情防控对全行经营带来的影响。经营业绩取得历史性最好成绩，实现拨备前利润20495万元，实现净利润20281万元，各专业管理工作平稳有序推进。

【业务发展】 2020年，工行长寿支行的负债业务抓营销源头性资金，抓好重点客群存款增长和储蓄存款产品销售；做好重点大户存款市场，夯实中小客户基础，做实有贷客户存款管理，抓好重点招商项目，促进各项存款的增长。年末本外币各项日均存款较年初增长60967万元。

资产业务贯彻落实国家产业政策和信贷政策，支持地方经济发展，支持人民群众个人消费需求。化解政府隐性债务，成功发放置换贷款4.73亿元，减轻地方财政压力。加大民营企业贷款投放，新发放民营企业贷款0.8亿元。加大普惠贷款投放，突出经营快贷、E抵快贷、农担贷等产品特色，支持普惠客户发展，全年净增普惠贷款1.78亿元。发展个人贷款业务，全年投放个人住房贷款2.7亿元，个人二手房按揭贷款0.12亿元，较好地支持地区群众购房及其他消费信贷需求。

中间业务抓重点产品销售，加快信用卡资产业务发展，抓结算业务推动，抓票据业务等，推动中间业务收入增长，全年实现中间业务收入7888万元，增幅24.92%。

实施结构调整，2020年继续加强转型发展，抓中间业务收入发展，优化收益结构；抓公司贷款、普惠金融、票据业务、个人贷款等业务发展，优化信贷结构；拓展有效客户、优质客户，抓线上线下活跃客户、中小企业客户，优化客户结构，取得好效果，经营结构调整持续向好。

【综合管理】 2020年，工行长寿支行的机构管理重点优化离行式自助银行；继续抓好柜面业务智能化分流，发挥智能设备作用，释放柜面人力资源。

2020年，工行长寿支行服务管理重点推进工总行“2020服务先行”服务提升主题活动，加强服务规范化建设，着力改善服务态度、操作和效率等问题；落实市分行服务痛点治理工作，加强网点现场管理，开展服务环境专项整治和重点网点帮扶，提升网点服务效率；妥善处理好营销及柜面服务过程中与客户的关系，提升客户满意度；持续开展服务检查督导，严格服务管理。提高员工的服务意识及服务技能。

2020年，工行长寿支行的案防管理签订《案件防范责任书》，落实案件防范责；定期召开内控案防分析会，分析前期存在的问题隐患，提出整改意见；开展案件风险排查，有效防范内外案件风险；开展“锤炼‘内’功 同心战‘疫’”“制度治理年”等活动，强化内控合规及案防意识教育，提升员工案件防范意识；加强员工异常行为网格化智能化排查管理，有效防范和化解各类案件风险；加强安全大检查、消防隐患专项排查、消防专项整治等工作，强化安保工作管理。全年没有发生重大差错事故和案件，持续保持安全营运。

【党的建设】 2020年，工行长寿支行继续推进“两学一做”学习教育常态化、制度化建设；党委书记带头讲党课，其他班子成员、各支部书记结合自身工作讲党课；班子成员深入党建联系点调研，牢抓党建促业务工作发展；各党支部落实“三会一课”制度，做好新党员发展，抓好基层党支部建设。

抓好党风廉政建设，贯彻十九届中央纪委四次全会精神，落实上级行全面从严治党暨纪检工作会议部署，推动全面从严治党、从严治行向纵深发展。落实廉洁自律、廉洁从业的要求；贯彻中央八项规定精神，加强教育监督，增强各级管理人员廉洁从业的自觉性。

持续加强文明单位建设工作，加强文明单位动态管理，加强对文明单位的监督和考核；工行长寿支行继续保持重庆市文明单位称号，辖属营业网点都继续保持区级文明单位称号。持续着力“模范职工之家”建设，支行“职工之家”继续保持重庆市“模范职工之家”称号。

2020年，工行长寿支行成立应对新型冠状病毒感染肺炎疫情防控工作组，全面启动疫情防控应急预案，迅速行动，采购防疫物品，保障员工安全，做好疫情防控各项金融服务保障。

（彭　娟）

中国农业银行股份有限公司重庆长寿支行

【概况】　中国农业银行股份有限公司重庆长寿支行（简称长寿农行），成立于1979年8月22日。至2020年末，在岗员工193人，其中大学本科及以上学历123人，在岗党员83人；内设个人金融部、公司业务部/机构业务部、运营财会部、风险信贷部/信用管理部、综合管理部、普惠金融事业部6个部室；下设13个营业机构，分别为支行营业部、菩提支行、黄桷湾支行、桃花支行、晏家园区支行、文苑支行、渡舟支行、葛兰支行、洪湖支行、石堰支行、云台支行、双龙支行、新市支行。

2020年，长寿农行坚持党建和经营两手抓，主体指标屡创新高、经营质效优化、风险管控成效明显、市场形象提升，完成各项经营目标，综合绩效考核排名重庆市分行城市行第十二位。

【业务发展】　2020年，长寿农行负债业务强化产品和客户需求匹配，提高客户存款黏性，推动转型发展走深走实。到年末，本外币各项存款余额71.21亿元，比年初增加11.3亿元。推动营销方式转型，以代发工资等项目、DCRM系统等工具，开展批量获客、精准营销；个人存款余额56.5亿元，比上年净增7.5亿元，余额在长寿区的工、农、建、中四行的份额为34.48%，比2019年提升0.09%，提升率居四行第一。围绕政府这个最大客户，拜访区委、区政府相关领导和职能部门、平台公司，制定方案，立体对接，对公存款余额14.71亿元，比上年净增3.8亿元，余额四行份额比上年提升2.94%。

2020年年末，长寿农行资产业务各项贷款余额64.02亿元，比年初增加10.05亿元，余额市场份额31.39%，提升0.34%，居四行第一；其中对公贷款余额40.79亿元，比年初增加9.11亿元，余额四行份额32.36%，比年初增加0.23%。个人贷款余额11亿元，比年初增加0.9亿元；余额四行份额29.81%，比上年提升0.2%。年末，不良贷款余额1754万元，完成市分行计划的103%，不良贷款占比0.27%，低于全市平均不良贷款率1.38个百分点；全年处置表内外不良资产978万元，较上年多处置68万元，完成分行目标计划的110%。实现表内外现金清收831万元，完成分行目标计划的123%。

长寿农行全年实现中间业务收入4557万元，完成计划的102.4%，比2019年多增48万元，增幅0.34%，四行占比20.58%，同比下降4.86%。个金业务基础中收类指标较薄弱，互联网金融业务收入（对私收入）降幅15.7%。营业收入实现24200万元，完成市分行全年计划110.1%，比上年多增2874万元，增幅13.4%；实现拨备前利润1.71亿元，比上年增加2671万元；拨备后利润1.41亿元，经营效益逐步提升。

长寿农行紧盯区级财政类账户、重大项目、重点招商引资3个关键，开展营销攻坚，成功营销区城市管理服务中心、区公共租赁住房管理所、区住房保障所、长寿区旅游发展中心等机构账户，打破机构账户的合作瓶颈；截至2020年12末，对公人民币结算账户2236户，比年初净增257户；全行对公有效客户1411.5户，较上年净增217户，完成分行全年计划（135户）的160.74%；全年新增对公线上活跃客户数835户，完成计划的154.63%。加大互联网场景建设，做实线上营销，利用多重活动引导客户活化个人掌银，提升客户黏性；年末，私人银行达标客户数 14 户，较年初增加 5 户；私行签约客户 17 户，较年初增加 4 户；掌银活跃客户 30274 户，较年初净增 4015 户；惠农通覆盖全辖 221 个行政村，实现全活化。

长寿农行在“三农”业务中贯彻金融扶贫、脱贫攻坚政策，履行服务“三农”社会责任，年末绿色贷款余额 3.44 亿元；在菩提、洪湖等街镇发放金融扶贫贷款，到 2020 年年末，发放小额扶贫贷款 583 户、647 万元；向云集镇大同村派驻扶贫干部，对云集镇玉龙村、玛瑙村 35 户贫困户实行对口帮扶。与长寿区政府联合印发《长寿区“乡村振兴”惠农 e 贷助力乡村振兴和脱贫攻坚工作方案》，推进整村建档和惠农 e 贷工作；到年末，惠农 e 贷余额 1.26 亿元，比年初净增 0.6 亿元，完成分行计划 100.90%；完成有效农户信息建档 6255 户，预授信 5779 户，预授信信用额度 2.13 亿元，总计用信额度 2.66 亿元。全行普惠小微企业贷款比年初净增 1.98 亿元，完成计划任务 231%，普惠金融领域贷款净增 2.9 亿元，完成计划任务 223%，普惠金融专项考核列市分行第五名，贡献度列市分行第三。

【运营管理】 2020 年，长寿农行自 8 月 24 日开始，开展“绩效考核办法大家学”大宣讲，领导带头讲，行领导包片对网点辅导宣讲，部门轮流讲，机关各部门每个工作日 12：20—13：00 对绩效考核相关政策进行辅导；全行员工考，组织第三季度专题“学用考”，将辅导手册作为重点考试内容；运营财会部对全辖网点进行精准画像，对标综合绩效考核及重点产品计价，对表网点在支行整体考核排名情况，对每个营业机构从综合绩效短板、产品计价短板进行精准画像，找准短板指标，厘清工作思路，制定有效措施，指明发力方向；做好成果转化，营业部身先士卒，开展学习活动，促进效果转化，上下联动，成功营销三洞村拆迁赔付资金 6950 万元。探索赔付过程“七步法”，带动营销借记卡 456 张、手机银行 612 户，客户从他行转入农行存款 1057 万元；三洞沟赔付客户为长寿农行推荐私行客户 1 户，签约购买理财产品 600 万元。在“绩效考核办法大家学”专项活动中，用实际行动交上满意答卷。

【综合保障】 2020 年，长寿农行坚持从严治行，组织开展对营业机构、部门党支部例行巡察，对 2019 年已巡察的单位开展整改专项巡察，抓实抓细各项监管措施落地见效，贯彻全面从严管党、从严治行各项工作措施，筑牢防案控险防线，提升防案控险水平。树立“控险是第一责任”理念，推动防案控险工作进一步提升，信用风险管控成效明显，全年无重大案件、安全责任事故和负面舆情发生。

2020 年初，新冠肺炎疫情突发，长寿农行党委第一时间成立领导小组，传达贯彻党中央及上级行会议精神，层层压实责任部门职责，细化防控措施，疫情防控和业务经营两手抓，实现“不发生一起，不感染一人”的疫情防控目标。

【党建和企业文化建设】 2020 年，长寿农行举办党委中心组集体学习研讨 21 次、党建工作领导小组会议 4 次、巡察工作领导小组会议 11 次，学习习近平总书记重要论述、系列讲话和重要批示指示精神；党委书记讲授全国两会、家园文化专题党课 2 次，党委班子成员坚持列席党建联系点组织生活会，督促各党支部抓好“三会一课”、民主评议党员等制度落实，基层党支部建设标准化和规范化；编写党建专刊 12 期。长寿农行党委从小事出发，解决员工在工作中的不便与困难，营造舒适温馨的工作环境；开展青年员工职业成长辅导交流会，为青年员工梳理成长路径，分条线开展辅导学习 10 余次，为 20 余名基层员工提供本部理想岗位“跟班”学习机会，匹配专业导师，提高员工综合能力；开展全员家访、召开中干家属恳谈会，一对一交心谈心，听取员工心声；租用健身场地，组织开展羽毛球、乒乓球活动 52 次，疏导排解压力。

贯彻落实《长寿支行网点转型岗位优化调整实施意见》，组织开展支行本部部分岗位缺岗竞聘，充实部门部分缺岗岗位，增强人岗匹配度。2020 年新提拔使用中层干部 9 名，续聘高级专员 1 人，新聘任高级专员 1 人，平级调整干部 16 人次，解聘干部 4 人次，无到龄转岗人员。 （廖 娟）

中国建设银行股份有限公司重庆长寿支行

【经营指标】 2020 年，中国建设银行股份有限公司重庆长寿支行（简称建设银行长寿支行）主要指标均创历年新高。负债业务全面提升，一般性存款日均余额 59.71 亿元，比年初新增 10 亿元（其中对公存款日均余额 19.54 亿元、新增 4.63 亿元，个人存款日均余额 40.17 亿元、新增 5.36 亿元）；一般性存款时点余额 56.96 亿元，比年初新增 6.55 亿元（其中对公存款时点余额 16.2 亿元、新增 1.32 亿元，个人时点余额 40.76 亿元、新增 5.23 亿元）；一般性存款日均新增、对公存款日均新增、个人存款日均新增、个人存款新点新增均创下历史最好成绩，实现历史性突破；全量资金日均余额 76.6 亿元，新增 12 亿元。资产引领带动高质量发展，各项贷款余额 45.49 亿元，比年初新增 9.19 亿元；其中对公贷款余额 23.4 亿元、新增 8.56 亿元，个人贷款余额 22.09 亿元、新增 6364 万元；资产业务对存款中收效益的带动作用显著。经营效益稳步增长，实现中间业务收入 7380 万元，增幅 100%，创新高；储备中收 9000 万元；拨备前利润 1.6 亿元，增幅 33%。KPI 考核进位提升，在首季“兴建旺行”活动中，建设银行长寿支行获得市分行 11 个先进集体奖项中的 8 项，KPI 考核系统第四位，历年表现最佳；三季度 KPI 考核系统排位十八位，比 2019 年提升 8 位。

【业务发展】 2020 年，建设银行长寿支行发展基础持续夯实。客户账户质量提升，对公新开全量账户 948 户，新增 396 户，保持长寿地区工、农、建、中四行第一（其中基本户新开 730 户，新增 357 户）；折算前有效客户新增 402 户、增幅 25.52%，折算后有效客户新增 1169 户、增幅 22.47%；个人有资产客户 24.23 万户，当年新增 1.8 万户，增幅 8%；全面关系客户 8909 户，当年新增 1410 户，增幅 19%。渠道服务能力增强，加大移动渠道建设，个人手机银行全量活跃客户 56426 户，当年新增 9280 户，增幅 20%；开通云工作室 28 个，裕农通覆盖全区所有街镇 233 个行政村，数量 378 个，有效延伸乡村服务触角。资产质量持续向好，不良贷款、逾期贷款额率“双降”，不良额 1400 万元，较年初减少 268 万元，不良率 0.31%，较年初下降 0.31%；逾期贷款额 2401 万元，较年初减少 614 万元，逾期率 0.53%，比年初下降 0.3 个百分点。

【新金融实践】 2020 年，建设银行长寿支行住房租赁成效提升，克服新冠肺炎疫情影响，公租房系统存量用户新完成迁移 2400 户，总计完成 5400 户，撮合存量房出租 112 户，在线支付笔数以及新增获取客户、产品覆盖等指标持续保持在市分行前 3 位；实现长寿区第一个线上预售资金监管系统的项目——“实地常春藤”项目预售资金监管系统上线；通过住房租赁业务与政府相关部门合作，对实现全国首笔公租贷创新业务起到促进作用。

建设银行长寿支行的金融科技各平台年内实现对公获取客户净新增 598 户，对私获取客户净新增 2650 户，平台渠道在市分行排名第九位（其中党群平台新增 518 户对公客户，获取对私客户 2100 户；养老平台入驻供应商 80 户；依托宗教平台区获取对私客户 2000 户）；加快“愉快办”政务平台应用推广，入驻客户 28 户、活跃客户 7 户。

建设银行长寿支行的生态场景建设搭建数字生态场景，完成长寿古镇停车场的聚合支付改造，涉及停车场 20 个、车位 1700 余个，全年收费 56 万笔、1000 万元。布放向阳路停车场、长寿区公共卫生服务中心聚合支付二维码；为“你我他”超市新增 7 个门店布放 30 台 mispos 设备，实现建行收银设备在全区所有街镇、社区的全覆盖。开展“龙卡五折惠”活动、银联云闪付满减活动，涉及餐饮、旅游等商户 20 户，惠及客户超过 2 万人次。以“学易付”为有效平台，实现城区学校学费收缴全覆盖；辅以“悦生活”支付场景，成功搭建渡舟、万顺、葛兰、云台等街镇 5 所学校的缴费渠道。

建设银行长寿支行将企业文化内涵外延，持续加强劳动者港湾建设，建成 1 个老年特色港湾，针对环卫工人、城管人员、银发老人、困难党员、快递员、考生开展送温暖等活动；开展“金智慧民”培训，区域内首家“建行大学．裕农大堂”在云台镇梅沱村鲤鱼小学挂牌成立，成为首家获长寿区“关心下一代委员会”授牌的金融机构；支持乡村振兴，发动全行员工消费扶贫 22 万元，向乡村小学捐赠书籍、学习用品，支行班子定期走访帮扶对口贫困户；讲好建行“好故事”，加大先进典型事迹宣传力度，全年在建行报发文 9 篇、《建行文化》1 篇、《建学时讯》1 篇、《长寿日报》3篇、分行网站45篇、《港湾社区》6篇，“福寿之家，情暖万家”视频入选总行“运用新金融理论 当好支行好行长”最佳实践交流学习活动；以支行营业部成功创建银协“千佳”为契机，促进网点服务质量提升，持续打造建行最佳服务品牌和社会美誉度。

【普惠金融】 2020年，建设银行长寿支行普惠金融贷款余额5.96亿元，比年初新增1.24亿元；新增普惠授信客户169户，保持长寿地区工、农、建、中四行领先地位。与区工商联签订全面战略合作协议，“智慧税服·重庆样板间”实现批量获取客户。助力企业复工复产，为113户小微企业线上贷款、4户小微企业线下抵押贷款、101笔个人贷款办理延期还款，延期贷款金额13741万元；推出的疫情专项贷款产品“云义贷”，为80多户受疫情影响较重的企业和生产疫情防护物资企业授信6000万元，有效缓解部分客户资金压力；为53名援鄂医护人员免费提供意外保险，为256名社区工作者赠送意外伤害险，开辟绿色通道解决政府部门、企业防疫物资采购金融需求，为抗击疫情贡献金融力量。

【转型创新】 2020年，建设银行长寿支行持续做好做实资产业务的谋划储备工作，提升转型创新水平，全年为区域重大项目及各类实体经济提供各类融资超过22亿元。

创新产品，强化“公租贷”业务的创新运用，成功投放全国首单“公租贷”6.7亿元，盘活长寿区公租房资产60万平方米，增加地方财政非税收入10亿元，拓宽盘活地方存量国有资产新思路。寻找政策空间，在长寿首个PPP项目长江二桥资本金未完全落实时，为其发放固定资产贷款2.53亿元，促进项目建设进度。

多策并举，支持平台公司融资需求。成功注册长寿湖生态旅业公司8亿元中票并发行2.4亿元、成功发行长寿开投集团债权融资计划5亿元、成功投放长寿经开区集团建信信托理财4.9亿元，与经开区开发集团公司、乐至置业公司等多家对接，年底前意向合作金额超过10亿元。

【党建和队伍建设】 2020年，建设银行长寿支行持续提升党建工作质量。以中心组学习、专题会议、三会一课、微信、网络宣传等形式，学习贯彻党的十九届五中全会精神，组织召开党支部书记党建工作交流会3次，现场指导支部工作；党总支成员广泛宣讲，先后以党员大会、总支书记集中宣讲、总支成员进支部宣讲等方式，带动全行学习热情；依托“建行大学”“学习强国”APP以及开展全行知识测试，确保学习全面性及时性。严格党员发展和教育管理工作，年内发展入党积极分子7名、预备党员4名，吸收正式党员5名；开展大型党建工作5次，在网点设立16个党员先锋岗，增强服务意识。开展建学共建活动5次，密切银政、银企关系，促进党建与业务的融合；先后通过线上扶贫、线下对口扶贫及联合扶贫等方式，推进精准扶贫工作，扶贫金额超过22万元。

加强队伍建设，落实优秀青年员工的培养成长，全年提拔八零后中层干部3名，新聘专务3人；加强后备人才培养，开展专业技术职务竞聘、客户经理岗位选聘等工作，竞聘专务3人，选聘客户经理11人；继续充实一线人员，新增的5个员工名额全部充实到网点。

落实民主管理，改选职代会、工会委员会、团委，发挥群团组织作用；加强员工关爱，建成职工之家1个、员工小家7个，食堂开设早餐、成立瑜伽兴趣小组、完善职工之家设施，持续开展员工生日、结婚送祝福、生病送慰问、困难送帮扶，员工满意度不断提高；开展送温暖到敬老院、贫困乡村、留守儿童等一系列公益活动，践行国有大行责任担当。（彭　佩）

中国银行股份有限公司重庆长寿支行

【概况】 中国银行股份有限公司重庆长寿支行（简称中国银行长寿支行）成立于1992年11月28日，是中国银行重庆市分行下辖一级支行。2020年有在岗员工91人、退休员工18人，党员33人；内设机构为综合管理部、风险内控部、公司金融部、个人数字金融部4个部门，下设营业部、凤城支行、晏家支行、桃花新城支行、桃源支行5个经营性支行，分布有区医院、中医院2个离行式自助服务点。

【业务发展】 截至2020年年底，中国银行长寿支行实现营业收入1.07亿元，同比2019年增幅5.81%；其中净利息收入8654.25万元，增幅12.91%；非利息收入2078.42万元，减少16.14%。实现拨备前利润8235.52万元，增幅5.86%；实现净利润6350.95万元，增幅63.49%；人均净利润69.44万元，增幅55.69%。实现EVA收入5961万元，增幅7.88%。全量金融资产日均余额40.97亿元，较年初新增3.76亿元，增幅14.12%。人民币存款日均余额31.99亿元，较年初新增1.28亿元，增幅4.17%。贷款余额26.65亿元、较年初减少6.33亿元，降幅19.20%。

【经营管理】 2020年，中国银行长寿支行围绕全量金融资产，紧跟长寿区内招商引资企业，争取客户落地，优化公司客户结构，抓好公司金融业务精细化发展和落地客户的维护工作，为公司全量金融资产新增夯实基础。截至12月末，公司全量金融资产新增1.68亿元；公司基础客户较年初新增100余户，有效客户较年初实现止增长（其中重点营销区内重点招商引资项目10余家客户落户中国银行长寿支行）。公司金融部、个人数字金融部2个部门继续强化“作战图”执行，对指标完成情况均定期通报；综合管理部做好物资配送、车辆调配等后勤保障工作；风险内控部做好业务检查等内控管理，为全行业务发展保驾护航。中国银行长寿支行与长寿区教委签订“复兴壹号”外部推广协议，成功在长寿区内各院校投产上线，解决乡镇学校等各偏远地区缴费难问题；推广人数排名重庆市分行首位。

抓好内控管理，锻造合规廉洁文化。开展“一把手”讲合规，强化“人人都是唯一一道防线，每道防线都是最后一道防线”的责任意识，加强员工行为管控，完成全覆盖家访活动；开展“以案四说”警示教育和清廉金融文化建设活动，让合规、廉洁理念内化于心、外化于形；利用“学案例 讲合规”征文比赛、内控暨反洗钱知识竞赛等方式，了解员工的风险合规意识，有的放矢的开展内控合规工作，促进消费者权益保护管理水平的提升，全年无消费者权益保护方面投诉，无安全事故发生。

【地方经济支持】 2020年，中国银行长寿支行做好区域经济服务工作，勇担社会责任，践行大行担当。紧跟国家政策导向，支持民营企业发展，组织班子成员和全体中层干部多次学习习总书记在民营企业座谈会上的讲话精神，解读总行《支持民营企业二十条》有关要求；截至2020年年末，中国银行长寿支行民营企业有效客户193户，民营企业贷款客户较2019年新增12户。参与脱贫攻坚，班子成员带领党员多次前往洪湖镇草堰村为地处偏远的农村群众送去金融知识；新冠肺炎疫情期间，2次前往探望贫困户并送去抗疫物资；端午节前，看望凤城街道凤西社区困难党员；雷锋纪念日期间，组织志愿者联合新市街道扶贫办工作人员前往新合村开展关爱留守儿童活动；全年在“公益中行”和线下平台支行员工购买和单位集采消费扶贫42139元，在长寿区政府指定平台购买丰都扶贫产品63300元，总计105439元。

【党群工作】 2020年，中国银行长寿支行加强党建引领，强化责任担当，把党建工作融入业务、融入基层、融入人心、融入社会。召开党建工作会、党风廉政工作会，各部门和网点负责人签订《党风廉政建设责任书》，落实“三会一课”制度等党建工作各项任务；班子成员带头讲党课、开展谈心谈话，以普通党员身份参加所在党支部组织生活会，接受党员监督；组建通讯员队伍，制定宣传方案，在“复兴壹号”、中行团委、“渝音嘹亮”等党建平台上开展党建宣传。突出工作重点，务实创新抓党建，推广总行“复兴壹号”党建系统，党员全部实现手机APP端缴费。开展党建共建活动，与长寿区水利局、云天化天聚新材料有限公司等建立党建和廉洁伙伴关系，开展共讲党课、实地互相交流等党建共建活动。

发挥群团组织作用，增强企业团结进取凝聚力。坚持每月行长接待日制度，关心员工工作生活，职工食堂提供早餐和午餐，为外地员工提供“干净、安静、便利、安全”的住所，解决食宿问题；为夫妻异地分居员工申请跨区域内部调动、上门慰问家庭困难职工，将关怀落实到位。创新形式丰富内涵，持续开展特色文体活动，在食堂开展“欢乐共聚、让爱团圆”晚会，开展“三八节”“上厅堂、下厨房”厨女活动和“六一”家庭开放日活动，举办中、青年员工成长沟通会、“八一”退伍军人座谈会、职工光荣退休座谈会等。

（韩　亮）

重庆农村商业银行股份有限公司长寿支行

【概况】 重庆农村商业银行股份有限公司长寿支行（简称重庆农商行长寿支行）是重庆农村商业银行下辖分支机构之一，内设公司金融部、零售金融部、风险管理部、会计结算部、计划财务部、保卫监督部、审计稽核部、人力资源部、综合部9个职能部门，营销一/二/三部3个营销部、1个集中作业中心、49个营业网点；49个营业网点中有营业部1个、小微专营支行1个、一级分理处21个、二级分理处26个（含定时服务网点9个），分布在城区18个、乡镇31个，配备智能综合柜台46台，自助存取款设备84台，另设助农终端11个。2020年有在岗员工344人，其中高级管理人员4人、基层管理人员74人、信贷客户经理51人、理财客户经理23人，硕士研究生及以上学历6人、大学本科232人，中共党员104人，员工平均年龄40岁。

重庆农商行长寿支行领导到“云天化”了解企业经营情况

【业务发展】 2020年，重庆农商行长寿支行坚持零售立行、科技兴行、人才强行，着力提升内部管理质效，支持地方经济发展，防范金融风险，确保各项工作稳步推进。截至2020年年末，各项存款余额173.98亿元，较年初增加9.94亿元；各项贷款余额81.4亿元，较年初增加14.15亿元，同比2019年增加6.18亿元；不良贷款余额7307.09万元，不良率为0.9%。

【支持地方经济】 2020年，重庆农商行长寿支行坚持服务“三农”、服务县域经济的市场定位，支持企业复工复产，助推“六稳”工作、落实“六保”任务，支持辖区经济发展。重点加大对新冠肺炎疫情防控重点企业的金融支持力度，组建专业的客户经理团队第一时间对接疫情防控重点企业的融资需求，为企业全力以赴生产防疫和应急保供物资给予金融支持；截至年末，支持疫情重点企业7家，发放贷款4350万元，其中人行专项再贷款支持5家、3100万元。推进支农支小再贷款、普惠信用贷款等政策性贷款的投放，为小微企业构建融资渠道，解决普惠型小微企业复工复产面临的债务偿还、资金周转和扩大融资等迫切问题，全年投放支农支小再贷款836户、3.38亿元。支持乡村脱贫致富攻坚，以产业扶贫带动整体脱贫，增强扶贫造血功能，全年新发放产业精准扶贫贷款6户、10笔、6880万元。与政府平台公司对接多种融资模式，通过信贷加投行向多个平台给予债券融资计划和购买公司债；截至年末，重庆农商行长寿支行创业担保贷、科技贷投放量继续保持全区第一。全年缴纳税款5472.43万元。

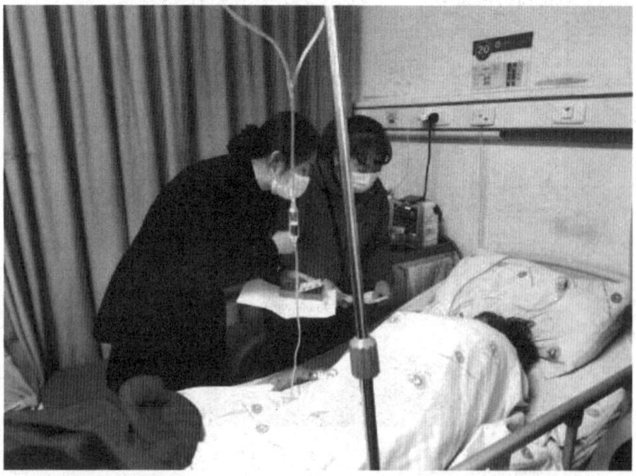

2020年11月，重庆农商行长寿支行工作人员到区医院为病重客户提供上门服务

【社会责任】 2020年，重庆农商行长寿支行开展系列精准扶贫工作，由班子成员带头，坚持按月走访，及时收集反馈意见，落实扶贫政策；

疫情期间，为帮扶对象送去防疫物资，了解生产生活情况，及时提供帮助，避免返贫；落实小额扶贫贷款，增加人力和物资，为帮扶对象发展生产提供资金支持，全年发放小额扶贫贷款228笔、899.72万元，为224户扶贫对象提供信贷支持。以消费扶贫为平台，支持贫困地区产业发展，制定专项消费扶贫工作方案，鼓励全体员工购买消费扶贫农产品3.72万元，购买和帮助扶贫对象销售农产品1.8万元。

【内控案防】 2020年，重庆农商行长寿支行以案件风险滚动排查为主，以“巩固治乱象成果促进合规建设”检查、信贷管理专项检查、部分重点领域风险排查等专项检查为辅，强化二、三道防线的检查和监督职能，全年无案件发生。开展“以案为鉴、明纪正德”、廉政党课宣讲、清风大讲堂、“以案四说”警示教育，“5+4”专项治理等活动，持续营造不敢腐、不能腐、不想腐的廉洁氛围。将抵押权证管理和诉讼工作统一上收，有效缩短业务办理流程，提升工作效率；开展系列专项审计，加大违规处罚力度，找准问题症结、厘清整改思路、强化合规意识；规范财务审批、集中采购及实物资产管理，强化费用管控，提升经营管理水平。

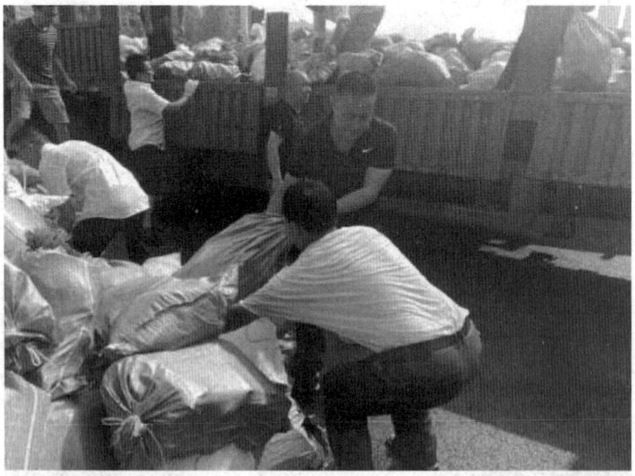

2020年8月，“长江5号洪水”过境，水淹档案中心，重庆农商行长寿支行领导身先士卒，带领员工紧急转移档案

【党群工作】 2020年，重庆农商行长寿支行通过党委理论中心组、党委会、支部“三会一课”、学习强国App等方式，及时传达贯彻中共十九届五中全会精神，习近平总书记系列讲话精神和中央、市委相关文件精神；制订重庆农商行长寿支行党委2020年工作要点，明确党委落实全面从严治党主体责任清单和党委决策有关事项，强化制度保障。优化支部组成和支委人员配置；通过“一支一品牌”活动，打造8个各具品牌特色的党支部，创建1个党建示范点；制定涵盖支部主题党日活动的22个制度办法。以群团工作为载体，凝聚团队合力，开展“三八节”祝福、“五四青年节”线上马拉松、“七一”困难党员慰问、“八一”退伍军人座谈、“九九”重阳节祝福等活动，加强人文关怀，提升归属感和幸福感。（甘婉露）

重庆银行股份有限公司长寿支行

【概况】 重庆银行股份有限公司长寿支行（简称“重庆银行长寿支行”）成立于2003年3月，是重庆银行在远郊区县设立的第二家分支机构。截至2020年年末，有员工75人，平均年龄35岁；设有公司业务一部/二部、零售业务部、小微业务部、计划财务部、风险管理部、安全保卫部和综合部等多个部门，辖支行营业部、凤城支行、晏家支行等3个营业网点。重庆银行长寿支行连续多年被总行评定为“一级支行”，多次获“经营机构综合管理先进单位”“先进基层党组织”“企业文化先进单位”等荣誉称号。2020年，重庆银行长寿支行战疫情战复工，实现规模和效益双提升，资产质量持续向好，内控管理不断优化。

【业务发展】 2020年，重庆银行长寿支行探索高质量发展路径，大中业务抓机遇，资产业务表内表外双管齐下，表内业务回归本源，支持实体经济，向抗疫重点企业和区内优质招商企业提供资金支持；表外业务抢抓货币政策节点节奏，提前搜集客户发债计划信息，上下联动，全年投放10亿元。小微业务抓政策，在新冠肺炎疫情期间，重庆银行长寿支行小微业务响应落实“六稳六保”工作任务，支持企业复工复产，小微企业到期贷款应延尽延，正常贷款能放快放；在脱贫攻坚收官之际，小微部发放支困贷款71户、206.4万元，完成总行和区内下达任务。零售业务抓品

牌，在互联网金融和同业强势竞争下，通过树形象、立品牌，保持零售业务竞争优势，开展“慰问援鄂医护人员”“教师节主题沙龙”等专题活动11场，提升重庆银行品牌形象。

截至2020年年末，重庆银行长寿支行存款时点余额87.55亿元（其中公营余额42.02亿元，储蓄45.53亿元，同比2019年分别增长21.3亿元和6.29亿元）；贷款余额31.67亿元（不含线上贷款平安E贷4.68亿元），增长7.72亿元；不良贷款余额1334万元，不良率0.36%；全年实现考核利润1.15亿元，当地纳税3621万元。

2020年5月8日，重庆银行长寿支行慰问抗疫英雄

【风险防控】 2020年，重庆银行长寿支行严控信贷风险，及时清收不良资产，通过司法诉讼、追偿核销等方式加快不良贷款处置，2020年实现不良贷款清收1309万元，超额完成总行下达任务。严把案防风险，加强员工管理，落实案防制度，开展各条线全面自查自纠，以结果为导向对问题及时整改；坚持家访和员工谈心谈话长效机制。严防决策风险，流程合规守纪，严格遵守“三重一大”集体决策规则。2020年继续保持“零案件、零事故”安全记录。

【社会责任】 2020年，重庆银行长寿支行履行金融国企的责任担当，做好金融服务，支持区域复工复产和稳企业保就业，开展金融抗疫，第一时间向抗疫重点企业提供资金支持；疫情发生后，与小微企业共渡难关，通过展期、延期、减免分期、利息延期以及降低利率等措施为中小微企业纾困解难。脱贫攻坚收官之年，重庆银行长寿支行开展精准扶贫工作，实施结对帮扶，扶贫对象如期实现脱贫。（陈　侃）

2020年12月15日，重庆银行长寿支行召开党员大会

中国邮政储蓄银行重庆长寿区支行

【概况】 中国邮政储蓄银行重庆长寿区支行（简称邮储银行长寿支行）于2007年12月28日挂牌成立。2020年支行机构改革后，设立4个部门：综合管理部、风险合规部、零售金融部和公司金融部。截至年底前，邮储银行长寿支行有92名员工，5个自营网点（支行营业部、平湖路支行、渡舟镇支行、葛兰镇支行、向阳支行）、41个邮政代理金融储蓄网点。支行营业部及办公场地于2013年9月26日搬至桃花新城桃源西路15号，毗邻区行政中心。

2020年年底前，邮储行长寿支行已开办各类个人贷款、小企业贷款、公司贷款、供应链融资、银团贷款、票据融资等贷款业务；理财、托管、贵金属等中间业务；绿卡（绿卡通）、信用卡以及IC卡等卡类业务；手机银行、微信银行、网上银行等电子渠道类业务；国际结售汇和国际贸易融资等新业务。邮储银行已从邮政储汇业务拓展到银行多元化业务和服务领域，具备全功能商业银行的综合业务体系，2016年9月28日成功上市，2019年2月跻身国有大型银行队伍，成为国有六大行。

邮储银行长寿支行坚持向大型现代零售商业银行转型的发展战略，坚持走差异化特色发展道路，贯彻落实市委、市政府总体要求和工作部署，以服务“三农”、服务中小企业和服务社区为发展定位，发挥资金和网络优势，成立13年为地方经济社会发展提供超过52.03亿元的资金支持。2020年完成收入7516.21万元，实现利润3225.91万元；自营网点存款余额达到15.47亿元，公司存款余额1.75亿元，贷款结余26.00亿元。

【资产清收】 2020年，由于新冠肺炎疫情的影响，邮储银行长寿支行逾期和不良贷款金额上涨，不良资产形势严峻。邮储银行长寿支行制定《关于开展2020年不良资产专项处置活动的通知》，加大不良贷款盘活、加强支行清收力度，提高资产质量，实行对不良贷款形成过程中相关人员的考核、对协助支行收回不良贷款的人员予以奖励、奖惩分明的资产质量管理办法，对支行不良贷款清收工作产生积极影响。按时上报资产保全工作周报和月报表；积极开展不良贷款清收活动，逐笔摸清不良贷款底数，评估回收可能性，形成不良资产状态及形态统计表。采取客户经理、资产质量管控团队、委外催收、司法催收等多种方式相结合的方式，全年清收981万元，完成两江分行下达清收任务（1320万元）的74%；全年核销1336万元，完成核销目标（1350万元）的99%；到年底不良贷款核销后为2119.54万元，不良率为0.81%。

【综合管理】 2020年，邮储银行长寿支行重视“三重一大”决策制度实施细则相关规定，对大额资金使用、大宗物资采购、岗位晋升、绩效考核办法和重点业务奖励办法都召开行长办公会集体研究决定；对车辆和招待费使用坚持事前报批、事中控制和事后审核的方式控制成本支出。重视资源配置，年内优化调整后台管理人员，明确岗位职责，增强后台支撑业务能力；成立专职营销团队和资产质量管理团队，实现人员的精细化管理。重视绩效配置和重点业务推动相结合，促规模、效益、质量协调发展，结合市场及经营实际适时对当期重点业务指标及时调整，细化人工成本办法，发挥绩效考核指挥棒作用；优化客户经理绩效，强化中间业务联动考评，调整绩效标准和核算的方式，把中间业务作为所有客户经理KPI考核（即关键绩效指标考核法）和职级晋升的重要指标，引导客户经理提高议价、强化综合业务联动发展，实现业务结构调整。

抓好精细管理，培训落实，提升能力，做银行职业人；以问题为导向，清单式管理督其执行力，落实工作周周过关；合理调配人力资源，落实中层干部能上能下机制；财务管理精细化，落实事后3~5天完成报账，督促结清各月成本费用，真实反映当期损益；额度管理精细化，确保每个月报的额度需求偏离度控制在二分规定的范围内；加强绩效考评管理，激发员工干事创业动力。

【内控案防】 2020年，邮储银行长寿支行保持人员/车辆安全零事故以及零案件的发生，无风险事件发生。提高安全防范能力，制定切实可行的安全预警方案，通过5次集中式安全学习培训、按季进行检查提醒、半年1次应急演练等方式，提高全员安全意识；加强对安全防范设备和设施的投入和维护，加大安全隐患整改督促和责任追究的措施，每月对“110”报警器进行系统测试演练，提高员工安全防范意识，提高全行人防水平；网点配备24小时保安值守，提高安防能力。加强培训（保安、员工）、考评表彰、检查督办，组织员工参加总行、分支行及外部机构培训，以及银行从业考试、上岗资格证考试，按年对支行先进个人及先进党员进行表彰，在全行起到模范带头作用。重视合规管理、开展合规教育各项活动，促进合规文化建设，组织开展“操作风险管理年”“强履职、治顽疾”违规问题专项治理活动、两江分行案防知识专项测试等活动，组织支行员工学禁令、学制度、学案例、学职业道德，增强员工合规经营意识。规范印章管理，支行行政印章上收到两江分行集中管理，严格用印制度，确保印章入保险柜，在监控下双人在场且由印章保管人用印。加强会计运营管理，加强资金管理，执行出纳管理每周2次盘库、会计每旬盘库、会计主管每月盘库和分管行长每季度盘库制度，加强对支行金库现金及重要凭证的盘存，时时监控网点库存现金，确保库存现金超库及时上缴，降低资金风险。

【金融服务】 2020年，邮储银行长寿支行重视声誉风险防范，明确声誉风险的牵头部门及联系人员，每季度定期进行声誉风险排查工作，各条线、各部门每季度对各项工作内容进行风险等级划分；每季度由支行办公室定期组织网点进行声誉风险的演练，形成演练报告，留存影像资料，定期的声誉风险演练工作，提高支行应对声誉风险各种突发状况的能力。有效化解支行声誉风险，沉着应对，冷静处理，转型服务工作取得好成效，全年未发生客户有理由投诉事件，客户满意度99.99%；支行营业部被分行推荐参加重庆市银行业协会举办的“千佳”示范服务网点评选活动，分别在8月、9月接受并通过初评和复评，成功评选为“千佳”示范服务网点。

2020年，邮储银行长寿支行牵头，在市级贫困村双龙镇红岩村创建“1+2+N普惠金融服务到村工作”的到村示范基地，被人民银行长寿中心支行作为示范点推广。发挥国有企业优势助力扶贫攻坚战，截至12月，对有贷款需求的贫困户发放扶贫贷款550笔、812万元，年内实现放款82笔、318.3万元，完成扶贫部门下达280万元放款目标的113.67%；100%完成人行农村信用数据库建档工作，已发放的494户贫困户信息在邮储银行信贷系统内均建立档案，1244户建档立卡贫困户信息全面纳入人民银行农村信用信息数据库中，建档面为100%；截至12月，扶贫贷款到期还款161笔、127.5万元，全部按时还款，无逾期贷款。

【党群工作】 2020年，邮储银行长寿支行党支部推进思想政治建设，落实党支部理论学习制度，全年组织党员大会15次、支委会26次、党小组会12次、党课4次，学习习近平新时代中国特色社会主义理论及系列讲话精神和集团公司、总行、市分行相关精神，提高党员的党性修养。支行党支部坚持集体领导、民主集中，支委会议和行长办公会议原则上每月一次，有急事、要事项随时召开；凡涉及“三重一大”、人事任免、奖惩和业务工作中的重大、重要事项，都提交会议研究、讨论，最后形成集体决定，全年支委研究事项26个、行办公会研究事项59个。成立青年理论学习小组，加强对青年员工的学习教育；开展纪念建党周年专题活动，重温入党誓词、走访慰问贫困老党员、现场讲授党课、线上观看红色影片、开展扶贫工作等，发挥党员的先锋模范作用。了解员工思想动态，开展领导班子与党员和员工谈心谈话、覆盖全体党员（含预备党员）和积极分子的线上云家访活动，及时了解员工思想动态和工作生活情况，了解员工需求，解决员工工作和生活中的实际困难。

由工会牵头，成立以部门、团队、营业部代表为成员的食堂管理委员会，加强对食堂的日常管理，不定期对食堂保洁、服务质量、菜品更新、食品安全等进行监督；各二级支行通过附近固定的供应商满足职工午餐就餐需求。持续做好“送温暖”“送清凉”慰问活动，开展生日、节假日慰问、探望病患、帮贫扶困、职工体检、关爱女工、职工“三必访”等常态化日常工作；健全支行困难职工档案，对发生突发性困难的职工实施及时、有效的救助。（李秀一）

招商银行股份有限公司重庆长寿支行

【概况】 招商银行股份有限公司重庆长寿支行（简称招商银行长寿支行）成立于2008年12月25日。2020年位于重庆市长寿区桃源大道10号，有支行本部营业网点、长寿区桃源大道10号1301公司金融客户部离址办公区、长寿向阳路自助银行、长寿菩提古镇社区支行4个营业（办公）网点；有员工24人，全部为大学本科以上学历，平均年龄34岁。招商银行长寿支行秉承“因势而变、因您而变”的经营理念，推行“轻型银行”“一体两翼”战略，得到稳健发展。招商银行长寿支行党支部获评重庆分行2020年度“先进基层党组织”、支行获重庆分行2020年度“优秀远郊支行”称号。

【业务发展】 2020年，招商银行长寿支行继续致力于为长寿地区的个人和企事业单位客户提供最优最贴心的金融服务，支持当地经济发展。各项业务范围涵盖公司银行业务、零售银行业务、国际业务、同业业务、投资银行业务、中间业务等各方面的众多金融产品和服务。“一卡通”“一网通”“金葵花”财富管理、私人银行业务、个人消费贷款、个人住房贷款、信用卡、集团企业现金管理、手机银行、三方存管、保险、理财、养老金金融、跨境金融、离岸业务、融资租赁、资产托管、开立保函、黄金交易等，在金融市场上享有高声誉。截至2020年12月末，支行存款余额219391万元，自营贷款余额67155万元。

【社会责任】 2020年，招商银行长寿支行继续参与社会服务，承担社会责任，落实精准扶贫。持续12年参与总行安排的对云南武定、永仁2个县的扶贫工作，自2015年至2020年与长寿区双龙镇连丰村13户贫困户结对子开展帮扶工作。

【综合管理】 2020年，招商银行长寿支行坚持稳健经营与加快发展相结合的指导思想，注重合规管理和服务提升，将防范案件风险、打造优质服务品牌放在日常工作重要位置，强化队伍建设，创建学习型银行，遵循“服务、创新、稳健”的价值观，未发生案件，多项内部管理工作受到上级行与监管机构好评。 （陶世英）

交通银行股份有限公司重庆长寿支行

【概况】 交通银行股份有限公司重庆长寿支行（简称交通银行长寿支行）法定成立日是1995年3月7日，注册地址2020年在重庆市长寿区桃源东路3号附19号、附20号、1幢2-9；经营范围包括办理人民币存款、贷款、结算、票据贴现，办理外汇存款、外汇贷款、外币兑换业务，其分行在中国人民银行批准的业务范围内转授权的业务，经中国人民银行批准的其他业务（按许可证核定的事项和期限从事经营）。2020年年末，交通银行长寿支行有2个营业网点、4个自助银行，正式员工38人。

【业务发展】 2020年，交通银行长寿支行各项存款余额209442.93万元，比年初增长46936.93万元，增幅28.8%；各项贷款余额253574.54万元，增长28392.83万元，增幅12.61%；实现表内利润10417.14万元，比2019年增加3852.37万元，增幅58.68%；不良贷款不良率控制在0.13%%以内。全年综合考核排名在重庆分行靠前。 （程帮全）

中国人民财产保险股份有限公司重庆市长寿支公司

【概况】 2020年，中国人民财产保险股份有限公司重庆市长寿支公司（简称人保财险长寿支公司）承担风险保障金额8335688万元，处理各种自然灾害和意外事故赔案逾21000件，各类赔款逾8000万元，为逾16万人次提供过保险服务。

【“三农”服务】 2020年，人保财险长寿支公司做好“三农”保险工作，承担“三农”风险保障94213万元，为种植、养殖业主提供农业保险承保和理赔服务。应对猪瘟疫情，全年处理能繁母猪和育肥猪赔案逾8250件，及时履行保险赔付责任，将赔款支付给广大养殖户，为稳定生产、保障市场猪肉供给做出贡献。继续承办长寿区“精准脱贫保”，为长寿区15046位农村建档立卡贫困人口提供意外伤害保险、大病补充医疗保险、疾病身故保险、贫困学生重大疾病保险和农房保险等风险保障，承担保险责任932852万元。持续推进长寿区蛋鸡养殖暨鸡蛋期货保险项目，以“期货+保险”的模式服务“三农”，为蛋鸡养殖户生产生活提供养殖和收益“双保险”，2020年参与鸡蛋期货保险的45户蛋鸡养殖户，总投保规模为10000吨鸡蛋，鸡蛋期货价格风险保障7780万元。

【保险服务】 2020年，人保财险长寿支公司贯彻落实当年9月3日中国银保监会官网发布的《关于实施车险综合改革的指导意见》，推进车险综合改革，推动车险产品的服务创新，扩展保险责任、降低保费水平、丰富产品供给多种形式，更好地满足消费者多样化的保险需求。做好防范非法集资和消费者权益保护宣传引导，履行反洗钱义务，维护金融秩序稳定，维护消费者合法权益。积极应对新冠肺炎疫情，多措并举，综合防控，从严从紧，防止疫情输入、蔓延、输出，打赢疫情防控阻击战；贯彻落实区政府、监管机构和上级公司关于支持疫情防控和推动企业复工复产的相关要求，主动投身疫情防控及金融支持复工复产工作，创新保险供给，升级服务体系，从保险保障、理赔服务等多方面着手，履行金融央企责任。 （文　燕）

中国平安财产保险股份有限公司重庆市长寿支公司

【概况】 中国平安财产保险股份有限公司重

庆市长寿支公司（简称平安产险长寿支公司）是中国平安财产保险股份有限公司重庆分公司下辖支公司，2003年6月成立，2020年有职工31人。经营业务范围涵盖车险、企财险、工程险、货运险、责任险、家财险、意外及健康险等一切法定产险业务及国际再保险业务，适时开发推出环境污染责任险、国内贸易信用保险、境外旅行意外伤害保险、个人账户资金损失险、非机动车综合险、诉讼保全责任保险、血橙价格指数保险、食品安全责任险等符合市场需求的新险种，经营的主险500个。2020年平安产险长寿支公司保费11942万元，实现业绩稳健增长。

【保险服务】 2020年，平安产险长寿支公司秉持以客户为中心开拓创新，获得发展。持续深化“科技+金融”，科技驱动不断加码，人工智能、区块链、云计算、大数据等技术已在平安产险前中后台多个业务节点应用落地。车险AI持续优化业务流程，年底前96.4%现场案件实现5—10分钟极速处理；智能闪赔实现秒级定损定价，极简流程理赔服务“信任赔”，最快一单理赔耗时30秒，平均耗时不到3分钟；车险理赔触点客户净推荐率80%以上。“平安好车主”APP通过聚合广泛优质的车生态服务资源，为用户提供车保险、车服务、车生活一站式服务。平安产险通过大数据、物联网等创新应用，聚合多项服务能力打造大数据风控开放平台，以“保险+风控”“线上+线下”的创新模式，持续提升风险管控能力，向客户提供专业化、科技化的风控服务。加强科技创新应用，深化“数据产险”转型，实现经营管理的全面线上化、搭建完整的数据生态体系，打造“智慧产险”。2020年平安产险长寿支公司赔付案件4200余件，赔付5432万元，让上万名客户感受到简单高效的理赔服务。

【社会责任】 2020年，平安产险长寿支公司践行企业社会责任，积极参与抗击新冠肺炎疫情，支持企业复工复产、精准扶贫、公益服务、绿色金融、教育慈善等活动，得到社会各界肯定。为全区抗疫一线人员及群众免费提供风险保障，开发出“复业保”“复业保+”保险产品，为企业复工复产解除后顾之忧。响应政府、行业协会“精准扶贫脱贫攻坚”号召，参与辖区内贫困户、贫困村帮扶工作，开展敬老院及留守儿童慰问活动，为困难家庭送去温暖，解决实际困难。2020年开展春节护航公益服务行动，为千万车主提供道路安全救助、路途生活帮助和事故理赔协助等服务，通过平安好车主APP在线推送春节自驾安全须知。持续关注环境及再生资源投资、绿色信贷等绿色金融投入，携手监管共同推出电子保单、电子投保单，减少纸张使用，减少森林砍伐，进行环境污染责任险推广等。公司获得长寿区政府颁发的2015—2020年“金融贡献奖”。 （冯　亚）

中国人寿保险股份有限公司重庆市长寿区支公司

【概况】 中国人寿保险股份有限公司重庆市长寿区支公司（简称中国人寿长寿区支公司）是中国人寿保险股份有限公司在渝的分支机构，属国有大型金融保险企业，总部位于北京。前身是成立于1949年的原中国人民保险公司重庆市长寿县支公司，1996年分设为中保人寿保险有限公司重庆市长寿县支公司，1999年更名为中国人寿保险公司重庆市长寿县支公司。2003年6月30日，中国人寿保险公司重组改制变更为中国人寿保险（集团）公司，独家发起设立中国人寿保险股份有限公司；中国人寿保险公司重庆市长寿区支公司正式更名为中国人寿保险股份有限公司重庆市长寿区支公司。2020年，中国人寿长寿区支公司内设部门7个，员工34人；有营销服务部13个、银保合作网点129个。至年末，保费总收入20165.45万元。

2020年，突如其来的新冠肺炎疫情威胁着每个人的生命安全，整个寿险行业包括公司的正常经营都受到很大影响。中国人寿长寿区支公司按照“重价值、强队伍、稳增长、兴科技、优服务、防风险”的经营方针，去虚务实，以客户为中心，以服务创新为导向，围绕客户需求拓展多渠道保险理赔服务，优化客户体验，传递保险的爱与责任。全年服务4万余人次，其中线上服务2.5万余人次；全年赔付4081.71万元，其中死亡伤残给付300.4万元，医疗给付400.5万元，满期给付2073.43万元，年金给付468.45万元，赔款支出838.88万元。

【保险服务】 2020年，中国人寿长寿区支公司推广寿险APP，实现覆盖率95%以上、无纸化投保率100%；理赔申请支付时效1.18天；通过建立大单、急件线上紧急处理通道，推广长险电子保单、延长体检时限等举措保障疫情期间客户业务服务；持续推进“重疾一日赔”“突发事件特快赔”“小额案件掌上赔”等多元化理赔服务，打造“快捷、温暖”的理赔服务品牌。2020年持续推进“AI”健康服务，全年安装AI健康机器人3.5万余人次，向客户推送健康资讯。

【服务地方】 2020年，中国人寿长寿区支公司上缴地方税费149万元。开办民生保险业务，在19个街镇开办计生“失独家庭护理保险”，承保2198人，提供保障2.6亿元；在19个街镇开办“小额及老龄意外伤害保险”，承保29978人，提供保障25亿元。

【合规经营】 2020年，中国人寿长寿区支公司健全风控机制，筑牢风险防线，坚守合规底线，建立“网格化”风控联系人机制，将风控职能延伸到职场，加强销售前端风险管控；关注监管专项风险排查工作，着力抓好反洗钱、防范非法集资、销售风险和案件风险防控等重点领域风险工作；加大内部自查力度，提升依法合规经营能力。

（郑　静）

中国平安人寿保险股份有限公司重庆市长寿支公司

【概况】 中国平安人寿保险股份有限公司重庆市长寿支公司（简称平安人寿长寿支公司）成立于2003年6月30日，归属中国平安人寿保险股份有限公司重庆分公司管辖；本部地址在重庆市长寿区桃源大道10号，内设运营部、招聘培训部、销售支持部、销售管理部、财务室、人事行政室等职能科室；下辖第一营业部、垫江支公司、垫江支公司澄溪营销服务部、垫江支公司坪山营销服务部4家分支网点，分布在长寿、垫江2个区县；截至2020年底，有内勤员工80人、外勤员工1753人。

截至2020年底，平安人寿长寿支公司全辖总保费收入5.76亿元，比2019年下降2.61%。总保费收入下降主要原因是受疫情影响，新业务拓展及续期保费收取均有下滑，主要是一季度；受产品结构调整的影响，保险产品逐步从短期储备型向长期高价值型转变。

【经营管理】 2020年，平安人寿长寿支公司立足于业务长期稳定发展，着眼于内涵价值提升，树立“可持续、稳健、快速发展”的经营理念，贯彻实施“不过于看重短期绩效，不片面追求保费规模，合理调整业务结构，不断提高服务能力”的经营思路，将稳健的可持续成长作为经营管理的第一要务。在业务发展的同时，提升公司的风险管控能力，搭建合规组织架构，持续完善各项管理制度，主动防范、识别、化解各类风险，确保公司合规经营、稳健发展。

【优化服务】 2020年，平安人寿长寿支公司为贯彻“以人为本、服务社会”的经营宗旨，参与社会活动。举办“普及金融知识、提升金融素养、共创美好生活”为主题的“三进”（进农村、进企业、进社区）宣传活动，提升公众的金融知识和风险意识，引导其合理选择金融产品和服务，抑制盲目投资冲动，保护消费者合法权益，防范金融风险，维护金融安全。完善各项考评制度，加强定点医院管理，有效规范经营风险，开展反洗钱等合规培训和宣传，改善服务质量，完善服务功能，提高市场竞争力。（高　露）

社会事业

- ❖ 文化　体育
- ❖ 教育　科技
- ❖ 卫生　健康
- ❖ 社会保障

文化 体育

综 述

【监督管理】 2020年，重庆市长寿区文化和旅游发展委员会（简称区文化旅游委）坚持党对意识形态工作的领导权，落实意识形态工作责任制，强化公共文化阵地、旅游景区、星级饭店管理，加强论坛、讲座、文艺演出等活动内容审查和备案。开展农村演艺、出版物市场、互联网网站、公共文化阵地非法出版物4人专项整治行动，完成网络、出版经营单位等巡查120余家（次），查缴各类非法出版物126册、音像制品338张。加强广播电视监督工作，完成重要保障期安全播出保障任务，全年未发生广播电视安全播出责任事故。

【文艺创作引导】 2020年，区文化旅游委坚持“二为”方向和“双百”方针，弘扬先进文化。贯彻习近平总书记关于文艺工作的重要论述及重要讲话精神，以决胜全面建成小康社会、决战脱贫攻坚为主基调，助力疫情防控和复工复产。坚持和完善繁荣发展社会主义先进文化制度，以推动文艺创新和促进社会和谐为目标，守正创新、凝心聚力，加强思想引领，繁荣文艺创作，加强全区文艺协会管理，团结引导广大文艺工作者坚持以人民为中心的创作导向，创作出更多有高度、有温度、有深度、有立场、有市场的文艺精品，促进全区文学艺术事业繁荣发展。

【文旅体基础设施】 2020年，区文化旅游委聚焦城市文化体育旅游功能设施改造提升，区博物馆项目主体楼工程建设完工，区雕塑馆建设项目完成方案设计；投入1000万元建成社会足球场9块、社区健身中心4个、社区健身点6个，投入100万元建成三段石移民综合文体广场，投入800万元启动晏家文化体育公园、养生花谷体育公园建设；投入1500万元完成区体育中心改造升级。年内新（改）建旅游厕所10座，新制作更换旅游导视牌31块；新增体育场地面积10万平方米，人均体育面积达到2.16平方米；新建彩色健身步道20千米，改建健身步道10千米，新建登山步道20.5千米。

【文艺精品创作】 2020年，区文化旅游委围绕全面建成小康社会、决战脱贫攻坚、疫情防控阻击战等重要工作，精品创作《那双手》《大爱无言》《中国气派》3首原创音乐词曲及MV，在学习强国、华龙网、人民网展播，点击量超300万次；原创《争分夺秒》《火速救援》《一线天使》等抗疫主题文艺作品，受广大市民好评。编辑发行《长寿文旅》《长寿游》《长寿旅游全攻略》，全面精准展示长寿旅游；拍摄非物质文化遗产专题片10部；成功举办重庆市第二届群众书法作品展、中国民歌表演艺术中青年人才高级研修班、第二届重庆山歌会、《燃烧的天才》王朝艺术分享会；筹备举办“脱贫攻坚 全面建成小康社会”美术、书法、摄影作品联展、长寿诗歌诵读节、个人书画展等。1人获重庆市首届德艺双馨文艺工作者称号。

【文旅体公共服务】 2020年，区文化旅游委深化“放管服”改革，优化完善行政许可办事流程32项，受理办结行政许可申请事项23项。抢抓成渝地区双城经济圈建设战略机遇，签订长寿、广安、攀枝花文化旅游协同发展合作协议。推进文化馆、图书馆总分馆制建设，建成投用长寿区首个公共文化服务超市，新建区政协、区林业局2个分馆。推动沙湾全民健身中心、北城文化艺术中心建设前期工作，推进凤城、晏家、新市、邻封等9个街镇公共文化服务超市建设；推进公共数字文化工程建设，打造文化信息资源共享服务平台，数字资源达到3000余个（容量7T）。完成方志、族谱、票证及地方人士著述等征集工作，收录各类地方文献500册（次）、数字化照片3000张。继续推进全国全民运动健身模范区创建工作，启动全国工业版画之乡、全国书法之乡创建工作。完成第五次全国文化馆评估定级有关工作。

【文旅体产业发展】 2020年，区文化旅游委完成“十四五”文化旅游规划初稿；修订出台《长寿区文化旅游发展专项资金使用管理（暂行）办法》，兑付2019年旅游营销奖励89万元。新增入库工业企业7家，净增产值超过10亿元；新增体彩销售网点8个，体彩销量5500万元。拜访四川惠众集团、伊犁佳阳房地产开发有限公司等意向投资企业8家。长寿湖—菩提古镇市级旅游度假区、长寿湖景区、菩提山景区、长寿古镇景区通过评定性复核。旅游资源普查最终成果通过市文旅委审查。“长寿好景抛沙画”“长寿湖屏风”文创产品入选重庆市政府外事礼品推介名录库，长寿慢城获评全市乡村旅游智慧旅游示范点。组织参加“渝广区县联动共推文化旅游惠民政策”活动，联手推出川渝旅游精品线路6条；区长“晒旅游精品·晒文创产品”大型文旅推介活动成效显著，长寿云上文旅馆上线运行。全年接待游客750万人次、过夜游客80万人次，实现旅游收入65亿元。

【文旅体活动】 2020年，长寿区成功举办第九届重庆市乡村文艺会演、第五届长寿区文化旅游消费季、长寿湖2020迎春灯会暨郁金香花展、《长寿宴》文旅项目审核推介会、菩提古镇2020啤酒火锅节等特色活动，持续做大“夜经济”；策划举办长寿区第二届全民健身运动会、慢城迷你彩跑、“全民嗨歌”活动、2020年天府国际旅游展及成都路演活动、长寿湖国庆节湖滨音乐节、百合花展等品牌活动；组织参加“成渝地·巴蜀情”2020重庆文旅大篷车巡游路演活动、2020“重庆好礼”旅游商品文创产品设计大赛等推介活动。实施文化惠民工程，组织开展文化交流活动203场、曲艺进校园进社区20场。备战重庆市第六届运动会，完成青少年组基础体能测试；组织参加市级体育赛事，全年获29金、30银、32铜佳绩。

【文化遗产保护利用】 （详见本类目《地方文化传承》分目）

【文旅体市场监管】 2020年，区文化旅游委完成文化市场经营单位年检年报148家，清理注销僵尸文化市场经营单位许可证26个。结合“扫黑除恶”专项斗争，开展文化旅游市场秩序专项整治，加大文化市场综合执法力度，全年出动检查人员950余人次，检查经营单位480余家（次），排查整治隐患27处；办结举报信访件13件，办结行政案件5件；约谈文化经营单位8家次，下达责令整改通知书11份，责令停产停业1家，查处接纳未成年人网吧3家，查处旅行社违规经营1家（次）。文化旅游体育市场健康稳定，全年无文化旅游安全事故发生。

【文旅疫情防控】 2020年，区文化旅游委落实文化旅游行业疫情防控和安全生产措施，组织开展疫情对文化旅游业经济影响调研，推荐好图影视、辣翻玄2家文化企业成功申报市级文化产业专项资金，争取到市级“抗疫纾困”贷款贴息26万元。与长寿电信公司协商为全区互联网经营场所减免网费，协调相关部门、企事业单位为文化旅游企业减免租金，多渠道扶持文化旅游企业可持续发展。

【党建工作】 2020年，区文化旅游委强化党的政治建设为统领，落实市委“三个确保”政治承诺，贯彻落实中央、市委、区委决策部署，坚持执行请示报告制度，重大事项、重大问题及时向区委、区政府领导报告；持续开展“不忘初心牢记使命”主题教育活动，坚持以习近平总书记关于文化旅游体育工作重要讲话精神为总方向、总遵循，推动全区文化旅游体育工作朝着正确方向前进；加强基层党组织建设，落实党建工作目标管理，定期研究基层党建工作、听取文旅系统支部党建工作汇报、督促指导委属支部活动，促进文旅系统基层支部“两学一做”和“三会一课”常态化、制度化。强化学习型党组织建设，运用党委中心组学习会、行政办公会、政治专题学习和上党课等形式，学习中共十九大及历届全会精神、党内法规以及中央、市、区重要精神和指示。加强文旅系统工、青、妇组织建设，增强文旅系统干部职工凝聚力。执行《党政领导干部选拔任用工作条例》，配齐配强文旅系统中层干部。坚持民主集中制原则，重点工作、重大工程、重要人事安排、大笔支出“三重一大”须由党委集体议决。落实全面从严治党主体责任和“一岗双责”

责任，强化党风廉政和反腐败斗争工作，完成区委巡察反馈意见整改、四风专项治理、纪检组移交工作、党员干部涉权事项清查核查工作，建立健全制度8个，整改巡察交办问题19个，及时清退违规经费，问责处理22人次，净化文旅系统政治生态环境。　（孙　祥）

2020年8月，长寿区江南街道新景点孝文化长廊一瞥

表 31

2020 年长寿区获市级以上奖励文艺作品一览表

获奖内容	荣誉称号	获奖者	授奖组织	备注
《晚风轻送》	三等奖	王光正	重庆两江新区管理委员会	
《视察重钢》	收藏	王光正	重庆市文联美术馆	
众志成城最美背影	入选奖	周吉勤	重庆市文化和旅游发展委员会	
静待花开	入选奖	周吉勤	重庆市美术杂志编辑社	
万叶秋声里	入选奖	周吉勤	重庆市妇女联合会、重庆市文学艺术联合会、重庆市美术家协会、重庆市女子书画协会	
《淑芬,你快乐吗》	优秀奖	赵　胜	中共重庆市委宣传部	
山之盛装	获奖作品(入会资格作品)	梁亚力	中国美术家协会	
山城留韵	获奖作品(优秀奖)	梁亚力	重庆市委宣传部、文旅委、文学艺术界联合会、重庆市美术家协会	
扶贫项目到瑶乡	入选	许亚新	中国美术家协会	
四川盘子《长寿湖畔丰收忙》	入围奖	姜　曦、游益等	中共重庆市委宣传部、重庆市文学艺术界联合会、重庆市曲艺家协会	
车灯《打赢脱贫攻坚战》	入围奖	张凤琴、罗艳等	中共重庆市委宣传部、重庆市文学艺术界联合会、重庆市曲艺家协会	
四川金钱板《两个儿子争妈》	文学奖	何书林	中共重庆市委宣传部、重庆市文学艺术界联合会、重庆市曲艺家协会	
助威	三等奖	向　前	重庆市群众艺术馆、重庆市艺术摄影家协会	
蓝天碧水伴垂钓	三等奖	向　前	重庆市体育局 、重庆日报	
李子熟了	入围奖	王永红	重庆日报、重庆摄影家协会	
乐在其中	入围奖	王亚东	重庆日报、重庆摄影家协会	
幸福院的故事多	入围奖	游　遥	重庆日报、重庆摄影家协会	
蛟龙游湖	入围奖	张　平	重庆日报、重庆摄影家协会	
烈士遗孀	三等奖	樊　强	中央宣传部	
驶向春天	发表	樊　强	人民日报出版社	
乡村慢生活—1	发表	樊　强	人民日报出版社	
乡村慢生活—2	发表	樊　强	人民日报出版社	
90 后好样的	发表	樊　强	人民日报出版社	

续表

获奖内容	荣誉称号	获奖者	授奖组织	备注
最美劳动者	发表	樊　强	人民日报出版社	
蓝莓熟了	入围奖	樊　强	重庆日报、重庆摄影家协会	
抱起我心爱的小羊羔	发表	陈　勇	人民日报出版社	
春天如约而至	优秀奖	好图影视	中共重庆市委宣传部	
后山爱情故事	优秀奖	好图影视	中共重庆市委宣传部	
铜钱草	发表	李　炎	人民摄影报社	
师生齐努力	发表	李　炎	中国摄影家协会	
走进乡村记忆　建言文化振兴	发表	张　异	人民政协报	
欢迎英雄回家	发表	张　异	人民政协报	
长寿区政协调研脱贫攻坚	发表	张　异	人民政协报	
迎六一	发表	张　异	人民政协报	
调研脱贫攻坚　助力百日会战	发表	张　异	人民政协报	
走进企业	发表	张　异	人民政协报	
提案办理协商进社区	发表	张　异	人民政协报	
蹲下来听民情	三等奖	余　旭	重庆市委人才工作领导小组办公室	
为你点赞	发表	张颂东	中国摄影家协会	
一个新生命的诞生	入围奖	樊　冬	重庆日报、重庆摄影家协会	
抚摸菩提	优秀奖	廖　涛	福建省摄影家协会	
迎着朝阳再启程	发表	廖　涛	人民政协报	
拥别	发表	廖　涛	人民政协报	
美丽家园	入展	李　黎	《中国摄影报》社、中国证券期货行业摄影协会	
文化扶贫到田间	一等奖	黄　磊	重庆市群众艺术馆 、重庆市艺术摄影家协会	
第四届“深入生活、扎根人民”文质兼美全国优秀基层书法家创作活动	入展	陈亨伟	中国书法家协会	
中国力量——全国扶贫书法大展	入展	罗小松	中国书法家协会	
2019“中国书法·年展”全国楷书作品展	入展	张权馨	中国书法家协会	
脱贫攻坚书法展暨重庆市第二届群众书法作品展览	优秀奖	张权馨	重庆市书法家协会主办	

（重庆市长寿区文化和旅游委员会提供）

社会科学

【社科理论研究】　2020年，重庆市长寿区社会科学界联合会（简称区社科联）牢牢掌握意识形态工作领导权，强化《党委（党组）意识形态工作责任制实施办法》《党委（党组）网络意识形态工作责任制实施细则》《关于加强论坛、讲坛、讲座、年会、研讨会等阵地管理的通知》等文件精神的落实，始终确保正确政治方向。围绕长寿经济、政治、文化、社会管理、生态文明等理论热点问题加强课题研究，完成“长寿区建设长江上游国家级特色商贸物流基地研究”“以化工产业高质量发展助推我区融入成渝双城经济圈路径探究”等28项课题，及时为区委、区政府提供决策参考；刊印《长寿（理论专刊）》《长寿发展探索》2000余册，强化社科理论成果运用，为各部门、街镇及时提供理论指导。

【社科社团管理】　2020年，区社科联加强对直属社科社团的管理和指导，促进全区各社科社团健康发展。会同区民政局就社团注册、年检、日常管理进行专项培训；加强对所辖12个社科社团的指导、建设和管理，推动社科社团工作有序进行；指导区精神文明协会、区志愿者协会和区税务协会等社团开展学术调研等活动，致力于把区社科联建设成为“社科之家”。

【社科基地建设】　2020年，区社科联持续加强对区检察院检史展览馆、江南孝道文化教育体验基地、区图书馆、长寿湖廉政教育示范基地4大社科普及基地建设，做好科普基地管理服务工作；推进基地开展公益性、普及性讲座，结合全民阅读等活动，开展社科普及活动，全年受惠群众1.2万余人。

【社科普及】　2020年，区社科联整合区委宣传部、区卫生健康委、区司法局、区科协等相关力量，开展社科知识普及宣传活动。全年开展防疫、普法、科技等科普宣传1260余场，举办大型文艺演出活动、主题读书活动等200余场，发放社科普及宣传资料35000余册，受惠群众10万余人次；组织党的十九届四中、五中全会精神宣讲和“能行好”微宣讲、“小喇叭”基层微宣讲活动等640余场，推动党的创新理论进入寻常百姓家。

（刘代明）

图　书

【概况】　1987年，长寿县图书馆在望江路独立建馆，面积3200平方米；2007年8月，长寿区图书馆新馆建成开放。新馆位于桃花新城长寿中学旁，占地面积0.27公顷，建筑面积6400平方米。2020年有职工20人，其中副研究馆员3人、馆员8人，工作人员都具有大专以上学历；馆内拥有读者座席1500席、计算机110台，全馆无线网络全覆盖，建有图书馆网站、移动图书馆APP和微信公众号平台，配备有自助办证机、自助借还书机、博看4K触摸屏智能终端、电子书借阅机等现代化设备。已连续3届被文化和旅游部评为“国家一级图书馆”，2020年在重庆市区县“三馆”免费开放绩效评价中获得一等。

【建设业务】　截至2020年年底，长寿区图书馆总藏量1034844册次，其中纸质图书452985册、电子图书581859册次，特色馆藏1500册《四库全书》、1800册《续修四库全书》1套。建有地方文献全文数据库、地方文献书目数据库、电子文献书目数据库、古籍图书书目数据库。全年文献购置费41.3万元，采用金盘集成管理系统。

2020年，长寿区图书馆在全区范围内征集方志、族谱、地方人士著述、地方票据、地方证书等地方文献309册（份、张、幅），其中以一套民国33年《长寿县志》7册、一套民国35年《李氏族谱》6册为贵；征集老照片1500张，主要包括从民国到二十世纪末长寿县城老照片和长寿湖渔场从建场到二十世纪末整套照片；其他地方文献有民国到二十世纪八十年代长寿老地图，成化、万历、道光《重庆府志·长寿县志》电子档和新采集的山川古迹照片1500张。

【读者服务】　长寿区图书馆常年坚持365天开馆，每周开放时间逾70小时，开放服务窗口13个，实行免证阅览、凭证外借。

2020年，区图书馆的文献流通与阅览量198310册（次）、290193人次，新办证读者972人，总计持证读者59082人。

依托图书馆总分馆服务体系，在街镇、村

（社区）建成分馆66个，其中街镇19个、村（社区）47个，总馆与分馆之间实现“一卡通”通借通还；年内组织街镇图书管理员342名，举办基层辅导培训19场（次）。成立“图书馆总分馆图书交换中心”，首期投入图书352册，每2个月对6个农家书屋示范点开展图书配送交换，丰富服务内容。在区政协、区林业局等部门建成一批机关图书室，打造“书香机关”。在图书馆建成专门性的优秀传统文化阅览室并向市民免费开放，通过定期在图书馆网站、图书馆微信公众号平台开展优秀传统文化书目推荐，邀请文化志愿者开办国学知识讲座、经典诵读活动等，宣传普及国学知识。

2020年长寿区图书馆的数字资源服务在疫情防控期间，在区图书馆网站、微信公众号、移动图书馆手机APP开展线上阅读推广活动，发送各类数字推文156篇，线下培训活动4场。加载和推广“战疫书柜”“读联体”“百本好书送你读”3个阅读平台，满足读者居家看书学习需要。完成“远去的歌谣——巴渝口承语言民俗之劳动歌谣”“图书馆公开课资源建设”“地方文献图书”3个公共数字文化建设项目。组织开展2场“常青e路幸福夕阳”——老年人数字阅读系列培训、第二届“渝城e站阅读”——重庆市数字阅读推广活动，获市图书馆“优秀宣传单位”称号。

长寿区公共文化服务超市由区文化旅游委、相关街镇合作共建。该“超市”建设改造费用、资源配送等由区文化旅游委负责，区图书馆具体实施，相关街镇负责运营管理；2020年年底前已建设第一批10个，总投资187.64万元。其中6月建成长寿体育中心公共文化服务超市1个，面积860平方米，配置文献1万余册，设有自助办证机、自助借还书机、24小时自助图书馆等现代化设备，打造“成长路上”“书香长寿”“一周一品”“文化沙龙”4个阅读活动平台；在建晏家街道、云台镇、凤城街道骑鞍桥格林广场和天骄凤城大院小区、新市街道、邻封镇、石堰镇、洪湖镇、万顺镇公共文化服务超市9个。

【全民阅读】 截至2020年年底，长寿区图书馆在全民阅读推广中举办各项讲座、培训、展览、阅读推广活动101场（次），惠及全区90余万居民。组织开展的“阅读悦美·悦享长寿”——乡村文化振兴之农家书屋示范推广活动成功申报为全市重点阅读活动项目。区图书馆年内参加国家、市级各项阅读活动先后获得全民阅读活动优秀组织奖、优秀宣传单位、先进个人等荣誉34项；其中，参加市委宣传部组织的2020年重庆市“红岩少年”阅读大赛系列活动、第三届“阅读之星”重庆市民诵读大赛分别获“组织奖”，报送作品15000余件；参加市少儿图书馆组织的各类活动获“优秀组织奖”3个；参加市图书馆组织的活动获“优秀宣传单位”1个；组织参加市级以上活动有28人次获得等次奖，其中1个读书典型获全市十大“乡村阅读榜样”称号。区图书馆组织开展的各项业务活动和全民阅读活动获奖率和获奖等级均名列全市前茅，在主流媒体宣传报道46次，其中国家级媒体报道1次、市级媒体报道8次、华龙网等主流网络媒体报道11次、长寿当地媒体报道26次。

长寿区图书馆在全区主导建设6个农家书屋示范点，融入各地乡情，利用学习强国平台，定期在19个街镇农家书屋开展“爱满柚香”读书会、“慢读”读书会、“稻花香里说丰年”读书会、“湖畔人家”读书会、幸福“柚”来读书会、慢城“橘香故事”读书会等阅读推广活动22场（次），总计参与人数2.7万余人。组织参与2020年“我的书屋·我的梦”农村少年儿童征文书画大赛，区内5名选手分别获得全市一等奖1个、二等奖1个、三等奖1个、优胜奖2个。

【管理工作】 2020年，长寿区图书馆制订出台《长寿区图书馆年度考核实施方案》，抓好职工思想政治教育和绩效考核。落实全面从严治党、党的建设“一岗双责”责任，抓好党员和干部群众思想政治理论学习；持续开展“不忘初心、牢记使命”主题教育，每月召开一次支委会，每月开展主题党日活动，每季度上一次党课，每半年召开一次组织生活会。2020年开展主题党日、支委会活动12次，全年未发生违纪违法案件。

（胡小强）

出版　电影

【概况】 2020年，长寿区有从事出版物发行业务的经营单位40家，均为出版物零售单位；资产总额1335万元，年销售额765.66万元，利润总额174.79万元。其中网络发行（零售）经营单位4家、从业人员88人，城区发行单位20家，街镇发行单位17家。

2020年，长寿区区属从事印刷业务的经营单位有29家（其中包装装潢印刷企业5家，其他印刷品印刷企业24家），无规模以上印刷企业，印刷企业厂房面积10835平方米，从业人员325人，年末资产总值11005.77万元，工业总产值10362.31万元，工业增加值1723.19万元，年销售收入9513.25万元，利润总额956.96万元，研发投入325万元。

2020年，长寿区有电影院2家。其中，重庆市金逸电影院有限公司面积3500余平方米，于2007年2月正式开业，设有5个放映厅、902座；浙江横店电影院线有限公司重庆市长寿区电影城分公司面积2865平方米，于2012年12月正式开业，影城设有7个数字影厅（其中5个偏振3D厅）、937座。区全民健身中心（区文化旅游委下属事业单位）承担全区惠民电影公益放映工作。

【出版业管理】 2020年，长寿区落实新闻出版“放管服”改革，承接和发布政务服务事项13项，开通网上办理率100%，全程网办率75%以上；强化“扫黄打非”工作责任落实，开展“清源”“固边”“净网”“护苗”“秋风”五大专项行动，组织联合检查4次，开展日常检查20余次，办结行政及刑事案件7件，收缴各类非法出版物982册；组织开展“绿书签”系列活动，开展宣传20余场（次），发放宣传资料5万余份，推送手机短信4万余条，派发绿书签1500张，报送书画作品300余件，7家单位获优秀组织奖，184件创意书画作品分别获奖；推动基层站点建设，282个工作站点规范化标准化建设率100%，2个工作站点分别获重庆市“扫黄打非”进基层示范标兵、示范点称号。

2020年，全区打造农家书屋示范点6个，开展推广活动18场；221个农家书屋配送图书13260册；持续抓好“阅读悦美·悦享长寿”品牌阅读项目和“新时代乡村阅读季”活动，开展学习型机关读书活动9场，1人获评重庆市十大“乡村阅读榜样”，5件征文书画作品分别获奖；组织实施“百本好书送你读”推介活动，长寿区电子书阅读量居全市区县第三，有声书阅读量居区县第八，开展宣传推介20余次；组织参加“阅读马拉松”线上大赛、“阅读之星”“红岩少年”等阅读活动，选送30件作品参赛，4名优秀选手获奖，区图书馆获优秀组织奖；组织区融媒体中心、区图书馆上线“战疫书柜”服务平台，推送各类学习资源3000种。推进党政机关及国有企业软件正版化工作，开展软件正版化工作督查迎检培训，培训人员130余人次，落实软件正版化工作自查整改，采购第三方技术服务开展全覆盖摸底检查，60家区级机关和6家区属国有企业顺利接受市级督查检查，三类通用办公软件正版率100%；参加重庆市版权宣传周活动，组织推荐区内2家企业参加重庆市版权企业“双十佳”评选活动，1人获评重庆市“十佳版权创业先锋（提名）”称号；组织开展“剑网”专项行动，开展检查4次，查处行政案件2件，收缴非法出版物450册。

【电影业管理】 2020年，长寿区统筹做好疫情防控与复工复映工作，2家电影院严格落实疫情防控规定，顺利完成复工复映，全年票房收入600余万元。召开惠民电影放映工作推进会2次，完成农村惠民电影放映2900余场。建成室内（室外）固定放映厅（点）25个，提档升级室内固定放映点2个，新建室外固定放映点1个。（毕怀勇）

群众文化

【全民艺术普及】 2020年，重庆市长寿区文化馆（简称区文化馆）根据《文化和旅游部办公厅关于开展第五次全国文化馆评估定级工作的通知》要求和重庆市文化和发展委员会关于印发《2020年重庆市区县（自治县）“三馆一中心”免费开放绩效评价暨基层文化旅游公共服务效能督查工作方案》的通知要求，对照各项指标标准实行全年免费开放。在脱贫攻坚中，春季教学班开设有舞蹈、声乐、戏曲、美术等10余项免费培训课程，春秋两季招生人数均为4000余人；综合培训厅、电子阅览室、排练室等功能室免费向社会开放，实行预约场馆制度，年接待群众80000余人次。推进基层文化扶贫工作，提高基层群众文化自信感，2020年8月3日至9月3日，区文化馆组织专业干部对全区19个街镇的30个村进行提档升级的文化艺术培训及展览活动，引导农村人口加强自身学习，强化脱贫本领。

区文化馆落实群众培训活动，阵地培训辅导班涵盖民乐、舞蹈、合唱、太极、瑜伽、摄影等，2020年秋季开班的50余期免费美术、书法、曲艺、戏剧、语言、影视后期制作等课程，市民在短短一天内就报满；基层辅导培训开展流动服务，组织各种文艺演出、艺术展览，截至年底前，区文化馆流动文化进村活动203场，其中送演出进村38场，送展览、讲座进村66场，专业干部进村辅导、培训99场，总投入资金30000元，服务45000人。

【群众文化活动】 2020年，区文化馆常年坚持开展丰富多彩的群众性文化艺术活动，打造长寿区文化艺术特色，加快社区文化、乡村文化、企业文化、校园文化、少儿文化、旅游文化建设，年内组织长寿区2020年各界人士迎新会座谈会、“学习新思想 唱响能行好 夺取双胜利”习近平新时代中国特色社会主义思想微宣讲、第三届长江三峡（梁平）晒秋节、2020年“成渝地 巴蜀情”成都重庆文旅区域联动非遗中秋传习活动、第二届长寿区山歌会、第九届重庆市文艺会演、长寿区文旅交流成都站活动、长寿区全民终身学习活动周启动仪式等大型文化活动22次。区文化馆为加快公共文化服务体系建设，打造一档创新文化品牌活动项目“一周一会一特色”品牌活动项目；该项目包含周末故事会、周末诵读会、周末音乐会、周末群英会等一系列活动主题，以创新形式、持续开展、贴合群众需求为主要特点；截至年底，区文化馆推出20场“一周一会一特色”品牌活动。

【创作调研工作】 2020年，区文化馆美术、音乐、舞蹈、曲艺等文化专干开展创作调研工作，分别创作多个优秀文化作品，包括馆长作词创作出《大爱无言》《你的使命叫忠诚》《以天使之名》3首原创抗疫歌曲，美术专干以抗疫为主题创作水粉画《争分夺秒》、套色版画《火速救援》《一线天使》、雕塑作品《抗疫必胜》，曲艺专干创作的数来宝《买面》《小巷总理》等。

从7月开始，区文化馆营造决战决胜脱贫攻坚、全面建成小康社会、喜迎中国共产党建党100周年的氛围，参与市级及以上文艺比赛。排练“欢悦四季·舞动巴渝”重庆市广场舞展演节目《快乐女兵》，在1842支参赛队伍中脱颖而出获评优秀队伍；落实第九届重庆市乡村文艺会演，舞蹈作品《编竹》获市级二等奖，音乐作品《翻叉号子》获市级一等奖、《小花旦》获市级二等奖；推进曲艺大赛作品创新，在十一届北京青年相声节中，作品《学评书》在73个参赛作品中获全国二等奖；参加重庆市脱贫攻坚原创歌曲大赛，创作出以《我的小村庄》为代表的歌颂扶贫攻坚的文学作品。

【数字文化发展】 2020年，区文化馆运用数字文化中心“互联网+文化”服务理念，利用移动互联网技术优势，维护好数字公共文化服务门户网站、微信公众服务号、重庆文化云平台3大平台，整合全区文化资源，正全力创建一个多媒体、跨平台、多终端的文化信息资源共享服务平台，年底前已形成完善的客流统计系统、视频直录播系统、信息发布系统、平台报名系统、大数据汇总等模块。2020年，区文化馆通过购买资源、增量拍摄等工作，添加数字资源种类及容量；统计出已有数字资源3000余个（容量7T），版块包含慕课资源、文艺演出资源、特色文化、非遗文化等，涵盖文字、视频、图片等内容。（游　苑）

地方文化传承

【概况】 2020年，区文化旅游委完成区博物馆展陈大纲、张家祠堂、戴氏祠堂历史建筑修缮方案编制工作。完成巴妇清墓葬保护性迁移复建工程、聂氏宗祠修复工程、扇沱王爷庙堤坝抢险工程，持续推动杨克明故居维修保护工程；重点打造非国有博物馆群落建设，推动三倒拐历史文化街区文博产业群打造。新申报重庆市第一批优秀历史建筑5处，重庆市第三批历史建筑2处；完成辖区7处市级文物保护单位保护范围及建设控制地带划定；完成馆藏文物鉴定定级工作，全区三级以上国有馆藏珍贵文物达101件；印发《长寿区非物质文化遗产普查工作实施方案》，新公布区级非物质文化遗产22项、非遗传承人14人；新申报市级非遗传承人2名。落实文物安全管护措施，签订文物安全责任书，加强文物安全巡查检查，全年出动巡查人员161人，其中巡查区级文物保护单位154次、市级文物保护单位39次、未定级文物789次，下发整改通知4份。成功举办中国“文化和自然遗产日”主题系列活动、文旅消费季非遗文化赶场系列活动，文化遗产得到有效展示和传承。　（孙　祥）

【文物保护】　2020年，长寿区完成年度文物安全责任书的签订工作，按照“属地管理，逐级负责”的原则，层层落实文物安全责任，区政府与各街镇政府、各街镇政府与辖区内文博单位、市文物局与区文化旅游委分别签订责任书；区文物管理所与重点文物单位现场看护人员签订安全协议，杜绝文物安全事故发生；明确所有不可移动文物具体责任人。7月中旬，长寿区接受重庆市文物局对文物保护工作的检查评估及调查。

开展不可移动文物保护专项保护工作，完成全区7处市级文物保护单位保护范围及建设控制地带划定工作，通过市文物局审核；于10月启动全区石窟寺专项调查，完成野外调查，年底前正在整理资料；11月中旬，启动文物保护单位保护标志牌及责任公示牌制作安装工作。推进文物保护工程，3月14日，市级文物保护单位晏家聂氏宗祠修缮工程正式复工实施；杨克明故居维修保护工程3月下旬启动、4月28日完成招投标工作，6月28日举行施工启动仪式，施工单位进场施工；开展扇沱王爷庙堤坝抢险前期工作，6月上旬会同区规划自然局、南江地质勘察设计院等专家实地勘察，6月下旬会同区水利局等领导调研堤坝抢险工作，11月5日市水利局专家现场复核项目；文物建筑消防安全设施改造项目7月启动，11月完成方案设计和施工图编制并通过专家评审。

做好可移动文物保护工作，完成馆藏文物鉴定定级，7月7日，市文物局组织3位专家对长寿区172件未定级馆藏文物进行定级，定级结果为二级6件、三级64件，其余为一般文物；年底前长寿区三级以上国有馆藏珍贵文物101件。丰富馆藏文物数量，4月10日，征集到杜显清二十世纪五十年代狮子滩电站修建工地素描2幅；6月25日，第五届文化旅游惠民消费季，在长寿菩提古镇举办包括长寿区特色文化展览、非遗项目展演、名家讲座、民间藏品交流会等活动，并举办捐赠仪式，接受九三学社长寿区委捐赠清代李光乾书法扇面1幅，均已登记入库。

加强文物安全巡查检查，借助文物安全综合管理平台，按期完成文物巡查工作。截至2020年12月，全区161人参与文物巡查，32处区级文物保护单位巡查154次，7处市级文物保护单位巡查39次，未定级文物巡查789次。吸取文物火灾事故教训，区文物管理所联合消防救援、文化执法、相关街镇开展专项文物安全检查，发现安全隐患督促限时整改。重要节假日由区领导带队检查文物安全，1月、4月、6月开展春节前文物安全检查、林庄学堂旧址等文物单位安全检查、三倒拐历史文化街区安全检查、三倒拐古建筑群“五一”节前联合安全检查、夏季文物安全专项检查5次。8月14日，召开长寿区2020年文物工作会，向各街镇文化服务中心主任及负责文物工作人员、重点文物单位管理及使用人、文管所全体工作人员落实文物安全工作责任。4月22日，市文物局文物督察处检查长寿区文物安全工作，现场检查晏家街道聂氏宗祠、江南街道扇沱王爷庙、凤城街道长寿桓侯宫和林庄学堂旧址等文物现状以及安全责任落实情况。

【历史建筑保护】　2020年4月30日，长寿区举办葛兰镇原天台卫生院、双龙镇正街33号历史建筑入选重庆市第三批历史建筑名录挂牌仪式；12月8日，为云集镇深沟湾硐楼入选重庆市第四批历史建筑名录挂牌，并落实对上述历史建筑实施保护。

【博物馆建设】　2020年8月28日，长寿区召开长寿博物馆展陈大纲专家评审会，该展陈大纲通过专家评审，之后移交长寿生态旅业公司。9月15日，区政府高规格召开长寿区博物馆内容设计文本座谈会，会议由区政府副区长主持，区委书记、人大常委会主任、政协主席、常务副区长、宣传部部长及相关部门领导参加座谈。9月16日，长寿区博物馆建设工作，包括三倒拐历史文化街区、长寿区博物馆、沙田柚博物馆、长寿水电文化展厅，均接受市文物局博物馆处的现场检查指导。年底前，区博物馆项目主体楼工程建设完工。

（张七昌）

【非遗文化传承】　2020年，区文化馆对申报市级非遗项目进行项目资料收集、拍摄；开展长寿区市级代表性传承人2019年度考核工作；6月，配合区文化旅游委开展2020年“文化和自然遗产日”展览展演活动，通过现场非遗文化展览展示、文物鉴定、文艺演出等形式，突出本土非遗文化的发掘和保护传承工作取得的成果，展现长寿区的历史文化魅力；9月，与南岸区文化馆、重庆主城区文化馆联盟、成都市龙泉驿区文化馆联合共同举办2020年“成渝地 巴蜀情”成都重庆文旅区域联动非遗中秋传习系列活动。（游 苑）

档 案

【概况】 长寿县档案馆成立于1959年11月24日，1980年9月13日成立县档案局并与县档案馆合署办公。2002年长寿撤县设区，县档案局（馆）更名为区档案局（馆），为区政府直属参公管理事业单位。2019年机构改革，档案行政职能划入区委办，档案局为区委办挂牌机构，档案馆为区委办所属事业单位，区委办设立档案科负责履行档案行政管理职能。2019年12月，区编委批准区档案馆为区委办管理的公益一类事业单位，履行全区档案的接收、管理和利用等公共服务职能，为正处级，核定事业编制14人，内设机构5个，设馆长1名、副馆长2名，科级领导职数8名。2020年9月，市委组织部将区档案馆继续列入参照公务员法管理范围的事业单位。

【档案法治建设】 2020年，区档案局依法履行档案行政管理职能，确定档案行政执法人员8名，参加全区行政执法网络培训并通过考试。13个档案政务服务、公共服务事项全部入驻区行政服务大厅实行“一窗综办”无差别受理，承诺办结时限压缩比例76.67%。所有档案行政许可事项均可全程网办，群众办事实现0跑动，年内办理完成行政许可事项3件；档案工作“互联网+监管”事项监管行为数据上报覆盖率100%。全年对20个单位开展走访检查，发出限期整改通知书6份，未发现档案失泄密或档案损毁事件；组织全区130余名档案工作人员参加“新修订档案法公益大讲堂”，184家基层单位按规定完成档案事业统计调查工作。

【档案文化建设】 2020年，区档案局组织参与“镜遇美好重庆”系列宣传活动，策划撰写档案故事4个，甄选档案图片42张、音视频2个，通过“档案+文旅”宣传助力长寿文旅发展。举办“档案见证小康路·聚焦脱贫决胜期”扶贫工作档案史料展，精选53张照片档案，集中展示长寿脱贫攻坚成就。举办档案馆开放日活动，依托爱国主义教育基地和中小学档案教育实践基地，开展爱国主义和社会主义核心价值观教育，1000余人次参与。组织开展线上线下档案业务培训班和讲座5期，宣传贯彻机关、企业、村级档案工作规章规范，覆盖档案工作人员2000余人次。在《中国档案报》发表理论文章1篇，在《重庆档案动态》发表工作动态12条。

【档案安全建设】 2020年，区档案局落实相关规定，统一标准，规范全区档案安全应急处置。加强涉密文件归档管理，针对涉密文件归档范围、管理要求、进馆前解密审核等具体业务进行规范。落实档案安全责任制，做好档案数据异地异质备份，构建人防、物防、技防“三位一体”档案安全防范体系。围绕节假日、汛期、高温等重要时间节点，组织日常巡查和重点排查，强化隐患排查，全区开展安全巡查1000余次，分批次对39个重点单位开展档案安全专项检查，对10个单位发出整改通知书，实现档案安全零事故。加强对档案外包服务监管，将外包服务企业纳入档案业务培训和监督检查范围，全年开展档案业务培训3次、30余人次，现场检查5次，档案外包服务纠纷和泄密事件零发生。

【档案业务建设】 2020年，区档案局把档案工作融入全区发展格局，为经济建设、社会发展服务。分类指导75个机关、企事业单位等档案业务咨询300余次，提升档案工作规范化水平。推进档案专业人才队伍建设，全区新增档案专业技术职称12人，其中中级职称5人、初级职称7人。贯彻落实新冠肺炎疫情防控档案工作要求，落实疫情防控文件材料收集归档主体责任，做到文件材料应收尽收、应归尽归。强化脱贫攻坚档案工作，将档案工作纳入脱贫攻坚成效考核指标，召开工作推进会4次，向分管区领导专题汇报4次，开展巡回检查指导3次、21人次，点对点出具整改建议函28件，形成脱贫攻坚档案30155卷（件），提供利用超过1000余人次，成功通过市级专家的质量评估检查。坚持档案工作与重点任务同步推进，34家涉改单位全部完成档案处置和备案，“不忘初心、牢记使命”主题教育档案完成收集整理，第二次全国污染源普查档案成功通过市级验收，三峡后续工作项目档案和农村承包地确权登记颁证档案进入收集整理阶段，全区信访专业档案编号整理方案编制完成。

【档案公共服务】 2020年，区档案馆坚持“围绕中心、服务大局、拓宽领域、增强功能”的档案公共服务工作思路，使档案工作贴近区委、区政府中心工作，贴近群众利用需求，贴近社会民生热点。编制报送《三峡后续工作档案建设项目实施方案》，申报490万元三峡后续专项补助资金，拟更新和优化硬件设施和系统软件、建设档案大数据综合管理平台。按时完成国有企业退休人员社会化管理档案接收任务，接收40家企业、8561卷人事档案。全年接收各门类档案5.4万件、770卷，数字化档案条目10.5万余条、57万余页，完成文书档案10.5万卷和婚姻档案0.8万卷、1.1万件的数据清理校对以及会计档案1461卷的清理。改革查档工作方式方法，践行“最多跑一次”工作要求，主动为办理医保、社保的群众提供送档服务，让档案多跑路、办事群众少跑腿，最大限度降低档案遗失风险，减少群众办事程序，年内办理送档服务469人次。全年接待档案查阅1.5万余人次，复制档案、出具证明1.8万余份、3.7余万页，为工作查考、办理退休、房产、社保、医保等提供档案支撑。推进档案共享平台建设，在跨馆平台上传婚姻档案、再生育档案、破产企业职工工资表等3类民生档案，总计目录124.5万条、扫描页面232.4万幅，与全市40家区县档案馆实现档案资源共享；开展婚姻档案异地查询服务68人次，为馆际间民生档案、开放档案“一站式”查档服务提供有效保障。 （杨小莉）

体　育

【体育设施建设】 2020年，长寿区体育事业做到“建身边的场地，抓身边的组织，搞身边的活动”。编制出台《长寿区公共体育设施布局规划》《长寿区体育基础设施建设规划（2018—2020）》，启动长寿养生花谷体育公园、云峰寺体育公园、圣天体育公园、晏家文化体育公园、碧园社区健身中心、桃花社区健身中心等重点体育设施建设，已建成各类健身场地2992个，其中室外运动场地2883个、室内运动场地109个；已建成足球场地63个、篮球场地573个、乒乓球场地1133个、羽毛球场地297个，健身步道288.7千米，区、镇（街道）、村（社区）3级公共体育设施网络体系形成，人均体育面积达到2.16平方米。体育场馆实现免费低收费开放，在城镇社区实现15分钟健身圈全覆盖，经常参加体育锻炼人口占总人口比例51.52%，《国民体质测试标准》合格以上人口比例93.4%。

【全民健身】 2020年，长寿区组织第二届全民健身运动会，包含足球、篮球、羽毛球、围棋、象棋、桥牌等大众项目，坚持“政府主导、改革创新、全民参与”的办赛思路，办成凝聚全区群众精气神，增强全区人民体质，构建和谐、健康长寿的体育盛会。全年篮球赛55支球队、700名运动员参赛，赛程持续3个月，赛事规模远超上届；整个赛事按照篮球运动“进小区、进社区、进企业、进学校、进街镇”的“五进”理念安排场地，在群众中开展全民健身活动。疫情期间采用线上线下结合的方式，开展区棋类协会举办的“抗疫情·献爱心”捐款义赛，一改以往坐而论棋的传统，通过野狐、弈客、弈城等多个对弈平台的网络隔空对弈模式，举行擂台赛、分组赛、团体赛、棋王赛等网络比赛，参赛棋友均缴纳爱心报名费，棋友另外捐10元用于抗疫捐款，象棋赛、围棋赛130余人参加捐款，捐款9390元。长寿区铁人三项协会在4月10日—5月10开展为期31天的线上锻炼打卡挑战，包括动感单车、室内跑步、室内器械训练、徒手力量训练等项目，实现树立信心、鼓励大家坚持锻炼、保持良好竞技状态的目的。

区文化旅游委召开《重庆市全民健身条例》宣传推广会议，制订宣传推广方案。运用线上宣传、电视网络、LED、海报等宣传平台进行广泛宣传；购买发放小册子10000册，广泛宣传推广；联合全民健身中心对参与活动的所有人员进行体质监测和健身指导。

长寿区致力于创建全国全民健身模范区，区文化旅游委设置创建办专门负责创建工作，召开创建全民健身模范区工作动员会，对创建工作进行解读并分步实施；拟定创建全国全民运动健身模范区工作方案，从11个方面开展；出台创建全国全民运动健身模范区相关政策，制作创建全民运动健身模范区宣传手册、海报等。

【群众体育组织】 2020年，长寿区建立健全各单项体育运动协会、行业体协、体育俱乐部、健身团体等体育社团组织，加强对体育社团的管理指导；发挥各街镇文化服务中心作用，建立和完善镇（街）体育协会分会等组织，加大建设群众身边的体育组织工作力度，培养各个协会的生存力，鼓励协会开展各项活动，争取各协会周周有活动、月月有赛事。截至2020年年底前，全区组织培训社会体育指导员三级1404人、二级375人、一级60人，已成立体育协会、俱乐部15个；其中篮球协会、乒乓球、羽毛球、武术、棋类协会、长寿微马俱乐部等协会、俱乐部赛事活动吸纳上万体育爱好者参与，长寿区微马俱乐部举办全民健身系列活动暨龙河慢城迷你彩跑，区羽毛球协会承办“全民健身日”系列活动暨圣润环保VS美欣达俱乐部羽毛球交流赛、重庆市长寿区第二届全民健身运动会“融创杯”羽毛球比赛，区武术协会举办长寿区第五届传统武术精英赛、2020年武术教练员暨社会体育指导员培训班，区棋类协会承办长寿区第二届全民健身运动会围棋、象棋、桥牌比赛，区乒乓球协会承办2020年重庆市“奥维杯”青少年乒乓球比赛，区篮球协会承办重庆市长寿区第二届全民健身运动会篮球比赛暨“菩缇1号杯”长寿区第五届篮球联赛、2020长寿区三人篮球赛、2020年长寿区篮球裁判员培训班等活动赛事。

【竞技体育】 2020年，长寿区探索“体教结合”模式，区文化旅游委与区教委配合，建立体教联席会议制度，探索出在全市具有较大影响力的“体教结合”发展模式，做到“场地共建、经费共出、人才共用、资源共享、责任共担”，推动长寿区青少年后备体育人才培养工作。在全区15所学校开设有16个市运会项目，40支运动队常年训练学生2000余人，2010—2020年输送到各大体育院校、高校体育人才500余人。

2020年组织参加的各类市级以上青少年体育比赛中，获得29金、30银、32铜的成绩。长寿游泳小将罗名钰在2020年重庆市青少年游泳锦标赛上获女子12岁组50米自由泳、100米仰泳2项冠军；50米自由泳决赛中，以27.45秒的成绩夺取金牌，打破尘封10年之久的重庆市纪录。体操选手陶静苡在2020全国艺术体操冠军赛上获得成人集体全能第二、成人个人团体总分第三（成年个人）、个人团体总分第三（少年和成年）、体能优胜奖第一，个人单项棒第七，集体单项五球第六。

长寿区做好重庆市第六届运动会备战工作，在疫情期间组织各个项目开展“停课不停训”网络教学，确保安全让所有运动员科学、合理、按时参加教练布置的训练，训练形式以在家训练为主，结合项目有效开展训练。长寿区业余体校职工每人分管1至2个项目进行监督、汇总、分析每日的训练情况，18个项目、35支运动队、800多名运动员参与训练。贯彻落实体育总局“强化体能训练、恶补体能短板”相关工作要求，加强各项目运动员体能训练，于2020年11月28—29日在长寿区桃花体育中心开展重庆市第六届运动会青少年组基础体能测试。（李　凯）

教育 科技

教 育

【概况】 2020年，长寿区教育工作贯彻落实全国、全市教育大会精神，贯彻市委、市政府关于教育改革发展各项决策部署，优化教育结构，增强人民教育获得感、幸福感，推进素质教育，提高师资水平，培养德智体美劳全面发展的社会主义建设者和接班人。当年，全区有各级各类学校224所（含教师进修校1所，不含农村成人文化技术学校），比2019年减少5所，减少2.18%；在校学生88111人（含民办，不含大学生），增加101人，增长0.11%；教职工8652人（含民办），比上年增加13人，增长0.15%。学校占地251.33万平方米，减少0.31万平方米，下降0.12%；校舍建筑面积125.21万平方米，增加0.59万平方米，增长0.47%。教育经费总收入20.4亿元，减少1.44亿元，同比下降6.59%；总支出21.31亿元，增加0.62亿元，同比增长3%。

【教育机构】 2020年5月9日，区教委印发《关于设立重庆市长寿区凤城街道凤西苑幼儿园的通知》，设立重庆市长寿区凤城街道凤西苑幼儿园；7月21日，印发《关于同意撤销重庆市长寿区石堰镇石安明德小学校的批复》，撤销重庆市长寿区石堰镇石安明德小学校。

【党建工作】 2020年，区教委把政治建设放在首位，增强“四个意识”、坚定“四个自信”、做到“两个维护”、兑现市委“三个确保”政治承诺，营造良好政治生态。组织教育系统宣讲员61人进校园宣讲十九届五中全会精神100场；抓好“学习强国”学习平台的学习应用和管理，覆盖率100%，开展并参加学习强国重庆学习平台“决胜全面小康、决战脱贫攻坚”知识竞赛活动，获长寿区第一名，全市片区赛第一名、市总决赛团体二等奖。对64名党组织书记抓基层党建述职工作进行评议考核，抽取16个学校对其在党建工作中存在的问题面对面逐一反馈；开展基层党建工作调研督查和随机抽查，指导学校（单位）党组书记履行好抓基层党建工作责任。落实党员发展制度，发展新党员15名，按时上缴党费106.2万元。落实选人用人制度，新提任领导人员93人，交流调整20人。支持新冠肺炎疫情防控工作，组织2620名党员捐款47.8万元，带动4750名非党员教职工捐款54.68万元。全年党纪处分7人、政务处分4人，批评教育、函询谈话等组织处理6人次，约谈干部70人次。

【学前教育】 2020年，长寿区坚持学前教育普及普惠发展，持续深化学前教育改革。组织实施暑期保育员免费培训，督促指导验收2019年度普惠检查结果为基本合格的2所幼儿园整改，开展2020年幼儿园等级评定和普惠性幼儿园认定，制定长寿区普惠性民办幼儿园管理办法、长寿区公办民营普惠性幼儿园管理实施细则等。年内全区有幼儿园131所，其中公办78所、民办53所，公办园占比59.5%；示范级幼儿园1所、一级幼儿园62所、二级幼儿园35所、三级幼儿园33所；有普惠园117所，普惠园在园幼儿14802人，普惠率84.27%。有幼儿教师2203人，比2019年增加313人，增长16.56%。在园幼儿17566人，增加952人，增加5.7%；学前一年和学前三年毛入园率分别为98.65%和94.32%。

【义务教育】 2020年，长寿区继续实施“城乡学校手牵手计划”，加大优质城区学校帮扶一所农村薄弱学校力度，推进城乡义务教育优质均衡。健全以财政拨款为主，财、税、费等多渠道筹措教育经费的教育投入机制，采取差异化拨款的方式，保障农村小规模学校办学。全区义务教育阶段有学校90所，其中公办小学59所、九年制学校

6所、街镇初级中学13所、高完中学校初中部8个、民办小学1所、民办十二年制学校1所、民办初中1所，特殊学校1所。有专任教师4895人，在校学生53104人；每万人口在校义务教育阶段学生616.71人，比2019年减少36.18人，下降5.54个百分点。坚持划片招生、免费免试就近入学，义务教育阶段入学率100%。

【普通高中教育】 2020年，长寿区推进特色优质高中建设，落实招生政策，持续深化招生制度改革。印发《重庆市长寿区普通高中新课程实施工作方案》，做好“3+1+2”新高考（“3”是指语文、数学、外语，是必选课；“1”和“2”是指：如果选择一门文科课程就要选两门理科课程，如果选一门理科课程就要选两门文科课程）改革工作。全区有普通高中学校8所，其中市级重点中学4所；专任教师1010人，在校学生12818人，普通高中教育入学率97.4%，比2019年下降0.29个百分点。普通高校招生考试报考5825人，参考5806人，参考率99.67%；录取5470人，录取率94.21%。

【中职教育】 2020年，长寿区职业教育实施“五年一贯制”“三二分段制”学制，采用“校内学习+定点企业实习”“订单式”培养模式，深化产教融合，开展职业技能培训。全区有中等职业学校3所，其中公办2所、民办1所；国家级重点中等职业学校1所、市级示范中等职业学校1所。全区有中职学生4469人、中职教职工296人，招生1554人。医药学校和行知学校有11个专业，行知学校新增3个专业，医药学校新增康复技术“三二分段制”专业，特色鲜明、重点突出、规模适宜的专业布局已形成。中职学生参加对口高职考试和转段考试1072人，上线988人，上线率为93.3%；自主创业18人，就业351人，就业率88.3%。

【民办教育】 2020年，长寿区规范发展民办教育，引导民办教育依法办学。开展校外培训机构专项治理行动，对19个街镇的190家校外培训机构进行摸排，对存在问题的7家校外培训机构进行督促整改，存在问题已全部销号。对由区教委审批的55个民办教育培训机构、136所民办幼儿园、1所民办小学、1所民办初中、1所民办十二年一贯制学校、1所民办中等职业学校进行年检，除3个民办培训机构、5所民办幼儿园停办外，其余全部合格。

【成人教育】 2020年，长寿区推进创建市级社区教育示范（实验）区工作，开展社区教育，抓好区、镇（街）、村（社）三级公共文化服务体系建设，完善阅读设施，为群众阅读提供方便。开展全民终身学习活动周活动。当年成人高校招生考试报考566人，参考559人，参考率98.76%；上线471人，上线率84.26%；录取472人，录取率84.44%。组织高等教育自学考试2台，报考5535科（次）。中小学教师资格考试笔试报考9601科（次），面试报考249人。

【特殊教育】 2020年，长寿区贯彻落实《第二期特殊教育提升计划（2017—2020年）》，发挥特殊教育学校作用；各义务教育阶段学校和幼儿园，接收残疾儿童随班就读。在全区普通中小学建设9个特殊教育资源室、2个特殊教育早期干预室；对于不能到校就读的特殊儿童由教管中心制订一人一案的教育方案，组织教师开展多种形式的送教上门工作，保障残疾儿童受教育的权利。残障儿童少年在区内就读665人，其中义务教育阶段就读377人（“一人一案”送教上门76人）。

【基本建设】 2020年，长寿区推进古镇二小、桃花溪中学、桃花溪幼儿园建设，古镇中学、阳鹤山小学完成立项。制定《重庆市长寿区城区中小学布点规划2020—2025》，开工建设重庆职工会计专科学校，开展医药学校迁建前期准备工作，推动区教师发展中心建设，教育资源配置格局持续优化。

【教育装备】 2020年，长寿区投资331.6万元，升级全区教育城域网管理系统，增加出口带宽、更新中心机房设备；投资231.6万元，完成3所城乡学校网络升级改造；投资763万元，采购教学一体机245台，购买学生电脑540台；利用175万元农村义务教育薄弱学校改造计划经费，对实验中学理化生实验室及保管室进行升级改造。

【队伍建设】 2020年，长寿区加强师德师风建设，印发《关于开展2020年师德师风建设系列活动的通知》等文件，推行师德考核负面清单制度，实行师德失范“一票否决”。组织评选出2019年度师德师风标兵10名、师德师风标兵提名奖10名、表现突出个人71名。举办第五届“长寿好老师”演讲比赛，评选出一等奖10名、二等奖34名，重庆市长寿川维中学校1名老师在第五届“重庆好老师”演讲比赛中获一等奖。

教师招录与交流遵循公平、公正、公开原则，年内公开招考、考核引进、选调考试招录教师201名，公开招考城区学校教师59名（含部属公费师范毕业生5名），公开招考农村学校教师41名，考核引进硕士及以上研究生40名、特色艺体教师6名，选调城区学校教师55名。继续实施中小学教师交流轮岗，全区交流轮岗教师518名，其中变动组织人事关系82名、不变动组织人事关系436名，交流教师占专任教师的比例为8.11%；交流区级以上优秀人才123名，占交流教师的比例为23.75%。干部、教师正常调动153名（含调出区外8名、调到区内其他部门单位29名、教育系统内部调动96名、从区内外调入教育系统20名）；解聘教师10名。实施农村小学全科教师定向培养计划，委托重庆师范大学定向培养小学全科公费师范生20名。

建立编制动态调整机制，统一城乡中小学编制标准，在重新核定编制过程中向乡村学校倾斜。截至2020年12月31日，全区教育事业单位核定编制7148名，其中中小学教职工核定编制6050名（小学2779名、初中2136名、高中1135名），教育自定核定编制1098名（幼教748名、成教39名、特教41名、其他270名）；实有在编教职工6552名，其中普通中小学教职工5927名（小学2845名、初中2092名、高中990名），教育自定教职工625名（幼儿园369名、中职119名、特教34名、其他103名）；高中、初中、小学的教职工与学生比分别为1∶12.95、1∶9.71、1∶11.44。推进岗位设置和职称制度改革，全区教育系统核定岗位7148个（含专技岗位7002个、管理岗位32个、工勤岗位114个）。在职在编人员中，已聘专技岗位6439个（包括正高级10个、副高级1135个、中级3188个、初级1968个、见习期138个），占教职工总数的98.28%；职员岗位21个（含副处级2个、正科级12个、副科级6个、员级1个），占教职工总数的0.32%；工勤岗位92个（含技师11个、高级工51个、中级工26个、初级工4个），占教职工总数的1.40%。

师资培训整合教育资源，坚持“教科研训四位一体”培训理念，构建分层次、分学段、分学科培训的“三分”培训模式，建立“国家级—市级—区级—片区—学校”5级培训网络，实施“城乡片区联动”培训。举办中小学教师培训项目69个（含国家级培训项目13个、市级培训项目7个、区级培训项目49个），培训数量53669人次［含国家级培训128人次，市级培训28人次，区级培训53513人次］，在职教师人均培训8.19次/年，教师培训费支出1300万元，人均培训费1984.1元/年，人均年学时84.5学时。开展“中国好老师公益行动计划”，建成基地校4所、项目校8所，落实专项经费20万元，惠及1100余名教师。教师资格定期注册工作正常开展，新注册并审核通过140名。236名教师通过一级教学水平考评、99名教师通过副高级教学水平考评、1名教师通过正高级教学水平考评；310名教师通过评审具备相应专业技术职务任职资格。1035名教师通过竞聘，到相应专业技术等级岗位（含被聘用到二级及以下、一级、副高级、正高级专业技术等级岗位者分别为201名、670名、162名、2名）。

长寿区按时足额发放6552名在职人员基本工资、基础绩效、超额绩效和4907名退休人员健康休养费。全区2494名农村教师享受乡镇工作补助，700名乡村教师享受乡村教师生活补助，6552名在职人员的“五险二金”由区财政全额保障，500余名农村教师享受教师周转房或政府公租房；春节、教师节之际，慰问40余名区管退离休老干部、抗美援朝人员和援藏教师。

【德育及艺术教育】　2020年，长寿区加强德育工作指导，印发《关于开展中小学（幼儿园）德育品牌评选活动的通知》等文件，推动德育品牌创建。开展“寻根乡愁·记住年味——九童圆梦鼠年春节行动”等主题教育和社会实践活动13项。加强德育队伍建设，组织参加全国中小学德育骨干、班主任和心理健康教育教师网络培训示范班第三期学习等区级及以上培训5次。继续开展“2+2”项目（让每个学生在九年义务教育阶段和高中阶段能够掌握2项体育运动技能，1项艺术特长和1项科技技能。下同）、“1+5”行动计划（“1”是指开设实践大课堂，“5”是指中小学生科学素质提升行动计划、阅读行动计划、书法教育行动计划、演讲能力提升行动计划、英语能力提升计划。），在“巴渝好少年 防疫小先锋”2020年重庆市青少年居家防疫展示活动中，长寿区获一等奖5件。

【体育及健康教育】 2020年，长寿区落实“2+2”项目，开展阳光体育运动，形成“人人有体育项目，班班有体育活动，校校有体育特色”的浓厚氛围。各学校抓特色、促普及、育精英，在全区学校开展体育特色学校创建活动，已有区级体育特色学校30所、区级特色体育项目学校18所，市级体育特色学校11所，国家级体育特色学校（足球）13所，市级心理健康特色学校1所，国家级国防教育特色学校1所。建立健全中小学生体育竞赛活动制度，组织开展区级篮球、羽毛球、足球、象棋、乒乓球、围棋等体育竞赛活动，组织开展区中小学生田径运动会，推动长寿区向体育强区迈进。组织参加国家、市级各类体育竞赛，10月13—16日，在2020年中学生田径锦标赛中，长寿中学杨志豪在丙组男子三级跳决赛中以15.37米的成绩获第一名，获国家一级运动员称号。抓校园足球的普及和推广，各学校开展丰富多彩的校园足球推进活动，11—12月，参加校园足球联赛总决赛，长寿区有6支球队获奖（其中高中男子甲组获精英组第八名，高中女子甲组获校园组第二名，小学混合组获校园组第四名，小学女子乙组获校园组第八名，初中女子乙组获精英组第六名，高中女子乙组获精英组第五名）。加强健康教育，发挥中小学卫生保健所作用，组织一支由30余人的专业队伍，负责全区中小学学生健康体检和学校卫生工作、健康教育、疾病防控指导工作，对全区7万余名学生进行常规健康体检。

【科技教育】 2020年，长寿区加强中小学生创新意识教育和创新能力培养，强化科技创新教育培训，推进STEAM课程，组织“3D打印”等学生社团活动。组织区级科技创新大赛，参加国家、市级各项科技创新活动，4月3—26日，参加第三十五届重庆市青少年科技创新大赛，长寿区61件师生作品参评，38件作品获奖（其中一等奖9件、二等奖8件、三等奖21件），长寿区教育委员会获市科协、市教委、市科技局、市生态环境局、市体育局、市知识产权局、团市委、市妇联授予优秀组织单位称号；12月27—30日，在晶山小学学校举行长寿区2020年青少年科技创新作品展评活动，展评类作品涵盖学生发明、科幻画、教具制作、学生论文、实践活动、学生创意、科教方案、教师论文、学生3D打印等9个类型，收到51个单位的作品1531件。

【教研科研】 2020年，长寿区推动教研工作转型提质，召开线上教学研讨会、学科专题会100余次，组织开展学校教育教学工作集体视导35次、专题研讨及专题讲座活动113次，教研员参加校本教研640余人次，开展区级教研活动110余次。组织长寿区教育科学规划2020年度课题申报工作，38项课题成功立项并开题研究；组织重庆市教育科学规划2020年度课题申报，申报10项、立项3项，其中2项为重点无经费课题，1项为规划课题；组织中小学教师申报重庆市教育评估院2020年质量监测专项课题6项。加强科研课题研究过程管理，5项市级课题、23项区级课题结题；年底前，全区有市级在研课题20余项、区级在研课题150余项。组织教师参加市优质课比赛，获一等奖12人次、二等奖26人次；参加市级论文评比活动，获等级奖190余人次。组织参加第二十四届全国教师教育教学信息化交流市级选拔活动，15件作品获市等级奖，区教师发展中心获评组织工作先进单位。开展长寿区中学优质课比赛，评出一等奖43名、二等奖57名、三等奖43名；开展全区幼儿教师优质课比赛，评出一等奖27名、二等奖41名。组织开展2020年长寿区“主题教研”案例评选活动，评出一等奖53篇、二等奖83篇；组织开展中小学教师教育教学优秀论文评选活动，评出区级一等奖108篇、二等奖144篇、三等奖107篇；推荐优秀论文参加重庆市第五届中小学教师教育教学优秀论文评选，获一等奖12篇、二等奖10篇。

【校园安全】 2020年，长寿区完善安全稳定管理体系，建立完善安全教育管理机制，落实安全工作职责。印发《长寿区教育系统安全稳定与自然灾害防治工作要点》《关于印发重庆市长寿区教育系统安全专项整治三年行动实施方案的通知》等文件，区教委与各学校签订《安全稳定责任书》《防溺水工作责任书》，各学校与相关人员签订相应的责任书，将责任落实到人。加大安全教育宣传力度，通过升旗仪式、集会、专题讲座、主题班会、黑板报、校园广播、发放宣传单、张贴海报、LED显示等形式强化宣传教育；联合区消防救援支队开展长寿区消防示范课、消防绘画、消防作文比赛活动，收到作品134件。组织学校通过家访、家长会、《家校安全公约》《预防溺水告知书》等形式，加强与家长的沟通和联系，增强家长对学生脱离学校监管期间的安全教育管理意识。落实人防、物防、技防建设，确定保卫干部457人、护校队181个、护校巡逻队员1147名、校园保安847人，有前台系统228套、镜头3712个、应急照明设备4312个、灭火器6590个、消防栓1961个以及辣椒水、防割手套、防刺背心、盾牌等器材若干，升级改造晏家中学等10余所学校的视频监控系统。加强校园及周边环境综合治理，牵头联合政法、公安、市场监管等部门整治长寿中学等学校的校园及周边环境，清除违规摊点，整治安全隐患。全年教育系统受理信访287件，完成率100%。

【群团工作】 2020年，长寿区组织教育系统职工象棋、围棋比赛，62支代表队、167名队员参赛，获一等奖29人，二等奖35人。开展劳动竞赛评比，黄桷湾小学1人获“重庆市五一劳动奖章”，长寿中学、石堰中学、川维小学各1人获“教学能手”称号。开展教职工大病医疗救助及职工定期体检等工作，投入经费8.05万元，慰问困难教职工55人。划拨25个基层工会活动经费139万元，保障工会活动正常开展。助力抗疫工作，组织党员2620名党员捐款47.8万元支持新冠肺炎疫情防控工作，非党员教职工4750人捐款54.68万元。加强与人大代表、政协委员的联系沟通，办理人大代表建议、政协委员提案57件，满意率100%。

【教育民生】 2020年，区教委推进教育精准扶贫，投入4366.15万元，惠及贫困学生3.28万人次。建立助学贷款延后还款和代偿机制；印发《关于进一步规范义务教育阶段家庭经济困难学生生活补助工作的通知》，出台“边缘户”“农转城”学生资助政策。完成脱贫攻坚“百日大会战”“收官大决战”学生资助长寿籍建卡学生查漏补缺工作，开展学生资助动态调整动态清零。关心关爱留守儿童，开展“情暖童心·相伴成长”留守儿童、困境儿童关爱活动，坚持“校村（社区）联动”，依托宿制学校、乡村学校少年宫，满足留守儿童住校就读和课余文化生活需要。完善控辍保学机制，落实划片免试就近入学、随迁子女“两为主”“两纳入”（即以流入地政府为主、以公办学校为主，将常住人口纳入区域教育发展规划、将随迁子女教育纳入财政保障范围）、残疾儿童少年入学等政策，保障适龄儿童少年受教育权利。继续对口帮扶双龙镇贫困户，35名机关干部继续加强与双龙镇贫困户结对帮扶，通过电话、走访、接待等形式加强和贫困户的沟通，了解实际困难，帮助树立脱贫信心，指导脱贫致富。落实消费扶贫政策，支持学校食堂向双龙镇红岩村蔬菜基地采购蔬菜支持消费扶贫，采购38万千克，消费156.8万余元；推动解决洪湖镇五龙村蔬菜滞销问题，组织开展丰都对口帮扶、社会扶贫重庆馆扶贫产品购买等工作。

【教育督导】 开展2020年长寿区开展义务教育优质均衡发展监测和专题调研，启动国家义务教育优质均衡发展区创建工作。接受国家和市级基础教育质量监测，组织42所中小学、1272名五年级和九年级学生参加质量监测，2636名教师和1265名学生家长参加网络问卷调查。指导全区幼儿园开展规范办园行为查自评工作，按四分之三的比例，组织责任督学对102所幼儿园办园行为进行区级督评。完成对街道办事处和镇人民政府履行教育职责督导考核，开展对全区中小学校及直属事业服务单位2019—2020学年度综合督导，对优秀学校（单位）及表现突出个人进行表彰，为每个学校及单位印发《综合督导反馈意见》。开展义务教育教师工资收入落实情况、贯彻落实立德树人根本任务情况、教育脱贫攻坚开展情况、疫情防控和安全稳定情况、严防学生非正常死亡开展情况、责任督学挂牌督导等专项督导，开展深化新时代教育督导体制机制改革、长寿区教育督导责任督学工作等专题调研。组织责任督学分别参加重庆市“深化新时代教育督导体制机制改革意见精神专题网络培训示范班”“重庆市2020年教育督导专项培训班”“2020年重庆市教育督导管理干部高级研修班培训班”等培训，组织专兼职督学参加重庆市第二届教育督导典型案例及研究论文评选活动，2人分别获得督学论文二等奖和督导案例三等奖。重视教育基层基础（民调）工作，区教委民调办公室拨打电话8157次，收集整理意见建议 192 个，落实解决 172 个，限期整改 21 个。

【疫情防控】 2020 年，长寿区成立区教育系统新冠肺炎疫情防控工作领导小组、春期学校开学工作领导小组，联系卫健、公安、市场监管等部门，强化联防联控机制，对防疫指导、物资调配、校园安全、周边整治齐抓共管、形成合力。督促校长、班主任履行好第一责任人职责，形成学校、年级、班级三级防控网。强化落实家长的监护责任和学生的自我防护责任，发告知书、倡议书等开展多种形式的防疫宣传，制作户外广告牌 97 块、电子显示屏 141 块、宣传单 1.3 万张，入户宣传走访 1800 余次。

把好健康检测关，聚焦重点地区返长寿师生，及时掌握旅居史、接触史、健康史，做到精准摸排全覆盖；排查师生员工 10.9 万人，“一人一档”完善健康档案；对 2020 年春节期间到武汉 118 名师生、与武汉到长寿人员有接触的 515 名师生全部按规定进行核酸检测和居家隔离观察，对其他中高风险地区到长寿人员严格按要求进行健康管理，落实好晨、午、晚检和“日报告”“零报告”制度。执行严格的校园封闭管理，落实“五个一律”（未经学校批准学生一律不准返校，校外无关人员一律不准进校门，师生进入校门一律核验身份和检测体温，对发烧咳嗽者一律实行医学隔离观察，不服从管理者一律严肃处理），防止带病入园。严把活动管理关，对就餐、住宿、课间活动严格执行错时、错峰、错位管理，一律暂停聚集性活动，降低疫情风险。

确保物资调配到位，坚持超前储备、按需调配，免费发放口罩 213 万个、防护服 165 套、消毒液 6900 千克、护目镜 165 幅、额温枪 1100 把，给 1000 人以上规模较大学校安装红外线测温仪 32 台，配置帐篷 63 顶；要求各学校在秋冬季节储备适量防疫物资。确保医务人员到位，每个学校与定点医院建立对口联系机制，组建应急医疗保障组，属地医务人员实行 24 小时电话值守。确保防疫消杀到位，督促各学校建立日常清洁、消毒制度，按照技术规范对教室、校舍、食堂、厕所、电梯等重点区域和场所定期消杀、通风换气。确保自查检查到位，由区教委领导带队，分 5 个督察组赴学校对开学条件进行核验、对秋冬季疫情防控工作进行检查，确保各项疫情防控措施严格落实，全区中小学、幼儿园、校外培训机构安全平稳开学、行课，未发生一起校园疫情。

（熊伟斌）

2020 年长寿区教育事业情况统计

表 32　　单位：所、人

	学校数	毕业生数	招生数	在校生数	教职工数	
					计	其中专任教师
总计	223	25016	24732	88111	8652	7349
中职教育	3	1400	1554	4469	296	251
普通高中	9	4256	4582	12818	1050	1010
普通初中	20	6958	6190	20419	2173	2070
普通小学	59	6526	5038	32685	2892	2825
特殊教育	1	11	12	154	35	31
学前教育	131	5865	7356	17566	2206	1162

表 33

2020 年长寿区办学条件情况统计

	占地面积（万平方米）	校舍面积（万平方米）		运动场地面积（万平方米）	固定资产值（亿元）		图书（万册）		教学用计算机（台）
		计	其中教学行政用房		计	其中教学仪器设备值	计	其中电子图书	
总计	251.33	125.21	64.7	89.14	12.25	1.7	198.28	60.79	14188
中职教育	18.45	9.59	4.81	4.03	0.91	0.29	15.25	3.0	520
普通高中	71.46	34.07	15.90	25.52	4.24	0.47	62.24	20.55	3877
普通初中	38.34	18.73	6.65	13.19	1.76	0.22	30.89	11.12	2368
普通小学	95.62	42.40	22.42	36.55	4.44	0.63	74.88	22.36	6355
特殊教育	0.88	0.61	0.33	0.10	0.11	0.01	0.22	0.1	30
学前教育	26.58	19.81	14.59	9.75	0.79	0.08	14.80	3.66	1038

表 34

2020 年长寿区教育经费与办学水平情况统计

类别	数量	类别	数量
教育经费总收入（万元）	204042	每万人口在园幼儿数（人）	
其中：国家财政性教育经费（万元）	194835	每万人口在校小学生数（人）	379.65
社会捐、集资办学经费（万元）	985	每万人口在校初中生数（人）	236.71
事业收入（万元）	7564	每万人口在校高中阶段学生数（人）	148.13
教育经费总支出（万元）	213137	学前三年毛入园率（%）	94.32
其中：事业性经费支出（万元）	116889	小学适龄人口入学率（%）	100
基本建设投资项目支出（万元）	36464	初中适龄人口入学率（%）	100
财政预算内教育经费支出占财政支出的比例（%）	21.50	高中阶段教育入学率（%）	97.4
政府教育财政拨款的增长与财政经常性收入的增长比例（%）	11.69	小学毕业生升入初中比例（%）	100
小学生均预算内教育事业费（元）	13389.70	初中毕业生升入高中阶段教育比例（%）	97.4
初中生均预算内教育事业费（元）	18169.00	教育人口占总人口的比例（%）	–
普通高中生均预算内教育事业费（元）	14693.51	人均受教育年限（年）	12.7
中等职业学校生均预算内教育事业费（元）	20507.63		
小学生均预算内公用经费（元）	2020.08		
初中生均预算内公用经费（元）	5231.13		
普通高中生均预算内公用经费（元）	2418.10		
中等职业学校生均预算内公用经费（元）	9504.88		

注：以上 3 个表内数据包含民办教育，数据来源于《2020 年全国教育经费统计报表》和《2020~2021 年学年初长寿区教育事业统计综合报表》

（重庆市长寿区教育委员会提供）

科　技

【概况】　重庆市长寿区科学技术局（简称区科技局）是主管全区科技工作的区政府工作部门，内设机构2个（办公室、科技管理科），有直属事业单位2个（长寿区生产力促进中心、长寿区科技成果转化中心）。长寿区科技领导小组负责研究、审议全区科技发展战略、规划及重大政策，讨论、审议全区重大科技任务和重大项目，协调区政府各部门之间及区政府部门与各街镇之间涉及科技的重大事项；年内修改完善《长寿区创新驱动发展战略专项资金扶持办法》，围绕强化企业技术创新主体地位、加强科技平台建设、加快科技成果转化等方面提出30条科技创新举措。

2020年，长寿区围绕成渝地区双城经济圈建设和“一区两群”协调发展重大战略要求，继续深化科技体制机制改革，实施创新驱动发展战略，健全创新市场导向机制，优化科技资源配置，强化科技公共资源供给，推进产业技术创新，营造浓厚科技创新氛围，争当全市科技创新发展的排头兵，为把长寿建设成为“三地一中心”提供科技支撑。

【科技贡献】　2020年，长寿区实施区级科技计划项目51项，资助277.50万元，其中重庆博腾制药科技股份有限公司的抗新冠病毒新药瑞德西韦关键中间体K216的合成工艺开发及产业化项目获得市级科技项目立项，获得资金支持50万元；推荐重庆赛真达智能科技有限公司和重庆斯泰克瑞登梅尔材料技术有限公司的科研项目申报市级科技助力经济项目，获得资金支持150万元。奖励2019年创新驱动发展专项666个，兑现资金4868万元。新培育高新技术企业49家（总计118家）、科技型企业150家（总计培育558家）、市级企业技术中心12家（总计培育45家）、区级企业研发创新中心8家（总计培育40家），重庆OTC科技创新板已经挂牌企业20家。设立长寿区科技型企业知识价值信用贷款风险补偿基金，总计助力147家企业获贷2.95亿元；鉴定通过29家企业、132个项目研发费用税前加计扣除。登记科技成果135件，完成技术合同交易253件，成交金额2.54亿元。举办长寿区第三届“十大双创”人物评选活动，“十大双创”人物获区委、区政府表彰，奖励资金总计50万元。

【开放合作】　2020年，长寿区对接川渝毗邻地区、高校、科研院所，组建优势互补、风险共担、利益共享的产业技术创新联盟，从事产业关键技术研究开发，共建研发和产业化基地。长寿经开区联合中国材料研究学会、重庆市科学技术协会、武汉工程大学、重庆国复组建长江上游新材料产业协同创新联盟；8月20日，创新联盟成立大会在长寿区举行，重庆市科技局、绵阳经济技术开发区、广安经济技术开发区、中物院成都科学技术发展中心、四川大学、西南科技大学等21个单位联盟理事会单位参加成立大会，联盟的成立将推动长寿区国家新材料基地建设。

【科技园区】　2020年，区科技局按照“专业化、资本化、多元化”原则打造以孵化器为核心的创新创业孵化服务体系。加快经开区科技创新园建设，引进一批战略性新兴产业，加大对科技型企业、科技服务机构、重点研发机构、高新技术企业的引进培育力度，构建以长寿经开区为主体的创新驱动核心区，经开区科技创新园已整体建成投用，即将有上海东庚、成都爱斯特等11家企业或科研服务机构进驻。长寿工业园区成功创建为市级高新技术产业园区，打造长寿中科未来城创新产业园，重点发展新一代信息技术、节能环保、光电、新能源、无人技术等战略性新兴产业，科学综合馆已开始运营，科技成果转化展示中心、科技企业孵化基地、凤栖科技岛和高校合作区项目将在2021年竣工。农业园区成功创建为国家级农业科技园区，围绕晚熟柑橘、沙田柚和畜禽养殖等主导产业进行科技成果转化应用，形成园区与企业、大学及农业科研机构一体化的农业科技成果转化与应用体系。

【科技创新】　2020年，长寿区坚持企业技术创新主体地位，开展“科技项目+奖励专项”落实科技资助奖励政策。资助2020年度51个区级科技项目277.50万元，其中重庆博腾制药科技股份有限公司的抗新冠病毒新药瑞德西韦关键中间体K216的合成工艺开发及产业化项目获得市级科技项目立项，获得资金支持50万元。推荐重庆赛真达智能科技有限公司和重庆斯泰克瑞登梅尔材料技术有限公司的科研项目申报市级科技助力经济项目，获得资金支持150万元；奖励2018年度666个区级创新驱动专项4868余万元，总计奖励项目1641个、奖励金额1.2亿元。坚持以提升企业自主创新能力为出发点，建立“科技型企业—高新技术企业—高成长性企业”培育路径，加快形成以高新技术企业为支撑、科技型企业为骨干的优质市场主体；总计培育科技型企业558家、高新技术企业118家、高成长性企业27家。支持中小企业建立企业研发创新中心、企业技术中心、工程技术研究中心等研发机构，对拥有自主知识产权、形成良好经济社会效益的研发机构给予重点扶持，提升对技术创新的支撑与服务能力；引进国家级技术中心1家（重庆钢铁技术中心），培育博腾制药申报国家级企业技术中心（已通过评审），成功注册武汉工程大学重庆研究院；总计培育市级工程技术研究中心7家、市级企业技术中心45家、区级企业研发创新中心40家。加快培育一批新型研发机构，实施“生物医药、精细化工、电子信息、新材料、装备制造”5大科技专项，吸引更多科技成果在长寿转化，推动川渝毗邻地区加强科技成果对接，促进技术成果交易和产业化；全年登记科技成果135件，完成技术合同交易253件、成交金额2.54亿元；推动重庆鸽牌电工材料有限公司研发的低成本、高性能铜银材料等10余项科技成果的转移转化。

【科技金融】 2020年，区科技局牵头设立长寿区科技型企业知识价值信用贷款风险补偿基金、长寿经开区股权引导基金及长寿区创业种子投资基金，其中风险补偿基金总规模为1亿元。推动科技型企业知识价值信用贷款，已成功完成第二期区财政出资600万元，总计已出资1200万元；助力147家企业获贷2.95亿元。推动科技型企业在多层次资本市场开展股权融资和债券融资，20家企业在科创板成功挂牌，有效解决企业融资难、融资贵的问题。

【科技服务】 2020年，区科技局选派科技特派员助力乡村振兴，坚持“由下至上、双向选择、按需选派”的原则，从高等院校、科研院所、机关事业单位中选派21名区级科技特派员和10名市级特派员，派驻到各街镇开展农业技术人才培训、新品种新技术示范推广、农业技术指导等科技服务，帮助解决农民在生产生活中遇到的技术难题；开展线上远程指导130余次，线下技术服务2119人次，发放技术资料28156册，引进、推广新技术30余项，直接服务农户1000余户，辐射带动农户4694户。创新宣传培训方式，提升服务质量，联合小青蛙创业孵化基地开展“防疫攻坚、温暖同行”“中小企业如何抗疫”“企业研发费用税前加计扣除及高新技术企业申报”实务培训线上直播，提高企业政策知晓率及业务水平，有29家企业、132个项目通过企业研发费用税前加计扣除项目鉴定；利用网络新媒体成功举办2020年“线上”科技活动周宣传活动，主办2020年企业转型升级创新发展实务线上培训，有50余家企业参加网络培训。

（冉玉婷）

表35 **2020年长寿区高新技术企业一览表**

序号	企业名称	认定年份
1	重庆长瑞塑胶制品有限公司	2020年
2	重庆强锐科技有限公司	
3	重庆韩拓科技有限公司	
4	重庆斯泰克瑞登梅尔材料技术有限公司	
5	重庆鸽牌电工材料有限公司	
6	重庆怡能科信实业有限公司	
7	重庆科顺新材料科技有限公司	
8	重庆普力晟新材料有限公司	
9	秀博瑞殷（重庆）电子材料有限公司	
10	重庆泰的绿色新材有限公司	

续表

序号	企业名称	认定年份
11	重庆淮江科技有限公司	
12	重庆云天化天聚新材料有限公司	
13	重庆精恒金属表面处理有限公司	
14	重庆乾岷光学科技有限公司	
15	重庆市润金新材料科技有限公司	
16	重庆市盛百利防水建材有限公司	
17	重庆中渣冶金再生资源有限公司	
18	重庆汇升套装门有限公司	
19	重庆非可智能家居有限公司	
20	长芯半导体有限公司	
21	重庆启尔电子科技有限公司	
22	重庆重邮汇测通信技术有限公司	
23	重庆川维石化工程有限责任公司	
24	重庆金维实业有限责任公司	
25	重庆川维物流有限公司	
26	重庆名风家具有限公司	
27	重庆沈通变压器有限公司	
28	重庆三禾汽车部件有限公司	
29	重庆金昌汽车部件有限公司	
30	重庆和烁精密锻造有限公司	
31	重庆三杭延伸电梯配件有限公司	
32	重庆松森门业有限公司	
33	重庆市豪迈家具有限公司	
34	重庆双羽家具有限公司	
35	重庆冉升智能家具有限公司	
36	重庆坤秀门窗有限公司	
37	重庆市浩源门业有限公司	
38	重庆康普化学工业股份有限公司	
39	重庆云天化瀚恩新材料开发有限公司	
40	重庆国浩永固新型建材有限公司	
41	重庆英斯凯化工有限公司	
42	重庆莱美隆宇药业有限公司	
43	重庆市诚冠有机肥有限公司	
44	重庆长风化学工业有限公司	
45	重庆市九龙橡胶制品制造有限公司	
46	重庆怡能智造实业集团有限公司	
47	重庆聚狮新材料科技有限公司	
48	重庆新天包装材料有限公司	

续表

序号	企业名称	认定年份
49	重庆祥道建材有限公司	2020年
50	腾创（重庆）精密模具有限公司	
51	重庆柳顺汽车部件有限责任公司	
52	重庆渝维家具有限公司	
53	重庆林佳建材有限公司	
54	重庆株龙一山汽车配件有限公司	
55	重庆市长寿区加多鑫科技有限公司	
56	重庆凯林制药有限公司	
57	重庆宜高塑胶有限公司	
58	重庆天勤材料有限公司	
59	重庆小康动力有限公司	
60	重庆中科力泰高分子材料股份有限公司	
61	重庆树荣作物科学有限公司	

（重庆市长寿区科技局提供）

表36　**2020年入库长寿区科技型企业一览表**

序号	企业名称	入库时间
1	重庆市长寿区陈子刚农业开发有限公司	2020年3月4日
2	重庆市长寿区俊瑜蜂业有限公司	2020年3月4日
3	重庆思鸿塑料制品有限公司	2020年3月4日
4	重庆紫耘实业发展有限公司	2020年3月6日
5	重庆飞鸿轻钢结构有限公司	2020年3月6日
6	重庆伊申特汽车部件有限公司	2020年3月9日
7	重庆福施福医药生物科技有限公司	2020年3月9日
8	重庆秦汉酒业有限公司	2020年3月9日
9	重庆健龙钢结构有限公司	2020年3月9日
10	重庆锦祥物流有限公司	2020年3月9日
11	重庆市透明光电科技有限公司	2020年3月10日
12	重庆柒沣生态农业发展有限责任公司	2020年3月10日
13	重庆首诚机电设备有限公司	2020年3月10日
14	重庆市长寿区传承农业开发有限公司	2020年3月10日
15	重庆市纭凡食品开发有限责任公司	2020年3月10日
16	重庆维顶美装饰工程有限公司	2020年3月11日
17	重庆鸥能农业开发有限公司	2020年3月11日
18	重庆市长寿区张容农业发展有限公司	2020年3月11日
19	重庆市长寿区飞燕农业有限公司	2020年3月11日
20	重庆聚狮新材料科技有限公司	2020年3月11日

续表

序号	企业名称	入库时间
21	重庆迪钰农业开发有限公司	2020年3月12日
22	重庆泽睿城电子商务有限公司	2020年3月12日
23	重庆瀚海机械制造有限公司	2020年3月12日
24	重庆市长寿区鸿川农业开发有限公司	2020年3月13日
25	重庆卜四农产品有限公司	2020年3月13日
26	重庆市长寿区全豪榨菜专业合作社	2020年3月13日
27	重庆帼贸水气安装有限责任公司	2020年3月13日
28	重庆合源信门业有限公司	2020年3月16日
29	重庆市长寿区糖舒水果种植专业合作社	2020年3月16日
30	重庆市长寿区七连山农业发展有限公司	2020年3月16日
31	重庆优久酒业有限公司	2020年3月16日
32	重庆积艺家具有限责任公司	2020年3月16日
33	重庆中木智能家具有限公司	2020年3月17日
34	重庆勋勋食品有限公司	2020年3月17日
35	重庆市碧凌商贸有限公司	2020年3月17日
36	重庆木一阁智能家居有限公司	2020年3月17日
37	重庆涛扬建材有限公司	2020年3月17日
38	重庆市木驰商贸有限公司	2020年3月18日
39	重庆市长寿区俊寿果蔬专业合作社	2020年3月18日
40	重庆百创塑胶制品有限公司	2020年3月18日
41	重庆昆南建设工程有限公司	2020年3月18日
42	重庆市同恳农业开发有限公司	2020年3月19日
43	重庆市长寿区源达园林绿化有限公司	2020年3月19日
44	重庆钰硕液压机械有限公司	2020年3月19日
45	重庆再现广告有限公司	2020年3月19日
46	重庆市长寿区同茂办公用品有限公司	2020年3月20日
47	重庆越海现代农业有限公司	2020年3月20日
48	重庆一妙和网络科技有限公司	2020年3月22日
49	重庆市长寿区红冰果蔬股份合作社	2020年3月23日
50	重庆丰晴养园农业有限公司	2020年3月23日
51	重庆锦锐家具有限责任公司	2020年3月23日
52	重庆禾瑞佳森物联网科技有限责任公司	2020年3月24日
53	重庆市长寿区寿湾农业开发有限公司	2020年3月25日
54	重庆市舰昆农业发展有限公司	2020年3月25日
55	重庆穗花食为天粮油有限公司	2020年3月25日
56	重庆市长寿区祥琼蛋鸡养殖有限责任公司	2020年3月26日
57	重庆市长寿区昊天科技有限公司	2020年3月27日
58	宇皓润清（重庆）环保科技有限公司	2020年3月30日

续表

序号	企业名称	入库时间
59	重庆宏事达科技有限公司	2020年3月30日
60	重庆攒利科技有限公司	2020年4月1日
61	重庆东庭智能家居有限公司	2020年4月1日
62	重庆市长寿区高新果业有限责任公司	2020年4月1日
63	重庆占雄生物科技有限公司	2020年4月2日
64	重庆诚为新材料科技有限公司	2020年4月2日
65	重庆市汉邦能源科技有限公司	2020年4月2日
66	重庆茜璐农业有限公司	2020年4月2日
67	重庆海川园林景观有限公司	2020年4月3日
68	重庆渝轩源科技发展有限公司	2020年4月3日
69	重庆市蛛丝网络科技有限公司	2020年4月3日
70	重庆瑞鹏广告传媒有限公司	2020年4月3日
71	重庆市长寿区顺建种植股份合作社	2020年4月10日
72	重庆市长寿区顺牛种植股份合作社	2020年4月10日
73	重庆市长寿区大同水产养殖专业合作社	2020年4月13日
74	重庆市长寿区恒源农资有限责任公司	2020年4月13日
75	重庆露亿农业综合开发有限公司	2020年4月13日
76	重庆市长寿区获糖蔬菜种植股份合作社	2020年4月15日
77	重庆市长寿区兴投农业专业合作社联合社	2020年4月15日
78	重庆市长寿区新信拓果蔬种植农民专业合作社	2020年4月15日
79	重庆市长寿区高光政水果种植家庭农场有限责任公司	2020年4月15日
80	重庆喜联斯陶科技有限公司	2020年4月16日
81	重庆西景农业发展有限公司	2020年4月16日
82	重庆市长寿区汇鸣供销合作社有限公司	2020年4月16日
83	重庆小锄头土壤改良技术研究有限公司	2020年4月16日
84	重庆乾兴信息技术有限公司	2020年4月22日
85	重庆春同禾农业综合开发有限公司	2020年4月24日
86	重庆平地新型建材有限公司	2020年4月29日
87	重庆广达园艺有限公司	2020年4月29日
88	重庆非可智能家居有限公司	2020年4月29日
89	重庆湖禧农业开发有限公司	2020年4月30日
90	重庆盖力自动化设备有限公司	2020年4月30日
91	重庆绿竹园农业科技有限公司	2020年4月30日
92	重庆海倩农业开发有限公司	2020年4月30日
93	重庆弘猫机械配件有限公司	2020年4月30日
94	重庆景春生态植物有限公司	2020年4月30日
95	重庆市瑞速机械有限公司	2020年4月30日
96	重庆果菲果农业有限公司	2020年5月6日

续表

序号	企业名称	入库时间
97	重庆三杭延伸电梯配件有限公司	2020年5月6日
98	重庆金泰汽车艺术设计有限公司	2020年5月6日
99	重庆至峰农业科技有限公司	2020年5月7日
100	重庆市长寿区钱飞飞农业发展有限公司	2020年5月7日
101	重庆宸轩农业开发有限公司	2020年5月7日
102	重庆市长满源农业开发有限公司	2020年5月7日
103	重庆晨极商贸有限公司	2020年5月7日
104	重庆百养堂大健康管理有限公司	2020年5月8日
105	重庆翔旭人力资源管理咨询有限公司长寿分公司	2020年5月8日
106	重庆市富富农业开发有限公司	2020年5月8日
107	重庆长寿温氏畜牧有限公司	2020年5月14日
108	重庆大洪宇机电设备有限公司	2020年5月14日
109	重庆泽浩机电设备有限公司	2020年5月14日
110	重庆凯务电子商务有限公司	2020年5月18日
111	重庆沃特智合新材料科技有限公司	2020年5月20日
112	重庆信人科技发展有限公司	2020年5月23日
113	重庆敀茗科技有限公司	2020年5月25日
114	重庆川维石化工程有限责任公司	2020年5月25日
115	重庆三禾汽车部件有限公司	2020年5月27日
116	重庆金昌汽车部件有限公司	2020年5月27日
117	重庆市诚冠有机肥有限公司	2020年5月27日
118	重庆株龙一山汽车配件有限公司	2020年5月28日
119	重庆科顺新材料科技有限公司	2020年5月28日
120	重庆市桥衡科技有限公司	2020年5月30日
121	重庆万业达电子制造有限公司	2020年5月30日
122	重庆市长寿区陈帝伊农业发展有限公司	2020年6月2日
123	秀博瑞殷（重庆）电子材料有限公司	2020年6月2日
124	重庆市美客无双智能科技有限公司	2020年6月4日
125	重庆精恒金属表面处理有限公司	2020年6月5日
126	重庆川维物流有限公司	2020年6月8日
127	重庆川维科技有限公司	2020年7月22日
128	贝利科技（重庆）有限公司	2020年7月29日
129	重庆晋云门窗有限公司	2020年8月3日
130	腾创（重庆）精密模具有限公司	2020年8月4日
131	重庆隆逸化工有限公司	2020年8月10日
132	重庆市丘裕粮油有限公司	2020年8月16日
133	重庆乐翻商贸有限公司	2020年8月16日
134	重庆长耀售电有限责任公司	2020年8月16日

续表

序号	企业名称	入库时间
135	重庆柳顺汽车部件有限责任公司	2020年9月7日
136	重庆西洋水处理材料有限责任公司	2020年9月7日
137	重庆佰馨环保工程有限公司	2020年10月15日
138	重庆盈进工贸有限公司	2020年10月15日
139	重庆麦克渝生制药有限公司	2020年10月20日
140	重庆涪昇电子科技有限公司	2020年10月28日
141	重庆高顺建设工程有限公司	2020年10月28日
142	重庆亿煊新材料科技有限公司	2020年11月9日
143	重庆市长寿区你我他商贸连锁有限公司	2020年11月12日
144	重庆市蓝恒农业开发有限公司	2020年12月18日
145	重庆南米电子商务有限公司	2020年12月18日
146	重庆市长寿区富茜农业开发有限公司	2020年12月28日
147	重庆宝蓝种养殖有限责任公司	2020年12月30日

（重庆市长寿区科技局提供）

气 象 事 业

【概况】　2020年，重庆市长寿区气象局（简称区气象局）坚持“跳出小气象、做实大气象”，为长寿经济社会发展提供气象保障。在2020年全市气象部门综合目标考核中区县排名第一，为优秀单位；“气象科技创新成果为长寿旅游发展赋能”工作被评为“2020年全市气象部门创新工作”；《铸百年气象 砺风雨征程》在第二届全国气象短视频创作大赛全国总决赛中被评为“三等奖”。1人被评为重庆市“两江之星”导师，1人被评为“全国气象部门2020年优秀共产党员”及长寿区“平安长寿建设”先进个人，1人被评为重庆市“两江之星”导师及重庆市“两江英才”，1人被评为长寿区2019年安全生产工作先进个人，1人被评为长寿区环境保护与生态文明建设先进个人，1人被评为长寿区乡村振兴工作先进个人。

【防灾减灾】　2020年，区气象局适时开展人工增雨、防雹减灾、蓝天行动和重大活动保障等人工影响天气作业服务，开展防雹增雨作业服务15次、“蓝天作业”9次，发射火箭弹67枚，助力长寿空气质量优良天数333天，全年无因气象灾害造成人员伤亡和重大经济损失。加强防灾减灾科普宣传，围绕“3·23”世界气象日、“5·12”全国防灾减灾日等节点开展线上线下宣传12次，举办讲座2次，开放观测站2天，地方媒体宣传报道气象工作10余次。加强联防，与四川广安市气象局签署气象监测预报预警联防合作协议，在优化监测站网布局、强化区域联防、共建研究型业务以及基层党建、人才培养等方面加强合作共建共享，筑牢气象防灾减灾第一道防线。

【气象服务】　2020年，区气象局基础业务质量稳定，气象观测数据传输及时率和质量达标；预报质量66.9分，居全市第二；预警信号发布准确率超95%（暴雨100%）；强对流天气预警提前73分钟；强天气警报3分钟响应率100%。气象服务及时精细，全年发布服务材料1113期，电话叫应53次，启动应急响应7次，现场调查灾情9次，向区政府专题汇报13次。气象防办履职到位，印发《气象灾害防御工作要点》，联合减灾委办印发《关于进一步加强预警信息发布及响应工作的通知》《关于进一步加强自然灾害预警管理相关工作的通知》；强化部门联动，全年联动会商19次，联合发布材料22期、发文7次，召开气象协理员培训会1次；加强监督检查，强化预警平台运行监管，巡检37个工作站，每月通报运行情况，将气象灾害防御工作纳入安全生产和自然灾害防治工作考核。

加强农业气象服务，建设石堰镇长寿橘智慧气象服务示范基地，建成农田小气候站1套。完善农气服务专家联盟，推广使用精细化智能服务平台、农业天气通APP等。完成乡村振兴气象服务专项业务验收，制发农业气象周年服务方案，开展农情调查21次（与区农委联合调查5次），面向新型农业经营主体开展“直通式”服务。开展长寿柚、长寿橘气候品质评估，完善重庆农产品优质气候品牌和全生育期溯源工作，推广气候品牌，助力乡村振兴和脱贫攻坚。

【气象安全生产】 2020年，区气象局加强行业安全监管，确定重点监管对象186家，开展行业安全执法检查85次（联合检查5次），排查并督促整改隐患50余处，行政处罚4次、罚款1.5万元，约谈防雷检测资质单位8家，召开防雷联席会议1次，落实防雷专项经费117万元；办结行政审批45件，无超时和投诉。统筹做好疫情防控，制定疫情防控工作方案，成立领导小组，召开专题会3次，采购防疫物资4万余元，落实防疫措施，全局零感染。

【党建工作】 2020年，区气象局强化政治统领，深入学习党的十九届四中、五中全会精神和习近平总书记重要指示精神等，全年集中学习37次、专题讨论15次，完成调研报告1篇、千字文2篇；营造良好政治生态。通过典型案例通报、廉政提醒、法律知识讲座、廉政文化作品创作等，促进党员干部坚定理想信念，严守纪律规矩。落实党建和意识形态工作责任，支部书记开展谈心谈话7次，关注舆情，确保意识形态领域平稳可控。

开展模范机关创建，党员亮身份岗位誓言，自觉接受群众监督；执行“三会一课”制度，召开党员大会15次、支委会16次、主题党日活动12次、党课6次、专题调研2次，选送的微党课获长寿区“党课开讲啦”选拔赛三等奖；制发模范机关创建活动方案，梳理目标任务18项，建立责任清单并逐项落实，区内党建督查评分得98分，为优秀。加强党员发展教育和关怀帮扶，发展党员2名，培养入党积极分子2名，1人获全国气象部门2020年优秀共产党员称号，帮扶困难退休党员4次。凝练“雨·润无声”党建品牌，“知百姓冷暖，润万物无声”落实思想政治工作。

深化党建引领，局党组召开座谈会，听取党员和青年干部心声，引导制订个人职业规划，培养选拔优秀年轻干部，提拔副科级干部1名；获评“两江英才”1人、“两江之星”导师2人，获长寿区平安长寿建设先进个人、2019年安全生产工作先进个人、环境保护与生态文明建设先进个人、乡村振兴工作先进个人各1人；青年文明号、市级文明单位通过复查，获区妇联“巾帼文明岗”。

党建和科技创新发展深度融合，党员和入党积极分子带头攻关，完成市局和区科技局科研项目各1项。强化科研成果转化，建立天气景观预报模型并开展预报业务，打造气象旅游线路，气象科技创新成果为长寿旅游发展赋能。加强科学管理，配合安全中心深入推进防雷安全监管体系和监管能力现代化。（张力宇）

卫生 健康

综 述

【概况】 截至2020年底，重庆市长寿区卫生健康委员会（简称区卫生健康委）承担13项职能职责。有机关行政编制24名，机关后勤服务事业编制2名；实有干部职工22名（其中委领导4名），后勤服务人员2名，长寿区纪委监委驻区卫生健康委纪检监察组3名（其中组长1名）。有11个内设机构：党政办公室（宣传教育科）、组织人事科、规划财务科（审计科）、法治信访科（行政审批科）、医政医管科、综合监督科（职业健康科）、健康管理科、疾病预防控制科、中医基层卫生科、信息化建设科、人口监测与家庭发展科（老龄科）；2个参公事业单位：长寿区计划生育协会机关、长寿区卫生健康综合行政执法支队；8个直属全额拨款事业单位：长寿区红十字会机关、长寿区卫生健康服务中心、长寿区疾病预防控制中心、长寿区公共卫生服务中心、长寿区基层医疗机构财务核算中心、长寿区卫生健康委员会干部人事档案中心、长寿区卫生健康委员会信息中心、长寿区卫生应急中心。

2020年年底前，全区有4个区级医疗卫生单位：长寿区人民医院、长寿区中医院、长寿区妇幼保健计划生育服务中心、长寿区第三人民医院；有17个基层医疗卫生机构：凤城街道社区卫生服务中心、江南街道社区卫生服务中心、渡舟街道社区卫生服务中心、新市街道社区卫生服务中心、八颗街道社区卫生服务中心、长寿湖镇卫生院（长寿区第二人民医院）、云台镇卫生院、但渡镇卫生院、邻封镇卫生院、云集镇卫生院、双龙镇卫生院、龙河镇卫生院、海棠镇卫生院、石堰镇卫生院、洪湖镇卫生院、万顺镇卫生院、葛兰镇卫生院；有20所民营医院：川东医院、恒济医院、张勇中医骨科医院、盛伟医院、瑞滨医院、怡和医院、华都医院、九石坎医院、紫晶医院、泓源医院、桃源医院、京和医院、化工园区医院、理想口腔医院、菩提妇女儿童医院、上瑞中西医结合医院、伟夫中西医结合医院、爱尔眼科医院、双银医院、德仲医疗护理院；有2家血液透析中心：尚诺血透中心、汇胜血透中心；有1所非政府办公立医院：长化医院；有1所政府办非卫生健康委主管公立医院：凤城监狱医院。

（林　露　徐小红）

【医疗机构及人员】 2020年，长寿区有医疗卫生机构443个。其中三级甲等公立医院1所、二级公立医院5所（中医医院1所、妇幼保健计生服务中心1所、精神卫生中心1所、企业办公立医院1所、监狱医院1所），社区卫生服务中心6个、镇卫生院12所、村卫生室206个、社区卫生服务站8个、诊所161个、民营医院20家，血液透析中心2个。执业（助理）医师2089人，注册护士3160人。全区床位总数4875张（其中，民营医疗机构床位1370张，占28.10%）；每千人口拥有医院床位5.94张，每千人口拥有执业（助理）医师2.54人，每千人口注册护士3.85人。

2020年，长寿区总诊疗数345.93万人次。其中公立医疗卫生机构总诊疗259.46万人次，民营医疗卫生机构总诊疗86.47万人次；全区医疗卫生机构出院人数136421人（其中公立医疗卫生机构出院人数100907人，民营医疗卫生机构出院人数35514人）；全区医疗卫生机构门诊病人次均诊疗费用174元（其中公立医疗卫生机构门诊病人次均诊疗费用227.60元，民营医疗卫生机构门诊病人次均诊疗费用64.20元）；全区医疗卫生机构住院病人次均诊疗费用6350.30元（其中公立医疗卫生机构住院病人次均诊疗费用6890.80元，民营医疗卫生机构住院病人次均诊疗费用4814.70元）。

（但昆华　包瑞琦　于　飞　费建梅）

【医药卫生体制改革】 2020年，长寿区深化公立医院改革。推动硬件设施提档增效，争取中央资金1.33亿元，安排公立医院基本建设资金1.1亿元，建成投用区中医院二期、区妇幼保健计生服务中心二期，实施区医院北城分院、区中医院三期扩建项目、区第三人民医院医养结合项目建设，获中国初级卫生保健基金会捐赠5000万元医疗设备，升级医疗机构基础设施，全区基层医疗卫生机构标准化建设达标率100%；筑牢分级诊疗服务体系，落实以区医院、区中医院为龙头的“2+18”医联体建设，选派18名业务技术骨干到基层医疗机构任业务副院长，“传、帮、带、教”提升基层业务水平；优化转诊服务流程，患者在挂号、住院和治疗享受全程接续服务，全年区内就诊率90%以上，基层就诊比例55%以上，“看病难、看病贵”问题缓解；推进公立医院人事薪酬制度改革试点，优化公立医院薪酬结构，向关键、紧缺、高风险、高强度岗位以及高层次人才、业务骨干和作出突出成绩的医务人员倾斜；畅通人才引入流动机制，区中医院纳入全市公立医院人员总量管理试点扩面单位并报市委编办。

专注服务内涵建设。规范医药耗材采购使用，坚持药品采购“两票制”，减少药品流通环节及成本；开展高价药、高值耗材点评，对高值耗材开展二次议价，将次均费用、药占比等指标纳入绩效考核，实现门诊、住院次均费用“零增长”；建立健全长效监管机制，建立完善全区医疗机构不良行为记分制、病例处方点评制、服务价格公示制等10多项制度，持续推进过度诊疗专项整治行动，纳入专项整治的医疗机构人均住院费用比2019年下降8%，住院人均药品费用下降31.43%，门诊次均药品费用持平；推进医保支付方式改革，实行医保付费总额控制，保障医保基金中长期平稳，全年单病种结算3017例，医保基金支付775.28万元，覆盖长寿区收治范围内的所有单病种，实现群众的就医负担减轻。

2020年8月14日，长寿区智慧医疗平台接受国家医疗健康信息互联互通标准化成熟度测评专家组四级甲等现场测评

探索互联网医疗。建立全民健康信息平台，构建起涵盖“市—区—镇（街）—村（居）”4级专用卫生信息网络、标准化的B级区域卫生信息数据中心和网络信息安全防护体系，全区医疗卫生机构接入使用率、共享交互率100%，实现辖区医疗机构居民电子健康档案、电子病历的共享调阅，以及基本医疗和公共卫生服务管理的医防融合；提质智慧医疗平台建设，在全市率先建成区域一体化的“预约诊疗、综合支付、远程诊断、业务协同、综合监管”5大功能智慧医疗平台，创新推出“互联网+医疗健康”服务，优化看病就医服务流程，落实预约挂号、远程诊疗等12项便民惠民服务措施，区域医疗健康服务实现标准化、集约化、智能化；年内三级医院预约诊疗率50%以上，二级医院预约诊疗率30%以上，分时预约时间精确到半小时；卫生健康信息平台通过国家医疗健康信息互联互通标准化成熟度四级甲等测评，在2020国家智能产业博览会上展出；建成精准健康扶贫支撑系统，以信息化手段精准识别建档立卡贫困户，在全市率先实现健康扶贫精准识别、精准医疗和“先诊疗后付费”“一站式”兜底结算政策落地。

完善疫情防治体系。提升感染性疾病诊疗能力，推进区人民医院、区中医院、区第三人民医院的完善感染病区等建设，规划筹建感染病医院；增配120急救车辆，新配备负压120救护车3辆、普通120救护车9辆；完善发热门诊体系化建设，在区级医疗机构全部规范设置发热门诊，增强基层传染性疾病防控能力；强化医学检验诊断能力，建成区医院、区疾控中心等2级生物安全实验室7个，可满足全区绝大部分突发公共卫生的实验室诊断需求。（但昆华　但吉飞　傅　玉）

【行政审批】 2020年，区卫生健康委完成行政审批2540件，其中公共场所卫生许可397件、生活饮用水供水单位卫生许可14件、医疗机构设置及执业许可507件、医师执业许可423件、护士执业许可896件、再生育服务193件、医疗机构麻醉药品第一类精神药品购用许可36件、放射诊疗许可56件、机构从事母婴保健技术服务许可9件、人员从事母婴保健技术服务资格许可9件、中医诊所备案2件。　　　　　（高　凤　张西蒙）

2020年2月21日，长寿区人民医院援鄂医务人员出征湖北

【重要事件】　2020年1月20日，长寿区首例新冠肺炎病例确诊；1月28日，统筹区内民营医院医疗资源，组建长寿区阻击新冠应急转运队伍；2月1日，长寿区集中医学观察隔离场所电大酒店投入使用；2月11日、2月17日、2月21日，长寿区53名医护人员分3批驰援湖北武汉中心医院、大悟县中医院、云梦县人民医院、孝昌县人民医院开展新冠肺炎医疗救治工作；3月15日，长寿区2020年1—3月感染的最后1例新冠肺炎确诊患者治愈出院；6月2日，国家卫健委下发文件公布2017—2025年慢性病综合防控示范区建设评估结果，长寿区获得“国家级慢性病综合防控示范区”称号；7月3日，重庆市长寿区第二人民医院挂牌仪式在长寿湖镇卫生院举行，标志着长寿湖镇卫生院升级成为区级综合医院；9月8日，全国抗击新冠肺炎疫情表彰大会在京举行，区人民医院付显芬获评“全国抗击新冠肺炎疫情先进个人”；9月22日，长寿区智慧医疗平台通过国家医疗健康信息互联互通标准化成熟度四级甲等测评；10月19日，中共重庆市委、重庆市人民政府举行抗击新冠肺炎疫情表彰大会，长寿区6个集体和17名个人获重庆市抗击新冠肺炎疫情先进集体（个人）表彰，4人获重庆市优秀共产党员表彰，2个党组织获重庆市先进基层党组织表彰；10月24日，区妇幼计生服务中心被授予“中国医患体验管理奖”，是重庆市区县妇幼保健机构唯一获奖单位；11月17日，长寿区人民医院通过重庆市卫生健康委员会三级智慧医院评审。

（黄永利　罗　晋　陈文丁　陈　锐）

【地方经验】　2020年，区卫生健康系统实施医防融合，筑牢基础，提升软硬件实力。晏家街道社区卫生服务中心以居民健康服务需求为出发点，标准化建设医院大楼，推进医养结合、区危化应急中心和职业病防治中心项目建设，强化设备设施配备，完善医疗技术规范和操作流程，优化人事薪酬制度，引进人才资源，拓宽人才培养路径，持续提升医疗服务能力。

组建“三部一专区”，即全科医学部、妇幼健康部、中医康复部、专科服务区，重塑就诊流程，实行分片区就诊，落实家庭医生首诊及分级转诊制度，实现基本医疗和公共卫生队伍、管理、服务、信息、绩效“五融合”。2020年高血压患者管理人数较2019年新增1280人，糖尿病新增455人，全科门诊、中医康复部门诊及专科服务区住院服务效率提高。

优化环境，改善就医体验。依托医院人文地理资源，打造居家式、花园式就医环境，升级改造卫生间、设置综合服务台、开放式书吧，用每一个贴心小细节改变患者对医院的固有印象，为辖区居民提供生活、方便、舒适的就医环境。

以优秀传统文化为引领，自觉加强文化修养，端正医德医风，树立服务意识，打造技术水平过硬的医疗卫生服务队伍，为辖区居民提供全方位、全生命周期的健康管理服务。服务中转变“只见病不见人”的单纯技术服务理念，让患者感受到只要有生命的空间，就会有温度的服务。2020年辖区城镇居民就医满意度为92.5%，较2019年提升10个百分点，农村居民就医满意度100%。

（任　川　韦群英）

【党建工作】　2020年，区卫生健康委落实全面从严治党主体责任，推动全区卫生健康系统各级党组织担负起管党治党责任；召开卫生健康系统建党99周年庆祝大会，进行党员宣誓，表彰52

名优秀共产党员、16名优秀党务工作者以及15个先进基层党组织，党委书记带头讲党课。坚持“两学一做”学习教育和“不忘初心、牢记使命”主题教育常态化，落实“三会一课”制度，落实中央“八项规定”精神，加强医德医风建设，深化落实行业作风“九不准”，实施廉政风险防控管理制度和不良执业记分制度。加强党的组织建设，新成立党组织3个（汇胜血液透析中心党支部、长寿爱尔眼科医院党支部、长寿区民营医疗机构协会党支部）；调整党组织3个（将原长寿区卫生健康委机关退休第一、第二、第三党支部整合成为长寿区卫生健康委机关退休党支部）；因机构调整撤销党组织1个（长寿区爱国卫生运动委员会办公室党支部）；开展党组织书记轮训1次，党委书记带头讲党课6次。整治群众身边的腐败问题，开展扫黑除恶专项斗争，锤炼党员领导干部忠诚干净担当的政治品格；持续加大纪律审查力度，2020年驻委纪检监察组处置问题线索13件，办结10件，立案2件；谈话函询3人，组织处理13人次，给予党内警告处分1人、政务撤职处分1人，收缴或清退违规资金1.1万元。

（陈　锐　文　星）

新型冠状病毒肺炎疫情防控

【医疗救治】　2020年，长寿区加强对新冠肺炎疫情防控组织领导，成立区卫生健康委新型冠状病毒肺炎医疗救治工作组，统筹负责全区疑似病例、确认病例的集中救治工作。召开医疗救治组专题会、疫情防控研判会50余次，出台并完善医疗救治、转诊转运、应急处置等工作方案，健全医院感染管理、重点药品储备等工作制度；成立长寿区新型冠状病毒肺炎疫情防控专家咨询组，负责全区疑似确诊病例的诊断、治疗和排除工作。

完善救治流程。构筑以区人民医院为定点救治医院，区中医院、化工园区医院为后备救治医院，长寿湖电力宾馆、长寿湖山庄、夜钓场为集中隔离医学观察点的3级医疗救治阵地；强化发热门诊建设，规范设置发热门诊10个，明确基层初诊、转运队集中转运、定点医疗机构确诊治疗并负责后续转运等一系列工作流程。全年长寿区治愈确诊病例22例，接诊疑似病例113例，排除疑似病例98例，发热门诊接诊患者6000余人次、留观400余人次。多家民营医疗机构自发组建全区新型冠状病毒感染的肺炎患者应急转运队伍，统一负责转运工作；全区转运行程25000余千米，转运1100余人次。

强化督导统筹。年内先后组织召开诊疗方案、防护指南、医院感染管理等专题培训10次，各医疗机构组织院内培训747场，培训人数40000余人。依托区院感质控中心建立院感常态化巡查机制，定期现场指导院感防控工作；责成区卫生健康综合行政执法支队开展个体诊所、门诊部及口腔门诊的督查督导，确保疫情防控覆盖面的最大化。出台医疗资源互援工作方案，合理调配全区医护资源；2020年2月，先后抽调区人民医院、区中医院53名精干医护力量组建长寿区援鄂医疗队支援湖北孝感、武汉，诊治病人487人，援鄂队员中1人获全国抗疫先进个人，系统内2个单位被评为市级抗疫先进集体、1个党支部被评为全市抗疫先进基层党组织、8人被评为市级抗疫先进个人、1人获得重庆市五一劳动奖章、1人获得孝感市五一劳动奖章；落实重点疫区云集镇、龙河镇医疗资源配置，抽调临近基层医护力量前往支援。

（但昆华　于　飞）

2020年1月24日、1月26日国家督导组督导长寿区新冠肺炎医疗救治工作

【疫情应急】　2020年，区卫生健康委制订《重庆市长寿区卫生健康委员会关于加强医用防护用品管理的通知》《重庆市长寿区卫生健康委员会关于建立应急物资储备机制的管理办法》等规章制度。分发各种渠道来源的口罩727409个、防护服6466套、隔离衣7788件、护目镜2173个、防

护面罩1872个、自吸过滤式防毒面具面罩（全面罩）54001（不含滤器）10个、自吸过滤式防颗粒物呼吸过滤件7580p100（滤芯）52对、一次性手套252747双、医用帽子12240个、耳温度计615把、红外线额温枪300个、保护性鞋套2894双、长筒靴套500双、喷雾器239个、84消毒液10500千克、消毒粉13705、免洗手消毒液2334瓶、75%消毒酒精5502.5升等各种应急物资，保障各医疗机构疫情防控工作的物资需求。

资金管理按照区财政局文件要求，严格执行疫情防控财政资金支出日报制度。拨付到各基层医疗机构用于疫情防控新增基本公共卫生经费427.5万元；拨付一线医务人员慰问费82.2万元。接受区慈善会疫情防控捐赠109.7万元用于疫情防控、5.3万元用于援鄂人员补助；接受区委组织部转账20万元用于疫情防控。（罗　晋　张　佑）

【疫情防控】 2020年，区卫生健康委完善流程，提供技术指导。制订《长寿区新冠肺炎防控方案》，根据国家方案及时更新，严格按照规范开展相应工作；制订各街镇疫情防控工作流程图以及各医疗机构处置流程图，制作居家观察告知书、医学观察告知书、解除医学观察告知书等模板；制订医学观察服务流程；及时制订《企业复工防控方案》。

开展社区广泛排查，全区报告疑似病例数113例，排除98例，转为确诊病例15例；追踪密切接触者1007人，转为确诊病例18人，转为阳性检测6人，集中隔离观察2人，解除隔离观察981人。

用流行病学调查落实追踪管理，组建4支区级流行病学调查队伍、8支区级机动采样队伍；全区培训流行病学调查人员1873人、采样人员1072人、核酸检测人员42人、心理干预人员16人。有具备核酸检测能力的生物安全实验室4个，单样本日检测能力6000份，24小时内对报告的确诊病例、无症状阳性检测病例以及疑似病例的密切接触者开展现场流行病学调查和信息收集。

实施常态化监测，提升预警能力。全年发热门诊核酸检测8432人次，新住院患者及陪护人员核酸检测40298人次，医务工作人员核酸检测7255人次；对从事进口冷链食品及农贸、海鲜工作人群核酸检测6796人次，环境核酸检测4841人次。（杜华莉　段　辉）

【集中医学隔离观察】 自2020年2月开始，长寿区防控办相继启动长寿区电大酒店等6家集中医学观察隔离点和桃源酒店、化工园区医院等2家健康检测点，对密切接触者、高风险地区到长寿人员及康复患者等进行集中医学隔离观察和健康检测。截至2020年12月31日，接收集中医学观察对象438人次，核酸检测1581人次，未发生一起交叉感染事件和不稳定事件，顶住“外防线”，为做好全区疫情防控工作奠定基础。

（费建梅　任　川）

【抗疫捐助】 2020年新冠肺炎疫情防控期间，区红十字会接受捐赠款物价值人民币（以下均为人民币）3832741.79元，其中捐赠资金1665490.55元，捐赠物资2167251.24元。均已全部投入新冠肺炎疫情防控。（刘铃铃）

公共卫生

【服务管理】 2020年，区卫生健康委完成城乡居民电子建档710919人，电子建档率83.15%；落实65岁以上老年人健康管理72379人，管理率56.59%；高血压患者健康管理33968人，规范管理率65.51%；2型糖尿病患者健康管理11380人，规范管理率65.48%；严重精神障碍患者健康管理3452人，规范管理率80%；辖区内接受1次及以上随访的0~6岁儿童34041人，儿童健康管理率92.10%；接受中医药健康管理服务65岁及以上居民71744人，老年人中医药健康管理率56.09%；预防接种完成卡介苗等8种疫苗88129针（次），单苗接种率均在95%以上；管理肺结核患者221人，肺结核患者管理率100%，肺结核患者规则服药率100%。（韦群英　任　川）

【重症精神病患者管理】 2020年，区卫生健康委制定《重庆市长寿区卫生健康委员会关于做好新型冠状病毒感染的肺炎疫情期间心理危机干预工作的通知》《重庆市长寿区卫生健康委员会关于建立严重精神障碍管理对口帮扶制度和双向转诊制度的通知》《重庆市长寿区卫生健康委员会关于做好一线医务人员心理健康评估的通知》等，强调疫情期间加强严重精神障碍患者的管理和心理危机干预，采取代取药、送药上门等方式，帮助患者持续规律药物治疗。2020年，全区严重精神障碍在册患者4072人，报告患病率4.76‰，管理率97.25%，规范管理率91.43%，服药率85.02%，规律服药率67.83%；精神分裂症服药率85.13%，精神分裂症规律服药率69.36%；各项数据均达市级要求指标。（杜华莉　戴海鸥）

【儿童预防接种】　2020年，长寿区建成18个数字化预防接种门诊，为加快预防接种工作信息化、智能化管理、提升预防接种服务质量奠定基础。对适龄儿童进行常规接种，全区报告常规免疫接种应种79723次，报告完成接种79687人次，平均报告接种率99.95%。

（杜华莉　张馨予）

2020年8月20日，区妇幼保健计生服务中心接受市卫健委二甲妇幼保健院现场复评预评审汇报会

【妇幼保健】　2020年，长寿区完成宫颈癌筛查11054人（其中HPV检查5003人）、乳腺癌筛查11049人，超额完成市级下达任务。全区医疗机构内发生出生缺陷儿26例，发生率为7.56‰；完成孕优检查1344对，免费新生儿疾病筛查3413人，筛查率99.80%；新生儿听力筛查3085例，筛查率90.20%。全年机构内产妇3409人，活产3420人；剖宫产1482人，剖宫产率为43.33%，首次剖宫产率36.86%。成立“长寿区儿童保健医疗中心”“长寿区乳腺病防治中心”。区妇幼保健计生服务中心“儿童生长发育专科”“妇女更年期保健专科”获得重庆市妇幼保健重点专科创建资格；区妇幼计生服务中心获“中国医患体验管理奖”。（费建梅　任　川）

【卫生监督专项整治】　2020年，区卫生健康综合行政执法支队监督单位2165个，开展经常性监督3025户（次），执法人员人均监督126.04户（次），立案查处99件。年内全区抽取“双随机”任务246家，监督完结率100%。集中开展医疗美容综合监管、医疗乱象专项整治等专项监督检查行动。对全区医疗机构、交通口岸、公共场所、供水单位、药店、养老机构、集中隔离场所等相关单位，开展督导检查1932户（次）。办理的“郑某某非医师行医案”在2020年被评为重庆市卫生行政执法典型案例和全国优秀案例。

（胡　倩　王萍萍）

【卫生应急】　2020年，区卫生健康委组织开展6场卫生应急演练、1次桌面推演，进行传染病防控培训41期、5370人次。建立全区呼吸、重症等专业医务人员台账，储备转运、流调、核酸检测、消杀等6类人员3221人。标准化建设全区120调度指挥信息系统。重新调整3支卫生应急队伍，组建背囊化快速应急队伍。开展针对自然灾害的公共卫生专题风险评估。加强应急值班值守和日常卫生应急处置，全年开展突发事件紧急医疗救援27起，救治伤员97人；年内报告突发公共卫生事件12起，事件均得到及时、有效地控制。

（罗　晋　廖明初）

【死因监测】　2020年，长寿区报告死亡病例6409人，粗死亡率743.50/10万，标化死亡率477.98/10万；男性死亡3797人，占报告总数的59.24%，粗死亡率881.84/10万，标化死亡率561.20/10万；女性死亡2612人，占报告总数的40.76%，粗死亡率605.43/10万，标化死亡率393.20/10万；男女死亡比例为143：100（以标化死亡率计算）；婴儿死亡12人，死亡率为1.30‰。2020年长寿区3类死因构成中，位居第一的是慢性病，占91.36%；其次是伤害，占5.41%；第三是感染性、母婴和营养缺乏病，占3.23%。

（杜华莉　戴海鸥）

【结核病防治】　2020年，长寿区可疑结核病人初诊3727人次，报告（现住址）活动性肺结核442例，登记活动性结核病患者229例，按全区常住人口85.5万人计算初诊患者就诊率为436/10万，报告发病率为51.69/10万，登记率为26.78/10万，DOTS覆盖率100%，追踪率100%，追踪后总体到位率96.67%。全年开展2次学校结核病专项督导检查，规范处置学校结核病疫情13例，开

展密切接触者筛查700余人次。年内发放结核病防治宣传资料50000余份，有效提高群众对结核病防治知识的知晓率。　　（杜华莉　段　辉）

【职业病防治】　2020年，区卫生健康委加强职业病防治宣传，印发宣传材料8500份，出动宣传人员435人次，宣传受众42000余人。开展尘毒危害治理，实施矿山、冶金、化工行业尘毒危害专项治理及水泥行业“回头看”，4个重点行业企业全部通过达标验收。推进尘肺病防治攻坚行动，完成18家重点行业企业粉尘专项治理。开展健康企业创建工作，卡贝乐、映天辉、凯林制药3家企业成功通过区级评审。　　（胡　倩　李　娅）

【国家级健康促进区创建】　2020年，区卫生健康委起草《长寿区创建全国健康促进区实施方案》提交区委常委会讨论通过。组织区财政、区教委等部门到南岸区考察学习；组织有关街道和区疾控中心等部门到铜梁区参加健康促进区创建培训会。开展健康细胞、健康单元建设，将健康元素融入社会各个角落，建设健康支持性环境9类、199个（其中开展健康家庭活动的健康社区112个，覆盖率42.59%；建成健康单位12个、健康学校19所、健康食堂10家、健康餐厅/酒店11家）。2020年长寿区居民健康素养水平为24.08%，比2019年提高1.96个百分点。

（任　川　韦群英）

【家庭医生签约服务】　2020年，区卫生健康委深化服务，实现家庭医生签约服务的精细化管理，提升签约居民享受医疗健康服务的可及性和获得感。年内全区204个家庭医生服务团队签约28.98万人，签约率33.89%（其中在家且有签约意愿的建卡贫困户签约9534人，在家建档立卡贫困人口和计划生育特殊家庭签约率100%）；签约老年人99909人、孕产妇1305人、儿童13150人、残疾人10184人、高血压50631人、糖尿病16409人、结核病221人、严重精神障碍患者3417人。

（费建梅　任　川）

【爱卫工作】　2020年，长寿区根据机构改革要求，撤销区爱卫办单位建制，职能职责转区卫生健康委健康管理科，人财物转区计划生育协会机关。4月开展第32个爱国卫生月活动宣传；推进厕所革命，完成农户改厕9350户（其中卫生厕所6866户，三格式无害化卫生厕所2484户），完成目标任务120%，卫生厕所普及率86%。开展卫生创建，邻封镇政府机关创建为重庆市优秀卫生单位，邻封镇卫生院创建为重庆市卫生单位，邻封镇汪塔村创建为重庆市卫生村。

（陈文丁　何昌洲）

医疗卫生

【医疗质量管理】　2020年，区卫生健康委继续组织参加基本理论、基本知识、基本技能和严格要求、严密组织、严谨态度“三基三严”理论技能考核及“医疗质量管理天天学”活动，全区1300余人参加基本药物使用线上培训，合格率100%。推动各级各类医疗机构等级创建，年内区中医院接受重庆市卫健委专家组三级医院晋升现场初审；区妇幼保健计生服务中心接受重庆市卫健委二甲妇幼保健院现场复评；葛兰等3家镇卫生院创建为甲等卫生院。依托重庆市各大专科联盟以及区内医联体建设，完善市—区—街镇的3级医疗技术帮扶体系，以龙头医院为纽带，促进优质医疗资源、人才资源的下沉和互通，推动基层医疗技术水平的提升。规范医疗废物处置，全年处置医疗废物430.61吨。　　（但昆华　瞿小红）

【医疗人才建设】　2020年，区卫生健康委拓宽招才引智渠道，引进急需紧缺人才，招聘专业技术人员86人，其中硕士研究生25人。创新人才培养模式，打造高素质人才队伍，新提拔、调整使用干部48名。优化人才发展环境，搭建高起点创业平台，医疗卫生高级专业技术人员职称评审通过80人，培训基层医务人员216人，培养全科医生53名。　　（刘政权　林　露）

【基础建设】　2020年，长寿区中医院医技建设项目进场施工，占地1公顷，建筑面积28000平方米，总投资11000万元；区中医院医养中心建设项目进场施工，建筑面积38383平方米，设计养老床位600张，总投资19610万元；启动区第三人民医院卫生危化应急建设项目，建筑面积25671平方米，总投资17000万元；启动云集镇卫生院业务楼扩建项目，建筑面积3000平方米，总投资1900万元；使用菩提民生佳苑和凤城顺风亭房屋进行改造，建设菩提街道社区卫生服务中心和整体搬迁凤城街道社区卫生服务中心。完成洪湖、长寿湖、葛兰3个镇基层医疗机构CT配置，完成云台、邻封、江南、洪湖、长寿湖、葛兰6个镇基层医疗机构发热和肠道门诊建设，完善18个基层医疗机构基础设施设备，投入资金2300万元。完成卫生健康系统重点建设项目“十四五”规划，将区医院内科大楼和传染病救治中心建设、疾控中心迁建、妇幼计生中心新市业务区建设、精神卫生中心扩建、街镇医康养融合（长寿湖、石堰、新市、万顺）建设等纳入“十四五”规划。

（李佳宏　舒　畅）

【基层医疗工作】　2020年，长寿区着力解决历史遗留问题，推动解决1000余名无原始证明材料离岗乡村医生养老和医疗补助问题。科学规划村卫生室布局，确保“一村一室一证”，每个行政村有1所合格村卫生室。强化基层医疗机构内生动力，联合重庆市医药学校，对基层卫生人员、新招聘的乡村医生进行临床技能、慢病管理的培训；组织基层卫生人员参加重庆三峡医药高等专科学校组织的线上执业（助理）医师实践技能培训；组织参加重大疫情救治和呼吸系统疾病早期筛查干预能力提升及人才培训。（叶凌云　郭　岩）

2020年7月，长寿区组织首届“岐黄颐寿”杯中医药知识与技能竞赛

【中医药事业】　2020年，长寿全区通力协作，创建全国基层中医药工作先进单位，通过国家评审；持续推进区中医院三级医院创建。强化中医基础建设，区中医院扩建工程列为重庆市重大建设项目推进，邻封镇卫生院、但渡镇卫生院完成中医馆迁建，龙河镇卫生院、云集镇卫生院等15个基层医疗机构中医馆均完成改建升级；中医医疗设备全部提档升级，基层医疗机构均配备针灸器具、中医电疗等10种以上中医诊疗设备，村卫生室统一配备艾灸、刮痧板等4种中医诊疗设备。年内以“弘岐黄之术 佑百姓健康”为主题，举办首届“岐黄颐寿”杯中医药知识与技能竞赛，大赛分为理论知识和技能操作2部分，全区22个医疗机构、21支队伍、63名中医师参加。

（叶凌云　简　敏）

【行业作风监管】　2020年，区卫生健康委持续在全区二级及以上公立医疗机构全面实施专项整治工作。纳入专项整治的医疗机构人均住院费用比2019年下降8%，住院人均药品费用下降31.43%，门诊次均药品费用持平。配合开展医保领域专项整治，强化医保基金规范化使用，加强医保领域欺诈骗保行为惩处，规范临床检验检查等医疗服务行为；2020年涉及医保违约本金及违约金739.05万元。继续开展平安医院建设，强化医疗机构安全防范体系建设，完善院内调解、人民调解、司法调解以及医疗责任保险“三调解一保险”的医疗纠纷处置机制；会同区医疗纠纷调解委员会调解医疗纠纷24件，赔偿金额430万元。

（但昆华　于　飞）

【健康扶贫】　2020年，长寿区将大病救治病种扩大到33种，完善大病临床路径、诊疗方案和质控指标，加强专家组临床指导，提升区级定点医院救治能力，全年区域内就诊率持续达到90%以上。慢病签约服务对贫困人口实现家庭医生签约服务应签尽签，将原发性高血压等4类慢病患者作为重点服务对象，将因病致贫返贫风险较高的贫困户以及致贫边缘户纳入签约服务范围。“先诊疗后付费”“一站式”结算便民服务，年内全区未发现未享受“先诊疗后付费”情况。全年支付兜底基金237万余元，贫困户受益8369人次。

（叶凌云　袁　菲）

【红十字会工作】　2020年，长寿区推进救护培训进校园、进机关、进企业、进社区、进农村“五进”工作，举办培训75期，受训5309人次。开展“博爱送万家”活动，对200户困难群众家庭送去人道关怀，开展人道救助；开展“博爱助学”活动，对长寿中学、川维中学等6名贫困家庭学生进行资助，每人2000元；开展“大病救助”活动，在区级红会救助基金中救助 9 人次，发放救助金 27000 元。参与推动无偿献血，利用“5·8”世界红十字日等重要节日，组织区属医疗卫生单位宣传无偿献血，收集献血 2141400 毫升；推动遗体和人体器官捐献，自愿捐献遗体和人体器官 2 例，捐献肝脏 2 个、肾脏 2 对。

（刘铃铃）

人口管理

【概况】 2020 年，长寿区常住人口 69.3 万人；其中，城镇人口 48.43 万人，0~14 岁人口占 12.94%、15~59 岁人口占 61.70%、60 岁及以上占 25.36%（其中 65 岁及以上占 20.51%）。常住人口出生率 7.14‰，死亡率 9.61‰，人口自然增长率-2.47‰，符合政策生育率 98.97%，继续稳妥实施国家生育政策，促进人口均衡发展。常住人口性别比（以女性为 100，男性对女性的比例）为 103.76，出生婴儿性别比为 101.3。

2020 年全区出生人口 6215 人，出生率 7.01‰，自然增长率 -1.55‰，政策符合率 98.84%，政策外多孩率 1.16%。全面推行计划生育证件跨区县通办，解决群众办证难问题；年内办理生育服务证 3853 件（其中一孩生育服务证 2069 件、二孩生育服务证 1784 件），办理再生育服务证 213 件、独生子女父母光荣证 627 件。审核 17 批（次）、22 个单位、182 名个人。

（韦爱群 郭凤霞）

【计生家庭健康发展】 2020 年，长寿区落实法定计划生育家庭奖励扶助政策，创新建立长寿区计划生育失独家庭救助制度。开展计划生育特殊家庭“暖心行动”，落实计划生育特殊家庭联系人制度等“三个全覆盖”专项行动。区财政投入 87.9 万元，为全区计生特殊家庭购买生病住院护理保险；走访慰问计划生育特殊家庭 5139 人（次），发放慰问金慰问物资共计 83.7 万元。全区有计划生育奖扶对象 18856 人、特扶对象 2042 人、四级残疾扶助对象 154 人，计划生育手术并发症扶助对象 35 人，全年发放计划生育奖励扶助特别扶助金 4242.76 万元。

（郭凤霞 彭 静）

【医养托育服务】 2020 年，长寿区推进医疗卫生与养老服务深度融合发展，全区已有医养结合机构 7 家，正在建设 2 家，养老机构与医疗机构签订服务协议 25 家；探索医养“五服务”模式（协议服务、规范服务、代管服务、一体服务、上门服务），提升社区居家医养服务水平和失能老人护理能力。探索多种形式的婴幼儿照护服务，抓好试点示范，支持社会力量发展普惠性托育服务，规范机构托育；全区已建成具有示范效应的托育机构 1 家。

（郭凤霞 包瑞琦）

【计划生育协会工作】 2020 年，长寿区计划生育协会完成计划生育宣传教育、生殖健康咨询服务、优生优育指导、计生家庭帮扶、权益维护和流动人口服务 6 项重点任务。通过义诊、健康咨询、健康教育知识讲座等形式，发放各类宣传品 16400 份、免费服务包 2310 个，免费义诊 1230 人次；走访慰问贫困母亲、留守儿童和计生特殊家庭 4000 人次，发放慰问金 90 万元；落实普遍联系与重点帮扶相结合的“3+X”的联系人制度，为 2053 名计生特殊家庭人员购买生病住院护理补贴保险。

（韦爱群 郭凤霞）

社会保障

就业创业

【概况】 2020年，长寿区城镇新增就业21279人、城镇登记失业人员就业4786人、就业困难人员就业4021人，分别完成年度目标任务的133%、114%、134%；城镇登记失业率3%。开展职业培训11042人、发放创业担保贷款1.99亿元、向市级重点企业送工11819人，分别完成年度目标任务的129.9%、331%、251%。

【就业创业服务】 2020年，长寿区突出分类施策，推动稳岗返还政策快速、精准、高效落实，护航复工复产、复商复市，为451家企业发放失业保险稳岗返还及中小企业援企稳岗返还4868万元，稳定就业4.36万人。优化就业创业环境，支持多渠道灵活就业，鼓励带货直播等新型销售方式，规范发展夜间经济、地摊经济，推动开发数字经济、平台经济新职业岗位，持续激发新的就业增长点。

长寿区发挥线上招聘优势，通过“长寿就业创业”微信公众号、“长寿就业”APP、QQ服务群等渠道打造公共就业服务信息平台，将招聘转为线上为主，推出“未就业高校毕业生求职登记”微信小程序，打造线上“‘职’等你来”品牌服务，开展“春风行动”“线上就业援助”“百日千万网络招聘”等专项活动，组织一对一线上专场招聘，促进人岗对接，为企业复工复产提供支持。开通“掌上12333”和“渝快办”线上就业服务模块，实现失业保险金申领、失业登记、稳岗返还、培训补贴申领等30余项公共就业创业服务事项线上办理；推广“长寿就业”APP线上服务平台，实现企业和群众办事跑腿越来越少，材料越来越简，时限越来越短，体验越来越好；线上评价反响良好。畅通就业服务评价渠道，构建覆盖区级、街镇和村居3级的就业服务大厅、网上平台、移动端、自助终端等渠道服务评价体系，对接全区一体化政务服务平台“好差评”系统，开展分区域、分业务、分时段比较分析，各项就业创业业务办理线上好评率100%。

【就业分类帮扶】 2020年，长寿区聚焦重点群体保就业，做好高校毕业生、退出捕鱼业渔民、农民工和就业困难人员等重点群体就业工作。长寿籍应届高校毕业生5600人，辖区高校重庆化工职大长寿校区应届毕业生2061人，增量、增幅为历年之最；按照“鼓励企业吸纳一批、引导基层就业一批、支持创业带动一批、灵活就业帮扶一批、参军入学分流一批”的思路，多渠道解决高校毕业生就业问题，离校未就业高校毕业生实名登记1715人，除参军、升学、出国、暂无就业意愿等外，1002人实现就业，就业率98.7%。落实就业创业服务补助、社保补贴、岗位补贴等政策，提供多渠道、多层次就业服务，全区禁捕退捕渔民122人，转产就业94人（自主创业11人、灵活就业35人、单位就业38人、务农8人、公益性岗位2人），劳动年龄内有就业意愿人员就业率100%。全区春节返乡农民工19.2万人，外出务工18.02万人，其中有组织“点对点”包车运送22车（次）、411名农民工，转移就业率93.85%，实现“应走尽走”；支持农民工就近就业创业，鼓励引导回流农民工参与乡村基础设施建设和区内新业态就业，市内就业11万人，较2019年底增加0.7万人；回引农民工返乡就业创业7215人。对困难群体托底、实施失业保险扩围、发放失业补助金等政策，为4349名失业职工发放失业保险金3351.4万元，为647名失业人员发放失业补助金45.04万元，发放困难人员社保补贴、公益性岗位补贴、就业补贴等4797万元。

【职业培训】 2020年，长寿区健全职业技能提升行动协调机制，启动“线上+线下”职业培训新模式，开展职业技能提升行动，新增民办职业培训机构4所，1个民办职业培训学校升格为市级民办培训机构，新增新职业工种培训3个。全年培训13681人，拨付技能提升行动专账资金2009.65万元，分别完成全年任务的111.2%、103.1%；发放生活费（含交通费）补贴3011人、303.5万元。推行“招工即招生、入企即入校、企校双师联合培养”企业新型学徒制，壮大产业工人队伍，审核新型学徒制资料3750份，预拨付1901人专账资金386.25万元（至12月底尚有1849人、369万元已公示待拨款）。研究制定线上职业培训政策，开发网络平台和网络培训课程，鼓励返乡农民工、企业待岗职工、下岗失业人员、高校毕业生等各类劳动者通过网络参加职业技能培训，按标准给予补贴。

【就业扶贫】 2020年，长寿区采取点对点、一站式包车服务等方式帮助贫困人员外出务工；帮扶34名返乡回流贫困劳动者实现再就业；发放贫困劳动力跨区域就业交通补贴3883人次、29.96万元，发放贫困劳动力一次性求职创业补贴307人、15.41万元，发放一次性吸纳就业补贴18.6万元；采取面对面帮扶，开展扶贫车间进街镇、培训招聘进村社、创业走访进家门“三进行动”，帮助3个就业扶贫车间全面复工复产，指导8个用工主体成功打造扶贫车间，吸纳贫困劳动力就业66人；举办现场招聘会58场（次）；为贫困人员发放创业担保贷款65万元；采取合理开发劳动保障、公路养护、河库巡管、助残服务等扶贫领域公益性岗位安置就业1077人，创新开发农村服务型岗位安置大龄就业困难贫困人员309人。全区6690名贫困劳动力实现就业。（雷福中）

社会保险

【概况】 2020年，长寿区城镇企业职工基本养老保险174168人，征收基金106911万元，完成市级下达征收任务的103%；城乡居民基本养老保险335505人，征收基金4644万元，完成市级下达征收任务的117.24%；工伤保险158835人，征收基金2229万元，完成市级下达征收任务的101.32%；失业保险参保人员101959人，征收基金2753万元，完成市级下达征收任务的104.66%。城镇企业职工基本养老保险参保人员退休118822人，全年发放待遇302729.41万元；100523人领取城乡居民基本养老保险待遇18487.36万元；全年受理工伤认定1133件，作出认定1062件，1333人次享受工伤保险待遇4576.19万元；为全区企业失业保险降费减负5616.46万元，为4349名失业人员发放失业保险金3351.4万元。按时完成2020年全区123024名退休人员养老金调整工作；其中企业退休人员平均每人每月增加132.36元，城镇超龄人员及被征地农转非人员平均每人每月增加87.9元。落实城乡居民养老保险高龄养老金政策，28025人在1月之后年满65岁不足70周岁的人员增发每人每月5元高龄养老金，1463名1月之后年满70周岁的人员再增发每人每月5元高龄养老金。

【养老保险】 2020年，长寿区做好养老保险关系转移接续和特殊群体参保、补贴发放工作。加强退役军人养老保险参保、断缴、欠缴等筛查比对，核查1325人，需补缴876人，已办理补缴手续837人，补收养老保险费2130.83万元。做好122名长江流域退捕渔民参保工作，养老保险参保率100%（97人参加职工养老保险，25人参加居民养老保险；暂停参保27人，领取养老金17人）。落实兑现特殊群体补贴，办理在职村干部个人参加养老保险享受缴费补贴，按时足额发放原民办教师等八大员群体养老和医疗补助、离任村干部生活补贴、企业军转干部补贴、企业成教幼教人员生活补贴、建工人员生活补贴、中华人民共和国成立初期人员生活补贴。

推进机关事业单位养老保险改革。全区机关事业单位养老保险参保447个单位、15701人，征收养老保险费30246万元、职业年金17280万元，按时发放9377名退休人员养老待遇。开展机关事业单位养老保险跨统筹区域、跨险种及军地转移接续；完成机关事业单位2014年10月至2018年12月间1294名退休人员待遇复算，提前做好2019年226名退休人员信息核定工作；区人力社保局与财政、税务等部门及参保单位沟通协作，完成全区职业年金账实匹配。

【国企退休管理移交】 2020年，长寿区做好国有企业退休人员社会化管理移交工作。全区40

家国有企业8570人（其中党员2065人）签订移交协议，涉及接收街镇7个。央属国有企业已完成移交20户、7937人（党员1975人），移交档案8098人（含死亡人员），移交党组织关系1975人，100%完成市级下达目标任务；市属国有企业完成移交7户、84人（党员14人），档案移交93人（含死亡人员），党组织关系移交14人，100%完成市级下达目标任务；区属国有企业完成移交13户、549人（党员76人），档案移交551人（含死亡人员），党组织关系移交76人，100%完成移交。年内凤城街道轻化路社区成功创建退休人员社会化管理市级示范社区，全区有市级示范社区2个。

【社保政策落实】 2020年，长寿区贯彻落实社保降费减负政策，做好全区3200家参保单位划型工作，其中减半征收145家单位，全免3055家单位；办理72家单位申请缓缴业务；变更2家单位划型类别。全年减免参保单位养老保险费39257.03万元、失业保险费1321.14万元、工伤保险费3097.83万元；办理24家单位养老保险多缴退费89万元，189家单位（项目）工伤保险多缴退费110.6万元，有效对冲疫情冲击。

继续贯彻落实困难企业、小微企业优惠政策，到经开区、高新区开展政策宣传，引导企业积极申报，推动政策应享尽享；实施动态管理，对不符合享受小微、困难企业社保缴费政策条件的企业取消资格。全年审批通过享受政策的小微企业36家、困难企业24家，取消享受政策资格企业3家。

【社保基金管理】 2020年，长寿区加强稽核内控维护安全，开展特殊工种和因病提前退休专项检查，核查656人（含人社部下达核查64人），对系统记录错误、未进行双公示等问题责成整改。开展失业保险基金管理内控专项检查，延伸检查企业及培训机构95家，对未实行业务档案一体化、未建立欠费台账等问题责成整改。开展工伤保险医疗服务机构专项检查，抽查服务协议机构9家、129份工伤病例，发现不同程度存在过度医疗和错误结算等问题，涉及金额10.36万元，按协议收回违规金额和收取违约金。开展服刑人员违规领取养老保险待遇问题专项整治，涉及120人（其中城镇职工含征地农转非养老保险67人、居民养老保险53人）；未违规领取养老待遇34人，涉嫌违规领取养老待遇86人、413.03万元（违规领取居民养老保险待遇28人、9.6万元，违规领取城镇职工养老保险待遇58人、403.43万元），对违规领取待遇予以追回。开展领取养老待遇人员生存认证核查4605人，依托街镇社保所送达书面告知书开展死亡冒领退费，已追回178人、63.96万元。开展社会保险经办风险管理专项检查，核实基金监管系统产生疑点数据649条。

【社保扶贫】 2020年，长寿区动态清理贫困人员参保缴费情况，指导各街镇排查甄别未参保未缴费人员信息，做好户籍不在重庆市的建档立卡贫困人员参加居民养老保险工作，确保不少一户、不漏一人。全区14567名建档立卡贫困人员中应参保贫困人员12109人（含已领取待遇人员），参保率100%；60周岁以上贫困人员4461人，养老待遇领取率100%；全区建档贫困人员中应享受代缴费人员1051人，代缴政策享受率100%。

（雷福中）

医疗保障

【概况】 重庆市长寿区医疗保障局（简称区医保局）2019年2月正式挂牌成立，设内设机构3个，有在编职工6人；下设1个参公事业单位区医疗保障事务中心和1个公益一类事业单位区医药价格招标采购中心，有在编职工28人。主要负责全区城镇职工基本医疗保险、生育保险、城乡居民医疗保险、医疗救助、扶贫济困和基本药物招标采购、医药价格管理、医保基金监管等职责。

【医保体制改革】 2020年，长寿区推进医疗保障制度改革，开展第一、二、三批国家集中药品带量采购，总计112个品种、1700余万片，药品降价最低幅度53%，最高降幅为97%；全区26家公立医院完成全面取消医用耗材加成，同步调整1842项医疗服务项目价格，5家医院纳入国家和西南四省市医用高值耗材带量采购，医用耗材价格平均降幅64.7%、最高降幅97.7%。落实国家医保目录药品3535个品种，涉及癌症等10余个领域、118个抗癌药纳入报销，新增康复综合评定等20项，特殊疾病病种职工扩大到27类、居民扩大到29类；6家医院实施100个病种按病种付费，2家医院开展按疾病诊断相关分组（DRGs）付费试点工作。与全国31个省市全部实现跨省异地就医直接结算，全区41家定点医药机构纳入国家异地就医直接结算平台；2020年，跨省异地就医直接结算2957人次，医保报销1713.5万元，联网直接结算率87.7%。

【医保扶贫】 2020年，长寿区把医保扶贫作为首要任务来抓，全区“四类”贫困人口实现应保尽保率100%、应助尽助率100%、四重保障率100%、政策覆盖率100%。率先在全市将建档立卡贫困户到低保户、特困户、困难残疾人、边缘户、脱贫不稳定户纳入参保，41857名贫困人口参保率100%；对农村建档立卡贫困人口救助对象给予重特大疾病医疗救助，待遇报销精准落实“两升两降一取消一托底”政策（提高农村贫困人口区内区级医院住院报销比例10个百分点，提高大病报销比例5个百分点；降低贫困人口在区内区级医院报销起付线降低50%，大病起付线降低50%；取消大病封顶线；对建档立卡贫困户患重特大疾病给予70%的医疗救助），资助参保3.47万人次、793.54余万元，救助5.09万人次、282余万元；通过建卡贫困户基本医疗、大病保险、医疗救助、扶贫济困医疗基金、精准脱贫保、疾病应急救助、健康扶贫医疗基金、农村贫困人口扶贫医疗基金兜底“八重保障”将贫困人口自付住院和门诊费用控制在10%、20%以内，“一站式”结算23.77万人次、1.56亿元，人均报销医疗费用3950元。区医药招采中心被区扶贫领导小组评为脱贫攻坚先进集体。

【医保疫情防控】 2020年，区医保局第一时间主动担当作为，对23家定点医疗机构预付新冠肺炎救治金2278万元、对疑似和确诊患者实行“即参即享”、对药品器械实行“即申即挂”“直接挂”、对办事群众实行非接触式办理医保业务“四个措施”打赢新冠肺炎疫情防控战。按照“六稳”和“六保”工作要求，实施“减半+缓缴”医保费政策支持经济社会发展，全区3400余家企业减半和减免参保费6000余万元。

【医保基金征收】 2020年，区医保局致力于为群众打造指尖上和家门口的“医保窗口”，全区参保总人数为785794人，医疗保险基金征收119037.6万元；其中，职工医保参保158912人，占总人数的20.22%（机关事业单位25001人、占职工医保的15.73%，企业职工109465人、占职工医保的68.89%，个体职工24446人、占职工医保的15.38%），征收医保基金（含生育）72327.1万元；城乡居民参保626882人，占总人数的79.78%，征收医保基金46710.5万元，参保率98%以上。加大医保政策普及力度，在人人长寿APP开设“品质医保、健康长寿”专栏，现场政策宣传25场（次），印制居民医保、医保电子凭证、“两病”政策等宣传资料50万余份，发放《“品质医保·健康长寿”长寿区职工医保政策问答手册》5万余份，“一站式”现场解读政策14.65万人次，开展医保政策专题培训11次，全方位、多角度、广覆盖提高老百姓对医保政策的知晓率。

【医保基金支出】 2020年，长寿区职工医保全年就医305.48万人次，其中普通门诊106.41万人次、特病门诊22.17万人次、住院4.01万人次、药店购药172.89万人次；医保基金支出64057.99万元，其中统筹支出28817.43万元、大额医疗支出7022.87万元、个人账户支出28217.69万元。居民医保全年就医203.05万人次，其中，普通门诊171.72人次、特病门诊19.11万人次、住院就医12.22万人次；医保基金支出58967.5万元，其中统筹支出55169.67万元、大额报销3797.83万元。生育保险发生10919人次；基金支出2471.08万元，其中医疗费报销333.14万元、生育津贴报销2137.94万元。

【医保基金监管】 2020年，区医保局强化医保基金监管职责，严格定点医药机构准入条件标准和程序，强化现场审核、专家组、社会信誉度评估，明确双方权利、义务和违约责任，通过政府官网、《长寿日报》等媒体向社会公示，全年签订医保服务协议医疗机构173家、药店368家，单病种服务协议6家、精神病单病种协议1家、生育服务协议10家。建立部门联动、案件移送、交叉互动、社会监督、医疗行为监管和常态性综合监督机制，联合区纪委监委、公安、卫健、市场监管等部门，开展医疗保障领域专项整治行动，开展常态化日查、夜查和飞行检查，持续开展打击欺诈骗保行为、扶贫领域专项检查、集中宣传月等活动，加大医保系统异常数据监控，常态对医疗费、统筹基金、住院人次及次均费用增幅较大的协议机构进行重点分析，确保守好老百姓的“救命钱”。年内常态化现场检查1282家（次），覆盖率100%；处理违规违约361家（次）、846万元，暂停医保基金支付3家，中止协议11家，解除协议55家，媒体曝光55起典型案例，移送公安2件、6人，移送纪委监委4件，行政处罚2起，受理有奖举报案件4起，奖励2000元。

【医疗救助】 2020年，区医保局做好资助医疗保险参保工作，确保特殊人群参保全覆盖。全年资助参保69408人、1516.72万元，其中，民政类特困、孤儿、低保、因病致贫家庭重病患者、民政部门建档其他人员在乡重点优抚对象（不含1~6级残疾军人）、城乡重度（一、二级）残疾人总计33053人、793.01万元，计划生育类优抚（奖扶）、残抚（特扶）对象、失独家庭夫妇总计16143人、351.32万元；残疾3~4级9348人、171.36万元；建档立卡贫困人员10864人、201.01万元。全年医疗救助18.63万人次，救助总计4229.14万元，其中，医疗救助资助参保33053人、793.01万元，门诊救助14.51万人次、991.24万元，住院救助26860人次、2529.6万元。

【医保公共服务】 2020年，区医保局打通医保业务经办“最后一公里”，建设医保信息网络“高速路”，在全市率先对268个行政村（社区）配齐台式电脑和正版软件、率先实现四级医保骨干网络信息化覆盖率100%。医保电子凭证全面推广，通过国家医保APP、“渝快办”、“重庆医保”微信公众号、支付宝、微信等多渠道申领激活，实现扫码就医购药、医保查询、异地就医备案、电子特病证展示等功能，全区756家定点医药机构实现“医保电子凭证”全覆盖。实施“好差评”制度，规范窗口标准化建设，推广医保线上线下同步办理，流程做“减法”、服务做“加法”，优化精简医保办事流程11项，可“零跑腿办”11项、占比100%，可“立马办”8项、占比73%，可“家门口办”11项、占比100%，整体压缩时限效率提升至77%。

【医保队伍建设】 2020年，区医保局把政治建设摆在首位，落实全面从严治党主体责任，严格党内政治生活，利用党组会、中心组（扩大）会、党员大会、主题党日活动等形式，将干部理想信念教育形成常态化机制，有效提升干部政治素养；聚焦基金监管、医保经办等重点，组织干部“走出去”学习考察、交流互检，解放思想、增长见识、提升能力。完善《内控工作手册》8章、《长寿区医疗保障业务经办风险点（试行）》8节、12条，优化内部管理，提升管理水平。强化廉政教育，丰富载体形式，强化干部职工的政治担当、使命担当、责任担当，树牢“四个意识”，坚定“四个自信”，做到“两个维护”，主动兑现“三个确保”政治承诺。（杨嘉嘉）

救助救济

【城乡低保管理】 2020年9月，长寿区根据市政府决定，调整提高城乡低保标准。城市低保标准由580元/（月·人）提高到620元/（月·人）；农村低保标准由440元/（月·人）提高到496元/（月·人）。

2020年，全区城市低保对象有3080户、4535人，占非农业总人口的1.18%；全年发放城市低保金3382.9万元，户均保障人数1.5人。全区农村低保有6914户、11659人，占全区农业总人口的2.25%；全年发放农村低保金5845.8万元，户均保障人数1.7人。

【特困人员救助供养】 2020年9月，长寿区根据市政府决定，调整提高特困人员救助供养标准，由754元/（月·人）提高到806/（月·人）；半失能特困人员护理补贴为200元/（月·人），全失能特困人员护理补贴为300元/（月·人），新增全自理特困人员护理补贴为50元/（月·人）。

2020年，全区特困人员救助供养有4889人（其中：纳入集中供养人员874人），全年发放特困人员基本生活资金4925.9万元；2020年全区纳入特困人员照料护理补贴4639人（其中全失能护理补贴887人，半失能护理补贴76人，全自理护理补贴3676人），全年发放特困人员照料护理补贴资金409.31万元。

【临时救助】 2020年，长寿区全年救助因生活、医疗、意外伤害和意外事故等造成困难的群众2950人次、735.61万元。（李冰洁）

【计生家庭奖励扶助】 2020年，长寿区落实法定计划生育家庭奖励扶助政策，创新建立长寿区计划生育失独家庭救助制度。开展计划生育特殊家庭“暖心行动”，落实计划生育特殊家庭联系人制度等“三个全覆盖”专项行动。区财政投入87.9万元，为全区计生特殊家庭购买生病住院护理保险；走访慰问计划生育特殊家庭5139人(次)，发放慰问金慰问物资共计83.7万元。全区有计划生育奖扶对象18856人、特扶对象2042人、四级残疾扶助对象154人，计划生育手术并发症扶助对象35人，全年发放计划生育奖励扶助特别扶助金4242.76万元。（郭凤霞　彭　静）

优抚安置

【优抚工作】 2020年，长寿区全面摸排因新冠肺炎疫情影响造成各领域矛盾问题，及时做好化解疏导工作，对生活困难家庭，开设绿色通道，加大困难帮扶力度；对行动不便的退役军人家庭，协调村居做好代购物品等工作，做好服务个性化、精准化、便民化。

把退役军人思想政治工作重点放在基层，突出基层“兵支书”“兵主任”在脱贫攻坚、促进家乡建设，带头维护稳定、促进社会和谐工作中发挥作用，协调解决他们在工作开展、生产生活上的实际困难。开展“最美兵支书”宣传工作，彰显他们在脱贫攻坚、疫情防控中奋勇当先、冲锋在前，退役不褪色、退伍不退志担当精神。发挥最美退役军人等先进典型的旗帜作用，在中国共产党建党99年、中国人民解放军建军93年之际，组织开展“最美退役军人”宣传推介活动；邀请退役军人全国劳模李顺清到企事业单位、镇街服务站宣讲先进事迹。

及时落实各类优抚补助救助，全年发放各类抚恤补助金7992.7万元，1~6级残疾军人医疗保障经费79.7万元，企业军队转业干部生活解困补助和生病住院慰问费111.3万余元，优抚对象困难救助198.8万余元；支付部分精神病优抚对象生活医疗费用19.3万余元。分5批次组织部分重点优抚对象371人开展为期5天的短期疗养；做好光荣院6名集中供养老人的日常护理和生活照顾工作。

开展各类享受国家定期抚恤补助待遇审核审批工作。2020年审批通过军人家属、烈士家属、因公牺牲军人家属“三属”10人，带病回乡16人，参战参试15人，60周岁以上农村籍退役人员55人，在乡复员军人4人，转移残疾军人抚恤关系、调残、评残25人。

全面清理统发系统和全国优抚管理系统信息数据，核对数据、完善信息。对管理系统内的残疾军人逐一完善审批资料，提前筹备换证，对全区所有享受抚恤补助对象进行逐一核查。

2020年9月30日，全区开展“9·30”烈士公祭活动

【褒扬纪念】 2020年，长寿区对区烈士陵园进行全面修缮，完成陵园绿化美化，对原有设施翻新修缮，新建管理设施；聘请第三方对陵园进行正规化管理，请专人做好区烈士陵园日常维护及保洁工作；投入资金12.5万余元对全区散葬烈士墓进行修缮；为22名烈士立碑，将2名散葬的烈士迁往区革命烈士陵园重新安葬。开展“9·30”敬献花篮公祭活动，全区300余人参加向烈士敬献花篮仪式。

【安置工作】 2020年，长寿区的军队转业干部接收安置，按照军转干部、随调家属、接收单位“三满意”的标准，实现军转干部及随调家属的最优化安置。全年安置计划安置军转干部5人，其中技术8级1人，正连职、副连职各2人，分别安置到区生态环境局、区发改委和区公安局；随调随迁家属1名根据原单位性质和岗位进行对口安置，安置到区应急局。做好自主择业军转干部和转改文职人员干部的接收报到工作，全年接收自主择业军转干部1人和转改文职人员干部3人，完成自主择业军转干部组织关系转接、户籍落户、人员报到、信息采集、社保卡办理工作，以及转改文职人员户籍落户工作。

退役士兵接收安置，从符合政策由政府安排工作的退役士兵12名中定向择优招聘5名到区属事业单位，1名招聘到市属事业单位，6名参加央企和市属国有企业双选成功；及时为他们缴纳养老保险和医疗保险。接收2020年底秋季自主就业退役士兵213人，发放一次性经济补助金601万元；为武警、消防、公安集体落户143人。

2020年11月16日，长寿区退役士兵“退役第一课”适应性培训在金凤山大酒店举行

做好退役军人就业创业培训，开展送政策进军营活动，专门到部队为即将退役的士兵解疑答惑安置就业政策。多渠道提供技能培训，运用互联网+技能培训模式，宣传自主就业退役士兵网上培训政策，组织引导13名退役士兵参加区内承训机构组织的职业技能培训；做好高职扩招退役军人身份认定工作，为425名退役士兵核实身份申请助学补助金；邀请专家名师为2020年110名退役士兵举办为期7天的“退役第一课”；组织9名优秀退役军人参加市退役军人事务局举办的2020年优秀退役军人人才资源开发高研班培训。开展就业创业服务工作，邀请多家企业参加线上招聘，提供招聘岗位1300多个，分别在区就业人才服务中心、辖区镇街召开退役军人专场招聘会，让100余名退役军人实现家门口就业；在全区开发展公益性岗位，帮助78名退役士兵实现再就业，鼓励符合条件的退役士兵充实基层党组织队伍，担任村（社区）两委成员；入户走访退役军人创办企业，走访慰问退役军人创业先进代表，收集退役军人创业信息，建立就业创业台账，实行动态管理；举办创业就业工作座谈会，帮助多家单位解决企业经营过程的困难问题，为169户退役军人创业减免、优惠税收，减免金额894.4万元；提供创业担保11户，担保金额190余万元。

（黄俊龙　张　燕）

住房保障

【概况】　2020年，长寿区以习近平总书记加快完善住房保障体系重要批示精神为指针，落实“坚持房子是用来住的、不是用来炒的”的要求，坚持住房不炒的定位，健全完善公共租赁住房保障机制，促进城镇居民居住条件改善，城镇住房保障水平提高。年内全区公租房保障新增申请家庭386户，轮候库有申请家庭668户；全年实施公租房实物配租434套，公租房在保家庭10332户。年内有效处置盘活公房10025套，有效盘活率为92.4%；筹集人才公寓557套，全区人才公寓总量为1223套。全年集中配租2次，采取现场公证处公证和结果官网公示等方式，落实公租房摇号配租全过程透明化、公开化、信息化。

【住房保障管理】　2020年，长寿区完善“开放、共享、安全”的住房保障管理信息系统，将直管公房、廉租房的日常管理工作纳入信息管理系统，完成公房电子档案的整理归档工作。改进完善保障性住房准入退出、住用安全、物业管理等机制，提高规范化、法制化管理水平和优质服务能力。

建立和完善保障性住房租金收缴体制，组建综合执行组，把保障性住房安全巡查和租金催收工作纳入常态化管理。全年租金总收入3941.16万元，其中历年欠交收入63.3万元（公租房42.16万元，公房13.39万元，廉租房7.75万元），当年收入3877.86万元（公租房租金2926.67万元，廉租房租金158.34万元，直管公房租金792.85万元）。

探索创新公共租赁住房保障模式，研究保障房源配置运行模式，发挥保障性住房使用效益。拓宽保障性住房渠道，利用市场盘活闲置房源，2020年开展长寿区完善住房保障体系试点工作，共同促进住房保障和市场协调健康发展。确保住

房保障工作与经济社会发展相适应，让更多中低收入家庭共享改革发展成果。（张春来）

残疾人保障

【残疾人康复保障】 2020年，区残联贯彻落实残疾儿童康复救助制度，对全区0~6岁残疾儿童实施一站式服务，全年救助残疾儿童123人次；年内长寿区残疾人精准康复需求率25.11%；全年依托残疾人精准康复家庭医生签约完成残疾人支持性服务7500余人，辅助器具适配服务943人，救助实施免费白内障手术患者1540人次，精神病住院救助57人、服药救助1504人，成年残疾人免费装配假肢矫形器28人；总计服务残疾人10000余人次，康复系统康复服务率100%，辅具服务率100%，有康复需求残疾人签约服务率98.56%。

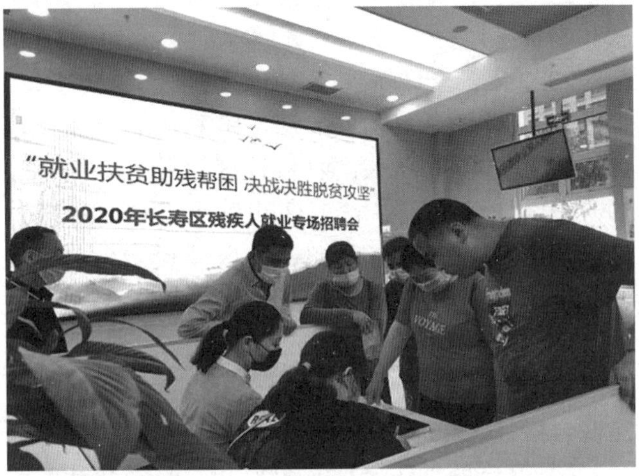

2020年5月22日，长寿区残联举办残疾人就业专场招聘会

【残疾人民生实事】 2020年，区残联为642名残疾人提供阳光家园托养服务；为12200人发放残疾人生活补贴和护理补贴；通过专场招聘、网络创业服务、走访就业困难家庭重点帮扶等方式，新增残疾人就业131人；为1055名残疾人提供农村实用技术培训、职业技能培训服务；制定《长寿区扶持残疾人自主就业创业实施办法》；在"关注残疾、冬送温暖"走访慰问活动中，走访慰问贫困残疾人家庭443户、残疾学生168名、残疾儿童17名，送出慰问物资40余万元。

【残疾人权益保障】 2020年，区残联采购114法律助残点亮生活项目，专职律师驻信访接待室为残疾人提供法律援助，全年完成法律咨询101件，法律代书28件，非诉讼案件8件，诉讼案件10件；全年无到市、进京上访事件，无集访、闹访等非访事件；全年开展普法讲座5次、开展"德法相伴"普法专项培训5次，250人受益。

（田　媛）

老龄事业

【养老服务设施建设】 2020年，长寿区政府常务会议统筹安排优质国有资产，保障街道养老服务中心的建设用房需求；出台租赁国有资产发展养老服务的补贴措施，吸引区内外知名养老企业在长寿区发展养老服务业；截至年底前，全区39个社区养老服务站建设任务已全部完成，年内新建成运营5个街道养老服务中心，实现城市社区养老服务全覆盖。推动街镇敬老院提档升级，提高养老机构适老化水平，年内区民政局会同区财政局对全区的敬老院适老化水平进行综合全面评估，准确掌握各养老机构的适老化程度；区级投入240余万元对全区8个敬老院进行适老化改造。推进困难老人居家适老化改造，全年引进专业居家适老化改造机构对全区245户符合条件的困难老人家庭进行适老化改造。

【养老机构管理】 2020年，长寿区促进社会力量参与养老服务，降低政府运营床位占比。招商引资引进光大百龄帮和凯尔老年公寓等知名养老企业到长寿区发展养老服务。探索街镇养老服务中心打包运营辖区敬老院和养老服务站等集约化运营模式，推动敬老院公建民营；年内新增社会办养老机构4家，新增养老床位340张，5家敬老院实现公建民营，政府运营的养老床位占比为39.2%；扩大护理型床位占比，全区敬老院配置300张多功能护理床，全区护理型床位占比为53.4%。敬老院适老化改造，实施敬老院护理人员转移支付制度等渠道提高敬老院护理能力；在全市率先为全区集中供养特困人员购买住院护理保险，解决集中供养特困老人住院护理难题。加大失能特困人员集中供养意愿收集，确保有意愿集中供养的失能特困人员全部实现集中供养。2020年，长寿区与市民政局对接，争取智慧养老信息系统在长寿试点；年底前已完成金民工程信息的采集，正在研发养老服务运营补贴功能，2021 年 1 月中旬上线试运行，其他功能模块也在研发之中。加大管理服务投入，购买服务引进市级标准化示范创建单位到长寿区指导推动葛兰敬老院和长寿湖养老院实施标准化打造，为其他敬老院发展提供参照；引进市级优质养老企业指导长寿区敬老院提升管理服务水平，购买专业社工组织推动区内敬老院心理慰藉活动，丰富院内老人文化活动，满足老人们的精神文化需求。

落实养老机构安全排查整改，落实养老机构新冠肺炎疫情防控工作要求，统筹做好疫情防控和生产发展；截至年底前，核酸检测 591 人次，向养老机构发放物资有口罩 34700 个、消毒液 2300 瓶、隔离衣 1900 套、洗手液 600 瓶。强化各方安全责任，区民政局联合区消防救援支队、区公安局、区卫健委等 10 家机构，落实街镇属地责任和严格履行行业主管部门责任，加大养老机构安全隐患排查整治；截至年底前，已开展安全检查 125 次，排查问题 40 个（其中隐患 14 起，下达《限期整改通知书》26 份）；开展“执法清零”活动，对石堰金星养老院进行罚款处罚。加强养老机构消防安全管理，邀请市区两级消防安全专家对区内养老机构进行 2 次培训；对全区养老场所的防火巡查、检查等消防安全制度进行清点检查，制度不全的纳入定期整改范围；实施养老机构消防维保外包服务，27 家养老机构全部签订维保协议，每月机构定期进行维保。

【老年人福利】 2020 年，长寿区保质保量规范发放困难老人养老服务补贴和高龄老人营养补贴。年内经济困难高龄老年人新增 147 人，停发补贴 171 人，全年发放补贴 1049 人、212.46 万元；经济困难失能老年人新增 76 人，停发补贴 75 人，全年发放补贴 531 人、109.8 万元；96~99 岁高龄老人新增 132 人，停发补贴 40 人，全年发放补贴 295 人、25.44 万元；100 岁以上老人新增 24 人，停发补贴 5 人，全年发放补贴 58 人、18.41 万元。

2020 年 11 月 25 日出台《长寿区人民政府办公室关于调整我区高龄老人营养补贴标准及发放范围的通知》，对原高龄老人营养补贴发放范围及标准进行调整。从 2021 年 1 月 1 日起，长寿区 100 岁及以上老人营养补贴标准为 800 元/（人·月），96~99 岁标准为 500 元/（人·月）；发放范围新增 90~95 岁阶段高龄老人，标准为 100 元/（人·月）。该标准在全市处于最高水平。

开展农村留守老人走访帮扶，督促指导街镇定期走访帮扶留守老人，对留守老人系统数据进行及时更新，动态管理。2020 年，全区有农村留守老人 506 名，走访帮扶 5000 余人次。

（余开华）

社区建设

【概况】 2020 年，长寿区创新社区工作理念，以塑造“社区品牌”为突破口，按照《长寿中心城区社区划分及社区服务设施布点规划（2012—2020）》要求，抓好基础规范和内涵提升，探索社区建设新的管理体制和运行机制，提升社区服务的质量和水平，提高居民群众的满意度和幸福感。

2020 年，全区城乡设置 49 个社区、224 个村，管辖 417384 户、1007803 人；其中城市社区管辖 180779 户、408080 人，农村社区管辖 236605 户、599723 人。年底前，长寿区获重庆市和谐社区建设示范区称号，获全国和谐社区建设示范社区 1 个、全国减灾示范社区 4 个、全国民主法治示范村（社区）2 个、市级和谐社区建设示范街道 2 个、市级和谐社区建设示范社区 15 个、区级和谐社区建设合格社区 25 个。

【社区专职工作者】 2020 年，长寿区社区专职工作人员有 300 名（其中男性 74 名、女性 226 名，中共党员 232 名），平均年龄 39 岁；社区专职工作者中本科文化 124 名、占 41.3%，大专文化 150 名、占 50%，高中（中专）文化 26 名、占 8.6%。村干部有 1078 名（其中男性 558 名、女性 520 名，中共党员 880 名），平均年龄 44 岁；村干部中本科文化 68 名、占 6.3%，大专文化 507 名、占 47%，高中（中专）文化 370 名、占 34.3%。

【社区基础设施建设】 2020 年，长寿区 47 个城市社区完成办公服务用房建设，总建筑面积 25800 平方米（500 平方米以下的 5 个，500~800 平方米的 36 个，800 平方米以上的 6 个）；年内新（改、扩）建社区服务站 2 个，提升社区服务硬件设施设备。221 个农村社区完成办公服务用房建设，总建筑面积72947平方米（500平方米以下的97个，500~800平方米的34个，800平方米以上的90个）。

【社区干部待遇及办公经费】 从2020年1月1日起，长寿区落实办公经费，村办公经费按2万元/（年·个）补助，社区办公经费按6万元/（年·个）补助。调整干部补贴，村党组织书记、村委会主任固定补贴标准调整为2840元/月，村综合服务专干、综合治理专干固定补贴标准调整为2420元/月，社区党组织书记、居委会主任固定补贴标准调整为3810元/月，社区综合服务专干、综合治理专干固定补贴标准调整为3240元/月；村（社区）书记、主任“一肩挑”的，在应得固定补贴基础上增加500元/月；监督委员会补贴，村（居）务监督委员会主任误工补贴为300元/月；村（居）务监督委员会成员根据其承担的工作量发放误工补贴，区财政按照每年每个村（社区）3000元标准落实工作经费。建立年度考核奖励机制，根据社区工作人员个人年度考核结果给予一次性奖励，被评为优秀的奖励2个月补贴；被评为称职的奖励1个月补贴；被评为基本称职和不称职的不予奖励。（雍　瀚）

社会事务管理

【救助管理】 2020年，长寿区着力提升救助质量，完善区政府领导牵头的领导协调机制，建立长寿区流浪乞讨人员救助管理工作联席会议制度，印发《长寿区加强和改进生活无着的流浪乞讨人员救助管理工作任务分工的通知》，明确相关部门职责，实施落户安置和联合巡查。印发《长寿区无法查明身份信息长期滞留流浪乞讨人员落户安置工作实施方案》《重庆市长寿区生活无着的流浪乞讨人员街面联合巡查长效工作机制的通知》，将救助管理工作纳入综合治理考评指标，17名长期滞留无法查明身份信息的流浪乞讨人员得到妥善安置，提升救助管理服务质量。落实生活无着的流浪乞讨人员救助管理服务质量大提升专项行动各项任务，推进阳光救助，流浪乞讨人员得到有效救助。全年救助流浪乞讨人员202人次，帮助15名与家人失联流浪乞讨人员找到家、找到亲人。

【殡葬管理服务】 2020年，长寿区巩固城区文明治丧成果，打造先行示范区。出台规范性文件加强管理，区政府8月31日印发《重庆市长寿区人民政府关于扩展城区文明治丧示范区域的通告》《重庆市长寿区人民政府关于印发长寿区城区文明治丧示范扩展区域文明治丧管理工作实施方案的通知》，从9月1日起，通过长寿日报APP、长寿电视台、发放宣传单、张贴通告、悬挂横幅、户外LED屏幕、公交车喇叭、出租车顶滚动显示屏、宣传车等多种形式开展为期一个月的文明治丧宣传；9月3日，在区政府召开扩展城区文明治丧示范区管理工作动员视频会议；9月15日，在区民政局召开殡仪服务“一条龙”商户工作会议，按要求对符合条件的商户登记备案；9月22日，扩展区域正式实施城区文明治丧管理工作，实现城区文明治丧全覆盖。截至年底前，未发生1例违规治丧行为，长寿区城区文明治丧管理工作在全市交流经验，成为文明治丧工作“蓝本”。

提升文明治丧服务，开展殡葬服务收费专项检查，会同区市场监管局联合印发《重庆市长寿区民政局 重庆市长寿区市场监督管理局关于开展殡葬服务收费专项检查的通知》；5月20日至6月20日，在全区范围内开展为期1个月殡葬服务收费专项检查，有效规范殡葬服务收费。

抓好殡葬服务机构新冠肺炎疫情防控及清明节安全工作，及时制定疫情防控方案、应急处置预案，加强对殡葬服务机构疫情防控工作的指导和监督；利用宣传栏、滚动显示屏、手机微信、QQ及专题培训等不同形式，加强防控知识宣传普及；安排专人做好疫情监测报告工作，对进出殡葬服务机构的人员进行摸底排查，执行“日报告”“零报告”制度，确保监测和报告及时、准确、到位；加强内部卫生管理，每天进行消毒，保持设施通风；在服务场所醒目处张贴公告，及时关停治丧、餐饮及陵园祭扫等工作，消除人员密集场所易引发疫情的各种隐患；组织开展涉疫遗体处置演练。全区殡葬机构实现“零感染”目标，安全稳定。建立公墓管理人员定时、定点巡查制度，协调公安、消防、交通、卫生、应急等部门和街镇积极配合、加强联动，共同做好节日期间安全保障工作，确保全区春节、清明祭扫零事故。

【婚姻收养登记】 2020年，长寿区助推婚俗改革，全年依法办理结婚登记5656件、离婚登记4061件，补发结婚登记证1727件、离婚登记证252件，承办收养登记1件，登记合格率100%。全年开展宣传活动7场，服务920人次；冲动离婚调解64对，开展个案服务8个，发放喜事新办宣传资料1700余份，开展免费颁证服务57场。“婚姻家庭”项目的实施在正确婚恋观引导，良好家风文明风俗宣传，家庭纠纷调解，提倡社会婚俗观向“重登记、强责任、崇节俭”转变，促进婚俗改革等方面发挥积极作用。（李　鹏）

2020年8月，长寿区首家社区养老服务中心凤城养老服务中心开展文化活动

镇（街道）

- 街道
- 镇

街　道

菩提街道

【概况】　菩提街道位于长寿主城区，辖区以区行政中心为中心，东接但渡镇、南连凤城街道、西邻八颗街道、北连渡舟街道，辖桃花、古镇、朝阳、胜天、菩提、文苑、碧园7个社区和松柏、东新、红花、阳鹤、田坝、菩提6个村，辖区面积37.71平方千米；规划人口29.02万人，2020年有户籍人口6.4万人，常住人口21万人。辖区内有长寿菩提山文化旅游景区、长寿菩提古镇2个国家AAAA级旅游风景区，旅游资源丰厚。辖区有大中小学及幼儿园38所，其中大学1所、中学2所、小学4所、公办幼儿园4所、民办幼儿园27所；有医院诊所35所，其中公立医院2所、私立医院和诊所33所。菩提街道办事处驻桃源西四路1号。

【经济发展】　2020年，菩提街道有企业法人和产业活动单位2695家、个体工商户9118家；有限额以上企业112家，其中房地产业19家、服务业20家、住宿餐饮业25家、批发零售业26家、工业10家、建筑业12家。辖区有大型商业综合体7个。

全年水稻、玉米、大豆等农作物种植面积183公顷，总产量1701.1吨；蔬菜、水果投产面积132公顷，产量3129吨；全年生猪出栏1531头、家禽出栏16852羽，产禽蛋6吨，产其他畜产品7吨。土地流转备案34家、267公顷，较2019年增长42.4%；退耕还林、两山一带租地、通道工程租地354公顷，兑付资金321.63万元。年内1人获重庆市第四次全国经济普查先进个人荣誉称号。

阳鹤村依托阳鹤山的自然资源和生态优势，建立水果品牌重庆市长寿区佰仕鲜水果种植场，发展电商服务；年产水果2.5万公斤，总产值20万元（其中电商销售0.75万公斤，产值9万元）。东新村引进同安农业有限公司，发展以养老休闲为主的长寿养生花谷，占地4公顷，项目投资规模2.68亿元；年内同安农业开发有限公司与东新村股份经济合作联合社签订股权化改革项目合作协议书。街道投入乡村振兴示范资金150万元，资金按一比一配套，修建基础设施。

【基础设施建设】　2020年，菩提街道竣工验收三峡后扶项目4个；投入资金59.8万余元，解决文苑社区、碧园社区、菩提村、东新村便民服务中心修建；村级公共服务“一事一议”项目竣工验收4个。新安装菩提村、东新村太阳能路灯54盏。实施农村联网公路建设4.52千米，阳鹤村通组道路200米。安装红花村自来水管2630米；街道补贴尹家山供水站维护运营资金10万元，为4000余名群众解决饮水问题。

完成阳鹤组团南北中路红花村房屋拆迁扫尾工作，办理红花村、阳鹤村部分征地人员养老保险278人；桃东路棚户区改造项目签订松柏村房屋拆迁协议244户，拆除农房238户、32274平方米；启动经开区化工职大北侧菩提村二组地块征地拆迁，征地总面积4.35公顷，已完成农房拆除3户、1500余平方米。协调阳鹤组团路网建设、云峰寺公园、古镇二小、古镇中学等区重大项目施工建设矛盾纠纷38起，确保重大项目顺利落地。

开展“两违”整治，入户走访1685户，建立一户一档732户，按照分类处理方案规范化使用284户，拆除31宗、4238平方米，罚没173宗，预收罚没款1105万余元，疑似违建销号181宗。取缔活禽宰杀交易，摸清已有活禽销售和宰杀经营户27户，受理申请补贴14户，关停活禽经营主体18户。开展天工睿城农贸市场赶场、占道经营等专项整治10余次，摸排出僵尸车辆36辆。

全域开展农村人居环境整治，制订清洁村庄评分细则，召开院坝会6次，制作清洁评比栏8

处，发放宣传资料 1000 余份，悬挂宣传横幅 18 条、人居环境整治门前三包卡上墙 500 余块。全年出动整治人员 500 余人次、车辆 10 余台，开展清洁行动 5 次，清理垃圾 22 吨。农村改厕 85 户，补贴资金 17 万元。清理农村乱占耕地建房图斑 97 个，东新村“四旁”植树 33 公顷。

落实乡村振兴工作，投入乡村振兴示范资金 260 余万元对东新村进行整体打造，完成东新家园路面白改黑、花台和人行便道的修建，消除居民的粉尘困扰；改造东新村十字路口臭水沟，消除臭水污染和安全隐患。菩提街道获重庆市长寿区乡村振兴工作先进集体称号；2 人获重庆市长寿区乡村振兴工作先进个人称号。

环境治理全面落实“河长制”，全年对龙溪河集中式饮用水源进行环境监管检查 24 次，发现并整治问题 8 个；年内巡河 518 次，巡河完成率 115.82%，上报问题 62 个，处置率 100%；发动村社区巡逻员对河流排口、河面、河岸全面巡查 70 余次、200 余人次，望佛山庄雨水口雨污混排问题已上报区级部门实施整治；年内河流常态清漂 10 余吨。出动禁烧巡检人员 650 人次，及时制止秸秆（杂草）焚烧 16 次，取缔露天燃烧垃圾点 2 个。推进垃圾分类，在同元御府华庭、保利壹号、东新村开展垃圾分类试点，发放宣传资料 9000 余份，设置分类垃圾桶 240 个、垃圾四分类集中收集点 6 个。建立畜禽养殖污染巡查制度，年内检查 21 户（次）；回收废弃农膜 7 吨，农用地安全清理 30 公顷。

【社会发展】 2020 年，菩提街道落实第七次全国人口普查，选聘普查员、普查指导员 536 名，完成户口整顿及信息采集 74306 户、209883 人。

脱贫攻坚工作细化精准识别，调减 4 户、8 人，年底前 38 户、106 人建档立卡贫困户已全部脱贫（年初为 42 户、114 人）。强化精准帮扶，申请各类创业就业补贴 24 人、19409 元，申请产业到户奖补 11 户、17080 元，已验收 11 户；开发公益性岗位 4 个，已全部上岗；扶贫小额贷款 34 户、29.5 万元，获贷率位居全区榜首，到期还贷率为 100%；通过代购代售农产品推进消费扶贫，促进贫困户增收 6 万元；落实区级帮扶部门帮扶资金 5 万元用于改善贫困户人居环境、发展产业。实现四类重点贫困对象住房安全保障全覆盖，完成房屋鉴定 176 户（19 户为无房户），改造 D 级危房 5 户，其他渠道住房保障 35 户；排查一般农户疑似危房 28 户，信息比对 28 户，组织搬离危房 19 户。做实问题整改，建立台账式、清单式整改制度，上级反馈、街道自查问题全部整改到位。开展对口帮扶工作，落实帮扶资金 123 万元为丰都县包鸾镇白果园村新建 500 立方米蓄水池 2 口、全村饮水管网铺设和改建白果园村产业活动中心，年底前蓄水池 2 口已完工，村产业活动中心正在建设中。

全年发放城乡低保、医疗救助、优抚金、困难救助等各项民生资金 654.6 万余元，惠及群众 1000 余人。发放各类就业补贴 1110 人、459.2 万余元，发放征地农转非大龄人员困难补助 27701 人、193.9 万余元；发布就业信息 1000 余条，开发公益性岗位 18 个，就业再就业登记 888 人。办理 2021 年城乡居民医保参保 32620 人，办理社会保障卡 982 张，办理城乡居民特病卡 262 人。领取养老保险待遇人员指纹采集 53 人、现场认证 1128 人、异地协助认证初审 791 人；完成接收 350 名国有企业退休人员移交事务。新采集退役军人及其他优抚对象信息 100 余人，完成光荣牌悬挂；接待到访退役军人 300 余人次。全年办理生育服务证、独生子女光荣证等 694 件，为辖区 5010 名 65 岁以上老年人免费进行健康体检，为 6379 名适龄妇女提供“两癌”筛查，家庭医生签约 31850 人，247 对夫妇享受免费孕前优生检查。

年内建成桃花社区全民健身中心篮球场、乒乓球场、羽毛球场；开展“送文化下基层”“书法作品展”“渝州大舞台”、基层宣讲等活动 23 场（次），放映惠民电影 90 场。

【安全稳定】 2020 年，菩提街道落实畜禽产品检疫责任，申报备案区外调入猪肉 1033 批（次）、206 吨，全年产地检疫生猪 953 头、山羊 75 只，产地检疫活禽 932 只。开展消防安全专项整治，排查高层建筑 455 幢，排查出隐患 753 条，建立巡查整改台账推进整改；排查人员密集场所 240 家（次），发现隐患 70 条，均已落实整改；排查再生资源回收站点 37 家，发现隐患 73 条，已督促落实整改 25 条。开展机动车执法检查 113 次、1567 辆（次），查处违法、违规违章行为机动车 485 辆（次），处罚 230 人次，辖区农村道路全年无一起死亡事故发生。拆除东新村非法柴油储存点1处，安全转运柴油20立方米；工贸企业和非煤矿山企业整改隐患28条。有效处置香山美地小区后坡滑坡、桃兴二路滑坡问题，森林防火、防汛、防地灾监测预警到位，全年未发生地灾、火灾、洪涝灾害事故。

聘请7名巡逻队员并安排35万元资金，开展桃花新城农贸市场、长中周边治安整治。提升小区社会治安防控体系建设，确保文苑社区市级挂牌整治顺利摘牌。群工系统使用规范，全年受理群众反映事项232件，办结率94.8%；打造古镇社区“三事分流”议事协商平台，街道领导干部接访下访走访群众300余次，解决群众反映的各类问题400余件。办理信访信息系统案件268件，办理政府公开信箱和领导留言板41件，按期办结率100%；全年接待信访人员500余人次，协调推动解决重点信访问题14个。调解各类矛盾纠纷200余件，涉及金额270多万元。指导筹备成立业委会20余个，指导监督4个小区召开业主大会，协调处理天工睿城二期车库整改、鹏运左岸小区内地面停车收费等小区物业矛盾纠纷20余次。

菩提街道在新冠肺炎疫情暴发后迅速启动疫情防控一级响应，成立疫情防控领导小组，制订防控方案，全体干部迅速返岗投入疫情防控工作。疫情期间走访排查30余万户、100万余人次，排查出湖北到长寿人员1200余人，居家医学观察1377人次、集中隔离医学观察85人，街道组织转运集中采样346人次，无症状感染者9人、密切接触者47人均在第一时间转运隔离，未发生传播事件；排查国内高中低风险地区到长寿人员200余人，境外到长寿人员2000余人，其他省市到长寿人员1.5万余人。对3家农贸市场、10家冻库、2家大型海鲜经营场所进行抽检，对辖区农贸（集贸、海鲜）市场人员、外卖、快递、冷链食品各环节从业人员抽检104人次，未发现异常情况。坚持疫情防控与经济发展“两手抓”，街道及各村（社区）便民服务大厅增设返岗复工审核办理窗口14个，分级开展复工审核，提高审核效率，总计复工报备企业2452家、复工人数5454人，配合区住建委对13个建筑工地复工情况进行检查，开展企业疫情跟踪走访140次，确保企业落实疫情防控措施。菩提社区获评重庆市抗击新冠肺炎疫情先进集体。

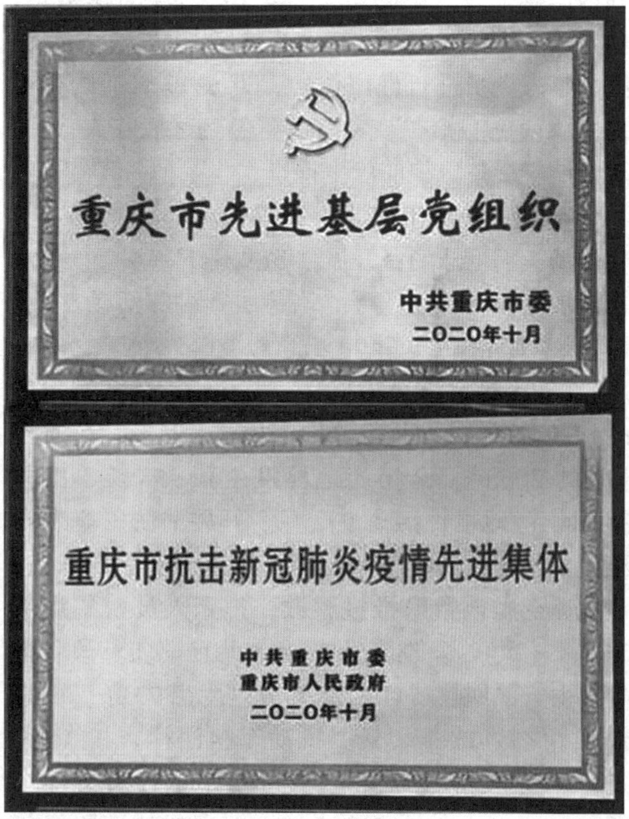

菩提街道菩提社区获得的奖牌

【党建工作】 2020年，菩提街道落实民主集中制，召开14次党建专题会议，全年到村（社区）、非公党组织走访调研19次。新建小区党支部3个、非公党组织2个，新发展党员6名，做好国有企业退休党员转接283人，创建示范党支部2个，菩提社区获得重庆市先进基层党组织。走访非公党组织80余次、商家160余户。探索1+X的党建联系会议制度，召开街道、社区城市党建联系会议41次，深化需求、供给、项目“三张清单”，解决民生实事、帮扶困难、优化工作312件（次），菩提社区的“五心菩提”、古镇社区的“携手共创同心圆”城市党建品牌逐渐成熟，为全区城市党建提供示范。

全年开展党风廉政警示教育58次，开展任前廉政谈话10人次，日常约谈街道、村、社区党员干部130人次。落实中央八项规定，在各重要时间节点转发文件、会议强调、廉政短信、QQ群和微信群反复提醒，编发廉政短信7次、1043条；开展违反中央八项规定精神突出问题专项整治，未发现相关问题。开展特殊困难群众帮扶救助领域专项整治工作，解决群众身边的不正之风和腐败

问题。（张　益）

凤城街道

【概况】　凤城街道依山临江，地处长江北岸，位于长寿城区，东与但渡镇相邻，南与江南街道隔江相望，西与晏家街道毗邻，北与菩提街道接壤，辖区面积44.76平方千米；下辖13个社区、9个村、218个居民组、120个村民小组，总人口20.9万人，其中户籍人口11.2万人。凤城街道水陆交通便捷，渝长、渝万、渝涪高速公路过境，境内村村通公路；旅游、教育、医疗资源丰富，有白塔、桓侯宫、定慧寺、三洞沟、三倒拐等自然和人文景观，有区属学校16所，长寿区人民医院、长寿区中医院分院、长寿化工医院均在凤城街道。

【经济发展】　2020年，凤城街道推进农业发展，全年产蔬菜2520吨、水果2789吨、水产品400吨、水稻541.3吨、玉米761吨、花椒（干重）30吨，出栏生猪5157头、家禽8.36万羽，出售禽蛋490吨、其他畜产品（包括鸽肉、兔肉等）2.85吨；仔猪首免改割2156头。开展“三变”改革，确定走马村、长风村为改革试点村，壮大复元村、永丰村集体经济，辖区内成立农村集体经济股份合作社7个，将集体经营性资产入股合作社进行分红。加快培育新主体、发展适度规模经营，全年发展种植大户13个、家庭农场6个、专业合作社15个，培育“四上企业”4家、限额以上个体户16家，新培育创业致富带头人8人，带动建档立卡贫困户24户。

【基础设施建设】　2020年，凤城街道申请三峡后续资金4300万元，实施永丰村农村精准帮扶项目和顺风亭社区城镇移民安置区综合帮扶项目、骑鞍社区凤岭路社区城镇移民安置区综合帮扶项目。推进复元乡村振兴示范村建设，“尖顶山百花园”步道建设完成，“我家菜地”正式运营，人行便道新建工程正在施工，复元村示范效应初步显现，获“重庆市长寿区乡村振兴工作先进集体”称号。建设“四好农村路”36.33千米，推进凤岭、骑鞍片区污水管网整治，龙溪河桥、张家沱桥及连接道路中修工程，C、D级危房改造建设等项目，有效改善凤城基础设施。强化协调处理，配合区级部门做好重点项目的施工进场及矛盾纠纷协调工作，保障过滩村部分征地项目、三洞村征地拆迁项目、陵园村征地项目、阳鹤山截污干管工程、污水处理厂三期土地整治、凤山公园美化提升项目、滨江长寿谷库岸整治项目、G319凤城至东新村段公路升级改造8个区级重大项目如期推进。

提升城乡品质，投入资金30万元，对三峡路伍华小区的“六尺廊”进行装修整改，改造为“书香小区”；在黄桷湾游园的空地加装桌椅并将周围的茶馆门面进行统一装修改造，打造为“茶香小区”。推进老旧小区改造项目，投资4670万元，实施长寿区骑鞍社区、凤岭片区老旧污水管网及环境整治项目，涉及140栋、230个单元、3800户；投资800万元启动陈家坡、青龙岭、金山街、金山支路、骑鞍街5个片区老旧小区改造提升工程。实施农村建筑改造工作，完成6户农村危房改造、3户住房保障边缘户危房改造、42户旧房整治提升、21户功能完善、211户农村厕所改造。加强“两违”巡查监管力度，全年治理市级计划违法建设162件、9724平方米，区级计划违法建设362件，完成率100%；发现处置违建安全隐患2起，实地查处违法建设9处。指导并组织召开小区业主委员会筹备会议8次，指导动用大修基金15次，协调物业服务纠纷20余次，11个地灾点管控有力，居住区和谐稳定基础坚实。

污染防治攻坚落实河长制，做好排查巡视，每月对白鹤沟饮用水源地进行日常巡查。对长江经济带中环境污染问题展开重点排查，对排查中发现的7处问题全部整改到位。宣传蓝天保卫战，组织街道干部职工和村、社区居民观看重庆市第六届纪念“6·5”环境日环保网络晚会，举办“6·5”世界环境日系列宣传活动。加强企业监督，年内对辖区内企业环保设施、排污情况开展日常巡查150余次，重点排查散乱企业和涉嫌违法排污企业，对排查发现的16个问题进行督促整改，有效遏制突发环境事件。做好垃圾分类处理，对古佛河、桃花溪、龙溪河岸边垃圾和陵园村喜洋洋农家乐外至白庙村城白公路沿线的暴露垃圾进行清运处置；制作垃圾分类宣传折页10万份、宣传牌2000张、宣传展板75张、垃圾分类引导牌15张、厨余垃圾堆放点指示牌39块、固定宣传标语

15幅进行张贴及宣传，在原有垃圾收集点合理设置500个废弃口罩收集容器。

【社会发展】 2020年，凤城街道救助低保户1371户，动态清退114户，新增80户，发放低保金1400万元。做好困难救助工作，全年办理临时救助383人次、发放救助金63.26万元，新审批特困人员10人，新办理救助事实无人抚养儿童12人，对精神病患者实施送医救助29人次。做好老龄工作，宣传2020年小额意外伤害保险，参保1948人次、10.26万元，发放老年人高龄津贴6.6万元、残疾老年人补助金137.64万元。加强残疾人社会化服务工作，更新和新办残疾证1576个，开展残疾人信息动态调整3108人，实施精准康复699人，完成残疾人家庭医生签约服务923人，申请残疾人辅助器具45台，完成残疾人文化体育示范点建设1个。推进凤城街道养老服务中心建设和三峡路社区、骑鞍社区养老服务站建设，加强敬老院、福利院规范化管理，探索社区居家养老服务模式，联系社工机构为残疾人、贫困户、老年人提供上门服务，全年申报适老化改造32户。

围绕“建服务之家、增鱼水之情、解生活之难、强报国之心”提升退役士兵服务管理质量，设置服务站点22个，开展入户走访、信息诉求收集、座谈交流、开展国防教育等增进感情、强化互动，针对反映突出的“看病难、住房难、生活难、安置难”等，救助28人次，完成退役军人信息采集222条。

全年新增公益性岗位64个，其中建档贫困人员20名，为367名未就业大学应届毕业生提供就业服务，为5名暑期带薪实习大学生提供服务平台和岗位。做好“4050”人员灵活就业，社保补贴1191人、补贴金额715万元。联系区就业和人才中心及20多家企业在街道举行专场招聘会2次，现场求职人员600余人，企业提供岗位600多个，现场意向签订280人。完成离退休人员指纹采集2.6万余人，办理川染、重铁、安定纸厂等国有企业职工及退休人员社保、医保等业务504人，做好28家国有企业、1.3万余名退休人员社会化事务移交后的管理服务工作。

卫生计生持续完善，举办大型宣传活动和健康知识讲座64场，发放卫生政策宣传品和计生药具2万余份。组织开展60岁以上老人健康体检、育龄夫妇孕优检查等公共卫生服务，惠及群众3400余人。全年办理生育服务证269个、独生子女父母光荣证33个，发放独生子女奖励、计生奖扶特扶、失独家庭救助等796人、262万余元，家庭医生签约4.17万人。开展学校、住宿场所春、秋季卫生监督检查，检查中小学及幼儿园22所、住宿场所120余家。做好612名严重精神障碍患者的日常管理服务工作，建立完善例会、定期排查清查等制度，全年开展集中排查2次，排查1151人次、集中评估428人次。

推进脱贫攻坚，完成会战任务。开展专项行动，有效巩固提升脱贫攻坚成果，国服系统贫困户83户、216人均无返贫倾向。投资6.2万元整治农村饮水安全隐患21处，全面整改C、D级危房，完成6户四类人员改造任务。贫困户适龄子女入学率100%，帮扶31人就学，发放教育资助金10万元。组织就业培训19人次，开发公益性岗位和发放用工补贴，解决33名贫困户就业问题。组织开展产业扶贫技术培训，发放《长寿区2020年产业扶贫种养殖技术手册》110册，25户贫困户、3.7万元扶贫到户奖补资金全部到位，发放扶贫小额信贷79.36万元。低保兜底保障贫困群众30户、57人，疫情期间慰问困难群众23户、0.69万元。完成消费扶贫重庆馆注册1406人、采购任务13.6万元，完成832平台消费任务2万元。推进问题整改，会战排查出的68个问题，对标对表中央巡视“回头看”反馈意见及举一反三检视查找发现4个方面、9个问题、23项整改任务，对照2019年国家脱贫攻坚成效考核检视查找的2个方面、4个问题、12项整改任务，对照2019年市级脱贫攻坚成效考核检视查找发现的6个方面、10个问题、17项整改任务，均已完成整改，各类问题全部动态清零。开展自查评估和数据清洗，抽调50人组建10个自查评估小组进村入户开展自查评估，对大数据平台反馈的7条问题数据进行清洗，确保“账账相符”“账实相符”。

【安全稳定】 2020年，凤城街道围绕防范化解重大风险工作主线，健全完善“党政同责、一岗双责、齐抓共管、失职追责”的安全生产责任体系。严格安委会例会制度、街道公共安全风险研判制度执行，领导带队检查各行业领域安全生产160余次。强化安全专项治理，检查涉尘、有限空间企业、非煤矿山企业26家，排查整治安全隐患54处，下达整改文书4份，罚款1000元。开展安全执法检查，对非煤矿山、危化、工贸、烟花爆竹等企业执法检查111次，排查整治隐患154条。开展“交安行动”10次、交通执法检查115次，查处违法行为228起，罚款3810元，道路交通隐患排查36次，投入8万元处置道路交通安全隐患11起。指导辖区7个农村交通安全劝导员开展交通劝导150天，劝导登记车辆1.1万余辆。开展“三无”船舶及非法捕鱼专项整治行动12次，查处违法行为68起。开展地灾、森林防火、地质滑坡、堡坎垮塌等安全巡查60次，投入9.1万元应急救援资金治理城市安全隐患4起。开展城乡接合部消防安全隐患专项整治行动，排查小加工作坊、多合一场所、个体经营户253处，查处治理违规堆放易燃物品、堵塞消防通道、消防设施配备不齐等隐患75条，督促指导物业公司新划定消防专用网格通道150余个，清理排查住宅区消防通道140处，拆除占用住宅区消防通道违法建设6处、364.99平方米。加强安全宣传，召开安全工作会20次、各级动员部署会30场、安全知识宣讲会2场，播放安全生产警示教育片50场（次），在人流密集处悬挂宣传横幅120幅，发放安全手册2500余份，利用电视屏、电视墙播放安全警示标语200条（次），开展消防、地灾等应急演练18次，营造良好的安全生产氛围。

做好信访工作。全年开展区级领导“社区工作日”活动52次，街道党政主要领导接访下访群104人次，受理群众信访事项493件，办结率97.2%，化解上级交办信访攻坚案件7件。在特殊敏感时对信访重点人员购票情况进行查询调度186人次，妥善处置各类突发事件、人员苗头性动向等352件（次）。坚持排查隐患、防范风险常态化制度化，全年排查矛盾纠纷896件，开展长江渔民退捕、征地拆迁、活禽宰杀等专项矛盾纠纷排查12次，受理各类矛盾纠纷1220件，调解成功率97%。持续做好三洞村群体、城中城业主等群体集访的人员疏导工作，全年社会大局平稳。

加强治安防控，坚持“以打促防”，全年辖区接处警5368起，受理治安案件266件，行政拘留48人；立刑事案件803件，同比2019年上升8.9%；破案259件，上升22.5%；打击78人。推进重点地区排查整治工作，对2个市级常态社会治安重点地区骑鞍社区、梅村社区通过强化宣传发动、巡逻防控、严厉打击、综合治理等方式开展整治，确保实现摘牌。加强公共安全监管，增设视频监控338套，在古佛村开展“天翼看家”智能化安防试点工作，构建立体化防控体系，组织专职巡逻队与社区义务巡逻队在商圈、校园周边、居民小区开展联合巡逻，提高见警率，维护社会平安。

落实新冠肺炎疫情防控，对辖区居民开展6轮集中排查，实施居家隔离2238人、集中隔离122人，成功应对6名确诊患者及攀钢疫情等突发事件，有效遏制疫情蔓延扩散。加强强排查，确保源头管控到位，3月16日到年底排查出居住境外人员61人、高中风险地区返长寿536人，因南美冻白虾辖区排查7户、26人，均按防控要求实施相应管控，有效防止疫情反弹。加强指导，确保政府服务到位，对辖区在产复产的99家企业按照“谁备案谁监管、属地配合”的驻企原则，开展“一日一巡查”，督促企业落实疫情防控措施。疫情期间，对居家隔离观察人员开展“六送”服务，将医生联系卡送上门、体温计送入户、消毒用品送进家、生活物资送到手、专用垃圾桶（袋）送到位、心理疏导送到人；成立819个关爱帮扶小组，一对一进行关心关怀，对居民心理健康进行疏导。

做好抗洪工作，发挥表率作用，街道办及村（社区）干部昼夜坚守在防汛前线，与群众共进退，869人次参与“8·20”防汛抗洪工作。开展协调配合，与应急、消防、公安、电力、燃气等各部门相互协调配合，投入抢险救灾人员263人，出动车24辆、冲锋舟1艘、皮划艇1艘，紧急救援群众125人。推进灾后重建工作，各村（社区）干部与民兵、志愿者投入清淤人员281人次、消杀人员35人次、车辆32台（次），全面完成受淹房屋、路段、公共设施清淤、消杀任务；补助受损房屋64间，农作物受灾户91户，保证群众有饭吃，有卫生水喝，倒房户有住处。

【党建工作】 2020年，凤城街道党工委坚持以习近平新时代中国特色社会主义思想为指引，贯彻落实党的十九届四中、五中全会精神。全年开展中心组学习10次、读书班专题集中研讨7次、专题讲座辅导学习1次，班子成员讲党课15次；各党支部开展主题党日12次，组织街道机关干部职工、22个村（社区）党员干部按计划分章节开展《党的十九届五中全会公报》《习近平谈治国理政》等政治理论学习。坚持重大事项由党工委决策，压实班子成员"一岗双责"，全年召开党工委会20次，专题研究部署党建工作18次，开展全面从严治党调研检查10余次，在党政办公会、职工大会、村居干部大会等各类会议传达部署全面从严治党工作20余次。

实施党建引领基层治理，将全面从严治党工作纳入村（社区）综合目标考核，落实将党支部建在网格上的要求，13个社区全覆盖建立党建网格84个。全年处理群工系统反映事项192件，办结率、满意率均在98%以上。软弱涣散基层党组织书记谈话30余人次、免职社区书记1名，完成4个软弱涣散村（社区）党组织评估验收工作。为走马村五保家园整改项目争取专项资金2.8万元。指导白庙村、三峡路社区开展文明创建工作，成功荣获"全国文明村镇"和"全国文明单位"荣誉称号。

对照《党委（党组）讨论决定干部任免事项守则》和《党政领导干部选拔任用工作条例》，落实干部选拔任用工作纪实，严把动议提名、推荐考察、讨论决定关口，严格选任导向和程序标准，年内提拔科级领导干部5名、新晋升科级干部10名、转正科级干部9名、接收选调生1名。招聘社区专职工作者13名，储备后备人才18名，半数以上村实现"党政一肩挑"，全面补齐配强各村本土人才。（佘沅莲）

晏家街道

【概况】 晏家街道地处重庆腹心，位于长寿区西南部，东与凤城街道接壤，南与江南街道隔江相望，西与渝北区洛碛镇毗邻，北连八颗街道，是长寿经济技术开发区的主要所在地。辖9个社区、8个行政村，辖区面积95平方千米；户籍人口6.4万人，常住人口4.8万人。

【经济发展】 2020年，晏家街道耕地面积835.8公顷，耕地灌溉面积243公顷。蔬菜产量910吨、水果产量362吨、水稻产量575吨、玉米产量1129吨；出栏生猪2579头、肉鸡16515雨、肉牛136头、肉鸭5850羽、羊229只、鹅4109羽，鸡蛋产量283.6吨、鸭蛋产量16吨。有工业企业342户（规模以上工业企业135户）、建筑业企业6户、住宿餐饮业企业30户，商品交易市场3个、营业面积50平方米以上的综合商店或超市7个。2020年晏家街道地方一般公共预算收入6279.8万元，比2019年增长16.3%；地方一般公共预算支出6279.8万元，增长16.3%。

【基础设施建设】 2020年，晏家街道推进城市秩序规范，全年拆除违建81处、5267.6平方米，清理流动摊点3400处，规范占道经营座商1563处；开展城市环境整治，设置垃圾箱83个、垃圾桶238个、保洁员52人，全年清运垃圾1.5万吨，实现垃圾清运全覆盖；巩固加强社区基础设施建设，建成3个停车场，完成齐心、晏家、晏山、牛心山4个社区移民安置区综合帮扶基础设施建设项目所有前期工作，于11月开工建设；对辖区27家露天烧烤摊进行整治，确保油烟不外排。完成农村环境综合整治任务，建立龙门村、金龙村垃圾分类示范点，农村常住农户卫生厕所普及率85%以上，群众农村生活垃圾治理的满意率95%以上，农作物秸秆综合利用率85%以上，村民饮水卫生合格率100%，生活垃圾无害化处理率85%以上，生活污水处理率和畜禽养殖粪污有效处理且综合利用率85%以上。完成2018年乡村振兴试验示范资金总投资308万元、5个项目建设任务，申报2021—2023年乡村振兴规划入库项目9714.65万元和优先实施项目584.65万元。12月30日，"鱼跃龙门·经开驿站"一期项目开园营业，推进"原真、原味、原生态"的乡村旅游休闲圣地建设。

【社会发展】 2020年，晏家街道辖区建档立卡贫困户53户、144人全部脱贫，脱贫攻坚完美收官。辖区贫困人口就医全部实行"先诊疗后付费""一站式结算"制度，家庭医生签约率、医保参保率实现100%；贫困户饮水安全保障率100%，四类人员住房保障问题动态清零；选聘产业指导员7名，申报产业扶贫奖补30户、奖补资金47750元，实现产业扶贫政策全覆盖；贷款47户（次）、26.35万元，获贷率88.68%，实现应贷尽贷。多种方式购销贫困户农副产品3.6万元，完成社会扶贫网重庆馆单位采购6万元。为丰都县许明寺镇古家山村提供帮扶资金100万元。

晏家街道救助政策落实到位，全年发放低保金761.13万元、特困供养金66.18万元、特困人员照料护理补贴5.09万元、各类临时救助和稻草援助33.34万元。关爱服务残疾人，对1830位残疾人进行信息动态更新，为512位残疾人提供家庭医生签约服务。优化养老服务，晏山社区养老服务站实现公建民营运营，重庆光大百龄帮集团投资1500万元建设的晏家街道养老服务中心已开工建设。加强和改进阵地设施建设，修缮群众健身休闲广场5处、篮球场4个、健身器材80余套；组织社区舞龙队、太极队等文化体育队伍14支，有文体骨干60余人、文艺爱好者800余人，经常参加市、区、街道的文艺演出，推动辖区文化活动的常态化、规模化。组建文化、医疗卫生、法律、环保、消防等各类专业志愿服务团队，全年开展文明劝导、便民利民、困难帮扶等志愿服务活动125次；开展“孝星”“寿星”“乡风文明示范户”等系列评选活动5场，开展市民公约、村规民约、社会主义核心价值观等宣传活动23次。

晏家文化体育公园效果图（总体鸟瞰图）

【安全稳定】 2020年，晏家街道落实危险化学品、烟花爆竹、消防、食品药品卫生等行业安全排查整治工作，全年发放各类安全宣传资料5000余份、检查企业195家、排查整改安全隐患5起；投入民兵、城管、志愿者等各类抢险救灾人员300余人，紧急转移安置群众86人，总体实现“有险情、无灾情，有问题、无事故”，防汛救灾和恢复重建“两手抓”“两不误”，打赢防汛救灾“保卫战”；2020年晏家街道安全获区考核优秀等次。推进扫黑除恶专项斗争，走访群众1万余人、发放和张贴宣传资料2万余份，群众知晓率、满意度80%以上；继续加强吸毒人员网格化社会管理全覆盖，对吸毒人员开展职业技能培训、就业帮扶和社会救助10人次，未发生吸毒人员肇事肇祸事件；落实新时代“枫桥经验”，聘用2名人民调解员处理22件纠纷；建成综治中心、视频监控指挥中心，治安巡逻实现农村、城区背街小巷、城中村全覆盖；社会政治大局保持“五连安、五连稳”，2020年被评选为重庆市“扫黄打非”先进基层示范点。

2020年，晏家街道制定新冠肺炎疫情防控“17+N”工作制度，落实34个成员单位责任分工，动员党员、志愿者、楼栋长等1300余人参与防疫，排查422个楼栋、989个单元，走访36万户（次）、81万余人次，实现住房、居民排查全覆盖。组织联系人员到广州、深圳等地采购体温枪3000余支、口罩10万余个，为街道和企业防疫提供保障。实施24小时线上指导、线下答复企业咨询，协调解决意大利、菲律宾、韩国等外籍外地复工人员防控安置问题，协助解决经开区企业资金、运输、人力等问题45个，实现疫情防控与复工复产两手抓、两手硬。截至年底前，晏家街道未出现“疑似病例”和“确诊病例”，晏家街道被重庆市委、市政府授予重庆市抗击新冠肺炎疫情先进集体称号。

2020年新冠肺炎疫情期间，晏家街道干部在高速路口为下道车辆作登记、测体温

【党建工作】 2020年，晏家街道学习贯彻中共十九大和十九届二中、三中、四中、五中全

会精神，全年开展中心组理论学习8次、机关干部集中学习10次、村（社区）党员干部集中学习200余次，组织党（支）委会600余次、主题党日活动400余场、党建工作推进会12次、党建综合督查4次。开展软弱涣散基层党组织整顿，对龙门村党支部和晏山社区党支部进行巩固提升；推行书记、主任“一肩挑”，选好配强村（社区）班子，年内调整村（社区）党组织书记2名、社区间调动干部2名、新选聘干部13名。落实干部选拔任用条例，提拔任用副科级领导干部2名、正科级领导干部转正5名、副科级领导干部转正7名。锲而不舍正风肃纪反腐，全年组织全体机关干部观看警示教育片3次、学习典型案例通报10次、开展“以案四说”8次，在各节假日前对重要岗位负责人提醒谈话16人次。（沈紫鹭）

江南街道

【概况】 江南街道辖区面积67.89平方千米，城市建成区面积11.2平方千米。下辖7个村、2个社区，总人口21170（其中农业人口10392人、非农业人口10778人）。江南街道办事处驻江南中路3号。

江南街道是长寿区三峡移民重镇、十里钢城建设基地、长江南岸城市新城。江南区位优势独特，东与涪陵相邻，西与巴南接壤，北邻长江，地处三区交界的地域要冲。辖区生态环境良好，“森林氧吧”五堡山、“十龙宝地”龙桥湖、“锯梁江隘”黄草峡景色宜人。水陆交通便利，长江公路大桥、铁路大桥、长江公路二桥（建设中）横跨南北与长寿主城跨江相连，沿江高速公路、茶涪路、一马路为主干线的公路网四通八达。历史积淀厚重，中国最早的女企业家巴·清妇在江南炼丹采矿，扇沱王爷庙临江雄踞。文明建设成效显著，江南街道致力于孝道文化培育推广，常年开展志愿服务、文艺下乡等活动，以文化引领文明。

【经济发展】 2020年，江南街道辖区有家庭农场9家、农业企业65家、农民专业合作社15个，专业合作社成员657人；有住宿餐饮业企业154个、商品交易市场1个，有金融网点机构3个。

江南街道耕地面积1343公顷，耕地灌溉面积466公顷。2020年农作物播种面积1330公顷，其中水稻种植面积353公顷，玉米种植面积257公顷，红薯种植面积200公顷，果树种植面积317公顷，蔬菜种植面积175公顷，其他粮食种植面积28公顷。

【基础设施建设】 2020年，江南街道在新城建设中参与调处长江二桥项目建设矛盾，配合完成沿江高速长寿支线规划，化解重钢及附属企业矛盾纠纷30余起。建立综合执法联席机制，开展汽修业、餐饮业、社区环境综合执法40余次，整治违章停放、占道经营、乱涂乱画等40余处，增设主干道交通监控探头3组。设置垃圾箱平台44个、垃圾桶788个，配备保洁人员36名。完成江南小转盘、南滨路社区、龙山社区门面瓷砖掉落等专项整治，完成社区自来水管网和龙山移民居住区污水管网整治。孝文化广场文化墙改造升级，更换维护一批社区健身设施，在小区安装电瓶车充电插座160个，中心环岛、朵力环岛改造完成，实施南桥头公厕、康养中心施工建设，1200平方米江南社会足球场建成投用，修建1千米观景步道供群众游览。

大堡村李河路、龙桥湖村预周路等“四好农村路”建成投用，龙桥湖村七组公路扩宽工程、龙山社区十组新修公路路基项目顺利施工，公路到组通达率100%、通畅率86%。饮水安全工程实现全覆盖，集中供水率和自来水普及率分别为95%、100%，定期开展水质检测和水厂运行检查；投入148万元实施天星村2020饮水安全巩固提升工程，惠及建档立卡贫困户16户40人；实施天星村建档立卡贫困人口饮水安全项目，新建人饮水池及管网安装。推进绿色江南建设，完成退耕还林60公顷，“四旁”植树53公顷，新建农田林网特色经济林667公顷，完成年度国土绿化提升行动项目造林栽植任务。实施街道、村（社区）、组开展“三级评比”“村庄清洁行动”、网格化管理、垃圾分类、厕所革命，推动辖区人居环境美化，评选出洁净村庄2个、洁净湾落8个、洁净家庭13户；完成农村改厕176户。开展全域性农村生活垃圾治理3次，设置垃圾投放点107个，配置户用分类收集桶570个、厨余垃圾处置点24个，天星村、锯梁村获评垃圾分类示范村；龙桥湖水源地污染整治和规范建设正式启动，实施扇沱集镇环境综合整治项目；落实常态化河长巡查制度，镇级河长对责任河流每月巡查1次，村级河长对责任河流每周巡查1次，年内对锅锣溪开展联合巡逻4次。

新农村建设做好脱贫攻坚与乡村振兴有机衔接，发挥龙头企业和14个致富带头人的带贫作用。村集体组织通过建设用地复垦获得补助资金375.9万元，统筹整合财政补助资金90万元，实施补助资金股权化改革项目，投产后实行定期分红。2020年天星村股权化改革分红和集体经济培育收入7.74万元，产业利益联结机制和产业扶贫长效机制不断完善。新建锯梁村便民服务中心及相关配套，对天星村和扇沱村阵地及周围环境进行改造升级，大堡村便民服务中心复建项目建成投用。年内鉴定“四类对象”房屋421户、边缘户9户，完成2020年5户（含2户边缘易致贫户）危房改造任务，排查一般农户住房安全125户，旧房提升21户；复垦拆除原有危房382户，复垦面积12公顷，兑付资金2148万元。

【社会发展】 2020年，江南街道组织专场招聘会5场，利用公益性岗位解决困难群体就业130人，及时办理就业和社会保险补贴344人；开展就业信息核查活动，2020年贫困人口外出务工119人，为27名分散务工人员发放一次性交通补贴2449.5元。为7804名城市低保对象发放低保金及临时生活补贴金258.3万元，发放大病救助金及特困供养金155.1万元，为689名高龄、失能老人发放补贴13.78万元。悬挂退役军人光荣牌551块，发放优待抚恤金和节日慰问金230.49万元。开发启用残疾人公益性岗位（含非全日制）10个，发放经济困难及重度残疾生活补贴33.88万元，惠及4751人。正在建设1500平方米的养老服务中心。2020年征兵工作实现“五率”达标，实现零投诉、零举报、零信访。

向64户建档立卡贫困户发放到户产业补助12.17万元；培训致富带头人13人，培训贫困人员40人，配备产业发展指导员10人，对产业扶贫项目开展情况进行督导和培训。全年资助“四类对象”学生209人次、8.75万元；开展“一人一案”送教上门52次，疫情期间为11名贫困学生免费送平板电脑、送流量，确保“停课不停学”。加大消费扶贫力度，组织辖区机关、学校、企业采购扶贫产品17.27万元；加大金融扶贫力度，全年完成小额信贷11户（次）、22.7万元。

推进卫计工作，实施流动人口均等化服务，保证人口信息动态监测完整；落实特殊家庭奖扶慰问走访，走访慰问计生特殊家庭39户，发放慰问金3.51万元；奖励扶助517人，特别扶助60人。落实“先诊疗后付费”“一站式结算”、家庭医生签约服务，贫困人口参保率和大病救治率保持100%。开展出生缺陷干预，完成48对，完成率104%。

教学质量稳中有升，江南九年制学校小学六年级在全区质量监测考核中名列第一，初中九年级重点高中指标到校考试完成率排名全区第一。

文化阵地提档升级，改造锯梁村图书室，新建锯梁村村情馆。举办“盛世欢歌·唱响江南”（第十届）春节文艺会演、“书香江南·文化江南”全民阅读知识竞赛等大型文化、文艺活动；传承发展乡村特色文化，《翻叉号子——好大好大的晒场》非遗节目获重庆市第九届乡村文艺会演一等奖。实施农村道德建设，举办“十好公婆”“十好儿媳”“十大孝星”等评选表彰，大元村1人获区级“十大孝星”称号。落实城区文明治丧，辖区无一例乱搭建灵堂办丧事。

【党建和安全稳定】 2020年，江南街道先后调整村（社区）党组织书记3人，“两委”干部14人［其中4名本土人才被选进村（社区）“两委”工作］。完成农村党员发展计划，2020年发展党员4名、转正3名。

强化“党政同责、一岗双责、齐抓共管”，严格安全生产季度督查工作，2020年检查208家（次），下达执法文书137份，主要领导带队检查26次，分管领导参与52次，排查出隐患36个，已全部闭环销号，街道执行处罚金额1400余元。道路交通执法84次，检查车辆537辆次，纠违84件，罚款1290余元。完成城市建成区存量违法建筑治理和乱占耕地建房专项整治任务，消除新增违法建筑2处，核查图斑192个。持续开展扫黑除恶宣传和涉黑涉恶线索摸排。坚持矛盾纠纷化解与结对帮扶相结合，特殊敏感时期继续实行“日点名”“日研判”“日报告”制度。化解信访积案，重大会节期间实现零进京、零非访。全年接收6名社区矫正人员，解除11人，年底前在册11人；社区戒毒康复6人。全年矛盾纠纷排查24件，办结信访案件58件，化解积案1件，结对帮扶重点人员22人。做好新冠疫情防控工作，内防反弹，外防输入，企地联排，确保辖区群众安全健康。自然灾害防治到位，长江5号洪峰导致江南街道278户、823人受灾，街道党员干部、民兵、消防等志愿者800余人参与救援，未发生一起人员伤亡事故；设立洪痕标识13个，灾后重建如期完成。街道整体安全、平稳、和谐。（刘呈嘉）

渡舟街道

【概况】 渡舟街道位于长寿城区北部，距区行政中心2千米，国道G50、长垫路、北城大道、渝利铁路、渝万铁路贯通境内，是长寿火车北站所在地。街道辖区面积52.63平方千米，耕地面积2563.4公顷，森林覆盖率23.23%；辖13个行政村、4个社区，175个村（居）民小组，户籍人口42600人，其中城镇人口21124人、乡村人口21476人，常住人员61341人。渡舟街道党工委下辖1个党委、29个党支部、1317名党员。

渡舟街道是长寿区政府规划的北部新城，渡舟组团城市发展的定位为“城北绿苑、乐活智城、幸福渡舟”。2020年，渡舟街道立足新发展阶段，贯彻新发展理念，构建新发展格局，实施乡村振兴战略，农产品交易市场、汽贸城开业运行，街道城乡面貌实现跨越式发展。

【经济发展】 2020年，渡舟街道境内有工业企业26个，受疫情影响，全年完成营业收入2.35亿元，比2019年减少2.1%；利润总额完成0.31亿元，同比减少2.4%；完成工业总产值1.06亿元，同比减少3.5%；完成工业企业利润0.104亿元，同比减少3.7%；工业增加值0.44亿元，同比减少3.4%。

2020年，辖区有商贸经营户2412户，比2019年增加4%；从业人员1.44万人，同比增加5.9%；营业面积34.4万平方米，同比增加15.2%；销售总额9.32亿元，同比增加6.2%。三科农商城已成为长寿区农产品批发交易中心，商贸规模效应凸显。

【基础设施建设】 2020年，渡舟街道重大项目建设启动渡舟立交征地拆迁项目，推进渝长高速扩能、南北中路、纵次二线、横一路等多条城市道路的建设，渡舟新城的路网已形成。占地147公顷的重庆东部国际农副产品交易市场、汽贸城、重庆东部智慧物流中心项目快速推进，其中三科农商城和汽贸城一期项目已开业运营，重庆东部国际农副产品交易市场二期近67公顷土地征收项目已完成98%以上。区人民医院北城分院、火车北站客运枢纽完工，桃花溪学校、爱琴海购物广场、泽京璟樾府等项目正在推进。

全年完成“四好农村路”建设6.5千米，对辖区220千米的农村公路进行养护管理，修建农村便民道路6.4千米。投入1000万元建设辖区农村居民人饮项目，保障果园、堰桥和渡舟3个村、1万余居民安全饮水。新安装太阳能路灯305盏，开展“四旁”植树33公顷、退耕还林33公顷，在太平、天桥2个村新安装天然气297户，在新道路村开展农村垃圾分类试点，投入400万元启动保丰村人居环境整治项目，推进田园乐温项目2.5公顷点状征地，启动一期民宿建设。

2020年4月9日，渡舟街道开展村庄清洁行动

总投资2000余万元的老场镇二、三级管网改造项目，完成建设并投入使用，彻底解决困扰渡舟人的场镇污水排放问题。投入20万元，每天对桃花溪渡舟段进行清漂及河岸垃圾清理，月处理垃圾20吨；投入30余万元在高峰、河塘等5个村开展黑臭水体排查治理。拆除场镇腊肉烟熏点5处，设置3处无烟熏制点，日熏腊肉1000公斤，免费为群众提供服务；全年制止秸秆焚烧行为47

起。投入40万元新增大型垃圾箱40个、维修垃圾箱29个，投入7万元修建六号桥人行步道，投入10万元安装在水一方段公路隔离柱、U形柱，投入50万元用于场镇背街小巷物业管理。

【社会发展】 2020年，渡舟街道推进贫困户持续稳定脱贫，全年无新增贫困户，159户继续享受政策的贫困户全部稳定脱贫；2020年人均可支配收入1.54万元，同2015年比增长36.5%。就业扶贫落实公益岗位47人，完成贫困户稳岗就业209人；消费扶贫完成“832平台”消费扶贫1.8万元，重庆馆和线下消费扶贫14.2万元；落实产业扶贫技术指导员“一对一”服务，扶贫小额信贷102户、89.8万元。街道内“五类”群体351户均实现集中供水；改造“C、D”级危房149户，全部实现住房安全保障；30名建卡贫困学生全部在校就读，无一人辍学，发放教育补助4.98万元；贫困户全部纳入基本医疗保险，全部实现家庭医生签约服务和兜底就医补助，补发医疗补助7.75万元。对口帮扶丰都县龙孔镇金台村投入50万元。

渡舟辖区有重庆市医药学校1所省部级公办重点中等专业学校；有小学2所，分别是渡舟中心校、太平小学；有幼儿园6所；辖区学龄儿童入学率100%。年内开展“喜迎2020年奋进新时代”、学习雷锋、“百本好书送你读”等活动24场（次），传播正能量，丰富群众的文化生活。组织参加全区“学习新思想 唱响能行好 夺取双胜利”、街镇文体展示等比赛活动，先后获多个大赛奖励。

2020年新成立三好社区，社区范围包括德瑞悦城小区、农商城、汽贸城、北城医院等地，社区服务中心设在德瑞悦城。成立渡舟街道第七次全国人口普查领导小组及办公室，选聘16名村（居）普查指导员和128名普查员，完成16个村（居）的区域划分和小区地图的标绘，完成辖区内26592户、60379人的短表登记工作。

2020年，渡舟街道有城乡低保户340户、568人，全年发放低保金313万余元，其中城市低保145万余元、农村低保168万余元；纳入特困人员151人，发放五保供养金143.5万元；临时救助50户、143人，发放救助金34万余元；残疾人补助涉及4134人次，发放救助金69.5万余元；冬春荒救助302户，发放救助金6.43万元。涉军群体优抚220人，发放优抚金306万余元，节日慰问12万元。

2020年12月21日，渡舟街道干部慰问百岁寿星

2020年，开发非全日制公益性岗位82个，帮扶“四类群体”44人实现就业；完成创业服务工作88人，办理城乡“4050”就业社保补贴429人，办理失业人员“就业创业证”420个。办理补换社保卡167张、新制卡478张；办理新征地农转非人员退休手续613人，死亡退费23人；办理居民社保退休手续21人。城乡居民医保已参保3.47万人，筹资598.09万元，参保率100%，其中“四类群体”参保率100%；办理城乡居民特殊疾病资格证412个。国寿农村小额意外伤害保险参保635人。被征地农转非大龄人员生活困难补助年内发放9600人，补助金789.06万元。

2020年，户籍人口出生261人，政策符合率99.6%；育龄夫妇孕前检查80对，新增国家奖扶对象94人，新增国家特别扶助对象16人；免费筛查体检妇女840人。与54名公安库患者监护人签订严重精神障碍患者监护协议，落实以奖代补39人、10.65万元。

2020年，对辖区基干民兵、普通民兵完成重新整组编队，开展基干民兵训练4次，开展预备役训练1次。参加全区上站体检，开展征兵政审24人，为部队输送合格新兵，超额完成区人武部下达的送兵任务。

【安全稳定】 2020年，渡舟街道做好中共十九届五中全会期间安稳工作，在重点时段没有发生一起到市进京非访行为。全年协调办理各级信访件305件，接访下访群众536人次，成功化解各类矛盾纠纷274件。打击邪教、传销和非法集资活动，稳控邪教“法轮功”习练者等重点人员，与邪教人员签订“四书”。将“扫黑除恶”同征地拆迁、环境保护、平安校园等工作结合开展，整合各方力量，集约警力，查现案、破积案，保持对违法犯罪活动打击的高压态势，开展摸排254次，未发现涉黑涉恶线索。

全年开展生产经营类安全执法检查108次，出动执法检查人员323人次，下达执法文书36份，行政处罚3330元。开展道路交通执法121次，检查机动车1742辆次，查处违法违规车辆86辆，处罚41人。排查出农村道路临崖临水、消防设施设备不齐或损坏、企业生产设备无维保记录等隐患71件（次），均已督促整改。辖区未发生一起安全生产领域死亡事故，安全生产持续稳定向好。

新冠肺炎疫情防控打好“阻击战”。第一时间响应区委区府号令，落实“外防输入、内防扩散”各项措施，落实干部包组（楼栋）、党员包户责任制，每天安排337名人员在长寿北站、农贸市场、居民小区、主次干道等74个卡口执勤，安排7名人员对北站广场、农贸市场等公共场所进行消杀；在5轮大排查中，排查群众8.6万户、21.7万人次，集中隔离和居家隔离631户、1082人，送治疫情感染者2人。在长寿北站常态化防控中，安排医务人员、村（社区）干部到火车站值守9个月。

2020年2月5日，渡舟街道人员在长寿北站防疫消杀

【党建工作】 2020年，渡舟街道党工委班子成员组织学习中共十九届五中全会精神，研读《习近平谈治国理政》第三卷，学习习近平总书记在全国抗击新冠肺炎疫情表彰大会、纪念中国人民志愿军抗美援朝出国作战70周年大会上的重要讲话精神，按照学懂弄通做实的要求，自觉地用习近平新时代中国特色社会主义思想武装头脑、指导实践、推动工作；全年领导班子集中学习50小时以上，人均自学130小时以上；街道中心组学习12次，召开党政联席会、干部职工大会、村（社区）干部会76次，集中系统学习中央和市委、区委各级领导重要讲话、重要文件和重要决策部署。建立从严治党责任清单，做到有权必有责、有责要担当、用权受监督、失责必追究，形成“党工委不松手、书记不甩手、班子成员不缩手”局面；全年约谈党员116次、247人，党工委书记同班子成员和下级党组织负责人交心谈心54人次；加大扶贫、民政、“四好”公路建设等项目资金的监管力度，未发现滥用挪用等贪污腐败行为；有效运用监督执纪“四种形态”，诫勉谈话8人、批评教育5人、对2名违纪党员给予党内警告处分。始终坚持正确用人导向，新任用科级干部6人；推进村（社区）书记、主任“一肩挑”工作；配备选调生3名、配齐农村本土人才13名。新发展党员5名，慰问困难党员181人次。加强党内法规和法制建设，建立党工委党内法规工作联席会议制度，班子成员带头落实依法履职、依法行政、依法办事，全年举行法制讲座2次，开展法制宣传7次。

（徐小林）

新市街道

【概况】 新市街道位于长寿区主城以北8千米处，距重庆市区70千米，南与长寿北部新城相连，北接葛兰镇，东与双龙、龙河镇接壤，西与八颗街道为邻。街道办事处所在地河石井即为长寿“花眼偶文”历史典故的发源地；辖区面积37平方千米（其中耕地面积2071公顷，城镇建成区面积2平方千米），森林覆盖率27%；辖1个社区、8个行政村，总人口33715人、12293户（其中户籍人口30740人，暂住人口2975人），人口密度为831人/平方千米；辖区地势平坦，长万高速公路、长垫路、何狮路、新付路穿境而过，是通往垫江、梁平、万州三峡库区的重要节点。桃花溪插境而过，有叶家沟、龙家沟、东门、东风4座中小型水库和75口山坪塘，水资源丰富；境内浅层天然气资源储量大、质高。新市街道是长寿主城北进门户和城乡统筹发展的示范街道，是重庆长寿高新技术产业开发区的核心区，获评中国十大家居（木业）产业基地、重庆市小企业创业基地，由长寿区政府和重庆研究院联合打造的科技产业综合体——中科未来城创新产业园正在崛起。

【经济发展】 2020年，新市工业组团立足家居产业集群优势，推进家居产业转型升级，着力打造中国西部智能家居产业基地。园区已形成600万套套装门、35万套橱柜、20万套办公家具的产能，其中豪迈、佳禾、名风等8家龙头企业被评为重庆市十佳门业企业、全国门业50强。截至2020年12月底，新市工业组团引进企业166家，合同引资130亿元，已投产109家，规模以上企业57家，规上企业产值156.2亿元。

新市街道围绕“服务高新区，建设科技城”主题，推进征迁，加大企业服务。中科未来城项目一期已完成，二期纳入一期（补征）征迁的3个自然湾落需拆迁房屋128户，已签协议126户，完成98.4%；二期项目占地76.13公顷，需拆迁房屋338户，已签协议337户，完成99.7%，种养殖大户14户已签12户，完成85.7%，农转非征地社保已全部办理。重庆职工会计专科学校项目占地44.93公顷，需拆迁房屋322户，已签协议320户，完成99.37%；种养殖大户18户，已签协议11户，完成61.1%；农转非征地社保办理655人。北城大道连接道项目征地协议、农转非征地社保已全部办理完成，涉及房屋已全部推挖。石桥变电站项目占地0.49公顷，需拆除违法建筑1幢、坟墓4座，年底前已拆除完成，正在办理农转非征地社保。场口拆迁项目占地13.25公顷，需拆迁房屋108户，已签协议103户，完成95.4%；已办理农转非征地社保212人。

发展特色农业，做好农技培训、植保、水利、林业、畜牧、新型农业机械推广等工作。全年完成水稻333公顷、玉米200公顷、油菜133公顷、柑橘80公顷的政策性农业保险。新造农田林网和特色经济林100公顷，改造133公顷。兑付耕地地力保护补贴7253户，补贴金额288.56万元。全年土地流转433公顷，兑付群众土地租金650万元。加强动物防疫，春秋防疫生猪50456头、家禽199802羽、牛300头、犬867只，临栏检疫生猪103641头、家禽122582羽。

2020年，新市街道推进总投资500万元的新同村乡村振兴示范村项目。在红土地村建成“田园乐温”春花园，完成点状征地5.53公顷，打造街道休闲农业与乡村旅游精品项目，带动开办农家乐2家。立足特色产业优势，着力打造草莓、葡萄、生猪等“三品”工程，构建以瓜果、蔬菜、畜禽、渔业为主导的“4+X”农业产业体系。坚持家庭经营基础性地位，推进土地流转，培育新型农业经营主体，成立农业专业合作社12个、家庭农场32个、股份制合作社3个。完成全街道农村集体资产清产核资，推进农村土地确权登记颁证及农村集体产权制度改革。2020年粮食作物产量9803吨、蔬菜12611吨、水果595吨、水产品2156吨、生猪出栏13万头。

【基础设施建设】 2020年，新市街道着力打造精品城镇。投资229.23万元，新建农村“四好”公路3.2千米，途经7个村，受益人口1.4万人；新开工建设的新市至龙河的快速通道途经新同村、新合村，全长9千米；新开工建设的新市至双龙的快速通道途经新市村、新同村、新合村，全长11千米。在河石井村和新市村实施安全饮水项目改造工程，提升解决1500余人饮水安全问题，实施2020年人饮项目改造工程，解决6800余人饮水安全问题。

抓好污染防治，着力优化城乡环境。落实河长制，全年巡查桃花溪90余次，检查河流的水质及水面漂浮物情况；街道级河长全年巡河（库）77次，村级河长全年巡河（库）1120次；组建5人清漂队伍，对桃花溪、纳溪河29.4千米进行每日保洁。日常巡查污水处理厂80余次，巡查新老

2020年12月23日，新市街道帮扶干部开展“帮扶干部与贫困户谈脱贫”活动

场镇21千米一、二、三级污水管网30余次。围绕辖区空气污染主要来源，检查新市加油站油气回收装置4次，处理大气风险管控系统报警燃烧现象42次，巡查露天秸秆焚烧19次，核实处理村民投诉臭气污染9件（次）。常态化开展畜禽养殖污染防治，巡查畜禽养殖场48家、60余次，配合区法院验收5家养殖场修建的化粪池环保设施，新增养殖场网上环保设施备案5家。日常检查村（居）垃圾清运情况100余次，督促村居整改清运不及时等问题32个。规范辖区企业固体废物处置，巡查企业固体废物处置情况14次。

【社会发展】 2020年，新市街道脱贫攻坚持续抓好反馈问题整改，深化产业扶贫、金融扶贫和就业扶贫工作。建立健全产业发展指导员制度，选派8名专业技术人员指导贫困户发展产业，对74户贫困户2020年新发展的产业给予11.43万元奖补，鼓励103户贫困户成功申报金融扶贫贷款142.42万元。抓好贫困劳动力的稳岗就业，实现务工就业242人；年内非全日公益性就业岗位和农村服务型岗位新安置贫困户41人，实现贫困人口公益性岗位就业51人；培育8名致富带头人带动贫困户24户实现就业。动员干部职工和帮扶部门购买辖区内31户贫困户产品25982元；消费扶贫重庆馆购买扶贫产品73282.94元；组织街道66名工会会员到丰都开展旅游消费，完成旅游消费扶贫27145元；帮助辖区4家企业申报扶贫产品认定。抓实住房安全保障，2020年C、D级危房改造9户、无房户新建房屋1户，通过其他渠道保障13户，旧房整治提升70户（集中拆除危房改造户原危房8户，对无法拆除的实施封闭54户）；完善配套厨房72户、厕所118户。抓实义务教育保障，对辖区内4名不能到校读书的义务教育阶段学生进行送教上门。落实医疗救助保障，截至12月底，落实贫困人员先诊疗后付费和一站式结算85人次，兜底救助贫困人员区外及区内民营医院就医10人次、4.04万元。排查饮水安全，贫困户无饮水难问题。

新市街道推动均衡教育发展，2020年教管中心所属小学巩固率100%、合格率100%；新市中学初中毕业生升学率98.6%，2020届升入重点中学21人。创建长寿区新市街道社区教育学校。举办“文化科技卫生三下乡”、宣讲党的十九届五中全会精神等活动，街村综合文化服务中心建成率100%。

提供老年人、高血压、糖尿病人等免费健康体检，妇女“两癌”免费筛查等公共卫生服务，惠及群众2000余人；慢病防控成果巩固。2020年人口出生率5.93‰，人口自然增长率4.49‰；全年发放奖扶补助148.26万元，特扶补助101.95万元。推进全国第七次人口普查。

加强困难群众帮扶工作，按时足额发放城乡低保金190.2万元，发放特困金156.6万元，发放特困人员照料补贴17.87万元；发放临时救助金170人、27.38万元。发放残疾人两项补贴29.10万元，为270名困难残疾人冬送温暖发放1.4万元、春节和疫情防控慰问金发放5万余元。提升养老服务水平，投资15万元对敬老院热水供应系统等进行“三改”，全年发放老龄津贴1.4万元，发放困难老年人高龄失能补贴6.52万元。为5名孤儿及事实无人抚养儿童发放基本生活费4.74万元，为24名困境儿童发放慰问金4800元。实施军民共建发展战略行动计划，投入3万完善民兵武装训练基地，开展双拥共建，发放退役军人抚恤及优待金273.16万元，发放义务兵家庭优待金19.75万元、节日慰问金15.8万元。

【安全稳定】 2020年，新市街道落实安全生产“一岗双责”，每月召开安全生产工作矛盾纠纷排查会，每季度召开安全生产工作例会，与各村（居）、辖区企业签订安全生产目标责任书19份；开展安全生产大检查和重点领域专项整治行动100

2020年新冠肺炎疫情防控期间，新市街道党员突击队和民兵承担宣传排查、巡逻消杀、值班值守等工作

余次，整改隐患10处，整改率100%；举行消防安全培训活动2次、消防安全演练4次，整治消防通道13处；开展地质灾害演练3次、防汛演练2次；危化品安全检查40余次，建设施工安全检查10余次，企业安全生产检查30余次。主要领导带队检查道路交通安全30次，分管领导带队检查道路交通安全90次，联合交巡警四大队、公安派出所上路检查150次，纠正、处理违章操作车辆432辆，收缴罚款2020元；排查道路安全隐患10次，排查地点30余处，投入2万余元进行隐患整治。

新冠肺炎疫情防控坚持人民至上、生命至上，成立新型冠状病毒感染的肺炎防疫领导小组，落实组织架构、责任清单、后勤保障。利用LED显示屏、村广播、巡逻车、小喇叭滚动播放宣传视频、音频，张贴标语400条、海报600余张，发放宣传资料1.8万余份，提高群众防控意识。组织机关干部98名、村（居）组干部115名、派出所民警和协勤38名、卫生院医生和村医48名、志愿者30名，对全街道3万余人进行5次全面排查。对纳入医学观察对象，落实街、村、组干部多对一的专班监督制，确保隔离期限内观察对象零出门，每天2次测量体温，为其代购生活用品，落实消杀措施。设置村居交通卡点41个，发放当地居民车辆通行证和出入证以限制出门次数；配合区交通局设置1个北城大道交通卡点，对长垫线7个街镇和新市驶往长寿方向车辆实行防疫检查。全街道未出现一例新冠肺炎确诊病例或疑似病例。

信访工作深化领导干部接访、下访群众工作，全年办理信访案件184件，领导干部接访群众180件。加强矛盾纠纷排查化解，整合多方力量建立矛盾纠纷调解联动机制，成功调解各类大小纠纷223件，调解协议涉及金额110.17万元。

成立书记、主任双组长制扫黑除恶专项斗争领导小组，定期研究部署，对黑恶势力保持高压严打态势，排查出线索1件，已研判上报区扫黑办。全年发放宣传资料1.9万余份，张贴宣传横幅112幅、宣传海报150余张，赶场天集中宣传活动3次。创新基层治理，建立网格化无缝巡逻机制，建立网格9个、配备网格人员120名，网格化服务管理覆盖率100%；建立街道、村（社区）、组三级治安互动巡逻防控机制，公开选聘义务巡逻队员、守村护湾人员38人，社会治安持续向好。年内新增接受社区矫正人员8名，解除矫正13名，年底前在矫6人，无一例漏管、脱管。开展普法宣传工作，办理法律援助案件12件，提供法律咨询100余人次。

2020年2月21日，新市街道新冠肺炎疫情防控北城大道检查点临时支部委员会授牌

【党建工作】 2020年，新市街道坚持把党建工作抓具体、抓深入。贯彻新时代党的组织路线，执行基层党组织“三会一课”、组织生活会、党员民主评议、主题党日等制度。完成2个软弱涣散党组织整顿工作，发挥基层党组织在脱贫攻坚、乡村振兴和疫情防控中的作用。动员党员干部投身疫情防控，全街道设置党员先锋岗14个，成立10个临时党支部，组织175名党员成立疫情防控工作队，1000名党员捐款17.3万余元。做好村（社区）两委换届准备工作，推进村（社区）书记、主任“一肩挑”。远程教育完成率和群工系统满意率均为100%。加强党员队伍建设，择优发展党员11名，完成21名预备党员转正和33名发展对象的联审工作。纠正“四风”开展明察暗访5次，集体廉政提醒1次，作风持续好转；开展“以案四说”促“以案四改”提醒谈话，通报典型案例12起，上廉政党课5次，播放警示教育片7次，廉政教育基地警示教育1次，“以案四说”9场（次），促“以案四改”2场（次），廉政提醒26次，受教育人数870余人次；开展廉洁家风讲堂4次，专题家风建设活动3场。2020年党工委书记对党风廉政建设工作批示22次，研究部署全面从严治党工作10次，班子成员开展党内谈心谈

话110余次，与各基层党组织书记谈心谈话20余次。

（余 丹）

八颗街道

【概况】 八颗街道位于长寿主城区西郊，东临桃花溪，西倚明月山，南靠晏家街道，北傍商贸重镇葛兰。八颗街道2015年由八颗镇撤镇设街而来，办事处驻地莲花街26号，距长寿主城区10千米，辖原八颗镇、付何镇所辖行政区域，辖区面积99.25平方千米，耕地面积39平方千米，林地面积50平方千米（其中退耕还林面积8.8平方千米），森林覆盖率48%，街镇建成区面积66公顷。辖1个社区、15个行政村、5个居民小组及119个村民小组，全街道46366人，其中非农业人口13202人、农业人口33164人。是长寿区现代产城一体化发展区，集装备制造、汽摩零部件、电子信息、生态住等功能于一体的综合型城市新区。渝巫路、长洪路贯穿全境，渝长复线过境8千米，设八颗下道口一处；有菩提北路、菩提东路南段及延伸段和明桃一路等城市道路11千米，村道439.37千米。有武华、高产、前进3座水库，库容400万立方米；有500千伏武华变电站、220千伏变电站、110千伏变电站各1座；有中学2所、小学3所、幼儿园3所，社区卫生服务中心1个及分中心2个。

【经济发展】 2020年，八颗街道粮食总产量2.1万吨、蔬菜总产量1.78万吨、水果总产量0.5万吨；存栏生猪2435头、家禽43.9万羽、牛268头、羊520头。新办家庭农场3个、专业合作社2个；有12户笼养蛋鸡养殖专业户、24户生猪养殖户、4户羊养殖户、3户肉牛养殖户；有60家工业企业（其中规模议上工业2家），实现工业总产值3.15亿元；年内实现新增达限额以上个体户2个，总计有达限个体户22个，有商贸服务企业56家，营业总收入9800万元，实现社会消费品零售总额1.7亿元。

推进重大项目建设，妥善解决汽车配套项目、渝长高速扩能改造项目遗留问题8个；加快推进长寿区城市规划建设项目，丈量房屋248栋，签订拆迁协议535份，征收土地50.4公顷。

八颗街道坚持疫情防控和经济发展两手抓，助推企业复工复产。开展民营企业百日大走访活动，走访调研26家民营企业，了解企业生产经营情况，面对面倾听意见建议8条，帮助协调解决问题3个。

【基础设施建设】 2020年，八颗街道完善基础服务设施，完成3个水利项目、1个饮水安全提升工程建设，新增、改造供水管道17.5千米；新建“四好农村路”24.62千米；修建人行便道8.2千米、地坝1400平方米、山塘堤坝1个、回车场340平方米。乡村振兴开展农村人居环境整治，发动3200余名群众开展村庄清洁行动160余次，清运陈年垃圾、大件垃圾45吨，实施卫生厕所改造309户；街道1个家庭获评市“绿色家庭”，1个庭院获评市“最美庭院”，核桃村获评“村庄清洁区级示范村”。推进高标准农田和美丽乡村建设，投入1135万元完成高新、新桥、美满高标准农田项目建设，投入119万元完成付何、八颗美丽乡村建设；八颗街道综治服务中心、渝巫路八颗街道城区环境改造等项目建成投用。

2020年，八颗街道着力打好蓝天保卫战，落实秸秆焚烧专项巡查、加油站油气回收执法检查等监管工作；应对污染预警天气，先后对3个场镇、2.5千米重要扬尘控制路段实施降尘作业80余次，空气质量明显改善。碧水保卫战严抓污水排放监管，确保3个场镇生活污水稳定收集率在95%以上；完成巡河查河及“一河一策”任务，每月定期对70余千米河流实施常态清漂、保洁；争取中央资金314万元开展水源地规范化建设及污染整治。强化垃圾清运处理，辖区生活垃圾无害化处理率100%；筑牢绿色屏障，组织实施“四旁”植树、经果林等绿化项目，栽种树木10万余株；实现“两减”目标，减少化肥、农药使用量5吨，回收农膜25.1吨，有效防控土地污染。

【社会发展】 2020年，八颗街道抓实就业再就业工作，审核失业登记253人、就业登记228人，办理灵活就业社保补贴174人；抓细养老保险和医疗保险工作，办理居民养老保险退休147人、新参保220人；办理居民医保参保36723人，办理特病357人。社会救助体系日益完善，细化低保动态管理，全年新增低保42户、79人，动态停发低保52户、63人，确保应保尽保、应退尽退；强化残疾人管理服务，动态更新1362名残疾人信息，为960名残疾人办理第三代残疾证，为92名残疾人发放辅具；落实兜底救助工作，发放高龄失能老人、事实无人抚养儿童、重残贫残等困难群体救助资金64.88万元，向88名因病因灾等突发性困难群众发放临时救助29.3万元。

公共卫生服务水平再上台阶，社区卫生服务中心门诊15240人次，住院1933人次；提供儿童保健、孕妇孕期保健、65岁及以上老年人体检服务4754人次，完成创建全国中医药基层先进单位相关任务，举办公众健康咨询活动、讲座18场；完成孕前优生健康检查85对，办理生育、再生育服务证186件；192名重症精神病人规范管理率90%。教育事业发展成果丰硕，建强师资队伍，辖区14名教师获评区级及以上优秀教师，1名教师获评“全区十佳师德师风标兵”；突出抓好科技和书法两大特色教育，连续多年获区级科技展示活动团体一等奖，八颗中心校获评“重庆市知识产权教育试点学校”。文化事业有新发展，年内巡查文物、健身器材安全121次，播放惠民电影109场，开展各类宣传宣讲、主题实践活动、文艺活动118场；建成付何和梓潼5500平方米市民文化活动广场、云龟山20千米健身步道。打造干净特色街道，常态化开展场镇保洁、占道经营整治、市政设施维修等工作；组织文明治丧专门巡逻队和楼栋信息员对重点区域24小时不间断巡逻，辖区无违规治丧行为；违建整治拆除72处、1.7万余平方米，超额完成区级、市级下达任务；开展社区教育讲座讲堂60余堂、公益课程30余节，辖区3名群众分别获评长寿区“十大乡贤”“十大孝星”“十大寿星”，丰胜、干滩、高新等6个村成功创建区级文明村。

脱贫攻坚获全胜，接续推进“九大专项行动”，打赢定点攻坚战、百日大会战和收官大决战“三大战役”；落实“两不愁三保障”各项政策，辖区义务教育阶段549名学生无辍学现象；贫困户医保参保、大病保险、医疗救助、家庭医生签约服务实现4个100%，贫困群众享受“先诊疗后付费”和“一站式”结算医疗救治421次，兜底报销医疗费用83万余元；全覆盖保障四类人员住房安全，完成C、D级危房改造56户、旧房整治提升30户、建新拆旧82户。辖区贫困村（石马村）和266户、639名贫困户全部脱贫摘帽。

【安全稳定】 2020年，八颗街道紧扣安全生产工作重点任务，开展高温汛期重大风险攻坚战、“三合一”场所专项治理、“交安”系列行动等专项行动；深化隐患排查整改，落实“日周月”隐患排查治理制度，对辖区消防、地质灾害点、建设施工等重点领域开展全覆盖隐患排查，发现、整改隐患52件；对交通安全、非煤矿山、危化民爆等重点领域开展执法检查714次，行政处罚10起；妥善处置“8·16”燃爆事件。做好救灾救助，收集汛期灾情371家（次），统计经济损失40余万元，向28户受灾群众发放救助金；治理地质灾害4处。抓好平安建设，强化矛盾纠纷化解，调解日常矛盾纠纷案件187件，提供法律援助服务12件，办结“四重”攻坚案件1件、信访“清仓见底”案件5件，领导干部接访下访203件；抓好重点人员管控，做好在册社区戒毒（康复）人员、重点邪教巩固人员等重点人员管控工作，实现特殊管理人员零肇事肇祸目标；加大安防力度，新增监控点位152个，组织开展巡防431次、1200余千米，有效降低辖区案发率。

2020年，八颗街道机关干部、村居干部、医务工作者和志愿者连续奋战2个月，构筑起新冠肺炎疫情防控的坚固防线，全覆盖开展宣传排查、全方位进行社区管控。走访上门宣传48255人，排查租赁户342户，居家隔离武汉到长寿人员193人。疫情进入常态化防控后，坚持有针对性地外防输入、内防反弹举措，排查境外、中高风险地区到长寿人员35人；对农贸市场周边、饮食行业、冷链等重点行业从业人员进行核酸检测938次。辖区疫情“零感染”“零扩散”。

【党建工作】 2020年，八颗街道把党的政治建设作为党的根本性建设，贯彻民主集中制，全年向区委请示报告工作20余次，制定街道意识形态工作领导小组等制度4项；整改“不忘初心、牢记使命”主题教育、脱贫攻坚专项巡视“回头看”129条问题，推动基层党组织和党员干部自觉增强“四个意识”、坚定“四个自信”、做到“两个维护”、兑现市委“三个确保”政治承诺。第一时间学习贯彻习近平总书记最新重要讲话精神和重要指示批示精神，召开中心组学习8次、职工政治学习会30余次，围绕党的十九届五中全会和市委五届九次全会精神讲专题党课5次，围绕推动成渝地区双城经济圈建设和《习近平谈治国理政》第三卷等重点内容开展专题研讨8次，班子成员讲专题党课50余次，引导党员干部用习近平新时代中国特色社会主义思想武装头脑、指导实践、推动工作。建强基层组织，加强党员教育管理，开展“三会一课”、主题党日、农村远程教育、党员冬训；执行农村党员发展三年规划，全年新发展党员7名、转正14名；建立党委班子成员支部联系点11个，帮助解决突出问题18个；严肃党内政治生活，制定实施组织工作要点，进行工作提醒6次，考核通报4次；聚焦软弱涣散党组织整顿，选优配强美满村、梓潼村“两委”班子，群众满意度提高。严抓干部队伍管理，坚持正确选人用人导向，年内晋升一级主任科员10名、新提拔正科级干部3名；结合“两委”班子全覆盖研判，调整村“两委”干部21名，在全区率先全面实现村（社区）书记、主任“一肩挑”；通过“两推荐”和面向社会发布公告遴选后备干部25名。持之以恒正风肃纪反腐，全面摸排防控风险点，坚持“监督的再监督”“检查的再检查”工作理念，摸排廉政风险点59条，制定防控措施86条；加大问题线索处置力度，精准运用监督执纪“四种形态”，处置问题线索7件，其中信访了结2件、组织处理3件、立案2件；整治“四风”，开展防疫物资和资金、脱贫攻坚住房安全保障、部门项目专项整治，及时发现、整改12个方面的问题；开展“享乐主义、奢靡之风”专项整治，全额清退超标生活费、违规发放津补贴35笔、44564.99元；深化廉政教育，组织党员干部观看警示教育片《护航脱贫路》《为了一个也不能少的庄严承诺》等警示教育片，及时通报市、区和街镇典型案例，开展“以案四说”警示教育32次、节前集体廉政提醒8次，营造崇廉拒腐氛围。

（彭　佳）

2020年12月，长寿区江南街道一棵树结6种水果

镇

长寿湖镇

【概况】 长寿湖镇地处长寿区东北部，位于长寿湖畔，距长寿城区18千米，渝万高速、渝万高铁均在其境内设有出口或站点。全镇辖区面积104.5平方千米，辖13个村、1个社区、111个村（居）民小组；2020年户籍人口5.0万人，常住人口2.1万人。境内水源、电力、旅游资源丰富，盛产长寿柚、晚熟柑橘、夏橙、有机生态鱼、血豆腐、鱼面等特色农产品。

【经济发展】 2020年，长寿湖镇完成地区生产总值18.71亿元，比2019年增长4.5%；实现财政收入5794.13万元，同比增长18.2%；固定资产投资完成40.94亿元，同比增长9%；社会消费品零售总额增长1.5%；居民人均可支配收入18579元，同比增长6.9%。

面对百年未遇的新冠肺炎疫情挑战，长寿湖镇全力战疫情战复工，第一时间扎牢“外防输入、内防扩散”防线，设立交通要道卡点，强化居家隔离观察，1人获评市级抗击新冠肺炎疫情先进个人。推动复工复产、复市复消、复学复课，协调解决小微企业、个体工商户“资金短缺”“低息信贷”等问题20余个，助推血橙、家禽、蛋类等农产品销售6850万元。

开展“民营企业百日大走访”活动，解决困难23个，激发市场活力，新增市场主体272户，其中内资企业新增57户，市场主体总量达到2217户；开展农村电子商务培训8次，培养网络售货达人42人。

农业发展获得新增速，粮油种植面积4467公顷，蔬菜播种面积333公顷、水果种植1667公顷，落实“两区”管护责任2267公顷，完成水稻、玉米、柑橘、渔业等政策性农业保险1133公顷。持续打造渔业、柑橘、茶叶、猕猴桃等生态农业品牌，新发展柑橘果园300公顷，长寿湖镇血脐获评市、区金奖。新增新型农业经营主体26户，土地流转80公顷；新建标准化猪场1个、养殖小区1个。深化“三变”改革，完成农村集体资产量化和登记赋码，量化资产2993.80万元，推进“三社”融合发展，“空壳村”全部摘帽。

【旅游发展】 2020年，长寿湖镇镇域旅游提升取得新进展。长寿湖景区全年接待游客242.6万人次，旅游收入10.5亿元。新征地2公顷，协议拆房52户、1.4万平方米，住房人员安置258人，全力保障旅游项目用地；恒大特色小镇、房车露营地项目顺利推进，西岸景区提升工程竣工投用，长寿香江茶旅项目启动建设；“狮子滩梯级水电站枢纽”获得第四批国家工业遗产认定，形成“国家工业遗产+旅游”新业态。成功创建市级休闲农业与乡村旅游示范镇，创建示范村、示范点各1个。

【基础设施建设】 2020年，长寿湖镇继续实施特色小镇项目，湖滨路南街区环境综合整治项目通过市级绩效评价，街区主干道环境综合整治、云集场公厕整修项目顺利推进，建成社区文化活动中心，完成美食街环境整治项目，新增停车位52个；投资1700万元，完成狮子滩场镇和石回场污水管网8.5千米整治任务；投资300万元完成紫竹村乡村振兴试验示范项目；新建“四好农村路”52.5千米；投入1005万元，实施水利项目7个。改造卫生厕所603户，紫竹村厕所革命整村推进顺利完成全镇新安装天然气6个村、1329户。强化耕地保护，查处违法用地18宗，开展农村乱占耕地建房清理工作，对185个疑似违法图斑进行现场核查举证；完成61宗建设用地选址建设。

完成农村人居环境整治三年行动评估，深化“三清一改”村庄清洁行动，宣传垃圾分类，配备分类垃圾箱体21个；完成化肥减量1.6%、农药减量0.5%，农业面源污染得到有效治理。开展国土绿化提升行动，新增未成林造林地53公顷、农村“四旁”植树60公顷、农田林网和特色经济林改造1200公顷，兑现公益林面积1201.67公顷、直补资金23万元；执行森林限额采伐，完成松材线虫病除治工作，全年无森林火灾发生。落实“河长制”，镇村两级有效巡河1000余次、常态保洁河道50千米，解决水污染问题5起。申请专项资金140万元，启动7个集中式饮水源地规范化建设及污染整治，水生态环境长期保持全区第一。强化油气回收污染监管，开展打击危险废物环境违法犯罪行为专项行动。开展违法建设集中治理，拆除违建23处。持续开展市容秩序治理，清除各类乱挂乱贴横幅、牛皮癣、小广告等300余处，启动“马路办公”，发现解决问题53件次。

【社会发展】 2020年，长寿湖镇全力以赴打赢脱贫攻坚战。全面实现“两不愁三保障”，“剩余贫困”4户、6人如期高质量脱贫；书记遍访贫困对象全覆盖，解决实际问题86个；实施C、D级危房改造47户，旧房整治提升195户，“五类重点人员”危房全面清零；义务教育入学率、医保参保率均为100%；自来水到户全覆盖，投入198.3万元新建蓄水池、整治农村饮水管网，巩固提升人饮安全；实施社会救助兜底专项行动，对177户贫困户进行低保兜底，确保动态清零。有效巩固脱贫成果，实施脱贫攻坚总攻“九大”专项行动，引导外出务工476人，开发公益性岗位84个；224户贫困户获产业奖补金36.8万余元，发放交通补贴2.3万元，有效降低新冠肺炎疫情影响；百日大会战和收官大决战成效明显，自查的问题全部整改到位；龙沟村定点攻坚任务高效完成，投入343.3万元实施7个扶贫项目，“一村一品”新发展经果林167公顷，扶贫车间建成投产带动贫困户就业4人。长寿湖镇被评为市级脱贫攻坚先进集体。

以民为本落实惠民政策。城乡居民养老、医疗保险参保分别达到2.35万人、4万人，城乡居民养老保险参保95%以上。落实就业服务政策，办理灵活就业人员社保补贴66人次，服务高校毕业生就业55人次。新增城乡低保对象200户、355人，发放低保金、残疾人“两项补贴”等各项资金2007.5万元。教学质量提升，师生获国家、市、区奖218人次。医疗条件改善，镇卫生院挂牌“长寿区第二人民医院”，成功创建全国基层中医药工作先进单位，甲级医院创建通过市级验收。丰富精神生活，建成市级农村文化图书馆示范点1个；成立社区教育学校，开办社区教育培训班5个；推进公共文化服务发展。

【安全稳定】 2020年，长寿湖镇安全生产持续平稳。落实安全生产责任制，持续开展“大排查大整治大执法”专项行动；做好水陆交通、防汛抗旱、森林防火、建筑施工、地灾防治等行业领域安全监管，对742艘船建立“一船一档”，开展企业安全综合督查检查12次，提出整改意见25条；对重点行业领域安全检查416次，整改安全隐患138起，处罚违规违章行为496起；加强汛期及泄洪值守和对22个地灾点的监测，完成石回村地灾点复垦搬迁；组建8支救援队伍定期开展应急演练，防灾减灾救灾能力有所提升，全镇无重大事故灾害发生，连续十年被评为区级安全生产先进单位。平安建设持续实施，开展“枫桥经验”长寿实践10项行动，推进“雪亮工程”新安装监控摄像机171个；开展扫黑除恶专项斗争，组织宣传15次，处理群众反映意见18条；加强防邪、禁毒等工作，强化重点人员管控，依法严厉打击非法集资和各类违法犯罪行为。信访案件“治重化积”（治理重复信访，化解信访积案）、减存遏增推进有力，执行领导干部公开接访下访群众，接待来信来访200余次、325人，解决问题186个，领导包案化解存量信访6件；建立首接首办责任制度和检查督查制度，排查化解各类矛盾纠纷652件，有效遏制信访增量；落实“五个一”工作措施、“战时”机制和信息员制度，全镇无群体性事件及重大突发事件发生。

【党建工作】 2020年，长寿湖镇履行全面从严治党主体责任，履行党委书记第一责任人责任、班子成员“一岗双责”责任和镇纪委监督责任，镇党委定期召开全面从严治党和党风廉政建设专题会；巩固主题教育成果，建立班子成员党支部工作联系点、指导党建工作20余次。持续强化理论武装，镇党委理论中心组学习12次，各党支部集中学习140余次，组织“防疫先进事迹”“身边扶贫故事”“十九届五中全会精神”等宣讲30余场。深化廉政警示教育，开展廉政警示教育20余次，组织观看警示教育片3次，通报典型案例18篇次，持续肃清孙政才恶劣影响和薄熙来、王立军流毒。

加强组织建设，持续建设高素质干部队伍。规范发展党员5名、转正6名。打造党建示范村东海村，建成党建文化阵地，推行“党员服务群众”志愿活动；软弱涣散党组织有效整顿转化，龙沟村壮大集体经济成效显著创收33万元；做好换届准备，新回引本土人才3名，配齐本土人才15名。把严选人用人关，坚持党管干部原则和新时期好干部标准，年内选拔任用科级领导干部7人，试用期满转正科级干部8人。

狠抓作风和纪律建设，营造良好干事创业氛围。落实中央“八项规定”精神，持之以恒纠治“四风”。召开作风建设专题会2次，利用QQ、微信等发送廉洁提示760余条，开展工程建设、婚丧嫁娶事宜等廉政提醒谈话32次、36人次。弘扬担当作为作风，全镇获评区级脱贫攻坚先进集体1个、先进个人1人，市级抗击新冠肺炎疫情先进个人1人。落实党内监督条例，开展党员干部亲属涉权事项清理，排查党员违纪违法行为，发现问题线索2起，查处党员1人；全年处置问题线索15件，立案审查1件，正在办理6件；诫勉谈话1人、批评教育1人、党内警告处分2人，无积案问题和不查处、不报告的问题。（郭　利）

云台镇

【概况】 云台镇位于长寿区北部。镇政府驻地云台场，距长寿区主城35千米，距重庆市主城区100千米。地形属三级台地浅丘区，海拔305~1009米，辖区面积97.32平方千米，耕地面积2313.33公顷，林地面积3089公顷，森林覆盖率42.3%。全镇总人口5.2万人，其中农业人口3.79万人，非农业人口1.41万人，街镇常住人口1.48万人、流动人口0.47万人；辖1个社区、13个村。公路网络交通便捷、纵横相联，有川东石油钻探公司搬迁后留下的上亿元闲置资产，全镇紧扣“百亿街镇工业、市级特色工业园区”“双创基地建设”的发展思路，结合“全国农业产业强镇”的总体部署，围绕城镇规划实施、发展特色产业和农产品加工，打造一、二、三产融合发展的特色幸福小镇。

【经济发展】 2020年，云台镇地区生产总值31.6亿元（其中农业总产值7.8亿元、农业加工业总产值1.5亿元），比2019年增长1.4%；固定资产投资2.9亿元，社会消费品零售总额3.8亿元，实现工业总产值7.6亿元，解决就业岗位1000余个；全镇农村居民人均可支配收入21635元。

云台镇把产业振兴作为乡村振兴的重要内容来抓，获得农业部建设补助资金1000万元，撬动社会资本3900余万元，发展以水稻、榨菜为主导种植农业，蓝莓、辣椒、花椒、李子、柑橘等特色产业，猪、牛、鸡等畜禽养殖业，推进农业种养循环发展。打造农产品生产、冷藏、保鲜、加工、营销全产业链。八字村获“第九批全国一村一品示范村”“重庆市休闲农业与乡村旅游示范村”，拱桥村胭脂红薯、小岩村榨菜、应祝村脆李、桥坝村蓝莓均获“市级一村一品示范村”称号。实施“米袋子”“菜篮子”“肉盘子”工程，确保粮食、蔬菜、肉类供应，全年粮食总产26533吨，出栏生猪4.6万头，蛋鸡存栏40万羽。推进产业融合发展，与四川邻水共同打造的成渝旅游协同发展项目——五华山康养休闲旅游度假区已纳入区级重点项目。水稻技术培训中心、新品种新技术试验示范基地、“稻菜”轮作种植基地和青菜头标准化种植示范基地的土地整治、冷藏保鲜等子项目已完成前期工作。

【基础设施建设】 2020年，云台镇投资210万元整治黄葛、青云场镇老街，投资40万元新建黄葛停车场；投资700余万元整治八字村李家湾风貌；投资1500万元的拱桥村坡耕地水土流失综合治理工程项目已完成80%工程量，投资1740万元完成八字村水土流失综合治理；投资258万元在青云村、桥坝村完成115公顷地块宜机化整治；投资200万元完成大中型水库后扶项目，投资1亿余元的龙溪河—桃花溪云台段水系连通工程有序推进；完成市政道路修补和油化，安装太阳能路灯600余盏；完成云台高速路口—云台工业组团—云台场镇1.5千米道路基础设施建设，投资1154万元硬化“四好农村路”13千米。

持续加强污染防治，推进第二轮中央生态环

保督察问题整改。规范畜禽养殖场监管，建立环评管理台账，查处违规养殖、非法排污问题；完成青云、云台2座集中污水处理设施技改，加大饮用水源地监管力度。常态开展大气污染防治工作，对辖区内加油站油气回收系统开展巡查；阻止露天秸秆焚烧现象，将蓝天行动、秋冬季大气污染攻坚行动纳入常态化巡查监管，严厉打击危险废物污染环境违法行为。落实重庆市总河长2号令和清四乱专项行动，整治白云水库支流非法侵占河道拦河养鱼、打渔溪河道乱搭搅拌站、龙溪河国控段面农业面源污染等老大难问题。

改善农村人居环境，完成户厕改造1171户，卫生厕所普及率90%。定期开展“三清一改”村庄清洁行动，打造八字村上园子湾、小岩村姚家坝等多个人居环境示范点，实施村庄绿化、亮化工程，宜林荒山荒地实现绿化，“四旁”做到应绿尽绿；村公共服务中心及广场完成路灯安装。完善105个涉农小组人居环境整治网格化管理台账，设置134名网格责任人，排查人居环境整治突出问题，逐一整改销号。投入垃圾转运车3辆、垃圾箱191个、垃圾桶200个，实现生活垃圾转运自然村全覆盖，完成八字、桥坝2村垃圾分类处理试点工作。利民村、桥坝村、小岩村获重庆市第二批“美丽宜居乡村”称号。

【社会发展】 2020年，云台镇在脱贫攻坚中改造危旧房477套，投入资金1287.2万元；实行“先诊疗后付费”“一站式结算”和困难群体参保补助等政策，全年收治贫困人员996人次，综合报销比例93.2%，缓解贫困户看病压力；开展送教服务6人，贫困儿童义务教育实现全覆盖；实施农村人饮安全工程22个，投入资金2000余万元，自来水覆盖率99%。全镇341户、1016人建档立卡贫困户全部实现稳定脱贫。

聚力教育发展，建立完善教师“点校支教”制度，适龄儿童入学率100%，在校学生巩固率100%；提升教育质量，改善办学条件，优化教育资源；云台教管中心、云台中学分别获得“长寿区素质教育目标管理一等奖”“长寿区综合督导评估一等奖”。城乡养老保险、医疗保险完成参保任务率分别为99.7%、98%。年内新增就业175人，登记失业人员就业再就业82人，就业困难人员再就业152人，回引农民工返乡就业创业680人次；发放征地农转非困难补助4697人次，397.5万元；开发213个岗位，优先解决受疫情影响外出务工人员就业问题，开展竹编、烹饪等就业创业技能培训5场、758人次；完成99名毕业未就业大学生的就业服务工作。持续优化医疗卫生服务，为4536名老年人免费体检，管理高血压、糖尿病等患者2908人，举办知识讲座63次、受教1000余人。到2020年底已建成镇综合文化服务中心1个、村级分中心14个、健身广场3000平方米、健身步道35千米，有健身器材1200余件（套），有线电视和网络信号实现全覆盖；年内承办长寿区老年文艺会演3次，开展文旅活动100余场（次），建立腰鼓队、太极队等民间文艺团体；对76处文物和文化遗产建卡立册并开展定期巡查。对352人适时调整低保标准，497名分散特困老人完善照料手续，21名学生发放助学金37000元，走访慰问110名农村留守儿童和困境儿童，发放慰问品近2万元。

【安全稳定】 2020年，云台镇落实安全生产党政领导责任，压实部门监管责任，推动知责、履责、尽责、问责常态落实，开展安全生产专项整治三年行动计划；推进安全生产大排查大整治大执法，突出抓好道路交通、建设施工、消防、危险化学品、烟花爆竹、工贸企业等重点行业领域的专项整治，检查350余次，下达安全生产行政执法文书98份，落实重大事故隐患挂牌督办制度，消除安全隐患风险点405个；未发生较大及以上生产安全事故。发放救灾资金30余万元，救助受灾群众278户、615人；投入资金15万元，强化应急物资储备，成立综合应急救援队伍，构建防灾减灾救灾工作新机制。

加强社会治理，完善信访接访制度，排查出重点个体问题13件，重点群体类问题12件，领导班子全年接访约访600余次、1120人；办结网上信访211件，处理镇级特殊疑难信访案件1件；办结中联办积案2件、全区存量信访案件6件。聘请专职调解员1人，成功调解各类案件380件。开展扫黑除恶专项斗争、社会治安重点地区排查整治行动、校园周边环境整治等专项活动，公安派出所全年接出警1302人次，立刑事案件133件、行政案件67件，起诉11人、罚款6人、拘留8人，处理强制隔离戒毒2人、社区戒毒1人。

群策群力投入新冠肺炎疫情防控，发放防疫物资1590余件，摸排走访19185户、50713人，居家隔离909户、2196人，出动宣传车16台、组建民兵宣传队伍1支、志愿者宣传队伍15支，巡回进村入户宣传；4家企业捐款捐物2万余元；落实企业复工复产“督导员”13名，指导企业疫情防控和复工复产，发现和督促整改问题3个；不误农时抓春耕，疫情防控和复工复产工作取得成效。

【党建工作】 2020年，云台镇统筹推进党建工作，完善《2020年云台镇意识形态工作方案》《关于建立全镇意识形态工作联席会议制度的通知》《2020年云台镇党风廉政建设责任分解清单》，建立健全“一把手负总责，分管领导各负其责，班子成员齐抓共管，纪检协调监督”的工作机制；全年党委中心组学习理论学习12次，传达中央决策部署和市委、区委要求20次，研究全面从严治党有关工作60余次，专题研究制定党建工作要点、组织工作要点、宣传思想工作要点、意识形态工作要点、理论学习中心组学习计划，与班子成员、各基层党组织和镇属各部门签订《党风廉政建设责任书》《廉洁自律承诺书》，把全面从严治党的新内涵新要求贯彻落实到管党治党的各个方面。召开会议集中学习、邀请宣讲团宣讲、微信群以及学习强国，组织党员干部学习党的十九大和十九届二中、三中、四中、五中全会精神，巩固深化“不忘初心，牢记使命”主题教育成果；落实双重组织生活和“三会一课”等制度，弘扬团结协作、民主集中、奋力拼搏、力争上游的工作作风，共同营造风清气正良好政治生态。落实基层党建管理，新建便民服务中心3个、集中整治5个，对2个村级班子进行整顿，建立支部微信群，镇党委班子成员全部入群参与指导；多种形式开展支部主题党日活动、组织生活会，落实党员民主评议；全年收缴党费4万多元，慰问贫困党员100余人次，发放老党员生活补助32万余元，开展支部书记全员培训6次，发展党员6名。

（黄原芳）

葛兰镇

【概况】 葛兰镇位于渝巫、长垫、葛狮、长邻路的交汇处，是长寿腹心地区交通要冲，距离重庆主城80千米，距长万高速路合兴入口6千米，距离渝怀铁路川维站和长寿港码头25千米。全镇辖区面积110.9平方千米，耕地面积5422.6公顷；辖1个社区、21个村、6个居民小组、162个村民小组；全镇户籍人口30627户、70575人，城镇常住人口3万余人，流动人口3000余人。政府驻地葛兰场。葛兰镇是全市规划发展的“百个经济强镇”“百个中心商贸镇”“市级示范小城镇”“市级文明镇标兵单位”“首批启动的45个中心镇”“市级中小企业创业基地”“重庆市交通安全文明镇”。镇域内水资源丰富，桃花溪流经全境；矿产资源有煤、石灰石、白云岩、钾矿等11种，其中石灰石储量5000万吨，白云岩储量4000万吨。2020年葛兰镇机关行政在编人员50人（其中公务员45人、参公人员5人），事业在编人员48人，合计98人。

【经济发展】 2020年，高新区葛兰工业组团功能配套日臻完善，总计征地91.83公顷，建成标准厂房7.5万平方米，修建园区道路4千米、污水专用压力排污干管8.5千米。坚持一地一主业，引进企业44家，建成投产企业33家（其中规模以上企业28家，实现工业生产总值68.4亿元），利税总额2.8亿元。重庆粮食集团10万吨现代粮食储备仓库及日产150吨优质大米生产项目、温氏15万吨饲料加工项目等重点项目全面建成投产，优久酒业、嘉诺食品、温氏集团等多家企业经济效益逐年提升，实现产值亿元以上；重庆鼎盛印务股份有限公司生产工艺达到欧盟标准，国家知识产权局授予发明专利9件，获全国包装百强企业。

现代农业加速构建，持续发展以粮油、柑橘、蛋鸡为主导产业，晚熟柑橘、沙田柚、时令蔬菜为特色产业的农业体系。全镇耕地面积保持在5400公顷，指导新增土地流转140公顷，高标准农田建设733公顷，粮食产量稳定在3.8万吨以上。推进“三社”融合发展试点，培育专业合作社1家、家庭农场12家，发展粮油示范基地1个、种植业科技示范户60户。黄家坝267公顷柑橘基地，年产量5000余吨，实现经济效益2000万元以上；建成葛兰、沙河、兰兴等村334公顷无公害蔬菜基地，兰兴、中华等村134公顷沙田柚基地，特色农业逐步壮大。全镇已有规模猪场16家，规模鸡场54家，笼养蛋鸡常年存栏150余万只，位列全区第一。葛兰镇连续3年获市产业融合试点镇乡绩效考评奖励，完成涉农项目融资贷款9556万元，有效促进一、二、三产业融合发展。

葛兰镇以文明长寿建设为契机，提升场镇商贸环境建设。先后投入60万元完成葛兰中心农贸市场升级改造，农贸市场实行功能分区管理，强化步行街商圈秩序整治，打造硬件齐全、文明有序、管理规范的场镇商贸环境。支持全镇683户非公经济主体健康发展，民生超市、葛兰酒楼等27家限额以上企业指标稳中有进，发挥餐饮零售企业示范作用。持续优化营商环境，开展“民营企业百日大走访”活动，走访企业50余家，解决困难10余个。完成葛兰镇第七次全国人口普查工作，葛兰商会连续5年获区总商会考核评比一等奖。

2020年，葛兰镇组织农村土地确权院坝会

【基础设施建设】 2020年，葛兰镇完成渝巫路改扩建、市民休闲广场项目前期工作，渝巫路葛兰桥加宽改造已完成招投标，出境通道大凉路升级改造已进场施工，葛兰环道（绕城一期）项目建设即将竣工通车；投入3800万元，建成“农村四好公路”48.7千米；新建滨河漫行道1.4千米，配套相应景观设施；塑造街净巷洁场镇形象，在中心场新建公厕1座，整治门店经营100余处，规划门店经营白线3.2千米，划定临时摊点经营区域1100平方米；投入28万元对场镇主干道252盏路灯进行LED节能改造，更换步行街路灯80盏。继续推进镇福利院创建市级标准化养老服务机构，持续推进医疗、康复、养老融合发展。

整治村容村貌投入900余万元完成21个行政村公共服务项目，修建人行便道83.1千米，完成村级公路拓宽、硬化6.2千米，整修排水沟35.7千米，维修提灌站和蓄水池21座，完成便民服务中心整修和院坝硬化8处。办理农村建房规划许可办117件，解决遗留办证问题662件；持续开展乱占耕地建房排查整治，核查卫片违法图斑1100余宗，疑似图斑544个。投入600余万元，实施山坪塘整治34口，新建蓄水池、提灌站及石河堰12座，恢复农田灌溉200公顷。新建毛家桥至汪家墩堤防7.5千米，筑牢沿岸群众“幸福坝”。推进基层民主政治建设，“阳光村务”和民主管理成效显著。

乡村振兴坚持率先示范、干在实处、走在前列，先后投资700万元实施黄家坝村乡村振兴试验示范村项目建设。以“三清一改”为重点全面加强农村人居环境整治，改造卫生厕所500户，开展“四美”和村庄清洁行动示范评比活动，葛兰镇农村人居环境整治3年行动成功通过市级评估检查，黄家坝村、盐井村成功入选重庆市第二批美丽宜居乡村，盐井村被评为长寿区村庄清洁示范村。开展文明村镇创建活动，葛兰村、黄家坝村复核为市级文明村，盐井村、南中村、兰兴村等16个村被评为区级文明村；2020年辖区内1人获“全国劳动模范”称号。

污染防治落实河长制，精准建立“一河一档”，实施“一河一策”，年内开展镇级巡查282次、村级巡查2411次，完成率均为100%。建立污染源管理台账，全镇主要污染源排污许可证登记率100%；建成城镇污水管网28.3千米、污水一体化泵站9座，场镇污水收集率98%以上；落实清风桥污水处理厂和冯庄污水处理厂常态化巡查机制。实施桃花溪污染综合整治，建立并落实常态清漂机制，桃花溪水质明显改善。投入29.5万元实施老龙洞饮水源规范化建设及污染整治项目，确保水质安全。落实四级垃圾清运体系，行政村生活垃圾有效治理率90%以上。持续开展国土绿化行动，全年完成农村“四旁”植树47公顷、退耕还林120公顷、未成林补植补造47公顷；投入70余万元除治疫木300立方米，控制松材线虫病的蔓延；发展特色经济林267公顷，封山育林667公顷，义务植树10万株，森林覆盖率55%；执行森林限额采伐，全年无滥采乱伐现象和重大森林火灾事故发生。

2020年10月，葛兰镇开展“10·17”全国扶贫日宣传活动

【社会发展】 2020年，葛兰镇精准脱贫攻坚推进百日大会战、收官大决战，确保剩余贫困1户、1人脱贫。聚焦整村脱贫目标任务，对塘坝村实行定点攻坚，通过基础设施建设、产业发展、社会民生保障等措施改变塘坝村贫困落后面貌，市级贫困村成功摘帽。落实扶贫专项行动，投入财政资金4500万余元，贫困群众收入水平提高，教育、医疗、住房及饮水安全实现全域保障，“两不愁、三保障”问题全部动态清零；贫困人口外出务工640余人，完成消费扶贫任务11.5万余元。集中力量完成扶贫政策落实和资金管理使用审计自查自纠、中央专项巡视“回头看”反馈意见、2019年国家和市级脱贫攻坚成效考核反馈问题、国务院2020年督查反馈意见等整改工作，脱贫攻坚工作成效显著。

葛兰镇城乡居民医疗保险应保尽保，养老保险参保3.4万余人。就业规模持续扩大，城镇新增就业人员276人，发展公益性岗位126个，就业困难人员再就业43人，城镇登记失业率控制在2%以内；落实“减免缓返补”援企稳岗政策，抓好农民工、四类人员等重点群体就业，为1.4万余名离长寿返岗人员开具健康证明，发放稳岗补贴210万余元、交通补助2.5万余元。发放各类社会救助奖扶资金2000余万元、“4050”老党员补贴297.2万元、优抚金2000余万元。开展残疾人培训500余人次，做好特困人员救助服务；建立完善留守儿童、老人和孤儿基本生活保障制度，做好日常监护和节日慰问。做好现役、退役军人服务，发放“光荣之家”牌匾1700余块，发放抗美援朝70周年纪念章33枚。

教育事业成果显著，镇教管中心连续4年获得区综合督导工作和素质目标考核一等奖，年内辖区师生获区级以上奖项200余人次。2020年建成社区教育学校1所、社区教育学习中心22个，开展社区教育活动10次。

建立完善城乡居民基本医疗卫生制度，基本医疗卫生服务覆盖率100%。优化就医流程，实现导诊、挂号、缴费、诊疗、取药“一站式”服务，实行微信扫码收费、数字化接种门诊；率先完成镇级CT室建设。持续发挥中医药特色优势，提升全镇医疗卫生服务能力。镇卫生院成功创建为甲级乡镇卫生院，被评为全国满意乡镇卫生院、全国基层中医药工作先进单位。

推动文化阵地建设，免费开放镇图书室、电子阅览室、多功能厅等群众阅览场所，推进各村农家书屋建设。举办“新春文艺会演”“农民运动会”等活动，丰富群众文化生活。参加各类文体赛事，体操、围棋、篮球等比赛成绩多次位居全区前列；开展各类文体活动16次、宣传培训30余场（次）、惠民电影84场。乡村文旅融合发展，秦家大湾挂牌市级历史文化名村，培养市级非遗项目葛兰石狮传承人4人，辖区可又可食品有限公司成功申报区级食品加工技艺非遗项目，葛兰米粉、葛兰豆花等区级非遗特色产品走入大众消费视野，黄家坝村“橘旅融合”乡村生态旅游业成为葛兰农旅融合新地标。

【安全稳定】 2020年，葛兰镇抓安全生产“五大责任体系”，开展安全检查专项行动和打非治违工作，建立重大隐患挂牌督办制度，每月召开安全生产及风险研判会。检查各类生产经营场所326家（次），应急处置和社会救援40余起，下达执法文书58份；查处并整治隐患86条，整改率100%。及时调度40余万元应急资金，对遭受汛期自然灾害的潼观村、白云村等开展应急抢险，确保群众安全度汛；实施地灾点金土工程项目复垦0.7公顷，完成2个小微地灾点治理，成功销号5个地质灾害点；组织开展应急演练5次、宣传活动4场、安全培训8次。完善安全生产与自然灾害防治责任体系，提升安全生产基础条件，统筹推进盐井村、罗岩村、沙河村、兰兴村人防疏散基地建设。全镇社会大局持续稳定，未发生较大及以上安全事故。防范化解重大风险综合运用源头预防、访调结合、依法处置等手段，结合新冠肺炎疫情排查防控、国家安全日、禁毒宣传月等，开展集中宣传活动16场（次），覆盖群众5000余人，发放疫情防控、国家安全、民法典、禁毒、扫黑除恶、扫黄打非、打击非法集资等各类宣传资料5万余份。推进平安出行亮化工程，投入25万元在全镇背街小巷新安装路灯110盏，实现全覆盖；组建169支村（居）“红袖标”队伍，实现镇域治安巡逻全覆盖；实施雪亮工程和智慧社区建设，安装摄像头286个，实现辖区内重点地段、主要干道智能监控全覆盖。全年排查并化解矛盾纠纷973件，其中重大纠纷12件，达成书面协议367件、口头协议606件，化解率100%；处理群工系统事项100余条，规范办理群众信访、网上投诉等问题112件（次），受理率、办结率均为100%。落实法律顾问制度，助推依法治镇，常态化开展“两乱一私设”排查工作，加大对重点人员的帮扶管控。落实严重肇事肇祸精神病患者管理服务工作，签订有奖监护协议470余份，发放补助资金90余万元。制定专项措施稳控重点人员，完成“两会”、十九届五中全会等敏感时段安保维稳任务，实现到市进京“零上访”。

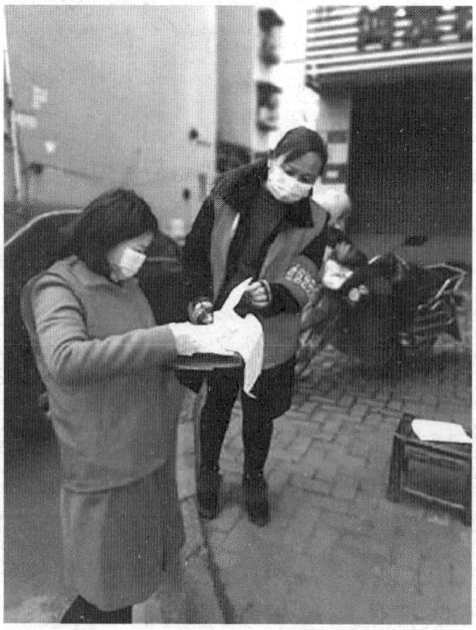

2020年2月，葛兰镇落实疫情防控楼栋值守

【党建工作】 2020年，葛兰镇把政治建设放在首位，落实全面从严治党要求和意识形态工作责任制，加强政府自身建设。落实中央八项规定精神，整治“四风”，坚持“两学一做”学习教育、“不忘初心、牢记使命”主题教育常态化、制度化，压紧压实管党治党责任，推进党风廉政建设和反腐败斗争。加强制度建设，规范政务接待，加强公车管理，集中开展全镇国有资产清理和村级集体资产清理确权量化工作，研究出台规范村级财务管理制度，加快推进法治政府建设。强化政务大厅窗口工作机制和作风建设，为群众提供“一站式”服务，完成机构改革，完善基层治理体系和提升基层治理能力。主动接受镇人大监督，自觉接受社会舆论监督，全年办理人大代表建议意见43件。（黄　雯）

但渡镇

【概况】 但渡镇位于长寿区主城以东，黄草山与阳鹤山之间，距离长寿主城6千米，辖区面积57.4平方千米（其中城镇建成区域面积11.34公顷、耕地面积1789.8公顷、林地面积3558.86公顷，森林覆盖率达68.5%），辖1个社区、8个村、61个村民小组。总人口18556人（常住人口7252人、流动人口11304人），人口密度为323.3人/平方千米。镇政府驻地位于但渡开发区正街1号。

但渡镇地形以山地、丘陵为主，有山、水、河、滩、谷等独特的生态资源，页岩、大青石、天然气、水能等得天独厚的自然资源，唐代楠木院遗址、五龙寨、清代小封洞石刻等富有历史底蕴的人文资源，沙田柚、花椒、笋竹、翠冠梨等特色农产品。镇内有长风化学工业公司、回龙寨电站、下洞电站等多家国企。个体私营有4家石材厂、3家页岩砖厂、3家工贸企业、3个农业龙头企业、217家微型企业。

【经济发展】 2020年，在抗击新冠肺炎疫情的背景下，但渡镇经济社会发展平稳有序，全年完成财政总支出3155.57万元，比2019年增长1.5%（其中基本支出1837.98万元，项目支出1311.62万元）；一般公共预算财政拨款支出3005.27万元，同比增长18.27%；城镇新增就业282人，城镇登记失业率低于3%。

发展镇级特色产业，投资49万元聘请重庆市工程设计院对镇内花椒基地产业发展进行规划，兴同村入选重庆市“一村一品”示范村，种植规模47公顷的楠木院村翠冠梨知名度及美誉度不断提升。多措并举支持民营经济，强化基础设施建设，打造旅游业态，盘活旅游经济，形成黄草山、阳鹤山特色旅游产业集群。完成土地复垦，第二批329户土地复垦全面完成并通过市级验收，发放补助资金1207万元；配合区规划院开展国土空间规划编制工作。

2020年1月，但渡镇丁木湖雪景

全年生物防疫完成生猪防疫4621头，生猪驱虫3230头，牛羊口蹄疫苗注射2206头，鸡禽流感防疫49117羽，鸭禽流感防疫10390羽，鹅禽流感防疫2413羽，狂犬疫苗免疫注射犬1286只。完成非洲猪瘟防控巡查5098头。全镇无重大动物疫情发生。

【基础设施建设】 2020年，但渡镇完成2021—2023年乡村振兴项目规划与15个美丽乡村建设项目的申报。投资359万元的乡村振兴示范项目完工，投资234万元的乡村振兴试验示范资金健身步道项目（一期）加快推进；楠木院环山路提质升级工程正在进行，黄草山储气库项目前期工作顺利实施。畅通村组路网，“四好农村路”6个项目、26.4千米已完成路面硬化，使用19.3万元整治公路隐患11处，日常做好公路养护。改造污水管网，投资4万元维修升级，清理疏通管网120米，修复污水井2个，整修污水处理厂设施设备2次。推进农村改厕，超额完成改厕任务355户。投入水利移民项目资金3213.36万元，推进但渡镇未名村新增引水工程、楠木院村乡村振兴示范点水利配套建设项目、但渡村精准帮扶项目、龙寨村生态园基础设施（公路）建设项目、但渡镇楠木院村二组山坪塘整治项目等6个项目建设，完成三未工程但渡镇生态鱼养殖、但渡镇兴同村种植业、双河村污水治理、公路硬化等19个产业配套及便民项目验收；申报兑现农业支持补贴资金145万余元，落实资金18万元对农田水利设施进行维修养护。

生态治理落实“河长制”工作，域内14条河流的河长及有关责任部门落实责任，精准建立“一河一档”、实施“一河一策”，完成巡河任务，督促2户沿河养殖户整改环保设施；常态化开展环保巡查，对滴水岩等环保监测重点区域实行专门管理，增聘集中式饮用水水源地巡查员，做好污水管网巡查维护。发动群众共同关注全镇生态环境安全，开展环保集中宣传活动4次，发放宣传资料3000余份，接收环境污染线索7条并全部处理，全年未发生重大环境污染事件。森林管护执行有力，做好域内3533公顷森林安全管护；完成松材线虫病除治工作，实施农田林网和特色经济林新造467公顷整地，完成农村四旁植树53公顷，疏林地及未成林造林地80公顷；清理林区内防火线20余千米，防火阻隔带13.3千米，实现连续44年无森林重大火情。

强化场镇物业管理，做好场镇保洁及市政设施维护，推进垃圾分类落实，增设更换垃圾桶41处，设置四分类垃圾收集点6处，建设易腐垃圾沤粪池1个，规范管理可回收垃圾超市1个。按照“三清一改”标准，在重点沿线整治范围内开展农村环境整改试点示范，新建无害化厕所58座、公厕5座。做好人居环境整治宣传，培养群众健康生

但渡镇三百墩一瞥

活习惯，组织志愿者800余人次，常态化开展人居环境整治志愿服务活动。

【社会发展】 2020年，但渡镇脱贫攻坚如期完成，全镇建档立卡贫困户257户、621人全部脱贫并持续得到巩固。帮助240名贫困劳动力外出就业，64名贫困劳动力就近落实公益性岗位就业；拨付补助资金111.06万元，完成C、D级危房改造39户，住房保障边缘户改造6户，完成旧房提升整治38户、住房功能完善和危房整治37户、造建新未拆旧整改35户；超额完成消费扶贫任务27.9万元；为78户贫困户发放产业扶贫补贴，创建扶贫车间1个，培育致富带头人12名，兑现产业扶贫到户奖9.5万元，推动10家农业企业带动贫困户13户、24人就业增收；帮助29户贫困户申领100万元扶贫小额贷款，纾解产业发展资金困境。

社会保障落实低保补助436人、特困补助203人；发放优抚对象慰问金2.14万元、困难救助资金2.27万元。新增计生奖扶对象37人，落实48户计生特殊家庭节日慰问和平时关心帮助；组织2960余名群众享受基本公共卫生免费服务；开展农村妇女免费两癌筛查736人。开展“金秋助学圆梦行动”，帮助7名贫困学生顺利入学。举办技能培训8期、就业扶贫培训2期，培训1674人次，培训后实现就业1362人次，转移农村富余劳动力4271人次。全镇完成基本养老保险参保10231人，居民医疗保险参保14231人，困难群体参保率100%。完成第七次全国人口普查工作，全镇9097户、19908人户籍信息得到精准确认。

文化建设强化镇级公共文化服务，做好镇图书室及农家书屋管理，配合疫情防控要求有序开展文化活动进基层活动，持续加强“扫黄打非”工作。加强文物管理，开展文物普查1次、巡查28次，有效保护全镇13个文物点。探索开展社区教育工作，成立但渡镇社区教育学校和9个社区（村）学习中心，储备60余名兼职社区教师，推送10名教师参加区内培训，开设8个公益课程，参与群众3000余人次。

【安全稳定】 2020年，但渡镇安全管理坚持依法治理、严格监管，及时开展大排查大整治大执法。签订企业安全生产责任书90余份落实生产责任；检查安全生产主体100家（次），查处安全隐患150条，下达执法文书70余份、执行安全生产行政处罚4次。参与检查道路交通400余人次，查处交通违法行为800余起。开展消防检查10次，整改30余个烟花爆竹存放点。平安度过“5号洪峰”过境，落实农房救助4户、2万元，投入1万元用于受灾人员生活救助；落实地灾群测群防制度；申报冬春救助257户。全年实现重大安全事故零发生。

平安建设推进纠纷排查，稳控重点人员，做好司法调解服务，排查交办矛盾纠纷60余件（次），夯实“两会”以及十九届五中全会等重要节点安全稳定基础；全镇精神障碍患者实现一户一档和跟踪服务管理，签订监护责任书87份；协调推进扫黑除恶、禁毒、防邪、护路、打击非法集资等工作，开展集中宣传6场（次），发放宣传资料5000余份，教育转化4名邪教人员。拆除通草公司违法建构筑物，保障渝利铁路运行安全。

落实新冠肺炎疫情防控管理工作要求，疫情初期有序组织镇村干部600多名、医务人员98名投入抗疫，及时停止集市贸易，关停6个文旅场所，开展公共区域消毒80余次；对全镇9个村（居）、18565人开展30轮摸底排查，759名中高风险区返乡人员、密切接触者、密切接触者的接触者、有疑似症状人员严格落实隔离政策；设置交通检查点35个，检测车辆8000余驾（次），严格落实群众外出管控措施，全镇无一人感染；多家企业捐款捐物，全镇干部群众捐款18.7万元，疫情期间开展志愿服务6次。按照规定指导企业防疫工作，加强生产场所清洁消毒及人员有序管理，实现辖区内230家中小微企业全面复工复产。

坚持党管武装，适龄青年兵役登记率100%，组织30名民兵参加全区拉练并取得好成绩；成立专门的民兵应急抢险分队，建立设备齐全、功能完善的民兵活动室，打造“有灵魂、有本事、有血性、有品德”的民兵队伍。

【党建工作】 2020年，但渡镇严肃党内政治生活，召开中央脱贫攻坚专项巡视“回头看”反馈意见整改专题民主生活会，开展批评与自我批评，撰写调研报告10篇，学习贯彻习近平总书记关于扶贫工作、巡视工作重要论述，重点是听取脱贫攻坚专项巡视“回头看”和成效考核汇报时的重要讲话精神、在决战决胜脱贫攻坚座谈会上的重要讲话精神；针对“回头看”和成效考核反馈的问题，梳理出5个方面、19个问题、41项整改任务，制订《但渡镇落实中央第四巡视组脱贫攻坚专项巡视“回头看”反馈意见整改方案》，把巡视整改与脱贫攻坚日常工作结合起来，统筹做好工作。组织镇村（社区）党员定期政治学习，推进“两学一做”学习教育常态化制度化，坚持机关党支部每周五政治学习、每个月1次集中学习，督促村（社区）干部远程教育；开展“党课开讲了”教育活动，选送2名党员干部录制精品党课参加评选；全年讲党课13场，参与党员400余人次。实现全镇13个基层党组织、748名党员学习、教育全覆盖。

坚持在选人用人全过程发挥党委的领导和把关作用，树立重实干重实绩用人导向，注重政治标准、责任担当、工作实绩，全年晋升一级主任科员3人、四级主任科员1人，科级实职干部转正5人，2名优秀年轻干部调任区级部门工作，新选调工作人员2名。强化干部日常监督管理，执行领导干部个人有关事项报告制度，严明报告有关事项工作纪律；年内印发机关干部年度考核文件，按文件规定对每位干部进行考核；做好涉权事项系统维护，对待区级交办事项，积极响应、认真比对、仔细核查、张贴公示，确保符合规定，年内有3名机关干部在镇机关干部大会、12名村干部在村民大会中对涉权事项做出说明。

7月1日举行纪念建党99周年的庆“决胜全面建成小康社会决战脱贫攻坚 迎七一”文艺会演，全镇110余名党员参加；全年发展新党员5名，党员转正5名，培养积极分子12名，节日慰问老党员、困难党员150人次；全镇村（社区）9名党支部书记参加区级集中轮训，5名年轻党员参加示范培训；组织四职干部集中培训，加强党性锻炼与业务能力。落实基层党组织建设，年内确定的软弱涣散党组织曾祠村党支部，从加强班子建设、加强党员思想教育、加强工作沟通等方面着手，经过整顿，曾祠村党支部的软弱涣散形象明显改变，即将对其进行验收；三堡石社区新招录专职干部1名，社区干部已全部到位，平均年龄31.6岁，均为大专及以上学历；在双河、楠木院2个村本土人才辞职后，及时补充2名优秀年轻人。提升基层群众支持力，制订《但渡镇2020年度民调工作方案》，成立但渡镇民调工作领导小组，下设办公室，从实施方式、工作经费、结果运用等方面对整个民调工作作出详细安排；制订但渡镇《村（居）综合目标考核办法》，将民调工作纳入目标考核中。强化基层阵地建设，启用兴同村新便民服务中心，提高便民服务中心硬件质量，更好地为群众服务；升高村便民服务中心完成前期选址工作；重新装修未名村便民服务中心，接收到区级部门的硬件援助；但渡村“妇女之家”和“儿童之家”装修完毕，已通过区级部门的验收。发挥党员先锋模范带头作用，全镇党员632人次、捐款80691.6元抗疫；党员组成志愿服务队，分批次到各村（社区），与村（居）干部一同走访排查，保障群众安全，其中龙寨村党支部书记因工作突出获得区级媒体多次报道宣传。（刘奇果）

邻封镇

【概况】 邻封镇地处长寿区东部，位于风景优美的龙溪河畔，四周与长寿湖、但渡、渡舟、双龙和新市相邻，距长寿城区20千米。全镇辖区面积55.85平方千米，辖11个行政村（居）、96个村民小组，总人口3.6万人。邻封镇是全国优质长寿柚生产示范基地，素有“中国长寿沙田柚之乡”“全国优质果品生产基地”美称。2020年成功获评“重庆气候养生地”“川渝最美文旅小镇”。

【经济发展】 2020年，邻封镇培育专业合作社和家庭农场转变经营管理模式，成立专业合作社64个，其中柑橘生产类合作社46个，常住农户入社会员4398户；总计建设家庭农场92家（其中市级示范农场9家、区级示范农场26家），完成市级产业园项目建设3家，申报财政扶持资金74.01万元。持续扩大长寿柚种植区域，已经建成生态种植基地3533公顷，投产3000公顷，年产量4300万个，年产值3.2亿元，带动柚农实现人均可支配收入2万元以上。依托长寿柚主导产业，邻封镇获评重庆市“一村一品”示范镇，邻封村入选全国第九批“一村一品”示范村，汪塔村入选重庆市“一村一品”示范村。优化长寿柚产业，注重品质提升，实施长寿柚提质增效示范项目，打造精品果园3.5公顷；围绕化肥农药双减开展长寿柚果园绿色防控技术，通过树干刷白、悬挂诱虫色板、果实套袋等物理生物防控技术，大幅降低化学农药使用量；注重技术推广，开展长寿柚管理技术培训和大实蝇防治技术培训13次、科技示范户150户，建设柑橘非疫区实蝇监测布控点13个、溃疡病防治检测点3个；注重对外销售，在中央电视台、重庆有要事开展“直播连线”“直播带货”，引进快递公司11家，建成快递服务点50余个，实现镇域电商物流全覆盖，2020年快递量50余万件。推动产业融合，打造长寿柚特色品牌，深挖特色自然资源，面向社会征集商标名称、图标logo，打造“邻封寿柚”文旅品牌，实现品牌化营销；深化农旅融合，利用“一溪碧水、十色花海、百载老街、千年古寺、万亩柚林”旅游资源，推出“邻封一日游”精品旅游线路，举办“长寿柚擂台赛”“长寿邻封彩色油菜赏花季”“长寿柚乡村文化旅游节”等文旅活动；实现以柚兴旅，打造“春赏花、夏戏水、秋采果、冬祈福”的四季旅游形态，年内接待游客50余万人次，旅游收入3000余万元。邻封镇获全国生态特色旅游镇、重庆气候养生地、2020川渝最美特色小镇（重庆）等美誉。

【基础设施建设】 2020年，邻封镇提速重大项目建设，新建“四好”农村路63.94千米，新修入户道路41千米，全镇已有公路240千米，其中5米宽以上135千米、油化公路42千米，实现“村村通、湾湾通”；投资1300万元建设长寿柚博物馆，投资4998万元实施场镇风貌整治工程，完成10个村的村庄亮化工程，完成焦家新村环境工程；水利建设投入17万元完善4个村果园灌溉管网，全镇人饮管网实现全覆盖，投入80余万元完成沙石水库除险加固工程，投资58万元完成山坪塘整治，完成申报2020年后扶建设项目700万元；完成C、D级危房及无房户住房安全保障工作，实施危房改造159户，发放危房改造资金302万元。提档人居环境整治，新建公厕4座，农村改厕560户；铺设污水管网5千米，解决600多户农户污水排放问题，改善农村“脏、乱、差”环境问题；承办全区农村人居环境整治启动会，开展“三清一改”和“洁美邻封”专项行动，建立镇、村、物业公司分工协作的垃圾清运机制；召开农村人居环境整治部署会、院坝会200余场（次），开展各类清洁及志愿服务活动400余场（次）；常态化开展“洁美村庄”“洁美农户”“卫生流动红旗”等评比表彰，构建起民建、民营、民享的农村人居环境治理长效机制；邻封镇获评重庆市优秀卫生单位，镇卫生院获评重庆市卫生单位，汪塔村获评重庆市卫生村。提质生态环境保护，强化镇级、村级河长责任担当和“共治”理念，实现“河长制”工作新常态，全年镇级河长巡河131次、村级河长巡河1184次，巡河完成率100%；投入690余万元实施龙溪河生态修复工程，投入10余万元对龙溪河流域、焦家次级河流进行清漂清运；强化污染源治理，开展畜禽养殖场排污巡查32次，杜绝乱排偷排现象；推进“国土绿化提升行动”和“四旁植树”项目，新造林167公顷，完成733公顷改造项目，完成67公顷青脆李和2.7公顷樱花树、紫薇花树的栽种。

【社会发展】 2020年，邻封镇民生保障全面覆盖，完成全民参保计划，参加城乡居民养老保险2.3万余人、城乡居民医疗保险2.9万余人；年内召开大型招聘会2场，邀请13家大型企业提供岗位400余个；举办技能培训班、就业扶贫培训209人次，落实公益性岗位63人，发放工资44.6万元；精准落实各项社会救助政策，发放征地农转非大龄人员困难补贴51.24万元，发放低保、特困、临时救助、民政“五项补贴”等资金1999人、670万余元；强化退役军人服务工作，完善镇村两级退役军人服务体系，用心用情用力开展“三属”、困难退役军人帮扶慰问工作。科教文卫全面发展，新安装柚福广场及4个村健身路径40件，成立邻封镇社区教育学院，发挥文化驿站、农家书屋、乡情馆等公共文化服务阵地作用，全年开展文体活动、展览展示、培训54场（次）；打造全民健康服务体系，10支家庭医生团队服务10个行政村及社区的27066人，签约11432人，“张涛家庭医生团队”获评“全国敬老文明号”称号；依托“柚美文化”特色教育，镇中心校乡村学校少年宫年度考评连续3年获重庆市一等奖，入围长寿区唯一的“重庆市未成年人劳动教育联盟成员单位”。提升乡风文明水平，开展精神文明建设，实施“乡村文明行动”，广泛宣传移风易俗，破除陈规陋习，倡导农村文明新风尚；依托新时代文明实践站，组建文化、医疗、法律、环保、消防等各类志愿服务团队，年内开展文明劝导、便民利民、生态环保等志愿服务活动64场，参与人数4000余人次；持续开展“十大乡贤”“十大孝星”“最美退役军人”等评选，2020年长寿区“十大健康寿星”邻封籍2名、“十大乡贤”邻封籍1名、优秀退役军人2名，注重发挥乡贤、孝星、文明家庭的示范引领作用。

邻封镇对标决战决胜脱贫攻坚年度目标，抓紧推进各项重点工作，善作善成，打赢脱贫攻坚收官战；建档立卡贫困户263户、639人已全部实现脱贫，且全员享受健康扶贫、医疗兜底政策。年内新认定扶贫龙头企业3家，培育创业致富带头人13名，带动周边贫困户40户、102人；发放产业扶贫到户奖补104户、金额16.7万元，面向30户贫困户提供免担保、全贴息的产业扶贫贷款137万元；选派16名产业指导员，对182户在家贫困户进行产业发展指导；资助贫困大学生学费15人、9.88万元；开发保洁、保绿、护林、护路等公益性岗位，新安置贫困户12人，实现贫困人口公益性岗位就业148人，发放补贴17.8万元。多措并举巩固成果，开展“回头看”“回头帮”，构建稳定脱贫长效机制。

【安全稳定】 2020年，邻封镇强化安全生产建设，落实“党政同责、一岗双责”安全生产责任制，统筹协调相关部门落实各项安全工作措施，落实安全生产责任到每一个环节、每一个岗位，筑牢扎密安全防护网；做好道路交通、生产企业、食品药品、建设施工、养老机构等重点领域安全监管工作，全年召开安全生产专题会议21次，开展企业安全检查164家（次），检查410口沼气池安全，农机安全检查15次；排查整治交通安全隐患16处，开展场镇车辆乱停乱放整治，处罚违法违章车辆108件次；全年未发生一起安全责任事故。强化治理体系建设，开展扫黑除恶专项斗争，实施涉黑涉恶治安乱点整治，加强重点行业、重点领域监管，优化基层组织建设；加强矛盾纠纷联排联查，构建“镇、村、组”三级立体社会防控体系，提升基层社会治理和社会基本服务水平；强化重大决策社会稳定风险评估、11类重点群体稳控；全年办理信访转办件17件，接待信访人员128人次，化解矛盾纠纷146件；做好存量信访案件的化解工作，非访、集访、越级上访保持“零数据”。强化法治政府建设，打造更加廉洁高效、务实有为的人民政府，提升依法行政、依法治理、依法办事能力；弘扬社会主义法治精神，落实“谁执法，谁普法”责任制度，开展各类普法宣传活动18场（次），提升全镇人民学法、尊法、守法、用法的自觉性；政务公开及时高效，在政府门户网站发布各类政务信息39条；自觉接受人大监督和社会舆论监督，回应群众期盼，发挥“人大代表之家”“代表工作站”作用，组织人大代表开展学习培训、视察调研、监督检查等活动26场（次），全年办理区、镇人大代表建议71条，办复率100%。

2020年，邻封镇面对新冠肺炎疫情，落细落实各项措施。发动镇机关干部、村四职干部、村民组长、民警、医务人员、党员先锋队、网格员、平安志愿者等800余人，走访摸排、分类管控、宣传引导，构筑联防联控、群防群控严密防线。全覆盖走访排查8轮（次）、75397户、197136人次；排查出中高风险地区到邻封人员900余人，实施医学观察7000余次；建立完善疫情排查系统，信息数据录入13246人，整理形成339个台账。坚持“外防输入，内防反弹”的常态化精准防控和局部应急处置有机结合，严防严查严控不松懈，保障人民群众的身体健康和生命安全。

（杨　静）

云集镇

【概况】 云集镇位于长寿区东北部，周边与涪陵区、垫江县和长寿湖镇接壤，辖区面积115.32平方千米，云集镇距长寿主城34千米，辖1个社区、11个行政村、93个村（居）民小组、3个场镇，政府驻地华中场镇。2020年年底户籍人口3.5万人，耕地面积3927公顷，水域面积533公顷，森林面积3420公顷。柑橘、榨菜、油茶是该镇的支柱产业。

【经济发展】 2020年，云集镇形成以柑橘、榨菜、油茶为主的支柱产业，其中柑橘种植面积1800公顷，年产量5万吨，年产值2.1亿元；榨菜种植面积2200公顷，年产量6万吨，年产值3000万元；枇杷种植面积67公顷，年产量0.22万吨，年产值3450万元；油茶种植面积867公顷，银杏种植面积224公顷，蜂糖李种植面积112.7公顷。生猪外调8600余头、存栏1000余头，家禽5.8万余羽。

强化生产保障，推广榨菜、柑橘测土配方施肥技术267公顷，重点推广玛瑙村水稻旱育秧移栽及水稻直播技术2公顷；开展农技培训5期、380人。申请农机购置直补72台、5.76万元；完成2000公顷的水稻、玉米、柑橘等农作物保险工作；完成柑橘大实蝇蛆果收集处理1100余吨，兑现补助资金56万余元；申报水稻“三虫一病”飞防项目，统防统治67公顷。落实非洲猪瘟日报告、零报告制度，开展辖区养殖20头以上的猪场及散养户非洲猪瘟监管排查；春秋防疫免疫畜禽13.7万余头（只），消毒圈舍2.1万余间；全年申报生猪无害化补贴154头、1.2万余元，生猪保险1320头、能繁母猪保险874头、财政补贴14.7万余元，申报中央畜禽资源化利用项目2户、补贴资金11万余元。

投入资金50余万元实施雷祖村2019年扶持村集体经济发展项目，建成油茶加工厂厂房和办公室各1间，购置一体化加工设备1套，助推油茶产业发展，实现集体经济和农户收益双赢目标。投入资金55万元实施大同村畜禽养殖场建设项目和加工设施设备建设；投入资金25万元实施大同村蜂糖李基地改造项目；投入资金15万元，完成中央财政农业生产发展资金扶持农民合作社项目和家庭农场各1个。完善电商服务体系，实现农村电商服务全覆盖；大同村电商平台销售血脐、大米、禽蛋和鸡鸭、农编工艺品等土特产品35万余元，实现净利润5万元。

2020年3月31日，中共长寿区委书记赵世庆到大同村调研脱贫攻坚工作，走访贫困户，关注饮水安全保障

【基础设施建设】 2020年，云集镇重大项目按照全区基础设施建设提升行动计划，官栈河大桥、S513华中至垫江段完成建设前期工作。公路建设投资2300万元硬化“四好农村路”27千米；投资360万元硬化村道、人行便道5.8千米。水利建设投资430万元，完成福胜村乡村振兴产业配套设施建设及水利设施建设项目；投资300万元，完成玛瑙等村水利设施建设项目；投资100万元，完成福胜村水环境整治及青丰等村3口山坪塘建设。亮化工程投入资金110万元，在大同村、青丰村实施亮化工程，安装路灯530盏，解决6000居民夜间出行问题。

乡村振兴按照“文旅融合”与“产业+旅游”发展思路，制定乡村振兴总体规划。投入资金600万元，实施福胜村乡村振兴试验示范项目，完成居民人居环境整治及风貌整治31栋，修建休闲步道2.5千米；投入资金200万元，实施青丰村杨克明故居人居环境整治项目；投入资金110万元，建成福胜村、玉龙村、大胜村及杨克明故居公厕4座；投入资金123万元，完成卫生改厕641户。开展村庄庭院集中整治8次，清理垃圾300吨，清理秸秆、农膜及露天堆放农业废弃物30吨。评选镇级“最美清洁户”36个、“最美农家院”11个、示范村4个；成功申报市级美丽宜居乡村6个，通过市级农村人居环境整治三年行动收官评估；华中村、大同村被国家林业局评为国家森林乡村。

生态环保根据全区统一规划，重新确定畜禽养殖三区划分；开展污染源整治，完成养殖20头以上未取得环评手续养殖户的摸底排查95次。落实“河长制”，常态化开展巡河工作，完成黑臭水体调查，现场定位录入系统信息239条；加强饮水源保护，投入资金154万元，启动飞水洞水库、黑沟水库水源地规划建设项目，增设饮水源地标识标牌23块。投入资金8万元开展福胜村、华中村农村生活垃圾分类试点工作，增配垃圾箱体5个、垃圾桶18个、宣传栏16块。全年完成营造林目标任务800公顷，其中农田林网和特色经济林新造167公顷、农田林网和特色经济林改造333公顷、森林抚育233公顷、幼林抚育67公顷；申报2019年度退耕还林补助4722户、86万余元；完成2019—2020年度天然林保护直补面积2533公顷、兑付生态效益补偿资金98万余元。保护基本农田，全年发放乱占耕地建房告市民书3000份，张贴乱占耕地、违建整治宣传画30份、横幅30处，制止乱占耕地建房行为，推进违建整治，全面完成全区下达基本农田保护任务。

2020年11月18日，中共长寿区委副书记周恩海到云集走访扶贫户

【社会发展】 2020年，云集镇打赢打好脱贫攻坚战。全面解决“两不愁三保障”突出问题，投入资金39.6万元，完成危房改造16户，其中C级3户、D级12户、无房1户；投入资金143万元，完成“四类人群”生活配套设施保障756户；完成旧房提升86户，封闭夹心房、连体房115户，拆除危旧房54户。聚焦贫困人口医疗保障，资助“四类人群”3166人次、65万余元；资助边缘户、脱贫不稳定户65人、1.3万元；家庭医生签约1856人，贫困人口全部纳入医保范围。义务教育阶段学生全面保障，资助学生254人次、14万元。投入资金220万元，完成大同村饮水安全巩固提升工程；投入资金5万余元，解决112户贫困户饮水问题。多举措实现贫困人口智志双扶，开发公益性岗位324个（含农村服务型），全年发放资金330万余元；举办各类就业技能培训6期，培训贫困人员393人，帮助87人实现就业。对有资金需求且符合条件的建档立卡贫困户应贷尽贷，落实小额贷款64户（次）、247万元。完成全镇358户建档立卡贫困户和3户边缘户产业扶贫到户项目申报、验收工作，兑现补助金额66万余元。

民政救助新增低保31户、72人，退出低保68户、112人；有农村低保535户、971人，发放低保金430万元。新增特困户21人，有特困人员335人，发放特困人员供养金317万元。临时救助82人、25万元；发放375名重度残疾人护理补贴29万元，发放301名困难残疾人生活补助23万元，发放40名失能老人补贴8.9万元，发放102名高龄残疾人补贴21万元，发放341名特困人员照料护理费31万元。为551名残疾人实施康复和功能训练，发放辅具108件。

落实社会保障，全年参加城乡居民养老保险23125人，领取养老待遇8424人；参加城乡居民医保23412人，新办理个人身份参加城镇职工基本医疗保险25人，小额意外险参保1598人；举办现场招聘会4次，招工企业16家，提供就业岗位268个，达成就业意向81人；开办母婴护理（月嫂）、火锅调味、竹藤编工艺、乡村旅游、长寿米粉制作等培训6期、393人，就业创业服务5000余人次；协调辖区内在建工程项目健全“两金三制”，确保足额按时支付农民工工资。

医疗卫生落实“先诊疗后付费”和“一站式”即时结算294人次，费用总额57万余元；新建居民健康档案343份、完善居民健康档案22764份；规范高血压健康管理2432人、糖尿病健康管理848人，规范管理率分别为94%和95%；免费为老年人规范体检2656人次，体检率77%以上；2岁儿童“八苗”接种率和1.5岁儿童麻疹首针及时接种率均为100%。新增国家计生奖扶51人，帮扶、慰问特殊困难家庭，落实严重精神障碍病患者健康管理；完成孕前优生检查50对，为群众提供“一站式”办证服务180个；抓好流动人口管理服务工作，协查反馈率100%。

全镇重点优抚对象182人，全年发放优抚金130万元；解决残军医疗补助10万余元；帮扶退役军人中的贫困户、低保户6人，解决实物帮扶和资金帮扶7万余元；开展退役军人走访慰问50人，发放慰问金3万元；创建全国示范型退役军人事务站，通过退役军人事务部验收；建成镇级退役军人之家1个。

素质教育质量提高，全年集体获得区级以上奖励10项；教师获奖123人次，其中市级以上奖励13人次；学生参加区级以上各类竞赛获奖82人次。举办中共十九届五中全会精神宣讲活动、“榜样面对面”脱贫攻坚先进典型宣讲暨“身边脱贫故事”微访谈活动，获得全区“讲述身边的脱贫故事”演讲比赛二等奖。社区教育组织师资力量，成立社区教育学校和学习中心，投入经费开设社区教育常设课程，完成全年目标任务，成功将杨克明故居申报为重庆市民终身学习体验基地建设项目。

2020年3月31日，中共长寿区委书记赵世庆到青丰村调研杨克明故居修复工作

完成第七次全国人口普查任务，系统标绘辖区内所有建筑物，整顿户籍，采集录入基础信息，完成信息采集表、死亡人口登记表、问题收集表、汇总表等基础资料。短表登记户籍人口34276人，常住人口13158人，出生人口233人，死亡人口255人（含核销户籍90人）；长表登记编码619户，及时完成数据审核。

【安全稳定】 2020年1月，长寿区首例新冠肺炎确诊病例发生在云集镇，并先后确诊8例。云集在全区率先实施全封闭管理，全面停运水陆公共交通，关停农贸市场、取消场镇赶集；率先构建镇、村、组3级交通管制卡点检查机制，全方位检查过往车辆和行人；走访排查辖区居民7万户（次）、18万余人次，排查发现市外返乡人员1000人，发现有可疑症状人员29名；逐一排查与密切接触者有接触的人员792名，排查出有可疑症状人员23名；对46名密切接触者逐一建立工作专班，全面落实居家观察、集中隔离管控措施。全面开展为民解困，加强生活物资保障，为群众代购米、面、油、调味品等生活必需品30万余元。及时解决春耕生产困难，协调经销商配送化肥1000余吨、农膜30余吨、种子20余吨、农药10余吨；化解农产品滞销难题，组织8家镇内企业及涪陵榨菜公司收购辖区3000余吨榨菜，组织电商平台及相关单位销售柑橘2500余吨；做好项目复工协调调度，落实专人配合施工企业完善复工手续，统筹保障项目开工复工所需的口罩、体温枪等防疫物资；协调组织群众就近务工，参与项目建设，全面保障项目按期复工。

扫黑除恶专项斗争全年开展赶集宣传3次，发放宣传资料5000余份，开办宣传栏5个，悬挂横幅标语35条，召开院坝会30余次，出动宣传车200余台（次），宣传专项斗争的成果和先进事迹，提升群众知晓率和满意度；全镇严密部署，围绕涉农涉土、矿产资源、渔业捕捞、基层治理等重点领域开展线索摸排，加强对村霸、家族势力排查。

抓好平安建设，领导干部接访群众306人次，解决具体问题和困难306件，成功化解10件重点信访案件；镇、村（社区）2级调委会调解纠纷314件，成功308件，成功率98%。接警处警534起，刑事案件立案15件，破获9件；查处治安案件42件，查结37件；破获毒品案件1件，查处吸毒人员5人，责令社区戒毒、康复10人，在控率100%。处理交通事故24起，排查道路交通隐患12起。消防检查150家，下发整改通知22份。做好91名社会面吸毒人员的教育疏导、困难救助、就业指导；开展普法宣传5场（次），法律咨询750人次，发放资料6000余份。

实施安全监管，制作交通安全宣传展板24块、悬挂标语64幅，发放交通安全宣传手册1200余份，处罚乡村道路交通安全违法行为360余次，纠正交通违规、违法行为1600余人次。全年对水陆交通、非煤矿山、烟花爆竹、工矿商贸企业、消防重点场所、地质灾害点等各类监管单位安排检查241次，发现整改违法违规行为206件（次），下达整改书15份，全部完成整改；加强对地质灾害、建筑安全和森林防火巡查，联合区应急局、林业局、消防队等相关单位，开展森林防火应急演练1次。开展自用船搭客载人违法违规行为专项整治，查处违法载人、超载10件（次）。

【党建工作】 2020年，云集镇择优发展新党员4名，转正党员7名，培养入党积极分子9名；常态化开展党员远程教育学习工作，规范党费收缴、管理。按照《干部选拔任用条例》要求，新提拔科级干部5名；培养村级后备人才14名，建立台账，动态管理；建立本土人才管理考核制度，全镇11个村已配备本土人才12名。

推进抓党建促脱贫攻坚、疫情防控、乡村振兴等工作，落实镇党委书记和镇长双组长制。班子成员开展调研10次，形成10篇调研报告，讲专题党课12次。通过收集问题和意见，梳理出5条班子问题意见，班子成员38条问题意见。成立专项整治小组将问题意见落实到部门、到人，督促整改落实。管好用好“群工系统”，畅通群众诉求反应的网络通道，全年群众反映事项办结率100%。

（杨晋华）

双龙镇

【概况】 双龙镇位于长寿城区的东北部，地处长寿湖西岸，距长寿城区22千米，距长寿湖风景区（国家AAAA级景区）5千米，镇政府坐落在双龙社区龙祥街三巷2号。全镇辖区面积56.97平方千米，其中城镇建成区域面积1.8平方千米，耕地面积3001.8公顷（田2411.4公顷、土590.4公顷），全镇辖11个行政村、1个社区、85个村（居）民小组。2020年户籍总户数18760户，总人口38152人，其中男性19297人、女性18855人，农业人口30312人、城镇非农业人口7840人。辖区交通优势明显，渝宜高速公路、长寿湖旅游高速公路穿境而过，渝万高铁长寿湖站设站双龙，从双龙乘坐高铁到重庆主城20分钟、到长寿城区8分钟；龙湖迎宾大道、何华路、长（寿）双（龙）路、双（龙）乐（温）路、三（平）罗（围）路等多条公路在境内交会贯通。辖区自然资源丰富，探明岩盐储量15亿吨、天然气储量14.5亿立方米；拥有秀丽的罗围寿山风景、宜人的田园风光、众多的历史古迹、神奇的民间传说和深厚的文化底蕴，其中“罗围寿山风光”入选“长寿新八景”。辖区产业兴旺发达，2020年全镇有各类市场主体2399户、农业企业20余家、专业合作社80余家、微型企业55家，有非煤矿山3个、建筑企业2个、建材企业6个、交通运输企业1个、仓储企业2个、农产品加工企业5个、批发零售企业3个，新增流转土地167公顷；国家级农业产业园区集产业示范、休闲观光等多功能于一体，中盐重庆长寿公司已发展为全市重要盐卤输出基地。

2020年双龙镇机关行政编制39名，党政领导职数12名，党政综合办事机构领导职数18名；机关后勤事业编制2名。事业单位编制41名，领导职数14名。

【经济发展】 2020年，全镇实现地区生产总值（GDP）8.8亿元，农民人均纯收入1.8万元，城镇居民可支配收入3.53万元，社会消费品零售总额12.8亿元，完成固定投资9.8亿元。

全年粮油总产21545吨，比2019年增产24吨、增长0.11%。其中油菜产量733吨，增产8吨、增长1.1%；小春粮食作物产量1870吨，增产7吨、增长0.37%；水稻播种面积1643.84公顷、产量14492.25吨，增加8.25吨、增长0.05%。重庆创源农业公司洪岩大米被评为乡村渝味“田园鲜”十强，年产量5.5万公斤；重庆泓炎蔬菜种植专业合作社14个蔬菜品牌被重庆市农业农村委认定为无公害产品、被长寿区农委纳入“一村一品”重点发展，红岩村无公害蔬菜基地46.5公顷已全部建成。经济作物，水果种植面积1263.3公顷，产量18175吨，增产15吨、增长0.06%；蔬菜产量16230吨，增产4181吨、增长34.69%。国土绿化行动营造林240.7公顷，其中退耕还林40公顷，四旁植树70公顷，农田林网新造130.7公顷；已实施退耕还林直补677户，直补面积24.9公顷，补助资金46732.38元；全镇森林覆盖率45.8%，组建护林队12个，专（兼）职护林人员12人，培育现代林业产业项目1个。全年出栏育肥猪27166头、家禽356148只，肉种鸡苗806万羽，禽蛋产量2903.1吨；截至2020年12月，全镇有规模养殖场15个（以100头生猪当量计算），其中养猪场10个、养鸡场5个。各类水产品面积370公顷，产量6670吨，增加20吨。

农业园区升格为“国家级农业示范园区”，面积837.3公顷，涉及9个村、1个社区。晚熟柑橘种植面积566.8公顷、产量6570吨、收入2235万元，蔬菜种植71.3公顷、产量0.8万吨、收入845万元，花卉苗木种植面积142.6公顷、灵芝13.6公顷、草坪种植26.4公顷、花椒16.6公顷；入园企业18个，其中柑橘企业8个、蔬菜企业4个、花卉苗木企业3个、灵芝企业1个，草坪企业1个、花椒企业1个，农正、和兴源等公司柑橘大面积投产，徐银波公司蔬菜成批量销售。土地租金每亩按350千克稻谷当年市场中等价格计算，村民应得土地租金1113.92万元。

盐卤生产33.8万吨，比2019年增加6.8万吨、增长25.18%；产值4642万元（盐卤价格调整），增加214万元、增长4.8%。

2020年，上级转移支付补助收入4059.0万元，基金收入251.6万元，财政收入合计4310.6万元，同比2019年增长17.28%。全年一般预算支出4107.16万元；政府基金预算支出251.6万元，同比减少51%；上解支出26.0万元。

双龙镇有中国农业银行重庆双龙支行、重庆农商行长寿支行双龙分理处和中国邮政储蓄银行重庆长寿区双龙营业所3家金融机构。2020年总存款额155961万元，比2019年增加8466万元，增长0.19%；储蓄存款额149611万元，增加31376万元，增长13.96%。

【基础设施建设】 2020年，双龙镇引进重庆市鸿恩寺公园管理公司对场镇进行专业管理，改变场镇“脏、乱、差”现象；全年疏通污水管网、整修排水沟4400余米，更换污水井盖60余个，维修路灯280盏（次），维修步行街座椅30个，处理生活垃圾3900余吨。双龙市政公园建设、猪市坝至龙湖大道公路桥段河道综合整治项目建成完工。

2020年危房改造26户，其中C级14户、D级12户，农村旧房提升90户，实现全镇四类困难人员及边缘户无一人居住危房。农村房屋审批59户，面积5460平方米。长寿湖景区道路改造项目完成征地17.5公顷，拆除房屋122户，完成水温层覆盖。完成龙滩村柑橘基地、长寿寨村文家冲水库渠道整治工程项目19个。完成农村道路养护208千米，“四好农村路”通组公路完成建设8.7千米，硬化村道1.66千米；改造村容村貌4000平方米、维护人饮工程2.82千米。

生态环境保护镇村联动开展环境执法检查200余人次，制止露天秸秆焚烧、熏腊肠等40余起，发放打赢蓝天保卫战告知书33份。开展农村垃圾收运，新建垃圾平台50个，增配垃圾箱10个、垃圾桶110个，推行“户集、村收、镇运、区处理”集中处理方式；推进农村垃圾分类长寿寨村试点工作，设置分类点51个，增配垃圾分类桶102个，设置垃圾分类宣传专栏18个，加强垃圾分类宣传。强化饮用水源地规范化建设，在吼水湾水库周边设置界桩3个、界标6个、宣传牌9块、道路警示牌2块、危化品警示牌2块、取水口标识1块、水库周边隔离网1200余米、视频监控1套（6个摄像头），挖导流沟49米，库周新增垃圾箱5个，新建200立方米调节池1座，清运浮漂、杂草、枯树枝等30余吨。

2020年9月29日，双龙镇红岩村脱贫攻坚文艺会演

【社会发展】 2020年，双龙镇精准扶贫实施动态调整后有建档立卡贫困户448户、947人，已全部脱贫。年内产业到户补助136户、18.76万元；改造危房26户（其中建档立卡贫困户2户）；创建扶贫车间1个，吸纳5名建档立卡贫困人员、2名低保人员和1名残疾人员就业，新增非全日制公益性岗位155人，扶贫技能培训243人；申报贫困劳动力跨区域交通补贴144人、1.64万元，疫情期间一次性求职创业补贴办理15人、7500元；销售扶贫产品200余万元。

科技推广开展农技培训班5期、培训人员1100人次，开展科技下乡活动15场（次），培训新型农民360人次；新增家庭农场13户，总计103户；机械化耕作、收割培训165人次，有农耕机645台、农用车200台，机械耕作1300公顷、机械插秧70公顷、机械收割1350公顷。

2020年全镇有学校8所，其中区属高完中1所，镇教管中心管理学校7所（小学2所、幼儿园4所、培训机构1个）。区属高完中双龙中学有在校学生737人，教职工139人（其中高级教师21人）；高三有78人参考，上线率100%，超额完成区教委指标58人，完成率134.5%；重点指标到校考试考上长寿中学10人、体育尖子3人、上重点高中40人；全校师生获得各类表彰、奖励99项（次），其中集体获表彰4项；教师在国家级、市级刊物上发表文章8人次，教师1人次获市级奖励、41人次获区级奖励，学生2人次获市级奖励、58人次获区级奖励。镇教育管理中心所辖小学2所，在校学生693人（其中特教班5人）、教职工112人（其中交流轮岗6人），当年学龄儿童入学率100%，小学升初中100%；公办幼儿园2所，在职教师16人、聘用教师5人，在园儿童214人；民办幼儿园2所，教师18人，在园儿童172人；培训机构汇英文化辅导学校1个，教师5人。

全镇有文体阵地26个，分别为镇综合文化站1个、农家书屋11个、农体健身点14个，常年免费对外开放。2020年，双龙镇协办由重庆市委宣传部、重庆市文化和旅游委发展委员会主办，区委宣传部、文化和旅游发展委员会承办的“我们的中国梦”——文化进万家重庆市2020年春季演出进基层活动走进双龙；承办由镇党委、政府主办的“庆国庆·迎中秋”“唱响祖国情·讴歌新时代”文艺演出活动；9月28日，组织参加长寿区第十四届街镇文体展示活动；12月7日，协办由重庆市长寿区文化和旅游发展委员会、重庆市长寿区文学艺术界联合会主办，长寿区文化馆承办的“奋进新时代·共圆小康梦”——长寿区公共文化进基层文艺演出活动走进双龙；组织单位职工参加2020年长寿区新年登高活动；持续开展农村电影惠民放映及惠民电影周活动，全年放映电影144场。全镇有网吧、图书销售、打字复印等文化经营单位12家，有彩票销售点2个。全年开展文体市场检查22次，辖区无重大违规经营行为和安全责任事故发生。

全镇有文物20处，其中区级文物保护单位3处（张家祠堂、罗围老街民居、廖井丹故居），挂牌保护挂牌保护8个不可移动文物，安排专人进行看护不可移动文物点，全年无重大文物损毁事故发生。双龙镇有市级非物质文化遗产2项，分别为长寿血豆腐制作工艺、花鼓，花鼓代表性传承人韩德禄在双龙中心校开办免费培训27余班（次）。

做好公共卫生服务工作，45对夫妇参加孕前优生检查，家庭医生签约8282户、16817人（其中城镇签约2061人、农村签约14756人，重点人群签约7562人，建卡贫困户签约率100%，计生特扶家庭签约76人、签约率100%）；年内实施农村改厕完工711户，其中三格式无害化卫生改厕147户（升级三格式无害化卫生改厕2户）、卫生改厕564户。2020年春节、中秋走访计划生育特殊家庭53户，送去慰问金及慰问品28000元；新增国家级计生奖扶对象87人、特别扶助5人、区级独生子女父母一次性奖金发放对象96人。

全镇有双龙镇卫生院1所，属国家一级甲等医院，下设罗围分院、村卫生室11个、社区卫生服务站1个，设有内儿科、外科、妇产科、中医药科、针灸理疗科、口腔科、眼耳鼻喉科、医技科（放射室、检验室、超声心电室）、药剂科、公共卫生科等科室；有职工74人（含临聘7人），其中专业技术人员66人（正高职称1人、副高职称7人、中级职称20人、初级职称38人）。医院床位编制70张，开放床位70张，其中罗围分院10张。全年门诊25726人次、住院2096人次，住院17372床日，业务收入734.8万元，药占比34.89%。开展手术82台。居民医保补偿401万元。

新冠肺炎疫情防控强化统一部署，第一时间启动疫情防控一级响应，900余名干部群众深入一线，构筑群防群治严密防线，出台《新型冠状病毒感染肺炎疫情防控“十个一律”》，升级辖区管控措施。全年组织5次新冠肺炎疫情次全覆盖大排查，入户走访宣传7.7万余户、20万余人次，排查出密切接触者500余人，实行集中隔离和居家隔离医学观察500人次，检测动车人员5万余人次，悬挂防疫标语59条，发放宣传单2.2万张；发放防护口罩5万余个、消毒液1500余公斤；实现辖区零感染、零传播，经济社会全面恢复。抓好常态化疫情防控。

2020年全镇有农村低保244户、404人，发放低保金156.54万元；有城市低保户81户、118人，发放低保金64.40万元。临时困难救助159人、36.51万元；特困人员269人，其中集中供养56人、分散供养213人，发放供养金256.41万元，发放照料护理补贴1409人次、22.40万元；儿童救助3人，其中孤儿1人、发放金额1.47万元，困境儿童2人（纳入特困人员管理），发放金额2.53万元。殡葬工作按照要求全年火化尸体232具。全镇有百岁以上老人4人，96~99周岁老人9人，发放补贴3.4万元；民政两项补助852人次，发放补贴17.04万元。实施2名残疾人危房改造，补助金3.2万元；残疾人两项补助5976人次、42.83万元。发放2020年受灾人员599户、665人冬春生活救助资金11900元。

全年城镇新增就业人员95人、就业困难人员就业80人；办理灵活就业社保、医保补贴97人；新开发全日制公益性岗位11个，已使用12人，使用非全日制公益性岗位144人，开发使用基层公共管理和社会服务岗位1个；完成区就业局下达的离校未就业高校毕业生实名定制服务56人。办理土地复垦人员参加基本养老保险10人，征地农转非“4050”以上人员生活困难补助2304人；办理城乡居民养老保险139人。做好具有金融功能的社会保障卡的发放工作，完成城乡居民医疗保险28279人；办理城镇职工医疗保险申报51人。

开展退役军人服务管理工作，组织召开退役军人春节、八一座谈会，通过打电话、发短信微信等方式，实现辖区内优抚对象走访慰问全覆盖；全年发放慰问信2000余封、困难帮扶救助资金15.87万余元。

【安全稳定】 2020年，双龙镇安全生产开展烟花爆竹专项整治，加强烟花爆竹旺季监管，检查烟花爆竹零售点71家（次），排查整改隐患1起；道路交通安全检查车辆2500余辆、纠违240余辆、处罚50余辆；消防安全执法检查40家（次），开展非煤矿山检查14次、建设施工检查3次，下达行政处罚决定书3份，处罚3000元。全年组织开展3次综合应急演练，采购防汛抗旱应急物资，提升应急处置装备；汛期12户、14间房屋受损，4户农作物受灾，发放自然灾害救灾补助资金2万元；申请巨灾保险12500元，发放给因火灾和9间房屋受损严重的5户。

全年食品药品安全抽检50余组，合格率100%，开展白酒等专项整治60余次；推行餐饮业监管量化分级管理，全年家宴备案175起，未发生餐饮安全责任事故；开展消费者权益保护宣传工作，发放宣传材料5000余份、宣传画80余幅，解答消费者咨询50余人次，全年解决纠纷70余起，挽回损失5万余元。

全年受理群众信访42件（次）、58人次，其中到镇上访6次、10人；区信访办转办信访36件，已办结33件；2020年成功化解韩某某等多人信访积案。

平安建设发放扫黑除恶宣传单3000余份，每月按时向区扫黑办报送索统计表及承诺书；年内未收到扫黑除恶线索举报。有邪教重点人员7人，落实监控。对双龙中学和双龙中心校开展法制宣传课2次，受教育学生1900人次。签订《铁路沿线废旧品收购站点、小烘炉安全协议书》责任书4份，与铁路沿线村居签订《维护铁路安全协议书》责任书5份，开展4次场镇爱路护路集中宣传活动；护路宣传资料4000余份，发放铁路宣传品300份。有严重精神障碍者48人，公安管控48人，签订监护协议35人，全年发放监护费95250元。全镇有综治专干12名、治安巡逻队伍12支、巡逻队员135人、中小学法治校长3名、校园安保16人。开展“七五普法”宣传活动5次，“6·26”国际禁毒日和“12·4”宪法日宣传活动各2次，全年调解案件100件，调解成功率99%。监管刑满释放人员141人，全年接收帮教43人、解除32人、重点帮教17人，社区矫正对象接收4人、解除14人。全年接处警930起，出动警车1175车（次）、警力2321人次；刑事案件发生98件、破获8件，破案率8.2%；治安拘留4人，罚款10人；查处交通违章660件；受理民事纠纷343件，调解315件，调解成功率91.3%。打击贩毒人员2人，帮扶教育吸毒人员70人，强制戒毒3人。

【党建和人大工作】 2020年，双龙镇党员总数1253名；农村党支部11个、党员979名，社区党支部3个、党员130人，机关党支部1个、党员66名，退休职工党支部1个、党员75名；全镇发展新党员5名。全年镇、村党组织集中学习130余次，送学300余人次；邀请专家专题讲座3次，党委书记讲党课11次，班子其他成员讲党课24次。党委理论中心组全年开展集体学习10次，上报理论调研文章2篇，组织干部职工政治学习13次，邀请市委、区委宣讲团、组织镇党委宣讲队、骨干宣讲队走村入户开展院坝微宣讲21场（次），举办“学习新思想 唱响能行好 夺取双胜利”微宣讲比赛和精准扶贫、乡村振兴、宗教事务等专题调研5次，上报调研报告2份。围绕脱贫攻坚、乡村振兴、疫情防控等专题，联系采编、刊载各类宣传报道42篇（次），开展各类主题宣传活动10场（次）；报送舆情信息768篇，撰写网评210篇，处置涉双龙舆情4起。全镇组建各类志愿服务队8支，新增注册志愿者398人，开展志愿服务活动16场（次），报送“身边好人”线索19条，双龙社区1人被评为长寿区第十届“十大寿星”，红岩村1人被评为长寿区第五届“十大孝星”。注重党外代表人士培养，2名无党派人士担任二级部门正（副）领导；发挥商会作用，优化非公经济发展环境。

年内召开镇人大代表会议2次，听取和审议工作报告8项，专项工作评议1次、作出重大事项决定1项，召开主席团会议5次、专题询问1次、执法检查1次，组织代表集中视察4次、代表培训1次，评议部门6个，督办民生实事项目10件、镇人大代表建议11件，发出倡议书2份；长寿人大微信公众号刊发双龙人大工作9次，市人大公民导刊、新媒体报道双龙人大工作3次；代表工作站运行质量评价机制、代表清单化履职被区人大列为人大创新举措。2020年首次以差额票决的方式，产生10项民生实事项目，分解项目任务到每一位代表，助推民生实事落实。全镇6个代表工作站开展代表活动26次，组织代表“进家到站”接待选民、走访选民299人次，收集群众意见建议135条，协调解决问题249件，安排代表参加项目验收35个。

投入经费1万余元，抓好基层武装部规范化建设。完成2020年度预备役及民兵整组和基干民兵档案，成立基干民兵预编党小组，规范各类登记本和软件资料；完成基干民兵的军事训练，发放训练补助5000余元。完成年度征兵工作，发放考核经费11000元。（章雪芹）

龙河镇

【概况】 龙河镇地处长寿区东北部，距长寿城区18千米、重庆主城78千米，渝宜高速、渝万高铁交汇过境，为长寿区乡村振兴综合试验示范镇。辖区面积89.9平方千米，辖17个村、1个社区、121个村（居）民小组；2020年户籍总数20180户、47073人，其中男性24045人、女性23028人。辖区内龙溪河、蔡家河、双龙河穿境而过，与国家AAAA级景区长寿湖毗邻，全镇9村临湖，森林覆盖率45.6%。龙河镇机关行政编制38名，党政领导职数12名，其中正职3名、副职9名，党政综合办事机构领导职数18名，机关后勤服务人员事业编制1名；事业单位编制46名，领导职数17名。

2020年，龙河镇坚持补短板、强弱项、增后劲，镇域综合实力提升，在长寿区新时代新担当新作为评议中获街镇组第一名，在长寿区乡村振兴工作表彰中获评先进集体1个、先进个人2个，先后创建全国乡村旅游重点村1个、全国“一村一品”示范村1个、市级“一村一品”示范村1个。

2020年5月15日，副市长李明清在保合村秀才湾农民新村橘香广场参观

【经济发展】 2020年，龙河镇财政总收入5284.82万元，较2019年减少4860.08万元；财政总支出为5374.37万元，较上年减少4757.52万元；财政收支大幅减少原因为长寿慢城一期项目完工，政府性基金预算支出减少。

2020年，龙河镇农业农村加快发展。全年粮油总产21031.9吨，比2019年增产105.16吨、增长0.5%。其中油菜产量470.4吨，增产12吨、增长2.6%；小春粮食作物产量874.7吨，增产25吨、增长2.85%；水稻播种面积1734.9公顷、产量15954.3吨，增加68.16吨、增长0.43%。全年出栏猪7871头、家禽33.48万羽，蛋种鸡苗1165.61万羽，禽蛋产量2.677963万吨；截至2020年12月，全镇有规模养殖场10个（以200

头生猪当量计算），其中养猪场4个、养鸡场4个。各类水产品面积210公顷，产量5040吨。重庆市长寿区正农生态农业开发有限公司等7家企业的9个蔬菜品种、4个柑橘品种、14个水产品种被重庆市农业农村委认定为无公害产品；龙河镇11家种养殖企业的18个品种被评为绿色食品。保合村2020年被农业部评为全国“一村一品”示范村，该村发展晚熟柑橘333公顷，均已实现挂果，全年柑橘产业收入3500万元，占全村农村经济总收入的97.2%；全村农民人均可支配收入17500元，高出所在镇农民人均可支配收入3000元。全镇已实施退耕还林直补5101户，直补面积478公顷，补助资金7395863.5元；全镇森林覆盖率7.7%，组建护林队2个，专（兼）职护林人员5人。

农业园区升格为“国家级农业示范园区”，面积837.3公顷，涉及11个村（骑龙村、合兴村、明丰村、明星村、九龙村、龙河村、四坪村、河堰村、保合村、咸丰村、太和村）。入园种植企业30个，其中柑橘企业23个、蔬菜企业1个、花卉苗木企业3个、花椒企业3个，益恒、矗成、恒河、哈维斯特等公司柑橘大面积投产，正农公司蔬菜成批量销售。土地租金每亩按350千克稻谷当年市场中等价格计算，村民应得土地租金2208.6万元。

完成农村集体产权制度改革，以村为单位成立股份经济合作社23个、有限公司3个，全镇村级集体经济收入总量210万元，其中保合村、河堰村年集体经济均达到30万元以上，全面消除“空壳村”。市场主体壮大，年内有个体工商户1222户、外资企业1家；全镇新型经营主体有家庭农场75家、农民专业合作社72家、农业公司36家，其中区级龙头企业12家、市级龙头企业7家。新增土地流转面积61公顷，土地流转率66%。

科学运用“一村一品”、股权化改革、发展壮大村级集体经济补助等项目资金，探索与农业企业、村集体建立收益联结机制，发展壮大村级集体经济。其中永兴村2020年实现集体经济增收7.8万元，保合村收入5.6万元。2020年6月永兴村在全区率先开展全村村民收益分红再分配，“空壳村”蝶变为“示范村”。

【基础设施建设】 2020年，龙河镇继续推进慢城建设，河道生态治理、道路沿线景观、村庄人居环境治理、乡村农旅融合发展等4个一期项目如期完成投用，慢游、慢行、慢食初具规模，为全区、全市提供乡村旅游好去处；无动力乐园、水吧一条街、保合书院体验馆、生态停车场等二期项目相继开工，丰富慢城旅游业态。2020年5月15日，全市乡村振兴“十大重点工程”暨试点示范工作推进现场会在龙河召开，为全市乡村振兴提供样板，吸引全市参观游客。截至2020年底，慢城核心区域已有18家乡村特色民宿和休闲茶室落户营业，吸引游客15万人次，带动200多村民创业就业，实现“大项目”带动“小主体”共同发展。

龙河镇乐温片区天然气成功进场安装，实现全镇18个村（社区）天然气全覆盖目标。投入1100万元完成农村饮水安全巩固提升工程，率先实现城乡饮用水供水一体化。新建农贸市场1座；景观大道项目已完成总工程量的90%，其中已完成2个游园建设，整理绿化用地1万平方米，铺装人行道990米，实现人车分流，场镇形象得到美化。2020年乐白路、乐包路、双乐路（龙河段）、合九路、合兴—盐井—金明—龙河路完工并投入使用，新建“四好农村路”25千米，乐温大桥、龙新路建设继续推进。

持续改善人居环境，投入资金370万元，新增生活垃圾收运车3辆，完成300套垃圾分类桶及500套农户垃圾分类桶、150个集中分类垃圾收集点布局与建设；全镇“门前三包”上墙制度实现在家农户全覆盖。新建村级公厕1个，改造农村卫生厕所712户，安装路灯540盏，多个污水处理系统启用，在常态化的宣传、考核、示范评比机制下，形成人人参与、村村争先的良好氛围。2020年龙河镇被确定为全区“人居环境示范镇”，保合村被确定为全区“人居环境示范村”。

【社会发展】 2020年，龙河镇落实扶贫政策，全镇315户、832名贫困人口年人均纯收入均超过6000元，全员实现脱贫。“两不愁三保障”突出问题全部销号，“四类人员”基本生活全面得到保障；全年培育致富带头人21人，带动23名贫困户就业；引导376名贫困劳动力外出务工，为61名在家贫困劳动力提供公益性岗位，为92户提供产业到户扶持奖补资金14.3万元，42户办理小额信贷83.9万元，236人办理外出务工交通补贴，

26人办理创业就业一次性奖励，贫困劳动力全部实现稳岗就业，收入、生活水平逐步提高。

落实民生保障，全镇居民养老保险实现应保尽保，城乡居民医疗保险人数32925人。全年为58名2020届离校未就业大学生定制服务工作，89人完成失业登记；开发全日制公益性岗位42个，申请岗位补贴及社保补贴100余万元；安置贫困劳动力就业兜底61人，发放工资22万余元。年底前龙河镇城市低保82户、109人，农村低保425户、787人，民政建档63人；新增特困8人，全镇有特困人员383人，其中集中供养57人；新申报残疾证132人。全年发放城市低保及临时生活补贴金59.06万元，农村低保金及慰问金347.25万元，大病临时救助109人、57.08万元，特困供养金及慰问金374.43万元，高龄失能养老服务补贴1300人次、25.9万元，照料补贴1684人次、28.3万元，96岁以上老年人高龄津贴120人次、2.1万元，救助孤困儿童4名发放生活费3.61万元，重度残疾人护理补贴和贫困残疾人生活补贴8500人次、61.2万元，办理贫困白内障免费手术申请48人，完成家庭医生签约470人，转录康复服务800人；落实国家计划生育奖励扶助政策56人、特别扶助政策8人，计划生育特别扶助残疾人员38人、四级残疾人员6人；春节、端午、中秋等节日期间，对全镇27户、38人计生特殊家庭进行走访慰问，发放慰问金3万多元，见面率100%。社会工作服务站和镇养老服务中心站，顺利进场施工。

2020年，龙河镇卫生院先后投入110余万元，实施美丽医院建设和购置医疗设备，建成健康管理中心、数字化预防接种门诊、妇幼健康部，完成中医馆整体搬迁重装升级，购置心电图机、预防接种呼叫系统及中医科理疗机等设备，医院内外环境明显改善，设施设备更加完善。

龙河中学2020年在重点指标到校考试中，51名初三学生升入重点高中，完成率居全区同类学校前列；教师获区级及以上各类奖53人次，学生获区级及以上各类奖40人次，目标督导考核获全区镇级中学第一名。辖区内各小学和幼儿园硬件设施同步提升，中心幼儿园正式搬迁入园；教管中心争取区财政资金14万元采购400套学生课桌椅，投入10万元对学生宿舍浴室进行改造；实验小学成功创建市级篮球特色学校，全年教职工和学生在全区教育活动中争优创先，多次获得荣誉。

第七次全国人口普查启动并完成全镇18个普查区、123个普查小区的普查工作。完成征兵任务，顺利通过民兵组织整顿专项考核；全年发放优抚对象抚恤金441万元、义务兵家庭优待金21万元，成功创建2020年全国乡镇示范型退役军人服务站。协助区级部门举办“重庆市第九届乡村文艺会演”，举办全镇春节惠民文艺会演、保合村首届春晚、慢城迷你跑等10余场群众文体活动。做好春秋动物防疫和非洲猪瘟防控，抓好各种病虫害防治和农业农技各种培训，化肥农药减量增效工作成效显著。

【安全稳定】 2020年，龙河镇加强社会治理，把各类矛盾纠纷解决在基层、化解在萌芽状态。成立镇级综合应急救援队1支，全年常态化开展巡逻检查700余次，未发生严重刑事案件、恶性群体事件及民转刑事件。接待群众信访举报案件214件，办结率、回复率100%；开展信访百日攻坚，化解信访积案6件。抓好安全生产目标责任制落实，签订《安全生产责任书》，层层分解安全生产责任，开展安全宣传教育，定期开展安全隐患排查整治，组织执法人员检查重点行业领域215次。

【党建工作】 2020年，龙河镇持续巩固“不忘初心、牢记使命”主题教育成果，加强理论学习，增强“四个意识”、坚定“四个自信”、做到“两个维护”。落实党风廉政建设责任制，切实履行“一岗双责”，贯彻中央“八项规定”精神，严控“三公经费”，杜绝铺张浪费。从严落实各项制度，从改进工作作风、提高工作效能入手，完善机关考勤值班制度、请销假制度、财经管理等规章制度，执行重点工作调度，开展效能督查。突出群众监督作用，坚持依法行政，主动接受镇人大法律监督和工作监督，自觉接受民主监督和社会舆论监督，办理人大代表建议28件，办复率100%、满意率100%。（文　瑶）

海棠镇

【概况】 海棠镇位于长寿区北部，北邻重庆市垫江县、西接四川省邻水县，镇政府所在地海棠镇正街，距G50高速公路云台出口、澄溪出口各5千米，距长寿深水港码头50千米，距渝怀铁路长寿站80千米，渝万高铁长寿北站45千米、垫江站15千米，距重庆市中心90千米，地处长寿城区、垫江县城、邻水县城“一小时经济圈”的优越位置。全镇辖区面积45平方千米，辖1个社区、9个行政村、58个村民小组、12875户，户籍人口31981人（其中城镇人口3500人、农业人口28481人）。耕地面积1127公顷，设施农业占地面积160公顷，有效灌溉面积797公顷，农作物播种面积2686公顷。海棠镇地势东西高、中部低，属浅丘平坝区，亚热带湿润气候，四季分明，夏季长而炎热，春秋季短，冬季较暖和；雨量充沛，但分布不均，一、二、三月易出现春旱，五、六月常发生洪涝灾害，七、八月伏旱明显。

海棠镇天然气、硫磺储量丰富，境内有川东天然气净化总厂引进分厂。石灰矿在镇内东西两山蕴藏量丰富，在千万吨以上，未大量开采，只是少部分开采用于生产片、碎石。

2020年6月11日，长寿区人大常委会主任张明生到海棠镇古林村代表工作站开展“主任接待日”活动

【经济发展】 2020年，海棠镇实现生产总值20.2亿元，比2019年增长10%；固定资产投资完成1.53亿元，同比增长10.1%；社会消费品零售总额同比增长10.2%；农村居民人均可支配收入同比增长9.7%。

2020年，海棠镇水稻种植面积805.6公顷，产量6525.36吨，比2019年增产1.7%；玉米种植面积400公顷，产量2904吨，增产0.56%；油菜种植233公顷。实施农业产业化调整，培育和发展优势产业，壮大集体经济，促进农民增收致富，建成333公顷粮油示范基地，333公顷柑橘、李子、猪腰枣种植基地，200公顷蔬菜基地，67公顷海棠花种植基地，33公顷莲藕种植基地，7公顷香菇种植基地。在渝巫路沿线的海棠、小河、庄严、龙风、古林5个村规划667公顷粮油核心示范区，年底前已完成333公顷示范建设，总投资4561万元。推广水稻直播新技术，推广面积26公顷，平均亩产596千克，同比增长9.5%；开展废弃农膜回收宣传和动员，回收农膜35.479吨；成功申报庄严村大米品牌“绿色食品庄严大米”。年内新增大小农机109台（套），购机补贴8.66万元，常年农机耕作面积在95%以上。新建专业合作社4家，总计18家；家庭农场3家，总计15家；新建龙虾养殖示范基地1个。

海棠镇把土桥工业园区作为镇域经济工作主战场，围绕新型建材生产，将城镇发展“十里长街”规划调整为海棠组团和土桥组团两大组团共同发展的城镇发展规划。总建设用地面积171.08公顷，其中海棠组团建设用地面积52.64公顷、土桥组团建设用地面积118.44公顷。年底前，园区功能配套设施已建成，园区发展初具规模；已引进企业10家，协议引资6.74亿元；建成企业6家（其中规上企业1家）。园区年实现工业总产值4.9亿元，利税0.27亿元，用工人数360人。

全镇有民营企业140家、农村专业合作社18家、个体户505户，实现年产值10.3亿元，比2019年增长6.4%；利润总额1.8亿元，同比增长5.4%。2020年，全镇收集项目信息6条，符合高新区产业规划的有效项目信息3条，接待考察企业12家，配合高新区实地走访考察企业4家，与高新区深入洽谈企业2家。

海棠镇将乡村旅游纳入乡村振兴战略规划，规划和打造“东园西廊”（张家寨休闲生态采摘园、明月山森林康养走廊）；致力于张家古寨、白洋沟水库、天池原村规划建设，挖掘其历史、文化、旅游等方面价值，建成镇村和谐统一，一、二、三产业融合发展的现代乡村旅游新模式。全镇批发零售商贸业、餐饮住宿业产值也稳步上升。

2020年，海棠镇成立企业复工复产专项工作小组，指导企业加强新冠肺炎疫情防控和有序复工复产。协调镇卫生院为复工复产员工进行体温检测，开展企业“百日大走访”，了解企业困难和需求，为企业复工复产提供防疫保障。疫情期间为企业复工复产筹集口罩、测温枪等防控物质，帮助企业解决融资和用工难等问题。

【基础设施建设】 2020年，海棠镇完成交通建设投资4100万元，年底前全镇完成硬化公路192.1千米；全镇9个行政村58个村民小组全部通水泥路，通畅率100%；30户以上聚居点入户道路通达率100%、硬化率100%，已形成“三纵三横”的便捷通畅农村公路网络。城镇建设以新建农贸市场为依托新建“海棠家园”，以园区占地拆迁户安置为依托新建“海棠佳苑”；新建15000平方米的市民小广场3个，新建公厕5个，新建日处理量1250吨的污水处理厂1座，配套建成一级污水管网11.8千米，二、三级污水管网3.73千米，全镇生活污水收集率由改造前不足20%提高到改造后的90%以上；改造石桥坝路灯38盏，实施小河村村庄亮化工程，新增路灯120盏，安装消火栓5根，城镇功能得到提升。

加强25千米污水管网全覆盖维护管理，整治3处、疏浚15处；督促污水处理厂技改扩容，该项目于2020年1月份上线运行，改善污水处理难的局面。强化打渔溪河流整治，完成对打渔溪漂浮物、水葫芦等水生植物及河流两岸垃圾清理；落实村级河长每周一巡、镇级河长每月一巡，全年镇级河长巡河74次、村级河长巡河953次，巡河完成率120%。投资50万元，完成观音河至绿荫滩煤厂河道清淤、清漂工作，总清淤量2万立方米。

美丽乡村建设重点打造小河天池原村乡村振兴示范项目投入800万元，新修稻田步道1593米、入户便道452米，修复古道631米，硬化院坝3297平方米，整修房屋5500平方米，归并田块4.7公顷，新造果林6.13公顷，安装路灯32盏、垃圾桶15个，天池坝面貌焕然一新。农村人居环境综合整治实施卫生治理、污水治理、“厕所革命”、房屋靓化改造等环境治理工程，重点围绕“四美海棠”建设（洁美场镇、醇美村庄、雅美院落、善美人家），实施“三清一改”，签订“门前三包”责任书，引导农民讲文明、改陋习、树新风，村庄保洁常态化；完成529户卫生厕所改造，农户卫生厕所普及率85%以上。推动国土绿化工程，完成2019年国土绿化提升行动项目33.5公顷补植补造工作，2020年新造农田林网特色经济林100公顷，退耕还林133公顷，新造特色经果林200公顷，抚育67公顷，宜林荒山荒地实现绿化，“四旁”植树60公顷，路旁、沟旁、塆旁做到应绿尽绿。加速治理农村生活垃圾，全镇设有生活垃圾集中收集点520个，已建成“户集—村收—镇转运—区处理”的农村生活垃圾收运体系。

【社会发展】 2020年，海棠镇在册建档立卡贫困户245户、781人（其中，脱贫不稳定户4户、12人），农村低保372户、655人，特困人员155户、156人，困难残疾人167户、188人，边缘易致贫户6户、14人。镇党委政府围绕“三落实、三精准、三保障”开展工作，确保扶贫工作务实、脱贫过程扎实、脱贫结果真实；年底前按照“两不愁三保障”的标准全部稳定脱贫，无返贫情况发生；解决建卡贫困户中就业困难人员非全日制岗位55人和劳动服务型岗位6人，发放金额30万元；历次脱贫攻坚群众满意度调查得分均在96%以上。与乡村振兴有机衔接，成立小河村春池劳务合作社，探索壮大集体经济的方式，丰富困难群众与集体经济发展利益联结机制形式，脱贫成果得到全面巩固。

海棠镇教育事业取得新发展，镇中心幼儿园有153名学生、教职工16人，占地面积4980平方米，校舍建筑面积2217平方米。海棠镇中心小学校841名学生、教职工83人，学校占地面积10626平方米，校舍建筑面积9841平方米；小学段适龄儿童入学率100%，学龄女童入学率为100%。海棠镇中学校1066名学生、教职工86人，占地面积21462平方米，校舍面积11373平方米，其中绿化面积9484平方米；2020年重点中学指标完成率为122%，在全区农村中学中名列前茅。

2020年，海棠镇养老保险征收250万元，完成比例115%；新办理参保人员500余人，占下达任务的120%；完成近4600人的人脸指纹采集和认证工作。成功发放贷款11笔、150万元，为11个就业困难家庭或返乡农民工创业提供资金援助；坚持就业优先，城镇新增就业210余人，完成下岗失业人员就业再就业40人，完成就业困难人员就业再就业25人，登记失业率控制在3%以内；指导在渝高校毕业未就业大学生就业60人，完成比例

100%；申报 4050 人员社保补贴 31 人，发放 4050 灵活就业人员社保补贴达 16 余万元；提供 15 个就业岗位，解决 15 人稳定就业。新制医保卡 600 余张，补办医保卡 400 余张；完成 26300 人参加城乡居民医疗保险工作，筹资额度 600 万元，完成比例为 105%，年底前排名全区第一名，创历史最好成绩。

2020 年社会救助完成 457 名残疾人两项补贴，残疾人培训 51 人，残疾人精准康复 165 人，残疾人信息核查 923 人，慰问重度一、二级残疾人 251 人；慰问特困人员 156 人、孤儿 2 人、原襄渝铁路民工 8 人，慰问重点优抚军人 132 人；帮助农村留守儿童落实监护措施 15 人。

海棠镇加强全镇 9 个农家书屋、18 个图书外借点的规范管理，按照疫情防控规定及相关要求免费开放。打造市级非遗项目“海棠唢呐”和区级非遗项目“海棠打夯号子”，新报区级非遗项目“海棠陶罐制作工艺”，开展流动文化服务，丰富群众的文化生活。

2020 年海棠镇辖区户籍人口 3.2 万人，常住人口 2.7 万余人；新增居住人口出生 175 人，政策内出生 168 人，政策内生育率 96%；办理独生子女光荣证 19 人、生育服务证 165 人、再生育服务证 5 人；死亡人口 213 人，户籍人口男女性别比为 1.1∶1.0，外出流动人口婚育证明办理办证率 100%。新增计生奖扶 65 人，发放独生子女一次性奖励 23 人，节日慰问计划生育困难家庭 220 户，为特扶家庭对象免费健康体检 22 人，慰问关爱留守儿童 40 人。完成孕优检查 46 对夫妇。

【安全稳定】 2020 年，海棠镇执行安全生产“一岗双责”，落实安全专管人员和管理员的职责，完善制度、建立台账，做好道路交通、森林防火、城乡消防等重点领域安全工作，清查各类安全隐患。全年召开交通安全院坝会 3 次，发放交通安全宣传资料 4500 余份，悬挂横幅 6 幅；加大道路交通违章查纠力度，出动执法人员 450 余人次，查处违章行为 500 余起，排查道路安全隐患 11 处，已全部完成整改。强化危险化学品和烟花爆竹专项整治，出动工作人员 71 人次，安全检查 19 次，其中查处安全隐患 7 处，整改完成 7 处。加强消防专项整治，开展消防安全检查 160 余次，其中排查安全隐患 13 处，已完成整改 13 处；强化社会化消防宣传和培训工作，组织志愿消防队伍应急演练 1 次，发放消防宣传资料 3000 余份，悬挂横幅 3 幅。全年开展工贸行业大排查、大整治、大执法工作 27 次，其中排查企业安全隐患 6 处，已完成整改 6 处。

海棠镇抓好社会治安综合治理，健全民主法制建设，强化信访突出问题专项治理，化解“四重攻坚”“清仓见底”、重积访案件；成功化解上级交办重点信访积案问题 2 件。拉网式全面排查化解各类矛盾纠纷，加强司法调解、人民调解力度，全年化解各项矛盾纠纷 85 件；雪亮工程完成全镇 36 个点位的前期安装工作；按上级相关文件要求，新聘用 1 名辅警、1 名专职调解员，签约 1 名法律专职顾问，提升基层平安创建工作队伍专业化、法制化水平。

组织开展各涉路村对潜在安全隐患、重点人员群体、涉铁路矛盾纠纷的“拉网式”排查，对已经排查出的涉铁路矛盾纠纷以及重点稳控人员，建立数据库，实行“一对一”动态管控，在册动态稳控人员 36 人、走访 33 人；开展铁路沿线大排查 200 余次，排查整治安全隐患 15 处，保证铁路沿线安全畅通。制作警示标语，张贴到沿线铁路桥墩、隧洞入口等醒目位置，制作警示牌 150 余块；利用赶集日集中宣传，护路队员重点宣传，向村民发放“铁路安全手册”等资料 5000 余份。

2020 年新冠肺炎疫情暴发后，海棠镇通过精准摸排、延伸排查、滚动排查 3 种形式，对全镇 10297 户、32185 人开展多轮社区排查，对排查出来的 400 余名重点人员全部第一时间落实集中隔

2020 年 2 月 11 日，中共长寿区委组织部部长胡建川到海棠镇土桥村调研疫情防控工作

离、居家医学观察核酸检测、爱心帮扶等防控措施，一对一落实防控责任专班，筑牢疫情防控安全防线。组织党员冲在一线、干在实处，全镇党员响应号召，自愿为疫情防控工作捐款，912名党员全部参与捐款活动，捐款92246元。

【党建工作】 2020年，海棠镇以党章党规和系列讲话的常态学习为基础，以融媒体平台、干部网络学院等为载体，以党建工作为统领，把党建和机关业务有机结合；落实“两学一做”学习教育制度化、常态化，每月20日“支部主题党日”活动，全年组织各类学习百余场次，党委班子开展中心组学习6次，开展廉政教育80余次，在“党课开讲啦”活动中带头讲党课；动员全镇党员干部讲党课12场，参与党员700余人次；坚持“围绕脱贫抓党建、抓好党建促脱贫”工作思路，先后召开专题党委会14次研究脱贫攻坚工作，落实书记遍访制，对全镇245户贫困户实现全覆盖走访。抓好党风廉政建设，落实中央八项规定精神，利用春节、七一、国庆等重要节日时间节点转发文件、会议强调、编辑廉政信息1000余条；开展各种活动，党员领导干部无论职务高低，都能以普通党员自觉接受党组织和党员的监督。群工系统全年受理群众反映事项28件，已办结28件，满意度100%。抓好基层组织建设，把好发展党员工作中培训、政审、考察、审批、转正等各个环节，新发展党员3名，转正预备党员7名，吸收入党积极分子10名；通过认真研判、积极引导，年底前全镇9个村均已实现书记、主任“一肩挑”；对4名本土人才进行调整，采取内挖外引等方式更新各村后备人才库；坚持正确用人导向，发挥年轻干部多岗锻炼的机制，全年任用干部9名。

（车　珊）

石堰镇

【概况】 石堰镇位于长寿区主城之北34千米，镇址石堰场。镇地域东与垫江县包家接壤，西邻葛兰镇、邻水县丰禾镇，北抵云台镇，南连龙河镇。呈长条形，东南至西北14.1千米，东北至西南7.6千米，辖区面积107.18平方千米，其中耕地面积6217.4公顷，场镇建成区26.79公顷。镇辖20个村、1个社区、144个村（居）民组，总户数24541户，总人口59161人（其中农业人口53849人，非农业人口5312人）。境内有中型水库范家桥水库、小（一）型水库三条沟水库以及7座小（二）型水库，桃花溪、打鱼溪、龙溪河等河流由北向南平行流经镇域东、中、西部，水资源丰富。石堰镇人民政府驻石堰镇正街165号，镇机关内设17个办公室（所），2020年在职在编73人。

【经济发展】 2020年，石堰镇实现全镇预算内收入5705.93万元，预算内支出5853.47万元（其中一般公共预算收入5386.45万元，比2019年增长15%）。全年完成工业增加值7713万元（其中，机械制造业1381万元，建材业4576万元，电力、水力1756万元），比2019年同期增长17%。完成营业收入4.95亿元（其中：工业1.24亿元，农业7347万元，贸易1.89亿元，交通运输8827万元，建筑业1981万元），比2019年同期增长6.9%。商品零售业发展迅速，市场交易活跃。

2020年，石堰镇粮食产量3.71万吨、蔬菜产量3.05万吨、水果产量2.33万吨、肉类总产量5363.61吨、禽蛋产量1.11万吨、奶类产量3513.13吨、出栏生猪2.94万头、生猪存栏4.9万头、家禽存栏78.01万只。截至2020年12月，石堰镇有新型经营主体253家，其中家庭农场158家，专业合作社62家，农业企业33家（含区级龙头企业15家、区级扶贫龙头企业6家、市级龙头企业3家）。培育市级示范合作社1个、市级示范农场1个、区级示范农场2个、水产绿色健康养殖模式试验示范项目1个。

【基础设施建设】 2020年，石堰镇补强交通

石堰镇建成后的石沙路

基础设施。投资2000万元建设“四好农村公路”20.71千米，惠及11个行政村万余村民。2018年至2020年全镇通组公路建设93.27千米，村民小组通畅率80%，村组入户道路建设51.9千米，30户以上聚居点入户道路通达率100%，硬化率90%以上。全覆盖日常养护村道390千米，发现并治理道路隐患20余处，实施生命防护工程1.2千米，保障道路安全畅通。加强骨干道路建设，配合完成龙河镇骑龙村至石堰镇普子村主干道路2.7千米升级改造工程并建成投用；配合完成S513义和至川渝界段改造工程勘测放线及土地清丈等前期工作。

农业基础设施投资902万元完成兴庄村强惠园山坪塘整治、雨台村渠道整治，实施后扶项目、三峡水库库区基金项目，增加蓄水量2.86万立方米，保障农田灌溉33公顷，新建硬化公路712米、生产和人行便道12千米、蓄水池1座、屯水池2座，整治提灌站1座、山坪塘6口，铺设输水管道14千米，安装太阳能路灯192盏。完成石堰村、麒麟村等2个土地整治项目并通过市级验收，新增耕地33公顷。

推动乡村振兴，投资795万元完成普子村、高庙村乡村振兴试验示范点建设。完成农村人居环境整治三年行动计划，金星、石堰、普子、麒麟、高庙5个村被评为2020年市级美丽宜居乡村，金星村被评为区级村庄清洁示范村。全年新改造卫生厕所945户、无害化卫生厕所183户，新建农村无害化公厕2座，卫生厕所普及率85%。四级垃圾收运体系实现行政村全覆盖，辖区内建有垃圾压缩站1座、垃圾箱体平台145个，安放垃圾箱体227个、垃圾桶680个。完成2019年度四旁绿化60公顷，退耕还林153公顷，特别灌木林培育13公顷，完成2020年国土绿化农田林网及特色经济林建设233公顷，幼林抚育67公顷，森林抚育267公顷。

提升场镇品质，渝宜高速石堰互通立交正式进入实施阶段，S413石堰工业大道一期道路管网项目土地征收及人员安置快速完成。聘请物业管理公司对场镇及13个公厕保洁；规范市场、步行街摊位画线1620米，维修破损路面263.6平方米，修复井盖和水篦子50余处、维修垃圾箱体100余个，修复损坏路灯95盏；“马路办公”解决问题68个。

污染防治攻重点整治黑臭水体，摸排统计辖区内河流37条、山坪塘122个、沟渠2条，实地核查疑似黑臭山坪塘20个。控制扬尘污染，整治露天焚烧和餐饮油烟，实施臭氧污染防治，开展严厉打击危险废物环境违法犯罪行为专项行动。核实辖区内风景名胜区遥感监测点位10个。完成第二轮中央生态环境保护督察组交办案件2件并销号。聘请专业公司清理河面漂浮物、岸边倒塌枯树和生活垃圾，全年清理垃圾268吨。落实“河长制”巡河制度，完成镇级巡河340次、村级巡河4800次，发现及整改问题47件（次）；实施污染源动态管理并建立台账，落实生猪保险及病死猪无害化处理补贴等惠农政策，加大畜禽养殖监管力度，巩固畜禽养殖污染整治成果。

【社会发展】 2020年，石堰镇推广农业科技，发放庆油3号、8号，华油杂50油菜籽550千克，扩大油菜绿肥种植面积80余公顷；对朝阳村今邱农业公司27公顷油菜、花菜进行无人机喷药、施肥工作；用氯啶菌酯、啶酰菌胺进行防治，并加入适量的硼肥，节约资金成本3000元。石堰镇稻虾养殖实现农药零施用，实现环保经济效益双丰收。

2020年，石堰镇有1所普通中学，在校学生1033人，毕业人数425人，初中升高中升学率82.7%，在重点中学指标到校考试中，上市级重点中学人数156人。有小学6所，在校学生1198人，小学升初中311人，升学率100%。

强化文化和体育设施建设，投资20万元改建5人制社会足球场地，对文体公园进行提档升级，修建石堰经典人文故事石碑9块、对联雕刻6对。加强化文化体育队伍建设，组织文化专干参加网络培训2次，联系区文化馆对文艺骨干进行文艺舞蹈培训；开展市级非遗“海棠唢呐”非遗传承业务培训，培训学员20余人；壮大石堰坝坝舞队伍至20支，健身活动人员2000余人。丰富群众文化生活，年内开展文化进村暨社区教育展演活动26场、经典红色电影放映50余场。成立村级志愿者服务站，开展移风易俗“十抵制十提倡”宣传活动和乡风文明建设宣传活动。加强社区教育，开展“全民智学、全民乐学”社区教育成果展演活动21场，完成市级社区教育示范区创建工作。加强非物质文化遗产工作，成功将川剧石堰锣鼓申报为区级非物质文化遗产。加强文物安全巡查，对戴氏祠、大雄寺、经幢塔等区镇文物点开展文物安全实地巡查150余次。

2020年，石堰镇有医疗卫生单位26个（其中村卫生室20个，民营医院1个，个体诊所5个）；镇卫生院编制床位80张，开放病床90张（含沙石卫生院）；双银医院编制床位35张，开放病床数40张。全镇有卫生人员167人（其中镇卫生院79人、村卫生室55人、个体诊所5人、民营医院28人）。年内办理新参加城乡居民医疗保险652人，以个人身份参加职工医疗保险154人、特病卡467人次。

2020年，石堰镇户籍出生人口含往年补报出生273人，其中政策内生育273人，违法生育0人，死亡人口511人，符合政策生育率100%；常住人口含往年补报出生233人，其中政策内生育233人，违法生育0人，死亡人数452人，符合政策生育率100%。登记办理一孩“生育服务证”105人，登记办理二孩“生育服务证”77人，登记办理“再生育服务证”17人，办理“独生子女父母光荣证”38人，办理“流动人口婚育证明”20人。完成免费孕前优生健康检查79对，完成率113%。

改善民生福祉，全年组织大型招聘会1场、扶贫就业专项招聘会5场，签订意向性用工合同382人次；申报非全日制公益性岗位268个、全日制公益性岗位40个，办理创业失业证341人；帮助就业困难退伍军人、残疾人以及其他困难群体实现就业95人，城镇新增就业398人，申报一次性交通补助334人、2万余元，全镇失业率控制在3.2%以内。办理城乡居民养老保险新参保284人、土地复垦社会养老保险695人、2020年被征地农转非大龄人员生活困难补助2666人。受理农村小额人身保险和“孝老安康工程”等保险工作理赔资料87人次。全年发放低保金535.09万元、特困人员资金451.21万元、特困人员照料补贴881人次36.47万元、老年人养老服务补贴和营养补贴1336人次29.85万元、残疾人生活补贴和护理补贴1.16万人次82.11万元。临时救助困难群众210名、68.64万元。做好残疾人精准康复和家庭医生签约工作，已完成签约537人，为84人发放辅助器具。年内新增国家部分计划生育家庭奖励扶助159人、特别扶助6人、独生子女父母一次性奖励104人，组织全镇38户计划生育失独家庭免费健康体检并在节假日进行慰问。全年发放慰问退伍军人、残疾军人、军属、烈属、烈士子女慰问信及慰问品1750份，慰问金24.7万元。完成2020年征兵工作。

打赢打好脱贫攻坚收官战。全年开展“四类人员”全覆盖交叉检查5次，落实帮扶人员责任。落实“四个不摘”要求，推进“九大”专项行动。化解疫情灾情影响，技能培训、送工送岗、打造扶贫车间、开发公益性岗位等新增稳岗就业60余人；组织社会力量完成消费扶贫31.7万元；干坝村食用菌、中药材种植等8个扶贫项目均已完工。巩固提升“两不愁三保障”成果，鉴定“四类人员”房屋1757户，鉴定为危房573户，其中选择其他渠道保障266户，完成危房改造307户，实行动态清零；开展农村人口饮水安全问题动态核查，确保水量、水质、用水方便程度、供水保证率全部达标；落实2018年至2020年贫困人口参加城乡居民基本医疗保险个人缴费补助政策及先诊疗后付费、“一站式”结算服务，确保应保尽保、应助尽助；开展义务教育控辍保学工作，有效防止因义务教育保障未到位出现致贫返贫风险。开展产业扶贫，发放产业到户资金313户、51.8万元，选派产业发展指导员26名，充实农技服务队伍；2020年新增小额信贷42户、170.5万元，总计办理小额信贷361户，发放贷款417.81万元。落实返贫、致贫检测机制，整改各类问题，提高扶贫数据、档案质量，实施扶贫总结宣传，推进脱贫攻坚与乡村振兴有效衔接。

【安全稳定】 2020年，石堰镇着力战疫情战复工。全镇医护人员、机关干部、村（居）干部、消防队、民警等500余名基层工作者第一时间奔赴一线，外防输入、内防传染，摸排重点地区返乡人员2000余人，居家观察223人；统筹推进疫情防控和经济社会发展工作，全面规范工业企业复工复产，持续做好各级各类学校复学防控，落实宗教领域，养老院、敬老院等特殊场所防控，降低疫情对经济发展的冲击和影响。

保安全保生产紧盯重点行业领域，持续不间断的开展安全生产专项整治。全年开展各项安全检查工作70余次，针对消防安全排查单位200家（次），出动执法人员200余人次，处理道路交通非警告类纠违案件300余件，录入道路交通违规劝导信息2000余条，排查整改危险化学品、烟花爆竹、水上交通、消防等方面的安全隐患120余个。开展防灾减灾宣传月、安全宣传月、“四长谈安全”等活动，发放宣传资料5000余份。完成蔡家沟危岩等5个地质灾害隐患点25户、42人整体（部分）搬迁，确保辖区内全年地质灾害“零伤亡”。开展汛前安全检查30余次，确保镇属6座水库汛期安全。

认真开展领导干部接访下访工作，加大矛盾纠纷排查调处和化解力度，全年办理各类信访案件352件，办结348件，办结率98%，国家信访总局交办案件、中央联席办交办案件、市级交办的案件均有序化解。开展校园安全和矛盾纠纷大排查大整治工作并加强周边巡逻，保障校园安全。对全镇287名严重精神障碍患者加强服务管理，全年未发生严重精神障碍患者肇事肇祸事件。组织开展反邪教宣传月活动和“反邪教宣传进校园”活动，发放宣传资料1.5万余份，发动干部62人次，排查清理宗教场所3所，教育转化邪教人员58人。开展铁路护路工作，与涉路村签订责任书3份，调处矛盾纠纷18起，排查整治安全隐患28处，发放宣传资料5000余份。防范非法集资，开展宣传教育活动，组织开展涉非法集资线索专项排查。一牛、鼎力时代等长期遗留的重点矛盾纠纷化解工作有序推进。推进扫黑除恶专项斗争，发放扫黑除恶宣传资料2.4万份，开展大型涉黑涉恶问题线索和社会治安乱点线索摸排活动2次，对各村（居）开展扫黑除恶专项斗争专项督查2次。雪亮工程监控视频已安装调试完毕，镇村综治中心建设全面启动。

2020年2月6日，石堰镇政府工作人员慰问疫情防控最美逆行者家人

【党建工作】 2020年，石堰镇巩固“不忘初心、牢记使命”主题教育成果。全年开展党委理论学习中心组学习6次，班子成员带头上党课26次。结合民主生活会，收集对全镇工作的建议18条，对领导班子的建议12条，对领导的个人建议22条；建立工作台账，逐条明确整改要求，落实整改措施。办好民生10件实事。各基层党组织结合“两学一做”学习教育常态化制度化工作，将“三会一课”制度落到实处。运用“群工系统”及“远程教育”平台，做到“零扣分，全达标”。

推进基层党组织建设，完善非公党建组织信息27户。落实2020年40年以上党龄老党员生活补贴370名、51.19万元；春节、七一等节日走访慰问贫困党员341人，发放慰问金10.43万元。将雨台村党支部纳入2020年软弱涣散村党组织整顿，继续巩固提升2019年麒麟、海天、木耳3个村党支部的整顿成果。对21个村（社区）基层党建工作、村（居）务公开落实以及值班值守情况进行全面督查，发现党建资料方面问题37个、村务党务公开不规范21处、无人值班值守现象4起，进行通报；开展党务工作业务培训。制定农村党员发展3年计划，年内新发展党员10名、转正预备党员16名，引进本土优秀人才8名，其中全日制本科生3名，组织本土人才公开招聘考试，录取本土人才3名。

开展廉政教育，加强党性修养。2020年石堰镇全年收到区级交办、转办信访件32件，处置问题线索10件、办结6件；初核后立案1件、1人，结案1件。全镇开除公职处分1人、警告处分1人、批评教育18人、谈话提醒3人、诫勉谈话2人，开展回访教育6人，收缴各类违规资金1.29万元。开展疫情防控监督检查、扶贫领域专项整治、“四风”清理专项整治、餐饮浪费行为监督检查等工作。

（李慧玲）

洪湖镇

【概况】 洪湖镇位于长寿区西部，毗邻八颗街道、葛兰镇、万顺镇，渝北区大盛镇、统景镇，四川省邻水县御临镇；距长寿主城38千米，重庆主城65千米，四川邻水主城41千米。辖区面积103.65平方千米，是长寿区第五大镇。辖14个村、1个社区、108个村（居）民小组，全镇14126户，人口39439人。全镇有21个党支部，1156名党员，镇机关干部职工85人，村居干部63人。明月山山脉（西山）、铜锣山山脉位于镇两侧，大洪湖水域面积200余公顷，市级河流御临河流经洪湖镇。全镇耕地面积1867公顷，森林面积4587公顷，是全区林业大镇。有中小民营企业362家，个体工商户894户。

【经济发展】 2020年，洪湖镇面对百年未遇之大疫情，在抗击新冠肺炎疫情的同时，立足资源优势，创新发展方式，营造投资环境，加大协调服务力度，使经济稳步增长。

全年粮食总产23550吨，比2019年增加150吨；油菜产量110吨，增产10吨。全年畜禽产品产量5768.3吨，其中猪肉3074吨、牛肉28.4吨、羊肉15.1吨、禽肉682吨、兔肉23.9吨，禽蛋1944.9吨；蔬菜种植面积727公顷，产量18100吨；水果种植577公顷，产量9200吨。

加强渔业养殖技术指导，签订渔业养殖生产质量安全承诺书50余份，开展绿色发展技术指导10余家，宣传禁止肥水养殖。全年春秋集中免疫农村散养生猪13353头，免疫率100%；免疫牛口蹄疫726头，免疫率100%；免疫家禽禽流感283486只，免疫率100%；每月定期大清洗大消毒，全年对3521间生猪圈舍消毒12次，有效阻击非洲猪瘟和重大动物疫病防的蔓延和扩散；完成各类政策性农业保险，其中水稻467公顷、玉米333公顷、柑橘1200公顷、油菜133公顷；抓好大春作物中后期病虫防治，实施635.7公顷水稻象甲虫统防统治；宣传实施化肥、农药减量增效工作，发放宣传资料3000余份，在码头、长生等5个村实施叶面施肥171.58公顷；在表耳村、黑岩村实施67公顷绿色防控，安装杀虫灯36盏；完成全镇10余个村万亩柑橘检疫性病害（黄龙病、溃疡病等）的普查、防治；开展大春作物育苗技术培训3次，科技赶场咨询服务活动4期，提升农业发展能力。加快高标准农田建设，组织实施好新增粮食产能规划田间工程，建设高标准农田200公顷；加强现代农业技术推广应用，组织实施测土配方施肥面积333公顷以上，病虫害专业化统防统治面积533公顷（次）以上。

【基础设施建设】 2020年，洪湖镇实施民生重点项目建设。芦池村到五龙村公路提档升级完成土地丈量；芦池、黑岩等村市级土地整治项目于12月动工，已经完成7公顷；完成称沱污水处理厂及污水管网建设，新建管网3.5千米、化粪池5个、检查井172座、一体式提升泵站4座，改善3000人卫生环境；完成2020年人居环境亮化工程，新添路灯280盏，方便6000人出行；建成五龙村下龙塘山塘，保障2000人饮水安全；启动“橘香悦动村”核心区人居环境整治，风貌改造320户，已完成总工程70%；完成安子沟山坪塘和董家沟大湾、小湾排洪沟项目；完成称沱自来水厂技术改造，提升7000余人饮水质量；完成三合村排洪沟治理项目，整治主河道569.59米，箱涵5处、20米，整治支河道270米，保护耕地15公顷，保障下游1200余人生命财产安全；完成“四好”农村公路23公千米，方便7500人出行。

以“清脏”“治乱”为重点，引导群众参与村庄清洁行动，突出抓好农村的门口、路口、村口等关键点，屋边、路边、水边等重点区域，做到常打扫、常清理高标准、高质量完成改（新）建521户无害化卫生厕所。

美丽乡村建设启动新一轮农村建设用地复垦，按照“村民自愿、符合政策”的原则，广泛动员群众自愿申请农村建设用地复垦，已申请755户，增加土地27公顷，芦池片区231户已入库备案准备招投标。按照边摸排、边整改的要求，逐一确定建新后应拆未拆的危旧房整改，全面完成D级危房改造户原有危房拆除或封存工作，统一制作悬挂安全警示标识，落实管护责任人，定期进行安全巡查，拆除15户，封存48户，确保“危房不住人、人不住危房”。旧房整治提升以原地整治为主要方式，对3层及以下的旧房“缺什么补什么”，优先实施保障性整治，保证房屋功能设施齐全，纳入旧房整治提升31户，兑付资金16.3万元。持续深入开展“两违”综合治理工作，拆除一批违规乱建、破坏镇村规划布局的违章建筑，打击一批破坏青山绿水、严重影响环境的行为，完成销号50余处、3500平方米；开展日常巡查、排查，发现并制止违建行为20余起。持续开展洪湖镇国土空间规划修编，为236户办理乡村建设规划许可证；投入270万元推进洪湖镇饮用水源地规范化建设及污染整治工作；争取2020年美丽乡村建设试点项目资金100万元，完成凤凰村停车场配套、梯子村文化广场基础建设；称沱村成功创建为农业部2020年中国美丽休闲乡村，是长寿区2020年唯一入选乡村；梯子村、五龙村创建成功入选重庆市第二批美丽宜居乡村。

开展农村人居环境突出问题整治，解决“群众参与度不高的问题”，落实人居环境网格化管理，签订“门前三包”责任书，执行行为规范，定期开展清洁卫生镇、村、组三级评比活动；整治“院落环境脏乱差的问题”，开展农村陈年垃圾“清零”活动、院落柴草堆码“规范”行动、乱搭乱建问题专项整治行动等系列活动；完善“垃圾清运不规范的问题”，规范农村垃圾收运体系，落实专业公司负责辖区内卫生保洁，全镇分3个单元，场镇和农村公共区域分别实施服务外包，按照“户集、村收、镇转运、区处理”方式，设置垃圾收运箱体120个，村级垃圾清运设施实现全覆盖；投入22万元建成三合场镇公共厕所；启动三合农贸市场建设。

【社会发展】 2020年，洪湖中心校获全国青少年校园足球特色学校、长寿区校园文化特色学校、区中小学生围棋赛二等奖、区青少年科技创新作品展评二等奖、区第七届中华经典诵读大赛二等奖；教师个人获区级以上等级奖78人，一等奖3人；学生个人获区级以上等级奖52人次。大洪河中学在市级重点中学指标到校考试中，实现连续7年以优异成绩高标准远超指标任务；在2019—2020学年度长寿区素质教育目标考核中，连续6年获街镇中学组一等奖，其中5年居第一；在2019—2020学年度长寿区教育综合督导评估中，连续第七年获街镇中学组一等奖。压实控辍保学责任，采取返校复学、送教上门等措施有效解决7名适龄儿童失学辍学问题，实现义务教育保障全覆盖。

洪湖镇开展“文明习惯养成”活动，引导群众崇尚科学、反对愚昧，自觉摒弃不文明行为，全年参与人数1.1万人次；每月开展一次身边好人评比活动，让好人带动群众、服务群众、帮助群众，营造人人争做好人氛围。

落实民政救助救济工作，2020年全镇发放3750人次、31.66万元；完成分散特困人员纳入集中供养22人，做到失能特困人员集中照料全覆盖，在新冠肺炎疫情暴发后，对敬老院实行全封闭管理，确保院民身心健康；申报通过10户残疾人危旧房改建，补助16万元，更换三代残疾证221人次；严管城乡低保工作，全年发放城市低保140户、167人次、8.93万元，发放农村低保2777户、4505人次、166.54万元。落实退役军人服务工作，创建全国示范型退役军人服务站，组织慰问并发放退役军人慰问金7.53万元，发放救助金2.37万元，发放抚恤金与价补资金153.24万元；“抗美援朝”70周年之际，对16名洪湖籍人员进行慰问和表彰。完成2020年为部队输送新兵任务。

提供健康事业服务，2020年办理生育服务证124例、再生育服务证7例、独生子女父母光荣证63例，出具婚育证明27例。建立计生特殊家庭档案，严格落实计划生育特殊家庭“3+X”联系人制度，13户、19人见面率100%，节日走访慰问率100%，发放慰问金2.3万元；落实完善计划生育家庭扶助政策，2020年新确认国家奖扶36人，全镇有633人享受计生国家奖扶金73.64万元；享受计生特扶40人，特扶金36.47万元；独生子女父母一次性奖励72人、2.16万元。完成洪湖卫生院门诊楼搬迁和4个村卫生室提档升级，改善8300人就医环境。

提质城乡居民服务，完成24660人筹资536万元，为民政救济人员资助参保2264人、38.3万元，计生扶助参保资助1154人、20.43万元，巩固脱贫资助844人、15.5万元。新办理城乡居民养老保险650人，办理一次性丧葬补贴310人，新制社会保障卡660张；办理失业证43个，完成城镇登记失业人员灵活就业社保补贴14人、5.8万元；举办现场招聘会3场，23家企业提供就业岗位300余个，现场求职350人次，达成就业意向54人，发放就业宣传资料1000余份。

落实新冠肺炎疫情暴发后的防控工作。成立由镇党委、政府主要领导任组长的疫情防控工作领导组，逐级落实重大突发公共卫生事件一级响应的具体要求，扛起疫情防控重大政治责任，第一时间召集全体镇、村干部返岗，各司其职，全力以赴，高效开展防控工作。镇领导、各驻村干部与村组干部一道，进组入户对返镇来镇人员开展拉网式排查，执行日报告制度和零报告制度，疫情期间入户排查总人数4.53万人，均未出现症状。加强对各种人员聚集地的管控，禁止镇内所有餐馆、宾馆、农家乐、红白事“一条龙”餐饮服务、麻将馆营业；禁止举办各类宴席，对拟举行的15家家宴进行劝阻。全镇范围内设立卡口22处，配备检疫人员42名，实行24小时值守，总计排查外来车辆1.2万辆、3.7万余人次，均未出现症状。强化宣传引导，张贴标语125幅，出动宣传车245车（次），发放《致广大居民一封信》、告知书、新冠肺炎防控知识宣传画等25000余份，发放《长寿日报》防控宣传资料6500份，发放《返镇来镇人员及家庭成员告知书》15438份，回应群众关切，加强健康科普知识宣传和有关政策措施解读，及时规范发布疫情信息。依托QQ群、微信群等媒介，转载中央、市、区权威媒体平台关于疫情防控的科普和自我防护知识，有针对性地开展公众健康教育宣传，推送相关信息30余条。从2020年1月开始，外防输入、内防扩散，严防死守，坚决遏制疫情扩散和蔓延，确保人民群众生命安全。

决战脱贫攻坚工作。洪湖镇有市级贫困村1个，建档立卡贫困户364户、1117人。2020年，组织镇、村干部学习习近平总书记关于扶贫工作的重要论述和近平总书记在决战决胜脱贫攻坚座谈会上的讲话精神，及时组织召开“百日大决战”动员会，传达中央、市、区关于“百日大决战”的精神和安排部署，从思想上再动员，克服麻痹、松劲思想。根据中央第四巡视组脱贫攻坚专项巡视“回头看”反馈意见，举一反三，坚持问题为导向，抽调74人组建14支村级自查评估队伍，由驻村联系的镇领导带队，到各村开展全面的摸排自评，明确问题清单，建立问题台账，全镇梳理出5个方面、16个问题，58项整改任务。整改问题补短板，排查“四类人员”1681户、4465人，一般农户10781户、28066人，全面掌握每户群众饮水的取水方便程度、水质、水量、供水保障率等情况，每月开展动态排查，确保实时掌握群众饮水安全情况；投入资金30余万元，新建及维修饮水池17座，新建沉沙井2座，修建抽水泵房及更换抽水机等相关设备4处，新建各类供水管道供水管网21660米，更换各类破损、老化饮水管道35100米，解决群众饮水安全的实际问题。全面完成五龙村2020年农村饮水巩固提升工程，受益群众2242名，其中受益贫困户25户。出台洪湖镇农村饮水安全村级管护方案，每个村配备1名专职饮水设施管护人员，加强饮水管网的巡查力度和问题整改，全面提升饮水保障能力。动态清零再整改，全力保障住房安全，2020年纳入C、D级危房改造35户，其中C级危房改造2户，D级危房改建33户，“四类重点对象”23户、住房安全保障边缘户12户，补助资金101.5万元。开展数据清理工作，对发现的5户信息不准确的明白卡及时进行整改更换，按照实际情况对系统数据进行修正，做到“账账相符”“账实相符”。严格落实教育资助政策，2020年秋期，资助贫困家庭学生299人、167475元，落实29名大学生学费资助资金19.26万元，确保不重不漏、应享尽享。为扶贫户均购买健康保险等，医保外救助337798.47元。结对帮扶再落实，落实疫情期间外出交通补助24人、1200元，落实跨区域就业往返城市间交通补贴396人、29577元；支持贫困劳动力转移就业，落实一次性创业求职创业补助10人、5000元，落实重点群体一次性创业补助1人、8000元，落实贫困失业人员一次性临时生活补助1人、2880元，完成雨露计划就业培训3人，落实误工补助6000元；新增公益性岗位42个，为42户贫困家庭持续增收提供岗位；新增就业扶贫示范车间一处，吸纳10人就业，其中3人为建档贫困户，增收1.5万元；小额贷款256人次、501万元，提升贫困户致富动力。制定消费扶贫工作方案，组织人员到丰都开展旅游扶贫消费4万余元，镇政府伙食团、结队帮扶部门和帮扶责任人购买并推介贫困户农产品，解决贫困户农副产品运输难、销售难问题；年底前购买贫困户农产品1000公斤、1.5万元，通过重庆扶贫馆采购扶贫产品6.2万元。

洪湖镇在2020年夏季防汛救灾中，安排专人，深入重点堤段、库区泄洪点、道路损毁段等进行排查，排摸掌握汛情风险隐患点，及时采取有效措施消除险情，成功确保御临河洪水过境2次、大洪湖泄洪3次，沿岸1.5万人安全。对辖区26处地灾点实现排查全覆盖，摸清各地灾点现状，汛情威胁范围内实际居住的户数、人数，查缺补漏、完善“两卡一案”、警示牌、转移路线指示牌等设施。群测群防系统报送宏观监测数据1400条、定量监测数据340条，上报率均为100%；日常巡查出动人员120余人（次）。组织镇机关全体干部、消防队、卫生院、派出所、交巡警大队等力量在坪滩村上洞滑坡点完成镇级演练1次，在辖区25处地灾点完成村级地灾应急演练，受益群众600人。

洪湖镇镇、村两级全国第七次人口普查办压实工作责任，建立领导包保责任制，将工作责任层层传导，分解压实到机构、到个人；多方加强沟通协调，及时请示汇报，强化部门协调，加强内部沟通，确保各项工作衔接顺畅。坚持下沉村组一线，对发现的问题立即改正。高质量、多批次、多轮次开展普查人员培训，不定期召开“碰头会”“交流会”等，提升普查工作的实效性和针对性；采取线下、线上联动方式，通过微信群、公众号、朋友圈、横幅标语、宣传画册、一封信等大力宣传人口普查工作的重要意义、时间节点、主要内容等，提高群众对人口普查工作的知晓率。完成短表登记19751户、40825人，长表登记958户、2590人，登记和反馈率均排名靠前。

【安全稳定】 2020年，洪湖镇的安全生产工作按照“党政同责”“一岗双责”的要求，层层分解责任；强化落实单位主体责任，与14个村委会、1个居委会以及相关企业和从业人员签订安全生产工作目标管理责任书，形成全覆盖、无死角的安全工作体系。保持高度警惕，时刻做好森林防火、消防安全等工作，做好重点行业、重点领域安全生产专项巡查整治和日常监管。优化道路交通秩序，消除交通安全隐患；重点时间段交通劝导站均在岗在位，全年开展安全检查32次，下发整改通知书2份。年内对辖区内关闭煤矿巡查12次，封闭洞口1处，未发现异常。开展食药品检查148户，确保食药品安全。加大制止违法建设力度，下达停建通知书3户；加大建筑安全检查力度，每月按计划进行安全检查，下达安全隐患整改通知书2户。全年开展专题消防知识培训及消防演练2次，受训350余人次，接处火警12起，出动车辆43台（次），出动消防队员250余人次，抢救被困人员3人，疏散300余人；排查重点单位消防隐患13处，下达限期整改书1份。

平安洪湖建设以推进源头预防社会矛盾为根本，坚持领导信访接待日制度和预约接待制度、信访工作联席会议制度，落实包案领导制度，严密防控社会稳定风险，强化矛盾纠纷和信访隐患排查调处，重点做好危旧房改造、重点项目建设等涉及的重点人群信访，妥善解决信访积案，维护群众合理诉求；推进突出信访问题专项治理，化解突出问题5件，正在化解1件。预防和化解社会矛盾纠纷120件，重大矛盾纠纷6件，做好社区矫正对象3名的改造教育。加强禁毒和反邪教宣传工作，深化邪教组织顽固分子及吸毒人员等特殊人群管理，保持对各类黑恶势力违法犯罪的严打高压态势。将意识形态工作摆上重要议事日程，纳入领导班子、领导干部目标管理，对意识形态工作进行分析研判。

【党风廉政建设】 2020年，洪湖镇重视并加强政府廉政工作，落实党风廉政建设和反腐败工作分工责任制，强化权力监督制约，从严教育管理监督干部，抓好《中国共产党廉洁自律准则》《中国共产党纪律处分条例》学习宣传贯彻，提高拒腐防变能力，加大案件查处力度。全年开展廉政教育12次，其中开展初核调查5件，处置问题线索5件（2件不属实，已为受到错告诬告的干部澄清是非；3件属实，1件中3人受到组织处理，立案2件、办结1件，1人受到党内警告处分）。开展专项督查3次，对疫情防控期间政府各相关职能部门物资管理和经费使用情况开展督查；开展住房安全保障专项整治，督促镇扶贫、建管、财政办等部门落实贫群众住房安全保障；对脱贫攻坚大普查工作开展情况进行督查。（郭永乐）

万顺镇

【概况】 万顺镇位于明月山西部与渝北铜锣山东部之间的大洪湖畔，生态良好，环境优美，风光秀丽，大洪湖岛屿密布，湖湾港汊迷离，素有“千岛大洪湖”之称。万顺镇距长寿主城42千米，地处长寿城区、渝北城区、邻水县城“一小时经济圈”的“金三角”区域。全镇辖区面积57平方千米，场镇面积0.79平方千米，辖8个行政村、1个社区、76个村（居）民小组；总人口29216人，城镇人口1867人。全镇支柱产业为农业种植业和水产养殖业，粮食作物主要有水稻、玉米、甘薯，经济作物主要有水产、畜禽、柑橘、油菜；辖区有水库7座、山塘72口，大洪湖岛屿80余个、轮渡码头10个，水域面积1133.33公顷，占大洪湖长寿段总水面的90%。万顺镇既是长寿宜居的“后花园”，也是全区举足轻重的鱼米之乡，重庆市重要的淡水鱼类养殖基地。

【经济发展】 2020年，万顺镇财政预算总收入2888.17万元，比2019年同期增长1.7%；其中一般预算收入2714.63万元，同比增长6.5%。财政预算支出2937.67万元，同比增长6.8%。

全年粮食产量1.2万余吨，出栏生猪1.1万头，存栏蛋鸡7.5万羽，出栏肉鸡6.5万羽，禽蛋产量0.13万吨、产值2600余万元。水产养殖品种优质化高端化，重点以鳜鱼、翘嘴红鲌等高品质鱼类为主，年产40万千克，产值1600万元；大洪湖有机鱼产量90万千克，产值2200万元。种植中药材87公顷，产量15吨，产值1000余万元 。新建常年存栏2600头商品猪示范场1个，总投资500万元；全镇已建成养殖场13个，其中生猪场9个（标准化饲养场2个）、标准化肉鸭场1个、蛋鸡场3个，畜牧业产值4000余万元。大洪湖旅游开发总体策划完成，温泉小镇前期工作进展顺利，屏岚秀谷试营业，三归溪谷开工建设，万顺垂钓网上走红。市场主体壮大，年内有个体工商户672户、农业专业合作社36个、企业202个。培育壮大集体经济，通过产业带动、资源开发、租赁经营、项目拉动等形式盘活农村集体经济。

2020年6月2日，召开万顺镇、邻水县九龙镇成渝双城经济圈建设毗邻乡镇抱团共同发展座谈会

【旅游开发】 （详见《旅游业》类目《大洪湖生态旅游开发》分目）

【基础设施建设】 2020年，万顺镇实施农村人居环境整治。落实村庄清洁行动，抓人居环境四季战役，动员群众5000余人次，发放宣传资料1200多份，悬挂宣传横幅30余幅，安装宣传板4000余块，设置垃圾箱桶260余个，签订安装“门前三包”责任牌、公示牌；评选清洁村8个（次）、清洁农户426户、清洁院落32个、示范组48个（次）。对标对表整改市、区监测农村人居环境反馈问题，对133个监测问题全面整改销号，补齐全面建成小康社会农村人居环境短板。

道路交通建设协调解决处理4个历史遗留项目问题，完成2020年“四好农村路”20.3千米。加强农村公路养护力度，全镇农村公路养护里程160余千米，采用打捆整体发包进行公路养护；全年投入水毁资金90余万元，修补破损路面950余米，新建堡坎180余米，安装护栏510米。外联通道进入新规划，渝北石船至长寿万顺高速、S207长寿邻水至洪湖界（绕镇路）纳入长寿区“十四五”规划。

水利建设完成64个项目的竣工验收，其中后扶项目42个、水利项目2个、避险解困市级项目4个、避险解困镇级项目16个。全年整修提灌站3座、建成提灌站3座；续建的白合村石板丘水库边坡整治及灌溉系统工程、石碾盘水库护坡及库边绿化工程、陡梯子水库溢洪道工程等3个项目全面竣工。

生态保护开展“蓝天、碧水、绿地、田园”四大行动。加强加油站监督管理，实施大气污染

2020年5月20日，万顺镇拆除非法围湖筑坝建筑

专项行动，引导清洁能源推广和使用，及时制止秸秆燃烧及熏烤腊肉 26 次。推动水环境持续好转，开展集中式饮用水源规范化建设，落实监控设备 1 套；推行河长制，实施大洪湖水产公司清漂主体责任，建立集中清理与长效管理结合机制。加强场镇保洁、农村村庄清扫工作，实行专业队伍负责制，完成裸露垃圾清理 6 处，在东风村、万顺村实行垃圾分类试点工作，取得成效。整治农村养殖污染，巩固畜禽养殖污染专项整治成果，辖区内关闭、转产养殖场无一处死灰复燃；规范新建扩建养殖场审批，严格农业设施用地审批制度，督促 2 户畜禽养殖场环保问题完成整改。

【社会发展】 2020 年，万顺中学获区集体奖 6 个，教师获区及以上奖项 28 人次，学生获区及以上奖项 31 人次；考上市级重点高中 39 人，上市联招高中 29 人，升学率名列全区街镇中学前列，教育教学质量考核获区一等奖。镇教管中心获市级调研论文一等奖 2 个、二等奖 4 个，主持市级重点课题 1 个、区级课题 1 个，完成区级课题结题 1 个，师生获市、区级奖项 65 人次。

年内新建东风村中小湾、万顺镇老农贸市场、四重村王东庵文化广场、垭口村罗家湾 4 个健身点，完善石龙村健身点，修缮万顺镇文体广场、篮球场，新建羽毛球场 1 个、20 平方米户外宣传电子屏 1 个。组织参加区级体育赛事。开展读书活动，新购书籍 2000 余册，场镇图书借阅点投入使用。开展农村电影惠民工程，全年播放 96 场（次）。年内开展文艺活动，组织“送春联、迎祝福”、包粽子纪念端午等活动 9 次。

做好卫生健康工作，全年办理一孩生育登记 59 对、二孩生育登记 44 对；全镇计生特殊家庭 13 户、19 人（其中 8 户、10 人为失独家庭）见面帮扶率 100%，落实乡村医生计生特殊家庭签约服务，为计生特困户建立健康档案 19 份，全部免费体检；加大计生特殊对象政策宣传力度，落实完善计划生育家庭扶助政策，2020 年新增计生奖扶对象 14 人。万顺卫生院医技能力不断提升，特色门诊群众青睐，公共医疗服务到位；九石坎医院年收治住院病人 6899 人次。年内完成农户改厕 469 户。

民生保障全面落实民政“五项补贴”政策，全年发放 4359 人次、43.19 万元。做好特困人员供养，对敬老院实行全封闭管理，分散特困人员纳入集中供养 7 人。开展残疾人帮扶，实施 7 户残疾人危旧房改建，按每户 1.6 万元给予补助；走访慰问残疾人 150 名，发放慰问金 3 万余元，发放防控物资惠及 1000 余人次，更换三代残疾证 980 余个。严管城乡低保调整，全镇有城市低保 38 户、44 人，全年发放低保金 24.7 万余元；农村低保 232 户、401 人，发放低保金 200 余万元。每月及时足额发放困难群体临时价格补贴。开展退役军人服务慰问活动，发放慰问金 4.82 万元，发放救助金 3.26 万元；发放抚恤金与价补资金 272.58 万元。

全年新办理城乡居民养老保险 86 人（其中征地农转非退休 10 人），全镇居民养老保险参保人数 18971 人；医疗保险新参保 835 人，参保总人数 17965 人。落实就业社保补贴 3 人，新增公益性岗位 34 人（全日制 7 人、非全日制 27 人）；年内发放就业宣传资料 800 余份，举办招聘会 4 场，13 家企业提供就业岗位 410 个，现场求职 352 人次，达成就业意向 86 人。享受征地农转非大龄困难人员菜篮子补贴 385 人，全年发放补贴 32.34 万元。

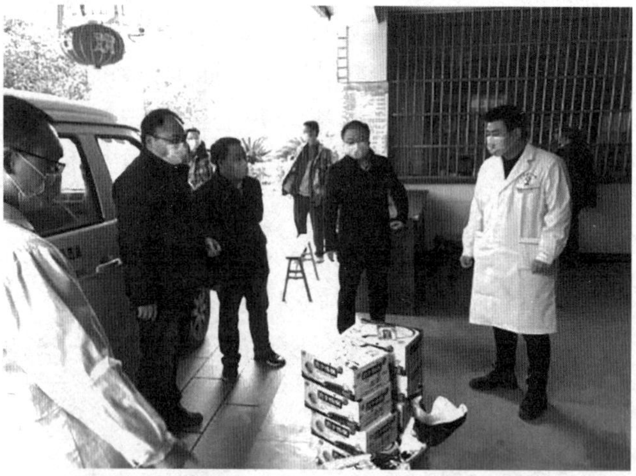

2020 年 2 月 13 日，万顺镇党委、政府慰问辖区抗疫一线医护人员

脱贫攻坚工作，5 年减贫 889 人，贫困户人均纯收入达到 13996.01 元。危房改造 370 户，让贫困群众住上安全房。教育资助应享尽享，贫困群体家庭适龄儿童，均享受“两免一补”教育资助政策，子女升入大学 26 人。贫困群体享受基本医保补充、签约服务全覆盖。所有扶贫户获产业奖补资金 115 万余元。志智双扶有成效，在全镇举办

榜样面对面宣讲3场（次），制作脱贫先进典型微视频2个；组织职工参加全区举办的脱贫攻坚征文比赛、身边的脱贫故事演讲等活动，均获二等奖。

【安全稳定】 2020年，万顺镇抓好安全生产“属地管理、一岗双责、谁主管谁负责”责任落实，开展交安专项行动10次、道路联合执法30余次，整治处置变型拖拉机40台。联合港航处执法4次，开展水上交通安全宣传20余次；检查客运船舶120余艘（次），处理违规营运2起；查处自用船超载50余起，查处不带救生衣、救生凳等违法行为80余起，对自用船非法载人说服教育70余起。开展专项消防安全检查28次。对全镇14处地质灾害隐患点建立巡查台账。检查在建工程43次、在建房屋100次，下发隐患整改通知书5份。落实农畜产品各项安全检查措施，全年市场检疫禽174860羽、产地检疫生猪9600头、车辆消毒757台（次）。

矛盾纠纷排查化解推进“事要解决”，发挥村级综治专干、网格员、专职调解员、法律顾问的职能作用，全年调解纠纷210件，办理信访案件30件，领导干部接访下访98次，村综治专干代理信访案件100余件。加强严重精神障碍患者管理，做好32名在册三级以上严重精神障碍患者的日常管理工作。加大社区戒毒（康复）工作力度，戒毒责令3人、执行3人。加大刑释解教人员的安置帮教工作，社区矫正全年新接收3人、解除4人，年底前在册3人。

全年社会治理集中开展疫情防控宣传、扫黑除恶专项斗争等宣传活动40次，LED电子屏幕滚动播放相关知识6000余次，发放宣传材料8000余份，张贴宣传海报780余张，民警进校园开展普法宣传2次。坚持新时代“枫桥经验”，依法防范和打击非法集资，开展扫黑除恶专项斗争；加大巡逻力度，开展“警灯闪烁”活动，建立健全各种群防群治组织，形成联防联控机制。全年刑事案件42起，受理治安案件25起，查处治安案件12起，报区公安局裁决5件，行政拘留4人，刑事打击7人。

【党建工作】 2020年，万顺镇组织召开党委会议23次、党建工作专题会议10次，领导班子成员分别到所联系的村讲党课2次，执行党委议事制度、中心组学习、民主生活会、“三会一课”等各项制度，强化意识形态领域工作。开展软弱涣散基层党组织整顿提升，对白合村、院子村党支部进行集中整治。开展村“两委”换届研判，对每个村四职干部进行考察，摸清干部队伍情况，提出加强“两委”班子建设的对策措施；推荐产生后备干部32名（其中党员16名，占50%；35岁以下13名，占40.63%）；调整村“两委”成员4名，新聘综合专干1名；根据区委组织部换届工作安排，在2020年年底前实行村支部书记和村主任2个岗位只保留1人的工作得到落实。强化党员日常学习教育，巩固“不忘初心、牢记使命”主题教育成果，以脱贫攻坚工作及乡村振兴工作为切入点，组织各党支部书记、支部委员集中轮训3次，培训70余人次。2020年发展预备党员4名，按期转正党员6名，培养积极分子14名；解决三年未发展党员村3个。组织机关干部职工、村四职干部和志愿者200余名参与疫情防控宣传和防疫工作。坚持挺纪在前深化纪律教育，年内镇纪委查处各类问题线索10件，其中区纪委信访移送7件、镇党委转1件、镇纪委自查发现2件，调查了结10件；诫勉谈话镇机关党员1人、批评教育镇村党员干部3人、立案1件、党内警告处分1人；强化警示教育和岗位廉政教育，集中组织收看警示教育片2次，开展“以案四说”警示教育1次。

（刘显林）

2020 年 8 月，助力脱贫攻坚的长寿标杆养殖合作社车间一角

人 物

❖ 2020年重庆市长寿区人物

2020年重庆市长寿区人物

重庆市人大代表

表37　　2020年长寿区新增重庆市第五届人民代表大会代表

姓名	性别	民族	政治面貌	文化程度	工作单位及职务	备注
胡文军	女	汉	中共	大学	中共长寿区委常委、纪委书记、监委主任	工作调动转入

个人荣誉榜

表38　　2020年长寿区获市级以上表彰先进个人

获奖项目	获奖者姓名	获奖者性别	获奖者工作单位及职务	授奖单位	授奖时间
全国抗击新冠肺炎疫情先进个人	付显芬	女	长寿区人民医院副院长	中共中央、国务院、中央军委	2020年9月
全国劳动模范	李顺清	男	长寿区葛兰镇盐井村四组村民	中华全国总工会	2020年11月
全国侨联系统抗击新冠肺炎疫情先进个人	王元梅	女	长寿区归侨侨眷联合会维权服务科科长	中华全国归国华侨联合会	2021年1月
全国抗疫“最美家庭”	陈思宇、高税家庭		长寿区人民医院消化内科主任医师	全国妇女联合会	2020年5月
中国关工委成立30周年全国先进个人	谭连兴	男	长寿区关工委原常务副主任	中国关工委	2020年8月
全国模范人民调解员	罗　阳	男	菩提司法所所长	司法部	2020年12月
全国气象部门2020年优秀共产党员	左艳萍	女	长寿区气象局办公室主任	中国气象局党组	2020年6月
抗击新冠肺炎疫情先进个人	付显芬	女	长寿区人民医院副院长	民革中央	2020年11月
抗击新冠肺炎疫情先进个人	孙隆江	男	长寿区中医院急诊科医生	民革中央	2020年11月
民进全国履职能力建设年先进个人	李佳	女	长寿区司法局局长	民进中央	2020年12月
民进全国抗击新冠肺炎疫情先进个人	戴鹤鹏	男	重庆华博军卫医药股份有限公司董事长	民进中央	2020年12月

续表

获奖项目	获奖者姓名	获奖者性别	获奖者工作单位及职务	授奖单位	授奖时间
民进全国会史工作先进个人	吕兴建	男	民进长寿区委会专职副主委	民进中央	2020年8月
纪念中国农工民主党成立九十周年先进个人	张昌红	女	长寿区政府副区长、农工党长寿区委会副主委	农工党中央	2020年8月
农工党中央抗击新冠肺炎疫情先进个人	刘玉琴	女	重庆天致药业股份有限公司董事长	农工党中央	2020年12月
	张强	男	长寿区人民医院消化内科副主任医师		
	余琳	女	长寿区人民医院神经内科主治护师		
九三学社抗击新冠肺炎疫情先进个人	向勤	女	长寿区人民医院副院长、主任医师	九三学社中央委员会	2020年11月
九三学社抗击新冠肺炎疫情湖北抗疫一线优秀社员	张敏	女	长寿区人民医院重症部护士长、主管护师		
全国检察机关刑事执行检察和职务犯罪侦查部门一级侦查人才库首批入选人员	王少辉	男	长寿区人民检察院干警	最高人民检察院第五检察厅	2020年12月
“敬业奉献”中国好人	张能瑜	男	国网重庆市电力公司长寿供电分公司职工	中国文明网	2020年8月
2019年度全国检察宣传先进个人	王刘章	男	长寿区人民检察院干警	检察日报社	2020年7月
	杨晓莉	女			
	殷　浩	男			
2020年度全国检察宣传先进个人	江　瑛	女	长寿区人民检察院干警	检察日报社	2020年11月
	乔璟璟	男			
	周　丹	女			
2019年重庆市乡村振兴贡献奖先进个人	杨　杰	男	长寿区农业技术服务中心副主任	中共重庆市委、重庆市人民政府	2020年4月
	陈　琳	男	长寿区规划自然资源局国土空间用途管制科科长		
	李则民	男	重庆清迈农业有限公司董事长		

续表

获奖项目	获奖者姓名	获奖者性别	获奖者工作单位及职务	授奖单位	授奖时间
重庆市抗击新冠肺炎疫情先进个人	刘凤琼	女	长寿区中医院副院长、副主任医师	中共重庆市委、重庆市人民政府	2020年10月
	游泽忠	男	长寿区中医院门诊部主任，副主任中医师		
	敬晓琴	女	长寿区人民医院感染科主任助理，副主任医师		
	陈　杰	男	长寿区人民医院肿瘤科主任，主任医师		
	李　泉	男	长寿区人民医院医学检验科主任，主任技师		
重庆市抗击新冠肺炎疫情先进个人	吴小兰	女	长寿区人民医院感染科副主任，副主任医师	中共重庆市委、重庆市人民政府	2020年10月
	廖建波	男	长寿区葛兰镇卫生院支部书记、院长，副主任医师		
	徐　东	男	长寿区汇胜血液透析中心主任，医师		
	张　纪	男	长寿区公安局校园安全保卫支队四级高级警长		
	任利容	女	长寿区凤城街道黄桷湾社区党委书记		
	刘朝万	男	长寿区长寿湖镇红光村党支部书记		
	朱九天	男	长寿区融媒体中心助理记者		
	叶俊英	女	长寿区云集镇党委书记		
	殷　民	男	长寿区经济信息委党组成员、副主任		
	黄南天	男	长寿区委政法委平安建设指导科科长		
	刘泓岑	女	长寿区江南街道党政办主任		
	刘　宇	男	长寿区邻封镇卫生院公共卫生科科长，医士		

续表

获奖项目	获奖者姓名	获奖者性别	获奖者工作单位及职务	授奖单位	授奖时间
重庆市优秀共产党员	游泽忠	男	长寿区中医院门诊部主任，副主任中医师	中共重庆市委、重庆市人民政府	2020年10月
	敬晓琴	女	长寿区人民医院感染科主任助理，副主任医师		
	张　纪	男	长寿区公安局校园安全保卫支队四级高级警长		
	叶俊英	女	长寿区云集镇党委书记		
重庆五一劳动奖章	舒志明	男	长寿区黄桷湾小学校书记、校长	重庆市总工会	2020年4月
	付显芬	女	长寿区人民医院护理部主任		
最美逆行者	张　强	男	长寿区区人民医院消化内科副主任医师	湖北省委、省政府	2020年3月
	余　琳	女	长寿区人民医院神经内科主治护师		

（各相关部门提供）

表39　**长寿区第三届“长寿工匠”**

序号	姓名	性别	单　位	主要职业
1	陶康	男	重庆钢铁股份有限公司炼钢厂	焊工高级技师
2	项庆明	男	中国石化集团重庆川维化工有限公司	化工设备高级技师
3	马金鹏	男	巴斯夫聚氨酯（重庆）有限公司	光气化学工程师
4	程应勤	男	重庆川维物流有限公司港务分公司	危化品清洗工
5	柳永贵	男	重庆双羽家具有限公司	木工技术员
6	樊红丽	女	川维小学	高级语文教师
7	余庭芳	女	区妇幼保健计划生育服务中心	影像学副主任医师
8	李玮娟	女	长寿区农业技术科研服务中心	高级农艺师
9	何　静	男	金凤山大酒店	烹饪高级技师
10	廖维莉	女	重庆唯粒竹编制品有限公司	创意竹编技工

（摘自长工发〔2020〕23号《关于第三届“长寿工匠”评选结果的通报》）

长寿区第五届“十大乡贤”

1. 余太海　　云台镇
2. 程伯成　　龙河镇
3. 袁自仁　　但渡镇
4. 郑友谊　　邻封镇
5. 方定芬　　菩提街道
6. 李文云　　万顺镇

7. 张洪清　　新市街道
8. 陈祥云　　石 堰 镇
9. 杨国强　　葛 兰 镇
10. 左　涛　　八颗街道

（中共重庆市长寿区委宣传部提供）

长寿区第五届“十大孝星”

1. 王川明　　菩提街道
2. 叶淑均　　凤城街道
3. 游小会　　晏家街道
4. 黎纯明　　江南街道
5. 李维针　　八颗街道
6. 汪桂珍　　云 台 镇
7. 项其均　　但 渡 镇
8. 廖国康　　双 龙 镇
9. 刘会琼　　龙 河 镇
10. 梅会容　　洪 湖 镇

（中共重庆市长寿区委宣传部提供）

2020年长寿区新评高级专业技术职称人员

表40　　2020年长寿区新评高级专业技术职称人员统计

序号	单　　位	姓　名	专业技术资格	备注
1	重庆川维石化工程有限责任公司	陈忠仕	正高级工程师	
2	重庆川维石化工程有限责任公司	程志裕	正高级工程师	
3	重庆钢铁股份有限公司	徐朝辉	正高级工程师	
4	长寿区水产技术推广站	葛建国	正高级工程师	
5	长寿区农业技术科研服务中心	陈大超	正高级农艺师	
6	长寿中学	蒋永红	正高级教师	
7	长寿区教师发展中心	邓小明	正高级教师	
8	长寿实验中学	夏万斌	正高级教师	
9	长寿区人民医院	罗小红	主任医师	
10	长寿区中医院	谢文全	主任医师	
11	长寿区人民医院	陈思宇	主任医师	
12	长寿区人民医院	游晓蓉	主任医师	
13	长寿区中医院	李维娜	主任医师	
14	长寿区第三人民医院	江光华	主任医师	
15	长寿区人民医院	舒平	主任医师	
16	长寿区妇幼保健计划生育服务中心	何泽真	主任医师	
17	长寿区第三人民医院	李兵	主任医师	

续表

序号	单　位	姓　名	专业技术资格	备注
18	长寿区人民医院	范原铭	主任医师	
19	长寿区中医院	周宏	主任医师	
20	长寿湖镇卫生院	傅显慧	主任医师	
21	长寿湖镇卫生院	刘中科	主任中医师	
22	长寿区人民医院	黄凤	主任护师	
23	长寿区人民医院	冉碧勤	主任护师	
24	长寿区人民医院	吴晓兰	主任护师	
25	长寿区人民医院	李小荣	主任护师	
26	长寿区人民医院	陶凤	主任技师	
27	长寿区疾病预防控制中心	马周俊	副主任医师	
28	长寿区人民医院	张怡	副主任医师	
29	重庆国宾妇产医院	周守会	副主任医师	
30	长寿区中医院	鞠平钰	副主任医师	
31	长寿区人民医院	李园园	副主任医师	
32	长寿区人民医院	张晟	副主任医师	
33	长寿区人民医院	袁外	副主任医师	
34	长寿区人民医院	戴春才	副主任医师	
35	长寿区人民医院	孔玲玲	副主任医师	
36	长寿区妇幼保健计划生育服务中心	邵建容	副主任医师	
37	长寿区人民医院	黄金亮	副主任医师	
38	长寿区人民医院	吴雷	副主任医师	
39	长寿区人民医院	张正富	副主任医师	
40	长寿区人民医院	梅攀	副主任医师	
41	江南街道社区卫生服务中心	毛敏	副主任医师	
42	渡舟街道社区卫生服务中心	陈名	副主任医师	
43	凤城街道社区卫生服务中心	阳联波	副主任医师	
44	凤城街道社区卫生服务中心	黄剑民	副主任医师	
45	凤城街道社区卫生服务中心	周敏	副主任医师	
46	长寿湖镇卫生院	张利丽	副主任医师	
47	长寿湖镇卫生院	陈静	副主任医师	
48	但渡镇卫生院	叶志强	副主任医师	
49	云台镇卫生院	吴永红	副主任医师	
50	洪湖镇卫生院	缪碧君	副主任医师	
51	洪湖镇卫生院	陈清华	副主任医师	
52	万顺镇卫生院	李春侠	副主任医师	
53	长寿区人民医院	樊大钰	副主任医师	
54	长寿区人民医院	任琼	副主任医师	
55	长寿区人民医院	邓川	副主任医师	

续表

序号	单　　位	姓　名	专业技术资格	备注
56	长寿区人民医院	黄勇	副主任医师	
57	长寿区人民医院	余洲	副主任医师	
58	长寿区人民医院	张军华	副主任医师	
59	长寿区人民医院	肖驰	副主任医师	
60	长寿区中医院	孙隆江	副主任医师	
61	长寿区中医院	罗素霞	副主任医师	
62	长寿区中医院	舒建兴	副主任医师	
63	长寿区第三人民医院	杨霞	副主任医师	
64	葛兰镇卫生院	杨世宇	副主任医师	
65	长寿区人民医院	阳鹏	副主任医师	
66	长寿区中医院	谭正荣	副主任中医师	
67	长寿区中医院	彭维	副主任中医师	
68	长寿区中医院	周凤华	副主任中医师	
69	万顺镇卫生院	陈德奎	副主任中药师	
70	长寿区人民医院	张华	副主任药师	
71	龙河镇卫生院	李霞	副主任药师	
72	长寿区人民医院	章伶俐	副主任护师	
73	长寿区人民医院	章晓琴	副主任护师	
74	长寿区人民医院	李敏	副主任护师	
75	长寿区人民医院	张敏	副主任护师	
76	长寿区人民医院	李华	副主任护师	
77	长寿区人民医院	汪晓妮	副主任护师	
78	长寿区人民医院	但雪梅	副主任护师	
79	长寿区中医院	刘启芳	副主任护师	
80	长寿区中医院	喻洪萍	副主任护师	
81	长寿区中医院	张燕	副主任护师	
82	洪湖镇卫生院	谢琴	副主任护师	
83	长寿区卫生应急中心	简敏	副主任护师	
84	长寿化工园区医院	廖彩蓉	副主任护师	
85	昆明同仁医院	胡国蓉	副主任护师	
86	长寿区人民医院	向小玲	副主任技师	
87	长寿区疾病预防控制中心	彭孝斌	副主任技师	
88	长寿区人民医院	董姗姗	副主任技师	
89	长寿区中医院	汤兴芳	副主任技师	
90	长寿区第三人民医院	屈锐	副主任技师	
91	邻封镇农业服务中心	胡勇	高级农艺师	
92	双龙镇综合行政执法大队	周普红	高级农艺师	
93	海棠镇农业服务中心	周水泉	高级农艺师	

续表

序号	单　　位	姓　名	专业技术资格	备注
94	重庆钢铁股份有限公司	陆明珠	高级工程师	
95	重庆钢铁股份有限公司	曾涛	高级工程师	
96	重庆钢铁股份有限公司	张晓林	高级工程师	
97	重庆钢铁股份有限公司	宋明明	高级工程师	
98	重庆钢铁股份有限公司	高祝兵	高级工程师	
99	重庆钢铁股份有限公司	徐书强	高级工程师	
100	重庆钢铁股份有限公司	曾令文	高级工程师	
101	重庆钢铁股份有限公司	余杰	高级工程师	
102	重庆钢铁股份有限公司	刘晓峰	高级工程师	
103	重庆钢铁股份有限公司	高玉佩	高级工程师	
104	重庆钢铁股份有限公司	杨宗贵	高级工程师	
105	重庆钢铁股份有限公司	文向东	高级工程师	
106	重庆钢铁股份有限公司	张宏亮	高级工程师	
107	重庆钢铁股份有限公司	肖炳华	高级工程师	
108	重庆钢铁股份有限公司	曹阳	高级工程师	
109	重庆钢铁股份有限公司	李鑫鹏	高级工程师	
110	重庆渝发建设有限公司	左永洪	高级工程师	
111	重庆渝发建设有限公司	李建军	高级工程师	
112	重庆渝发建设有限公司	周光明	高级工程师	
113	重庆渝发建设有限公司	刘淮	高级工程师	
114	重庆渝发建设有限公司	孟超	高级工程师	
115	重庆渝发建设有限公司	倪启龙	高级工程师	
116	重庆渝发建设有限公司	冯楚涵	高级工程师	
117	重庆渝发建设有限公司	姚锋刚	高级工程师	
118	重庆渝发建设有限公司	张荣贵	高级工程师	
119	重庆渝发建设有限公司	金锋波	高级工程师	
120	重庆文和建设集团有限公司	刘永亮	高级工程师	
121	重庆市环境保护工程监理有限公司	曾维明	高级工程师	
122	重庆川维石化工程有限责任公司	陈力	高级工程师	
123	重庆龙辉建设有限公司	杨金周	高级工程师	
124	重庆银宏实业集团有限公司	张树全	高级工程师	
125	长寿建筑安装有限公司	程建平	高级工程师	
126	重庆四兴建设有限公司	左琦	高级工程师	
127	重庆四兴建设有限公司	唐建国	高级工程师	
128	重庆四兴建设有限公司	李维	高级工程师	
129	重庆四兴建设有限公司	李洪波	高级工程师	
130	重庆渝发建设有限公司	田清会	高级工程师	
131	重庆渝东建设有限公司	袁文	高级工程师	

续表

序号	单　　位	姓　名	专业技术资格	备注
132	重庆川维建安工程有限公司	杨昌利	高级工程师	
133	重庆川维建安工程有限公司	王昌全	高级工程师	
134	重庆川维建安工程有限公司	周尊君	高级工程师	
135	重庆川维建安工程有限公司	张天秋	高级工程师	
136	重庆川维建安工程有限公司	潘晓明	高级工程师	
137	重庆川维建安工程有限公司	蒋武	高级工程师	
138	重庆川维建安工程有限公司	刘兵	高级工程师	
139	重庆川维建安工程有限公司	李红云	高级工程师	
140	重庆金维实业有限责任公司	邹荣彪	高级工程师	
141	重庆品晶众建筑工程有限公司	周建波	高级工程师	
142	重庆市互茂劳务派遣有限公司	陈林	高级工程师	
143	重庆昆南建设工程有限公司	王金磊	高级工程师	
144	重庆正信建设监理有限公司	高万云	高级工程师	
145	重庆博腾制药科技股份有限公司	齐友坤	高级工程师	
146	重庆博海项目管理有限公司	姜秀亮	高级工程师	
147	福安药业（集团）股份有限公司	徐鹏	高级工程师	
148	长寿区城乡统筹开发有限公司	李凤琼	高级工程师	
149	长寿区水务投资建设管理服务中心	袁小平	高级工程师	
150	长寿区园林绿化管理所	唐光杰	高级工程师	
151	重庆环科源博达环保科技有限公司	林强胜	高级工程师	
152	重庆华硕建设有限公司	罗中辉	高级工程师	
153	重庆华硕建设有限公司	潘成林	高级工程师	
154	重庆华硕建设有限公司	汤杰	高级工程师	
155	重庆华硕建设有限公司	杨宏全	高级工程师	
156	重庆华硕建设有限公司	廖茂良	高级工程师	
157	长寿经开区开发投资集团有限公司	张玉书	高级工程师	
158	长寿经开区开发投资集团有限公司	解玉侠	高级工程师	
159	长寿经开区开发投资集团有限公司	谢淑英	高级工程师	
160	重庆乐至置业发展有限公司	任小军	高级工程师	
161	重庆乐至置业发展有限公司	黄程成	高级工程师	
162	长寿区城市管理服务中心	张清明	高级工程师	
163	长寿生态旅业开发集团有限公司	吴彦梅	高级工程师	
164	长寿公益工程建设管理有限公司	黄明富	高级工程师	
165	长寿区市政环卫处	夏颖	高级工程师	
166	长寿经开区开发投资集团有限公司	王冰青	高级工程师	
167	长寿经开区开发投资集团有限公司	游灿林	高级工程师	
168	重庆合汇制药有限公司	李锦玉	高级工程师	
169	重庆云天化瀚恩新材料开发有限公司	吕新坤	高级工程师	

续表

序号	单　　位	姓　名	专业技术资格	备注
170	付何中学	朱斌	高级教师	
171	大洪河中学	张震宇	高级教师	
172	特殊教育学校	陈莉	高级教师	
173	川维中学	吴琼	高级教师	
174	川维中学	任惠	高级教师	
175	龙溪中学	王信华	高级教师	
176	晶山小学	徐永利	高级教师	
177	晶山小学	余艳梅	高级教师	
178	晶山小学	梁明会	高级教师	
179	桃源小学	周芳莉	高级教师	
180	凤三小	李蓉梅	高级教师	
181	长寿湖九年制学校	但楠	高级教师	
182	飞龙九年制学校	黄小东	高级教师	
183	实验一小	胡瑞琴	高级教师	
184	实验一小	袁国全	高级教师	
185	长寿一中	谢丽霞	高级教师	
186	桃源小学	杨响	高级教师	
187	川维中学	余佳玲	高级教师	
188	长寿区委党校	罗辉	副教授	
189	重庆万斯金属特种成形有限公司	邵敏	高级会计师	
190	福安药业（集团）股份有限公司	甘小丽	高级会计师	
191	重庆光宇建设开发（集团）有限公司	龚小花	高级会计师	
192	长寿经开区开发投资集团有限公司	杨素梅	高级会计师	
193	重庆远冲实业有限公司	袁小兵	高级会计师	
194	长寿古镇文化旅游开发有限公司	刘琼	高级会计师	
195	重庆钢铁股份有限公司	金美娟	高级会计师	
196	长寿经开区开发投资集团有限公司	喇文婷	高级经济师	
197	长寿区殡仪馆	戴光强	高级经济师	
198	长寿古镇文化旅游开发有限公司	余中利	高级经济师	

（重庆市长寿区人力社保局提供）

在长寿的外地人

李金钟

李金钟，1964 年生于浙江东阳，2020 年任亚士创能科技（上海）股份有限公司董事长兼总裁。

2020 年 8 月 20 日，李金钟与长寿区、长寿经开区相关领导沟通不到一小时，即决定在长寿投资兴业。2020年10月20日，总投资20亿元的亚士创能西南综合智能制造基地（简称亚士西南制造基地）开工奠基。从达成项目协议到开工建设用2个月。

李金钟于1998年在浙江杭州创立亚士这一民族品牌23年，秉持着“行业专业化，领域多元化，沿核心竞争能力扩张”的发展理念，立足功能型建筑涂料的领先优势，凭借强大的跨界创新能力，缔造保温装饰成品板行业，发明创造真金防火保温板；2020年进军防水领域，持续为客户、为行业、为社会创造价值。

2017年9月28日，亚士创能在上海证券交易所主板上市，成为中国建筑节能与装饰材料主板上市第一股。李金钟带领亚士在有质量的高速增长道路上奔跑；上市3年，业绩持续增长。2020年，亚士实现营业收入35.01亿元，比2019年增长44.61%；归属于上市公司股东的净利润3.16亿元，增长176.40%，同期增长率在行业内领先。

2018年10月13日，在20周年庆典上，李金钟宣布开启青春亚士新时代，提出顶层战略——赋新时代动能，打造亚士可持续发展生态圈。2020年9月28日，在上市三周年之际，亚士与阿里云达成战略合作，开启数字化转型，立志成为时代的企业。

在做大、做强民族企业的同时，李金钟一直用行动践行一个民族企业、一个公众公司应有的社会责任与担当。2020年新冠肺炎疫情席卷而来，其间李金钟向全体亚士人承诺不裁员、不减薪，在疫情形势最严峻的2月份提前发放工资。疫情发生后，公司捐赠200万元支持疫情防控、千里接力驰援武汉小汤山、为过半员工涨薪，与全社会共克时艰。

李金钟以其前瞻性眼光，计划在2022年前完成“1+6+N”，2023年前完成“1+8+N”的全国产能布局。立志在长寿这方热土持续深耕，以最快速度建成一个行业现代化、有竞争力、有生命力的智能制造升级工厂。亚士西南制造基地将于2022年初竣工，建成后将形成年产值50亿级现代化工厂，可有效拉动周边区域就业、税收增长，成为长寿乃至重庆经济社会发展的一个新亮点。

吕　斌

视长寿为第二故乡的重庆梅塞尔气体产品有限公司总经理吕斌，出生于1970年，籍贯上海，中欧商学院研究生学历。1995—1999年服务于美国菲利普莫里斯卡夫事业部，负责重庆、贵阳、云南的业务；1999—2002年服务于美国科勒公司，负责西南地区的业务；2002—2009年，服务于德国德固赛、巴斯夫集团化学建材，负责西南地域的业务和企业运行；2009年起，服务于梅塞尔集团，2012年前负责梅塞尔集团旗下四川梅塞尔的业务和运行，2012—2020年负责重庆梅塞尔的业务和运行。

位于长寿区的重庆梅塞尔气体产品有限公司，正式成立于2012年，2014年完成一期投资项目，2015年进入商业运行，2019年完成二期投资项目建设，2020年启动三期投资建设项目，新的产能计划2022年投产。

作为全球范围内拥有工业气体行业123年历史的跨国集团——梅塞尔集团的全资子公司，重庆梅塞尔从2012年到2020年8年间，按照每2年投资一套新产能的速度，在长寿区快速、持续、良好地发展。8年时间，重庆梅塞尔已经成为梅塞尔中国战略板块的重要组成部分，梅塞尔在长寿区的投资密度和强度远远超过其他区域；从2014年到2020年，已经投资人民币8亿元；在2020年对重庆梅塞尔增加资本金3000万美元，重庆梅塞尔规划从2020年起到2025年在长寿区追加投资人民币15亿元。

随着长寿区经济社会持续发展，重庆梅塞尔从2016年的1家工业气体管道气客户，到2020年发展到16家工业气体管道气客户，并在2020年和新入驻长寿区的投资项目签订供应合同。梅塞尔提供的国际先进标准的工业气体，和工业生产必需的水、电、天然气，蒸汽一样，成为长寿经开区的基础公辅供应工程之一，实现和园区及客户的共同发展和成长。

重庆梅塞尔面对整个大重庆市场，积极发展工业气体的液体业务，从2015年每天100吨对外工业气体液体销售量，发展到2020年每天的销售量突破1000吨。短短几年实现攀升10倍，梅塞尔向重庆地区300多家客户提供高品质稳定的液体产品和技术服务，客户包括电子、制造、化工、能源、医药等各个行业，涵盖大多数在大重庆的国际国内知名企业，为整个大重庆的工业生产和招商引资，提供最好的、最稳定的高品质的工业气体。

重庆梅塞尔是长寿经济社会高质量发展的参与者，从2014年到2020年，重庆梅塞尔实现上缴税收1140万元，创造就业机会200多个；在2020年新增投资后，未来将实现年度销售额10亿元，实现年度税收5000万元，新增就业计划300人。从2012年梅塞尔和长寿区协商决定投资开始，到2020年再新增投资15亿元；从2012年重庆梅塞尔10名员工开始，到重庆梅塞尔120名员工和长寿区一起迎接新冠疫情的挑战，重庆梅塞尔为长寿区经济社会发展贡献出企业力量。

（以上个人资料由重庆市长寿区招商投资促进局提供）

文艺人物

（长寿区部分市级以上文艺团体会员）

张权馨

张权馨，男，1974年生于重庆长寿。重庆市书法家协会会员、长寿区书法家协会理事、重庆市青年书法家协会会员、长寿区书法家协会桃源书社辅导员、长寿区权馨书法培训中心书法教师、长寿区实验一小特聘书法教师

张权馨自幼酷爱书法，从赵楷入门，后转习二王行书，以赵体楷书见长。2008年6月加入长寿区书法家协会，2016年加入重庆市书法家协会。作品先后在区骚风兰韵、纪念抗战70周年书法作品展、区首届新人新作展赛中获奖；作品入展2019年全国书法楷书年展入展（中国书协）、全国第五届正书展入展（中国书协）；在重庆市第二届群众书法展获奖，第十九届美术书法摄影联展三等奖；入展重庆市首届临帖展、重庆市首届青年书法展、重庆市首届大字展、重庆市首届书法小品展、重庆市首届行书展、重庆市第二届临帖展、重庆市第九届书法篆刻展、重庆市墨韵两江第七届教师展、重庆市墨韵两江第九届教师展、重庆市第三届临帖展。

张权馨怀揣对区书法家协会的感恩和回馈的想法，积极参与新会员的辅导，为培养并输送一批新的骨干力量。作为一名书法教师，参与各种专业培训，将自己所学毫无保留的分享给爱好书法的书友们，曾多次辅导学校教师参加区书法优质课大赛均获一等奖，并辅导出多位学员在参加重庆市书法家协会举办的比赛中获奖、入展。

（重庆市长寿区文学艺术界联合会提供）

长寿老人

表 41

2020 年长寿区百岁老人情况统计

序号	街镇	户籍地址	姓名	性别	出生时间	年龄
1	菩提街道	胜天社区桃园东 1 路 1 号碧水天城 11 栋 1-5-2	何贵全	男	1920 年 3 月 2 日	100
2	凤城街道	永丰村 7 组 2 号	陈淑华	女	1917 年 3 月 21 日	103
3		顺风亭 9 幢 8-4	何素荣	女	1918 年 3 月 5 日	102
4		上东街 235 号	李长书	女	1920 年 5 月 25 日	100
5		轻化四村 32 号 8-4	毕淑德	女	1920 年 6 月 20 日	100
6		滨江路 100 号 17-9	方义珍	女	1920 年 10 月 24 日	100
7		卫古路 3 号 6 幢 2-3	雷金山	男	1920 年 12 月 16 日	100
8	晏家街道	石门村	傅顺清	男	1918 年 3 月 14 日	102
9		石踏坡 8 社 5 号 4 单元 2-1	杨淑华	女	1919 年 11 月 4 日	101
10	江南街道	扇沱村 8 组	李淑芳	女	1918 年 1 月 19 日	102
11		扇沱村 7 组 21 号	王恩德	女	1920 年 12 月 20 日	100
12	渡舟街道	渡舟村 8 组	潘炎章	男	1919 年 10 月 3 日	101
13		保丰村四组	骆淑芳	女	1920 年 11 月 17 日	100
14		渡中路 55 号 1 幢 1 单元 3-2	杨孝清	女	1920 年 11 月 12 日	100
15	新市街道	新合村 2 组	王淑清	女	1920 年 1 月 9 日	100
16	八颗街道	莲花街 300 号	李文光	男	1918 年 11 月 15 日	102
17		新桥村 2 组 12 号	李国清	男	1920 年 6 月 3 日	100
18		莲花街 300 号附 3 号 2-9	蒲述清	女	1920 年 6 月 5 日	100
19	长寿湖镇	红光村 12 社 41 号	夏淑华	女	1918 年 12 月 17 日	102
20		紫竹村 5 组	游淑华	女	1920 年 4 月 27 日	100
21	但渡镇	曾祠村 3 组	邓淑会	女	1917 年 4 月 26 日	103
22		曾祠村 1 组 156 号	谢淑华	女	1920 年 9 月 25 日	100
23	邻封镇	汪塔村	刘淑华	女	1917 年 2 月 21 日	103
24		保家村 8 组	孔庆寿	男	1920 年 10 月 12 日	100
25		青观村 9 组	杨夕普	男	1920 年 12 月 23 日	100
26	云集镇	大同村六组	陈心芳	女	1909 年 11 月 2 日	111
27		温泉街 18 号附 2 号 17-6	岳友林	男	1920 年 12 月 27 日	100
28		温泉街 18 号附 3 号 29-10	王云朝	男	1920 年 12 月 24 日	100
29		福胜村 6 组 115 号	王明儒	女	1920 年 12 月 21 日	100
30	双龙镇	飞石村 4 组	王光成	男	1920 年 1 月 17 日	100
31		长寿寨村 4 组	郭树成	男	1916 年 10 月 24 日	104
32		双龙 3 组	江淑清	女	1919 年 11 月 10 日	101
33		双龙社区	韩树文	男	1920 年 10 月 5 日	100

续表

序号	街镇	户籍地址	姓名	性别	出生时间	年龄
34	龙河镇	堰塘村3组	王寿乔	女	1919年10月5日	101
35		龙河村2组97号	袁海舟	男	1920年5月2日	100
36		保合村7组53号	何忠琴	女	1920年8月28日	100
37	石堰镇	兴庄村4组	刘彩英	女	1919年7月12日	101
38		石坝村2组76号	邓商云	女	1920年12月6日	100
39	洪湖镇	永顺村3组	雷官发	女	1916年3月23日	104
40		码头村6组93号	张术珍	女	1920年9月6日	100

（重庆市长寿区民政局提供）

长寿区第十届“十大健康寿星”

1. 涂炎池　男　99岁　凤城街道
2. 骆世平　男　98岁　渡舟街道
3. 李文光　男　102岁　八颗街道
4. 刘淑华　女　104岁　邻封镇
5. 江淑清　女　97岁　邻封镇
6. 韩树文　男　100岁　双龙镇
7. 何忠琴　女　101岁　龙河镇
8. 谢正福　男　98岁　洪湖镇
9. 朱贵银　男　96岁　洪湖镇
10. 李元吉（丈夫98岁）
    张素华（妻子93岁）　晏家街道（夫妻寿星）

（中共重庆市长寿区委宣传部提供）

2020年8月，长寿区龙河镇村民与百岁寿星何忠琴盛赞中国共产党

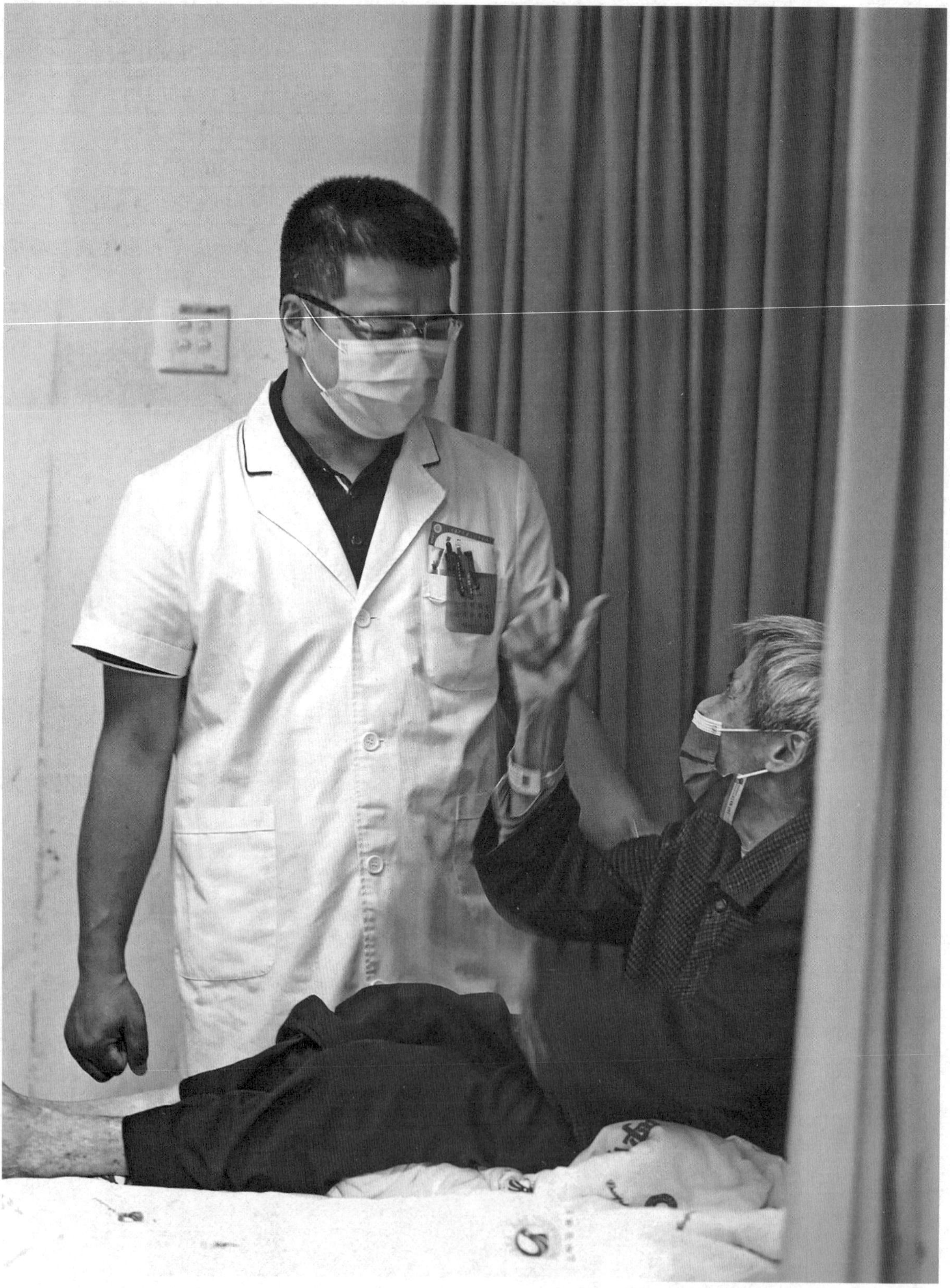

2020 年 6 月，获得全国抗疫“最美家庭”称号的长寿区医院主任医师高税与患者沟通

附　录

文献

中共重庆市长寿区委
重庆市长寿区人民政府
关于抓好“三农”领域重点工作确保如期实现全面小康的实施意见

（2020年3月19日）

2020年是全面打赢脱贫攻坚战收官之年，是全面建成小康社会目标实现之年，做好“三农”工作具有特殊重要性。全区上下要坚持以习近平新时代中国特色社会主义思想为指导，全面贯彻党的十九大和十九届二中三中四中全会精神，深入贯彻落实习近平总书记关于“三农”工作重要论述，深化落实习近平总书记对重庆提出的“两点”定位、“两地”“两高”目标、发挥“三个作用”和营造良好政治生态的重要指示要求，坚持农业农村优先发展，围绕全面建成小康社会目标任务，以深化乡村振兴综合试验示范为抓手，有效化解新冠肺炎疫情对“三农”工作的影响，集中力量完成打赢脱贫攻坚战和补上全面小康“三农”领域突出短板两大重点任务，持续抓好农业稳产保供和农民增收，推进农业高质量发展，保持农村社会和谐稳定，确保脱贫攻坚战圆满收官，确保全区农村同步全面建成小康社会。

一、高质量打赢脱贫攻坚战

（一）全面完成脱贫任务坚决防止返贫。以巡视、巡察、考核、督查、审计等发现的问题整改为主线，落实好扶贫专项行动，全面完成脱贫攻坚任务，确保现行标准下贫困人口全部脱贫。对工作推进效果有差距的单位和村，实行挂牌督战。加大财政专项扶贫资金投入力度，优先向贫困户、脱贫村倾斜。建立健全返贫监测预警和动态帮扶机制。

（二）做好普查督查和总结宣传工作。精心组织脱贫攻坚普查工作。继续加强脱贫攻坚工作业务指导。对“三保障”和饮水安全、产业扶贫等重点工作开展专项检查指导。深入宣传扶贫事业历史性成就，讲好脱贫攻坚故事。推荐一批脱贫攻坚工作中表现突出的先进个人和先进集参加全市脱贫攻坚有关评选表彰活动。举办“榜样面对面”脱贫攻坚先进事迹宣讲活动，组织好扶贫日系列活动。

（三）保持脱贫攻坚政策总体稳定。全面落实“四个不摘”要求。深入开展扶贫领域腐败和作风问题专项治理。在抓好脱贫村巩固提升的同时，加大非贫困村帮扶指导，补齐工作短板。

（四）研究接续推进减贫工作。开展2020年后解决相对贫困的目标任务、扶贫标准、政策措施等试点。探索出台加强脱贫攻坚与乡村振兴有机衔接的工作方案。编制“十四五”巩固脱贫成果规划。

二、对标全面建成小康社会加快补上农村基础设施和公共服务短板

（五）加大农村公共基础设施建设力度。推动“四好农村路”建设工作，新改建村道公路路面宽度原则达到5米以上，加强村内入户道路建设和改造，村民小组通达率、通畅率分别达到100%、

80%。持续深化农村道路交通安全“三化六体系”建设。落实成品油税费改革转移支付对农村公路养护的支持政策。基本实现行政村光纤网络和第四代移动通信网络普遍覆盖。

（六）强化农村供水保障。推进城乡供水一体化，全面完成农村居民饮水安全提升工程任务，启动建设东新村片区、但渡片区农村饮水安全巩固提升工程，逐步将菩提、渡舟、新市等街镇的管网向农村延伸。加强供水工程日常管护，做好农村饮用水水源保护和水质监测，加快推进龙溪河、桃花溪水系连通。农村集中供水率、农村自来水普及率、水质达标率分别达到89%、84%、75%。

（七）提升农村人居环境整治效果。深化“五沿带动、全域整治”，以新冠肺炎疫情防控为切入点，以“三档村”为重点，全面完成农村人居环境整治三年行动计划“6+3”重点工作任务，加快建设“小组团、微田园、生态化、有特色”的美丽乡村。

（八）提高乡村文化教育水平。统筹乡村小规模学校、乡村寄宿制学校和乡村完全小学布局。持续开展农村义务教育“控辍保学”专项行动。及时增加城区学位供给和普惠性学前教育资源供给，有效解决农民工随迁子女上学问题。扩大职业教育学校在农村的招生规模。逐步开展乡情陈列馆、乡村惠民电影固定放映厅等建设。保护好历史文化名镇（村）、传统村落、传统建筑、农业文化遗产、古树名木等，做好非物质文化遗产保护利用。以“庆丰收、迎小康”为主题办好中国农民丰收节。

（九）加强农村医疗和社会保障。切实做好农村地区新冠肺炎疫情防控工作，加强村民防疫知识宣传普及。按照填平补齐原则改造提升村卫生室和设施设备配备。加强乡村医生队伍建设和疾病防控队伍建设。落实街镇卫生院可优先聘用符合条件的村医政策。加快农村敬老院提档升级。完善农村“三留守”人员关爱服务体系。加强和改善重度残疾人护理服务。

（十）深化农村面源污染治理。持续推进化肥农药减量增效，大力推进畜禽粪污资源化利用，推进秸秆综合利用、农药包装废弃物回收处置及废弃农膜回收利用。对长江流域长寿段重点水域实行常年禁捕，做好渔民退捕转产工作。

三、提档升级乡村特色产业，切实保障重要农产品有效供给和促进农民持续增收

（十一）稳定粮食生产。落实粮食安全行政首长责任制，保持粮食播种面积和产量稳定。用好“两区”划定成果，大力发展现代高效粮油，打造绿色粮油标准化生产示范基地。抓好重大病虫害防控。推广代耕代种、土地托管等服务模式。

（十二）加快恢复生猪生产。落实“菜篮子”行政首长负责制，确保年底生猪产能基本恢复到接近正常年份水平。严格落实扶持生猪生产的各项政策措施。毫不松懈打好非洲猪瘟防控持久战，探索实施防疫社会化服务。加强市场监测和调控。

（十三）夯实现代农业基础。严格落实永久基本农田特殊保护制度。大力推进以“宜机化”改造为重点的高标准农田和水利设施建设，打造万亩级农田改造示范基地。深化国家农业科技园区建设和市区两级现代农业产业园规划建设。加强“智慧农业·数字乡村”建设，率先接入市级“三农”大数据平台。强化现代农业科技支撑，加强与西南大学、重庆市柑橘研究所等科研院所合作。提高现代山地特色高效农业智慧气象水平。

（十四）发展壮大现代山地特色高效农业。做精“1+4+N”长寿山地特色农业产业体系，坚持“高中低档差异发展，鲜食主导加工配套”发展思路，提档升级“柚、橘、鱼、蛋”四大主导产业，创建国家级渔业健康养殖示范区。做大做强做优“自然长寿”农产品区域公用品牌。

（十五）促进乡村产业深度融合发展。加大乡村振兴招商引资力度。加快农畜产品加工区建设。以乡村振兴“六大重点项目”为载体，重点提升长寿慢城建设管理水平，大力发展亲子教育游、山地田园游、文艺采风游，打造乡村“慢生活”发展新空间。

（十六）加快拓展农村电商服务业。巩固和发展好农村电商“村村旺”，提升“村村淘”本土电商平台。引导新型农业经营主体大力发展农产品电商，鼓励发展淘宝、京东、微信小程序等多种形式的“O2O”营销模式和直供配送、门店专卖、农超对接等商业模式。

（十七）促进农民就业创业。落实涉企减税降费等政策。鼓励设立公益性岗位，吸收农民特别是贫困户就业。深入实施农村创新创业带头人培育行动，将符合条件的返乡创业农民工纳入一次性创业补贴范围。宣传贯彻《保障农民工工资支付条例》，持续开展“为农民工追讨欠薪”行动。

四、以发展壮大集体经济为重点全面深化农业农村改革

（十八）深化农村土地制度改革。巩固和完善农村基本经营制度，落实重庆市实施农村土地承包法。全面完成农村土地承包经营权确权登记颁证工作。严格农村宅基地管理，加强对街镇审批宅基地的监管。

（十九）发展壮大农村集体经济。巩固村级集体产权制度改革工作成效。加强农村集体资产监督管理平台建设，加快发展村级集体经济，15%以上的村级集体经济组织收入实现5万元以上。深化农业项目财政补助资金股权化改革。实施好中央财政资金扶持壮大村级集体经济项目。大力培育村级集体经济发展领头人和指导员。

（二十）扩面农村“三变”改革试点。总结农村“三变”改革试点经验，乡村振兴试验示范村全面开展农村“三变”改革试点。完善合股联营机制，探索自然风光、品牌商誉价值等入股方式。积极引导龙头企业、城市资本参与农村“三变”改革试点。

（二十一）推进“三社”融合发展。深化供销社、农民合作社、信用社“三社”在组织形态、生产经营、利益联结、管理体制和运行机制上的有效融合，不断提升供销社农业社会化服务能力，消除无农民合作社的村。

（二十二）统筹推进农村各项综合改革。建立健全新型农业经营体系，培育农业产业化联合体。深化农业水价综合改革。开展林长制试点，探索建立“林票”制度。不断深化农业综合行政执法改革。深化农业投融资改革。全面落实好农业支持保护制度。

五、加强农村基层治理

（二十三）强化党组织对农村基层治理的领导。认真落实《中国共产党农村基层组织工作条例》。选优配强街镇领导班子，优化提升农村带头人队伍。落实村级重大事项决策“四议两公开”。加强村级组织运转经费保障。大力开展农村基层微腐败整治。

（二十四）健全乡村治理工作体系。建立乡村治理区—镇（街道）—村（社区）三级联动机制。建立区级联席会议制度和工作调度机制，发挥好行政村“基本治理单元”作用。协调社会力量参与乡村治理工作。按照市级统一部署开展自治、法治、德治相结合的乡村治理体系建设试点示范。

（二十五）调处化解乡村矛盾纠纷。落实“枫桥经验”重庆实践十项行动和“四级联排联调机制”。持续整治侵害农民利益的行为。推行领导干部定期下基层接访制度。建立重大决策事项风险评估预警机制。组织开展“一村一法律顾问”等法律服务。

（二十六）推进平安乡村建设。纵深推进扫黑除恶专项斗争。推进反腐败斗争和基层“拍蝇”。依法管理农村宗教事务。加强农村社会治安工作。持续开展农村安全隐患整治深化农村地区“雪亮工程”建设。逐步推行“一村一警（辅警）”机制。

六、强化农村补短板保障措施

（二十七）落实“五级书记抓乡村振兴”责任。认真落实《中国共产党农村工作条例》和市级实施办法。把完成全面建成小康社会“三农”领域重点任务列入党政“一把手”工程，把党的十九大以来“三农”政策贯彻落实情况作为区委巡察重要内容。精心编制农业农村“十四五”规划。

（二十八）优先保障“三农”投入。确保财政投入与补上全面小康“三农”领域突出短板相适应。落实提高土地出让收入用于农业农村比例政策。符合条件的新型农业经营主体可按规定享受现行小微企业相关贷款税费减免政策。强化财税金融政策对“三农”的支持力度。开展农户、中小企业信用等级评价，优化“政银担”风险共担的普惠金融服务体系。

（二十九）加大乡村用地保障力度。持续深入贯彻区政府《关于乡村振兴战略行动计划项目用地的实施意见》，切实用好用活市级乡村振兴试验示范专项用地指标。将农业种养殖配建的辅助设施用地纳入农用地管理。农业设施用地可使用耕地。新编国土空间规划应安排不少于10%的建设用地指标，重点保障乡村产业发展用地。

（三十）抓实乡村人才培育工作。加强高素质职业农民培育。落实激励政策，吸引原籍大学生、外出农民工等回乡创业。引导和规范工商资本上山下乡，切实保护好企业家合法权益。深入开展“三师一家”下乡服务。城市中小学教师、医生晋升高级职称前，原则上要有1年以上农村基层工作服务经历。

附件：长寿区关于抓好“三农”领域重点工作确保如期实现全面小康的具体任务及分工

附件

长寿区关于抓好“三农”领域重点工作确保如期实现全面小康的具体任务及分工

序号	主要任务	责任单位
一、坚决打赢打好脱贫攻坚战		
（一）全面完成脱贫任务坚决防止返贫		
1	坚持目标标准，全面排查、解决影响脱贫的突出问题，常态化开展“两不愁三保障”特别是住房、饮水安全保障查漏补缺，落实特殊贫困人口低保、医保、养老保险等社会保障，严把贫困人口退出关，确保现行标准下剩余的17名贫困人口全部脱贫。	区扶贫办 区扶贫开发领导小组成员单位 各街镇
2	对工作推进效果有差距的单位和村实行挂牌督战。	区扶贫办
3	加大财政专项扶贫资金投入力度，优先向贫困户、脱贫村倾斜。	区财政局 区扶贫办
4	用足用好城乡建设用地增减挂钩、扶贫小额信贷等支持政策。	区扶贫办 区规划自然资源局 区财政局
5	深化抓党建促脱贫攻坚。	区委组织部 区扶贫办
6	统筹做好非贫困街镇与非贫困村脱贫工作。	区扶贫办 各街镇
7	以钉钉子精神逐项整改落实中央脱贫攻坚专项巡视“回头看”和国家、市级脱贫攻坚成效考核反馈问题。	区扶贫开发领导小组成员单位 各街镇
8	坚持举一反三，聚焦“三落实”“三精准”“三保障”薄弱环节，一体抓好区级考核、督查、审计等发现问题整改，逐条逐项清零。	区扶贫办 区扶贫开发领导小组成员单位 相关街镇
9	建立健全返贫监测预警和动态帮扶机制，重点关注脱贫监测户和边缘户，做到及时发现、及时帮扶。	区扶贫办
10	开展5G+卫生健康扶贫、产业扶贫、就业扶贫、消费扶贫、电商扶贫、文旅扶贫、小额信贷扶贫、村集体经济发展、贫困户内生动力激发等9项专项行动。	区扶贫办 区扶贫开发领导小组成员单位
11	按照市级统一安排，对扶贫存量资产开展全面摸查、确权登记，规范收益使用分配。	区扶贫办
（二）开展脱贫攻坚普查督查和总结宣传工作		

续表

序号	主要任务	责任单位
12	根据市级安排部署，精心组织脱贫攻坚普查工作，做好经费保障、人员调配、组织实施等工作，清理核实底数台账，重点开展“两不愁三保障”实现情况、获得帮扶情况、参与脱贫攻坚项目情况等普查，确保结果真实可信。	区统计局 区扶贫办
13	充分发挥区委脱贫攻坚工作业务指导组作用，坚持常态化深入一线发现问题、指导问题、解决问题。	区扶贫办
14	对“三保障”和饮水安全、产业扶贫、脱贫攻坚项目库建设、资金管理使用、驻村帮扶等重点工作开展专项检查指导。	区扶贫开发领导小组办公室
15	开展脱贫攻坚总结宣传活动，精选典型案例，弘扬脱贫攻坚精神。	区扶贫办 区委宣传部
16	扎实做好脱贫攻坚宣传工作，全面展现新时代扶贫脱贫的壮阔实践，深入宣传扶贫事业历史性成就，讲好脱贫攻坚故事。	区委宣传部 区扶贫办
17	推荐一批脱贫攻坚中表现突出的先进个人和先进集体参加全市脱贫攻坚有关评选表彰活动。举办“榜样面对面”脱贫攻坚先进事迹宣讲活动，组织好扶贫日系列活动。	区扶贫办 区人力社保局 区委宣传部
（三）保持脱贫攻坚政策总体稳定		
18	坚持摘帽不摘责任、不摘政策、不摘帮扶、不摘监管。	区扶贫开发领导小组办公室 区级相关部门 各街镇
19	压实行业部门主管责任、街镇主体责任、村直接责任。	区扶贫开发领导小组成员单位 各街镇
20	对工作松懈的街镇实行常态化约谈。	区扶贫办 区纪委监委机关
21	财政专项扶贫资金、社会帮扶资金等保持原有投入力度，行业部门资金优先向贫困户、脱贫村倾斜。	区扶贫办 区财政局及相关行业主管部门
22	强化对口帮扶丰都工作力度，深入推进“万企帮万村”精准扶贫行动。	区发展改革委 区扶贫办 区扶贫开发领导小组成员单位 有关街镇
23	加强扶贫干部队伍建设，保持驻村工作队、帮扶干部稳定。	区委组织部 区扶贫办
24	深入开展扶贫领域腐败和作风问题专项治理。	区纪委监委机关 区扶贫办
25	在抓好脱贫村巩固提升的同时，加大对非贫困村的帮扶指导，补齐工作短板。	区扶贫办 区财政局等 各街镇
（四）研究接续推进减贫工作		
26	开展2020年后解决相对贫困的目标任务、扶贫标准、政策措施等试点，探索建立解决相对贫困的长效机制。	区扶贫办

续表

序号	主 要 任 务	责任单位
27	探索出台加强脱贫攻坚与乡村振兴有机衔接的工作方案。	区扶贫办 区农业农村委
28	精准对接脱贫攻坚三年行动计划与乡村振兴战略规划。	区扶贫办 区农业农村委
29	选择有条件街镇、村开展脱贫攻坚与乡村振兴衔接试点示范。	区扶贫办 区农业农村委
30	编制“十四五”巩固脱贫成果规划。	区扶贫办
31	配合市级部门开展修订《重庆市农村扶贫条例》调研。	区扶贫办
二、对标全面建成小康社会加快补上农村基础设施和公共服务短板		
（五）加大农村公共基础设施建设力度		
32	推动“四好农村路”建设工作，新改建村道公路路面宽度原则达到5米以上，加强村内入户道路建设和改造，建设通组公路123.6公里，村民小组通达率、通畅率分别达到100%、80%。	区交通局 相关街镇
33	持续深化农村道路交通安全“三化六体系”建设，不断提升管理水平。	区交通局 相关街镇
34	加快推进村内入户道路建设和改造。	区农业农村委 区民政局
35	落实成品油税费改革转移支付对农村公路养护的支持政策。	区财政局 区交通局
36	加快农村电网升级改造，新改建农村电网线路188公里。	区发展改革委 国网长寿供电公司
37	基本实现行政村光纤网络和第四代移动通信网络普遍覆盖。	区经济信息委
（六）强化农村供水保障		
38	加大乡村水源保障建设力度，完成龙门桥水库建设。	区水利局
39	全面完成农村居民饮水安全提升工程任务，在人口相对集中区域推进规模化供水工程建设，启动建设东新村片区、但渡片区农村饮水安全巩固提升工程，新建供水工程4处。	区水利局
40	推进城乡供水一体化建设，逐步将菩提、渡舟、新市等街镇的管网向农村延伸。	区城管局 区水利局
41	加强全区227处供水工程日常管护，做好农村饮用水水源保护。	区水利局
42	加快推进龙溪河、桃花溪水系连通。	区水利局
43	加强农村饮水水源水质监测。	区生态环境局 区卫生健康委 区水利局
（七）搞好农村人居环境整治		
44	落实全市“千村宜居计划”，加快建设小组团、微田园、生态化、有特色的美丽乡村。	区农业农村委

续表

序号	主要任务	责任单位
45	优化提升村庄规划。	区规划自然资源局
46	完成农村户厕无害化改造任务，在“六大重点项目”所在区域率先探索示范新型改厕技术和模式，全区农村卫生厕所普及率达85%以上，第三档村卫生厕所普及率达90%以上、无害化厕所普及率达85%以上。	区卫生健康委
47	落实全市“农村生活垃圾分类千村示范行动”，开展农村生活垃圾分类和资源化利用示范村建设。	区城管局
48	进一步完善街镇、村聚居点（常住人口1000人以上）集中式生活污水处理设施建设，加快街镇配套设施管网建设，因地制宜处理分散污水。	区生态环境局 区住房城乡建委
49	加强农村黑臭水体整治。	区生态环境局 区水利局 区农业农村委
50	持续推进农村危房改造，实现新增贫困群众住房安全保障全覆盖，结合乡村振兴试验示范建设，大力开展农村旧房整治提升。	区住房城乡建委
51	持续开展村庄清洁行动“春夏秋冬”战役。	区农业农村委
52	完善村规民约，倡导村民积极参与农村基础设施管护。	区民政局
53	落实农民群众受益项目适当以效付费和激励机制。	区农业农村委
54	实施国土绿化提升行动，完成营造林16万亩（其中新造林4万亩，低效林改造及森林抚育12万亩）	区林业局
55	深入实施河长制，新增治理水土流失17平方公里以上。	区水利局、区林业局
（八）提高乡村文化教育水平		
56	统筹乡村小规模学校、乡村寄宿制学校和乡村完全小学布局。加强乡村寄宿制学校建设及维修维护。	区教委
57	推进义务教育薄弱环节改善与能力提升专项工作，持续改善农村薄弱学校办学条件。	区教委
58	实施基础教育优质资源扩展、中小学课堂教学质量提升等行动计划和第三期领雁工程，提高农村学校教学质量。	区教委
59	加强乡村教师队伍建设，全面推行义务教育阶段教师“区管校聘”，有计划安排城区学校到乡村支教，推行紧缺学科教师“一校多用”和“走校”制。	区教委 区人力社保局 区委编办 区财政局
60	落实中小学教师平均工资不低于或高于当地公务员平均工资收入水平政策，教师职称评聘向乡村教师倾斜，符合条件的乡村学校教师纳入政府住房保障体系。	区人力社保局 区教委 区住房城乡建委
61	全面落实乡村教师岗位生活补助政策。	区教委

续表

序号	主要任务	责任单位
62	持续开展农村义务教育控辍保学专项行动，巩固义务教育普及成果，加快推进义务教育优质均衡发展。	区教委
63	根据城镇化推进进度，及时增加城区学位供给，有效解决农民工随迁子女上学问题。	区教委
64	重视农村学前教育，多渠道增加普惠性学前教育资源供给。	区教委
65	加强农村特殊教育。	区教委
66	大力提升乡村教师国家通用语言文字能力，加强贫困地区学前儿童学习普通话教育。	区教委
67	扩大职业教育学校在农村的招生规模，提高职业教育质量。	区教委
68	以市、区两级乡村振兴试验示范村为重点，逐步开展乡情陈列馆、乡村惠民电影固定放映厅等建设，升级改造30个村级基层综合文化服务中心，将区文化馆、图书馆、群艺馆分馆延伸到乡村、家庭，继续开展历史文化名村名镇的申报和保护。	区委宣传部 区文化旅游委
69	开展“我们的中国梦”文化进万家活动，鼓励城市文艺团体和文艺工作者定期送文化下乡。	区委宣传部
70	培育乡村文化人才，支持民间文艺团组、文化志愿者、文化中心户发展，扶持农村非遗传承人、民间艺人收徒传艺。	区委宣传部 区文化旅游委
71	保护好历史文化名镇（村）、传统村落、传统建筑、农业文化遗产、古树名木等，做好非物质文化遗产保护利用。	区规划自然资源局 区文化旅游委 区住房城乡建委 区林业局等
72	以“庆丰收、迎小康”为主题办好中国农民丰收节。	区农业农村委
（九）加强农村医疗和社会保障		
73	切实做好农村地区新冠肺炎疫情防控工作，加强村民防疫知识宣传普及。	区卫生健康委 各街镇
74	办好区医院、区中医院、区妇幼保健和计生服务中心、区三院等区级医院，推进菩提社区卫生服务中心新建工程，云集镇卫生院扩建工程，按照填平补齐原则改造提升村卫生室设施设备配备。	区卫生健康委
75	根据全市统一部署，稳步推进紧密型县域医疗卫生共同体建设。	区卫生健康委
76	加强乡村医生队伍建设，加大基层医疗卫生机构人才培养力度，持续推进全科医生特岗计划，适当简化本科及以上学历医学毕业生或经住院医师规范化培训合格的全科医生的招聘程序。	区卫生健康委 区人力社保局
77	落实国家对应聘到艰苦边远乡村工作的应届高校医学毕业生大学期间学费补偿、国家助学贷款代偿政策。	区教委 区财政局 区卫生健康委

续表

序号	主要任务	责任单位
78	盘活用好基层卫生机构现有编制资源，落实街镇卫生院可优先聘用符合条件的村医政策。	区卫生健康委 区委编办 区人力社保局
79	加强基层疾病预防控制队伍建设，做好农村慢性病综合防控，大力推进精神卫生、职业病、重大疾病和传染病防治，提高应对公共卫生事件的能力。	区卫生健康委 区人力社保局
80	落实城乡居民合作医疗保险制度和大病保险制度，依规提高城乡居民基本医疗保险财政补助和个人缴费标准。	区医保局 区财政局
81	提高城乡居民基本医保、大病保险、医疗救助经办服务水平，实现“一站式服务、一窗口办理、一单制结算”。	区医保局
82	落实城乡居民基本养老保险制度及城乡居民基本养老保险基础养老金标准正常调整机制。	区人力社保局 区财政局
83	加快农村敬老院提档升级，发展农村互助型养老，多形式建设日间照料中心，改善失能老年人护理服务。	区民政局
84	鼓励和支持医疗机构等社会力量开展养老服务。	区民政局 区卫生健康委
85	加强农村低保对象动态精准管理，合力提高低保等社会救助水平。	区民政局
86	完善农村留守老人、妇女和儿童关爱服务体系。	区民政局 区妇联 区教委 区公安局 区卫生健康委 团区委
87	加强和改善重度残疾人护理服务。	区民政局 区残联
（十）深化农村面源污染治理		
88	持续开展化肥农药减量增效行动，保持全年化肥农药使用“双减量”。	区农业农村委
89	扎实推进规模化养殖场污染防治配套设施建设，完成市级下达的畜禽养殖污染治理设施工程整治任务，全区畜禽粪污综合利用率达90%，保持大型畜禽养殖场粪污处理设施装备配套率达100%。	区农业农村委 区畜牧兽医局
90	推进秸秆综合利用、农药包装废弃物回收处理及农膜回收利用。	区农业农村委 区供销社
91	对长江流域长寿段实行常年禁捕，持续做好渔民退捕转产工作。	区农业农村委 区人力社保局
92	强化水产养殖污染防治，扩大池塘内循环水养殖技术实施范围。	区农业农村委
93	稳步推进土壤污染管控和修复利用。	区生态环境局 区农业农村委

续表

序号	主 要 任 务	责任单位
三、提档升级乡村特色产业，切实保障重要农产品有效供给和促进农民持续增收		
（十一）稳定粮食生产		
94	落实粮食安全行政首长责任制考核，保持粮食播种面积和产量基本稳定。	区发展改革委 区农业农村委 各街镇
95	落实耕地地力保护补贴和种粮大户补贴，保障农民基本收益。	区农业农村委 区财政局
96	全面落实永久基本农田特殊保护制度，严守耕地红线和永久基本农田控制线，用好“两区”划定成果。	区规划自然资源局 区农业农村委
97	大力发展现代高效粮油，以现代粮食生产区为核心，大力发展绿色优质水稻、胭脂红薯、“双低”油菜等优势产业，开展高产粮油种植试验示范，在适宜区域积极发展甜糯玉米、早熟菜用马铃薯、菜用胡豌豆、菜用大豆等特色杂粮。	区农业农村委 相关街镇
98	加强优良粮油品种选育推广，集成推广绿色高产高效标准化技术，打造绿色粮油标准化生产示范基地。	区发展改革委 区科技局 区农业农村委
99	抓好落实重大病虫害防控，力争主要粮食作物病虫害专业化统防统治覆盖率和绿色防控覆盖率均达到40%以上。	区农业农村委
100	持续开展耕地质量保护与提升行动。	区农业农村委 区规划自然资源局
（十二）加快恢复生猪生产		
101	统筹抓好责任落实、政策落地、产能增加、疫病防控等重点工作，确保年底生猪产能基本恢复到接近正常年份水平。	区畜牧兽医局 相关街镇
102	全面落实“菜篮子”行政首长负责制，严格落实扶持生猪生产的各项政策措施。	区农业农村委 区发展改革委 区商务委 区畜牧兽医局 区市场监管局
103	规范禁养区划定与管理，推进养殖项目环评“放管服”改革，坚决杜绝随意扩大限养禁养区现象。	区生态环境局 区畜牧兽医局
104	推动生猪标准化规模化养殖，做好饲料生产保障工作。	区畜牧兽医局
105	突出抓好生猪养殖重点龙头企业，坚持“一事一议”“一企一策”研究用地、环评、融资、保险等瓶颈问题。	区畜牧兽医局 区生态环境局 区规划自然资源局 区财政局
106	抓好种猪场繁育能力建设。	区畜牧兽医局
107	加强动物防疫体系建设，建立健全防疫机构，落实防疫人员和经费保障，在生猪饲养主要街镇实施街镇动物防疫特聘计划。	区畜牧兽医局 区人力社保局 区财政局

续表

序号	主 要 任 务	责任单位
108	加强市场监测和调控，做好猪肉保供稳价工作，打击扰乱市场的行为，及时落实社会救助和保障标准与物价上涨挂钩联动机制。	区发展改革委 区农业农村委 区商务委 区市场监管局 区民政局 区财政局
（十三）夯实现代农业基础		
109	严格落实永久基本农田特殊保护制度，加强“两区”建设和管护。	区规划自然资源局 区农业农村委
110	加强各类农田建设资金统筹整合，以“两区”为重点推进高标准农田和农田水利设施建设，新建高标准农田3.79万亩，高标准基本农田占永久基本农田比例达到35%以上。	区农业农村委 区规划自然资源局
111	大力推进农田“宜机化”改造，打造万亩级示范基地，农作物耕种收综合机械化水平保持在55%以上。	区农业农村委
112	加快推进农田水利建设，扎实开展“五小水利”工程建设，构建符合山地农业的灌溉供水网络体系。	区农业农村委 区水利局
113	加快提升现代农业“三园”“五区”基础设施和配套服务体系建设。	区现代农业园区管委会
114	加强农产品仓储保鲜冷链物流设施建设，聚焦农产品流通“最后一公里”，深入推进三级配送体系建设。	区商务委
115	加快完善乡村快递物流配送网络，推进村镇物流设施互联互通、网点共用，对新型农业经营主体在农村建设的保鲜仓储设施用电实行农业生产用电价格。	区商务委 区发展改革委 区供销社
116	开展“智慧农业 数字乡村”建设，加强数据采集、整合、传输、共享和应用，率先接入市级“三农”大数据平台，实现“益农信息社”全覆盖。	区农业农村委 区大数据发展局 区供销社
117	加强农产品质量安全追溯体系建设，推动与市级追溯平台对接融合，推进农产品追溯与项目、品牌评定认证等挂钩。	区农业农村委 区市场监管局
118	建设精准农业气象技术服务与管理系统，提高气象为农服务能力。	区气象局
119	加强农业科技专家大院建设，支持有条件的龙头企业建立企业研发中心。	区科技局 区农业农村委
120	创新基层农技推广方式，推广配方施肥、深耕扩穴土壤改良、肥水一体化、无人机统防统治、池塘内循环水养殖、畜禽粪污资源化利用等先进实用技术。	区农业农村委 区科技局
121	深入推进科技特派员制度，加快出台配套措施，促进农业科技成果转化和技术推广。	区农业农村委 区科技局
（十四）发展壮大现代山地特色高效农业		
122	以建设市区两级现代农业产业园为主线，坚持“高中低档差异发展，鲜食主导加工配套”发展思路，深化落实全市“十百千”工程。	区农业农村委 区现代农业园区管委会

续表

序号	主 要 任 务	责任单位
123	打造以长寿湖为核心的塔罗科血橙优势区、以现代农业园区为核心的晚熟杂柑优势区、以邻封为核心的长寿柚优势区，集约化、标准化提升柑橘产业。	区农业农村委
124	打造以长寿湖、大洪湖有机渔业优势区，重点发展稻田综合种养、池塘低碳循环等高产高效健康渔业，鼓励发展高效特色渔业，创建国家级渔业健康养殖示范县（区）。	区农业农村委
125	打造以葛兰、石堰、龙河、双龙、云台为核心的蛋鸡养殖优势区，在稳定总量的基础上，促进蛋鸡养殖标准化、绿色化、信息化发展。	区畜牧兽医局
126	依据种植传统和自然优势，注重“特色定位差异发展，生态人文融合适应”，加快形成“一村一品、一镇一特”，鼓励引导因地制宜发展多种形式的特色经济作物。	区农业农村委
127	做大做强做优“自然长寿”农产品区域公用品牌，加快培育市级以上名牌农产品 10 个和“三品一标”认证农产品 50 个，强化品牌农产品后续监管。	区农业农村委 区畜牧兽医局 区市场监管局
（十五）促进乡村产业深度融合发展		
128	加快农畜产品加工区建设，围绕优势特色产业，多渠道、多形式、全方位招商引资，引进国内外规模大、实力强的农产品加工企业，重点培育壮大一批自主创新能力强、市场前景好的农产品加工示范企业，着重发展生鲜农产品产后商品化处理，初步构建加工水平高、上中下游承接、功能互补配套的一体化产业联合体。	区农业农村委
129	以“六大重点项目”为载体，依托“柚、橘、鱼、蛋”特色农业资源以及明月山、黄草山等自然生态资源，融入“寿孝文化”“秀才文化”“耕读文化”等长寿地域特色文化资源，大力发展亲子教育游、山地田园游、文艺采风游，打造乡村“慢生活”发展新空间。	区农业农村委 区文化旅游委
（十六）加快拓展农村电商服务业		
130	巩固和发展好农村电商“村村旺”，提升“村村淘”本土电商平台，引导新型农业经营主体大力发展农产品电商，鼓励经营主体发展淘宝、京东、微信小程序等多种形式的“O2O”营销模式，鼓励发展直供配送、门店专卖、农超对接等商业模式。	区供销社
（十七）促进农民就业创业		
131	落实涉企减税降费等支持政策，加大援企稳岗工作力度，提高农民工技能提升补贴标准。	区财政局 区人力社保局
132	落实农民工失业后在常住地进行失业登记的工作要求，为其提供均等化公共就业服务。	区人力社保局
133	以政府投资项目和工程建设领域为重点，开展农民工工资支付情况排查整顿，执行拖欠农民工工资“黑名单”制度，落实根治欠薪各项举措。宣传贯彻《保障农民工工资支付条例》，持续开展“为农民工追讨欠薪”行动。	区人力社保局

续表

序号	主 要 任 务	责任单位
134	实施家政服务、养老护理、医院看护、餐饮烹饪、电子商务等技能培训，打造区域性劳务品牌。	区人力社保局 区民政局 区卫生健康委 区市场监管局 区商务委
135	鼓励设立乡村保洁员、水管员、护路员、生态护林员等公益性岗位。	区人力社保局
136	深入实施农村创新创业带头人培育行动，将符合条件的返乡创业农民工纳入一次性创业补贴范围。	区人力社保局
四、以发展壮大集体经济为重点全面深化农业农村改革		
（十八）深化农村土地制度改革		
137	按市级部署巩固和完善农村基本经营制度，保持土地承包关系稳定并长久不变，落实重庆市实施农村土地承包法办法。	区农业农村委
138	全面完成农村土地承包经营权确权登记颁证工作。	区农业农村委
139	严格农村宅基地管理，加强对街镇审批宅基地的监管，防止土地占用失控。	区农业农村委
140	进一步做好农村不动产确权登记工作，积极探索宅基地“三权”分置改革。	区规划自然资源局 区农业农村委
（十九）发展壮大农村集体经济		
141	调研总结村级集体产权制度改革工作经验和问题，每个街镇选择 1 个村开展村级集体产权制度改革完善工作和组级集体产权制度改革试点工作。	区农业农村委
142	探索赋予农民对集体资产股份占有、收益、有偿退出及抵押、担保、继承权改革，保障农民集体资产股份权利。	区农业农村委
143	加强农村集体资产监督管理平台建设，建立健全集体资产各项管理制度。	区农业农村委 区现代农业园区管委会
144	加快发展村级集体经济，15%以上的村级集体经济组织收入实现 5 万元以上。	区农业农村委
145	因地制宜推行产业带动型、资源开发型、服务创收型、租赁经营型、项目拉动型等发展路径。	区农业农村委
146	深化财政补助资金股权化改革，财政资金投入到农业企业的补助项目，农民持股部分交由所在村集体经济组织统一持股并享受股份分红。	区农业农村委 区畜牧兽医局 区水利局 区林业局 区供销社
147	完善村级集体经济经营管理、收益分配、风险防范、资产监管等制度。	区农业农村委
148	实施好中央财政资金扶持壮大村级集体经济项目。	区财政局 区农业农村委

续表

序号	主 要 任 务	责任单位
149	大力培育村级集体经济发展领头人和指导员，强化村级集体经济招才引智。	区委组织部 区农业农村委
（二十）扩面农村“三变”改革试点		
150	总结我区农村“三变”改革试点经验，乡村振兴试验示范村全面开展农村“三变”改革试点。	区农业农村委
151	持续推行“土地股”“农房股”“基建股”“技术技艺股”“管理股”等股权合作形式，探索自然风光、品牌商誉价值等入股方式	区规划自然资源局 区农业农村委
152	完善合股联营机制，探索资源型资产二次定价机制。	区农业农村委 区林业局
153	财政扶持项目优先向农村“三变”改革试点村布局，加快落实金融支持农村“三变”改革具体举措，积极引导龙头企业、城市资本参与农村“三变”改革试点。	区农业农村委 区财政局及相关行业主管部门
（二十一）推进“三社”融合发展		
154	深化供销社、农民合作社、信用社“三社”在组织形态、生产经营、利益联结、管理体制和运行机制上的有效融合，把生产、流通、信用三大要素融合起来，把政府、企业、农民三方面的作用统筹起来。	区供销社
155	坚持以提高农民组织化程度为关键，以供销基层组织为抓手，不断提升供销社农业社会化服务能力，消除无农民专业合作社的村。	区供销社
156	坚持市场导向，充分发挥供销合作社流通服务优势、农民合作社生产优势、信用社金融服务优势，加快构建适应农业农村现代化需要的供销合作组织体系和服务机制。	区供销社
（二十二）统筹推进农村各项综合改革		
157	建立健全新型农业经营体系，重点培育家庭农场、农民合作社等新型农业经营主体，培育农业产业化联合体，通过订单农业、入股分红、托管服务等方式，建立健全农民分项产业链增值收益机制，将小农户融入农业产业链，实现与现代农业有机衔接。	区农业农村委
158	持续深化农业水价综合改革。	区发展改革委
159	开展林长制试点，探索建立“林票”制度，调动全社会保护发展森林资源的积极性。	区林业局
160	持续推进非国有林赎买改革试点，提高重点生态区位、生态脆弱敏感区森林保护力度。	区林业局
161	不断深化农业综合行政执法改革。	区农业农村委
162	深化农业投融资改革。	区财政局
163	全面贯彻落实好农业支持保护制度和政策。	区农业农村委
五、加强农村基层治理		
（二十三）强化党组织对农村基层治理的领导		

续表

序号	主要任务	责任单位
164	全面落实村党组织书记区委备案管理制度，建立村“两委”成员区级联审常态化机制。	区委组织部
165	强化基层党组织政治功能，持续整顿软弱涣散基层党组织，发挥党组织在农村各种组织中的领导作用。	区委组织部
166	强化基层纪检监察组织与村务监督机构的沟通协作、有效衔接，形成监督合力。	区纪委监委机关 区委组织部 区民政局
167	加大在青年农民中发展党员力度。	区委组织部
168	持续向脱贫村、软弱涣散村、集体经济薄弱村、乡村振兴试验示范村派驻第一书记。	区委组织部 区扶贫办 区农业农村委
169	健全激励村干部干事创业机制。	区委组织部 区民政局 区财政局 区人力社保局 区农业农村委
170	选优配强街镇领导班子特别是街镇党（工）委书记。	区委组织部
（二十四）健全乡村治理工作体系		
171	区级层面建立由区委农村工作暨实施乡村振兴战略工作领导小组办公室牵头，农业农村、组织、宣传、政法、财政、民政、司法等部门共同组成的联席会议制度和工作调度机制，协同推进乡村治理工作。	区委农领办 区级相关部门
172	充实农村人居环境整治、宅基地管理、集体资产管理、民生保障、社会服务等工作力量。	区农业农村委
173	发挥好行政村“基本治理单元”作用，强化自我管理、自我服务、自我教育、自我监督，健全基层民主制度，完善村规民约，推进村民自治制度化、规范化、程序化。	区民政局
174	注重发挥家庭家教家风在乡村治理中的重要作用。	区委宣传部 区妇联
（二十五）调处化解乡村矛盾纠纷		
175	落实“枫桥经验”重庆实践十项行动和“四级联排联调机制”，及时掌握农村地区各类利益诉求群体维权类活动新动向，妥善解决苗头性倾向性问题。	区公安局
176	完善信访制度，拓宽人民群众反映意见和建议的渠道。	区信访办
177	广泛开展社会心理健康服务、婚姻家庭指导服务。	区卫生健康委 区妇联
178	用好“12309”检察服务中心网络平台，普遍推行跨域立案服务，加强农村派出所户籍窗口规范化建设。	区检察院 区公安局 区法院

续表

序号	主要任务	责任单位
（二十六）推进平安乡村建设		
179	开展农村假冒伪劣食品治理行动。打击制售假劣农资违法违规行为。	区农业农村委 区市场监管局
180	持续开展农村安全隐患治理，坚决遏制重特大安全事故。	区公安局
181	强化农村防灾减灾救灾能力建设，重点对交通、消防、地质灾害等公共安全领域，采取风险等级管控、隐患排查治理双重预防机制。	区应急局 区公安局
182	纵深推进扫黑除恶专项斗争，逐步推行“一村一警（辅警）”机制，深化平安街镇、平安村、平安景区、平安家庭创建活动，提高群众安全感。	区委政法委 区公安局
六、强化农村补短板保障措施		
（二十七）落实“五级书记抓乡村振兴”责任		
183	认真落实《中国共产党农村工作条例》和市级实施办法，压紧压实党政“一把手”责任，全面落实“五级书记抓脱贫攻坚和乡村振兴”责任和工作要求。	区委办 区政府办
184	把完成全面建成小康社会“三农”领域重点任务列入党政“一把手”工程，推动建立强有力的领导体制和工作推进机制。	区委办 区政府办
185	加强区委农村工作暨实施乡村振兴战略领导小组及其机构建设，切实发挥好牵头抓总、统筹协调作用。	区委编办 区农业农村委
186	精心编制农业农村“十四五”规划。	区农业农村委
187	将全面建成小康社会“三农”领域补短板任务完成情况纳入乡村振兴专项督查、考核范围，把党的十九大以来“三农”政策贯彻落实情况作为区委巡察重要内容。	区委办 区政府办 区委巡察办 区农业农村委
（二十八）优先保障“三农”投入		
188	加大财政资金“三农”投入力度。	区财政局
189	有序扩大用于支持乡村振兴的专项债券发行规模，在一般债券支出中安排一定规模，支持符合条件的乡村振兴项目建设。	区财政局
190	根据补短板的需要优化涉农资金使用结构，加大涉农资金统筹整合力度。	区财政局
191	按照“取之于农、主要用之于农”要求，落实提高土地出让收入用于农业农村比例政策。	区财政局 区规划自然资源局
192	用足用好国家农机购置补贴政策。	区农业农村委 区财政局
193	用好用活对“三农”信贷的货币、财税、监管政策，给予低成本资金支持，提高风险容忍度，优化精准奖补措施，落实适度扩大支农支小扶贫再贷款额度政策。	人行重庆长寿支行 区财政局
194	做大面向新型农业经营主体的担保业务。	区财政局 区农业农村委
195	推动温室大棚、养殖圈舍、大型农机、土地经营权依法合规抵押融资。	区财政局 人行重庆长寿支行等

续表

序号	主要任务	责任单位
196	深入实施“农业保险保障倍增计划”，落实差异化的保费补贴政策，督促保险机构及时足额理赔。	区财政局 区农业农村委
197	大力引导银行、担保等金融资源向农村地区倾斜，进一步完善农村金融服务体系。	人行重庆长寿支行 区财政局
（二十九）加大乡村用地保障力度		
198	持续深入贯彻区政府《关于乡村振兴战略行动计划项目用地的实施意见》，切实用好用活市级乡村振兴试验示范专项用地指标，强化农业设施用地监管，严禁以农业设施用地为名从事非农建设。	区规划自然资源局 区农业农村委等
199	落实市级农业辅助设施用地规模上限规定，农业设施用地可以使用耕地，将农业种植养殖配建的保鲜冷藏、晾晒存贮、农机库房、分拣包装、废弃物处理、管理看护房等辅助设施用地纳入农用地管理。	区规划自然资源局 区农业农村委等
200	乡村重点产业和项目用地纳入年度新增建设用地计划指标保障。	区规划自然资源局
201	农村集体建设用地可以通过入股、租用等方式直接用于发展乡村产业。	区规划自然资源局
202	按照国家、市“放管服”改革要求，对农村宅基地进行全面梳理，简化审批审核程序，下放审批权限。	区规划自然资源局 区农业农村委
203	落实乡村建设审批“多审合一、多证合一”改革要求，完善乡村建设全流程管理。	区规划自然资源局 区政务服务管理办
（三十）抓实乡村人才培育工作		
204	以种养大户、家庭农场、农民专业合作社带头人和骨干社员、农业企业骨干、农村电商骨干、返乡农民工、大中专毕业生、退役军人为重点，以田间学校为载体，重点开展农业经营主体带头人，实用型、技能型、创业创新型等类型的农民培育。	区农业农村委 区教委 区人力社保局
205	强化扶持引导，鼓励新型职业农民加快向种养大户、家庭农场等适度规模经营主体发展。	区农业农村委
206	落实区内人才统筹培养使用制度。	区委组织部 区人力社保局 区农业农村委 区教委 区卫生健康委 区林业局 区水利局等
207	深入开展“三师一家”下乡服务，持续开展“专家服务团”服务基层活动。	区人力社保局
208	有序推进城市教科文卫体等工作人员定期服务乡村，城市中小学教师、医生晋升高级职称前，原则上要有1年以上农村基层工作服务经历。	区人力社保局 区教委 区卫生健康委等

中共重庆市长寿区委
重庆市长寿区人民政府
关于印发《2020年长寿区脱贫攻坚工作要点》的通知

各街道党工委和办事处，各镇党委和人民政府，区委各部委，区级各部门，各人民团体，在长市属管理部门，有关企事业单位：

经区委、区政府同意，现将《2020年长寿区脱贫攻坚工作要点》印发你们，请结合工作实际，认真抓好贯彻落实。

中共重庆市长寿区委
重庆市长寿区人民政府
2020年3月19日

2020年长寿区脱贫攻坚工作要点

2020年是全面建成小康社会目标实现之年，是脱贫攻坚收官之年。全区脱贫攻坚工作总体要求是：以习近平新时代中国特色社会主义思想为指导，深入学习贯彻党的十九大和十九届二中三中四中全会精神，深学笃用习近平总书记关于扶贫工作的重要论述，认真贯彻落实习近平总书记在解决“两不愁三保障”突出问题座谈会上重要讲话和视察重庆重要讲话精神，咬定目标、坚持标准，一鼓作气、乘势而上，保持攻坚态势、强化攻坚责任，全面尽锐出战，全面解决“两不愁三保障”突出问题，全面排查解决存在问题，有效应对新冠肺炎疫情对脱贫攻坚工作的影响，坚持不懈抓好各项工作落地落实，确保剩余贫困人口全部脱贫，巩固脱贫攻坚成果，高质量全面完成脱贫攻坚任务。

一、全面完成脱贫攻坚任务

（一）集中攻克深度贫困堡垒。坚持区领导定点联系街镇、包干贫困村脱贫攻坚工作。对工作推进效果有差距的单位和村，实行挂牌督战。加大帮扶力度，确保现行标准下剩余的17人贫困人口全部脱贫。（区扶贫开发领导小组办公室牵头，有关街镇负责）

（二）全面解决“三保障”和饮水安全问题。持续开展控辍保学行动，精准落实教育资助政策，不断改善贫困地区办学条件。强化街镇和村级医疗卫生机构和队伍建设，精准落实健康扶贫政策。保质保量推进危房改造，严格执行危房改造建筑标准和要求，加快推进旧房拆除和宅基地复垦工作。深入实施农村饮水安全巩固提升工程，建立自来水管护和水质监测机制，全面解决饮水安全问题。（区教委、区卫生健康委、区医保局、区住房城乡建委、区规划自然资源局、区水利局分别牵头负责）

（三）加强贫困地区基础设施和公共服务建设。进一步夯实街镇和建制村交通网络建设，有序推进较大人口规模的自然村（组）通硬化路。加大农网改造工程实施力度，贫困村全部通动力电。基本达到人居环境干净整洁要求。深化宽带网络覆盖。（区交通局、区发展改革委、区农业农村委、区经济信息委分别牵头负责）

（四）强化综合性保障措施。落实低保、医保、养老保险、特困人员救助供养、临时救助等综合社会保障政策，对完全丧失劳动能力和部分丧失劳动能力且无法依靠产业就业帮扶脱贫的未脱贫建档立卡贫困人口，给予兜底保障。及时将符合条件的农村贫困人口纳入低保范围。高度重视“老、病、残”等特殊困难群体脱贫工作，推行失能特困人员集中照护。抓好受新冠肺炎疫情影响的贫困户精准帮扶工作。（区民政局、区人力社保局、区卫生健康委、区医保局、区残联等分别牵头负责）

（五）统筹做好贫困村和非贫困村的脱贫攻坚

工作。坚持贫困村与非贫困村脱贫攻坚工作同步推进。加大政策支持和业务指导。加大非贫困村帮扶指导，补齐工作短板。（区扶贫开发领导小组办公室牵头，各街镇负责）

二、巩固脱贫成果防止返贫

（六）严格落实“四个不摘”。坚持摘帽不摘责任，强化“五级书记”抓扶贫，落实“三级书记”遍访制度，全年至少对贫困对象遍访一次，实现书记遍访贫困对象全覆盖，保持各街镇党政主要负责同志、分管负责同志及各级扶贫干部队伍稳定，强化街镇和区级相关部门“一把手”责任制。坚持摘帽不摘政策，认真落实脱贫攻坚政策，保持现有政策总体稳定，深入实施贫困村提升工程，脱贫攻坚项目库将巩固成果项目作为重点。坚持摘帽不摘帮扶，第一书记和驻村工作队不撤，加强驻村工作队和结对帮扶干部的选派、培训、管理、考核等工作。坚持摘帽不摘监管，将巩固成果作为脱贫攻坚成效考核和专项述职的重点，继续实行最严格的考核评估和督查指导制度，对工作松懈的单位实行常态化约谈。（区扶贫开发领导小组办公室牵头，区扶贫开发领导小组相关成员单位、各街镇分别负责）

（七）建立防止返贫监测和帮扶机制。对脱贫不稳定人口和边缘易致贫人口进行动态监测预警和提前干预，及时将返贫人口和新发生贫困人口纳入帮扶范围。积极探索为边缘户购买防贫商业保险。（区扶贫办牵头负责）

三、开展精准帮扶专项行动

（八）开展产业扶贫专项行动。因地制宜发展特色林果、畜牧养殖、乡村旅游等特色产业，促进一二三产业融合发展。完善产业扶贫带贫减贫机制，提高产业发展指导员指导产业发展的实效，增强贫困群众参与度。加强产业项目风险防范，推动长期持续见效。规范涉农资金股权化改革和资产收益扶贫。通过财政补贴、贷款贴息、税费减免等措施，帮助涉贫龙头企业和新型经营主体恢复生产、正常经营，尽量减少新冠肺炎疫情对产业扶贫项目的影响。（区农业农村委、区扶贫办、区财政局、区税务局等牵头负责）

（九）开展就业扶贫专项行动。加强就业失业基础信息动态管理。对有培训意愿的贫困户技能培训实现全覆盖，帮助有条件的贫困群众实现稳定就业。规范扶贫领域公益性岗位开发和管理。建立贫困农村致富带头人培育师资库，对现有贫困村致富带头人轮训一遍。进一步深化扶贫车间和致富带头人带贫机制。（区人力社保局、区扶贫办等牵头负责）

（十）开展消费扶贫专项行动。积极推行政策采购、对口帮扶丰都、市场主体参与、中国社会扶贫网销售等模式，建立产品认定、统计监测、动态监管等机制，提高消费扶贫实效。将消费扶贫纳入对口帮扶丰都重要扶贫内容。引导机关、学校、医院、企事业单位等与贫困户、贫困村建立长期稳定的供销关系。鼓励民营企业采取“以购代捐”“以买代帮”等方式采购贫困户、贫困村产品和服务。有序推进消费扶贫专柜设立。（区商务委、区发展改革委、区农业农村委、区人武部、区扶贫办等牵头负责）

（十一）开展电商扶贫专项行动。推进国家电子商务进农村综合示范“升级版”创建。电商服务功能覆盖所有贫困村，实现线上线下联动促销。（区商务委、区农业农村委、区供销社等牵头负责）

（十二）开展文旅扶贫专项行动。推进农文旅融合发展，建成一批金牌农家乐、A级旅游景区、风情小镇、度假乡村、精品民宿、康养基地、森林人家等，试点培育一批旅游扶贫示范村，探索发展一批以乡村旅游为重点的“扶贫农庄”。强化旅游带贫机制，带动贫困群众直接受益。（区文化旅游委、区农业农村委等牵头负责）

（十三）开展金融扶贫专项行动。规范发放扶贫小额贷款，保持政策连续性，建立扶贫小额信贷长效机制，稳步提高获贷率及户均贷款额，确保有需求的贫困户获得贷款。加强扶贫小额信贷资金使用监管和实地跟踪监测，纠正户贷企用、违规用款等问题，防范逾期风险。加大政策性金融对“两不愁三保障”、产业扶贫等支持力度。深化“精准脱贫保”“产业精准扶贫保”“边缘人群防贫保”试点。（区财政局、区扶贫办牵头负责）

（十四）开展村级集体经济发展专项行动。通过资源有效利用、提供社会服务、开展租赁业务、发展混合经营等方式，培育发展村级新型集体经济。扩面深化农村“三变”改革试点，整体推进农村集体产权制度改革。加强农村集体经济组织

资金、资产、资源管理，强化对贫困户的利益联结。（区农业农村委、区委组织部、区扶贫办等牵头负责）

（十五）开展“5G+卫生健康精准扶贫”专项行动。根据市级统一安排，开展“5G+卫生健康精准扶贫”试点，逐步有序推开，促进医疗卫生服务方便可及。（区卫生健康委、区经济信息委、区扶贫办牵头负责）

（十六）开展“志智双扶”专项行动。开展农村道德模范、感动人物、身边好人、脱贫光荣户等评选。对自力更生、主动脱贫人员，探索给予物质奖励和精神激励。推进法治扶贫。健全村民议事会、红白理事会、道德评议会、乡贤明理堂等，推进移风易俗专项治理，实施敬老孝老主题活动。深化财政专项扶贫资金“五改”试点，防止政策“养懒汉”。（区委宣传部、区委政法委、区扶贫办、区民政局、区农业农村委、区司法局等牵头负责）

四、全面排查整改各类问题

（十七）全面整改中央脱贫攻坚专项巡视“回头看”和国家、市级2019年脱贫攻坚成效考核发现问题。制定整改方案，建立问题清单、任务清单、责任清单，纳入整改信息管理平台，加强整改情况抽查核验，确保所有问题在上半年整改销号。强化举一反三，一体抓好区级考核、督查、审计等发现问题整改落实。（区扶贫开发领导小组办公室牵头负责）

（十八）扎实开展脱贫攻坚问题排查。用好脱贫攻坚“回头看”成果，聚焦突出问题和薄弱环节，及时查漏补缺，建立健全发现问题、解决问题长效机制，实现工作网格化管理、问题动态化清零。（区扶贫开发领导小组办公室牵头负责）

五、加大扶贫资金投入和监管力度

（十九）加大扶贫资金投入力度。进一步加大财政专项扶贫资金投入力度，确保力度不减。行业部门资金优先向贫困户、贫困村倾斜，确保政策资金的连续性。（区财政局、有关区级部门牵头负责）

（二十）加强扶贫资金使用和项目监管。加强脱贫攻坚项目库备案审查，强化财政专项扶贫资金绩效评价，提高扶贫资金使用效益和效率。清理扶贫资产，制定扶贫资产管理办法，理清扶贫资产权属关系，规范管护责任，明确收益、分配权益。压紧行业部门监管责任、街镇及有关单位主体责任，加强扶贫资金项目常态化监管，开展扶贫专项审计，落实资金项目公示公告制度，严查扶贫资金违纪违法行为。（区财政局、区扶贫办、区审计局等牵头负责）

六、深化提升社会扶贫实效

（二十一）深化对口帮扶丰都机制。强化对口帮扶丰都工作力度，深化工作对接机制，立足长寿和丰都实际，突出“以强带弱”“以长补短”作用，重点推进产业发展、项目建设等方面协同互动，确保结对帮扶力度不低于去年。（区发展改革委牵头负责）

（二十二）广泛动员社会力量参与扶贫。落实扶贫公益性捐赠税收优惠政策。深入推进“万企帮万村”精准扶贫行动。用好中国社会扶贫网等平台。开展扶贫接力志愿服务行动。发挥“10·17”扶贫日社会动员作用。评选宣传一批社会扶贫先进典型。（区扶贫办、区人武部、区工商联、区财政局、区税务局、团区委等牵头负责）

七、夯实脱贫攻坚基础工作

（二十三）建好脱贫攻坚数据库。强化动态调整机制，规范明白卡和住房、饮水安全公示牌，做到账账相符、账实相符。完善精准扶贫大数据平台，加强数据统计、比对、分析，推动区级部门相关数据互通共享。（区扶贫办牵头负责）

（二十四）建好脱贫攻坚政策库。全面梳理脱贫攻坚政策措施，对标对表抓好落实。全覆盖开展驻村帮扶干部政策业务培训，编印发放工作手册，完善帮扶工作台账，网格化推进脱贫攻坚责任落实、政策落实、工作落实。（区扶贫办牵头负责）

（二十五）建好脱贫攻坚项目库。完善脱贫攻坚项目库，严格执行负面清单，细化项目绩效目标。财政专项扶贫资金必须用于项目库中项目。（区扶贫办、区财政局等牵头负责）

八、严格脱贫攻坚考核评估

（二十六）组织开展脱贫攻坚成效考核评估。对2019年街镇、区级有关部门脱贫攻坚成效开展考核，用好考核结果，做到以考促干。（区扶贫开发领导小组办公室牵头负责）

（二十七）扎实开展脱贫攻坚普查。根据市级安排部署，做好经费保障、人员调配、组织实施等工作，清理核实底数台账，重点开展“两不愁三保障”实现情况、获得帮扶情况、参与脱贫攻坚项目情况等普查，确保结果真实可信。（区统计局、区扶贫办等牵头负责）

九、加强督促检查和作风能力建设

（二十八）开展脱贫攻坚业务督导。充分发挥区委脱贫攻坚工作业务指导组作用，坚持常态化深入一线发现问题、指导问题、解决问题。各行业主管部门根据行业监督管理职责，对“三保障”和饮水、产业扶贫、资金管理使用、驻村帮扶、各类问题整改等重点工作开展专项检查指导。支持配合区人大、区政协及各民主党派开展脱贫攻坚检查调研和民主监督工作。（区扶贫开发领导小组办公室牵头负责）

（二十九）提升扶贫干部能力。加强扶贫干部队伍建设，开展分级分类培训。通过案例教学、现场教学等方式，分级分类对基层扶贫干部轮训一遍。（区委组织部、区扶贫办等牵头负责）

（三十）深化抓党建促脱贫行动。巩固拓展“不忘初心、牢记使命”主题教育成果。加强农村基层党组织建设，加大农村本土人才回引力度。（区委组织部牵头负责）

（三十一）深化扶贫领域腐败和作风问题专项治理。利用身边扶贫领域典型案例抓好警示教育。集中整治群众反映强烈的问题，进一步克服形式主义、官僚主义，进一步减轻基层负担。（区纪委监委机关牵头负责）

（三十二）关心关爱扶贫干部。落实扶贫干部关怀激励政策，提拔使用一批实绩突出、表现优秀的扶贫干部、基层干部。（区委组织部、区扶贫办牵头负责）

十、做好脱贫攻坚总结和宣传工作

（三十三）做好脱贫攻坚工作总结。组织街镇、区级相关部门全面总结脱贫成效、典型案例，建立脱贫攻坚典型案例库，讲好脱贫攻坚故事。（区扶贫办牵头负责）

（三十四）开展脱贫攻坚系列宣传活动。集中开展习近平总书记视察重庆一周年宣传报道，举办脱贫攻坚成效展，创作脱贫攻坚文学作品，摄制脱贫攻坚影视作品，建设脱贫攻坚示范基地等。加强涉贫舆情处置，及时回应社会关切。（区委宣传部、区扶贫办等牵头负责）

（三十五）开展脱贫攻坚表彰奖励。推荐一批脱贫攻坚中表现突出的先进个人和先进集体，选送参加全国、全市的脱贫攻坚评选表彰活动。举办“榜样面对面”脱贫攻坚先进事迹宣讲活动。（区委宣传部、区扶贫办牵头负责）

十一、研究谋划接续推进减贫工作

（三十六）探索建立解决相对贫困的长效机制。加强2020年后解决相对贫困的目标任务、扶贫标准、政策措施等试点，探索建立解决相对贫困的长效机制。（区扶贫办牵头负责）

（三十七）推进脱贫攻坚与乡村振兴衔接。探索出台工作方案，推进脱贫攻坚与乡村振兴的规划衔接、工作衔接和政策衔接。选择有条件的街镇、村开展试点示范。（区农业农村委、区扶贫办等牵头负责）

（三十八）编制“十四五”巩固脱贫成果规划。加强工作对接和规划衔接，明确“十四五”巩固脱贫成果的目标任务和重点举措，切实巩固脱贫成果。（区扶贫办、区发展改革委等牵头负责）

中共重庆市长寿区委 重庆市长寿区人民政府 关于进一步加强全区国有资产资源统筹管理利用的意见

（2020 年 4 月 21 日）

为全面贯彻习近平新时代中国特色社会主义思想和党的十九大精神，认真落实中央经济工作会议、全国金融工作会议精神，按照《重庆市人民政府办公厅关于深化区县国企国资改革的指导意见》（渝府办发〔2019〕112 号）文件要求，现就进一步加强全区国有资产资源统筹管理利用提出如下意见。

一、充分认识加强国有资产资源统筹管理利用的重要性和紧迫性

全区国有资产资源规模大、种类多，底数还不完全清楚，国有资产资源管理体制还不够完善，统筹利用还不够充分，闲置浪费情况仍然存在；国有企业正处在转型发展的初期，资产资源匹配还不够合理，因历史原因造成国有企业债务压力过大、发展包袱过重。加强全区国有资产资源统筹管理利用，优化区属国有企业资产资源配置，是深化国企国资改革、助推国企转型发展、实现国有资产保值增值的核心举措，是打好防范化解重大风险攻坚战、防范国有企业重大债务违约事件的重要措施，是落实行政事业单位机构改革，实行政企分开、管办分离，加强廉政建设的迫切需要。要全面摸清国有资产资源底数、加强统筹管理和盘活利用，提升区属国有企业市场化融资能力，有效防范国企债务违约风险，促进国有企业转型发展，提升国有经济发展水平。

二、全面摸清全区国有资产资源底数，加强统筹管理和盘活利用

*一是进一步加大国有资产资源清理力度，全面摸清底数。*要全面摸清全区国有资产资源底数，做到“底数清、数据真、情况明”。既要摸清房屋设施（如公租房、办公设施、教育设施、医疗设施、文化体育设施、养老设施等）、市政设施（如车库、车位、管网、广告站牌等）、水利设施（如水库等）、自然资源（如国有土地、林地、湖泊、水资源等）等有形资产资源底数，又要摸清停车收费权、房屋租赁权、养老服务经营权、殡葬服务经营权、湖面水库运营权、垃圾处理运营权、市政设施运营权、自然资源使用付费权（如采砂权、采矿权）等具有经营、收费权益的无形资产资源底数；既要对产权明确的资产资源进行全面的清理，也要对未办理产权但权属清晰的资产资源进行全面梳理；既要将在用的资产资源纳入清理范围，也要对闲置的资产资源进行全面的清理摸底；既要摸清国有资产资源的数量、价值等情况，又要摸清性质、权属等情况。

*二是进一步加强国有资产资源统筹管理，严防国有资产流失。*要严格按照相关法律法规规定，完善国有资产资源管理各项规章制度，明确管理责任，完善审批、划转、处置等程序。要加强对国有资产资源的日常管理，建立和完善国有资产资源动态监管机制和统计报送制度，实时掌握资产资源状况。要建立和完善统筹协调机制，推动国有资产资源调度调剂便利化、顺畅化。要加大对国有资产资源管理的监督检查和审计力度，严防国有资产资源流失。

*三是加快推进国有资产资源盘活利用，优化资产资源配置。*要根据各类国有资产资源的性质特点，在兼顾经济效益、社会效益和政策效益的基础上，推动国有资产资源盘活，实现国有资产资源利用最优化和价值最大化。行政事业单位根据职能职责，除相关法律法规规定的行政事业性收费外，其他经营性收费事项要逐步剥离，转为

企业行为按市场化经营管理，原行政事业单位以经营收益作为公共事务支出来源的，其公共事务支出列入财政预算。要统筹考虑国有资产保值增值、国有企业做强做优做大、国有资本结构优化等要素，通过向国有企业注入经营性资产资源、授予特许经营（运营）权等方式，推动国有资产资源向区属国有企业倾斜，实现国有资产资源管理最优化和效益最大化，不断提升国有企业市场化融资能力，助力防范化解国企债务违约风险。

三、切实加强组织保障，推动国有企业做强做优，实现国有资本保值增值

成立区国有资产资源统筹管理利用领导小组，负责全区国有资产资源的统筹管理和盘活利用。由区政府主要领导任组长，分管国资工作领导任副组长，区政府办、区发展改革委、区教委、区民政局、区财政局、区生态环境局、区住房城乡建委、区城市管理局、区交通局、区水利局、区农业农村委、区文化旅游委、区卫生健康委、区国资委、区林业局、区机关事务局、区规划自然资源局等部门及各区属国有企业主要负责人为成员。办公室设在区国资委，负责全区国有资产资源统筹管理利用日常工作。

各部门各单位要切实提高政治站位，树立全区一盘棋的思想，着眼全区经济社会发展大局，进一步统一思想、提高认识，强化组织领导、落实工作责任、加强工作保障，推动全区国有资产资源统筹管理利用，促进国有企业转型发展，实现国有资产保值增值，提升国有经济发展水平。

中共重庆市长寿区委
重庆市长寿区人民政府
关于印发《贯彻落实市委市政府〈深化改革加强食品安全工作的若干措施〉的实施方案》的通知

各街道党工委和办事处，各镇党委和人民政府，区委各部委，区级各部门，各人民团体，在长市属管理部门，有关单位：

现将《贯彻落实市委市政府〈深化改革加强食品安全工作的若干措施〉的实施方案》印发给你们，请结合实际认真贯彻落实。

中共重庆市长寿区委

重庆市长寿区人民政府

2020年6月28日

贯彻落实市委市政府
《深化改革加强食品安全工作的若干措施》的实施方案

为全面落实《中共中央、国务院关于深化改革加强食品安全工作的意见》（中发〔2019〕17号）、《市委、市政府关于深化改革加强食品安全工作的若干措施》（渝委发〔2020〕4号），扎实推进食品安全工作，结合长寿实际，制定如下实施方案。

一、指导思想

坚持以习近平新时代中国特色社会主义思想为指导，全面贯彻党的十九大和十九届二中、三中、四中全会精神，深入贯彻落实习近平总书记关于食品安全的重要指示批示和视察重庆重要讲话精神，坚持和加强党的全面领导，坚持以人民为中心的发展思想，坚持新发展理念，深化改革创新，遵循“四个最严”要求，建立健全食品安全现代化治理体系，提高从农田到餐桌全过程监管能力，提升食品全链条质量安全保障水平，不断增强人民群众的获得感、幸福感、安全感。

二、工作目标

到2020年，基于风险分析和供应链管理的食品安全监管体系初步建立，农产品和食品抽检量达到4批次/千人，主要农产品质量安全监测总体合格率稳定在97%以上，食品评价性抽检合格率稳定在98%以上，食品安全整体水平与全面建成小康社会目标基本相适应。到2035年，基本实现食品安全领域治理体系和治理能力现代化，食品安全保障能力位列全市前列。从农田到餐桌全过程监管体系运行有效，食品安全状况实现根本好转，人民群众吃得健康、吃得放心。

三、工作重点

（一）建立最严谨的标准

1. 配合制修订标准。适应经济社会发展需要，针对米粉、血豆腐、薄脆等本地特色食品，积极争取市卫生健康委政策支持，将其纳入地方标准制定，以满足地方特色食品生产经营对食品安全标准的需求。立足特色农产品、优势产业，配合市级部门制订农业地方标准。配合市粮食局制订“重庆好粮油”标准。

2. 创新标准工作机制。落实企业标准公开承诺制度，鼓励企业制定并实施严于国家标准或地方标准的企业标准。依法开展企业标准备案前公示、备案受理、已备案标准公示，规范企业标准备案及管理。指导种植养殖企业和食品生产经营企业制定配套的操作规程和质量控制措施。

3强化标准实施。加大食品安全标准解释、宣传贯彻和培训力度，督促食品生产经营者准确理解和应用食品安全标准，维护食品安全标准的强制性。配合开展食品安全标准跟踪评价工作，充分发挥食品安全标准保障食品安全、促进产业发展的基础作用。推进园艺作物标准园创建和畜禽水产标准化规模养殖。

（二）实施最严格的监管

4. 净化产地环境。贯彻落实大气、水、土壤污染防治行动计划，加大重点行业挥发性有机物治理力度，加强流域水污染防治，推进土壤污染防治，开展重点领域综合治理。严格工业和城镇污染物处理和达标排放，防治污染“上山下乡”。2020年底完成耕地土壤环境质量类别划定。开展耕地土壤污染国控监测点建设，实施污染耕地分类治理。

5. 规范农业投入品生产使用。严格执行农业投入品生产和使用规定，严厉打击违法行为。严格落实限制使用农药定点经营和实名购买制度。落实兽药良好生产质量管理规范（GMP）、良好经营质量管理规范（GSP）。落实饲料质量安全管理地方性规范。落实农业生产经营记录制度、农业投入品使用记录制度。

6. 加强粮食收储质量安全监管。严格粮食收购企业资格管理，推进粮食质量追溯管理。加强烘干、存储和检验监测能力建设。健全重金属等超标粮食收购处置长效机制。落实粮食安全行政首长责任制。

7. 强化食品生产加工监管。严格落实风险分级分类管理，科学确定监督检查的方式和频次，督促企业生产过程持续合规。将体系检查逐步扩大到高风险大宗消费食品。对本地产保健食品全覆盖监督检查。推动食品小作坊规范发展和转型升级。

8. 严格食品流通销售监管。推进冷链物流配送系统建设。督促食品销售主体严格落实食品安全主体责任。严格执行畜禽屠宰检验检疫制度。推行食用农产品合格证制度，强化产地准出和市场准入衔接。分步推进农贸市场农产品质量安全规范化管理。

9. 严把餐饮服务质量安全关。全面落实餐饮服务食品安全操作规范。推进集体用餐单位建立稳定的食材供应渠道和追溯记录。严格落实网络订餐平台和入网餐饮服务提供者责任。

（三）实行最严厉的处罚

10. 严格执行法律法规。坚持“立改废释”并举，结合国家法律法规及重庆市地方性法规、政府规章制修订情况，清理与食品产业发展和监管体制改革不相适应的规范性文件。完善校园及周边食品安全监督管理、农贸市场食用农产品监督管理等规章制度。贯彻执行办理危害食品安全刑事案件的司法解释、食品安全民事纠纷案件适用法律问题的司法解释。落实食品安全司法鉴定制度规定。

11. 严厉打击违法犯罪。落实“处罚到人”要求，综合运用各种法律依据和法律手段，严惩重处违法企业及其有关责任人，大幅提高违法成本。加强行政执法与刑事司法衔接。推动建立食品安全民事公益诉讼惩罚性赔偿制度。

12. 加强基层综合执法。深化综合执法改革，加强基层综合执法队伍和能力建设，确保有足够资源履行食品安全监管职责。市场监管部门及其在街镇的派出机构要把食品安全为首要职责。农业综合执法要把保障农产品质量安全作为重点任务。落实重大案件联合督办制度，按照国家、市级有关规定，对贡献突出的单位和个人进行通报奖励。

13. 强化信用联合惩戒。推进食品工业企业诚信管理体系建设。完善食品生产经营企业信用信息档案，实行信用分级分类管理。健全食品安全严重违法失信者名单认定机制和管理制度。积极发挥行业协会、企业商会等作用，加强企业道德文化建设，倡导和培育企业诚信文化。

（四）坚持最严肃的问责

14. 科学划分监管事权。依法依规制定食品安全监管事权清单，厘清职责边界，压紧压实各职能部门食品安全工作责任。区级监管部门主要承担辖区内直接面向市场主体、直接面向消费者的食品生产经营监管和执法事项，配合市级监管部门或接受其委托开展重大复杂案件查处和跨区域执法。

15. 强化督查评议考核。加强食品安全重点工作督查督办。完善食品安全工作评议考核制度，将考核结果作为党政领导班子和领导干部综合考核评价的重要内容，作为干部奖惩和使用、调整的重要参考。建立并落实约谈、通报等制度。

16. 严格责任追究。依照监管事权清单，依法依规尽职照单免责、失职照单问责。对未履行职责和要求的、履职不到位的，依规依纪依法追究责任。涉嫌犯罪的，依法追究刑事责任。

（五）落实生产经营者主体责任

17. 落实质量安全管理责任。生产经营者应当对其生产经营食品的安全负责。食品质量安全管理岗位人员法规知识抽查考核合格率要达到90%以上。规模以上食品生产企业要率先实施规范化管理体系。

18. 加强生产经营过程控制。食品生产经营者应当加强从生产到销售全过程控制。主动监测其上市产品质量安全状况，对存在隐患的，及时采取风险控制措施。食品生产企业自查报告率要达到90%以上。

19. 健全食品安全追溯体系。食品生产经营者要依法建立食品安全追溯体系。推进市农产品质量安全追溯综合管理信息平台应用。按照市级要求，建立重要产品追溯体系，健全协同运作的重要产品追溯工作机制。加强重要产品追溯市级平台的运用。

20. 积极投保食品安全责任保险。推动肉蛋奶和白酒生产企业、集体用餐单位、农村集体聚餐、大宗食品配送单位、中央厨房和配餐单位主动购买食品安全责任保险，鼓励有条件的中小企业积极投保食品安全责任保险。

（六）推动食品产业高质量发展

21. 推进许可认证制度改革。坚持“放管服”相结合，减少制度性交易成本。深化食品生产经营许可改革，依法依规探索推行食品经营许可告知承诺制和食品添加剂经营备案管理。依法依规开展保健食品备案管理。探索对新业态、新模式“包容、审慎”监管。推进农产品认证制度改革，在农产品生产经营龙头企业、农民专业合作社、家庭农场等领域率先试行食用农产品合格证制度，逐步扩大适用范围。

22. 实施质量兴农计划。加强水果、蔬菜、茶叶标准园和畜禽标准化示范场、水产健康养殖场建设，大力发展无公害农产品、绿色食品、有机农产品、地理标志农产品。推广面向适度规模经营主体特别是小农户的病虫害统防统治专业化服务。

23. 推动食品产业转型升级。加快产业集聚集群步伐，实施增品种、提品质、创品牌行动，支持企业开展ISO22000、绿色食品等认证。加强与电商平台深度融合。大力发展专业化、规模化冷链物流企业。推进食品生产加工小作坊升级改造。

24. 强化科技创新。加大食品安全关键技术研发力度，鼓励企业增加科研投入，完善科技成果转化应用机制。加强区级食品检验机构建设，加快人才培养引进。加强与国家级、市级专业技术机构交流合作，提高食品安全风险发现和防范能力。

（七）提高食品安全风险防控能力

25. 加强协调配合。完善统一领导、分工负责、分级管理的食品安全监管体制，地方各级党委和政府对本地区食品安全工作负总责。健全协调联动工作机制，加强部门间沟通协作、共享资源、互通信息，防范监管失责缺位。充实基层工作力量，为村（社区）配备专兼职食品安全协管员（信息员），充分发挥调查摸底、隐患排查、信息报告、日常巡查、宣传引导等作用。

26. 提升监管队伍专业化水平。提高食品安全监管执法人员专业技能，建立政治过硬、素质优良、业务精湛、廉洁高效的监管队伍。强化培训和考核，食品安全监管执法人员每年参加学习培训不低于90个学时。加快推进职业化检查队伍建设。加强公安机关打击食品安全犯罪专业力量建设，强化专门警力配备、专业技能培养和专业装备配备。

27. 强化技术支撑能力建设。推进区级检验检测机构建设。鼓励第三方机构参与检验检测工作。支持企业加强检验检测能力建设。推进区疾控中心微生物实验室和食品安全风险监测实验室能力建设。实施农产品检验机构能力提升工程。

28. 加快推进智慧监管。积极配合市级部门建设智慧市场监管一体化信息平台，推广运用智慧食品安全监管系统，健全态势分析、预警防控、事件跟踪、舆情监控、指挥调度等工作机制，有效提升食品安全监管的预见性、靶向性、时效性。

29. 健全问题导向的抽检监测机制。加强食品抽检监测工作，力争抽检样品覆盖到所有农产品和食品企业、品种、项目，到2020年达到4批次/千人。强化“检打联动”，对监督抽检经确证不合格的，做到100%核查处置。

30. 提升应急处置能力。修订食品安全应急预案，完善制度机制和工作程序。强化装备配备、人员培训和应急演练，提升应急响应、现场处置、医疗救治能力。加强舆情监测，建立重大舆情收集、分析研判和快速响应机制。

（八）推进食品安全社会共治

31. 加强风险交流。健全食品安全风险分析研判、交流预警等制度机制，组建风险评估专家库。主动发布权威信息，及时发布风险警示或消费提示。鼓励企业通过新闻媒体、网络平台等方式直接回应公众咨询。积极配合市级部门建设集谣言抓取、识别、分析、处置等功能于一体的智能化平台，依法坚决打击造谣传谣、欺诈和虚假宣传行为。

32. 强化普法和科普宣传。落实“谁执法谁普法”普法责任制，持续加强食品安全法律法规、安全标准、科学知识的宣传教育。深入开展“食品安全宣传周”等宣传活动。健全农产品质量安全宣传引导机制。开展营养均衡配餐示范推广，普及健康知识，倡导合理膳食。

33. 鼓励社会监督。全面推行行政执法公示制度，公开执法职责、依据、标准、结果和监督途径，提高执法规范化水平。积极搭建政务公开和执法公开工作平台，主动接受社会监督。推动行业协会发挥行业自律功能。鼓励新闻媒体准确客观报道，有序开展食品安全舆论监督。

34. 完善投诉举报机制。畅通投诉举报渠道，完善公众特别是内部知情人举报食品安全违法违规行为的举报奖励制度。依法保护举报人，严肃查处打击报复举报人的行为。依法严厉打击采用非法手段、通过恶意举报非法牟利的行为。

（九）实施食品安全放心工程建设攻坚行动

35. 实施风险监测评估和标准制定专项行动。加强食品安全风险监测，根据市级部门安排，加强食源性疾病、食品中有害物质、环境污染物、食品相关产品等风险监测，系统开展食品中主要危害因素的风险评估。配合市级部门做好标准跟踪评价工作，针对本地特色食品，督促帮助企业制定企业标准。

36. 实施农药兽药使用减量和产地环境净化行动。推进高毒高风险农药淘汰工作，实施化肥农药减量增效行动、水产养殖用药减量行动、兽药抗菌药治理行动。建立环境安全隐患排查长效机制，开展耕地土壤环境质量类别划分和种植结构调整。开展涉镉等重金属重点行业企业排查整治，防止重金属等污染物进入农田。

37. 实施乳制品质量提升行动。严格奶牛养殖饲料、兽药管理。促进奶源基地实行专业化、规模化、智能化生产，提高原料奶质量。严禁进口大包装婴幼儿配方乳粉到境内分装销售。

38. 实施校园食品安全守护行动。严格落实学校食品安全校（园）长负责制，建立学校相关负责人陪餐制度，全面推行“明厨亮灶”。加强监管，对学校食堂、学生集体用餐配送单位、校园周边餐饮门店及食品销售单位实行全覆盖监督检查。落实好农村义务教育学生营养改善计划。

39. 实施农村假冒伪劣食品治理行动。开展综合治理，严厉打击生产销售“三无”、假冒、劣质、过期食品等违法违规行为，坚决取缔“黑工厂”“黑窝点”和“黑作坊”。推进农村现代流通网络建设，通过连锁物流配送、电子商务等方式，组织质优价廉、适销对路的货源，让农民买到优质、安全的食品。

40. 实施餐饮质量安全提升行动。实施餐饮安全风险分级管理和餐饮服务标准化管理。规范大众餐饮服务。提升餐饮外卖食品安全性。完善餐厨垃圾集中收运体系，推进餐厨废弃物资源化利用和无害化处理。严厉打击违法生产加工“地沟油”，防范“地沟油”流入餐桌。

41. 实施保健食品行业专项清理整治行动。广泛开展以老年人识骗、防骗为主要内容的宣传教育活动。加大联合执法力度，大力整治保健食品市场经营秩序，严厉打击保健食品非法添加、欺诈和虚假宣传等违法犯罪行为，打击传销。做好消费者维权服务工作。

42. 实施“优质粮食工程”行动。推进“中国好粮油”“重庆好粮油”行动，打造优质粮油生产示范区、示范企业，大力培育品牌产品，提高绿色优质安全粮油产品供给水平。建设专业化、社会化粮食产后烘干存储销售服务体系，加强收购、储存环节粮食质量安全管理。

43. 实施进口食品“国门守护”行动。加强进口食品的监督抽检和风险监控，强化对不合格进口食品的风险预警和调查追溯。加强跨境电商零售进口监管。严防输入型食品安全风险，严厉打击食品走私行为。

44. 实施“双安双创”示范引领行动。按照国家、市统一安排部署，稳步有序推进国家食品安全示范城市创建，总结推广创建工作经验，促进落实属地管理责任和生产经营者主体责任。

四、保障措施

45. 严格落实党政同责。严格按照《地方党政领导干部食品安全责任制规定》《重庆市党政领导干部食品安全责任清单》，落实好党政领导干部食品安全责任。每年确定并抓好一批涉及食品安全的重点事项。各街镇和区级有关部门的主要负责人严格履行第一责任人职责，定期听取工作汇报，开展专题调研，每年确定并抓好1—2项影响本辖区、本单位食品安全的重点问题。结合巡视巡察工作安排，对食品安全重点工作推进情况和党政干部履行食品安全工作职责情况进行监督检查。强化食品药品安全委员会及其办公室建设。相关职能部门对主管行业或者领域的食品安全承担管理责任。每年12月1日前，区食品药品安全委员会办公室（以下简称区食药安办）要向区委、区政府报告全区食品安全工作情况。

46. 加大投入保障力度。健全财政投入保障机制，保障必要的监管执法条件。企业要加大食品质量安全管理方面的投入，鼓励社会资本进入食品安全专业化服务领域，构建多元化投入保障机制。

47. 激励干部担当作为。建立健全容错纠错机制和尽职免责制度。对在食品安全工作中作出突出贡献的单位和个人，按照国家、市级有关规定给予通报。

48. 强化组织实施。各街镇、区级有关部门要结合本辖区、本部门实际认真研究制定具体实施方案，明确工作时间表、路线图、责任人，确保各项重点工作顺利推进。区食药安办要会同有关部门建立协调机制，加强沟通会商，及时研究解决实施中遇到的问题。严格督查督办，将实施情况纳入对部门和街镇食品安全工作督查考评重要内容，确保各项任务落实到位。

附件：长寿区深化改革加强食品安全工作任务分解表

附件

长寿区深化改革加强食品安全工作任务分解表

项目	内容	主要任务	责任单位
一、建立最严谨的标准	（一）加快制修订标准	1. 适应经济社会发展需要，对没有食品安全国家标准的地方特色食品，按照市级要求制订食品安全地方标准，满足地方特色食品生产经营者对食品安全标准的需求。针对本地米粉、血豆腐、薄脆等本地特色食品，争取政策支持，将其纳入地方标准。	区卫生健康委
		2. 围绕柑橘、生态畜牧等山地特色高效产业，按照市级要求制订农业地方标准。	区农业农村委、区畜牧兽医事务中心
		3. 配合做好“重庆好粮油”标准制订工作。	区发展改革委
	（二）创新标准工作机制	4. 落实企业标准公开承诺制度。鼓励企业制定并实施严于国家标准或地方标准的企业标准。	区卫生健康委
		5. 指导种植养殖企业和食品生产经营企业制定配套的生产操作规程和质量控制措施。	区农业农村委、区畜牧兽医事务中心、区市场监管局按职责分工负责
	（三）强化标准实施	6. 指导食品安全标准解释、宣传贯彻和培训力度，督促生产经营者及时了解、准确理解和应用，维护标准的技术统一性和强制性。配合做好食品安全标准使用跟踪评价工作，充分发挥食品安全标准保障食品安全、促进产业发展的基础作用。	区卫生健康委
		7. 推进园艺作物标准园创建和畜禽水产标准化规模养殖。	区农业农村委、区畜牧兽医事务中心按职责分工负责
二、实施最严格的监管	（四）净化产地环境	8. 贯彻落实大气、水、土壤污染防治行动计划，加大重点行业挥发性有机治理力度，加强流域水污染防治，推进土壤污染防治，开展重点领域综合治理。严格工业和城镇污染物处理和达标排放，防止污染“上山下乡”。	区生态环境局
		9. 2020 年底完成耕地土壤环境质量类别划定，开展耕地土壤污染国控监测点建设，实施污染耕地分类治理。	区农业农村委、区生态环境局按职责分工负责
	（五）规范农业投入品生产使用	10. 严格执行农药兽药、饲料添加剂等农业投入品生产和使用规定，严厉打击违法添加、使用国家明令禁止的农业投入品和有毒有害物质行为。严格落实限制使用农药实行专柜经营和实名购买制度，将高毒农药禁用范围逐步扩大到所有食用农产品。落实兽药生产 GMP 制度、经营 GSP 制度。加强饲料质量监管。落实农业生产经营记录制度、农业投入品使用记录制度，指导农户严格执行农药安全间隔期、兽药休药期有关规定，防范农药兽药残留超标。	区农业农村委、区畜牧兽医事务中心按职责分工负责
	（六）加强粮食收储质量安全监管	11. 严格粮食收购企业资格管理，督促企业落实出入库（厂）和库存粮食检验制度，推进粮食质量追溯管理。加强烘干、存储和检验检测能力建设，为农户提供粮食烘干存储服务，防止粮食发霉变质受损。健全重金属等超标粮食收购处置长效机制，推进无害化处理和资源合理化利用，严禁不合格粮食流入口粮市场和食品生产企业。落实粮食安全行政首长责任制。	区发展改革委牵头，区财政局、区农业农村委、区市场监管局、各街镇按职责分工负责

续表

项目	内容	主要任务	责任单位
二、实施最严格的监管	（七）强化食品生产加工监管	12. 严格落实风险分级分类管理，在日常监督检查全覆盖基础上，对一般风险企业实施按比例“双随机”排查，对高风险企业实施重点检查，对问题线索企业实施执法检查。督促企业严格落实食品原料、添加剂进货查验、使用记录制度，加强生产全过程关键点控制，持续保持获证条件和出厂检验可追溯。将体系检查逐步扩大到白酒、肉制品、食用植物油、饮料等高风险大宗消费食品，坚决遏制生产过程超范围、超限量使用食品添加剂等问题。对本地产保健食品生产企业实施全覆盖监督检查。推动实施食品小作坊生产加工操作规范，指导完善质量安全管理制度。加强食品小作坊登记管理，整治一批，规范一批，提升一批，推动食品小作坊规范发展和转型升级。	区市场监管局
	（八）严格食品流通销售监管	13. 推进冷链物流配送系统建设，逐步覆盖基地贮藏、物流配送、市场批发、销售终端全链条。	区商务委牵头，区农业农村委、区市场监管局配合
		14. 严格食品销售主体市场准入，经营者应当严格落实进货查验记录制度、销售记录制度、食品贮存规定等主体责任。严格执行全过程温控标准和规范，鼓励使用温控标签，防止食物脱冷变质。建立临期食品专区（柜）销售和可追溯机制，严禁临期、过期食品翻新销售。	区市场监管局
		15. 严格执行畜禽定点屠宰检验检疫制度。	区畜牧兽医事务中心
		16. 积极推行食用农产品合格证制度，强化产地准出和市场准入衔接。	区农业农村委、区畜牧兽医事务中心、区市场监管局按职责分工负责
		17. 扎实推进食用农产品批发市场食品安全治理，分步推进农贸市场农产品质量安全规范化管理。2020年底，全区农产品批发市场和有条件的农贸市场达到规范化管理要求。	区商务委、区市场监管局、各街镇按职责分工负责
	（九）严把餐饮服务质量安全关	18. 全面落实餐饮服务食品安全操作规范，严格执行原料采购、进货查验、加工操作、清洗消毒、人员管理和防止交叉污染等规定。中央厨房、集体用餐配送单位、学校及托幼机构食堂、连锁餐饮企业等集体用餐单位要建立稳定的食材供应渠道和追溯记录，保证购进原料符合食品安全标准；要如实记录变质（过期）食品及原料处置信息，保证变质（过期）食品原料不用于食品加工，变质（过期）食品不进入餐桌。严格落实网络订餐平台责任，全面落实对入网餐饮服务提供者的审查登记、经营行为抽查监测、食品安全违法行为制止及报告、食品安全事故处置等责任。所有入网餐饮服务提供者必须有实体店经营资质，不得超范围经营，保证线上线下餐饮同标同质，保证食品和餐饮具质量安全。网络订餐平台和入网餐饮服务提供者应当加强对送餐人员的食品安全培训和管理，送餐人员应当保持个人卫生，按平台承诺限时送餐，保证配送过程食品的品质。	区市场监管局

续表

项目	内容	主要任务	责任单位
三、实行最严厉的处罚	（十）严格执行法律法规	19. 坚持“立改废释”并举，结合国家法律法规及重庆市地方性法规、政府规章制修订情况，清理与食品产业发展和监管体制改革不相适应的规范性文件。完善校园及周边食品安全监督管理、农贸市场使用农产品监督管理等规章制度。	区发展改革委、区司法局、区农业农村委、区畜牧兽医事务中心、区市场监管局按职责分工负责
		20. 贯彻执行办理危害食品安全刑事案件的司法解释。贯彻执行食品安全民事纠纷案件适用法律问题的司法解释，依法严肃追究故意和恶意违法者的民事赔偿责任。	区法院、区检察院牵头，区公安局、区农业农村委、区畜牧兽医事务中心、区市场监管局配合
		21. 落实食品安全司法鉴定制度和有关规定，引导和支持司法鉴定机构开展涉及食品安全的司法鉴定活动。	区司法局、区市场监管局牵头，区公安局、区农业农村委、区畜牧兽医事务中心配合
	（十一）严厉打击违法犯罪	22. 探索建立完善“处罚到人”制度，综合运用各种法律依据和法律手段，严厉处罚违法企业及其法定代表人、实际控制人、主要负责人等直接负责的主管人员和其他直接责任人员，实行食品行业从业禁止、终身禁业，对再犯从严从重处罚，大幅提高违法成本。发挥打假“利剑”震慑作用，严厉打击生产、销售假冒伪劣及有毒有害食品等违法犯罪，破除行业“潜规则”。加强行政执法和刑事司法衔接，行政执法机关发现涉嫌犯罪、依法需要追究刑事责任的，及时移送公安机关，同时抄送检察机关。建立完善食品安全民事和行政公益诉讼的信息交流、案件通报等制度机制，做好民事和行政诉讼衔接配合，推动建立食品安全民事公益诉讼惩罚性赔偿制度。	区委政法委、区法院、区检察院、区公安局、区司法局、区农业农村委、区畜牧兽医事务中心、区市场监管局按职责分工负责
	（十二）加强基层综合执法	23. 深化综合执法改革，加强基层综合执法队伍和能力建设，确保有足够资源履行食品安全监管职责。坚持执法力量向一线岗位倾斜，市场监管部门及其派出机构要把食品安全监管作为首要职责。	区市场监管局、区财政局、区人力社保局、各街镇按职责分工负责
		24. 农业综合执法要把保障农产品质量安全作为重点任务。	区农业农村委、区畜牧兽医事务中心按职责分工负责
		25. 公安、农业农村、市场监管等部门要落实重大案件联合督办制度，按照国家、市级有关规定，对贡献突出的单位和个人进行通报奖励。	区公安局、区财政局、区人力社保局、区农业农村委、区畜牧兽医事务中心、区市场监管局按职责分工负责

续表

项目	内容	主要任务	责任单位
三、实行最严厉的处罚	（十三）强化信用联合惩戒	26. 推进食品工业企业诚信管理体系建设，组织诚信管理培训。	区经济信息委
		27. 完善食品生产经营企业信用信息档案，有效发挥市、区信用信息共享平台和国家企业信用信息公示系统（重庆）作用。实行信用分级分类管理，对有不良信用记录的食品生产经营企业依规定调整风险等级并增加监督检查频次。	区发展改革委、区市场监管局按职责分工负责
		28. 健全食品安全严重违法失信者名单认定机制和管理制度，严格区分严重失信行为与一般失信行为，强化守信联合激励和失信联合惩戒。积极发挥行业协会、企业商会等作用，加强企业道德文化建设，倡导和培育企业诚信文化。	区发展改革委、区经济信息委、区商务委、区市场监管局按职责分工负责
四、坚持最严肃的问责	（十四）科学划分监管事权	29. 依法依规制定食品安全监管事权清单，厘清职责边界，压紧压实各职能部门食品安全工作责任。做好辖区内直接面向市场主体、直接面向消费者的食品生产经营监管和执法事项，配合市级监管部门或接受其委托开展重大复杂案件查处和跨区域执法。	区市场监管局、区农业农村委、区畜牧兽医事务中心、各街镇按职责分工负责
	（十五）强化督查评议考核	30. 将食品安全重点工作纳入督查督办范围，加强对同级党委、政府有关部门和下级党委、政府的督查督办。完善对食品安全工作评议考核制度，将考核结果作为党政领导班子和领导干部综合考核评价的重要内容，作为干部奖惩和使用、调整的重要参考。建立健全约谈、通报等制度，对考核达不到要求的，约谈其党政主要负责人并督促期限整改。	区食药安办、区委组织部、区食药安委有关成员单位、各街镇按职责分工负责
	（十六）严格责任追究	31. 依照监管事权清单，依法依规尽职照单免责，失职照单问责。对贯彻落实党中央、国务院有关食品安全工作决策部署和市委市政府、区委区政府有关要求不力、履行职责不力，或者阻碍干扰监管部门履行职责，导致本行政区域发生系统性、区域性食品安全风险或者重特大食品安全事故的，因应对食品安全突发事件不力造成重大损失或者恶劣影响的，依规依纪依法追究其相关领导责任。对监管工作中失职失责、不作为、乱作为、慢作为、假作为的，依规依纪依法追究相关人员责任；涉嫌犯罪的，依法追究刑事责任。对参与、包庇、放纵危害食品安全违法犯罪行为，弄虚作假、干扰责任调查，帮助伪造、隐匿、毁灭证据的，依法从重追究法律责任。	区纪委监委机关、区食药安办、区法院、区检察院、各街镇按职责分工负责

续表

项目	内容	主要任务	责任单位
五、落实生产经营者主体责任	（十七）落实质量安全管理责任	32. 生产经营者应当对其生产经营食品的安全负责，要结合实际建立食品安全管理制度，设立食品质量安全管理岗位，配备专业技术人员，对生产经营情况实施监督管控，确保生产经营过程持续合规，确保产品符合食品安全标准。加强从业人员食品安全培训，建立食品安全知识考试制度，食品生产经营企业法定代表人、主要负责人、技术负责人的食品安全法规知识考试要达到合格标准，食品质量安全管理岗位人员的法规知识抽查考核合格率要达到90%以上。规模以上食品生产企业要率先实施危害分析和关键控制点（HACCP）、GMP等管理体系。保健食品生产经营者要严格落实质量安全主体责任，加强全面质量管理，规范生产经营行为，确保产品功能声称真实合法。	区发展改革委、区农业农村委、区畜牧兽医事务中心、区市场监管局按职责分工负责
	（十八）加强生产经营过程控制	33. 食品生产经营者应当依法对食品安全责任落实情况、食品安全状况进行自查评价，加强从生产到销售全过程控制。对生产经营条件不符合食品安全要求的，要立即采取整改措施；发现存在食品安全风险的，应当立即停止生产经营活动，并及时报告属地监管部门。要主动监测其上市产品质量安全状况，对存在隐患的，及时采取风险控制措施。食品生产企业自查报告率要达到90%以上。	区市场监管局
		34. 食用农产品生产者应当按照食品安全标准和有关规定种植养殖。	区农业农村委、区畜牧兽医事务中心按照职责分工负责
	（十九）健全食品安全追溯体系	35. 食用农产品生产经营主体和食品生产经营企业对其生产经营的产品追溯负责，依法建立食品安全追溯体系，确保记录真实完整，确保产品来源可查、去向可追。	区农业农村委、区畜牧兽医事务中心、区市场监管局按职责分工负责
		36. 充分利用重庆市农产品质量安全追溯综合管理信息平台功能，加强农产品质量安全信息共享。国家级、市级农业产业化龙头企业、有条件的“菜篮子”产品、品牌农产品等规模主体及其产品全面实现可追溯。农业农村系统认定的绿色食品、有机农产品和地理标志农产品100%纳入追溯管理。	区农业农村委、区畜牧兽医事务中心按职责分工负责
		37. 按照市级要求，建立重要产品追溯体系，健全协同运作的重要产品追溯工作机制。加强重要产品追溯市级平台的运用，加强信息共享。	区商务委牵头，区经济信息委、区财政局、区农业农村委、区畜牧兽医事务中心、区市场监管局配合
	（二十）积极投保食品安全责任保险	38. 因食品安全问题造成损害的，食品生产经营者要依法承担赔偿责任。推动肉蛋奶和白酒生产企业、集体用餐单位、农村集体聚餐、大宗食品配送单位、中央厨房和配餐单位主动购买食品安全责任保险，有条件的中小企业要积极投保食品安全责任保险。加大食品安全责任保险宣传力度，支持保险公司针对市场需求开发多样化产品，推动做好承保、理赔等服务工作，发挥保险的法律作用和风险分担机制。	区市场监管局

续表

项目	内容	主要任务	责任单位
六、推动食品产业高质量发展	（二十一）推进许可认证制度改革	39. 坚持“放管服”相结合，既放宽市场准入条件，减少制度性交易成本；又严把市场进入关口，防止不符合条件的生产经营者进入市场。深化食品生产经营许可改革，优化许可程序，压缩许可时限，升级许可系统，实现许可全程电子化、信息全部可查询。探索推进食品经营许可告知承诺制，实行证照并联审批、同步发放。依法开展保健食品备案管理。探索食品添加剂经营备案管理。制定完善食品生产经营新业态、新模式“包容、审慎”监管制度。	区市场监管局
		40. 推进农产品认证制度改革，在农产品生产经营龙头企业、农民专业合作社、家庭农场等领域率先试行食用农产品合格证制度，逐步扩大使用范围。	区农业农村委、区畜牧兽医事务中心按职责分工负责
	（二十二）实施质量兴农计划	41. 以乡村振兴战略为引领，突出优质、安全和绿色导向，以食用农产品优势区域和“菜篮子”产品为重点，加强“三园两场”（水果、蔬菜、茶叶标准园，畜禽标准化示范场、水产健康养殖场）建设，大力发展无公害农产品、绿色食品、有机农产品、地理标志农产品，2020 年度，新创建“三园两场”1 个以上，至 2020 年底累计创建“三园两场”9 个以上。培育发展农业生产性服务业，推广面向适度规模经营主体特别是小农户的病虫害统防统治专业化服务。	区农业农村委、区畜牧兽医事务中心按职责分工负责
	（二十三）推动食品产业转型升级	42. 整合优势农产品资源，建设以中央厨房、特色农产品加工、美食工业化为代表的特色食品产业园区，加快产业集聚集群步伐。实施增品种、提品质、创品牌行动，深度挖掘特色农产品资源和美食资源，开发功能性食品和绿色食品，支持企业开展 ISO22000、绿色食品等认证，培育扶持一批国内外知名品牌。引导食品企业延伸产业链条，建立优质原料生产基地及配套设施，加强与电商平台深度融合。	区经济信息委
		43. 大力发展专业化、规模化冷链物流企业，保障生鲜食品流通环节质量安全。	区市场监管局、区商务委按职责分工负责
		44. 推进食品生产加工小作坊升级改造，2020 年底，打造 3 家名特优食品作坊示范点。	区市场监管局、各街镇按职责分工负责
	（二十四）强化科技创新	45. 加大食品安全关键技术研发力度，鼓励企业增加科研投入，完善成果转化应用机制。加强区农产品质量安全中心、区疾控中心等区级检测机构建设，加快人才培养引进。加强与市级、国家级专业机构交流合作，提高食品安全风险发现和防范能力。	区发展改革委、区科技局、区人力社保局、区农业农村委、区畜牧兽医事务中心、区卫生健康委、区市场监管局按职责分工负责

续表

项目	内容	主要任务	责任单位
七、提高食品安全风险防控能力	（二十五）加强协调配合	46. 完善统一领导、分工负责、分级管理的食品安全监管体制，地方各级党委和政府对本地区食品安全工作负总责。加强市场监管、农业农村、畜牧兽医、公安、卫生健康等部门协作，共享资源、互通信息，防范监管失责缺位。健全协调联动工作机制，加强跨区域协作配合，发现问题迅速处置，并及时通报上游查明原因、下游控制危害。	区市场监管局、区农业农村委、区畜牧兽医事务中心、区公安局、区卫生健康委、各街镇按职责分工负责
		47. 充实基层工作力量。为每个村（社区）配备专兼职食品安全协管员（信息员），充分发挥调查摸底、隐患排查、信息报告、日常巡查、宣传引导等作用。	区市场监管局、区财政局、区人力社保局、各街镇按职责分工负责
	（二十六）提升监管队伍专业化水平	48. 强化培训和考核，食品安全监管执法人员每年参加学习培训不低于90个学时，加快推进技术审评、执法办案、监督抽验、政策法规等人才队伍建设。顺应食品安全监管专业化需要，提高检查人员专业技能，建立政治过硬、素质优良、业务精湛、廉洁高效的职业化检查队伍。	区市场监管局、区农业农村委、区畜牧兽医事务中心、区卫生健康委、区人力社保局职责分工负责
		49. 坚持实体与程序并重，不断提升行政执法法治化水平。	区市场监管局、区农业农村委、区畜牧兽医事务中心按职责分工负责
		50. 加强公安机关打击食品安全犯罪专业力量建设，强化专门警力配备、专业技能培养和专业装备配备。	区公安局牵头，区财政局配合
	（二十七）强化技术支撑能力建设	51. 推进区级检验检测机构建设，鼓励国内外知名第三方检验检测机构参与检验检测工作。支持企业加强检验检测能力建设。推进区疾控中心微生物实验室和食品安全风险监测实验室能力建设。加强认证后监管，提升规范化管理水平。加大培训力度，提升基层检验检测技术人员水平。	区发展改革委、区卫生健康委、区农业农村委、区畜牧兽医事务中心区市场监管局、区财政局按职责分工负责
	（二十八）加快推进智慧监管	52. 按照《重庆市新型智慧城市建设方案（2019-2022年）》总体部署，配合市级部门加快建设智慧市场监管一体化信息平台，综合运用大数据、云计算、物联网、人工智能、区块链等技术，开发建设“部门监管、主体自律、社会共治”等多维度和区、街镇等多层级的智慧食品安全监管系统，健全态势分析、预警防控、事件跟踪、舆情监控、指挥调度等工作机制，有效提升食品安全监管的预见性、靶向性、时效性。	区市场监管局牵头，区发展改革委、区大数据发展局、区财政局配合
	（二十九）健全问题导向的抽检监测机制	53. 统一制定抽检计划、统一组织设施、统一数据报送、统一结果利用，力争抽检样品覆盖到所有农产品和食品企业、品种、项目，2020年到达4批次/千人。坚持问题导向，强化监督抽检结果运用，提高对高风险食品、低合格率食品的抽检频次；加大对农药兽药残留、重金属残留、生物毒素污染等指标的抽检力度；加强对食用农产品批发市场、校园及周边等重点区域的抽检。有序推进监督抽检、风险监测、评价性抽检分离，提高监管的科学性和靶向性。依法及时公开抽检信息，强化“检打联动”，对监督抽检经确诊不合格的，做到100%核查处置。	区发展改革委、区农业农村委、区畜牧兽医事务中心、区市场监管局、区卫生健康委、区财政局、各街镇按职责分工负责

续表

项目	内容	主要任务	责任单位
七、提高食品安全风险防控能力	（三十）提升应急处置能力	54. 及时修订食品安全应急预案，完善事故调查、处置、报告、信息发布等工作程序。完善食品安全事件预警监测、组织指挥、应急保障、信息报告制度和工作体系，健全跨区域、跨部门食品安全应急管理协调联动和信息共享机制。相关职能部门、食品生产经营企业要建立完善本行业领域、本企业食品安全应急预案，畅通信息渠道，优化处置程序，健全工作机制。街道办事处、镇人民政府及相关职能部门要加强装备配备、人员培训和应急演练，提升应急响应、现场处置、医疗救治能力。	区发展改革委、区市场监管局、区农业农村委、区畜牧兽医事务中心、区卫生健康委、各街镇按职责分工负责
		55. 加强舆情监测，建立重大舆情收集、分析研判和快速响应机制。	区委网信办、区农业农村委、区畜牧兽医事务中心、区市场监管局、各街镇按职责分工负责
八、推进食品安全社会共治	（三十一）加强风险交流	56. 健全食品安全风险分析研判、交流预警等制度机制，组建风险评估专家库、定期开展风险分析研判，及时发布风险警示或消费提示。依法公开监管执法、监督抽检、突发事件应急处置等信息。主动发布权威信息，及时开展风险解读，鼓励协会、媒体等参与食品安全风险交流。鼓励企业通过新闻媒体、网络平台等方式直接回应公众咨询。	区委宣传部、区发展改革委、区农业农村委、区畜牧兽医事务中心、区卫生健康委、区市场监管局按职责分工负责
		57. 积极配合市级部门建设集谣言抓取、识别、分析、处置等功能于一体的智能化平台，依法坚决打击造谣传谣、欺诈和虚假宣传行为。	区市场监管局牵头，区委宣传部、区发展改革委、区公安局、区农业农村委、区大数据发展局配合
	（三十二）强化普法和科普宣传	58. 落实“谁执法谁普法”的普法责任制，对各类从事食品生产经营活动的单位和个人，持续加强食品安全法律法规、安全标准、科学知识等的宣传教育。深入开展“食品安全宣传周”和食品安全进校园、进企业、进农村、进社区等宣传活动，鼓励有条件的主流媒体开办食品安全栏目，提升公众食品安全意识和法治素养，改变不洁饮食习俗，避免误采误食，防止发生食源性疾病。	区发展改革委、区司法局、区农业农村委、区畜牧兽医事务中心、区卫生健康委、区市场监管局按职责分工负责
		59. 健全农产品质量安全科普宣传、生产指导和消费引导机制。	区农业农村委、区畜牧兽医事务中心按职责分工负责
		60. 普及健康知识，倡导合理膳食，开展营养均衡配餐示范推广，提倡“减盐、减油、减糖”。	区卫生健康委
		61. 在中小学开展食品安全及营养教育，培育学生健康观念和健康生活方式。	区教委

续表

项目	内容	主要任务	责任单位
八、推进食品安全社会共治	（三十三）鼓励社会监督	62. 全面推行行政执法公示制度，公开执法职责、依据、标准、结果和监督途径，提高执法规范化水平。加强监管部门门户网站、媒体栏目设置，积极搭建政务公开和执法公开工作平台，接受社会监督。发挥人大代表、政协委员和专家学者的作用，鼓励科研院所、专家智库、信用评定机构、检验检测机构参与监督。推动行业协会制定行规行约、自律规范和职业道德准则，主动发现解决行业共性问题。鼓励新闻媒体准确客观报道食品安全问题，有序开展食品安全舆论监督。	区委宣传部、区发展改革委、区经济信息委、区商务委、区农业农村委、区畜牧兽医事务中心、区卫生健康委、区市场监管局按职责分工负责
	（三十四）完善投诉举报机制	63. 畅通投诉举报渠道，完善公众特别是内部知情人举报食品安全违法违规行为的举报奖励制度。依法保护举报人，严肃查处打击报复举报人的行为。依法严厉打击采用非法手段、通过恶意举报非法牟利的行为。	区发展改革委、区公安局、区农业农村委、区畜牧兽医事务中心、区市场监管局、区财政局按职责分工负责
九、实施食品安全放心工程建设攻坚行动	（三十五）实施风险监测评估和标准制定专项行动	64. 配合市级部门开展食物消费量调查、总膳食研究、毒理学研究等基础性工作。加强食源性疾病、食品中有害物质、环境污染物、食品相关产品等风险监测，系统开展食品中主要危害因素的风险评估。将所有食源性疾病诊疗机构纳入监测报告体系，推进食源性疾病监测区、镇（街道）、村（社区）一体化。配合市卫生健康委做好标准跟踪评价工作，针对本地特色食品，督促帮助企业制定企业标准。	区卫生健康委
	（三十六）实施农药兽药使用减量产地环境净化行动	65. 严格执行国家淘汰高毒高风险农药的安排部署。开展化肥减量增效技术示范，大力推广测土配方施肥技术，开展果菜茶有机肥替代化肥示范区创建，2020年底，测土配方施肥技术覆盖率达到93%以上，主要农作物化肥作利用率提高到40%以上。实施农药减量增效行动，持续推进专业化统防统治与绿色防控融合示范及科学用药，2020年底，主要农作物病虫害绿色防控覆盖率达到30%以上，主要粮食作物病虫害专业化统防统治覆盖率达到40%以上。实施水产养殖用药减量行动、兽药抗菌药治理行动。	区农业农村委、区畜牧兽医事务中心按职责分工负责
		66. 严格执行国家淘汰高毒高风险农药的安排部署。建立环境安全隐患排查长效机制，开展耕地土壤环境质量类别划分和种植结构调整，开展受污染耕地安全利用工作，2020年底，全区受污染耕地安全利用率达到95%左右。开展涉镉等重金属重点行业企业排查整治，防止重金属等污染物进入农田。	区农业农村委、区生态环境局按职责分工负责
	（三十七）实施乳制品质量提升行动	67. 鼓励乳制品生产企业建立自控奶源基地，严格奶牛养殖饲料、兽药管理。推进奶源基地专业化、规模化、智能化生产，提高原料奶质量，保证产品质量安全。发挥骨干企业引领作用，加大产品研发力度，培育优质品牌。	区经济信息委、区畜牧兽医事务中心、区市场监管局按职责分工负责
		68. 严禁进口大包装婴幼儿配方乳粉到境内分装销售，严格规范标识标注。	区市场监管局

续表

项目	内容	主要任务	责任单位
九、实施食品安全放心工程建设攻坚行动	（三十八）实施校园食品安全守护行动	69. 全面落实《学校食品安全与营养健康管理规定》，严格落实学校食品安全校（园）长负责制，建立学校相关负责人陪餐制度。坚持学校食堂公益性、非营利性原则。学校实行大宗食品公开招标、集中定点采购。对学校食堂、学生集体用餐配送单位、校园周边餐饮门店及食品销售单位实行全覆盖监督检查。全面推行校园食堂“明厨亮灶”，2020 年覆盖率达到 100%。落实好农村义务教育学生营养改善计划，保证学生营养餐质量。	区教委、区市场监管局按职责分工负责
九、实施食品安全放心工程建设攻坚行动	（三十九）实施农村假冒伪劣食品治理行动	70. 将农村假冒伪劣食品治理作为农村综合治理的重要内容，以农村小作坊、小摊贩、小餐饮等为重点对象，以方便食品、保健食品、休闲食品、小作坊食品、酒水饮料、调味品、奶及奶制品、肉及肉制品等为重点品类，以食品产业集中区、农村市场、城乡结合部等为重点区域，全面清理食品生产经营主体资格，严厉打击生产销售“三无”、假冒、劣质、过期食品等违法违规行为，坚决取缔“黑工厂”“黑窝点”和“黑作坊”。	区委政法委、区公安局、区农业农村委、区畜牧兽医事务中心、区市场监管局按职责分工负责
九、实施食品安全放心工程建设攻坚行动	（三十九）实施农村假冒伪劣食品治理行动	71. 推进农村现代流通网络建设，通过连锁物流配送、电子商务等方式，组织质优价廉、适销对路的货源，让农民买到优质、安全的食品。	区农业农村委、区畜牧兽医事务中心、区商务委、区市场监管局、区供销社按职责分工负责
九、实施食品安全放心工程建设攻坚行动	（四十）实施餐饮质量安全提升行动	72. 全面推广“明厨亮灶”，建设阳光餐饮信息平台，推进餐饮智慧监管，实施餐饮安全风险分级管理。建立餐饮服务食品安全管理标准体系，提升标准化管理水平。支持餐饮服务企业发展连锁经营和中央厨房。鼓励小餐饮集中规范经营。规范快餐、团餐等大众餐饮服务。鼓励餐饮外卖对配送食品进行封签，使用安全无害的配送容器和环保可降解的包装材料。改善就餐环境卫生，加大餐饮加工场地，厕所等场所的综合整治力度。	区市场监管局
九、实施食品安全放心工程建设攻坚行动	（四十）实施餐饮质量安全提升行动	73. 完善餐厨垃圾集中收运体系，大力推进餐厨废弃物和动物废弃脂肪、内脏等资源化利用和无害化处理。	区发展改革委、区城市管理局、区市场监管局按职责分工负责
九、实施食品安全放心工程建设攻坚行动	（四十）实施餐饮质量安全提升行动	74. 严厉打击违法生产加工“地沟油”，防范“地沟油”流入餐桌。	区公安局、区城市管理局、区市场监管局按职责分工负责
九、实施食品安全放心工程建设攻坚行动	（四十一）实施保健食品行业专项清理整治行动	75. 严肃查处保健食品非法生产经营、非法添加等违法行为，严厉打击欺诈和虚假宣传、虚假广告等违法犯罪行为。广泛开展以老年人识骗、防骗为主要内容的宣传教育活动。加大联合执法力度，大力整治保健食品市场经营秩序，严厉打击利用保健食品传销，以及非法直销、非法会销等行为。严格落实保健食品标准和标签标识管理要求。做好消费者维权服务工作。	区市场监管局牵头，区委宣传部、区公安局、区民政局、区商务委、区文化旅游委、区卫生健康委配合

续表

项目	内容	主要任务	责任单位
九、实施食品安全放心工程建设攻坚行动	（四十二）实施“优质粮食工程”行动	76. 推进“中国好粮油”“重庆好粮油”行动，打造优质粮油生产示范区、示范企业，大力培育品牌产品，提高绿色优质安全粮油产品供给水平。建设专业化、社会化粮食产后烘干存储销售服务体系。完善粮食质量安全检验监测体系，严控收购、储存环节粮食质量安全。	区发展改革委、区农业农村委、区财政局、各街镇按职责分工负责
	（四十三）实施进口食品“国门守护”行动	77. 加强销售环节进口食品的监督抽检和风险监控，强化对不合格进口食品的风险预警和调查追溯。加强跨境电商零售进口监管，严防输入型食品安全风险。严厉打击销售环节食品走私行为。	区市场监管局、区公安局、区商务委按职责分工负责
	（四十四）实施“双安双创”示范引领行动	78. 稳步有序推进国家食品安全示范城市创建。发挥街镇党委和政府积极性，总结推广创建工作经验，促进落实属地管理责任和生产经营者主体责任。	区食药安办、区食药安委相关成员单位、各街镇按职责分工负责
十、加强组织领导	（四十五）严格落实党政同责	79. 党委和政府每年确定并抓好一批涉及食品安全的重点事项。严格落实《地方党政领导干部食品安全责任制规定》《重庆市党政领导干部食品安全责任清单》，落实好党政领导干部食品安全责任。各街镇和区级有关部门的主要负责人要严格履行第一责任人职责，定期听取工作汇报，开展专题调研，每年解决 1–2 项影响本辖区、本单位食品安全的重点问题。要结合巡视巡察工作安排，对食品安全重点工作推进情况和党政领导干部履行食品安全工作职责情况进行监督检查。强化各级食品药品安全委员会及其办公室建设，加强统筹协调，及时研究部署食品安全工作，协调解决重大问题。相关职能部门对主管行业或者领域的食品安全承担管理责任，按照“管行业必须管安全，管业务必须管安全”和“谁主管谁负责”的原则，建立本部门本行业领域的食品安全工作制度，督促指导企事业单位落实食品安全工作职责。农业农村、畜牧兽医、市场监管等部门要压实监管责任，加强全链条、全流程监管。每年 12 月 1 日前，区食药安办要向区委、区政府报告全区食品安全工作情况。	区委巡察办、区食药安办、区农业农村委、区畜牧兽医事务中心、区市场监管局、各街镇按职责分工负责
	（四十六）加大投入保障力度	80. 建立健全与食品安全和农产品质量安全监管工作相适应的财政资金投入保障机制，将食品和农产品质量安全工作所需经费列入同级财政预算，保障必要的监管执法条件。	区财政局、各街镇按职责分工负责
		81. 企业要加大食品质量安全管理方面的投入，鼓励社会资本进入食品安全专业化服务领域，构建多元化投入保障机制。	区农业农村委、区畜牧兽医事务中心、区商务委、区市场监管局按职责分工负责

续表

项目	内容	主要任务	责任单位
十、加强组织领导	（四十七）激励干部担当作为	82. 加强监管队伍思想政治建设，增强“四个意识”，坚定“四个自信”，做到“两个维护”，锻造忠诚、干净、担当的高素质监管队伍，忠实履行监管职责，敢于同危害食品安全的不法行为作斗争，善于对新业态、新模式实施“包容、审慎”监管。党委和政府要关心爱护一线监管执法干部，建立健全容错纠错机制和尽职免责制度，为敢于担当作为的干部撑腰鼓劲，充分调动干部的积极性和创造性。对在食品安全工作中作出突出贡献的单位和个人，按照国家、市级有关规定给予通报，激励广大监管干部为党和人民干事创业、建功立业。	区委组织部、区发展改革委、区人力社保局、区农业农村委、区畜牧兽医事务中心、区卫生健康委、区市场监管局、各街镇按职责分工负责
	（四十八）强化组织实施	83. 各街镇、区级有关部门要根据改革任务和工作要求，明确工作时间表、路线图、责任人，确保各项改革举措落实到位。	区级有关部门、各街镇按职责分工负责
		84. 区食药安办要会同有关部门建立协调机制，加强沟通会商，研究解决实施中遇到的问题。严格督查督办，将实施情况纳入对街镇和部门的食品安全工作督查考评重要内容，确保各项任务落实到位。	区食药安办牵头，区级有关部门、各街镇职责分工负责

2020年9月，长寿区凤城街道一老旧居民小区增设的电梯

统计资料

重庆市长寿区2020年国民经济与社会发展统计公报

重庆市长寿区统计局

2021年3月22日

2020年是决胜全面建成小康社会、决战脱贫攻坚之年。面对突如其来的疫情，在区委区政府的坚强领导下，全区上下积极统筹推进疫情防控和经济社会发展，全力推动复工复产，坚持稳中求进工作总基调，深入践行新发展理念，持续打好“三大攻坚战”、深入实施“八项行动计划”，经济呈现稳定向好态势，高质量发展动能不断增强，人民获得感幸福感安全感持续提升。

一、综合

初步核算，全年地区生产总值732.6亿元，按可比价计算，比上年增长4.2%。其中，第一产业增加值61.1亿元，增长4.7%；第二产业增加值414.2亿元，增长5.7%；第三产业增加值257.3亿元，增长1.7%。三次产业结构比为8.3：56.5：35.2。按所有制类型分，国有经济增加值242.6亿元、与上年持平，占GDP比重33.1%；民营经济增加值411亿元、增长6%，占GDP比重56.1%，外商港澳台经济增加值79亿元、增长8.9%，占GDP比重10.8%。

年底，全区共辖7个街道、12个镇，含221个行政村、49个城市社区。共有户籍人口88.1万人，其中，城镇人口38.5万人，乡村人口49.6万人。出生人口6114人，死亡人口12038人，人口自然增长率-0.62‰。人口性别比为102.3（以女性为100，男性对女性的比例）。

城镇新增就业21279人，城镇登记失业人员再就业4993人，城镇困难人员就业4167人。

年末全区共有各类市场主体69409户、增长2.68%，其中内资企业16648户、外资企业111户、个体工商户52038户、农民专业合作社612户。新增市场主体10405户，其中内资企业2318户、外资企业6户、个体工商户8048户、农民专业合作社33户。

疫情防控，1.9万名基层工作者奔赴一线，排查出密切接触者1012人、集中隔离医学观察438人次，检测车辆23万驾次、人员70余万人次。5000余名医护人员不分昼夜挽救生命，22名确诊患者两个月内全部治愈出院；685名医护人员主动请战，53名医务人员千里驰援湖北，成功救治421人，1人获评全国抗疫先进个人。164家企业展现社会担当，捐款捐物1100万元。落实“助力市场主体45条”等系列对冲措施，采取续贷、展期、延本降息等方式，为3217户企业提供差别化信贷70.5亿元。

“两不愁三保障”问题全部动态清零，全面完成控辍保学任务，群众看病就医负担进一步减轻，贫困人口外出务工6690人、较去年底增加278人，改造新增四类对象危房228户、住房安全边缘户危房175户，完成消费扶贫1.2亿元。

二、农业

全年实现农林牧渔业及其服务业增加值62.3亿元，增长4.6%。实现农业总产值93.7亿元，增长19.1%。粮食播种面积89.6万亩，产量32.7万吨；谷物播种面积3.54万公顷，产量25.8万吨；

豆类播种面积1万公顷，产量1.8万吨；折粮薯类播种面积1.44万公顷，产量5.2万吨；蔬菜及食用菌播种面积1.45万公顷，产量37.9万吨；瓜果类播种面积1133公顷，产量3.3万吨；油菜籽播种面积5867公顷，产量1.2万吨。

全年生猪出栏46.3万头，下降0.4%；全年猪肉产量3.5万吨，下降0.2%；年末生猪存栏31.3万头，增长113.2%；全年牛出栏0.5万头，增长5.7%；年末牛存栏1.2万头，增长0.4%；全年家禽出栏1120.5万只，与去年持平；全年禽肉产量1.7万吨，增长0.5%；全年禽蛋产量5.9万吨，增长3.2%。

完成部级农村集体产权制度改革试点，220个村集体经济组织确认成员身份62万名。新认证“两品一标”农产品19个，本土农特产品线上销售突破2.5亿元。

三、工业

全年实现工业增加值339.6亿元，增长5.7%，占全区地区生产总值的46.4%。规上工业企业280户，增长5%；实现总产值1117.4亿元、增长3.2%；其中长寿经开区规上工业总产值848.3亿元、增长2.8%；长寿高新区规上工业总产值257.9亿元、增长4.5%；高新技术产业实现总产值73.9亿元，增长15.8%。

规上工业营业收入1049.7亿元，下降1.5%；利润总额44.5亿元，增长7.3%；税收24.4亿元，下降14.2%；收入利润率4.2%，上升0.3个百分点。

生铁产量637.8万吨，增长4.4%；粗钢产量799.0万吨，增长6.8%；钢材产量743.0万吨，增长1.0%；精甲醇产量159.4万吨，下降1.3%；合成氨产量13.0万吨，增长22.4%；冰醋酸产量45.4万吨，增长15.4%；合成纤维聚合物产量14.6万吨，下降1.0%；轮胎产量660.6万条，增长3.2%；发动机产量1957.9万千瓦，下降16.9%；家具产量320.7万件，下降0.8%；变压器611.1万千伏安，增长130.2%；印制电路板11.7万平方米，增长96.6%。

全年规上工业能源消耗总量1004.4万吨标准煤，增长1.3%。其中，规上工业用电76.1亿度，增长3.4%；规上工业用煤715.1万吨，增长6.9%；规上工业用天然气24.6亿立方米，下降6.8%；规上工业用热力2262.2万百万千焦，增长1.9%。

四、建筑业和投资

全年实现建筑业增加值74.6亿元，增长6.2%，占全区地区生产总值的10.1%。全年完成固定资产投资总额265.0亿元，增长8.6%，其中工业投资145亿元，增长14.5%；房地产开发投资30.9亿元，增长10.7%。房地产施工面积272.4万平方米，增长14.0%；房地产新开工面积102.7万平方米，增长81.2%；房地产竣工面积79.9万平方米，增长4.6%；商品房销售面积91.5万平方米，下降3.1%。

五、国内贸易

全年批发和零售业实现增加值71.0亿元，增长3.2%，占全区地区生产总值的9.7%。住宿和餐饮业实现增加值10.8亿元，下降9.0%，占全区地区生产总值的1.5%。

全年社会消费品零售总额250.3亿元，增长2.6%；批发业销售额713.1亿元，增长9.1%；零售业销售额158.8亿元，增长11.2%；住宿业零售额13.7亿元，增长0.3%；餐饮业零售额24.9亿元，下降11.3%。

六、交通运输

全年交通运输、仓储和邮政业实现增加值26.7亿元，增长2.4%。全年公路运输客运量506万人次，下降42.6%；公路运输旅客周转量25815万人千米，下降45.5%；公路运输货运量9460万吨，增长9.3%；公路运输货物周转量766969万吨千米，增长9.5%。全年水路运输客运量3.9万人次，下降18.5%；水路运输旅客周转量39.9万人千米，下降19.7%；港口吞吐量1751.2万吨，增张21.5%；长寿籍货船水路运输货运量215.9万吨，增长10.1%；水路运输货物周转量460340万吨千米，增长0.7%。

公路总里程3639千米，其中高速公路108千米，国道195千米，省道152千米，农村公路3184千米。

新能源纯电动车公交车拥有量240台。

七、对外经济

全年外贸进出口总额97.5亿元，下降17.7%；实际利用外资20210万美元，增长15.0%。全年共引进招商引资项目113个，引资额611.5亿元，其中工业项目引资额429.5亿元，战新产业引资额194.5亿元，外资项目27.9亿元。招商引资项目中，产值100亿元级项目1个，产值10亿元级项目10个，产值1亿元级项目69个。

八、财政金融

全年财政收支中，收入合计91.3亿元，下降0.1%；辖区税收48.8亿元，下降10.8%。一般公共预算收入合计41.9亿元，增长19.1%；其中税收收入小计23.8亿元，下降9.9%；非税收入小计18.2亿元，增长106.1%；国有资本经营预算收入2.8亿元，下降64.4%；政府性基金预算收入合计46.5亿元，下降3.6%。支出合计145.9亿元，增长2.1%；一般公共预算支出合计71.9亿元，下降2.9%；国有资本经营预算支出2.2亿元，增长166.2%；政府性基金预算支出合计71.8亿元，增长5.6%。

年末，金融机构本外币存款679.5亿元，增长14.7%；其中住户存款480.2亿元，增长12.2%（住户存款中，活期存款118.7亿元，增长12.4%；定期及其他存款361.5亿元，增长12.2%）；非金融企业存款129.4亿元，增长54.5%；广义政府存款64.8亿元，下降16.3%；非银行业金融机构存款4.9亿元，增长45.6%。金融机构本外币贷款432.1亿元，增长16.8%；其中住户贷款163.2亿元，增长1.4%（住户贷款中，短期贷款33.0亿元，增长24.8%；中长期贷款130.2亿元，下降3.2%）；非金融企业及机关团体贷款269.0亿元，增长28.7%。

九、居民收入消费和社会保障

全区全体居民人均可支配收入32991元，增长6.7%；其中城镇常住居民人均可支配收入39997元，增长5.1%；农村常住居民人均可支配收入18227元，增长7.1%。

企业职工、机关事业单位养老保险参保人数31.9万人，工伤保险参保人数15.9万人，城乡居民养老保险参保人数33.5万人。

十、科学技术与教育

全区拥有科研机构数94个，完成科技计划项目立项51项、奖励创新项目666个，补助、奖励金额5145.5万元。科技成果认定登记135件，完成全国技术认定登记393件，认定金额3.46亿。建成海外研发中心1个，新增科技型企业150家、市级企业技术中心12个。累计培育科技型企业558家、高新技术企业118家、高成长性企业27家、市级研发机构52家，国家科技成果登记126件。

2020学年，全区有各级各类教育机构224所（含化工职业学院）、教职工9147人，在校学生99626人。其中基础教育机构220所，教职工8357人，在校学生83642人；职业教育机构（含化工职业学院）4所，教职工790人，在校学生15026人。基础教育中，学前教育机构131所，教职工2207人，在校学生17566人。

十一、文化旅游、卫生健康和体育

全区共有市级历史文化街区1处、市级历史文化名镇1处，市级历史文化名村1处，市级历史建筑9处；新增市级首批优秀历史建筑5处、市级历史建筑2处。新增市级非遗传承人2名，新公布区级非遗目录22项、非遗传承人14人。馆藏文物重新鉴定定级三级以上文物101件。持续实施文化惠民工程，组织开展送文化下乡活动203场、曲艺进校园进社区20场。

“长寿好景抛沙画”“长寿湖屏风”文创产品入选市政府外事礼品推介名录库。龙河镇保合村获全国重点乡村旅游示范村、长寿慢城获全市乡村旅游智慧旅游示范点。全年接待游客750万人次、实现旅游收入65亿元、过夜游客80万人次。

全区有医疗机构443家，其中，公立医院4所（三甲医院1所，二级医院3所），社区卫生服务中心6所，镇卫生院12所，社区卫生服务站8所，村卫生室206个（因基层医疗卫生分支机构整顿合并，较2019年减少）。全区拥有医院病床位总数4987张，每千人口编制床位数6.08张，注册执业（助理）医师2290人，注册护士3304人，每千人口执业（助理）医师2.8人，每千人注册护士4.03人，每万人口全科医师人数达到2.83，优于全市平均水平。

新建彩色健身步道20千米、登山步道20.5千米，改建健身步道10千米，新增体育场地面积约10万平方米，人均体育面积达2.16平方米。积极备战重庆市第六届运动会，组队参加市级青少年体育赛事，获29金30银32铜佳绩。

十二、资源、环境和应急管理

坚持高水平建设，统筹推进68个城市提升项目，龙溪河—桃花溪水系连通工程破土动工，体育馆、格林广场公共停车场建设完工，改造9个片区老旧小区，改造40栋老旧居住建筑消防设施，完成晏家片区市政消火栓补建工作。提档升级凤山、桃花公园。完成智慧城市规划方案，建成5G基站787个，智慧交通、智慧城管等平台广泛应用。深化“马路办公”，解决城市管理问题2683个。

着力美环境，完成农村人居环境整治三年行动目标任务，新建“四好农村路”297千米，农村卫生厕所普及率达85.5%。把修复长江生态环境摆在压倒性位置，“一口一策”整治排污疑似点206个，清理长江干流岸线利用项目14个，完成长江经济带30座小水电整改。强力推进长江长寿段10年禁捕，巩固提升五级水污染风险防控体系，长江长寿段水质保持在Ⅱ类。空气质量优良天数333天，优良率达91.2%；医疗废物、工业危废规范处置率达100%；受污染耕地、建设用地安全利用率保持95%以上；森林覆盖率达47.5%。

成功破获非法销售170万只特大伪劣口罩案，受公安部贺电表彰。八类案件下降11.1%，抢劫、抢夺等街面犯罪下降60%，城区刑事发案率降至历史最低。深入开展安全生产大排查大整治大执法，排除隐患4429项，安全事故起数、死亡人数分别下降9%、8.7%，较“十二五”下降37%和38%，连续12年获评安全生产先进区县。

注：增加值绝对数按现价计算，增长速度按可比价计算。

2020年重庆市长寿区国民经济主要统计指标

表42 **国民经济核算**

地区生产总值	绝对额	同比（%）
地区生产总值（亿元）	732.6	4.2
第一产业	61.1	4.7
第二产业	414.2	5.7
第三产业	257.2	1.7

表43 **农业**

粮食种类	产量	同比（%）
粮食作物产量（吨）	327333	-0.9
一、谷物	257681	-1.7
（一）稻谷（中稻）	170405	-1.6
（二）小麦（冬小麦）	3320	-0.2
（三）玉米（春玉米）	82181	-1.8
（四）其他谷物	1775	-0.3
其中：谷子	0	0.0
高粱	1775	-0.3
大麦	0	0.0
燕麦	0	0.0
荞麦	0	0.0
二、豆类	17691	2.0

续表

粮食种类	产量	同比（%）
其中：大　豆	11251	1.7
绿　豆	420	0.5
红小豆	0	0.0
豌　豆	1885	3.3
胡　豆	4135	2.5
其他豆类	0	0.0
三、折粮薯类	51961	2.1
1、马铃薯	16903	1.7
2、甘薯	35058	2.3
四、蔬菜及食用菌	378575	–
五、瓜果类	32637	–
六、油菜籽	11598	–

畜禽种类	绝对额	同比（%）
生猪出栏（头）	463214	-0.4
猪肉产量（吨）	35086	-0.2
家禽出栏（只）	11204463	0.0
禽肉产量（吨）	17138	0.5
禽蛋产量（吨）	58880	3.2

表44　**工业**

规模以上工业	绝对额	2019年同期	同比（%）
工业企业个数（个）	280	266	5
其中：经开区	172	169	2
高新区	95	89	7
升规企业个数	25	–	–
其中：经开区	11	–	–
高新区	14	–	–
工业总产值（亿元）	1117.4	1082.4	3.2
其中：高技术产业	73.9	63.8	15.8
其中：经开区	848.3	825.2	2.8
高新区	257.9	246.9	4.5
其中：钢铁行业	326.0	325.3	0.2
化工行业	210.7	192.6	9.4
医药行业	37.7	35.5	6.2
家居行业	102.5	95.6	7.2
出口交货值（亿元）	42.0	37.6	11.8

续表

规模以上工业	绝对额	2019 年同期	同比（%）
工业产品产销率	98.8	98.7	0.1
其中：经开区	98.9	98.7	0.2
高新区	98.7	99.0	-0.3
能源消费总量（万吨标煤）	987.6	975.2	1.3
其中：煤炭（万吨）	715.1	669.2	6.9
热力（万百万千焦）	2262.2	2219.3	1.9
工业用电（亿度）	76.1	73.6	3.4
天然气用量（亿立方）	24.6	26.4	-6.8

表 45　**商贸**

商贸	绝对值	2019 年同期	同比（%）
社会消费品零售总额（亿元）	250.3	244.1	2.6
批发业销售额	-	-	9.1
零售业销售额	-	-	11.2
住宿业零售额	-	-	0.3
餐饮业零售额	-	-	-11.3

表 46　**投资、房地产**

投资	绝对额	2019 年同期	同比（%）
固定资产投资（亿元）	265.0	244.3	8.6
其中：工业	145.0	127.0	14.5
其中：房地产开发	30.9	27.9	38.3

房地产	绝对额	2019 年同期	同比（%）
房地产施工面积（万平方米）	272.4	239.0	14.0
房地产新开工面积（万平方米）	102.7	56.6	81.2
房地产竣工面积（万平方米）	79.9	76.4	4.6
商品房销售面积（万平方米）	91.5	94.4	-3.1
现房销售面积（万平方米）	15.7	35.1	-55.2
期房销售面积（万平方米）	75.7	59.3	27.7

表 47　**财政、金融**

财政收支（亿元）	绝对额	2019 年同期	同比（%）
收入合计	91.3	91.3	-0.1
辖区税收	48.8	54.7	-10.8
一般公共预算收入合计	41.9	35.2	19.1
税收收入小计	23.8	26.4	-9.9

续表

财政收支（亿元）	绝对额	2019 年同期	同比（%）
非税收入小计	18.2	8.8	106.1
国有资本经营预算收入	2.8	7.9	-64.4
政府性基金预算收入合计	46.5	48.3	-3.6
支出合计	145.9	142.9	2.1
一般公共预算支出合计	71.9	74.1	-2.9
国有资本经营预算支出	2.2	0.8	166.2
政府性基金预算支出合计	71.8	68.0	5.6

本外币存贷款（亿元）	绝对额	2019 年同期	同比（%）
一、各项存款	679.5	592.5	14.7
二、各项贷款	432.1	370.0	16.8

表 48　**外贸、招商**

外贸	绝对额	同比（%）
实际利用外资（万美元）	20210	15.0
外贸进出口（亿元）	97.5	-17.7

招商引资	绝对额	同比（%）
项目个数（个）	113	-
其中：工业	85	-
其中：产值 100 亿元级	1	-
产值 10 亿元级	10	-
产值 1 亿元级	69	-
引资额（亿元）	611.53	-
其中：工业	429.45	-
其中：战新产业	194.5	-
外资项目	27.9	-

（重庆市长寿区统计局提供）

2020 年重庆市长寿区各街镇人口统计指标

表 49　**2020 年重庆市长寿区各街镇人口统计**

街镇名称	户数（户）	总人口（人）	出生人数（人）	出生率（‰）	死亡人数（人）	死亡率（‰）	自然增长率（‰）
凤城街道	56657	141431	626	4.43	1133	8.01	-3.58
晏家街道	20440	46853	351	7.49	523	11.16	-3.67
江南街道	7865	19651	155	7.89	215	10.94	-3.05
渡舟街道	12142	28427	214	7.53	315	11.08	-3.55

续表

街镇名称	户数（户）	总人口（人）	出生人数（人）	出生率（‰）	死亡人数（人）	死亡率（‰）	自然增长率（‰）
八颗街道	9056	17554	245	13.96	353	20.11	-6.15
新市街道	6407	14845	166	11.18	240	16.17	-4.98
菩提街道	73966	204698	849	4.15	263	1.28	2.86
邻封镇	6185	11565	155	13.40	247	21.36	-7.96
但渡镇	3214	5738	86	14.99	178	31.02	-16.03
云集镇	7013	12582	198	15.74	201	15.98	-0.24
长寿湖镇	11387	21817	243	11.14	399	18.29	-7.15
双龙镇	10212	18784	139	7.40	284	15.12	-7.72
龙河镇	10953	19455	188	9.66	343	17.63	-7.97
石堰镇	14389	26940	275	10.21	436	16.18	-5.98
云台镇	13046	25281	200	7.91	300	11.87	-3.96
海棠镇	7373	16431	202	12.29	176	10.71	1.58
葛兰镇	19026	35899	361	10.06	513	14.29	-4.23
洪湖镇	8284	14485	173	11.94	244	16.85	-4.90
万顺镇	5859	10524	122	11.59	184	17.48	-5.89
长寿区	303474	692960	4948	7.14	6547	9.45	-2.31

（重庆市长寿区卫生健康委员会提供）

说明：户数及总人口数据来自2020年人口普查数据，出生人口及死亡人口数据来自重庆市人口家庭信息系统（FIS），由于FIS系统常住人口各街镇数据与人口普查各数据有差异（例：人口普查菩提街道总人口为20万，FIS系统菩提街道总人口为8万左右），所以出生人口及死亡人口与各街镇实际情况可能有出入。

2020年重庆市长寿区主要经济指标在全市排位

表50　2020年重庆市长寿区主要经济指标在全市排位

项目	增速（%）	全市排位	考核小组排位	绝对额	全市排位	考核小组排位
GDP完成情况（亿元）	4.2	8	8	732.6	14	13
第一产业增加值（亿元）	4.7	21	6	61	12	9
第二产业增加值（亿元）	5.7	8	7	414.2	7	7
第三产业增加值（亿元）	1.7	31	17	257.2	17	16
规上工业增加值	5.9	10	9			
规上工业能源消费量（万吨标准煤）				1004.4	1	1
固定资产投	8.6	17	11			
工业投资	14.5	14	6			
房地产投资（亿元）	10.7	17	7	30.9	30	21
商品房销售面积（万平方米）	-3.1	29	15	91.5	22	20

续表

项目	增速（%）	全市排位	考核小组排位	绝对额	全市排位	考核小组排位
社会消费品零售总额（亿元）	2.6	14	12	250.3	17	14
一般公共预算收入（亿元）	19.1	2	1	41.9	13	12
一般公共预算支出（亿元）	−2.9	22	10	71.9	23	18
税收收入（亿元）	−9.9	32	16	23.8	14	13
12月末人民币存款余额（亿元）	85.6	10	9	676.2	15	13
12月末人民币贷款余额（亿元）	62.2	16	14	432.0	17	16
全体居民人均可支配收入（元）	6.7	26	9	32991	17	16
城镇常住居民人均可支配收入（元）	5.1	33	18	39997	19	16
农村常住居民人均可支配收入（元）	7.1	36	19	18227	17	16

（重庆市长寿区统计局提供）

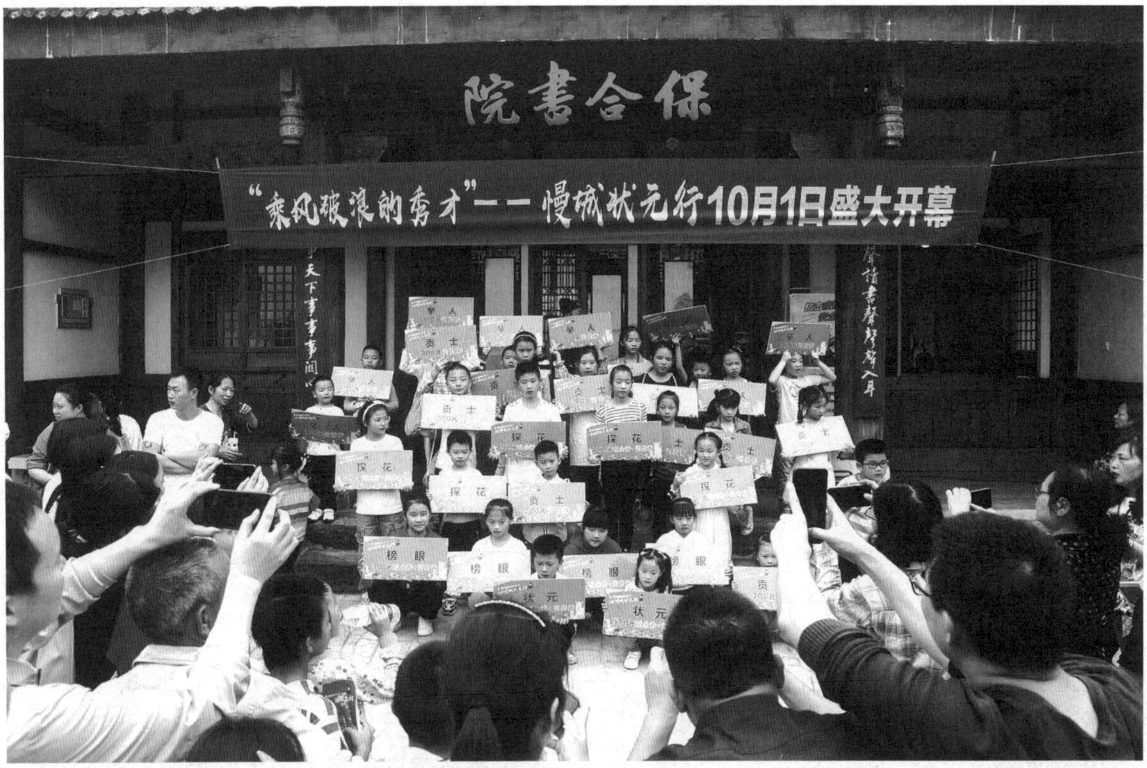

2020年国庆，长寿区龙河镇慢城状元行活动开幕

2020年重庆市长寿区领导人名录

中共重庆市长寿区委员会书记、副书记、常委、委员、候补委员名录

书　记：赵世庆

副书记：巴川江（蒙古族，2020年9月离任）

　　　　戴　明（2020年10月任）

　　　　周恩海（2020年10月任）

常　委：赵世庆　巴川江（蒙古族，2020年9月离任）

　　　　戴　明（2020年10月任）

　　　　周恩海（2020年10月任）

　　　　何以龙　王身高

　　　　谭　伟（2020年5月离任）

　　　　李　松　师明萌（女）

　　　　胡建川　李　伟　宋　平

　　　　胡文军（2020年7月任）

区委委员（以姓氏笔画为序）：王身高

　　　　巴川江（蒙古族，2020年9月离任）

　　　　邓永春　冉　洪　师明萌（女）

　　　　汤晓强　孙　建　李　伟

　　　　李　松　李长春　李兴建

　　　　杨岸鸿　何一波　何以龙

　　　　宋　平　张　华　张明万

　　　　张明生　张新明　陈　勇

　　　　卓大林　罗小玲（女）

　　　　周恩海（2020年10月任）

　　　　赵世庆　胡文军（2020年7月任）

　　　　胡建川　聂华甫　洪其昌

　　　　唐贤明　涂山全　黄　亮

　　　　黄广荣　龚小平　蒋发平

　　　　程学明　谭　伟（2020年5月离任）

　　　　廖智辉（女）

　　　　戴　明（2020年10月任）　蹇世儒

区委候补委员（以得票多少为序）：殷　铭

　　　　刘　刚　陈显明　周　剑　张常宝

　　　　殷湖北

中共重庆市长寿区委员会工作部门领导人名录

区委办公室

主　任：李兴建

副主任：殷　铭（兼）　樊　飞（正处级）

　　　　程　涛　周昊杰（女）　余　勇

　　　　吴权平

区委研究室

主　任：吴权平（兼）

区委机要局（区密码管理局）

局　长：程　涛（兼）

专职密码督查员：钟其东（副处级）

区国家保密局

局　长：樊　飞（兼）

区委保密委员会办公室

主　任：樊　飞（兼）

区档案局

局　长：余　勇（兼）

副局长：邓　健（女）　张云川

区纪委监委驻区委办公室纪检监察组

组　长：姚雪玲（女）

副组长：张国慧（女）

区委组织部

部　　长：胡建川

常务副部长：罗建平

副部长（正处级）：刘亚敏（女，兼）
陈　睿（女）
朱　浩（2020 年 8 月挂职浙江省诸暨市委常委、副市长）
区委非公工委书记：朱　浩（兼）
区纪委监委驻区委组织部纪检监察组组长：
刘　彦（部务会成员。2020 年 5 月离任）
副组长：陶小琴（女）
部务委员：黄小波
斯　臻（兼区公务员局局长）

区委宣传部

部　　长：师明萌（女）
常务副部长：李元凯
副 部 长：叶绍举　张　莲（女）　王　舰
曾　娅
区委网信办主任：叶绍举（兼）
区新闻出版局局长：张　莲（女，兼，补遗：2019 年 11 月任）
区政府新闻办主任：王　舰（兼）
区委外宣办主任：
王　舰（兼，2020 年 4 月离任）
区纪委监委驻区委宣传部纪检监察组
组　长：邓　文（女）
副组长：程小莉（女）

区委统战部

部　　长：何以龙
常务副部长：张　剑
副 部 长：董瑞芳（女）　但小平
宦仕发　喻　璐（女）
区民族宗教委主任：董瑞芳（女，兼）
区台办主任：宦仕发（兼）
区侨办主任：喻　璐（女，兼）

区委政法委

书　　记：王身高
常务副书记：张　兵
副 书 记：刘宗亮　周怀念　余　伟　周　锋
骆　莉（女）
政治部主任：王利飞
区国家安全办公室主任：王身高
区国家安全办公室常委副主任：张　兵
区国家安全办公室副主任：周　锋

区委机构编制委员会办公室

主　任：张安才
副主任：彭　飞　何忠娟（女）

区委直属机关工委

书　记：孙　建
副书记：李　蓉（女）
纪检监察工委书记：张俊逸

区委巡察办

主　　任：但晓琴（女）
副 主 任：王童灵
区委第一巡察组组长：王　彬
副组长：陈炯莉（女）
区委第二巡察组组长：吕广文
副组长：瞿　怡（女）
区委第三巡察组组长：杨俊淑（女）
区委第四巡察组组长：杨胜英（女）
副组长：汤世华

区委老干部局（区离退休干部党工委）

局　　长：刘亚敏（女）
副 局 长：向　林
区离退休干部党工委书记：刘亚敏（女，兼）
专职副书记：庞仁建

区委党校

校　　长：周恩海（兼，2020 年 1 月任）
区社会主义学院院长：何以龙（兼）
常务副校长（兼区委组织部部务会成员、区社会主义学院常务副院长、区行政学院常务副院长、广播电视大学长寿分校常务副校长）：李长春
副校长（兼区行政学院副院长、区社会主义学院副院长、广播电视大学长寿分校副校长）：喻　科　张容华（女）
校务委员：黄游芳（女）　陈国富

区委党研室（区志研室）

主　　任：游　江

副 主 任：杨　耀

区委农业农村工委

书　　记：黄广荣

专职副书记：陈代禹

委　　员：王　宣　王小瑜　樊学武

阳　兰（女）　姚　君（女）

郑永红　吴雷波

区委教育工委

书　　记：张新明

委　　员：杨胜中　孟　霞（女）　李切勇

徐　征（2020年5月任）

长寿日报社

社长、总编辑：陈小平（2020年5月离任，保留正处级）

副社长、副总编辑：袁　准（2020年5月离任）

许先彬（2020年5月离任）

区广播电视台

党组书记、台长：杨　渝（2020年5月离任）

党组成员、副台长：廖诗平（2020年5月离任）

汤鸿静（女，2020年5月离任）

张世路（2020年5月离任）

区融媒体中心

党总支书记、主　任：杨　渝（2020年5月任）

党总支成员、副主任：廖诗平（2020年5月任）

汤鸿静（女，2020年5月任）

袁　准（2020年5月任）

张世路（2020年5月任）

许先彬（2020年5月任）

重庆市长寿区人大常委会主任、副主任名录

主　　任：张明生

副 主 任：潘晓林　霍家勤（女）郑　勇

唐　华　李吉华

重庆市长寿区人民代表大会专门委员会负责人名录

办公室

主　　任：程　茂

副 主 任：秦　雪（女）　张　刚

监察和法制委员会

主任委员、办公室主任：湛秀英（女）

副主任委员、办公室副主任：韩志书

办公室副主任：董祥凯

财政经济委员会

主任委员、办公室主任：黄正桥

副主任委员、办公室副主任：张兰平　余　旭

办公室副主任：郝　赟

教育科技文化卫生委员会

主任委员、办公室主任：徐向荣

副主任委员、办公室副主任：陶进文

办公室副主任：项　晓（女）

社会建设委员会

主任委员：韦学明

人事代表工委

主　　任：张玉涛（女）

副 主 任：王小玉（女）　向中明

城环工委

主　　任：孔庆明

副 主 任：向瑞芳（女）　鲁　斌

财政预算工委

主　　任：余　旭

副 主 任：唐志鹏　但玉榕（女）

信访办

主　　任：郑　勇

重庆市长寿区人民政府区长、副区长名录

区　　长：巴川江（2020年9月离任）
副区长、代理区长：戴　明（2020年10月任）
常务副区长：宋　平
副 区 长：汤晓强　卓大林　何一波
　　　　　张昌红（女）　张明万
区委常委、区政府党组成员：李　松

重庆市长寿区人民政府工作部门及直属事业单位领导人名录

区政府办公室

主　　任：杨岸鸿
副 主 任：戴家强　代　勇
　　　　　殷　铭（兼）　袁建军
　　　　　况敬蓉（女）
区纪委监委驻区政府办公室纪检监察组组长：
　　　　　郑可萍（女）
　　　　　副组长：左晓红（女）
区公共资源交易中心主任：余　勇
区政府电子政务中心主任：鲁　巧（女）
　　　　　副主任：王国兵
区政府外事办主任：杨岸鸿（兼）
　　　　　副主任：袁建军（兼）

区发展改革委

主　　任：蒋发平
副 主 任：陶中荣　尹　红（女）　胡继均
区纪委监委驻区发改委纪检监察组组长：
　　　　　黄胜蓉（女）
区纪委监委驻区发改委纪检监察组副组长：
　　　　　李思军（女）

区教委

主　　任：张新明
副 主 任：杨胜中　李切勇
　　　　　徐　征（2020年8月任）
区纪委监委驻区教育委员会纪检监察组组长：
　　　　　孟　霞（女）

区科技局（原区科委）

局　　长：梁　健
副 局 长：任世于（2020年9月离任）
　　　　　孙艳艳（女）

区经济信息委

主　　任：彭长龙
副 主 任：黄诗明　陶　然　殷　民

区公安局

局　　长：何一波
政　　委：徐鲜华
副 局 长：罗玉平　文应船　袁小平　唐　峰
政治处主任：张　力
区纪委监委派驻区公安局纪检监察组长：张　林
交巡警支队支队长：张　彪
交巡警支队政委：包云兵
治安支队支队长：唐　峰
治安支队政委：阳荣亮
校园安保支队支队长：梁　军
校园安保支队政委：李益辉
警卫处政委：陈　林
刑警支队支队长：张　罗
刑警支队政委：罗渝梅（女）

区民政局

局　　长：廖智辉（女）
副 局 长：胡建允（2020年6月离任）
　　　　　罗　立（2020年6月任）
　　　　　郭　蓉（女）　邓商国
区纪委监委驻区民政局纪检监察组组长：宋　焱

区司法局

党组书记：邹楚蕾（女）
局　　长：李　佳（女）
副 局 长：姚　立　彭庆良
政治处主任：余津丞

区财政局

党组书记、局长：程学明
副 局 长：席　琼（女）　陈春云　郭健智
区财政局党组成员、区纪委监委驻区财政局纪

检监察组

组长：胡志淑（女）

区政府投资项目评审中心主任：雷康平

区财政局党组成员：周　磊

区人力社保局

局　　长：傅显城

副 局 长：叶　静（女）　唐　克　黎　韬

社会保险事务中心（区社会保险局）

主任（局长）：蒲　实

副主任（副局长）：邓念龙　李苏刚　席小兵

区就业和人才服务中心（就业和人才服务局）

主任（局长）：梁建雯

区生态环境局

局　　长：刘　刚

副 局 长：陈　波　尤明刚　任　虹（女）

生态环境综合行政执法支队支队长：王世平

党组成员：杜全超

区住房城乡建委

主　　任：蹇世儒（兼区民防办主任）

党委委员：蔡书明

副 主 任：李川龙　徐晓核　彭　涛

区纪委监委派驻区住房城乡建委纪检监察组

组长：卢　莉（女）

区城市管理局

局　　长：龚小平

副 局 长：任小平　彭朝辉　黎　勇

（区城市管理综合行政执法支队支队长王　东）

区交通局

党委书记：黄　亮

局　　长：袁　翔

党委委员：王国清（正处级）

副 局 长：张真明（正处级）　胡安志

区水利局

局　　长：王　涛

副 局 长：陈志刚　冉华山　邓雪峰　张　余（女）　陈松涛　左　虹（女）

区水务建管中心主任：胡　勇

副主任：李军毅

区农业农村委

主　　任：黄广荣（兼区现代农业园区管委会主任、区扶贫开发办公室主任）

副 主 任：樊学武（兼区扶贫开发办公室副主任）

阳　兰（女）　徐　冰（女）

区农业执法队队长：郑永红

区农业技术科研服务中心主任：吴雷波

区纪委监委驻区农业农村委纪检监察组

组　　长：姚　君（女）

副 组 长：李　平

区商务委

主　　任：刘兴波

副 主 任：余云清　黄广木　韩忠东

区文化旅游委

书　　记：蒋中尧

主任（兼体育局局长）：程　庸

副 主 任：陶　颖（女）

陈　渝（2020年6月任区体育局副局长）

张秀兰（女）

程凤光（兼区体育局副局长，2020年6月离任）

区旅游发展服务中心主任：程凤光（2020年6月任）

文化市场综合行政执法支队支队长：李　勇

区卫生健康委

党委书记：唐贤明

主　　任：谭静波

副 主 任：何斗锡

冯胜梅（女，2020年6月离任）

区纪委监委驻区卫生健康委纪检监察组组长：税诗凯

爱国卫生运动委员会办公室主任：刘江鹏
卫生计生监督执法局局长：祖洪明

区退役军人事务局
局　　长：熊　浩（2020年9月离任）
副 局 长：袁　波　梅模楷

区应急管理局
局　　长：华一兵
副 局 长：余晓明　王　旭（女）　程洪平

区审计局
局　　长：聂华甫
副 局 长：黄忠勇（2020年9月离任）
　　　　　李　敏（女）
纪检组长：陈湧健
区经济责任审计工作联席会议办公室主任：
　　　　　邱建斌

区统计局
局　　长：程　康
副 局 长：余光表　徐胜利　向　祝

区医保局
局　　长：李晓裕（女）
副 局 长：陈　建　陈　键

区国资委
主　　任：黄　勇
副 主 任：汪　涛

区林业局
局　　长：贺　楠
副 局 长：高智伟　陈大强　张恩勤

区政府研究室
主　　任：程　勇
副 主 任：杨　瑶（女）　赖纪伟

区信访办
主　　任：殷　铭
副 主 任：项利君（女）　周　伟　周科建
信访督查专员：余　豹（女）　向小云

区招商投资促进局
局　　长：余　波（2020年6月离任）
副 局 长：张溪桥（女）　高小平

区大数据发展局
局　　长：张　灿
副 局 长：顾艳春

区机关事务管理局
局　　长：赵永旗
副 局 长：江小平　江翊萍（女）

区政务服务管理办公室
主　　任：伍文波
副 主 任：杨俊勇　刘维红（女）

区规划和自然资源局
党组书记：张　伟
局　　长：戚谊熙
副 局 长：张　伟　吴从波
　　　　　宣　念（女，2020年3月离任）
　　　　　舒建平　车文利（2020年7月离任）
　　　　　余上云　何　扬
纪检组长：杨　权
综合行政执法支队支队长：
　　　　　邵　强（2020年8月任）
区土地储备中心副主任：吕　云

区畜牧兽医事务中心（原区畜牧兽医局）
主任（局长）：陈代禹
副主任（副局长）：余福龙　刘盛春　刘海平

区供销合作社联合社
主　　任：车晓琴（女）
副 主 任：向　军　叶明昌　陈治全

区征收事务中心（区土地房屋征收安置办公室）
主　　任：王如雪
副 主 任：余夕成　张建中　陈代学

区临港经济发展中心

主　　任：车文利（2020年6月任）

重庆市长寿区风景名胜区事务中心（原长寿湖风景名胜区管委会）

主　　任：张春兰（女）
副 主 任：陈　路（挂职，2020年5月离任）

重庆市长寿生态旅业开发集团有限公司

党总支书记（董事长、总经理）：陈　路
监 事 长：周　建
副总经理：杨俊伟　江朝柱　黄　勇

长寿工业园区

党工委常委副书记：
卓大林（兼，2020年5月离任）
党工委副书记：孙廷胜（兼，2020年5月离任）
刘　瑛（女，挂职，2020年5月离任）
管委会常务副主任：孙廷胜（挂职，2020年5月离任）
管委会副主任：刘　瑛（女，挂职，2020年5月离任）
张古灵（挂职，2020年5月离任）
邓　珊（女，挂职，2020年5月离任）
王　东（挂职，2020年5月离任）

重庆盈地实业（集团）有限公司

董 事 长：孙廷胜
总 经 理：刘　瑛（女）
监事会主席：樊广义
副总经理：张古灵　邓　珊（女）　王　东

区现代农业园区发展服务中心（区现代农业园区管委会）

主　　任：黄广荣（兼）
副 主 任：王小瑜　张　斌

区城市开发管理服务中心

党组书记：张明万（兼）
副 主 任：李西彬

重庆市长寿区开发投资（集团）有限公司

董 事 长：杨福仁
总 经 理：陈碧容（女）
副总经理：张　飞
李西彬（挂职，2020年5月离任）

区商贸物流建设管理中心

党组书记：宋　平（兼）
党组副书记：罗　立（2020年5月离任）
龚　均
主　　任：罗　立（2020年6月离任）
副 主 任：龚　均　陆传彪

区商贸物流公司

董 事 长：郑　策
监 事 长：但唐勇
副总经理：吕零平　晏　丽（女）

区保障性住房建设中心（原区公共民生工程建管服务中心）

副 主 任：黄亚微（女）　胡　云

重庆乐至置业发展有限公司

董事长、总经理：陈忠平
监 事 长：孔　奎
副总经理：薛咏涛
黄亚微（女，挂职，2020年5月离任）
胡　云（挂职，2020年5月离任）

重庆市长寿区城乡统筹开发（集团）有限公司

董事长、总经理：孔　涛
监事长：王　强
董事、副总经理：宗华东

政协重庆市长寿区委员会主席、副主席、秘书长名录

主　　席：张　华
副 主 席：付　恺　李彬旭（2020年10月离任）
王永全　邓有国　江　涛（兼）
陈志洪　陈　红（女）
秘 书 长：杨华林

政协重庆市长寿区委员会机关工作机构负责人名录

办公室
主　　任：孔庆春
副 主 任：许孟雯（女）　韩　峰

文化文史和学习委员会
主　　任：林家义
副 主 任：韩　静（女）
副主任（兼）：叶绍举　杨　渝　陈小平
李永明　董瑞芳（女）

提案委员会
主　　任：龚成才
副 主 任：石　静（女）
副主任（兼）：陈　睿（女）　李晓裕（女）
况敬蓉（女）

经济委员会
主　　任：张腊全
副 主 任：罗雪松
副主任（兼）：彭长龙　李发平　张古灵
陶中荣　陈春云　韩建宏

社会法制委员会
主　　任：舒　鸿
副 主 任：刘　洪（女）
副主任（兼）：邓明成　熊莞艺（女）
张满丽（女）　熊　浩　毛大金

社会事务委员会
主　　任：李健康
副 主 任：夏郡伯
副主任（兼）：任世于　孟　翱（女）
叶　静（女）　雷文超
向　勤（女）

城建环保委员会
主　　任：张国清
副 主 任：张　伟
副主任（兼）：彭　涛　王世平

委员联络委员会
主　　任：蒙　明（女）
副 主 任：周晓光（女）
副主任（兼）：唐红伟　张　剑　张安才

农业农村委员会
主　　任：刘祥云
副 主 任：蒲　涛
副主任（兼）：黄广荣　张恩勤　车晓琴（女）

政协重庆市长寿区委员会副秘书长、委员联络组负责人名录

副秘书长（兼）：张　剑　罗德明　吕兴建
杨　莉（女）　程　庸　宦仕发
韩建宏

菩提联络组
组　　长：李超平（女）
副 组 长：郭水英（女）　黄油华（女）
杨建军

渡舟联络组
组　　长：黄　颖（女）
副 组 长：徐向阳　陈　辉　彭　润（女）

八颗联络组
组　　长：唐远鸿
副 组 长：甘　彦（女）　甘　松　邓正勇

长寿湖联络组
组　　长：黄明辉
副 组 长：王　千（女）　刘　科　程建军

云台联络组
组　　长：王仁科
副 组 长：陈　影（女）　陈雪容（女）

长寿经济技术开发区管理委员会主任、副主任名录

主　　任：巴川江（蒙古族，2020年8月离任）
戴　明（2020年10月任）
副 主 任：冉　洪　涂山全　殷湖北

长寿经济技术开发区管委会内设机构负责人名录

党政办公室

主　任：张小明
副主任：李发平　江世笑

团工委

书　记：李发平（2020 年 5 月离任）
副书记：吴　瑜（女）（2020 年 5 月离任）

经济发展局

局　长：余河海（2020 年 5 月离任）
　　　　董泽明（2020 年 5 月任）

建设管理局

局　长：代柏林
副局长：王益兵

经济运行局

局　长：陈　列
副局长：曹友树

财务局

局　长：陈小钢
副局长：王　林

应急管理局

局　长：杨　勇
副局长：宋　杨

生态环境局

局　长：唐雅江
副局长：熊　彬

土地保障中心

主　任：叶　毅
副主任：陈　跃　蒋　轩

应急管理中心

主　任：王廷勇
副主任：何世林　肖书东

创新服务中心

主　任：周莉萍（女）
副主任：黄立轩
　　　　张　李（女，补遗：2019 年 4 月任）

集团公司

董事长：董泽明（2020 年 5 月离任）
　　　　余河海（2020 年 5 月任）

中共重庆市长寿区纪律检查委员会书记、副书记、常委名录

书　　记：谭　伟（2020 年 5 月离任）
　　　　　胡文军（女，2020 年 7 月任）
常务副书记：黄述明
副 书 记：但晓琴（女）　余　建
常　　委：唐红伟　周应林　冯　渝　樊晓君
　　　　　杨　刚

重庆市长寿区监察委员会主任、副主任、委员名录

主　　任：谭　伟（2020 年 7 月离任）
副主任、代理主任：胡文军（女，2020 年 7 月任）
副 主 任：黄述明　但晓琴（女）　余　建
委　　员：唐红伟　周应林　冯　渝　张　刚

重庆市长寿区纪检监察机关部室负责人名录

办公室主任：韩　靖
组织部部长：程　莉（女）
宣传部部长：江　彤
法规研究室主任：王小强
党风政风监督室主任：任元元（女）
信访室主任：余东升
案件监督管理室主任：刘思岑（女）
第一监督检查室主任：李春广
第二监督检查室主任：王　松
第三监督检查室主任：郑小松
第四监督检查（审查调查）室主任：骆　驰

第五监督检查（审查调查）室主任：
黎　云（2020年5月离任）
伍　斌（2020年5月任）
第六监督检查（审查调查）室主任：
伍　斌（2020年5月离任）
丁　鹄（2020年5月任）
第七审查调查室主任：丁　鹄（2020年5月离任）
黎　云（2020年5月任）
第八审查调查室主任：（暂缺）
案件审理室主任：李　好（女）
纪检监察干部监督室主任：李　川（女）

重庆市长寿区人民法院、人民检察院领导人名录

重庆市长寿区人民法院

院　　长：谭　卫
副 院 长：王义尧　余正华　殷俊勇
纪检组长：殷　俊
政治部主任：余声文
执行局局长：王俊义
政委：谢　葵
专职审委会委员：徐　静（女）　赵　蓉（女）
罗淑芳（女）

重庆市长寿区人民检察院

党组书记、检察长：陈　康
副检察长：周　红　但　愉（女）　王　康
政治处主任：江　瑛（女）
纪检组长：丁　涛
检委会专职委员：祖小彬　韩为民　代　鹏
陈万堂

重庆市长寿区民主党派、工商联领导人名录

民革长寿区委会

主　　委：王永全
副 主 委：谭静波（兼）　罗德明
郭　蓉（女，兼）
朱　玲（女，兼）

民进长寿区委会

主　　委：霍家勤（女）
副 主 委：鲁自力（兼）　吕兴建
邓雪峰（兼）　李　佳（女，兼）
程小亮（兼，2020年6月任）

农工党长寿区委会

主　　委：孔庆明
副 主 委：张昌红（女，兼）
张古灵（兼）
徐　冰（女，兼）
周　兵（兼）　杨　莉（女）

九三学社重庆市长寿区委会

主任委员：陈　红（女）
副主任委员：程　庸（兼）　陈正江（兼）
董长明（兼）　李春华（兼）
陶　颖（女，兼）

区工商联（总商会）

主席（会长）：江　涛
党组书记：韩建宏
副主席（副会长）：韩建宏　张中华
蒋　玲（女）
秘 书 长：蒋　玲（女）

重庆市长寿区群众团体领导人名录

区总工会

主　　席：李吉华（兼）
常务副主席：陈显明
副 主 席：邓明成　廖　霞（女）

共青团长寿区委

书　　记：杨　一（女）
副 书 记：熊芫艺（女）　万　阳

区妇女联合会

主　　席：杨洪梅（女）
副 主 席：张满丽（女）　雷斯雅（女）

区科学技术协会

主　　席：周俊屏
副 主 席：黄国文　余国斌

区归侨侨眷联合会

主　　席：廖传荣（女）
副 主 席：黄小明
副主席（兼）：顾　敏　熊　群　李晓明
　　徐开泰　余舸　余正华　范治明
　　汪　园（女）　湛秀英（女）
　　任　凌

区残疾人联合会

理 事 长：孟　翱（女）
副理事长：熊中志

区社会科学界联合会

主　　席：李元凯
副 主 席：程　勇（补遗：2018 年 1 月任）
　　李长春（补遗：2018 年 1 月任）
　　蒋中尧　游　江

区文学艺术界联合会

主　　席：蒋中尧（兼）
专职副主席：雷丽群（女）

区法学会

会　　长：王身高
常务副会长：张　兵（兼）
秘 书 长：王利飞（兼）
副会长（兼）：余　伟　湛秀英（女）　戴家强
　　王义尧　周　红　文应船
　　邹楚蕾（女）

重庆市长寿区镇（街道）领导人名录

菩提街道

党工委书记：陈　勇
办事处主任：雷现强
人大工委主任：袁长青
副 书 记：巴　顿（藏族，2020 年 10 月挂职）
专职副书记：杨　玲（女）
人大工委副主任：杨　玲（女，兼）
纪工委书记：周　勇
政法书记：李泉勇
武装部长：余超航
办事处副主任：黄长丰　傅军化　余超航
　　叶建彬
组织委员：孔　轶
宣传委员：李超平（女）
统战委员：李超平（女）

凤城街道

党工委书记：邓永春
办事处主任：向长生
人大工委主任：张茂荣
专职副书记：刘海容（女）
人大工委副主任：马　勇（兼）
纪工委书记：李泽碧（女）
政法书记：江　洞
武装部长：李　浩
办事处副主任：阳年志　操晓彬　杨运全
　　李　浩（补遗：2019 年 3 月任）
组织委员：马　勇
宣传委员：郭水英（女）
统战委员：郭水英（女）

晏家街道

党工委书记：张　涛
办事处主任：任明全
人大工委主任：杨　勇
专职副书记：但文胜
人大工委副主任：刘江红（女，兼）
纪工委书记：危　勇
政法书记：杨普顺
武装部长：王　平
办事处副主任：王　斌　王　平　罗　耀
　　张锦程
组织委员：刘江红（女）
宣传委员：黄油华（女）
统战委员：黄油华（女）

江南街道

党工委书记：余　罡
办事处主任：傅家成
人大工委主任：文定全
专职副书记：邹红梅（女）
人大工委副主任：邹　涛（兼）
纪工委书记：段小刚

政法书记：周　琳
武装部长：王　伟
办事处副主任：周建伟　胡良波　李小凤（女）
　　王　伟
组织委员：邹　涛
宣传委员：杨建军
统战委员：杨建军

渡舟街道

党工委书记：罗方全
办事处主任：张自力
人大工委主任：洪　勇
专职副书记：李华锋
人大工委副主任：黄　勇（兼）
纪工委书记：李文秀（女）
政法书记：余明木
武装部长：王兴荣
办事处副主任：王兴荣　张轶彭　张碧英（女）
　　李长茂
组织委员：黄　勇
宣传委员：黄　颖（女）
统战委员：黄　颖（女）

新市街道

党工委书记：韦本能
办事处主任：李健康
人大工委主任：白腊泉
专职副书记：马志强
人大工委副主任：徐向阳（兼）
纪工委书记：向　青（女）
政法书记：廖柏树
武装部长：殷家斌
办事处副主任：黄忠诚　殷家斌
　　陈立业（女）　邹世明
组织委员：周　昕（女）
宣传委员：徐向阳
统战委员：徐向阳

八颗街道

党工委书记：邓　军
办事处主任：刘洪英（女）
人大工委主任：黄洪飞
专职副书记：罗万川
人大工委副主任：唐远鸿（兼）
纪工委书记：袁　方（女）
政法书记：李　果
武装部长：周泽渊
办事处副主任：周泽渊　袁　健　杨　寒
　　代志伟
组织委员：白　兵
宣传委员：唐远鸿
统战委员：唐远鸿

长寿湖镇

党委书记：刘　明
镇　　长：叶海涛
人大主席：邓亚林
专职副书记：周　强（2020年10月离任）
人大副主席：郑　颖（女，兼）
纪委书记：赵雪峰
政法书记：吴　晋
武装部长：李家明
副 镇 长：王福明　李家明　胥宏亮
　　黄学梅（女）
组织委员：郑　颖（女）
宣传委员：黄明辉
统战委员：黄明辉

云台镇

党委书记：罗小玲（女）
镇　　长：高　波
人大主席：陈显华
专职副书记：余振勇
人大副主席：伍锋林（兼）
纪委书记：夏心明
政法书记：陈　华
武装部长：郑延龄
副 镇 长：江凤梅（女）　郑延龄　江小洪
　　高　强
组织委员：伍锋林
宣传委员：王仁科
统战委员：王仁科

葛兰镇

党委书记：刘　勇
镇　　长：张麒麟
人大主席：王　伟
专职副书记：程伯超
人大副主席：王　涛（女，兼）
纪委书记：彭继坎
政法书记：邓松柏
武装部长：高　峰
副 镇 长：余和平　焦跃彬 高　峰
　　　　　王丽萍（女）
组织委员：王　涛（女）
宣传委员：甘　彦（女）
统战委员：甘　彦（女）

但渡镇

党委书记：张冬芬（女）
镇　　长：陈　红（2020年9月离任）
　　　　　陈　霄（2020年10月任）
人大主席：夏　阳
专职副书记：李文宪（女）
纪委书记：刘　箭
政法书记：廖仿志
武装部长：张　平
副 镇 长：张　平　廖仿志　胡瑞清
组织委员：陈　尹（女）
宣传委员：彭　润（女）
统战委员：彭　润（女）

邻封镇

党委书记：张常宝
镇　　长：周　剑
人大主席：喻可君（女）
专职副书记：雷现平
人大副主席：张雪彬（兼）
纪委书记：胡韩霞（女）
政法书记：刘名星
武装部长：彭　渝
副 镇 长：彭　渝　刘名星　邹　仪
组织委员：张雪彬
宣传委员：陈　辉
统战委员：陈　辉

云集镇

党委书记：叶俊英（女）
镇　　长：黄广泉
人大主席：马绍全
专职副书记：廖昆明
人大副主席：陈华强（兼）
纪委书记：孙　静
政法书记：车选科
武装部长：车选科
副 镇 长：勾晓勇　车选科　王　莉（女）
组织委员：陈华强
宣传委员：王　千（女）
统战委员：王　千（女）

双龙镇

党委书记：张光勇
镇　　长：邓建国
人大主席：黄　磊
专职副书记：陶治国
人大专职副主席：朱玉梅（女）
纪委书记：郑小林
政法书记：杨　斌
武装部长：阳　奎
副 镇 长：张青彦　阳　奎　郑　雪（女）
组织委员：张凤青
宣传委员：刘　科
统战委员：刘　科

龙河镇

党委书记：邹翔名
镇　　长：张　忠
人大主席：沈洪英（女）
专职副书记：蒋　川
人大专职副主席：何　欣
纪委书记：祝明合
政法书记：程光术
武装部长：车　念
副 镇 长：车　念　罗　利（女）
　　　　　李　英（女）
组织委员：徐　嘉
宣传委员：程建军
统战委员：程建军

海棠镇

党委书记：黎维新
镇　　长：刘伯胜
人大主席：李　迅
专职副书记：袁永生
人大副主席：黄　林（兼）
纪委书记：夏白川
政法书记：章　静
武装部长：刘　亚
副 镇 长：章　静　操千秋（女）　刘　亚
组织委员：黄　林
宣传委员：陈　影（女）
统战委员：陈　影（女）

石堰镇

党委书记：汪升平
镇　　长：唐慧芳（女）
人大主席：黄　媛
党委副书记：唐慧芳（女）
专职副书记：潘正庆
人大专职副主席：刘　刚
纪委书记：余淑碧（女）
政法书记：甘立勇
武装部长：牟　勇（兼）
副 镇 长：王　剑　陈忠云　牟　勇
组织委员：康　彪
宣传委员：陈雪容（女）
统战委员：陈雪容（女）

洪湖镇

党委书记：殷道川
镇　　长：魏　伟
人大主席：熊道富
专职副书记：席光勇
人大副主席：黄　帮
纪委书记：高雪莲（女）
政法书记：毛　庆
武装部长：周其明
纪委副书记：彭　琳（女）
副 镇 长：周其明　毛　庆　陈　敏
组织委员：黄　帮
宣传委员：甘　松
统战委员：甘　松

万顺镇

党委书记：余代中
镇　　长：苏　勇
人大主席：吴国全
专职副书记：刘俊材
人大副主席：刘俊材（兼）
纪委书记：操良超
政法书记：喻可胜
武装部长：喻可胜
副 镇 长：殷道学　喻可胜　张建美（女）
组织委员：文遵皓
宣传委员：邓正勇
统战委员：邓正勇

中央市属在长寿部门单位领导人名录

重庆市凤城监狱

党委书记、监狱长：杨志立
党委副书记、政委：杨光权
纪委书记：吴　宏
副监狱长（长宁公司总经理）：冉应杰
副监狱长：张祥彬　李海林　何宝成
政治处主任：黄金泽
长宁公司副总经理：罗明松
阳　宏（2020年1月任）

重庆钢铁股份有限公司

董 事 长：周竹平（2020年7月离任）
张锦刚（2020年7月任，12月离任）
刘建荣（2020年12月任）
总 经 理：刘建荣（2020年1月任，12月离任）
张文学（2020年12月任）
党委书记：张文学（2020年12月离任）
刘建荣（2020年12月任）
副总经理：邹　安（2020年1月任）
吕　峰（2020年12月离任）
孟祥云　谢　超（2020年1月任）

张永忠（2020年12月任）
王布林（2020年7月离任）
张理全（2020年12月离任）
曾　兢（2020年12月离任）
总经理助理：张永忠（2020年6月任，12月离任）
姚小虎（2020年6月任）
赵仕清（2020年10月任）
黎均红（2020年11月任）

中国石化集团重庆川维化工有限公司

总经理、党委副书记：
严　红（2020年6月离任）
执行董事、党委书记：严　红（2020年6月任）
常务副总经理：杨宇桐（2020年6月离任）
总经理兼党委副书记：杨宇桐（2020年6月任）
党委副书记、纪委书记、工会主席、监事：
赵　寰
副总经理：袁代红　秦庆伟
总会计师：康太全

扬子江乙酰化工有限公司

总 经 理：黄　远
副总经理：罗海宁（2020年6离任）
黄　昌（2020年7月任）

国网重庆市电力公司长寿供电分公司

总经理、党委副书记：
丰　强（2020年9月离任）
匡红刚（2020年9月任）
党委书记、副总经理：
匡红刚（2020年9月离任）
刘正发（2020年9月任）
副总经理、总工程师：易鹏飞
纪委书记、工会主席：任永礼
副总经理：张　航　周　为（2020年9月任）
总会计师：陈建凯

重庆长风化学工业有限公司

董事长、党委书记、总经理：周卫平（2020年3月离任总经理，10月离任董事长、党委书记）
党委书记、执行董事、总经理：杨振宁（3月任总经理，10月任党委书记、执行董事）
党委副书记、纪委书记、工会主席：张贵谦
副总经理、总工程师：周树新
副总经理：王　征　唐　勇
张光兵（2020年2月离任）
杨振宁（2020年3月离任）

国家电投集团重庆狮子滩发电有限公司

执行董事、总经理：岳宗科
党委书记：张君生
纪委书记、工会主席：李其昌
副总经理：郑宇松
副总经理、财务总监：刘　强
副总经理：邢建模（2020年1月离任）
石茂国（2020年1月任）

重庆长航川江船业有限公司

党支部书记、总经理：杨　强
副总经理、安全总监：刘志凯
副总经理：向先彬
党支部副书记、副总经理、工会主席：张德明

重庆化工码头有限公司

党委书记、董事长、总经理：孙　勇
常务副总经理：陈荣江（2020年12月任）
党委副书记、纪委书记、工会主席：宋　伟
副经理：詹冠寿　吴立方　霍彰忠　秦　宇

重庆渝长燃气自来水有限责任公司

执行董事、党委书记：
李　明（补遗：2019年12月离任）
廖　强（补遗：2019年12月任）
总经理、党委副书记：
廖　强（2020年3月离任）
何卫宁（2020年3月任职）
党委副书记、纪委书记、工会主席：李兆吉
副总经理、安全总监：袁明远
副总经理：陈德全（2020年1月离任）
李　衡（2020年3月任职）

重庆百货大楼股份有限公司长寿商场

总 经 理：傅勇
副总经理：王秋兰（女） 陈 竹

重庆商社新世纪百货长寿商都

总 经 理：傅 勇
副总经理：王秋兰（女）陈 竹

重庆市汽车运输（集团）有限责任公司六分公司（原渝运集团长寿公交公司）

党总支书记、经理（兼）：
谈立志（2020年9月任）
副 经 理：李永胜（2020年5月任）
叶 云（2020年3月离任）
李 全（2020年5月离任）
苏健伟
经理助理：马 江 程 林

重庆市长寿区凤城公共交通有限公司

董 事 长：苏健伟
副董事长：曾维国
总 经 理：李伟红
副 经 理：杨贵兵
财务总监：肖晓霞（2020年5月任）
总经理助理：吴德全（2020年5月任）

中国邮政集团有限公司重庆市长寿区分公司

党总支书记、总经理：韦先兵
副总经理：张星东（2020年5月任）
副总经理、工会主席：夏 曦（2020年10月离任）

中国电信股份有限公司长寿分公司

总 经 理：石 昂
副总经理：张中萍（2020年5月离任）
颜代华（2020年3月任）
姜 纯张 伟（2020年9月任）

中国移动通信集团重庆有限公司长寿分公司

总 经 理：费文华
副总经理：苟卫民 常 鸣（2020年5月任）
刘 月（女，2020年3月任）
总经理助理：常 鸣（2020年5月离任）

中国联合网络通信有限公司重庆市长寿区分公司

总 经 理：唐世友
副总经理：周 伟（2020年3月离任）
李俊佚（2020年3月任）
颜红伟

重庆市住房公积金管理中心长寿区分中心

主 任：敬 行（女）
副主任：傅歆芯（女）

中国人民银行长寿中心支行

行 长：宦雪峰
副行长：左 鹏（2020年10月离任）
何先哺（2020年10月离任） 黄宪荣
吕 军（2020年12月任）
刘姝姝（女，2020年12月任）
纪委书记：张雅凯
工会主任：吕 军（2020年12月离任）

中国农业发展银行重庆市长寿区支行

行 长：魏祥飞
副行长：张必逾 彭翰林

中国工商银行股份有限公司重庆长寿支行

行 长：胡显明
副 行 长：陈晓林
纪委书记：杨 斌
行长助理：吴莉娜（女）

中国农业银行股份有限公司重庆长寿支行

党委书记、行长：
任 容（女，2020年11月离任）
陈 轲（2020年11月任）
纪委书记：舒光明
副 行 长：覃 波 廖 骏

中国建设银行股份有限公司重庆长寿支行

行 长：杨 东
副 行 长：唐 宏（2020年12月离任）
易笑竹（女，2020年12月任）

　　　王小波
　　　陈汐颖（2020年12月任）
纪检组长：贺　军（2020年1月任）

中国银行股份有限公司重庆长寿支行

行　长：夏黎露（女）
副行长：廖志勇　季　婕（女）

重庆农村商业银行股份有限公司长寿支行

行　长：朱国忱（2020年5月离任）
　　　陈为彬（2020年5月任）
纪委书记、副行长：李克波
副 行 长：黎春梅（女）　郎　均

重庆银行股份有限公司长寿支行

行　　长：殷　斌
副 行 长：周随峰（2020年5月任，6月离任）
行长助理：周随峰（2020年5月离任）
　　　张红波
　　　刘　婕（女，2020年7月任）

中国邮政储蓄银行重庆长寿区支行

行　　长：马旭升
副 行 长：李　霞（女）

招商银行股份有限公司重庆长寿支行

行　长：吴亮
支行公司金融客户部总经理（兼）：吴　亮
总经理助理：邹　旭
行长助理：张世韬（2020年3月离任）
　　　张艳梅（女，2020年4月任）

交通银行股份有限公司重庆长寿支行

行　长：蒋跃亮
副行长：余朝毅（女）　黄　智

中国人民财产保险股份有限公司重庆市长寿支公司

总经理：李　林

中国平安财产保险股份有限公司重庆市长寿支公司

总经理：那春利
副总经理：袁　平　丁祖飞（2020年3月离任）
　　　杜　涛（2020年3月任）

中国人寿保险股份有限公司重庆市长寿区支公司

总 经 理：霍　春
副总经理：龙　宇（女）
　　　程睿祥（2020年12月离任）

中国平安人寿保险股份有限公司重庆市长寿支公司

总 经 理：王拴牢

国家税务总局重庆市长寿区税务局

党委书记、局长：叶　茂（2020年7月离任）
　　　张　亮（2020年7月任）
副 局 长：刘德荣（2020年5月离任）
　　　黄　平　熊　群（2020年5月离任）
　　　刘　澜　黄荣明　罗　旋
纪检组长：杨　彦（女，2020年9月离任）
　　　徐盛航（2020年9月任）
总会计师：徐盛航（2020年9月离任）
　　　聂旭东（2020年5月离任）
　　　梁　锋（2020年9月任）
总经济师：傅伟峰 杨培生（2020年5月离任）

重庆市长寿区市场监督管理局

党组书记、局长：莫元明（2020年12月离任）
　　　赵　欣（2020年12月任）
副 局 长：刘德明　王　平　雷现用　高　忠
　　　余　科 杨　涛 刘　宁
　　　黄金平（补遗：2019年2月任，2020年10月离任）
　　　祖能武（2020年10月离任）
　　　张轩明（2020年10月离任）
　　　毛大金（2020年10月离任）
　　　谭瞀覃（2020年10月离任）
纪检组组长：黄　蓉（女）

重庆市长寿区烟草专卖局（中国烟草总公司重庆市公司长寿分公司）

党组书记、局长、经理：杨万长
党组成员、副经理：李　砚

重庆市长寿区气象局

局　长：田凤国

副局长：饶德华　刘寿文（2020年2月任）

局长助理：张守凯（补遗：2019年12月任）

2020年3月，长寿区双龙镇志愿者助农春种

2020 年 4 月，长寿长江二桥建设现场，工人正在安装钢筋

索 引

- ❖ 索引

索 引

说 明

一、本索引按主题词首字汉语拼音（同音字按声调）顺序排列，若首字拼音相同则按第二字音序排列，以此类推。索引主题词后的阿拉伯数字表示该主题内容所在页码。

二、本索引收录的是分目；条目、《综述》分目和《特载》《大事记》《文献》《统计资料》等篇目的相关内容未做索引。

三、以符号或数字开头的索引词集中放在末尾。

B

C

D

P

Q

R

S

T

W

X

Y

Z

霞映寿城